Quellen und Darstellungen zur Zeitgeschichte
Herausgegeben vom Institut für Zeitgeschichte

Band 26

R. Oldenbourg Verlag München 1990

Von Stalingrad zur Währungsreform

Zur Sozialgeschichte des Umbruchs in Deutschland

Herausgegeben von

Martin Broszat, Klaus-Dietmar Henke und Hans Woller

3. Auflage

R. Oldenbourg Verlag München 1990

CIP-Kurztitelaufnahme der Deutschen Bibliothek

Von Stalingrad zur Währungsreform: zur Sozialgeschichte d. Umbruchs in Deutschland / hrsg. von Martin Broszat ... –
3. Aufl. – München: Oldenbourg, 1990.
(Quellen und Darstellungen zur Zeitgeschichte; Bd. 26)
ISBN 3-486-54133-1

NE: Broszat, Martin [Hrsg.]; GT

3. Auflage 1990

Umschlaggestaltung: Dieter Vollendorf, München
Gesamtherstellung: R. Oldenbourg Graphische Betriebe GmbH, München

ISBN 3-486-54133-1

Inhaltsübersicht

Inhalt

II. NS-Vergangenheit: Täter und Opfer

Barbara Fait

III. Bruch und Behauptung: Gesellschaftliche Gruppen im Wandel

Einleitung

Der Umbruch von 1945 ist neben den Zäsuren von 1918 und 1933 die dritte tiefe „Schnittlinie" (M. Rainer Lepsius) in der von Generation zu Generation immer neu umgepflügten deutschen Geschichte der ersten Hälfte des 20. Jahrhunderts. Doch die „Revolution ohnegleichen", von der Helmut Schelsky im Hinblick auf dieses Epochendatum sprach, begann nicht erst mit der bedingungslosen Kapitulation des Deutschen Reiches, sondern nahm spätestens da schon ihren Anfang, als die deutsche 6. Armee in der eisigen Winterkälte einer Tausende von Kilometern entfernten Ruinenstadt an der Wolga unterging. „Stalingrad" wurde zum Symbol der verbrecherischen Hybris Hitlers und der selbstzerstörerischen Überbeanspruchung der militärischen, wirtschaftlichen und ebenso der seelischen Kräfte Deutschlands. Damals erfuhr die innere Abkehr weiter Teile der deutschen Bevölkerung von der Ideologie des Nationalsozialismus und schließlich auch von dem einst vergötterten „Führer" ihre entscheidende Beschleunigung, noch im Krieg kamen Erosion und Mobilisierung überkommener Gesellschaftsstrukturen in Gang. Nicht weniger deutlich ist in der Rückschau, daß diese Umbruchsperiode erst mit der Währungsreform im Juni 1948 zu Ende ging. Der Geldumstellung folgte schon bald eine erste, freilich noch immer fragile Stabilisierung, die ersehnte Rückkunft leidlich normaler Zeiten.

Die Zeit des gewaltigen Einbruchs von Not und Zerstörung zwischen Stalingrad und der Währungsreform markiert – mehr noch als die Jahre 1918 und 1933 – einen epochalen Einschnitt in der neuesten deutschen Geschichte: Hier gelangte das mit unheilvollen Traditionsbeständen beladene und unter unüberbrückbaren inneren Spannungen leidende alte Deutschland an das Ende seines im 19. Jahrhundert betretenen Sonderweges, aber schon im Niedergang des Hitler-Regimes und dann in den nachfolgenden Besatzungsjahren zeichneten sich die Umrisse einer moderneren, homogeneren, sich nach und nach an die westeuropäischen liberaldemokratischen Traditionen angleichende Gesellschaft ab. Dies freilich war damals noch kaum zu erkennen, als das Land das Bild einer rauchenden Trümmerstätte bot, Verelendung und Verunsicherung herrschten, und Apathie der auffallendste Zug dieser geschundenen, eben erst aus der Suggestion der Hitlerzeit entlassenen Menschen zu sein schien.

Revolutionäre Dimension gewann der Umbruch zwischen Stalingrad und der Währungsreform nicht allein durch die Zerschlagung des Deutschen Reiches, den Verlust der Ostgebiete und die Entmachtung der alten aristokratischen Oberschicht, sondern etwa auch durch die schon in den letzten Kriegsjahren beginnenden Evakuierungen und die gewaltige Völkerwanderung im Zuge von Flucht und Vertreibung, die die ganze deutsche Gesellschaft durcheinanderschüttelte, fast überall die alte konfessionelle, soziale und kulturelle Segregation beseitigte und schließlich eine stark nivellierte „Notgesellschaft" entstehen ließ, in der rückblickend schon die Umrisse der Mittelstandsgesellschaft der Bundesrepublik zu erkennen sind. Als einen revolutionären

Bruch wird man auch die radikale Veränderung qualifizieren können, die sich im Bereich der politischen Institutionen und des Normensystems unter dem maßgeblichen Einfluß der Besatzungsmächte, aber auch unter dem Einfluß derjenigen politischen und sozialen Kräfte Deutschlands vollzog, die sich in der NS-Zeit resistent verhalten hatten oder wenigstens bis zu einem gewissen Grad unempfänglich gegenüber den Verführungen und Beeinflussungen des NS-Regimes geblieben waren. Die Auflösung des Alten und die Herausbildung des Neuen, der Bankrott überkommener Normen und der Zusammenbruch staatlicher und gesellschaftlicher Großorganisationen, die Entstehung neuer Werte und die Schaffung demokratischer Institutionen waren allerdings, anders als nach dem Ersten Weltkrieg, kaum von einem revolutionären Bewußtsein der Bevölkerung begleitet. Kennzeichnend für die Epoche war vielmehr gerade die Abwendung von großen Entwürfen, auch revolutionären Utopien, die Ablehnung ideologisch-politischer Indienstnahme und die Hinwendung zum Unpolitisch-Privaten.

Es bedarf freilich der sehr genauen Prüfung, unter welchen Gesichtspunkten die Umbruchs- und Notzeit zwischen Stalingrad und der Währungsreform als revolutionär gelten kann, gibt es doch genügend Aspekte, die diese Zeitspanne weniger als Beginn epochaler Veränderung, sondern als extreme Ausnahmesituation erscheinen lassen, nicht als Epoche, sondern Episode, die manche langfristigen Trends der Veränderung von Strukturen, Normen und Mentalitäten nur kurzfristig zu unterbrechen vermochte. Gleichwohl wäre es verfehlt, die Jahre zwischen Stalingrad und der Währungsreform *nur* als großen, folgenlosen Ausnahmezustand zu kennzeichnen. Die Erfahrungen, die in dieser Zeit außerordentlicher Herausforderungen in den unterschiedlichen Lagern und Schichten, von den verschiedenen Generationen gemacht wurden, behielten über diese Zeit hinaus Bedeutung und entfalteten eine erhebliche Langzeitwirkung.

Zu diesen Langzeitwirkungen gehört etwa, daß die Not- und Katastrophenperiode in der Erinnerung der Zeitgenossen auf Jahrzehnte hin einen bevorzugten Platz einnahm, daß sie ein Stück besonders starker Erinnerung, lebensgeschichtlich ein Kapitel mit sehr dicht beschriebenen Blättern wurde. Die außer Rand und Band geratenen Verhältnisse, die millionenfachen Menschenverluste, der Verlust von Besitz, Beruf, Heimat und Heimatlichkeit, die lange Entbehrung zivilisatorischer Annehmlichkeiten, der Zusammenbruch so vieler für gesichert gehaltener Lebensgewohnheiten und Sitten machte diese Periode für viele Menschen zum Bezugspunkt traumatischer Ängste und Gegenstand künftiger Verdrängung, aber auch nostalgischer Verklärung. Im Rückblick verwandelte sich das Elend von damals zur Abenteuerlichkeit einer unerhörten, aber erfolgreich bestandenen Herausforderung, die mancherlei Kräfte zu wekken vermocht hatte, die unter normalen Umständen unentdeckt geblieben wären. Lebensgeschichtliche Befragungen, wie sie Lutz Niethammer und seine Mitarbeiter im Ruhrgebiet durchgeführt haben, stießen gerade dann auf eine besondere Spontaneität des Erzählens, wenn die Erinnerung an diese „schlechte Zeit" berührt wurde. Die Kriegsjahre und die unmittelbare Nachkriegszeit nahmen in der freien Erinnerungserzählung der Interviewten auffällig breiten Raum ein als eine Phase, in der fast alle aus der gewohnten Lebensbahn geworfen worden waren, in der viele die Erfahrung einer radikalen Veränderung ihrer sozialen Umwelt und ihres Alltages hatten machen müssen.

Die zum äußersten getriebene Existenzgefährdung, der Schmerz über die menschlichen und materiellen Verluste und die Reduzierung des Lebens auf den Stand primitiver Daseinssicherung erzeugten eine heilige Entschlossenheit zur Überwindung solcher Notstände. „Von jetzt ab und für immer und ewig wollte dieses Volk", wie es Hans Werner Richter einmal ausdrückte, „auf der Seite der Erfolgreichen, der Glücklichen, der Satten, der Reichen stehen." Die für die fünfziger Jahre so charakteristische Versessenheit, mit der die aus der ärgsten Not befreite deutsche Bevölkerung Lebensgenuß und bürgerliche Normalität erstrebte, ihr Drang zur Restauration mancher längst für obsolet erachteter Konventionen und Umgangsformen, die Beharrlichkeit, mit der sie auf Sicherheit („Keine Experimente") setzte, die ganze kulturelle Neubürgerlichkeit der „Wirtschaftswunder"-Jahre, die seinerzeit Gegenstand manch drastischer Zeitkritik gewesen ist – all das bliebe ohne die Vorgeschichte extremer Noterfahrung und Existenzgefährdung zwischen 1943 und 1948 schlechterdings unverständlich.

Aus solchen existenziellen Erfahrungen ergab sich ein radikaler Einstellungswandel, der bei der jungen Generation besonders ausgeprägt war, wie Helmut Schelsky schon in den fünfziger Jahren gezeigt hat. Mit Recht stellte er fest, daß bereits in der bürokratisch-militaristischen Phase der Staatsjugenderziehung in HJ und BDM ab 1939 viel von dem anfänglich idealistischen Engagement dieser Jugend aufgezehrt und ein Prozeß der Desintegration und Entidealisierung angebahnt wurde, der durch die Erfahrung von Not und Brutalität im Krieg und in den Nachkriegsjahren schließlich vollends zur Erschütterung jugendlicher Identifikations- und Glaubensbereitschaft führte. Die sozialen Notstände – so Schelsky – erreichten einen Schwellenwert, der es den Jugendlichen nicht mehr ermöglichte, Verhaltenssicherheit aus der Hingabe an die Ordnungsvorstellungen der Gesellschaft zu gewinnen. Das jugendliche Trachten nach existenzerfüllenden Orientierungen wandte sich vielmehr den Problemen des Alltags, der engsten sozialen Umgebung oder dem beruflichen Fortkommen zu, also gerade solchen Bereichen, die der Generation der Jugendbewegung als typisch unjugendlich gegolten hatten. In diesem Sinne bezeichnete Schelsky die durch Nationalsozialismus und Krieg geprägte Jugend als eine vorzeitig „erwachsene", als eine überaus skeptische, zugleich aber mit wachem Wirklichkeitssinn ausgestattete Generation. Gegenüber mancher jugendbewegter Kritik, die bei ihr eine eigene „Jugendideologie" oder „Jugendgemäßheit" des Verhaltens vermißte, wies Schelsky nachdrücklich auf die positiven Eigenschaften dieser „skeptischen Generation" hin, auf die selbstauferlegte Gefühlsaskese, den kritischen Positivismus der Lebenseinstellung, der sich lieber im Kleinen bewährte, als sich auf große Ideale einzulassen, auf einen Skeptizismus mithin, der sich nicht bluffen und nicht verführen lassen wollte.

Der nicht nur bei der jungen Generation zu beobachtende Rückzug auf das Unpolitische und Private mußte sich in den Augen ausländischer Beobachter und auch der Offiziere der Militärregierung, denen die demokratische Umerziehung der Deutschen ein erstrangiges Anliegen war, als ein beklagenswertes Merkmal politischer Apathie ausnehmen. Dieses Phänomen konnte aber auch anders gedeutet werden. Es konnte verstanden werden als die notwendige Wiederentdeckung des Privaten und individueller Interessen nach der übermäßigen Politisierung in der Hitlerzeit, nach dem Exzeß selbstvergessener Aufopferung und Veräußerung eigenständiger Überzeugungen und der privaten Lebenssphäre, als die nicht minder notwendige Neubelebung von sozialen Auffangstellungen in den kleinen Primäreinheiten der Gesellschaft, in der Familie, Hausgemeinschaft, Nachbarschaft und in dem Betrieb, in denen die extremen Belastungen und Schicksalsschläge noch am ehesten bewältigt werden konnten. Als Typika massenhaften Verhaltens der Wiederaufbaugesellschaft wurde diese Art Selbstfindung neben der Bewährung in der „schlechten Zeit" zur entscheidenden Voraussetzung dafür, daß sich nach 1945 zum ersten Mal in der neueren deutschen Geschichte – unabhängig von obrigkeitlichen Einflüssen – eine robuste, beinahe frühbürgerlichkapitalistische Erwerbs- und Leistungsgesellschaft entwickeln konnte.

Die Jahre zwischen Stalingrad und der Währungsreform waren nicht nur eine Phase revolutionären Umbruchs und eine Periode der „Außer"-Ordentlichkeit, sondern zugleich auch eine unausgegorene Übergangszeit, eine Inkubationszeit mit seinerzeit unabsehbarem und unberechenbarem Entwicklungspotential. Das gilt besonders im Hinblick auf die politischen Einstellungen der westdeutschen Bevölkerung. Die Loslösung von der Normenwelt des Nationalsozialismus hatte, wie angedeutet, bei einem erheblichen Teil der Deutschen schon lange vor dem Ende des Krieges begonnen. Doch hatten die Goebbelssche Durchhaltepropaganda und die Aufforderung zum heroischen Kampf bis zum äußersten dem Regime auch immer wieder neue Kräfte zugeführt, und der unablässige Bombenhagel der alliierten Geschwader hatte neben wachsender Kriegsmüdigkeit auch Regungen der Wut, des Trotzes und der patriotischen Solidarität erzeugt. Die Stimmungslage der Deutschen ist daher in den beiden letzten Kriegsjahren von durchaus widerstrebenden Gefühlen bestimmt gewesen. Auch die Ernüchterung aus dem Rausch selbstvergessener Hingabe an den „Führer" vollzog sich nur allmählich. Erst als der Krieg 1944/45 nach Deutschland selbst hereingelangte und die bloß noch auf ihr eigenes Überleben bedachte Führung auch im Westen trotz der turmhohen Überlegenheit der Westalliierten den Kampf bis zur letzten Minute fortsetzte, da schwand die Bereitschaft zu weiteren Kriegsanstrengungen bei der Masse der Bevölkerung rasch dahin. Und mit der Niederlage war zur Überraschung der Besatzungsmächte, die mit einer hartnäckigen Werwolf-Guerilla gerechnet hatten, auch der Nazi-Spuk schnell verflogen.

Das Gefühl der Erleichterung über das Ende des Krieges, das respektvolle Bestaunen der hochtechnisierten und märchenhaft ausgerüsteten U.S. Army und die Bereitwilligkeit, mit der man den Anordnungen der Besatzungsmächte folgte und sich später die Segnungen vor allem amerikanischer Hilfsgüter gefallen ließ, bedeuteten aber natürlich nicht, daß etwa auch eine breite demokratische Neuorientierung rasch in Gang gekommen wäre; dafür waren die Kriegsfolgen zu hart und noch zu fühlbar, die materielle Verelendung zu groß und die Zukunftsgewißheit noch ein kümmerliches Pflänzchen. Bei der Erforschung des politischen Bewußtseins in den Nachkriegsjahren zeigt sich vielmehr auf heute mitunter bestürzende Weise, wie unfertig die Verarbeitung der Umsturzerfahrung noch war, wie stark auch noch geprägt von den oft unbewußten Nachwirkungen des Nationalsozialismus oder der deutschnationalen Ideologie der Zwischenkriegszeit. Aus heutiger Perspektive mutet es manchmal erschreckend an, wie sehr die damalige Auseinandersetzung mit der NS-Zeit von blanker Apologie bestimmt war. Das lag nicht nur darin begründet, daß das Freund-Feind-Denken noch nachwirkte. Eine mächtige psychologische Barriere türmte sich hier vor allem auch deswegen auf, weil man sich durch die Not, die man als Ausgebombter, Kriegsgefangener, Invalide, Vertriebener oder Evakuierter oft schon seit Jahren zu erleiden gehabt hatte, bereits genügend, ja übermäßig „bestraft" fühlte. Außerdem glaubte man infolge mancher Pauschalität und Irrigkeit der in den Entnazifizierungsmaßnahmen der Besatzungsmächte enthaltenen Schuldvorwürfe, diese guten Gewissens pauschal zurückweisen zu können. Charakteristisch war auch, daß die Auseinandersetzung mit dem Nationalsozialismus nach 1945 – je nach den unterschiedlichen „Schicksalskategorien" (Friedrich Tenbruck) – stark segmentiert, gruppenspezifisch und gruppenintern erfolgte. Der bei einer so homogenisierten Verarbeitung der Erfahrung auftretende Verstärkereffekt war beträchtlich. Zugleich ist eine extrem starke „Generationsfragmentierung" (Lepsius) bei der Verarbeitung dieser politischen und gesellschaftlichen Prägungen zu beobachten. Ob einer 1945 als 18jähriger oder als 35jähriger aus der NS-Zeit herauskam, ob er seine politische Sozialisation noch im Kaiserreich, in der Weimarer Republik oder gar erst in der Hitlerzeit erfahren hatte, das erlangte fundamentale Bedeutung für den Grad seiner inneren Bereitschaft zum Umdenken. Im ganzen aber galt: Erst mußte das eigene Schicksal erträglicher werden, eine Auflockerung der Kommunikation, eine Erweiterung der Diskussion über die jüngste Vergangenheit möglich werden, sich eine stärkere Bereitschaft zur Rezeption der in den überregionalen, von den Besatzungsmächten etablierten Organen erörterten kritischen Auffassungen über die NS-Zeit ausbreiten, ehe auf einer neu gewonnenen Basis der Existenz und einer höheren Ebene der Kommunikation in den späten fünfziger und frühen sechziger Jahren dann auch eine größere innere Freiheit oder Bereitschaft zu einer ernsthaften Verarbeitung der NS-Zeit erreicht und damit auch eine entscheidend wichtige Fundamentierung demokratischer Prinzipien möglich werden konnten.

Hauptmotiv dafür, daß sich das Institut für Zeitgeschichte der Sozialgeschichte des Umbruchs in Deutschland zuwandte, war die Erkenntnis, daß die historische Bedeutung der Periode zwischen Stalingrad und der Währungsrefom beinahe auf den ersten Blick evident ist, eine genauere Bestimmung des Bedeutungsgehaltes dieser Jahre mit ihren vielerlei Ambivalenzen und Widersprüchen aber besonderer Anstrengung bedarf. So entstand der vorliegende Band als Teilergebnis eines Forschungsprojektes, das die Interdependenz gesellschaftlicher und politischer Umschichtung während der Besatzungszeit zum Gegenstand hatte. Als erstes Ergebnis dieses Projekts legte Hans Woller 1986 eine Studie über die Region Ansbach und Fürth unter amerikanischer Besatzung vor. Schon in dieser Arbeit ging es darum, Lokalgeschichte der Nachkriegsjahre nicht um ihrer selbst willen auszubreiten, sondern anhand lokaler und regionaler Beispiele bedeutsame allgemeine Prozesse und zentrale Ereigniskomplexe der Besatzungszeit überhaupt erst ans Licht zu bringen und anschaulich zu machen. Das bezog sich etwa auf die am Beispiel einer Spruchkammer beschriebene Entnazifizierungspraxis, anhand derer die eminente Wirkung des „Netzes" sozialer Befangenheiten und Rücksichten nachgewiesen werden konnte, von dem die politische Säuberung umgeben war. Die Methode lokaler und regionaler pars-pro-toto-Untersuchung bewährte sich in dem Buch über Ansbach und Fürth ferner bei der Analyse der Wieder- und Neugründung von politischen Parteien und Vereinen ebenso wie bei der Darstellung des gewerblichen Gründerbooms vor und nach der Währungsreform.

Die zweite Komponente des Forschungsprojekts ist die von Klaus-Dietmar Henke vorbereitete Geschichte der amerikanischen Besetzung Deutschlands, verstanden und beschrieben weniger als militärischer Vorgang, sondern als Prozeß früher amerikanisch-deutscher Erfahrungsbildung. Das Buch schildert die formative Phase dieser für Westdeutschland prägenden Beziehungsgeschichte, die mit dem Zerfall der Hitlerherrschaft und der Übernahme der Besatzungsgewalt durch die Amerikaner begann. Dabei gilt das Augenmerk nicht in erster Linie der Ebene besatzungspolitischer Entscheidungsbildung, sondern der häufig genug stupenden, von dem Anliegen einer pragmatischen Stabilisierung der Zusammenbruchskrise motivierten Umbiegung offizieller Besatzungspolitik ebenso wie der nicht weniger verblüffenden sofortigen Anbahnung deutsch-amerikanischer Kooperation zwischen dem Herbst 1944 und dem Sommer 1945.

Als Ergänzung dieser beiden unterschiedlichen Ansätze, deren einer also den Anfang der deutsch-amerikanischen Beziehungen in der Nachkriegszeit analysiert, wogegen der andere einen Durchgang durch die ganze Besatzungszeit am Beispiel einer Region und mehrerer wichtiger Themenfelder bietet, erschien als Tertium eine breit gefächerte Sammlung ebenfalls sozialgeschichtlich orientierter monographischer Beiträge zu unterschiedlichen, in den beiden anderen Bänden nicht oder kaum behandelten Aspekten der Umbruchszeit erwünscht. Zusammengesetzt aus vierzehn Einzelstudien und gegliedert in fünf thematische Schwerpunkte, kann das vorliegende dritte Projektelement die Gesellschaftsgeschichte des Umbruchs zwischen Stalingrad und der Währungsreform gewiß nicht ganz, aber doch wichtige Komplexe davon abdekken. Die Herausgeber haben es dabei bewußt streng vermieden, eine bequeme Buchbindersynthese von Beiträgen zu fabrizieren, die so oder so ähnlich schon vorlagen oder gar anderweitig veröffentlicht sind. Geleitet von dem Ziel, die Beantwortung der Frage nach dem Wesen und der Bedeutung dieser Umbruchsphase aus der luftigen Höhe der Verallgemeinerung und Spekulation herunterzuholen, wurden nur solche, in enger Kooperation mit dem Projekt des Instituts erarbeitete Studien gedruckt, die es sich angelegen sein ließen, die großen Wandlungsprozesse und Strukturveränderungen dieser Zeit an einem lokalen oder sozialen Ausschnitt, am Beispiel ausgewählter gesellschaftlicher oder politischer Gruppen und Konfliktzonen darzustellen.

Die eingangs hypothetisch herausgestellten drei Bedeutungsqualitäten der Epoche (revolutionärer Umbruch, extreme Ausnahmesituation, Übergangs- und Inkubationszeit) bildeten, mehr oder weniger stringent, auch den Fragerahmen und den Denkhorizont der Einzelstudien. Naturgemäß konnten die Markierungen „Stalingrad" und „Währungsreform", so gut sie für die Eingrenzung der Epoche taugen, nicht für jede Einzelstudie eine angemessene und sinnvolle zeitliche Begrenzung bilden. Einige Beiträge greifen weiter zurück, manche setzen erst 1945 ein. Den meisten Autoren gelingt es aber zu zeigen, daß die Gesellschaftsgeschichte der Not- und Umbruchszeit nicht synchron mit der politischen Geschichte verläuft, sondern die Zäsur des Regimewechsels übergreift. Der schlagwortartige Obertitel „Von Stalingrad zur Währungsreform" wurde nicht zuletzt deshalb gewählt, weil die periodenübergreifende Perspektive der sozialhistorischen Betrachtung herausgestellt werden sollte.

Wie bei anderen längerfristigen Forschungsvorhaben des Instituts für Zeitgeschichte auch, konnte bei diesem von der Stiftung Volkswagenwerk fünf Jahre lang mitfinanzierten nachkriegsgeschichtlichen Projekt ebenfalls eine Reihe von Dissertationen angeregt und an das Forschungsprogramm des Instituts gebunden werden. Als Teile oder vertiefende Studien solcher Universitätsarbeiten entstanden die Beiträge von Christoph Boyer, Paul Erker, Barbara Fait, Christa Schick und Clemens Vollnhals.

Die jahrelange Projektforschung im Institut schuf auch enge Kontakte zu Arbeitsgruppen in der Bundesrepublik und in West-Berlin, die über verwandte Themen arbeiten. Daraus gingen die Studien von Michael Fichter, Everhard Holtmann, Nori Möding und Barbara Willenbacher hervor. Schließlich wandten sich die Herausgeber an einzelne Wissenschaftler wie Werner K. Blessing, Gerhard Hetzer, Bernhard R. Kroener, Georg Meyer und Juliane Wetzel, die sich aufgrund ihrer Vorarbeiten für die Kooperation besonders empfahlen. Das Ensemble der hier versammelten Beiträge ist Ausdruck einer persönlichen und institutionellen Zusammenarbeit auf einem Forschungsfeld, das seit Jahren eine große Zahl vor allem jüngerer Zeitgeschichtsforscher anzieht und fesselt. So kann das Ergebnis dieses Unternehmens als Resultat und Ausweis einer Forschungskooperation gewertet werden, die ganz gewiß auch angestrebt wurde, als sich die Stiftung Volkswagenwerk vor etwa zehn Jahren dazu entschloß, den zeitgeschichtlichen Förderungsschwerpunkt „Deutschland nach 1945" einzurichten.

Der erste Teil des Bandes *(Kirchlich-religiöse und politische Lager)* enthält drei Beiträge, die sich mit dem Wandel bestimmter einst festgefügter kirchlich-religiöser oder politischer Lager während der NS-Zeit und in den Jahren der Besatzung beschäftigen. Gemeinsamer Ausgangspunkt ist die bekannte Tatsache der einstmals starken Fragmentierung der deutschen Gesellschaft in mitunter fast beziehungslose, jedenfalls stark gegeneinander abgeschottete sozial-kulturelle und politische Milieus, die noch in der Weimarer Republik eine Respektierung unterschiedlicher Interessen oder Weltanschauungen und mithin eine demokratische Konsensfindung sehr erschwert hatte. Jede der drei Studien verdeutlicht auf ihre Weise, daß infolge der Erfahrungen in der NS-Zeit, der radikalen Mobilisierung der Bevölkerung in den Umbruchsjahren sowie aufgrund sonstiger Veränderungen der Strukturen und des Selbstverständnisses von Religionsgemeinschaften und weltanschaulichen Gruppierungen die Grenzen zwischen den Milieus nach 1945 durchlässiger wurden. Durch diesen Abbau der vordem die gesamte Lebensform bestimmenden Milieuprägungen verloren die einstigen Lager viel von ihrer politisch insgesamt fatalen Bestimmungskraft.

Werner K. Blessing untersucht diesen Prozeß in seiner weit ausholenden Studie am Beispiel des einst besonders traditionsbestimmten katholischen Milieus der Stadt und Diözese Bamberg. Er veranschaulicht zunächst die Charakteristika dieses Milieus und dokumentiert dann ausführlich, wie sich hier der Pendelschlag von der Entkirchlichung während der Erfolgsphase des Hitler-Regimes zur Regeneration kirchlichen Einflusses als Folge des Integrationsverlustes der NS-Herrschaft seit 1941/42 vollzog. Obgleich seit dem 1936/37 einsetzenden Dauerkonflikt mit dem Regime mehr und mehr auf den Kernbezirk pastoralen Wirkens beschränkt, vermochten Kirche und Geistlichkeit selbst auf dem Höhepunkt nationalsozialistischen Einflusses, trotz Glaubensverspottung und infamer Priesterdenunziation, einem kleiner gewordenen Kreis von Gläubigen einen festen Rückhalt zu bieten und allein schon durch die Bewahrung religiöser Brauchtumsformen eine dauerhafte „partielle Resistenz inmitten des nationalsozialistisch beherrschten Alltags" zu begründen. Nicht zuletzt infolge der 1941 kulminierenden antikirchlichen und antiklerikalen Provokationen nahm die Akzeptanz des Regimes seitdem ebenso rapide ab, wie das Ansehen der Kirche anwuchs. Die Massenbeteiligung an der Bamberger Fronleichnamsprozession von 1942 oder an der Beisetzung des streitbaren Bischofs von Hauck im Mai 1943 war eine machtvolle

Demonstration der Wiederbelebung katholischen Einflusses und religiöser Gesinnung, die in der Not der Nachkriegszeit fortwirkten.

Der „religiöse Frühling", der sich nach 1945 einstellte, konnte aber nicht darüber hinwegtäuschen, daß der in der NS-Zeit beträchtlich verstärkte langfristige Säkularisierungstrend sogar in dem konservativ-traditionalen Bamberger Milieu in den vierziger Jahren nur vorübergehend angehalten, letzten Endes aber nicht aufgehoben werden konnte. Das fand spätestens ab 1948 etwa im deutlich nachlassenden Kirchenbesuch oder in der wieder wachsenden Zahl von Kirchenaustritten seinen Ausdruck. Aber vor allem: Die Kirche verzichtete selbst darauf, die einstige Vielfalt des kirchlichen Vereinswesens und der Laienaktivität zu neuer Blüte zu führen. Es ist Blessings Verdienst, genau zu unterscheiden zwischen dem temporären Triumph der katholischen Kirche in den Not- und Aufbaujahren und der hinter der Fassade des Triumphes bereits vor 1945 angebahnten grundlegenden Strukturveränderung. Treffend wird sie von ihm als „Verkirchlichung des Katholizismus" bezeichnet. „Nach dem Krieg", so Blessing, „nahmen Reichweite und Dichte des Milieus, das nicht mehr in der alten Form organisiert wurde, weiter ab ... Die habituelle, eine Lebenswelt durchdringende Katholizität ging merklich zurück ... Eine früher scharf umgrenzte Teilkultur, die sich einst als Gegenkultur konstituiert hatte, wurde diffus." Zwar vermochte beispielsweise das im katholischen Milieu wurzelnde politisch-kulturelle Forum der christlichen Kulturgemeinde Bambergs mit der „Bamberger Denkschrift zur Schaffung einer politischen Einheitsfront aller Christen Deutschlands" einen eigenständigen, überregional wirksamen Impuls zur Bildung einer politischen Union von katholischen und protestantischen Christen zu geben, doch verdeutlicht gerade auch die Gründung der CSU in Bamberg, daß deren Kirchenbindung weit geringer war als die der katholischen Bayerischen Volkspartei vor 1933. Diese Auflockerung trug wesentlich zur Überwindung der traditionellen politischen Segregation der christlichen Konfessionen und mithin zu einem generellen politisch-gesellschaftlichen Ausgleich bei.

In seiner ganz anders angelegten Studie über die evangelische Kirche zwischen Traditionswahrung und Neuorientierung kommt Clemens Vollnhals zu teilweise ähnlichen Ergebnissen. Auch die nach Spaltung und Kirchenkampf im Innersten erschütterte evangelische Kirche durfte nach dem Ende des Dritten Reiches auf eine Erneuerung christlich-evangelischer Frömmigkeit und auf die Umkehr jener Gläubigen hoffen, die ihr während der NS-Zeit den Rücken gekehrt hatten. Aber auch sie mußte sich mit einer spürbaren Erosion kirchlicher Bindungen und der Schrumpfung der einst stattlichen Kirchengemeinde zu einer Kerngemeinde abfinden. Die Kirchenführung vermochte den Prozeß der Auszehrung und des Abbröckelns der Ränder nicht aufzuhalten, weil sie der inneren Befriedung und der Bekräftigung traditioneller Orientierungen den Vorzug gab vor einer geistigen und gesellschaftlichen Neubesinnung, die auch die eigene Verstrickung in den Nationalsozialismus hätte berühren müssen. Wer, wie Martin Niemöller, auf rigorose Selbstreinigung der Kirche drängte und selbst der Bekennenden Kirche vorwarf, sie habe sich vor den Menschen mehr gefürchtet als vor Gott, oder wer, wie Karl Barth, die ebenso simplifizierende wie unhistorische Dämonisierung des Nationalsozialismus durch evangelische Theologen kritisierte, durch die auch der Blick für eigenes Versagen verstellt werde, der sah sich bald als Rufer in der Wüste.

Geleitet von der Frage, wie die evangelische Kirche ihre eigene Vergangenheit im

Dritten Reich verarbeitete, untersucht Clemens Vollnhals die innerkirchliche Reaktion auf das Stuttgarter Schuldbekenntnis vom Oktober 1945. Ein im deutschnationalen Denken befangener Kritiker etwa scheute sich nicht zu erklären, das Schuldbekenntnis stamme aus dem „Geistesgut unserer bittersten Feinde". Da dieses „Bekenntnis", wie Vollnhals zu Recht bemerkt, sehr allgemein blieb und mehr auf Gefälligkeit als auf rückhaltlose Selbstkritik bedacht war – der unterbliebene Einspruch gegen den Massenmord an den Juden war damals noch kein Thema der Besinnung –, wirkt die von ihm wie von Blessing festgestellte heftige Kritik der Kirche an den Entnazifizierungsrichtlinien der Besatzungsmächte als eine problematische Anpassung der Kirchenleitung an die Stimmung des Kirchenvolkes. Ihrer Führungsaufgabe wurde sie damit nicht gerecht. Im Falle der evangelischen Kirche war die Kritik an der Entnazifizierung besonders fatal, da man hier auch das peinliche Versagen bei der politischen Selbstreinigung in Rechnung zu stellen hat.

Vollnhals zeigt im weiteren, daß die evangelische Kirche nach 1945 in ihrer Beschränkung auf Schrift und Bekenntnis und mit der beharrlichen Weigerung, in der sozialen Frage mehr zu erkennen als eine Aufgabe lediglich für Hilfswerke und Arbeiterseelsorge, bald in ein gesellschaftliches Abseits geriet. Daß sie „keine glaubwürdigen Antworten auf die Fragen einer nicht kirchlich gebundenen Öffentlichkeit" fand, wurde etwa bei ihrem in den Umbruchsjahren besonders zeitfremden Pochen auf Einhaltung gutbürgerlich-kirchlicher Moralvorstellungen (so in der Frage von Abtreibung und Ehescheidung) deutlich; es verriet tiefe Ratlosigkeit gegenüber den Dekompositionserscheinungen der Kriegs- und Nachkriegsjahre. Das einst staatstragende nationalkonservativ-protestantische Milieu, das durch die Pervertierung von Nationalismus und Patriotismus in der NS-Zeit schweren Schaden an seinen ideologischen Prämissen genommen hatte, war, das geht aus dem Beitrag von Clemens Vollnhals klar hervor, auch in seinen religiösen Wurzeln so sehr geschwächt, daß es nach 1945 seine frühere Prägekraft nicht mehr erlangen konnte.

Erst mehr als ein Dezennium später konnte die von Karl Barth und anderen inspirierte, von rebellischem Nachwuchs unter Theologen und Laien verstärkte kritische Minderheit in der evangelischen Kirche eine stark modifizierte Haltung gegenüber der nationalsozialistischen Vergangenheit wie in aktuellen politischen und sozialen Fragen durchsetzen. „Das durch die Katastrophe des Nationalsozialismus geforderte Umdenken vollzog sich wie in anderen gesellschaftlichen Bereichen mit größerer Entschiedenheit und in größerer Breite erst mit einer Verzögerung von über einem Jahrzehnt."

Die dritte Studie innerhalb des ersten thematischen Schwerpunktes, der Beitrag von Everhard Holtmann, behandelt an einem im Ruhrgebiet angesiedelten lokalen Beispiel die Frage der personellen und programmatischen Kontinuität oder Diskontinuität der wiedergegründeten SPD. Schon in früheren Forschungen von Karl Rohe und Lutz Niethammer ist auf die „Sozialdemokratisierung des Ruhrgebietes" hingewiesen worden, die die politische Struktur des Reviers gründlich veränderte. Neben der im Ruhrgebiet besonders wichtigen Rolle von Flüchtlingen und Neubergleuten, die, wie einst im 19. Jahrhundert, eine neue Einwandererkultur begründeten, schlugen dabei auch die Erfahrungen der NS-Zeit kräftig zu Buche. Sie bewirkten im Verein mit den abschreckenden Nachrichten aus der sowjetischen Zone nicht nur eine erhebliche Abschwächung der früher stark verbreiteten kommunistischen Überzeugungen und eine Lockerung der kirchlich-religiösen Bestimmung politischer Orientierungen, sondern zugleich auch eine Relativierung des Klassenbewußtseins und der einstigen proletarischen „Lagermentalität". Am Beispiel der SPD-Organisationen in Unna und Kamen wird deutlich, wie eine für den veränderten Zeitgeist besonders aufgeschlossene Gruppe junger sozialdemokratischer Funktionäre gezielt den Kontakt zu orientierungslos gewordenen ehemaligen HJ-Führern und jungen Wehrmachtsoffizieren suchte und wie daraus ein bemerkenswert undogmatisches Gesprächsforum (Bergheimer Kreis) zwischen Arbeitern und Bürgersöhnen entstand, das der örtlichen Partei einen ganz neuen Zuschnitt verschaffte. Der in der HJ-Generation lebendig gebliebene Impetus zur Beseitigung sozialer Schranken verquickte sich mit der durch die Erfahrungen in der NS-Zeit selbst gewandelten Einstellung älterer Sozialdemokraten.

Das von Everhard Holtmann beschriebene Beispiel zeigt, daß die Entwicklung der SPD zur Volkspartei nicht erst nach dem Schock der Wahlniederlage von 1953 oder mit dem Godesberger Programm einsetzte, sondern sich unter dem Einfluß der Leitlinien Kurt Schumachers schon unmittelbar nach 1945 in einer Reihe von Kreisverbänden und Unterbezirken anbahnte. Im Falle der Parteiorganisationen in Unna und Kamen nahm diese historische Entwicklungslinie auch dadurch Gestalt an, daß aus dem Bergheimer Kreis schließlich eine Denkschrift „Zur Erneuerung der Sozialdemokratischen Partei Deutschlands" hervorging, die an der Spitze der Partei aufhorchen ließ und das Godesberger Reformprogramm mitbestimmte. Die von Juan Linz bereits Mitte der sechziger Jahre aufgestellte These, der durch Nationalsozialismus, Krieg und Kriegsfolgen verursachte gesellschaftliche Struktur- und Mentalitätswandel vor allem auch in der jüngeren Generation habe geholfen, frühere Konfliktlinien in der deutschen Gesellschaft aufzuheben, wird durch die Lokalstudie Holtmanns überzeugend bestätigt.

Im zweiten Abschnitt des Sammelbandes *(NS-Vergangenheit: Täter und Opfer)* sind wiederum drei Beiträge zusammengefaßt. Sie widmen sich dem Nachkriegsschicksal von Trägern und Leidtragenden der NS-Herrschaft. So häufig in Studien zur Nachkriegszeit die Entnazifizierung schon aufgegriffen wurde, die Frage nach den persönlichen und sozialen Folgen der politischen Säuberung für die ehemaligen Nazi-Aktivisten und ihre Familien ist – vielleicht aus verständlicher Tabuisierung heraus – bislang ausgeklammert worden. Damit blieben aber allein aus solcher Perspektive zu gewinnende Erkenntnisse über bestimmte psychologische, gesellschaftliche und politische Wirkungen der Entnazifizierung unzugänglich. Dieses Forschungsdefizit gab den Anstoß zu der Studie von Barbara Fait, die anhand von Beispielen aus Oberbayern das Entnazifizierungsschicksal von Kreisleitern der NSDAP untersucht.

Die in der NS-Zeit mit erheblichen Kompetenzen und einem beachtlichen Apparat ausgestatteten Kreisleiter bildeten zwischen Gauleitern und Ortsgruppenleitern die Mittelgruppe jener „Hoheitsträger der NSDAP", welche das Urteil des Internationalen Militärtribunals in Nürnberg insgesamt, jedenfalls für die Zeit ab 1939, als „verbrecherische Organisation" einstufte. Das bedeutete, daß alle Angehörigen dieses Korps der „Politischen Leiter der NSDAP" als Mitschuldige an den Kriegs- und Menschheitsverbrechen des Regimes abgestempelt waren. An der Bestrafung und Sühneleistung dieser Gruppe von Aktivisten mußte sich, so die der Studie zugrunde liegende Hypothese, ablesen lassen, wie gerecht oder ungerecht, wie streng oder nachsichtig das Spruchkammerverfahren gehandhabt wurde. Die Frage war, ob die im ganzen höchst unbeliebte, von der Mehrzahl der Deutschen abgelehnte Entnazifizierung auch im Falle der Kreisleiter zu pauschaler Rehabilitierung, gar zu einer Solidarisierung der Bevölkerung mit den einstigen „Kreiskönigen" führte, und welche neonazistischen Wellenschläge sie vielleicht hervorrief.

Die Kreisleiter wurden von der amerikanischen Besatzungsmacht generell als „große Fische" betrachtet und, sofern sie nicht verschollen oder untergetaucht waren, wie andere Funktionäre des NS-Regimes zunächst in „automatischen Arrest" genommen. Ein – freilich kaum vermeidbares – Manko der folgenden Entnazifizierungsprozedur bestand darin, daß die in toto als besonders belastet angesehenen Kreisleiter meist erst 1948 vor die Spruchkammer gebracht wurden, zu einem Zeitpunkt, als die Entnazifizierung bereits allen Kredit verloren und die Aussagebereitschaft von Zeugen der Anklage auf ein Minimum gesunken war. Die von Barbara Fait mit Recht betonte Kehrseite dieses Faktums war aber, daß die ehemaligen Kreisleiter infolgedessen fast durchweg eine etwa dreijährige Internierungshaft zu verbüßen hatten. Das lief auf eine pauschale Bestrafung wegen ihres nominellen Status innerhalb des Gefüges des NS-Regimes hinaus und entsprach insofern ganz den Maßstäben, die die Alliierten bei der Bestrafung von „Organisationsverbrechen" von Anfang an gesetzt hatten.

Die genaue Prüfung der Einzelfälle ergibt darüber hinaus, daß die Spruchpraxis der Kammern gegenüber den Kreisleitern alles in allem keineswegs pauschal und willkürlich war. Vielmehr gelangten sie in der Regel zu Urteilen, die den höchst unterschiedlich gelagerten Fällen durchaus gerecht wurden. Viele Kreisleiter hatten ihr Amt eher maßvoll ausgeübt und sich nur nach außen hin als rabiate Nazis gegeben, während nur eine Minderheit von ihnen nach ihrer Gesinnung und ihren Taten als tatsächlich fanatisch und brutal eingestuft werden konnte. In den Verhandlungen gegen die wirklich gefährlichen Kreisleiter fehlte es trotz des 1948 schon allenthalben vorherrschenden Widerwillens gegen die Erstattung entsprechender Anzeigen denn auch nicht an Belastungszeugen. Die Zurückhaltung der Bevölkerung in den meisten Spruchkammerverfahren gegen die Kreisleiter kann andererseits mitnichten als Solidarisierung mit den ehemaligen Nazigrößen gedeutet werden. Im Gegenteil, die sozialen Konsequenzen der Entnazifizierung, die meist mit Vermögensbeschlagnahme, Berufsverbot, Wohnungsverlust und anderen gravierenden Beschneidungen verbunden waren, sind für die „Goldfasane" und insbesondere für ihre Familienangehörigen meist sogar empfindlicher spürbar gewesen als die unmittelbaren Straffolgen. Bis auf eine kleine Minderheit von Unverbesserlichen, die sich nach 1949 wieder bei rechtsextremen Gruppen und Parteien einfanden, zogen sich die meisten ehemaligen Kreisleiter ganz aus dem öffentlichen Leben zurück.

Die Lebensgeschichten der ehemaligen Kreisleiter der NSDAP lassen sich gewiß nicht auf einen Nenner bringen und haben, auch als Grundlage weiteren Nachdenkens, ihren Wert für sich. In einigen von ihnen scheint auch manch eine, in den Not- und Besatzungsjahren noch virulente, potentiell gefährliche Entwicklungsmöglichkeit auf, so vor allem die fortwirkende Solidarität ehemaliger NS-Funktionäre vor dem Hintergrund mitunter bis in die „Kampfzeit" zurückreichender Kameradschaftsbeziehungen, die einigen von ihnen nach 1945 das Untertauchen ermöglichte oder eine falsche Identität verschaffte. Diese naturgemäß schwer zu fassenden Solidarbeziehungen hätten gewiß die Basis für kräftige neonazistische Bestrebungen abgeben können, wenn die allgemeine Entwicklung in Westdeutschland nach der Währungsreform weniger günstig verlaufen wäre. Doch die schnelle materielle Erholung des Landes wirkte dem entgegen. Wenn auch die Entnazifizierung insgesamt auf eine massenhafte Rehabilitierung hinauslief, resümiert Barbara Fait, so galt das „gerade nicht generell für die NS-Funktionäre im engeren Sinne". Sofern bei ihnen von „sozialer Reintegration überhaupt die Rede sein kann, bestand sie mehr in sozialer Duldung nach vorangegangener empfindlicher Degradierung". Die meisten Kreisleiter und deren Familien blieben, wenn sie weiter am Ort ihres früheren Wirkens wohnten, sozial isoliert und vollkommen einflußlos. Nach Jahren eines Lebens am Rande des Existenzminimums konnten sie meist erst Mitte der fünfziger Jahre (im Vergleich zum Durchschnitt der Bevölkerung mit Verspätung) bestenfalls wieder jenen meist niedrigen sozialen Status erlangen, „den sie 15 oder 20 Jahre zuvor mit der Übernahme des Parteiamtes für immer zu überwinden gehofft hatten".

Der nachfolgende Beitrag von Christa Schick über die Internierungslager in der amerikanischen Besatzungszone ist eine Ergänzung der Studie über die Kreisleiter der NSDAP. Schon der relativ große Kreis der Personen, die nach 1945 für die Dauer von zwei oder drei Jahren interniert wurden (in der amerikanischen Zone zeitweise ungefähr 100000), zeigt, daß die politische Säuberung nicht nur Maxime, sondern Realität gewesen ist. Der Besatzungsmacht ging es bei der Internierung vor allem um den Schutz ihrer Truppen und Einrichtungen vor als „security threats" eingestuften Personen. Von diesen Pauschalmaßnahmen, die sich ähnlich wie die gesamte amerikanische Entnazifizierungspolitik an starren Formalkategorien orientierten, waren überwiegend untere und mittlere Parteifunktionäre und eine gar nicht so geringe Anzahl von kleinen Parteigenossen betroffen, die aus den späteren Spruchkammerverfahren dann meist als „Mitläufer" hervorgingen. Nicht zuletzt aufgrund solcher Ungereimtheiten und Ungerechtigkeiten gerieten die Internierungslager rasch in das Kreuzfeuer öffentlicher Kritik. Aber auch die Besatzungsmacht und die deutschen Behörden, die die Camps schließlich übernahmen, hatten, wie Christa Schick schreibt, „wegen der Lager bald ein ungutes Gefühl". Es war ihnen natürlich bewußt, daß die Existenz von Lagern, in denen über viele Monate hinweg Häftlinge ohne Anklageschrift oder Urteil zerniert waren – trotz aller guten Gründe, die sich dafür anführen ließen –, mit den nach und nach etablierten Grundsätzen der Rechtsstaatlichkeit schlecht in Einklang zu bringen war.

Bemerkenswert ist der Befund, daß weder die Besatzungsmacht, die sich ansonsten einiges auf ihr Reeducation-Programm zugute hielt, noch deutsche Stellen in den Lagern ernsthafte Anstrengungen zu einer politischen Umerziehung oder zu einer Aufklärung der Internierten über die nationalsozialistischen Untaten unternahmen. Von selbst unterzogen sich die Häftlinge nur selten der Mühe, sich über die eigene Mittäterschaft oder ihre Verstrickung in das NS-Regime Rechenschaft abzulegen. „Die meisten sahen sich eher als Opfer der Besatzungsmacht denn als Täter des NS-Regimes" und sperrten sich gegen eine selbstkritische Bestandsaufnahme. Dessenungeachtet scheinen aber viele von ihnen spätestens im Lager von ihren langgehegten Überzeugungen Abschied genommen zu haben; auch die Lust am riskanten politischen Engagement war ihnen offenbar gründlich vergangen. Die harten Maßnahmen der Besatzungsmacht zur Einschüchterung und Ausschaltung der nationalsozialistischen Funktionärsschicht waren neben der Erschöpfung nationalistischer Energien durch Überspannung und Pervertierung im Dritten Reich und der normativen Ächtung der

NS-Ideologie nach 1945 eine wichtige Ursache der nur sehr bescheidenen Resonanz, die rechtsradikale Parteien dann in Westdeutschland fanden.

Pendant zur Ausschaltung der nationalsozialistischen Funktionäre und zur Verfolgung von NS-Verbrechern sollte gemäß dem Willen der Besatzungsmächte und nach den Vorstellungen deutscher Hitler-Gegner die politische, wirtschaftliche und moralische Rehabilitierung der gepeinigten Opfer des Regimes und nicht zuletzt die dauerhafte Überwindung des Antisemitismus sein. Das komplexe Kapitel der Wiedergutmachung wurde gleichwohl nicht in den vorliegenden Band aufgenommen. Der Grund dafür ist, daß das Thema in einer gesonderten Publikation des Instituts für Zeitgeschichte behandelt wird. Immerhin kann Juliane Wetzel in ihrem Beitrag, der sich mit den Überlebenden des Holocaust befaßt, doch einige wichtige Aspekte des Verhältnisses von Deutschen und Juden in der unmittelbaren Nachkriegszeit beleuchten.

In der amerikanischen Besatzungszone kam 1945/46 der Exodus der den Vernichtungs- und Arbeitslagern entronnenen Juden, namentlich aus Polen und anderen osteuropäischen Staaten, zum Stehen. Hierhin zogen seit 1946 auch zahlreiche polnische Juden, die sich über die „grüne Grenze" nach dem Westen abgesetzt hatten. Namentlich München und Umgebung wurden vorübergehend ein Zentrum jüdischer Displaced Persons, die auf die Möglichkeit zu einer Auswanderung vor allem nach Palästina oder Amerika warteten. So blieb nichts anderes übrig, als die befreiten Juden auf deutschem Boden wiederum für Jahre in Lagern unterzubringen. Die von der Autorin skizzierte Geschichte dieser jüdischen Lager mit ihren bald vielfältigen sozialen Selbsthilfe-Einrichtungen und kulturellen Aktivitäten ist aus dem deutschen historischen Gedächtnis wohl auch deshalb weitgehend verschwunden, weil diese Lager nicht in die Zuständigkeit deutscher Verwaltungen fielen, sondern ausschließlich der Besatzungsmacht bzw. später der UNRRA unterstellt waren. Besser in Erinnerung geblieben sind das zeitweilige Zentrum jüdischer Hilfsorganisationen in München-Bogenhausen und der sagenumwobene, von jüdischen Händlern beherrschte Schwarzmarkt-„Boulevard" Möhlstraße. In München entstand freilich auch wieder eine kleine, zum Bleiben entschlossene jüdische Gemeinde, die sich aus deutschen Juden und jüdischen DP's zusammensetzte. Sie verstrickte sich schon bald in heftige Auseinandersetzungen mit der großen Mehrheit der Auswanderungswilligen, die nach den Erfahrungen des Dritten Reiches wenig Verständnis dafür aufbringen konnten, daß es noch immer eine Gruppe deutscher Juden gab, die in dem Land Hitlers neu beginnen wollte.

Bei ihrer Beschreibung der Geschichte jüdisch-deutscher Beziehungen nach 1945 kommt Juliane Wetzel zu manch beschämenden Ergebnissen. Sie bezeugen einmal mehr, daß der von Stalingrad und Währungsreform markierte Umbruch in Deutschland – so einschneidend er sein mochte – manche mentalen Tiefenschichten doch kaum berührte. Trotz der vollkommenen Zerstörung der bedeutenden Geschichte des Judentums in Deutschland, trotz des deutschen Massenmordes an den Juden kam es nach 1945 immer wieder zu Manifestationen eines unbekümmerten Antisemitismus. Es mochte übertrieben sein, wenn ein amerikanischer Offizier zwei Jahre nach Kriegsende schrieb, falls die amerikanische Armee sich zurückziehe, werde es am nächsten Tag Pogrome geben. Aber die „Fähigkeit und Bereitschaft, sich das Schicksal dieser Menschen zu eigen zu machen, ihm wenigstens nicht achtlos gegenüberzutreten", schreibt die Autorin, „war infolge des erst geringen Abstandes und der inneren Absperrung gegenüber der NS-Vergangenheit bei den allermeisten gering". Ungeachtet mancher aufrichtig gemeinter Geste der Aussöhnung, um die sich auch die Politik immer wieder bemühte, konstatiert Juliane Wetzel in der Bevölkerung doch eine „dumpfe, durch die Erfahrung der NS-Zeit nicht überwundene, bei manchen eher noch verstärkte Beziehungslosigkeit zu den Opfern und Überlebenden des Holocaust".

Die bereits im ersten Schwerpunkt aufgeworfene Frage nach Erosion oder Fortgeltung von traditionellen Einstellungen und Strukturen in unterschiedlichen sozial-kulturellen Milieus der deutschen Gesellschaft wird im dritten Teil des Bandes *(Bruch und Behauptung: Gesellschaftliche Gruppen im Wandel)* noch einmal aufgenommen, jetzt bezogen auf vier klar abgegrenzte beruflich-soziale Gruppen: die Landbevölkerung, die Handwerkerschaft, die Industriearbeiter und das Unternehmertum. Paul Erker kommt es in seinem am Beispiel Bayerns veranschaulichten Beitrag über die bäuerliche Bevölkerung zwischen Flüchtlingszustrom und landwirtschaftlichem Strukturwandel vor allem darauf an, die Folgen darzulegen, die die in den vierziger und fünfziger Jahren massiv einsetzenden Modernisierungs- und Mobilisierungsschübe für die Landbevölkerung und für das dörfliche Leben hatten. Von dem eng-provinziellen, durch den Rhythmus von Aussaat und Ernte bestimmten Gang des täglichen Lebens war auf dem flachen Lande nach der Kriegswende und in den Nachkriegsjahren nur noch wenig zu spüren. Das Dorf und das dörfliche Sozialgefüge waren vielmehr so einschneidenden Veränderungen unterworfen, daß mit Recht von einer „Revolution des Dorfes" und einer „Entprovinzialisierung dörflichen Lebens" gesprochen werden konnte. Eine Hauptursache dafür war der Strom von Evakuierten und Flüchtlingen, der sich damals auch in die bayerische Provinz ergoß; es war der massivste Einbruch an Fremdem und Neuem seit den Napoleonischen Kriegen. In der kleinen Welt des Dorfes begannen damals, auch unter dem Einfluß der die Höfe nach Lebensmitteln abgrasenden und mit zivilisatorischen Luxusgütern ausgestatteten Städter, Nylonstrumpf und Nagellack, Kino und Tanzkurs ihren Einzug zu halten.

Zugleich lösten sich die seit Jahrhunderten stabilen konfessionshomogenen Zonen auf. Der Einstrom evangelischer Schlesier ins katholische Ober- und Niederbayern sowie katholischer Sudetendeutscher in rein evangelische Gemeinden Mittelfrankens sorgte für eine kräftige konfessionelle Durchmischung. Die Reaktion der Einheimischen auf die kulturellen und religiösen Herausforderungen war zwiespältig: Die Konfrontation mit den Fremden, die als Eindringlinge empfunden wurden, rief ein Gefühl der Überfremdung hervor und schürte tiefsitzende antiurbane Ressentiments der bäuerlichen Bevölkerung. Aus dem damit einhergehenden Bedürfnis nach Selbstvergewisserung heraus wurden in vielen Gemeinden schon fast verlorene dörfliche Traditionen und Bräuche wiederbelebt. Andererseits ging von manchem, was mit den Flüchtlingen aufs Land gelangte, erhebliche Anziehungskraft aus. Vor allem die Jugendlichen, die sich durch ihre HJ- und BDM-Erfahrung bereits beträchtlich vom alten Traditionskanon emanzipiert hatten, zögerten nicht, sich – etwa bei den Freizeit- und Konsumgewohnheiten oder der Berufswahl – an dem Verhalten der Fremden zu orientieren.

Modernisierung und Entprovinzialisierung des dörflichen Lebens ließen auch die eingeschliffenen Regeln und Riten politischen und gesellschaftlichen Ausgleichs auf dem Lande nicht unberührt. Der Lehrer, früher eine bestimmende Größe in der dörflichen Politik, verlor an Einfluß, der Landpfarrer büßte viel von seiner „Richtlinienkompetenz“ in politischen Fragen ein und beschränkte sein Betätigungsfeld mehr und mehr auf religiös-kirchliche Angelegenheiten. Die Mitwirkung der Flüchtlinge veränderte auch die konventionellen Formen der Entschlußbildung im Gemeinderat. Hatten die Gemeinderäte früher nach der Messe am Stammtisch über die wesentlichen Elemente dörflicher Politik nicht lange debattieren müssen, weil sie um die Gemeinsamkeiten wußten, so wurde nun diskutiert und argumentiert, wurden Resolutionen erarbeitet und Interessen offen artikuliert.

Ausgelöst wurde die „Revolution des Dorfes“ aber nicht allein von den Evakuierten und Flüchtlingen, vielmehr brach sich jetzt zugleich die seit langem wirksame, sich im Krieg verschärfende Strukturkrise der Landwirtschaft Bahn. Bayern wandelte sich zwischen Mitte der vierziger und Mitte der fünfziger Jahre von einer überwiegend agrarischen zu einer primär gewerblichen Gesellschaft. Dieser grundlegende Wandel erschütterte nicht nur alte Gewohnheiten, er erzwang auch die Aufgabe der alten Arbeitsverfassung, die Umstellung auf neue, nur durch verstärkten Maschineneinsatz realisierbare Bewirtschaftungsmethoden und die Anpassung an veränderte Marktbedingungen. Viele kleinbäuerliche Betriebe sanken jetzt rasch unter die Rentabilitätsgrenze, Kleinbauern und Nebenerwerbslandwirte mußten in großer Zahl ihre Höfe aufgeben. Ebenso wie manch gestandener Bauer, der die Zeichen der Zeit zu spät erkannt hatte oder vor den erforderlichen Investitionen zurückgeschreckt war, waren sie gezwungen, sich eine neue Existenzgrundlage zu schaffen. Die Bauern als soziale Gruppe formierten sich in diesen Jahren neu.

Diese Neuformierung und beispiellose Ausdünnung im Bauernstand führte nicht zu dem befürchteten scharfen Verteilungskampf. Eine Radikalisierung blieb ebenfalls aus. Das ist nicht nur darauf zurückzuführen, daß die Bauern als relative Verlierer des „Wirtschaftswunders“, absolut gesehen, noch immer viel gewinnen konnten, sondern auch auf den Umstand, daß durch den vorangegangenen Einbruch des Fremden und Neuen, so Erker, „schon präformierende und letztlich kaum reversible Veränderungstendenzen in Gang gesetzt worden waren“. Erker sieht in der Umbruchsphase also einerseits eine Ausnahmesituation, andererseits aber auch eine Übergangs- und Inkubationszeit. Die relative Abgeschlossenheit ländlichen Lebens war längst aufgebrochen, als die bäuerliche Welt in den fünfziger Jahren zur Defensivanpassung an die Gesetze der Industriegesellschaft gezwungen wurde.

Vergleichbarem Umstellungs- und Anpassungsdruck war während dieses Zeitraums auch das Handwerk ausgesetzt. Wie Christoph Boyer in seiner Studie über die Berufsordnung des Handwerks zwischen Kriegswirtschaft und Wirtschaftswunder herausarbeitet, bestand das Handwerk die Herausforderungen durch Modernisierung, Konzentration und Übernahme neuer Aufgaben aufs ganze gesehen erfolgreich. Doch kam es weder in der NS-Zeit, in der Besatzungsära, noch auch in den frühen Jahren der Bundesrepublik wirklich zur Ruhe. Der seit langem erstrebten Vollendung der „Deutschen Handwerksordnung“ durch die Einführung des Großen Befähigungsnachweises im Jahre 1935 folgte nämlich eine Kette von Enttäuschungen und Eingriffen, die den im Handwerk seit dem 19. Jahrhundert nicht mehr verstummenden Untergangsprophetien immer neue Nahrung gaben.

Schon in den dreißiger Jahren war die Hoffnung auf Prosperität und Hebung des sozialen Prestiges, die der gewerbliche Mittelstand in den Nationalsozialismus gesetzt hatte, nicht erfüllt worden. In ernste Bedrängnis geriet das Handwerk 1943, als Stillegungsaktionen im Zuge der Totalisierung des Krieges zahlreiche kleinere und mittlere Handwerker zur Aufgabe ihres Betriebes zwangen. Die Existenzangst, die das Handwerk damals erfaßte, verlor sich auch nach 1945 nicht, obwohl viele restriktive Bestimmungen, die den Zugang zum selbständigen Gewerbe regelten, in Kraft blieben. Nach der Kapitulation war der Drang in die Selbständigkeit des Handwerks aber so stark, daß das in der NS-Zeit perfektionierte rechtliche Gebäude zur Abschirmung des Alten Mittelstandes vor unliebsamer Konkurrenz ins Wanken geriet. Flüchtlinge, Kriegsheimkehrer oder Bombengeschädigte erhielten die Chance, wieder Fuß zu fassen und sich, wenn auch oft nur mit Kümmerbetrieben, über die „schlechte Zeit" hinwegzuretten. Diese Durchlöcherung des Handwerksprotektionismus hat wahrscheinlich einer Radikalisierung der betroffenen mittelständischen Gruppen nicht unbeträchtlich entgegengewirkt, doch im alteingesessenen Handwerk, das zunehmend gereizter nach wirksamem staatlichen Schutz verlangte, verschärfte diese Aufweichung alter berufsständischer Normen die Krisenstimmung.

Die amerikanische Militärregierung nahm darauf aber keine Rücksicht. Im Gegenteil, Ende 1948 bestand sie ungeachtet der heftigen deutschen Gegenwehr auf der Einführung der vollen Gewerbefreiheit. Wie die Reformversuche im Schulwesen und Berufsbeamtentum war diese Maßnahme Teil jener energischen politischen Initiative, mit der die Militärregierung gegen Ende der Besatzungszeit noch einmal wichtige Weichen in Richtung Demokratisierung und Liberalisierung von Wirtschaft und Gesellschaft in Westdeutschland stellen wollte. Die Amerikaner versprachen sich von ihrem Schritt eine Stimulierung des Leistungswillens des einzelnen und den Abbau von Machtpositionen, die die Organisationen der gewerblichen Wirtschaft (namentlich die Handwerkskammern) innehatten und nicht freiwillig zu räumen gedachten. Der Versuch, auch das Handwerk dem rauhen Wind der Wettbewerbswirtschaft auszusetzen, löste einen wütenden Proteststurm im Alten Mittelstand aus. In aller Deutlichkeit offenbarte er, daß im Handwerk zünftlerisch-sozialprotektionistische Einstellungen über das Jahr 1945 hinaus kräftig fortlebten, antidemokratische Ressentiments und nationalistische Orientierungen mit dem Untergang des Dritten Reiches beileibe nicht versunken waren. Sie verdichteten sich freilich nie zu einer ernsten Belastung für die zweite deutsche Demokratie. Der bald einsetzende Wirtschaftsaufschwung nahm den Protesten die Spitze, und die Bundeshandwerksordnung von 1953 kam dem Schutzbedürfnis des Handwerks weit entgegen. Trotz manchen schrillen Propagandatons begann sich aber auch hier allmählich die Erkenntnis durchzusetzen, daß eine Fixierung an den Werten der vorindustriellen Welt, in der das Handwerk noch goldenen Boden gehabt hatte, unzeitgemäß geworden war und daß die von den meisten Elementen des Protektionismus befreite Wirtschaftsordnung der Bundesrepublik auch dem Handwerk attraktive Möglichkeiten bot.

Arbeiterschaft und Arbeiterbewegung in industriellen Großbetrieben sind Gegenstand der Studie von Michael Fichter. Mit Blick vor allem auf die innerbetrieblichen Handlungsspielräume, die Wirkungschancen und das tatsächliche Verhalten der Betriebsräte exemplifiziert er das Thema an so bedeutenden, im Großraum Stuttgart ansässigen Industriebetrieben wie der Robert Bosch GmbH, der Wilhelm Bleyle KG oder der Daimler-Benz AG. Dabei zeigt sich: Den in der natürlichen Spannung zwischen Klassensolidarität und Betriebsloyalität stehenden Betriebsräten war nach Kriegsende eine „ausgeprägte Betriebsbezogenheit" eigen. Sie verstanden sich vornehmlich als Organe zur Wahrung der unmittelbaren Arbeits- und Lebensinteressen der Betriebskollegen und kaum je als militante Spitze der Arbeiterbewegung zur Durchsetzung weitreichender gesellschaftspolitischer Ziele, wie sie damals von den Gewerkschaften oder den Arbeiterparteien propagiert wurden.

Waren die vorrangige Orientierung am Betrieb und der Verzicht auf klassenkämpferischen Aktivismus schon gegen Ende der Weimarer Republik Hauptmerkmal der Betriebsratsarbeit gewesen, so führten die Erfahrungen nach 1933 den Betriebsräten schmerzlich vor Augen, daß nur ein kleiner Teil der Belegschaften ideologisch unbeirrbar und politisch standfest war. Die große Mehrheit hatte sich bald von dem im Dritten Reich kultivierten „Pathos sozialharmonischer Gemeinschaftsethik" anstecken lassen oder an der sozialpolitischen Aktivität der DAF Gefallen gefunden. So täuschten sich die neuen Betriebsräte nach 1945 nicht darüber, daß sie ihre Verankerung in der Belegschaft nur im täglichen Klein-Klein der Betriebsarbeit, aber nicht mit weittragenden gesellschaftspolitischen Entwürfen und außerbetrieblichem Engagement erreichen konnten.

Das aus solchen Erfahrungen gespeiste Bewußtsein begrenzter Stärke und das Wissen darum, daß die Kräfte der Arbeiterschaft im Rüstungseinsatz unter dem Banner patriotischer Pflichterfüllung rücksichtslos überspannt und erschöpft worden waren, dämpften radikale Bestrebungen und verstärkten die bei den Betriebsräten ohnehin bestehende Neigung zur Kooperation mit den Betriebsleitungen. Auch die besonders zwischen der Totalisierung des Krieges 1943 und einer ersten Konsolidierung 1948 in den Betrieben allgegenwärtige Notwendigkeit zu erfindungsreicher Improvisation wirkte Neigungen zu klassenkämpferischer Konfrontation entgegen. Das partnerschaftliche Zusammenwirken, etwa bei der Suche nach Notlösungen für Produktions- und Versorgungsprobleme, an der beide Seiten auch nach dem Krieg weiterhin interessiert waren, „erschwerte es den Betriebsräten naturgemäß schon psychologisch", schreibt Michael Fichter, „gegen dieselben Firmenleitungen in anderen Fragen eine besonders radikale oder hartnäckige, geschweige denn klassenkämpferische Gegenposition einzunehmen".

Hierin liegt nach Fichters Ansicht ein wesentlicher Grund für die erstaunliche Zurückhaltung der Betriebsräte auch bei der politischen Säuberung. Bezeichnenderweise erhoben die Betriebsräte nie die Forderung nach einer generellen Ausschaltung von Unternehmern, die von der Kriegswirtschaft profitiert hatten. Viele antifaschistische Aktivisten der Arbeiterschaft sprachen sich im Grundsatz zwar für eine scharfe Entnazifizierung aus, lenkten im Einzelfall aber fast immer ein. Auch sie waren schließlich an einer Weiterbeschäftigung von mehr oder weniger belasteten Fachleuten und Führungskräften interessiert, die sie beim betrieblichen Wiederaufbau für unentbehrlich hielten. Durchschlagenden Erfolg bei der Entnazifizierung hatten die Betriebsräte in der Regel nur dann zu verzeichnen, wenn sie sich mit ihren Entlassungsforderungen im Einklang mit der Auffassung der Betriebsleitung befanden.

In den Umbruchsjahren kam es nur in krassen Ausnahmefällen zur Bildung von revolutionären Arbeiterräten und nur höchst selten zu ähnlich scharfen innerbetrieblichen Kämpfen wie nach dem Ersten Weltkrieg. In aller Regel hielten sich Betriebsleitungen wie Betriebsräte an jenen stillschweigenden „Wiederaufbaupakt" – wie man den Komment der innerbetrieblichen Partnerschaft nennen könnte –, der bis in die Zeit des „Wirtschaftswunders" hinein hielt und maßgeblich zur Stabilität der Bundesrepublik beigetragen hat. Ein solcher Pakt wäre ohne die vorherrschende Bereitschaft der Betriebsräte zur Konsensfindung bei Interessenkonflikten nicht möglich gewesen, er wäre nicht denkbar gewesen ohne die (zumal im Stuttgarter Raum) hohe Identifikation der Stammbelegschaften mit ihren Betrieben, kaum vorstellbar aber auch ohne die allmähliche Abkehr eines beträchtlichen Teils der Unternehmerschaft von einer traditionellen, primär autoritär-patriarchalisch geprägten Betriebsführung. Unternehmer und leitende Angestellte zeigten sich den berechtigten Anliegen der Betriebsvertretungen gegenüber auch deshalb konzessionsbereit und aufgeschlossen, weil sie wußten, daß sie beim Wiederaufbau ihrer Firmen auf die Belegschaft angewiesen waren, und die Betriebsräte darüber hinaus als Ordnungsfaktor in den Betrieben und als antifaschistische „Rufspender" schätzten.

Der Industriebetrieb steht auch im Mittelpunkt der vierten Studie dieses Schwerpunktes. Gerhard Hetzer schreibt ein Stück Unternehmer- und Unternehmensgeschichte des Augsburger Raumes im Übergang von der Kriegs- zur Nachkriegswirtschaft. Die Unterschiede im unternehmerischen Stil, die sich nicht nur im Vergleich zwischen der alteingesessenen Augsburger Textil- und der modernen Metall- und Maschinenindustrie, sondern auch zwischen zwei so weltbekannten Firmen wie dem etwas behäbigen Traditionsbetrieb MAN und der jungen, fast „amerikanisch" geführten Messerschmitt AG offenbarten, sind dabei eine wichtige Orientierungslinie. Mit seinem Versuch, die personellen und mentalen Kontinuitäten in den Chefetagen skizzenhaft zu umreißen, betritt Hetzer ein bislang fast unbeackertes Feld. Nach seinem Eindruck überstand die temporär zwar erheblich verunsicherte Unternehmerschaft die Umbruchsphase im ganzen doch „äußerlich staunenswert ungebrochen". Bis Ende 1948 konnten die meisten bei Kriegsende verdrängten Unternehmer und leitenden Angestellten in ihre Fabriken zurückkehren. Wirkliche Schwierigkeiten beim beruflichen Wiedereinstieg hatten im Grunde nur die „Dynamiker der Kriegswirtschaft", die sich in der NS-Zeit, so Hetzer, allzu hemdsärmelig gegen die „Areopage des alten Managements und der Anteilseigner" durchgesetzt hatten.

Wurden aber mit der fast vollständigen Rehabilitierung auch das alte unternehmerische Selbstverständnis und die überkommene Hierarchie in den Betrieben umstandslos restauriert? Oder entstand in der Katastrophe des Staates nicht gerade jener „atmosphärische Kompromiß" zwischen Unternehmern und Arbeiterschaft, den das Erhardsche Modell der Sozialen Marktwirtschaft zur Voraussetzung hatte? Hetzer kann in seiner Problemskizze solche wichtigen, in der Forschung bisher weitgehend vernachlässigt gebliebenen Fragen immerhin teilweise beantworten, etwa wenn er das von der nationalsozialistischen Volksgemeinschaftsideologie nicht gänzlich unbeeinflußt gebliebene Bemühen einer neuen Unternehmergeneration um eine Art von sozialpartnerschaftlichem Ausgleich mit der Arbeiterschaft beschreibt oder wenn ihm das auch von Michael Fichter herausgestellte unideologisch-nüchterne Operieren der Arbeitervertreter – denen Betriebspolitik fast immer wichtiger war als Klassenpolitik – als ein Spezifikum dieser Jahre erscheint.

Zusätzlichen Reiz gewinnt der Beitrag dank seiner Unternehmerporträts und Karrierestudien. Ausführlich geschildert wird etwa der Werdegang von Willy Messerschmitt – in den dreißiger Jahren ein Idol der Technikbegeisterten –, dem der nationalsozialistische Staat den idealen Rahmen zur Entfaltung seiner Fähigkeiten als Flugzeugbauer und Unternehmer geboten hatte. Nach seiner Internierung stand Messerschmitt, der zwar Parteigenosse, aber nicht wirklich ein Mann der NSDAP gewesen war, keineswegs am Ende seiner Karriere. Die Belegschaft selbst forderte seine Rückkehr in den Betrieb, und die Alliierten versuchten, sich mit attraktiven Angeboten an den berühmten Konstrukteur gegenseitig auszustechen. Hier wie in zahlreichen anderen Fällen, in denen das Interesse am Know-how deutscher Fachleute dominierte, verflüchtigte sich recht bald die programmatische Selbstverpflichtung der Siegermächte, Unternehmer und Manager der deutschen Großindustrie nicht aus ihrer Verantwortung für Nationalsozialismus und Krieg zu entlassen.

Der vergleichsweise schmale vierte Abschnitt des Bandes *(Zur Situation der Familie und der Frauen)* umfaßt zwei Studien, die das von Helmut Schelsky schon vor längerem unter soziologischen Gesichtspunkten erforschte Thema der Familie und der Frauen in der Nachkriegszeit unter anderen methodischen Perspektiven erneut aufnehmen. Daß die deutsche Bevölkerung während der Umbruchsjahre auch in ihrer familiären und privaten Sphäre stark erschüttert wurde, daß traditionelle Rollenmuster als Ehefrau und Ehemann, Vater und Mutter, Sohn und Tochter und die Binnenstrukturen der Familie insgesamt ins Wanken gerieten, ist inzwischen durch eine breite Literatur erhärtet und ausdifferenziert worden.

Barbara Willenbacher faßt die Ergebnisse dieser Forschung zusammen und stellt weitergehende Fragen. In ihrer Studie über Zerrüttung und Bewährung der Nachkriegs-Familie geht sie zunächst auf die Desorganisationserscheinungen ein, wie sie in Krisenzeiten immer auftreten, so etwa auf das sprunghafte Anwachsen der Kriminalität, vor allem der Jugendkriminalität, und gibt statistische Erläuterungen zum Hochschnellen der Scheidungsziffern, zur großen Anzahl unvollständiger Familien und zum dramatischen Anstieg der Quote unehelicher Kinder. Sozialwissenschaftler, besorgte Kirchenführer und konservativ orientierte Politiker sahen darin Vorboten eines krankhaften Verfalls und der Aufweichung sozialer und sittlicher Normen; insbesondere fürchteten sie um die Jugend. Doch sie sollten nicht Recht behalten. Mit der Besserung der allgemeinen Lebensverhältnisse verschwanden die Desorganisationserscheinungen, und gerade die Jugendlichen aus unvollständigen oder zerrütteten Familien erwiesen sich in Schule und Beruf als besonders leistungswillig, anpassungsfähig und realitätsorientiert. Von den genannten Krisenphänomenen überlagert, bahnten sich aber, so betont Barbara Willenbacher, „tiefgreifende Einstellungsänderungen und Modernisierungsprozesse" im Verhältnis von Mann und Frau und in den Eltern-Kinder-Beziehungen an, durch die Ehen und Familien eher gefestigt wurden.

Ihre Dynamik bezogen diese Entwicklungen, die sich auch in der rechtlichen Gleichstellung der Frau in den Länderverfassungen und im Grundgesetz niederschlugen, nicht so sehr aus einer Emanzipation der Frau von ihrer überkommenen Rolle in Ehe und Familie, sondern – im Gegenteil – eher aus einer Aufwertung und „Retraditionalisierung der weiblichen Rolle als Hauswirtschafterin". Dies bescherte vielen Frauen die faktische Dominanz in den Familien und bahnte einer stärkeren Stellung der Frau in der Ehe den Weg. Ganz ähnlich wirkte sich die massenhafte Erfahrung des sozialen Abstiegs und der gesellschaftlichen Deklassierung von Familien des Mittelstandes aus. Sie konnten nämlich ihre frühere soziale Stellung meist nur in einer gemeinsamen Anstrengung der ganzen Familie wiedererlangen. Für schlecht legitimierte

Vorrechte der Familienväter blieb dabei wenig Raum. Ihnen glückte die reibungslose Integration in die Familie meist auch nur dann, wenn sie auf die gestärkte Position der Ehefrau und der Kinder Rücksicht nahmen, welche ihrerseits früh Erwachsenenrollen auf sich zu nehmen hatten und dabei das entsprechende Selbstbewußtsein entwickelten. Viele dieser Verschiebungen in den Umbruchsjahren hatten nach Willenbacher Bestand, „manches ging in der ‚Windstille' der fünfziger Jahre mit ihren restaurativen Tendenzen im öffentlichen Bewußtsein zeitweise verloren und lebte erst in den reformfreudigen sechziger Jahren wieder auf".

Auch Nori Möding betont in ihrer Studie über Frauen und Frauenorganisationen des bürgerlichen Lagers, daß im Krieg und in den Nachkriegsjahren die traditionellen Orientierungen im Geschlechterverhältnis diffus geworden waren. Sie stellt heraus, daß sich die unstreitige Emanzipation der Frauen überwiegend auf den Bereich von Ehe und Familie bezog, daß dagegen „nur eine kleine Minderheit von Frauen im engeren Sinne öffentlich und politisch tätig wurde". Vor allem jüngere, im Dritten Reich aufgewachsene Frauen fehlten unter diesen Aktivistinnen fast ganz. Sofern Frauen aus dem bürgerlichen Lager nach 1945 in die Politik gingen und gesellschaftliches Engagement zeigten, handelte es sich fast durchweg um ältere, wohlsituierte, meist auch überdurchschnittlich gebildete Frauen. Die meisten von ihnen waren schon vor der NS-Zeit politisch und gesellschaftlich aktiv, zumindest aber politisch interessiert gewesen. Andere bezogen ihre Motivation zu einem Hervortreten in Parteien und Verbänden aus der Konfrontation mit dem nationalsozialistischen Unrechtsregime oder aus einem Anstoß durch Angehörige der Besatzungsmächte. Nori Möding zeigt dies an zwei Beispielen, die gewiß singulär sind, aber doch verdeutlichen, unter welchen Bedingungen politisch-gesellschaftliches Engagement von Frauen im bürgerlichen Umkreis möglich war und akzeptiert wurde. Sie arbeitet dabei auch heraus, daß die neu konstituierten bürgerlichen Frauenorganisationen den von der großen Mehrheit der Frauen geteilten traditionellen Weiblichkeits- und Familienbildern fest verhaftet blieben und kaum je feministische Programme aufstellten oder gar eine „weibliche Kulturrevolution" proklamierten. Ihre Symbolfiguren waren die „Trümmerfrau" der Nachkriegszeit und die sorgende Hausfrau und Mutter der fünfziger Jahre. Radikale Vorstellungen einer Helene Stöcker oder die Libertinage einer Franziska von Reventlow blieben demgegenüber verpönt. Die „Stunde der Frauen", als die das Kriegsende seinerzeit und später oft angesehen wurde, war gleichwohl nicht vertan. Einstweilen aber hatte sie nur – darin liegt die Quintessenz der beiden Studien – im privaten Bereich und noch nicht in der Sphäre des öffentlichen Lebens geschlagen.

Den Schlußteil des Bandes *(Von der Wehrmacht zur Bundeswehr)* bilden zwei Beiträge von wissenschaftlichen Mitarbeitern des Militärgeschichtlichen Forschungsamtes in Freiburg, die sich mit der Sozial- und Mentalitätsgeschichte der Berufsoffiziere, des Rückgrats „des Militärs", vor und nach 1945 befassen. Bernhard R. Kroener und Georg Meyer beschreiben den tiefgreifenden Einstellungswandel und Modernisierungsprozeß, dem das deutsche Offizierkorps in den nur zwei Jahrzehnten zwischen der Einführung der allgemeinen Wehrpflicht (1935) und der Gründung der Bundeswehr (1955) ausgesetzt war. In dieser kurzen Zeitspanne kam es zuerst zu der unerhörten Machtentfaltung, dann zum beispiellosen Desaster der Wehrmacht, zur radikalen Entmilitarisierung auf Befehl der Siegermächte und schließlich zur Neuformierung der bewaffneten Macht eines demokratischen Staates im Zeichen eines gänzlich veränderten Soldatenbildes. Dabei wurden die militärischen Traditionen und Wertvorstellungen des preußisch-deutschen Militarismus Stück für Stück hinweggefegt und die eminente, oft unheilvolle Sonderrolle der Armee in Politik und Gesellschaft beseitigt. Trug die Offizierkaste Mitte der dreißiger Jahre noch deutlich die im Kaiserreich voll entfalteten, in der Weimarer Zeit kaum abgeschwächten Züge antidemokratischer, ständisch-feudaler Prägung und genoß sie noch immer ein hervorragendes gesellschaftliches Ansehen, so waren diese Merkmale zwanzig Jahre später im neuen Offizierkorps der Bundeswehr bis auf Spurenelemente verschwunden.

Die Studie von Bernhard R. Kroener befaßt sich mit den Wandlungen des Offizierkorps im Dritten Reich und besonders während des Krieges. Der Autor zeigt, wie schon infolge der rasanten Heeresvermehrung seit 1935 der traditionelle Anspruch des Offizierkorps auf innere Geschlossenheit und soziale Exklusivität rasch aufgegeben werden mußte. Dieser Strukturwandel im Zuge der Kriegsvorbereitung entsprach sowohl dem nationalsozialistischen Ziel einer Annäherung von Armee und „Volksgemeinschaft" – letzten Endes der Schaffung einer „nationalsozialistischen Volksarmee" – wie auch den Vorstellungen vieler jüngerer Offiziere, die dem Mythos zusammenschweißenden Frontkämpfertums anhingen. Mit der erneuten starken Ausweitung des aktiven Offizierkorps im Krieg beschleunigte sich die soziale Öffnung weiter. 1942 hatten sich die Gewichte zwischen den Vertretern eines traditionellen Offizierverständnisses und den an Jugendbewegung und Fronterlebnis im Ersten Weltkrieg orientierten jüngeren Kräften bereits eindeutig zugunsten der letzteren verschoben. Kroener untersucht darüber hinaus die rasche und irreversible Zurückdrängung ständischer Elemente im Offizierkorps. Er schildert etwa die Veränderung von Einstellungs- und Beförderungsrichtlinien, beschreibt, wie die früher übliche persönliche Bewerbung des Offizieranwärters bei seinem Kommandeur durch ein an objektive Kriterien gebundenes Verfahren vor allgemeinen Annahmestellen abgelöst wurde, wie die in bestimmten Traditionseinheiten noch gepflogene Offizierwahl und die Ehrengerichte wegfielen oder die antiquierte Heiratsordnung, die dem Offizier nur „standesgemäße" Verbindungen erlaubte, revidiert wurde.

Den schärfsten Veränderungsdruck, herbeigeführt mehr durch massive Sachzwänge als durch ideologisch motivierte Eingriffe des Regimes, erzeugten aber die seit der Kriegswende 1942/43 zu verzeichnenden riesigen Verluste an Offizieren. Erst der sprunghaft ansteigende Bedarf an Nachwuchskräften erzwang, beispielsweise, den Übergang zu leistungsbezogener Beförderung und die Abkehr vom Anciennitätsprinzip, an dessen Stelle nun vor allem die „Bewährung im Kampf" als wichtige Bewertungsgrundlage trat. Diese und andere sozialgeschichtlich folgenreiche Modernisierungsschritte, darunter auch die bewußte Aufhebung des Sonderstatus der Generalstabsoffiziere, entsprachen mittlerweile auch den Wertvorstellungen der großen Masse der Wehrmachtsoffiziere. Das „Korps befand sich bereits in Auflösung", schreibt Kroener, „als ihm die Korsettstangen seiner altpreußischen Tradition entfernt wurden. Ohne soziale Exklusivität, ohne funktionsfremde Privilegien und seines traditionellen, auf sich selbst bezogenen Normengefüges entkleidet, war es in der Gesellschaft aufgegangen."

Was von Traditionalisten als Dekomposition des Offizierkorps beklagt wurde, trug objektiv zu einer besseren sozialen Verwurzelung des Offiziers in der Gesellschaft und zur Entfeudalisierung der alten Offizierkaste bei. Die meisten Offiziere wiesen so bei

Kriegsende die klassischen Symptome des deutschen Militarismus, den auszurotten sich die Alliierten vorgenommen hatten, gar nicht mehr auf. Diese tiefgreifenden Veränderungen, die schon lange vor der Kapitulation eingetreten waren, konnten von den Siegermächten damals kaum schon bemerkt werden. Erst aus größerer zeitlicher Distanz zeigt sich, daß der „Volksgenosse" in Uniform – von seinen ideologischen Prädispositionen abgesehen – kein allzu weitläufiger Verwandter des späteren „Staatsbürgers in Uniform" gewesen ist, und daß der nachhaltige Wandel des Offizierkorps in dem Jahrzehnt zwischen 1935 und 1945 die reibungslose Eingliederung ehemaliger Wehrmachtsoffiziere in Wirtschaft und Gesellschaft des besetzten Deutschland und später in die Bundeswehr sehr erleichtert hat.

Bis zum „Staatsbürger in Uniform" war es 1945 freilich noch ein weiter Weg, schien doch der Tag der Kapitulation auch den Endpunkt der deutschen Militärgeschichte zu markieren. Hier setzt die Studie von Georg Meyer ein, die dem Schicksal und den Erfahrungen der deutschen militärischen Elite in dem nun folgenden Jahrzehnt nachgeht. Die Berufssoldaten teilten nach dem Zusammenbruch nicht nur das allgemeine Schicksal der deutschen Bevölkerung, ihre Berufsgruppe selbst war inexistent geworden. Auf „den Militärs" lastete außerdem der von den Besatzungsmächten und der deutschen Öffentlichkeit erhobene pauschale moralische Vorwurf, dem untergegangenen NS-Regime besonders eng verbunden gewesen zu sein und Kriegsverbrechen in unerhörtem Ausmaß begangen zu haben. Die Berufssoldaten erlebten so in den Nachkriegsjahren einen deprimierenden Absturz in die wirtschaftliche, gesellschaftliche und moralische Deklassierung. Einerseits beargwöhnt, andererseits wegen ihrer Organisationskompetenz geschätzt, mußten die Offiziere ihrem Broterwerb in allen erdenklichen Beschäftigungen nachgehen. Demgegenüber waren Gefangenschaft und temporäre Quarantäne der Generalstabsoffiziere und höheren Ränge in westlichem Gewahrsam bis 1947/48 nicht unbedingt ein bedrückenderes Los. Jedenfalls hinterließen weder die Internierung noch die in der Regel glimpflich bzw. kurios verlaufenden Entnazifizierungsverfahren bleibende Ressentiments gegenüber den Westalliierten oder dem neuen Staat.

Zu einem viel bedeutsameren Anliegen wurde den ehemaligen Berufssoldaten die in den alliierten Kriegsverbrecherprozessen verhandelte Frage nach der Mitverantwortung des Militärs für die Verbrechen des NS-Regimes. Ein erheblicher Teil der ehemaligen Offiziere kritisierte nicht nur die juristischen Grundlagen und Prozeduren, sondern lehnte solche Verfahren überhaupt kategorisch ab. Der Nürnberger Freispruch von Generalstab und OKW veranlaßte viele Berufssoldaten dann dazu, sich in corpore als entlastet und einer selbstkritischen Bestandsaufnahme enthoben zu fühlen. Andererseits erleichterte der Freispruch den Offizieren die spätere Kooperation mit den Westalliierten, die im Zusammenhang mit der Diskussion um einen deutschen Wehrbeitrag schon bald nach Gründung der Bundesrepublik in die Lage kamen, um die eben erst exemplarisch bestraften ehemaligen deutschen Soldaten werben zu müssen.

Der Gewissenserforschung und der Debatte über das Maß an Schuld und Verantwortung, das der Offizier in den Jahren 1933 bis 1945 auf sich geladen hatte, wurde gleichwohl nicht gänzlich ausgewichen. Diese Diskussion stand aber von Anfang an unter einem hohen Solidarisierungsdruck und war belastet von der Sorge um die (in Wahrheit im Dritten Reich schon weitgehend verlorengegangene) „Geschlossenheit" des Korps, so daß viele Offiziere nach außen hin, gegenüber der inzwischen weitgehend nicht nur antimilitaristisch, sondern antimilitärisch eingestellten Öffentlichkeit eine Miene zur Schau trugen, die zu wenig Hoffnung auf Läuterung Anlaß gab. In der internen Diskussion aber setzte sich letztlich doch die Erkenntnis durch, daß totaler Gehorsam und die Hinnahme verbrecherischer Befehle – von deren aktiver Förderung gar nicht zu reden – ein mit den Ehrbegriffen des Offiziers nicht zu vereinbarender Traditionsbruch gewesen waren und daß das nach General von Seeckt auf den Pfeilern von Pflicht, Ehre und Kameradschaft ruhende Gebäude deutschen Soldatentums schon während der NS-Zeit zusammengestürzt war. Viele waren denn auch selbstkritisch genug einzugestehen, daß, wie Meyer schreibt, „die Ehre und das Ansehen des deutschen Offizierkorps durch verbreitete Duldung von Unrecht, Mitwisserschaft und nach dem Kriege zutage tretender Komplizenschaft nicht weniger Soldaten auf den verschiedenen Verantwortungsebenen mehr herabgesetzt worden waren, als noch so törichte und als diffamierend empfundene Maßnahmen der Sieger und die nun negative Einstellung weiter Kreise der Bevölkerung gegen das Militär das je vermochten".

Fast mehr noch als die Schuldfrage beschäftigte die zunächst jeglicher finanzieller Unterstützung beraubten Berufssoldaten aber die Versorgungsfrage. Ohne eine befriedigende Regelung wären sie kaum bereit gewesen, an der Seite der Kriegsgegner von gestern wieder Waffen zu tragen. In seiner Darstellung des Aufbaus der Interessenvertretung ehemaliger Berufssoldaten beschreibt Meyer die eminente politisch-psychologische Bedeutung der Versorgungsregelung für die ehemaligen Offiziere. Er geht dabei auch auf die Verquickung der Verbandsfrage mit ersten politisch-ideologischen Legitimationsversuchen ein. Hier zeigte sich schon früh ein Riß zwischen den Generationen. Wollten die Älteren die Arbeit ihrer Interessenvertretung darauf beschränkt wissen, die Anerkennung ihrer wohlerworbenen Versorgungsansprüche politisch durchzusetzen, hätten die Jüngeren (die hier ohnedies wenig zu erwarten hatten) gerne viel weiter gehende, emotionsgeladene, unter den gegebenen Verhältnissen aber höchst bedenkliche Forderungen auf das Panier geschrieben, die „Wiederherstellung der Ehre des Offizierkorps" etwa, den Kampf gegen den „erneuten Mißbrauch deutscher soldatischer Tugenden" u. ä. Die Mehrheit der ehemaligen Berufsoffiziere war besonnen genug, ihre Bestrebungen auf die Regelung der Versorgungsfrage zu konzentrieren. Die ersten Kontakte mit der neuen Bundesregierung zeigten den Verbandsfunktionären sofort ihren minimalen Handlungsspielraum. Die augenblickliche Reaktion der deutschen und internationalen Öffentlichkeit auf mißverständliche Stellungnahmen oder dreiste Töne aus dem Munde ehemaliger Wehrmachtsoffiziere führte den Soldaten ohne Armee die Grenzen ihrer politischen Wirkungsmöglichkeiten vor Augen und trug selbst bei den Unbelehrbaren unter ihnen zum Verzicht auf hochfliegende Pläne bei. In denkbar schärfstem Kontrast zu dem verhängnisvollen Einfluß soldatischer Zusammenschlüsse nach dem Ersten Weltkrieg konnte der zu Beginn der fünfziger Jahre gegründete „Verband deutscher Soldaten", in dem „sehr angepaßte, friedfertige, vorsichtige Demokraten" den Ton angaben, kein sonderliches politisches Gewicht gewinnen – antidemokratische Tendenzen gar gingen weder von ihm noch anderen Soldatenverbänden aus.

Das Militär hatte seinen politisch-gesellschaftlichen Sonderstatus und sein traditionelles Selbstverständnis Mitte der dreißiger Jahre einzubüßen begonnen und nach der Kriegswende 1942/43 definitiv verloren. Die Erfahrungen, die die ehemaligen Wehrmachtsoffiziere nach 1945 hatten machen müssen, zwangen nolens volens zur Nachdenklichkeit: Die ehemaligen Berufssoldaten hatten eine moralische Stigmatisierung erlitten und einen Absturz in nie gekannte materielle Not und gesellschaftliche Ächtung erlebt. Kaum einer von ihnen konnte sich außerdem der Erkenntnis verschließen, daß die Wehrmacht keineswegs unbefleckt aus dem nationalsozialistischen Weltanschauungskrieg hervorgegangen war. Zwischen Währungsreform und Wiederbewaffnung kam schließlich ein beachtlicher Bestand ganz neuer beruflicher, gesellschaftlicher und politischer Erfahrungen sowie eine insgesamt befriedigende Regelung der Versorgungsansprüche hinzu. Dies alles prägte die Soldaten ohne Armee in ihrem Selbstverständnis und ihrer Haltung so nachhaltig, daß die Angehörigen dieses „in mancher Hinsicht", so Georg Meyer, „belehrten und auch lernfähigen einstigen Berufsstandes ‚sui generis'" letztlich erstaunlich rasch und ohne politisch wirksam werdende antidemokratische Ressentiments in Staat und Gesellschaft der Bundesrepublik hineinwachsen und sich am Aufbau einer neuen Armee mit radikal verändertem Selbstverständnis beteiligen konnten. Unter dem Veränderungsdruck der nur zwei Jahrzehnte zwischen 1935 und 1955 war der gesellschaftliche und politische Sonderstatus der bewaffneten Macht in Deutschland endgültig erloschen.

Die Beiträge dieses Bandes können, das mag deren Paraphrase verdeutlicht haben, nur Teilantworten auf die eingangs aufgeworfene Frage geben, welche historische Bedeutung die Epoche des Umbruchs zwischen Stalingrad und der Währungsreform für die weitere Entwicklung der Gesellschaft und des politischen Systems der Bundesrepublik hatte. Viele Lücken sind noch zu füllen, ehe eine umfassende Gesellschaftsgeschichte dieser Zeit geschrieben werden kann. Die hier versammelten Studien, so hoffen die Herausgeber, werden aber doch das Nachdenken und weitere Forschungen auf diesem Gebiet anregen können.

*

Es ist den Herausgebern ein Anliegen, allen, die zum Gelingen des vorliegenden Bandes beigetragen haben, ihren herzlichen Dank abzustatten. Er richtet sich zuallererst an die Autoren, die mit großer Aufgeschlossenheit und nicht erlahmender Kooperationsbereitschaft die Anregungen der Herausgeber aufnahmen und ihnen folgten, selbst wenn damit umfangreiche und wiederholte Überarbeitungen oder Ergänzungen verbunden waren. Hoffen wir, daß die Mühen, denen sich Autoren und Herausgeber unterzogen haben, Inhalt und Stil der Beiträge auch in den Augen unserer Leser zugute gekommen sind. Ludolf Herbst, Gotthard Jasper, Klaus Tenfelde und die Mitglieder des Beirates des Instituts für Zeitgeschichte Gerhard A. Ritter und Karl-Heinz Ruffmann haben an der Begutachtung einzelner Beiträge mitgewirkt, die Teile oder ergänzende Studien bei ihnen entstandener Hochschularbeiten sind. Ihnen ist ebenso zu danken wie dem Leiter des Militärgeschichtlichen Forschungsamtes in Freiburg, Manfred Messerschmidt, und Theo Pirker vom Zentralinstitut für Sozialwissenschaftliche Forschung der Freien Universität Berlin, die der Kooperation ihrer Mitarbeiter Bernhard R. Kroener, Georg Meyer und Michael Fichter mit dem Institut für Zeitgeschichte bereitwillig zustimmten.

Gabriele Jaroschka und Irmgard Kaiser haben jedes der zwischen München und Rom, Neuhausen und Bogenhausen zirkulierenden Manuskripte mehr als einmal in die Hand genommen, korrigiert, verifiziert, vereinheitlicht oder abgeschrieben. Herzlichen Dank dafür. Wenn es schicklich wäre, daß Herausgeber sich im Abspann eines Buches gegenseitig dankten, wären wir der Versuchung bestimmt erlegen.

Martin Broszat *Klaus-Dietmar Henke* *Hans Woller*

I.

Kirchlich-religiöse und politische Lager

Werner K. Blessing

„Deutschland in Not, wir im Glauben ...“

Kirche und Kirchenvolk in einer katholischen Region 1933–1949

Als Alfred Kerr, der Berliner Theaterkritiker, an einem „seligen Oktobermorgen“ vor dem Ersten Weltkrieg durch Bamberg schlenderte, erstand er „in verlorenen Winkeln eine Monstranz ... ein Kruzifix, auf dessen Rückseite steht: ‚Sterb-Ablaß‘, und einen kleinen puppenschmächtigen, ziervollen Glasschrein, darinnen eine wächsern linde Mutter Gottes ... Sie wird in ein stilles Zimmer kommen und manchmal an einen gewissen fränkischen Morgen erinnern.“ Nahezu ein Jahrhundert früher hatte den Dichter Karl Immermann aus Düsseldorf eine Pontifikalmesse im Bamberger Dom ergriffen, zumal das Bild, „wie der Erzbischof nach geschloßnem Hochamte, Segen austheilend, vom östlichen Chore herabkam, und sein glänzender Zug sich in schimmernden Wellen die Stufe dieses Chores hinunter brach“. Wieder ein halbes Jahrhundert früher hatte der Berliner Popularaufklärer Friedrich Nicolai in Bamberg, der ersten katholischen Stadt auf seiner berühmten „Reise durch Deutschland und die Schweiz im Jahre 1781“, eine besondere „katholische Religionsphysiognomie“ gesehen, „der innige katholische Augenaufschlag ... eine besondere Falte des Mundes ... vom beständigen Murmeln der Gebete“. Ob als zeitloses Idyll, das ein paar fromme Requisiten festhalten sollten, ob im Schauspiel prunkvollen Kults, ob mit rationalistischer Ironie als Ort fremder Bräuche – Bamberg wurde von diesen wie von vielen anderen Besuchern stets als ausgeprägt katholisch, als Stadt der Kirche und des frommen Kirchenvolkes erlebt[1].

Die Katholizität war offenbar Charakteristikum der Stadt und des historisch ihr zugeordneten Landes. Sie mußte, als weltanschauliche Haltung und als alltägliche Verhaltensform, dem Nationalsozialismus ebenso wie den Nachkriegskräften spezifische Rahmenbedingungen setzen. Im folgenden wird deshalb zunächst Profil und Intensität des Bamberger Katholizismus skizziert. Daran anschließend soll dann seine Situation im Dritten Reich und in der Nachkriegszeit beschrieben werden: das Handeln

[1] Alfred Kerr, Gesammelte Schriften, 2. Reihe, Bd. 1, Berlin 1920, S. 142f.; Karl Immermann, Fränkische Reise Herbst 1837. Memorabilien 3. Theil, Hamburg 1843, S. 58; Friedrich Nicolai, Beschreibung einer Reise durch Deutschland und die Schweiz im Jahre 1781, Bd. 1, Berlin 1783, S. 135f. Vgl. auch die „Erinnerung eines bewegten Kirchenbildes“ bei Theodor Heuss, Von Ort zu Ort. Wanderungen mit Stift und Feder, hrsg. von Friedrich Kaufmann und Hermann Leins, Tübingen 1966, S. 124f. Das Titel-Zitat in: Pfarramt Burgebrach, Pfarrer Michael Schütz, Predigtkonzept „Die Not der Zeit“, o.J.

der Kirche, die Wirkung der ihr vorgelagerten Institutionen und die daraus in Verbindung mit außerkirchlichen Kräften resultierende Lage und Einstellung der Gläubigen des Kirchenvolkes. Dabei muß über den in diesem Band gesteckten zeitlichen Rahmen hinaus eingehender in die Vorkriegszeit zurückgegriffen werden. Denn die Konstellation, in der sich Kirche und Kirchenvolk während des Zweiten Weltkrieges befanden, war nicht neu, sondern die vom Kriegsdruck verstärkte Wirkung der zwischen 1933 und 1938 entstandenen Faktoren. Sowohl die äußeren Umstände als auch die eigenen Verhaltensweisen in der Kriegszeit erklären sich aus den Bedingungen und Erfahrungen der Vorjahre. Auch die unübersehbaren Veränderungen in den letzten Kriegsjahren werden nur vor diesem Hintergrund in ihrer Bedeutung voll verständlich. Und die Nachkriegsrolle der Kirche, das Nachkriegsschicksal des Kirchenvolks folgen ganz wesentlich aus dem, was man 1933/34 erlebt, getan und erhofft hatte.

Das Bild wird allerdings schon aufgrund der Quellenlage lückenhaft bleiben müssen. Vor allem für die Kriegszeit finden sich über den religiösen Alltag zunehmend weniger Spuren, da die Publizität der Kirche nun sehr beschränkt und die interne Aufzeichnung wegen des Verfolgungsrisikos oft stark gehemmt war. Mündliche Erinnerungen liefern hier nur punktuell Ersatz. Und für die Nachkriegszeit konnten keine Dokumente der Kirche und des bayerischen Kultusministeriums herangezogen werden. Auf beschränktem Raum können so nur Grundlinien gezogen und stellenweise exemplarisch ausgefüllt werden. Immerhin erlaubt aber die kleinräumige Betrachtung, die Nahsicht einen gewissen Einblick in „Basiszustände“[2].

1. Die Ausgangslage: Die Katholizität der Region Bamberg

Als kirchlicher Ausstrahlungspunkt 1007 gegründet und acht Jahrhunderte geistlicher Herrschaftssitz, behielt Bamberg auch nach der Säkularisation in Staatsbayern herausragende Kirchlichkeit. Anders als im Alten Reich war die 1806 zum Erzbischofssitz erhobene Stadt nun allerdings Zentrum eines konfessionell gemischten Raumes. Neben dem alten vorwiegend landwirtschaftlich geprägten „Bamberger Land“ zwischen Steigerwald und Frankenwald, d.h. hauptsächlich dem Westteil des bayerischen Regierungskreises Oberfranken mit den Unterzentren Forchheim und Kronach und den beiden bedeutenden Wallfahrtsorten Vierzehnheiligen und Gößweinstein, wo auch im 20. Jahrhundert mindestens vier Fünftel der Bevölkerung katholisch waren, umfaßte die Erzdiözese ehedem markgräflich-ansbachische und -bayreuthische, reichsritter-

[2] Für Anregungen, Auskünfte oder Einsicht in verborgene Quellen, die mir über das gewöhnliche Maß hinaus gewährt wurden, danke ich den Herren Dr. Bruno Neundorfer und Dr. Josef Urban vom Erzbischöflichen Archiv Bamberg, Herrn Dr. Karl-Heinz Mistele vom Staatsarchiv Bamberg, den Herren Dr. Robert Zink und Winfried Theuerer vom Stadtarchiv Bamberg, Herrn Dekan Dr. Franz Vogl/Pegnitz, Herrn Pfarrer Hübner/Burgebrach, Herrn Diözesansekretär Georg Heß/Bamberg, Herrn Redakteur Toni Lindermüller/München, Herrn ehem. MdL Philipp Schmitt/Bamberg, Herrn ehem. Bezirkstagspräsidenten Anton Hergenröder/Bamberg, Herrn Altbürgermeister Philipp Aumiller/Kemmern. Dank vor allem für die Vergegenwärtigung von Zeit und Milieu in vielen Gesprächen schulde ich Herrn Prof. Dr. Paul Stöcklein/Bamberg, für methodische Anstöße Herrn Prof. Dr. Karl Möckl. Frau Angelika Schraml danke ich für die Erstellung eines Teils der Graphiken.

Das Erzbistum Bamberg 1940

Quellen: Schematismus des Erzbistums Bamberg, Bamberg 1940, 1951; Max Spindler und Gertrud Diepolder (Hrsg.), Bayerischer Geschichtsatlas, München 1969, S. 28, S. 31, S. 41.

schaftliche, nürnbergische und coburgische Gebiete, die weitgehend protestantisch waren. 1940 waren 34,3 Prozent der Bewohner ihres Gebietes katholisch[3].

Seit dem frühen 19. Jahrhundert in die Stadtkommissariate Bamberg und Nürnberg-Fürth und in 20 Dekanate gegliedert, wurde sie 1937 einheitlich in 23 Dekanate umorganisiert (siehe Karte). Von diesen lagen 6 ganz und 14 teilweise im alten katholischen Gebiet; in letzteren lebten auch – ein Drittel bis fast vier Fünftel der Bevölkerung – Protestanten, teils geschlossen wie im Coburger und Bayreuther Gebiet, teils in kleinterritorial begründeter Gemengelage wie im Fränkischen Jura. In 2 Dekanaten stellten die Katholiken traditionell nur eine kleine Minderheit. Von dieser im wesentlichen noch historischen Verteilung wich nur das Dekanat Nürnberg ab. In diesem

[3] Zu den konfessionsspezifischen Territorialtraditionen Gerd Zimmermann, Territoriale Staatlichkeit und politisches Verhalten, in: Elisabeth Roth (Hrsg.), Oberfranken in der Neuzeit bis zum Ende des Alten Reiches, Bayreuth 1984, S. 9ff. und Klaus Guth, Konfession und Religion, in: ebd., S. 149ff. Schematismus der Geistlichkeit des Erzbistums Bamberg 1940, S. 284.

früher rein protestantischen Gebiet hatten sich seit der Industrialisierung zahlreiche Katholiken niedergelassen; sie stellten ein Viertel der gesamten dort ansässigen Bevölkerung und fast ein Drittel der Katholiken des ganzen Erzbistums[4].

Dieses Nebeneinander von traditionellem, vorwiegend bäuerlich-kleinbürgerlichem katholischen Milieu, das den Grundton gab, und stark unterschichtengebundener katholischer Teilkultur in der hauptsächlich industriellen Lebenswelt Nürnbergs macht das Erzbistum Bamberg zu einem aussagekräftigen Beispiel. Inwieweit es freilich für das katholische Deutschland repräsentativ ist, bleibt ohne Vergleich, der hier auch nicht ansatzweise möglich ist, unsicher. Fest steht aber, daß – hier wie etwa auch in weiten Teilen Altbayerns – durch das ländlich-kleinstädtische Gewicht und die große Bedeutung der katholischen Kirche für die Identität der Kernregion ein besonders stabiler Katholizismus herkömmlicher Form vorherrschte. Die urban-bürgerliche Durchdringung mit säkularer Kultur blieb insgesamt schwach, Religiosität unter industriellen Verhältnissen betraf eine – wenn auch starke – Minderheit[5].

Die religiösen Welt-, Wert- und Normvorstellungen entstanden in erster Linie durch die regelmäßige Übung in kirchlichen und kirchennahen Instanzen. 1932 betreuten 524 Geistliche 500611 Diözesanen, wobei auf einen Pfarrer meist 300 bis 400 Gläubige trafen, in Bamberg gut 600, in Nürnberg-Fürth jedoch über 2100; zur „Stammannschaft“ kamen die meisten der 76 Ordenspriester. Diese intensive Seelsorge geschah zunächst in einer jahrein jahraus dichten Gottesdienstfolge. In der Stadt Bamberg fanden z.B. vom 8. bis 14. Januar 1933, einer beliebigen Woche ohne Festtage oder besondere Verehrungstermine, im Dom, in den alten Pfarreien St. Martin, Obere Pfarre und St. Gangolf sowie in den erst im 20. Jahrhundert gegründeten Pfarreien St. Otto und St. Heinrich werktäglich jeweils drei bis sechs Messen statt, samstags häufig noch eine Abendandacht, am Sonntagvormittag zwei bis acht Messen, ein- oder zweimal Predigt mit Amt und ein Schulgottesdienst, nachmittags eine Andacht, zum Teil auch noch Kongregationsversammlung, Rosenkranz oder Vesper; in etwas geringerem Maß galt das auch für die Pfarrkirche Mariahilf. Außerdem wurden in den Kirchen der Franziskaner und Karmeliten sowie in der Elisabethkirche (fast) täglich Messen, Ämter und Andachten gehalten. In derselben Woche zelebrierte man z.B. auch im Markt Burgebrach westlich von Bamberg werktäglich eine Frühmesse, samstags auch eine Abendandacht, sonntags Singmesse, Predigt mit Amt und einen Nachmittagsgottesdienst. Selbstverständlich war jeden Samstagnachmittag und am Sonntag überall Beichtgelegenheit.

Neben die reguläre Seelsorge trat von Zeit zu Zeit eine „religiöse Verinnerlichung“ durch Volksmissionen. In Bamberg wurde sie, wenn eine Woche lang täglich in sechs Kirchen je drei Predigten zu hören waren, Tausende zur Kommunion gingen und eine große Prozession durch die Straßen zog, zur stadtbeherrschenden Kundgebung. Eine ähnliche religiöse Intensität entfaltete sich auch auf dem Land. In allgemeinen und Sondergottesdiensten, durch Ermahnung und Verehrung, mit Sündenerlaß und Totenfürbitte bot die katholische Kirche eindringlich wie keine andere öffentliche Institution Orientierung, sie vermittelte Daseinsvertrauen, schuf Gemeinschaft über so-

[4] Vgl. Schematismus Bamberg 1932, S. 255; dass. 1940, S. 284.

[5] Zu den gesellschaftlichen Bedingungen von Religion vgl. den Überblick bei Friedrich Fürstenberg und Ingo Mörth, Religionssoziologie, in: René König (Hrsg.), Handbuch der empirischen Sozialforschung, Stuttgart [2]1979, Bd. 14, S. 1ff. (mit Lit.).

ziale Grenzen, ja über den Tod hinweg. Ihre Türen standen immer offen, ihr Angebot galt jedermann[6].

Neben den Priestern lebten zahlreiche Laien in bestimmten Teilbereichen katholischen Glauben vor. In den alten spätmittelalterlichen oder barocken Bruderschaften, in den Bünden des frühen und den Vereinen des späten 19. Jahrhunderts verklammerten Kerngruppen der Pfarreien durch sehr häufige Gottesdienstteilnahme, eigene Andachten und ihre tragende Rolle im frommen Brauchtum pastorale und populäre Religionsformen. Die Breitenbedeutung derart gruppenverfaßter, hoch ritualisierter Religiosität steigerte sich im ersten Drittel des 20. Jahrhunderts, besonders nach dem Ersten Weltkrieg, durch eine neue Welle von Vereinsgründungen noch. Diese verdichtete das Netz der religiös Engagierten, führte weitere Andachten und Integrationszeichen (wie etwa Fahnen) ein und wirkte durch direkte Anleitung und soziales Vorbild. 1932 bestanden in der Bamberger Diözese folgende, von ihren Mitgliederzahlen her nicht immer exakt faßbare religiöse Vereine, wobei die überlokal nur lückenhaft greifbaren alten Korporationen nicht aufgenommen sind:

Religiöse Vereine in der Bamberger Diözese

Name	Mitgliederzahl
Arbeiterinnenvereine	2885
Arbeitervereine	7009
Burschenschaften und Jungbauernschaften	3026
Dritter Orden der Franziskaner	9404
Gesellenvereine	1583
Haus- und Hotelangestelltenvereine	837
Jugend- und Jungmännervereine	4353
Jungmädchenvereine	3567
Katholischer Frauenbund	4130
Kaufmännische Vereine	709
Männerapostolat	5300
Männervereine (Casino)	7582
Marianische Kongregrationen	19527
Verein Christlicher Mütter	13658

Quelle: Schematismus der Geistlichkeit des Erzbistums Bamberg 1932, S. 234ff.

Dazu kamen die weltanschaulichen Interessenorganisationen, die zwar weniger rituell, aber programmatisch nachdrücklich wirkten, wie die Elternvereinigung mit 7203, der Volksverein für das katholische Deutschland mit 2797 und der Preßverein mit 3296 Mitgliedern. Mit insgesamt 96866 Angehörigen war numerisch ein Fünftel der Diözesanen, d.h. nahezu ein Drittel aller Jugendlichen und Erwachsenen erfaßt. Auch wenn häufige – allerdings nicht in Zahlen faßbare – Doppel- und Mehrfachmitgliedschaften diese eindrucksvolle Quote reduzierten, bestand, zumal unter Einschluß der Bruderschaften, im Vorfeld der Kirche eine sozial so breite Organisierung wie bei keiner anderen Institution[7].

[6] Gottesdienstordnung der Stadt Bamberg 8.–14. 1. 1933, Beilage zum St. Heinrichsblatt vom 8. 1. 1933; Pfarramt Burgebrach, Verkündbuch des Pfarramts Burgebrach 1931–1933, 8. 1. 1933; Stadtarchiv Bamberg, K.S. C664 (Zit.). „(Zit.)“ bezeichnet diejenigen der für den jeweiligen Abschnitt angeführten Belegstellen, aus denen wörtlich zitiert wird.

[7] Vgl. Schematismus Bamberg 1932, S. 234ff.

Öffentlich sichtbar wurde dies vor allem bei der feierlichen Selbstdarstellung des um den Klerus korporativ gegliederten Kirchenvolks in Prozessionen. Durch Bamberg zogen im Kirchenjahr acht große und eine Reihe kleinerer Prozessionen. Die Sebastiansprozession der Pfarreien St. Gangolf und St. Otto und die Urbaniprozession der Oberen Pfarre waren als Zunftbrauch der in Bamberg früher wirtschaftlich wichtigen Gärtner und Häcker nicht nur in den genannten Sprengeln, sondern in der ganzen Stadt sehr volkstümlich. Der Stadt *und* dem Umland galt die „Große Muttergottes-Prozession" der Oberen Pfarre, einer Marienverehrungsstätte seit dem Hochmittelalter. Gleichfalls seit dem Mittelalter kannte man die Heinrichs-Prozession, die vom Kaisergrab im Dom aus die Bamberger Symbolreliquien, „die unter kristallener Schale ruhenden Häupter des heiligen Kaiserpaares St. Heinrich und St. Kunigundens", durch die Stadt führte. Sie setzte die besondere religiöse Würde des „Bamberger Landes" kraft des kanonisierten Bistumsgründers Heinrich II. in Szene. Dieser regionale Religiositätsrang wurde kirchlich immer sehr betont und fand in der Bevölkerung starke Resonanz, wie sich u.a. in den häufigen Taufnamen Heinrich und Kunigunde zeigte. Am Karfreitagmorgen zog eine Bittprozession zur Kreuzigungsgruppe auf der Altenburg und am Nachmittag „die übliche Gräberprozession zu den Kirchen des Berggebietes". Die Martinspfarrei machte seit 1834 durch eine Prozession in der Innenstadt zum Abschluß der „Ewigen Anbetung" auf sich aufmerksam. Meist nahmen Tausende aus Stadt und Land an diesen Umzügen teil[8].

Höhepunkt aber war die Fronleichnamsprozession, die als die schönste in Deutschland galt: „Da wird Bambergs katholische Tradition greifbare Wirklichkeit, leuchtet vorbildlich und mahnend in unsere moderne Zeit herein." Durch ein Fahnenmeer, unter Geläute und Kanonendonner zogen Klerus, Bruderschaften mit blumenumwundenen, seit Menschengedenken heilsbewährten barocken Heiligenstatuen, Vereine, darunter der Arbeiterverein mit dem mächtigen goldenen Domkreuz, geistliche und weltliche Bildungsanstalten, Behördenchefs und einfache Gläubige vom Dom zu den vier Altären – „viermal ertönt der Lobgesang des Tantum ergo und dann sinken Tausende in die Knie" – durch die Altstadt. Der folgende Sonntag sah die sogenannte kleine Fronleichnamsprozession von St. Gangolf, die, überaus populär, immer noch über einen Kilometer lang war. Doch damit nicht genug. In diesen Frühsommerwochen erflehte man außerdem mit Bittprozessionen „den Segen für die Feldfrüchte"; auch die jährlichen Feste der Klöster endeten mit Umzügen, z.B. am „Hochfest U.L. Frau vom Berge Karmel ... die theophorische Prozession durch die festlich geschmückte Sutte". Weitere Anlässe lieferten etwa Kirchenjubiläen, Altarweihen und die Eröffnung von Pfarrsälen. So prozessionsbewegt war das Kirchenjahr außerhalb der Bischofsstadt zwar nicht. Aber auch Landpfarreien hatten neben der Prozession an Fronleichnam Umzüge am Patronatsfest und zur „Ewigen Anbetung" sowie Flurumgänge und Bittgänge zu Kapellen[9].

Wallfahrten führten halbe Pfarreien auf seit Jahrhunderten üblichen Wegen regelmäßig nach Marienweiher im Frankenwald, zur Heiligen Dreifaltigkeit nach Gößweinstein in der Fränkischen Schweiz oder zu den Nothelfern in Vierzehnheiligen. Große Gruppen fuhren nach Altötting, wo sie sich an der berühmten Lichterprozession und

[8] Z.B. Bamberger Volksblatt vom 11. 4. 1936 (Zit.) und 17. 7. 1936 (Zit.).
[9] Ebd. vom 1. 6. 1934 (Zit.), 31. 5. 1935 (Zit.) und 19. 7. 1937 (Zit.).

der Verehrung des „sel. Bruders Konrad“ als christlichem Ideal beteiligten. Kleinere Gruppen pilgerten sogar bis nach Einsiedeln oder Lourdes. Vor allem die jährliche Christkönigswallfahrt nach Vierzehnheiligen war, mit Erzbischof und hohem Klerus an der Spitze von mehreren tausend Pilgern, ein Höhepunkt der Verbindung von Kirchenkult und vitaler Brauchfrömmigkeit, so wie sie die Massenwallfahrten des 19. Jahrhunderts entwickelt hatten. Die Wallfahrtsbasilika am Obermain stand als wichtigste Symbolstätte des katholischen Ostfranken neben dem Bamberger Kaiserdom. Beide, nicht nur in kirchlichen Medien vielfach abgebildet, waren Identitätszeichen einer selbstsicheren, traditionsbewußten Katholizität[10].

Das wichtigste regionale Festereignis in der Weimarer Zeit war ebenfalls ein kirchliches: das Heinrichsfest (900. Todestag Heinrichs II.) im Juli 1924. Eine Woche lang strömten Zigtausende, zum Teil in geschlossenen Dekanatswallfahrten, nach Bamberg, das „noch nie solchen Massenbesuch gesehen hat“, zu den vom Nuntius Pacelli und neun Bischöfen zelebrierten Pontifikalämtern, zu Generalkommunionen, geistlichen Festspielen und religiösen Versammlungen, zur Reliquienprozession, in der umjubelt von der Menge Kronprinz Rupprecht und der bayerische Ministerpräsident schritten. Im kleinen, für ein Dorf etwa, waren das Jubiläum der Pfarrkirche oder die Primizfeier eines Neupriesters in seiner Heimatgemeinde Höhepunkte kirchlichen Lebens. In der Regel „nahm die ganze Ortschaft und Gläubige aus den umliegenden Dörfern teil“. Solche Tage, deren religiöser Anlaß zugleich weltliche Feiern auslöste, blieben, auch als lokale und familiale Datierungsmerkpunkte, lange im allgemeinen Gedächtnis[11].

Die gesellschaftliche Macht der Kirche galt zunächst vor allem in Bamberg selbst. Erzbischof und Domkapitel nahmen in dieser vom Dom, dem ehemaligen Benediktinerkloster auf dem Michelsberg und der Bürgerkirche Obere Pfarre überragten und von weiteren Kirchen und Kapellen durchsetzten Stadt, die sich als „deutsches Rom“ schmeichelte, unangefochten den ersten Rang ein. Die Staatsbehörden, etwa die wenigen Mittelinstanzen wie das Oberlandesgericht und die Oberpostdirektion oder die unteren Stellen von Justiz, Verwaltung, Bildung und Militär, diese allerdings entsprechend der Zentralität Bambergs als größter Stadt im nordöstlichen Bayern recht dicht, hatten dagegen weit weniger Gewicht, und die zwar zahlreiche, aber in den oberen Rängen schmale Beamtenschaft reichte in keiner Weise an die Autorität der Geistlichkeit heran. Schon äußerlich lagen Gericht und Postdirektion, Neubauten der Jahrhundertwende, am Rande der Innenstadt. In ihrer Nähe befand sich die Freimaurerloge, wo sich ein Teil der Beamten und Anwälte, Offiziere, Kaufleute, meist Protestanten und auch Juden, als liberale Minderheit trafen. In Bamberg fehlte auch, abgesehen von einigen Fabrikanten, Großhändlern und Bankiers, ein starkes, selbstbewußtes Wirtschaftsbürgertum von bestimmendem gesellschaftlichen Einfluß. Weder Fabriken noch Banken noch Unternehmervillen prägten wesentlich das Bild der Stadt[12].

[10] St. Heinrichsblatt, passim (zur jährlichen Altötting-Wallfahrt z.B. 15. 5. 1938); Pfarramt Burgebrach, Verkündbücher Burgebrach 1933–1935, 1935–1937, 1937–1939, passim.

[11] StAB, K3 RegPräs 2640; Bamberger Volksblatt vom 14. 7. 1924 (Zit.); vgl. Werner K. Blessing, Die Feier als Kundgebung. Ein Aspekt der „politischen Kultur“ der Weimarer Republik, in: Bericht des Historischen Vereins Bamberg 120 (1984) (Festschrift Gerd Zimmermann), S. 269ff., bes. S. 271ff. Zum Dorf z.B. StAB, LRA Ebermannstadt IV, 238 (Zit.).

[12] Vgl. Einwohnerbuch Bamberg 1928/29, nach amtlichen Quellen bearbeitet, Bamberg 1929. In Bayern lag die Stadt – 1926 mit 50152 Einwohnern – an 8. Stelle.

Bezugspunkt für die Einwohnermehrheit, in der Beschäftigte im (Klein-)Gewerbe und im Dienstleistungsbereich überwogen, war vorrangig der die Stadt beherrschende tausendjährige Domberg, ein fast geschlossener geistlicher Bezirk. Hier trat der hohe Klerus im Dom und auf dem für Feiern und Versammlungen viel benutzten Domplatz vor das Kirchenvolk; hier residierte Erzbischof Dr. Jacobus von Hauck (1913–1943), einer der bedeutenden Bamberger Oberhirten des 19. und 20. Jahrhunderts. Dessen 70. Geburtstag im Jahre 1931 brachte trotz eisiger Dezemberkälte Tausende auf die Beine, auch als Zeichen des „Gehorsams gegen die kirchliche Autorität" in widriger Zeit. Alltäglich vermittelten die Pfarrgeistlichen, die Religionslehrer in den zahlreichen Schulen Bambergs, die Vorstände der Korporationen bzw. Vereine die Bedeutung der Kirche. Hinzu kam die Wirkung der Presse – der Kirchenzeitung „St. Heinrichsblatt" und der BVP-nahen Tageszeitung „Bamberger Volksblatt", die der Geistliche Georg Meixner, vorher Landessekretär des Katholischen Presseverbands, seit 1922 als Direktor des kirchenabhängigen St. Otto-Verlags herausgab. Außerdem bestand eine große katholische Volksbücherei. Die kirchennahe „Görres-Buchhandlung" galt als die führende Buchhandlung der Stadt[13].

Bedeutsam für Ansehen und Leitbildkraft der Kirche waren auch die Philosophisch-theologische Hochschule sowie Priesterseminar und Knabenseminar. Ihre Professoren und Präfekten waren geistige Autoritäten, ihre Studenten und Zöglinge, bereits im Licht geistlicher Würde, die Elite der Jugend. Für die Kirche warben ferner durch die Verbindung pastoraler, karitativer und pädagogischer Leistungen mit konsequenter religiöser Lebensform die vielfältigen Orden: Franziskaner, Karmeliten und Salesianer mit 25 Priestern und 45 Laienbrüdern, Englische Fräulein mit eigenen Schulen (Lyzeum, Progymnasium, Lehrerinnenbildungsanstalt, Arbeitsschule), Unterricht an fünf städtischen Volksschulen und Sozialarbeit (Waisenhaus, Taubstummenanstalt, Dienstbotenversorgungsanstalt) sowie Franziskanerinnen, Barmherzige Schwestern, Schwestern vom Allerheiligsten Heiland und Drittordensschwestern, die Krankenhaus, Heil- und Pflegeanstalt und Kindergärten versorgten[14].

Schließlich standen etwa 5 Prozent der in der Stadt Beschäftigten im Dienst der Kirche oder kirchennaher Einrichtungen, was in der Regel ihre Kirchlichkeit verstärkte. Weit darüber hinaus ging die wirtschaftliche Rolle der Kirche, besonders für das in Bamberg gewichtige mittelständische Gewerbe, durch den ständigen Bedarf für Kult und Verwaltung, Nahrung und Kleidung, Reparaturen der meist alten Gebäude und gelegentliche Neubauten. Der Neubau des am Heinrichstag des Jahres 1928 eingeweihten Priesterseminars, in der Nachinflationsdepression gezielt zur Auftrags- und Arbeitsbeschaffung unternommen und bei 1,5 Mill. RM Kosten zu 80 Prozent aus

[13] Vgl. Johann Kist, Johannes Jacobus von Hauck, in: Lebensläufe aus Franken, hrsg. von Sigmund Frh. von Pölnitz, Bd. 6, Würzburg 1960, S. 229ff.; Franz Rathgeber, Adam Senger, in: ebd., S. 501ff.; Bruno Neundorfer, Jacobus von Hauck, in: Erwin Gatz (Hrsg.), Die Bischöfe der deutschsprachigen Länder 1785/1803 bis 1945. Ein biographisches Lexikon, Berlin 1983, S. 292f.; Bruno Neundorfer, Adam Senger, in: ebd., S. 702f. StAB, K3 RegPräs 2634 (A. Senger). Bamberger Volksblatt vom 22. 12. 1931 (Zit.). Das St. Heinrichsblatt. Illustrierte Sonntagszeitung für die Erzdiözese Bamberg (mit: Der liebe Sonntag, Die Jungschar), dessen Verbreitungsgebiet der nördliche Teil der Diözese war, hatte nach 1930 eine Auflage gegen 20000, das Nürnberger Pendant Sonntags-Friede für den Südteil gegen 8000. Zum Bamberger Volksblatt siehe Anm. 17.

[14] Zum Priesterseminar vgl. Michael Hofmann, Wolfgang Klausnitzer und Bruno Neundorfer (Hrsg.), Seminarium Ernestinum. 400 Jahre Priesterseminar Bamberg, Bamberg 1986, bes. S. 198ff. Zu den Orden Schematismus Bamberg 1932, S. 221ff.

einer amerikanischen Anleihe der bayerischen Bistümer finanziert, war die größte Baumaßnahme in Bamberg in der Weimarer Zeit[15]. Auf ähnliche Weise, wenn auch selten so konzentriert, spielte die Kirche ihre gesellschaftliche Rolle in der gesamten Diözese. Ihre überragende wirtschaftliche Bedeutung läßt sich u.a. daran ablesen, daß zwischen 1919 und 1937 für 85 Kirchen- und Kapellenbauten rund 7 Mill., für etwa 120 Renovierungen 2 Mill., für Pfarrhausbauten 1 Mill., für Bauten zu karitativen Zwecken 5 Mill. und für Seminarbauten – außer dem Priesterseminar – 1,5 Mill. RM aufgewendet wurden[16].

Die Orden entfalteten an vielen Punkten eine teils lokale, teils weiter greifende Wirksamkeit: Franziskaner betreuten die Wallfahrt in Vierzehnheiligen, Gößweinstein und Marienweiher; sie waren außerdem in Nürnberg und Schwarzenberg zu finden. Redemptoristen saßen in Forchheim, Jesuiten in Nürnberg, Oblaten in Kronach, Barmherzige Brüder bei Höchstadt/A. Und die weiblichen Orden kümmerten sich in 111 Orten um Mädchenschule, Handarbeitsschule und/oder Kindergarten, sie pflegten Kranke und Alte. Allein in Nürnberg bestanden fünf Filialen. Selbstverständlich las man in allen Pfarreien das „St. Heinrichsblatt“ bzw. den „Sonntags-Friede“ (Nürnberg), deren Auflage zusammen nicht ganz ein Zehntel der katholischen Bevölkerungszahl betrug. Das „Bamberger Volksblatt“ war samt Nebenausgaben/Kopfblättern („Lichtenfelser Neueste Nachrichten“, „Forchheimer Zeitung“, „Unterfränkische Zeitung“ Haßfurt) mit einer Gesamtauflage von rund 25000 Exemplaren zur größten Tageszeitung der Region geworden, verbreitet durch über 800 Agenturen. Auch die Pfarrseelsorge selbst verdichtete sich in den Jahren vor 1933; es wurde ein gutes Zehntel neue Pfarreien errichtet und die Zahl der Vikariate verdoppelt, d.h. besonders die Diaspora besser versorgt[17].

Die Männer an der Spitze der Erzdiözese, die als erste Führungsgeneration eigene Erfahrungen sowohl in traditionaler wie industrieller Umwelt hatten, verstärkten die herkömmlichen Mittel religiöser Erfassung und förderten neue. Institutionell war die Katholizität der Region in der Weimarer Zeit stärker denn je. Im Rahmen der gemeinsamen Grundformen bildeten sich dabei in der Spannweite zwischen ländlich-rückständigem Juradorf und Nürnberger Arbeiterquartier mit zunehmender Anpassung an die speziellen bäuerlichen, bürgerlichen oder proletarischen Bedürfnisse unterschiedliche Pastoralstile heraus. Fluchtpunkt aber blieb überall der Bamberger Domberg, zentrale Leitfigur war der vielen auch durch persönliche Begegnung gegenwärtige Erzbischof; 1937 nach 25 Amtsjahren hatte er 55 Prozent des Diözesanklerus geweiht und 42 Prozent der Diözesanen gefirmt. „Jedem einzelnen hat er dabei die Hände aufs Haupt gelegt.“[18]

Wie stark die Katholizität auch als gesellschaftliche Einstellung war, lassen zunächst die Häufigkeit von Gottesdienstbesuch und Kommunionsteilnahme ermessen:

[15] Georg Meixner (Hrsg.), 25 Jahre Erzbischof. Festschrift zum Silbernen Bischofsjubiläum Sr. Exzellenz des Hochwürdigsten Erzbischofs von Bamberg Dr. Jacobus Ritter von Hauck, Bamberg o.J. (1927), S. 63ff.

[16] Ebd.

[17] Schematismus Bamberg 1932, S. 221ff.; Archiv des Erzbistums Bamberg, Rep. 4/2, 4811/1, 2; Norbert Frei, Nationalsozialistische Eroberung der Provinzpresse. Gleichschaltung, Selbstanpassung und Resistenz in Bayern, Stuttgart 1980, S. 260ff.; Rudolf Mosse, Zeitungskatalog, Berlin [58]1932, S. 8. Meixner, Erzbischof, S. 81ff.

[18] Ebd., S. 60 (Zit.).

Kirchenbesuch und Kommunionsteilnahme in der Erzdiözese 1929–1949

Jahr	Kirchenbesuch (2 × /Jahr erhoben) je 100 Kath.	Osterkommunionen je 100 Kath.	Zahl der Kommunionen je Kath./Jahr insgesamt	davon in Wallfahrtskirchen, -Klöstern u.ä.
1929		56,9 %		
1930	44,6 %	60,4 %		
1931	44,6 %	59,6 %	8,3	18,3 %
1932	51,4 %	59,8 %		
1933	51,9 %	59,9 %	9,1 (+9,6 %)	19,6% (+7,4 %)
1934	50,7 %	59,1 %		
1935	52,0 %	59,1 %		
1936	50,8 %	58,9 %	9,8 (+7,7 %)	19,3 % (+8,2 %)
1937	50,7 %	57,1 %		
1938	49,1 %	58,5 %		
1939	48,2 %	57,1 %		
1940	45,7 %	54,2 %	9,0 (−8,2 %)	17,4 % (−6,3 %)
...				
1946	44,8 %	50,0 %	9,3 (+3,3 %)	15,5 % (+4,1 %)
1947	45,5 %	51,9 %	9,5 (+2,2 %)	15,4 % (+3,9 %)
1948	45,5 %	51,8 %	10,0 (+5,3 %)	15,3 % (+6,3 %)
1949	46,4 %	52,9 %	10,0 (±0 %)	15,4 % (±0 %)

Zahl der Kommunionen je Katholik/Jahr (ohne die in Wallfahrtskirchen, Klöstern u. ä.) in 2 Stadt- und 5 Landdekanaten 1931–1948

Jahr	Bamberg		Nürnberg-Fürth		Burgebrach		Forchheim		Kronach		Neunkirchen		Amlingstadt	
	Kath.[1]	Komm.	Kath.	Komm.	Kath.	Komm.	Kath.	Komm.	Kath.	Komm.	Kath.	Komm.	Kath.	Komm.
1931	85,1 %	7,2	30,7 %	4,7	85,6 %	7,6	84,0 %	12,4	57,3 %	8,8	37,7 %	4,1	97,7 %	8,3
1933	85,7 %	7,6	31,0 %	5,2	86,2 %	8,4	83,6 %	13,4	56,6 %	8,8	30,5 %	4,6	98,2 %	8,7
1936	85,1 %	8,6	31,1 %	4,9	87,9 %	9,5	84,6 %	15,0	59,6 %	8,5	30,2 %	5,1	97,7 %	10,6
1940	86,5 %	7,1	30,0 %	4,6	88,3 %	10,7	85,7 %	13,9	63,2 %	8,3	30,8 %	4,7	97,9 %	10,2
1948	83,6 %	9,1	29,9 %	5,0	80,0 %	13,3	82,5 %	10,3	65,5 %	12,5	35,8 %	6,5	89,0 %	12,9

Quelle: Kirchliches Handbuch für das katholische Deutschland, hrsg. von der Zentralstelle für kirchliche Statistik des katholischen Deutschlands, Bd. 18, Köln 1934/35, S. 288, S. 298 ff., Bd. 19, 1935/36, S. 308 ff., Bd. 21, 1939/40, S. 302 ff., Bd. 22, 1943, S. 340 ff., Bd. 23, 1944–1951, S. 254, S. 316 f., S. 398 ff., S. 402 ff., S. 406 ff., S. 410 ff.

[1]) Bevölkerungsanteil

Der Prozentsatz der Beteiligung an der Osterkommunion wie der der Kirchenbesucher (erhoben an je einem Sonntag in der Fastenzeit und im September) an der Gesamtzahl der Katholiken lag in der Bamberger Diözese z. B. 1931 mit 57,6 und 45,8 unter dem Reichsdurchschnitt. Dies überrascht, erklärt sich jedoch beim Blick auf die Dekanate als verzerrende Nivellierung: Die sehr niedrigen Werte im schon stark säkularisierten Nürnberg-Fürth mit 30,8 Prozent drücken den Durchschnitt erheblich. Während hier nur etwas mehr als ein Drittel der Gläubigen der Osterkommunionspflicht nachkam, also die nachweisbare Mindestkirchlichkeit übte, und ein Viertel sonntags in der Kirche war, gingen in 4 Dekanaten 50 bis 60 Prozent zur Osterkommunion, in 7 60 bis 70 Prozent und in 10 sogar über 70 Prozent, was nach Abzug von durchschnittlich 20 Prozent noch nicht kommunionsberechtigter Kinder eine nahezu vollständige Teilnahme bedeutete. Den Sonntagsgottesdienst (in der Stadt Bamberg nicht erhoben) besuchten in 3 Dekanaten 40 bis 50 Prozent, in 7 50 bis 60 Prozent und in 2 sogar über 70 Prozent der Gläubigen. Auch die Zahl der jährlichen Kommunionen je Katholik – ein nur in der Relation aussagekräftiges Mittel individueller Teilnahme – lag außer in Nürnberg-Fürth nur in 2 weiteren, industriell durchsetzten Dekanaten unter 5, jedoch in 5 bei 5 bis 7, in 8 bei 7 bis 9, in 5 bei 9 bis 11 und in 1 noch höher.

Diese drei Indikatoren stimmen zwar nicht überall gleich überein, da vor allem Kirchenbesuch und Kommunionshäufigkeit von kleinräumig wirksamen Einflüssen wie Lokalbrauch, Siedlungsweise und der Aktivität frommer Bünde abhängen. Aber zusammen weisen sie doch das alte „Bamberger Land" aus als Zone einer vorwiegend hohen bis sehr hohen, lediglich in industriell-proletarischen Gegenden gedämpften Kirchlichkeit mit Spitzenwerten von 76,2 Prozent Osterkommunions- und 75,7 Prozent Gottesdienstteilnahme im Dekanat Scheßlitz. In den auch meist gewerblich geprägten Diasporagebieten war die Kirchlichkeit bereits schwächer, im hoch industrialisierten Nürnberg-Fürther Raum – dem gewichtigen Sonderfall – sehr niedrig. Obwohl diese genannten Zahlen die Unterschiede zwischen den einzelnen Pfarreien, den verschiedenen sozialen Gruppen, den Gewohnheiten der einzelnen Katholiken nivellieren und etwa auch das diasporatypische Gefälle zwischen hoher Kerngemeindeaktivität und breiter Indifferenz verdeckt bleibt, wird die Spannweite der meßbaren Katholizität doch sichtbar[19].

Ein weiterer, gleichmäßig belegter Indikator ist die relativ hohe Korrelation von konfessioneller Bindung und Wahlentscheidung (vgl. die Abb. auf Seite 14).

Für die der Kirche nahestehende, mit ihr personell verschränkte Bayerische Volkspartei wurde in der Regel von der Kanzel, in den katholischen Vereinen und durch die kirchliche Presse so intensiv geworben, daß ein katholischer Gläubiger kaum eine andere Partei wählen konnte. Die Spannung bei der Reichspräsidentenwahl im Jahre 1925, als im Pfarrklerus manche öffentlich gegen das BVP-Votum zugunsten Hindenburgs wetterten und für den Zentrumskandidaten Marx eintraten, war eine Ausnahme. In der Regel blieb nur eine kleine Minderheit der Urne fern oder gab gar einer anderen Partei den Vorzug, etwa der Sozialdemokratie, weil sie den Kurs der BVP als zu „rechtsbürgerlich" und als partikularistisch empfand. Das galt zeitweise vor allem für Angehörige der katholischen Arbeiterschaft und die erwachsene Jugend, die einen dezidiert sozialen, dem linken Flügel des (im rechts-rheinischen Bayern nicht wählbaren) Zentrums verbundenen Katholizismus favorisierten. Die Mehrheit aber hielt zur BVP. In den Wahlen auf Reichsebene z.B. erzielte die BVP in Oberfranken, wo die Mehrheit der Diözesanen lebte, in Gegenden mit 40prozentigem Katholikenanteil zunächst fast 30 Prozent der Stimmen. Seit dem Auftreten bürgerlicher Interessenparteien und dem auch in die katholische Bevölkerung wirkenden Sog der radikalen Rechten schrumpfte sie von 1924 bis 1930 auf 25 Prozent; erst in den Jahren der Krise sank sie auf rund 20 Prozent.

[19] Kirchliches Handbuch für das katholische Deutschland, hrsg. von der amtlichen Zentralstelle für kirchliche Statistik des katholischen Deutschlands, Bd. 18, Köln 1933/34, S. 288, S. 298 ff.

Katholische Bevölkerung und BVP-Stimmen bei den Wahlen auf Reichsebene 1919–1933 in 3 Städten und 5 Bezirksämtern Oberfrankens sowie in Nürnberg

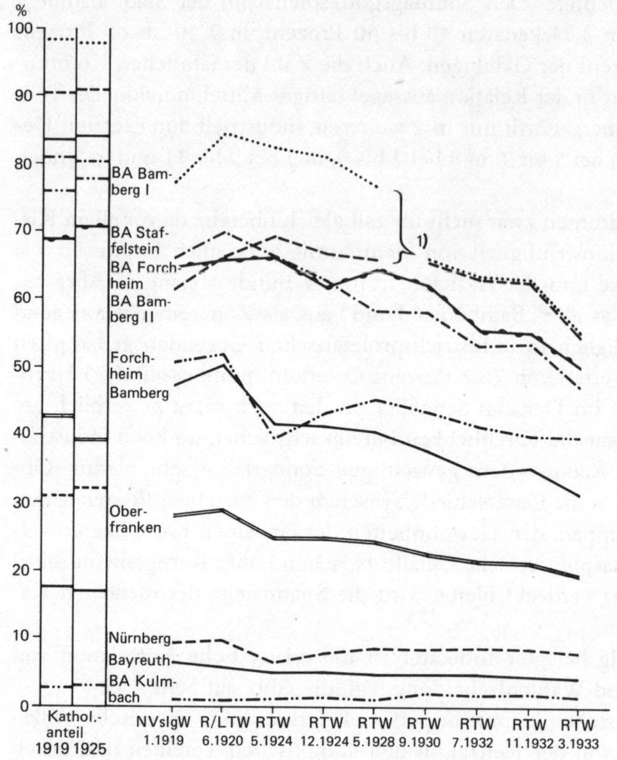

[1]) Die Bezirksämter Bamberg I und II wurden 1930 zusammengelegt.

Quellen: Statistik des Deutschen Reiches, Bd. 401, Berlin 1928, Tab. S. 371 f.; Statistisches Jahrbuch für den Freistaat Bayern, Bd. 14, München 1919, S. 581, Bd. 15, 1921, S. 525, Bd. 16, 1924, S. 453, Bd. 17, 1925, S. 600 ff., Bd. 18, 1928, S. 598 ff., Bd. 20, 1934, S. 518 ff.; Zeitschrift des Bayerischen Statistischen Landesamts, Bd. 63, München 1931, S. 86 ff., Bd. 64, 1932, S. 462 ff., Bd. 65, 1933, S. 94 ff.

Diese Werte nivellieren jedoch das starke, primär konfessionell bedingte Gefälle in den unteren Verwaltungseinheiten, den Städten und Bezirksämtern. In den fast rein katholischen Gebieten war die BVP bis 1932 meist mit deutlichem Abstand die stärkste Partei, im fast rein protestantischen Milieu spielte sie kaum eine Rolle – ausgeprägt z. B. in den Bezirksämtern Bamberg I und Kulmbach. In zweiter Linie stufte sich dann der BVP-Erfolg nach den sozialökonomischen Bedingungen ab. Im vorwiegend agrarischen Bereich kamen die BVP-Stimmen dem Katholikenanteil am nächsten; der Einbruch von 1924 hielt sich hier in engen Grenzen und der Rückgang ab 1930 erfolgte verzögert. In städtischen Wahlbezirken war die Vorliebe katholischer Wähler für andere Parteien – Sozialdemokraten, bürgerliche Rechte, Völkische – von Anfang an am ausgeprägtesten, sie nahm bis 1932 weiter zu – der Vergleich von Bezirksamt Bamberg

I und Stadt Bamberg oder Bezirksamt und Stadt Forchheim zeigt das deutlich. Im industriellen Nürnberg konnte die BVP das katholische Wählerreservoir nur zu einem Drittel ausschöpfen. Allerdings bestand hier wie auch in kleineren Diasporagemeinden, z. B. Bayreuth oder dem Bezirksamt Kulmbach, ein fester Wählerkern, der gegenüber den Verführungen des Nationalsozialismus immun blieb[20].

Der unterschiedliche Erfolg der BVP im bäuerlichen, bürgerlichen und Arbeitermilieu zeigt, daß eine religiös begründete, kirchlich geleitete Einstellung zwar insgesamt überwog, sich aber lebensweltlich in eine beherrschende, eine vorwiegende und eine Minderheitsgeltung differenzierte. Das „katholische Lager", das sich für die nicht nur religiös überzeugten, sondern umfassend kirchenorientierten Katholiken mit Vereinen und Versammlungen, mit Presse und Partei als bestimmender Horizont um die Kirche schloß, hatte verschiedene Reichweiten. Auf dem Land, soweit es bäuerlich geprägt war, konnte der Katholizismus so umfassend und durchdringend sein, daß sein institutionelles Gefüge gewöhnlich gar nicht als „Lager", als Formierung gegen weltanschauliche Gegner empfunden wurde. Die Autorität der Kirche war hier selbstverständlich. In der katholischen Stadt – in Bamberg vor allem – war wohl wenigstens die Hälfte der Katholiken eindeutig katholisch imprägniert. Ihnen war seit Kulturkampf und Industrialisierung und in der Auseinandersetzung mit Liberalismus, Sozialismus und völkischem Ideengut die Abgrenzung zur bestimmenden Erfahrung geworden; sie hatten ein zumindest latentes, als stärkste Richtung in der Stadt selbstbewußt konfliktbereites „Lager"-Bewußtsein. Noch schärfer konnte sich ein solches bei Diasporagruppen entwickeln, zumal wenn die Kirchenverbundenen auch unter den Katholiken selbst die Minderheit waren. Die Lagermentalität ging nicht selten mit einem gewissen Minderwertigkeitsgefühl einher, das gegenüber dem vorherrschenden Protestantismus unsicher und teils schroff, teils nachgiebig machte[21].

Die entschiedene Kirchlichkeit vermittelte in der Regel ein charakteristisches Welt- und Umgangsbild. Soziale und staatliche Ordnung galten vorwiegend so, wie sie kollektiv erinnert wurden, als gottgegeben. Monarchie und ständische Gliederung erschienen vielen als beste Verfassung eines christlichen Gemeinwesens, die Revolution von 1918 war von diesem Standpunkt aus ein Verhängnis, im Grunde eine Sünde. Nur zögernd und halbherzig wurde die Republik akzeptiert, weil sie ohne die zeitlose Autorität eines „altangestammten Fürstenhauses" durch „Parteiwirtschaft" und Klassenegoismus die Partikularinteressen entfessele und das „gemeine Beste" schwäche. Ihm gab die Kirche um ihrer geistigen Führung, der politischen Stabilität und des sozialen Ausgleichs willen entschieden den Vorrang vor individuellen Ansprüchen. In der Republik hielt man übergeordnete, gesamtgesellschaftliche Werte nicht nur im öffentlichen Leben für sehr bedroht. Man sah sie auch im privaten Verhalten gefährdet durch einen Egoismus, der mit Besitzgier und Vergnügungssucht einhergehe – „der Genuß des Augenblicks" – und so Moral und Solidarität zersetze. Mehr denn je schie-

[20] Statistisches Jahrbuch für den Freistaat Bayern, Bd. 14, 1919, S. 581, Bd. 15, 1921, S. 525, Bd. 16, 1924, S. 453, Bd. 17, 1925, S. 600 ff., Bd. 18, 1928, S. 598 ff., Bd. 20, 1934, S. 518 ff.; Zeitschrift des Bayerischen Statistischen Landesamts, Bd. 63, 1931, S. 86 ff., Bd. 64, 1932, S. 462 ff., Bd. 65, 1933, S. 94 ff.; mdl. Auskunft von Anton Hergenröder am 24. 7. 1986; vgl. Dietrich Thränhardt, Wahlen und politische Strukturen in Bayern 1848–1953. Historisch-soziologische Untersuchungen zum Entstehen und zur Neuerrichtung eines Parteiensystems, Düsseldorf 1973, S. 125 ff.

[21] Mdl. Auskunft von Philipp Aumiller am 11. 7. 1986, Anton Hergenröder am 24. 7. 1986, Dr. Franz Vogl am 8. 8. 1986.

nen, gegen göttliches Gebot und soziale Gerechtigkeit, die Familie als Keimzelle rechter Ordnung und die zentrale Tugend der Selbstzucht erschüttert durch die modernen Formen des „Abfalls von Gott“: Materialismus, Autoritätsschwund, Hedonismus, wie sie der Liberalismus entbunden, der Sozialismus weitergetrieben und der Bolschewismus, der „Antichrist an der Wolga“, schrecklich übersteigert habe[22].

Vor allem die Furcht vor dem Bolschewismus, dem, nach Meinung der Kirche, die Republik und der von Berlin repräsentierte Zeitgeist nicht wirksam entgegentreten könnten, nährte eine rückwärtsgewandte Sehnsucht nach religiös legitimierter, starker Autorität. Ihr entzog sich offenbar nur eine Minderheit – in den Arbeitervereinen vor allem und in der Jugend – soweit, daß sie sich auf die bestehende demokratisch-republikanische Ordnung überzeugt einließ. Auch wenn man in Franken weniger stark am Alten hing als in Altbayern, wo besonders die von Georg Heim beeinflußte BVP-Führung den ausgeprägten regionalen Konservativismus noch weiter verschärfte, auch wenn manche jüngere Pfarrer und Kapläne in der Lösung des „Altars“ vom „Thron“ auch neue Chancen für christliche Glaubenssicherung sahen, setzte sich ein pragmatisches Bekenntnis zur Republik nicht so durch wie im katholischen Rheinland oder in Westfalen. Dazu fehlten der soziale Druck vorherrschender industrieller Lebensbedingungen und ein kirchenverbundenes starkes Bürgertum mit Selbstbewußtsein und demokratiefähiger politischer Tradition. Im Nürnberger Raum dominierte zwar die Industrie; aber nicht nur das Bürgertum, sondern die Meinungsführer allgemein waren überwiegend protestantisch, so daß sich ein progressiver Großstadtkatholizismus nicht zur Alternative der Bamberger Linie entwickeln, sondern diese lediglich pastoral modernisieren konnte.

Die Erfahrungen und Einstellungen des überwiegend aus Dorf und Kleinstadt stammenden Bamberger Klerus entsprachen denen der Mehrheit der Gläubigen. Die herrschende Haltung – soweit man sie abschätzen kann – war traditionaler als etwa in der Diözese Köln. In den Positionen der berühmten Kontroverse auf dem Münchener Katholikentag von 1922 ausgedrückt, stand der hohe Klerus durchwegs, der niedere großenteils und das Kirchenvolk wohl mehrheitlich der monarchistischen Haltung Kardinal Faulhabers näher als der republikanischen des Präsidenten Konrad Adenauer. Trotz formaler Loyalität trennte die bewußten Katholiken zu viel vom „Geist von Weimar“, als daß sie der jungen Republik den ersehnten Wiederaufstieg Deutschlands zutrauen, ja letztlich wünschen konnten. Die Kirche vermittelte Achtung vor dem Staat, aber kaum Vertrauen in die Republik. Dabei stand allerdings das ab 1920 ununterbrochen von der BVP geführte konservative Bayern höher im Kurs als das Reich und Preußen. Berlin, „rot“, liberal und voll Libertinage, schien Inbegriff unchristlicher Kultur. So blieb die „schwarz-rot-goldene“ Minderheit unter den Katholiken im Erzbistum Bamberg schmal; sie begründete aber doch Ordnungsvorstellungen, die ab 1945 politisch wegweisend werden sollten[23].

Die in Kirche, Haus und Flur praktizierte Religiosität prägte einen charakteristischen katholischen Habitus aus, der an einigen Zügen greifbar ist. Ein Hauptelement

[22] Weihbischof Adam Senger, Predigt beim Gottesdienste des katholischen Frauenbundes am Feste der Patrona Bavariae (16.5.1926), gehalten in der St. Martins-Kirche zu Bamberg, Bamberg 1926 (Zit.). Erzbischof Jacobus von Hauck, Silvesterpredigt vom 31. 12. 1919 im Dom zu Bamberg (vervielfält. Ms): Stadtarchiv Bamberg, K.S.F. 13 (Zit.). Bamberger Volksblatt vom 5. 4. 1930 (Zit.).

[23] Mdl. Auskunft von Anton Hergenröder am 24. 7. 1986.

war der sich vielfältig äußernde Ritualismus. Verehrung, Heilsverlangen und Leidbewältigung, diese religiösen Grundvorgänge, vollzogen sich im Gottesdienst wie in häuslicher Andacht weitgehend als frommer Brauch. Herkömmliche Gebete, Gebärden und Handlungen verbanden sich an herkömmlichen Orten und herkömmlichen Zeiten zu einer gleichsam „natürlichen" Praxis. Vor allem in Dorf und Kleinstadt war sie wie selbstverständlich in Arbeit und Muße eingelagert; sie wurde gestützt von einer sinnfällig-symbolischen Umweltaneignung und gab so Verhaltenssicherheit. Auch im alten Mittelstand und in vorindustriellen Unterschichtsgruppen der größeren Städte entfaltete sie ihre Wirksamkeit, und sie behauptete sich als Grundform religiöser Daseinsversicherung im stärker rational geprägten Alltag vieler Bürger und Industriearbeiter. Das Gebet vor dem Marienbild einer Dorfkirche oder der „Trösterin der Betrübten" in St. Martin in Bamberg, die Wallfahrt zu den Nothelfern in Vierzehnheiligen, der andächtige Blick auf Kreuze und Kirchenfahnen bedeutete noch durch alle Schichten viel als Lebenshilfe und für die soziale Identität.

Die Institution der Kirche allgemein und jeder Priester, vor allem aber die Bischöfe, hatten eine Autorität der Welterklärung und Lebensorientierung, die von kirchlichen Glaubenssätzen aus feste Muster des Denkens und Handelns gab. Das hielt Skepsis fern und stimmte, indem gewöhnliches Beharrungsstreben sich mit religiöser Traditionswürde verband, meist konservativ. Religiöses und Profanes hingen enger zusammen, die Einstellungen des katholischen Kirchenvolks waren weniger säkularisiert als sonst in der Gesellschaft des frühen 20. Jahrhunderts. Das machte sie überdurchschnittlich eindeutig und einheitlich. Nicht religiös fundierte Lebensformen wurden im allgemeinen kaum akzeptiert. Zeigten sie ideologische Festigkeit, galten sie als feindlich, waren sie in Werten und Normen weniger entschieden, hielt man sie für schwach und ohne Widerstandskraft. Man verfügte so über Daseinsvertrauen und ausgeprägte Verhaltenssicherheit, neigte aber zu selbstzufriedener Abschließung. Kompromiß- und Konsensbereitschaft waren deshalb eher gering. Stärke und Grenzen des Katholizismus unter den Herausforderungen der Vorkriegs-, Kriegs- und Nachkriegszeit lagen zu einem wesentlichen Teil in dieser Grundeinstellung.

2. Das „katholische Lager" am Ende der Weimarer Republik

Das „katholische Lager", wie es sich innerhalb der katholischen Minderheit in der deutschen Gesellschaft infolge von Kulturkampf und Antisäkularismus auf der Grundlage einer breiten Kirchlichkeit schichtenübergreifend geformt hatte, bewahrte in den zwanziger Jahren – trotz fortschreitender Gleichberechtigung der Katholiken in Staat und Gesellschaft – noch eine Sonderstellung[24]. Dennoch drangen nun mehr

[24] Vgl. u.a. Clemens Bauer, Deutscher Katholizismus. Entwicklungslinien und Profile, Frankfurt 1964; Hans Maier, Zur Soziologie des deutschen Katholizismus 1803–1950, in: Dieter Albrecht u.a. (Hrsg.), Politik und Konfession. Festschrift für Konrad Repgen zum 60. Geburtstag, Berlin 1983, S. 159ff.; Karl Buchheim, Ultramontanismus und Demokratie. Der Weg der deutschen Katholiken im 19. Jahrhundert, München 1963; Rudolf Morsey, Der Untergang des politischen Katholizismus. Die Zentrumspartei zwischen christlichem Selbstverständnis und „Nationaler Erhebung" 1932/33, Stuttgart 1977; Klaus Schönhoven, Die Bayerische Volkspartei 1924–1932, Düsseldorf 1972; Klaus Schönhoven, Zwischen Anpassung und Ausschaltung. Die Bayerische Volkspartei in der Endphase der Weimarer Republik 1932/33, in: Historische Zeitschrift, Bd. 224 (1977), S. 340ff.

als früher gleichsam laizistische Strömungen von außen in sein Gefüge ein. Sie veränderten Haltung und Umgang in erster Linie im organisierten Vorfeld der Kirche. Zunächst übernahmen die Jugendverbände – Anfang 1933 mit 1,5 Mill. Mitgliedern stärkster Block der organisierten Jugend im Reich nach den Sportverbänden – von der bürgerlichen Jugendbewegung deren attraktive bündische Formen und Führerideen sowie das Stichwort „Bewegung“ als Organisations- und Verhaltensprinzip. Um 1930, im verschärften ideologisch-politischen Kampf, kam eine Militarisierung hinzu, die, seit dem Ersten Weltkrieg vor allem im Bürgertum wirksam, nun selbst das katholische Land ergriff und auch den kirchlichen Sprachjargon beeinflußte. Romantisches Welt- und Gemeinschaftserleben, Erneuerungsdrang und starkes Nationalgefühl verschmolzen mit religiösem Bekenntnismut und sittlichem Idealismus. Man wollte, unter dem seit 1928 eingeführten Christusbanner, das die alten Kirchenfahnen ablöste, „katholisch sein bis ins Mark“, zugleich „deutsch und frei“ und maßgeblich „mitarbeiten an der Erneuerung und Gestaltung deutschen Volkstums und deutschen Staates“[25].

Besonders jugendbewegt und kampffreudig traten unter den im „Katholischen Jungmännerverband Deutschlands“ zusammengeschlossenen Organisationen – sie erfaßten in der Diözese gut 5 Prozent der männlichen Jugend – die 1929 als Stoßtrupp gegründeten „Sturmscharen“ auf. Zur „Heerschau“ im „Sturmjahr 1932“, zum Kampf für „Jesu Christi Reich und ein neues Deutschland“, riefen Diözesanpräses und Diözesanführer Anfang März „die ersten Offiziere unseres obersten Feldmarschalls“ Christus und deren „Adjutanten“ ins Lager: „Sturm-Heil! Hell leuchtet und strahlt bei Sturm und Nacht, zur Not und durch die heranziehenden revolutionären Wolken das Christusbanner ... Sturmschar steht in vorderster Front der Kämpfer! Sturmfeuer mußt Du entzünden!“ Man brachte „eine Decke, Fiedel und Klampfen, Liederbücher, und Kirchengebete“ mit, hielt „Sing-Sang im Dorf ... Körperübungen ... Gemeinschaftsmesse“, hörte einen Vortrag zum Thema „Der Führer“ und leistete den Treuschwur. Wenn sie „Bekenntnismärsche“ zu Bannerweihen abhielten, kamen sie dem Erscheinungsbild der „Bayernwacht“, des Wehrverbandes der BVP, nahe. Diese rekrutierte sich ja auch erheblich aus der Jungmannschaft der katholischen Jugendvereine. „Die Gruppenkolonne zu vieren ist zur Ausdrucksform unserer Zeit geworden.“[26]

Bis in die Berufsverbände drang um 1930 dieser kämpferische Stil. So ließ der Christliche Bauernverein „Jungbauerngarde antreten“ und rief markig „die Soldaten Christi“ zur jährlichen Christkönigwallfahrt nach Bamberg auf: „Unter den eisernen Tritten Eurer marschierenden Bataillone sollen die Straßen der alten Bischofsstadt erdröhnen.“ Erneut erwies sich der Katholizismus – wie im 19. Jahrhundert mit der Übernahme von Elementen liberaler Öffentlichkeit – bei aller Traditionsbeharrung in-

[25] Vgl. allgemein Peter D. Stachura, The German Youth Movement 1900–1945. An Interpretive and Documentary History, London 1981, S. 71 ff.; Angelika Schraml, Katholische Jugendbewegung in Bamberg in der Weimarer Republik, Hist. Diplomarbeit Bamberg 1986 (Ms) und Stephan Stricker, Katholische Jugendarbeit in Bamberg 1933–1939, Theol. Diplomarbeit Bamberg 1982 (Ms). Stadtarchiv Bamberg, B.S. 6952/83. Zitiert wird das 1932 von den Bischöfen als „Grundgesetz“ des Kath. Jungmännerverbandes anerkannte „Fuldaer Bekenntnis“ vom 28. 6. 1924, zit. nach Stricker, Jugendarbeit, S. 8.

[26] Vgl. Franz Henrich, Die Bünde katholischer Jugendbewegung. Ihre Bedeutung für die liturgische und eucharistische Erneuerung, München 1968, S. 249 ff. Aufruf der Sturmschar-Gauleitung o.J. (Februar 1932); StAB, M 33, 14 (Zit.). Unser Weg. Werkblatt der katholischen Jugend Bambergs (Beilage zum Bamberger Volksblatt seit 24. 11. 1928) vom 28. 1. 1933 (Zit.) und Pfarramt Burgebrach, Verkündbuch 1931–1933, 26. 2. 1933.

nerhalb der Kirche im Vorfeld als anpassungsfähig an erfolgreiche Mittel der Konkurrenten, die seinen überlieferten Inhalten auch unter veränderten Bedingungen Geltung sichern konnten. Daß solche Neuerungen auch wirklich instrumentell blieben, das sollte die auf allen Ebenen aus einem Priester (Präses) und einem Laien bestehende Leitung der kirchlichen Vereine sowie der geistliche Einfluß in den anderen katholischen Verbänden gewährleisten. Im Oberfränkischen Bauernverein etwa hatte Domkapitular Georg Ames, Vorstandsmitglied und Prediger auf allen großen Versammlungen, entscheidendes Gewicht, im katholischen Arbeiterverein Prälat Leicht, als Fraktionsvorsitzender der BVP im Reichstag eine wichtige Figur des deutschen politischen Katholizismus, der sich mit Grundsatzreden auf Diözesantagungen und Bezirkskonferenzen hervortat[27].

Als in der allgemeinen Orientierungskrise um 1930 auch das Kirchenvolk immer mehr in die Konflikte über den Weg, der zur Rettung Deutschlands einzuschlagen sei, gezogen wurde, griff die Politisierung über die Sphäre des politischen Katholizismus, über die Gliederungen und Zeitungen der BVP hinaus in die kirchlichen und kirchennahen Verbände, ja in die Seelsorge selbst. Eine Grundsatzentscheidung zwang, wie nach der Revolution von 1918, allenthalben zur Stellungnahme. Im Jungmännerverband gab man den Wahlberechtigten „Parole" gegen die Feinde von rechts und links „aus Gründen des Glaubens, in Übereinstimmung mit dem Episkopat", und im Bamberger Arbeiterverein wurde z. B. für die Broschüre des Reichstagsabgeordneten Troßmann „Hitler und Rom" geworben. Der Leitartikler des „Fränkischen Bauernblatts", Pfarrer Michael Schütz von Burgebrach, schrieb immer schärfer gegen die Nationalsozialisten, von den Kanzeln wurde vor ihnen gewarnt, Prozessionen bekamen eine demonstrativ politische Note[28].

Die politische Abwehr richtete sich nach wie vor auch gegen die Sozialdemokraten, die ihrerseits nun ebenfalls verstärkt öffentlich und offensiv auftraten. Hinter der katholischen Präsenz blieben sie allerdings außerhalb des Nürnberger Raumes erheblich zurück. Denn die SPD, die bei der Wahl von 1920 in den Städten Bamberg und Forchheim mit (fast) einem Drittel der Stimmen (MSPD und USPD) die zweite Kraft, auf dem katholischen Land, je nach Industrie- bzw. Heimgewerbeanteil, die dritte oder auch zweite und nur in den mehrheitlich protestantischen Industriegebieten die überragende erste Kraft gewesen war, erhielt 1930 in Bamberg und Forchheim nur noch etwa 20 Prozent, auf dem katholischen Land zwischen 5 und 25 Prozent der Stimmen; in Nürnberg und Hof stand sie allerdings noch bei fast 40 Prozent. Im Juli 1932 verlor sie in den katholischen Gebieten von diesem Wählerstamm allerdings weniger als 10 Prozent. Ähnlich der BVP der Konkurrenz der radikalen Parteien gegenüber relativ widerstandsfähig, kam sie aus weltanschaulichen Gründen dennoch nicht als Bündnispartner in der Krise in Frage. Beide standen getrennt gegen die Nationalsozialisten, die 1930 in den katholischen Gebieten mit einem Stimmenanteil von etwa

[27] Fränkisches Bauernblatt. Organ des Oberfränkischen Christlichen Bauernvereins vom 7. 5. 1932 (Zit.) und 21. 1. 1933 (Zit.); Bayerischer Bauernverband Bamberg, Protokollbuch des Oberfränkischen Bauernvereins 1927–1933, passim; 75 Jahre Katholischer Arbeiterverein, hrsg. vom Katholischen Werkvolk Bamberg, Bamberg o. J. (1962). Stadtarchiv Bamberg, B.S. 6952/11.

[28] Reichsvorstand des Kath. Jungmännerverbandes 1932 (Zit.), zit. nach Stricker, Jugendarbeit, S. 16; Bamberger Volksblatt vom 10. 5. 1932 (Zit.); Fränkisches Bauernblatt 1932, passim. Der Text der Stellungnahme der deutschen Bischöfe zur NSDAP in Bernhard Stasiewski (Bearb.), Akten deutscher Bischöfe über die Lage der Kirche 1933–1945, Bd. I: 1933–1934, Mainz 1968, S. 843 f.

20 bis 25 Prozent in der Stadt und 10 bis 15 Prozent auf dem Land und in den protestantischen Gebieten mit 30 bis 40 Prozent bzw. 20 bis 30 Prozent ungefähr die Stärke der Völkischen von 1924 erreicht hatten. Im Juli 1932 stieg ihr Anteil in Städten noch einmal um ein Drittel, manchmal um die Hälfte, auf dem Land verdoppelte er sich sogar. In der Stadt Bamberg lag der NSDAP-Anteil allerdings schon 1930 weit über der (relativ niedrigen) Marke von 1924; er stieg 1932 auf gut 40 Prozent und erreichte damit einen fast „protestantischen" Wert. Offenbar wirkten dabei drei Gründe zusammen: das Gewicht des wirtschaftlich bedrängten Kleingewerbes und der Beamtenschaft, die mehr und mehr der NSDAP zuneigten; ein bei indifferenten Katholiken angesichts der Übermacht der Kirche in der Stadt latenter und nun, in der allgemeinen Polarisierung, offen erregter Antiklerikalismus, der von der NSDAP geschickt ausgenutzt wurde; schließlich die lokale Aktivität der NSDAP, die allen anderen Parteien überlegen war[29].

Denn seit 1925 hatte der Dreher Lorenz Zahneisen, ein Bamberger, der 1923 durch den völkischen Schriftsteller Houston Steward Chamberlain zur Hitlerbewegung bekehrt worden war, als Ortsgruppenleiter und SA-Sturm- bzw. Standartenführer die NS-Bewegung mit volkstümlicher Propaganda, Organisationsgeschick und Durchsetzungskraft erstaunlich schnell aufgebaut. 1929 Stadtrat und oberfränkischer Kreisrat, dann 1932 Abgeordneter im Bayerischen Landtag und 1933 schließlich Mitglied im Reichstag, wurde er 1933 Kreisleiter der NSDAP und ehrenamtlicher 2., 1934 hauptamtlicher 1. Bürgermeister, ab 1935 mit dem Titel Oberbürgermeister. Von der „Kampfzeit" bis zum Zusammenbruch führte und repräsentierte er den Nationalsozialismus in Bamberg und seinem weiteren Umland. Beobachter waren sich einig, daß dieser hitzige Mann radikaler auftrat als handelte und weder Rassenfanatiker noch Machiavellist war. Der ehemalige Arbeiter empfand durchaus Solidarität mit den einfachen Leuten und hatte noch als Kreisleiter Respekt vor Gebildeten. Das sollte die NS-Herrschaft in Bamberg milder als in Bayreuth, Coburg oder Nürnberg verlaufen lassen[30].

Am spektakulärsten stießen in Bamberg Nationalsozialisten und „katholisches Lager" am 25. Oktober 1932 zusammen: Heinrich Brüning, vor einem halben Jahr noch Reichskanzler, kam zu einer BVP-Wahlkundgebung. Von der Mehrheit „stürmisch gefeiert", wurde er durch nationalsozialistische Randalierer als katholischer „Hungerkanzler" heftig attackiert – auch mit Steinwürfen auf sein Auto – und von der aus ganz Oberfranken zusammengezogenen Bayernwacht handgreiflich verteidigt. Die Polizei wurde der „seit 1923 hier nicht mehr verzeichneten großen Skandal- und Landfriedensbruchszenen" erst nach Stunden Herr. Diesen „Mob von Bamberg", wie es der Bezirksamtsleiter als Stadtkommissar ausdrückte, führten Leute, die bereits ein Vierteljahr später die neue Macht im Reich wie auch in der katholischen Provinz durchzusetzen begannen[31].

[29] Vgl. Anm. 20.

[30] Spruchkammerakte Lorenz Zahneisen, Klageschrift des Klägers der Spruchkammer III Bamberg-Stadt vom 10. 9. 1948.

[31] Stadtkommissar Bamberg an Innenministerium am 26. 10. 1932: BayHStA, MInn 71718 (Zit.). Bayerische Volkspartei Bamberg an Innenministerium am 18. 11. 1932: Ebd. (Zit.). Bamberger Volksblatt vom 27. 10., 29. 10., 4. 11. und 5. 11. 1932 und Lichtenfelser Neueste Nachrichten vom 5. 11. 1932.

3. Im „Dritten Reich": Zwischen Loyalität und Nichtanpassung (1933–1939)

a) Gescheiterte Koexistenz

Dem Nationalsozialismus stand in Bamberg und noch mehr im „Bamberger Land" in erster Linie die Autorität der katholischen Kirche und der auf sie gestützte Einfluß der Bayerischen Volkspartei entgegen. Beiden verbunden waren die Staatsbehörden, in Stadt und Bezirk Bamberg vor allem in Gestalt des Bezirksamtsleiters Paul Köttnitz, eines entschieden gouvernementalen Beamten und langjährigen BVP-Mitglieds. Schon Mitte 1933 waren zwei dieser drei Kräfte ausgeschaltet. Die BVP wurde in der Reichstagswahl am 5. März dezimiert, dann mit der Angleichung der Stadt- und Gemeinderäte an die neue Reichstagszusammensetzung um ihre zuletzt 1929 bestätigte kommunale Mehrheit gebracht und schließlich in die Selbstauflösung getrieben. Ihr Organ, das „Bamberger Volksblatt", erschien zwar noch, es wurde aber bald durch Zermürbungsdruck und massive Abwerbung zugunsten der im Ostmark-Gauverlag erscheinenden Zeitung „Fränkisches Volk/Bamberger Tagblatt" so geschwächt, daß es bis 1938 nur mehr ein halb unpolitisches, halb angepaßtes Schattendasein führte. Die Bayernwacht wurde wie andere Wehrverbände bereits im März aufgelöst. Wie mancherorts konnte sich aber auch in Bamberg der Mann an der Gemeindespitze, der von der BVP getragene, aber vorwiegend als überparteilicher Wirtschaftsfachmann agierende Oberbürgermeister Luitpold Weegmann bis 1934 halten; er wurde jedoch von Lorenz Zahneisen als 2. Bürgermeister kontrolliert. Der Bezirksamtsleiter wurde von seinem den neuen Machthabern ergebenen Stellvertreter Dr. Witt ausgespielt, durch die Gleichschaltung Bayerns und die Eingriffe des Kreisleiters sowie der Bayreuther Gauleitung isoliert und schließlich im Sommer 1933 abgelöst[32].

Unerwartet rasch aus der politischen Arena gedrängt, in der sich seit über einem halben Jahrhundert katholische Interessen erfolgreich behauptet hatten, und der in Bayern seit 1912 (mit kurzer Unterbrechung 1918–1920) nachdrücklichen Unterstützung durch die Staatsbehörden beraubt, sahen sich die bewußten Katholiken nur mehr durch ihre Kirche vertreten. Kein Wunder, daß nun über die religiöse Leitung hinaus dem Erzbischof und jedem Pfarrer, der Kirchenzeitung und den führenden Laien eine auch tagesaktuelle Führungs- und Schutzrolle zuwuchs. Mit dem Verlust des politischen Armes sowie der Behinderung und schließlichen Ausschaltung der Vereine, d.h. mit dem Ausfall der in der Säkularisierung des 19. Jahrhunderts errichteten „Bollwerke" als Bezugsinstanzen, fielen deren Aufgaben an die Kirche zurück. Das gab ihr bei denen, die ihrer Autorität folgten, ein in der modernen segmentierten Gesellschaft ungewöhnliches Vertretungsmonopol, was freilich in religionsfeindlicher

[32] Vgl. Rainer Hambrecht, Der Aufstieg der NSDAP in Mittel- und Oberfranken (1925–1933), Nürnberg 1976; Klaus Schönhoven, Der politische Katholizismus in Bayern unter der NS-Herrschaft 1933–1945, in: Martin Broszat und Hartmut Mehringer (Hrsg.), Bayern in der NS-Zeit, Bd. V: Die Parteien KPD, SPD, BVP in Verfolgung und Widerstand, München 1983, S. 540ff.; Klaus Schönhoven, Die NSDAP im Dorf – Die Gleichschaltung der Gemeinden im Bezirksamt Bamberg 1933, in: Bericht des Historischen Vereins Bamberg 120 (1984) (Festschrift Gerd Zimmermann), S. 285ff. Zum Bamberger Volksblatt Frei, Eroberung, S. 269ff. Zum Bezirksamt Bamberg und der Entmachtung und Ablösung seines Leiters Köttnitz siehe BayHStA, MInn 84121. Bamberger Volksblatt vom 30. 11. 1933; Unterlagen im Besitz von Frau Dr. Bettina Köttnitz-Porsch/Bamberg (der ich für die Benützungserlaubnis danke).

Zeit und nach dem Verlust wichtiger Wirkungsmittel vor allem eine Verantwortungslast mit sich brachte. Sowohl institutionell als auch in seiner sozialen Reichweite schrumpfte das „katholische Lager" ab 1933 zunehmend auf das auch unter widrigen Umständen aktive Kirchenvolk. Diese „Konzentration nach innen" versprach jedoch für den Fall einer Krise der jetzt öffentlich herrschenden Werte eine erneute Erweiterung der Kirchengeltung.

Bis Mitte des Jahres 1933 setzten sich Nationalsozialisten und Katholiken in erster Linie politisch auseinander – letztere jedoch zunehmend zermürbt und mehr und mehr bereit für eine Verständigung. Dazu trug wesentlich bei, daß sich die Kirche offiziell bedeckt hielt. Das „St. Heinrichsblatt", die führenden Prediger, die bischöflichen Verlautbarungen, wenn sie die aktuelle Lage überhaupt ansprachen, konzentrierten sich auf *das* Zeitthema, die materielle Not, der auch besondere Andachten galten, z.B. „nächtliche Sühneanbetung; Zweck: für Linderung der Volksnot". Dem „Bamberger Volksblatt", wie allen Zeitungen katholischer Verlage, legte das Ordinariat zunächst parteipolitische Mäßigung, im Sommer dann Beschränkung auf eine ausschließlich katholische Richtung nahe. Grundlegender Ausdruck dieser reichsweit geübten, wenn auch innerhalb des Episkopats nicht unumstrittenen Zurückhaltung war die Kundgebung der deutschen Bischöfe vom 28. März 1933. Sie nahm als Antwort auf Zusicherungen Hitlers über den Schutz von Religion und Kirche die unbedingte Ablehnung des Nationalsozialismus zurück und setzte an deren Stelle die „Verurteilung bestimmter religiös-sittlicher Irrtümer".

Unter den Gründen für diesen Sinneswandel fielen offenbar ein prinzipieller und ein pragmatischer besonders ins Gewicht: die Achtung vor der legalen Staatsgewalt, welche nun auch für die Nationalsozialisten galt, und die pastorale Verantwortung einer Volkskirche mit Massenklientel, die mit dem in seinem totalitären Charakter unterschätzten Regime einen Modus vivendi suchte. Auch die starke Furcht vor dem Bolschewismus und die eigenen autoritären Ordnungsprinzipien schienen eine Verständigung zu erleichtern, zumal in einer Situation, in welcher nicht wenige Bischöfe den Bolschewismus in Deutschland allein durch Hitler noch als abwendbar sahen. Ausschlaggebend für das Streben nach Koexistenz aber waren die Sorge um die Sicherung der Seelsorge und die Sicherheit der Gläubigen sowie die auf das Reichskonkordat gesetzten Hoffnungen.

Erzbischof Jacobus von Hauck ließ als einziger der bayerischen Bischöfe den Konkordatsabschluß in allen Kirchen mit einem Tedeum feiern. Sein Verhalten in den Monaten nach der Machtergreifung spricht dafür, daß auch er zu der Meinung gelangt war, durch Mäßigung die katholischen Interessen angesichts der Zerrüttung Deutschlands, einer breiten bürgerlichen Zustimmung zum NS-Staat und der Ausschaltung der Linken am besten wahren zu können. Das aus der Kaiserzeit stammende innerkatholische Trauma der nationalen Außenseiterrolle spielte ebenfalls mit. Der Preis für die durch Stillschweigen ermöglichte Erhaltung zumindest der Kerninstitution, die keiner anderen gesellschaftlichen Großgruppe in solchem Maße gelang, war freilich eine zeitweise Stärkung der Legitimität des NS-Regimes und die dauernde formalloyale Bindung an dessen Ordnung. Ob dieser Preis zu hoch war und ob nicht schon in der Weichenstellung von 1933 die Bereitschaft unter den Gläubigen – gerade in einer katholischen Traditionsregion –, bischöflichem Widerstand zu folgen, unterschätzt wurde, ist mit historischen Mitteln allein kaum zu beantworten. Jedenfalls wurden schon bald nach der Machtergreifung die Möglichkeiten und Grenzen der Kirchenwirkung sowie die Lage des Kirchenvolkes zwischen staatsbürgerlicher Normalität und Dissens bis 1945 vorbestimmt[33].

Wenn sich die Kirchenleitung bedeckt hielt, bedeutete das allerdings nicht ein Stillhalten aller Geistlichen. Provokationen wie z.B. Zahneisens Ausfall gegen „die roten und schwarzen Schweine" nannte Pfarrer Michael Schütz in Burgebrach, schon „in der Kampfzeit einer der streitbarsten Gegner der NSDAP", auf der Kanzel eine „unerhörte Beschimpfung ... Es ist traurig zu sehen, wie weit es in den deutschen Landen gekommen ist." Vor einem „Propaganda-Marsch der Braunhemden", der seinen Höhepunkt in einer Rede Zahneisens haben sollte, rief Schütz seine Gemeinde zum friedlichen Boykott auf. Dabei stellte er einen Einwohner an den Pranger, der als einziger in der Hauptstraße bei der Schlußprozession der „Ewigen Anbetung" nicht illuminiert, aber „seit Monaten als beständige Provokation von ⅚ der Bevölkerung die Hakenkreuzfahne" gehißt habe[34].

Den Kampf gegen den Nationalsozialismus ordnete der beherzte Pfarrer in eine große historische Auseinandersetzung zwischen Römischem Glauben und Unglauben oder Irrglauben ein, denen nicht nur der Indifferentismus, sondern auch eine verdeckte Säkularisierung Vorschub leiste. Im Sinne der antimodernistischen Religiositätsnormen des Bamberger Priesterseminars, die Schütz geprägt hatten, bewertete er „3 Sorten von Katholiken: 1. Katholiken, die wirklich kath. denken und fühlen ..., die treu u. geschlossen hinter ihren kath. Führern stehen. 2. Katholiken die prot. denken und fühlen ... bes. unter den sogenannten ‚Gebildeten' ... wenn es auf wahrhafte Bildung ankommt, die dem Christen steht, dann ist mancher Bauer gebildeter als man-

[33] Vgl. Ludwig Volk, Der Bayerische Episkopat und der Nationalsozialismus 1930–1934, Mainz ²1966. Der Text der Bischofskundgebung vom 28. 3. 1933 bei Stasiewski, Akten, S. 30ff. St. Heinrichsblatt, passim; Pfarramt Burgebrach, Verkündbuch 1931–1933, 3. 2. 1933. Allgemein Klaus Scholder, Die Kirchen und das Dritte Reich, Bd. 1: Vorgeschichte und Zeit der Illusionen 1918–1934, Berlin 1977; Klaus Gotto und Konrad Repgen (Hrsg.), Die Katholiken und das Dritte Reich, Mainz 1983 (veränd. 2. Aufl. von Klaus Gotto und Konrad Repgen (Hrsg.), Kirche, Katholiken und Nationalsozialismus, Mainz 1980); Ulrich von Hehl, Kirche und Nationalsozialismus. Ein Forschungsbericht, in: Rottenburger Jahrbuch für Kirchengeschichte 2 (1983), S. 11ff.; Georg Denzler und Volker Fabricius, Die Kirchen im Dritten Reich. Christen und Nazis Hand in Hand?, Bd. 1: Darstellung, Frankfurt 1984, S. 31ff. Zu Bayern vgl. Ian Kershaw, Popular Opinion and Political Dissent in the Third Reich: Bavaria 1933–1945, Oxford 1983, S. 185ff. Als Regionaldarstellung ragt Georg Schwaiger (Hrsg.), Das Erzbistum München und Freising in der Zeit der nationalsozialistischen Herrschaft, 2 Bde, München 1984, hervor. Zur Diskussion um den Widerstandsbegriff vgl. u.a. Martin Broszat, Resistenz und Widerstand. Eine Zwischenbilanz des Forschungsprojekts, in: Martin Broszat, Elke Fröhlich und Anton Grossmann (Hrsg.), Bayern in der NS-Zeit, Bd. IV: Herrschaft und Gesellschaft im Konflikt, München 1981, S. 691ff.; Detlev Peukert, Volksgenossen und Gemeinschaftsfremde. Anpassung, Ausmerze und Aufbegehren unter dem Nationalsozialismus, Köln 1982, bes. S. 47; Klaus Gotto, Hans Günter Hockerts und Konrad Repgen, Nationalsozialistische Herausforderung und kirchliche Antwort. Eine Bilanz, in: Klaus Gotto und Konrad Repgen (Hrsg.), Die Katholiken und das Dritte Reich, Mainz 1983, S. 122ff.; Ian Kershaw, „Widerstand ohne Volk?" Dissens und Widerstand im Dritten Reich, in: Jürgen Schmädecke und Peter Steinbach (Hrsg.), Der Widerstand gegen den Nationalsozialismus. Die deutsche Gesellschaft und der Widerstand gegen Hitler, München 1985, S. 779ff.; Klaus Tenfelde, Soziale Grundlagen von Resistenz und Widerstand, in: ebd., S. 799ff.

[34] Spruchkammerakte Zahneisen, Protokoll der öffentlichen Sitzung der Spruchkammer III Bamberg-Stadt am 23. 9. 1948, S. 42 (Zit.); Pfarramt Burgebrach, Verkündbuch 1931–1933, 3. 2. (Zit.) und 19. 2. 1933 (Zit.). Zu Schütz' Konflikten mit dem NS-Staat vgl. Helmut Witetschek (Bearb.), Die kirchliche Lage in Bayern nach den Regierungspräsidentenberichten 1933–1943, Bd. II: Regierungsbezirk Ober- und Mittelfranken, Mainz 1967, S. 9, S. 83 (Zit.), S. 99, S. 114, S. 120, S. 240, S. 351, S. 371. Diese Edition ist Grundlage der folgenden Ausführungen. Vgl. auch Heinz Boberach (Bearb.), Berichte des SD und der Gestapo über Kirchen und Kirchenvolk in Deutschland 1934–1944, Mainz 1971.

cher Oberlandesgerichtsdirektor ... 3. Es gibt Katholiken, die garnichts denken, diese Leute sind Flugsand, die heute dahin, morgen dorthin sich schlagen ... Die erste Sorte: Katholiken, die kath. denken u. fühlen, sind von 19½ Mill. deutscher Kath., Gott sei Dank noch die Hälfte; ... die II. Sorte macht rund ⅕ aus; ein gutes Drittel ist die III. Sorte – alle drei Sorten sind in unserer Pfarrei vertreten. Aber Gott sei Dank: Bei uns gehört die große Masse zur I. Sorte ... Kath. Pfarrangehörige! Wir stehen an der Schwelle einer deutsch. Zukunft, die unheilvoll ist. Wir müssen durch Eis und Feuer gehen ... Wir werden Trümmerfelder sehen und erleben. Gebe Gott, daß Ihr Alle restlos 100% der Kath. der I. Sorte seid u. bleibt. Es gilt den kath. Freiheitskampf, es gilt den Kampf für Volk und Vaterland."[35]

Solche Äußerungen und einige, in den Augen der NSDAP, provokative Handlungen – u.a. der Ausschluß der Hitlerjugend von der Fronleichnamsprozession – brachten Schütz im Sommer 1933 vorübergehend in Schutzhaft. Er vermittelte katholisches Selbstverständnis auch durch das Vertrauen, das er mit sehr konkreter Alltagshilfe in der Wirtschaftskrise gewann: „Ich bin als Pfarrer Seelsorger; aber ich verkenne nicht, daß die Liebe zu Gott, die Treue zur Kirche auch im Magen [unleserlich] ... Wohl kann ich Euch kein Geld geben ... Aber ich kann Euch raten aus langer Erfahrung heraus ... weder Hitler noch Papen noch andere neue Machtorgane werden Euch helfen. Helfen kann Euch nur Euer Überlegen, Eure Sparsamkeit, Euer Fleiß, Rat u. Tat und einiges Zusammenstehen. Ihr könnt jeden Tag zu jeder Zeit zu mir kommen. Früh, Nachmittag, abend, auch noch um 9 Uhr."[36]

Um solche Geistliche, die lokale Leitfiguren weit über die religiöse Sphäre hinaus wurden, begann sich Resistenz, da und dort auch schon Protest gegen die Ansprüche des NS-Staates zu kristallisieren. Die Mehrheit exponierte sich freilich nicht so stark. Aber der Gegentyp des dem Nationalsozialismus gewogenen Priesters, der für die Hitlerpartei auf der Kanzel warb, war in der Bamberger Diözese selten. Die wenigen NS-Pfarrer erfreuten sich zwar lebhafter Gunst von Partei- und Staatsstellen, hatten aber Schwierigkeiten mit Ordinariat, Dekan und Amtsbrüdern, was ihre Stellung in Landgemeinden auf längere Sicht beeinträchtigte[37].

Im Zeichen des Reichskonkordats und nach der raschen Ausschaltung des politischen Katholizismus, der ihnen zunächst als Haupthindernis einer stärkeren Verfügung über die katholische Bevölkerung erschienen war, kamen die neuen Machthaber der Kirche nun teilweise wieder entgegen. So nahm z.B. die SA an der Bamberger Fronleichnamsprozession geschlossen teil, und Kreisleiter Zahneisen ließ sich auf Anraten von Gauleiter Schemm demonstrativ kirchlich trauen. Andererseits zogen, nach einem feierlichen Gottesdienst im Dom, auch Formationen des katholischen Bamberg beim Aufmarsch am 1. Mai mit: die Jugend mit dem Christusbanner und der Lehrkörper der Hochschule, deren Rektor unmittelbar hinter einer Hakenkreuzfahne schreiten mußte. Die SA-Kolonne in der Fronleichnamsprozession konnte allerdings nicht nur als Einordnung, sondern auch als Eindringen empfunden werden. Denn mit den öffentlichen Versöhnungsgesten hörten die Maßnahmen gegen Personen und Einrichtungen der Kirche und noch mehr ihres Vorfeldes nicht auf. Gerade den Bamberger

[35] Pfarramt Burgebrach, Verkündbuch 1931–1933, Predigtkonzept 12. 2. 1933 (für die Übertragung aus der von Schütz verwendeten Gabelsberger Stenographie danke ich Fr. Anna Siebauer/München).
[36] Ebd. Ähnlich für andere Pfarreien Witetschek, Lage, Bd. II, S. 6f.
[37] Ebd., S. 81, S. 209, S. 214, S. 282, S. 294, S. 317.

Katholiken mußte die Verfolgung ihrer politischen Repräsentanten, sichtbar vor allem an deren Schutzhaft, auch als Schlag gegen die Kirche erscheinen, da mit Johann Leicht und Meixner zugleich zwei bekannte Geistliche betroffen waren. Außerdem mehrten sich vorübergehende Inhaftierungen von Pfarrgeistlichen.

Die Kirche erschien zunehmend als belagerte Festung, als die Vereine durch Aufmarsch-, zeitweise Versammlungs- und Aufführungsverbote, eine Genehmigungspflicht für alle Veranstaltungen und Doppelmitgliedschaftsverbote (besonders der Hitlerjugend) behindert wurden. Es war symbolhaft für die aus der Öffentlichkeit Verdrängten, als am Jugendsonntag Ende Mai in der überfüllten Bamberger St. Martinskirche nach Predigten über den Opfermut, einer Massenkommunion von über 3000 Teilnehmern, einem Treueschwur „bis zum Tod" und dem Bundesgebet „fürs Jugendreich, fürs Deutsche Reich, für die Ausbreitung des Reiches Christi" die auf den Straßen verbotenen Banner am Altar niedergelegt, „der Mutter Kirche zurückgegeben" wurden. Von nun an zog man in Wallfahrten hinter Kirchenfahnen. Auch Werbung und Drohung, vor allem Druck im Beruf sollten die kirchengebundenen Katholiken gefügiger machen. Zahneisen drängte z.B. Polizeianwärter, „daß jeder Deutsche der Partei beitreten soll, wenn er Beamter werden will ... da haben sich sämtliche Angehörige aufnehmen lassen"[38].

Solche Taktik, erste Anzeichen einer wirtschaftlichen Erholung, die vom Regime eingeschlagene Politik der Ordnung und nationalen Stärke und die kirchenoffizielle Teilanerkennung führten bei nicht wenigen Katholiken, die dem NS-Regime bisher ablehnend gegenüber gestanden hatten, zu einem Sinneswandel. Vor allem Angehörige des öffentlichen Dienstes, Gewerbetreibende, die auf öffentliche Aufträge angewiesen waren, und bei nationalsozialistisch eingestellten Arbeitgebern Beschäftigte arrangierten sich mit den neuen „Herren". Dies wirkte sich in einer Gewerbe- und Beamtenstadt wie Bamberg besonders aus, war aber als Umschwung auch im Industriestädtchen Forchheim bemerkbar, wo der katholische Einfluß schon früher durch eine relativ kräftige Sozialdemokratie begrenzt gewesen war. Selbst auf dem Land litt, wie bereits die sprunghafte Zunahme der NS-Stimmen vor 1933 gezeigt hatte, die Kirchenloyalität angesichts einer steigenden Zustimmung zur betont bauernfreundlichen und autoritätsstarken neuen Politik. Das bestärkte die Kirchenleitung in ihrem Verständigungskurs. Dennoch spürten die Pfarrgeistlichen „vor Ort", daß die wachsende Akzeptanz des NS-Regimes in den Dörfern und Städten zunächst weniger Bekenntnis als Hoffnung auf bessere Lebensumstände ausdrückte; sie konnte wieder schwinden, wenn der totale Anspruch des Regimes gewohnte Leitwerte gefährdete und das Erfolgscharisma des „Führers" brüchig wurde. Sobald die Kirche sich in ihrer Wirkung entscheidend bedroht sah und die ihr von Staatsmacht und Volksstimmung nahegelegte Zurückhaltung offiziell aufgab, würden sich zwar viele konventionelle Katholiken der überlegenen NS-Gewalt fügen; starke Gruppen würden sich aber vorrangig als Kirchenvolk fühlen und der Gleichschaltung entziehen, solange nicht die Existenz gefährdet war.

[38] Spruchkammerakte Zahneisen, Protokoll am 23. 9. 1948, S. 131, S. 164, S. 184 (Zit.). Archiv des Erzbistums Bamberg, Rep. 4/2, 4219/9. Stricker, Jugendarbeit, S. 36, S. 41 ff. (Zit.). Stadtchronik Mai–August 1933, 1. Mai: Stadtarchiv Bamberg, B.S. 992, 2862/21 (Bild).

Diese Klärung begann 1934. Die Vereine litten unter zunehmender Beengung. Erstmals nahm die Mitgliederzahl der Jugendvereine, die 1933 noch gewachsen war, merklich ab; die „Deutsche Jugendkraft" ging durch ein Sportverbot praktisch ein. Daß das Engagement nicht wesentlich nachließ, sondern sich aus dem nun gehemmten Gruppenleben auf individuelle Orientierungsformen verlagerte, zeigt die Auflagenentwicklung der „konsequent katholischen und antinationalsozialistischen" Zeitschrift „Junge Front". Die Auflage, begünstigt auch durch das Verbot oder die Gleichschaltung der katholischen Tageszeitungen, stieg im Reich von knapp 100000 im Jahre 1933 auf 330000 beim Verbot im Jahre 1936; allein in Bamberg gab es 1934 fast 1000 feste Bezieher. Bis Anfang 1935 stellte auch die Beilage zum „Bamberger Volksblatt" „Unser Weg" als regionales Organ der katholischen Jugend ein Forum der Kommunikation und weltanschaulichen Selbstvergewisserung dar[39].

Herrschte hier noch ein gewisser Freiraum, so ging der NS-Staat gegen die Kirche selbst nun härter vor. Mißliebige Priester bekamen das als erste zu spüren. Außerdem verstärkte das NS-Regime die Werbung für den Kirchenaustritt. Es propagierte stattdessen einen aggressiven völkischen Glauben als rassegemäße Transzendierung der nationalsozialistischen Weltanschauung. Daß die entgegenkommenden Gesten verschwanden und die Kirche immer mehr unter Druck geriet, zerstörte die mit dem Reichskonkordat verbundenen Hoffnungen auf Koexistenz, ja auf Kooperation. Die 1933 eingeleiteten Versuche – ob auf episkopaler, ob auf Gemeindeebene –, Brücken zu bauen, verloren Sinn und Zustimmung. Ein auffälliges Zeichen der veränderten Lage war, daß der Bamberger Fronleichnamsprozession von 1934 die im Vorjahr so demonstrativ mitziehende SA fernblieb. Erstmals fehlten auch die uniformierten Gruppen der Landespolizei und der Bahn- und Postbediensteten, nicht einmal die öffentlichen Gebäude waren beflaggt.

Die Kirche reagierte nun eindeutig. Auftakt in Bayern waren zwei aufsehenerregende Adventspredigten und die Silvesteransprache des Münchener Kardinals Faulhaber. In den überfüllten Kirchen Bambergs verlief die Jahreswende noch ohne besondere Zeitkritik. Aber schon der Fastenhirtenbrief vom Februar 1934 beklagte die „Zeiten schwerer Versuchung, unkirchlicher Bestrebungen und religionsfeindlicher Angriffe" und wandte sich scharf „gegen alle Versuche, ein allgemeines Christentum an die Stelle des kath. Glaubens zu setzen". Hauptmittel der Abwehr sollte die von Pius XI. zunächst für Italien, 1928 auch für Deutschland als religiöse Offensive verkündete „Katholische Aktion" sein. Welche Bedeutung man ihr zumaß, zeigt, daß das „St. Heinrichsblatt" jetzt „Offizielles Organ der katholischen Aktion in der Erzdiözese Bamberg" wurde. Als umfassende „Bewegung" sollte sie im Rahmen der Pfarrei alle Kräfte sammeln und das Glaubensleben vor allem über die Familie stärken; die Vereine und Verbände galten, wirkungsgehemmt, eindeutiger als bisher lediglich als

[39] Stricker, Jugendarbeit, S. 56ff.; Barbara Schellenberger, Katholische Jugend und Drittes Reich. Eine Geschichte des Katholischen Jungmännerverbandes 1933–1939 unter besonderer Berücksichtigung der Rheinprovinz, Mainz 1975. Zu der Bamberg südlich benachbarten Diözese vgl. Evi Kleinöder, Verfolgung und Widerstand der katholischen Jugendvereine. Eine Fallstudie über Eichstätt, in: Martin Broszat und Elke Fröhlich (Hrsg.), Bayern in der NS-Zeit, Bd. II: Herrschaft und Gesellschaft im Konflikt, München 1979, S. 175ff. Zur Presse Klaus Gotto, Die Wochenzeitung Junge Front/Michael. Eine Studie zum katholischen Selbstverständnis und zum Verhalten der jungen Kirche gegenüber dem Nationalsozialismus, Mainz 1970 (Zit. S. 226).

„wertvolle Hilfskräfte". Das bedeutete einen wichtigen Schub zu einer Verkirchlichung katholischen Lebens[40].

Die Kirche verteidigte zwar die Einrichtungen in ihrem Vorfeld zäh, aber diese hatten sich als sehr verletzlich erwiesen und schienen nur durch Selbstbeschränkung auf den religiösen Bereich gerettet werden zu können, weshalb Hauck u.a. eine Aufgabenteilung der Jugendverbände mit der HJ vorschlug. Zum Teil waren sie – etwa die Arbeitervereine – auch schon in den Jahren zuvor mit ihrer sektoralen und pragmatisch-sozialen Tätigkeit in die Defensive geraten gegenüber einer „ganzheitlichen", ausgeprägt sakramental-rituellen religiösen Erneuerungsbewegung. Diese hatte vor allem im Bürgertum eine neue Kirchenzuwendung eingeleitet. Der religiöse Aufbruch, der in der „liturgischen Bewegung" einen Brennpunkt fand, ergriff seit den späten zwanziger Jahren auch das Erzbistum Bamberg – obwohl dieses sozial wie theologisch eher ungünstige Voraussetzungen bot – durch Kapläne z.B. in St. Martin in Bamberg oder St. Heinrich in Fürth, durch junge Akademiker, in Gymnasiasten- und Jugendgruppen. Solcher Präferenzenwandel vornehmlich bei jungen Priestern und gebildeten Laien sollte in den kommenden Jahren und über 1945 hinaus Kräfte entfalten, die zusammen mit der Stärke der hierarchischen Institution und der religiösen Tradition die Behauptung der Kirche ermöglichten. Der Vereinskatholizismus wurde, nach einem halben Jahrhundert der Expansion, von außen zerstört. Aber seine Vitalität hatte, soweit nicht die neue Spiritualität seine Formen veränderte wie unter den Jugendverbänden, ihren Höhepunkt schon vorher überschritten[41].

Bekenntnishöhepunkt der Diözese im Wendejahr 1934 war das goldene Priesterjubiläum von Erzbischof Hauck am 8. Juli. Das Jubiläum wurde die bis dahin „größte katholische Kundgebung" der Stadt. Vor über 50000 Menschen stellte Kardinal Faulhaber in seiner Festpredigt christlichen Erlösungsglauben gegen völkische Selbsterlösung, „viel tausendstimmig" wurde um „Frieden und Freiheit für die Kirche" gebetet, die Jubelmesse vermittelte ergreifend „Glanz und Geschlossenheit einer katholischen Gemeinschaft". Die „mächtige Manifestation treu katholischer Gesinnung", die „den ewigen katholischen Geist atmete", endete im Appell zu „mannhaftem Bekennermut". Dem staatlichen Berichterstatter fiel der allenthalben „demonstrative" Beifall unangenehm auf. Hauck selbst wurde an Silvester noch deutlicher gegen das „neue Heidentum", als er die „blöden Fälschungen" zurückwies, daß Christus ein arischer Held gewesen und das Christentum vom „jüdischen Rabbiner Paulus verdorben" worden sei. Wenn er sich dabei auf den „obersten Führer des Reiches" berief – „er hat in feierlicher Stunde das schöne und für uns tröstliche Wort gesprochen, daß er die großen christlichen Konfessionen als Säulen des Staates betrachtet, auf deren Mitarbeit zum Aufbau er rechne" –, folgte er dem bis in den Krieg geltenden Grundsatz amtskirchlichen Verhaltens: Gestützt auf das Konkordat die Zusagen des Staates und damit die eigenen Rechte einzufordern, Parteiradikalismus und Staatsautorität möglichst zu

[40] Vgl. Volk, Episkopat, S. 121ff.; Bamberger Volksblatt vom 1. 6. 1934; Der Bamberger Fastenhirtenbrief, in: St. Heinrichsblatt vom 25. 3. 1934 (Zit.).

[41] Vgl. dazu Hauck an Kardinal Bertram/Breslau (als Vorsitzenden der Fuldaer Bischofskonferenz) am 27. 11. 1933; Archiv des Erzbistums Bamberg, Rep. 4/2, 4111/1.

trennen, um abzuwehren und doch loyal zu sein, um die Gläubigen religiös klar zu führen, ohne sie gegen den Staat aufzuhetzen[42].

Die Grundkonstellation, wie sie 1933/34 zwischen Rechtsbindung und zunehmend stärkerem Staatsanspruch entstanden war, blieb in den folgenden Jahren bestehen. Der Konflikt zwischen Kirche und Staat verschärfte sich aber. Das NS-Regime verstärkte seit dem Abschluß der Machtergreifung Mitte des Jahres 1934 den Druck auf die Kirche als letzter eigenständiger Großorganisation. Diese suchte ihrerseits, von der Unmöglichkeit einer Koexistenz nun weitgehend überzeugt, die Zumutungen des Regimes abzuwehren oder doch abzuschwächen, wobei sie sich auf die Zustimmung des mehrheitlich bischofsloyalen Kirchenvolks und auf die weltweite Autorität des Papstes stützte. Auf dem Höhepunkt des Konflikts im Jahre 1937 stießen dann auch die universale Kirchenspitze und die Führung des Dritten Reiches wegen der Verkündigung der Enzyklika „Mit brennender Sorge" direkt zusammen. Das schlug bis in die Pfarreien durch und ließ reichsweit Kanzel, katholische Presse und Vereine mit den lokalen NS-Funktionären aneinandergeraten. Erst 1938/39 schwächte sich dieser Gegensatz wenigstens öffentlich etwas ab, weil die Kirche der vorerst möglichen Beschränkung weitgehend unterworfen war und Hitler sich außerdem auf die Außenpolitik konzentrierte[43].

Im einzelnen baute der NS-Staat vor allem das Vorfeld der Kirche gezielt ab. In erster Linie ging er gegen die Organisationen politisch besonders relevanter Gesellschaftsgruppen – Jugend, Arbeiter – und gegen die Kirchenpresse vor. Die Jugendverbände, nach der faktischen Selbstauflösung der Evangelischen Jugend letzter Konkurrent der HJ, wurden personell ausgedünnt durch ein Doppelmitgliedschaftsverbot für DAF-Mitglieder sowie durch die Einführung von Wehrpflicht und Arbeitsdienstpflicht. Außerdem wuchs der Druck auf die Eltern, besonders auf diejenigen, die im öffentlichen Dienst beschäftigt waren, ihre Kinder aus den Vereinen zu nehmen. Alle nicht kirchlich-religiöse Betätigung wurde verboten. Auch für Veranstaltungen in Pfarrhäusern und anderen kirchlichen Räumen brauchte man nun die vorherige Genehmigung, welche immer seltener erfolgte und u.a. bei zeitlichen Überschneidungen mit HJ- und anderen NS-Veranstaltungen versagt wurde. Ferner mußte die Beilage des „Volksblatts" „Unser Weg" eingestellt werden. Mit der Schließung des Canisiusheimes der Bamberger Salesianer wegen angeblicher Sittlichkeitsvergehen gingen unersetzliche Leiter und Räume verloren. Am 20. Januar 1938 schließlich wurden die wichtigen katholischen Jugendverbände in Bayern als staatsfeindliche Gruppen des politischen Katholizismus verboten, ihr Vermögen teilweise beschlagnahmt. Regelmäßige Grup-

[42] St. Heinrichsblatt/Kirchenzeitung vom 15. 7. 1934 (Zit.) und 6. 1. 1935 (Zit.); Witetschek, Lage, Bd. II, S. 28 (Zit.).

[43] Vgl. Friedrich Zipfel, Kirchenkampf in Deutschland 1933–1945. Religionsverfolgung und Selbstbehauptung der Kirchen in der nationalsozialistischen Zeit, Berlin 1965; Dieter Albrecht (Hrsg.), Katholische Kirche im Dritten Reich, Mainz 1976; Gotto, Repgen, Katholiken; Klaus Scholder, Die Kirchen und das Dritte Reich, Bd. 2: Das Jahr der Ernüchterung 1934. Barmen und Rom, Berlin 1985; Raimund Baumgärtner, Weltanschauungskampf im Dritten Reich. Die Auseinandersetzung der Kirchen mit Alfred Rosenberg, Mainz 1977; zur Enzyklika von 1937 Heinz-Albert Raem, Pius XI. und der Nationalsozialismus. Die Enzyklika „Mit brennender Sorge" vom 14. März 1937, Paderborn 1979; Heinz Hürten, Selbstbehauptung und Widerstand der katholischen Kirche, in: Jürgen Schmädecke und Peter Steinbach (Hrsg.), Der Widerstand gegen den Nationalsozialismus. Die deutsche Gesellschaft und der Widerstand gegen Hitler, München 1985, S. 240ff.; Günther van Norden, Zwischen Kooperation und Teilwiderstand: Die Rolle der Kirchen und Konfessionen. Ein Überblick über Forschungspositionen, in: Ebd., S. 227ff.

penarbeit war freilich schon seit 1936 meist versandet; bereits Ende 1933 hatte der Nachwuchs stagniert, da die Volksschüler „fast restlos" in die HJ eintraten[44].

Die Arbeitervereine blieben zwar entgegen starker Befürchtungen bestehen, so daß man Anfang des Jahres 1934 glaubte: „Wir haben die Krisis überstanden, sogar ohne Verluste." Doch öffentliches Auftreten wurde schwierig, die Arbeitersekretariate verloren mit Rechtsvertretung und -beratung ihre Hauptaufgabe. Das Organ der süddeutschen Arbeitervereine, „Der Arbeiter", mußte 1935 in ein unpolitisches Blatt „Ketteler-Feuer" umgewandelt werden, die Parallelzeitung „Die Arbeiterin" 1937 in „Ketteler-Licht", und ab 1938 durften beide nicht mehr als obligatorisches Mitgliederblatt geliefert, sondern nur mehr frei bestellt werden. Die für Außenwirkung, inneren Zusammenhalt und durch hohe Einspielergebnisse auch finanziell wertvolle Theaterabteilung des Bamberger Arbeitervereins ging nach weitgehender Auftrittsbeschränkung ein; seine Gesangsabteilung machte sich selbständig und konnte so weiter bestehen. Das Doppelmitgliedschaftsverbot der DAF, das auch den Jugendverbänden zu schaffen machte, bedrängte vor allem die Arbeitervereine. Bereits Mitte 1935 sah man sich „an dem Rande des Grabes" angelangt. Der Bamberger Arbeiterverein konnte dann 1937 doch sein 50jähriges Jubiläum feiern und zunächst noch mit monatlichen Filmvorträgen oder religiösen Feiern ein rudimentäres Vereinsleben aufrechterhalten, „soweit Genehmigung zu erlangen war" und Durchsuchungen und andere Eingriffe es nicht störten. Aber Anfang des Jahres 1939 wurde es ebenfalls ganz verboten[45].

Die Kirchenpresse (Sonntagsblätter, Verbandszeitschriften, Erbauungsblätter) stand, nachdem sie sich Ende des Jahres 1933 im Unterschied zur katholischen Tagespresse der personellen und inhaltlichen Gleichschaltung gemäß dem Schriftleitergesetz hatte entziehen können, mit der Wiedergabe von Hirtenbriefen und Festpredigten, mit Grundsatzartikeln und auch durch bloße Information über den Kirchenalltag den nationalsozialistischen Durchdringungsambitionen noch hemmend entgegen. Ihre Bedeutung – wie ihre Auflage – hatte seit dem Erlaß des Schriftleitergesetzes und dem faktischen Ende der katholischen Tagespresse, hervorgerufen durch eine Entkonfessionalisierungsverordnung der Reichspressekammer von 1935, stark zugenommen. Der Druck der Enzyklika „Mit brennender Sorge" im März 1937 lieferte den Nationalsozialisten den willkommenen Anlaß, gegen die Kirchenpresse vorzugehen. Wie elf andere kirchliche Druckereien wurde der St. Otto-Verlag enteignet, das „St. Heinrichsblatt" vorübergehend verboten und, nach dem Verkauf an den Nürnberger Sebaldus-Verlag, seit seinem Wiedererscheinen überwacht sowie durch einen anpassungsbereiten Leitartikler neu akzentuiert. Als Kirchenzeitung des ganzen Erzbistums mit

[44] Stricker, Jugendarbeit, S. 56ff.; Frei, Eroberung, S. 315f. Hauck an Kardinal Bertram am 27. 11. 1933 (Zit.): Archiv des Erzbistums Bamberg, Rep. 4/2, 4111/1. Die VO des bayerischen Innenministeriums vom 31. 1. 1938 verschonte Marianische Studentenkongregationen, weibliche Jugendvereine (Weiße Rose), Burschenvereine (zunächst). Diese sollten Aufgaben der verbotenen Vereine mit übernehmen: „Wir halten unser katholisches Vereinswesen bis zum äußersten. Nur die Gewalt soll es vernichten können": Archiv des Erzbistums Bamberg, Rep. 4/2, 4164/12.

[45] Katholisches Werkvolk Bamberg, Protokollbuch des Katholischen Arbeitervereins Bamberg 1930–1939, 1946–1950, S. 57ff., bes. Generalversammlungen am 21. 1. 1934 (Zit.), 26. 1. 1936 (Zit. Prälat Leicht), 26. 1. 1937 (Zit.); Witetschek, Lage, Bd. II, S. 275; mdl. Auskunft von Toni Lindermüller am 7. 10. 1986. Archiv des Erzbistums Bamberg, Rep. 4/2, 4162/1. Allgemein Jürgen Aretz, Katholische Arbeiterbewegung und Nationalsozialismus. Der Verband katholischer Arbeiter- und Knappenvereine Westdeutschlands 1923–1945, Mainz 1978; Heinz-Albert Raem, Katholischer Gesellenverein und deutsche Kolpingsfamilie in der Ära des Nationalsozialismus, Mainz 1982.

einer Auflage (September 1938) von fast 10 Prozent der Katholikenzahl sollte dieses wichtigste Verbindungsmittel „der großen Diözesanfamilie" eine „einschleichende" Umstimmung im Kirchenvolk bewirken[46].

Der NS-Staat hatte der Kirche nach der Machtergreifung nicht nur ihren politischen Arm, die BVP, sondern bis 1938 auch ihre wirksamsten sozialen Organisationen genommen sowie ihr letztes publizistisches Medium halb gleichgeschaltet. Ihrer „Bollwerke" nahezu entblößt, wurde die Institution Kirche nun selbst als Loyalitätskonkurrent und Machtreservat stärker angegriffen. Wie ärgerlich für Staats- und Parteistellen die Grenzen nicht nur der geistigen Verfügung, sondern auch des praktischen Machtzugriffs waren, zeigte sich in Bamberg z. B. 1938, als die 102 000 Mark Erlös aus dem kurz vor der Beschlagnahme geschickt verkauften großen Haus des Arbeitervereins ins erzbischöfliche Palais gerettet wurden. Nach dem Verbot des Jungmännerverbandes las dessen Präses im Vereinssaal fast täglich Messe; der Saal war nun kirchlicher Raum und somit der Beschlagnahme entzogen[47].

Einem härteren Vorgehen gegen Personal und Funktion der Kirche standen allerdings nicht nur die Rechtsgarantien des Reichskonkordats entgegen, sondern vor allem der internationale Status des „heiligen Stuhles" und mehr noch das gesellschaftliche Ansehen von Glauben und Kirche auch außerhalb des Kirchenvolks. Denn abgesehen von einer dezidiert antiklerikalen Minderheit linksideologischer wie rechtsradikaler Provenienz war in Deutschland auch nach der Säkularisierung ein Grundkonsens über die Geltung christlicher Werte und die Würde der Priester, Sakramente und frommen Bräuche erhalten geblieben. Wer das Abtreten der Geistlichen aus der Politik begrüßte und das Ende der katholischen Standesvereine als Schritt zur Volksgemeinschaft verstand, mußte noch keineswegs Angriffe auf die Seelsorge billigen. Gerade in dem für die Akzeptanz des Regimes so wichtigen Bürger- und Kleinbürgertum lehnten viele den außerreligiösen Einfluß der Kirche ab, befürworteten aber ihre religiöse Aufgabe.

Da dies führenden Nationalsozialisten deutlicher bewußt war als mittleren und kleineren Funktionären, die sich wie auch Zahneisen immer wieder zu antiklerikalen Ausfällen hinreißen ließen, ging man in der Regel vorsichtig zu Werke und drängte die Kirche zuerst in der Instanz zurück, die dem Einfluß des Staates offen stand: in der Schule. Anfangs suchte man das schulische Sozialisationsklima mit Werbung und Druck bei den Lehrern gleichzuschalten; die unter bayerischen Volksschullehrern traditionell verbreitete Abneigung gegenüber der Kirchenmacht in der Schule bot dazu wertvolle Anknüpfungsmöglichkeiten. Ab 1934 begann dann durch eine neue, nationalsozialistische Lehrerbildung, die Durchsetzung der Simultanschule sowie den Abbau kirchlicher Schulen und kirchlicher Lehrkräfte an staatlichen Schulen die Entkonfessionalisierung als Vorstufe der Entchristlichung. Der Versuch, nationalsozialistische Leitbilder mit christlicher Tradition zu verbinden, Erziehung im Zeichen von

[46] Vgl. Karl Aloys Altmeyer, Katholische Presse unter NS-Diktatur. Die katholischen Zeitungen und Zeitschriften Deutschlands in den Jahren 1933 bis 1945. Dokumentation, Berlin 1962, S. 46 ff.; Frei, Eroberung; Witetschek, Lage, Bd. II, S. 201. Archiv des Erzbistums Bamberg, Rep. 4/2, 4811/1 (der St. Otto-Verlag wurde am 26. 3. 1937 gesperrt, am 11. 6. sein Vermögen eingezogen). Zum Wiedererscheinen vgl. St. Heinrichsblatt vom 5. 9. 1937 (Zit.).

[47] Katholisches Werkvolk Bamberg, Protokollbuch, Ausschußsitzung am 22. 2. 1938, S. 115 f.; Stricker, Jugendarbeit, S. 93 ff.

Hitlerbild und Kreuz zu betreiben, wie es Hans Schemm als bayerischer Kultusminister zunächst propagiert hatte, mußte am letztlich totalen Anspruch des Nationalsozialismus ebenso scheitern wie an der in Kirche und aktivem Kirchenvolk seit 1934 offenkundig wachsenden Abwehrhaltung.

Der Schulkampf erreichte zwischen 1936 und 1938 seinen ersten Höhepunkt. Schulgottesdienste und Religionsunterricht wurden eingeschränkt, ein Ausscheiden aus dem Religionsunterricht sogar gefördert. Die Orden verloren ihre Stellung in der Mädchenbildung, als die meisten Schulschwestern die Volksschule verlassen mußten – allein zwischen Juni 1938 und Juli 1938 89, davon in Bamberg 19 – und das renommierte Bamberger Lyzeum der Englischen Fräulein geschlossen wurde. Unterschriftenaktionen der Eltern, die sich für ein Verbleiben der Schwestern aussprachen, unterdrückte man. Weiter zielte die generelle Ausschaltung der Bekenntnisschule, die in Bayern Regelschule war, durch massive Werbung und – hauptsächlich im Frühjahr und im Herbst 1937 – durch Abstimmung für die Gemeinschaftsschule, die zum Teil unter erheblichem politischen Druck und begleitet von Täuschungen erfolgten. Wo der Erfolg dennoch ausblieb, wie z.B. in der Pfarrei Burgebrach oder wo nachträglich die Manipulation entlarvt wurde wie in Bamberg, sahen sich verantwortliche Bürgermeister rasch abgesetzt, ja Pfarrer verhaftet.

Hand in Hand mit dem institutionellen Wirkungsverlust ging die personelle Ausdünnung: Mißliebigen Priestern wurde ab 1937 die Erlaubnis zum Religionsunterricht entzogen. Außerdem gelang es dem Nationalsozialistischen Lehrerbund, drei Viertel der katholischen Volksschullehrer in Ober- und Mittelfranken dazu zu bewegen, den Religionsunterricht niederzulegen. So war 1938 die für die staatliche Volksbildung von Anfang an konstitutive, über hundert Jahre herrschende Konfessionalität beseitigt; die Kirche sah sich aus der Instanz halb verdrängt, über die sie am breitesten zu wirken vermocht hatte[48].

Dem Einfluß der Seelsorge im engeren Sinn suchte das Regime indirekt entgegenzuwirken. Da in Gottesdienst, Beichte und pastorales Gespräch kaum eingegriffen werden konnte, sollten sie im Bewußtsein der katholischen Bevölkerung entwertet werden. Riten, etwa die der Marienverehrung, die geistige Führung durch die Beichte, Dogmen wie das der Unbefleckten Empfängnis und Leitwerte wie priesterliche Keuschheit, Demut oder die allen Menschen geltende Caritas wurden als Glaubensformen schwacher Betbrüder verspottet. „Stürmer-Kästen" verbreiteten regelmäßig Kirchenhohn. SA und Hitlerjugend sangen bei Feiern und Märschen in pfaffenfressender Landsknechtsmanier, z.B. die SA-Standarte 5 in Bamberg „Wir sind des Geyers schwarze Haufen ... Spieß voran, drauf und dran, setzt aufs Klosterdach den roten Hahn!" Kreisleiter und Oberbürgermeister Lorenz Zahneisen schmähte bei einer HJ-Feier in Bamberg die Beichte und das Dogma der Erbsünde – und das auf dem

[48] Vgl. Rolf Eilers, Die nationalsozialistische Schulpolitik. Eine Studie zur Funktion der Erziehung im totalitären Staat, Köln 1963. Über Bayern Franz Sonnenberger, Der neue „Kulturkampf". Die Gemeinschaftsschule und ihre historischen Voraussetzungen, in: Martin Broszat, Elke Fröhlich und Anton Grossmann (Hrsg.), Bayern in der NS-Zeit, Bd. III: Herrschaft und Gesellschaft im Konflikt, München 1981, S. 235ff. sowie Evi Kleinöder, Katholische Kirche und Nationalsozialismus im Kampf um die Schulen. Antikirchliche Maßnahmen und ihre Folgen untersucht am Beispiel von Eichstätt, in: Sammelblatt des Historischen Vereins Eichstätt 74 (1981), S. 5ff. Zur Bamberger Diözese vgl. Archiv des Erzbistums Bamberg, Rep. 4/2, 4512/6, 4512/15, 4513/8. Witetschek, Lage, Bd. II, S. 99, S. 126, S. 128, S. 141, S. 145, S. 148, S. 179f., S. 200, S. 221, S. 224, S. 240, S. 260f.; mdl. Auskunft von Dr. Franz Vogl am 8. 8. 1986.

Domplatz „unmittelbar vor der zur Kundgebung beleuchteten Kathedrale", wie der Erzbischof in seinem öffentlichen „feierlichen Protest" bitter bemerkte. Der Spott gründete, über herkömmliches antiklerikales Auftrumpfen hinaus, in einer ideologischen Verdammung des Katholizismus als freudlos, lebensfeindlich und unheldisch, als undeutsch und volksschädlich. Letzteres reiche von der weltweiten Konspiration der Jesuiten bis zur Nachwuchsverweigerung durch das Zölibat. In Zeitungen, Reden und Gesprächen wurde ein spezifisch katholischer Habitus angeprangert, der dem neuen Deutschland fremd, ja feindlich sei[49].

Erschüttert werden sollte die Kirchenbindung vor allem auch dadurch, daß man das Ansehen der Priester, auf die katholische Religiosität so eng bezogen ist, untergrub. Das geschah einmal permanent durch die gezielte Veröffentlichung von – tatsächlichen und mehr noch angeblichen – Verstößen einzelner Priester gegen die kirchlichen Normen oder gegen das sogenannte Volksinteresse. Zugleich wurde in zwei speziellen Kampagnen das Bild des Geistlichen ohne Moral und Gemeinsinn reichsweit aggressiv inszeniert. Die Angriffe richteten sich auf angeblich lasterhafte Päpste, die SA sang „Der Papst lebt herrlich in der Welt, er lebt von seinem Ablaßgeld. Er trinkt den allerbesten Wein ...". Zahneisen fällte das Pauschalurteil, Geistliche seien „Dunkelmänner", die den staatlichen Gehaltszuschuß nicht verdienten, Ortspfarrer sahen sich einer massiven Hetze ausgesetzt. Außerdem zielten Bespitzelung, Verhaftung und Schulverbot sowohl auf öffentliche Demütigung wie auf Abschreckung. Aber erst die aufgrund vereinzelter Verstöße gegen Bestimmungen der Devisenbewirtschaftung bzw. sittlicher Verfehlungen 1935/36 bzw. 1936/37 gegen eine große Zahl von Geistlichen mit unerhörter Propaganda willkürlich inszenierten „Devisenschieber"- und Sittlichkeitsprozesse erlaubten eine so breite Kriminalisierung, daß man den Priesterstand insgesamt und besonders die Orden tief zu diskreditieren glaubte. Die Autorität der Kirche sollte unterhöhlt, die des NS-Regimes als Wächter über Volkswohl und Ordnung gestärkt werden[50].

Ein weiteres Mittel, die Kirche dem NS-Staat unterzuordnen und Priester bei Nichtanpassung als öffentliche Quertreiber unter Druck zu setzen, war die Verordnung, ab 1935 bei allen feierlichen Staats- oder Parteianlässen – und diese waren zahlreich – die Hakenkreuzfahne als Reichsflagge auch an den kirchlichen Gebäuden zu zeigen. Ab 1937 durften die Kirchenfahnen außer an diesen Gebäuden überhaupt nicht mehr gesetzt werden. So hatten etwa bei den Aufmärschen am 1. Mai, dem nationalen Tag der Arbeit, von den Kirchtürmen die „Fahnen des neuen Deutschlands" zu wehen, während die Fronleichnamsprozession durch Straßen ziehen mußte, in denen der herkömmliche weiß-gelbe Fahnenschmuck fehlte. Als entscheidende Maß-

[49] Aufruf zur Feierstunde des SA-Standortes Bamberg am 5. 4. 1939 und 21. 3. 1939 (die Liedertexte waren auswendig zu lernen): Archiv des Erzbistums Bamberg, Rep. 4/2, 4132/7 (Zit.). Oberhirtliche Erklärung Haucks vom 7. 9. 1935: Archiv des Erzbistums Bamberg, Rep. 4/2, 4122/5 (Zit.) (Abschrift auch in der Spruchkammerakte Zahneisen). St. Heinrichsblatt u.a. vom 30. 12. 1934, 21. 4. 1935 (Beilage Junge Kirche), 7. 11. 1937, 13. 2. 1938.

[50] Vgl. Hans Günter Hockerts, Die Sittlichkeitsprozesse gegen katholische Ordensangehörige und Priester 1936/37. Eine Studie zur nationalsozialistischen Herrschaftstechnik und zum Kirchenkampf, Mainz 1971 (zu Bayern S. 191 ff.); Ulrich von Hehl (Bearb.), Priester unter Hitlers Terror. Eine biographische und statistische Erhebung, Mainz 1984, S. 218 ff. Archiv des Erzbistums Bamberg, Rep. 4/2, 4132/7 (Zit.) und 4122/5 (Zit.). Witetschek, Lage, Bd. II, S. 93 f., S. 120, S. 178, S. 190 f., S. 202, S. 207 f., S. 220, S. 243, S. 269 f., S. 295, S. 303 f., S. 307.

nahme des einzelnen Katholiken selbst propagierte man, besonders in den Jahren 1935 bis 1938, den Kirchenaustritt: die rückhaltlose Umorientierung allein auf die nationalsozialistische Weltanschauung. Als Gottgläubiger konnte man seit 1936 auch ohne Konfession amtlich bestätigt religiös sein[51].

b) Dauerkonflikt, Verluste, Selbstbewahrung

Wie reagierte die Kirche auf die Bedrängung, die zunächst auf Unterwerfung, langfristig auf Verdrängung zielte? Gemäß ihrer formal konformen, teilautonomen Stellung suchte sie Angriffen durch öffentliche Darstellung ihrer Lehre und Lage entgegenzuwirken und Eingriffe sowohl mit allen legalen Verfahrensmitteln wie durch geschicktes innerkirchliches Verhalten abzuwehren, ohne die prinzipielle Staatsloyalität aufzukündigen. Von Erklärungen des gesamten deutschen Episkopats bis zur Dorfpredigt, von pastoraler Beharrung – etwa einer Jugendbetreuung in sich wandelnden Formen – bis zum demonstrativen Einzelakt – z.B. dem Einsatz nun verbotener Symbole –, fügte sich aus vielen Handlungen ein Amtsverhalten, das in einer zunehmend feindlicheren Umwelt die Kirche als geistig-moralische Hauptinstanz der katholischen Bevölkerung bewahren sollte. Wieweit man sich anpassen konnte und wo die Verweigerung beginnen mußte, war unter den Bischöfen als Grundsatz ebenso umstritten wie als alltägliche Handlungsweise im Pfarrklerus. Zwischen Bischof Gröber von Freiburg, der überlange an die Möglichkeit eines Brückenschlags zum NS-Regime glaubte, und Graf Preysing, Bischof von Eichstätt, seit 1935 von Berlin, der schon früh die Konfrontation für unausweichlich hielt, nahm Erzbischof Jacobus von Hauck, vorsichtig und grundsätzlich „friedenswillig", eine vermittelnde Stellung ein. Sie war äußerlich verwandt derjenigen Kardinal Bertrams von Breslau, des Vorsitzenden der Fuldaer Bischofskonferenz, aber illusionsloser. Das zeigte etwa seine Entschiedenheit im direkten Konflikt, die ihn in die Nähe des Münchener Kardinals Faulhaber rückte, obwohl ihm dessen Predigerrang und Führungsstärke fehlten. Ausgleichend, doch durchaus fest, hatte er im deutschen Episkopat Gewicht[52].

Aus der Tradition der Staatsbindung heraus und auch als Voraussetzung für überzeugende Positionswahrung schien den kirchlichen Meinungsführern die öffentliche Anerkennung der Regierung geboten, vor allem dann, wenn diese nationale Erfolge verbuchen konnte. Auch das katholische „Lager" war viel zu stark von der Not des Reiches betroffen und von der Wiederaufstiegshoffnung beseelt gewesen, als daß nicht die Entspannung der wirtschaftlichen, vor allem der Beschäftigungslage, und die außenpolitische Machtentfaltung Beifall erhalten hätten. Dabei suchte man nach wie vor Staat und Partei, den legitimen Sachwalter der deutschen Interessen und die gegnerische „Bewegung" zu trennen. Selbstverständlich galt dem Führer wie jeder Obrigkeit ein allsonntägliches Kirchengebet. Zur Saarabstimmung im Januar 1935 ordnete der Erzbischof eine Fürbitte „um einen für das deutsche Volk segensreichen Ausgang" an. Vor der Wahl im März 1936, die die Besetzung des entmilitarisierten Rheinlandes bestätigen sollte, wurde von den meisten Kanzeln eine Zustimmung empfohlen. Aber einen Wahlaufruf für die NSDAP im November 1933 lehnte Hauck mit den anderen

[51] Ebd., S. 63, S. 67, S. 82, S. 85, S. 89, S. 94, S. 221 (Zit.), S. 245, S. 249, S. 314, S. 320, S. 329f.
[52] Volk, Episkopat (Zit. S. 175); Gotto, Repgen, Katholiken, S. 51 ff.; Witetschek, Lage, Bd. II z.B. S. 45, S. 99.

Bischöfen ab, und die Mehrheit seines Klerus weigerte sich, die lokalen nationalsozialistischen Organisationen zu begünstigen. Der aufsehenerregende Aufruf der Geistlichen im Bezirk Lichtenfels zugunsten von Hitler und seiner Partei kam für die Spitze des Bistums völlig überraschend; er blieb eine Ausnahme[53].

Die Unterscheidung zwischen Staat und Partei war freilich problematisch. Hauck ermahnte im Januar 1934 seinen Klerus zu loyaler Haltung gegenüber der Regierung. Unmittelbar darauf aber sah er sich, als eine antiklerikale Rede des bayerischen Ministers Hermann Esser einen Anschlag auf den Sitz des Münchener Erzbischofs auslöste, zu einem scharfen Protest beim Reichsstatthalter Franz von Epp veranlaßt. In ihrer zwiespältigen Stellung mußte die Kirche auch eine wachsende Beanspruchung ihrer nationalen Loyalität hinnehmen. Während z. B. das „St. Heinrichsblatt" die ersten Schritte Hitlers zur deutschen Machterweiterung als Revision von Versailles befriedigt, aber am Rande notiert hatte, feierte es 1938, inzwischen zwangsweise regimefromm, hymnisch die „Heimkehr Österreichs". Nach vorgeschriebenem Muster rief es seine Leser zu einem „Großdeutschen Tag" auf. Außerdem dankte es dem Führer für die „Einmaligkeit dieser vaterländischen Tat": „Es kann am 10. April keinen wahren Deutschen geben, der sich nicht zu diesem Großdeutschland bekennen würde, wenn er sich nicht das Recht verwirken will, Deutscher zu heißen ... Deutschland ist seit Beginn der nationalsozialistischen Ära schöner, größer und reicher geworden, an Land und Menschen, an glücklichen Familien und gesunden Kindern, an arbeitenden und zufriedenen Volksgenossen." Unmittelbar darauf verbreitete ein Sonderdruck die Anordnung des Ordinariats, nach der Rundfunkübertragung der Rede Hitlers alle Glokken zu läuten als Zeichen „freudiger Anteilnahme des katholischen Volkes an dem weltgeschichtlichen Ereignis ... Der Schaffung des langersehnten Großdeutschlands ... feierliches Bekennertum unserer unwandelbar festen Treue zu dem großdeutschen Vaterland und seinem Führer"[54].

Daß das Festgeläute jedoch auch zum Gebet „für eine friedliche Zusammenarbeit von Staat und Kirche" aufrufen sollte, war Ausdruck der durchgehenden Bemühung, die angepaßten politischen Kommentare und Appelle soweit wie möglich in katholische Deutung einzubetten. Österreich wurde in den folgenden Monaten durch zahlreiche, oft attraktiv illustrierte Berichte vor allem als frommes katholisches Land vergegenwärtigt. Ab Oktober 1938 lernten die Leser dann das in die „deutsche Schicksalsgemeinschaft" heimgekehrte Sudetenland als völkischen und katholischen Gewinn kennen. Schon früher waren bedrängtes Deutschtum und intensive Religiosität fast in eines gesetzt worden: „So lange katholische Kirchenlieder ... von Geschlecht zu Geschlecht vererbt werden, wird man die deutsche Kultur bei diesen Völkern nie ausrotten können." In nationaler *und* katholischer Wertung erschienen auch Leitideen nationalsozialistischer Innenpolitik wie Volksgemeinschaft, Gefolgschaft und Arbeitspflicht. Ihre Umsetzung durch Arbeitsdienst und Wehrpflicht, am Eintopfsonntag und am Tag der Verkehrsbesinnung, mit Jugendschutz und Strafrechtsverschärfung wurde als zeitgemäße Konkretion christlicher Nächstenliebe dargestellt, als Erfüllung religiöser Gebote nach der Zersetzung des Naturrechts durch den Liberalismus und gegen den „asiatischen Bolschewismus". Auch den als Symbol der neuen Volksge-

[53] Ebd., S. 17, S. 45 (Zit.), S. 83; Volk, Episkopat, S. 149f.

[54] St. Heinrichsblatt vom 10. 4. 1938 (Zit.), Sonderdruck vom 10. 4. 1938 (Zit.).

meinschaft inszenierten 1. Mai – „nicht mehr spaltende Klassendemonstration, sondern Festtag des ganzen Volkes" – bezog man auf die eigene Ethik: Der „Christ ist immer dabei ... wo eine gemeinsame Not und Aufgabe ruft, wo es um das Wohl und Wehe seines Volkes geht. Daß Himmelskräfte Eimer goldenen Segens ausgießen über unser großes Vaterland, darum wird bei den feierlichen Gottesdiensten am 1. Mai gebetet werden."[55]

Wenn dabei allerdings behauptet wurde, Nationalsozialismus und Christentum seien sich im nun herrschenden Leitbild der Arbeit „aufs Innigste" begegnet, wenn unter Berufung auf einen amerikanischen Arbeiterpriester die Juden, die „Götzendiener des Goldenen Kalbes", als großkapitalistische Volksfeinde angeprangert wurden, dann spiegelte dies eine Affinität vor, die in Wirklichkeit nicht bestand. Eine völkische Religion wurde als Neuheidentum, Rosenbergs „Mythos des 20. Jahrhunderts" als „Verleumdung unserer Kirche" scharf verurteilt. Auch Faulhabers Bamberger Wort von den Bischöfen als „Frontkämpfern" für Sittenordnung und Kirchenrechte, seine Verhaltensanweisungen „im Verkehr mit Kirchenfeinden" und Appelle zur „gegenwärtig so außerordentlich notwendigen religiösen Belehrung und Aufklärung" hielten trotz aller nationalen Bekenntnisse den Gegensatz zum herrschenden Zeitgeist bewußt. Doch dem NS-Staat partiell zu akklamieren, um seine Duldung zu erhalten, und zugleich die katholische Position zu behaupten, mit Teilanpassung noch Wirkung zu erzielen, wurde zur Gratwanderung zwischen Verbot und Selbstverzicht. Sie wurde allerdings dadurch erleichtert, daß die Leser immer mehr lernten, auch hinter den Bildern der „neuen Zeit" die alte Botschaft zu erkennen. Sie wußten es zu deuten, wenn z.B. Adolf Kolpings „deutscher Wehrwille" zum Schutz von Haus und Sitte betont, wenn anläßlich der Rückkehr der Reichskleinodien nach Nürnberg die Größe des christlichen Mittelalters beschworen wurde, wenn bei den obligatorischen Aufrufen für das Winterhilfswerk das unvermeidliche Hakenkreuzemblem klein und unauffällig blieb[56].

Auch auf den Kanzeln mußte man sich mehr und mehr mit Andeutungen begnügen. Der Spielraum in Predigten war freilich größer als in der Presse, und manche Pfarrer schöpften ihn auch tapfer aus. Wie zahlreiche Beschwerden der Staatsbehörden belegen, häuften sich von 1935 ab priesterliche Warnungen vor völkischen Religionsformen – „entweder ist man katholisch oder heidnisch" –, Vorwürfe, daß der Nationalsozialismus weniger den Bolschewismus als das Christentum bekämpfte, düstere Voraussagen, daß mit dem Glauben Deutschland untergehe, und Aufrufe zu bedingungsloser Kirchentreue. Der Erzbischof selbst setzte die Leitlinie mit Fasten- oder Silvesterpredigten; z.B. mit der Predigt zum Jahresende von 1936, die dann teilweise auch in anderen Kirchen verlesen, als Flugblatt verbreitet und im „St. Heinrichsblatt" gedruckt wurde: Religion und Kirche seien, so hieß es darin, „bedroht von gewaltigen Feinden ..., die vom Haß gegen das Gottesreich Jesu auf Erden erfüllt, mit aller Gewalt es zu zerstören trachten ... Es geht nicht mehr um einzelne Lehren oder Einrichtungen

[55] Ebd. vom 7. 11. 1937 (Zit.), 1. 5. 1938 (Zit.: „Wie häßlicher Spuk der Walpurgisnacht liegen die Maifeiern früherer Zeiten hinter uns, wo von volksfremden Hetzern aufgepeitschte unzufriedene Haufen durch die Straßen zogen. Welch anderes Bild zeigt heute der 1. Mai!"), 16. 10. (Zit.) und 11. 12. 1938 (Zit.).

[56] Ebd. vom 6. 1. 1935 (Zit.), 5. 9. 1937 (Zit.), 5. 12., 12. 12., 26. 12. 1937, 2. 1., 2. 10., 16. 10. (Zit.) 1938. Zur Auseinandersetzung mit Rosenberg allgemein Baumgärtner, Weltanschauungskampf.

der Kirche, sondern um ihren Bestand, nicht mehr um Vorwerke der Festung, sondern um die Festung selbst ... auch in unserer Erzdiözese tobt der Kampf gegen die Kirche mit unverminderter Heftigkeit." Solch „infame Hetze" führte häufig zu Predigtüberwachung, im Bamberger Dom ebenso wie in der Marktkirche von Burgebrach – wo allerdings Pfarrer Michael Schütz eines Sonntags seinerseits diejenigen anprangerte, „‚die nur in die Kirche gekommen seien, um ihren Pfarrer zu verraten'".

Die offene Positionsbestimmung auf der Kanzel wagte freilich nicht jeder in gleicher Weise; seit 1936 wurde sie allgemein auch riskanter. Von so manchem Priester hörte man aber „Ausführungen ... so geschickt, daß er einerseits schwer überführt werden kann, daß aber andererseits doch ... seine Gesinnung deutlich kund wurde". Hier wurde direkt das Verstehen von Anspielungen eingeübt. Das war die zweite Form einer auf die Zensur abgestellten Perzeptionsanleitung durch die Predigt. Wenn über die damalige Kirchenverfolgung in Spanien und Mexiko, die Glaubensbedrohung durch Ideologien am Beispiel des Bolschewismus, das Unheil, das große Gewaltmenschen in der Geschichte angerichtet haben, gesprochen wurde, stieß oft auch noch eine Bemerkung wie „mehr darf ich nicht sagen, Ihr wißt schon, was ich meine" auf den Sinn der Analogie. Solch offener oder verdeckter Protest wuchs aus einer breiten Nichtanpassung, die durch eindringliche Betonung derjenigen Elemente katholischer Religion erfolgte, welche nationalsozialistischer Weltanschauung und Ordnungspraxis widersprachen. Auch ohne daß Rassismus, Heldenkult und Totalitarismus erwähnt wurden, taten Predigten über das als „Judenbuch" verachtete Alte Testament, über die als Ausdruck artfremder Schwäche verfemte, um Sünde und Erlösung kreisende Christologie, über Demut, Nächstenliebe und die Gleichheit aller Menschen vor Gott ihre Wirkung[57].

Neben dem Wort trug vor allem der Kult zur Bewahrung römisch-katholischer Identität als Grundlage von Kirchenstellung und Einheit des Kirchenvolkes bei. Er war belebt durch das in den zwanziger Jahren erwachte liturgische Interesse, vertieft durch eine neue Mystik besonders der bürgerlichen Jugend und verstärkt durch die erzwungene Aktivitätsverlagerung in den Sakralbereich. Gottesdienste zeigten eine gesteigerte kultische Intensität. Besonders galt das für die Gemeinschaftsmessen der Jugend, etwa in St. Martin in Bamberg oder St. Kunigund in Nürnberg. Die Fronleichnamsprozessionen wurden nun ergreifender durchgeführt, obgleich viele ihrer gewohnten Gruppenbilder verboten waren. Wallfahrten, ob ins nahe Vierzehnheiligen oder nach Altötting, hatten großen Zulauf und zeichneten sich durch auffallende Hingabe in Gebeten und Gebärden aus. Und die Kirchenfeste veranstaltete man mit allem nur möglichen zeremoniellen Glanz. Solch rituelle Selbstvergewisserung und Selbstdarstellung wurde in einer widrigen Umwelt leicht zur Demonstration; die Nichtanpassung durch nachdrückliche Bewahrung der eigenen Kultformen beinhaltete potentiell auch Protest. Höhepunkt der beharrlichen Entfaltung rechtgläubiger Katholizität war das Bamberger Doppeljubiläum im Mai 1937. Die Domweihe vor 700 Jahren und der Amtsantritt von Erzbischof Hauck vor 25 Jahren wurden, in Anwesenheit aller bayerischen Bischöfe, mit Jubelmesse, Festpredigten und Prozessionen gefeiert. Neben dem Bamberger Oberhirten hatten dabei Kardinal Faulhaber, Inkarnation kirchli-

[57] Witetschek, Lage, Bd. II, S. 80 (Zit.), S. 89, S. 91, S. 106 f., S. 129, S. 137, S. 145 (Zit.), S. 147, S. 157 f., S. 199, S. 267 (Zit.), S. 274, S. 314, S. 325; St. Heinrichsblatt/Kirchenzeitung vom 10. 1. 1937 (Zit.); mdl. Auskunft von Dr. Franz Vogl am 8. 8. 1986.

chen Selbstbewußtseins, Domprobst Johann Leicht, der prominente Veteran des politischen Katholizismus, und Graf Stauffenberg als Vertreter des kirchenverbundenen katholischen Adels Frankens eine tragende Rolle. Ein Prediger griff den Nationalsozialismus scharf an; Faulhaber spielte deutlich auf den Kirchenkampf an[58].

Das Festhalten der Priester am frommen Herkommen konnte, wo es gegen staatliches Gebot geschah, auch direkt zum öffentlichen Protest führen. Viele grüßten demonstrativ statt mit dem „deutschen Gruß" mit „Gelobt sei Jesus Christus" und forderten auch in ihren Gemeinden oder in der Schule dazu auf. Manche setzten Andachten, Bittgänge u.ä. auf den Zeitpunkt von NS-Feiern oder der Übertragung einer Hitlerrede und gingen bewußt das Risiko eines Verbots ein. Vor allem aber provozierte es Partei- und Staatsstellen, daß Pfarrer zwar die nur mehr am Kirchengebäude erlaubten Kirchenfahnen setzten, dafür aber an den Fest- und Gedenktagen des Regimes die Reichsflagge mit dem Hakenkreuz gar nicht oder in eher höhnischer Weise hißten, wie das folgende Beispiel zeigt: „Der als Gegner des Nationalsozialismus bekannte Kurat Förtsch in Hohengüßbach, BA Bamberg, hatte am Kirchturm ein an einer Bohnenstange mit Reißnägeln befestigtes kleines Hakenkreuzfähnchen ausgehängt, wie es sonst für den Schmuck an Fenstern verwendet wird. Als ihm der Bürgermeister eine 4 m lange Hakenkreuzfahne anbot, hat er sie abgelehnt."[59]

Durch Belehrung und Symbolhandeln wurden die Katholiken, die zur Kirche hielten, religiös derart in die kirchliche Tradition eingeschworen, daß bei ihnen gleichsam ein inneres Reservat im nationalsozialistisch beherrschten Alltag entstand. Damit konnte der Klerus einen gewissen weltanschaulich-ethischen „Eigensinn" vermitteln, der latent protestfähig war und einzelne bis zum Widerstand führte. Wesentlich schwieriger als in der Kirche selbst wurde die katholische Selbstbewahrung in den Vereinen. Mit dem Abbau der „Bollwerke" in den Jahren 1934 bis 1938/39 zog sich katholisches Handeln aus den außerreligiösen und halbreligiösen Feldern schrittweise in die Kerninstitution zurück, gab vielfältige profane Formen zugunsten der alten sakralen Grundvorgänge auf[60].

Von den katholischen Jugendgruppen blieb nur ein starker Kern in engem Zusammenhalt. Gegenseitige Besuche, Kontakte in Schulen oder Betrieben, die Weitergabe von Zeitschriften und das Gespräch über sie hielten die Verbindung ebenso aufrecht wie kirchliche Veranstaltungen. Regelmäßige Gemeinschaftsmessen und Gemeinschaftskommunionen, im Lauf des Kirchenjahres eine Folge eindringlicher Kulterlebnisse von der Kreuzwegandacht in der Karfreitagsnacht über die Christuswoche im Juli bis zur Vierzehnheiligen-Wallfahrt und der Bamberger Lichterprozession in der Christkönigswoche, Exerzitien für die erwachsene Jugend in Herzogenaurach und für Ministranten in Vierzehnheiligen, aber auch Treffen bei Beerdigungen, etwa als die letzte Präfektin der Marianischen Jungfrauenkongregation Ebermannstadt zu Grabe getragen wurde, stellten Kohäsion her. Auch mittelbar diente der Gottesdienst der Vereinigung, indem z.B. ganze Gruppen geschlossen ministrierten und Wanderfahr-

[58] Vgl. Witetschek, Lage, Bd. II, S. 187f., S. 317; St. Heinrichsblatt vom 16. 5. 1937; Meixner, 25 Jahre Erzbischof.

[59] Witetschek, Lage, Bd. II, S. 63f., S. 67, S. 81, S. 221, S. 254, S. 289, S. 314, S. 320, S. 329, S. 330.

[60] Zu Indizien religiös begründeter, in „verschworenem" Einverständnis gegenseitig bestärkter Absonderung mdl. Auskünfte von Prof. Dr. Paul Stöcklein am 7. 1. 1986, Dr. Franz Vogl am 8. 8. 1986, Philipp Schmitt am 13. 10. 1986.

ten an den Kirchgang knüpften. Dieses Einfließen der Jugendkommunikation in den allgemeinen Glaubensvollzug bot eine wesentliche Sicherung, auch Tarnung. Es paßte sie freilich mehr als bisher in die Gemeinde ein.

Trotz dieser Aktivitäten in den Kerngruppen war nicht zu übersehen, daß die Kirche auch im Bereich der Jugendarbeit in die Defensive geraten war. Zerfallen war die noch Ende 1933 bestehende Koexistenzhoffnung Haucks, daß nach einem Verzicht auf sportliche, bündische u.ä. Jugendarbeit zumindest „rein religiöse Jugendvereine bestehen können, denen auch Hitlerjungen und Angehörige des Bundes Deutscher Mädchen angehören dürfen", die dann in ihren Organisationen „ihren katholischen Grundsätzen Achtung zu verschaffen wissen". Der Zugriff des NS-Staates auf Jugend und Schule weit über sein im „diesseitigen Gemeinwohl" begründetes „Eigenrecht auf Erziehung" hinaus drängte die Kirche, ihr „überragendes Erziehungsrecht" grundsätzlich zu verteidigen. Der z.B. in einem Bamberger Hirtenbrief vom Februar 1938 erhobene Geltungsanspruch über die Kirchenmauern hinaus konnte allerdings kaum mehr realisiert werden[61].

Die im April 1936 von der Deutschen Bischofskonferenz erlassenen „Richtlinien für die katholische Jugendseelsorge" sanktionierten die Konzentration der Jugendarbeit im regulären Pfarreileben. Zwar sollten „die vielgestaltigen Lebensgemeinschaften der Jugend" weitergeführt, aber „unter Verzicht ... auf Absonderung" ganz dem „Neuaufbau einer allumfassenden Pfarrjugendseelsorge" eingeordnet werden. Die Priorität der Pfarrseelsorge bedeutete zugleich eine Stärkung der Bischöfe gegenüber manchmal allzu eigenständigen gesamtdeutschen Verbandsleitungen, vor allem gegenüber der Düsseldorfer KJMV-Zentrale unter Generalpräses Ludwig Wolker. Als dieser 1939 nach dem Vereinsverbot eine Zentralstelle für die Schulung der Jugendseelsorger aufbauen sollte, lehnte Hauck wie die anderen bayerischen Bischöfe die Schaffung einer solchen Stelle ab, da die Schulung „Aufgabe eines jeden Bischofs" sei und überhaupt „die überdiözesanen Einrichtungen eher beschränkt als vermehrt werden" sollten. Er setzte um so mehr auf eine Jugendarbeit in seiner alleinigen Kompetenz, weil sie in seiner Diözese schon 1937 ein erstmals aufgestellter Jugendseelsorger neu organisiert hatte: Jupp Schneider – bei Koblenz aufgewachsen, in Bamberg ausgebildet, 1934 2. Kaplan an St. Martin in Bamberg und stellvertretender Diözesanpräses des Jungmännerverbandes, ein Mann mit Energie und Charisma, bei wechselndem Temperament freilich nicht immer leicht im Umgang – wurde in dieser Stellung zu einer katholischen Schlüsselfigur für Stadt und Diözese in der Kriegs- und Nachkriegszeit. Zunächst belebte er religiöse Vorträge oder liturgische Kreise in Sakristeien und Kapellen, also eine Jugendgemeinschaft auch neben den Gottesdiensten, der sich in Bamberg etwa 300 junge Menschen zugehörig fühlten. Dabei bündelte er vielfältige Motive aus Elternhaus, Schule und Kirche zu jugendbewegter, dem NS-Regime gegenüber abgrenzungsbewußter Katholizität. So entstand eine zwar wesentlich geschrumpfte, aber gefestigte und vor Staatseingriffen relativ sichere Jugendbetreuung, die auch den Krieg überdauern sollte[62].

[61] Stricker, Jugendarbeit, bes. S. 79ff.; Witetschek, Lage, Bd. II, S. 80, S. 100, S. 336. Hauck an Kardinal Bertram/Breslau (als Vorsitzender der Fuldaer Bischofskonferenz) am 27. 11. 1933: Archiv des Erzbistums Bamberg, Rep. 4/2, 4111/1 (Zit.); Hirtenbrief Haucks vom 23. 1. 1938: Ebd., Rep. 4/2, 4116/5 (Zit.). Mdl. Auskunft von Anton Hergenröder am 24. 7. 1986.

[62] Die Richtlinien im Archiv des Erzbistums Bamberg, Rep. 4/2, 4110/2 (Zit.). Hauck an Kardinal Bertram/Breslau (als Vorsitzender der Fuldaer Bischofskonferenz) am 3. 4. 1939: Archiv des Erzbistums Bamberg,

Empfindlicher noch als die Jugendorganisationen wurden die Arbeitervereine getroffen. Nach der Irritation von 1933, als man zwischen Zuversicht und Angst schwankte und die ersten Mitglieder verlor, darunter auch den Kronacher Arbeitersekretär an die NSDAP, kämpfte man von 1934 bis 1936 verzweifelt gegen die Isolierung durch das Doppelmitgliedschaftsverbot der DAF. Um diesen „schwersten Stoß gegen den im Konkordat zugesagten Rechtschutz" der kirchlichen Vereine, wie es ein gemeinsames Hirtenwort der Erzbischöfe von München und Bamberg im Juni 1935 formulierte, abzufangen, suchte man neben dem offiziellen Protest gegen die Rechtsverletzung jetzt das Vereinsleben der nun von der DAF beherrschten Situation anzupassen. Nachdrücklich mahnten die Präsides, alle politischen und gewerkschaftlichen Fragen zu meiden, auch berufsständische Aufgaben, und sich auf eine religiös-sittliche Lebens- und Arbeitserziehung, auf die Unterweisung in der katholischen Soziallehre und auf gegenseitige Hilfe (durch Kranken- und Sterbekassen) zu beschränken. Man änderte dementsprechend die Satzung, betonte die „Anleitung zur aufrichtigen Mitarbeit an der Volksgemeinschaft aus echt christlichem und echt deutschem Geist", doch ausschließlich als „Seelsorgsinstrument in der Hand der Kirche". Die Vorstände sollten „mit allen Mitteln ... ein loyales Verhältnis" zur DAF erreichen, „jener großartigen Organisation des gesamten schaffenden Deutschland, die einzigartig in der Welt dasteht". An die Spitze des Süddeutschen Verbandes setzte man, gleichsam als vertrauensbildende Maßnahme, einen national gesinnten Präses: Leopold Schwarz, Kriegsfreiwilliger, der höchstdekorierte Offizier unter den Geistlichen Bayerns und Autor vaterländischer Bücher. Die Mehrheit der Mitglieder trat der DAF bei – und wurde 1935 und 1936 erneut, mit steigenden Pressionen, vor die Alternative zwischen beiden Organisationen gestellt[63].

Die Hoffnung auf Koexistenz war lange genährt worden. Eine nationale Regierung, so meinte man, könne den Arbeitern, die dem Marxismus nicht erlegen waren, eine Mitwirkung am Neubau Deutschlands nicht verweigern. Die endgültige Abdrängung enttäuschte und erbitterte sehr. Nicht wenige mußten einen Kreis verlassen, welcher oft seit Jahren Teil ihrer beruflichen Identität gewesen war. Für den Rest verlagerte sich auch hier der Zusammenhalt mehr auf Kirchenbesuch, jährliche Gemeinschaftskommunion, den Kreis der Männerapostolats der Pfarrei mit einer mindestens zweimonatlichen Kommunion, die Teilnahme „an den großen katholischen Festen" und Wallfahrten. Die Integrationsrolle der Priester, die bereits ab 1933 in den Vereinen selbst aufgrund ihrer weniger angreifbaren Stellung auf Kosten des Laienvorstandes Gewicht gewonnen hatten, trat weiter in den Vordergrund.

Daß sich dennoch nicht selten das Verhältnis der kirchlich gebundenen Arbeiter zur Geistlichkeit insgesamt abkühlte, lag einmal an der Enttäuschung über die Ohn-

Rep. 4/2, 4110/6 (Zit.). Jupp Schneider, Programm Jugendseelsorgetage in Vierzehnheiligen und Nürnberg vom 11. 3. 1938: Archiv des Erzbistums Bamberg, Rep. 4/2, 4113/2. Witetschek, Lage, Bd. II, S. 121, S. 199, S. 207, S. 246, S. 284, S. 299; zu Jupp Schneider mdl. Auskünfte von Prof. Dr. Paul Stöcklein am 15. 8. 1986, Dr. Bruno Neundorfer am 12. 12. 1985, Anton Hergenröder am 24. 7. 1986, Philipp Schmitt am 13. 10. 1986.

[63] Katholisches Werkvolk Bamberg, Protokollbuch, Ausschußsitzung am 24. 5. 1933, S. 61 ff. (Zit.); Amtsblatt der Erzdiözese München und Freising, Nr. 12, Beilage II vom 4. 6. 1935 (Zit.). Verband südd. katholischer Arbeiter- und Arbeiterinnenvereine an die Präsides am 16. 5. (Zit.) und 26. 6. 1934 sowie Rundschreiben vom 5. 10. 1935 (Zit.): Sammlung Toni Lindermüller/München. Witetschek, Lage, Bd. II, S. 128; mdl. Auskunft von Toni Lindermüller am 7. 10. 1986.

macht der Bischöfe, welche die Vereine nicht hatten retten können. Doch es war auch prinzipiell begründet durch die erwähnte, vor allem in Städten wirksame pastorale Richtungsänderung im jungen Klerus, wo der spirituelle Eifer für ein vertieftes Glaubenserlebnis den im späten 19. und beginnenden 20. Jahrhundert so regen sozialen Einsatz zurückgedrängt hatte. „Die Nachfolger der ‚roten Kapläne' waren Liturgiker geworden." Eine Ortsbestimmung des Süddeutschen Verbandspräsidiums über „Kirche und Standesvereine", 1937 in den Vereinen überall besprochen, beklagte die „Privatisierungsbestrebungen" in der Kirche sowie „Organisationsmüdigkeit" und „organisationsfeindliche ‚Innerlichkeit', ... übersteigerte liturgizistische und aszetische Richtungen" im Klerus und entsprechende, auf die Konzentration katholischen Lebens „im innersten Kreis der Familie" gerichtete Strömungen im Kirchenvolk. Bei einem „der nachhaltigen Kleinarbeit und Stoßkraft entbehrenden spontanen Tun aus individualistischer Innerlichkeit" von „‚jugendbewegten' Kreisen" und einer übertriebenen „Katholischen Aktion" würden die Erfolge der Vereinsarbeit für die allgemeine Kirchlichkeit verkannt, die Seelsorge für den „konkreten Menschen, wie er durch Raum und Beruf bestimmt" sei, verfehlt und die Kirche um ihre „öffentliche Existenz" verkürzt[64].

Was die bürgerliche Jugend, sozial privilegiert und innerkirchlich umworben, als religiösen Aufbruch sah, wurde von den Arbeitern, deren Stellung in der Gesellschaft wie in der Kirche auf zäh organisierter Solidarität beruhte, leicht als ein „der nachhaltigen Kleinarbeit und Stoßkraft entbehrendes spontanes Tun aus individualistischer Innerlichkeit" empfunden. Die katholische Arbeiterbewegung, die sich ein halbes Jahrhundert gegen die sozialdemokratische behauptet hatte, welche auch im katholischen Bamberg und den Städten des „Bamberger Landes" kräftig, im Nürnberger Raum übermächtig gewesen war, litt besonders unter der Ausschaltung, die 1933 die Christlichen Gewerkschaften, dann die Arbeitervereine traf. Denn ihr Zweck verlangte eigene Formen – zumal er innerkirchlich weniger als früher begünstigt war. Das sollte bis in die katholische Restauration nach dem Krieg wirken. Wie stark das christliche Arbeiterleitbild dennoch gruppenwirksam blieb, zeigt z. B. der nur langsame Mitgliederrückgang des Bamberger Arbeitervereins vom Höchststand (256) 1932 bis 1934 um 19,1 Prozent und erst bis 1937 auf nahezu die Hälfte.

Gegen alle Resignation, die selbst den Süddeutschen Verbandspräses fast zum Rücktritt trieb, versuchte ein Kern solidarisch – „innerlich bereichern und aufmuntern" – ein „Durchhalten der eisernen Linie": „Die Garde stirbt, aber sie ergibt sich nicht." Der Arbeiterverein in der Bischofsstadt wurde allerdings von einer hier nach wie vor dichten Katholizität besonders gestützt. In kleineren Orten und in der Diaspora dagegen, wo man den widrigen Umständen mehr ausgesetzt war, löste sich mancher Verein schon 1934 auf. Doch auch nach dem Verbot 1938 und bis zum Kriegs-

[64] Katholisches Werkvolk Bamberg, Protokollbuch, u.a. Generalversammlungen am 20. 1. 1935, S. 79ff. (Zit.) und 26. 1. 1937, S. 95f. (Zit.). Rede von Bischof Graf Galen/Münster „Standesvereine und Arbeitsfront", vom Verband südd. katholischer Arbeitervereine an die Präsides am 22. 6. 1934 nach einem Bericht in der Germania am 21. 6. 1934 verschickt: Sammlung Lindermüller. Verband südd. katholischer Arbeiter- und Arbeiterinnenvereine an die Präsides am 28. 6. 1937 (Zit.): Sammlung Lindermüller. Stadtarchiv Bamberg, B.S. 6952/11. Die Formulierung „Die Nachfolger ..." hat mir Herr Lindermüller mitgeteilt.

ende blieben viele Mitglieder etwa in Sterbegeldvereinen, konkret durch Rundbriefe und Beitragssammler, sogar überregional verbunden[65].

Von den bedeutenden Verbänden des katholischen „Lagers" überlebte, da sein Zweck weniger angreifbar war und die Leitung sehr geschickt agierte, allein der Caritasverband. Diese Kontinuität sollte nach Kriegsende für die Bewältigung der dringendsten gesellschaftlichen Aufgabe, der Hilfe in der durch Krieg und Vertreibung ausgelösten vielfältigen Not, sehr wirksam werden. Sie mußte allerdings während der NS-Zeit mit einer erheblichen Tätigkeitsbeschränkung erkauft werden. Durch Verordnungen und massiven Straßendruck wurde die Caritas bis 1937 von den öffentlichen Sammlungen verdrängt, die die Nationalsozialistische Volkswohlfahrt beherrschte. Daß in der katholischen Bevölkerung dennoch ein breites Interesse an kirchlicher Sozialarbeit weiterbestand, erwiesen die nun einzig noch möglichen Kirchensammlungen: Ihr finanzielles Aufkommen fiel von Anfang an für das Regime ärgerlich hoch aus und stieg im Krieg enorm, während das des Winterhilfswerkes sank. Der Staatssicherheitsdienst sah darin – wohl nicht ganz zu Unrecht – auch eine „politische Demonstration"[66].

Das Kirchenvolk hielt trotz NS-Anspruch und Regime-Druck weiter zur Kirche. Soweit meßbar, nahm die Kirchlichkeit wie seit dem Ende der zwanziger Jahre, als das niedrigste Niveau seit der Mitte des 19. Jahrhunderts überwunden war, zunächst bis 1935 sogar weiter kräftig zu. Offenbar spielten dabei ein längerfristiger Wertewandel, sozialpsychologische Folgen der Wirtschaftslage und politisch bedingte Reaktionen zusammen. Zum einen war um 1930 die Kraft der liberalen Ideen, auf denen die Neuordnung von 1918/19 wesentlich beruhte, erschöpft; ihr säkulares Selbstbewußtsein wich auf breiter Front zurück vor einem neuen Bedürfnis nach festen Werten und stabilen Institutionen. Dies scheint in erster Linie die Kirchlichkeit im Bürgertum gestärkt zu haben; die dramatische Verschlechterung der äußeren Lebensbedingungen hob die Kirchlichkeit in den unteren Schichten. Zeitgenössische Beobachter bezeugen für die Jahre der Wirtschaftskrise das in Notzeiten typische gespaltene Verhalten: teils enttäuschte Kirchenabkehr, teils verstärkte oder erneute Kirchenzuwendung. Ersteres geschah in größerem Maße nur in Städten und industrialisierten Landgebieten. In ländlich-kleingewerblich geprägten Gegenden hingegen schien man angesichts der Erschütterung gewohnter Lebensverhältnisse eher auf Hoffnungen zu setzen, wie sie die Kirche, von Konjunkturen unberührt, vielfältig bot. Politisch motiviert schließlich war ein Kirchlichkeitsschub bei denen, die, den Warnungen ihrer Pfarrer und Kirchenblätter folgend, gegen Kommunismus und Nationalsozialismus die Geltung christlicher Werte sichern wollten. Sie wurden freilich 1933 durch den Koexistenzkurs der Kirchenleitung vorübergehend irritiert; der weltanschauliche Gegensatz bestand aber wohl überwiegend weiter. Für andere dagegen wertete gerade die Macht-

[65] Verband südd. katholischer Arbeitervereine 28. 6. 1937 (Zit.) und Diözesanpräses der katholischen Arbeiter- und Arbeiterinnenvereine der Erzdiözese München und Freising an die Präsides und Vorstandschaften am 10. 1. 1935: beide Sammlung Lindermüller. Katholisches Werkvolk Bamberg, Protokollbuch, passim, bes. Generalversammlungen am 26. 1. 1937 (Zit.), 23. 1. 1938, S. 110ff. (Zit. Prälat Leicht). Die Mitgliederentwicklung (jeweils Jahresende):

1930	249	1932	256	1934	207	1936	183
1931	247	1933	241	1935	183	1937	141 (Protokollbuch).

[66] Hans-Josef Wollasch, Beiträge zur Geschichte der Deutschen Caritas in der Zeit der Weltkriege. Zum 100. Geburtstag von Benedict Kreutz, Freiburg 1978, S. 154ff., S. 179ff. (Zit., S. 193).

ergreifung einer Bewegung, die sich nun als Hort des christlichen Abendlandes darstellte, die Rolle der Kirchen auf; sie hielten sich wieder enger an sie als Stätten deutscher Frömmigkeit.

Wie diese zum Teil gegensätzlichen Beweggründe sozial gewichtet, wie sie verschränkt waren, ist nicht zu ermitteln. Fest steht, daß die Beteiligung am kirchlichen Leben (siehe Tabelle 1), die sich weniger an der Osterkommunionsfrequenz als am Gottesdienstbesuch ablesen läßt, im Erzbistum stieg: 1932 sprunghaft, 1933 leicht. Nach einem leichten Rückgang 1934 nahm sie 1935 noch einmal zu. Erst dann ging sie allmählich zurück, lag jedoch selbst 1940, unter den äußeren Hemmnissen des Krieges, noch über dem Stand von 1931. Die Daten über die Kommunionshäufigkeit bestätigen dieses Bild. Auch sie nahm bis Mitte der dreißiger Jahre merklich zu und sank dann wieder, aber nicht bis auf das Niveau um 1930. Dieser Gesamttrend galt in der Regel auch kleinräumig, sowohl in den industrialisierten Diasporadekanaten des Nürnberger Raumes mit ihren durchgehend niedrigen Werten als auch in den katholischen Traditionsgebieten mit ihren hohen Quoten. Der Zuwachs von Kommunionen war dabei zunächst in den Pfarreien höher als in Wallfahrtskirchen und Klosterkirchen, ab 1933 jedoch in letzteren. Auch der Rückgang ab 1936 blieb bei diesen schwächer. Zwar leistete vier Fünftel die Pfarrseelsorge; aber die an besonderen Sakralorten praktizierte Religiosität gewann und hielt überproportional Intensität[67].

Diese Betonung außerordentlicher frommer Akte zeigte sich vor allem – und das erklärt zugleich die höhere Kommunionszunahme – außerhalb der Pfarrkirchen in den Wallfahrten, Bittgängen und Jubiläumsfeiern. Sie erhielten als öffentliches Bekenntnis und eindringliches Glaubenserlebnis in der NS-Zeit hervorragende Bedeutung: In expressiven Formen stellten sie katholische Frömmigkeit inmitten einer von nationalsozialistischen Aufzügen und Symbolen beherrschten Arena oft aufsehenerregend vor. Zunächst, in der Euphorie über das Ende liberaler Zersetzung und bolschewistischer Gefahr, geschah das zum Teil auch in der Vorstellung eines breiten christlich-nationalen Aufbruchs, in dem SA-Standarten und Kirchenfahnen, Braunhemden und Ornate in die gleiche Richtung zu ziehen schienen. Aber die demonstrative Behauptung der eigenen Zeichen gegen den Monopolanspruch des nationalsozialistischen Kults war doch – soweit den Teilnehmern diese politische Dimension ihrer Religiosität bewußt wurde – von Anfang an wichtig.

Kirchenpresse wie staatliche Berichte belegen, daß nach 1933 die frommen Umzüge und festlichen Auftritte in Straßen und Fluren nicht nur ungebrochen, sondern in gesteigertem Maße ein Hauptsignum katholischer Aktivität waren. Der Bogen solch selbstgewisser öffentlicher Andacht, in der nun Kirchenritus und Volksbrauch zur Demonstration werden konnten, spannte sich vom Bamberger Doppeljubiläum 1937, welches 60000–70000 Menschen auf dem Domplatz und in vier großen Kirchen feierten, über große Wallfahrten nach Vierzehnheiligen mit mehreren tausend Pilgern bis zu den lokalen Umgängen des Kirchenjahres, von denen sich Priester und Gemeinden kaum abbringen ließen. Wie im Fall der „alljährlichen Frauenwallfahrt der Lichtenfelser Pfarrgemeinde nach Gößweinstein", die am üblichen Termin nicht zugelassen wurde, „da an diesem Tag die Ehrenkreuze für kinderreiche Mütter verteilt wurden",

[67] Kirchliches Handbuch, Bd. 18, 1934/35, S. 288, S. 298ff., Bd. 19, 1935/36, S. 308ff., Bd. 21, 1939/40, S. 302ff.

die aber der Pfarrer wegen des „Herkommens" nicht vorlegen wollte, berief man sich allgemein auf die Tradition. Man nutzte dabei geschickt die von der NS-Propaganda kultivierte Macht des Brauchtums. Als ab 1937 nur noch „althergebrachte" Prozessionen zugelassen waren, schuf man durch die Belebung untergegangener Formen – Flurumgänge, Georgiritte – neue Gelegenheiten. Daß häufig kirchliche Prozessionen mit Hilfe der Reichsstraßenverordnung auf Nebenstraßen abgedrängt, Lautsprecherübertragungen der Gottesdienste auf öffentliche Plätze untersagt, Teilnahmewillige beruflichem Druck ausgesetzt wurden, hat die Bekenntnisintensität offensichtlich eher verstärkt und den Umzügen zunehmend Kundgebungscharakter gegeben. Sie verbanden, wie unterschiedlich weit sie auch reichten, Gläubige aller Schichten um Kirchenfahnen und Bittgebete zu frommem Handeln von prägnanter Symbolik. Ihre religiöse Prätention wurde für das NS-Regime zur Provokation[68].

Ebenso zäh suchte vor allem die Landbevölkerung an abgeschafften Feiertagen – Josefi, Peter und Paul, Mariä Empfängnis, Mariä Himmelfahrt, Allerheiligen, Patronatsfest – festzuhalten. An solchen Tagen bestimmten in vielen Dörfern – wie früher – Kirchgang und Arbeitsruhe, ja selbst ein Schulboykott das Bild. „Äußerungen, daß sich der Bauernstand von diesem Feiertag nicht abbringen lasse, waren vielfach zu hören." Dies und das Eingeständnis der NSDAP, daß die Bevölkerung auch nach Jahren nationalsozialistischer Herrschaft (1939) „an den religiösen Feiern (Primizen) teilweise immer noch mehr Anteil nimmt als an den Veranstaltungen der Partei", macht die kulturelle Bedeutung brauchgestützter Kirchlichkeit überaus deutlich. Die fromme Gewohnheit kristallisierte sich um Amt und Person des Priesters. Es drückte zugleich ein Bekenntnis zur Kirchengeltung und Anerkennung persönlicher Autorität aus, wenn Pfarrer, zumal den NS-Behörden mißliebige, in der Öffentlichkeit gefeiert wurden. Noch mehr galt das, wenn bei Prozessionen oder Festgottesdiensten in Bamberg und auf Firmungsreisen in der Diözese Hunderte den Erzbischof mit Ovationen und demonstrativen „Heil"-Rufen begrüßten oder vor seinem Palais Treuelieder sangen. Ähnlich stürmische Loyalitätskundgebungen erfuhren bei Besuchen Kardinal Faulhaber und der Bischof von Speyer[69].

Doch trotz solcher Zeichen ging auch die Beteiligung an Wallfahrten und ähnlichen Veranstaltungen seit Mitte der dreißiger Jahre zurück; vor allem die der Männer und Jugendlichen nahm ab. Daß die Kirchlichkeit sank, hatte offenbar mehrere Gründe: einerseits die zermürbenden Folgen alltäglichen antikirchlichen Drucks, der seit 1935 merklich stieg, andererseits die nun greifbaren wirtschaftlichen und politischen Erfolge des NS-Regimes, die das Ansehen des Dritten Reiches hoben und zugleich dessen Feindbilder überzeugender machten, und – drittens – die Diskreditierung des Klerus durch spektakuläre Prozesse, deren Wirkung man nicht nur an unmittelbar folgenden Kirchenaustrittswellen ablesen kann, sondern an der Beschleunigung von Autoritätserosion. Dabei verlor die Kirche nicht nur „Taufscheinchristen". Allein schon der Rückgang der Kultbeteiligung belegt, daß ihr Furcht oder veränderte Einstellung auch bisher praktizierende Katholiken entfremdeten. Neben denen, für die ein Kirchenaustritt bloße Formalität war, standen diejenigen, die sich aufgrund ihrer Berufsstellung äußerlich und dadurch nicht selten auch innerlich zurückzogen oder die sich weltanschaulich nun zum etablierten Nationalsozialismus bekehrten. Die

[68] St. Heinrichsblatt vom 16. 5. 1937; Witetschek, Lage, Bd. II, S. 91, S. 187 ff., S. 290, S. 320 (Zit.).
[69] Ebd., S. 108, S. 189, S. 219, S. 245, S. 257 (Zit.), S. 278, S. 292, S. 301, S. 303, S. 328 (Zit.).

Rückkehr zur Kirche in der Kriegs- und Nachkriegszeit läßt sich nur dadurch verstehen[70].

Das Maß der Abwendung von der Kirche entsprach den Erwartungen des NS-Regimes allerdings in keiner Weise. Eklatant war der Mißerfolg der Kirchenaustrittsbewegung:

Kirchenaustritte und Rücktritte von Katholiken

Austritte und Rücktritte in der Erzdiözese 1931–1949

Jahr	Austritte	Rücktritte
1931	870 = 0,17 %[1]	49 = 5,6 %[2]
1932	1189 = 0,23 %	70 = 5,9 %
1933	843 = 0,17 %	151 = 17,9 %
1934	759 = 0,15 %	79 = 10,4 %
1935	708 = 0,14 %	59 = 8,3 %
1936	901 = 0,17 %	46 = 5,1 %
1937	2371 = 0,45 %	32 = 1,4 %
1938	1454 = 0,27 %	61 = 4,2 %
1939	1152 = 0,2 %	45 = 3,9 %
1940	638 = 0,1 %	41 = 6,4 %
...		
1946	381 = 0,06 %	605 = 158,6 %
1947	441 = 0,06 %	273 = 61,9 %
1948	532 = 0,07 %	241 = 45,3 %
1949	752 = 0,1 %	238 = 31,6 %

[1]) Prozentsatz der Katholiken
[2]) Prozentsatz der Austritte

Austritte in 4 Städten und 5 Bezirksämtern Ober- und Mittelfrankens 1936–1939

Stadt:	Kath.[1]	1936	1937	1938	1939
Bamberg	84,2 %	0,05 %[2]	0,14 %	0,11 %	0,22 %
Forchheim	77,7 %	0,04 %	0,05 %	–	0,16 %
Bayreuth	17,0 %	0,68 %	2,70 %	1,08 %	1,25 %
Nürnberg	32,2 %	0,47 %	1,51 %	0,71 %	0,54 %
Bezirksamt:					
Forchheim	70,7 %	–	0,005 %	0,01 %	–
Ebermannst.	66,9 %	0,28 %	0,64 %	0,37 %	0,16 %
Staffelstein	80,5 %	–	–	0,01 %	0,002 %
Bayreuth	15,9 %	0,22 %	0,18 %	0,02 %	0,08 %
Nürnberg	8,7 %	0,61 %	1,17 %	–	0,25 %

[1]) Bevölkerungsanteil
[2]) Prozentsatz der Katholiken

Quellen:
I: Kirchliches Handbuch für das katholische Deutschland, hrsg. von der Zentralstelle für kirchliche Statistik des katholischen Deutschlands, Bd. 19, Köln 1935/36, S. 292 f., Bd. 21, 1939/40, S. 292 f., Bd. 22, 1943, S. 326 f., Bd. 23, 1944–1951, S. 317, S. 401, S. 405, S. 409, S. 413.
II: StAN, Reg. Oberfranken/Mittelfranken KdI, Abg. 1978, 601 (vgl. auch Archiv des Erzbistums Bamberg, Rep. 4/2, 4214/3).

[70] Siehe Anm. 68.

Mit ihrer Kirche brachen in der Diözese Bamberg selbst auf dem Höhepunkt 1937 nur 0,45 Prozent der Katholiken, in den beiden folgenden Jahren lediglich 0,27 bzw. 0,22 Prozent und bereits 1940 nur mehr 0,12 Prozent, d.h. weniger als die 0,14 bis 0,17 Prozent in der ersten Hälfte der dreißiger Jahre (überschritten bloß 1932 mit 0,23 Prozent, doch 1933 durch eine gegenüber den Vorjahren verdreifachte Rücktrittsquote teilweise kompensiert). Zunächst, 1934 und 1935, scheinen sowohl die propagierte Hinwendung zu christlichen Werten als auch die von gleichzeitigen antikirchlichen Maßnahmen provozierte Aufwertung der Kirchenbindung, dazu der Wegfall der bisher wirksamen Kirchendistanz der sozialistischen „Lager" das Weimarer Niveau (das merklich über dem vor 1914 lag) etwas gesenkt zu haben. Als dann das NS-Regime für den Austritt warb, ohne daß die beiden anderen, für die Kirche günstigen Faktoren entfielen, folgten in erster Linie SS- und höhere SA-Angehörige, Parteifunktionäre und zum Teil deren Familien dem Ruf der Partei. Über dem Kreis derer, die ihre Stellung fast zum Austritt verpflichtete, hinaus konzentrierten sich die Austritte in städtischen Diasporagemeinden und einigen konfessionell gemischten Landgebieten, etwa in Nürnberg, Bayreuth bzw. dem Bezirksamt Ebermannstadt. Wo evangelische Bevölkerung vorherrschte, wirkte offenbar ihre stärkere Abkehr von der Konfessionskirche so in den kulturell schwachen katholischen Bereich herüber, daß hier die Austrittsquote sogar noch höher stieg. In ausgeprägt katholischen Städten hingegen wie Bamberg oder Forchheim lag sie weit unter der evangelischen, in den katholischen Dörfern des Bezirksamts Staffelstein z.B. gab es fast keine Austritte. Entscheidend aber war, daß die Kirchenaustritte insgesamt – so sehr sie den Klerus zunächst beunruhigten – die Volkskirche nicht auszuhöhlen vermochten. Die hohe Hemmschwelle vor einem förmlichen Bruch zeigte ihr nach wie vor breites Gewohnheitsprestige. Gravierender als die Trennung von der Kirche war der erwähnte Rückzug aus ihr; aber auch Verluste an meßbarer Kirchlichkeit von 10 Prozent schränkten ihren Einfluß nicht entscheidend ein. Das aktive katholische Kirchenvolk, zwar kleiner geworden, aber weithin beharrlich in seinen religiösen Gewohnheiten, entzog sich wie keine andere Großgruppe dem weltanschaulichen Verfügungsanspruch des NS-Regimes. Es konnte das auch deshalb, weil ihm – anders als etwa den der Sozialdemokratie verbundenen Arbeitern – seine Leitinstanz mit ihren Bezugspersonen, Kommunikationsmitteln und Gemeinschaftsriten erhalten blieb[71].

Die katholische Kirche gewann damit über ihr Kirchenvolk hinaus Ansehen. Sie zog Orientierungshoffnungen auch von anderen, nicht-katholischen Kreisen auf sich; Protestanten der Bekennenden Kirche saßen neben den Zöglingen des Priesterseminars, als in Bamberg ein Jesuit über das neue Heidentum sprach. Juden besorgten sich die gedruckte Neujahrspredigt des Erzbischofs. Frühere Sozialdemokraten gingen zahlreich in der Herzogenauracher Fronleichnamsprozession mit[72]. Ermöglicht wurde die so starke Stellung auch dadurch, daß die Gläubigen in der Regel den Forderungen des Regimes folgten, wenn dies ihre religiöse Bindung unberührt ließ. Außerdem wagte sich die Kirche im Zeichen der „Konzentration nach innen" in potentielle Konfliktzonen gar nicht erst vor. Und schließlich war von Vorteil: Der Verlust außer-

[71] Kirchliches Handbuch, Bd. 19, 1935/36, S. 292f., Bd. 21, 1939/40, S. 292f., Bd. 22, 1943, S. 326f. StAN, Reg. Oberfranken/Mittelfranken KdI. Abg. 1978, 601. Archiv des Erzbistums Bamberg, Rep. 4/2, 4214/3.

[72] Witetschek, Lage, Bd. II, S. 145, S. 274, S. 323.

kirchlicher Handlungsräume, so vor allem der „Bollwerke", entzog ihr gesellschaftliche Aufgaben, die ihre Träger fast zwangsläufig in Auseinandersetzungen mit dem totalitären Staat verstrickt hätten. So konnte katholische Identität bis zum Krieg mit weltanschaulicher Nichtanpassung bei gleichzeitig weitgehender Alltagsanpassung gewahrt werden. Das Leben der Gläubigen spielte sich teilweise in einem – bedrängten, aber noch relativ intakten – Sonderbereich ab, den die Herrschenden zur Subkultur einzuengen suchten, um ihn längerfristig zu beseitigen. Zu kollektivem Protest sahen sie sich noch selten – in erster Linie in Schul- und Brauchfragen, auch bei Aktionen gegen Pfarrer – herausgefordert. Widerstand riskierten nur wenige.

Ansonsten aber ging man regelmäßig zur Kirche, hielt die Kirchenzeitung, nahm an Wallfahrten teil und grollte auf die Gemeinschaftsschule, stimmte aber bei Plebisziten für Hitler, schaffte sich eine Hakenkreuzfahne an und ließ die Kinder, wenn auch seufzend und zähneknirschend, in die Hitlerjugend gehen. Diese Haltung von sozialer Konformität und religiöser Reserve, zwischen Zugehörigkeit zur Volksgemeinschaft und innerer Emigration war nicht heroisch. Aber sie war für eine Großgruppe, deren Meinungsführer keine Alternative zur Staatstreue sahen, kulturell überlebenstauglich. Sie erlaubte eine gewisse Kontinuität der Formen, in denen Glauben praktiziert und Heil vermittelt wurde. Und sie verdichtete die Religiosität in einer Weise bei der Kirche, daß diese als Leitinstanz noch gestärkt wurde. Ihr Blick richtete sich nun aber, anders als vor 1933, kaum mehr auf außerkirchliche Felder, sondern fast ausschließlich nach innen[73].

4. Ausnahmezeit Krieg: Religiöse Bedrängung und Beharrung (1939–1945)

a) Steigender Druck, wachsender Dissens

Der Kriegsausbruch brachte auch für Kirche und Kirchenvolk zunächst Anzeichen einer Entspannung bisheriger Konflikte. Manche hofften im Zeichen nationaler Solidarität auf einen Burgfrieden wie im August 1914, an dessen intensiv religiösen Gemeinschaftsgeist das „St. Heinrichsblatt" wenige Wochen vorher erinnert hatte. Sie konnten sich in ihren Hoffnungen anfangs bestätigt fühlen. Ein Gnadenerlaß Hitlers führte zur Einstellung von Strafverfahren gegen Geistliche, Bittgänge wurden großzügiger bewilligt, die Kirchenaustrittswerbung ließ nach. Auf der anderen Seite rief die Kirche zum Kampf für das Vaterland, dieses „göttliche Gut, für dessen Erhaltung und Bestand wir das Höchste einsetzen dürfen", als „Glaubensbewährung" auf, ermahnte zur Soldatenpflicht „in Gehorsam gegen den Führer" und segnete die Waffen: „Ich glaub an Deutschland wie an Gott." Der Festgottesdienst für die ausrückenden Truppen in der Bamberger Panzerregimentskaserne, bei dem die Militärpfarrer beider

[73] Ebd., passim.

Konfessionen auf einer mit der Reichskriegsflagge geschmückten Kanzel zwischen zwei Panzern predigten, konnte als Zeichen einer Annäherung gedeutet werden[74].

Doch grundsätzlich hatte sich die Konstellation zwischen NS-Staat und Kirche wenig geändert. Der Staat hatte nur um der Kriegszustimmung willen kurzzeitig eingelenkt; es wurden aber keine antikirchlichen Maßnahmen zurückgenommen, sondern im Gegenteil bald neue eingeleitet. Auf der anderen Seite wich der kirchliche Einsatz in den Bittgottesdiensten, in der Kirchenzeitung und in den bald einsetzenden Gefallenenmessen erkennbar von der offiziellen Kriegspropaganda ab. Zwar wurde der Kampf als Vaterlandsverteidigung theologisch gerechtfertigt und das „erhabene Sterben für die Heimat ... verklärt von der Religion". Aber das Sterben erschien weniger als Heldentod, als Anlaß für „stolze Trauer", sondern als schmerzliches Opfer. Daran knüpfte sich der Appell zu religiös-moralischer Erneuerung sowie zu praktischer Hilfe für die Hinterbliebenen. Obwohl auch im „St. Heinrichsblatt" der Sieg Deutschlands erhofft und sein Recht auf größeren Lebensraum betont wurde, stand doch vom ersten Tag an anderes im Vordergrund: Last und Leid des Krieges, sein Wert als Bewährungszeit für den Christen und das Gebet um Frieden. Daß die innere Mobilmachung der Deutschen bei weitem nicht so gelang wie 1914, hat einen Grund auch in der kirchlichen Reserve gegenüber diesem Krieg[75].

Bereits 1940 endete die scheinbare Annäherung wieder, als dem NS-Regime unter dem Eindruck der Kriegserfolge eine breite Gefolgschaftswerbung weniger wichtig schien. Bis zum Kriegsende verbanden sich mehrere Faktoren nun so, daß auch die Institution Kirche selbst massiv behindert wurde. Das ideologische Drängen auf eine breite Entchristlichung trat jetzt unverhüllter auf mit gesetzlichen Regelungen und im administrativen oder agitatorischen Verhalten einzelner Parteileute. Letzteres konnte dabei in Diasporagebieten, zumal im Nürnberger Raum, wo Julius Streichers krasser Polemikstil Schule gemacht hatte, forscher sein als im „streng kirchlichen Bamberger Land", wo z. B. 1940 heftige Angriffe eines Parteifunktionärs eine derartige Entrüstung auslösten, daß sich die Partei gezwungen sah, ihren Mann zu rügen. Aber auch von Zahneisen hörte man zunehmend radikale Töne: „‚So wie dieses Glas zerschellt, wird einst der katholische Glauben zerschellen nach dem Kriege' (dabei warf er ein Glas zu Boden, das aber nicht zerschellte) ..., ‚1914 hat man gebetet, aber nicht gekämpft und den Krieg verloren; jetzt wird nicht gebetet, aber gekämft und der Krieg gewonnen.' Unruhe ... besonders bei der katholischen Jugend. Z. wurde noch ausfälliger ... ‚Ich scheiß auf einen Himmel'." Und gegen den breiten Respekt vor Erzbischof Jacobus von Hauck trumpfte er auf: „Dem Jockel begegne ich öfter auf dem Domplatz, aber ich tue den Hut vor ihm nicht runter." Daß das in erster Linie der rüde Antiklerikalismus eines „alten Kämpfers" war, der einer starken Katholizität in seinem Gebiet nicht

[74] Vgl. Heinrich Missalla, Für Volk und Vaterland. Die kirchliche Kriegshilfe im Zweiten Weltkrieg, Königstein 1978; Ludwig Volk, Episkopat und Kirchenkampf im Zweiten Weltkrieg, in: Stimmen der Zeit 105 (1980), S. 597ff., S. 687ff.; Josef Becker, Der Vatikan und der II. Weltkrieg, in: Dieter Albrecht u.a. (Hrsg.), Politik und Konfession. Festschrift für Konrad Repgen zum 60. Geburtstag, Berlin 1983, S. 171ff.; Elke Fröhlich, Stimmung und Verhalten der Bevölkerung unter den Bedingungen des Krieges, in: Martin Broszat, Elke Fröhlich und Falk Wiesemann (Hrsg.), Bayern in der NS-Zeit, Bd. I: Soziale Lage und politisches Verhalten der Bevölkerung im Spiegel vertraulicher Berichte, München 1977, S. 572ff.

[75] St. Heinrichsblatt vom 6. 8., 10. 9., 17. 9. (Zit.), 24. 9., 1. 10. (Zit.), 15. 10., 31. 12. 1939, 21. 1., 31. 3., 28. 4. (das Vaterland und seine Freiheit „sind das Allerheiligste auf Erden" (E. M. Arndt)), 29. 11. 1940; Witetschek, Lage, Bd. II, S. 333f.; Pfarramt Burgebrach, Verkündbuch 1937–1939, 24. 9. 1939.

Herr zu werden vermochte, deutet sich in seinem eher gemäßigten Handeln in Konfliktfällen an. Bei scharfen, von Berlin oder München angeordneten antikirchlichen Maßnahmen hielt er sich zurück; karitative katholische Einrichtungen schützte er eher, gegen andere, z. B. das Bamberger Karmelitenkloster, ging er nicht so streng vor, wie es die Gauleitung in Bayreuth wünschte[76]. Dies nahm im Bamberger Raum den antikirchlichen Schritten im Zuge der materiellen und psychologischen Kriegsanspannung manche Schärfe.

Im Bereich der Schule verlor die Kirche 1939, als alle katholischen Privatschulen geschlossen wurden, ihre letzten eigenen Einrichtungen. Daß Gymnasien weitgehend durch Oberschulen ersetzt wurden, nahm ihr diejenige staatliche höhere Bildungsinstanz, die ihren Werten am nächsten stand und zudem für das Theologiestudium nötig war. Weitaus schmerzlicher aber war die weitere Zurückdrängung des Religionsunterrichts sowie der christlich-konfessionellen Unterrichtshaltung ganz allgemein. Der bereits reduzierte Religionsunterricht wurde unter dem Vorwand kriegsbedingter Belastung der nicht mehr schulpflichtigen Jugend in den Berufsschulen 1940 und in den höheren Schulen ab der 5. Klasse im Herbst 1941 abgeschafft. Ansonsten wurde er dadurch entwertet, daß eine Benotung der religiösen Leistungen in der Volksschule ganz entfiel, in den höheren Schulen lediglich auf einem (auch nicht mehr vom Schulleiter unterzeichneten) Zeugnisbeiblatt erschien. Die ab Dezember 1942 geltende Landesschulordnung verankerte den gesamten Unterricht „zutiefst" in der nationalsozialistischen Weltanschauung, um die Jugend „zu nationalsozialistischen Kämpfern zu erziehen". Sie erleichterte die Abmeldung vom Religionsunterricht weiter, verbot den Geistlichen, die Kinder und Jugendlichen zum gemeinsamen Besuch kirchlicher Veranstaltungen zu „nötigen", ersetzte die Schulabschlußfeiern mit ihrer, allerdings schon eingeschränkten, kirchlichen Mitwirkung durch Verpflichtungsfeiern für die HJ und untersagte eine Schulbefreiung an kirchlichen Feiertagen. In der Praxis ging man oft noch über die Schulordnung hinaus, wenn z. B. ein Schulrat die Lehrer seines Bezirks anwies, Firmlingen am Firmtag nicht freizugeben. Als der Unterricht durch HJ-Appelle, Fliegeralarm und Bombenschäden immer mehr in Mitleidenschaft gezogen wurde, fiel der Religionsunterricht besonders häufig aus[77].

Stark behindert wurde die religiöse Erziehung auch durch die kriegsbedingte Kinderevakuierung aus den Städten, die zunächst Schüler aus West- und Norddeutschland in fränkische Dörfer brachte, seit 1943 auch Schüler aus bayerischen Städten, z. B. die des „Neuen Gymnasiums" von Nürnberg nach Rothenburg. Teilweise wurden diese auch weiter nach Osten verschickt, so z. B. die Nürnberger „Oberschule für Jungen an der Wölckenstraße" ins Sudetenland. Obwohl das Reichsministerium für kirchliche Angelegenheiten einen „Religionsunterricht im gleichen Umfange wie am

[76] Lageberichte des Präsidenten (PräsOLG) und des Generalstaatsanwalts (GStA) des Oberlandesgerichts Bamberg an das Reichsjustizministerium 1940–1945: StAB, A 245 II, 30, Bericht PräsOLG vom 2. 1. 1941 (Zit.). Spruchkammerakte Zahneisen, Spruch der Spruchkammer III Bamberg-Stadt am 13. 10. 1948, Spruch der Berufungskammer München am 20. 6. 1950, verschiedene Zeugenaussagen und schriftliche Erklärungen in der Verhandlung vor der Spruchkammer III 1948 (Zit.).

[77] Vgl. Kleinöder, Schule, S. 83 ff., S. 105 ff., S. 147 ff., S. 173 ff. Ordinariat an Seelsorgestellen am 10. 1. 1940: Archiv des Erzbistums Bamberg, Rep. 4/2, 4311/5. Ordinariat Würzburg, Zusammenstellung der für den Klerus wichtigsten Punkte der Landesschulordnung vom 15. 1. 1942: Ebd., Rep. 4/2, 4301/10 (Zit.). Ordinariat an Pfarrämter am 1. 5. 1942: Ebd., Rep. 4/2, 4301/1. Pfarramt Kulmbach an Ordinariat am 1. 12. 1944: Ebd., Rep. 4/2, 4115/4 (Zit.).

Heimatort" zusicherte, fand er vielfach kaum statt. Entweder wurde er, da für Lagerkinder über zehn Jahre die HJ- bzw. BDM-Gebietsführung zuständig war, hintertrieben, oder es fehlte, besonders in Diasporagebieten, an Räumen und an Lehrkräften. Auch die örtlichen Geistlichen konnten – wenn ihnen nicht die Befugnis für den Religionsunterricht überhaupt entzogen war – diese Aufgabe nicht immer übernehmen; manche Ortspfarrer waren dazu auch nicht bereit. Religionslehrer, die ihre Klassen in die Fremde begleiten wollten, wurden daran nicht selten von Staats- und Parteistellen gehindert. Eine Aushilfe durch Laien, etwa Frauen mit kirchlicher Sozialschulung, scheiterte oft schon am Raum, da die Pfarrhäuser mit Evakuierten überfüllt, Privathäuser zu klein und Schulen unzugänglich waren. Deshalb war es manchen Eltern angesichts des wenig kirchenfreundlichen Geistes in den Kinderlandverschickungslagern und des Fehlens eines religiösen Haus- und Gemeindeeinflusses ein „großer Kummer, mein Kind so aufwachsen zu sehen"[78].

Der Kircheneinfluß in den Schulen nahm also besonders ab 1940/41 deutlich ab. Die Kirchenleitung setzte dem eine noch stärkere Einbindung der Jugend in Gottesdienst und Kommunion sowie einen kirchlichen Ersatzunterricht, besonders eine sonntägliche Christenlehre älterer Art für Berufsschüler und höhere Schüler entgegen. „Vor Ort" suchten Priester, aber auch manche Lehrer eine weitere katholische Unterweisung, etwa getarnt als Singkreis, aufrechtzuerhalten; sie gewannen das Vertrauen der Jugendlichen u.a. dadurch, daß sie so manche Ansprüche der NS-Instanzen von ihnen abhielten. Der Erfolg solchen informellen, von persönlichem Einsatz und gegnerischem Widerstand abhängigen Handelns war allerdings unterschiedlich. Vor allem bei den Evakuierten konnte nur teilweise eine „regelmäßige, meist vollzählige" Teilnahme an Gottesdienst und Religionsunterricht erreicht werden. In anderen Fällen zeigten sich aber viele Jugendliche sehr bald „religiös lauer und sittlich ... ungebundener"[79].

Die herkömmliche Autoritäts- und Umgangsordnung verfiel allerdings bei Jugendlichen allgemein. „Anmaßendes Auftreten", „Unbotmäßigkeit", Vergehen nahmen auffallend zu – wie generell in Kriegen und in diesem durch den nationalsozialistischen Jugendkult und Sozialdarwinismus besonders erleichtert. Davon unberührt blieb offenbar ein kirchlich engagierter Kern, der u.a. kirchliche Jugendfeiern, etwa den jährlichen Glaubenstag, den gleichzeitig angesetzten HJ-Veranstaltungen demonstrativ vorzog. Am Diözesanjugendtag im Juni 1943 kamen in Bamberg ca. 5000 Jugendliche, davon ein Drittel von außerhalb, in den Dom, etwa 1000 nahmen an einer Gemeinschaftskommunion in St. Michael teil. Auch im folgenden Jahr waren der Bamberger Dom und die Ludwigskirche in Nürnberg überfüllt. Wie weit der Kircheneinfluß in der übrigen Jugend sank, scheint allenfalls in einzelnen Symptomen – vom HJ-Aktivismus bis zum Priesterspott – auf, ist aber nicht breit faßbar. Belegt ist aber eine zumindest formale Kirchenbindung von hoher Kontinuität, die über den Randverlust durch die Kirchenaustrittswelle 1937–39 hinaus kaum mehr geschmälert wurde. In der Kulmbacher Mädchenoberschule z.B. verließ im Schuljahr 1943/44 von

[78] Ebd., Rep. 4/2, 4115/4, u.a. Reichsministerium für die kirchl. Angelegenheiten an Kardinal Bertram/Breslau am 24. 9. 1943 (Zit.). Pfarramt St. Ludwig/Nürnberg an Ordinariat am 7. 11. 1944 (Zit.); Rosa Lehmeyer an Ordinariat am 24. 6. 1944 (Zit.).

[79] Ordinariat an Seelsorgestellen am 10. 1. 1940: Archiv des Erzbistums Bamberg, Rep. 4/2, 4311/5. Stadtpfarramt Hof an Ordinariat am 17. 7. (Zit.), Dekanat Lichtenfels an Ordinariat am 14. 7., Pfarramt Autenhausen an Dekanat Hallstadt im August 1944 (Zit.): Alle ebd., 4115/4.

55 katholischen (neben 119 evangelischen und 14 gottgläubigen bzw. deutschchristlichen) Schülerinnen eine einzige Kirche und Religionsunterricht. Der betroffene Kaplan sah darin „für die Klasse eher eine Erlösung", da nur dieses Mädchen die allgemein gute Beteiligung gestört habe[80].

Die Pfarrseelsorge blieb auch im Krieg grundsätzlich erhalten; Einbußen erlitt sie hauptsächlich durch äußere Kriegsfolgen. Daß dieses Kommunikationsnetz, zugleich das breiteste nicht gleichgeschaltete öffentliche Forum, im wesentlichen bis zum Ende des Dritten Reiches weiterbestand, war ein Hauptgrund andauernder Resistenz gegen den totalitären Anspruch. Das Pastoralangebot hielt zum einen den für 1933 beschriebenen Stand, wozu nach wie vor der fromme Brauch der Meßstiftungen „für das Seelenheil" maßgeblich beitrug. Eine Landwirtswitwe z.B. stiftete 300,– RM, „damit in der Filialkirche Burg alljährlich wenn möglich am 21. Mai eine Jahresmesse gehalten werde ... für ihren verstorbenen Mann Johann, nach dem Tode der Stifterin soll sie selbst miteingeschlossen werden", eine andere 500,– RM für eine Jahresmesse im Bamberger Dom. Auch Kriegsandachten und vor allem die zunehmenden Gefallenengottesdienste waren Anlässe religiöser „Versicherung" von besonderer Intensität. In der Woche vom 18. bis 28. Juni 1944 z.B. wurden in den Kirchen Bambergs allein 83 Messen für Gefallene, Vermißte oder für „glückliche Heimkehr" aus dem Feld gehalten, in Burgebrach 8.

Darüber, wie das Angebot wahrgenommen wurde, liegen nach 1940 (siehe Tabelle) keine Zahlen mehr vor. In diesem Jahr erreichte zwar die seit Mitte der dreißiger Jahre fallende Entwicklung einen Tiefpunkt, der aber zweifellos durch die Abwesenheit der eingezogenen Männer mitbedingt war und im Kirchenbesuch und in der Kommunionshäufigkeit noch immer über den Werten von 1930 lag. Darunter blieb lediglich die Zahl der Osterkommunikanten, die aber lediglich die Mindestkirchlichkeit einer bestimmten Katholikenzahl mißt, d.h. deren Abnahme (hier infolge der Einberufungen) unmittelbar spiegelt. Dieser Trend unterstützt die Aussage vor allem staatlicher, der Übertreibung unverdächtiger Beobachter, daß die Anziehungskraft der Kirche im Krieg sichtbar gewachsen sei. In Stadt und Land beobachtete man, daß vor allem seit 1942, als steigende Kriegsbelastung und erhöhte Glaubensbedrängung zusammentrafen, „der Kirchenbesuch überall zunimmt und bei den Gottesdiensten reichlich gespendet wird". Nicht nur bei Predigten hoher Geistlicher, etwa von Erzbischof Joseph Otto Kolb in der „überfüllten" Nürnberger Frauenkirche an Lichtmeß 1944 oder von charismatischen Gastpredigern wie dem Jesuitenpater Delp in Bamberg im Dezember 1943, nicht nur an konventionell herausragenden oder beliebten Terminen – hohe Feste, Fastenpredigten, Maiandachten – war er „sehr rege", ja „stärker denn je"[81].

[80] Lageberichte PräsOLG vom 25. 6. 1941 (Zit.), 29. 3. 1943, GStA vom 10. 2. 1944 (Zit.): alle StAB, A 245 II, 30. Witetschek, Lage, Bd. II, S. 418, S. 433; Helmut Witetschek (Bearb.), Die kirchliche Lage in Bayern nach den Regierungspräsidentenberichten 1933–1943, Ergänzungsband VII (1943–1945), Mainz 1981, S. 31, S. 37. Ordinariat, Rundschreiben an Diözesanklerus am 16. 7. 1943 und 20. 6. 1944: Stadtarchiv Bamberg, B.S. 756. Pfarramt Kulmbach an Ordinariat am 1. 12. 1944 (Zit.): Archiv des Erzbistums Bamberg, Rep. 4/2, 4115/4.

[81] Gottesdienstordnung Bamberg 18.–25. 6. 1944 (gedr.): Stadtarchiv Bamberg, B.S. 756 (Zit.). Pfarramt Burgebrach, Verkündbuch 1939–1945, 18. 6. 1944; Witetschek, Lage, Bd. II, S. 367, S. 376 (Zit.), S. 399 (Zit.), S. 406 (Zit.), S. 414, S. 429 (Zit.), S. 439; Witetschek, Lage, Bd. VII, S. 30, S. 36. Ordinariat, Rundschreiben vom 18. 12. 1943: Stadtarchiv Bamberg, B.S. 756. Zu den Meßstiftungen StAB, K 3 Abg. 1981, 1319 (Pfarramt U.l.Frau/Bamberg an Regierung von Mittelfranken/Oberfranken am 17. 6. 1942, diese an Dompfarrei Bamberg am 2. 6. 1943 (Zit.)).

Als feste Frömmigkeitsgruppen gewannen die rein religiösen Bruderschaften, nun fast die einzigen Korporationen, zusätzliches Gewicht. Ihre Feste, z. B. die 200-Jahrfeier der Dreifaltigkeitsbruderschaft in Burgebrach 1943, waren noch mehr als früher öffentliche Höhepunkte überlieferter Religiosität, ihre Rolle als Träger der noch erlaubten Prozessionen und Bittgänge noch wichtiger. An der Bamberger Fronleichnamsprozession von 1943 nahmen fast 8000 Personen teil, weit mehr säumten die Straßen. Die von 1944 übertraf sie noch und wurde als eine „der schönsten und eindrucksvollsten" in der Geschichte Bambergs überhaupt bezeichnet. Ähnliches galt von den übrigen Prozessionen. Beim Marienfest der Oberen Pfarre konnten Kirche und Platz „kaum die Menschen fassen". Vierzehnheiligen zog an den großen Wallfahrtsfesten „mehr Teilnehmer als ... im Frieden" an; auch an normalen Sonntagen kamen z. B. im Sommer 1941 nicht selten 5000 und mehr Menschen. Die Wallfahrten nach Gößweinstein fanden gleichfalls „eine außerordentlich rege Teilnahme", ebenso die vielen kleinen Umgänge in Dörfern und Städten.

Bei diesen frommen Übungen überwogen allerdings wie in den Gottesdiensten die Frauen; nach ihnen kamen Männer mittleren Alters und Kinder. Jüngere Männer und die ältere männliche Jugend waren schwächer vertreten, als es deren Kriegsbeanspruchung entsprochen hätte. In den letzten Kriegsjahren fiel jedoch die zunehmende Zahl von Soldaten auf. Daß Frauen unter der Kanzel und auf Wallfahrtswegen überwogen, war man seit dem 19. Jahrhundert gewohnt – je weniger traditionsgeleitet die Lebenswelt, desto mehr. Der nun auffallend starke Abstand aber zeigt, daß die erhöhte Anziehungskraft der Kirchen vor allem bei Frauen wirkte. Sie waren weniger als Männer ideologiebereit, aber mehr bindungs- und sicherungsbestrebt. Vor allem waren sie von den Kriegsfolgen, von Versorgungsnot und Hinterbliebenenleid eindringlicher betroffen. Männer fühlten sich am ehesten nach der Fronterfahrung der Lebensgefahr zur Kirche hingezogen. Allgemein zeigte sich: Der überzeitliche Verhaltenstopos „Not lehrt beten" verstärkte – auf einem hohen Sockel konstanter Kirchlichkeit – die offenkundige Religiosität bei locker Kirchenverbundenen und erzeugte sie bei Indifferenten, aber auch bei manchen Angehörigen des NS-Regimes, die noch wenige Jahre zuvor über die „Pfaffen" gespottet hatten. Der Krieg – so der Ortsgruppenleiter von Kronach – „hält die Bevölkerung an der Kirche fest. Die vielen Verwundeten noch, die fast jeder Familie ein Leid aufgedrückt, gehen in dieser Sache voran."

Als anschauliche Leidbewältigung wirkte z. B. ein Weihespiel zum 700. Todestag der hl. Hedwig am 10. Oktober in der Pfarrei Staffelstein sehr anziehend. Im Rahmen des besonders betonten – und in Bamberg groß gefeierten – Hedwigsjubiläums wurde dieses Spiel bewußt als Exempel christlicher Haltung gegen das herrschende heroische Ideal aufgeführt. Das Regime, dessen Legitimität brüchig wurde, und seine bedingungslose Gefolgschaft versteiften sich jedoch weiter gegen den Kirchenglauben, obwohl das gesellschaftliche Bedürfnis nach ihm sichtbar stieg. Das beschleunigte den Verfall der NS-Akzeptanz[82].

[82] Ordinariat, Rundschreiben vom 11. 6. (Zit.), 16. 7., 29. 9. (Zit.) 1943, 17. 5., 20. 7., 30. 10. 1944 sowie Gottesdienstordnung Bamberg 18.–25. 6. 1944 (Zit.): StAB, K3 Abg. 1981, 1319. Lagebericht PräsOLG vom 29. 6. 1942: StAB, A 245 II, 30. Witetschek, Lage, Bd. II, S. 362, S. 382, S. 384, S. 387, S. 389, S. 417 (Zit.), S. 422, S. 432, S. 434. Monatsbericht NSDAP-Ortsgruppe Reichenbach bei Teuschnitz vom 20. 3. 1944: StAB, M 33, 154/IV. Josef Urban, Die Sankt-Hedwigs-Feier 1943 im oberfränkischen Staffelstein. Ein Ausdruck religiösen Lebens im Krieg und unter nationalsozialistischer Herrschaft, in: Archiv für schlesische Kirchengeschichte 41 (1983), S. 145 ff.

Krieg und Kriegsfolgen erhielten in der Kirche zunehmend mehr Gewicht. Die Fastenhirtenbriefe des Erzbischofs (bzw. 1941 ein gemeinsamer der bayerischen Bischöfe), die traditionell pastorale Leitlinien setzten, sprachen immer wieder von einer Zeit der Bewährung und forderten zugleich zur vaterländischen Pflichterfüllung wie zum Gebet um den Frieden auf. Rundschreiben des Ordinariats mit Personal- und Amtsnachrichten aus der Heimat und von der Front trugen den Krieg auch in den Kirchenbereich und boten Seelsorgevorbilder. Predigten, Andachten, Prozessionsgebete kreisten um Leid und Trost. Eigene Kriegsandachten, die Kanzelverkündigung der Gefallenen und die Messen für die Toten, die wachsende Zahl der Gottesdienstbesucher in Trauerkleidung und die der ins Gebet versunkenen Gläubigen in den Kirchen, von deren Sorge um Angehörige man vor allem in der engen Kommunität des Dorfes wußte, hielten den Krieg sehr präsent. Die Gläubigen erfuhren ihn als Ausnahmezeit auch dadurch, daß sich ab 1942 in Folge der Verschlechterung der äußeren Lebensverhältnisse rituelle Gebote lockerten. Vom Fasten- und Abstinenzgebot wurde generell außer an Aschermittwoch und Karfreitag dispensiert, einzelne konnten sich vom eucharistischen Nüchternheitsgebot befreien lassen, die Priester durften Heilssymbole wie Rosenkränze, Medaillen und Kreuzchen auch privat durch ein einfaches Zeichen mit Ablaß versehen. Grundtenor wurde zunehmend die Bedeutung des Krieges für eine innere Verchristlichung. Die Staatsbehörden waren zunächst über die „betont vaterländische Einstellung“ der Geistlichen erfreut. Später aber rügten sie, „daß die Predigten mehr auf Friedenssehnsucht als auf siegreiches Durchhalten um jeden Preis“ zielten. Das „St. Heinrichsblatt“ wendete das nun allgegenwärtige Leitbild ins Religiöse, wenn es zu „soldatischem Geist“ in der Heimat, zum Alltagshandeln als „Soldat Christi“ aufrief. Und Pfarrer Schütz versandte in seiner Gemeinde Burgebrach Karten zur „Kriegsweihnacht“ 1940: „Alles für Deutschland. Deutschland aber für Christus.“[83]

Das Auseinanderklaffen von nationalsozialistischem Anspruch und katholischer Seelsorge in der „Volksgemeinschaft im Kampf“ veranlaßte das NS-Regime zu verstärkten Eingriffen in das Gemeindeleben. Die Überwachung des Klerus auf der Kanzel, in der Schule und bei Hausbesuchen wurde schärfer. Aber die Priester waren auch vorsichtiger geworden. Die Zahl der Unterrichtsverbote, Geldbußen und Haftstrafen erreichte offenbar (die Daten sind lückenhaft) 1939 einen ersten Höhepunkt, nahm 1940 ab, stieg 1941 auf einen zweiten Höhepunkt an und sank dann bis 1943 deutlich ab: Von allen staatlichen Maßnahmen gegen „widerspenstige“ Pfarrer zwischen 1933 und 1945 lagen 9,7 Prozent im Jahre 1941, 6,6 Prozent 1942, 4,1 Prozent 1943, 4,2 Prozent 1944 und nur 0,3 Prozent 1945.

Kennzeichnend für die neue Situation im Krieg war auch, daß die Verbreitung von Hirtenbriefen oder Predigten durch den Druck kaum mehr möglich war, abgesehen vom Amtsblatt mit seiner geringen Auflage. Das „St. Heinrichsblatt“ wurde wie alle Kirchenblätter im Reich im Mai 1941 eingestellt. Auch der betont regimefreundliche Artikel zum 1. Mai über die Nation als Wehrfront, mit Siegesgewißheit und Hitler-Zitat, verhinderte das nicht mehr. Der Verlust des wichtigsten regelmäßigen Infor-

[83] Amtsblatt für die Erzdiözese Bamberg, u.a. Nr. 4, 1941, Nr. 6, 1943, Nr. 10, 1944, Nr. 1 und Nr. 3, 1945. Ordinariat, Rundschreiben 1943 und 1944, passim: Stadtarchiv Bamberg, B.S. 756. Witetschek, Lage, Bd. II, S. 341 (Zit.), S. 371 (Zit.); St. Heinrichsblatt vom 12. 1. 1941 (Zit.).

mations- und Orientierungsmittels beeinträchtigte die inneren Verbindungen der Diözese, die einheitliche Anleitung der Gläubigen sowie ihre vertrauenswürdige Unterrichtung und katholische Selbstvergewisserung. Dem Einfluß des Pfarrers und mündlichen Kontakten – die freilich riskanter wurden – wuchs damit weitere Bedeutung zu. Eine Schwächung der regionalen Kohäsion und eine gewisse Verengung auf die Pfarrei waren aber zumal bei den steigenden Verkehrsbehinderungen nicht zu vermeiden[84].

Nach Kriegsbeginn wurden auch wirtschaftliche Zwänge zum willkommenen Anlaß genommen, um den Aktionsradius der Kirche zu beschneiden. So wurde etwa liturgisch benötigtes Material nur noch in geringen Mengen zugeteilt. Strom war jetzt auch für die Kirchen knapp, und die herkömmlichen Deputate für Geistliche wie die sogenannten Beichteier oder Lebensmittelspenden waren verboten. Vor allem aber wurden Kulthandlungen um eines „straffen Arbeitseinsatzes" willen weiter eingeschränkt. Die noch bestehenden Feiertage Himmelfahrt und Fronleichnam verlegte man 1941 für die Kriegsdauer auf den folgenden Sonntag, Flurprozessionen u.ä. durften nicht mehr an Werktagen stattfinden.

Der Eingriff in den „seit Menschengedenken" geltenden Rhythmus des Kirchenjahres konnte freilich nicht annähernd durchgesetzt werden. Als beispielsweise 1941 die Erstkommunion, die man schon immer am Weißen Sonntag feierte, verlegt werden sollte, weil Hitlers Geburtstag auf diesen Sonntag fiel, erhob sich überall breiter Protest. Vor allem die in der Diözese so gewichtige bäuerliche Bevölkerung, gewohnheitsgebunden und bei der Arbeit auf möglichste Selbstverfügung innerhalb der Naturzwänge bedacht, sah die Maßnahmen als Angriff auf sakrosankte Bräuche und als Willkürakte, zumal der Arbeitsausfall am 1. Mai, diesem politisch „geheiligten" Feiertag, ja offenbar auch nicht schadete. So herrschte an Fronleichnam und Himmelfahrt in den Dörfern Arbeitsruhe, während man am 1. Mai vielfach seinen gewohnten Tätigkeiten nachging. Viele Pfarrer hielten an diesen Tagen Gottesdienste, was Strafen nach sich zog, die dann „in der konfessionell gebundenen Bevölkerung ... tiefe Erregung" hervorriefen. Auch bei Bittgängen ließ man sich nicht stören, man beging sie häufig wie eh und je, auch „ohne Pfarrer und ohne Kreuz". Z.B. wallfahrteten an einem Dienstag im Mai 1942 wie jedes Jahr etwa 60 Frauen, Männer und Kinder im Landkreis Ebermannstadt eine Stunde weit von Hohenpölz nach Poxdorf, wo Gottesdienst war, und zurück, in beiden Orten von Glockengeläut begleitet. Vom nächsten Gendarmerieposten angezeigt, wurden auf Veranlassung der Gestapostelle Nürnberg-Fürth zwei Bauern als Verantwortliche verwarnt, ein dritter Bauer als Hauptbeschuldigter vorübergehend in Polizeihaft genommen. Die dadurch entfachte Erregung, in welche auch der Unwille über die Überwachung beim Kirchgang oder bei Prozessionen – u.a. durch Fotografieren –, über Schmähungen in „Stürmerkästen" und Kirchenfahnenverbot einfloß, nährte eine breite Resistenz gegen die Zumutung religiöser Brauchpreisgabe, die zur Renitenz führen konnte. In den Städten, wo es keine Brauch-

[84] Vorsicht schränkte die Schriftlichkeit der Amtsführung stark ein, was die Quellenlage sehr verschlechtert; der Pfarrer von Rothenburg o.T. und Dekan von Ansbach drückte aus, was die meisten taten: „Besondere Erfahrungen hält man am besten hier zurück." Dekanat Ansbach an Ordinariat am 18. 7. 1944: Archiv des Erzbistums Bamberg, Rep. 4/2, 4115/4. Die Zahlen bei von Hehl, Priester, S. LXXIII (Tab. 4). Witetschek, Lage, Bd. II, S. 346, S. 355f., S. 361, S. 364, S. 385, S. 390 (Zit.), S. 426ff.; Witetschek, Lage, Bd. VII, S. 30ff. (Zit.: S. 33); St. Heinrichsblatt vom 27. 4., 25. 5., 31. 5. 1941. Vgl. Frei, Eroberung, S. 313ff.

gemeinschaften von vergleichbarem gesellschaftlichen Gewicht gab, das NS-Regime dichter, seine Ideologie lebendiger und die mentale Bindung an kirchliche Symbolik ganz allgemein schwächer war, war man nicht so zäh; Fronleichnam etwa wurde meist ohne größere Schwierigkeiten auf den Sonntag verlegt[85].

b) Kriegsfolgen, Provokationen, Protest

Unter dem Druck des Staates, mehr noch aber durch Kriegseinwirkungen, die das flache Land lange wenig spürte, traten die seit eh und je bestehenden Unterschiede im religiösen Leben in Dorf und Stadt immer stärker hervor. In städtischen Pfarreien wirkte sich, seit 1943 Luftangriffe auch das Bamberger Gebiet erreichten, das Verbot aus, nach nächtlichem Fliegeralarm vor 10 Uhr Gottesdienste zu beginnen. Es mußten „wegen erhöhter Luftgefahr" Prozessionen wie die Bamberger Heinrichsprozession abgebrochen und Feiern unter freiem Himmel wie die an Allerseelen auf den Friedhöfen in Nürnberg und Fürth abgesagt werden, während es auf dem Land noch vergleichsweise ruhig war. In den größeren Städten, vor allem in Nürnberg, kamen dann ab 1944 Bombenschäden hinzu: „Bei den Terrorangriffen auf Nürnberg am 3. und 19. Oktober wurden ... zerstört oder beschädigt: Stadtpfarrkirche St. Ludwig Hauptaltar und Chordach ausgebrannt ... Stadtpfarrkirche St. Theresia durch Spreng- und Brandbomben schwer beschädigt ..."; zuletzt waren 16 der 21 katholischen Kirchen der Stadt zerstört. Da Bamberg weniger betroffen war, unterschied sich der pastorale Alltag nun auch zwischen den Städten: hier beschränkte Normalität, dort Notseelsorge. Doch zuletzt wirkte sich die Fliegergefahr auch auf dem Land so aus, daß u.a. Beerdingungen nur mehr in der Dunkelheit stattfinden konnten. Kriegsbehinderungen, bisher nur von Evakuierten aus West- und Norddeutschland berichtet, wo schon 1943 keine Prozessionen mehr stattfinden konnten, waren jetzt auch in Teilen der bisher vergleichsweise verschonten Bamberger Diözese an der Tagesordnung[86].

Doch schon zuvor hatte der Krieg mittelbar durch die Anwesenheit vieler Evakuierter auch in Landpfarreien einzugreifen begonnen. Nach einer ersten Welle zu Kriegsbeginn aus dem Westsaum des Reiches kam ab 1943 „ein starker Anstrom von Bombengeschädigten aus deutschen Großstädten, besonders von Nürnberg und Hamburg, ... aus dem Saargebiet und vom Rheinland, ferner viele Flüchtlinge aus Siebenbürgen, dem ungarischen Banat, der Batschka, überwiegend Volksdeutsche, weiterhin von Ukraine und aus Weißruthenien, die vor den Bolschewisten geflüchtet sind". Dies war eine seit den napoleonischen Kriegen nicht mehr erlebte Zwangsbegegnung mit Fremden, die aufgrund der kulturellen Differenzen zu Spannungen führte, etwa weil das Verhalten norddeutscher Großstädter von den fränkischen Dorf- und Kleinstadt-

[85] Amtsblatt für die Erzdiözese Bamberg 1942–1945, passim: Lageberichte PräsOLG vom 25. 6. 1941 (Zit.), 29. 6. 1942 (Zit.); Witetschek, Lage, Bd. II, S. 366, S. 376, S. 378, S. 380 (Zit.), S. 400, S. 407, S. 413, S. 415, S. 418, S. 422, S. 427, S. 430; Witetschek, Lage, Bd. VII, S. 35, S. 40. Gendarmerieposten Königsfeld an Landratsamt Ebermannstadt am 14. 5., Gestapostelle Nürnberg-Fürth an Landratsamt Ebermannstadt am 16. 6., dieses an Gestapostelle Nürnberg-Fürth am 29. 6. 1942: alle StAB, K 8/IV, 238. NSDAP-Ortsgruppe Kronach an Kreisleitung Kronach am 16. 6. 1940: StAB, M 33, 154/VI. Lagebericht PräsOLG vom 30. 4. 1940: StAB, A 245 II, 30.

[86] Witetschek, Lage, Bd. II, S. 414; Witetschek, Lage, Bd. VII, S. 43 f. (Zit.); Ordinariat, Rundschreiben vom 20. 7. 1944 (Zit.), vgl. Anm. 81; St. Heinrichsblatt vom 14. 7. 1946; mdl. Auskunft von Dr. Franz Vogl am 8. 8. 1986.

bewohnern als „anspruchsvoll, anmaßend", diese andererseits von jenen als rückständig und selbstsüchtig empfunden wurden. Nach dem Eindruck des Bamberger Generalstaatsanwalts fehlte „von vorneherein zwischen Gastgebern und Gästen das notwendige Verständnis".

Ganz besonders trugen dazu die Unterschiede im Glauben bei. Seit Jahrhunderten feste Bekenntnisgrenzen, die in weiten Gebieten für Umweltbild, Sozialbeziehungen – u.a. die Heiratskreise –, Wirtschaftsverkehr und politische Einstellung maßgeblich gewesen waren, wurden plötzlich überlagert. In der neuerrichteten Pfarrei Pegnitz am Ortsrand der Diözese z.B., wo es erst seit 1900 überhaupt eine katholische Seelsorge gab, verdoppelte sich die Zahl der Katholiken. Ein Teil der katholischen Evakuierten war im rein evangelischen Schnabelwaid untergekommen, wo bald die erste katholische Taufe seit der Reformation stattfand. Anschließend besuchten die Gläubigen eine eigens angesetzte Abendmesse in Pegnitz und wurden danach – ermöglicht durch Naturalspenden aus dem katholischen „Bamberger Land" – vom Pfarrer verköstigt.

Als geistige Autorität und karitative Instanz kam der Kirche angesichts der Spannungen eine besondere soziale Integrationsrolle zu, der sie sich oft auch gewachsen zeigte. Sie sorgte in erster Linie – soweit sie frei handeln konnte – für eine Entspannung dieser Situation. Pfarrhäuser waren Brennpunkte der Eingliederung; manche verschlossen sich dem freilich auch. Die Kirche (das gleiche gilt für die protestantische in ihrem Bereich) wuchs damit zunehmend in eine für die Nachkriegszeit entscheidende gesellschaftliche Aufgabe hinein, die ihr Ansehen weiter erhöhte. All das geschah generell innerhalb des katholischen Horizonts und verstärkte bei den Betroffenen beider Seiten die Konfessionalität. Doch die gleichartigen Anstrengungen der Kirchen und eine nicht seltene Einzelhilfe ohne Ansehen der Konfession trugen auch zur Annäherung der beiden Kirchen bei. Dadurch konnten allmählich Ansätze einer christlichen Solidarität entstehen, die das Zusammenleben in den Dörfern und Städten erleichterten[87].

Schwieriger war für Klerus und Kirchenvolk das Verhältnis zu anderen fremden Menschen, die als Ausländer und Feinde separiert und nahezu rechtlos waren: die als Arbeitskräfte eingesetzten Kriegsgefangenen und die Fremdarbeiter. Da es sich zu einem erheblichen Teil um Polen und Franzosen, also Katholiken handelte, hielten Pfarrer für sie nicht nur Gottesdienste in einem Maß, das den Staatsbehörden mißfiel. Sie nahmen sich ihrer auch sonst im Gespräch, durch Besuche im Lager, Nachrichtenübermittlung u.ä. an – ohne Rücksicht auf Anzeigen „wegen unerlaubten Umgangs mit Kriegsgefangenen". Die in solch „auffallend eifrig" betriebener Fürsorge praktizierte Universalität der Römischen Kirche reizte zu scharfem Vorgehen ebenso wie Äußerungen christlicher Solidarität auch mit den Kriegsgegnern – z.B., daß man „auch für die Juden und Engländer, ja sogar für Churchill beten müsse". Von einer Empörung der Bevölkerung, auf die sich die Staatsstellen bei der Verfolgung gerne beriefen, war dabei wenig zu spüren. In der Bamberger Fronleichnamsprozession 1942 z.B. gingen russische Zivilarbeiter – Männer und Frauen – unbehelligt mit, bis die Kriminalpolizei eingriff. Da gerade in den vorherrschenden klein- und mittelbäuerli-

[87] Lagebericht GStA vom 5. 10. 1943 (Zit.) und PräsOLG vom 4. 12. 1944 (Zit.): StAB, A 245 II, 30. Monatsbericht der NS-Kreisfrauenschaftsleitung Kronach a.D. (1944): Ebd., M 33, 154/IV. Mdl. Auskunft von Dr. Franz Vogl am 8. 8. 1986.

chen oder -gewerblichen Betrieben eine strikte Absonderung der Kriegsgefangenen kaum möglich war, aßen viele trotz Verbots mit ihren Arbeitgebern an einem Tisch, beteten mit ihnen, teilten ihre frommen Hausriten. Daß manche auch das Bett junger Frauen teilten, deren Männer im Feld waren, Diebstähle begingen, die Arbeit verweigerten oder „mit untragbarer Anmaßung" auftraten, belastete natürlich das Verhältnis ebenso wie umgekehrt die Tatsache, daß nicht wenige ausgebeutet und gedrückt wurden. Doch waren sie häufig gesellschaftlich keineswegs so ausgegrenzt, wie es der Staat wollte[88].

Integrativ suchten Priester trotz staatlicher Behinderung auch in die Ferne zu wirken. Die geistliche Betreuung der an der Front stehenden Soldaten blieb zwar offiziell der Wehrmachtsseelsorge vorbehalten, und für die Ausstattung mit religiöser Literatur sorgte die Kirchliche Kriegshilfestelle des Deutschen Caritasverbandes. Doch scheinen Soldaten mit sinkender Kriegszuversicht in wachsender Zahl nicht nur vor dem Abmarsch und im Urlaub ihren örtlichen Pfarrer aufgesucht zu haben. Soweit möglich standen sie auch brieflich mit ihm in Kontakt, zum Teil erhielten sie auch religiöses Schrifttum von ihrem Pfarrer, was diesem eine staatspolizeiliche Verwarnung oder eine Geldstrafe eintragen konnte. Besonders eng blieb die Verbindung mit den zur Wehrmacht eingezogenen Priestern, Theologiestudenten und Ordensleuten des Erzbistums. Bereits Mitte 1942 waren das 424 Personen, darunter 101 Priester meist aus der Pfarrseelsorge. Am kirchlichen Leben der Diözese wurden sie durch eigene Rundbriefe weiterhin beteiligt und zugleich für die Rolle eines religiösen Vorbilds und Beistands in ihren militärischen Einheiten gerüstet[89].

In der Regel wichen die Priester den wachsenden Zumutungen des Regimes möglichst so weit aus, daß ihre Wirkungsmittel nicht noch mehr gefährdet wurden. Diese Strategie bewährte sich freilich nicht immer. Mit einigen Maßnahmen griff das Regime so tief in christlich-katholische Werte und Bindungen ein, daß die Kirche nicht mehr ausweichen konnte. Klerus und Kirchenvolk protestierten dagegen so massiv, bis hin zum Widerstand, daß der auf eine breite Bereitschaft zum Krieg angewiesene Staat das nicht mehr als Außenseiterhaltung unterdrücken konnte, sondern zurücksteckte. Als beispielsweise Nachrichten über die 1939 eingeführte, ab Ende 1940 forcierte Euthanasie-Aktion durchsickerten, wurde auch in Kirchen der Bamberger Diözese die Tötung von Menschen, für welche die Kirchen besondere Sorge trugen, als Anmaßung göttlicher Gewalt verurteilt: „Niemand ... hat das Recht, solche Menschen aus der Welt zu schaffen", erklärte der Kaplan von St. Martin in Bamberg; der Weihbischof pochte in der Jahresschlußfeier 1940 im Dom, also mit herausragender Publizität, auf die Würde auch solchen Lebens. Bereits am 6. Juli hatte ein gemeinsamer Hirtenbrief der deutschen Bischöfe eindringlich die Tötung Unschuldiger verurteilt. Die Kanzel sanktionierte und verstärkte die Erregung, die sich in den „schlimmsten Gerüchten" äußerte, als ohne jede amtliche Erklärung Irrenanstalten geräumt und die Kranken bald darauf als plötzlich verstorben gemeldet wurden: Man sprach davon,

[88] Witetschek, Lage, Bd. II, S. 345f., S. 356f., S. 359, S. 365f. (Zit.), S. 371, S. 374, S. 390 (Zit.), S. 408; Witetschek, Lage, Bd. VII, S. 39, S. 41, S. 43; Lageberichte u.a. GStA vom 30. 5. 1940, 5. 10. 1943 (Zit.), PräsOLG vom 5. 1. 1942, 1. 12. 1944 (vgl. Anm. 76); Spruchkammerakte Zahneisen, Protokoll am 23. 9. 1948, 46. Zeuge; Fröhlich, Stimmung, S. 627.

[89] Mdl. Auskunft von Dr. Franz Vogl vom 8. 8. 1986. Fragebogen vom 16. 7. 1942: Archiv des Erzbistums Bamberg, Rep. 4/2, 4610/1. Vgl. Missalla, Volk, S. 55ff.

daß „schließlich alles Leben, das der Allgemeinheit keinen Nutzen mehr bringt, ... beseitigt werden solle, also insbesondere die wegen Alters- oder körperlicher Erkrankung Arbeitsunfähigen." Sorgenvolle Berichte wie z.B. die des Oberlandesgerichtspräsidenten und des Generalstaatsanwalts in Bamberg über die Beunruhigung vor allem „in konfessionellen Kreisen" – Abschriften der aufsehenerregenden Protestpredigten der Bischöfe Galen (Münster) und Bornemann (Trier) kursierten auch hier – veranlaßten das Regime, die Aktion im Herbst 1941 abzubrechen[90].

Schon einige Monate zuvor hatten in Bamberg bischöflicher Einspruch und die Mißstimmung in der Bevölkerung zu einem gewissen lokalen Erfolg geführt. Im April 1941 waren hier im Zug des „Klostersturms", einer seit Anfang des Jahres ungehemmten Beschlagnahme von Klostergut, das Karmeliten- und das Franziskanerkloster, deren Internats- und Seminarräume man schon früher mit Umsiedlern belegt hatte, ganz konfisziert worden. Auf den allgemeinen Protest hin konnte jedoch bereits zehn Tage später die Rücknahme dieser Anordnung durch Zahneisen erreicht werden. Dennoch blieb die Liste der in der Diözese teilweise oder ganz beschlagnahmten kirchlichen Einrichtungen, großenteils Ordensbesitz, lang. In 29 Gebäuden, darunter 10 in Bamberg, 2 in Nürnberg, je eines in Forchheim, Kronach, Kulmbach, vom Priesterseminar über Klöster und Krankenhäuser bis zum Exerzitienheim, waren Umsiedlerlager, Lazarette und vor allem Parteistellen untergebracht. Im Bamberger Missionshaus und im Franziskanerkloster Gößweinstein saß die Kreisleitung der NSDAP[91].

1941 kam zur Verstörung über die Tötung Hilfloser, die nun „lebensunwert" sein sollten, die Empörung über die Eliminierung der Glaubenszeichen Kreuz und Gebet aus den staatlichen Schulen. Auch in Bayern sollte nach einer Anordnung des Kultusministers Gauleiter Adolf Wagner vom 23. April 1941 das Schulgebet durch einen nationalsozialistischen Tag- oder Wochenspruch oder ein HJ-Lied ersetzt werden. Außerdem sollten Kreuze und religiöser Bilderschmuck aus den Schulen entfernt werden, wo sie „am falschen Platz seien". Diese Maßnahme, angesichts des ausgeprägten Symboldenkens und der christlichen Grundhaltung eines großen Teils der Bevölkerung eine Provokation, sollte eher unauffällig die religiösen Identifikationszeichen beseitigen. Nicht nur dort, wo die Partei im Autoritätskonflikt zwischen lokalen NS-Führern und Pfarrern hart vorging, wurde der Kruzifix-Erlaß – oft schon, wenn sich nur das Vorhaben gerüchteweise herumsprach – von einer großen Mehrheit lebhaft abgelehnt. Weit über den Kreis der aktiven Kirchenanhänger hinaus bis in die Reihen engagierter Parteimitglieder hinein stieß der NS-Staat auf Protest, ja partiellen Widerstand in einer bisher nicht erlebten Breite. Daß dies in erster Linie nicht von erklärten Gegnern, oft auch nicht von den Geistlichen ausging, sondern spontane Erbitterung besonders der Frauen war, machte deutlich, daß der weltanschauliche Verfügungsanspruch hier eine Reizschwelle überschritten hatte. In den Dörfern und kleinen Städten des „Bamberger Landes", wo Umwelt und Umgang mit katholischen Vorstellungen durchtränkt waren, äußerte sich ein „starker Unmut", zum Teil in Formen, die un-

[90] Vgl. Volk, Episkopat im Zweiten Weltkrieg, S. 600ff.; Witetschek, Lage, Bd. II, S. 368 (Zit.), S. 404 (Zit.); Lagebericht PräsOLG vom 1. 3. 1941 (Zit.). Vgl. Anm. 76.

[91] Vgl. Volk, Episkopat im Zweiten Weltkrieg, S. 604ff.; Spruchkammerakte Zahneisen, schriftl. Zeugenaussage P. J. B. vom 21. 9. 1948; Witetschek, Lage, Bd. II, S. 377f. Fragebogen vom 16. 7. 1942: Archiv des Erzbistums Bamberg, Rep. 4/2, 4610/1. Chronik des Redemptoristen-Kollegs Forchheim, Bd. 1 (1919–1949), 15. 7. 1945 (freundliche Mitteilung von Frau Eva Schlegel/Forchheim).

ter dem rigorosen Anpassungsdruck im Krieg gefährlich exponierten. Verwünschungen gegen jeden, der ein Kruzifix abhänge, nächtliches Wiederanbringen entfernter Kreuze, Protestplakate, Demonstrationen erregter Mütter, Drohungen, ja tätliche Angriffe gegen Lehrer, die die Anordnung ausführten, Steinwürfe gegen Schulhäuser, Schulstreiks und das klassische bäuerliche Oppositionsmittel der Verweigerung von Produktablieferungen erschreckten die Amtsinhaber. Im Landkreis Forchheim z. B. wurde „geradezu von Landfriedensbruch gesprochen". Bürgermeister lehnten es ab, bei der Ausführung der Maßnahme mitzuwirken, weil sie den Symbolrang der Kreuze für das vertraute Weltbild kannten; Ortsgruppenleiter wollten die Durchführung der Maßnahme von der Volksstimmung abhängig machen oder gleich abbiegen. Das NS-Regime mußte schließlich zurückstecken, bereits im Juni erfolgte eine Abschwächung der Aktion und Ende August sprach man schon nicht mehr von ihr. In nicht wenigen Schulen blieben die Kreuze hängen. Dort, wo sie abgenommen werden mußten, wie z. B. in der Stadt Bamberg, prangerte die Kirche das Sakrileg durch Sühneandachten öffentlich an. Die Bestimmung über das Schulgebet allerdings galt[92].

Bedenklich für den NS-Staat wurde die Auseinandersetzung um die Kreuze vor allem dadurch, daß Kirche und Kirchenvolk die Aktion des Regimes als unverhüllten Beginn einer Unterdrückung des Christentums überhaupt deuteten, die nach dem Krieg erfolgen werde. Alle früheren Beteuerungen religiöser Freiheit und das immer wieder herausgestellte Motiv für den Krieg gegen Rußland, den Kreuzzug gegen den Bolschewismus, erschienen als Täuschung. Viele suchten den Schaden zwar zu begrenzen, indem sie behaupteten, der Führer wisse von solchen Maßnahmen radikaler Untergebener nichts. Doch aus dem Feld schrieben empörte Soldaten, man müsse den Bolschewismus zu Hause statt in Rußland bekämpfen. Und auch die Kirche versäumte nicht, unter Berufung auf Zusicherungen der bayerischen Kultusminister Schemm und Wagner über den Schutz der christlichen Schule auf den Widerspruch hinzuweisen, daß man den Schulkindern das Kreuz nehme, „während die Väter und Brüder ... mit unvergleichlichem Sturmschritt die geschworenen Feinde des Kreuzes niederwerfen".

So geriet mit der Kriegslegitimation die Kampfmotivation in Gefahr. Die ideologische Absicht schadete dem politischen Leitziel; der Bogen war überspannt. Der Bamberger Oberlandesgerichtspräsident berichtete im Juni 1942: „... zahlreiche Frontkämpfer, die sich auf Urlaub in der Heimat aufhalten, sollen schon ihrer Verärgerung über diese Dinge deutlich Ausdruck verliehen haben. Allgemein ist aufgefallen, daß heuer die Beteiligung an der Fronleichnamsprozession außerordentlich stark war. Man geht wohl in der Meinung nicht fehl, daß die Haltung der Bevölkerung anläßlich dieser Prozessionen eine Demonstration gegen die kirchenpolitische Einstellung der Partei ist. Auch bei den Andachten der beiden Konfessionen soll ein immer stärkerer Zustrom der Bevölkerung zu beobachten sein. So kann es nicht wundern, daß die zahlreichen Verurteilungen katholischer Geistlicher wegen Vergehens gegen die Ver-

[92] Vgl. Kleinöder, Schule, S. 173 ff. Kultusministerium, Anordnung vom 23. 4. 1941: Archiv des Erzbistums Bamberg, Rep. 4/2, 4301/5 (Zit.). Bayerische Bischöfe an Kultusministerium am 26. 7. 1941: Ebd. Rep. 4/2, 4312/18 (Zit.). Witetschek, Lage, Bd. II, S. 289, S. 325, S. 385 (Zit.), S. 387, S. 391 f., S. 410. Lagebericht GStA vom 1. 8. und PräsOLG vom 3. 10. 1941: StAB, A 245 II, 30.

ordnung vom 15.5.1941 [Gottesdienstverbot an Fronleichnam] in der konfessionell gebundenen Bevölkerung, wie man hört, tiefe Erregung hervorgerufen haben."[93]

Ein weiterer, noch 1941 eingeleiteter Eingriff in religiöse Zeichen, die rüstungswirtschaftlich begründete Ablieferung der Kirchenglocken, konnte hingegen nicht abgewehrt werden. Die Abnahme der Glocken, die den Kirchenkult beschnitt und die im Klang vertraute Ortsidentität störte, stieß trotz oberhirtlicher Beschwichtigungen gleichfalls auf heftige Ablehnung. In vielen Pfarreien hörte man offenen Protest gegen die wenig pietätvoll durchgeführte Abnahme, die auch Glocken betraf, welche den Ersten Weltkrieg überstanden hatten oder dessen Gefallenen geweiht waren. Mancherorts leistete man tätlichen Widerstand, denn auch diese Aktion schien in erster Linie gegen Kirche und Glauben gerichtet; in einer Zeit großer Siege müßten „die gemeldeten unübersehbaren Mengen an Kriegsbeute" solche Eingriffe „entbehrlich machen, wenn der ... Zweck eben nicht überhaupt ein ganz anderer sei". Als eine auch in früheren Kriegen übliche „materielle" Maßnahme konnte sie aber durchgesetzt werden, freilich oft nur bei Nacht und Nebel. Doch sie nährte Verweigerungswillen oder zumindest Zweifel gegenüber dem NS-Regime.

Ein äußeres Zeichen dafür, wie sehr sich kirchenverbundene Bevölkerung und NS-Regime entfremdet hatten, gaben die Beisetzung von Erzbischof Jacobus von Hauck im Januar und die Inthronisation seines Nachfolgers (bis 1955), des bisherigen, vor allem als Seelsorger erfolgreichen Weihbischofs Joseph Otto Kolb, im Mai 1943. Die „Bamberger Zeitung" veröffentlichte nicht einmal einen Nachruf für Hauck, nur nachträglich eine kurze Notiz. Und die Stadt verweigerte zur Überführung in den Dom, die durch eine unübersehbare Menschenmenge ging, sogar einen Leichenwagen. Dafür stellte – und das wirft ein Licht auf die auch öffentlich erkennbaren Risse im Parteistaat – der Stadtkommandant, General von Perfall, eine Geschützlafette zur Verfügung. Von ihm war allgemein bekannt, daß er jeden Sonntag in Uniform und mit seinen vier Söhnen den Gottesdienst im Dom besuchte. Die Amtseinführung Kolbs, in Anwesenheit der Bischöfe von Würzburg und Eichstätt, fand ebenfalls unter sehr großer Beteiligung der Bevölkerung statt; die Stadt Bamberg war nicht vertreten[94].

Die Häufung von antikirchlichen Maßnahmen – 1941 wurden auch die Kirchenblätter eingestellt – und Glaubensverletzungen versteiften nicht nur die Loyalität der unbedingt Kirchentreuen. Sie lösten offenbar auch, auf dem äußeren Machthöhepunkt des NS-Staates, Irritation aus unter denen, die das NS-Regime aus praktischen Erwägungen billigten oder durch seine Erfolge überzeugt worden waren, „in Kreisen, die dem Nationalsozialismus durchaus positiv gegenüberstehen". Damit begann seine Akzeptanz in der breiten Zone zu leiden, die sich um die überzeugten Anhänger des Dritten Reiches lagerte und die für seine Herrschaft unentbehrlich war, wenn sie nicht blanker Terror sein wollte. Viele Katholiken, vor allem im Bürgertum, hatten sich seit

[93] Lagebericht GStA vom 1. 8. 1941 (Zit.) und PräsOLG vom 29. 6. 1942 (Zit.): StAB, A 245 II, 30. Bayerische Bischöfe vom 26. 7. 1941: Archiv des Erzbistums Bamberg, Rep. 4/2, 4312/18 (Zit.).

[94] Lageberichte PräsOLG vom 5. 1. (Zit.), 28. 2. 1942: StAB, A 245 II, 30. Witetschek, Lage, Bd. II, S. 399, S. 403, S. 415, S. 419, S. 421, S. 432; mdl. Auskunft von Philipp Schmitt am 13. 10. 1986. Zu Erzbischof Kolb vgl. Günther Reinwald, Joseph Otto Kolb, in: Lebensläufe aus Franken, hrsg. von Sigmund Frhr. von Pölnitz, Bd. 6, Würzburg 1960, S. 303ff. und Bruno Neundorfer, Joseph Otto Kolb, in: Erwin Gatz (Hrsg.), Die Bischöfe der deutschsprachigen Länder 1785/1803 bis 1945. Ein biographisches Lexikon, Berlin 1983, S. 397f.

1933/34 den neuen Machthabern angeschlossen, ohne mit der Kirche zu brechen. Sie standen zwischen Kirche und NS-Regime und suchten pragmatisch dessen Ansprüche zu erfüllen und zugleich eine gewisse Kirchlichkeit zu wahren. Solch gemischtes, Konflikte verdrängendes Verhalten wurde in der gespaltenen Wirklichkeit totalitärer Ordnung zunehmend schwieriger, als man erfahren mußte, „daß jeder Angehörige einer der großen Kirchen, der noch einen Gottesdienst besuche, für die Partei nicht als Nationalsozialist gelte und entsprechend behandelt werde".

Seit 1941 brachte der NS-Staat die Kirchlichen, denen ihr ungewöhnlicher Erfolg bei der Kruzifix-Aktion zudem Selbstgefühl gab, mehr als bisher gegen sich auf. Er verlor auch bei denen, welche die Kirche nur respektierten, an Vertrauen. Das vollzog sich vorwiegend unterschwellig; harte Strafen rieten in den letzten Kriegsjahren Schweigen an. Noch vor dem militärischen Niedergang untergrub die Herausforderung der Religiosität die Zustimmung zur NS-Herrschaft. Dies stand in den katholischen Traditionsgebieten oft hinter dem behördlicherseits beklagten Defaitismus, als nach den seit 1940 immer wieder enttäuschten Friedenserwartungen auch die Siegeshoffnung schwand, Versorgungsnot und Hinterbliebenenleid wuchsen und die Regeln der öffentlichen Ordnung und Wirtschaftsmoral zerbrachen, als die Berichte der Soldaten Selbstdarstellung und Kriegsbild des Regimes unglaubwürdig, seine Propaganda unwirksam und die Information durch Feindsender begehrt machten, als Pomp und Protzsucht politisch Privilegierter, z. B. in Coburg 1942 bei der 20-Jahrfeier des „Führermarsches" oder bei den Bayreuther Festspielen 1943, empörend mit dem allgemeinen Mangel kontrastierten[95].

In der letzten Kriegsphase wuchsen der Kirche Schutz- und Anleitfunktionen über die reguläre Sinn- und Heilgebung hinaus zu, ihr Einflußkreis erweiterte sich, als erloschene religiöse Gewohnheiten wieder lebendig wurden. Wie in außergewöhnlicher Zeit ihre Alltagsbedeutung zunahm, lasen die Zeitgenossen an einem normalerweise belanglosen Verhalten ab, das jedoch damals Bekenntnischarakter haben konnte. In Bamberg, wo auch auf dem Höhepunkt des Nationalsozialismus viele wie seit eh und je beim Vorbeigehen am Portal einer Kirche aus Respekt vor dem Altarsakrament den Hut gelüftet hatten, grüßte man bereits 1943 auf den Straßen durchwegs wieder mit „Grüß Gott". „Heil Hitler" wurde „fast nur noch in Amtsstuben gehört", das Parteiabzeichen meist nur noch dort getragen[96].

5. Der befreite Katholizismus: „Religiöser Frühling" und gesellschaftlicher Wiederaufbau (1945–1949)

a) Seelsorge und Religiosität unter der Besatzung

Der Zusammenbruch des Dritten Reiches und die Machtübernahme durch die US-Armee wendeten die politische Lage für die katholische Kirche gründlich und wirkten

[95] Lageberichte PräsOLG vom 2. 1., 25. 6. (Zit.) 1941, 29. 6. (Zit.), 30. 4. 1942, 29. 3., 2. 8., 27. 11. 1943, 1. 12. 1944 und GStA vom 30. 5. 1940, 3. 10., 3. 12. 1941, 4. 6., 5. 10. 1943, 23. 2. 1945: StAB, A 245 II, 30.

[96] PräsOLG vom 2. 8., 27. 11. (Zit.) 1943: StAB, A 245 II, 30. Paul Stöcklein, Der Goethefreund Ernst Beutler, in: Internationale katholische Zeitschrift 11 (1982), S. 603 ff., S. 607 mit einer scharfen Momentaufnahme der Bamberger Atmosphäre 1941.

sich rasch auch auf die gesellschaftlichen Bedingungen ihres Handelns aus. Den bewahrten Kern ihrer Seelsorge aber berührten sie wenig. Zwar mußten die äußeren Formen in der letzten Kriegszeit teilweise merklich eingeschränkt werden. U.a. wurde bei dem Mangel an Kerzen „die Zelebration ohne Licht erlaubt", und das Ordinariat mahnte, da für den Gründonnerstag von 1945 kein neues heiliges Öl zur Verfügung stehe, die Pfarrer zum sparsamen Gebrauch. Der Erzbischof nahm die herkömmliche Fußwaschung „an zwölf Greisen ... wegen der Verkehrsschwierigkeit nur aus Bamberg und nächster Umgebung" vor, statt wie früher üblich an Gläubigen aus der ganzen Diözese. Doch die gewohnte Abfolge der Gottesdienste, Andachten und Beichtgelegenheiten wurde ungeachtet der umstürzenden Ereignisse in der „Welt" unbeirrt eingehalten, soweit nicht äußere Gewalt eingriff. Auch schwere Störungen wie die verheerenden Bombenschäden in Nürnberg oder die fast völlige Zerstörung des Dorfes Zapfendorf nördlich von Bamberg durch die Explosion eines Munitionszuges am Ostersonntag unmittelbar „nach Beendigung des Frühgottesdienstes" unterbrachen sie nur kurz; sie wurde unter freiem Himmel oder in Noträumen wieder aufgenommen. Selbst die Erstkommunion am 8. April, dem Weißen Sonntag, begingen noch viele Pfarreien zwischen Fliegeralarmen.

Auf den Durchgangsstraßen flohen die Reste deutscher Einheiten vor den nahenden US-Truppen. Der Volkssturm wurde noch mit Panzerfäusten zu Straßensperren aufgeboten. Durchhaltefanatische SS-Männer verbreiteten noch einmal Schrecken, und Gerüchte über die kurz bevorstehende Ankunft der Amerikaner rissen die Menschen zwischen banger Erwartung und Friedenssehnsucht hin und her. Kreis- und Ortsgruppenleiter setzten sich in die Wälder ab (Zahneisen selbst floh, zivil getarnt, in den nahen Jura), und Verpflegungszüge, deren Wachposten getürmt waren, wurden geplündert. Während also die Staatsautorität zusammenbrach, ihre bis vor kurzem gefürchteten Träger verschwanden, der Feind ganz nahe stand und bereits als Befreier vom Krieg erwartet wurde, vollzog sich zwischen Panik und lähmender Ungewißheit das religiöse Ritual in selbstverständlicher Kontinuität. Der Pfarrer von Burgebrach hielt am Morgen des 13. April, an dem der Ort besetzt und sein Pfarrhaus vorübergehend beschlagnahmt wurde, vier Ämter. Der Pfarrer von Pegnitz saß am nächsten Tag wie jeden Samstagnachmittag im Beichtstuhl – doch erstmals allein, weil man die Besetzung unmittelbar erwartete[97].

Als er seine Kirche verließ, trat er in eine symbolhafte Szene: Vor einem farbigen US-Soldaten mit der Maschinenpistole im Anschlag hob ein deutscher Unteroffizier die Hände, im Hintergrund standen zahlreiche amerikanische Militärfahrzeuge. Am gleichen Tag fiel eine Beerdigung aus, weil zwar der Priester in vollem Ornat mit Ministranten und Sängern am Grab stand, aber Witwe und Trauergemeinde fehlten. Man hielt sich zunächst ängstlich in den Häusern. Rasch stand jedoch das Pfarrhaus im Mittelpunkt der neuen Situation. Es bot, als eine ganze Straßenzeile beschlagnahmt wurde, 40 Personen Unterkunft, Rat- und Hilfesuchende gingen aus und ein, die Besatzer zogen den Pfarrer als einen Hauptinformanten über die lokalen Verhältnisse

[97] Amtsblatt für die Erzdiözese Bamberg, Nr. 3 (Zit.), Nr. 4 (Zit.), Nr. 5 (Zit.), 1945; Bamberger Pfarrblatt vom 21. 4. 1946; Spruchkammerakte Zahneisen, Protokoll am 23. 9. 1948, S. 21; Pfarramt Burgebrach, Verkündbuch 1939–1945, 8. 4. 1945 ff.; Fränkischer Tag vom 6. 4. 1985.

heran, zumal er englisch sprach und nicht wie der evangelische Pfarrer, ein NSDAP-Mitglied, diskreditiert war.

Manchmal fiel Geistlichen im Zusammenbruch der bisherigen und beim Vordringen der fremden Macht geradezu eine Schicksalsrolle zu. Weihbischof Landgraf bewegte in einem nächtlichen Geheimtreffen den in der Region sehr mächtigen Polizeipräsidenten von Nürnberg, SS-Obergruppenführer Dr. Benno Martin, die von Berlin angeordnete und vom Gauleiter geforderte Verteidigung Bambergs und der Juralinie sowie die Sprengung einer Munitionsfabrik zu unterlassen. Auch der Erzbischof beschwor den Bamberger Kampfkommandanten, nicht noch in letzter Minute die Dinge bis zum Äußersten zu treiben. Die Sprengung der Brücken konnte freilich nicht verhindert werden. In nicht wenigen Orten ging der Pfarrer selbst mit einer weißen Fahne den Amerikanern entgegen; dabei bürgte er für die kampflose Übergabe, obwohl man noch mit Widerstand von versprengten SS-Einheiten rechnen mußte. Anderswo waren Geistliche an der Auswahl der Parlamentäre, die mit den Amerikanern verhandelten – Bürgermeister, angesehene Bürger, Beamte, englischsprechende Evakuierte –, beteiligt. Häufig wurden diejenigen, die an die Stelle des bisherigen Bürgermeisters traten, auf Vorschlag des Pfarrers eingesetzt. Das traf vielfach tüchtige, mehrheitsfähige Männer, die dann auch ab 1946 als gewählte Bürgermeister oft lange im Amt blieben[98].

Eine generelle Aussage über die außerkirchliche Bedeutung geistlicher Autorität in jenen Tagen, die in so vielfältigen Szenarien verliefen, weil in der Auflösung wichtiger Bindungen sich Personen und Ereignisse oft sehr zufällig zusammenfügten, ist nicht möglich. Aber die Rolle von Priestern scheint doch vielerorts sehr hilfreich gewesen zu sein für das äußere Überstehen und die psychische Bewältigung des Kriegsendes. Wie speziell „katholisch“ oder allgemein staatsbürgerlich die Pfarrer diese Rolle auch ausfüllten – jedenfalls stellten sie, als Bürgermeister ausgewechselt, Beamte fremder Kontrolle unterworfen, zum Teil dann entlassen, Parteiführer verhaftet und Wehrmachtsoffiziere gefangengenommen und dafür Mayors allmächtig wurden, eine konstante Bezugsgröße in der örtlichen Öffentlichkeit dar. Uniformen und Fahnen, Formulare und Verwaltungsregeln wurden ausgetauscht, Meßgewänder, Kultgeräte und liturgische Formeln blieben. Die Beständigkeit der Institution und das Handeln im Zusammenbruch gaben der Kirche, über den Geltungsgewinn im Krieg hinaus, in der entstehenden Nachkriegsordnung von Anfang an eine starke Position.

Politisch entscheidend dafür war, daß die Kirche als einflußreichste Organisation ohne aktive Beteiligung am NS-Regime, ja mit Widerstandsmeriten von der Besatzungsmacht sogleich als Helfer herangezogen wurde. Als die Militärregierung allerdings bei den Geistlichen wenig Bereitschaft zur Belastung von Nationalsozialisten

[98] Mdl. Auskunft von Dr. Bruno Neundorfer am 12. 12. 1985, Dr. Franz Vogl am 8. 8. 1986, Philipp Aumiller am 11. 7. 1986; Spruchkammerakte Zahneisen, Protokoll am 29. 9. 1948, S. 22f., S. 47f.; St. Heinrichsblatt vom 12. 5. 1946; Rudolf Albart, Vom Hakenkreuz zum Sternenbanner. Ein Bamberg-Report, Bamberg o.J., bes. S. 41ff., S. 117ff., S. 124ff., S. 129ff., S. 135ff.; Dietmar Porzelt, Bamberg 1945, Facharbeit Franz-Ludwig-Gymnasium Bamberg 1980. Burgkunstadt vor 30 Jahren vom 12. 4. 1975 (Ms): StAB, A 245 I, 131 (Zit.). Franz H. Filsner, Das Kriegsende 1945 in Arnstein, in: Vom Main zum Jura. Heimatgeschichtliche Zeitschrift für den Landkreis Lichtenfels, Heft 2, 1985, S. 87ff.; Fränkischer Tag vom 6. 4. 1985. Vgl. allgemein Friedhelm Golücke, Das Kriegsende in Franken, in: Mainfränkisches Jahrbuch 28 (1976), S. 103ff. Zu Weihbischof Landgraf vgl. Bruno Neundorfer, Arthur Michael Landgraf, in: Erwin Gatz (Hrsg.), Die Bischöfe der deutschsprachigen Länder 1785/1803 bis 1945. Ein biographisches Lexikon, Berlin 1983, S. 431f.

fand, aber dauernd Klagen über deutsche Sorgen zu hören bekam, sank ihr Interesse an der Zusammenarbeit mit der Kirche; mancherorts kam es nach wenigen Monaten geradezu zur Konfrontation. Dennoch gewann die Kirche insgesamt unter den Amerikanern einen seit Jahren entbehrten öffentlichen Stellenwert sowie erhöhtes Prestige bei den Deutschen. Für die Kirchenverbundenen war es eine öffentliche Rechtfertigung, für die Kirchengegner eine niederdrückende Umkehr der herrschenden Werte und für die NS-Mitläufer Anlaß reger Hinwendung zur Kirche, wenn z. B. die Besatzung in Burgebrach schon in den ersten Tagen zwei Messen erbat oder wenn der Pfarrer von Pegnitz, der Unterrichtsverbot erhalten und im Krieg durch Predigten über die Vergänglichkeit aller irdischen Reiche Ärger erregt hatte, nun das Vertrauen des amerikanischen Ortskommandanten genoß. Vor allem auf dem katholischen Land war die Kirche ein wichtiger Mittler zwischen Besatzern und Besetzten. Maßgeblichen Einfluß auf die amerikanischen Offiziere gewann sie freilich nicht – weder die Bischöfe noch, von Sonderfällen abgesehen, lokal die Pfarrer. Das Besatzungsprinzip wachsamer Nichteinmischung gegenüber den Kirchen hielt die Geistlichen auf Distanz zur Militärverwaltung, und die Offiziere ließen sich auf kirchliche Ansprüche in der Regel nicht tiefer ein[99].

Die grundsätzliche Nichteinmischung schloß aber – zum Teil selbstherrliches – Vorgehen der amerikanischen „Kreiskönige" gegen Geistliche nicht aus, die das Besatzungsregime zu kritisieren wagten, weil es ihnen zu hart, willkürlich oder einfach durch fremde Umgangsformen und manche Gewalttätigkeit störend erschien. Solche Schelte auf der Kanzel oder in der Schule konnte – was eben erst überwunden schien – sogar ein Unterrichtsverbot auslösen wie etwa in Forchheim, wogegen der Erzbischof unter Berufung auf das im November 1945 von der Militärregierung anerkannte bayerische Konkordat zunächst erfolglos protestierte. Noch viel größeren Unmut erregte die bald überall beginnende Entnazifizierung. Der Klerus blieb ganz allgemein aus Nationalbewußtsein in deutlichem Abstand zum bedingungslos herrschenden Sieger. Pfarrer Michael Schütz klagte: „Deutschland ist wahrhaftig das Haupt abgeschlagen ... Wie ein Verbrecherleib ist es tatsächlich gevierteilt." Die Entnazifizierung lehnten die Priester meist rundweg ab. Die Kritik an ihrer Begründung und Durchführung gründete in kontinentalem Rechtsempfinden, christlicher Nächstenliebe und vor allem darin, daß hinter der Entnazifizierung der Vorwurf der Kollektivschuld stand. Ihn hatten die bayerischen Bischöfe in einem am 22. Juni 1945 von den

[99] Vgl. Ulrich von Hehl und Heinz Hürten (Hrsg.), Der Katholizismus in der Bundesrepublik Deutschland 1945–1980. Eine Bibliographie, Mainz 1983 (S. 318 ff. Neubeginn nach 1945). Eine erste Gesamtdarstellung unternahm Frederic Spotts, The Churches and Politics in Germany, Middletown 1973 (dt.: Kirchen und Politik in Deutschland, Stuttgart 1976), hier S. 45 ff., aufgrund wertvoller Quellen, in der Auswertung jedoch methodisch recht unbefangen, mit dezidiert liberaldemokratischer Wertung. Vgl. weiter Armin Boyens, Die Kirchenpolitik der amerikanischen Besatzungsmacht in Deutschland von 1944 bis 1946, in: Kirchen in der Nachkriegszeit. Vier zeitgeschichtliche Beiträge von Armin Boyens, Martin Greschat, Rudolf von Thadden und Paolo Pombeni, Göttingen 1979, S. 7 ff.; Anton Rauscher (Hrsg.), Kirche und Katholizismus 1945–1949, München 1977; Rudolf Morsey, Neubeginn in Trümmern. Der deutsche Katholizismus in der Besatzungszeit, in: Kehrt um und glaubt – erneuert die Welt. 87. Deutscher Katholikentag 1982. Vortragsreihen, Paderborn 1982, S. 248 ff.; Hans Maier, Der politische Weg der deutschen Katholiken nach 1945, in: Hans Maier (Hrsg.), Deutscher Katholizismus nach 1945. Kirche, Gesellschaft, Geschichte, München 1964, S. 190 ff. sowie Hans Maier, Die Kirchen, in: Richard Löwenthal und Hans-Peter Schwarz (Hrsg.), Die zweite Republik. 25 Jahre Bundesrepublik Deutschland – eine Bilanz, Stuttgart 1974, S. 494 ff.; Heinz Hürten, Kurze Geschichte des deutschen Katholizismus 1800–1960, Mainz 1986, S. 243 ff. – Mdl. Auskunft von Dr. Franz Vogl am 8. 8. 1986 und Anton Hergenröder am 24. 7. 1986.

Kanzeln verlesenen Hirtenwort zurückgewiesen. Sie hatten vom Leiden des größten Teils der Katholiken unter dem Nationalsozialismus gesprochen und den Papst zitiert, der „es vor aller Welt ablehnte, die Verbrechen der Schuldigen dem ganzen Volk zur Last zu legen". Die erste Nachkriegskonferenz der deutschen Bischöfe in Fulda im August 1945 nahm dieselbe Position ein. Ein besonders entschiedener – und von Alliierten und deutschen Emigranten deshalb heftig kritisierter – Fürsprecher der Deutschen war Bischof Galen, dem sein Ansehen wegen seiner mutigen Proteste gegen das NS-Regime breite Aufmerksamkeit sicherte. Er hielt im März 1946 in Rom eine Rede über „Rechtsbewußtsein und Rechtsunsicherheit", in der er Handlungen der westlichen Besatzungsmächte (Kollektivschuldvorwurf, Hinnahme der Vertreibung, Verwaltungswillkür und den Nürnberger „Schauprozeß") in die Nähe nationalsozialistischen Unrechts rückte. Pfarrer Schütz strich sich in seiner Abschrift der Rede Galens Worte wie „Militärdiktatur", „jedem Rechtsbewußtsein hohnsprechende Methoden", „mußte man Deutschland unter allen Umständen demütigen?" an.

Auch Erzbischof Joseph Otto Kolb entzog sich der Mitwirkung an der politischen Säuberung, indem er den Amerikanern eine „schwarze Liste" verweigerte – doch eine „weiße Liste" anbot –, was das Verhältnis zum Militärgouverneur vorübergehend stark trübte. Ein Bamberger Karmelitenpater lehnte es „aus christlichen Erwägungen" ab, Zahneisen im Spruchkammerverfahren zu belasten. Andererseits waren Geistliche schnell bei der Hand, wenn es galt, entlastende „Persilscheine" für kleine Pgs zu schreiben. Inwieweit Priester solche Kritik an der Besatzungsherrschaft, bei aller vorherrschenden äußeren Anpassung, dem Kirchenvolk vermittelten, ist schwer nachzuweisen. Die Militärverwaltung jedenfalls hatte in dieser Hinsicht, soweit sie Stimmungen überhaupt wahrnahm, auf die Dauer wenig Klagen. Im Gegenteil: Die Zusammenarbeit mit dem Erzbischof wurde gelegentlich sogar gelobt. Überwiegend sah man die Beziehungen zur Kirche und das Verhältnis zum Kirchenvolk offenbar als kaum konfliktbelastet an. In den Pfarreien selbst halfen Amerikaner wesentlich mit, die Kluft zu den Feinden von gestern zu überbrücken. Es verband in der Solidarität des universalen Katholizismus, wenn amerikanische Jesuitenpatres, die Missionspredigten für US-Soldaten hielten, auch an deutschen Gottesdiensten mitwirkten, u.a. in St. Martin in Bamberg, wenn in Militärgottesdiensten von Hof bis Nürnberg Weihnachtsgaben für die deutsche Kindermette gesammelt wurden, wenn vor allem die Caritas seit 1946 Spenden amerikanischer Katholiken verteilte[100].

Unter der Besatzungsherrschaft fielen bald, soweit nicht allgemeine Freizügigkeits- und Verbrauchseinschränkungen galten, die meisten Hemmnisse für Seelsorge und frommes Brauchtum. Es bedeutete viel, daß die Gottesdienste nun wieder „in lichterhellen Kirchen und Räumen ohne Angst vor plötzlicher Unterbrechung durch Fliegeralarm" und stets zur altgewohnten Zeit stattfinden konnten, z.B. die im Krieg auf den Nachmittag verlegte Christmette wieder wie seit jeher zu mitternächtlicher

[100] Z.B. Office of Military Government Stadt- und Landkreis Bamberg (künftig MilGov Bamberg), Historical Report von Mai, Juni, September, Oktober (Zit.) 1946: NA, RG 260, 10/80–3/5. Wochenbericht Stadt Bamberg an MilGov Bamberg vom 27. 5. 1947: NA, RG 260, 9/90–1/3-4. Pfarramt Burgebrach, Pfarrer Michael Schütz, „Christlich-soziale Union", o.D. (Ms.), S. 4 (Zit.): Ebd.; „Rede des Kardinals Graf von Galen. Rom, im März 1946", mschr. vervielfältigt; Spruchkammerakte Zahneisen, schriftl. Zeugenaussage vom 21. 9. 1948; Bamberger Pfarrblatt vom 28. 10. 1945, 20. 1. 1946; mdl. Auskunft von Anton Hergenröder am 24. 7. 1986.

Stunde. Auch Feiertage wurden wieder hergestellt, Prozessionen ermöglicht, Symbole und Riten zugelassen. Nach altem Brauch zogen nun wieder am Donnerstag nach Trinitatis die Fronleichnamsprozessionen „den früheren Weg" – wenige Wochen nach Kriegsende allerdings oft noch mit geringem Aufwand. Aber schon 1946 boten sie den alten Glanz in reichgeschmückten Straßen, unter Fahnen und Christusbanner, mit den „so lange verbotenen katholischen Männervereinen", der „stark vertretenen" Schuljugend und – was „den eingetretenen Wandel der Zeiten" besonders kennzeichnete – den Spitzen der staatlichen und städtischen Behörden. Die Zahl der Teilnehmer war weit größer als in den letzten Kriegsjahren, weil sich vielerorts auch Nichtkatholiken zahlreich einreihten. Im protestantischen Hof etwa war sie überhaupt erstmals seit der Reformation wieder möglich. Prozessionen in dörflichen Fluren und durch die Städte, die in den vergangenen Jahren untersagt oder nur mit Mühe noch durchzuführen gewesen waren, fanden ebenso wie die großen, bisher stark behinderten Regionalwallfahrten oft noch nie erlebten Anklang. Bei der Bamberger Karfreitagsprozession von 1946 zählte man trotz strömenden Regens über 3000 Gläubige. Nach Vierzehnheiligen kamen trotz der äußeren Schwierigkeiten jener Zeit zu den traditionellen Festen bereits im Oktober 1945 ca. 7000, im Mai 1946 über 10000 Menschen, im Oktober dieses Jahres allein über 6000 Jugendliche. Das 500-jährige Jubiläum feierten 1948 über 50000[101].

Kirchliche Feiern aller Art konnten sich wieder frei entfalten. Das begann bei der „durch den Krieg so sehr gestörten" Erstkommunionsfeier, die als religiöser Initiationsritus 1946 z.B. für 1011 Bamberger Kinder wieder die frühere festliche Eindringlichkeit bot, und reichte bis zur 800-Jahrfeier der Heiligsprechung Heinrichs II. am 14. Juli 1946. Mit dieser Symbolfigur von Stadt und Erzbistum, die nach dem Hirtenwort des Erzbischofs und einem Handschreiben Pius XII. als Ideal christlicher Herrschaft „Lehrmeister unseres Zeitalters" sein sollte, suchte man sich nach dem Zusammenbruch der nationalsozialistischen Herrschaft und ihrer Werte religiöser Identität und kirchlicher Obhut zu vergewissern. Sogar das Heinrichsfest von 1924, begangen nach Niederlage, Revolution und Inflation, wurde noch übertroffen: 60000 Menschen füllten beim Festgottesdienst den Domplatz, über 100000 zogen mit der Reliquienprozession, der offenbar „größten religiösen Kundgebung" in Deutschland nach dem Krieg. Daß nicht nur Bischöfe, ein Vertreter des Papstes und der katholische Adel Frankens anwesend waren wie beim Doppeljubiläum von 1938, sondern auch der Militärgouverneur, ein Staatsminister, hohe Beamte, der Oberbürgermeister und die Spitzen der städtischen Behörden, deutete man als hoffnungsvolles Zeichen dafür, „daß der Geist des hl. Heinrich wieder auch dem öffentlichen Leben den Stempel aufprägt". Als Impuls religiös-sittlicher „Erneuerung" wurde die Feier des Bistumspatrons in allen Kirchen der Diözese mit Festpredigten und Hochämtern, teilweise auch mit künstlerischen Veranstaltungen begangen. Lokale Höhepunkte eines wiederentfesselten Kirchenlebens waren außerdem Patronats- und Kirchweihjubiläen, zu denen hohe

[101] Pfarramt Burgebrach, Verkündbuch 1945–1952, 27. 5. 1945 (Zit.); Bamberger Pfarrblatt vom 21. 10., 23. 12., 30. 12. 1945, 6. 1., 28. 4. 1946; St. Heinrichsblatt vom 26. 5., 2. 6., 30. 6. (Zit.), 7. 7., 27. 10. 1946, 15. 9. 1947, 17. 10. 1948, 12. 6. 1949. Zum pastoralen Angebot in Bamberg z. B. die Gottesdienstordnungen im Bamberger Pfarrblatt vom 14. 10., 23./30. 12. 1945. Stadt Bamberg an MilGov Bamberg am 26. 6. (Zit.), 20. 9. 1946, 20. 5., 3. 6., 10. 6. 1947 sowie Landratsamt Bamberg an MilGov Bamberg am 5. 6. 1946: NA, RG 260, 9/90–1/3–4.

Geistliche bis ins kleinste Dorf kamen. Auch außerhalb ihrer Sphäre trat die Kirche wieder feierlich bei der Weihe öffentlicher Einrichtungen und wiedererrichteter Bauwerke auf. Der Erzbischof weihte z.B. die Markusbrücke in Bamberg ein, der Weihbischof eine Brücke über den Obermain, wobei er ihren profanen Nutzen, die Verbindung, religiös auslegte. Solch kirchlichem Anspruch einer Alltagsinterpretation kam nun wieder – was all diese Feiern zeigen – eine öffentliche Bereitschaft entgegen[102].

Auch Volksmissionen konnten nun wieder ungehindert durchgeführt werden. Der Zulauf war „sehr gut", so z.B. im Oktober 1945 zu den Predigten von Franziskanern bzw. Jesuiten: „Das katholische Bamberg findet sich wieder." In Landpfarreien konnten die Kirchen die Gläubigen nicht fassen, so daß im Freien gepredigt und zelebriert werden mußte. Ganze Gemeinden gingen zur Kommunion – auch Männer, die noch vor kurzem als eifrige Nationalsozialisten um den Pfarrer einen großen Bogen gemacht hatten. Besonderen Wert legte man auf Exerzitien als Intensivseelsorge nach „Naturständen" (Männer, Frauen, männliche und weibliche Jugend) oder Lebenssituationen (Kriegsheimkehrer, Frauen von Kriegsheimkehrern, Akademiker, Arbeiter u.ä.), die der Desorientierung der Zeit entgegentreten sollten. Sie erfaßten freilich nur eine Minderheit – deren Umfang unsicher ist, da auch Exerzitienhäuser anderer Diözesen aufgesucht wurden –, die jedoch zweifellos auch in deren jeweilige soziale Umwelt hineinwirkte. Einen breiten Einfluß über ihre Mauern hinaus gewann die Kirche zurück, als die Militärregierung Kirchenzeitungen wieder zuließ. Nach viereinhalb Jahren Unterbrechung erschien wieder ein – wenn auch durch knappe Papierzuteilung länger noch beschränktes – publizistisches Mittel der Information und Anleitung: zunächst seit 14. Oktober 1945 das „Bamberger Pfarrblatt. Mitteilungsblatt der katholischen Pfarreien von Bamberg und Umgebung" (ab Nr. 5 „der Erzdiözese Bamberg"), seit 5. Mai 1946 erneut das „St. Heinrichsblatt. Bistumsblatt für die Erzdiözese Bamberg", in dem das „Pfarrblatt" ab 23. Juni aufging. Es bot 4 Seiten für 10 Pfennige, ab 1. September 1948 8 Seiten, illustriert und ab 3. Oktober mit einem Fortsetzungsroman. Ab 1949 gab es dann auch wieder, „reich bebildert", den „St. Heinrichskalender" als Jahresunterhaltung und -belehrung[103].

Der Klerus, nun nicht mehr kollektiv behindert oder einzeln verfolgt, konnte innerhalb der allgemeinen Besatzungsregeln wieder weitgehend nach den kirchenimmanenten Regeln wirken, wie sie Kirchenrecht, oberhirtliche Weisungen, das im Priesterseminar vermittelte Leitbild und örtliche Verhaltenstraditionen festlegten. Ihre Geltung wurde bei den Geistlichen, die sich im Wehrdienst dem alten Herkommen entfremdet hatten, eigens durch obligatorische Exerzitien gesichert. Wie solche Kriegserfahrungen die Seelsorge beeinflußten, ist kaum belegt. Daß sie nachwirkte, dessen war man sich u.a. bei der ersten Priesterweihe nach dem Krieg 1946 sicher, deren vier Kandidaten Jahre an der Front, Verwundung oder Stalingrad hinter sich hatten. Mit Trauerkerzen für ihre gefallenen Kurskameraden war auch in dieser Zeremonie der Krieg präsent, der von den 150 Bamberger Seminaristen des Jahres 1939 26 Gefallene und 18 Vermißte gekostet hatte. Die nachrückende Generation war von ihm schwer

[102] Amtsblatt für die Erzdiözese Bamberg Nr. 3, 1946; Bamberger Pfarrblatt vom 25. 1. 1945; St. Heinrichsblatt vom 7. 7., 14. 7. (Zit.), 21. 7., 25. 8. 1946.

[103] Bamberger Pfarrblatt vom 14. 10., 4. 11. (Zit.) 1945, 17. 3., 14. 4. 1946; St. Heinrichsblatt vom 12. 5., 15. 5., 23. 6., 22. 12. 1946, 15. 6. 1947, 1. 9., 3. 10., 24. 10. 1948; Amtsblatt für die Erzdiözese Bamberg Nr. 6 und 9, 1945; Stadt Bamberg an MilGov Bamberg am 2. 7. 1946: NA, RG 260, 9/90–1/3–4 (Zit.).

betroffen. Doch das Nachrücken an sich bedeutete schon eine Normalisierung: 1940 waren noch 25 Priester geweiht worden, 1941 bis 1944 nur mehr 9, 1945 fiel die Weihe ganz aus. Doch bereits im Oktober dieses Jahres wurden Priesterseminar und Hochschule wieder eröffnet; die Studenten waren meist Kriegsteilnehmer. Allerdings wirkte die rigorose Ausbildungsbeschränkung in der Kriegszeit noch Jahre nach; die Kirche litt auch in Bamberg an Nachwuchsmangel. Das führte zu wiederholten Appellen an Eltern und Gemeinden, ihre Kinder bzw. jungen Gemeindebürger ins Priesterseminar zu schicken; besonders „herzbewegend" war die Bitte des Erzbischofs im Fastenhirtenbrief von 1949. Die Seelsorge war, besonders bei Flüchtlingsballung und im bevölkerungsstarken Nürnberg-Fürther Raum, personell sehr angespannt, aber nicht grundsätzlich gefährdet. Auch organisatorisch litt die Kirche zwar stark unter materiellem Mangel und zerstörten Infrastrukturen, doch ihr eigenes Gefüge war – verstärkt noch durch jahrelangen Außendruck, der leistungssteigernd und tätigkeitserweiternd (eigener Kirchensteuereinzug) gewirkt hatte – so eingespielt, von persönlichem Engagement getragen und ungewöhnlich intakt, daß es über die bisherigen Aufgaben hinaus zusätzliche zu bewältigen vermochte. Störungen hatten oft einen anderen Grund. 1945 ging beispielsweise eine monatelange Verwirrung der Abgaben der Pfarreien an das Ordinariat auf die Zerstörung des Postscheckamts Nürnberg und das Versagen der Post zurück[104].

Mittelpunkt des Kirchenhandelns und Leitfigur für das Kirchenvolk blieb, da der Zusammenbruch die Kirchenverfassung nicht berührte, der Erzbischof. Über den herkömmlichen, in der NS-Zeit lediglich verengten Verehrungskreis hinaus wuchs ihm offenbar auch in den katholischen Randzonen und zum Teil selbst darüber hinaus unter Protestanten Respekt zu, als die Kirche durch den Untergang des Dritten Reiches weltanschaulich gerechtfertigt erschien und außerdem herausragende soziale Hilfe leistete. Pastorale Führung und praktische Fürsorge repräsentierte Erzbischof Joseph Otto Kolb nicht nur von Amts wegen. Dieser milde Seelsorger, der der Auseinandersetzung mit dem NS-Regime weniger gewachsen gewesen war als sein Vorgänger Jacobus von Hauck, fand in der Verstörung und Not der letzten Kriegs- und frühen Nachkriegszeit seine eigentliche Rolle. Seine volkstümlichen Predigten mit ihren einfachen Bildern gaben offenbar gerade kleinen Leuten Orientierung – ob vor über 5000 Zuhörern an Silvester 1945 im Bamberger Dom, am Männertag in der überfüllten Nürnberger Kirche St. Anton oder vor Tausenden bei der 300-Jahrfeier auf dem Kreuzberg bei Kronach. Da 1944 Fliegergefahr und fehlende Verkehrsmittel die Bereisung der Diözese behindert hatten, nahm Kolb von Mai bis Oktober 1945 in 5 Bamberger und 31 auswärtigen Kirchen an über 9000 Kindern die Firmung mit einer in karger Zeit besonders eindrücklichen Festlichkeit vor. Ab Mai fuhr er auch mehrmals in zerstörte Dörfer und in das schwer getroffene Nürnberg, um zu trösten und Hilfe zu leisten. Außerdem besuchte er mehrere Lager mit deutschen Kriegsgefangenen; dort durfte er zwar nur religiöse Worte sprechen, aber seine Begleitung konnte unter der Hand, von den Bewachern meist geduldet, erste Verbindungen mit Angehörigen vermitteln. So gewann er, obgleich im Habitus kein Kirchenfürst, im staatlichen Vakuum als Repräsentant einer stabilen Institution nicht nur im großen Kultakt –

104 Amtsblatt für die Erzdiözese Bamberg, Nr. 6, 7 und 10 (Zit.), 1945; Bamberger Pfarrblatt vom 28. 10. 1945; St. Heinrichsblatt vom 28. 6. 1946, 27. 3. 1949 (Zit.).

wenn er in Vierzehnheiligen „am Portal der Basilika die ... heraufziehende, nicht enden wollende Prozession" empfing oder im Hohen Dom zu Bamberg ein Pontifikalamt hielt –, sondern auch durch psychische und materielle Hilfe die Autorität *der* regionalen Leitfigur. Das Prestige des Bischofs und der Einfluß des Bamberger Dombergs erreichte damit einen neuen Höhepunkt[105].

In solch günstiger Wirkungslage taten sich Erzbischof, Priester und Kirchenzeitung leicht, ihre Botschaft zu vermitteln. Dabei beherrschten Gegenwartsbestimmung und Zukunftsorientierung zumindest bis 1947 die Auseinandersetzung mit der eben überstandenen Vergangenheit. Der Nationalsozialismus blieb als Perversion staatlicher Ordnung auf den Kanzeln so präsent, wie er es in seinen Folgen für Leben, Besitz und Berufsstellung einzelner sowie für die wirtschaftliche und politische Lage aller tagtäglich war. Wenn die zur Beratung über „die schweren Aufgaben der Jetztzeit und der Zukunft" Ende Juni zusammengetretenen bayerischen Bischöfe, die Enzyklika „Mit brennender Sorge" von 1937 zitierend, den Nationalsozialismus einen „hochmütigen Abfall" von Gott nannten, zogen sie sowohl eine Trennungslinie für die Vergangenheit als auch die Richtschnur für die zukünftige Ordnung. Zwar wurden hier wie in anderen offiziellen Äußerungen die Verstrickung von Katholiken in das NS-Regime und die Problematik der prinzipiellen Staatsloyalität der Kirche nicht übergangen. Aber das trat kirchenöffentlich deutlich zurück hinter der Feststellung: „Die deutschen Bischöfe haben ... von Anfang an vor den Irrlehren und Irrwegen des Nationalsozialismus ernstlich gewarnt ... waren ... mit unserem Klerus schärfster Anfeindung und Bekämpfung ausgesetzt ... Der größte Teil des katholischen Volkes in Deutschland hat unter dem Kampf gegen Christus, Glaube und Kirche und unter der Vergewaltigung der Gewissen unsagbar ... gelitten."

Das Bild von der intakten Gegenkraft verdeckte somit weitgehend die Ambivalenz der Grundentscheidung von 1933 mit ihrem Dauerzwang zum Kompromiß. Die Kirche ließ die Frage nach Vorbelastungen des deutschen Katholizismus kaum aufkommen und umging eine Erörterung der Alltagsanpassung der meisten Gläubigen im Dritten Reich. Dieser Selbstfreispruch von der Mitverantwortung an der Fehlentwicklung entsprach nicht nur Institutionsinteressen. Entscheidend war auch, ähnlich wie 1933, pastorale Verantworung in dem sehr katholischen Sinn, durch „Wirklichkeitsreduktion" Vertrauen und Verhaltenssicherheit zu geben: die Absicht, eine Situation materieller, sozialer und geistiger Erschütterung durch die Ausrichtung auf eine von Zweifeln ungeschwächte Instanz zu meistern. Da die katholische Kirche weniger als die evangelischen Landeskirchen in das Dritte Reich involviert gewesen war, konnte sie leichter und legitimer ihren Anspruch auf maßgeblichen gesellschaftlichen Einfluß ohne öffentliche Selbstprüfung erheben. Indem sie, organisatorisch und ideell selbstsicher wie keine zweite Großorganisation, eine eingehende „Bewältigung" der Vergangenheit um der Gegenwart und nahen Zukunft willen unterließ, entsprach sie wohl einem breiten Bedürfnis gerade in der katholischen Bevölkerung, wo ein ideologischer Antifaschismus, der nun auf geistige Abrechnung drängte, kaum vorhanden war. Erst in den sechziger Jahren, in einem allgemeinen Klima innerkatholischen Umbruchs,

[105] Bamberger Pfarrblatt vom 28. 10. 1945, 6. 11. 1946; Amtsblatt für die Erzdiözese Bamberg, Nr. 10, 1945; mdl. Auskunft von Anton Hergenröder am 24. 7. 1986 (Hergenröder war im Mai 1945 Fahrer des Erzbischofs geworden) und von Dr. Bruno Neundorfer am 12. 12. 1985.

sollte dann jene Vergangenheit die Kirche einholen und – zum Teil nach dem Maßstab demokratischer Handlungsfreiheit beurteilt – die Autorität der Hierarchie treffen. Zunächst half es aber über Irritationen, Mitläufer-Trauma und lokale Entzweiung hinweg, wenn etwa der Pfarrer von Burgebrach den Nationalsozialismus pathologisch als „Epidemie wie früher den Hexenwahn“ erklärte: „Unter den gleichen Voraussetzungen wäre das auch in jedem anderen Volke so geschehen.“ Der „Krieg gegen Gott“ rächte sich, wie es die Bischöfe formulierten, im „schrecklichsten aller Kriege“[106].

Nun stand Deutschland „in der größten Katastrophe, die je über unser Volk gekommen ist“, „ein staatliches, wirtschaftliches, soziales und – was das Schlimmste ist – kulturelles Ruinenfeld“. Hiob schien nicht nur Schütz 1945 das zeitgemäße Priesterleitbild. 1946 beschloß die Fuldaer Bischofskonferenz einen Gebetstag für die große Not. Im Hungerjahr 1947 sprach das Bamberger Ordinariat von einem „grauenhaften Notstand“ in der Diözese; im selben Jahr klagten die deutschen Bischöfe: „Die Schrecken des Krieges sind vorüber, die Segnungen des Friedens haben uns noch nicht beglückt.“ Groß war die Befürchtung, daß dadurch die religiös-moralischen Bindungen weiter aufgelöst würden und die Not der „Zerstörungskeim für die abendländische Kultur“ sei.

In dieser Krise sah es die Kirche als erste Aufgabe an, auf eine dauerhafte Friedensordnung durch christliche Versöhnung hinzuwirken. Warnend nannte Pfarrer Michael Schütz das eigensüchtige Diktat von Versailles nur ein „Zwischenspiel ... der furchtbaren Welttragödie“. Man setzte, wie das „St. Heinrichsblatt“ schrieb, auf das internationale Ansehen des Papstes und auf Gebete zur „Erflehung eines Friedens mit Wahrheit, Recht und Gerechtigkeit“ – hoffnungsvoll im Sommer 1945, bang nach „schmerzlichem“ Warten während der Moskauer Außenministerkonferenz im März 1947, als die Priester in allen Diözesen täglich „um den Frieden als Gebet in schwerem Anliegen“ baten[107].

Direkter beeinflussen konnte die Kirche die inneren Folgen des Krieges. Sie nahm sich weiterhin der Kriegsopfer mit Messen und Zuspruch für die Hinterbliebenen an, hielt sie auf Gedenktafeln gegenwärtig, führte an Allerheiligen 1945 den „Dankgottesdienst für die glückliche Heimkehr unserer Soldaten“ und an Allerseelen den Gedenkgottesdienst für die Gefallenen und Vermißten so feierlich wie möglich durch. Sie bekannte sich damit zu den Soldaten, deren Ehre die Pfarrer öffentlich gegen jeden Vorwurf einer Mitschuld an dem verbrecherisch geführten Krieg verteidigten. Das Ordinariat ordnete sogar eigens an, den Soldaten für ihre Pflichterfüllung und patriotischen Opfer zu danken, „die durch den unglücklichen Kriegsausgang nichts an ihrer Wertung verloren haben“. Erneut stellte man damit – wie Prälat Meixner, als er im Dom an die Heimkehrer appellierte, sich rasch in den Wiederaufbau einzugliedern – dem Vorwurf einer Kollektivschuld die Solidarität des Volkes in Not entgegen. Für den äußeren und inneren „Neuaufbau“, das „drängendste Gebot der Stunde“, so Pfarrer Schütz, mahnte man zu katholischer Aktivität, da sich nicht wenige in eine innere

[106] Gemeinsames Hirtenwort der bayerischen Bischöfe vom 31. 6. 1945; Amtsblatt für die Erzdiözese Bamberg, Nr. 5 (Zit.), 1945. Pfarramt Burgebrach, Pfarrer Michael Schütz, „Christlich-soziale Union“ (Zit.). Vgl. das Vortragsresümee von Adolf M. Birke, Kirche in den Nachkriegsjahren, in: zur debatte 9/10 (1985), S. 7f.

[107] Pfarramt Burgebrach, Pfarrer Michael Schütz, „Predigt für Männer am 1. Sonntag im Juli 1945“ (Zit.); Bamberger Pfarrblatt vom 28. 10. 1945; St. Heinrichsblatt vom 21. 7. (Zit.), 8. 12. 1946, 27. 7. (Zit.), 21. 9. (Zit.) 1947.

Emigration zurückgezogen hatten (ihr war u.a. schon 1943 vom Jesuitenpater Delp in einer Bamberger Predigt „Weltbejahung" entgegengesetzt worden)[108].

Der deutsche Wiederaufbau, wie ihn die Kirche anstrebte, erforderte, zumal er noch vor dem materiellen ein moralischer sein sollte, die Versöhnung zwischen Gegnern und Angehörigen des Dritten Reiches. Abgesehen vom harten Kern der unbekehrbaren Nationalsozialisten, den man dem Diabolischen zurechnete, warb die Volkskirche gegenüber einer ehemaligen Massenbewegung, die sich mit ihrem Mitgliederkreis ja teilweise überlappte, entschieden für Nachsicht. Kanzelmahnungen wie „Niemand vergelte Böses mit Bösem ... Rächet nicht selbst", „Ertraget einander! ... verzeihet einander, wenn einer dem anderen etwas vorzuwerfen hat", drängten ebenso auf eine sozialpsychologische Normalisierung wie die Großzügigkeit beim Ausstellen von Persilscheinen und die grundsätzlichen Bedenken gegenüber der Entnazifizierung. Der Erzbischof begrüßte die Weihnachtsamnestie von 1946 für Mitläufer der NSDAP, die ihm aber nicht weit genug ging. Das „St. Heinrichsblatt" verbreitete 1948 die Kritik des Münchener Weihbischofs Neuhäusler, der als ehemaliger Dachau-Häftling dazu besonders berechtigt sei, an der Durchführung der politischen Säuberung und seine Forderung nach einer „größtmöglichen Beschleunigung und Beendigung der ganzen Säuberungsaktion durch großzügige Amnestie". Ein Aufruf zu scharfer Abrechnung und damit möglicherweise die Kriminalisierung eines größeren Bevölkerungsteils hätte auch die Kirche in eine gesellschaftliche Polarisierung gezogen, die sie durch einen geschmeidigen Kurs lieber vermied. Den von der „Betreuungsstelle für politisch Verfolgte" zusammen mit Militärregierung und Staatsregierung für Bayern festgesetzten „Tag der Opfer des Faschismus" am 27. Januar 1946 beging sie „im Geiste des Gebetes ... Als wahre Priester werden wir uns aber hierbei aller Gehässigkeit, Vorwürfe und Anklagen enthalten."[109] Wenig später warben die bayerischen Bischöfe in einem Hirtenwort vom April 1946 unter Berufung auf den Papst für die Internierten, soweit ihnen „nichts anderes als ihre politische Haltung in der Vergangenheit zum Vorwurf gemacht werden kann, jedoch keine verbrecherische Tat und keine Rechtsverletzung ..., daß ihnen wieder die Freiheit geschenkt werde, die sie nun schon fast ein Jahr lang entbehren müssen. Diese Bitte dehnen wir aus auf jene Männer und Frauen, die wegen ihrer Parteizugehörigkeit, die in vielen Fällen nur eine äußere und erzwungene war, ihrer Ämter und Stellen enthoben wurden und nun mit ihren Familien brotlos sind. Wir Bischöfe haben das satanische Gespenst des Nationalsozialismus so entschieden bekämpft und unter ihm so viel gelitten, daß wir nicht in Verdacht kommen kön-

[108] Gemeinsames Hirtenwort vom 31. 6. 1945; vgl. Anm. 106. Pfarramt Burgebrach, Pfarrer Michael Schütz, „Christlich-soziale Union" (Zit.) und „Predigt für Männer" (Zit.): ebd., Verkündbuch 1945–1952, 29. 7. 1945; Amtsblatt für die Erzdiözese Bamberg, Nr. 7 (Zit.), 1945, Nr. 3 (Zit.), 1947; Bamberger Pfarrblatt vom 10. 11. 1945. Rundschreiben an den Diözesanklerus vom 18. 12. 1943: Stadtarchiv Bamberg, B.S. 756.

[109] Bamberger Pfarrblatt vom 27. 1. (Zit.), 10. 2. (Zit.) 1946; St. Heinrichsblatt vom 12. 1. 1947, 25. 4. 1948 (Zit.); Amtsblatt für die Erzdiözese Bamberg, Nr. 1 (Zit.), 1946. Vgl. Spotts, Churches, S. 78ff.; Boyens, Kirchenpolitik, S. 46ff.; Rauscher, Kirche 1945–1949, u.a. S. 138f.; allgemein Lutz Niethammer, Entnazifizierung in Bayern. Säuberung und Rehabilitierung unter amerikanischer Besatzung, Frankfurt 1972 (Als Nachdruck erschienen mit dem Titel: Die Mitläuferfabrik. Die Entnazifizierung am Beispiel Bayerns, Berlin 1982.). Vgl. auch Hans Woller, Gesellschaft und Politik in der amerikanischen Besatzungszone. Die Region Ansbach und Fürth, München 1986, S. 116ff.

nen, jetzt alle seine Anhänger von Schuld rein waschen ... zu wollen. Aber wenn zwischen Schuld und Strafe ein gerechtes Verhältnis sein muß, dann haben die bloß äußerlich zur Partei gehörenden Männer und Frauen für ihren Fehler genug gebüßt und gewiß wieder ein Anrecht auf Wiederverwendung in Stellen, die ihrer Vorbildung, ihrem Können und ihren bisherigen Leistungen entsprechen."[110]

Zweifellos wirkte die kirchliche Rehabilitierung in einer psychologisch und materiell angespannten Situation allgemein stabilisierend. Es kräftigte das lokale wie ein nationales „Wir-Gefühl" katholischer Prägung, daß sich die Kirche einer ethischen und sozialen Deklassierung widersetzte. Sie verschaffte damit der in der Bevölkerung vorherrschenden Ablehnung der oktroyierten Selbstreinigung eine gewisse Rechtfertigung und stärkte zugleich ihr eigenes Ansehen.

b) Religiöser Aufbruch und soziale Hilfe

Nicht Strafe, sondern innere Umkehr sollte eine bessere Zukunft sichern. Der theologische Grundsatz von der Macht des Glaubens über die Wirklichkeit, wie er pastoral besonders gegen eine bedrückende Realität wirksam wird, richtete Situationsbeschreibung und Verhaltensanleitung auf einen religiösen Aufbruch aus. In den Worten von Pfarrer Schütz: „Wo fließt die Urquelle all des Elends ... über unser deutsches Volk ... nicht zunächst in einem verkehrten politischen System ... noch in der irre geleiteten Wirtschaft ... sondern in der Verderbtheit des Menschenherzens." Doch der Verfall christlicher Tugenden wurde nicht einfach als individuelles Versagen verurteilt; er erschien auch als kollektive Last der Zeitgeschichte seit 1914. Entchristlichung und Demoralisierung beträfen hauptsächlich die von Kriegen, Revolution und Gewaltherrschaft geprägten und nun von der Katastrophe am stärksten belasteten Männer „zwischen dem 25. und 50. Lebensjahre". Vor allem die traditionell verläßlichen Männer aus ländlichen Gegenden sah man nun, nachdem sie, „losgelöst vom schützenden Wall der dörflichen Gewohnheit", durch Krieg und Arbeitsdienst mit fremden, im kirchlichen Urteil häufig verderblichen Verhaltensformen bekannt geworden waren, erstmals als religiös-sittlich besonders gefährdet an. Von der Veränderung dieser Generationshaltung hänge die nationale Zukunft in erster Linie ab.

Nach dem Zusammenbruch einer offenkundig kirchenfeindlichen Herrschaft erhoffte sich die Kirche von einer solchen engen Verbindung von religiösem Heil und historischer „Heilung" breites Echo. Da die privilegierte Stellung im Bund von „Thron und Altar" längst verloren war und sich die Konkordatssicherung als schwach erwiesen hatte, konnte die Kirche nur durch einen neuen Schub christlicher Vitalität ihre institutionelle Position und damit auch ihren Wirkungsgrad stärken[111]. Neben dem Klerus setzte die Kirche dabei vor allem auf das „Laienapostolat" der „Katholischen Aktion". Denn das bis 1933/34 dichte Netz katholischer Zweckorganisationen und „Bollwerke" wollte man in der alten Form nicht mehr aufbauen. Die resignierte Erkenntnis, daß dieser „riesige ... Vereinsbetrieb" weder die Katholiken vor 1933 durchwegs verchristlicht noch danach dem Nationalsozialismus standgehalten habe, nährte

[110] Amtsblatt für die Erzdiözese Bamberg, Nr. 6, 1946.

[111] St. Heinrichsblatt vom 3. 8. 1948 (Zit.); Pfarramt Burgebrach, Pfarrer Michael Schütz, „Predigt für Männer" sowie „Die Männerseelsorge auf dem Lande. Referat Diözesansynode 1946" (Zit.).

den Vorwurf: „zu sehr in die Breite, in äußere Betriebsamkeit". Für eine religiöse Verinnerlichung wurden die Kräfte auf die – um 1930 eingeleitete, aber dann gelähmte – Mobilisierung der Familien innerhalb der Pfarrei, in engster Bindung an den Pfarrer, gelenkt. Sie fand 1948 eine feste Form in Pfarrei-, Dekanats- und Diözesanausschüssen; auch der Bamberger Fastenhirtenbrief dieses Jahres war ihr gewidmet. Wenn er die individuelle „Bekehrung" vor die Mitarbeit in Caritas, Jugendpflege und Vereinsleben stellte, dann machte er deutlich, daß „im Vorraum der Kirche" keine eigengewichtigen „Bollwerke" mehr gewünscht wurden.

Dem kam entgegen, daß die Kirche selbst bruchlos handlungsfähig blieb, während ihre weltlichen Nebenorganisationen erst allmählich wieder zugelassen wurden. Im Sinne der Verkirchlichung sollten die überzeitlichen „Naturstände" als Gliederung des Kirchenvolks nun entschieden Vorrang haben vor den Gruppen, wie sie die wirtschaftliche und soziale Verfassung der Zeit um Lagen und Interessen bildete. Durch solche Distanz zur aktuellen Gesellschaftsstruktur suchte man die Konsequenz aus den Belastungen zu ziehen, die aus den sozialen Bindungen der Verbände schon in Weimar und besonders zu Beginn des Dritten Reiches entstanden waren. Und man glaubte, im Rahmen der „Naturstände" gesellschaftlich breiter als über jeweils nur sektorale und zugleich an außerreligiöse Zwecke attachierte Verbände wirken zu können.

Doch das Konzept der „Katholischen Aktion", entwickelt für die aus dem sozialen Alltag zurückgedrängte Kirche im Korporativsystem des faschistischen Italien, setzte sich im demokratisch-pluralistischen Westdeutschland nicht durch. Zum einen führte die Verschiedenheit der lebensweltlichen Interessen doch wieder zum Aufleben wichtiger Verbände. Das geschah offiziell unter dem Dach der „Katholischen Aktion". Die Verbände waren relativ eigenständig und bestrebt, die Autorität der Bischöfe, die nahezu absolut geworden war, seit sie die Verbände 1933 unter ihren Schutz genommen hatten, zu lockern. Zum andern mußte, da die im parochialen und diözesanen Horizont gebundene „Katholische Aktion" die religiöse Sphäre nicht überschritt, eine „ganzheitliche", alle Lebensbereiche ergreifende Katholizität doch auch über außerkirchliche Instanzen eigenen Rechts, kirchenverbunden, aber nicht kirchengebunden, gesichert werden. Solch mittelbarer Einfluß konnte die Akzeptanz der Kirche in gesellschaftlichen Gruppen erhöhen, die ihr sonst eher desinteressiert oder feindlich gegenüberstanden. Er war aber auch, da von einer „durchdringenden" religiösen Intensität geradezu seismographisch abhängig, labiler als derjenige kirchlicher Einrichtungen. Die „Katholische Aktion" hatte für die katholischen Bedürfnisse im Nachkriegsdeutschland weder ausreichend Gesellschaftsbezug noch genügend Reichweite, als daß sie – obgleich von der Amtskirche nachdrücklich verordnet und von der spirituellen Bewegung gefördert – zum Hauptnenner der Laienaktivität hätte werden können. Sie schrieb den Gläubigen eine nur bedingt realitätsadäquate Rolle zu, und es zeigte sich, daß die Verkirchlichung ohne Druck von außen an Grenzen stieß[112].

Brennpunkt katholischer Identität war nach Kriegsende mehr denn je der Papst. Er wurde, mit seinem weit über die katholische Welt hinausstrahlenden Prestige, das die Stellung jedes einzelnen Priesters hob, in einer auf die deutschen Katholiken spezi-

[112] St. Heinrichsblatt vom 29. 2. (Zit.), 20. 6. (Zit.) 1948; Amtsblatt für die Erzdiözese Bamberg, Nr. 2, 1948. Vgl. Bernhard Hanssler, Der Pluralisierungsprozeß im deutschen Katholizismus und seine gesellschaftlichen Auswirkungen, in: Albrecht Langner (Hrsg.), Katholizismus im politischen System der Bundesrepublik 1949–1963, Paderborn 1978, S. 103 ff., bes. 105 ff.

fisch bezogenen Weise vergegenwärtigt. Pius XII. erschien als ein mit dem deutschen Katholizismus besonders eng verbundener Papst: als Gegner des Nationalsozialismus in der Tradition Pius XI., als Anwalt der verfemten Deutschen und als ihr Helfer in der materiellen Not. Bereits in seiner ersten Ansprache an die Kardinäle nach dem Krieg, am 2. Juni 1945, die auch vom Rundfunk übertragen wurde, erinnerte er an den „guten Deutschen", was als erste weltöffentliche Widerlegung einer Kollektivschuld von den bayerischen Bischöfen über die Kanzeln an die Kirchenbesucher weitergegeben wurde. Seine Anteilnahme am Schicksal der Deutschen, die auch nach dem Ende deutscher Staatlichkeit durch die Vatikanmission in Kronberg/Ts. in geschickt improvisierter Form institutionell gesichert blieb, verkörperte seit Juli 1946 der deutschstämmige amerikanische Bischof Aloisius J. Muench als Apostolischer Visitator. Er besuchte auch Kirchenfeiern in der Erzdiözese Bamberg und predigte – unter größtem Andrang – im Bamberger Dom. Der Erzbischof dankte dem Papst in seinem Fastenhirtenbrief von 1947, „daß Du uns in der schwersten und bittersten Stunde der deutschen Geschichte nicht verlassen hast ... Das Pontifikat Pius XII. ist für uns Schild in tiefer Bedrängnis." Die Romreise Kolbs im Mai 1948, feierlich begangen und vom Kirchenblatt stark herausgestellt, vergegenwärtigte der ganzen Diözese die Bindung an das Zentrum der universalen Kirche. Die Bamberger, die sich noch an die Teilnahme des Nuntius Pacelli am Heinrichsfest 1924 erinnerten, betonten dabei ihre besondere symbolische Romnähe durch die „7 Hügel" und das Grab Clemens II., das einzige Papstgrab nördlich der Alpen[113].

Der Papst erschien für Deutschland als wichtigste Stütze und für eine zerrissene Welt im beginnenden Kalten Krieg als einzig sicherer, seit zweitausend Jahren stabiler Fixpunkt: in „der Sturmflut unserer Tage ... Nur einer steht aufrecht: der Papst." Durch diese Außenbindung waren die Katholiken in ihrem Selbstbild nicht ausschließlich Mitglieder der geächteten deutschen Notgemeinschaft. Sie hatten auch Teil an einer weltweiten, nationale Fronten überwölbenden Solidarität, wie sie die gemeinsame Loyalität zum Papst herstellte. Vom moralischen Glanz Pius XII. fiel ein Schimmer auch auf die deutschen Gläubigen, die ihm – wie es der Hirtenbrief Kolbs von 1949 zu seinem 50jährigen Priesterjubiläum formulierte – „treueste Gefolgschaft durch dick und dünn" gelobten. Diese Anlehnung an eine Instanz höchster Integrität bedeutete einen wichtigen Schritt zur Rehabilitierung und zur eigenen Rechtfertigung, die der Verhaltensicherheit diente. „Der Papst" als Abbreviatur „des Katholischen" gab eine Leid- und Schuldentlastung von zwar nicht meßbarer, aber zweifellos hoher Wirkung.

Kristallisationspunkte solch moralisch-politischer Selbstversicherung waren auch deutsche kirchliche NS-Gegner: Bischöfe wie Graf Galen oder regional geachtete Personen des katholischen Widerstands. In Bamberg war das der Rechtsanwalt Hans Wölfel. Als Vorsitzender des Ortskartells der katholischen Vereine Bambergs Anfang der dreißiger Jahre „der kath. führende Laie der Stadt", hatte er das Regime so heftig kritisiert, daß er vom Volksgerichtshof zum Tode verurteilt und 1944 hingerichtet wurde. Seine Beisetzung in einem Ehrengrab der Stadt Bamberg fand 1947 vor der gesamten geistlichen und weltlichen Prominenz und einer „unabsehbaren Menschen-

[113] Vgl. Ludwig Volk, Der Heilige Stuhl und Deutschland 1945–1949, in: ebd., S. 53 ff.; Amtsblatt für die Erzdiözese Bamberg, Nr. 5, 1945, Nr. 2 (Zit.), 1947; St. Heinrichsblatt vom 17. 3. 1946, 9. 3., 13. 4., 6. 7. 1947, 14. 3. (Zit.), 2. 5. (Zit.), 16. 5. 1948, 3. 4. 1949; mdl. Auskunft von Dr. Franz Vogl am 8. 8. 1986.

menge" statt. Dieser „moderne Bekenner und Märtyrer unseres Erzbistums" erschien als Symbol des besseren, des kirchlich-katholischen Bamberg, das dem „schwersten Sturm ... nächst der Reformation" ausgesetzt gewesen war und sich bewährt hatte. Diese Standhaftigkeit wurde in den ersten Nachkriegsjahren von der Kirchenzeitung oft hervorgehoben, u. a. 1947 in einer Art Gesamtbilanz: „Das Erzbistum in der Feuerprobe"[114].

Wichtige Zellen der Nichtanpassung waren während der NS-Zeit aus der katholischen Jugend hervorgegangene Gruppen gewesen. In engem Zusammenhalt – auch zwischen Heimat und Front – hatten sie ihre zugleich jugendbewegte und kultisch inspirierte Katholizität zum Teil bis an den Rand des Widerstands bewahrt. Anstöße hatte immer wieder der Diözesanjugendseelsorger Jupp Schneider gegeben: Bei informellen Treffen, die in den letzten Kriegsjahren zunehmend konspirativ wurden, im Rahmen der legalen Pfarrjugendseelsorge und auf der Kanzel, wo er „immer sehr scharf" sprach, wie es in einem Bericht des Regierungspräsidenten hieß. Lorenz Zahneisen sah in ihm einen Hauptstörer: „Das Schneiderlein, das kaufe ich mir noch ... der die Jugend verderben will." Diese Drohung machte er allerdings zum Erstaunen vieler nicht wahr. So stand in Bamberg, Nürnberg, in anderen Städten und Dörfern ein Stamm engagierter Führer mit einem charakteristischen religiösen Habitus zur Verfügung, als seit Herbst 1945 die katholische Jugend sich wieder formieren konnte. Das geschah, wie es erste, unter der Leitung des Mainzer Bischofs von den deutschen Diözesanjugendseelsorgern erarbeitete Richtlinien bestimmten, entsprechend „dem neuerwachten Kirchenbewußtsein" und dem pastoralen Bild der „Naturstände" mit dem Vorrang der allgemeinen Pfarrseelsorge: „Die Zeit der Zersplitterung soll endgültig vorbei sein."

Im frühen Aktivitätsappell Schneiders vom November 1945 und in der ausführlichen „Anweisung für die katholische Jugendseelsorge in der Erzdiözese Bamberg 1948" (die auf einem Beschluß der bayerischen Bischöfe und einem Hirtenwort der Fuldaer Bischofskonferenz von 1947 basierte) wurde der Jugendarbeit angesichts einer Zeit materieller Not und weltanschaulicher Verwirrung hohe Bedeutung zugemessen – doch in der „festumrissenen Ordnung" der Pfarrei-, Dekanats- und Diözesanorganisation. Die eigenständigen Verbände von vor 1933/37 mit eigener Gaugliederung und gesamtdeutscher Spitze, mit oft unkonventionellen jungen Geistlichen und eigenwilligen Laien als Führern und mit einem ausgeprägt jugendbewegten Stil, den religiöser Enthusiasmus, Wanderlust und soziale Absonderung kennzeichneten, waren für brave Gemeindekirchlichkeit nicht selten zu unruhig, im Dritten Reich auch politisch belastend gewesen. Diese – einer säkularen Bewegung verpflichtete – Form störte; andererseits konnte die Jugend nicht gewöhnlich betreut werden. Ihre Leiter waren ja selbst wie Schneider vom Jugendaufbruch der zwanziger Jahre geprägt[115].

[114] Amtsblatt für die Erzdiözese Bamberg, Nr. 4 (Zit.), 1949; St. Heinrichsblatt vom 14. 7. 1946 (Zit.), 14. 3. 1948, 3. 4. 1949; Spruchkammerakte Zahneisen, Aussage Dr. Thomas Dehler. Stadt Bamberg an Mil Gov Bamberg am 8. 7. 1947: NA, RG 260, 9/90–1/3–4. Archiv des Erzbistums Bamberg, Rep. 4/2, 4124/1 (abgedruckt im St. Heinrichsblatt vom 14. 7. 1946).

[115] Witetschek, Lage, Bd. II, S. 346 (Zit.), S. 397, S. 412; Spruchkammerakte Zahneisen, Protokoll am 23. 9. 1948, Zeugenaussage B.K., S. 65; St. Heinrichsblatt vom 11. 11. 1945 (Zit.); Amtsblatt für die Erzdiözese Bamberg, Nr. 11 (Zit.), 1948.

Zur „Förderung eines frohen Jugendlebens“ wurden also doch wieder eigene Gemeinschaften gegründet, aber im Diözesanrahmen und der Pfarrseelsorge eingegliedert. Die Besatzungsmacht erteilte und verlängerte, da sie die katholische Jugendarbeit als Mittel zur Umerziehung der Deutschen begrüßte, in der Regel die Lizenzen – z. B. für die 7 Pfarreien der Stadt Bamberg mit ca. 2000 aktiven Jugendlichen, für das Dekanat Scheßlitz mit 285 oder die Pfarrei Gaustadt mit ca. 200. Daß die Zusammenarbeit zwischen Amerikanern und katholischen Jugendgruppen in der Regel harmonisch war, zeigte sich auch in Bamberg. Der dortige Militärgouverneur rief bei der Heinrichsfeier von 1946 unter „stürmischem Beifall“ die Jugend zur christlichen Zukunftsgestaltung auf – „lassen wir die Vergangenheit ruhen“ – und erhielt dafür vom Erzbischof als (spontane?) Auszeichnung die Heinrichs-Gedenkmünze. Zunächst war es die sogenannte Pfarrjugend, welcher Raum für „Bewegung, Freiheit und Differenzierung“ gegeben wurde. Jugendtreffen ermöglichten im Netz kirchlicher Beziehungen bald wieder eine weitergreifende Kommunikation; zu einem Treffen in Burgebrach mit dem Erzbischof kamen im August 1946 auch Jugendliche aus Würzburg und Nürnberg. Ab 1947/48 entstanden neben diesen Stammgruppen die Christliche Arbeiterjugend und Jung-Kolping, die Landjugend, die Marianische Kongregation studierender Jugend, Neudeutschland und Heliand, Sportjugend, Pfadfinder und die bewußt an die Jugendbewegung anknüpfende „Schar“, alle seit 1946 zusammengeschlossen im „Bund der Deutschen Katholischen Jugend“.

Schon die Namen schlossen an frühere Verbände an. Und auch in der allgemeinen Pfarrjugendseelsorge ließen sich Kontinuitäten mit der Jugendarbeit, wie sie Anfang der dreißiger Jahre üblich gewesen war, nicht übersehen: jugendgemäße Gottesdienste, liturgisch und eucharistisch betont, religiöse Unterweisung, Erziehung zum christlichen Staatsbürger und Pflege religiösen Brauchtums. Die charakteristischen Elemente der Jugendgemeinschaft in der Zwischenkriegszeit – geführte Kameradschaft, Spiel, gemeinsame „Welt-Erfahrung“, „romantische“ Riten und Symbole – lebten weiter, aber in den spezifisch bündischen Formen, die die Hitlerjugend usurpiert und diskreditiert hatte, wesentlich gedämpft. Man zog wieder unter dem Christusbanner und trug das feierlich verliehene Silberkreuz-Abzeichen. Aber man trat, außer bei den allgemeinen Prozessionen und der jährlichen Jugendwallfahrt nach Vierzehnheiligen, öffentlich seltener auf als bis 1933. Im Vordergrund standen neben den Gruppenstunden die monatliche Kommunion und wöchentlich möglichst eine Gemeinschaftsmesse, „Einkehrtage“, die konzentriert der „Bildung der christlichen Persönlichkeit“ dienten und deren praktische Übung durch Flüchtlingsbetreuung. Die Kontinuitäten gingen bis in Leitformeln wie dem wiederaufgenommenen Appell von 1932, „daß ihr durch und durch bis auf die Knochen katholisch werdet ... und ... den katholischen Instinkt“ bekommt. Aber die Jugend lebte nun, wie der Rückzug von der Straße schon äußerlich zeigte, stärker in der Kirche selbst und speiste ihr die religiösen Energien ein, die sich seit den zwanziger Jahren angesammelt hatten[116].

116 Lizenzen vom 20. 8., 1. 10. 1946, 24. 3., 29. 3. 1947 sowie beiliegend „Katholische Jugend des Erzbistums Bamberg“ (Wesen und Grundsätze, Aufbau, Leitung): NA, RG 260, 9/91–2/8–9. MilGov Bamberg, Historical Report vom August 1946, 1. 1.–31. 3. 1947, Annual Historical Report 1947: NA, RG 260, 10/80–3/5. Landratsamt Bamberg an MilGov Bamberg am 14. 8. 1946: NA, RG 260, 9/90–1/3–4. St. Heinrichsblatt vom 11. 11. 1945 (Zit.), 6. 1. (Zit.), 27. 1. (Zit.), 14. 4. 1946, 26. 1. 1947, 4. 7. 1948 (Zit.).

Die Führer dieser Jugend, in der Kriegszeit bereits religiöse Triebfedern, gaben nun, als die Orientierungskraft der Kirche besonders gefordert und zugleich Neuerungen leichter möglich waren, entscheidende Anstöße. Ihre Gruppen wurden Impulskerne für den „religiösen Frühling" der Nachkriegszeit. Den Idealismus einer „geistigen Wiedergeburt" durch religiöse Erneuerung, die wichtige Energien aus dem Kriegserlebnis und der Todesnähe zog und deren stärkstes Mittel die Liturgie sein sollte, drückte exemplarisch ein 1946 vom Erzbischöflichen Jugendamt, d.h. von Jupp Schneider, verbreiteter „Rundbrief christlicher Kultur- und Geistesbildung katholischer Jugend" aus: „Als ich nach fünfjährigem Kriegsdienst, als entlassener Soldat, vor einigen Wochen in meine Heimatstadt Bamberg zurückkehrte, galt mein reges Interesse der katholischen Jugendbewegung, aus der ich hervorgegangen bin und die mir in der Zeit des Wehrdienstes immer ein Hort froher und tröstlicher Erinnerung war ... Beglückend war für mich, bei allen, mit denen mich das Gespräch zusammenführte, der tiefe Ernst und die frohe Bereitschaft zur entschlossenen Arbeit am Neuaufbau des christlichen Menschenbildes ... Wir wollen ... den Vollmenschen, der lebt und handelt aus der Fülle Christi und aus der klaren Kühnheit seines Geistes und der Kraft seines gestählten Körpers! Wir wollen nicht, daß es dem Menschen besser gehe, sondern daß der Mensch besser werde! ... Wir sind ... Freiwillige unter des Höchsten Fahnen!" Prälat Ludwig Wolker, höchster Repräsentant der katholischen Jugendverbände in Deutschland seit den dreißiger Jahren, gab bei der ersten Bamberger Jugendwoche im Mai 1946 die Losung aus: „Jugend pack an!" Eine sehr reale Bedeutung gewann diese Losung bei den Nürnberger Jugendtagen im Juli 1948 auf dem ruinenumsäumten Hauptmarkt[117]. Amtskirchlich wurde diese Aufbruchstimmung nun stärker gefördert als um 1930, sie war aber auch mehr gebunden als damals.

Geist und Praxis der katholischen Jugend verdichteten sich im Schulungs- und Freizeitzentrum Burg Feuerstein bei Ebermannstadt. 1946 errichtet, diente es der „Durchbildung der Führer", für Kurse und spielerisches Gemeinschaftsleben. Ein gewisses Vorbild war Romano Guardinis religiöse Begegnungsstätte Burg Rotenfels am Main, die in der Zwischenkriegszeit große Bedeutung erlangt hatte. Feuerstein war allerdings als ordinariatsverwaltete, nicht auf die Faszination einer Person gegründete Einrichtung weniger elitär und, der veränderten Zeit entsprechend, weniger jugendbewegt. Die Burg sollte, wie ihr der Erzbischof bei der Einweihung aufgab, gegen die Verweltlichung der Jugend – u.a. die „Überbetonung des Körperlichen" – wappnen und rüsten für eine historische Wende nach der eben erlittenen Katastrophe, die am Ende einer jahrhundertelangen Säkularisierung stehe. Zur Finanzierung dieser und anderer Jugendarbeit gründete das Ordinariat ein eigenes „Jugendwerk St. Heinrich und St. Kunigund". Pfingsten 1947 wurde der Feuerstein Schauplatz einer großen regionalen Jugendkundgebung für das bessere Deutschland und ein friedliches Europa. Ministerpräsident Hans Ehard, die Militärgouverneure von Bamberg und Ebermannstadt, der Bamberger Oberbürgermeister und einige Landräte demonstrierten dabei

[117] Jupp Schneider (Hrsg.), Rundbrief christlicher Kultur- und Geistesbildung katholischer Jugend, Bamberg o.J. (1946) (Ms); St. Heinrichsblatt vom 9. 12. 1945, 19. 5., 26. 5. (Zit.), 27. 10. 1946, 24. 7. 1948; mdl. Auskunft von Dr. Bruno Neundorfer am 12. 12. 1985.

zusammen mit dem Erzbischof und Bischof Muench als dem Vertreter des Papstes die Zukunftsbedeutung einer christlichen Jugend[118].

Auch in den Schulen gelangten Kinder und Jugendliche nun wieder unter den gewohnten christlichen Einfluß. Als die Schulen im Herbst 1945 geöffnet werden konnten, war es nicht nur der Militärregierung zu verdanken, daß die nationalsozialistische Ausrichtung beseitigt wurde. Die Bekenntnisschule wurde, wo immer sie in der NS-Zeit in eine Gemeinschaftsschule umgewandelt worden war, schon im Juli 1945 vom Kultusministerium wiederhergestellt. Die bayerische Verfassung vom Dezember 1946 erklärte sie zur Regelschule. Zwar verzögerten äußere Hindernisse – eine durch Zerstörungen oder Zweckentfremdung noch bis 1949/50 gravierende Schulraumnot, Lehrermangel, zum Teil auch eine kommunalpolitische Begünstigung der Gemeinschaftsschule – vor allem in Städten und in der Diaspora die flächendeckende Wiedereinführung der Bekenntnisschule noch. Doch grundsätzlich stellte sich das frühere Sozialisationsklima meist wieder her. Untrügliche Zeichen dafür waren, daß in Bamberg im Frühjahr 1946 erstmals seit zehn Jahren wieder eigene Schuleröffnungsgottesdienste gehalten werden konnten und die Kreuze, feierlich geweiht, in die Schulzimmer zurückkehrten[119].

Schwieriger als die Wiederbelebung der Jugendvereine war die Wiedergründung der Arbeitervereine. Als katholische Arbeiter ihre alten Vereine wieder ins Leben rufen wollten, stießen sie auf die seit den zwanziger Jahren noch gewachsene Zurückhaltung im Klerus gegenüber ihren oft unbequemen sozialen Partikularinteressen. Außerdem hatten es viele Pfarrer in der „vereinslosen" Zeit im Dritten Reich als wohltuend empfunden, von den oft zeitraubenden Aufgaben im Vereinsleben befreit zu sein. Parochiales Monopoldenken kam so zusammen mit einer Organisationsmüdigkeit, die im übrigen nach der Strapazierung durch das NS-Regime auch große Teile der Bevölkerung erfaßt hatte. Bestrebungen ehemaliger Vereinsaktiver, den Interessen und sozialen Formen der Arbeiter in der Kirche wieder einen eigenen Bereich zu schaffen, hatten deshalb vielerorts zunächst wenig Chancen. Eine Rolle spielte in diesem Zusammenhang sicherlich auch, daß die herbe Kritik der Vereine am Kompromißkurs der Bischöfe im Jahre 1933 und das anhaltende Drängen führender Arbeitervertreter auf eine festere Haltung gegenüber dem NS-Staat bei der Amtskirche nicht vergessen waren. Einige westdeutsche Bischöfe traten auch deshalb einer Wiederformierung der Arbeitervereine entschieden entgegen. Sie suchten ihre Priester auch dann noch, als Rom wieder Arbeitervereine wünschte, davon abzuhalten, die Rolle des Präses zu übernehmen. Solchen Widerstand gab es in der Bamberger Diözese nicht. Der Erzbischof war aufgrund seiner Erfahrungen als Pfarrer im proletarischen Nürnberg vergleichsweise aufgeschlossen gegenüber sozialen Fragen, das ländlich-kleinbür-

[118] Anweisung für die katholische Jugendseelsorge in der Erzdiözese Bamberg 1948: Amtsblatt für die Erzdiözese Bamberg, Nr. 11, 1948. St. Heinrichsblatt vom 21. 7., 25. 8. 1946, 1. 6. 1947. Seit 30. 1. 1949 enthielt die Kirchenzeitung eine eigene „Seite der Jugend".

[119] Kultusministerium, Bek. vom 28. 7. 1945; Verfassung des Freistaates Bayern vom 2. 12. 1946, Art. 135; St. Heinrichsblatt vom 7. 4. 1946, 20. 7. 1947, 11. 9. 1949. Stadtschulamt Bamberg, Berichte an MilGov Bamberg am 20. 1., 27. 5. 1949: NA, RG 260, 9/91–1/8–9. Vgl. Burkhard van Schewick, Die katholische Kirche und die Entstehung der Verfassungen in Westdeutschland 1945–1950, Mainz 1980; Bengt Beutler, Die Stellung der Kirchen in den Länderverfassungen der Nachkriegszeit, in: Anton Rauscher (Hrsg.), Kirche und Katholizismus 1945–1949, München 1977, S. 26ff., bes. S. 36ff., auch S. 150ff.

gerliche soziale Übergewicht machte die Frage nicht so gravierend, und die Arbeitervereine mit ihrem hohen kleingewerblichen Mitgliederanteil agierten hier seit jeher weniger sozialkritisch und eigenwillig. Das erleichterte den Wiederaufbau, zumal Prälat Meixner, besonders einflußreich durch sein Gewicht auch auf außerkirchlichem, auf dem politischen Forum, hinter ihm stand.

Den Arbeitervereinen blieben allerdings auch in Bamberg die spezifischen Schwierigkeiten nicht erspart, denen die sozialreformerischen Bemühungen in der Kirche generell begegneten. Denn die in der Naturrechtstradition begründete, in den Sozialenzykliken „Rerum novarum" und „Quadragesimo anno" von der höchsten Autorität formulierte Soziallehre, die den Hauptbeitrag der katholischen Kirche zur Regelung der Industriegesellschaft darstellt, war in der praktischen Verwirklichung stets umstritten. Auch nach der Aufgabenteilung im Gewerkschaftsstreit um die Jahrhundertwende blieb die Intention der Arbeitervereine, religiöse Übungen mit sozialen Forderungen zu verbinden. Daraus ergaben sich manche Spannungen. Nicht alle Geistlichen hielten es mit ihrer gesamtgesellschaftlichen Verantwortung leicht vereinbar, daß auf kirchlichem Boden ein gesellschaftlicher Ausgleich zwar in christlicher Solidarität, also nicht durch Klassenkampf, aber doch durch kollektive Interessenvertretung errungen werden sollte. Nach 1945 standen sich darüber hinaus zwei konträre Haltungen gegenüber: ein gestärkter Spiritualismus, der die praktizierte Glaubensgemeinschaft als Lösung auch der sozialen Frage sah, und ein gekräftigter sozialpolitischer Wille zur Gesellschaftsreform „nach der beispiellosen Zerstörung der menschlichen Lebensordnung auf allen Gebieten"[120].

Seine Zustimmung zur Wiederbelebung der Arbeitervereine, da sie sich im Unterschied zu anderen Vereinen „früher bestens bewährt haben" und „durch die Not des Augenblicks" noch bedeutsamer geworden seien, teilte Pius XII. den deutschen Bischöfen bereits 1945 mit. Sie wurde allerdings erst im März 1947 durch ein Hirtenwort von den Kanzeln bekanntgemacht. Zur „gerechten Verteilung der Güter ... der Lasten", zur „Schaffung menschenwürdiger Lebensbedingungen" wie zur Verhinderung eines drohenden Radikalismus „in unserem .. völlig verarmten Vaterland" sollten sich, breiter als früher, „alle in abhängiger Arbeit Stehenden", Arbeiter, Angestellte und Beamte zum „Katholischen Werkvolk" zusammenschließen. Das nahm den Vereinen die „rote" Spitze. Vereinszweck war in erster Linie eine Anleitung zu „religiös-sittlicher Lebensführung, Vertiefung der Arbeits- und Berufsauffassung" sowie die Unterweisung in der katholischen Soziallehre. Dazu kam gegenseitige Hilfeleistung. Tatsächlich überschritt jedoch die Vereinsarbeit von Anfang an diese vornehmlich religiöse Zielsetzung. Die ersten Arbeitervereine entstanden im Frühjahr 1946 in den Ar-

[120] Vgl. Karl Forster, Neuansätze der gesellschaftlichen Präsenz von Kirche und Katholizismus nach 1945, in: Anton Rauscher (Hrsg.), Kirche und Katholizismus 1945–1949, München 1977, S. 109ff., bes. S. 114ff., auch S. 155ff.; Anton Rauscher, Die katholische Soziallehre im gesellschaftlichen Entwicklungsprozeß der Nachkriegszeit, in: Albrecht Langner (Hrsg.), Katholizismus, Wirtschaftsordnung und Sozialpolitik 1945–1963, Paderborn 1980, S. 11ff.; Albrecht Langner, Wirtschaftliche Ordnungsvorstellungen im deutschen Katholizismus 1945–1963, in: ebd., S. 27ff.; Oswald von Nell-Breuning, Der Beitrag des Katholizismus zur Sozialpolitik der Nachkriegszeit, in: ebd., S. 109ff.; Jürgen Aretz, Einheitsgewerkschaft und christlich-soziale Tradition, in: ebd., S. 205ff.; Heinz Theo Risse, Der dritte Sozialpartner? Stand und Entwicklungstendenzen der katholischen Sozialbewegung, in: Norbert Greinacher und Heinz Theo Risse (Hrsg.), Bilanz des deutschen Katholizismus, Mainz 1966, S. 328ff.; St. Heinrichsblatt vom 9. 2. (Zit.), 8. 6. 1947; mdl. Auskunft von Toni Lindermüller am 7. 10. 1986.

beitervierteln Nürnbergs und im katholischen Teil des Frankenwaldes mit seiner zahlreichen kleingewerblichen Bevölkerung. Im Juni waren es bereits über zehn, darunter der Bamberger Arbeiterverein, der auf Initiative Meixners, der als politischer Prälat von Leicht den Part des Arbeitermentors übernahm, wieder gegründet wurde, um „die Christliche Abendländische Kultur zu pflegen u. zu fördern", „Träger der Neuen Zukunft" zu sein, sich Berufsfragen zu widmen und Geselligkeit zu pflegen. Hinzu kam ein klarer Anspruch auf sozialpolitische Willensbildung, den beispielsweise der Münchener Verbandssekretär in einer Rede in Bamberg erneut bekräftigte. Er forderte u.a. den Familienlohn, das Mitbestimmungsrecht und das Recht auf Eigentum und versprach, daß sich die Arbeitervereine auch mit Sozialversicherungsfragen beschäftigen würden. Der Bamberger Vereinsvorsitzende, Stadtrat Josef Thoma, ein Gründungsmitglied der Bamberger CSU, sprach offen von der Übernahme von Gewerkschaftsaufgaben, denn die katholischen Arbeiterinteressen würden von den neuen, grundsätzlich – auch päpstlich – bejahten Einheitsgewerkschaften nur zum Teil erfaßt[121].

Mit den alten Organisationsformen kehrte auch das alte Selbstbewußtsein zurück. Man grüßte wieder mit dem Gruß „Gott segne die christliche Arbeit". Man ging wieder mit den alten Fahnen geschlossen in den Bamberger Prozessionen mit – vor allem in der Ehrenrolle als Domkreuz-Träger in der Fronleichnamsprozession. Die Arbeitervereine hielten außerdem „Einkehrtage" und nahmen an Friedenswallfahrten teil. Neben dem religiösen blühte in einer Zeit, die an Unterhaltungsmöglichkeiten nicht eben reich war, auch das gesellige Vereinsleben wieder auf. Familienausflüge, Tanzveranstaltungen, Theateraufführungen der Spielschar (1947 bereits 37) und Lichtbildervorträge boten attraktive Freizeit in vertrautem Kreis. Der Verein, im Juli 1947 offiziell in „Werkvolk" umbenannt, hatte 1948 504, 1949 598 Mitglieder. Arbeiter und Arbeiterinnen überwogen, doch auch Angestellte und kleine Beamte waren gut vertreten.

Unter der selbstbewußten Führung von Thoma fanden z.B. 1948 9 Monatsversammlungen, 24 Vorstands- und Ausschußsitzungen und 20 Versammlungen in Sektionen statt, vorwiegend mit Vorträgen zu sozialen Themen, ferner 4 soziale Kundgebungen, 1 Frauenkundgebung und 1 soziale Wochenschulung auf Burg Feuerstein. Die Geschäftsstelle verschickte über 10000 Rundbriefe und führte 650 Telefonate. In Betrieben baute man, als Konkurrenz zu anderen Arbeiterorganisationen, eigene Werkgemeinschaften auf – als Zellen sozialen Engagements und religiöser Mission, offiziell im Rahmen der „Katholischen Aktion". Beide Ziele blieben eng verbunden, aber die Not jener Zeit und ein verbreitetes Krisenbewußtsein lenkten den Blick der Arbeiterfunktionäre verstärkt auf Grundfragen gesellschaftlicher Ordnung, die mehr und mehr in den Vordergrund traten. Eine Arbeitsgemeinschaft im Winter 1946/47 und der Sommerkurs von 1947 auf Feuerstein führten so erfolgreich in die katholische Soziallehre sowie in Geschichte und gegenwärtige Aufgaben der katholischen Arbeiterbewegung ein, daß der Bamberger Präses Hans Birkmayr aus den dort gehaltenen Referaten im Herbst 1947 eine Broschüre zusammenstellte, die als erste derartige Veröffentlichung nach dem Krieg starken Anklang fand und schon nach einem Jahr

[121] Pius XII. an die deutschen Bischöfe am 1. 11. 1945: Beilage zum Amtsblatt der Diözese Regensburg 1945. Pius XII. an die Mitglieder der christlichen Arbeitervereine Italiens am 17. 3. 1945: ebd. Amtsblatt für die Erzdiözese Bamberg, Nr. 4 (Zit.), 1947; St. Heinrichsblatt vom 9. 6., 28. 6. 1946.

in 5000 Exemplaren in ganz Süd- und Westdeutschland verbreitet war. Dieses für Vorträge und Schulungen geeignete „Soziale ABC" bot auf fast 100 Seiten in 24 Artikeln thematische Skizzen und dazu Wort- und Sacherklärungen, weiterführende Literatur sowie passende Bibelstellen und Kirchenlieder. Der Bamberger Arbeiterverein leistete damit überregional einen Orientierungsbeitrag in einem brisanten Bereich[122].

Von den westdeutschen Traditionsregionen der katholischen Arbeiterbewegung ging damals ein entschiedener christlicher Antikapitalismus aus, der auch in Bamberg seine Anhänger fand. Ähnlich wie nach dem Ersten Weltkrieg reagierten die Vereine auf Not und Krise mit Kritik an der bestehenden wirtschaftlich-sozialen Verfassung: Nach dem offenkundigen Versagen der bürgerlichen müsse eine neue Ordnung angestrebt werden, die sich an den päpstlichen Sozialenzykliken orientieren sollte. Das „St. Heinrichsblatt" berichtete im Februar 1946 ausführlich über eine Versammlung katholischer Arbeitervertreter der Industriebezirke Mönchen-Gladbach, Krefeld und Aachen sowie über eine Männerkundgebung in Aachen[123]. Im Juni des Jahres sprach in Bamberg ein Jesuitenpater auf einer Werkvolk-Versammlung, die „sehr gut besucht" war, über „Christlichen Sozialismus". Ein Jahr später warnte der Caritasverband zusammen mit den drei anderen Wohlfahrtsverbänden vor möglichen Ungerechtigkeiten in der bevorstehenden Währungsreform. Als diese erfolgt war, rügte das „St. Heinrichsblatt" ihre „schematische, nicht sozial gestaffelte Abwertung" und rief zu äußerster Nächstenhilfe auf. Der Bamberger Arbeiterverein beschwor die Münchener Verbandsleitung, bei Landtag und Senat darauf zu dringen, „die bei der Währungsreform fehlende soziale Seite" rasch durch einen Lastenausgleich nachzuholen. Das sei vor allem für Rentner, kleine Sparer, Flüchtlinge bitter nötig. Noch Anfang 1949 wurde auf einer großen Werkvolk-Kundgebung in Bamberg erneut eine gemäßigte Sozialisierung im christlich-sozialen Sinn Bischof Kettelers gefordert, zusammen mit einer Lohn-Preis-Angleichung, der 40-Stunden-Woche, „betrieblicher Mitbestimmung in sozialen, technischen, personellen ... Fragen" und einer Gewinnbeteiligung. Dies seien die Voraussetzungen einer sozialen Stabilisierung, die allein das weitere Vordringen des Bolschewismus aufhalten könne. Außerdem betonte man: „Die gegenwärtige Eigentumsvorstellung widerspricht der sozialen Gerechtigkeit."[124]

Die Amtskirche war zurückhaltender. Hirtenbriefe der deutschen Bischöfe riefen 1947 unter dem Leitwort „Gemeinwohl" zum Lastenausgleich auf und wiederholten diese Forderung bald nach der Währungsreform. Privateigentum erschien dabei 1947 im Falle übermäßiger kapitalistischer Anhäufung als verfügbar, 1948 war es bereits nahezu unantastbar. Die im September 1948 in Eichstätt versammelten bayerischen Moraltheologen betonten in ihrem Aufruf zum Lastenausgleich besonders dessen moralische Qualität als „Wiedergutmachung" von NS-Schuld durch freiwillige Leistungen. Die Warnung vor dem „Aufreißen aller Arten von Gegensätzen, die zu sozialen Span-

[122] Katholisches Werkvolk Bamberg, Protokollbuch des Katholischen Arbeitervereins Bamberg 1930–1939, 1946–1950, S. 130, S. 131f., S. 133f., S. 140ff., S. 152, S. 154f., S. 156, S. 169f., S. 171, S. 174ff., S. 226f.; St. Heinrichsblatt vom 10. 6. 1946; H(ans) Birkmayr (Hrsg.), Soziales ABC. Material für Vorträge und Schulung in der Katholischen Soziallehre, Bamberg 1947; St. Heinrichsblatt vom 19. 12. 1948; mdl. Auskunft von Toni Lindermüller am 7. 10. 1986 und Georg Heß am 2. 10. 1986.

[123] Vgl. Langner, Katholizismus, Wirtschaftsordnung, S. 229ff., bes. S. 240; Aretz, Einheitsgewerkschaft, S. 205ff.; St. Heinrichsblatt vom 9. 2. 1947.

[124] St. Heinrichsblatt vom 1. 8. 1948 (Zit.), 20. 2. (Zit.), 9. 10. (Zit.) 1949; Katholisches Werkvolk Bamberg, Protokollbuch, S. 203 (Zit.). Stadt Bamberg an MilGov Bamberg am 1. 7. 1947: NA, RG 260, 9/90–1/3–4.

nungen führen", gerade in der „spannungsgeladenen Atmosphäre" der Gegenwart, trat ab 1948 so sehr in den Vordergrund, daß die Arbeitervereine mit ihren Forderungen innerhalb der Kirche bald allein standen. Zwar empfahlen die Bischöfe und die Mehrheit des Klerus nicht, statt auf die Solidarisierung in Verbänden ganz auf die Gemeinschaft in der Eucharistie zu setzen. Aber die kirchliche Konzentration auf das „Eigentliche" der parochialen und diözesanen Seelsorge erfuhr auch außerhalb der Wirkungskreise der spirituellen Bewegung und der Anhänger einer „Pfarrmystik" zunehmend Auftrieb. Mehrere Faktoren trafen dabei zusammen. Die beginnende wirtschaftliche Erholung seit der Rückkehr zum Markt nach der Währungsreform begann die Kapitalismuskritik auch unter dem sozialen Aspekt ins Unrecht zu setzen. Im Zuge der gesellschaftlichen Stabilisierung im Innern und im Klima des einsetzenden Kalten Krieges wurden Sozialisierungs- und Planwirtschaftskonzepte im katholischen Bürgertum verstärkt als „sozialistisch" entwertet. Der Zusammenschluß von politischem Katholizismus und protestantischem, wirtschaftsorientiertem Konservatismus in CDU und CSU schwächte die Position des sozialen Katholizismus, indem es ihn der Kompromißlinie der christlichen Partei verpflichtete. Das Aufgehen der Christlichen Gewerkschaften in der Einheitsgewerkschaft schließlich verminderte den direkten Druck der Arbeitnehmerinteressen auf die Kirche, nahm den Arbeitervereinen ihre Gegenstütze und entzog ihnen ihre Mittlerrolle zwischen Kirche und wirtschaftlichem Interessenverband weitgehend. Seit dem Ende der vierziger Jahre sank ihr Stellenwert. Zwar erschien „das Soziale" auch weiterhin geradezu als Signum „des Katholischen" in der Nachkriegszeit. Die katholische Soziallehre wirkte maßgeblich auf die öffentliche Ordnungsgestaltung durch soziale Marktwirtschaft und Lastenausgleich und auf die Sozialgesetzgebung der frühen Bundesrepublik ein. Die Arbeitervereine jedoch, abhängig von Priestern, die meist mehr auf die Haltung des Einzelnen als auf die kollektive Lage zielten – die Liturgiker stellten nun einen kräftigen Teil der mittleren Generation –, gerieten dabei in den Hintergrund gegenüber den Sozialausschüssen der Union und den katholischen Kreisen im DGB. So erreichten die Arbeitervereine, deren Echo in der Kirche schwächer und deren Abstand zu den gesellschaftspolitischen Entscheidungsträgern größer geworden war, auf die Dauer nicht mehr die frühere Bedeutung für die innerkatholische Willensbildung. Der Mitte der fünfziger Jahre unternommene Versuch vor allem des Süddeutschen Werkvolkes, durch die maßgebliche Beteiligung an der Wiedergründung Christlicher Gewerkschaften die alte Wirkungskonstellation zu erneuern, hatte wenig Erfolg[125].

In erster Linie wirkten die Arbeitervereine, die vor allem in katholischen Traditionsgebieten wie im „Bamberger Land" zahlenmäßig bald an ihre frühere Stärke herankamen, im praktischen Sozialausgleich. Das Werkvolk in Bamberg z.B. leistete in vielfältiger Weise Hilfe für die sozial Schwächsten jener Zeit, die Vertriebenen. Sie reichte von Weihnachtsgaben für Kinder bis zu Einleitung des umfangreichsten Wohnungsbaus für Flüchtlinge in der Region, der Siedlungen der „St. Josefs-Stiftung". Ganz allgemein stellten die Vereine in einer sozialen Schicht, in der die Sozialdemo-

[125] Forster, Neuansätze, S. 118ff. („Das bewußt Katholische erschien – gerade wenn es um gesellschaftliche Initiativen ging – in jenen Jahren häufig als das betont Soziale." (S. 122)); der Begriff „Pfarrmystik" bei Erwin Iserloh, in: Anton Rauscher (Hrsg.), Kirche und Katholizismus 1945–1949, München 1977, S. 159. Die Hirtenbriefe der Fuldaer Bischofskonferenz, in: St. Heinrichsblatt vom 19. 9. 1948 (Zit.), 10. 10. 1949 (Zit.); ebd. vom 8. 6., 21. 9. 1947, 28. 3., 13. 6. (Zit.) 1948.

kratie dominierte, eine Solidargemeinschaft im kirchlich-katholischen Horizont her und boten eine spezifisch katholische Interessenschulung. Religiösen Elan wie die von der Ergriffenheit der Liturgischen Bewegung zehrenden Jugendvereine vermittelten sie hingegen weniger. Im Glauben folgten ihre Mitglieder eher konventionell den herrschenden Mustern[126].

Besonders betroffen waren Seelsorge und wiederauflebende Vereinsarbeit durch die große Zahl von Fremden in der Diözese. Zunächst materiell, sozial und kulturell entwurzelt und auch nach längerer Anwesenheit noch „anders", gesellschaftlich nur halb eingefügt, blieben sie auf Jahre hinaus eine besondere Herausforderung für die Kirche. Die im Krieg entstandene Lage verschärfte sich nach 1945 bedrohlich, denn die Evakuierten kehrten nur allmählich, zu einem kleineren Teil gar nicht mehr in die zerstörten Städte zurück und die Displaced Persons zogen ebenfalls nicht so schnell ab, wie man es erhofft hatte. Vor allem aber brach seit den letzten Kriegsmonaten ein Strom von Flüchtlingen und Vertriebenen aus Ost- und Mitteldeutschland, aus der Tschechoslowakei und aus Südosteuropa zumeist in die ländlichen Gebiete ein. Damit entstand in kürzester Zeit ein großer Personenkreis, der besonderer Betreuung bedurfte. Zugleich trat bei den Einheimischen eine noch nicht erlebte Störung gewohnter Lebenswelt ein. Das Ausmaß dieses Vorgangs können die Zahlen für den Landkreis Bamberg vom August 1947 andeuten: Von den 78 086 Menschen, die im Landkreis lebten, waren 68,9 Prozent ortsansässig, 20,4 Prozent Flüchtlinge, 9,5 Prozent evakuiert und 1,2 Prozent DP's. Sie verteilten sich je nach Verkehrslage, Unterkünften und lokalem Abhaltegeschick unterschiedlich. Deshalb gibt die Differenzierung nach Gemeinden, wie sie für Januar 1947 vorliegt – als sich noch knapp 1000 Evakuierte (12,3 Prozent) mehr, aber fast 2000 Flüchtlinge (12,5 Prozent) weniger hier aufhielten –, eine bessere Vorstellung von den Verhältnissen in den Dörfern. Der Prozentsatz der Fremden lag in den 142 Gemeinden in

5	23	33	37	23	18	3
bis 19%	20–29%	30–39%	40–49%	50–59%	60–69%	über 70%.

Im Durchschnitt (41,5 Prozent) war fast jeder Dritte ein Fremder. Oft fügten sich die Flüchtlinge, die vielfach Industriearbeiter und Beamte waren oder aus anderen nichtagrarischen Lebenskreisen stammten, schlecht „in den Ablauf des Bauerntages", und die Einheimischen traten ihnen mit dem besitz- und gewohnheitssicheren Geltungsanspruch ihrer Verhaltensformen entgegen. In ständigen kleinen Verteilungs- und Umgangskonflikten stießen zugleich unterschiedliche Mentalitäten zusammen[127].

Die Aufgabe der Kirche, in der materiellen Not ein Mindestmaß an sozialer Sicherung zu gewährleisten und häufig auch im religiösen Diasporazustand zu helfen,

[126] Katholisches Werkvolk Bamberg, Protokollbuch, S. 141 ff.; St. Heinrichsblatt z. B. vom 22. 12. 1946.

[127] Landratsamt Bamberg an MilGov Bamberg am 2. 7. 1946 (Zit.), 30. 4. 1947: NA, RG 260, 9/90–1/3–4. Dass. am 20. 2., 22. 8. (Zit.) 1947: NA, RG 260, 9/90–1/9–10. Seit 1947/48 verlagerte sich die fremde Bevölkerung stärker in die Städte. In Bamberg lebten im März 1949 17% Flüchtlinge, 7% Evakuierte und 5% Ausländer von 76 645 Einwohnern. (Stadt Bamberg an MilGov Bamberg am 24. 6. 1949: NA, RG 260, 9/91–1/8–9 und Statistischer Informationsdienst, Nr. 101, hrsg. vom Bayer. Staatsministerium des Innern, Staatssekretär für Flüchtlingsfragen). Franz J. Bauer, Flüchtlinge und Flüchtlingspolitik in Bayern 1945–1950, Stuttgart 1982, bes. S. 341 ff. („Flüchtling und Bauer: Die Begegnung der Antipoden"); Friedrich Prinz (Hrsg.), Integration und Neubeginn, 2 Bde, München 1985. Allgemein Dietrich Hilger, Die mobilisierte Gesellschaft, in: Richard Löwenthal und Hans-Peter Schwarz (Hrsg.), Die zweite Republik. 25 Jahre Bundesrepublik Deutschland – eine Bilanz, Stuttgart 1974, S. 95 ff.

wuchs enorm. Letzteres wurde pastoral die größte Herausforderung seit dem Entkirchlichungsschub im Gefolge der Industrialisierung. Durch die mehrheitlich katholischen Flüchtlinge – Sudetendeutsche und Schlesier vor allem – nahm die im Krieg eingeleitete konfessionelle Durchmischung weiter zu. So mußte in bisher weitgehend evangelischen Gebieten eine umfangreiche katholische Seelsorge zunächst improvisiert, später, als die anfängliche Rückkehrhoffnung der Vertriebenen schwand und, nach einem gewissen Abfluß nach Westen, ein Großteil sich festsetzte, dauerhaft organisiert werden. Allein bis August 1946 waren in der gesamten Diözese zu den 491124 einheimischen 226442 (46 Prozent) „zugewanderte" Katholiken gekommen. In den vorwiegend katholischen Dekanaten des „Bamberger Landes" beanspruchte es zwar die Seelsorge zusätzlich, wenn sich wie z.B. in Forchheim die Katholikenzahl fast verdoppelte oder in Hallstadt um ein Drittel erhöhte; die konfessionellen Proportionen veränderten sich hier aber nicht dramatisch. Das geschah jedoch in den Dekanaten der evangelischen Zone. Mit rund 200 Prozent in Ansbach, 258 Prozent in Hof und 135 Prozent in Iphofen stieg der katholische Bevölkerungsanteil gegenüber 1940 von 11,2 Prozent auf 21,5 Prozent, von 7,0 Prozent auf 20,7 Prozent, von 23,3 Prozent auf 38,2 Prozent:

Konfessionelle Verschiebungen: katholischer Bevölkerungsanteil in den Dekanaten der Erzdiözese 1940 und 1948

Dekanat	1940	1948	Dekanat	1940	1948	Dekanat	1940	1948
Amlingstadt	97,9 %	89,0 %	Gößweinstein	61,1 %	62,9 %	Neunkirchen a. S.	30,7 %	35,8 %
Ansbach	11,2 %	21,5 %	Hallstadt	78,7 %	73,5 %	Nürnberg	30,0 %	29,9 %
Auerbach	49,6 %	52,5 %	Höchstadt	65,8 %	74,1 %	Scheßlitz	98,6 %	85,5 %
Bamberg	86,5 %	83,6 %	Hof	7,0 %	20,7 %	Schlüsselfeld	46,0 %	53,6 %
Burgebrach	88,3 %	80,0 %	Hollfeld	22,6 %	30,6 %	Stadtsteinach	21,2 %	26,5 %
Ebermannstadt	65,8 %	58,2 %	Iphofen	23,3 %	38,2 %	Teuschnitz	32,9 %	64,7 %
Erlangen	39,9 %	45,2 %	Kronach	63,2 %	65,5 %	Weismain	55,6 %	51,7 %
Forchheim	85,7 %	82,5 %	Lichtenfels	24,5 %	30,7 %			

Quelle: Kirchliches Handbuch der katholischen Kirche Deutschlands, hrsg. von der Zentralstelle für kirchliche Statistik des katholischen Deutschlands, Bd. 23, Köln 1944–1951, S. 315.

Auch sonst erhöhte er sich außerhalb der katholischen Traditionsgebiete so stark, daß man die Lage mit dem Wort vom „Missionsland" Deutschland kennzeichnete. Gläubige in großer Zahl waren ohne reguläre Betreuung. Es herrschte tatsächlich Missionsatmosphäre, wenn z.B. im Flüchtlingslager Creußen, in altem protestantischen markgräflichen Land, Maria, „der Mutter der Heimatlosen", eine Notkirche geweiht wurde. Die Diasporasituation war in einem bisher unerhörtem Ausmaß normal geworden. Das schwächte auch den ausgeprägten Unterschied zwischen dem „Bamberger Land" und den übrigen Teilen des Bistums ab[128].

[128] Schematismus des Erzbistums Bamberg 1947, S. 165; St. Heinrichsblatt vom 23. 3. 1947, 29. 8. 1948; mdl. Auskunft von Dr. Bruno Neundorfer am 12. 12. 1985. Die Folgen der Flächendiaspora z.B. im Coburger Land: Bis Kriegsende gab es in diesem fast rein evangelischen Gebiet nur 1 katholische Pfarrei (St. Augustin in Coburg), in den siebziger Jahren in der Stadt Coburg 2 und im Umland 37 Pfarreien. Walter Menges, Wandel und Auflösung der Konfessionsgrenzen, in: Eugen Lemberg und Friedrich Edding (Hrsg.), Die Vertriebenen in Westdeutschland. Ihre Eingliederung und ihr Einfluß auf Gesellschaft, Wirtschaft, Politik und Geistesleben, Bd. 3, Kiel 1959, S. 1ff.; Adolf Kindermann, Religiöse Wandlungen und Probleme im kirchlichen Bereich, in: Ebd., S. 92ff.; Walter Menges, Nach der großen Wanderung. Die Kirche in den Diasporagebieten, in: Norbert Greinacher und Heinz Theo Risse (Hrsg.), Bilanz des deutschen Katholizismus, Mainz 1966, S. 118ff.; Hans Braun, Demographische Umschichtungen im deutschen Katholizismus nach 1945, in: Anton Rauscher (Hrsg.), Kirche und Katholizismus 1945–1949, München 1977, S. 9ff.

Auch bei gleicher Konfession war das Verhältnis zwischen Alteingesessenen und Neubürgern schwierig genug, vor allem auf dem Land, wo sich Flüchtlingsschicksal zunächst überwiegend abspielte. Trotz vielfältiger Hilfs- und Aufnahmebereitschaft im einzelnen war unter den Einheimischen eine abweisende Haltung so verbreitet, daß die Kirche immer wieder an die christliche Solidarität appellieren mußte. Anfangs, im Frühjahr 1946, forderten die bayerischen Bischöfe angesichts des „unmenschlichen Elends der Flüchtlinge" noch zum Gebet dafür auf, daß diese in ihre Heimat zurückkehren können. Dabei wiesen sie die Begründung für die Vertreibung, sie sei die Strafe für die deutschen Verbrechen, als „rechtlich und sittlich nicht erlaubt" zurück – und damit erneut jede Kollektivschuld. Das „St. Heinrichsblatt" rief eindringlich zu einer großzügigen Aufnahme und zur sozialen Annahme der Flüchtlinge auf; „menschenunwürdige" Unterbringung und schlechte Behandlung seien auch ein Glaubensmakel. Pfarrer Michael Schütz verlangte auf der Diözesansynode 1946 in seinem Referat über ländliche Seelsorge: „Unablässig muß daran gearbeitet werden, daß zwischen einheimischen Bauern und Flüchtlingen die Brücke der Versöhnung und des Verständnisses gebaut wird, der Bauer muß verstehen lernen, daß außerordentliche Not auch außerordentliche Opfer von ihm verlangt." Die Kirche suchte „den Flüchtlingen als erste ein Heimatgefühl" zu vermitteln. Seelsorge *und* „Leibsorge" sollten in Not und Verstörung eine „Vergemeinschaftung" leisten durch eine spezielle Flüchtlingsbetreuung und durch Einbindung der Neubürger in das allgemeine Pfarreileben[129].

Solange die Zukunft der Vertriebenen noch ungewiß, ihre äußere Lage extrem und ihre innere Verfassung verzweifelt war, mußte ihnen in erster Linie die Möglichkeit zur eigenständigen Ausübung ihrer Frömmigkeit gegeben werden. Flüchtlingsgottesdienste zogen die Menschen oft stundenweit an. In St. Michael in Bamberg, im Zentrum geltungssicherer Katholizität, wo zugleich die den Schlesiern vertraute Hedwigs-Verehrung gepflegt wurde, boten sie schon Ende 1945 jeden Sonn- und Feiertag die Geborgenheit einer auch äußerlich unversehrten, festlichen Kirche. Am 1. Weihnachtstag, als der Erzbischof vor über 1000 Menschen predigte, spielten sich bewegende Szenen ab. Weniger glanzvoll, aber nicht minder ergriffen feierte man das erste Weihnachten nach dem Krieg in den Lagern des von Flüchtlingen überschwemmten Grenzdekanats Hof. Überfüllt waren Flüchtlingsgottesdienste auch zu anderer Zeit, ob in Bamberg oder in der Diaspora wie in Pegnitz und Schnabelwaid, wo die Protestanten ihre Kirche zur Verfügung stellten. Maiandachten, die Erstkommunion, erste Hochzeiten – noch vorwiegend zwischen Flüchtlingen – bildeten im Frühjahr und Sommer 1946 Höhepunkte religiöser und landsmannschaftlicher Selbstvergewisserung, geselliger Freude und der Annäherung an die einheimischen Katholiken, die oft den äußeren Aufwand stifteten. Wo im bisher rein evangelischen Gebiet kein Priester regelmäßig zur Verfügung stand, leiteten Laien religiöse Zusammenkünfte; in Schwarzenbach a.S. im Frankenwald hielt z.B. ein Schlesier „allwöchentlich ... eine Rosenkranzandacht um gute Lösung der Heimkehr".

Nach einer ersten Klärung der äußeren Verhältnisse wurde diese Spezialseelsorge gewissermaßen institutionalisiert, als man einen eigenen Diözesanflüchtlingspriester

[129] Das Hirtenwort der bayerischen Bischöfe am 9. 4. 1946: Amtsblatt für die Erzdiözese Bamberg, Nr. 6 (Zit.), 1946. St. Heinrichsblatt vom 3. 8. 1947 (Zit.); Pfarramt Burgebrach, Pfarrer Michael Schütz, „Männerseelsorge", S. 11 (Zit.); ebd., „Leitsätze für die Diözesan-Synode 1946" (Zit.).

bestellte, der „Einkehrtage" hielt, Erstkommunion vollzog und Wallfahrten führte. Im Oktober 1946 kamen über 12000 Vertriebene nach Vierzehnheiligen: „Herr gib uns, was wir brauchen / gib uns ein Dach und Brot ..." Die Basilika am Obermain und die ehemalige Benediktinerkirche auf dem Bamberger Michelsberg wurden Richtpunkte einer allmählichen Orientierung in der Fremde, die nach dem Bruch in der territorialen wenigstens die katholische Identität sicherten. Da die Identitätssicherung der Gewohnheit bedurfte, gab man den Gottesdiensten durch schlesische oder sudetendeutsche Lieder und Riten eine vertraute Form – auch wenn die fränkischen Pfarrer sie als zu gefühlvoll nicht immer schätzten. Die Kirche gewann so Anziehungskraft über das Religiöse hinaus: Die Menschen „fühlten sich beim heimatlichen Singen und Beten wie zu Hause"[130].

Weitsichtigen Menschen stand schon relativ früh klar vor Augen, daß sowohl die soziale als auch die religiöse Absonderung der Flüchtlinge auf längere Sicht abgebaut werden müßte. Die Kirche, in ihrer Universalität trotz vielfältiger Brauchformen von übergreifender Grundwirkung, setzte früh auf Integration statt Separation. Zwar sollten die Flüchtlinge in ihrer besonderen Lage betreut, aber doch allmählich in das allgemeine Pfarreileben einbezogen werden, denn eine dauernde Sonderstellung mußte auch die religiöse Gemeinsamkeit stören, gerade unter den erschwerenden Diasporabedingungen. Aus Institutionsinteresse wie aus gesellschaftlicher Verantwortung bemühte man sich, die Fremden in die gewöhnlichen Vorgänge in Kirche und Pfarrhaus einzubinden. Über die Pfarrgemeinde konnten sie leichter in die Ortsgemeinde finden[131].

Inwieweit der von den Bischöfen erklärte, von den Kanzeln verkündete Integrationsgrundsatz verwirklicht wurde, kann nicht nachgewiesen werden. Durch zeitgenössische Beobachter, durch sich deckende Erinnerungen und in schriftlichen Zeugnissen ist jedoch belegt, daß die Kirchenrepräsentanten „vor Ort", die Geistlichen, aber auch die Pfarrköchinnen oder Ordensschwestern sich nicht einheitlich verhielten: Das Maß der Zuwendung war lokal durchaus personenabhängig. Das galt weniger für die stark formalisierten pastoralen Funktionen im engeren Sinn als für materielle Hilfe und menschliche Einstellung. Nicht nur Fürsorge und gastliche Offenheit, sondern auch Besitzegoismus, Selbsterhaltungsdenken und Mißtrauen gegen Fremde, gegen Besitz- und Arbeitslose zumal, bestimmten die kirchliche Reaktion vor allem auf dem Land. In dem einen Ort war das Pfarrhaus überfüllter Zufluchtsort, Nahrungsquelle und Begegnungsstätte, die Pfarrer wurden zur Bezugsperson der Flüchtlinge und „die Pfarrfamilie ... zur neuen Heimat". Im nächsten Ort verschloß sich die Kirche, denn in den Augen mancher Pfarrer – gerade in der sozialen Stabilität der katholischen Traditionsgebiete – waren die Flüchtlinge Eindringlinge, blieben „Randbürger", denen die kirchliche Integration weniger galt als den einheimischen Mitläufern des Nationalsozialismus. Nicht wenige vertraten einseitig die Interessen der Einheimischen und manche auch die eigenen. Nicht jeder stellte wie der Bamberger Dompfarrer seinen Pfarrhof ganz zur Verfügung und begnügte sich mit einer unbequemen Kammer.

130 St. Heinrichsblatt vom 9. 12., 30. 12. 1945, 6. 1., 20. 1., 10. 2. (Zit.), 26. 5., 9. 6., 21. 9., 16. 10. 1946, 5. 1. 1947 (Zit.); mdl. Auskunft von Dr. Franz Vogl am 8. 8. 1986.

131 Am Beispiel von Pegnitz erläuterte dies Dr. Franz Vogl in einem Gespräch mit dem Verf. am 8. 8. 1986.

Mehr als gewöhnlich wurden, als Solidarität zur eigenen Gemeinde und die Hilfspflicht für die Fremden kollidierten, institutionelle Richtlinien unterschiedlich ausgeführt. Insgesamt leistete jedoch die Kirche bei der Aufnahme der Flüchtlinge psychologisch und materiell sehr viel, noch bevor staatliche Maßnahmen griffen oder gar Selbsthilfe möglich war. Aber im einzelnen genügte sie ihrer gesamtgesellschaftlichen Verantwortung nicht immer, was dann nicht nur bei den Betroffenen, sondern auch in der Öffentlichkeit ihr Bild trübte. Vor allem Kirchenverbundene selbst klagten über die Diskrepanz zwischen geistlicher Pflicht und praktizierter Interessenhaltung. Ein der Kirchenfeindlichkeit unverdächtiger Beobachter resümierte 1948 bitter: „... das Dorf hat gegenüber der Aufgabe, den Vertriebenen nach besten Kräften eine Heimat zu schaffen, großenteils versagt ... auch das Pfarrhaus hat allzu oft in einem erschrekkenden Umfang versagt ... Und die kirchlichen Oberen haben in der Tat zu wenig getan, um den Klerus wirksam an seine Pflicht zum Vorbild zu erinnern."[132]

Für die kirchliche Nothilfe kam daher der überörtlichen Organisation, welche die verstreuten Mittel bündelte und die Kräfte verteilte und anleitete, eine zentrale Bedeutung zu: der Caritas. Der „Deutsche Caritas-Verband" hatte durch das Geschick und günstige persönliche Beziehungen der Freiburger Verbandsleitung als einziger bedeutender kirchlicher Verband das Dritte Reich zwar handlungsbeschränkt, aber im Kern unversehrt überstanden. Er fand, da seine Fürsorgeaufgaben als spezifisch kirchliche galten, als einziger sogleich die uneingeschränkte Anerkennung der Bischöfe und genoß ihre Förderung. So konnten unmittelbar nach dem Zusammenbruch Hilfsmaßnahmen in vielerlei individueller wie kollektiver Not ergriffen werden. Das intakte Kirchengefüge, Hilfswilligkeit in der deutschen Bevölkerung und vor allem großzügige ausländische Spenden erlaubten eine rasche Ausweitung. Parallel zum „Hilfswerk der Evangelischen Kirche in Deutschland" – und teilweise gemeinsam mit diesem – entstand in wenigen Jahren ein dichtes Netz vielfältiger „Leibsorge", die bei der verbreiteten existentiellen Erschütterung zugleich als Seelsorge wirken konnte. Kirchliche und andere Kräfte verbanden sich dabei unter dem Druck massenhafter Not auf eine ungewöhnliche Weise: die Initiative von bestehenden Caritaseinrichtungen, Bischöfen und vielen Pfarrern, die Wiederbelebung der karitativen Orden; der nachdrückliche Einsatz Pius' XII. und die internationalen Verbindungen der katholischen Kirche; das Wohlwollen der amerikanischen Besatzungsmacht, der mit jeder deutschen Selbsthilfe ihre Verantwortung für das zerstörte Land erleichtert wurde; nicht zuletzt eine weitgehende Unterstützung durch kommunale und staatliche Stellen, deren wichtigste Helfer die freien Wohlfahrtsverbände, d.h. im katholischen Bereich die Caritas waren, ja, deren Aufgabe diese zum Teil leisteten, solange die Entnazifizierung die Ämter lähmte[133].

[132] Otto B. Roegele, Der deutsche Katholizismus im sozialen Chaos, in: Hochland 47 (1948/49), S. 205 ff. (Zit. S. 221 f.). Zur mangelnden Bereitschaft, Flüchtlinge ins Pfarrhaus aufzunehmen, z. B. Fränkischer Tag vom 6./7. 4. 1947. Vgl. Bauer, Flüchtlinge, S. 341 ff.

[133] Vgl. Wollasch, Beiträge, S. 225 ff.; Hans Josef Wollasch, Humanitäre Auslandshilfe für Deutschland nach dem Zweiten Weltkrieg. Darstellung und Dokumentation kirchlicher und nichtkirchlicher Hilfen, Freiburg/Br. 1976; Karl Borgmann, Dienst ohne Sensation. Die katholische Sozialhilfe, in: Norbert Greinacher und Heinz Theo Risse (Hrsg.), Bilanz des deutschen Katholizismus, Mainz 1966, S. 151 ff.; Erich Püschel, Die Hilfe der Caritas, in: Eugen Lemberg und Friedrich Edding (Hrsg.), Die Vertriebenen in Westdeutschland. Ihre Eingliederung und ihr Einfluß auf Gesellschaft, Wirtschaft, Politik und Geistesleben, Bd. 1, Kiel 1959, S. 263 ff. Für Bamberg Denkschrift über die sozial-caritative Lage im Bereich der Erzdiözese Bamberg, hrsg. vom Diözesan-Caritasverband Bamberg, Bamberg 1947; Philipp Kröner, Die Kirche in der Be-

Karitative Einrichtungen im Erzbistum Bamberg 1949

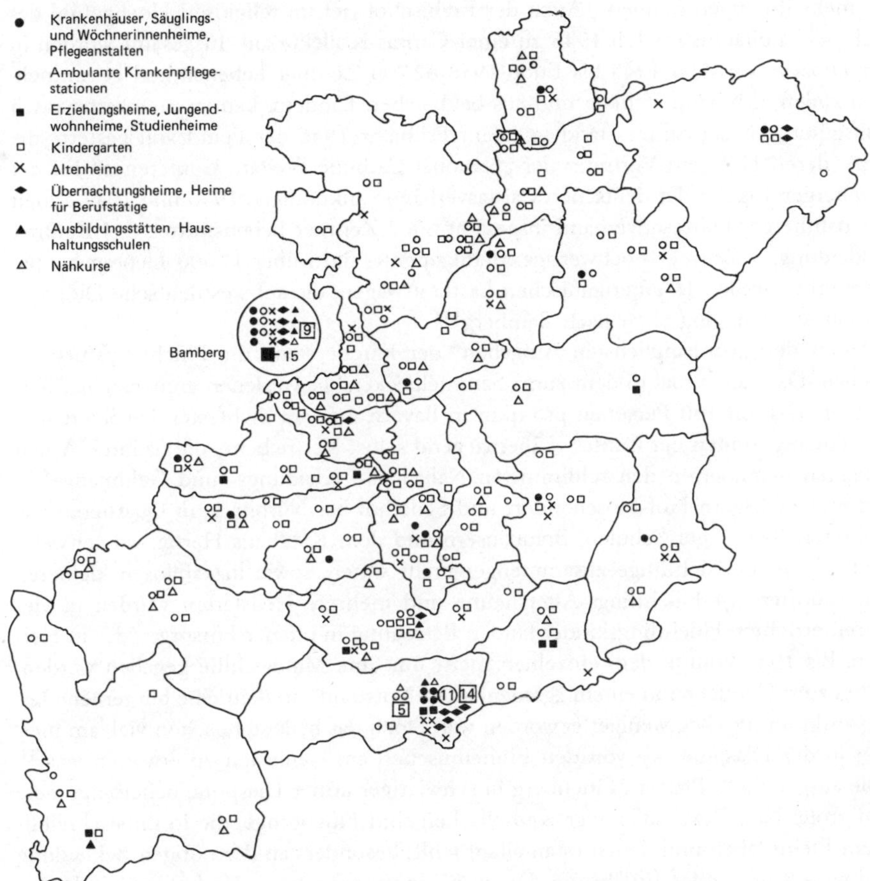

Quelle: Schematismus des Erzbistums Bamberg 1949, S. 200 ff. (Stand 31.5.1949).

Im Diözesanrahmen verbanden sich große überregionale Einrichtungen, professionelle Einzelinstitutionen und die lokale, von Laien mitgetragene Pfarrcaritas zu einer vielschichtigen Antwort auf das „unsägliche Elend zahlloser Flüchtlinge, Evakuierter, Ausgebombter, Kriegsheimkehrer und Kriegsversehrter ... Wer vor seinem Volk, Gewissen und Gott bestehen will, muß helfen". Nach innen richtete sich, um die nötigen Mittel aufzubringen, ein zugleich religiöser und materieller Appell: die Einschärfung des Gebots der Nächstenliebe „bei Missionen, Exerzitien, Einkehrtagen, Predigten, Vereinsvorträgen, Katechesen" sowie der dringende Aufruf zu regelmäßigen und außerordentlichen Sammlungen, etwa zum Caritas-Sonntag im Oktober 1945 in der Kirchenzeitung: „Wir wollen nochmals unsere ganze Habe prüfen und nach Möglichkeit

währung dienender und helfender Liebe, in: Michael Buchberger (Hrsg.), Eineinhalb Jahrtausende kirchliche Kulturarbeit in Bayern, München 1951; Philipp Kröner, Katholische Liebestätigkeit, Bamberg 1965 (für freundliche Hinweise danke ich Frau Eva Schlegel/Forchheim).

ausscheiden, was entbehrlich ist, um jenen zu helfen, die nicht einmal das Notwendigste mehr ihr Eigen nennen." Auch der Erzbischof rief im religiösen Hochgefühl des Heinrichsjubiläums im Juli 1946 zu einer Caritas-Kollekte auf. Insgesamt wurden in der Diözese von Mai 1945 bis Ende 1946 62700 Zentner Lebensmittel gesammelt. Von außen, d.h. vom Vatikan und aus bald sieben Ländern, kamen unerwartet rasch Hilfsgüter. An der Spitze stand seit dem Frühjahr 1946 der Feind von gestern, die USA, deren Hilfe ein Vertreter der „National Catholic Welfare Conference" auf der Bamberger Tagung der deutschen Caritasverbände ankündigte. 1946 und 1947 erhielt der Bamberger Diözesanverband insgesamt 6967 Zentner Lebensmittel, 894 Zentner Bekleidung, 3 Zentner hochwertige Medikamente, dazu über 17000 Liebesgabenpakete; und von den 16 amerikanischen Lastkraftwagen, die auf westdeutsche Diözesen verteilt wurden, ging einer nach Bamberg[134].

Unter den „vordringlichsten Aufgaben" der Kirche stand die Flüchtlingsfürsorge obenan. Das galt zumal in dem zum „Sammelbecken" gewordenen grenznahen Oberfranken, das mit 150 Personen pro qkm in Bayern nun am dichtesten bevölkert war. Die Fürsorgerinnen der Caritas – überwiegend selbst Vertriebene, die dadurch Arbeit bekamen – milderten den schlimmsten Nahrungs-, Kleidungs- und Geldmangel in den großen Lagern Hof-Moschendorf und Schafhof bei Nürnberg, in Quartieren wie mehreren Bamberger Schulen, Bräuhäusern und dem Kaufhaus Hertie, wo zeitweise 3000 bis 5000 Flüchtlinge zusammengepfercht waren, sowie in zahllosen kleineren Unterkünften. 14 Flüchtlings-Altersheime und mehrere Heilstätten wurden in vier Jahren errichtet, Flüchtlingskinder fanden Betreuung in offener Fürsorge oder in Heimen. Bis 1948 konnte dem einzelnen meist nur eine Mindesthilfe gegeben werden: Mittel zum Überleben in einem „grauenhaften Notstand", in dem eine bürgerliche Lebensordnung Privileg weniger geworden war. Doch das bedeutete schon viel, am meisten in der Diaspora, wo von den Einheimischen am wenigsten zu erwarten war[135]. „Die ausgedehnte Pfarrei Münchberg in schwieriger armer Diaspora, beherbergt viele und große Not. Etwa 90% aller Katholischen sind Flüchtlinge, die in unbeschreiblichem Elend leben und denen es an allem fehlt: besonders an der nötigen Bekleidung und an ausreichender Ernährung. Die wenigen eingesessenen Katholiken sind wirtschaftlich und sozial nicht so gestellt, daß sie helfen könnten. ... das Ansbacher Dekanat ... hat unter 12 Seelsorgestellen 8 Großpfarreien, die mindestens 70 bis 80 Dörfer, ehedem alle evangelisch, nunmehr mit Katholiken reich durchsetzt, zur Gemeinde zählen. Die armen Katholiken kamen auf Weihnachten und danach so zahlreich wie sie nur konnten. Oft nur mit Strohschuhen, auch im nassen Schnee ... Wie notwendig bräuchten wir Nahrungsmittel ... feste Schuhe und warme Kleider!"[136]

Seit 1949 entspannte sich die Versorgungslage – zuerst bei Lebensmitteln, dann allmählich auch bei Kleidung. Nun konnte nach und nach die vielfach noch immer katastrophale Wohnsituation der Flüchtlinge verbessert werden. Auch dazu leistete die Kirche einen entscheidenden Beitrag, als aus der bereits erwähnten Initiative des Bamberger Katholischen Werkvolks in Zusammenarbeit mit dem Diözesan-Caritas-Ver-

[134] St. Heinrichsblatt vom 21. 10. 1945 (Zit.), 21. 4., 28. 6., 21. 7. 1946, 11. 5. 1947, 4. 1. 1948; Pfarramt Burgebrach, „Leitsätze" (Zit.); mdl. Auskunft von Dr. Bruno Neundorfer am 12. 12. 1985 und Eva Schlegel am 7. 8. 1986.

[135] St. Heinrichsblatt vom 6. 1. 1946 (Zit.), 27. 7. 1947 (Zit.).

[136] Zit. nach Denkschrift über die sozial-caritative Lage, S. 16f.; (vgl. Anm. 133).

band und anderen Organisationen 1948 die „St. Josefs-Stiftung" als Siedlungsunternehmen für die gesamte Diözese entstand. Dieser sichtbarste Aufbaubeitrag erschien auch öffentlich als kirchliche Leistung, wenn der Erzbischof die Gründungsurkunde beim Vierzehnheiligen-Jubiläum im Oktober 1948 feierlich unterzeichnete, selbst Grundsteinlegungen und Einweihungen vornahm und von den Kanzeln zu Kollekten für dieses „Werk aus dem Geist der christlichen Verantwortung" aufrufen ließ. Ende 1949 waren bereits in 19 Orten 384 Wohnungen fertig oder im Bau; bis 1959 wurden z. B. allein im Landkreis Forchheim 357 erstellt. Der Umzug aus einer Notunterkunft, aus beengter Untermiete oder vom Lager in die eigene Wohnung war ein entscheidender Schritt der inneren Einbürgerung[137].

Sehr wichtig für die materielle und psychische Bewältigung der Vertreibung und für das Einleben in der Fremde war die Familie, die freilich durch Krieg und Vertreibung häufig zerrissen war. Um Familien und Verwandtschaft wieder zusammenzuführen, richtete die Caritas noch im August 1945, zuerst in ostbayerischen Diözesen, einen Suchdienst ein. Bald mit den Suchdiensten des Evangelischen Hilfswerks und des Roten Kreuzes zusammengefaßt, leistete er eine soziale Vermittlung von kaum zu überschätzender emotionaler Bedeutung. Der Suchdienst Bamberg brachte allein bis 1947 ca. 36 000 Menschen zu ihren Angehörigen[138].

Die Flüchtlingsbetreuung stand mit ca. 70 bis 80 Prozent des gesamten Fürsorgeaufwandes der Caritas in Bayern an erster Stelle. Daneben nahm sie sich als einer weiteren Kriegsfolgelast der Gefangenen, Heimkehrer und Versehrten an. „Das harte Los der Kriegsgefangenen" wurde nach dem Vorbild, welches Pius XII. mehrfach, u. a. in seiner Weihnachtsansprache 1945 gab, von den Kanzeln und im „St. Heinrichsblatt" immer wieder vergegenwärtigt und mit „der inständigen Bitte" an die Sieger – bis hin zu einer großen Unterschriftensammlung 1947 – um rasche Freilassung verbunden. 1946 übernahm das Erzbistum Bamberg, verteilt nach Dekanatsgruppen, über sechs große Kriegsgefangenenlager in Frankreich mit etwa 130 000 Gefangenen die Patenschaft. Der Caritas-Verband sammelte Lebensmittelspenden, von Jugendgruppen gefertigte Krippen u. a., Bücher und religiöse Broschüren zu Tausenden und schickte all dies z. B. Weihnachten 1946 mit 15 Zentnern Weihnachtsgebäck in die Lager. Von den Lagergeistlichen verteilt, trug vor allem das häufig verlangte religiöse Schrifttum seinen Teil zu der neuen Religiosität bei, die besonders bei jungen Soldaten auffiel. Nach der seelischen Belastung im Krieg und der Entwertung bisher geltender Leitbilder breitete sich in der „ziellosen" Grenzsituation der Gefangenschaft ein starkes Bedürfnis nach geistiger Selbstversicherung aus, das viele zum Kirchenglauben führte. Manifestationen solcher Frömmigkeit waren mit Tausenden von Teilnehmern die Heimkehrerwallfahrten, z. B. im September 1947 und 1948 zur Gnadenmutter in Neuengrün im Frankenwald. Heimatlose Entlassene wurden von der Caritas mit dem Nötigsten ausgestattet und von ihrer Patenpfarrei aufgenommen. Kriegsversehrte fanden in Caritasheimen Pflege. Als „innerlich und äußerlich heimatlos" sah man viele Jugendliche „ohne Eltern, ohne Aufsicht und ohne Arbeit" an. Sie suchte die Caritas

[137] Z. B. Fränkischer Tag vom 12. 1. 1950; St. Heinrichsblatt vom 15. 8. 1948, 30. 1., 8. 5., 6. 11. (Zit.), 4. 12. 1949; Schreiben der St. Josephs-Stiftung an Eva Schlegel vom 1. 8. 1986.

[138] Denkschrift über die sozial-caritative Lage, S. 23.; (vgl. Anm. 133).

in Heimen, mit Näh- oder Handwerkskursen, durch Arbeitsvermittlung zu einem Lebensunterhalt zu bringen und religiös-moralisch zu sichern[139].

Schließlich bot die Caritas eine allgemeine Armenfürsorge mit Großküchen und Essensausgabestellen (1947 125), mit Wärmestuben, Übernachtungsheimen und Bekleidungsstellen. In den vorwiegend katholischen Gebieten ging solch organisierte Notbewältigung fast allein von der Caritas aus; in der Diaspora hatte sie, auch für Nichtkatholiken, Gewicht. Knotenpunkte dieser Überlebenshilfe waren in einer Zeit vielfältig erzwungener Mobilität und häufiger „Unbehaustheit" die Bahnhöfe. In Bamberg haben die 30 haupt- oder ehrenamtlichen Helfer der katholischen und evangelischen Bahnhofsmission allein vom Juni 1945 bis Januar 1946 ca. 13000 Übernachtungen in zwei geheizten Unterkünften, 48000 Portionen Suppe und 120000 Portionen Tee oder Kaffee (d.h. 300 bzw. 600 bis 800 täglich) geboten, dazu „unzählige Hilfesuchende beraten ... an die zuständigen Wohlfahrtsstellen überwiesen, Kranke und Verletzte, darunter erschöpfte Heimkehrer aus Sibirien, sorgfältig gepflegt ... den nur Kohlen- und Güterzüge benützenden Reisenden Gelegenheit zum Waschen mit warmem Wasser gegeben ... " Neben der zeitbedingten Sonderfürsorge baute der Caritas-Verband, teils mit weltlichen Kräften, teils mit eigenen Caritas-Schwestern (eine seit 1937 formell bestehende Korporation freier Pflegeschwestern) oder Ordensschwestern wieder die herkömmlichen Betreuungseinrichtungen in der Diözese auf: die Anstaltsfürsorge in Krankenhäusern, Erholungs-, Alters- und Erziehungsheimen, in Internaten mit 1947 bereits 45000 Betten; hinzu kam bald wieder ein Netz von – ebenfalls 1947 – 163 Kindergärten und Horten, 129 Krankenpflegestationen und 87 Nähstuben, die täglich insgesamt etwa 12000 Frauen benutzten. In Jahren, in denen Fürsorge nicht nur gesellschaftliches Rand-, sondern Massenbedürfnis war und vielfach die erste Voraussetzung für die Existenzsicherung schuf, fügte sich all das zu einer nach den Möglichkeiten der Zeit umfassenden Hilfe. Sie war religiös motiviert, drängte aber in der Regel nicht auf Kirchlichkeit und diente damit den Zielen der Kirche vielleicht nicht weniger als die eigentliche Seelsorge[140].

Doch blieb die Bewältigung äußerer Not, so dominierend im Aufwand sie sein mochte, dem Hauptziel einer inneren Wende untergeordnet, wie es Predigten, Gebete und die Kirchenpresse setzten. Nach der einer weltanschaulichen Verirrung zugeschriebenen Katastrophe sollte christliche Hilfe auch Impulse für eine geistig-moralische Erneuerung geben. Dabei wollte sich die Kirche nicht allein auf die pastoralen Mittel solcher Erneuerung verlassen, sondern auch außerhalb der Kirchenmauern wirken, wo nach dem Ende der NS-Herrschaft nun unter den relativ milden, mit den eigenen Grundsätzen verträglichen Richtlinien der Besatzungsmacht katholische Kulturarbeit wieder möglich war. Im Raum zwischen Kirche und bürgerlichem Kulturbetrieb entfalteten sich in der kulturellen Blüte jener Zeit anziehungskräftige Formen der Belehrung und Unterhaltung. Vorwiegend von Laien durchgeführt, wurden sie von der Amtskirche rege gefördert. In Bamberg waren kulturelle Initiativen noch dadurch begünstigt, daß die Stadt vergleichsweise wenig zerstört war und mit ihrem ho-

[139] Hirtenwort vom 9. 4. 1946: Amtsblatt für die Erzdiözese Bamberg, Nr. 6 (Zit.), 1946; St. Heinrichsblatt vom 16. 6., 22. 12. 1946, 2. 2., 14. 9. 1947, 19. 9. 1948; Pfarramt Burgebrach, „Leitsätze" (Zit.); mdl. Auskunft von Dr. Bruno Neundorfer am 12. 12. 1985 und Dr. Franz Vogl am 8. 8. 1986.

[140] St. Heinrichsblatt vom 3. 2., 10. 2. 1946, 11. 5. 1947, 4. 1. 1948; Denkschrift über die sozial-caritative Lage, S. 22; (vgl. Anm. 133).

hen Mittelstands- und Beamtenanteil überdurchschnittlich Resonanz bot. Die habituelle Katholizität in der Bevölkerung, die räumlichen, personellen und finanziellen Mittel der Kirche und die konzentrierte Kompetenz der Philosophisch-Theologischen Hochschule sicherten der katholischen Kulturarbeit absoluten Vorrang. Die Ende Oktober 1945 nach der Genehmigung durch die Besatzungsmacht zusammen mit dem Priesterseminar wiedereröffnete Hochschule erweiterte sich, da die Stadt Lehrräume und Unterkünfte bot, bald um eine Reihe geisteswissenschaftlicher und naturwissenschaftlicher Fächer. Bis in die frühen fünfziger Jahre war sie de facto eine Universität, die ihre Studenten – im Sommer 1947 bereits 1200 – „im Geiste des Idealismus, der Demokratie und des Humanismus" ausbilden wollte, wie es Rektor Benedikt Kraft bei der Eröffnung des Sommersemesters 1947 formulierte. Der angestrebte Aufstieg zur de jure-Universität (Präsident des 1949 gegründeten Universitätsbundes war der bayerische Ministerpräsident Ehard), damit Bamberg wieder, wie vor fast 1000 Jahren, „ein geistiges Bollwerk gegen Osten" werden könne, gelang allerdings nicht[141].

Nach 1945 entstand so eine „Christliche Kulturgemeinde". Dabei wirkten unter der Patronage von Prälat Meixner in erster Linie der Rektor der Hochschule, Professor Heinrich Meyer, Dr. Gerhard Kroll, ein heimatvertriebener Intellektueller, und junge, von der Katholischen Jugend geprägte Bamberger, allen voran Anton Hergenröder, zusammen. Den Stellenwert des Unternehmens zeigt: Der erste dieser Männer galt als ein führender geistiger Repräsentant der Stadt, der zweite war der Kopf der CSU-Gründung und der dritte Mitbegründer der CSU und bald 2. Bürgermeister. Vorträge, zweimal wöchentlich „im geheizten Heinrichssaal", Führungen, Ausstellungen und ein Theaterring schufen ab Winter 1945/46 ein stark besuchtes Forum, das weltanschauliche Anleitung, Wissensvermittlung und Kunstbetrachtung bot, wie das Programm von Januar bis Juni 1946 belegt: „Universitätsprofessor Dr. Michael Müller, Grundgedanken der Sexualethik II; Dr. Georg Beck, Mittelalterliche Plastik in Franken und ihr metaphysischer Sinn I (mit Lichtbildern); Hochschulprofessor Dr. Ludwig Faulhaber, Offenbarung und Wissenschaft; Studienrat Karl Pfändtner, Der Christ in der Zeit I; Hochschulprofessor Dr. Vinzenz Rüfner, Die Stufenordnung in der Natur; Studienrat Karl Pfändtner, Der Christ in der Zeit II; Hochschulprofessor Dr. Vinzenz Rüfner, Der Mensch als geistiges Wesen; Studienrat Friedrich Deml, Möglichkeit und Gestalt eines neuen christlichen Menschen; Hochschulprofessor Dr. Vinzenz Rüfner, Christliche Geschichtsphilosophie; Hochschulprofessor Dr. Heinrich Meyer, Die Einheit der abendländischen Volksgemeinschaft in der bildenden Kunst II; Dr. Georg Beck, Kunstgeschichtliche Führung durch den Dom; Dr. Gerhard Kroll, Wertgefühl und Freiheit; Universitätsprofessor Dr. Ernst Zinner (Sternwarte Bamberg), Das Geheimnis der Sternenwelt (mit Lichtbildern); Dr. Gerhard Kroll, Das Bild vom christlichen Staat; Universitätsprofessor Dr. Ernst Zinner, Kopernikus und Kepler als Künder Gottes (mit Lichtbildern); Dr. Georg Beck, Kunstgeschichtliche Führung; Dozent Dr. Oskar Kühn, Die Abstammungslehre im Lichte der modernen Forschung I; Verena von Jerin und Adelheid Kroeber, Das Marienleben, mit Musik von Johann Sebastian Bach umrahmt; Dr. Georg Beck, Führung durch die Michelskirche; Dr.

[141] St. Heinrichsblatt vom 28. 10. 1945, 10. 11. 1946, 26. 1., 11. 5. (Zit.) 1947, 16. 1. 1949 (Zit.).

Georg Beck, Barock aus dem Dom; Theaterring, Sommerspielzeit: Goethe ‚Faust I', Molière ‚Der Geizige'."[142]

Um die Stammreferenten bildeten sich Kreise, die im christlichen Horizont eingesessene Bamberger und Neubürger beider Konfessionen verbanden. Ein Netz persönlicher Beziehungen auf der Grundlage gleichgerichteter Einstellungen entstand, das in der überschaubaren Mittelstadt für die gesellschaftliche Neuformierung nach dem Zusammenbruch der auf das NS-Regime bezogenen Loyalitäten und für die Verankerung der CSU erhebliche Bedeutung gewann. Kulturelle, ausgeprägt werthaltige Gemeinsamkeit führte aufgrund eines verbreiteten Bedürfnisses nach geistiger und ethischer „Versicherung" zugleich zu sozialer wie politischer Solidarität. Von der „Christlichen Kulturgemeinde" scheint so eine wichtige Kohäsionswirkung ausgegangen zu sein. Das Spektrum ihrer Mittel faßte eine Kulturwoche im Oktober 1946 eindrucksvoll zusammen: Es gab Predigten, Vorträge – wobei die Evangelische Gemeinde Gastgeber war – und „Aussprachen", eine Kunstausstellung und zweimal eine Aufführung der Laienspielschar des katholischen Kulturforums Nürnberg von Tolstois „Wovon die Menschen leben", als dessen Thema „die Orientierung des Christen in der Welt" genannt wurde. Der Schlußreferent sprach über das christliche Gewissen als „Schalthebel" für alle Kultur und „ewiges Heil". Sah man dies gefährdet, nahm man auch öffentlich Stellung wie 1947 mit einer an den Bamberger Landtagsabgeordneten, Ministerpräsident Ehard, gerichteten Resolution gegen die Lockerung des § 218 StGB[143].

Auf ähnliche Weise wurde katholische Kultur auch in anderen Städten organisiert, gleich umfangreich allerdings nur in Nürnberg. Dort, wo aufgrund der sozialen Zusammensetzung der Gemeinden ein so aufgeschlossenes Vortragspublikum wie in Bamberg fehlte, gewann das Theaterspiel besondere Bedeutung. Mit ihren religiösen Stücken bereiste die Nürnberger Katholische Spielschar auch die Diözese. U.a. wurden Max Mells „Apostelspiel", das christliche Volksschauspiel „Mariechen von Nymwegen", Calderons „Andacht zum Kreuz" und Altenhöfers „Der Sänger Gottes" gegeben. Viel breiter noch wirkten Filme wie „Das Lied der Bernadette", seit November 1948 ein Kassenschlager, oder einige Monate später „Das hohe Lied der Liebe". In solch seltenen Fällen schien das Medium, sonst als „Schule der Verführung" überwiegend abgelehnt, auch kirchlichen Kreisen zur religiösen Belebung geeignet. Ansonsten aber übte man Formen der Gebildeten- wie der Massenkultur entweder im Umkreis der Kirche selbst aus oder förderte sie, wenn sie christliche Werte im Sinn der kirchlichen Tradition vermittelten. Der katholische Kulturbegriff, weder elitär noch gar zweckfrei, sondern auf eine allen Schichten gleichartige Verhaltensprägung gerichtet, blieb mit seiner strikten Wertbindung, dem begrenzten Repertoire der Stoffe und Formen und der Distanz zu säkularer Kultur ästhetisch enger als der „klassische" bürgerliche, wirkte aber stabilisierend[144].

Die ihrer Fesseln ledige, politisch geförderte Kirche entfaltete in den Nachkriegsjahren pastoral, karitativ und kulturell durch ihre Priester und in Vereinen, für Einheimische wie Flüchtlinge eine lebhafte Aktivität, deren Wirkung sich allerdings nur

[142] Die Liste der Veranstaltungen nach Bamberger Pfarrblatt vom 20. 1., 27. 1., 3. 2., 10. 2., 17. 2., 3. 3., 17. 3., 24. 3., 31. 3., 5. 5., 26. 5., 2. 6., 16. 6. 1946; St. Heinrichsblatt vom 23. 6. 1946; mdl. Auskunft von Anton Hergenröder am 24. 7. 1986.

[143] Ebd. vom 17. 3., 18. 5., 27. 10. (Zit.) 1947.

[144] Ebd. vom 20. 1., 3. 3. 1946, 22. 6. 1947, 29. 6. 1948 (Zit.), 13. 2., 27. 2. 1949.

schwer ermessen läßt. Als Gesamtverhalten faßbar ist nach wie vor nur die durch Gottesdienstbesuch und Kommunionsteilnahme gemessene Kirchlichkeit. Dazu kommen die in Beispielen angeführten Beteiligungszahlen bzw. ungefähren Angaben über die Teilnehmer einzelner Feste, Wallfahrten und Versammlungen, über die Mitglieder von Organisationen, über die Empfänger bestimmter, hauptsächlich karitativer Leistungen. Der Vergleich dieser Zufallsdaten mit den statistischen Werten führt zu einem überraschenden Ergebnis. Erstere dokumentieren überfüllte Kirchen, endlose Prozessionen und von Tausenden begangene Feiern. Aus der Statistik ergibt sich ein anderes Bild. Die gemessene Kirchlichkeit, für die nach fünfjähriger Pause seit 1946 wieder Jahresdaten (siehe Tabelle) zur Verfügung stehen, setzt sowohl beim Kirchenbesuch als auch besonders bei der Teilnahme an der Osterkommunion noch unter den zuletzt erhobenen Werten von 1940 ein. Der Kirchenbesuch kommt 1947 fast wieder auf die Höhe von 1940, übersteigt sie aber erst 1949; die Osterkommunion bleibt auch noch 1949 niedriger. Beide erreichen bis 1949 die Werte des letzten Vorkriegsjahres nicht annähernd. Dagegen fällt der Vergleich mit dem Tiefstand Anfang der dreißiger Jahre gespalten aus. Der Kirchenbesuch, der von 1931 bis 1935 um 17 Prozent gestiegen und danach von einem relativ hohen Niveau gesunken war, lag von 1946 an etwas über dem von 1931. Die Osterkommunionsteilnahme jedoch, die seit 1930 – nur 1932/33 geringfügig unterbrochen – stetig zurückgegangen war, blieb bis 1949 deutlich unter der von 1931. So stieg die punktuell gezeigte Mindestkirchlichkeit zwar wieder etwas an, aber der bereits längerwährende Schwund wurde nicht ausgeglichen. Anders das statistische Mittel dauernder Kirchlichkeit: Sie überwand den Kriegseinbruch. Noch deutlicher zeigte eine solche Tendenz der zweite, besonders individuell bestimmte Indikator praktizierter Katholizität im Jahresverlauf, dic Durchschnittszahl der jährlichen Kommunionen: Sie lag bereits 1946 über dem Wert von 1940 und 1948 höher als in irgendeinem Jahr seit Anfang der dreißiger Jahre. Das galt für die Kommunionen in den Pfarreien ebenso wie für die Kommunionen in Klöstern und Wallfahrtskirchen. Die „regulären" in der Pfarrkirche nahmen dabei überdurchschnittlich zu, sie erreichten in der Stadt Bamberg und in 4 von 5 herangezogenen Dekanaten 1948 den höchsten Wert seit 1931, in Nürnberg-Fürth fast den Höchstwert von 1933 (die starke Abweichung im Dekanat Forchheim aufgrund einer sehr hohen Zahl von Kommunionen in Klöstern u. dgl. scheint lokal bedingt zu sein, wenn nicht schlicht ein Fehler vorliegt)[145].

Die niedrigen Werte unmittelbar nach dem Krieg erklären sich wohl einmal durch die vielfältigen äußeren Hemmnisse derart erfaßter, an eine gewisse Stabilität der Lebensverhältnisse gebundener Kirchlichkeit: Gefangenschaft, extreme, d.h. meist priesterlose Diaspora, hohe Mobilität, Überlastung durch Alltagsmühen. Mit der allmählichen Normalisierung konnte sie wieder zunehmen. Daß sie dennoch den Vorkriegsumfang nur bei der Kommunionshäufigkeit erreichte, beim Kirchenbesuch nicht mehr ganz und bei der Osterkommunion deutlich unter dem Vorkriegsniveau blieb, verweist auf tiefere Zusammenhänge. An der dokumentierten Mindestkirchlichkeit, bis Mitte der dreißiger Jahre bei etwa 60 Prozent, Ende der vierziger Jahre um 7–8 Prozent niedriger, zeigt sich, daß der unter dem antikirchlichen NS-Regime eingetre-

[145] Kirchliches Handbuch, Bd. 23, 1944–1951, S. 316f., S. 400f., S. 404f., S. 408f., S. 412f.

tene und vom Werteverfall im Krieg verstärkte Randverlust des Kirchenvolkes nur zum Teil wieder rückgängig gemacht werden konnte. Ein Indiz für die Grenzen des kirchlichen Einflusses war ferner die deutliche Zunahme der Mischehen, vor denen die Pfarrer eindringlich warnten. Auch die Zahl der Rücktritte in die katholische Kirche (siehe Tabelle) konnte die Positionsverluste nicht wettmachen. Sie war nur 1946 mit 3:2 höher als die der Austritte (für 1945 fehlen Zahlen). Ab 1947 standen bereits die Austritte wieder zusammen mit den ungefähr zahlengleichen Übertritten von Protestanten im Vordergrund – freilich nur etwa halb so häufig wie in der ersten Hälfte der dreißiger Jahre.

Mischehen in der Erzdiözese 1931–1949

Jahr	Kath. Trauungen insgesamt	Davon Mischehen mit kath. Partner[1]
1931	3855	22,9 %
1932	3791	23,6 %
1933	4380	24,1 %
1936	4256	21,5 %
1937	4391	19,4 %
1940	3752	24,4 %
1946	5731	30,6 %
1947	6251	27,5 %
1948	6403	27,6 %
1949	6136	26,2 %

[1]) Nicht enthalten sind die evangelisch oder nur standesamtlich getrauten Paare; 1932 z. B. wurden von den gemischten Paaren bei kath. Braut 51,6 %, bei kath. Bräutigam 33,5 % kath. getraut.

Quelle: Kirchliches Handbuch für das katholische Deutschland, hrsg. von der Zentralstelle für kirchliche Statistik des katholischen Deutschlands, Bd. 18, Köln 1933/34, S. 298 f., Bd. 19, 1935/36, S. 296, S. 310 f., Bd. 21, 1939/40, S. 288, Bd. 22, 1943, S. 20, S. 342 f., Bd. 23, 1944–1951, S. 399, S. 403, S. 407, S. 411.

Die sichtbare Belebung der Religiosität ging also offenbar mehr in die Tiefe als in die Breite. Sie erfaßte zwar, wie schon in den letzten Kriegsjahren, auch Indifferente oder Menschen mit schwacher Kirchlichkeit in Not und Verstörung. In erster Linie aber entfaltete sie sich in charakteristischer Abstufung unter den ohnehin Kirchenverbundenen. Ihr Engagement äußerte sich am stärksten in der Expressivität brauchhaft-liturgischer und festlicher Formen, im suggestiven Gemeinschaftserlebnis der Wallfahrten, Volksmissionen und großen Feiern. Auch der eucharistische Eifer steigerte sich merklich, wobei der Vergleich mit der Osterkommunion den Schluß nahelegt, daß die Zunahme der Kommunionen insgesamt hauptsächlich auf einer häufigeren Teilnahme der Kirchentreuen, nicht auf einer Ausdehnung des Kommunikantenkreises beruht. Am wenigsten stieg die Beteiligung am regulären Gottesdienst. Zwar bleibt, da für 1941–1945 Daten fehlen, unsicher, was an der Zunahme geäußerter Religiosität schon in den letzten Kriegsjahren ausgelöst, was durch die wiedergewonnene Kirchenfreiheit und die Bedürfnisse der Notzeit nach dem Krieg bedingt war. Deutlich jedoch ist, daß sie vorrangig in den emotional intensiven, den besonders bewegenden Formen stattfand und das überwiegend innerhalb des bewährten Kirchenvolks[146].

[146] Zu den Rücktritten, Austritten, Übertritten Kirchliches Handbuch, Bd. 23, 1944–1951, S. 317, S. 401, S. 405, S. 409, S. 413.

Daß die sinnenhafte Aneignung des Übersinnlichen bis zu Exaltationen erregt werden konnte, wie es in bedrängten Zeiten besonders leicht geschieht, zeigten die Vorgänge in Heroldsbach bei Forchheim im Herbst 1949. Dort hatten einige Kinder Marienvisionen. Die Kunde davon verbreitete sich wie ein Lauffeuer und zog schon nach wenigen Tagen 20000 und mehr Menschen täglich an. Wer dort nüchtern von Sinnestäuschung sprach und der Rückkehr zum religiösen „Alltag" das Wort redete, wurde von den glühend Wundergläubigen geradezu bedroht. Der Klerus der Gegend, aber auch hohe Bamberger Geistliche schienen zunächst an die Erscheinungen zu glauben. Die Kirchenzeitung dagegen berichtete sehr zurückhaltend, warnte vor „bloßer Sensationslust", und der „Domberg" distanzierte sich. Die Erregung im Kirchenvolk aber, wo viele diese Entscheidung nicht akzeptierten, klang lange nach[147].

Die gesteigerte Zuwendung zu den Heilsmitteln der Kirche und die hohe Popularität frommen Brauchtums waren nicht nur die religiöse Euphorie einer Ausnahmezeit. Dazu gründeten sie zu sehr in vitalen kirchlichen wie volksreligiösen Traditionen. Aber sie erfolgten vor allem in Formen, die zwar attraktiver, doch geltungslabiler waren als die allwöchentliche Gleichmäßigkeit der Gottesdienste. Ihre Stärke konnte zur Schwäche werden. Die neue Kirchlichkeit erfaßte nicht die ganze Gesellschaft, sondern gewann nur im bisherigen Einflußkreis der Kirche besondere Intensität. Der „religiöse Frühling" bestimmte geistig und sozialpsychologisch die Nachkriegsjahre sowohl im katholischen „Bamberger Land" wie in der nun stark vermehrten Diaspora wesentlich mit. Die erhoffte – und von manchen in den beschriebenen Symptomen bereits entdeckte – Wende, eine breite „Herzensreform im christlichen Sinn", blieb jedoch aus. So sehr die Erschütterungen jener Jahre die Kirchlichkeit fördern konnten – diese bot doch keineswegs den einzigen Weg zu einer wieder stabilen Orientierung. So erweiterte sich das Kirchenvolk wieder; die Kirche, die als Hauptgegner des Nationalsozialismus galt, erschien – oft in spektakulärer Öffentlichkeit – als Sieger vor der Geschichte. Doch die Säkularisierung, die in den Augen der Geistlichkeit zum Dritten Reich und zur deutschen Katastrophe geführt hatte, wurde durch kein neues christliches Zeitalter abgelöst. Die gesellschaftliche Stellung katholischer Weltanschauung, wie sie sich in Auseinandersetzung mit dem weltanschaulichen Liberalismus und infolge der Industrialisierung im späten 19. Jahrhundert gebildet hatte, veränderte sich nicht grundsätzlich – weder in der widrigen Lage vor 1945 noch in der günstigen danach. Offensichtlich entschieden über die Reichweite der Kirchenreligion langfristige sozio-kulturelle Prozesse, erst sekundär politisch verursachte Strömungen. Wo der „religiöse Frühling" neue Gruppen erfaßt hatte, sollte schon in der Normalität der fünfziger Jahre erneut ein Abbröckeln beginnen. Gleichzeitig wich dann auch im stabilen Kirchenvolk selbst die Aufbruchstimmung, das katholische Hochgefühl wieder vor einer selbstgenügsamen Kirchlichkeit fester Traditionskreise zurück[148].

[147] St. Heinrichsblatt u.a. vom 23. 10. (Zit.), 6. 11. 1949; mdl. Mitteilung von Philipp Schmitt am 13. 10. 1986 (der Journalist und Politiker: Diese Auseinandersetzungen „waren die schärfsten, die ich überhaupt erlebt habe").

[148] Vgl. Norbert Greinacher, Auf dem Weg zur Gemeindekirche. Die religiöse und gesellschaftliche Situation der deutschen Katholiken, in: Norbert Greinacher und Heinz Theo Risse (Hrsg.), Bilanz des deutschen Katholizismus, Mainz 1966, S. 15ff., als Beurteilung unmittelbar nach dem 2. Vaticanum. Pfarramt Burgebrach, Pfarrer Michael Schütz, „Predigt für Männer".

c) Katholische Politik

Der Geist christlichen Aufbruchs konnte sich bereits 1945 auch politisch äußern. Erstmals seit 1933 war wieder katholische Politik möglich. Wie in der von den Besatzungsmächten schrittweise freigegebenen politischen Arena katholische Werte und kirchliche Anliegen vertreten wurden, zeigte, bei aller grundsätzlichen Kontinuität des Anspruchs, die Veränderung der öffentlichen Einflußnahme der Kirche. Wo früher eine Konfessionspartei, der Kirche eng verbunden und personell mit ihr verschränkt, das „katholische Lager" repräsentiert hatte, gingen die katholischen Interessen nun in einer überkonfessionellen Partei ohne unmittelbare kirchliche Präsenz auf. Der politische Katholizismus erneuerte sich nicht mehr als „Bollwerk" der Kirche, sondern als kirchennahe Formierung innerhalb eines christlich-konservativen Zusammenschlusses. Indem er die Mauern des Zentrumsturmes endgültig sprengte, trug er am meisten dazu bei, daß von der politischen Ebene aus die gesellschaftliche Versäulung in „Lager" sich nicht fortsetzte. Dieser für Westdeutschland folgenreiche Neubeginn hatte kirchliche und politische Gründe. Die beschriebene Verkirchlichung, die „Konzentration nach innen" traf zusammen mit der den kirchenverbundenen Katholiken und Protestanten gemeinsamen Erfahrung der nationalsozialistischen Oppression sowie mit einem im Einflußkreis beider Kirchen starken Antisozialismus. So begann man politisch in überkonfessionellen Bahnen zu handeln. Katholische Politik emanzipierte sich von direktem Kircheneinfluß, wie er seit dem Entstehen katholischer politischer Vereine im 19. Jahrhundert bestanden hatte. Bei näherem Hinsehen verschwimmt allerdings diese institutionelle Abgrenzung. Außerdem wird deutlich, daß die Gründung der überkonfessionellen Union von der Bevölkerung in katholischen Stammgebieten und in der Diaspora unterschiedlich erlebt wurde. In beidem werden Kontinuitätslinien des politischen Katholizismus sichtbar und es zeigt sich: Die „Befindlichkeit" der katholischen Unions-Anhänger unterschied sich nicht so stark von derjenigen der in einer alten Parteitradition stehenden SPD-Anhänger, wie es der erste Blick suggeriert. Die politische Reform einer starken Tradition vollzog sich in der Bamberger Diözese sowohl in einer alten Hochburg des politischen Katholizismus, dem „Bamberger Land", als auch in der nicht nur religiösen, sondern bisher auch parteipolitischen Diasporasituation[149].

Im Sommer 1945, als in Bamberg Sozialdemokraten und Kommunisten rührig den Wiederaufbau ihrer Parteien betrieben, suchten im katholisch-konservativen Bereich mehrere Zirkel mit unterschiedlichen Konzeptionen Politik auf christlicher Grundlage einzuleiten. Auf die 1918 untergegangene Ordnung ausgerichtet war ein Kreis aus Mitgliedern des Deutschen Marien-Ritterordens, einer besonders in Adel und höherer Beamtenschaft einflußreichen (1939 verbotenen) Honoratiorenvereinigung. Hinzu kam eine weit gewichtigere Gruppierung um Prälat Georg Meixner, die Haupt-

[149] Grundlinien zieht Thomas Nipperdey, Christliche Parteien und Öffentlichkeit, in: Erhard Schreiber, Wolfgang R. Langenbucher und Walter Hömberg (Hrsg.), Kommunikation im Wandel der Gesellschaft. Otto B. Roegele zum 60. Geburtstag, Düsseldorf 1980, S. 233ff. Vgl. Maier, Politischer Weg, S. 190ff.; Spotts, Churches, S. 130ff., S. 249ff.; Anton Rauscher (Hrsg.), Kirche – Politik – Parteien, Köln 1974; David A. Seeber, Katholische Kirche und Staat in der Bundesrepublik, in: Georg Denzler (Hrsg.), Kirche und Staat auf Distanz. Historische und aktuelle Perspektiven, München 1977, S. 110ff.; Albrecht Langner (Hrsg.), Katholizismus im politischen System der Bundesrepublik 1949–1963, Paderborn 1978; Klaus Gotto, Gleiche Distanz zu allen Parteien? Die Kirche im Parteienstaat, in: Kehrt um und glaubt – erneuert die Welt. 87. Deutscher Katholikentag 1982. Vortragsreihen, Paderborn 1982, S. 321ff.

figur des politischen Katholizismus Weimarer Tradition seit dem Tode Johann Leichts. Ihr gehörten folgende Persönlichkeiten an: Luitpold Weegmann, bis 1934 Oberbürgermeister von Bamberg und nun von den Amerikanern wieder in dieses Amt eingesetzt, Geheimrat Dr. Lorenz Krapp, bis 1939 Präsident des Landgerichts Bamberg, der 1946 ein maßgebliches Mitglied der Verfassunggebenden Landesversammlung, dann Präsident des Oberlandesgerichts Bamberg werden sollte, Zahnarzt Dr. Georg Rattel, früher 2. Bürgermeister und BVP-Kreisvorsitzender, der ehemalige Geschäftsführer des St. Otto-Verlages Hans Rost und der ehemalige Direktor des Christlichen Bauernvereins Neppig. Diese durch Stellung und Prestige einflußreichen Männer repräsentierten die ganze Breite der Bamberger BVP-Tradition in Parlament und Presse, Kirche und Staatsverwaltung, Gemeinde und Verbänden. Ihnen kam es vor allem darauf an, die alten Fäden von vor 1933 wieder aufzunehmen.

Einen politischen Neubeginn dagegen wollte eine dritte Gruppe durchwegs jüngerer Männer wagen. In ihr verbanden sich höchst wirksam das Charisma des Jugendseelsorgers Jupp Schneider, der Elan seiner Anhänger aus der früheren Jugendbewegung, u.a. Diözesanjugendführer Emil Kemmer, der zunächst Priester hatte werden wollen, sich dann aber der Politik verschrieb und von 1949 bis 1965 Bamberger Bundestagsabgeordneter war, sowie Anton Hergenröder aus dem Bamberger mittelständischen Gewerbe und die überlegene Konzeptionskraft des aus dem Krieg nach Bamberg geratenen Schlesiers Dr. Kroll, eines philosophisch geschulten Wirtschaftsfachmannes. Ausschlaggebend wurde, daß sich die Reformdynamik dieses Kreises über die „Kirchenachse" der beiden Geistlichen Meixner und Schneider mit Einfluß und Ansehen der zweiten Gruppierung verband, die ihrerseits durch berufliche und private Kontakte den Marien-Ritter-Orden heranziehen konnte. Auf der Grundlage der als früher Programmskizze bekannt gewordenen „Bamberger Denkschrift zur Schaffung einer politischen Einheitsfront aller Christen Deutschlands" aus der Feder Krolls einigte man sich bis Ende August in mehreren Gesprächen – in der Wohnung Meixners oder bei Kroll – über politische Grundlinien und personelle Verantwortlichkeiten. Ein engerer Kreis, der aus Kroll, Meixner, Hergenröder, Schneider, Georg Rattel und Josef Rost bestand, bereitete dann die Gründung einer überkonfessionellen christlichen und demokratischen Partei vor. Von evangelischer Seite wurde dazu Diakon Hornig gewonnen[150].

Vor allem durch die Fürsprache der Witwe des Bamberger Märtyrers Hans Wölfel, die im Kreis der geforderten 30 Bürgen für den antinationalsozialistischen Charakter des Unternehmens einstand, konnte das „verhaltene Mißtrauen" der Besatzungsmacht gegenüber der Bamberger Initiativgruppe ausgeräumt werden, die schließlich die Bildung der Christlich-Sozialen Union für Bamberg-Stadt und Bamberg-Land genehmigte. Die Gründung fand, zugleich für Oberfranken, auf einer von Dr. Georg Rattel

[150] Josef Ludwig Lypp, Die Entstehungsgeschichte der Christlich-Sozialen Union in Bamberg, Soz.wiss. Diplomarbeit Bamberg 1983 (Ms); Georg Güttler, Die Entwicklung des CSU-Kreisverbandes Bamberg-Stadt (1945–1975), Pol.wiss. Zulassungsarbeit Bamberg 1976 (Ms); Anton Hergenröder, Rede zum 25jährigen Bestehen der CSU in Bamberg, 1971 (Ms); mdl. Auskunft von Anton Hergenröder am 24. 7. 1986 und Dr. Bruno Neundorfer am 12. 12. 1985. Zum Rahmen vgl. Alf Mintzel, Die CSU. Anatomie einer konservativen Partei 1945–1972, Opladen 1975, Kap. I–V; Karl Möckl, Die Struktur der Christlich-Sozialen Union in Bayern in den ersten Jahren ihrer Gründung, in: Zeitschrift für Bayerische Landesgeschichte 36 (1973), S. 719ff.; Klaus-Dietmar Henke und Hans Woller (Hrsg.), Lehrjahre der CSU. Eine Nachkriegspartei im Spiegel vertraulicher Berichte an die amerikanische Militärregierung, Stuttgart 1984; Woller, Gesellschaft und Politik, S. 187ff.

einberufenen Versammlung am 16. September statt. Die Teilnehmer der Gründungsversammlung kamen aus allen Schichten der Stadt – Beamte, gewerblicher Mittelstand, Gärtner, freie Berufe, Geistliche, Arbeiter –, zum Teil auch aus dem weiteren Umland; unter ihnen waren zahlreiche frühere BVP-Mitglieder. Ein Teil trat sogleich der neuen Partei bei. Man wählte Hergenröder und den evangelischen August Hornig zum 1. und 2. Vorsitzenden, geschäftsführender Vorsitzender wurde Dr. Kroll, den man als Flüchtling nicht an die Spitze setzen wollte. Auch ein erster finanzieller Grundstock wurde gelegt – durch Sammlungen bzw. Darlehen (später in Spenden umgewandelt) von je 100 Mark von Meixner, Hergenröder, August Hornig, Dr. Georg Rattel, Josef Thoma, einem Gärtnermeister u.a. Die Versammlung schloß mit dem Lied „Lobet den Herrn, den mächtigen König der Ehren!". Wie bei der Gründung der CSU spielten Geistliche auch eine wichtige Rolle bei ihrer Ausbreitung. Sie nahmen an den frühen Versammlungen auffallend zahlreich teil. In Kleinstadt und Dorf gaben sie offenbar häufig den Gründungsanstoß; sie beeinflußten auch die Zusammensetzung des Vorstands und in manchen Orten saßen sie sogar selbst im Vorstand. Ihr Beispiel half die verbreitete Abneigung gegen jedes Parteiengagement abzubauen. Pfarrer Michael Schütz etwa warb für die CSU nicht nur in seiner Pfarrei Burgebrach, sondern u.a. mit einer öffentlichen Rede in Kronach, wo er noch aus seiner Kaplanszeit Vertrauen besaß. Pfarrer Dr. Franz Vogl von Pegnitz fuhr, als er im Herbst 1945 von der CSU-Gründung hörte, nach Bamberg, um Dr. Kroll für einen Vortrag zu gewinnen. Er lenkte den Aufbau als „Geburtshelfer" und trat, als sich die Partei etabliert und ihre ersten Wahlerfolge errungen hatte, wieder in den Hintergrund[151].

Dies war typisch. Abgesehen von wenigen Aktivisten wie Pfarrer Georg Mann von Gaustadt bei Bamberg, der bald im Kreistag eine Rolle spielte, bevor er sich als Domkapitular ab 1949 zurückzog, nahm der Bamberger Pfarrklerus zwar in erheblichem Maß Partei und politischen Einfluß, er scheute sich aber Ämter und Mandate zu übernehmen. Prälat Meixner, bereits 1932/33 und nun ab 1946 Mitglied des bayerischen Landtags, blieb ein Sonderfall. Er war gewissermaßen ein Nachzügler – auch in den bayerischen Diözesen, wo Faulhaber den Artikel 32 des Reichskonkordates, der die Mitgliedschaft und Tätigkeit von Geistlichen in politischen Parteien ausschloß, nicht so streng auslegte wie die meisten Bischöfe in anderen deutschen Regionen. Nur in Bayern „politisierten" deshalb Anfang der fünfziger Jahre insgesamt fast 100 Priester in Kreistagen, Stadt- und Gemeinderäten. Auch dem 1. Bundestag gehörte mit Pfarrer Konrad Wittmann, einem Sudetendeutschen, der für die Wirtschaftliche Aufbau-Vereinigung (WAV) gewählt worden war und dann bei der CSU hospitierte, ein Priester der Bamberger Diözese an; er war jedoch lediglich ein Hinterbänkler. Bedeutung gewann allein Meixner, der seit 1951 die Fraktion der CSU im Bayerischen Landtag führte – zum Leidwesen der evangelischen Seite, die einen kirchlich weniger expo-

[151] Mdl. Auskunft von Anton Hergenröder am 24. 7. 1986 (Zit.) und Dr. Franz Vogl am 8. 8. 1986. CSU Bamberg an MilGov Bamberg am 25. 9. 1946: NA, RG 260, 9/88–3/18–19. Office of MilGov for Bavaria, Historical Report vom 1.–28. 2. 1946: IfZ-Archiv, Fg 3/2. Eine Liste der auf der Gründungsversammlung beigetretenen Mitglieder ist nicht überliefert. Die von Lypp, Entstehungsgeschichte, S. 23, aufgrund des Bamberger Volksblattes vom 24. 11. 1955 genannten Zahlen 120 und – nach wenigen Tagen – 500 sind zu hoch. Lt. MilGov Bamberg vom 9. 1. 1946 hatte die CSU Anfang 1946 133 Mitglieder (KPD 60, SPD 95), lt. Member-list vom 4. 5. 1946 284, erst im September lt. Member-list vom 30. 9. 1946 525 (SPD 1074, KPD 365, FDP 129). KPD bzw. SPD bzw. FDP an MilGov Bamberg am 2. 9., 30. 9., 2. 10. 1946: alle NA, RG 260, 9/88–3/18–19.

nierten Fraktionsvorsitzenden gewünscht hatte. Doch hinter dem politischen Prälaten standen keine politischen Kapläne mehr. So blieb auf der überregionalen Ebene der im Reichskonkordat fixierte Rückzug der Kirche aus der politischen Arena endgültig.

Informell bildeten jedoch Geistliche vom Domprälaten bis zum Dorfkaplan durch ihre Autorität und ihre Verbindungen ein gerade in der Aufbauphase der CSU wirkungsvolles Netz der Meinungsbildung und Organisationshilfe. In Bamberg waren von den im September 1946 eingetragenen 525 Mitgliedern 23 Priester, davon 8 hohe Geistliche (darunter der Domdekan und 5 Domkapitulare), 2 Professoren der Hochschule (einer, Joseph Schneider, wurde 1955 als Nachfolger Joseph Otto Kolbs Erzbischof), 3 Geistliche Räte, 8 Pfarrer bzw. Religionslehrer und 2 Kapläne sowie 1 Theologiestudent; ein gewisses kirchliches Ansehen hatten auch die drei Mesner bzw. Organisten. In den 20 für Bamberg-Land aufgeführten Obmannschaften bzw. Ortsvereinen fanden sich unter 542 Mitgliedern 10 Priester und 1 Mesner. Diese Geistlichen waren in der Regel auch politische Meinungsführer; Leitfiguren wie ihre Vorgänger, die seit dem Kulturkampf aktive Interessenvertreter vor allem der bäuerlichen Bevölkerung gewesen waren, wurden sie freilich nicht mehr[152].

Die CSU erschien so in den Augen der katholischen Bevölkerung eigenständiger gegenüber der Kirche; die Zustimmung zu ihrer Überkonfessionalität wurde dadurch erleichtert. Der großen Mehrheit der potentiellen Wähler war allerdings der bedeutsame grundsätzliche Vorgang wohl weniger bewußt, daß nämlich politischer Katholizismus und protestantischer Konservatismus als zwei nach Interessen und Stil unterschiedliche weltanschauliche Richtungen sich nun zusammentaten und damit die historische Zweiteilung Frankens gleichsam politisch überwunden wurde. Für die breite Bevölkerung bedeutsamer war ganz konkret die Akzeptanz „der Evangelischen" als Anhänger derselben politischen Überzeugungen und Identifikationsfiguren. Diese Überwindung kultureller Fremdheit vollzog sich in der Diözese je nach Umgebung sehr verschieden. Zwar gehörten Protestanten, da es durch Evakuierte und Flüchtlinge kaum mehr konfessionell geschlossene Gemeinden gab, nun fast überall zur alltäglichen Erfahrungswelt. Dennoch blieben sie im „Bamberger Land" in der Regel so weit Minderheit und – zumal im Dorf – sozial zweitrangig, war katholische Mentalität hier noch so vorherrschend, daß sich die CSU in einer gegenüber der BVP nur graduell veränderten Situation befand. Hier sah man in ihr primär eine katholische Partei, erweitert um einige Protestanten und zunehmend durchsetzt mit Flüchtlingen, die eher Argwohn weckten. Die Zusammensetzung des Bamberger Vorstandes bestätigte dieses Bild: Ihm gehörten durchweg angesehene Katholiken und lediglich ein sozial relativ rangniedriges evangelisches Mitglied an. Lebensweltlich in sicherer Katholizität verankert, konnte man die überkonfessionelle Partei als Konsequenz einer politisch umwälzenden Zeit generell annehmen, ohne daß die eigene gewohnte Haltung wesentlich betroffen wurde.

In der Diaspora hingegen wurde die Vereinigung von Katholiken und Protestanten in der CSU als wirkliche Novität empfunden. Die CSU fand dort zwar leicht Eingang,

[152] Errechnet nach member-lists Christlich-Soziale Union Bamberg-Stadt vom Februar, April–Sept. 1946, Bamberg-Land April–Sept. 1946: NA, RG 260, 9/88–3/18–19. Die Zahlen der „geistlichen Parlamentarier" bei Rudolf Morsey, Katholizismus und Unionsparteien in der Ära Adenauer, in: Albrecht Langner (Hrsg.), Katholizismus im politischen System der Bundesrepublik 1949–1963, Paderborn 1978, S. 33 ff., bes. S. 43 f.

weil nicht erst eine starke, sich selbst genügende Katholizität gewonnen werden mußte. Widerstände gab es freilich auch, denn die katholische Minderheit fürchtete eine politische Unterlegenheit, die protestantische Seite Terrainverluste in einer Partei, die aufgrund der starken personellen Kontinuität zur BVP als eine vorherrschend katholische erschien. Deshalb platzte z.B. in Pegnitz eine paritätische Liste für die erste Gemeindewahl. Auf die Dauer bestand die Partei jedoch gerade in solcher Umgebung ihre Bewährungsprobe. Gerade in Pegnitz etwa gewann die katholische Minderheit, die sozial noch lange nicht zum angesehenen evangelischen Bürgertum aufgeschlossen hatte, durch die politische Gemeinsamkeit mit der prestigestärkeren Mehrheit Selbstbewußtsein. Und das nationalsozialistisch durchsetzte evangelische Bürgertum konnte sich in der Verbindung mit dem resistent-stolzen Katholizismus politisch entlastet fühlen[153].

Ob mehr in Anknüpfung an eine ungebrochene BVP-Tradition, ob mehr in interkonfessioneller Partnerschaft – die Autorität der Werber für die Union, darunter nicht wenige Priester, war in der katholischen Bevölkerung ohne ernsthafte Konkurrenz. So übertraf die CSU bei der Gemeindewahl (Gemeinden bis 20000 Einwohner) vom 27. Januar sowie der Landkreiswahl und Stadtkreiswahl vom 28. April bzw. 26. Mai 1946 mit bis zu 90 Prozent auf dem Land und 60 Prozent z.B. in Bamberg die besten Ergebnisse der BVP. Die SPD mit höchstens einem Drittel der Stimmen sowie die Splitterparteien KPD und Liberal-Demokratische bzw. Freie Demokratische Partei blieben demgegenüber weit zurück. Auch in vorwiegend evangelischen Gebieten erreichte die CSU auf dem Land meist die Mehrheit und in den Städten immerhin nach der SPD den zweiten Platz weit vor LDP/FDP und KPD. Die bäuerlich-bürgerliche christliche Integrationspartei, erst vor einem halben Jahr gegründet, schien als Volkspartei ein glänzender Erfolg zu werden. Zu ihrem von der BVP übernommenen Kern – „The church and farmers stood firm behind the union" – waren überraschenderweise breite Wählerschichten anderer Tradition gestoßen.

In der Wahl zur Verfassunggebenden Landesversammlung am 30. Juni und mehr noch in der Landtagswahl am 1. Dezember 1946 begannen jedoch andere Parteien die überragende Stellung der Union in der nichtsozialistischen Wählerschaft abzubauen. Die erst nach CSU, SPD und KPD zugelassene FDP festigte sich und errang auch im katholischen Bereich, besonders im Bürgertum, teilweise über 10 Prozent der Stimmen. In der wirtschaftlichen Misere erzielte auch die Wirtschaftliche Aufbau-Vereinigung, die demagogische „Loritz-Partei", als Protestpartei ihre ersten größeren Stimmengewinne. Die Gemeinde-, Landkreis- und Stadtkreiswahlen am 25. April bzw. 30. Mai 1948 reduzierten dann den CSU-Anteil drastisch, oft auf die Hälfte. Flüchtlingsgruppen, die erstmals auftraten, zogen meist über 10 Prozent – in Bamberg 13 bzw. 14 Prozent –, ja teilweise über 20 Prozent der Wähler – wie in den Landkreisen Staffelstein und Lichtenfels – auf sich. Zugleich setzte die steile Erfolgskurve der Bayernpartei vornehmlich in bäuerlich-kleingewerblicher katholischer Lebenswelt ein: Im Gebiet Forchheim-Höchstadt z.B. erhielt sie 8 Prozent, in der Stadt Bamberg 26 Prozent der Stimmen.

Die CSU unter der Führung Josef Müllers schien hier vielen den Besitzstand gegenüber den Flüchtlingen nicht ausreichend zu verteidigen und die katholischen Interes-

[153] Mdl. Auskunft von Anton Hergenröder am 24. 7. 1986 und Dr. Franz Vogl am 8. 8. 1986.

Wahlergebnisse 1946–1950 in 6 Stimmkreisen Oberfrankens und in Nürnberg

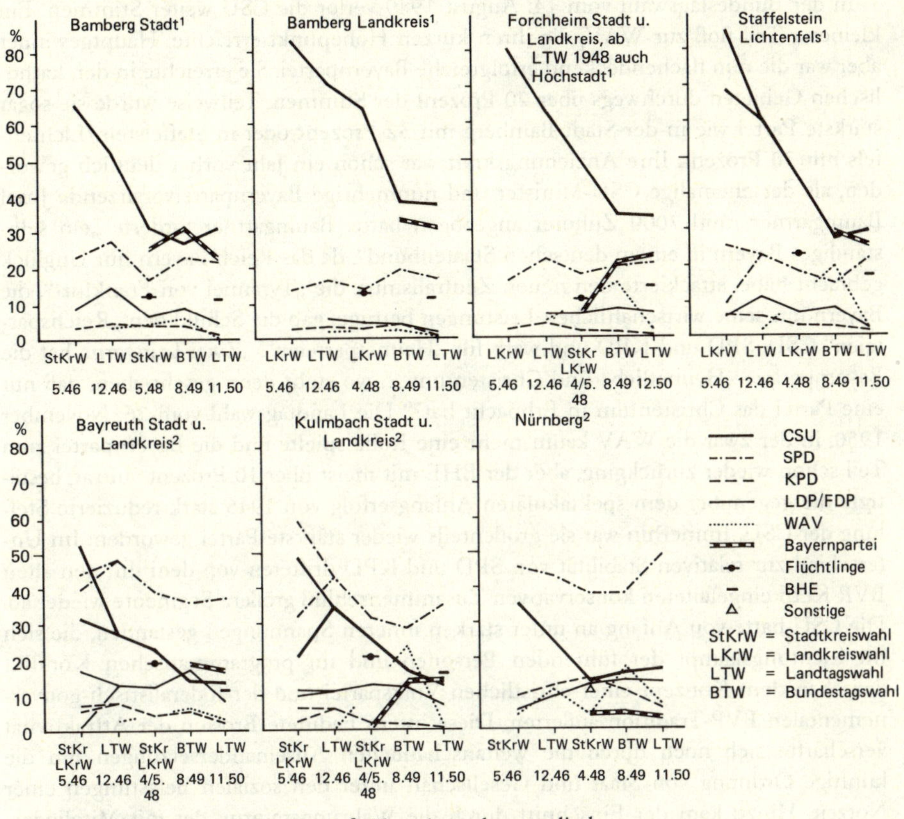

¹) überwiegend katholisch ²) überwiegend evangelisch

Quelle: Statistisches Jahrbuch für Bayern, Bd. 23, 1947, S. 310ff., Bd. 24, 1952, S. 440ff.

sen, einen ausgeprägten Föderalismus und latenten Monarchismus nicht genügend zu vertreten. Hinzu kam die Verärgerung über die Flügelkämpfe, diese „personellen Machtkämpfe" an der Parteispitze, statt sich „für das Volkswohl einzusetzen". Außerdem waren die nach dem Sieg der CSU in der Landtagswahl von 1946 gehegten Erwartungen, die Partei werde „dem wirtschaftlichen Niedergang energisch entgegentreten", enttäuscht worden. Die Erregung war im traditionellen Armutsgebiet auf dem Jura östlich von Bamberg wie in Wattendorf oder Teuchatz besonders groß. In diese Dörfer wagten sich nur noch mutige Redner der CSU; Meixner ließ sich dort nicht mehr sehen, weil ihm die Versammlungen zu unwürdig verliefen. Die von der Union zunächst kühn überwölbten Unterschiede der Konfession, der sozialen Lage und des kulturellen Profils brachen wieder durch, als die Wirklichkeit, vor allem die ökonomische, hinter den Aufstiegshoffnungen zurückblieb und die Partei, ohne umgreifende

Tradition und stabile Organisation, sich im Streit um Kurs und Macht, um Föderalismus und „Reichstreue", um Kirchennähe und BVP-Tradition entzweite[154].

In der Bundestagswahl vom 14. August 1949 verlor die CSU weiter Stimmen. Ein kleinerer Teil floß zur WAV, die ihren kurzen Höhepunkt erreichte. Hauptgewinner aber war die nun flächendeckend erfolgreiche Bayernpartei. Sie erreichte in den katholischen Gebieten durchwegs über 20 Prozent der Stimmen. Teilweise wurde sie sogar stärkste Partei wie in der Stadt Bamberg mit 32 Prozent oder in Staffelstein/Lichtenfels mit 30 Prozent. Ihre Anziehungskraft war schon ein Jahr vorher deutlich geworden, als der ehemalige CSU-Minister und nunmehrige Bayernparteivorsitzende Josef Baumgartner rund 7000 Zuhörer angezogen hatte. Baumgartner forderte „ein selbständiges Bayern in einem deutschen Staatenbund", da das Reich Bayern nur Unglück gebracht habe, attackierte den neuen Zentralismus, die „Tyrannei von Frankfurt", die Bayern um seine wirtschaftlichen Leistungen betrüge, gab die Schuld den „Reichsparteien" CSU, SPD und KPD und warb für „Heimatparteien". „Zwei Leitsterne hat die Bayernpartei – Heimatliebe und Christentum ... wo steht denn geschrieben, daß nur eine Partei das Christentum in Erbpacht hat?" Die Landtagswahl vom 26. November 1950, in der zwar die WAV kaum mehr eine Rolle spielte und die Bayernpartei zum Teil schon wieder zurückging, aber der BHE mit meist über 10 Prozent auftrat, bestätigte die gegenüber dem spektakulären Anfangserfolg von 1946 stark reduzierte Stellung der CSU. Immerhin war sie großenteils wieder stärkste Partei geworden. Im Unterschied zur relativen Stabilität von SPD und KPD drifteten von dem um den alten BVP-Kern eingeleiteten konservativen Zusammenschluß größere Segmente wieder ab. Die CSU hatte von Anfang an unter starken inneren Spannungen gestanden, die sich im Richtungskampf der führenden Personen und im programmatischen Konflikt zwischen dem Konzept einer christlichen Volkspartei und der föderalistisch-gouvernementalen BVP-Tradition äußerten. Diese intern bedingte Erosion der Attraktivität verschärfte sich noch durch die weltanschaulichen Auseinandersetzungen um die künftige Ordnung von Staat und Gesellschaft unter den sozialen Belastungen einer Notzeit. Hinzu kam der Einschnitt durch die Währungsreform, der mit Mitgliederschwund und dem Zwang zum Personalabbau alle Parteien institutionell schwächte. In Oberfranken konnte der Richtungskonflikt rascher als anderswo geglättet werden. Das annähernde konfessionelle Gleichgewicht im Regierungsbezirk zwang, da die Evangelischen keine realistische Parteialternative sahen, zum Kompromiß. Er wurde dadurch erleichtert, daß die BVP-Tradition hier konzilianter war als in Altbayern. Außerdem konnte Ministerpräsident Ehard als Integrationsfigur kraft Staatsamt in Bamberg, das er im Landtag vertrat, und im „Bamberger Land" über den Lokalpatriotismus besonders wirken. Schließlich vermittelte Hergenröder zwischen den katholischen und evangelischen Interessen. Und der Autorität Meixners, für die Katholiken „unser Prälat", hatte man auf evangelischer Seite nichts entgegenzustellen. Das sicherte dem Schäffer-Kurs eine Mehrheit unter den katholischen politischen Honoratioren. Den-

[154] Statistisches Jahrbuch für Bayern, Bd. 23, 1947, S. 304 ff., Bd. 24, 1952, S. 429 ff. Office of MilGov for Bavaria, Annual Historical Report vom 1. 7. 1945–30. 6. 1946, S. 33 (Zit.): IfZ-Archiv, Fg 01/1. Stadt Bamberg an MilGov Bamberg vom 13. 12. 1946 sowie Landratsamt Bamberg an MilGov Bamberg am 11. 12. 1946 (Zit.), 22. 1. 1947: NA, RG 260, 9/90–1/3–4; NA, RG 260, 9/90–1/8–10. Vgl. Ilse Unger, Die Bayernpartei. Geschichte und Struktur 1945–1957, Stuttgart 1979, S. 93 ff.; Hans Woller, Die Loritz-Partei. Geschichte, Struktur und Politik der Wirtschaftlichen Aufbau-Vereinigung (WAV) 1945–1955, Stuttgart 1982; Woller, Gesellschaft und Politik, S. 198 ff., S. 217 ff.

noch hatte die Tatsache, daß die CSU jahrelang ein Bild der Zerrissenheit bot, auch hier ihre Wirkung auf die Wähler, wie sich nicht zuletzt in den Erfolgen der Bayernpartei zeigte.

Die Kirche hatte den Niedergang der CSU trotz kräftiger Unterstützung nicht aufzuhalten vermocht. Die Verkirchlichung des Katholizismus, das Fehlen einer starken verbandskatholischen Klammer und zum Teil auch der überkonfessionelle Charakter der Union hatten die politische Kirchenbindung so weit gelockert, daß eine andere christliche Partei katholischer Färbung ebenso wählbar wurde. Die Erfolge der Bayernpartei im katholischen Oberfranken standen denen in Altbayern kaum nach. Auch hier sympathisierten manche Geistliche mit der Bayernpartei, die die Gefährdung der überkommenen Ordnung im Dorf durch die Fremden scharf anprangerte, eine Wiederkehr der Monarchie in Aussicht stellte und sich dezidiert bäuerlich, konservativ und antisozialistisch gab. Möglich war dies und möglich war der Wählerwechsel zwischen CSU und Bayernpartei, weil beide Parteien sich auf dieselben Grundwerte beriefen. Formell wahrte deshalb die Amtskirche Äquidistanz; faktisch hielt sie freilich zur CSU. Das hatte aber weniger programmatische Gründe, sondern entsprang dem Interesse der Kirche an einer einheitlichen Politik, die durch die bereits etablierte CSU eher gewährleistet schien als durch die erst in den Anfängen stehende Bayernpartei[155].

Die kirchlich vermittelten Ordnungsvorstellungen ergaben sich aus den im 19. Jahrhundert gegenüber modernem Staat und säkularisierter Gesellschaft formulierten Leitforderungen, der deutschen Lage nach dem Zusammenbruch und dem aktuellen Feindbild. Ausgangspunkt blieb der neuzeitliche Abfall von Gott, der mit selbstherrlichem Humanismus, Naturalismus und Materialismus den Menschen zum Maß gemacht, christliches Naturrecht zerstört und schließlich zu Terror und totalem Krieg geführt habe. Nun, nach dem Ende des „Dritten Reiches" und dem Vordringen der Sowjetunion nach Mitteleuropa sah man die Hauptgefahr ganz in der Bedrohung der „christlichen Kultur des Abendlandes" aus dem Osten. Moskau war der Widerpart Roms, der Kommunismus der Feind schlechthin. Seine Niederlage in Italien 1948 erschien als historischer Sieg des Christentums, seine Machtausweitung in Osteuropa – aus Ungarn, Jugoslawien, der Tschechoslowakei wurde Dramatisches berichtet – als historische Katastrophe. Vom Kommunismus wurde die deutsche Sozialdemokratie, die man partiell als soziale Reformkraft anerkannte, durchaus getrennt. Insofern honorierte die Kirche den nach vorübergehender Kooperationseuphorie harten Schnitt, den die SPD zur KPD zog. Doch blieb der Sozialdemokratie der Makel der Entstehung aus atheistischer Wurzel und der Klassenkampfhaltung. In dem „gewaltigen Kampf zwischen christlicher Überlieferung und gottlosem Materialismus", wie das „St. Heinrichsblatt" aus einer Nürnberger Rede des bayerischen Kultusministers Alois Hundhammer zitierte, stand sie für die Kirche auf der anderen Seite; lediglich im Umkreis der Arbeitervereine dachte man stärker von pragmatischen Gemeinsamkeiten her. Die SPD war für diejenigen nicht wählbar, die der Erzbischof in seinem Hir-

[155] Statistisches Jahrbuch für Bayern, Bd. 24, 1952. Stadt Bamberg an MilGov Bamberg am 1. 4. 1946: NA, RG 260, 9/88–3/18–19. Information Control Division Bamberg, Report über BP-Kundgebung vom 23. 8. 1948 (Zit.): NA, RG 260, 9/91–3/5–6. Klaus Gotto, Die deutschen Katholiken und die Wahlen in der Adenauerära, in: Albrecht Langner (Hrsg.), Katholizismus im politischen System der Bundesrepublik 1949–1963, Paderborn 1978, S. 7 ff.

tenwort zur Landtagswahl am 1. Dezember 1946 ermahnte: „1. Erfüllet alle euere Wahlpflicht! ... 2. Wählt Männer, die bereit sind bei ihrer politischen Tätigkeit die christlichen Grundsätze zu vertreten ..."[156]

Vor jeder Wahl übte die Kirche derart durch Kanzel und Presse ihren Anspruch aus, das Kirchenvolk umfassend zu orientieren. Die Prinzipien, die den christlichen Wähler leiten sollten, betrafen hauptsächlich „die Heilighaltung der Feiertage, ... die Ehe, die Familie, die Schule, ... eine Regelung der mannigfachen sozialen Verhältnisse nach den Grundsätzen der Gerechtigkeit und Billigkeit". Dem entsprach zunächst nur die CSU, dann aber grundsätzlich auch die Bayernpartei. Wie kirchlicherseits „vor Ort" für die Union geworben wurde, läßt sich z. B. aus einer Rede von Pfarrer Schütz 1946 über den Wiederaufbau Deutschlands ablesen:

„Erstehen müssen wieder die Dorf- und Stadtgemeinschaften, erstehen müssen wieder Bayern und ... vor allem ein neues deutsches Reich, gesund und kraftvoll, geachtet im Kreis der Völker, ein Hort der Freiheit ... Denn ohne diesen Neuaufbau können wir einfach als Volk nicht leben, und uns auch den Platz an der Sonne nicht wieder gewinnen, der unserem Volke aufgrund seiner glorreichen Geschichte gebührt ... kann nur eine Christliche Demokratie auf die Dauer eine gute und echte Demokratie sein. Denn jede andere Demokratie, die nicht von christlicher Haltung durchtränkt ist, hat unweigerlich die Tendenz ... in die krasseste Diktatur auszuarten ... Eine Christliche Demokratie können nur Parteien aufbauen, welche den Bekennermut aufbringen, auch das Wort ‚Christlich' auf ihre Fahne zu schreiben ... tut eine große christliche Sammelpartei not, die ganz bewußt als neue und junge Bewegung auftritt ... ohne Rücksicht auf Konfession oder Rasse, Stand oder Klasse, Bildung oder Vermögen ... Mit der Gründung der Christlichen Union ... ist ein Stern erster Ordnung am dunklen Nachthimmel der Zeit aufgegangen ... Wir können keine christlichen Splitterparteien mehr brauchen! Auch keine christlich-demokratische Königspartei! ... In meinem Herzen bin ich Monarchist ... Aber ich wehre mich leidenschaftlich dagegen, den Königsgedanken durch eine eigene politische Partei zu vertreten ... Was hilft es uns, wenn bei den kommenden Landtagswahlen ... infolge der Zersplitterung auf unserer Seite die Sozialdemokratie die weitaus stärkste Partei würde? Überdies: wer es wirklich mit einer künftigen Monarchie in Bayern ernst meint, der kann nicht zulassen, daß der Königsgedanke mit dem jetzigen Trümmerhaufen belastet wird."[157]

Die Kirche stimmte der Politik der CSU freilich nicht immer zu. Mehr als in Kaiserreich und Weimarer Republik vermochte die Kirche nun aufgrund ihrer gestärkten öffentlichen Stellung ihre weltlichen Interessen auch ohne Vermittler zu vertreten. Sie mußte, nachdem kein politischer Katholizismus alter Art mehr bestand, nicht nur verstärkt für sich selbst sprechen, sie konnte es auch. Wenn sie ihre Grundsätze rechter Ordnung betonte, stärkte das einerseits die Position der Union, barg aber auch, falls sich die Kirche von der CSU enttäuscht sah, innerkatholische Spannungen in sich. Beides zeigte sich, als mit wachsender politischer Selbstverantwortung der Deutschen, vor allem in der Vorbereitung eines westdeutschen Staates, auch der Kircheneinfluß

[156] St. Heinrichsblatt vom 11. 6. 1947 (Pfingstpredigt von Bischof Muench im Dom), 28. 3. (Zit.), 9. 5., 29. 8., 3. 10. (Zit.) 1948, 6. 2., 26. 6. 1949. Vgl. Spotts, Churches, S. 278 ff.; Jürgen Aretz, Katholizismus und deutsche Sozialdemokratie 1949–1963, in: Albrecht Langner (Hrsg.), Katholizismus im politischen System der Bundesrepublik 1949–1963, Paderborn 1978.

[157] St. Heinrichsblatt vom 1. 12. 1946 (Zit.), 14. 8. 1949; Pfarramt Burgebrach, Pfarrer Michael Schütz, „Christlich-soziale Union" (Zit.).

politischer wurde. Die Währungsreform fand, nach dem Maßstab der katholischen Soziallehre, wegen ihrer „erheblichen Härten" herbe Kritik.

Seit Anfang 1949 mahnte dann das „St. Heinrichsblatt": „Katholisches Volk, hab Acht auf Bonn!" Es pochte als „unveräußerliche Grundrechte" einer Verfassung auf das Recht auf Leben, den Schutz von Ehe und Familie, Elternrecht und sittlich-religiöse Bindung von Kunst und Presse sowie das „Selbstbestimmungsrecht" und die „Eigenhoheit" der Kirche, welche FDP, SPD und KPD durch Nichtanerkennung des Reichskonkordats angeblich einschränken wollten. Leben und körperliche Unversehrtheit wurden sowohl gegen totalitären Terror wie, als Schutz ungeborenen Lebens, gegen eine säkulare körperliche Selbstverfügung durch bürgerlichen Individualismus und sozialistischen Kollektivismus verteidigt. So wie dazu die angeprangerte Abtreibungsflut der Nachkriegsjahre ein konkretes Verfallsbild bot, so führte der Anstieg der Scheidungen (z.B. in Bamberg 1938 52, 1947 344) zu Forderungen nach einer „Rettung der christlichen Familie", dieses „Ecksteins des Neubaues", vor Materialismus und Vitalismus. Gerade dabei konnte man mit einem breiten Echo rechnen. Denn Promiskuität und Prostitution, die im Krieg und noch mehr danach durch Militär, hohe Mobilität und Not stiegen, erregten über kirchliche Kreise hinaus Anstoß. In und um Bamberg, wo eine starke US-Garnison lag, wurden 1945 bis 1947 nach MP-Razzien wöchentlich mindestens 20 bis 30, aber auch über 100 Frauen wegen Verdachts auf Geschlechtskrankheiten in zwei eigens eingerichtete Geschlechtskrankenhäuser eingeliefert. Das gab der Moralpredigt und praktischen Maßnahmen wie der Eröffnung eines Heimes für betreuungsbedürftige weibliche Jugendliche 1946 drastische Belege. Die Forderung nach dem Elternrecht, d.h. nach der Konfessionsschule, zog Überzeugungskraft aus dem Elternwiderstand gegen die NS-Schulpolitik. Die von der Kirche seit dem Entstehen autonomer Kunst und Öffentlichkeit stets erhobene Forderung nach deren ethischer Begrenzung fand zahlreiche Anlässe, als es nach dem Ende der NS-Zensur in Kino, Theater und Literatur wieder etwas freizügiger zuging[158].

Entsprechend der Erfüllung der Hauptforderungen fielen die Reaktion auf das Grundgesetz und die Appelle zur ersten Bundestagswahl aus. Das Grundgesetz galt, trotz der Erwähnung Gottes in der Präambel, mit seiner „nicht von Gott, sondern vom Volke" abgeleiteten Staatsgewalt als Ordnung aus „rein irdischem Geist". Dem kirchlichen Ideal freilich konnte die Wirklichkeit nicht entsprechen; auch die Mehrheit der Unionspolitiker verfocht es nicht. Es stand den meisten Bischöfen, auch Joseph Otto Kolb, klar vor Augen, daß ein „Christlicher Staat", daß die Aufhebung der Säkularisierung des Staates und die verfassungsrechtliche Umsetzung einer religiösen Aufbruchstimmung ohne Chance war angesichts der Vorgaben der Besatzungsmächte und des politischen Bewußtseins der Deutschen. Realistische Ansprüche konnte die Kirche allein bei der institutionellen Konkretion christlicher Werte im einzelnen stellen. So nahm man den Grundcharakter der Verfassung hin. Mehrere ihrer Artikel aber nannte man „für die Katholiken, ja überhaupt für die weitesten Kreise des christlichen Volkes, eine schwere Enttäuschung". In ihrer im „St. Heinrichsblatt" zitierten Stellungnahme erklärten die deutschen Bischöfe das Grundgesetz als dringend revisionsbe-

[158] St. Heinrichsblatt vom 2. 12. 1945, 23. 6., 22. 9. (Zit.), 17. 11. 1946, 12. 1. (Zit.), 16. 3. 1947, 1. 8. (Zit.) 1948, 2. 1., 23. 1. (Zit.), 6. 2., 20. 2. 1949. Stadt Bamberg an MilGov Bamberg am 12. 8. 1946 sowie Landratsamt Bamberg an MilGov Bamberg am 5. 6. 1946: NA, RG 260, 9/90–1/3–4.

dürftig vor allem wegen der Mißachtung der „wesentlichsten Forderung, ... des vollen Elternrechts gegenüber den staatlichen Pflichtschulen". Die Konfessionsschule, die garantierte Mitwirkung bei der allgemeinen Volksbildung, war nach den Erfahrungen mit einem kräftigen Laizismus in der Weimarer Zeit und mit der Schulpolitik des „Dritten Reiches" der zentrale politische Anspruch der katholischen Kirche; in der Auseinandersetzung um ihn spiegelt sich geradezu der Nachkriegskatholizismus[159].

Die Kirche sah in der von den laizistischen Parteien favorisierten Simultanschule eine „Vergewaltigung des Gewissens der christlichen Eltern". Im „Schulkampf in Nürnberg", dem spektakulärsten Fall in der Diözese Bamberg, prallten die Gegensätze besonders hart aufeinander. In Nürnberg herrschte noch 1949 aufgrund großer Raumnot die Simultanschule. Als das Kultusministerium den Wiederaufbau der von der bayerischen Verfassung zur Regelschule erklärten Bekenntnisschule durch freie Elternwahl zunächst für die 1. Klasse anordnete, lehnte das der Stadtrat, in dem SPD, KPD und FDP eine Zweidrittelmehrheit besaßen, ab. Er stützte sich dabei auf eine öffentliche Kampagne gegen „Hundhammer-Diktate" aus München, die beim städtischen Selbstbewußtsein ansetzte. Massiver Elternprotest, eine von den Kanzeln verlesene feierliche Verwahrung des Nürnberger Klerus und die Erregung der katholischen Öffentlichkeit über einen „Zustand, wie ihn der Nationalsozialismus mit den Mitteln der Täuschung, der Drohung und des Zwangs einführte", ließen das Ministerium seine Anordnung wiederholen. 33 Prozent der Schulanfänger wurden daraufhin für die Bekenntnisschule angemeldet, bei den Katholiken 50 Prozent. Besondere Schärfe bekamen die Nürnberger Ereignisse durch das Engagement des inzwischen überregional prominenten Bamberger Liberalen Thomas Dehler, der in einer Schweinfurter Rede die „Machtgelüste" der Kirche mit Beispielen von Gregor VII. bis Faulhaber anprangerte. Das „St. Heinrichsblatt" rückte ihn daraufhin in die Nähe nationalsozialistischer Kirchenfeinde. Man mobilisierte außerdem das Kirchenvolk gegen den liberalen „Individualismus, der radikal zu Ende gedacht zur Auflösung aller gesellschaftlichen Ordnung führt" und gegen den „Marxismus, dem der Einzelne nichts und die Masse alles bedeutet, der für religiöse, sittliche und rechtliche Normen keinerlei Verständnis aufzubringen vermag". In ihrem Hirtenwort zur Bundestagswahl schärften die bayerischen Bischöfe noch einmal „strenge" Wahlpflicht ein und erinnerten an den „Maßstab des christl. Gewissens", der Kandidaten ausschließe, die gegen „das Recht der Religion und Freiheit der Kirche im öffentlichen Leben", gegen den staatlichen Schutz von Ehe und Familie und gegen die Bekenntnisschule seien[160].

CSU und Bayernpartei erreichten in den katholischen Gebieten zusammen einen Wähleranteil, der über dem der praktizierenden Katholiken lag. Die Kirche bestimmte also nach wie vor die politische Grundorientierung des Kirchenvolkes; aber sie konnte dieses nicht mehr in dem Umfang wie früher parteipolitisch binden. Kirchentreue mußte nicht Parteitreue bedingen. Soziale Interessen, Angst um die eigene Identität und Verwirrung über den Standort einer zerstrittenen Partei ließen eine Protestwahl auch gegen die amtskirchliche Präferenz zu. Solche Emanzipation in weltlichen Dingen war die Kehrseite der Verkirchlichung des Katholizismus. Indiz einer

[159] St. Heinrichsblatt vom 22. 5. (Zit.), 5. 6. (Zit.), 1949. Vgl. van Schewick, Kirche und Entstehung, S. 65 ff.; Klaus Gotto, Die katholische Kirche und die Entstehung des Grundgesetzes, in: Anton Rauscher (Hrsg.), Kirche und Katholizismus 1945–1949, München 1977, S. 88 ff.

[160] St. Heinrichsblatt vom 12. 6. (Zit.), 19. 6., 26. 6., 10. 7. (Zit.), 17. 7., 31. 7. (Zit.), 14. 8. (Zit.) 1949.

Säkularisierung mußte sie nicht sein; dazu war dieses Verhalten in der Regel zu partiell und blieb Episode.

Auch ohne die frühere enge Verbindung mit einer katholischen Partei – welche ja selbst nie nur ihr verlängerter Arm gewesen war – wurde die Kirche, zieht man Bilanz, in zweifacher Weise politisch erfolgreich. Zum einen gingen katholische Leitwerte in Verfassungsordnung und Politik auf sozialem und – trotz der Enttäuschung über das Grundgesetz – auch auf kulturellem Gebiet in einem Maß ein, das erst die durch interkonfessionelle Koordination gewonnene Stärke möglich machte. Eine wesentliche Voraussetzung dafür, daß die Kirche ihren prinzipiellen Einfluß auf die politische Kultur Westdeutschlands so stark geltend machen konnte, war, daß nach 1945 kein Antiklerikalismus von Bedeutung mehr entstanden war. Dazu hat die Zurücknahme des Kirchlichen im Profil der die katholischen Interessen vertretenden Parteien gewiß erheblich beigetragen. Wenn in Bamberg die Kirche mit Meixner parteipolitisch noch ungewöhnlich präsent blieb, war das über den Sonderfall kraft persönlichen Gewichts hinaus auch ein Ausdruck der überdurchschnittlich starken gesellschaftlichen Rolle der Kirche im „Bamberger Land".

Zum anderen trug die Kirche durch ihren Einfluß auf die politischen Einstellungen eines Großteils der Katholiken in spezifischer Weise zur Akzeptanz der neuen Staatlichkeit bei. Daß die Katholiken sich nicht nur in Bayern, wo sie ihre Mehrheit bereits vor dem Ersten Weltkrieg in politische Führung umgesetzt hatten, sondern auch in der Bundesrepublik mit dem Staat identifizierten, war nicht zuletzt dem Wirken der Kirche zu verdanken. Diese erkannte, anders als nach 1918, die Demokratie durchwegs an und warb für sie – zumal für eine von bewußt katholischen Politikern maßgeblich gestaltete und in einer Hauptregion katholischer Kultur in Deutschland zentrierte. Die im älteren und gerade im hohen Klerus noch gegenwärtige Monarchie weckte allenfalls Sehnsucht, aber keinen das politische Urteil leitenden Restaurationswillen mehr. Dazu kam der – trotz aller seit der Jahrhundertwende vorangeschrittenen Eingewöhnung ins Reich – Bedeutungsverlust des Nationalstaates für Selbstverständnis und Weltbild der Mitglieder einer universalen Kirche. Das erleichterte die Umstellung auf den westdeutschen Staat, in dem man außerdem nicht mehr die Minderheitenrolle spielen mußte. Schließlich verband die supranationale Katholizität besonders mit Italien, Frankreich, Belgien sowie seit 1946 durch die Hilfe der amerikanischen Katholiken und persönliche Kontakte mit den USA. Damit waren die Katholiken in Deutschland mehr als andere gesellschaftliche Gruppen prädisponiert für die nach dem Krieg eindringlich beschworene Einheit des christlichen Abendlandes und vorbereitet auf die Westintegration. So wurden sie – in der prägnanten Formel von Gerhard Schmidtchen – „die eigentlichen Entdecker der Bundesrepublik". Für die Bamberger Bürger und die Bauern des „Bamberger Landes" war der Weg von den Trümmern des Reiches zu einem Staat, den Adenauer vom Rhein aus nach Europa führte, weniger schwierig als etwa für die evangelische Bevölkerung im Bayreuther oder Coburger Gebiet. Die Weimarer Republik und die durch die schwarz-rot-goldene Fahne bezeichnete demokratische Ordnung waren außerhalb liberaler und sozialdemokratischer Kreise überall wenig beliebt gewesen. Aber wo man vor 1933 bevorzugt in den bayerischen Landesfarben geflaggt und üppig Kirchenfahnen gesetzt hatte, konnte nun das erneut offizielle Schwarz-rot-gold – wenn auch als Symbol eines aus der Not geborenen Staatswesens ohne Enthusiasmus – leichter Zustimmung finden als dort, wo weiter das Schwarz-weiß-rot des Hohenzollernreiches die Straßen beherrscht hatte. Die Domstadt Bamberg stand Bonn in den frühen Jahren näher als die Markgrafen- und Wagnerstadt Bayreuth[161].

6. Fazit: Leistung und Auflösung des katholischen Milieus

Kirche und Religion hatten um 1930 im „Bamberger Land" eine hohe, für die Mehrheit mentalitätsleitende Geltung; im industriebestimmten Nürnberger Raum, dem zweiten Schwerpunkt, traf das nur mehr für eine Minderheit zu. Aber auch in kleinbürgerlich-bäuerlicher Lebenswelt war die Katholizität, bei aller Priesterautorität und frommen Brauchbindung, seit dem 19. Jahrhundert durch die Einwirkungen einer gesamtgesellschaftlichen Säkularisierung sowie durch das Vordringen säkularer Erfahrungen nicht mehr allein aus ihren überkommenen Formen heraus sicher. Sie wurde sowohl durch eine Teilanpassung an die neuen Bedingungen, ein „Arrangement an der Peripherie" des Kirchenfeldes in Gestalt des Verbands- und Parteikatholizismus als auch durch die rechtliche Umhegung von Kirchenstellung und Religionsausübung im Rahmen des Staatskirchentums gestützt. Beide Mittel verstärkte man in Deutschland nach dem Ersten Weltkrieg noch, aber beide versagten 1933. Infolge des Kompromisses der Amtskirche mit dem NS-Regime im Zeichen des Konkordates von 1933, der das Kirchenvolk in einer grundsätzlichen Loyalität zum Regime hielt, blieb sie allerdings auch nach dem Verlust ihrer „Bollwerke" und wesentlicher staatlicher Wirkungsgarantien als Bezugsinstitution im Kern intakt. Bei der ausgeprägten Autoritäts- und Kultbindung des gläubigen Katholiken war das entscheidend für eine auffallend stabile Identitätsbewahrung. Die Bischöfe und mit ihnen auch meist der Klerus hielten an der zugleich aus Hirtenverantwortung und Illusionen gefällten Kompromißentscheidung von 1933 formal fest. Diese Haltung wurde jedoch seit 1934 durch eine defensive Verweigerung gegenüber dem totalitären Weltanschauungsanspruch zunehmend entleert und fallweise auch mit Protest durchbrochen. Verweigerung durch aktiven Widerstand war die Sache Einzelner, nicht der Institution Kirche. Das hemmte freilich die NS-Herrschaft, von wenigen Situationen abgesehen, in denen sie nach spektakulärem Widerspruch einlenkte, kaum. Aber es bot dem Kirchenvolk den institutionellen Rahmen für religiöse Gewohnheitsbeharrung und eine Anleitung zur partiellen Resistenz inmitten des nationalsozialistisch beherrschten Alltags, dem es sich in der Regel einfügte.

Die Kirchenverbundenen, deren Kreis merkbar, aber nicht dramatisch schrumpfte, lebten mit ihrer in Kirche und Haus zurückgenommenen Katholizität bei gleichzeitiger „weltlicher" Konformität in einer gespaltenen Wirklichkeit. Sie ergab sich im Zusammentreffen von nationalsozialistischen Durchdringungsambitionen mit einer

[161] Vgl. Maier, Politischer Weg; Alois Schardt, Integralismus oder Offenheit im politischen Engagement, in: Karl Forster (Hrsg.), Katholizismus und Kirche. Zum Weg des deutschen Katholizismus nach 1945, Würzburg 1965, S. 105ff.; Forster, Neuansätze; Heinz Hürten, Demokratie und Republik, in: Kehrt um und glaubt – erneuert die Welt. 87. Deutscher Katholikentag 1982. Vortragsreihen, Paderborn 1982, S. 213ff.; Spotts, Churches, bes. S. 130ff. Die Formulierung „Entdecken"zit. nach Gerhard Schmidtchen, Religiöse Legitimation im politischen Verhalten, in: Anton Rauscher (Hrsg.), Kirche – Politik – Parteien, Köln 1974, S. 57ff., bes. S. 57.

vitalen Religiosität, dem vorherrschenden Bedürfnis nach einem normalen, repressionsfreien Leben im Zwangsstaat und dem Kirchenkurs einer Vermeidung prinzipiellen Widerspruchs, der das Risiko barg, kollektiv Widerstand mit ungewissen Folgen leisten zu müssen. Die Resistenz konnte durch situativen Reiz, durch eine provokante Unterdrückung sakrosankter Symbole, Normen und Personen aktiviert werden und zur Verweigerung, ja vereinzelt zum Gruppenprotest führen. So entstand dort, wo die Kirche orientierungsleitend war, eine Zone sozial breiter Nichtanpassung gegenüber dem umfassenden Verfügungsanspruch des NS-Staates. Die Nichtanpassung blieb überwiegend partiell, sie wurde nur ausnahmsweise zur generellen Absage. Sie hatte zwar nicht lediglich privaten Charakter – Kirchlichkeit bedeutete Bekenntnishandeln auf beschränkt öffentlichem Forum –, aber gewann nur in besonderen Fällen den allgemein öffentlichen eines politischen Widerspruchs. Und sie galt weitgehend der Selbstbewahrung von Kirche, religiöser Praxis und katholischer Moral. Mit diesem in seiner Reichweite und Intensität sowohl durch kirchliche Absicht als auch durch vorwiegendes Volksbedürfnis begrenzten Dissens bewahrte man die Katholizität im Kern. Zwar diskriminiert und auch verfolgt, aber weder Opfer noch Kumpan des Nationalsozialismus geworden zu sein – das rechtfertigte 1945 im Rückblick die Kompromißentscheidung von 1933 und ihren Preis, die weitgehende Hinnahme einer Herrschaft, die dem katholischen Ordnungsbild zunehmend widersprach[162].

Kirche und Kirchenvolk konnten sich so nach dem Zusammenbruch des Dritten Reiches als eine Art innerer Sieger fühlen. Institutionell intakt, selbstsicher und geistig-moralisch hoch bewertet, wurde die Kirche, die zudem aus Rom internationales Prestige zog, in der katholischen Bevölkerung mit einem seit Jahrzehnten entbehrten Echo die herausragende Orientierungsgröße. Sie bot in der Auflösung sozialer Gefüge und der Zerrüttung von Werten und Normen, als unter harter Fremdbestimmung das Leben weithin auf elementare Daseinssicherung im kleinsten Kreis zurückgeworfen war, im Ordnungsvakuum zwischen Besatzungsherrschaft und privatisierten, auf den Tag bezogenen Überlebensregeln nicht nur materielle Hilfe und soziale Zuwendung, sondern Vertrauen, Gemeinschaft und Dauer. Dies alles wurde rege in Anspruch genommen, und der Kult der Kirche sprach die Menschen oft stark an. Ihre ungebrochene Präsenz und ein „religiöser Frühling" gaben ihr beim Wiederaufbau Westdeutschlands eine starke gesellschaftliche Stellung – besonders über soziale, aber auch kulturelle Kompetenzen – und wegweisenden politischen Einfluß als „Ordnungsbürgen" durch Institutionskraft und Wertevermittlung[163].

162 Vgl. die Problemaufrisse bei Gotto, Hockerts, Repgen, Herausforderung; Heinz Hürten, Deutscher Widerstand gegen Hitler, in: Internationale katholische Zeitschrift 14 (1985), S. 151 ff.; van Norden, Kooperation; Denzler, Fabrizius, Kirchen, bes. S. 194 ff. Zur allgemeinen Einordnung Hans Mommsen, Der Widerstand gegen Hitler und die deutsche Gesellschaft, in: Jürgen Schmädecke und Peter Steinbach (Hrsg.), Der Widerstand gegen den Nationalsozialismus. Die deutsche Gesellschaft und der Widerstand gegen Hitler, München 1985, S. 3 ff. (auch in: Historische Zeitschrift, Bd. 241 (1985), S. 81 ff.). Die Formulierung „Arrangement" bei Heinrich Lutz, Demokratie im Zwielicht. Der Weg der deutschen Katholiken aus dem Kaiserreich in die Republik 1914–1925, München 1963.

163 Vgl. die Skizze bei Friedrich H. Tenbruck, Alltagsnormen und Lebensgefühle in der Bundesrepublik, in: Richard Löwenthal und Hans-Peter Schwarz (Hrsg.), Die zweite Republik. 25 Jahre Bundesrepublik Deutschland – eine Bilanz, Stuttgart 1974, S. 298 ff., bes. S. 290 ff. Die Formulierung „Ordnungsbürgen" bei Maier, Kirchen, S. 494.

Allerdings spielte die Kirche diese Rolle nicht mehr hauptsächlich mit eigenen, ihr eng verbundenen Organisationen. Denn die seit 1933 erfolgte Verkirchlichung des Katholizismus wurde in den wirksamsten Bereichen nicht mehr rückgängig gemacht. Die Kirche verzichtete auf den Wiederaufbau eines „katholischen Lagers", sie überließ die Regelung der nichtreligiösen Fragen überkonfessionellen, ja sogar nicht durchgehend christlichen Integrationsinstanzen wie den Unionsparteien und dem Deutschen Gewerkschaftsbund. Wie bisher nie ließ sich die Kirche auf eine plurare Gestaltung gesellschaftlicher und staatlicher Ordnung ein – aus der Erfahrung mit dem politisch letztendlich nicht erfolgreichen Partei- und Verbandskatholizismus heraus, aufgrund der pastoralen Konzentration auf das „Eigentliche" und von außen angestoßen durch eine breite Solidaritätsstimmung unter den Gegnern des Nationalsozialismus.

Ihre Gläubigen, die im begrenzten Dissens zum Dritten Reich die Trennung von Religion und profaner Lebenswirklichkeit kennengelernt hatten, wurden zwar, sobald das möglich war, wieder vom umfassenden Orientierungsanspruch erfaßt. Aber sie wurden nicht mehr in einen geschlossenen katholischen Organisationskosmos zurückgeholt. Man faßte Vertrauen zu einer neuen Konsensfähigkeit über alte weltanschauliche Trennwände hinweg. Die früher integrale Rolle des kirchentreuen Katholiken begann sich durch außerkatholische Beziehungen zu segmentieren, sein Horizont durchlässiger zu werden. Die Kirche konnte der Transmission ihrer Grundsätze und Interessen durch unabhängige Organisationen zustimmen, weil sie diese aufgrund der eigenen Stärke selbst zu beeinflussen hoffte – einer Stärke, die innerkirchlich auf einem entschieden römischen Selbstbewußtsein beruhte. Denn jene Öffnung hin zu anderen Richtungen ergriff den religiösen Bereich selbst noch kaum. Er blieb durch die dominierende Priesterhaltung und durch die Stilpräferenzen der Laien ausgeprägt „katholisch". Das stärkte Prägung und Motivation. Innerhalb der religiösen Sphäre verankert in sicherer Tradition, traten die Katholiken auf anderen Feldern selbstbewußter als vor 1933 aus dem Kirchenumkreis heraus, und ihr teilweise erneuertes Vereinswesen entfaltete bei weitem nicht mehr die frühere Kohäsionskraft.

Das „katholische Milieu", die um die Kirche geknüpfte mentale und soziale Textur, hatte schon unter dem Druck des Dritten Reiches – so sehr diese Provokation katholisches Bewußtsein verstärkte – faktisch Geltungsbreite eingebüßt; die stark vermehrten milieufremden Situationen, die den einzelnen Katholiken erfaßten, wirkten zumindest subkutan. Nach dem Krieg nun nahmen Dichte und Reichweite des Milieus, das nicht mehr in der alten Form organisiert wurde, weiter ab. Zunächst stützten es noch das hohe Kirchenprestige, der innere und äußere Wiederaufstieg unter dem zum katholischen Patriarchen stilisierten Adenauer und vor allem die religiöse Intensität. Als diese mit der gesellschaftlichen Normalisierung allmählich verebbte und die Hilfs- und Ordnungsleistung der Kirche wieder an Bedeutung verlor, verengte sich katholische Identität immer mehr auf die religiöse Rolle in der Pfarrei. Die habituelle, eine Lebenswelt durchdringende Katholizität ging merklich zurück – sichtbar bis in den Geschmack und hörbar bis in die Sprache. Eine früher scharf umgrenzte Teilkultur, die sich einst als Gegenkultur konstituiert hatte, wurde diffus[164].

[164] Vgl. u.a. Franz Greiner, Die Katholiken in der technischen Gesellschaft der Nachkriegszeit, in: Hans Maier (Hrsg.), Deutscher Katholizismus nach 1945. Kirche, Gesellschaft, Geschichte, München 1964, S. 103ff. Zur Differenzierung des Kulturbegriffs Dieter Langewiesche, Arbeiterkultur in Österreich: Aspekte, Tendenzen und Thesen, in: Gerhard A. Ritter (Hrsg.), Arbeiterkultur, Königstein 1979, S. 40ff.

All das ging zunächst zögernd vor sich, war oft mehr latent als offenkundig. Seit den sechziger Jahren vollzog es sich dann aber um so rascher. In diesen Jahren brach die Spannung auf, die zwischen einer intensiv kultischen, selbstbewußten Kirchenreligion und der sich verstärkt säkularisierenden Umwelt entstanden war. Die Folgen wurden umwälzend. In der unsicher gewordenen Kirche setzten sich die Kräfte durch, die mit einem „aggiornamento", das tiefer ging als die Zeitanpassung im 19. Jahrhundert, der modernen Gesellschaft gerecht zu werden suchten. Sie veränderten das pastorale Wirken entscheidend. Dennoch begann eine dramatische Erosion der Kirchlichkeit. Dieser doppelte Einbruch in katholische Gewohnheiten führt rückblickend zur Kontinuitätsfrage. Gemessen am Bruch der sechziger Jahre erscheinen Kirchenrolle und Religiosität von der Jahrhundertwende bis zur Mitte des 20. Jahrhunderts relativ gleichförmig und ohne gravierende Geltungsschwankungen. Insofern bildeten NS-Herrschaft, Krieg und Nachkriegszeit keinen markanten Einschnitt. Weder die Bedrängung vor 1945 noch die Begünstigung danach beendeten einen langfristigen religiösen Zustand. Doch die Zerschlagung des „katholischen Lagers" und der Verzicht auf seinen Wiederaufbau veränderten die institutionelle Konfiguration. Durch die bleibende Verkirchlichung wurde den Katholiken der Weg in die pluralistische Gesellschaft geebnet und die Kirche nur vorübergehend gestärkt, auf längere Sicht aber isoliert oder zur Anpassung bewegt. Dadurch wurde der spätere Umbruch angebahnt. In der Vorbereitung eines für den deutschen Katholizismus epochalen Wandels liegt die tiefere historische Bedeutung der Vorgänge um Kirche und Kirchenvolk zwischen 1933 und 1945. Unsere Region, das Erzbistum Bamberg, exemplifizierte sie in erster Linie an einem Traditionskatholizismus, der jenen Prozeß verzögert erfuhr – ihn aber nicht verhinderte –, außerdem an einem labilen, jungen Diasporakatholizismus, der ihn, bereits vorher auf niedrigem Geltungsniveau, eher beschleunigte[165].

[165] Zu Lage und Bewußtsein des deutschen Katholizismus Mitte der sechziger Jahre unter dem Blickwinkel des „aggiornamento" Norbert Greinacher und Heinz Theo Risse (Hrsg.), Bilanz des deutschen Katholizismus, Mainz 1966.

Clemens Vollnhals

Die Evangelische Kirche zwischen Traditionswahrung und Neuorientierung

1. „Die Stunde der Kirche"

Bereits im Januar 1945 schrieb der bayerische Landesbischof, Hans Meiser, hoffnungsfroh an die Pfarrerschaft: „Die Stunde der Kirche ist nicht vergangen, sondern neu im Kommen."[1] Vieles deutete schon damals darauf hin, daß der bevorstehende militärische und politische Zusammenbruch Hitler-Deutschlands vor allem auch eine „Stunde der Kirche" sein würde. War die evangelische Kirche imstande, der ihr 1945 zukommenden politischen Bedeutung und Verantwortung, die weit über das traditionelle kirchliche Aufgabengebiet hinausgingen, gerecht zu werden? Wie verarbeitete sie insbesondere – das ist die erste Hauptfrage der folgenden Studie – ihre eigene Betroffenheit durch das NS-Regime, welche Konsequenzen ergaben sich aus den eigenen Erfahrungen?

Im Mai 1945 wandte sich Wilhelm Halfmann, wenig später Bischof von Holstein, in einem Rundschreiben an die Bekenntnispfarrer: „Wir müssen uns bewußt sein, daß die Kirche heute eine ganz besondere Verantwortung für unser Volk trägt. Was wir einem heidnischen Nationalismus nicht zugestehen durften, werden wir freiwillig dem unsäglich gedemütigten Volk geben, nämlich: Anwalt und Fürsprecher und Stimmen für unser Volk zu sein." Die deutsche Bevölkerung als Anwalt gegenüber den Siegermächten zu vertreten, war eine neue Aufgabe, der evangelische und katholische Kirchenführer bereitwillig nachkamen. In dem Rundschreiben kommt aber auch die Kontinuität des starken Nationalbewußtseins des deutschen Protestantismus zum Ausdruck, die einer selbstkritischen Auseinandersetzung mit der NS-Vergangenheit Grenzen setzte. Formulierte Halfmann doch anschließend: „Die Kirche wird zum Hort alles edlen geistigen, moralischen, kulturellen Lebens. Die Kirche in Deutschland wird vielleicht in naher Zukunft der letzte noch unverfälschte Ausdruck gewachsener deutscher Kultur sein." Und er fügte hinzu: „Vorsicht, daß wir nicht in der Schande wühlen, das werden andere hinlänglich besorgen … keine Würdelosigkeit vor dem Feinde … Nicht zu enger Anschluß an die Zeitlage, sie kann sich ändern, möglicherweise plötzlich und total!"[2]

Die Kriegsniederlage des Dritten Reiches wurde innerhalb der evangelischen Kirche, die trotz aller heftigen Auseinandersetzungen im Kirchenkampf das NS-Regime

[1] Rundschreiben vom 22. 1. 1945, in: Fritz und Gertrude Meiser (Hrsg.), Hans Meiser, Kirche, Kampf, Christusglaube. Anfechtungen und Antworten eines Lutheraners, München 1982, S. 171.

[2] Rundschreiben vom Mai 1945, in: Kurt Jürgensen, Die Stunde der Kirche. Die Ev.-Luth. Landeskirche Schleswig-Holsteins in den ersten Jahren nach dem Zweiten Weltkrieg, Neumünster 1976, S. 261 ff.

als Obrigkeit gemäß Römer 13 politisch loyal unterstützt hatte, wie von den meisten Deutschen mit zwiespältigen Gefühlen aufgenommen. Einerseits bedeutete der Zusammenbruch die Befreiung der Kirche von nationalsozialistischem Druck und das Ende der zunehmenden Verdrängung aus dem öffentlichen Leben; andererseits mußte der mit dem Ende des Nationalsozialismus untrennbar verbundene Zusammenbruch des deutschen Staates und der deutschen Souveränität den obrigkeitsstaatlich und national geprägten Protestantismus schwer erschüttern. Die bedingungslose Kapitulation und die beginnende Besatzungsherrschaft konnten deshalb nicht rundum als Befreiung empfunden werden, sondern eher, wie es Meiser in einem Rundschreiben vom 7. Mai 1945 formulierte, als die „Vollendung der deutschen Tragödie"[3].

Gleiches Empfinden im Großteil der deutschen Bevölkerung erleichterte die erneute Zuwendung zu einer Kirche, die sich selbst als Anwalt und Fürsprecher des geschlagenen Volkes verstand. Ohne Übertreibung konnte der Erlanger Dekan, Walter Künneth, Ende Mai konstatieren: „Der evangelischen Kirche wird – völlig anders als in der Umsturzzeit 1918 – weitgehend von der Bevölkerung ein großes Maß an Vertrauen entgegengebracht."[4] Die Bewältigung von harten Schicksalsschlägen und Kriegsnöten hatte bereits vor Kriegsende zur Sammlung und Stärkung der Kerngemeinden, „zum Aufblühen des religiösen Lebens in den Katakomben" geführt[5]. „Je mehr der Druck von Bibeln verhindert wurde, desto mehr wurden sie gelesen."[6]

Die Situation in vielen Gemeinden im Jahre 1945 beschrieb Georg Merz am Beispiel seines Würzburger Dekanats: „Der Zusammenbruch der Partei hat wohl bei den meisten eine Erschütterung der von der Partei propagierten Weltanschauung mit sich gebracht. Unbewußt verbindet sich damit bei vielen eine Zunahme der Achtung vor der Kirche. Daß sich die Kirche nicht umzustellen braucht, daß ihre gottesdienstliche Ordnung, ihre Lieder, ihr Katechismus die gleichen bleiben, ob nun das Hakenkreuz Hoheitszeichen einer Stadt ist oder das amerikanische Sternenbanner, empfinden sicherlich die meisten als einen Abglanz der Ewigkeit, die dem Worte der Kirche Gehalt und Bestand gibt. Aber über ein dumpfes Empfinden werden ganz wenige hinauskommen ... Zu den Enttäuschten der Partei gesellten sich bald die Erniedrigten und Geschädigten des geschichtlichen Umschwungs, die große Schar der Offiziere, Beamten, Lehrer und Angestellten, die aus ihren Stellungen entlassen wurden, ihrer Verhaftung entgegensehen und mit der Beschlagnahme ihres Vermögens zu rechnen hatten. Ihre Zahl ist in Würzburg sehr groß, so daß die soziale Umwälzung, die die ‚Liquidierung des Nazismus und Militarismus' mit sich bringt, das Bild der Gemeinde völlig verändern wird. Viele der Betroffenen sind so ins Innerste und Tiefste erschüttert, daß sie für die biblische Botschaft in einer Weise empfänglich wurden, wie man es kaum erwarten konnte ... Aber ist die Kirche wirklich gerüstet, mit ihrem Dienst und ihrer Lehre auf die Fragen zu antworten, die hier gestellt sind?"[7]

[3] Rundschreiben vom 7. 5. 1945; LKAN, LKR, 274.
[4] Memorandum Künneths, Gedanken zur Lage und Aufgabe der Kirche nach dem Umsturz 1945, Pfingsten 1945; LKAN, Kreisdekan Nürnberg, 14–502.
[5] So z. B. der Nürnberger Kreisdekan Julius Schieder, Übersicht über den Kirchenkampf, Mai 1945; ebd.
[6] Edmund Schlink, Der Ertrag des Kirchenkampfes, Gütersloh 1947, S. 16.
[7] Stimmungsbericht an den Landeskirchenrat vom 4. 9. 1945; LKAN, Vorgänge bei der militärischen Besetzung.

Merz schnitt damit einen weiteren, uns interessierenden Themenkomplex an: Die Bewältigung des Nachkriegsalltags als Herausforderung für die Verkündigung der Kirche. Wie reagierte sie auf die Entnazifizierung, auf den vielbeklagten Verfall von Moral und Sitte, auf Abtreibung und wirtschaftliche Existenznöte? Welche Orientierung vermittelte die kirchliche Laienarbeit und welches Selbstverständnis drückte sich darin aus? Dabei geht es nicht zuletzt um die Frage, weshalb – langfristig gesehen – auch nach 1945 die Erosion kirchlicher Traditionen und Bindungen anhielt, obwohl die Ausgangslage für die Kirchen 1945 so günstig war und ihr Ansehen damals so hoch im Kurs stand.

Als einziger gesellschaftlicher Großverband hatten die Kirchen sowohl die NS-Diktatur wie auch ihren Zusammenbruch überstanden. Auch die evangelische Kirche, die sich im Dritten Reich gespalten und wesentlich stärkere Einbrüche als die katholische Kirche erlitten hatte, verfügte unterhalb der zentralen Leitungsebene über eine weitgehend intakte und arbeitsfähige Organisation und Infrastruktur sowie über die nötigen finanziellen Mittel. Mit Tausenden von Pfarrern und hunderttausenden ehrenamtlich tätigen Laien reichte ihr Einfluß auch in die entlegensten Ortschaften. Die gesellschaftliche Bedeutung der evangelischen Kirche können einige Zahlen umreißen: 1949 waren in ganz Deutschland 16 095 Pfarrer tätig, zur gleichen Zeit konnte sich allein das „Evangelische Hilfswerk" auf die Mitarbeit von circa 90 000 Laien stützen. 1947/48 unterhielt die „Innere Mission" nicht weniger als 12 000 Heime und Anstalten, darunter 4000 Kindergärten[8]. Die Finanzierung der umfangreichen Tätigkeit erfolgte überwiegend durch Kirchensteuern und Staatsleistungen. Bereits 1946 betrug etwa der Haushalt der württembergischen Landeskirche 12,3 Millionen RM, wobei die Kirchensteuer mit 3,9 Millionen und die staatlichen Zuwendungen mit 5,38 Millionen RM die größten Posten stellten[9].

Damit konnten andere gesellschaftliche Verbände wie Parteien und Gewerkschaften in den ersten Nachkriegsjahren nicht konkurrieren. Während sie sich erst mühsam reorganisieren und bei der Militärregierung um ihre Zulassung nachsuchen mußten, erhielten die Kirchen sofort die Erlaubnis zur Fortführung ihrer Arbeit. Die von der amerikanischen Militärregierung wie vom Alliierten Kontrollrat in Berlin aufgestellten kirchenpolitischen Richtlinien bedeuteten angesichts der allgemeinen Besatzungspolitik eine deutliche Bevorzugung, was ohne den Rückhalt der deutschen Kirchen im Weltkatholizismus bzw. -protestantismus nicht denkbar gewesen wäre[10].

Von grundlegender Bedeutung für die Neuordnung der evangelischen Kirche war die Entscheidung des „Allied Religious Affairs Committee", in dessen Zuständigkeit

[8] Die Zahlen sind dem Kirchlichen Jahrbuch für die Evang. Kirche in Deutschland 1949, Gütersloh 1950, S. 578, dem Kirchlichen Jahrbuch 1945–1948, Gütersloh 1950, S. 401, und dem Kirchlichen Jahrbuch 1952, Gütersloh 1953, S. 391, entnommen.

[9] Der von der Education and Religious Affairs Branch (ERA) erstellte Report German Church Finances stammt vom April 1947; NA, RG 260, 5/340-2/40.

[10] Vgl. Armin Boyens, Die Kirchenpolitik der amerikanischen Besatzungsmacht in Deutschland von 1944 bis 1946, in: Kirchen in der Nachkriegszeit. Vier zeitgeschichtliche Beiträge von Armin Boyens, Martin Greschat, Rudolf von Thadden und Paolo Pombeni, Göttingen 1979, S. 7 ff.; Frederic Spotts, Kirchen und Politik in Deutschland, Stuttgart 1976, S. 45 ff.; Clemens Vollnhals, Das Reichskonkordat von 1933 als Konfliktfall im Alliierten Kontrollrat, in: VfZ 35 (1987), Heft 4. Zur britischen Kirchenpolitik Jürgensen, Stunde, und Gerhard Besier, „Selbstreinigung" unter britischer Besatzungsherrschaft. Die Evangelisch-lutherische Landeskirche Hannovers und ihr Landesbischof Marahrens 1945–1947, Göttingen 1986; zur sowjetischen Kirchenpolitik Horst Dähn, Konfrontation oder Kooperation? Das Verhältnis von Staat und Kirche in der SBZ/DDR 1945–1980, Opladen 1982.

die Ausarbeitung kirchenpolitischer Richtlinien für den Alliierten Kontrollrat in Berlin fiel: „The Control Council will leave to the German churchmen of the respective faiths the revision of the constitutions, rituals or internal relationship of purely ecclesiastical bodies."[11] Damit waren die Voraussetzungen zur Neuordnung der Kirche in eigener Verantwortung geschaffen. Die Probe auf die versprochene Freiheit lieferten die Beschlüsse der ersten Nachkriegskonferenz evangelischer Kirchenführer von Ende August 1945 in Treysa. Mit Schreiben vom 18. Dezember erkannte der Kontrollrat den württembergischen Landesbischof Wurm als vorläufigen Vorsitzenden des Rates der neu gegründeten „Evangelischen Kirche in Deutschland" (EKD) an und billigte die Außerkraftsetzung der Kirchenverfassung der „Deutschen Evangelischen Kirche" (DEK) vom Juli 1933. Zugleich legte der Kontrollrat fest, daß die „Pflichten und Rechte" der einzelnen Landeskirchen nicht ohne seine Zustimmung abgeändert oder außer Kraft gesetzt werden dürften[12]. Doch damit sind wir der historischen Entwicklung schon vorausgeeilt.

2. Rückblick auf den Kirchenkampf

Zum besseren Verständnis der harten Konflikte um die Neuordnung der evangelischen Kirche unmittelbar nach Kriegsende wie zur Beurteilung der Frage nach Tradition und Neuanfang ist ein knapper Rückblick auf die Fronten des Kirchenkampfes unerläßlich. Eine solche Skizze muß jedoch unvermeidlich den komplizierten Verlauf und die mitunter recht verwirrenden innerkirchlichen Entwicklungen, die von Kurt Meier und Klaus Scholder ausführlich analysiert worden sind[13], auf einige Linien reduzieren.

Bekanntlich hatte der Kirchenkampf 1933/34 als innerkirchlicher Machtkampf zwischen den „Deutschen Christen" (DC) und der „Bekennenden Kirche" (BK) begonnen und zur Spaltung der evangelischen Kirche geführt. Die Deutschen Christen wollten die Kirche ganz in den Dienst des „nationalen und völkischen Aufbruchs" stellen und zugleich die NSDAP christlich missionieren. Dabei konnten sie sich auf die politische Theologie angesehener Theologen, wie Paul Althaus oder Emanuel Hirsch, berufen, die die gesellschaftliche Verantwortung der Kirche schon vor 1933 im völkisch-nationalen Sinne interpretiert hatten. Auch die meisten Vertreter der Bekennenden Kirche hatten den Nationalsozialismus als neue staatliche und gesellschaftliche Ordnung bejaht; was sie jedoch von den Deutschen Christen trennte, war ein fundamental anderes Verständnis vom Wesen der Kirche und ihrer Verkündigung. Ihr Selbstverständnis als einer ausschließlich an Schrift und Bekenntnis gebundenen Gemeinschaft manifestierte sich in der berühmten „Barmer Theologischen Erklärung" vom Mai 1934. Die Bekennende Kirche verfocht die Autonomie der Kirche

[11] Der von Boyens, Kirchenpolitik, S. 68f., abgedruckte Richtlinienentwurf ist mit der amerikanischen JCS 1143 und der endgültig verabschiedeten Direktive Nr. 12 der European Advisory Commission identisch, die die Arbeitsgrundlage des Allied Religious Affairs Committee bildete.

[12] Allied Secretariat an Wurm am 18. 12. 1945. Vgl. zum ganzen Vorgang NA, RG 260, 2/99-1/16.

[13] Kurt Meier, Der evangelische Kirchenkampf. Gesamtdarstellung in drei Bänden, Göttingen 1976, 1984, Klaus Scholder, Die Kirchen und das Dritte Reich, Bd. 1: Vorgeschichte und Zeit der Illusionen 1918–1934, Frankfurt 1977, Bd. 2: Das Jahr der Ernüchterung 1934, Berlin 1985.

und verwarf den Totalitätsanspruch des NS-Staates, soweit er sich auch auf das kirchlich-religiöse Gebiet erstreckte, was unvermeidlich zu Konflikten mit der Staatsmacht führen mußte.

Die Auseinandersetzungen um die Schaffung einer einheitlichen Reichskirche, der Konflikt um die Person des Reichsbischofs Ludwig Müller, dem Vertrauensmann Hitlers und Schirmherrn der Deutschen Christen, und vor allem die rabiate Gleichschaltung der Landeskirchen mit der Reichskirche führten 1934 zur Spaltung der evangelischen Kirche. Die Bekennende Kirche stellte eine gewichtige innerkirchliche Opposition dar, in der sich die „Bruderräte" aus den „zerstörten", d.h. deutschchristlich beherrschten Landeskirchen und die drei „intakten", lutherischen Landeskirchen von Bayern, Hannover und Württemberg zusammenfanden. Weit über die Hälfte aller Pfarrer gehörten jedoch weder den Deutschen Christen noch der Bekennenden Kirche an, sondern zählten sich zur kirchlichen Mitte, zu den „Neutralen", die fast überall das „volkskirchliche Potential" stellten[14].

1935/36 spaltete sich die Bekennende Kirche in die drei „intakten" Landeskirchen, die zu größeren Kompromissen mit dem NS-Regime bereit waren, und in die an den Dahlemer Beschlüssen von 1934 über das kirchliche Notrecht orientierten Bruderräte, die jede Zusammenarbeit mit deutschchristlichen oder staatlich eingesetzten Kirchenbehörden ablehnten. Die Spaltung bedeutete eine entscheidende Schwächung der Bruderräte, die den christentumsfeindlichen Charakter des NS-Regimes deutlicher sahen und für entschiedenere Aktionen der Kirche eintraten, und führte unter dem Druck der kirchenfeindlichen Maßnahmen des NS-Regimes zu einer gegenseitigen Annäherung der „intakten" Kirchen und der kirchlichen Mitte.

Zum politischen Widerstand ist keine Gruppierung der evangelischen Kirche vorgestoßen, wohl aber einzelne Pfarrer und Gemeindeglieder. Die Bekennende Kirche hat sich im Dritten Reich stets leidenschaftlich – und nicht nur aus Opportunitätsgründen – dagegen verwahrt, daß sie politische Ziele verfolge. Dem Rad der Geschichte durch aktiven Widerstand in die Speichen zu greifen, überschritt auch den Vorstellungshorizont engagierter Bruderräte bei weitem; Bonhoeffer blieb ein Außenseiter. Da aber die kirchliche Opposition vom NS-Regime partiell als solche verstanden wurde und systemstörend wirkte, kann man die Bekennende Kirche als eine „Widerstandsbewegung wider Willen" charakterisieren[15].

Daß sich die evangelische Kirche von den Deutschen Christen, soweit sie 1945 überhaupt noch Führungspositionen innehatten – wie in Bremen, Thüringen, Mecklenburg und Sachsen –, trennen müsse, war eine gemeinsame Überzeugung der ge-

[14] 1938 gehörten etwa dem Pfarrernotbund nur noch 20,9% der aktiven Pfarrerschaft an. Vgl. auch die Statistik über die kirchenpolitische Zugehörigkeit der Pfarrer der Altpreußischen Union von Anfang 1939, in: Meier, Kirchenkampf, Bd. 3, S. 158f.

[15] Ernst Wolf, Die evangelischen Kirchen und der Staat im Dritten Reich, in: Theologische Studien, Heft 74, 1963, S. 36. Vgl. Meier, Kirchenkampf, Bd. 3, S. 587ff. Neben der dort zitierten Literatur siehe weiterhin: Günther van Norden, Widerstand im deutschen Protestantismus, in: Christoph Kleßmann und Falk Pingel (Hrsg.), Gegner des Nationalsozialismus. Wissenschaftler und Widerstandskämpfer auf der Suche nach historischer Wirklichkeit, Frankfurt 1980, S. 103ff.; Armin Boyens, Widerstand der Evangelischen Kirche im Dritten Reich, in: Karl Dietrich Bracher, Manfred Funke und Hans-Adolf Jacobsen (Hrsg.), Nationalsozialistische Diktatur 1933–1945. Eine Bilanz, Bonn 1983, S. 669ff.; Gerhard Besier, Ansätze zum politischen Widerstand in der Bekennenden Kirche. Zur gegenwärtigen Forschungslage, in: Jochen Schmädeke und Peter Steinbach (Hrsg.), Widerstand gegen den Nationalsozialismus. Die deutsche Gesellschaft und der Widerstand gegen Hitler. Eine Bilanz nach 40 Jahren, München 1985, S. 265ff.

samten Bekennenden Kirche. Doch damit endete im wesentlichen der Konsens über die kirchliche Neuordnung. Entscheidend für den Ausgang der Machtkämpfe um die Führung der Kirche war, daß die radikaleren Bruderräte zwar durch ihre Haltung im Kirchenkampf besonders legitimiert, aber auch empfindlich geschwächt waren. Da bis Kriegsende keine wirkliche Befriedung und Versöhnung der rivalisierenden und verfeindeten Gruppierungen erfolgt war, sondern unter dem Druck des NS-Regimes wie des Krieges die Gegensätze mehr vertagt als verarbeitet worden waren, ist es nicht verwunderlich, daß unmittelbar nach Kriegsende alle offenen Fragen, Kontroversen und auch persönliche Fehden jener zwölf Jahre in voller Schärfe wieder ausbrachen.

3. Erste Begegnung mit amerikanischen Besatzungsoffizieren

Einen interessanten Einblick in die geistig-politische Mentalität evangelischer Kirchenführer aus den Reihen der Bekennenden Kirche geben die Aufzeichnungen amerikanischer Offiziere über erste Begegnungen und Gespräche mit den Geistlichen. Der zwiespältige Eindruck, den sie bei der Militärregierung hinterließen, ist vor dem Hintergrund bereits vorhandener Vorbehalte zu sehen.

Schon während der Planungsphase im Jahre 1944 war Major Marshall Knappen, der Leiter der „Religious Affairs Branch", zu der Einschätzung gelangt: „Nicht alle antinazistischen Elemente innerhalb der deutschen Kirchen können als wirklich demokratisch bezeichnet werden und vernünftigerweise sollte nicht von allen die Bereitschaft zur Zusammenarbeit mit einem künftigen demokratischen Programm erwartet werden."[16] Knappens Zweifel an der Demokratiebereitschaft auch oppositioneller Kirchenkreise beruhten auf der Lektüre der „Jungen Kirche", der Zeitschrift der Bekennenden Kirche, die den Kampf des NS-Regimes gegen den „gottlosen" Kommunismus stets wohlwollend hervorgehoben hatte. Eine gewichtige Rolle spielte auch Niemöllers Autobiographie „Vom U-Boot zur Kanzel"[17], in der seine deutschnationale Prägung und seine Beteiligung als Freikorpsführer an den Ruhrkämpfen 1920 deutlich zum Ausdruck kam. Ganz unrecht hatte Knappen, von Zivilberuf Professor für Geschichte und Politik am „Michigan State College" und ehemaliger Pastor der „First Congregational Church", nicht, wenn er die Bekennende Kirche unter politischen Gesichtspunkten als „predominantly conservative" beurteilte[18].

Solche Zweifel und Vorbehalte, die aus der Sicht eines am angelsächsischen Protestantismus orientierten Demokraten nur zu verständlich waren, bestätigte das aufsehenerregende Interview, das Niemöller unmittelbar nach seiner Befreiung alliierten Reportern gab. In Neapel teilte Hitlers „persönlicher Gefangener" und der legendäre

[16] ERA, Historical Report. Winter 1941 – Spring 1946; NA, RG 260, 5/340-2/10. Vgl. auch Marshall Knappen, And call it peace, Chicago 1947.

[17] Martin Niemöller, Vom U-Boot zur Kanzel, Berlin 1934. Vgl. Jürgen Schmidt, Martin Niemöller im Kirchenkampf, Hamburg 1971, bes. den Abschnitt: Option für den Nationalsozialismus, S. 40ff.

[18] ERA, Historical Report. Winter 1941–Spring 1946; NA, RG 260, 5/340-2/10, S. 10. Pointiert urteilt der Kirchenhistoriker Karl Kupisch, selbst engagierter Mitstreiter der Bruderräte: „In ihrer Ablehnung von Liberalismus, Demokratie und Sozialismus war die Bekennende Kirche ein Kind ihrer Zeit. In ihren Papieren gibt es keine Äußerung für die allgemeine, menschlich-individuelle Freiheit. Man hatte gegen das straffe autoritäre Herrschaftssystem auch grundsätzlich nichts einzuwenden ... Die Kritik, wie sie am Rande der 4. Barmer These zum leisen Klingen kam, richtete sich allein gegen dessen Ausweitung auf das religiöse Gewissen." Karl Kupisch, Kirchengeschichte, Bd. 5, Stuttgart 1975, S. 126.

Märtyrer der Bekennenden Kirche am 5. Juni einer staunenden Weltöffentlichkeit mit, daß er sich 1939 erfolglos aus dem KZ zur Kriegsmarine gemeldet habe, um für sein deutsches Vaterland zu kämpfen[19]. Das Interview löste im Ausland, das den Kirchenkampf im Dritten Reich vielfach als politischen Widerstand der Kirchen interpretiert hatte, heftige Irritationen aus. In der amerikanischen Militärregierung war man derart schockiert, daß man in einer Überreaktion Niemöller sofort als unverbesserlichen Nationalisten festsetzte. Die Motive Niemöllers erläuterte Knappen nach einer langen Unterredung am 18. Juni: „Bis zum Kriegsausbruch, sagte Niemöller, war er gegen den Krieg, aber als er einmal begonnen hatte, konnte er keine andere Alternative sehen, als für die eigene Nation zu kämpfen."[20] Dies sei ihm um so leichter gefallen, da es den „polnischen Terror" vor Kriegsausbruch wirklich gegeben habe. Erst im KZ Dachau habe er begriffen, daß Hitler nicht nur ein Fanatiker, sondern auch ein Verbrecher sei; von da ab habe er für die Niederlage der Nazis gebetet.

In dem gleichen Gespräch forderte Niemöller die Amerikaner zu einem stärkeren militärischen Engagement in Europa auf, da Deutschland sonst völlig in russische Hände falle. Weiterhin sprach er sich für die Wiedereinführung der Konfessionsschulen und entschieden gegen eine Trennung von Staat und Kirche aus. Zu diesem Zeitpunkt plädierte er interessanterweise noch für die Rückkehr zur föderalistischen Verfassung des „Deutschen Evangelischen Kirchenbundes" von 1922. Nach diesem Gespräch gewann Knappen den Eindruck, daß Niemöller – im Vergleich zu anderen Kirchenführern – „ein ehrlicher und mutiger, aber ein provinzlerischer (provincially minded) Pfarrer" sei[21]. Seinen vorgesetzten Stellen empfahl er, die Ansichten Niemöllers zur Neuordnung der evangelischen Kirche sorgfältig zu prüfen, alle offiziellen Verhandlungen aber über die Bischöfe Wurm und Meiser abzuwickeln. Einen Tag später, am 19. Juni, traten Robert Murphy und Ivone Kirkpatrick, die politischen Berater der amerikanischen und britischen Militärregierung, für die Freilassung Niemöllers ein[22].

Zweifellos verspielte sich Niemöller mit seinen unüberlegten, forschen Auftritten viele Sympathien. Noch im September 1945 berichtete Lucius Clay über ihn nach Washington: „Während er seine antinazistische Einstellung durch seine eigenen Taten vollkommen bewiesen hat, ist es noch zu früh, das gleiche für seine aufrichtige Zurückweisung der militaristischen und nationalistischen Konzeptionen des ehemaligen deutschen Staates vorherzusagen."[23] Deshalb habe man Niemöller lediglich die Betätigung als Kirchenführer erlaubt. Diese Vorbehalte schwächten indirekt die Position der Bruderräte und kamen ihren Gegenspielern, den Führern der „intakten" Landeskirchen, zugute. Sie verfügten ohnehin über die besseren organisatorischen Voraussetzungen, um die Neuordnung der Kirche in ihrem Sinne zu gestalten, und besaßen auch in der Pfarrerschaft den größeren Rückhalt.

Am 19. Mai hatte Knappen zum ersten Mal Meiser, den Sprecher des konservativen Luthertums, aufgesucht und sich über die innerkirchliche Lage unterrichten lassen. Meiser hob besonders das „Kirchliche Einigungswerk" hervor, mit dem Wurm seit 1941/42 die Neuformierung der evangelischen Kirche unter Einschluß der kirchli-

[19] Vgl. Dietmar Schmidt, Martin Niemöller. Eine Biographie, Stuttgart [3]1983, S. 172 f.
[20] Interview with Pastor Niemöller, OSS-Report No. L-80 vom 20. 6. 1945; NA, RG 84, Polad 737/2.
[21] Report on Interview with Pastor Niemöller vom 19. 6. 1945; ebd.
[22] Aktennotiz vom 19. 6. 1945; NA, RG 84, Polad 737/3.
[23] Clay an Major General Archer L. Lerch am 21. 9. 1945; NA, RG 260, 5/341-3/37.

chen Mitte auf bekenntnismäßiger Grundlage angestrebt hatte[24]. Knappen erklärte seinerseits, daß die Militärregierung einem Zusammenschluß der Landeskirchen positiv gegenüberstehe, „doch sei die Zeit dafür noch nicht gekommen". Die in einer Aktennotiz Meisers festgehaltenen Ausführungen des bayerischen Landesbischofs endeten mit einem typischen Passus, den Knappen noch oft, wenn die Sprache auf weltliche Angelegenheiten kam, zu hören bekommen sollte: „Ich bitte ihn, den General Eisenhower über die allgemeine Lage zu unterrichten, Gefahr der Hungersnot, Verelendung des Volkes, Not der wegen Parteizugehörigkeit Entlassenen, Gefahr der Bolschewisierung."[25] In den beiden letzten Stichpunkten, die Meiser bereits zehn Tage nach der bedingungslosen Kapitulation zu den wichtigsten Anliegen zählte, kam die Sorge vieler Pfarrer und Kirchenführer um den Bestand der bürgerlichen Ordnung und das Trauma der Revolution von 1918/19 deutlich zum Ausdruck. Zwei Monate später sollte Meiser gemeinsam mit Kardinal Faulhaber heftig gegen die Entlassung von ehemaligen Nationalsozialisten aus dem Staatsdienst protestieren[26], da er darin eine Gefährdung der politischen Stellung des konservativen Bürgertums erblickte.

Auch im ersten Gespräch, das Wurm am 18. Juni mit dem amerikanischen Militärgouverneur für Württemberg, William Dawson, führte, stand neben der Wiedereröffnung der theologischen Seminare die Entnazifizierung und Internierung von SS-Leuten im Mittelpunkt. Als Sohn eines lutherischen Pastors zeigte Dawson viel Verständnis für den kirchlichen Standpunkt und betonte, daß er „befürwortende Eingaben" für solche Personen berücksichtigen werde, „wie er überhaupt dankbar sei für entsprechende Vorschläge des Herrn Bischof im Blick auf den Wiederaufbau unserer Verwaltung und unseres Schulwesens"[27]. Wie der Bericht von Oberkirchenrat Pressel dankbar vermerkt, ordnete Dawson auch die Beschlagnahmung von zwei Privatwägen zur ständigen Verfügung des Oberkirchenrats an; was die Militärregierung im Falle Niemöllers abgelehnt hatte[28].

In einem weiteren Gespräch mit Knappen am 22. Juni betonte Wurm, daß die evangelische Kirche die Errichtung einer christlichen Ordnung anstrebe, die dem Nationalsozialismus wie Kommunismus gleichermaßen feindlich gegenüberstehe. Zur Erfüllung ihrer Aufgabe benötige die Kirche allerdings folgende Voraussetzungen: Respektierung des Sonntags als Feiertag, christliche Erziehung in den Schulen und christliche Jugendarbeit, Zulassung kirchlicher Sozialarbeit, Wiedereröffnung der theologischen Seminare, Selbstreinigung der Kirche von Nazi-Elementen, Reorganisation der Kirche auf zentraler Ebene, Rückkehr zur Kirchenverfassung von 1922, Verbindungen zu ausländischen Kirchen, Entlassung kriegsgefangener Pfarrer und Theologiestudenten, regelmäßige Benzinzuteilungen und Druckerlaubnis für die religiöse Presse. Knappen betonte den guten Willen der Militärregierung, gab aber deutlich zu verstehen, daß sie allen Kräften der deutschen Gesellschaft, kirchlichen wie laizisti-

[24] Vgl. Jörg Thierfelder, Das Kirchliche Einigungswerk des württembergischen Landesbischofs Theophil Wurm, Göttingen 1975.

[25] Aktennotiz Meisers über die Unterredung mit Captain Landeen und Major Knappen am 19. 5. 1945; LKAN, Nachlaß Meiser, 212.

[26] Siehe Carsten Nicolaisen und Clemens Vollnhals, Evangelische Kirche und öffentliches Leben in München 1945–1949, in: Friedrich Prinz (Hrsg.), Trümmerzeit in München. Kultur und Gesellschaft einer deutschen Großstadt im Aufbruch 1945–1949, München 1984, S. 131 ff.

[27] Aktennotiz über die Unterredung mit Oberst Dawson am 18. 6. 1945; LKAS, Nachlaß Hartenstein, 52.

[28] Report on the Niemöller Case to Date vom 10. 7. 1945; NA, RG 84, Polad 737/2.

schen, gerecht werden müsse. Zugleich notierte er die Befürchtung, daß sich Niemöller und Wurm an die amerikanische Öffentlichkeit wenden könnten, um gegen die Besatzungspolitik zu protestieren[29].

Einen Tag später, am 23. Juni, hatte Wurm eine wichtige Unterredung mit Murphy. Wiederum verlas er, nachdem er seine Dankbarkeit über das Ende der Unterdrückung der Kirche ausgesprochen und gleichzeitig die Übergriffe französischer Kolonialtruppen scharf verurteilt hatte, eine Liste mit verschiedenen Bitten. An erster Stelle stand die Einberufung einer Kirchenführerkonferenz zur Reorganisation der evangelischen Kirche, an letzter Stelle die Entnazifizierungsfrage. Dabei wandte sich Wurm insbesondere gegen die „Antifaschistischen Ausschüsse"[30], die völlig einseitig zusammengesetzt seien und die tatsächliche Gesinnung ehemaliger Nationalsozialisten nicht so gut wie der Gemeindepfarrer beurteilen könnten. Diese und andere Ausführungen bestärkten Knappen in der Überzeugung, daß die Kirche strikt antikommunistisch eingestellt sei, was ihn erneut veranlaßte, vor politischen Umtrieben unter dem Deckmantel der Kirche zu warnen[31].

Dennoch befürworteten Murphy und Kirkpatrick vier Tage später in einer gemeinsamen Stellungnahme die Einberufung einer Kirchenführerkonferenz: „Bischof Wurm hat einen guten Ruf als Anti-Nazi. Hinsichtlich der öffentlichen Meinung in den USA und in Großbritannien ist es von einigem Vorteil, ihn zu benützen, um die Fäden in der evangelischen Kirche wiederaufzunehmen."[32] Daß die Bekennende Kirche die Führung übernehmen werde, stand außer Frage; doch vor die Alternative Wurm oder Niemöller gestellt, entschied man, Wurm zu favorisieren. Wurm besaß nicht nur im deutschen Protestantismus als Initiator des „Kirchlichen Einigungswerks" einen starken Rückhalt, sondern auch – was vielleicht noch wichtiger war – in der Ökumene. Zudem hatte er mehrfach versichert, daß selbstverständlich alle Deutsche Christen aus kirchenleitenden Positionen entfernt werden müßten.

In weiteren Gesprächen mit Vertretern der Militärregierung stand die organisatorische Vorbereitung der Kirchenführerkonferenz in Treysa im Mittelpunkt. Dabei benutzte Wurm jedesmal die Gelegenheit, um die amerikanische Entnazifizierungspolitik zu kritisieren: „Sie entnazifizieren zu schnell und bringen Leute in Positionen, die von ihrer Arbeit nichts verstehen können."[33] Besonders setzte er sich für hohe Beamte und Industrielle ein, die häufig zum Eintritt in die NSDAP gezwungen worden seien und auf deren Mitarbeit beim Wiederaufbau Deutschlands nicht verzichtet werden könne. Die große Not des Volkes wie die übertriebene Entnazifizierung könne nur unliebsame, radikale Elemente stärken. Als Beurteilung faßte Mr. Beam, ein enger Mitarbeiter Murphys, zusammen, daß Wurm ohne jeden Zweifel ein Nationalist sei und alles versuchen werde, um die dem deutschen Volk auferlegten Restriktionen abzuschütteln[34].

29 Report on Interview with Bishop Wurm vom 23. 6. 1945; ebd. Abdruck in: Boyens, Kirchenpolitik, S. 89 ff.

30 Vgl. Lutz Niethammer, Ulrich Borsdorf und Peter Brandt (Hrsg.), Arbeiterinitiative 1945. Antifaschistische Ausschüsse und Reorganisation der Arbeiterbewegung in Deutschland, Wuppertal 1976.

31 Report on Conference with Bishop Wurm's Party vom 26. 6. 1945; NA, RG 84, Polad 737/23.

32 Aktennotiz vom 27. 6. 1945; NA, RG 84, Polad 737/2.

33 Report on Conference with Bishop Wurm's Party vom 30. 6. 1945, Verfasser: Theodore Lapp; NA, RG 84, Polad 737/1.

34 Memorandum of a Conversation with Bishop Wurm vom 1. 7. 1945; ebd. Dieser Bericht wurde auch an das Foreign Office in London weitergeleitet.

Differenzierter urteilte Murphy in einem Bericht an das State Department vom 25. Juni, in dem er besonders auf das starke Selbstbewußtsein von Wurm und Niemöller hinwies: „Beide sind, glaube ich, glühende deutsche Patrioten, die der Politik der NSDAP in der Vergangenheit heftig widersprochen haben, die aber auch zu einem ähnlich heftigen Widerspruch gegenüber den Alliierten Besatzungsmächten fähig sind."[35] Niemöller sei noch weit aggressiver als Wurm. Beide könnten der Militärregierung nützlich sein, doch bestehe einiger Zweifel, ob sich die Beziehungen in Zukunft „smooth and easy" gestalten würden. Mit dieser Vorhersage sollte Murphy recht behalten. Harte Auseinandersetzungen entzündeten sich vor allem an dem Konfliktpunkt, der bereits die ersten Gespräche stark bestimmt hatte – die Entnazifizierungspolitik.

Starke Irritationen hinterließ auch die Unterredung, die Knappen am 28. Juli mit einem anderen repräsentativen Führer des deutschen Protestantismus führte. Im Mittelpunkt des Gesprächs mit Otto Dibelius, dem neuen Bischof von Berlin-Brandenburg, stand ebenfalls die geplante Kirchenführerkonferenz. Auch Dibelius betonte den Willen zur Selbstreinigung der Kirche, gab aber nachdrücklich zu verstehen, daß er, im Unterschied zu Niemöller, von einer synodalen Beteiligung und Legitimierung der angestrebten Neuordnung nichts halte. Am Rande kamen das ungeheure Flüchtlingselend, die Schulfrage und die Erlaubnis zum Druck kirchlich-religiöser Schriften zur Sprache. Besonders aufhorchen ließen Knappen die politischen Ausführungen Dibelius', der der Auffassung war, daß der Kommunismus nach den Greueltaten der russischen Besatzungstruppen in Deutschland keine Chance mehr habe. Nachdrücklich betonte er aber auch: „Die Demokratie wird in Deutschland keine Wurzeln schlagen: 1. ist sie eine ausländische Weltanschauung; 2. ist die Demokratie wegen der Erfahrung Deutschlands mit der schwachen Weimarer Republik im deutschen Bewußtsein mit Arbeitslosigkeit und erfolgloser Außenpolitik verbunden." Damit brachte Dibelius vorsichtig, aber doch unüberhörbar die antidemokratischen Vorbehalte weitester kirchlicher Kreise, nicht zuletzt seine eigenen, zum Ausdruck. Gerade in dieser Situation sah Dibelius die „Stunde der Kirche": „Deshalb sollten die Besatzungsmächte, um das Wiederaufleben des Nazismus zu verhindern, die Kirche unterstützen. Sie bietet ihren Anhängern eine in Deutschland gewachsene traditionelle Weltanschauung, die das durch den Zusammenbruch der Hitler-Bewegung entstandene Vakuum auffüllen wird."[36] Was Dibelius mit „traditioneller Weltanschauung" genau meinte, geht aus der Aufzeichnung Knappens nicht hervor. Doch wird man dem Verfasser der bekannten Programmschrift „Das Jahrhundert der Kirche"[37] wohl unterstellen dürfen, daß er dabei an den hierarchisch-autoritären Aufbau von Staat und Gesellschaft auf kirchlich-christlicher Grundlage dachte.

Das Ergebnis der ersten Begegnungen mit Kirchenführern aus der Bekennenden Kirche, die gewissermaßen die Hoffnungsträger des Protestantismus darstellten, konnte für die amerikanische Militärregierung nicht sehr befriedigend sein. Besonders die ständige Fürsprache für entlassene Parteigenossen, der kein entsprechendes Wort

[35] Interviews with Pastor Martin Niemöller and Bishop Wurm. Der Bericht datiert vom 25. 6. 1945; NA, RG 84, Polad 737/4. Abdruck in: Boyens, Kirchenpolitik, S. 88 f.
[36] Report on Conference with Dr. Dibelius vom 28. 7. 1945; NA, RG 84, Polad 737/1.
[37] Otto Dibelius, Das Jahrhundert der Kirche, Berlin 1926.

für die Wiedereingliederung und Entschädigung der Opfer des Nationalsozialismus gegenüberstand, mußte bei der Militärregierung, die unter dem Druck der amerikanischen Öffentlichkeit auf eine rigide Entnazifizierungspolitik als unabdingbare Voraussetzung des demokratischen Neuanfangs eingeschworen war, ernste Zweifel an der Bereitschaft zum Umdenken in der evangelischen – wie übrigens auch in der katholischen – Kirche wecken. „Unsere Begegnungen mit Bischof Wurm und anderen seiner Art", so berichtete Knappen, „ließen uns fast kriegerisch entschlossen werden, eine Basis der Zusammenarbeit mit den Russen zu finden und so die Viermächtebesatzung zu einem Erfolg zu machen."[38] 1945/46 jedenfalls bestimmte dieser Gesichtspunkt noch die Perspektive und die Zusammenarbeit im „Allied Religious Affairs Committee" des Kontrollrates.

Sicherlich handelten die Kirchenführer im Bewußtsein einer großen Verantwortung für das deutsche Volk und gingen deshalb einer harschen Kritik an der Besatzungspolitik nicht aus dem Wege. Unverkennbar ist aber auch, daß die Frage, welchen Beitrag die Kirche zur demokratischen Neuordnung leisten könne, nur eine geringe Rolle spielte. Erschrocken über den Verzicht der Bekennenden Kirche, die Zukunft Deutschlands nach Hitler zu bedenken und vorzubereiten, hatte Dietrich Bonhoeffer bereits 1941 als Erklärung festgehalten: „Die absolute Ungesichertheit der menschlichen Existenz führt ... bei den Christen fast überall zum völligen Verzicht auf jeden Gedanken an die Zukunft, was wiederum eine stark apokalyptische Haltung zur Folge hat. Unter dem Eindruck der Nähe des Jüngsten Tages geht der Blick für die geschichtliche Zukunft leicht verloren."[39]

Die einzige Denkschrift aus oppositionellen kirchlich-protestantischen Kreisen, die sich mit der deutschen Zukunft befaßte, war die „Freiburger Denkschrift" von 1943. Gerade in ihr spiegelt sich aber auch das illiberale Gesellschaftsbild der Verschwörer des 20. Juli 1944[40]. Sie war auf Anregung Bonhoeffers unter Mitarbeit von Dibelius und dem Theologen Helmut Thielicke von einer Freiburger Professorengruppe, unter ihnen Gerhard Ritter, Constantin von Dietze, Walter Eucken und Adolf Lampe, verfaßt worden. Doch 1945, nach der bedingungslosen Kapitulation, war dieser Entwurf wie andere Planungen des national-konservativen Widerstands zur Makulatur geworden.

4. Die Konferenz von Treysa

Der Kirchenkonferenz von Treysa Ende August 1945 gingen harte Auseinandersetzungen voraus. Das an die „alliierte Kontrollkommission" in Berlin adressierte Schreiben Hans Asmussens, eines engagierten Bruderrats, vom 9. Juni kennzeichnet die un-

[38] Knappen, Peace, S. 145. Vgl. Vollnhals, Reichskonkordat.

[39] Zit. nach Eberhard Bethge, Dietrich Bonhoeffer. Theologe – Christ – Zeitgenosse. Eine Biographie, München [5]1983, S. 871.

[40] Helmut Thielicke (Hrsg.), In der Stunde Null. Die Denkschrift des Freiburger „Bonhoeffer-Kreises": Politische Gemeinschaftsordnung. Ein Versuch zur Selbstbesinnung des christlichen Gewissens in den politischen Nöten unserer Zeit, Tübingen 1979. Vgl. Bethge, Bonhoeffer, S. 871 ff. Zum Gesellschaftsbild des 20. Juli 1944 siehe Hans Mommsen, Gesellschaftsbild und Verfassungspläne des deutschen Widerstandes, in: Walter Schmitthenner und Hans Buchheim (Hrsg.), Der deutsche Widerstand gegen Hitler. Vier historisch-kritische Studien, Köln 1966, S. 73 ff.

terschiedlichen Neuordnungskonzeptionen: „Die Bekennende Kirche ist der Ansicht, daß folgende Kirchenleitungen unverändert bleiben müssen: Württemberg, Bayern, Lippe-Detmold. Folgende Kirchenleitungen müssen aufgelöst werden: Hessen-Nassau, Pfalz, Rheinland, Westfalen, Thüringen, Bremen, Oldenburg, Schleswig-Holstein, Lübeck, Braunschweig, Berlin, Kirchliches Außenamt Berlin." Zweifelhaft sei die Entscheidung in Hessen-Kassel, Hamburg und Baden sowie im Falle der reformierten und der lutherischen Landeskirche von Hannover. Anschließend fragte Asmussen unmißverständlich: „Wird der Kontrollrat formell erklären, daß diese Kirchenleitungen aufgelöst sind?"[41] Zweifellos entsprang die Eingabe der Eigeninitiative Asmussens und erfolgte nicht, wie er zwischen den Zeilen andeutete, im Auftrag Wurms.

Tatsächlich verfolgte Wurm ein Neuordnungskonzept, das auf die Einbeziehung der amtierenden Kirchenleitungen, soweit sie von der kirchlichen Mitte gestellt waren, abzielte. Das Integrationskonzept Wurms wurde auch vom Ökumenischen Rat der Kirchen nachdrücklich unterstützt, wie ein Memorandum Stewart Hermans, des Vertreters der lutherischen Kirchen Amerikas, an die amerikanische Militärregierung vom 13. August 1945 ausweist. Als Resümee einer mehrwöchigen Informationsreise durch die westlichen Besatzungszonen hielt Herman als Empfehlung fest: „Wir glauben weiterhin, daß der Geist der Bekennenden Kirche sich überall im deutschen Protestantismus durchsetzen sollte, aber wir sind darauf erpicht, nach der Reinigung von deutschchristlichen Elementen, eine gemeinsame evangelische Organisation, einschließlich der sogenannten ‚neutralen' Kirchenführer, zu erhalten. Ich habe bereits die Erfahrung gemacht, daß nur sehr geringer Druck von außen notwendig ist, wenn überhaupt, um die anti-nazistischen Kirchenmänner zu ermutigen, ihr Haus zu säubern. Der Prozeß ist praktisch abgeschlossen."[42] Die Intentionen des Ökumenischen Rats der Kirchen trafen sich mit Überlegungen der amerikanischen und britischen Militärregierung und wirkten den Absichten Niemöllers entgegen.

Am 20. Juli hatte sich Niemöller mit einem Memorandum an die vier Besatzungsmächte zu Wort gemeldet. Hier erschienen in noch stärkerem Maße als bei Asmussen die kirchlichen Mittelgruppen, zu denen Niemöller auch die „intakten" Landeskirchen rechnete, als die eigentlichen Gegner einer tiefgreifenden Neuorientierung: „Sie unterstützten entweder offen das Nazi-Regime (wie in Hannover) oder stimmten mehr oder weniger seinen Maßnahmen zu (wie in Bayern) oder nahmen eine mehr negative Haltung ein, nachdem sie anfangs zugestimmt hatten (wie in Württemberg)." In den Neutralen sah Niemöller das größte Hindernis: „Man kann mit ehrenhaften Gegnern, die ihre Meinungen geändert haben, zusammenarbeiten, aber niemals mit Leuten, die Sicherheit um jeden Preis suchen ... Sie sagten niemals etwas gegen den Nazismus und deshalb kann man ihnen nicht glauben, wenn sie heute sprechen!"[43] Wirkliche Erneuerung, dies war sein Tenor, könne nur von den Bruderräten ausgehen.

[41] Asmussen an Alliierten Kontrollrat am 9. 6. 1945; NA, RG 260, 5/341-2/41. Daß Wurm in seinem Einladungsschreiben zur Kirchenführerkonferenz Asmussen nicht mehr namentlich aufführte, dürfte mit diesem Alleingang zusammenhängen.

[42] Herman an Donald Heath (USGCC) am 13. 8. 1945; NA, RG 84, Polad 737/1. Am 16. 8. 1945 antwortete Heath, der das Memorandum auch Murphy vorgelegt hatte: „The Office of Political Affairs is in full sympathy with your views and aims, and we are than anxious to be of assistance to you in any way possible." Ebd. Zur Konzeption Wurms vgl. Annemarie Smith-von Osten, Von Treysa 1945 bis Eisenach 1948. Zur Geschichte der Grundordnung der Evangelischen Kirche in Deutschland, Göttingen 1980, S. 30ff.

[43] The Position and Prospects of the Evangelical Church vom 20. 7. 1945; NA, RG 260, 5/339-3/36. Vgl. Smith-von Osten, Treysa, S. 49f.

Es war nicht allein die persönliche Tragik Niemöllers, daß er, ohne Amt und Auftrag, in den entscheidenden ersten Nachkriegswochen, als in den Landeskirchen die Weichen gestellt wurden, mit solchen Vorstellungen nicht durchdringen konnte. Auch Kurt Scharf, der letzte Präses der Brandenburgischen Bekenntnissynode, und Hermann Diem, der Leiter der „Kirchlich-theologischen Sozietät" Württembergs, befürchteten, während sie untätig in amerikanischer Kriegsgefangenschaft saßen, zu Recht, daß sie „für die Neuordnung der Kirche zu spät kommen würden"[44].

In den „intakten" Kirchen erfolgten nur geringfügige personelle Umbesetzungen, die nirgends die kirchenpolitische Grundorientierung veränderten. Anders verhielt es sich in den „zerstörten" Kirchen. Aber auch hier hatten die Landesbruderräte den auf der Dahlemer Bekenntnis-Synode 1934 proklamierten Anspruch, einzig rechtmäßige Kirche zu sein, praktisch aufgeben müssen und sich mit der kirchlichen Mitte auf eine gemeinsame Besetzung der Kirchenleitungen geeinigt[45]. Dominierenden Einfluß erlangten die Bruderräte nur im Rheinland und in Westfalen, wo sie bereits während des Kirchenkampfes eine außergewöhnlich starke Stellung besessen hatten, und später auch in Hessen, wo Niemöller im April 1946 den Vorsitz des Landesbruderrats übernahm und nach der Vereinigung der Kirchen von Frankfurt, Hessen und Nassau 1947 Kirchenpräsident wurde.

Vorgeschichte und Verlauf der Konferenz von Treysa sind bereits ausführlich untersucht worden[46], so daß wir uns auf einige Aspekte beschränken können. Die ersten Planungen seitens der „intakten" Landeskirchen hatten die Beteiligung des Reichsbruderrats nicht vorgesehen. Auch Wurm hatte als maßgeblicher Initiator zuerst nur an die persönliche Teilnahme Niemöllers, was ihm ein echtes Anliegen war, gedacht, nicht aber an den Bruderrat als Institution. Auf der eilig einberufenen Sitzung des Reichsbruderrats stellte Niemöller nochmals die Alternative zur Debatte: „Brauchen wir heute eine Bekennende Kirche oder brauchen wir heute eine befriedete Kirche? – Ich kann den Weg seit 1943 nur als Irrweg anschauen ..."[47] Zuvor hatte Dibelius für „Versöhnlichkeit gegenüber den anderen, die aus Mangel an Opferbereitschaft in die konsistoriale Linie eingelenkt waren", plädiert. „Die Bekennende Kirche", so seine sicherlich realistische Einschätzung, „ist dem elfjährigen Zermürbungskrieg weithin erlegen, äußerlich und innerlich ... Die alleinige Verantwortung zu tragen, dazu ist der

[44] Hermann Diem, Ja oder Nein. 50 Jahre Theologie in Kirche und Staat, Berlin 1974, S. 148.

[45] Vgl. die Übersicht über die Entwicklung in den einzelnen Landeskirchen von Meier, Kirchenkampf, Bd. 3, S. 181ff. Einen interessanten Bericht über die Entstehung der Kirchenleitung im Rheinland gibt Johannes Schlingensiepen, Der 15. Mai 1945 und seine Hintergründe, in: Kirche in diesen Jahren. Ein Bericht. Präses Prof. Dr. Joachim Beckmann zum 70. Geburtstag, Neukirchen-Vluyn 1971, S. 167ff.

[46] Vgl. neben der grundlegenden Untersuchung von Smith-von Osten, Treysa; Armin Boyens, Treysa 1945 – Die evangelische Kirche nach dem Zusammenbruch des Dritten Reiches, in: Zeitschrift für Kirchengeschichte 82 (1971), S. 29ff.; Jörg Thierfelder, Theophil Wurm und der Weg nach Treysa, in: Blätter für württembergische Kirchengeschichte 85 (1985), S. 149ff.; Wolf-Dieter Hauschild, Die Kirchenversammlung von Treysa 1945, in: Vorlagen 32/33 (1985), S. 5ff. Weiterhin liegt eine von Fritz Söhlmann hrsg. halbamtliche Dokumentation vor: Treysa 1945. Die Konferenz der evangelischen Kirchenführer, Lüneburg 1946. Sie trägt stark harmonisierende Züge und trennt Dokumentation, Bericht und Kommentar oft nicht eindeutig voneinander.

[47] Referat Niemöllers am 21.8.1945. Im Original steht die Jahreszahl 1943 – nicht 1934, wie Annemarie Smith-von Osten auf S. 54 angibt. 1943 hatte der Reichsbruderrat die Vertretung der bruderrätlichen Bekennenden Kirche gegenüber dem Staat Landesbischof Wurm übertragen, was Niemöller scharf kritisierte: „Ich selbst habe, noch im KZ, nur erfahren, daß einzelne, wenn auch nur kleine Kreise der BK gegen diesen Schritt Protest eingelegt haben, und ich bin sicher, daß ich damals ein Gleiches getan haben würde, wenn ich die Möglichkeit zu einer Stellungnahme gehabt hätte." ZEKHN, Bruderrat, 41.

Kreis zu klein und hat viel zu wenig Persönlichkeiten mit geistlicher Führungsqualität."[48] Der Bruderrat folgte dem Votum und entschied sich für die befriedete Kirche, für die Zusammenarbeit mit der kirchlichen Mitte, den ungeliebten „Neutralen".

Die Diskussionen im Reichsbruderrat hatten ihr Spiegelbild auf der anderen Seite des kirchenpolitischen Spektrums in den Überlegungen des „Rates der Evangelisch-Lutherischen Kirche Deutschlands" (Lutherrat). Hier verfolgte man die Absicht, mit der formellen Gründung einer vereinigten lutherischen Kirche, in der die bislang selbständigen lutherischen Landeskirchen aufgehen sollten, noch vor Konferenzbeginn vollendete Tatsachen zu schaffen. Diese besonders von Meiser und August Marahrens, dem Bischof von Hannover, propagierten Bestrebungen scheiterten jedoch im letzten Moment am entschiedenen Widerstand Wurms.

Einen guten Einblick in Atmosphäre und Stimmungslage der Konferenz von Treysa, die von Anfang an unter starken Spannungen stand, vermitteln einige Episoden und Berichte. Colonel Sedgwick notierte als Beobachter der britischen Militärregierung: „... viele der Teilnehmer waren erschöpft, deprimiert und ängstlich. Viele von denjenigen, die jeden Kampf mit dem Nationalsozialismus aufgenommen hatten, waren nun seelisch und körperlich am Ende. Einige von ihnen drückten ihre Scham darüber aus, daß sie nicht rechtzeitig laut und deutlich gegen das Regime gesprochen – oder daß sie überhaupt nicht gesprochen hatten. Viele hatten Angst vor der Zukunft. Die älteren Männer hingen ergreifend an den alten Institutionen und Traditionen und sahen sie nur widerwillig verschwinden, obwohl sie gleichzeitig wußten, daß es sein mußte. Ohne eine Handvoll echter Kämpfer wie Wurm, Niemöller, Gerstenmaier, Lilje und Asmussen, die Energie und Eifer einbrachten, wäre die Konferenz ‚a valley of dry bones' gewesen."[49]

Bezeichnend für die Mentalität und das politische Bewußtsein vieler Kirchenführer ist die Reaktion auf das Erscheinen Barths als Mitglied der zehnköpfigen Bruderratsdelegation, was konservative Lutheraner als arge Zumutung empfanden. „Es war", wic Wurm berichtete, „sogar von Abreisen die Rede."[50] Wie im Kirchenkampf schieden sich auch jetzt wieder die Geister an der Theologie, noch mehr aber an der politischen Haltung Barths. Daß er die Beschränkung der Bekennenden Kirche auf die Verteidigung der kirchlichen Autonomie und den Verzicht auf die entschiedene Verkündigung der allgemeinen Menschenrechte auf das schärfste kritisiert und 1938 gar die Tschechen zum militärischen Widerstand gegen Hitler-Deutschland aufgefordert hatte[51], war nicht vergessen und wurde auch im nachhinein verurteilt. „Viele Leute – wenigstens außerhalb der Bekennenden Kirche", womit Bischof Stählin aus Oldenburg die Bruderräte meinte, „hielten es für unangebracht, daß Karl Barth, der in den entscheidenden Jahren an der äußeren und inneren Not unseres Volkes keinen persönlichen Anteil gehabt hat, nun als erbetener oder unerbetener Lehrmeister auftreten sollte."[52] Wie tief das Ressentiment gegen den Emigranten saß, der 1935 Deutschland

[48] Dibelius an Niemöller am 17. 7. 1945, zit. nach Smith-von Osten, Treysa, S. 52 f.

[49] Der ausführliche Bericht von Colonel Sedgwick ist bei Jürgensen, Stunde, S. 277 ff., abgedruckt, hier S. 283.

[50] Theophil Wurm, Erinnerungen aus meinem Leben, Stuttgart 1953, S. 180.

[51] Vgl. Eberhard Busch, Karl Barths Lebenslauf. Nach seinen Briefen und autobiographischen Texten, München ²1975, S. 248 ff. Wie schwer sich die Bekennende Kirche tat, die Kritik Barths zu ertragen, zeigt Hans Prolingheuer, Der Fall Karl Barth 1934–1935. Chronographie einer Vertreibung, Neukirchen ²1984.

[52] Wilhelm Stählin, Via vitae. Lebenserinnerungen, Kassel 1968, S. 502.

verlassen mußte, läßt sich einem Bericht Wurms entnehmen: „Dabei hatten viele den Verdacht gehabt, Karl Barth sei als eine Art Oberinspektor der alliierten Armee nach Treysa gekommen. Es ist schauderhaft, welche Rolle das Mißtrauen spielt in allen kirchlichen Kreisen und Konferenzen."[53]

Die Eröffnungspredigt des Ludwigsburger Prälaten, Theodor Schlatters, hinterließ bei ausländischen Beobachtern einen bitteren Eindruck, wie dem Bericht Stewart Hermans, des Vertreters der lutherischen Kirchen Amerikas beim Ökumenischen Rat der Kirchen, an die amerikanische Militärregierung zu entnehmen ist: „In der Predigt war kein neuer Geist sichtbar, und ich war insbesondere von der Tatsache betroffen, daß niemals auf den Rest der Christenheit Bezug genommen oder für ihn gebetet wurde. Wie viele Kirchenmänner, scheint Schlatter vom Ausmaß der Probleme Deutschlands völlig überwältigt zu sein."[54]

Einen Lichtblick stellte am nächsten Tag die beeindruckende Grundsatzrede Niemöllers dar, die schonungslos die wunden Punkte benannte: „Wo würden wir erst stehen, wenn Hitler gesiegt hätte? ... Unsere heutige Situation ist aber auch nicht in erster Linie die Schuld unseres Volkes und der Nazis ... Nein, die eigentliche Schuld liegt auf der Kirche, denn sie allein wußte, daß der eingeschlagene Weg ins Verderben führte, und sie hat unser Volk nicht gewarnt, sie hat das geschehene Unrecht nicht aufgedeckt oder erst, wenn es zu spät war." Davon nahm Niemöller die Bekennende Kirche nicht aus, denn auch sie habe sich „vor den Menschen mehr gefürchtet als vor dem lebendigen Gott"[55]. Diese Selbstkritik stand in scharfem Gegensatz zu der Erklärung des Lutherrats vor Konferenzbeginn, die lutherischen Kirchen hätten „den Irrlehren der Zeit, besonders der Deutschen Christen, widerstanden"[56].

Aus der Erkenntnis der Mitverantwortung forderte Niemöller die rigorose Selbstreinigung der Kirche: „Wenn heute jeder kleine Pg. (Parteigenosse) Amt und Brot verliert, dann ist es unmöglich, daß Männer in der Kirchenleitung gehalten werden, die sich in Hirtenbriefen oder in gedruckten Äußerungen oder sonst irgendwie so über den Nationalsozialismus und seine Weltanschauung ausgesprochen haben, daß der kleine Mann dadurch das gute christliche Gewissen bekam, sich der Partei anzuschließen."[57] Dieser Problematik hat sich die evangelische Kirche nach 1945 nie wirklich gestellt. War doch die Machtergreifung Hitlers von der gesamten evangelischen Kirche lebhaft begrüßt worden – auch von Niemöller.

Als Sprecher der Bruderräte kritisierte Niemöller auch scharf die behördliche Struktur des überkommenen Landeskirchentums und forderte den Neuaufbau von unten, von den Gemeinden: „... es muß deutlich werden, daß wir von Grund auf ein Neues wollen." Gedanken Barths über das Verhältnis von Christen- und Bürgergemeinde übernehmend, wandte sich Niemöller auch gegen ein „falsch verstandenes Luthertum". Die Kirche habe nicht nur die Christen zum Gehorsam gegenüber dem Staat zu erziehen, sondern auch die Verpflichtung, daß der „Anspruch auf Recht und Freiheit" eingelöst werde: „Deshalb ist uns aber die Staatsform und deshalb sind uns die Grund-

[53] Bericht Wurms vor einem württembergischen Pfarrkonvent im September 1945, zit. nach Smith-von Osten, Treysa, S. 105.

[54] Der Bericht Hermans wurde von Murphy am 3. 10. 1945 an das State Department weitergeleitet; NA, RG 84, Polad 737/3.

[55] Zit. nach Kirchliches Jahrbuch für die Evang. Kirche in Deutschland 1945–1948, Gütersloh 1950, S. 11 f.

[56] Erklärung des Rates der Evang.-Luth. Kirche Deutschlands vom 27. 8. 1945, ebd., S. 7 f.

[57] Ebd., S. 13.

sätze, nach denen das öffentliche Leben gestaltet wird, nicht gleichgültig ... Die Demokratie ... hat nun einmal mehr mit dem Christentum zu tun als irgendeine autoritäre Form der Staatsführung, die das Recht und die Freiheit für den einzelnen verneint."[58]

Das Referat Niemöllers, das trotz mancher anfechtbarer Formulierungen an Klarheit und Einsicht seinesgleichen suchte, wurde in Treysa nicht diskutiert, sondern von den im Mittelpunkt stehenden personellen, organisatorischen und konfessionellen Fragen in den Hintergrund gedrängt. Das freimütige Bekenntnis zur Schuld der Kirche entsprach sicherlich der Meinung der wenigsten Anwesenden, und die Forderung nach der Entfernung aller ehemaligen NS-Sympathisanten aus den Kirchenleitungen bedrohte die Positionen fast aller. Die Bejahung der Demokratie schließlich war auch den meisten Bruderräten noch fremd. Der Oberkirchenrat in Stuttgart distanzierte sich eilends[59], und noch 1946 stellte Barth mit Erschrecken fest, daß „man auch heute noch unter den besten BK-Theologen die meisten schon vor dem Wort ‚Demokratie' scheuen sieht wie die Kuh vor dem Scheunentor"[60].

Bei der Kirchenführerkonferenz war die Fähigkeit Wurms, zwischen den Flügeln ausgleichend zu vermitteln, auf eine harte Probe gestellt. Nahmen konservative Lutheraner an der Anwesenheit Barths Anstoß, so die Bruderräte an der Mitwirkung von Marahrens, der 1939 die NS-Weltanschauung als für den „christlichen Deutschen verbindlich" erklärt hatte und unbeirrt bis 1947 als Landesbischof weiteramtierte[61]. Andere wiederum empfanden wie Bischof Schöffel aus Hamburg das Vorgehen der Bruderräte glattweg als „Terror" und sprachen von einer „Diktatur Niemöller"[62]. Hinzu kamen die unterschiedlichen Neuordnungsvorstellungen, so daß die in Treysa gefundenen Beschlüsse, ebenso wie die 1948 endgültig verabschiedete „Grundordnung" der EKD, nur Kompromißcharakter besitzen konnten. Dennoch äußerte selbst Barth, der die „fatalen Verhandlungen" mit großem Mißtrauen verfolgt hatte, seinen Respekt vor Wurm, den er im „ehrlichen Ringen mit seinen eigenen Leuten von der landeskirchlich-bischöflichen-lutherischen-deutschnationalen Richtung" sah[63]. Die Härte der Auseinandersetzungen zeigte sich nicht zuletzt daran, daß Niemöller im September 1945 voller Resignation an seinen Rücktritt dachte[64].

Das bedeutendste Ergebnis von Treysa war die Gründung der EKD, deren Rat unter Vorsitz von Wurm ausschließlich Vertreter der beiden Flügel der Bekennenden Kirche angehörten, was nicht nur den Ausschluß ehemaliger Deutscher Christen, sondern auch bestimmter Mittelgruppen, wie etwa des „Wittemberger Bundes", bedeutete. Nach dem konfessionellen Proporz entfielen von den zwölf Sitzen sechs auf die Lutheraner (Theophil Wurm, Hans Meiser, Hanns Lilje, Hugo Hahn, Hans Asmussen

[58] Ebd., S. 14f. Vgl. Karl Barth, Christengemeinde und Bürgergemeinde, Stuttgart 1946.

[59] Rundschreiben vom 29. 9. 1945; LKAS, Nachlaß Wurm, 193.

[60] Brief an einen Politiker (Gustav Heinemann), in: Karl Barth, Der Götze wackelt. Zeitkritische Aufsätze, Reden und Briefe von 1930 bis 1960, hrsg. von Karl Kupisch, Berlin 1961, S. 98. Vgl. auch die materialreiche Untersuchung von Hans Gerhard Fischer, Evangelische Kirche und Demokratie nach 1945. Ein Beitrag zum Problem der politischen Theologie, Lübeck 1970.

[61] Dazu ausführlich Eberhard Klügel, Die lutherische Landeskirche Hannovers und ihr Bischof 1933–1945, 2 Bde., Hamburg 1964, 1965, und Besier, „Selbstreinigung", S. 111ff.

[62] Vgl. Boyens, Treysa 1945, S. 45.

[63] Barth an Adolf Keller am 28. 9. 1945, zit. nach Busch, Lebenslauf, S. 341.

[64] Vgl. Niemöller an Wurm am 1. 9. 1945; ZEKHN, Korrespondenz Niemöller, 2074.

und Oberstudiendirektor Peter Meyer[65]), vier auf die Unierten (Otto Dibelius, Heinrich Held, Martin Niemöller und Rechtsanwalt Gustav Heinemann) und zwei auf die Reformierten (Wilhelm Niesel und Völkerrechtler Rudolf Smend).

Stellvertretender Vorsitzender wurde Niemöller, der zugleich das „Kirchliche Außenamt" übernahm. Das dahinterstehende Kalkül sprach Dibelius in seinen Memoiren offen aus: „Niemand anders als er konnte unsere Kirche in einem Ausland repräsentieren, das allem, was deutsch war, noch in bitterer Feindschaft gegenüberstand."[66] Die Leitung der einflußreichen Kirchenkanzlei übernahm Asmussen. Damit besetzten die Bruderräte bedeutende Positionen, deren integrative und repräsentative Aufgabenstellung jedoch zunehmend mit der polarisierenden Stellung Asmussens und Niemöllers in den kirchenpolitischen Auseinandersetzungen und ihrem impulsiven, oft auch persönlich verletzenden Naturell kollidierte.

Im Rat hatten die Theologen das Übergewicht über die Laien und die Vertreter des „bischöflichen" Flügels über die Verfechter bruderrätlicher Konzeptionen. Nicht minder bedeutend war die eindeutige Dominanz der in den Westzonen gelegenen Kirchen, da die Ostzone nur durch Dibelius und Hahn (ab 1947) vertreten war, was den späteren Kurs der EKD, etwa in der Frage der Wiederbewaffnung der Bundesrepublik[67], stark beeinflußt hat. In der Zusammensetzung des Rates wie in der Selbstauflösung der „Altpreußischen Union"[68], deren Kirchenprovinzen nunmehr selbständige Landeskirchen wurden, zeichnete sich der Untergang der bislang dominierenden preußisch-deutschen Vorherrschaft im Protestantismus ab.

Die Ergebnisse von Treysa wurden sehr bald unter der Fragestellung „Restauration oder Neuanfang in der evangelischen Kirche?", so der Titel einer 1946 publizierten Streitschrift Diems, diskutiert. Der Vorwurf der Restauration meinte, daß den Bruderräten nur ein „halber Sieg", aber keine strukturelle Neuordnung gelungen sei: „Die Vertreter der Bekennenden Kirche haben (sich) mit ihrem Eintritt in die Konsistorien ... selbst an die rechtliche Kontinuität in den Landeskirchen ... gebunden."[69]

Die Fortexistenz des traditionellen Landeskirchentums mit seinen anachronistischen Grenzziehungen war jedoch weniger die Folge einer bewußten Restaurationspolitik, sondern mehr das ungewollte Ergebnis einer gegenseitigen Blockade bruderrätlicher und lutherischer Reformbestrebungen zur Überwindung des territorialen Gliederungsprinzips[70]. Die „Grundordnung der EKD" orientierte sich am Vorbild der Verfassung des „Deutschen Evangelischen Kirchenbundes" von 1922 und bestimmt die EKD eindeutig als einen Kirchenbund von selbständigen Landeskirchen, denen

65 Meyer wurde im März 1946 durch den Celler Landeshauptmann Eberhard Hagemann ersetzt.

66 Otto Dibelius, Ein Christ ist immer im Dienst. Erlebnisse und Erfahrungen in einer Zeitenwende, Stuttgart 1961, S. 260.

67 Dazu Johanna Vogel, Kirche und Wiederbewaffnung. Die Haltung der Evangelischen Kirche in Deutschland in den Auseinandersetzungen um die Wiederbewaffnung der Bundesrepublik 1949–1956, Göttingen 1978; Diether Koch, Heinemann und die Deutschlandfrage, München 1972.

68 Die altpreußische Union war 1817 von Friedrich Wilhelm III. durch den Zusammenschluß der lutherischen und reformierten Kirche gegründet worden. Sie umfaßte jedoch nicht die später preußisch gewordenen Gebiete Schleswig-Holstein, Hannover, Kurhessen, Nassau.

69 Hermann Diem, Restauration oder Neuanfang in der Evangelischen Kirche?, Stuttgart 1946. Vgl. auch Werner Schmauch, Bekennende Kirche oder Reaktion?, Stuttgart 1949.

70 Diesen Aspekt unterstreicht nachdrücklich Georg Kretschmar, Die „Vergangenheitsbewältigung" in den deutschen Kirchen nach 1945, in: Carsten Nicolaisen (Hrsg.), Nordische und deutsche Kirchen im 20. Jahrhundert. Referate auf der Internationalen Arbeitstagung in Sandberg/Dänemark 1981, Göttingen 1982, S. 122ff., bes. S. 128ff.

der Rat keine bindenden Weisungen erteilen kann. Die fortbestehende konfessionelle Spaltung in lutherische, unierte und reformierte Kirchen, deren Überwindung zugunsten eines bruderrätlichen Leitungsmodells nicht zustandekam, fand ihren sichtbarsten Ausdruck darin, daß bis zur Verabschiedung der „Leuenburger Konkordie" 1973 keine volle Abendmahls- und Kanzelgemeinschaft bestand. Überblickt man die Kirchenverfassungen, so sind die Landeskirchen durchweg bei den alten Ordnungen aus den Jahren 1920–22 geblieben oder wieder zu ihnen zurückgekehrt. Die behördenkirchliche Struktur wurde in den meisten Fällen nicht zugunsten einer stärkeren synodalen Mitwirkung abgebaut, sondern eher noch verstärkt[71].

„Theologisch jedenfalls", so urteilt Scholder, wäre eine Neuordnung im Sinne der Bruderräte möglich gewesen[72]. Von daher – und nur von diesem Maßstab – ist die Bewertung als Restauration gerechtfertigt. Die Ursachen sind jedoch nicht nur auf die Beharrungskraft des konservativeren Luthertums zurückzuführen, denn auch das Bruderratsmitglied Dibelius antwortete als Bischof 1949: „Wir haben 1945 da wieder angefangen, wo wir 1933 aufhören mußten."[73] Die radikalen Reformer, theologisch zumeist an Barth ausgerichtet, stellten auch innerhalb der Bruderräte nur eine Minderheit dar. Hinzu kam, daß die Entbehrungen und Strapazen des Nachkriegsalltags die Kräfte der Gemeindeglieder wie der Pfarrer so sehr in Anspruch nahmen, daß eine tiefgreifende Reform der evangelischen Kirche nicht als ein vordringliches Problem wahrgenommen wurde und so fast zwangsläufig zu einem Anliegen kleiner, elitärer Zirkel werden mußte. Selbst in der traditionsreichen großbürgerlichen Dahlemer Bekenntnisgemeinde, der einst Niemöller vorstand, fragten die Gemeindeglieder ihren Pfarrer, „wozu es noch eine Bekennende Kirche gibt. Die Bekennende Kirche wird für eine recht überflüssige kirchliche ‚Gruppe' gehalten, nachdem der Kirchenstreit doch beigelegt sei."[74]

5. Entstehung und Grenzen des Stuttgarter Schuldbekenntnisses

Keine Erklärung der evangelischen Kirche löste in der deutschen Öffentlichkeit eine so kontroverse Auseinandersetzung aus und stieß in kirchlichen Kreisen auf so heftige Ablehnung wie das Stuttgarter Schuldbekenntnis vom Oktober 1945, mit dem der neugebildete Rat der EKD zum ersten Mal an die Öffentlichkeit trat.

Unmittelbarer Anlaß war das Erscheinen einer hochrangigen ökumenischen Delegation zur zweiten Ratssitzung am 18. und 19. Oktober in Stuttgart, die den Willen der Ökumene zur Versöhnung zwischen den Kirchen und Völkern der kriegfüh-

[71] Vgl. Herbert Wehrhahn, Die kirchenrechtlichen Ergebnisse des Kirchenkampfes, in: Evangelische Theologie 7 (1947/48), S. 313ff.; Dietrich Thränhardt, Das Demokratiedefizit in den deutschen evangelischen Kirchen, in: Gotthard Jasper (Hrsg.), Tradition und Reform in der deutschen Politik. Gedenkschrift für Waldemar Besson, Frankfurt 1976, S. 286ff.

[72] Klaus Scholder, Die Ergebnisse des Kirchenkampfes und die theologische Situation der Gegenwart, in: Paul Rieger und Johannes Strauß (Hrsg.), Kirche und Nationalsozialismus. Zur Geschichte des Kirchenkampfes, München 1969, S. 259ff., hier S. 267.

[73] Rundfunkinterview vom Februar 1949, zit. nach Ernst Wolf, „Volk, Nation, Vaterland" im protestantischen Denken von 1930 bis zur Gegenwart, in: Horst Zilleßen (Hrsg.), Volk – Nation – Vaterland. Der deutsche Protestantismus und der Nationalismus, Gütersloh ^{2}1970, S. 172ff., hier S. 209. Vgl. Dibelius, Christ, S. 257.

[74] A. Carras an den Superintendenten, 17. 10. 1945; EZA, Berliner Bruderrat.

renden Länder dokumentieren sollte[75]. Unabdingbare Voraussetzung, auch für die seit längerem vom Ökumenischen Rat der Kirchen in Genf vorbereitete Not- und Wiederaufbauhilfe, war allerdings ein Bekenntnis zur deutschen Schuld. Zur Vorbereitung des Treffens hatte der Generalsekretär des Kirchenrats, Willem Adolf Visser't Hooft, unmißverständlich an Dibelius geschrieben, daß bei allem gutem Willen noch „gewichtige innere Schwierigkeiten“ zu überwinden seien, „besonders bei den Kirchen, die so tief gelitten haben unter der Besetzung“. Die notwendige Verständigung werde „sehr viel leichter“ zustandekommen, „wenn die Bekennende Kirche Deutschlands sehr offen spricht, nicht nur über die Missetat der Nazis, sondern auch besonders über die Unterlassungssünden des deutschen Volkes, einschließlich der Kirche“[76]. Über die Absprachen innerhalb der Delegation berichtete Alphons Koechlin, der Präsident des Schweizer Evangelischen Kirchenbundes: „Wir hofften aber, eine solche Erklärung nicht fordern zu müssen, sondern auf Grund eigener Einsicht der deutschen Kirchen zu erhalten.“[77]

Die Frage, ob der Rat der EKD auch ohne diesen äußeren Anstoß von sich aus ein Schuldbekenntnis abgelegt hätte, läßt sich nur schwer beantworten. Als erster Kirchenführer hatte Wurm vor einem größeren kirchlichen Kreis die Schuldfrage eindeutig bejaht, als er im August 1943 in einem Rundschreiben an die Stuttgarter Pfarrerschaft feststellte: „Unser deutsches Volk ... hat auch große Schuld auf sich geladen durch die Art, wie der Kampf gegen Angehörige anderer Rassen und Völker geführt worden ist ... Und wenn wir's nicht gebilligt haben, so haben wir doch oft geschwiegen, wo wir hätten reden sollen und müssen.“[78] Ähnlich hatte sich auch die letzte Bekenntnis-Synode der Altpreußischen Union im Oktober 1943 zur Schuld und Mitverantwortung der Kirche bekannt[79]. Diese Stimmen repräsentieren jedoch nicht den Bewußtseinsstand der gesamten Bekennenden Kirche; denn im großen und ganzen hatte auch sie kein klares, öffentliches Wort zur Vernichtung des europäischen Judentums und zu den Verbrechen der deutschen Besatzungstruppen gefunden.

Daß die evangelische Kirche ein öffentliches Schuldbekenntnis ablegen müsse, hat Bonhoeffer bereits im Herbst 1940 nach dem siegreichen Frankreichfeldzug ausführlich begründet: „Sie ist schuldig geworden am Leben der schwächsten und wehrlosesten Brüder Jesu Christi.“[80] Auch in der Formulierung, die die Juden ausdrücklich als Brüder nannte, war Bonhoeffer der Bekennenden Kirche weit voraus. Mit anderer Ak-

[75] Dazu Armin Boyens, Das Stuttgarter Schuldbekenntnis vom 19. Oktober 1945. Entstehung und Bedeutung, in: VfZ 19 (1971), S. 374ff.; Hartmut Ludwig, Karl Barths Dienst der Versöhnung. Zur Geschichte des Stuttgarter Schuldbekenntnisses, in: Heinz Brunotte und Ernst Wolf (Hrsg.), Zur Geschichte des Kirchenkampfes. Gesammelte Aufsätze II, Göttingen 1971, S. 265ff.; Martin Greschat (Hrsg.), Die Schuld der Kirche. Dokumente und Reflexionen zur Stuttgarter Schulderklärung vom 18./19. Oktober 1945, München 1982; Gerhard Besier, Zur Geschichte der Stuttgarter Schulderklärung vom 18./19. Oktober 1945, in: Gerhard Besier und Gerhard Sauter, Wie Christen ihre Schuld bekennen. Die Stuttgarter Erklärung 1945, Göttingen 1985.

[76] Visser't Hooft an Dibelius am 25. 7. 1945, zit. nach Boyens, Schuldbekenntnis, S. 388.

[77] Ökumenische Mission nach Deutschland vom 15. bis 21. Oktober 1945, in: Andreas Lindt (Hrsg.), George Bell – Alphons Koechlin. Briefwechsel 1933–1945, Zürich 1969, S. 425ff., hier S. 428.

[78] Zit. nach Kirchliches Jahrbuch für die Evangelische Kirche in Deutschland 1933–1944, Gütersloh 1948, S. 438.

[79] Ebd., S. 403ff.

[80] Das Schuldbekenntnis (September 1940), in: Dietrich Bonhoeffer, Ethik. Zusammengestellt und hrsg. von Eberhard Bethge, München [6]1962, S. 117ff., hier S. 120. Vgl. Eberhard Bethge, Schuld bei Dietrich Bonhoeffer, in: Eberhard Bethge, Am gegebenen Ort. Aufsätze und Reden, München 1979, S. 83ff.

zentuierung trat Asmussen, wie Bonhoeffer Mitglied des altpreußischen Bruderrats, im Dezember 1942 in einem Schreiben an Visser't Hooft für ein Schuldbekenntnis der christlichen Kirchen – nicht allein der deutschen – ein. Er hielt es allerdings für „ein unbedingtes Erfordernis der Zukunft ..., daß die Christen die Frage nach der Schuld soviel wie möglich der Welt entziehen, um sie mit Gott und vor Gott zu regeln."[81] Die Schuldfrage dürfe keinesfalls im politischen Raum diskutiert werden und – wie nach dem Ersten Weltkrieg – als Mittel der politischen Auseinandersetzung „mißbraucht" werden.

Doch unmittelbar nach Kriegsende, als man unter dem Eindruck stand, daß die Alliierten das gesamte deutsche Volk undifferenziert für die NS-Verbrechen verantwortlich machen würden, gingen die meisten Landeskirchen der dringend notwendigen Auseinandersetzung aus dem Wege und hüllten sich in Schweigen. Eine Ausnahme bildete die Spandauer Bekenntnis-Synode, die sich Ende Juli 1945 eindringlich zur deutschen Schuld bekannte und von einer langen „Fehlentwicklung" der deutschen Geschichte sprach[82]. Ähnlich hieß es in einer zu Pfingsten 1945 verlesenen Kanzelabkündigung der vorläufigen Frankfurter Kirchenleitung: „Wir waren 12 Jahre lang im Banne einer Macht, die dem Bösen diente, und das Ergebnis ist vor aller Augen: unsägliches Leid wurde über die Menschen, über ganze Völker und besonders über das Volk der Juden gebracht. Gottes Ebenbild im Menschen wurde entstellt und verwüstet."[83] Welch anhaltende Widerstände jedoch einem Schuldbekenntnis der gesamten evangelischen Kirche entgegenstanden, zeigte sich bereits sehr deutlich in Treysa. Das vom Bruderrat vorgelegte „Wort an die Pfarrer", das ebenfalls deutlich von der Schuld des deutschen Volkes und der Kirche sprach[84], wurde von den versammelten Kirchenführern nicht gebilligt und scheiterte insbesondere am Widerstand konservativer Lutheraner aus den Reihen der Bekennenden Kirche. Die meisten Kirchenführer wollten lieber, wie Stewart Herman die Atmosphäre treffend charakterisierte[85], die Schulfrage diskutieren als die Schuldfrage.

Stimmung und Mentalität der in Stuttgart versammelten Ratsmitglieder lassen sich an den Predigten und Begrüßungsansprachen für die ökumenische Delegation ablesen. Gebannt von den Leiden des eigenen Volkes argumentierte Wurm: Die harte Besatzungspolitik habe die Bereitschaft, Buße zu tun, abgeschwächt, und auch das Wort der Kirche verliere zunehmend an Glaubwürdigkeit. Man werfe ihr vor, im Schlepptau der Alliierten zu segeln und das eigene Volk im Stich zu lassen. „Was kann geschehen, daß eine große Stunde der Rechristianisierung der europäischen Welt nicht vorübergeht?"[86] Welchen Eindruck diese Rede hinterließ, zeigte der Bericht Koechlins: „Landesbischof Wurm ist gewiß eine klare Persönlichkeit, wurzelt aber noch weitgehend in den Anschauungen des Anfangs des Jahrhunderts. Die Leiden, die durch Deutsche allenthalben angerichtet sind, sind ihm nur unklar gegenwärtig."[87] In noch stärkerem Maß galt dies allerding für Meiser und Dibelius. Am Vortag hatte Dibelius in einer er-

[81] Asmussen an Visser't Hooft am 12. 12. 1942, in: Greschat, Schuld, S. 25 f.
[82] Wort an die Pfarrer und Gemeinden vom 31. 7. 1945; ebd., S. 72 ff.
[83] Zit. nach Meier, Kirchenkampf, Bd. 3, S. 427.
[84] Vgl. Greschat, Schuld, S. 74 ff.
[85] Stewart Herman, The Rebirth of the German Church, New York 1946, S. 149.
[86] Ansprache am 18. 10. 1945, in: Greschat, Schuld, S. 95.
[87] Lindt, Bell, S. 434.

greifenden Predigt, die ungeheure Not in den deutschen Ostgebieten und die Schrekken der Vertreibung in den Mittelpunkt gestellt und die Gefahr der völligen Verelendung und Dezimierung des deutschen Volkes beschworen, ohne die Verbrechen des Nationalsozialismus und die Leiden anderer Völker auch nur in einem Nebensatz zu erwähnen[88].

Völlig andere Akzente setzten Wilhelm Niesel, ab 1946 Präses des „Reformierten Bundes", und Niemöller, beide Weggenossen Barths. Niesel betonte die Schwäche und das partielle Versagen der Bekennenden Kirche. Niemöller predigte als einziger konkret zur Schuldfrage: „Hätten wir unsere Pflicht getan, wären nicht Millionen ermordet, verhungert, Geiseln in Holland erschossen worden und alles, was uns über die Schandtaten gezeigt wird von Buchenwald und wie die Stätten des Schreckens alle heißen mögen. Diese Dinge wären nicht geschehen – unsere Schuld!"[89] Ebenfalls mit starkem persönlichem Anliegen sprach Asmussen, allerdings begriff er das Schuldbekenntnis als ein ausschließlich religiöses: „Das ist auszumachen zwischen Gott und uns."[90]

Damit waren die unterschiedlichen Auffassungen klar abgesteckt. Zu welcher Erklärung der Rat finden würde, blieb eine offene Frage. Die interne Diskussion stand stark unter dem Eindruck der von Dibelius eindringlich geschilderten Verhältnisse in den deutschen Ostgebieten und der sowjetischen Besatzungszone. Vielen Ratsmitgliedern widerstrebte es, wie Dibelius von sich selbst berichtet[91], außerordentlich, allein das „Schuldkonto" der Deutschen zu belasten. Schließlich stellte für die meisten Protestanten die Nation nach Gott den höchsten Wert dar. Auch Wurm fiel es sehr schwer, wie er im Dezember 1945 an Niemöller schrieb, „zuzugeben, daß unser Weg, auch der Weg der Kirche, ein Irrweg gewesen ist, sofern wir unsere Hoffnungen für das Reich Gottes allzu eng mit den besonderen Anliegen für Volk und Vaterland verbunden haben. Ich bin zwar kein Preuße, aber ganz in der Überlieferung des Bismarckreiches aufgewachsen ..."[92]

Der zentrale und sofort heftig umstrittene Passus des Stuttgarter Schuldbekenntnisses, das der Rat einstimmig verabschiedete, lautet: „Der Rat der EKD begrüßt bei seiner Sitzung am 18./19. Oktober 1945 in Stuttgart Vertreter des Ökumenischen Rates der Kirchen. Wir sind für diesen Besuch um so dankbarer, als wir uns mit unserem Volk nicht nur in einer großen Gemeinschaft der Leiden wissen, sondern auch in einer Solidarität der Schuld. Mit großem Schmerz sagen wir: Durch uns ist unendliches Leid über viele Völker und Länder gebracht worden. Was wir unseren Gemeinden oft bezeugt haben, das sprechen wir jetzt im Namen der ganzen Kirche aus: Wohl haben wir lange Jahre hindurch im Namen Jesu Christi gegen den Geist gekämpft, der im nationalsozialistischen Gewaltregime seinen Ausdruck gefunden hat; aber wir klagen uns an, daß wir nicht mutiger bekannt, nicht treuer gebetet, nicht fröhlicher geglaubt und nicht brennender geliebt haben."[93]

[88] Predigt am 17. 10. 1945; LKAS, Nachlaß Hartenstein, 8.
[89] Predigt am 17. 10. 1945; ebd. Vgl. auch die Ansprache Niemöllers, in: Greschat, Schuld, S. 97 f.
[90] Ansprache am 18. 10. 1945; ebd., S. 97.
[91] Dibelius, Christ, S. 311.
[92] Wurm an Niemöller am 30. 12. 1945; ZEKHN, Korrespondenz Niemöller, 2074.
[93] Greschat, Schuld, S. 102.

Ferner drückte der Rat die Hoffnung aus, daß durch den „gemeinsamen Dienst der Kirchen dem Geist der Gewalt und der Vergeltung, der heute von neuem mächtig werden will", in aller Welt entgegengearbeitet werde. Das war andeutungsweise ein Hinweis auf die „Schuld der anderen" und ein deutliches Zeichen, daß sich die Kirche als Vertreterin des deutschen Volkes gegenüber den Besatzungsmächten verstand. Wesentlich bedeutender ist jedoch der Satz – „durch uns ist unendliches Leid über viele Völker und Länder gebracht worden" –, dessen Aufnahme Niemöller durchgesetzt hatte[94]. Dieser Satz nennt die Schuld klar und unzweideutig beim Namen, fügt sich aber in den Gesamtzusammenhang kaum ein. Denn im anschließenden Satz erklärte die Kirche, sie habe jahrelang den „Geist", womit wohl der Säkularismus gemeint war, bekämpft, der im Nationalsozialismus seinen Ausdruck gefunden habe. Ist diese Selbsteinschätzung, die den Widerstand gegen die NS-Kirchenpolitik in den Mittelpunkt rückte und die emphatischen Erklärungen zur Machtergreifung Hitlers zurücktreten ließ, aus dem Erfahrungshorizont der Ratsmitglieder im unmittelbaren Rückblick auf das Dritte Reich verständlich, so reihte sich die Kirche damit doch in die Front der Widerstandskämpfer ein, was – so undifferenziert – den tatsächlichen Verhältnissen weder vor 1933 noch danach gerecht wird. Denn über den partiellen Widerstand der Kirche kann die politische Loyalität zum NS-Regime nicht übersehen werden.

Erinnert sei nur an das in allen Landeskirchen verlesene Telegramm des „Geistlichen Vertrauensrates der Deutschen Evangelischen Kirche" an Hitler, in dem der Kriegszug gegen Rußland, „dem Todfeind aller Ordnungen und aller abendländisch christlichen Kultur", enthusiastisch begrüßt und der Hoffnung Ausdruck gegeben wurde, daß „in ganz Europa unter Ihrer (Hitlers) Führung eine neue Ordnung erstehe und aller inneren Zersetzung, aller Beschmutzung des Heiligsten, aller Schändung der Gewissensfreiheit ein Ende gemacht werde"[95]. Noch 1943 wurde auch in den „intakten" Landeskirchen zum „Führergeburtstag" von den Kanzeln dafür gebetet, daß der „Heilige Geist ... sein Werk mit Segen kröne"[96]. Und im gleichen Jahr konnte es Landesbischof Marahrens, der Präsident des „Lutherischen Weltconvents" (1935–45) und Vorsitzende der „1. Vorläufigen Leitung der Bekennenden Kirche" (1934–36), mit seinem Glauben vereinbaren, die totale Kriegführung zu billigen: „Wir stehen in einem unseren ganzen Einsatz fordernden Krieg, und dieser Krieg muß in unbedingter Hingabe frei von Sentimentalität geführt werden."[97] Diese Zitate, die nicht nur von Deutschen Christen stammen, beleuchten schlaglichtartig die Problematik des vorherrschenden Verständnisses der lutherischen „Zwei-Reiche-Lehre". Tief geprägt durch die obrigkeitsstaatliche und nationale Tradition war die evangelische Kirche in ihrer Gesamtheit im Zweiten Weltkrieg loyal zum NS-Regime gestanden. Das Stuttgarter

[94] „Nur Niemöller wünschte, das deutsche Verschulden noch klarer und konkreter zum Ausdruck zu bringen. Von ihm stammen die Worte, die noch eingefügt wurden; daß durch uns Deutsche unendliches Leid über viele Völker und Länder gebracht worden sei." In: Otto Dibelius, So habe ich's erlebt. Selbstzeugnisse, hrsg. von Wilhelm Dittmann, zusammengestellt und kommentiert von Wolf-Dieter Zimmermann, Berlin 1980, S. 246.

[95] Telegramm des Geistlichen Vertrauensrates der DEK an den Führer vom 30. 6. 1941, unterzeichnet von Marahrens, Schulz und Hymmen, in: Kirchliches Jahrbuch für die Evang. Kirche in Deutschland 1933–1944, Gütersloh 1948, S. 478f. Vgl. Günter Brakelmann (Hrsg.), Kirche im Krieg. Der deutsche Protestantismus am Beginn des Zweiten Weltkriegs, München 1979.

[96] Amtsblatt für die Evang.-Luth. Kirche in Bayern rechts des Rheins, Nr. 8 vom 15. 4. 1943.

[97] Wochenbrief vom 20. 7. 1943. Vgl. Klügel, Landeskirche, Bd. 1, S. 405f.

Schuldbekenntnis enthielt also durchaus in sich widersprüchliche Elemente, die in der Folgezeit auch verschieden interpretiert werden konnten.

Wohl am auffälligsten ist jedoch, daß die spezifische Schuld gegenüber den Juden überhaupt nicht genannt wurde. Die Schuld vor Gott, „nicht mutiger bekannt" zu haben, konnte in dieser allgemeinen Formulierung überzeitlich für jeden Buß- und Bettag zutreffen. Auch die Vorentwürfe von Asmussen und Dibelius hatten die Frage nach dem kirchlichen Verhalten zum radikalen Antisemitismus der NS-Diktatur nicht angeschnitten. Die unaufgearbeitete Tradition des christlichen Antisemitismus wird erschreckend deutlich, wenn im Beschlußprotokoll der nächsten Ratssitzung als Punkt 17 steht: „Der Bremer Kirchenleitung wird von der Tatsache einer Eingabe gegen die von der Bremer Kirche verfügte Kollekte zum Wiederaufbau der Synagogen Kenntnis gegeben. Der Rat hält es nicht für tunlich, wenn in einer evangelischen Kirche eine Kollekte für den Synagogenbau gesammelt wird."[98] In der vorausgehenden Diskussion hatte Heinrich Held, Mitbegründer der Bekennenden Kirche und ab 1948 Präses der rheinländischen Kirche, geäußert: „Wir haben keine Ursache, uns der Juden besonders anzunehmen. In keinem Fall besteht in Deutschland Elend unter den Juden." Und Niesel war der Ansicht: „Wir sollen die Juden zu Christus rufen, nicht rein caritativ für sie sorgen."[99]

Wer, wie Rudolf Smend als Laienmitglied des Rates, ein klärendes Wort erwartet hatte, mußte sich gedulden. Erst 1948 legte der Bruderrat nach langen Diskussionen, die maßgeblich Pfarrer Hermann Hesse vorantrieb, ein grundsätzliches „Wort zur Judenfrage" vor. Es sprach das Schweigen der Kirchen offen als Mitschuld an der Vernichtung der Juden aus und hielt die Gemeinden zur Bekämpfung antisemitischer Strömungen an[100]. Dem schloß sich 1950 die EKD-Synode an[101]. Die Versöhnung zwischen Christen und Juden blieb allerdings dem Engagement kleiner Kreise überlassen.

Das Stuttgarter Schuldbekenntnis war – wie konnte es bei einem so heterogen zusammengesetzten Gremium anders sein – ein Kompromiß und stellt als solcher sicherlich das damals im deutschen Protestantismus maximal Erreichbare dar. Die Vorstellung Barths, die evangelische Kirche solle in schlichten Worten vor allem ihre politische Mitverantwortung erkennen und erklären, „daß das deutsche Volk sich auf dem Irrweg befand, als es sich 1933 politisch in die Hände von Adolf Hitler begab"[102], war selbst im Bruderrat nicht konsensfähig. Barth ging es um konkrete politische Neuorientierung: „Mir liegt nicht an den Begriffen Schuld bzw. Kollektivschuld ... Mir liegt aber alles daran, daß die Deutschen die Verantwortung übernehmen. Wobei es sich nicht in erster Linie um die geschehenen ‚Verbrechen', sondern in erster Linie

[98] Beschlußprotokoll über die Sitzung des Rates am 13./14. 12. 1945, S. 2; EZA, EKD, 1/44.

[99] Protokoll über die Sitzung des Rates am 13./14. 12. 1945, S. 49f.; ebd.

[100] Vgl. Kirchliches Jahrbuch für die Evang. Kirche in Deutschland 1945–1948, Gütersloh 1950, S. 224ff. Vgl. Hermann A. Hesse, Die Judenfrage in der Verkündigung heute, Stuttgart 1948.

[101] Vgl. Kirchliches Jahrbuch für die Evang. Kirche in Deutschland 1950, Gütersloh 1951, S. 5f. Den steinigen und mühsamen Weg dokumentiert auch die Studie des Rates der EKD: Christen und Juden, Gütersloh 1975. Aber selbst hier fehlt eine eindeutige Distanzierung von Luthers Äußerungen über das Judentum, vor allem in seiner Schrift: Von den Juden und ihren Lügen (1543). Zur Wirkungsgeschichte siehe Johannes Brosseder, Luthers Stellung zu den Juden im Spiegel seiner Interpreten. Interpretation und Rezeption von Luthers Schriften und Äußerungen zum Judentum im 19. und 20. Jahrhundert vor allem im deutschsprachigen Raum, München 1972.

[102] Barth an Niemöller am 28. 9. 1945, in: Greschat, Schuld, S. 86f. Vgl. Ludwig, Dienst der Versöhnung.

um den Weg handelt, der zu den ‚Verbrechen' (Oradour etc.) geführt hat und führen mußte."[103] Die tieferen Ursachen der „deutschen Katastrophe" sah Barth bereits mit der gescheiterten Revolution von 1848 und der Gründung des Deutschen Reiches durch „Blut und Eisen" gelegt, die politische Mitverantwortung der Kirche im Pastorennationalismus mit der Bejahung außenpolitischer Machtpolitik und der Ablehnung innenpolitischer Emanzipation begründet. Nicht das Bekenntnis zur Schuld, sondern die Erkenntnis der strukturellen Fehlentwicklung der deutschen Gesellschaft und der evangelischen Kirche bildete für Barth die unabdingbare Voraussetzung eines echten Neuanfangs, der seinerseits eine tiefgreifende geistige Neuorientierung erforderte. Sein Ruf zur grundsätzlichen Revision des Geschichtsbildes und damit auch der gesellschaftlichen Rolle der Kirche stieß aber auf empörte Zurückweisung, was auf die Kontinuität alter Denkweisen im deutschen Protestantismus verweist.

Dennoch markiert die Stuttgarter Erklärung in kirchen- und ideengeschichtlicher Betrachtung einen tiefen Einschnitt, der in Hinblick auf die Zeit nach dem Ersten Weltkrieg, als der Kampf gegen die „Kriegsschuldlüge" das Hauptanliegen der deutschen Delegationen bei allen ökumenischen Begegnungen war[104], als Traditionsbruch bezeichnet werden kann.

6. Die Reaktion der Gemeinden

Wie aber wurde das Schuldbekenntnis von den Gemeinden, in der Alltagswirklichkeit des Protestantismus, aufgenommen? Einen Anhaltspunkt bietet die Durchsicht von mehreren hundert Zuschriften an die Kirchenkanzlei bzw. an den Ratsvorsitzenden Wurm, soweit sie im Evangelischen Zentralarchiv in Berlin und im Landeskirchlichen Archiv Stuttgart überliefert sind[105].

Sie belegen, daß das Schuldbekenntnis in den Westzonen – aus der Ostzone liegen wegen fehlender Postverbindungen kaum Berichte vor – ganz überwiegend auf Unverständnis, Empörung und erbitterte Ablehnung stieß. Eine Stichprobe anhand der Zuschriften, die die Kirchenkanzlei im November und Dezember 1945 erhielt, zeigt eine massive Ablehnungsfront, die der Tendenz nach auch in den folgenden Monaten anhielt: Gegen das Schuldbekenntnis sprachen sich 23 Gemeindeglieder und fünf Pfarrer aus, unter ihnen der Präses und der Landesbruderrat von Schleswig-Holstein[106], während ihm nur zwei Gemeindeglieder und sechs Pfarrer zustimmten. Allen Schreibern war der Text nur durch Presseberichte bekannt, die Ende Oktober unter zum Teil reißerischen und sachlich falschen Überschriften – „Evangelische Kirche bekennt Deutschlands Kriegsschuld"[107] – erschienen waren. Erst am 24. November regte Wurm eine autorisierte Verbreitung der umstrittenen Erklärung an, die zusammen

[103] Karl Barth, Zur Genesung des deutschen Wesens. Ein Freundeswort von draußen, hrsg. von Kurt Müller, Stuttgart 1945, S. 85. Vgl. auch seine Schrift, Die Evangelische Kirche in Deutschland nach dem Zusammenbruch des Dritten Reiches, Zürich-Zollikon 1945.

[104] Vgl. Gerhard Besier, Krieg – Frieden – Abrüstung. Die Haltung der europäischen und amerikanischen Kirchen zur Frage der deutschen Kriegsschuld 1914–1933. Ein kirchenhistorischer Beitrag zur Friedensforschung und Friedenserziehung, Göttingen 1982.

[105] EZA, EKD, 1/28 – 1/30; LKAS, Nachlaß Wurm, 210f.

[106] Zur Diskussion in Schleswig-Holstein siehe Jürgensen, Stunde, S. 228ff.

[107] So z. B. der Kieler Kurier vom 27. 10. 1945.

mit einem langatmigen Kommentar von Asmussen anschließend den Landeskirchen zugeleitet wurde[108]. Daraus läßt sich schließen, daß eine Veröffentlichung ursprünglich nicht geplant war, sondern erst nachträglich als Reaktion auf die Presseberichte und ständigen Nachfragen erfolgte.

Einige fast stereotype Vorwürfe und Argumentationsmuster sollen zitiert werden, da sie einen Blick in die mentale Verfassung weiter kirchlicher Kreise bieten. Zu den mildesten Vorwürfen gehörte: „Man kann es einfach nicht begreifen, daß der Kirchenrat so etwas vom deutschen Volk behaupten konnte." Häufiger als schlichtes Unverständnis ist zu lesen: Die Behauptung von der alleinigen Kriegsschuld Deutschlands hätte sich schon deshalb verbieten müssen, „weil sie dem Geistesgut unserer bittersten Feinde entnommen ist, die damit alle ihre Unterdrückungsmaßnahmen begründen ... Für jeden vaterländisch empfindenden Deutschen bedeutet die Entschließung einen Schlag ins Gesicht."

Vielfach wurde die an sich berechtigte Frage aufgeworfen, mit welchem Recht der Rat der EKD für sich in Anspruch nehme, für das ganze Volk zu sprechen: „Welch eine Schmach für das deutsche Volk, welch eine Demütigung für die Anhänger der beiden Kirchen. Hitler führte das deutsche Volk in den furchtbaren Krieg und zu seinem schrecklichen Ende, ohne es gefragt zu haben. Der evangelische Kirchenrat weiß es und doch verkündet er vor aller Welt die Gesamtschuld des deutschen Volkes, ohne es gefragt zu haben. Welche Anmaßung." Ein anderer Kritiker begann mit einem Exkurs in die deutsche Geistesgeschichte, bis hin zu Kant, und schloß mit einer neuen Version des deutschnationalen Geschichtsbildes: „Dem Feind gegenüber sind wir angesichts von dessen Tun wirklich restlos entschuldigt. Ohne das Verbrechen von Versailles hätte es wahrscheinlich niemals einen Nationalsozialismus und dessen Sünden gegeben." Die Berufung auf den Versailler Vertrag als Entschuldigung für den Nationalsozialismus und den von Deutschland entfesselten Zweiten Weltkrieg erfolgte besonders häufig. Oft wurde auch argumentiert, das Schuldbekenntnis sei eine „Verhöhnung" all derjenigen, „die in der subjektiven Überzeugung, das angegriffene Vaterland verteidigen zu müssen, diesem Glauben Leben oder Gesundheit geopfert haben". Von dieser Argumentation gingen dann nicht wenige dazu über, der evangelischen Kirche „Landes- und Hochverrat" am deutschen Volk vorzuwerfen[109].

Leider lassen die Zuschriften keine genaue Auswertung nach Alter, sozialer Schicht, persönlicher Erfahrung oder geographischer Verteilung zu. In der Kirchenkanzlei hatte man jedenfalls den Eindruck, daß der „schärfste Widerspruch" aus Norddeutschland komme, und stellte sich die Frage: „Ob das einen inneren Zusammenhang mit der Tatsache hat, daß dort zugleich die weniger lebendigen Kirchen unseres Vaterlandes sind?"[110] Der Landesprobst von Eutin berichtete von großer Unruhe, die vor allem die „gut kirchlichen Kreise" erfaßt habe: „Besonders wertvolle Menschen sprechen von politischer Kurzsichtigkeit der evangelischen Kirche und von Kirchenaustritt, der wohl daraufhin geboten sei."[111] Auch der niedersächsische Superintendent Hoppe ge-

[108] Wurm an die Ratsmitglieder am 24. 11. 1945; EZA, EKD 1/27. Der Kommentar Asmussens ist abgedruckt in: Greschat, Schuld, S. 132ff.

[109] Die Zitate entstammen den Zuschriften: W. vom 29. 10. 1945; Graf zu E./W. vom 29. 10. 1945; R. H. vom 1. 11. 1945; K. D. vom 3. 11. 1945; R. Sch. vom 26. 10. 1945; EZA, EKD 1/28,1.

[110] Jensen an Beyer am 24. 11. 1945; ebd. Jensen war in der Kirchenkanzlei mit der Beantwortung der Zuschriften beauftragt.

[111] Landesprobst von Eutin an Kirchenkanzlei am 9. 11. 1945; ebd.

wann den Eindruck von stark angewachsenem „Mißtrauen und Bitterkeit gegen die Kirche"[112] und lehnte anschließend, ebenso wie Präses Halfmann und der Landesbruderrat von Schleswig-Holstein, das Schuldbekenntnis ab. Pfarrer Hildebrand berichtete aus Hamburg das gleiche und konstatierte, „daß bis in die Kreise der Bekennenden Kirche hinein die Buße der Kirche wenig Verständnis findet, ja von Pastoren, die nicht der Bekennenden Kirche angehören, durch die Art ihrer Verkündigung geradezu verhindert wird".[113]

Die Ablehnung beschränkte sich allerdings nicht auf Norddeutschland, in dessen agrarisch-protestantischen Gebieten die NSDAP hohe Wahlsiege hatte verbuchen können, auch wenn sie dort eine wesentlich schärfere Ausprägung angenommen zu haben scheint. Auch aus Süddeutschland berichtete der Stuttgarter Oberkirchenrat Haug, daß „weiteste Kreise" das Schuldbekenntnis als „ehr- und würdelos" ablehnten[114]. Ein einsames Zeugnis unter den vielen Zuschriften stellte die Erklärung des Kirchenvorstandes von Reiffenhausen bei Göttingen dar, der den Rat der EKD aufforderte, keine „nachträglichen, apologetischen Abschwächungen" vorzunehmen: „Das Ärgernis, das diese Erklärung erregt, kann dieses Wort nur ehren."[115]

Die Zuschriften, die bis 1948 anhielten, bezeugen in hohem Maße das Fortwirken nationalsozialistischer Propagandaphrasen, des deutschnationalen Geschichtsbildes und der nationalprotestantischen Tradition, die die Begriffe deutsch, national und evangelisch ungebrochen in eins setzte und als Maßstab anlegte. Weite Kreise sahen sich von ihrer Kirche im Stich gelassen und warfen ihr deshalb Verrat vor. Das Bekanntwerden des Stuttgarter Schuldbekenntnisses löste 1945/46 gerade in den sogenannten „gut kirchlichen Kreisen" eine tiefe Vertrauenskrise aus, die nicht ohne Rückwirkungen bleiben konnte. Die empörten Reaktionen zeigen einmal mehr, daß eben diese Kreise den Kirchenkampf nicht als politischen Widerstand gegen das NS-Regime verstanden hatten, für den er nach 1945 gerne ausgegeben wurde. Nur so ist die Enttäuschung und Verzweiflung vieler Gemeindeglieder verständlich, die im Schuldbekenntnis eine opportunistische Verneigung vor den Besatzungsmächten sahen. Nach Ansicht der Kritiker hatte der Rat der EKD einen ehernen Grundsatz des deutschen Protestantismus preisgegeben, den etwa der thüringische, deutschchristliche Landesbischof Rönck noch in den letzten Kriegswochen als „unser Bekenntnis zur Einheit der Treue gegen Gott und Vaterland" bekräftigt hatte[116].

In auffallendem Kontrast zur breiten Ablehnung des Schuldbekenntnisses in den Gemeinden stehen die Ergebnisse einer amerikanischen Meinungsumfrage vom März 1946. Auf die Frage, ob die evangelische Kirche „ihr Möglichstes" getan habe, „um den Nationalsozialisten Widerstand zu leisten", hatten 47 Prozent der regelmäßigen evangelischen Kirchgänger mit „Ja" geantwortet, bei den gelegentlichen allerdings nur 26 Prozent. 34 Prozent aller befragten Protestanten enthielten sich einer Stellungnahme. Von allen 996 Befragten, einschließlich der Katholiken, waren 16 Prozent der Ansicht, daß die katholische Kirche nicht ihr Möglichstes getan habe, hinsichtlich der evangelischen waren es gar nur 13 Prozent. Auf die weitere Frage, ob die evangelische

[112] Hoppe an Wurm am 9. 11. 1945; ebd.
[113] Hildebrand an Asmussen am 29. 11. 1945, in: Greschat, Schuld, S. 241.
[114] Haug an Asmussen am 9. 2. 1946; EZA, EKD, 1/28,2.
[115] Kirchenvorstand an Smend am 30. 11. 1945, in: Greschat, Schuld, S. 227.
[116] Kanzelabkündigung zur Osterzeit 1945; EZA, EKD, 1/107.

Kirche das deutsche Volk rechtzeitig davor gewarnt habe, die NSDAP zu wählen, antworteten von den regelmäßigen evangelischen Kirchgängern immerhin noch 28 Prozent mit „Ja", während 44 Prozent die Frage verneinten; bei den gelegentlichen waren es 18 zu 52 Prozent[117]. Interessant ist die große Diskrepanz zwischen der hohen Selbsteinschätzung des kirchlichen Verhaltens als aktiven politischen Widerstand in der Gruppe der regelmäßigen Kirchgänger, also der eigentlichen Gemeinde, und der nach allen Berichten entschiedenen Ablehnung des Schuldbekenntnisses. Die Betonung des kirchlichen Widerstandes hatte offensichtlich die psychologisch verständliche Funktion, die Kirche gegen Kritik abzuschirmen, und erschwerte gleichzeitig die Aufarbeitung der eigenen Vergangenheit. Auf solche Diskrepanzen zielte es ab, wenn Ute Ranke-Heinemann in sehr pointierter Weise „die Legende vom Widerstand der Kirche im Hitlerreich" als „die Lebenslüge der Nachkriegschristen" bezeichnete[118].

Untersucht man die Stellungnahmen von Kirchenführern und Landessynoden, so ist die Tendenz unverkennbar, die Aussagen des Schuldbekenntnisses zu entschärfen und zu relativieren. Immer wieder verwiesen auch Ratsmitglieder darauf, daß die Erklärung nur für die Ökumene bestimmt gewesen sei und ein ausschließlich religiöses Schuldbekenntnis vor Gott darstelle[119]. Nur vereinzelt wiesen Kirchenleitungen die Pfarrer an, mit den Gemeinden das Schuldbekenntnis zu diskutieren; solche Fälle sind vorwiegend aus dem Rheinland und Westfalen, wo die Bruderräte eine starke Position besaßen, bekannt[120]. Viele Landeskirchen folgten jedoch dem Beispiel der bayerischen, die die Erklärung den Geistlichen nicht zur Kenntnis brachte und sich im März 1946 im Amtsblatt entschieden von jeglicher politischen Interpretation distanzierte [121]. Ausdrücklich hinter das Stuttgarter Schuldbekenntnis stellten sich nach einer Aufzeichnung Asmussens aus dem Jahr 1946 nur vier von 27 Landeskirchen, eine Kreissynode, eine Studentengemeinde sowie der Bruderrat der EKD und die „Kirchlich-theologische Sozietät" in Württemberg[122]. Als einziges theologisches Ratsmitglied vertrat Niemöller – neben dem Laien Heinemann – auch weiterhin unbeirrt

[117] ICD, Attitudes toward religion and the church as political factors in German life, 7. 6. 1946, S. 3; NA, RG 260, 10/109-3/14. Im einzelnen ergibt sich folgendes Bild:

Erste Frage	kath. Kirche	evang. Kirche
regelmäßige kath. Kirchgänger	70%	18%
unregelmäßige kath. Kirchgänger	47%	10%
regelmäßige evang. Kirchgänger	24%	47%
unregelmäßige evang. Kirchgänger	16%	26%

Zweite Frage	Ja	Nein	Keine Meinung
regelmäßige kath. Kirchgänger	60%	18%	22%
unregelmäßige kath. Kirchgänger	35%	44%	21%
regelmäßige evang. Kirchgänger	28%	44%	28%
unregelmäßige evang. Kirchgänger	18%	52%	30%

[118] Rede zum 90. Geburtstag Martin Niemöllers vom 16. 1. 1982; zit. nach Hans Prolingheuer, Kleine politische Kirchengeschichte. 50 Jahre evangelischer Kirchenkampf von 1919 bis 1969, Köln 1984, S. 98.

[119] So etwa der Mitunterzeichner Hanns Lilje in einem Schreiben vom November 1945, in: Greschat, Schuld, S. 225 f.

[120] Ebd., S. 256 ff.

[121] Ebd., S. 243 f.

[122] Es handelt sich dabei um die Evang. Landeskirche Baden, die Evang.-reformierte Landeskirche Hannover, die Westfälische Provinzialsynode, die Rheinische Provinzialsynode sowie die Bochumer Kreissynode und die Studentengemeinde der Pfalz. Vgl. Boyens, Schuldbekenntnis, S. 396.

in der Öffentlichkeit die politische Dimension des Schuldbekenntnisses. Seine Bejahung der „Kollektivhaftung" des deutschen Volkes für die NS-Verbrechen wurde jedoch in kirchlichen Kreisen zunehmend als Ärgernis und Belastung empfunden und trug 1949 zu seiner Abwahl als stellvertretender Ratsvorsitzender bei. Noch 1961 warf Asmussen, ehemals eng mit Niemöller befreundet, Barth und Niemöller vor, mit der politischen Interpretation dem deutschen Volk einen „tödlichen und giftigen Brei fleißig weiter angerührt, gekocht und zum Essen vorgesetzt" zu haben [123].

Als bezeichnend für die Mitte 1946 kaum mehr vorhandene Bereitschaft, die Schuldfrage und die Rolle der Kirche zu erörtern, kann der Verlauf der Ratssitzung der EKD am 2. Mai 1946 gelten. Das von Niesel und Niemöller entworfene „Wort an die Gemeinden", das die breite Ablehnung des Schuldbekenntnisses in kirchlichen Kreisen eindringlich in den Mittelpunkt rückte und politisches Versagen als christliche Schuld benannte[124], wurde abgelehnt. Der Rat war der Überzeugung, daß die Zeit der Bußpredigt nunmehr vorbei sei und es jetzt vor allem des tröstlichen Zuspruchs bedürfe. Vielmehr verabschiedete der Rat eine geharnischte Kritik an dem „Gesetz zur Befreiung von Nationalsozialismus und Militarismus", das im Frühjahr 1946 in der US-Zone die Durchführung der Entnazifizierung den deutschen Spruchkammern übertrug[125]. Damit vollzog auch der Rat der EKD unübersehbar die Abkehr von der Selbstbesinnung zur Kritik der Besatzungsmächte, die die Solidarität der Kirche mit dem deutschen Volk und dessen ungerechter Behandlung kundtun sollte.

7. Die Kritik an der Entnazifizierung

Bereits eine Woche zuvor, am 26. April 1946, hatte Wurm als Ratsvorsitzender scharfen Protest erhoben. Er berief sich auf die Stuttgarter Erklärung, um dann fortzufahren: „Wir können auch nicht schweigen, wenn durch das Gesetz zur Befreiung von Nationalsozialismus und Militarismus neue Schuld und neues Unrecht geschehen soll. Unsere Bedenken richten sich gegen die Grundauffassung des ganzen Gesetzes." Das Entnazifizierungsverfahren verstoße gegen das „natürliche Rechtsempfinden" und „elementare Rechtsgrundsätze", da es Handlungen und Gesinnungen bestrafe, die vom NS-Gesetzgeber als „rechtmäßig und gut" bewertet worden seien. Die Kirche sehe sich außerstande, einem Gesetz ihre Unterstützung zu geben, das den Rechtsgrundsatz „sine lege nulla poena" in so eklatanter Weise verletze und mit der Umkehrung der Beweislast gegen das „allgemeine Gerechtigkeitsempfinden" verstoße. Die Kirche, die allein „ernstlichen Widerstand" geleistet habe, könne es nicht billigen, „daß eine menschliche Obrigkeit nunmehr zu strafen unternimmt, was allein nach göttlichem Recht als Unrecht zu gelten hat."[126]

[123] Hans Asmussen, Zur jüngsten Kirchengeschichte. Anmerkungen und Folgerungen, Stuttgart 1961, S. 91.

[124] Vgl. Greschat, Schuld, S. 277ff.

[125] Vgl. Kirchliches Jahrbuch für die Evang. Kirche in Deutschland 1945–1948, Gütersloh 1950, S. 197ff. Die Stellungnahme des Rates der EKD besaß die Zustimmung aller Landeskirchenleitungen und wurde dem Kontrollrat, den Militärregierungen und deutschen Länderregierungen zugeleitet. Zur Entnazifizierungspolitik in der US-Zone siehe Lutz Niethammer, Entnazifierung in Bayern. Säuberung und Rehabilitierung unter amerikanischer Besatzung, Frankfurt 1972.

[126] Wurm an die amerikanische Militärregierung am 26. 4. 1946, in: Kirchliches Jahrbuch für die Evang. Kirche in Deutschland 1945–1948, Gütersloh 1950, S. 191ff.

Das waren deutliche Worte, die Millionen von ehemaligen Parteigenossen aus dem Herzen sprachen. Nicht, daß die evangelische Kirche für eine Milderung der schematischen und zum Teil fragwürdigen Entnazifizierungskriterien eintrat, ist hierbei das Bemerkenswerte, sondern daß sie die Berechtigung und Notwendigkeit einer umfangreichen Personalsäuberung grundsätzlich bestritt. Noch 1948 sah sich die Kirchenleitung von Hessen und Nassau unter der Führung Niemöllers in völliger Verkennung des Rehabilitierungscharakters des Spruchkammerwesens veranlaßt, in einer aufsehenerregenden Kanzelabkündigung die Gemeindeglieder und Pfarrer aufzufordern, „nicht länger aus freien Stücken als öffentlicher Kläger oder als freiwillige Belastungszeugen" zu wirken. Die Entnazifizierung habe zu Zuständen geführt, „die auf Schritt und Tritt an die hinter uns liegenden Schreckensjahre erinnern"[127]. Sicherlich bot das großangelegte amerikanische Entnazifizierungsprogramm Anlaß zu berechtigter Kritik und litt von Anfang an unter erheblichen Mängeln, so daß sein Scheitern geradezu vorprogrammiert war. Gleichwohl gilt es nachdrücklich festzuhalten, daß alle offiziellen Erklärungen kirchenleitender Organe der evangelischen Kirche die Berechtigung einer umfassenden Entnazifizierung – die doch mehr sein mußte als die Entfernung von NS-Spitzenfunktionären – prinzipiell in Frage stellten. Sie enthielten kaum konstruktive Kritik, sondern schürten eher Emotionen und Ressentiments.

Ein gewichtiger Grund für die ablehnende Haltung war sicherlich die Überzeugung, daß das christliche Gebot der Nächstenliebe und Vergebung auch und gerade für ehemalige Nationalsozialisten gelten müsse. In diesem Sinne schrieb Oskar Hammelsbeck, ein engagierter Mitstreiter der Bruderräte, im Dezember 1945 an den Rat der EKD: Die Bekennende Kirche dürfe nicht wie die politischen Parteien die ehemaligen Parteigenossen beschimpfen, sondern müsse, getreu ihrem Auftrag der Verkündigung des Evangeliums, für die „zu Unrecht gemaßregelten, idealistischen gutwilligen Parteigänger" eintreten. „Gerade, weil wir den schon aufbrechenden Haßinstinkten keine Nahrung geben dürfen, ist der Ruf zur Mäßigung und Versöhnlichkeit dringend notwendig." Die Kirche müsse „das vor Gott verbliebene Recht des deutschen Volkes vor jedem vor Gott geschehene Unrecht verteidigen"[128].

Stählin gab dem Empfinden vieler Pfarrer Ausdruck, als er in seinen Memoiren das bezeichnende Urteil niederschrieb: „Es kam dann das Trauerspiel der sog. ‚Entnazifizierung'; es war ein ‚unblutiger Bürgerkrieg', wie Landesbischof Wurm dieses Verfahren genannt hat, ein uns aufgezwungener Bürgerkrieg, in dem wir gehorsam die uns zugemutete Selbstzerfleischung betrieben ... Ich freute mich jeder Gelegenheit, wo ich etwas beitragen konnte zum Sieg der Vernunft über den Wahnsinn und des Anstandes über offenbare Bosheit."[129] Die dahinterstehende Überzeugung sprach Meiser in einem privaten Brief offen aus: „Ich kann Ihnen nur voll und ganz darin zustimmen, daß gerade die Idealisten, die ursprünglich im Nationalsozialismus eine Bewe-

[127] Kanzelabkündigung am 2. 2. 1948; ebd., S. 206ff. Vgl. allg. Reinhard Scheerer, Evangelische Kirche und Politik 1945 bis 1949. Zur theologisch-politischen Ausgangslage in den ersten Jahren nach der Niederlage des „Dritten Reiches", Köln 1981, S. 134ff.; Ewald Hein-Janke, Protestantismus und Faschismus nach der Katastrophe (1945–1949), Stuttgart 1982, S. 259ff.; Spotts, Kirchen, S. 78ff.; Harry Noormann, Protestantismus und politisches Mandat 1945–1949, Bd. 1: Ein Grundriß, Gütersloh 1985, S. 109ff. Eine umfassende, quellenorientierte Darstellung und Analyse geben Besier, „Selbstreinigung", und die Dissertation des Verfassers, Evangelische Kirche und Entnazifizierung. Politische Säuberung und kirchliche Selbstreinigung am Beispiel der amerikanischen Besatzungszone 1945–1949, Diss. München 1986.

[128] Hammelsbeck an den Rat der EKD am 5. 12. 1945; ZEKHN, Korrespondenz Niemöller, 2000a.

[129] Stählin, Via vitae, S. 491.

gung zur inneren und äußeren Gesundung des deutschen Volkes und zur Abwehr des drohenden Bolschewismus erblickten, die Opfer eines Irrtums und eines Betrugs geworden sind, und daß man sie heute zu Unrecht dafür zur Verantwortung zieht."[130]

Eine Ausnahme bildete die streitbare „Kirchlich-theologische Sozietät", die in Württemberg während des Kirchenkampfes in scharfer Opposition zur Kirchenleitung gestanden hatte und nunmehr den kirchlichen Standpunkt einer harschen und fundierten Kritik unterzog. Sie bekannte sich als einzige Gruppierung innerhalb des Protestantismus vorbehaltlos zum Befreiungsgesetz und forderte die Kirchenleitung zur rigorosen Selbstreinigung auf. Die Beteuerung der Kirche, zur Reinigung der deutschen Gesellschaft von allen NS-Einflüssen beitragen zu wollen, sei völlig unglaubwürdig, solange dem Oberkirchenrat in Stuttgart auch weiterhin zehn Parteigenossen angehörten und belastete Pfarrer mit allen Mitteln gegenüber der Militärregierung gedeckt würden[131].

Damit war der wunde Punkt genannt. Sollte das vielfältige Eintreten für das Millionenheer der ehemaligen Parteigenossen – unter ihnen auch Tausende von Pfarrern und kirchlichen Angestellten – glaubwürdig sein und nicht als nachträgliche Parteinahme und Verharmlosung der NS-Diktatur gewertet werden können, mußte die Kirche ihren Willen zur Selbstreinigung deutlich unter Beweis stellen. Daß Einsicht und Bereitschaft dazu weithin nicht vorhanden waren, zeigt eine statistische Übersicht der Kirchenkanzlei von Anfang 1947, die 14 Landeskirchen aus der amerikanischen und britischen Besatzungszone anführt: Von 5408 in der Statistik erfaßten Pfarrern waren im Zuge der Selbstreinigung lediglich 69 beurlaubt, in den Ruhestand versetzt oder entlassen worden[132]. Allein in der US-Zone waren jedoch von der Entnazifizierung nach den Kriterien des Befreiungsgesetzes 422 von insgesamt etwa 1700 bayerischen Pfarrern als Mitglieder der NSDAP oder von NS-Organisationen betroffen; in der evangelischen Landeskirche in Hessen und Nassau waren es 226 von rund 650 Pfarrern. Von den 891 in der US-Zone aktiven Pfarrern der württembergischen Landeskirche galten 243 als belastet; die badische Landeskirche meldete für die US-Zone nochmals 143 belastete Pfarrer. In Bremen schließlich hatten von 55 aktiven Pfarrern 51 NS-Organisationen angehört[133].

Die scharfe Ablehnung der Entnazifizierung resultierte somit wesentlich aus dem Eigeninteresse an der Erhaltung des kirchlichen Personalgefüges, das durch eine ana-

[130] Meiser an Hagen am 26. 9. 1947; LKAN, LKR, 209.

[131] Kirche und Welt. Denkschrift der Kirchlich-theologischen Sozietät in Württemberg, hrsg. in Verbindung mit Paul Schempp und Kurt Müller von Hermann Diem, Stuttgart 1946.

[132] Zusammengestellt aus den Antworten der Kirchenleitungen von Hannover, Schaumburg-Lippe, Bremen, Oldenburg, Schleswig-Holstein, Braunschweig, Kurhessen-Waldeck, Hessen, Frankfurt a. M., Württemberg, Nordbaden, Südbaden (franz. Zone) und Bayern; EZA, EKD, 1/283a,b.

[133] Statistik der durchgeführten Spruchkammerverfahren nach dem Stand vom 14. 7. 1948; LKAN, LKR, 214; Aufstellung, 9. 12. 1947; ZEKHN, Az 1872 I-3; Prälat von Stuttgart an OMGWB am 13. 3. 1947; LKAS, NL Hartenstein, 52/1; Übersicht über den Stand der Entnazifizierung in der Badischen Landeskirche, o. D. (März 1946); EZA, EKD, 1/283; OMGBY, Information on Personel connected with German Church Affairs, 12. 3. 1946; NA, RG 260, 6/54-1/18. Dazu ausführlich Vollnhals, Evangelische Kirche. Von den ca. 1450 aktiven Pfarrern und Kandidaten der bayerischen Landeskirche waren nach der Statistik vom 14. 7. 1948 7 Pfarrer in Gruppe III (Minderbelastete), 120 in Gruppe IV (Mitläufer), 125 in Gruppe V (Entlastete) eingestuft, in weiteren 50 Fällen war das Verfahren im Zuge der Weihnachtsamnestie eingestellt worden. Ein Vergleich mit der Entnazifizierungsstatistik vom 15. 10. 1946 zeigt den Rehabilitierungscharakter des Spruchkammerverfahrens: 1946 befanden sich 7 Pfarrer in Gruppe II (Belastete), 21 in Gruppe III, 98 in Gruppe IV und nur 59 Pfarrer galten als entlastet.

loge Anwendung der anfangs rigiden Kriterien zur Personalsäuberung im öffentlichen Dienst ernsthaft in Frage gestellt worden wäre. Angesichts der guten internationalen Beziehungen der deutschen Kirche unterließ es die amerikanische Militärregierung, die von deutschen Spruchkammern verhängten Urteile, die im Falle der als NS-Aktivisten eingestuften Pfarrer auch ein mehrjähriges Predigtverbot vorsahen, mit Zwangsmitteln durchzusetzen.

Der im Vergleich zur katholischen Kirche[134] sehr hohe Anteil von NSDAP-Mitgliedern in der evangelischen Pfarrerschaft kann in seinen Auswirkungen auf die zuerst zaghafte, letztendlich dann doch unterbliebene Vergangenheitsbewältigung kaum überschätzt werden. Es war vornehmlich die soziale und mentale Übereinstimmung der „gut kirchlichen" mit den „gutbürgerlichen" Kreisen, die die evangelische Kirche zu einer mächtigen Fürsprecherin der gesellschaftlichen und beruflichen Wiedereingliederung ehemaliger Nationalsozialisten werden ließ. Kennzeichnend für die einseitige Fixierung ist dabei, daß solcher Beistand den Opfern des Nationalsozialismus, den Juden, Zigeunern und politischen KZ-Häftlingen, den Emigranten und Zwangsarbeitern, völlig versagt blieb. Für diese Gruppen trat der Rat der EKD mit keiner einzigen Stellungnahme ein. Daß sich die evangelische Kirche damit „in gefährlicher Weise", wie es ein Berliner Theologenkreis 1948 formulierte, „zum Helfer der Kreise gemacht hat, welche sich selbst und unser Land in der geistigen Verfassung von gestern erhalten wollen"[135], war nur kleinen Kreisen innerhalb des Protestantismus als Problem bewußt.

Hier schließt sich der Bogen zu einem Schuldbekenntnis, das ganz überwiegend – wenn es überhaupt angenommen wurde – als religiöses Bekenntnis vor Gott, nicht aber als konkrete politische Mitverantwortung für die Entwicklung der deutschen Gesellschaft begriffen wurde. So war es nur konsequent, die Auseinandersetzung mit der NS-Vergangenheit von der politischen auf die private Ebene des Glaubens zu verlagern und auf die strafrechtliche Verfolgung offensichtlicher Verbrechen zu reduzieren[136].

Noch einen Schritt weiter ging Asmussen, als er im November 1946 dem Rat der EKD einen ausführlichen Bericht über die „Schuld der anderen" vorlegte. In Stichpunkten seien genannt: Die Vertreibung aus den Ostgebieten, das ungeklärte Schicksal der Kriegsgefangenen, die Entnazifizierung und Masseninternierung von NS-Funktionären sowie die wirtschaftliche Verelendung. Daran schloß sich als eigentlicher Kernpunkt ein Entwurf zur „Generalabsolution" des deutschen Volkes an: „Und so verkünden wir all denen, die ihre und unseres Volkes Schuld bekannt haben und an das Verdienst Jesu Christi glauben, Gottes Vergebung aller der Sünden, durch die sie mitschuldig geworden sind am Nationalsozialismus und an seinen Werken. Das gilt auch denen, die der irdische Richter noch zur Verantwortung zieht, die entnazifiziert

[134] Von den rund 11 000 katholischen Geistlichen der 9 Diözesen der britischen Besatzungszone gehörten nur 15 Pfarrer der NSDAP an; Mitteilungsorgan der CDU, Nr. 8 vom 24. 8. 1946. Ähnlich dürften die Verhältnisse in der US-Zone liegen.

[135] Zur Frage der Entnazifizierung: Unterwegs 2 (1948), Nr. 2, S. 42 ff., hier S. 47.

[136] Die massiven Interventionen zugunsten der in Nürnberg angeklagten Kriegsverbrecher können hier nicht nachgezeichnet werden. Einen ersten Einblick gibt der teilweise in der Evangelischen Welt 1948 abgedruckte Briefwechsel zwischen Wurm und Kempner, S. 290 f., S. 318 ff. Vgl. auch Wurm, Erinnerungen, S. 213 ff.

werden müssen, denen, die noch in den Internierungslagern sind, den hohen Offizieren, die Monat um Monat auf Erledigung ihres Verfahrens warten.“ Allein die Vergebung der Sünden, die die Kirche in Wahrnehmung ihres priesterlichen Amtes ausspreche, könne eine „neue Gemeinschaft des Volkes“ begründen, „nachdem sie durch Schuld in der Zeit des Nationalsozialismus und durch Schuld seither zerstört worden ist“[137]. Dazu sah sich allerdings der Rat aus theologischen Gründen wie politischen und ökumenischen Rücksichtnahmen nicht imstande. In der Tendenz stimmten jedoch die meisten Ratsmitglieder mit Asmussen überein, daß es nicht der Wille der evangelischen Kirche sein könne, „an den Bemühungen teilzunehmen, welche dahingehen, die deutsche Schuld zu verewigen“[138].

Wie in der deutschen Öffentlichkeit standen spätestens ab Frühjahr 1946 auch in den kirchlichen Verlautbarungen die Klagen über die Not des Volkes, für die die Besatzungsmächte ohne Rückbezug auf den von Deutschland entfesselten Zweiten Weltkrieg verantwortlich gemacht wurden, im Mittelpunkt. Die eigene Schuld schien mit der „Schuld der anderen“ und dem eigenen Leid auf- und verrechnungsfähig[139]. Das moralische Gewissen der Gemeindeglieder wurde wirkungsvoll entlastet, wenn es im Tenor unzähliger Predigten und Broschüren hieß: „Vor Gott ist auch nicht ein Volk schuldiger als ein anderes; wir bekennen vor Gott die Schuld der Welt und unsere gemeinsame Verantwortung dafür, daß sein Wille besser erfüllt werde als zuvor.“[140] Hier fanden sich Sieger wie Besiegte gemeinsam und gleichberechtigt als Sünder wieder, mit dem deutlichen Hinweis auf die ungleich größere Verantwortung der Sieger für den Erhalt und Bestand des Christentums. Sorgenvoll und selbstkritisch registrierte der Bruderrat das Ende der kurzen Phase der Selbstbesinnung: „Es wird auch täglich uns zu Bewußtsein gebracht, welche große Gefahren das für unser Volk bedeutet, das sich auf seinem Weg der Selbstrechtfertigung nicht mehr aufhalten lassen will. Wir sehen aber den Grund dafür in dem Versagen unserer Predigt.“[141]

Zum besseren Verständnis, weshalb auch entschiedene Befürworter des Stuttgarter Schuldbekenntnisses, wie etwa Asmussen, zu keiner geistigen und gesellschaftspolitischen Neuorientierung fanden, trägt die Kenntnis der vorherrschenden geschichtstheologischen Deutung des Nationalsozialismus bei. Ihre beiden Hauptkomponenten waren die Säkularisierungsthese und das deutschnationale Geschichtsbild, die publikumswirksamsten Vertreter Künneth, Thielicke und Asmussen.

So entgegnete Asmussen, der in der Weimarer Republik den Jungkonservativen angehört hatte, Barth, man dürfe keinesfalls vergessen, daß die „entscheidenden Konzeptionen“ der NS-Bewegung „ursprünglich nicht in deutschen Hirnen und Herzen entstanden sind, sondern bei denen, welche die französische Revolution erzeugten und

[137] Asmussen an die Bischöfe und leitenden Amtsträger am 29. 11. 1946, in: Greschat, Schuld, S. 286ff., hier S. 290.

[138] Ebd.

[139] Beispielhaft die Debatte: Helmut Thielicke und Hermann Diem, Die Schuld der Anderen. Ein Briefwechsel, Göttingen 1948, sowie die Kontroverse Thielickes mit Ernst Wolf und Barth, in: Greschat, Schuld, S. 156ff.

[140] Wort der a.o. Landessynode der Evang.-Luth. Kirche in Oldenburg an die Gemeinden am 6. 11. 1945, in: Greschat, Schuld, S. 221.

[141] Stellungnahme des Bruderrats der EKD zum Schreiben Asmussens vom 29. 11. 1946, 20. 1. 1947; ebd., S. 295.

gebaren“[142]. In scharfem Kontrast zu den kirchlichen Erklärungen anläßlich der Machtergreifung Hitlers, galt nun der Nationalsozialismus als die letzte, dämonische Konsequenz des mit Aufklärung und Liberalismus einsetzenden Abfalls von Gott, als eine notwendige Folge der allgemeinen Säkularisierung und Entkirchlichung der Welt. Umstandslos wurde nunmehr der Nationalsozialismus in das gleiche Interpretationsschema hineingepreßt, das vielen Theologen während der Weimarer Republik dazu gedient hatte, Demokratie und Parlamentarismus als eine mit den deutschen Traditionen unvereinbare Entwicklung anzugreifen und in der NS-Machtergreifung die große Stunde der Volksmission und der Rechristianisierung zu sehen. Die geschichtstheologische Schuldzuweisung an Säkularisierung, Liberalismus und Rationalismus machte indirekt die sozialen Träger dieser Ideen, liberales Bürgertum und Arbeiterbewegung, für den Nationalsozialismus verantwortlich und schuf damit allen Bundesgenossen Hitlers aus konservativen und kirchlichen Kreisen ein, wie Werner Jochmann urteilt, „willkommenes Alibi“[143].

Hinter der Säkularisierungsthese verbargen sich die beharrliche Weigerung einer breiten kirchlichen Mehrheit, die mit der Industrialisierung geschaffenen Realitäten anzuerkennen[144], und geradezu apokalyptische Ängste vor der pluralistischen Gesellschaft, in der die Kirche nicht mehr zentraler Mittelpunkt des Lebens war. In einer programmatischen Rede begründete Dibelius 1947 das überkommene Konzept des christlichen Staates mit dem „großen Entweder-Oder“: „Entweder wird dieser Säkularisation ein Ende gemacht und eine Gegenbewegung mit Ernst und Kraft und Vollmacht setzt ein, oder, da man in einer säkularisierten Welt sittliche Ordnungen nicht aufbauen kann, es wird aus dem, was einmal Volk war, eine triebhafte unruhige Masse, die noch eine Zeitlang mit Gewalt im Zaume gehalten werden kann, die aber eines Tages die Schranken eines wechselnden Gewaltregimes durchbricht und im Kampf aller gegen alle zugrunde geht. Der Untergang unseres Volkes ist dann da.“[145] Anschließend stellte Dibelius einen langen Forderungskatalog zur Verwirklichung der „christlichen Lebensordnung“ in Staat und Gesellschaft auf, der den Forderungen der katholischen Kirche kaum nachstand.

Die Säkularisierungsthese eignete sich hervorragend, kritische Nachfragen abzublocken und gleichzeitig den kirchlichen Machtanspruch zu begründen. Wie stark das Rechristianisierungsprogramm von paternalistischer Fürsorge und autoritärer Bevor-

[142] Hans Asmussen, Sollen wir unser Vaterland lieb haben?, Schwäbisch-Gmünd 1946, S. 6 in: Schriftendienst der Kanzlei der EKD, 2. Vgl. Helmut Thielicke, Fragen des Christentums an die moderne Welt. Untersuchungen zur geistigen und religiösen Krise des Abendlandes, Tübingen 1947; Walter Künneth, Der große Abfall. Eine geschichtstheologische Untersuchung der Begegnung zwischen Nationalsozialismus und Christentum, Hamburg 1947. Zur theologischen Deutung des NS siehe Scheerer, Evangelische Kirche, S. 167ff.; Hein-Janke, Protestantismus, S. 22ff.; Wolfgang Lück, Das Ende der Nachkriegszeit. Eine Untersuchung zur Funktion des Begriffes der Säkularisierung in der „Kirchentheorie“ Westdeutschlands 1945–1965, Frankfurt 1976.

[143] Werner Jochmann, Evangelische Kirche und politische Neuorientierung in Deutschland 1945, in: Imanuel Geiss und Bernd Jürgen Wendt (Hrsg.), Deutschland in der Weltpolitik des 19. und 20. Jahrhunderts. Fritz Fischer zum 65. Geburtstag, Düsseldorf 1973, S. 545ff., hier S. 560.

[144] Vgl. Martin Greschat, Das Zeitalter der Industriellen Revolution. Das Christentum vor der Moderne, Stuttgart 1980.

[145] Vor dem großen Entweder-Oder. Grundgedanken der Rede von Bischof Dibelius am Tage der Evangelischen Kirche in Berlin am 27. 4. 1947, in: Kirchliches Jahrbuch für die Evang. Kirche in Deutschland 1945–1948, Gütersloh 1950, S. 214ff., hier S. 216. Dibelius selbst sah die Kontinuität seines Denkens und Handelns im Konzept des „christlichen Staates“. Vgl. Dibelius, Christ, S. 35ff.

mundung geprägt war, zeigte nicht nur die Forderung nach einer Rechtssprechung, „die sich ausdrücklich auf die Gebote Gottes gründet und damit dem Recht seine Heiligkeit gibt“[146], sondern auch die Verdammung von Sartres existenzialistischem Theaterstück „Die Fliegen“. Nach Ansicht von Dibelius verherrlichte es den gleichen Freiheitsbegriff, den der Nationalsozialismus besessen habe, was im übrigen beweise, daß der verhängnisvolle „Ungeist“ ausländischen Wurzeln entsprungen sei[147]. Das Konzept des christlichen Staates, theologisch legitimiert durch die Säkularisierungsthese, konnte freilich einer pluralistischen Gesellschaft nicht mehr gerecht werden und führte dazu, daß sich die Kirche damit selbst zunehmend in das gesellschaftliche Abseits manövrierte, da sie keine glaubwürdigen Antworten auf die Fragen einer nichtkirchlich gebundenen Öffentlichkeit geben konnte. Dieser Gefahr war sich Dibelius, der 1949 Wurm als Ratsvorsitzenden der EKD ablöste, wohl kaum bewußt.

Unübersehbar ist auch das Bemühen, die deutsche Geschichte bzw. das tradierte Geschichtsbild gegenüber weitergehender Kritik abzuschirmen, um trotz Kriegsniederlage und Okkupation die nationale Identität und die überkommene weltanschauliche Orientierung zu retten. In einer subtileren Form brachte dies der Historiker Gerhard Ritter, Mitglied der Barmer Synode von 1934 und nach 1945 politischer Berater der EKD, in seinem Werk „Die Dämonie der Macht“ zum Ausdruck[148]. Ritter nannte es allerdings „ein beängstigendes Symptom für das Fortleben falscher nationalistischer Selbstgerechtigkeit und politischer Dummheit“, daß die Stuttgarter Schulderklärung „soviel erbitterten oder doch besorgten Widerspruch in christlichen Kreisen“ erfahren habe, dem die Kirche „um keinen Preis“ nachgeben dürfe[149].

Die unter Pfarrern wie Theologen vorherrschende Tendenz, den eigentlich erklärungsbedürftigen Fragen mit dem Hinweis auf die Gewalt der Dämonen auszuweichen, war Barth schon während seiner ersten Deutschlandreise im Herbst 1945 aufgefallen: „Es ist bezeichnend, daß an den von mir besuchten Tagungen von Theologen viel von Dämonen gesprochen wurde. ‚Wir haben dem Satan in die Augen geblickt.‘ Solche Sätze wurden fast mit Enthusiasmus ausgesprochen. Als Gegenpol zu dieser dämonisierten Welt bot das Sakrament Hilfe, Trost und Rettung, die Liturgien mit Anrufungen und Responsorien ... Schließlich konnte ich nicht mehr schweigen. ‚Seid ihr damit nicht im Begriff, in ein magisches Weltbild hineinzurutschen?‘, fragte ich meine Freunde. Warum redet ihr immer nur von Dämonen? Warum sagt ihr nicht konkret: wir sind politische Narren gewesen? Erlaubt bitte eurem schweizerischen Kollegen, euch zu einem rationaleren Denken zu ermahnen.“[150] Beim Studium des zeitgenössischen evangelischen Schrifttums in den ersten Jahren nach 1945 findet man weithin bestätigt, was Barth als die Neigung des religiösen Deutschen registrierte: „der politischen Verantwortung in die Tiefe der Religiosität zu entwischen.“

[146] Ebd.
[147] Zit. nach Evangelische Welt vom 1. 4. 1948.
[148] Vgl. Gerhard Ritter, Betrachtungen über Geschichte und Wesen des Machtproblems im politischen Denken der Neuzeit, 6., überarbeitete Auflage, München 1948. Zu seiner politischen Stellung siehe den von Klaus Schwabe und Rolf Reichardt hrsg. Briefwechsel: Gerhard Ritter. Ein politischer Historiker in seinen Briefen, Boppard 1984.
[149] Memorandum Ritters, Über unsere politische Lage, Dezember 1945, S. 75 f.; EZA, EKD, 1/236.
[150] Karl Barth, Und vergib uns unsere Schuld, in: Die Weltwoche vom 14. 9. 1945.

8. Umstrittene Neuorientierung: Das „Darmstädter Wort" 1947

Gewichtige innerkirchliche Minderheiten – zumeist aus den Reihen der Bruderräte – hatten jedoch ihre Erfahrungen mit der NS-Diktatur und die harten innerkirchlichen Auseinandersetzungen, die 1935/36 zur Spaltung der Bekennenden Kirche geführt hatten, nicht vergessen. Sie konnten und wollten sich nicht mit der Hochstilisierung des Kirchenkampfes zum entschiedenen Widerstand der Kirche gegen das NS-Regime und der Verdrängung der eigenen Verstrickung in den Nationalsozialismus abfinden.

In einem bemerkenswerten Schreiben an den Rat der EKD warf die neue lutherische Kirchenleitung Sachsens Anfang 1946 die Fragen auf: „Hätten wir jeden wie auch immer gefaßten Treueeid als Beamte, Pastoren, Richter, Soldaten auf Hitler verweigern sollen? ... Hätten wir den Kriegsdienst verweigern sollen? Sollte der Christ sich wie die Märtyrer des 20.7.1944 unter die Hochverräter begeben?" Sie stellte auch eindringlich die Frage: „Haben wir nicht je und dann gar nicht in Furcht vor Tod und Gefängnis, sondern in schrifttreuem Gehorsam die Schranken für den Aufstand der Herzen und Gewissen gegen eine dämonisierte Obrigkeit gefunden? (besonders Römer 13) Hatten wir nicht Brüder unter uns, die in Barmen mit uns bekannt haben, dennoch aber im frevlerischen Unternehmen dieses Krieges den Schwertarm Gottes sahen?"[151] Hier waren in seltener Klarheit die Punkte benannt, deren Diskussion zu einer fruchtbaren Neuorientierung und Reflexion der lutherischen „Zwei-Reiche-Lehre" führen konnten.

Mitte 1947 verdichtete der Bruderrat der EKD in einer Erklärung „Zum politischen Weg unseres Volkes" – besser bekannt als „Darmstädter Wort" – diese Diskussion zu einem Manifest, das für große Aufregung sorgte, da es bislang als selbstverständlich geltende Traditionen und Orientierungen des deutschen Protestantismus radikal in Frage stellte. Ausgangspunkt war ein Vortrag Barths[152], in dessen anschließender Diskussion Hans Joachim Iwand die Befürchtung aussprach, daß sich die Kirche zu einem „Rückzugsgebiet für den verdrängten Nationalismus", für die „gescheiterten Stände" entwickle. Nachdrücklich forderte Iwand die Revision des kirchlichen „Nationalbewußtseins": „Es geht nicht, daß wir auf zwei Rechnungen wirtschaften: Hier sind wir Christen und hier sind wir Nationalisten! ... Wir müssen heute vom Bruderrat aus sagen: wir gehen einen neuen Weg."[153] Die Intention sprach Niesel prägnant aus: „Was in Stuttgart gesagt ist, muß konkret werden, damit wir nicht aufs neue in den Abgrund steuern."[154] Das Darmstädter Wort basierte auf Entwürfen von Iwand, Barth, Niemöller und der „Kirchlich-theologischen Arbeitsgemeinschaft für Deutschland" und wurde vom Bruderrat auf seiner Sitzung vom 7./8. August 1947 in Darmstadt einstimmig angenommen. Da sich allerdings an der Schlußabstimmung nur zwölf der 43

[151] Vorläufige Kirchenleitung an den Rat der EKD am 9. 2. 1946, in: Greschat, Schuld, S. 286ff., hier S. 290.

[152] Die Kirche – die lebendige Gemeinde unseres Herrn Jesus Christus, 5./6. 7. 1947, in: Karl Barth, Die lebendige Gemeinde und die freie Gnade, München 1947, S. 3ff.

[153] Zit. nach Hartmut Ludwig, Zur Entstehung des Darmstädter Wortes, in: Junge Kirche 38 (1977), Beiheft zu Nr. 8/9, S. 1ff., hier S. 2.

[154] Protokoll über die Sitzung des Bruderrats der EKD am 5./6. 7. 1947, S. 21; ZEKHN, Bruderrat, 6.

Mitglieder beteiligt hatten, täuscht die einstimmige Verabschiedung einen Konsens vor, den es im Bruderrat nie gegeben hat[155].

Anstelle der relativierenden Komparative des Stuttgarter Schuldbekenntnisses setzten die Verfasser viermal die lapidare Feststellung: „wir sind in die Irre gegangen", um in sieben Thesen bestimmte Fehlentwicklungen und Hypotheken des Protestantismus zu kennzeichnen:

„Wir sind in die Irre gegangen, als wir begannen, den Traum einer besonderen deutschen Sendung zu träumen, als ob am deutschen Wesen die Welt genesen könne. Dadurch haben wir dem schrankenlosen Gebrauch der politischen Macht den Weg bereitet und unsere Nation auf den Thron Gottes gesetzt. – Es war verhängnisvoll, daß wir begannen, unseren Staat nach innen allein auf eine starke Regierung, nach außen auf eine militärische Machtentfaltung zu gründen ...

Wir sind in die Irre gegangen, als wir begannen, eine ‚christliche Front' aufzurichten gegenüber notwendig gewordenen Neuordnungen im gesellschaftlichen Leben der Menschen. Das Bündnis der Kirche mit den das Alte und Herkömmliche konservierenden Mächten hat sich schwer gerächt. Wir haben die christliche Freiheit verraten, die uns erlaubt und gebietet, Lebensformen abzuändern, wo das Zusammenleben der Menschen solche Wandlungen erfordert. Wir haben das Recht zur Revolution verneint, aber die Entwicklung zur absoluten Diktatur geduldet und gutgeheißen ...

Wir sind in die Irre gegangen, als wir übersahen, daß der ökonomische Materialismus der marxistischen Lehre die Kirche an den Auftrag und die Verheißung der Gemeinde für das Leben und Zusammenleben der Menschen im Diesseits hätte gemahnen müssen. Wir haben es unterlassen, die Sache der Armen und Entrechteten gemäß dem Evangelium von Gottes kommendem Reich zur Sache der Christenheit zu machen."[156]

Für viele Pfarrer und Kirchenführer, die nach 1945 ihre politische Heimat in der CDU sahen und einer antikommunistischen Sammlungspolitik zur Rettung des „christlichen Abendlandes" das Wort redeten, waren diese Thesen geradezu ketzerisch. In der „Evangelisch-Lutherischen Kirchenzeitung" bezeichnete Künneth die Erklärung als eine „theologische Entgleisung", die die Merkmale einer „neuen DC-Theologie mit umgekehrten Vorzeichen" enthalte und die „Stunde des Sozialismus" einläute[157]. Ähnlich argumentierte Asmussen, der darin eine theologisch vollkommen unmögliche Rechtfertigung revolutionärer Bewegungen sah. Er hielt sogar eine Zusammenarbeit mit der SPD wegen ihrer „mehr als heidnischen Grundlage" für völlig

[155] An der Abstimmung hatten sich als Vertreter der Landesbruderräte Iwand (Ostpreußen), Lücking (Westfalen), Walter (Danzig), Schmidt (Bayern), Dipper (Württemberg), Schmidt (Oldenburg), Thedens (Schleswig-Holstein) sowie Niemöller und Hilmes als gewählte Mitglieder und Niesel, Diem und Wolf als Mitglieder des theologischen Ausschusses beteiligt. Nicht zu Unrecht konnte Erwin Wilkens daher urteilen: „Nach allem wird man das Darmstädter Wort kaum anders als die Privatarbeit einer Minderheit bezeichnen können ... Wenn der Bruderrat über eine funktionierende Geschäftsordnung verfügt hätte, wäre es nie zu diesem Wort gekommen." Zum „Darmstädter Wort" vom 8. August 1947, in: Günther Metzger (Hrsg.), Zukunft aus dem Wort. Helmut Claß zum 65. Geburtstag, Stuttgart 1978, S. 151ff., hier S. 159.

[156] Wort des Bruderrats der EKD zum politischen Weg unseres Volkes am 8. 8. 1947, in: Kirchliches Jahrbuch für die Evang. Kirche in Deutschland 1945–1948, Gütersloh 1950, S. 220ff.; hier S. 221. Vgl. auch den Kommentar: Das Wort des Bruderrats der EKD zum politischen Weg unseres Volkes. Auslegung im Auftrag des Bruderrates, verfaßt von Joachim Beckmann, Herman Diem, Martin Niemöller und Ernst Wolf, in: Flugblätter der Bekennenden Kirche 9/10, hrsg. vom Geschäftsführer des Bruderrats der EKD, Pfr. Herbert Mochalski, Stuttgart 1948.

[157] Zit. nach Ludwig, Entstehung, S. 9.

ausgeschlossen; schließlich trügen „nicht zuletzt Karl Marx und seine Nachfolger – auch die religiösen Sozialisten" eine gehörige „Mitschuld" am Nationalsozialismus[158]. Auch Dibelius protestierte energisch gegen die „schwere Zumutung ... genau dasjenige als eigene Schuld bekennen (zu) sollen, wogegen wir ein Leben lang gekämpft haben"[159]. Wurm distanzierte sich als Ratsvorsitzender ebenfalls.

Auch in den Landesbruderräten war das Wort heftig umstritten. Einmütig verwarf es der Berliner Bruderrat: „Unsere Ablehnung kommt aus der Verantwortung, die wir tragen. Überall wird Preußen verunglimpft. Nirgends erhebt sich ein Protest dagegen. Den Namen Bismarck darf man nicht in den Mund nehmen, wohl aber den Namen Karl Marx. Wir müssen wieder zu einem bürgerlichen Leben zurückrufen, denn die Gefahr der Verproletarisierung ist weit größer als die einer sogenannten Verbürgerlichung. Wir brauchen neue Zivilcourage gegen die Bolschewisierungstendenzen, damit wir nicht die gleichen Sünden begehen wie in der Zeit des Nationalsozialismus."[160] Damit faßte von Rabenau die Quintessenz der Einwände zusammen, wie sie vor allem Vertreter der Ostzone erhoben.

Mehr die psychologischen Auswirkungen hatte der Generalsuperintendent von Berlin, Gerhard Jacobi, im Auge: „Die Leute sehen alle auf sich das Chaos zukommen. Drüben sind die Menschen gefährdet, geängstigt ... Drüben herrscht eine ausgesprochene Todessehnsucht. Ist dieses Wort hier etwas Tröstliches?"[161] In der Kirchenleitung, die zu 80 Prozent aus BK-Pfarrern bestehe, habe eine „hundertprozentige Ablehnung" bestanden. Starke Vorbehalte meldete auch der pommersche Bruderrat, in geringerem Maße der sächsische an. Auch in den westlichen Besatzungszonen teilten viele Bruderräte die Überzeugung Jacobis, daß das Darmstädter Wort „dem deutschen Volk etwas unterschiebt, was nicht stimmt und Wasser auf die Mühlen unserer ehemaligen Feinde gießt"[162]. Der bayerische Delegierte Eduard Putz, Träger des Goldenen Parteiabzeichens der NSDAP und gleichzeitig engagierter Bekenntnispfarrer, fühlte sich aus verständlichen Gründen wie „erschossen" und erklärte kategorisch: „Wir können das nicht von den Kanzeln verkündigen."[163]

Als Fazit läßt sich festhalten: Das Stuttgarter Schuldbekenntnis vom Oktober 1945 kann wohl nicht als Auftakt einer kontinuierlich fortgeführten Neuorientierung der gesamten evangelischen Kirche gelten. Wohl wurde der Wille zum Neuanfang wortgewaltig proklamiert, doch nur selten durch die Anstrengung einer konkreten Analyse der Vergangenheit eingelöst. Neuanfang meinte in aller Regel nicht geistige und gesellschaftspolitische Neuorientierung, sondern Rückkehr zu scheinbar bewährten Verhältnissen und Verhaltensweisen, die bewußt oder unbewußt auf die Verteidigung überkommener Leitbilder und sozialer Ordnungen abzielten. Dem von kleinen, fest umrissenen Zirkeln geforderten Umdenkungsprozeß und der kritischen Durchleuchtung struktureller Fehlentwicklungen der deutschen Gesellschaft und des Protestantismus standen starke und anhaltende Widerstände entgegen.

158 Asmussen an den Bruderrat der EKD am 19. 8. 1947, in: Schweizer evangelischer Pressedienst vom 10. 9. 1947.

159 Zit. nach Ludwig, Entstehung, S. 8.

160 Sitzungsprotokoll des Berliner Bruderrats vom 17. 11. 1947, S. 4; EZA, Berliner Bruderrat.

161 Protokoll über die Sitzung des Bruderrates der EKD am 15./16. 10. 1947, S. 9; ZEKHN, Bruderrat, 6.

162 Ebd.

163 Ebd., S. 4.

Die Ablehnung, die das Darmstädter Wort auch in bruderrätlichen Kreisen erfuhr, verweist auf das nachwirkende Gewicht obrigkeitsstaatlicher Traditionen und Mentalitäten[164]. Sie zeigt zugleich, wie verschieden die „Lehren des Kirchenkampfes" ausfallen konnten. Da der Kirchenkampf unter der bewahrenden Defensivparole „Kirche muß Kirche bleiben" gestanden hatte, der freilich im Dritten Reich eine andere Qualität zukam, war die Anknüpfung an alten Vorstellungen und Strukturen geradezu vorprogrammiert. Sie boten Identifikation und Orientierung in einer nicht nur äußerlich zerstörten Umwelt, die unter Gemeindegliedern wie hohen Amtsträgern häufig endzeitliche Gefühle und Visionen aufkommen ließ.

So ist es nicht überraschend, daß sich die Energien auf die traditionellen Werte und Inhalte konzentrierten und der mit dem Stichwort Vergangenheitsbewältigung umschriebene Problemkreis weitgehend nicht als ein notwendiger seelsorgerlicher Dienst an der Gemeinde begriffen und geleistet wurde – so sehr dies politisch wünschenswert gewesen wäre: Hielten doch zwischen 42 und 55 Prozent der deutschen Bevölkerung, wie amerikanische Umfragen von 1945 und 1947 zeigen, den Nationalsozialismus für eine „gute Sache", die nur schlecht ausgeführt worden sei; während ihn mit abnehmender Tendenz zwischen 45 und 35 Prozent ohne Wenn und Aber ablehnten[165]. Der Verdrängungsprozeß, dem die evangelische Kirche in ihrer Gesamtheit keinen Widerstand leistete, ihn im Gegenteil vielfach beförderte, trug sicherlich zum sozialen Frieden und zur Integration von Millionen ehemaliger Nationalsozialisten bei[166]; doch die Kosten der unterbliebenen Vergangenheitsbewältigung für die politische Kultur und die Glaubwürdigkeit der Kirchen waren hoch.

Im historischen Rückblick überrascht weniger das Ergebnis, das dem gesellschaftlichen Gesamtverlauf entspricht, als vielmehr die Schärfe, mit der sich Minderheiten zu Wort meldeten, um, ausgehend vom Stuttgarter Schuldbekenntnis, eine grundlegende Neuorientierung der evangelischen Kirche zu fordern, und mit tiefverwurzelten Traditionen brachen. Sie verstanden sich als die legitimen Erben des Kirchenkampfes, was die Polarisierungen noch zusätzlich verschärfte, konnten jedoch den Kurs der evangelischen Kirche weniger bestimmen als kritisch kommentieren. Ihre Vertreter waren im Kirchenkampf wie nach 1945 Außenseiter, die folgerichtig weniger kirchenleitende Positionen als Lehrstühle besetzten. Dort konnten sie als Angehörige der Generation der „zornigen alten Männer" dem rebellischen Nachwuchs der sechziger Jahre entscheidende Anstöße vermitteln. Die weitgehende Niederlage der radikalen Reformer in den ersten Nachkriegsjahren, die sich um Niemöller, Barth, den kirchlich-theologischen Arbeitsgemeinschaften und den Zeitschriften „Unterwegs", „Stimme der Gemeinde" und „Junge Kirche" sammelten, erklärt auch die Schärfe und Polemik manch späterer Auseinandersetzung.

[164] Zu den psychologischen Grundlagen des gesellschaftlichen Verdrängungsprozesses siehe Alexander und Margarete Mitscherlich, Die Unfähigkeit zu trauern. Grundlagen kollektiven Verhaltens, München 1970.

[165] Vgl. Anna J. und Richard L. Merritt (Hrsg.), Public Opinion in Occupied Germany. The OMGUS-Surveys 1945–1949, Urbana 1970, S. 171.

[166] Vgl. die umstrittenen Thesen von Hermann Lübbe, Der Nationalsozialismus im politischen Bewußtsein der Gegenwart, in: Martin Broszat u. a. (Hrsg.), Deutschlands Weg in die Diktatur. Internationale Konferenz zur nationalsozialistischen Machtübernahme im Reichstagsgebäude zu Berlin, Berlin 1983, S. 329 ff.

9. Nachkriegsalltag und Verkündigung

Neben vielfältigen materiellen Sorgen und Notlagen stellte die Zerrüttung der sozialen Ordnung, die Krieg und Nationalsozialismus hinterließen, die Gemeinden unvorbereitet vor Probleme, die mit den Maßstäben einer intakten bürgerlichen Gesellschaft und tradierten kirchlichen Moralbegriffen nicht mehr – zumindest nicht mehr in gewohnter Selbstverständlichkeit – zu bewältigen waren.

Als im April 1948, immerhin drei Jahre nach Kriegsende, das Männerwerk der evangelischen Emmausgemeinde in Frankfurt-Eschersheim zu einem Vortragsabend mit dem Thema, ob man im Erwerbsleben ehrlich sein könne, einlud, stellte die Versammlung in einer Resolution fest: Die Moral der deutschen Bevölkerung müsse zwangsläufig immer schlechter werden, da der „Normalverbraucher" unmöglich von den Rationen der Lebensmittelkarte existieren könne. Eindringlich wurde die Kirchenleitung aufgefordert, sich für die Erhöhung der Rationen einzusetzen, um die „materielle und geistige Not" zu steuern. Weiterhin dürften auch keine Gesetze erlassen werden, die von der Bevölkerung nicht eingehalten werden könnten. „Sonst wird es denen, die als Christen leben wollen, unmöglich gemacht, ehrlich zu bleiben und die Gebote Gottes zu halten."[167]

Mit dieser drastischen Feststellung des Gewissenskonflikts zwischen den brutalen Erfordernissen des Alltags und den moralischen Anforderungen des christlichen Gewissens ist ein zentrales Problem der kirchlichen Verkündigung während der ersten Nachkriegsjahre angeschnitten. Die Gemeindeglieder stellten neue, ungewohnte Fragen an die kirchliche Autorität und suchten Antworten für ihre durch mannigfache Anfechtungen gefährdete Lebensführung. In den Notjahren entschied sich für die breite Masse der „Taufscheinchristen" die Glaubwürdigkeit der Kirche; hier mußte sich die Verkündigung bewähren, mußte sie vor allem überzeugen können. Der Frage, welche Antworten und Hilfen die evangelische Kirche zur Bewältigung der Ausnahmesituation der ersten Nachkriegsjahre gab, ist bisher nicht systematisch nachgegangen worden. Eine Untersuchung dieses Themas könnte wesentliche Anhaltspunkte liefern zur Beantwortung der weitergehenden Frage, weshalb der große Zulauf, den die Kirchen 1945/46 fanden, bereits 1947 – also noch vor dem großen Wirtschaftsaufschwung – wieder abebbte. Die folgenden Beispiele sind mehr oder minder zufällige Fundstücke, die zunächst nur als Indizien gelten können.

Als erstes fallen die ständigen Klagen über die „Verwilderung" der Jugend, über den völligen Verfall von Sitte und Moral auf. So sah sich beispielsweise der Stuttgarter Oberkirchenrat zu der nachstehenden Kanzelabkündigung veranlaßt, die mehr über die Geisteswelt ihrer Verfasser als über die von Hunger, Schwarzmarkt und spendablen GI's geprägten Lebensumstände aussagt: „Deutschland ist zerschlagen und zerrissen. Wir sind bettelarm geworden. Sorgen, Verzweiflung, Hoffnungslosigkeit lasten auf Vielen. Aber neben aller Not und allem Jammer geht zugleich auch eine unheimliche Genußsucht und Vergnügungssucht durch unser Volk. Zuchtlos werfen sich manche deutsche Frauen und Mädchen weg. Sie mißachten das 6. Gebot, daß wir keusch und züchtig leben sollen in Worten und Werken. Solche Frauen und Mädchen verges-

[167] Pfarramt Frankfurt-Eschersheim an Kirchenleitung am 6. 4. 1948; ZEKHN Altregistratur 1872–4.

sen Ihre Ehre und Würde; sie vergessen die Tausende von Gräbern ringsum. Sie vergessen die furchtbare Hungers- und Sterbensnot im Osten. Sie vergessen ihre Männer, Brüder, Söhne und Freunde, die noch gefangen oder vermißt sind. Sie vergessen die vielen Tausenden von Kriegsversehrten. Sie vergessen den ganzen Jammer und die Not des Vaterlandes. Ihr Benehmen ist eine Schmach für die heimkehrenden Männer und ein Ärgernis für die ganze Öffentlichkeit."[168] Die Kanzelabkündigung schloß mit dem Appell an die Eltern, der Jugend nicht alles durchgehen zu lassen, und der Versicherung, daß man im Kreise der Gleichaltrigen auch fröhlich sein könne, ohne der Zuchtlosigkeit zu verfallen. Als erstrebenswertes Vorbild wurde weiterhin auf all die Frauen hingewiesen, die angesichts des kriegsbedingten Frauenüberschusses den ihnen „von Gott auferlegten Weg der Ehelosigkeit tapfer" gingen und ihre Lebensaufgabe nunmehr im Dienst am Nächsten, in der kirchlichen Diakonie sähen.

Der Kampf gegen die „unheimliche Vergnügungssucht" bot ein weites Betätigungsfeld: In Hessen beschwerte sich die nassauische Kirchenleitung beim Kultusministerium, daß die Polizei nichts gegen den nachmittäglichen Kino- und Theaterbesuch von Kindern und Jugendlichen unternehme[169]. Eine evangelische Frauengruppe wiederum sah die Moral besonders durch die vielen Tanzveranstaltungen gefährdet. Solange noch deutsche Soldaten in Kriegsgefangenschaft seien, sollten alle Mädchen und Frauen auf das Tanzen verzichten[170]. In Nordrhein-Westfalen wandten sich Kardinal Frings und Präses Wilm in einem gemeinsamen Appell an Ministerpräsident Arnold gegen die „Überfülle und Ausartungen" der Volksfeste: „Ausschweifend gefeierte Feste gefährden unsere Jugend, zerrütten Ehe und Familie, schwächen unsere Arbeitskraft und lähmen den Sparwillen."[171] Als nicht minder gefährlich galten Spielbanken und Fußballtoto, wogegen der Rat der EKD 1949 protestierte, da das leichtfertige Glücksspiel die ehrlich und schwer arbeitende Bevölkerung verbittere und das Ansehen Deutschlands im Ausland schädige[172].

Sicherlich waren die Klagen über den Verfall von Moral und Sitte, die im puritanischen Übereifer manchmal geradezu groteske Züge annahmen, übertrieben, aber doch nicht unbegründet. So wurde im Volksmund die Abkürzung „VD" von „Veneral Diseases", des englischen Begriffs für Geschlechtskrankheiten, allgemein mit „Veronika Dankeschön" übersetzt; und nicht nur in Hessen registrierte das Innenministerium ein „grauenhaftes Ansteigen" von Gonorrhoe und Syphilis. Allein im August 1946 wurden 4738 Neuerkrankungen gemeldet – „nie dagewesene Zahlen"[173]. Andererseits ist doch offenkundig, daß das schnell gefällte moralische Verdammungsurteil über die „Leichtfertigkeit" der Frauen und das Lamento über die Vergnügungssucht der Jugend wenig Verständnis für die Belastungen extremer Lebenssituationen enthielt und

[168] Rundschreiben vom 20. 3. 1946; NA, RG 260, 5/341-2/34. Auch in Bayern hielt es der Landeskirchenrat angesichts der „sittlichen Verwilderung in vielen Gemeinden unter dem Einfluß der amerikanischen Besatzungsmacht" für nötig, in einer besonderen Predigt auf das 6. Gebot hinzuweisen; LKAN, LKR, 1759a.

[169] Vorläufige Leitung der Evang. Kirche in Nassau an das Kultusministerium am 7. 2. 1947; HStAW, Abt. 504/184.

[170] Sonntagsblatt der Evang.-Luth. Kirche in Bayern vom 2. 2. 1947.

[171] Zit. nach Schweizer evangelischer Pressedienst vom 24. 8. 1949.

[172] Ein Wort der Kirche gegen Spielbank und Fußballtoto, in: Kirchliches Jahrbuch für die Evang. Kirche in Deutschland 1949, Gütersloh 1950, S. 49f.

[173] Bericht über Ausbau und Tätigkeit des Ministeriums des Inneren vom 16. 10. 1945 bis 15. 10. 1946, S. 30; HStAW, Nachlaß Geiler, 12.

wohl mehr der Selbstversicherung gutbürgerlich-kirchlicher Moralvorstellungen diente.

Wesentlich nüchterner rechnete etwa der eben zitierte Bericht des hessischen Innenministeriums die Verwahrlosung der Jugend zu den unmittelbaren Kriegsfolgen, bedingt durch die Unterhöhlung der elterlichen Autorität im Nationalsozialismus, die Zerstörung der Familien im Krieg, die allgemeine Not wie den Einfluß der Besatzungstruppen: „Die Jugendlichen, besonders die jungen Mädchen, beklagen oft eine völlig verlorene Jugend und oft genug den Verlust derer, die ihnen Stütze hätten sein können, sie haben kaum irgendwelche Freuden und selbst die primitivsten materiellen Genüsse sind ihnen auf normalem Wege unerreichbar. Es ist nicht allzusehr zu verwundern, daß unerzogene, aus der Bahn geworfene, unwissende junge Menschen sich irgendeinen Lebensgenuß und eine Lebensfreude – sei es auch nur das Gefühl ausreichender Sättigung – auf welche Weise auch immer zu verschaffen suchen. Gewinnbar und käuflich gegen ein Geringes werden solche, die unter normalen Verhältnissen sicher bewahrt geblieben wären."[174] Eine solch nüchterne, verständnisvolle Tonlage trifft man in kirchlichen Verlautbarungen nur selten an.

Das Unverständnis, ja die Hilflosigkeit kirchlicher Autoritäten gegenüber den sozialen Konsequenzen der vielfältigen Nöte der Kriegs- und Nachkriegszeit spiegelt sich besonders deutlich in der Problematik des Schwangerschaftsabbruchs wider, die angesichts zahlreicher Vergewaltigungen für die Gemeinden von besonderer Brisanz war. Nicht nur in der russischen, auch in der französischen Zone mußte die Zivilbevölkerung vielfach Schreckliches erleiden. So meldete das Dekanat Maulbronn Ende Mai 1945 an den Oberkirchenrat in Stuttgart: „Unmittelbar nach dem Einmarsch französischer Truppen haben viele Vergewaltigungen ... stattgefunden, auch Plünderungen und Beschädigungen in den Wohnungen waren zahlreich ... Manche Leute retteten nur, was sie auf dem Leibe trugen."[175] Wohl beschwerten sich vielerorts Pfarrer und Kirchenleitungen – und nicht immer ohne Erfolg – über brutale Übergriffe bei den zuständigen Militärbehörden; doch dem eigentlichen Problem, wie in solchen Situationen die Abtreibung ethisch und moralisch zu beurteilen sei, wich man aus.

Als charakteristisch für die tiefe Ratlosigkeit kann der Verlauf der Ratssitzung der EKD vom 13./14. Dezember 1945 gelten. Anlaß war eine Eingabe der Dichterin und Pfarrfrau Denkhaus, die den Rat um Stellungnahme ersuchte. Eine erste Umfrage der Kirchenkanzlei unter Theologen und Kirchenführern ergab, daß man sich völlig unschlüssig war. Lediglich der Stuttgarter Prälat Karl Hartenstein hatte die Abtreibung in solchen Fällen klar gebilligt. Da andererseits die katholische Kirche sich bereits eindeutig dagegen ausgesprochen hatte, schien Asmussen ein Ratsbeschluß unumgänglich: „Wir müssen den Makel von der evangelischen Kirche nehmen, daß sie die Dinge zu leicht nimmt."

In der Diskussion vertrat allein Wurm die Auffassung, daß sich die evangelische Kirche dem „unbarmherzigen" katholischen Standpunkt nicht anschließen könne, da er allzusehr von scholastischen Dogmen bestimmt und es fraglich sei, ob er der Heiligen Schrift entspreche. Meiser hielt ihm entgegen, daß er „wenigstens klar" sei, wobei er von Held mit den Worten unterstützt wurde: „Aus falscher Humanität erweichen

[174] Ebd.
[175] Bericht an den Oberkirchenrat vom 28. 5. 1945; LKAS, OKR, 311a.

wir Gottes Gebot. Aber das unbedingte Gebot ist barmherziger als alle Humanität, denn die Humanität hebt heute hier und morgen dort die Ehrfurcht auf." Die ungewünschten Kinder bräuchten ja nicht unbedingt von der leiblichen Mutter aufgezogen werden, wenn sich die kirchlichen Einrichtungen ihrer annehmen würden. Der einzige Fall, der eine Abtreibung gerechtfertigt erscheinen lasse, sei, wenn das Leben der Mutter bedroht sei. In der weiteren Diskussion konnte man jedoch keine Einigung erzielen, so daß auch der Vorschlag Hahns, wenigstens ein Wort an die Pfarrer mit seelsorgerlichen Richtlinien zu entwerfen, da man mit einem Wort an die Gemeinde „ohnehin zu spät" komme, nicht aufgegriffen wurde. Die tiefe Rat- und Hilflosigkeit sprach Dibelius offen aus: „Ich würde nichts mehr machen. Es ist zu spät." Darauf Asmussen: „Dann können wir diesen Punkt verlassen."[176] Damit war die Diskussion beendet.

Der Dialog zeigt sehr drastisch, wie die Probleme der alltäglichen seelsorgerlichen Praxis die Kirchenführer nicht selten überforderten. Die Verlegenheitslösung, das Ergebnis theologischer Gutachten abzuwarten, konnte in dieser Situation, wo angesichts der dramatischen Gewissenskonflikte vergewaltigter Frauen ein kirchliches Wort dringend geboten gewesen wäre, keine Hilfe sein. Bereits im Juli 1945 hatte sich Meiser an die theologische Fakultät der Universität Erlangen gewandt und um rasche Stellungnahme gebeten. Dabei verwies er auf einen Erlaß des Regierungspräsidenten von Oberbayern, der ausdrücklich die Abtreibung auch im Falle der Vergewaltigung verbot[177]. Das differenzierte Gutachten, das Wolfgang Trillhaas im Auftrag der Fakultät verfaßt hatte, war jedoch von Meiser auf der Ratssitzung der EKD nicht vorgelegt worden[178].

Trillhaas bewertete die Abtreibung nach „zweifelsfrei" festgestellter Schwangerschaft, was kaum vor dem dritten Monat möglich sei, als bewußte, willentliche Übertretung des fünften Gebots und, da der Embryo an der Würde des Menschen teilhabe, als „Mord". Solange jedoch „nur der Verdacht" bestehe, „also vor Erreichung des dritten Monats, kann ein ärztlicher Eingriff, z. B. abrasio uteri, nicht als Tötung verstanden werden". Ausführlich erörterte das Gutachten die schweren seelischen Konflikte der Mutter und die Tragik unerwünschter Kinder; eine generelle Erlaubnis zum Schwangerschaftsabbruch lehnte Trillhaas jedoch ab: „Nur allzu leicht könnte sonst nämlich für eine außereheliche Schwangerschaft Notzucht geltend gemacht werden, nur um für eine Abtreibung den Schein des Rechts zu gewinnen." Wenn überhaupt ein Grundsatz aufgestellt werden solle, dann sei nur vertretbar: „Schwangerschaftsunterbrechung ist Mord und daher verboten." Andererseits betonte Trillhaas nachdrücklich, daß es auch Ausnahmen geben müsse, wie im Falle der medizinischen Indikation, über die allein der Arzt vor Gott und seinem Gewissen entscheiden könne. Weiterhin bejahte er die „seelsorgerliche Indikation": „Es ließe sich etwa der Fall denken, daß aus der Vergewaltigung der Frau ein solches Ärgernis der rechtmäßigen Kinder an ihrer Mutter erwächst, daß die schuldige Pietät der Kinder gegen ihre Mutter nicht aufrecht

[176] Protokoll über die Sitzung des Rates am 13./14. 12. 1945, S. 47 f.; EZA, EKD, 1/44.
[177] Landeskirchenrat an die Theologische Fakultät Erlangen am 14. 7. 1945. Der Schriftwechsel wurde dem Verfasser freundlicherweise von Herrn Dekan Prof. Otto Merk zur Verfügung gestellt.
[178] Auf der Ratssitzung hatte Meiser lediglich erklärt: „Ich habe schon die Erlanger Fakultät aufgefordert, mir ein Gutachten zu machen."

erhalten werden kann. Es wäre daneben an den Fall der unverehelichten Frau zu denken, der durch eine Vergewaltigung, besonders durch Farbige, jede Möglichkeit einer Ehe genommen wäre." Bei der seelsorgerlichen Indikation handle es sich immer um eine letztlich unaufhebbare Pflichtenkollision, wie sie die christliche Ethik auch in anderen Situationen, etwa der Tötung in Notwehr, kenne. Das Gutachten schloß mit dem Satz: „Auch die nach gewissenhafter Prüfung getroffene bejahende Entscheidung im einzelnen Falle hebt die Sünde nicht auf, die der Vergebung bedarf, für die aber auch Vergebung bereit ist."[179]

Zu einer ähnlichen, vergleichsweise liberalen Haltung konnten sich die Kirchenleitungen nicht entschließen. So lehnte zum Beispiel die bayerische Landeskirche Mitte 1947 die Reform des § 218 entschieden ab und verwarf bedingungslos die soziale und eugenische Indikation sowie die Erlaubnis der Abtreibung nach Vergewaltigung: „Die Vergewaltigung von Frauen und Mädchen ist ein Zeichen besonderer Notzeit und Auswirkung dämonischer Gewalten ... Abgesehen davon, daß in den meisten Fällen nicht festgestellt werden kann, ob wirklich Notzucht vorliegt oder nur der Wunsch besteht, durch Vortäuschung der Notzucht einer ungewünschten Geburt zu entgehen, kann auch in Fällen echter Notzucht keine Indikation befürwortet werden. Die Kirche weiß um die Dämonien dieser Welt und das Dunkel, das über dem Lebensweg solcher Opfer liegt und das rein menschlich nicht gelöst werden kann ..." Nur wenn das Leben der Mutter „aufs äußerste" gefährdet sei, dürfe von einer Ärztekommission die medizinische Indikation ausgesprochen werden[180].

Den gleichen Standpunkt vertrat auch die „Evangelische Frauenarbeit", eine Laienorganisation, als sie ebenfalls Mitte 1947 in einer Eingabe an den Kontrollrat jede Lockerung des § 218 entschieden ablehnte[181]. Interessant ist, daß auch bruderrätlich dominierte Kirchen jede Liberalisierung des Strafrechts entschieden verwarfen. So erklärte der Leiter des Sozialamts der westfälischen Kirche, Gerhard Stratenwerth, 1948 auf einem Gynäkologenkongreß im Auftrag der westfälischen und der rheinländischen Kirche kategorisch: „Es gibt vor Gott keine Rechtfertigung der medizinischen Indikation!"[182]

10. Neue Realitäten – alte Antworten

Bekanntlich erfreute sich die sprachliche Neuschöpfung „fringsen" als Synonym für widerrechtliches „organisieren" von Lebensmitteln, Kleidung und Brennstoff einer

[179] Wolfgang Trillhaas, Theologisches Gutachten über die Frage der Schwangerschaftsunterbrechung im Falle der vorausgegangenen Notzucht, 8. 8. 1945, Theol. Fakultät Erlangen.

[180] Betreff: § 218 des Strafgesetzbuches, 22. 7. 1947; Amtsblatt für die Evang.-Luth. Kirche in Bayern rechts des Rheins, Nr. 15 vom 18. 8. 1947, S. 71 f.

[181] Nachrichtendienst der Pressestelle der Evang. Kirche der Rheinprovinz, Nr. 10/11 vom 24. 5. 1947, S. 15.

[182] In dem Bericht der Evangelischen Welt vom 15. 6. 1948 heißt es weiterhin: „Desweiteren wird der Eingriff oft aus dem Gedanken der sogen. Güterabwägung heraus gutgeheißen. In seiner Erwiderung bestreitet Pastor Stratenwerth mit tiefem Ernst, daß ein Menschenleben ein Gut sei, dessen größerer oder geringerer Wert durch einen Menschen festgestellt und durch einen unwiderruflichen Akt bestätigt werden könne. ‚Ist der Erbbiologe imstande', so führte er aus, ‚die Gewähr dafür zu übernehmen, daß nicht die getötete Frucht berufen war, einmal zu den Großen des eigenen Volkes oder gar der Menschheit zu gehören, und daß sie damit nicht einen ‚Wert' darstellt, der den im Augenblick anscheinend größeren ‚Wert' der Mutter um ein Vielfaches übertrifft?'"

großen Beliebtheit. In der Silvesterpredigt 1946 hatte der angesehene Kölner Kardinal Joseph Frings erklärt: „Wir leben in Zeiten, da in der Not auch der einzelne das wird sich nehmen dürfen, was er zur Erhaltung seines Lebens und seiner Gesundheit notwendig hat, wenn er es auf andere Weise durch seine Arbeit oder Bitten nicht erlangen kann."[183] Sicherlich ist dieses bedeutende Zugeständnis der kirchlichen Morallehre an den tagtäglichen Überlebenskampf von Millionen nicht für die Haltung der gesamten katholischen Kirche repräsentativ; ein ähnlich volkstümliches Wort eines herausragenden Vertreters der evangelischen Kirche ist jedoch nicht bekannt.

Allem Anschein nach ist auf evangelischer Seite die Problematik des 7. Gebots – „Du sollst nicht stehlen" – vor dem Hintergrund einer chaotischen Zeitlage, die viele Werte und Normen einer funktionierenden bürgerlichen Gesellschaft außer Kraft setzte, kaum reflektiert worden. Dieser Eindruck drängt sich zumindest bei der Lektüre einer Broschüre mit dem vielversprechenden Titel „Das 7. Gebot in der Bedrängnis durch äußere Nöte" auf, die 1946 gemeinsam vom „Kirchlichen Männerdienst Westfalen" und der „Männerarbeit der evangelischen Kirche der Rheinprovinz" herausgegeben wurde. Die ausführliche Darlegung des Gebots unter Beiziehung zahlreicher Bibelstellen enthielt als einzigen Ratschlag zur Bewältigung konkreter Lebenssituationen den Zuspruch: „a) Für die Armen: Weiteres Wachstum im Vertrauen auf Gott, der uns in der Not nicht verläßt, auch dann nicht, ‚wenn Leib und Seele verschmachten' ... Die Bibel geht soweit, daß sie den Reichtum als Hemmnis auf dem Wege zu Gott und die Armut als eine Förderung auf ihn kennzeichnet ... b) Für die Reichen: Pflege und Betreuung der Armen."[184] Mehr wußte der Verfasser, Lic. Petran aus der Industriestadt Essen, nicht zu sagen; Arbeitslosigkeit und unzureichende Lebensmittelrationen wurden nicht einmal beiläufig erwähnt. Dafür enthielt das angestimmte „helle Loblied der ehrlichen Arbeit" als Ausweg aus der Not die Versicherung, daß 90 Prozent aller Diebstähle von Personen begangen würden, die auch schon vor der allgemeinen Notzeit zu Diebstählen und anderen Delikten geneigt hätten. Die Broschüre ist um so bemerkenswerter, als sie nicht aus dem konservativen Luthertum stammt, sondern der Laienarbeit unierter Landeskirchen inmitten des industriellen Ballungsgebiets Deutschlands dienen wollte. Erbauliche Schriften, wie die eben zitierte, waren jedoch kaum geeignet, die ohnehin geringe Resonanz der evangelischen Kirche in der Arbeiterschaft zu verstärken.

Die Reduzierung der „sozialen Frage" in der kirchlichen Praxis auf Arbeiterseelsorge und Volksmission ist nur verständlich, wenn man sie vor dem Hintergrund einer theologischen Tradition sieht, die unter Berufung auf die lutherische „Zwei-Reiche-Lehre" wegen der „Eigengesetzlichkeit der Welt" die Ausbildung einer Sozialethik vermieden hatte. Hinzu kam, daß sich bereits im 19. Jahrhundert die soziale Milieuverengung der evangelischen Kirche auf mittelständisches Bürgertum und ländlich-bäuerliche Schichten vollzogen hatte[185]. Seit Adolf Stoecker stand die Missionierung

[183] Zit. nach Manfred Overesch, Deutschland 1945–1949. Vorgeschichte und Gründung der Bundesrepublik. Ein Leitfaden in Darstellungen und Dokumenten, Königstein 1979, S. 98.
[184] Lic. Petran, Das 7. Gebot in der Bedrängnis durch äußere Nöte, Gütersloh 1946, S. 2.
[185] Dazu Klaus Erich Pollmann, Landesherrliches Kirchenregiment und soziale Frage. Der evangelische Oberkirchenrat der altpreußischen Landeskirche und die sozialpolitische Bewegung der Geistlichen nach 1890, Berlin 1973; Gottfried Kretschmar, Der Evangelisch-Soziale Kongreß. Der deutsche Protestantismus und

der Arbeiterschaft, die ihre Interessen immer weniger von der Kirche vertreten sah, und ihre Einbindung in Staat und Nation im Mittelpunkt kirchlicher Bemühungen, nicht aber die Veränderung der Sozial- und Wirtschaftsstrukturen. In dieser Traditionslinie standen auch die bruderrätlich dominierten Kirchen, die durchaus die Hypothek der engen obrigkeitsstaatlichen Bindung der evangelischen Kirche erkannt hatten, wenn man immer wieder davor warnte, „aus der christlichen Botschaft, aus dem Ruf an den Sünder zur Umkehr, eine soziale Lehre zu machen. Es kommt ... primär nicht auf die Besserung und Änderung der Verhältnisse, sondern auf die Änderung des Menschen, auf seine völlige Wendung an."[186]

Selbst das am weitesten gehende Wort zur wirtschaftlichen und staatlichen Neuordnung der westfälischen Provinzialsynode vom Oktober 1946 war bei allem guten Willen Ausdruck einer tiefen Hilflosigkeit. Zwar anerkannte man, daß die wirtschaftliche Neuordnung tiefgreifende Einschnitte erfordere und lehnte die Auffassung ab, „nach der grundsätzlich Privateigentum Diebstahl oder Sozialisierung Raub ist". Wegweisungen für das politische Handeln ergaben sich daraus allerdings nicht, hieß es doch im anschließenden Satz: „Wohl aber sind Geiz und Selbstsucht ebenso verwerflich wie Mißgunst und Neid." Ähnlich verhielt es sich bei der Bodenreform, die man zur Eingliederung der Flüchtlinge befürwortete; doch außer der Verwerfung einer entschädigungslosen Enteignung privaten Grundbesitzes wurden keine Aussagen über die Modalitäten getroffen[187]. Charakteristisch für sämtliche Stellungnahmen ist die außerordentliche Vagheit und Allgemeinheit der Aussagen, die jede konkrete inhaltliche Festlegung vermied und somit auch nichts Konkretes entgegenzusetzen hatte, wenn alles blieb, wie es war.

Mitte 1947 wurden im Rahmen der Männerarbeit erstmals Ausschüsse zum Studium sozialer und wirtschaftlicher Fragen eingesetzt, die sich mit den Themen: Sozialismus, Kapitalismus, Lohnfragen, Betriebsordnung, Bodenreform und Flüchtlingsproblemen beschäftigen sollten[188]. Erst 1949 erfolgte die Gründung der „Evangelischen Sozialakademie Friedewald", die die Arbeit der früheren „Evangelischen Sozialschule" in Berlin wiederaufnahm. Vergleicht man diesen dürftigen Entwicklungsstand mit den vielfältigen Bemühungen der katholischen Kirche und dem hohen Niveau der katholischen Soziallehre[189], der auch die neugegründeten evangelischen Akademien nur wenig entgegenzusetzen hatten, so zeigt sich ein immenses Defizit des Protestantismus. Auf einer bundesweiten Tagung über die Sozialarbeit der Kirchen faßte Karl Niedermeier, der Leiter des Münchner Männerwerks, 1950 die evangelische Position dahingehend zusammen, daß es „außerordentlich gefährlich" sei, die soziale Frage zu einem

die soziale Frage, Stuttgart 1972; Günter Brakelmann (Hrsg.), Kirche, soziale Frage und Sozialismus. Kirchenleitungen und Synoden über soziale Frage und Sozialismus 1871–1914, Gütersloh 1977.

[186] Erwin Finkentey, Soziale Betreuung, in: Nachrichtendienst der Pressestelle der Evang. Kirche der Rheinprovinz, Nr. 8/9 vom 25. 4. 1947, S. 11.

[187] Vgl. Kirchliches Jahrbuch für die Evang. Kirche in Deutschland 1945–1948, Gütersloh 1950, S. 163 ff. Dort finden sich auch weitere Stellungnahmen. Vgl. auch Martin Greschat, Kirche und Öffentlichkeit in der deutschen Nachkriegszeit (1945–1949), in: Kirchen in der Nachkriegszeit. Vier zeitgeschichtliche Beiträge von Armin Boyens, Martin Greschat, Rudolf von Thadden und Paolo Pombeni, Göttingen 1979, S. 113 ff.; Scheerer, Evangelische Kirche, S. 252 ff.

[188] Rundschreiben der Zentralstelle für sozialwissenschaftliche Arbeit der Männerarbeit der EKD vom 9. 8. 1947; EZA, EKD, 1/293.

[189] Vgl. Albrecht Langner (Hrsg.), Katholizismus, Wirtschaftsordnung und Sozialpolitik 1945–1963, Paderborn 1980; Anton Rauscher (Hrsg.), Der soziale und politische Katholizismus. Entwicklungslinien in Deutschland 1803–1963, München 1982.

„zentralen christlichen Problem“ zu erklären. Damit würden die Christen in einen „unevangelischen Konkurrenzkampf“ mit den weltlichen Ordnungen treten und das eigentliche Anliegen, durch die Verkündigung des Evangeliums die Menschen zu Gott zurückzuführen, vernachlässigen. Der katholischen Soziallehre warf er dementsprechend vor, „rein weltlich orientiert“ zu sein und die Verbesserung der materiellen Lage der Arbeiterschaft zum „christlichen Selbstzweck“ zu erheben. Statt den Klassengedanken durch die Gründung christlicher Arbeitnehmerorganisationen beizubehalten, gelte es vielmehr das Klassendenken durch gemeinsame Zusammenkünfte von Arbeitern und Unternehmern auf kirchlichen Tagungen und die gemeinsame Besinnung auf das Evangelium zu überwinden[190].

Auch gelehrte Theologen waren nicht in der Lage, strukturelle Konflikte als solche zu benennen und zu analysieren. Thielicke, einer der wenigen Theologen, die sich überhaupt mit Fragen der Sozialethik befaßten, interpretierte wohl das Evangelium als „Veto“ gegen Gesellschaftsstrukturen, „die als objektivierte Unrechtsformen zu bezeichnen wären“, gab aber keine konkrete inhaltliche Bestimmung dieser Strukturen[191]. Von evangelischer Seite wurde, da man das katholische Naturrecht aus prinzipiellen theologischen Erwägungen ablehnte, grundsätzlich keiner Sozial- und Wirtschaftsordnung das Etikett „christlich“ zuerkannt; in der Praxis führte dies jedoch zu einer weitgehenden Vernachlässigung sozialethischer Probleme.

Im Gegensatz zum sozialen und politischen Katholizismus, dessen Einfluß und Konzeption sich am „Ahlener Programm“ der CDU von 1947 ablesen läßt[192], verfügte der Protestantismus über keine gesellschaftlichen Neuordnungskonzeptionen und konnte deshalb in die gesellschaftspolitischen Debatten der Zeit kaum gestaltend eingreifen. Auch im Vergleich zum internationalen Diskussionsstand innerhalb der Ökumene läßt sich nur ein großer Rückstand konstatieren[193], der erst in einem langen Lernprozeß später aufgeholt werden konnte. Das für betont evangelische Kreise so typische Bewußtseinsdefizit sozialethischer Probleme der kapitalistischen Industriegesellschaft zeigt sich nicht zuletzt daran, daß es keine den „Frankfurter Heften“, der Stimme des Linkskatholizismus, vergleichbare Zeitschrift gab.

Das Bild wäre allerdings einseitig gezeichnet, würde man nicht gleichzeitig auf die großen caritativen Bemühungen der evangelischen Kirche hinweisen, die sich dennoch in den eben skizzierten Interpretationsrahmen insofern einfügen, als sie vor allem auf Linderung individueller Not, nicht aber auf strukturelle Veränderungen abzielten. Mit rund 90000 ehrenamtlichen Mitarbeitern stellte das von Eugen Gerstenmaier geleitete „Evangelische Hilfswerk“ die bedeutendste Einrichtung dar[194]. Im Mittelpunkt stand die Nothilfe für Kinder, Flüchtlinge, Invalide und Heimkehrer, die

[190] Vertraulicher Bericht über eine Tagung zwischen Vertretern der Militärregierung und der Sozialarbeit innerhalb der christlichen Konfessionen am 28. 3. 1950; LKAN, LKR, 2692.

[191] Helmut Thielicke, Kirche und Öffentlichkeit. Zur Grundlegung einer lutherischen Kulturethik, Tübingen 1947, S. 101.

[192] Vgl. Rudolf Uertz, Christentum und Sozialismus in der frühen CDU. Grundlagen und Wirkungen der christlich-sozialen Ideen in der Union 1945–1949, Stuttgart 1981, S. 97 ff.

[193] Vgl. Willem Adolf Visser't Hooft (Hrsg.), Die Unordnung der Welt und Gottes Heilsplan. Die erste Vollversammlung des Ökumenischen Rates der Kirchen in Amsterdam vom 22. August bis 2. September 1948, Zürich o.J. (1948), insbes. die Arbeit der Sektion III.

[194] Vgl. Johannes M. Wischnath, Kirche in Aktion. Das Evangelische Hilfswerk 1945–1957 und sein Verhältnis zu Kirche und Innerer Mission, Göttingen 1985; Jochen Degen, Diakonie und Restauration. Kritik am sozialen Protestantismus der BRD, Neuwied 1975.

als diakonischer Dienst am Nächsten rund 90 Prozent des Etats beanspruchte. Daneben besaß das Hilfswerk eine bedeutende Funktion für den kirchlichen Wiederaufbau. Ein interessanter Aspekt im Selbstverständnis war die Betonung des Laienelements: „Kirche und Theologie dürfen sich den alten Vorwurf der Weltfremdheit nicht mehr zuziehen. Wir dürfen nicht die Pastorenkirche bleiben, sondern müssen wieder Gemeindekirche werden.“[195] Das große Ansehen der Kirchen beruhte besonders auf den Leistungen ihrer caritativ-sozialen Dienste. Neben dem Hilfswerk wirkten auf diesem Gebiet rund 12000 Einrichtungen der Inneren Mission, die die traditionelle Pflege und Fürsorge für Kranke, Behinderte und soziale Randgruppen fortführten. Weiterhin sind das „Evangelische Hilfswerk für Kriegsgefangene und Internierte“ und die vielfältige Flüchtlingshilfe zu nennen[196]. Hier wurde die Kirche auch für viele ihr Fernstehende zu einer im wahrsten Sinne des Wortes sinnlich erfahrbaren Größe.

11. Das Beispiel Männerarbeit

Welche Inhalte hatte nun die Laienarbeit, welche Impulse vermittelte die Kirche an die Gemeinden? Die Sammlung der Laienschaft fiel vor allem in die Zuständigkeit von Organisationen, die im kirchlichen Sprachgebrauch als „Frauenarbeit“, „Jungmädchenwerk“, „Jungmännerwerk“ und „Männerwerk“ bzw. „Männerarbeit“ firmierten.

Wenn wir uns auf die Männerarbeit konzentrieren, so entspricht dies der kirchlich-patriarchalischen Rollenzuweisung der Geschlechter. Ging man doch davon aus, daß es Gott gefallen habe, „in einer ‚Aufteilung des Zeugendienstes‘ der Frau ihren besonderen Platz innerhalb der Familie und dem Mann seine besondere Stelle in der Öffentlichkeit der Welt und in den Bereichen der Wirtschaft, der Kultur, der sozialen Ordnungen und der Politik anzuweisen“[197]. In diesem Punkt waren sich die Theologen einig. Auch Barth betonte nachdrücklich, daß die „Frauenfrage“ nicht mit „ein bißchen Humanismus und Moral“ zu lösen sei: „Gemäß der Bibel und bei allem guten Willen und aller Sympathie, deren ich im Blick auf die Frauen fähig bin, muß ich dennoch versichern, es gibt eine Unterordnung der Frau unter den Mann, die Paulus mit der Unterwerfung der Kirche unter Christus vergleicht.“[198] Wie also wurde der Mann für seine besonderen Aufgaben in der Welt gerüstet?

Als Geburtsstunde der kirchlichen Männerarbeit innerhalb der Gemeinde gilt das Jahr 1933, als sich die bislang selbständigen evangelischen Arbeiter- und Volksvereine im „Männerwerk der Deutschen Evangelischen Kirche“ zusammenschlossen, um mit der direkten Unterstellung unter die Kirche der NS-Gleichschaltungspolitik zu entgehen[199]. Im Frühjahr 1946 konstituierte sich die „Männerarbeit der EKD“ unter der

[195] Karl Silex, Das Hilfswerk der evangelischen Kirchen in Deutschland, in: Kirchliches Jahrbuch für die Evang. Kirche in Deutschland 1945–1948, Gütersloh 1950, S. 413.

[196] Vgl. Hartmut Rudolph, Evangelische Kirche und Vertriebene, 1945–1972, 2 Bde., Göttingen 1983, 1985.

[197] Heinrich Lohmann, Männerarbeit der EKD, in: Kirchliches Jahrbuch für die Evang. Kirche in Deutschland 1945–1948, Gütersloh 1950, S. 352ff., hier S. 359.

[198] Die reformierten Kirchen im Ökumenischen Rat. Nachschrift einer Ansprache von Karl Barth, in: Unterwegs 2 (1948), S. 10.

[199] Zur historischen Entwicklung siehe neben Lohmann, Männerarbeit, Helmuth Johnson (Hrsg.), Die Männerarbeit der Kirche, Dresden 1940; Denkschrift betr. das Deutsche Evang. Männerwerk von Dr. Hoppe; EZA, EKD, 1/292; Ernst zur Nieden, Und das erlebte ein Pfarrer, Wiesbaden 1973 (Privatdruck).

Leitung Ernst zur Niedens, der im Dritten Reich als Angehöriger der Bekennenden Kirche das hessische Männerwerk geleitet hatte. Die Leitung auf Gemeindeebene lag bei den Pfarrern, die sich allerdings dieser neuen Aufgabe wegen Arbeitsüberlastung oft nur halbherzig annehmen konnten; in den Landesgeschäftsstellen arbeiteten vielfach ehemalige Wehrmachtsoffiziere mit, die anscheinend wegen ihres Organisationstalents bevorzugt eingestellt wurden. Die Richtlinien bestimmen ganz in der Tradition des „Männerdienstes der Bekennenden Kirche" die Sammlung der Gemeinde „unter Wort und Sakrament" als die zentrale Aufgabe. Dem untergeordnet war die Unterrichtung über die „christliche Verantwortung" in Familie, Schule und politischem Leben[200]. Ausdrücklich wurde jedoch immer wieder betont, daß die Diskussion aktueller Zeitfragen nicht im Mittelpunkt stehen solle: „Diese dürfen für unsere Arbeit letztlich nicht bestimmend sein. Es geht nach wie vor darum, das Wort zu sagen, das uns anvertraut ist, und diesem Wort zu trauen."

Eindeutig im Mittelpunkt stand der Männerbibelkreis, der sich unter einer vorgegebenen Jahreslosung mit ausgewählten Bibelstellen, Monatssprüchen und Kirchenliedern befaßte. Im Kirchenjahr 1946/47 hieß die Losung: „Dein ist das Reich und die Kraft und die Herrlichkeit in Ewigkeit." Ihr zugeordnet waren als Monatsthemen für den Vortragsdienst der Gemeinden, der sich an eine breitere Öffentlichkeit wenden sollte, die Themen, beginnend mit Oktober 1946: „Der Kampf um das Schuldbekenntnis, vergebliche Opfer, Vergebung statt Vergeltung, hungernde Gemeinde, das Hilfswerk aller Christen, Männerscham und Frauenschande, zwischen Krieg und Frieden, Götzendienst oder Gottesdienst, Wir Christen im Leumund der Welt, Europa in der Entscheidung, Weltwirkung der Mission, der Sieg des Christus."[201] Betrachtet man die beigegebenen Ausführungen zu den einzelnen Themen, so erkennt man, daß dem Vortragsdienst kaum eine politisch aufklärende Funktion zugedacht war. Auch auf den ersten Blick so politische Themen, wie „zwischen Krieg und Frieden" oder „Europa in der Entscheidung", dienten ausschließlich der Versicherung des Glaubens, nicht der politischen Meinungsbildung. Wie sie allerdings auf der Gemeindeebene vom jeweiligen Ortspfarrer umgesetzt wurden, entzieht sich der Kenntnis.

Weiterhin läßt sich das völlige Fehlen sozialpolitischer Themen feststellen, sofern man darunter mehr versteht als den allgemeinen Verweis auf die christliche Nächstenliebe. Als zu behandelnde Themen schlug etwa eine Broschüre mit dem Titel „Evangelische Männerarbeit heute" vor: „Gott oder Götze?", „Glauben und Wissen", „Kannst du dein Schicksal aus den Sternen lesen?", „Du und deine Familie", „Du und der Sonntag", „Gibt es ein Recht zur Lüge?" und dergleichen mehr[202]. Für die Männerwochen, die der Selbstdarstellung und Werbung neuer Teilnehmer dienten, wurden 1947 als Themen genannt: „1. Der Mensch und seine Feinde: sein Schicksal, das Leid, die Krankheit, die Schuld, der Tod, der Mensch. 2. Kennst du ...?: die Schöpfung, dich selbst, deinen Nächsten, die Kirche, Christus, den Tod, das Leben. 3. Soll's

[200] Richtlinien der Männerarbeit der EKD, Mai 1946, in: Kirchliches Jahrbuch für die Evang. Kirche in Deutschland 1945–1948, Gütersloh 1950, S. 357f.

[201] Losungen der Männerarbeit 1946/47, in: Verordnungs- und Nachrichtenblatt. Amtliches Organ der EKD, Nr. 25 vom 15. 8. 1946, S. 2.

[202] Hermann Lutze und Lic. Petran, Evangelische Männerarbeit heute, Düsseldorf 1946, S. 13f.

so weitergehen ...?: mit dem Egoismus, der Wahrsagerei, deinem Sonntag, unserer Jugend, deiner Ehe, dem Schwarzmarkt, dem Denunziantentum."[203]

Der Überblick über diese Themenstellungen wie die Durchsicht des Schriftwechsels der Hauptgeschäftsstelle für die „Männerarbeit der EKD"[204] hinterlassen den Eindruck einer stark weltabgewandten Verinnerlichung. Die Nachkriegszeit so bewegende Themen wie Entnazifizierung und Sozialisierung, das Flüchtlingselend oder die Spaltung Deutschlands standen in der Männerarbeit, die doch den evangelischen Mann in seiner „gottgewollten" Verantwortung für Familie, Gesellschaft und Staat ansprechen sollte, nicht zur Debatte; sie kamen allenfalls gelegentlich am Rande zur Sprache. Unverkennbar setzte sich in der Laienarbeit die protestantische Tradition der Spiritualisierung und Privatisierung von Frömmigkeit fort. Die Männerarbeit hatte die Funktion eines Religionsunterrichts für Erwachsene, der in aller Regel keine über die persönliche Lebensführung und häuslich-familiäre Sphäre hinausgehenden sozialethischen Verpflichtungen markierte.

12. Apolitische Frömmigkeit

Die „Schau nach innen", die Konzentration auf Schrift und Bekenntnis, war eine Entwicklung, die besonders in den Reihen der Bekennenden Kirche bewußt verstärkt und als Fortschritt gegenüber der früheren, weltoffeneren Laienarbeit angesehen wurde. Die theologisch begründete Konzentration auf das Bekenntnis geht auf die maßgeblich von Barth, Friedrich Gogarten und Emil Brunner in den zwanziger Jahren entwikkelte „dialektische Theologie" zurück. Ihre Vertreter betonten – entgegen der irreführenden Bezeichnung – den Gegensatz zwischen göttlicher Offenbarung und Welt als absoluten und verwarfen die vom theologischen Liberalismus angestrebte Vermittlung von Kirche und Welt. Die „dialektische Theologie" war die Stärke der Bekennenden Kirche in der Auseinandersetzung mit der völkisch orientierten, politischen Theologie der Deutschen Christen gewesen. In der Praxis hatte dieser theologische Ansatz jedoch bei vielen BK-Pfarrern zu einem Rückzug aus der Welt, zu einem starken Desinteresse an weltlichen Vorgängen und Problemen geführt, da die gesellschaftliche Verantwortung der Kirche für das politische Gemeinwesen aus dem Blick geriet.

Die meisten Pfarrer vertraten das Leitbild einer scheinbar unpolitischen Kirche, das Künneth in einem Memorandum „Gedanken zur Lage und Aufgabe der Kirche nach dem Umsturz 1945" als die „dem kirchlichen Auftrag gemäße Haltung politischen Dingen gegenüber" so formuliert hatte: „Unter keinen Umständen darf der im Kirchenkampf gewonnene Ertrag und die Lehre der Kirchengeschichte außer Acht gelassen werden; die in dem vergangenen Jahrzehnt gewahrte unpolitische Haltung der Kirche muß auch jetzt allen Versuchungen zum Trotz festgehalten werden. Die Kirche ist Botin der biblischen Wahrheit und Zeugin Jesu Christi und sonst gar nichts." Daraus folgte für die Verkündigung: „Das Zeitgeschehen in seiner Furchtbarkeit und Rätselhaftigkeit erfordert dringend die Deutung durch die biblische Wahrheit als ein

[203] Bericht über die Berufsarbeitertagung der Männerarbeit in Echzell vom 12. bis 15. 5. 1947; EZA, EKD, 1/293.

[204] EZA, EKD, 1/292, 1/293, 1/294.

‚apokalyptisches' Geschehen und Gottesgericht. Ungezählten Menschen sind durch den Zusammenbruch jede Lebensgrundlage und immanente Gläubigkeit zertrümmert. Diesem Sturz in das ‚Nichts' und in die Verzweiflung gegenüber ist allein das Evangelium von Christus als unerschütterliches Fundament und bleibender Halt zu bezeugen."[205]

In einer Vielzahl von erbaulichen Broschüren, Predigten und Vorträgen wurden dementsprechend mit großem religiösem Pathos die chaotischen Zustände der Welt in den düstersten Farben geschildert, um beim Leser oder Zuhörer einen heilsamen Schock zur Umkehr im Glauben auszulösen. Dabei wurde der Adressat stets als abstraktes Individuum – losgelöst aus allem sozialen und geschichtlichen Kontext – angesprochen und ihm die Rettung aus dem irdischen Jammertal allein im Glauben versprochen. Die Parole „Christus oder Untergang" beherrschte mit wenigen Ausnahmen Predigt wie Schrifttum[206]. Nun stellt freilich auch das „unpolitische Christentum", nach 1945 ebenso wie im Kirchenkampf, eine sehr sublime Form der politischen Stellungnahme dar. Auch wenn sich seine Vertreter dessen nicht bewußt waren, so ließ sich doch die Verkündigung des Evangeliums nicht von einer politischen Mentalität freihalten, in der sich die seelsorgerische Motivation häufig der Topoi des deutschnationalen Geschichtsbildes oder der konservativen Zivilisationskritik bediente.

Als ein Beispiel unter vielen sei aus der Schrift „Die Gnade in Gottesgericht" von Edmund Schlink, dem Direktor des Predigerseminars der westfälischen Kirche, zitiert: „Die Katastrophe ist Gottes Gericht als Ankündigung des göttlichen Endgerichts ... Wenn wir nicht Buße tun und in tiefster Beugung unter Jesus Christus als den Herrn einen Neuanfang machen, werden wir verkommen und selbst die Reste deutschen Wesens, die den Nationalsozialismus und seinen Zusammenbruch überdauert haben, werden verschwinden. Wir werden zum Streusand der Weltgeschichte, zu einem bloßen Zusatz in dem großen amorphen Völkerbrei, in dem die abendländische Kultur zu versinken droht."[207] Hinter der weitverbreiteten Auffassung, daß sich im Zusammenbruch des Dritten Reichs Gottes Wille und Gericht manifestiere, stand das theologische Verständnis von Geschichte als einer Offenbarungsquelle Gottes, das die nationalprotestantische Interpretation des Nationalsozialismus als Manifestation göttlichen Willens von 1933 nach 1945 mit umgekehrten Vorzeichen fortführte. So konnte Schlink als angesehener Theologe der Bekennenden Kirche und Mitarbeiter des Bruderrats auch den – nicht nur angesichts von Auschwitz – so gedankenlosen und schrecklichen Satz formulieren: „Auch wir waren zuerst Werkzeuge des göttlichen Gerichts an anderen, ehe Gott uns zu Boden warf, weil wir seinen Auftrag überschritten. Gott wechselt jederzeit die Werkzeuge seines Richtens in Freiheit aus und kann jetzt die richten, durch die er eben noch gerichtet hat."[208] Was aber, wenn Hitler gesiegt hätte?

[205] Memorandum Kühnnets, Gedanken zur Lage und Aufgabe der Kirche nach dem Umsturz 1945, Pfingsten 1945; LKAN, Kreisdekan Nürnberg, 14–502.

[206] Scharfe Kritik kam von Götz Harbsmeier, der darin den berechnenden Appell an die „Konjunkturreligiosität" sah: „Die Parolen ändern ihr irreführendes und darum verlockendes Wesen nicht – mundus vult decipi! – noch lange nicht, wenn man lediglich die Haken vom Kreuz nimmt." In: Götz Harbsmeier, Die Verantwortlichkeit der Kirche in der Gegenwart, München 1946, S. 14.

[207] Edmund Schlink, Die Gnade in Gottes Gericht, Gütersloh 1946, S. 28, S. 49. Die Schrift entstand aus Predigten während der Monate des Zusammenbruchs.

[208] Ebd., S. 34.

Auf den Gläubigen konnte diese Theologie allerdings in hohem Maß als Trost, Zuspruch und Sinngebung der eigenen gefährdeten Existenz wirken. Im Glauben konnte auch der mittellose Flüchtling, Ausgebombte oder internierte Parteigenosse Hoffnung schöpfen, die die Bewältigung schwieriger, scheinbar aussichtsloser Lebenslagen wesentlich erleichtert. Die Bedeutung der Seelsorge für das psychische Überleben von Millionen, für den Zusammenhalt der Nachkriegsgesellschaft wird man kaum überschätzen können. Unübersehbar ist aber auch, daß die theologische Konzentration auf den privaten Glauben mit dem allgemein feststellbaren Rückzug ins Privatleben korrespondierte und ihn verstärkte. War dieser Trend angesichts der hochgradigen Politisierung der Gesellschaft während der NS-Diktatur, der vielfachen Zerstörung der Privatsphäre und den Kriegserlebnissen nur zu verständlich, so erschwerte andererseits das weithin feststellbare politische Desinteresse den gesellschaftlichen Neuanfang.

Hielten nach der bereits zitierten Umfrage vom März 1946 44 Prozent der gelegentlichen Kirchgänger beider Konfessionen die Politik für den Wiederaufbau Deutschlands wichtiger als die Religion, so kehrte sich das Verhältnis unter den regelmäßigen Kirchgängern um. Hier sprachen 43 Prozent der Religion die größere Bedeutung zu. In beiden Gruppen zeigten die Katholiken ein geringfügig höheres Interesse an politischen Vorgängen, während die Frauen beider Konfessionen mit 20 Prozent signifikant geringer interessiert waren. 70 Prozent aller Befragten äußerten weiterhin die Ansicht, die Kirchen sollten sich weniger als bisher in politische Angelegenheiten einmischen[209]. Die Ablehnung einer politisch aktiven Kirche entsprach zweifellos auch dem evangelischen Selbstverständnis. Dennoch stellt sich die Frage, ob die Laienarbeit, wie sie sich am Beispiel der Männerarbeit ausweist, die der gesellschaftlichen Verantwortung der Kirche angemessene Form darstellte.

Wohl zu Recht hielt der Kommentator der „Evangelischen Welt", Kurt Ihlenfeld, den „Eifer der Bibelarbeit", die nur mit dem ursprünglichen Pietismus vergleichbare „Betriebsamkeit" in der Durchführung von Bibelkursen und Bibelfreizeiten, die Fülle an Bibelkommentaren und Gesangsbüchern für „eines der bezeichnendsten Merkmale der gegenwärtigen Zeit". Aber das kirchliche Erbauungsschrifttum, das den Ertrag dieser Bemühungen ins Unendliche fortsetze, werde nur von den ohnehin schon Frommen gelesen. „Es ist ein mächtig gesteigerter Kreislauf." Als aufmerksamem Beobachter entging ihm nicht die Kehrseite, die noch stärkere Herausbildung des Sozialtypus einer bibelfesten, frommen, aber weitgehend weltentrückten Kerngemeinde: „Hierbei geschieht gar zu leicht das, was diesen Typ oft so unbeholfen und unwirksam im Verkehr mit Nichtchristen zeigt: daß sie sich einer Sprache, einer Denkweise und Ausdrucksweise bedienen, die sie von der wirklichen Durchdringung, der echten Konfrontation mit der gegebenen Welt zu entbinden scheint."[210]

Besonders deutlich erfuhren diese Problematik die Mitarbeiter der Volksmission, die beständig die Erfahrung machen mußten, daß die Sprache der Bibel, des Katechismus, der Gesangsbücher wie der landläufigen Predigt immer weniger mehr verstanden wurde[211]. Auch Gerstenmaier gewann als politisch engagierter Zeitgenosse auf seinen vielen Reisen quer durch Deutschland den Eindruck einer „ziemlichen Predigtpleite":

[209] Attitudes toward religion and the church as political factors in German life, 7. 6. 1946, S. 7; NA, RG 260, 10/109-3/14.

[210] Evangelische Welt vom 1. 7. 1949.

[211] Ebd. vom 1. 11. 1948.

Neun Zehntel aller Predigten seien belanglos, nicht selten gar eine „Herabwürdigung" des zugrunde gelegten Bibeltextes. „Die BK-Pfarrer machen dabei nicht die mindeste Ausnahme." Die meisten Pfarrer unternähmen „teils naiv, teils verzweifelt" den angesichts ihrer intellektuellen und theologischen Begabung aussichtslosen Versuch, damit Gemeinden von „nachdenklich gewordenen, erschütterten und verzweifelten Menschen" zu erreichen. Die meisten Leute gingen „zum größten Teil" leer aus, da die in der Predigt aufgeworfenen Probleme nicht gemeistert würden, und kehrten „enttäuscht und verwirrt" nach Hause zurück[212]. Ähnlich selbstkritisch hieß es in einem Rundschreiben des hessischen Männerwerks: „Allzu sehr ist das Gesicht unserer Kirche von einer bürgerlichen Religiosität geprägt. Ihre Verkündigung erreicht den Menschen dieses Jahrhunderts nur noch schwer ... Viele verstehen unsere Sprache nicht und getrauen sich nicht herein."[213]

13. Rechristianisierung – ein illusionäres Konzept

Mit diesen Streiflichtern sind einige gravierende Schwachstellen markiert, die zur Erklärung dafür, daß die „Stunde der Kirche" ungenutzt verstrich, ebenso berücksichtigt werden müssen wie der fortschreitende Säkularisierungsprozeß, dem die deutsche Nachkriegsgesellschaft bald in vollem Maße ausgesetzt war.

1945 wurden in den westlichen Besatzungszonen etwa 47000 Kircheneintritte gezählt, 1946 gar rund 75000. Doch bereits 1949 standen 43000 Eintritten 86000 Austritte gegenüber, so daß die evangelische Kirche in der Nachkriegszeit bis 1949 nach Abzug der Austritte einen relativ bescheidenen Zuwachs von etwa 75000 Eintritten verbuchen konnte. Auch die sprunghaft erhöhten Kircheneintritte der ersten beiden Nachkriegsjahre vermochten die Verluste der enormen Austrittsbewegung der Jahre 1933–1939 von 1,3 Millionen Gemeindegliedern, davon allein eine Million in den Jahren 1937–1939, bei weitem nicht auszugleichen[214]. Diese Zahlen verdeutlichen das relativ begrenzte Ausmaß der Rückkehr zur Kirche. Spätestens ab 1947 war abzusehen, daß sich die großen Erwartungen, die mit der „Stunde der Kirche" und einem allgemeinen Rechristianisierungsprogramm verbunden waren, nicht erfüllen würden. Die Erosion der kirchlichen Bindungen der Bevölkerung war 1943/44 und 1945/46 nur kurzfristig unterbrochen, setzte sich aber danach weiter fort. Ihr stand allerdings eine Intensivierung der Kirchlichkeit beim „frommen" Kern der Gemeinden gegenüber, die u.a. an der höheren Abendmahlsbeteiligung ablesbar ist[215].

Versucht man mit gebotener Vorsicht zu resümieren, so liegt die These nahe, daß das vom Nationalsozialismus hinterlassene geistige Vakuum von der evangelischen Kirche aufgrund ihrer weltabgewandten Konzentration auf den persönlichen Glauben, wozu die theologische Ausrichtung der Bekennenden Kirche erheblich beitrug, nicht genügend ausgefüllt wurde und wohl – angesichts der nachwirkenden Traditionen

[212] Gerstenmaier an Emil Brunner am 29. 8. 1946; LKAN, Nachlaß W. Stählin, 120.
[213] Rundschreiben vom 3. 7. 1947; EZA, EKD, 1/293.
[214] Vgl. Kirchliches Jahrbuch für die Evang. Kirche in Deutschland 1950, Gütersloh 1951, S. 460ff.; Kirchliches Jahrbuch für die Evang. Kirche in Deutschland 1951, Gütersloh 1952, S. 381ff.; Statistische Beilage Nr. 4 zum Amtsblatt der EKD, Nr. 8, 1952.
[215] Vgl. Kirchliches Jahrbuch für die Evang. Kirche in Deutschland 1952, S. 473: 1910: 34,6; 1920: 30,1; 1930: 25,8; 1934: 26,3; 1936: 24,3; 1939: 17; 1940: 16; 1943: 14; 1946: 18; 1948: 21.

und Hypotheken des deutschen Protestantismus – auch nicht gefüllt werden konnte. Die Identifizierung der christlichen Botschaft mit konservativen Traditionen und Werten bestimmte mit wenigen Ausnahmen auch weiterhin Denk- und Lebensgewohnheiten betont evangelischer Kreise und setzte, wie die Diskussion des Stuttgarter Schuldbekenntnisses und die entschiedene Ablehnung des Darmstädter Wortes anschaulich zeigen, einer Neuorientierung enge Grenzen.

Da der Nationalsozialismus als Folge des Abfalls von Gott interpretiert wurde, war es nur konsequent, erneut auf das Defensivkonzept einer staatlich privilegierten Kirche zu bauen, um Bestand und Einfluß abzusichern. Dieses Konzept implizierte naturgemäß auch ein enges Verhältnis zur CDU/CSU. Bereits im August 1945 lag der Konferenz von Treysa ein „Wort zur Verantwortung der Kirche für das öffentliche Leben" vor, das allen Beteuerungen der Überparteilichkeit zum Trotz erklärte, die evangelische Kirche nehme die Bildung einer Partei, die sich selbst auf christliche Grundsätze verpflichte, „mit Wohlwollen" auf, und das die Laien zur Abwehr des Säkularismus und zur Durchsetzung „christlicher Lebensordnung" in Staat und Gesellschaft anhielt[216]. Mit der Übernahme der Weimarer Kirchenartikel in das Grundgesetz gelang es den Kirchen, ihren Sonderstatus als Körperschaft des öffentlichen Rechts zu wahren, der sie über alle anderen gesellschaftlichen Verbände heraushebt. Nicht minder erfolgreich waren die Kirchen, insbesondere in den fünfziger Jahren, bei der Durchsetzung kirchlicher Moralbegriffe in der Gesetzgebung und Rechtsprechung; erinnert sei nur an das Familien-, Ehe- und Scheidungsrecht, den Paragraphen 218 oder die Strafbarkeit der Homosexualität[217].

Dennoch erwies sich das nach 1945 scheinbar so erfolgversprechende Konzept des christlichen Staates als untaugliches Mittel, um das gesteckte Ziel der Rechristianisierung zu erreichen. Es stellt sich vielmehr die Frage, ob nicht gerade durch die öffentliche Machtstellung der Kirchen „ihre Ausstrahlung schwächer, ihre Glaubwürdigkeit geringer und ihre Verkündigung nichtssagender geworden ist – weil die Substanz fehlt, um die eingenommenen Positionen wirklich auszufüllen"[218]. Diese Problematik ist von den evangelischen Kirchenführern in den ersten Nachkriegsjahren kaum gesehen und reflektiert worden, wohl aber von einzelnen Bruderräten[219]. Viele Anzeichen stützen die These von Wolfgang Huber, daß sich nicht die Politisierung der Kirche, sondern die Konfessionalisierung der Politik, d.h. die Durchsetzung kirchlich-konfes-

216 In: Söhlmann, Treysa 1945, S. 104. Dieses Wort wurde aus Zeitmangel nicht offiziell verabschiedet, aber anschließend von der Kirchenkanzlei im Namen des Rats der EKD an die Landeskirchen versandt. Vgl. Greschat, Kirche und Öffentlichkeit, S. 112f.

217 Einer der aufsehenerregendsten Fälle war die Entscheidung des Großen Senats für Strafsachen des Bundesgerichtshofs von 1954, als er die Frage, ob der Geschlechtsverkehr Verlobter als Unzucht zu werten sei, bejahte; Entscheidungen des Bundesgerichtshofs in Strafsachen, Bd. 6, S. 47. Weitere Beispiele finden sich bei Thomas Ellwein, Klerikalismus in der deutschen Politik, München ^{2}1955; Helmut Simon, Katholisierung des Rechtes?, Göttingen 1962.

218 Rudolf von Thadden, Dietrich Bonhoeffer und der Nachkriegsprotestantismus, in: Kirchen in der Nachkriegszeit. Vier zeitgeschichtliche Beiträge von Armin Boyens, Martin Greschat, Rudolf von Thadden und Paolo Pombeni, Göttingen 1979, S. 137.

219 So kritisierte Diem bereits 1947 in einer Schrift mit dem provozierenden Titel „Kirche oder Christentum" das Bestreben der Kirche, die Gunst der Stunde auszunützen, „ohne die Rechtmäßigkeit ihrer Ansprüche vor dem Evangelium auszuweisen. Man wird gut daran tun, wo in diesem Zusammenhang das Wort ‚kirchlich' fällt, es immer gleich in das Fremdwort ‚klerikal' zu übersetzen und sich dadurch warnen zu lassen." In: Hermann Diem, Kirche oder Christentum?, Stuttgart 1947, S. 82. Ähnlich Paul Schempp, Kirche und politische Parteien, Stuttgart 1946.

sioneller Ansprüche mit Hilfe der staatlichen Gewalt, als Hindernis der Öffentlichkeitswirkung der Kirche erwiesen habe[220].

Bereits in den ersten Nachkriegsjahren sah sich die evangelische Kirche mit dem Dilemma konfrontiert, daß die staatliche Durchsetzung konfessioneller Ansprüche von einer deutlichen Mehrheit der Protestanten abgelehnt wurde. Eine Meinungsumfrage während der heftigen Debatten im Parlamentarischen Rat über die Einführung der Konfessionsschulen als Regelschule im Volksschulbereich ergab, daß 63 Prozent der befragten Katholiken für die Konfessionsschulen plädierten, aber nur 28 Prozent der Protestanten; umgekehrt betrug die Ablehnungsquote bei den Katholiken 33 Prozent, bei den Protestanten jedoch 67 Prozent[221]. Ein weiteres Indiz ist das konfessionelle Wählerverhalten bei der ersten Bundestagswahl von 1949: Von 100 katholischen Wählern stimmten 47 für CDU/CSU, 29 für SPD, 8 für FDP und 5 für KPD; bei den evangelischen Wählern entfielen von 100 Stimmen 26 auf CDU/CSU, 39 auf SPD, 17 auf FDP und 8 auf die KPD – also 64 Prozent auf ausgesprochen laizistische Parteien[222]. Zwischen den gesellschaftspolitischen Leitbildern und parteipolitischen Präferenzen von kirchlichen Amtsträgern einerseits und den Anschauungen der breiten Masse der Gemeindeglieder andererseits bestand im Protestantismus bereits 1948/49 eine Diskrepanz, die deutlich stärker war als im Katholizismus.

Die evangelische Kirche als Institution stärkte auch nach 1945 das konservative Lager. Der geforderte Neubeginn im Sinne der Rechristianisierung von Staat und Gesellschaft fügte sich problemlos in die konservative Orientierung ein. Dabei darf jedoch nicht übersehen werden, daß die im Dritten Reich leidvoll gewonnene Erkenntnis der absoluten Priorität rechtsstaatlicher Normen auch bei ausgesprochen konservativen Kirchenführern und Pfarrern zur Anerkennung der Demokratie als kleinstem Übel geführt hatte. Auch die Hinwendung zu einem sozial aufgeklärten Konservatismus, dessen Züge sich doch wesentlich von dem reaktionären Konservatismus der DNVP in der Weimarer Republik unterschieden, ist nicht zu verkennen und kann nicht ausschließlich auf das Motiv des Antikommunismus reduziert werden. Die konservative Grundorientierung der evangelischen Kirche erschwerte jedoch in den ersten Nachkriegsjahren die Verständigung mit der Sozialdemokratie und anderen laizistischen Gruppen[223].

Verweisen die vielfach steckengebliebenen Reformansätze der ersten Nachkriegsjahre auf das anhaltende Gewicht der traditionellen Prägungen des deutschen Protestantismus, so zeigt andererseits allein die Existenz des Stuttgarter Schuldbekenntnisses und des Darmstädter Wortes, daß sich die Entwicklung der evangelischen Kirche nicht einfach mit dem strapazierten Begriff der Restauration fassen läßt. Gerade für die evangelische Kirche galt, was Walter Dirks in seinem bekannten Aufsatz über den „restaurativen Charakter der Epoche" ganz allgemein konstatierte: „Die Restauration weiß nicht, was sie tut, sie hat insgesamt ein verworrenes, im einzelnen oft ein falsches Bewußtsein und meist sogar ein gutes, wenn auch irriges Gewissen. Hat sie doch im-

[220] Wolfgang Huber, Kirche und Öffentlichkeit, Stuttgart 1973, S. 487.
[221] Zit. nach Der Spiegel vom 17. 1. 1948.
[222] Erhebung des Allensbachers Instituts für Demoskopie zit. nach Evangelische Welt vom 1. 10. 1949.
[223] Vgl. Martin Möller, Evangelische Kirche und Sozialdemokratische Partei in den Jahren 1945–1950. Grundlagen der Verständigung und Beginn des Dialogs, Göttingen 1984.

mer unzweifelhafte Werte einzusetzen: die Überlieferung, der Besitz, die Ordnung, bewährte Methoden, berühmte Namen."[224]

Der entscheidende Umbruch zum heutigen Erscheinungsbild der evangelischen Kirche fand erst Anfang der sechziger Jahre statt, als eine neue Generation in den Vordergrund trat, die nicht mehr im Kaiserreich aufgewachsen und durch die politischen und theologischen Frontstellungen der Weimarer Republik geprägt war. Merkmale für diesen strukturellen und mentalen Wandel, der aufs engste in die Veränderung des gesamtgesellschaftlichen Klimas der Bundesrepublik eingebettet ist, sind z. B. der Erfolg von Jürgen Moltmanns „Theologie der Hoffnung" (1964) oder die sogenannte „Ostdenkschrift" der EKD vom Oktober 1965, deren Bedeutung der Stuttgarter Erklärung nicht nachsteht[225]. Symptomatisch für den Umbruch war auch der Wechsel im Ratsvorsitz der EKD von Dibelius zu Kurt Scharf. Im Rückblick zeigt sich, daß von den 1945, gemessen an ihren Hoffnungen und Erwartungen, weitgehend unterlegenen Bruderräten langfristig stärkere Impulse für die weitere Entwicklung der evangelischen Kirche ausgingen als von ihren in den ersten Nachkriegsjahren erfolgreicheren Gegenspielern.

Die bedeutendste Veränderung im protestantischen Bewußtsein benannte Gustav Heinemann, als er bereits 1947 in seiner Broschüre „Demokratie und christliche Kirche" im Indikativ formulierte: „Zerschlagen ist die 400jährige Gebundenheit der protestantischen Kirche an landesherrliche Gewalten und ihre Nachfolgeschaften. Die traditionelle Botmäßigkeit des deutschen Volkes gegenüber aller Obrigkeit ist angesichts der im Dritten Reich daraus erwachsenen Katastrophe in ihrer Fragwürdigkeit enthüllt und bewußt geworden."[226]

Was 1947 wohl noch Wunschdenken war, setzte sich doch ebenso wie die Rezeption der Menschenrechte in der protestantischen Theologie zehn bis fünfzehn Jahre später durch. Das durch die Katastrophe des Nationalsozialismus geforderte Umdenken, für das manche Einsichten seit 1947 im Darmstädter Wort bereitlagen, vollzog sich wie in anderen gesellschaftlichen Bereichen mit größerer Entschiedenheit und in größerer Breite erst mit einer Verzögerung von über einem Jahrzehnt. Die aus den historischen Traditionen erklärbaren Versäumnisse der Vergangenheitsbewältigung wie die Dominanz des Konservatismus im ersten Nachkriegsjahrzehnt bewirkten wohl auch in der nachfolgenden Generation manchen problematischen Rigorismus in der Wahrnehmung der neuentdeckten politischen Verantwortung der Kirche und der Weltzugewandtheit des Evangeliums.

[224] Walter Dirks, Der restaurative Charakter der Epoche, in: Frankfurter Hefte 5 (1950), S. 942 ff., hier S. 945. In besonderer Schärfe wird der Restaurationsvorwurf von Prolingheuer, Kirchengeschichte, erhoben.

[225] Die Lage der Vertriebenen und das Verhältnis des deutschen Volkes zu seinen östlichen Nachbarn. Eine evangelische Denkschrift, in: Die Denkschriften der Evangelischen Kirche in Deutschland, hrsg. von der Kirchenkanzlei der EKD, Bd. 1/1, Gütersloh 1981, S. 77 ff. Vgl. dazu Gerta Scharffenorth, Bilanz der Ostdenkschrift. Echo und Wirkung in Polen. Darstellung, Analyse, Dokumentation, Hamburg 1968.

[226] Gustav Heinemann, Demokratie und christliche Kirche. Ein Beitrag zu einer „deutschen Demokratie", Köln o. J. (1947), S. 6; leicht veränderte Fassung in: Unterwegs 2 (1948), S. 14 ff.
Die Gegenposition zu Heinemann formulierte im gleichen Jahr Asmussen, der als repräsentativ für weite Kreise gelten kann: „Aber zu einer Koalition des Christentums mit der Demokratie ist es nicht gekommen. Ich halte eine solche Koalition nicht für wünschenswert, aber viele haben sie erhofft, und bedeutende Christen im Ausland haben sie gefordert. Es läßt sich heute sagen, daß diese Koalition tot ist und in absehbarer Zeit nicht einmal als Möglichkeit wieder auftauchen wird." In: Hans Asmussen, Seid nüchtern zum Gebet. Eine politische-christliche Bilanz 1947, Hamburg 1947, S. 7.

Everhard Holtmann

Die neuen Lassalleaner

SPD und HJ-Generation nach 1945

Die Neuformierung der SPD im Jahr 1945 hat sich, darin geht die jüngere zeitgeschichtliche Forschung einig, unter den Vorzeichen der *Wieder*gründung, d.h. eines traditionsbewußten Anknüpfens an hergebrachte sozialdemokratische Orientierungen und Organisationsformen, vollzogen[1]. Nach dem Ende des NS-Regimes sammelten sich überlebende Kader der Weimarer Parteigeneration auf ihren alten politischen Exerzierfeldern, die sie trotz Parteiverbots, innerer Emigration und Verfolgung nicht gänzlich geräumt hatten. Durch informelle Kontakte, die nie völlig abgerissen waren, wurde das Netzwerk der lokalen bzw. regionalen Gliederungen der Sozialdemokratischen Partei neu geknüpft[2].

Daß „die Alten" die Initiative zur Neugründung ergriffen, verweist auf ungebrochenen sozialdemokratischen Traditionssinn und war ebenso Ausdruck unmittelbarer politischer Handlungsfähigkeit: Allein die ältere Funktionärsschicht verfügte im Sommer 1945 über die notwendigen persönlichen Kontakte zu Gesinnungsgenossen und die organisatorische Erfahrung für einen raschen Neuaufbau der Partei[3]. Wie selbstverständlich ging man daran, dort anzuknüpfen, wo man 1933 aufgehört hatte. In solch ausgeprägtem Traditionsbewußtsein lebte unerschütterliche Parteitreue, allerdings auch die Erinnerung an das kampflose Zurückweichen der SPD-Führung im März 1933 weiter. Die traditionalistische Orientierung des altsozialdemokratischen Funktionärskorps schloß also durchaus unterschiedlich verarbeitete politische Erfah-

[1] So im Urteil übereinstimmend Helga Grebing, Neubeginn oder Wiederaufbau? – Die Anfänge der politischen Willensbildung in Westdeutschland 1945–1949, in: Neue Gesellschaft 5 (1985), S. 416ff.; Kurt Klotzbach, Der Weg zur Staatspartei. Programmatik, praktische Politik und Organisation der deutschen Sozialdemokratie 1945 bis 1965, Berlin 1982, S. 40ff., S. 63ff.; ebenso aus lokaler bayerischer Sicht Eberhard Riegele, Parteienentwicklung und Wiederaufbau. Die lokale Neugründung und Politik der SPD in den Jahren 1945 bis 1949 am Beispiel der Stadt Augsburg, Diss. Augsburg 1977, S. 9ff., S. 115ff. Die vorliegende Fallstudie über Unna und Kamen stellt ein Teilergebnis des VW-Forschungsprojekts „Politische Kultur, Lokale Politik und Lokale Gesellschaft im frühen Nachkriegsdeutschland 1945–1950" dar, das von 1984 bis 1986 am Institut für Politische Wissenschaft und Sozialwissenschaftlichen Forschungszentrum der Universität Erlangen-Nürnberg durchgeführt worden ist.

[2] Dazu die örtlichen Einzelbeispiele bei Grebing, Neubeginn, S. 422 und Riegele, Parteienentwicklung, S. 115, S. 181, S. 241.

[3] Riegele, Parteienentwicklung, ebd. Für verschiedene örtliche Parteigründungsinitiativen im Kreis Unna 1945 vgl. die Dokumente in: Everhard Holtmann (Hrsg.), Nach dem Krieg – vor dem Frieden. Der gesellschaftliche und politische Neubeginn nach 1945 im Kreis Unna, Köln 1985, S. 244ff.

rungen ein, die sich im Prozeß der Neugründung 1945 zuweilen in persönlichen Spannungen und Konflikten geäußert haben[4].

Nach dem einhelligen Urteil der historischen Forschung habe die 1945 feststellbare „Prädominanz des alten Funktionärskorps“[5] in der Gründungsphase und die darin erkennbare „Revitalisierung des alten Milieus“[6] eine frühzeitige Öffnung der SPD für breite Teile der Jugend und der Mittelschichten, wie dies insbesondere Kurt Schumacher anstrebte, blockiert. In dieser Sicht erscheint der nachmalige Wandel der SPD von einer Klassen- zur Volkspartei als das Ergebnis „exogener“ Umstände. Als *Reaktion* auf den „Schock“ der Wahlniederlage von 1953, welche für die Masse der aktiven Mitgliederschaft offenbar unerwartet kam, sei die Partei gewissermaßen gezwungen gewesen, die im sozialen Gefüge und politischen Denken der Nachkriegsgesellschaft inzwischen eingetretenen Veränderungen mittels einer Programm- und Organisationsreform einzuholen.

Im folgenden wird dieses eingeführte Zwei-Stufen-Schema der Entwicklung der Nachkriegs-SPD aus dem Blickwinkel einer lokalen Fallstudie relativiert. Wohl ist, das bestätigt auch die hier vorgestellte Untersuchung, während der Phase der Wiedergründung und Rekonsolidierung die personelle und geistige Kontinuität sozialdemokratischer Tradition prägend gewesen; es kann jedoch nachgewiesen werden, daß sich während derselben Zeitspanne auch schon Bevölkerungsgruppen aus Schichten, welche der Sozialdemokratie traditionell fernstanden, der SPD angenähert und sich ihr teilweise angeschlossen haben. Solche neuen Anhänger wurden der Partei aus den „Schicksalskategorien“ (Friedrich Tenbruck) der Flüchtlinge und der HJ-Generation zugeführt – aus sozialen Formationen also, die in einer für die frühe Nachkriegszeit typischen Weise über die durchlässig gewordenen Grenzen der herkömmlichen Gesellschaftsschichtung hinweggriffen. Gerade durch ihre Hinwendung zur Sozialdemokratie haben sie die spätere Öffnung der SPD zu einer linken Volkspartei, mit der das soziale Spektrum der bundesdeutschen „Normalgesellschaft“ breiter angesprochen und erfaßt werden konnte, auf lokaler Ebene angebahnt.

Die Flüchtlinge waren in ihrer „neuen Heimat“ wirtschaftlich überwiegend schlechter gestellt als zuvor. Sie tendierten schon aufgrund ihrer ökonomisch-sozialen Benachteiligung stärker zur SPD als zu konservativen oder liberalen Parteien[7] und verwuchsen – wie insbesondere die im Ruhrgebiet seßhaft werdenden heimatvertriebenen Neubergleute – über das Traditionsmilieu der Arbeiterbewegung politisch überwiegend mit der Sozialdemokratie[8]. Bei der HJ-Generation handelte es sich hingegen

[4] So erhielten bei den Wahlen in der 1. Generalversammlung der Augsburger SPD Anfang Dezember 1945 mehrere Exponenten des letzten Ortsparteivorstandes von vor 1933 ein vergleichsweise schlechtes Wahlergebnis, das laut Riegele „getrost als Kritik an der alten Funktionärsschicht gewertet werden kann“; Riegele, Parteienentwicklung, S. 121.

[5] Ebd., S. 181.

[6] Grebing, Neubeginn, S. 422.

[7] Dazu, die entsprechenden OMGUS-Surveys von Sommer und Herbst 1948 zusammenfassend, Anna J. und Richard L. Merritt (Hrsg.), Public Opinion in Occupied Germany. The OMGUS-Surveys, 1945–1949, Urbana 1970, S. 281: „In general, the middle-aged population groups were overrepresented among the refugees; they were more inclined to support the SPD than were natives; their occupational and educational status was lower, as was their income; they had a higher rate of unemployment...“

[8] Im Rahmen des LUSIR-Projektes arbeitete Alexander von Plato heraus, daß die Einheitsgewerkschaft für die nach 1945 in das Ruhrgebiet einwandernden Neubergleute eine wichtige Sozialisationsinstanz war, die nicht nur für eine relativ reibungslose Einpassung in die Arbeitsgesellschaft sorgte, sondern auch die politische (Neu)Orientierung der Immigranten präformierte: „Die Einheitsgewerkschaft fungierte als Durchgangs-

um ein spezifisches *Erfahrungs*kollektiv. Wer dazu gehörte, bewegte sich geistig nicht innerhalb gewachsener milieu- oder klassenspezifischer Parteiloyalitäten, der brachte vielmehr, aufgrund der im NS-Staat anerzogenen Ideologie der Volksgemeinschaft, nach 1945 in die Begegnung mit der sozialdemokratischen Traditionspartei eine bemerkenswerte klassenpolitische Unbefangenheit ein. Die allmähliche Integration eines in lokalen Gruppenzusammenhängen verbunden gebliebenen Teils der sogenannten HJ-Jahrgänge in die SPD hat, so die im folgenden zu belegende These, aus fortbestehenden lokalen Gruppenzusammenhängen dieser Generation – bei gleichzeitiger Konstanz sozialdemokratischer Traditionsbindungen – eine Dynamik entfaltet, aufgrund derer die SPD, lange vor der 1959 in Godesberg vorgenommenen programmatischen Kurskorrektur der Gesamtpartei und auch Jahre vor der Wahlniederlage von 1953, in der Richtung einer linken Volkspartei präformiert worden ist.

Dieser Prozeß des Wandels im geistigen Zuschnitt und in der sozialen Struktur der SPD wird im folgenden am Beispiel des Unterbezirks Hamm-Unna beschrieben. Dabei wird eine Reform-Denkschrift zur „Erneuerung der Sozialdemokratischen Partei", ein nach dem enttäuschenden Wahlausgang von 1953 verfaßtes Positionspapier, vorgestellt, in dem der innere Wandel dieser Parteigliederung seinen ebenso spektakulären wie konsequenten politischen Ausdruck fand. In der Ausgangssituation von Sommer und Herbst 1945 treten die traditionalistischen Gegenpole dieses Wandels deutlich hervor, weshalb auf diese Seite der SPD-Wiedergründung zunächst ausführlicher einzugehen ist.

1. SPD-Wiedergründung 1945 in Unna und Kamen

Auf den ersten Blick scheint sich die Neuformierung der SPD im hier ausgewählten Untersuchungsraum zunächst nicht sonderlich vom Geschehen an anderen westdeutschen Orten im Spätsommer 1945 zu unterscheiden. Auch in der westfälischen Kreisstadt Unna zeugten die ersten Regungen sozialdemokratischen Parteilebens nach dem Kriege vom Bewußtsein einer ungebrochenen Tradition. Am 10. August 1945, „nach 12jähriger Unterdrückung durch das nationalsozialistische Terror-Regime", traten, so schrieb der Protokollant über die Gründungsversammlung der SPD-Ortsgruppe mit einer Mischung aus Pathos und Rührung, „die alten Genossen und Kämpfer für die sozialistische Idee zur Konstituierung der Partei zusammen". Drei Tage zuvor hatte sich in der benachbarten Bergbaustadt Kamen „wieder die Ortsgruppe der Sozialdemokratischen Partei Deutschlands" gebildet[9].

In beiden am südöstlichen Rande des Ruhrgebietes gelegenen kleinen Industriestädten[10] tragen der Ablauf, die Akteure und das Ambiente des lokalen SPD-Starts die

schleuse zur SPD." Siehe dazu Alexander von Plato, „Der Verlierer geht nicht leer aus". Betriebsräte geben zu Protokoll, Berlin 1984, S. 188; vgl. auch Alexander von Plato, Fremde Heimat. Zur Integration von Flüchtlingen und Einheimischen in die Neue Zeit, in: Lutz Niethammer und Alexander von Plato (Hrsg.), „Wir kriegen jetzt andere Zeiten". Auf der Suche nach der Erfahrung des Volkes in nachfaschistischen Ländern. Lebensgeschichte und Sozialkultur im Ruhrgebiet 1930 bis 1960, Bd. 3, Berlin 1985, S. 172ff., hier bes. S. 190ff.

9 Protokoll über die Konstituierung der Sozialdemokratischen Partei, Ortsgruppe Unna am 10. 8. 1945; Mat. Karl Kortmann, Unna.

10 Zur Wirtschafts- und Sozialstruktur des Untersuchungsgebietes: Im alten Landkreis Unna (1939: 142048 Ew. – 1946: 169257 Ew. – 1950: 189006 Ew.; davon 24795 Flüchtlinge und Vertriebene) ist 1950 fast die

typischen Signaturen einer *Wieder*gründung der alten Partei, die „mit ihrem alten Namen, ihrem alten Geist" aus dem Schatten zwölfjährigen Verbots heraustritt[11]. Die auch selbstkritisch gemeinte Frage: „Wollen wir das Milieu und die Formen der Sozialdemokratischen Partei von vor 33 wieder übernehmen?", wurde zwar, wie sich der spätere Parteisekretär und Abgeordnete Alfred Gleisner erinnert, intern durchaus gestellt, jedoch: „wir entschieden uns in kleinstem Kreis mit ‚ja', für den Anfang"[12].

Somit war der vielerorts gegangene Weg der Wiedergründung längs den Wegmarken der alten Partei auch hier vorgezeichnet. Kerne der Weimarer Parteikader hatten in beiden Städten überdauert. Sie formierten sich nun, in Unna wie in Kamen anfangs einige Dutzend Personen stark[13] und eine förmliche Genehmigung der Militärregierung vorwegnehmend[14], wie selbstverständlich wieder zum Ortsverband der SPD. Obgleich zu diesem frühen Zeitpunkt „alles noch im Fluß"[15] schien, war man sich in diesem vertrauten Kreise der unverbrüchlichen Weitergeltung des Gewohnten gewiß: „Die Partei behält ihre alte Bezeichnung S.P.D. ... In eine zirkulierende Liste trugen sich die Anwesenden ein, die sich schon jetzt, ohne die künftige öffentliche Bekanntgabe des neuen Parteiprogramms abzuwarten, wieder zur S.P.D. bekennen."[16]

Erhellt diese Identifikationsbereitschaft, wie „fraglos" sich der gedankliche Horizont altsozialdemokratischen Traditionsverhaltens erneut herstellte, so bestätigen Biographien und politischer Lebensweg jener SPD-Altmitglieder, die in beiden hier untersuchten Ortsverbänden leitende Positionen übernahmen, ein weiteres Mal die personelle Kontinuität der Weimarer Parteigeneration. Die Führungsgruppe der Ortspartei rekrutierte sich in der „Stunde Null" in Unna und Kamen ganz überwiegend aus der Schicht der 40- bis 60jährigen gewerkschaftlich organisierten (bzw. in den Industrie-

Hälfte (49,4%) aller Erwerbstätigen in der Industrie beschäftigt. Die andere Hälfte verteilt sich auf die Sektoren (nichtstaatlicher) Dienstleistungen (13,8%), Land- und Forstwirtschaft (13%), des Handwerks (11%), freie Berufe (6,4%) und öff. Dienste (6,3%). Gut ⅔ der Erwerbspersonen (67,9%) sind Arbeiter.
Die Kreisstadt Unna und die kreisangehörige Stadt Kamen spiegeln das Strukturprofil des Kreises mit etlichen Abweichungen wider. Im Jahre 1950 zählt Unna 26332 Ew., Kamen 16601 Ew. Beide Städte wahrten auch nach den Zuwanderungen der ersten fünf Nachkriegsjahre (gemessen am Stand von 1945 vergrößert sich die Bürgerschaft Unnas um 15,5%, diejenige Kamens um 17%) ihr überwiegend protestantisches Konfessionsverhältnis (Unna: 62,7% ev., 30,4% rk. – Kamen: 65,2% ev., 24,5% rk.).
In Unna sind in den führenden Wirtschaftssektoren Bergbau und Eisen- und Metallindustrie ungefähr gleichviele männliche Erwerbspersonen (27,7% bzw. 22,9%) beschäftigt. Kamen hingegen ist mit 61,2% Bergbaubeschäftigten eine ausgesprochene Bergarbeitergemeinde (der Ortsgruppe der IG Bergbau gehören hier Ende 1949 2409 Mitglieder an).
Angaben zusammengestellt nach der Volkszählung von 1950; auszugsweise abgedruckt in: „CDU 1946–1956. 10 Jahre Kreisverband Unna", Unna o.J., S. 8, Statistik des Arbeitsamtes Hamm, Bericht der Westfalenpost vom 14. 10. 1949, Hellweger Anzeiger vom 9. 1. 1950, Westf. Städtebuch, Bd. III, Stuttgart 1954, S. 209ff., S. 346ff.

11 Zitat aus einer örtlichen Göttinger SPD-Quelle nach Helga Grebing, Zur Problematik der personellen und programmatischen Kontinuität in den Organisationen der Arbeiterbewegung in Westdeutschland 1945/46, in: Herkunft und Mandat, Beiträge zur Führungsproblematik in der Arbeiterbewegung, Frankfurt 1976, S. 171ff., hier S. 186.

12 Nachschrift eines am 23. 11. 1979 mit Alfred Gleisner aufgezeichneten Gesprächs.

13 An den Gründungssitzungen nahmen in Kamen 46, in Unna 25 Personen teil; vgl. Westfälische Rundschau vom 8. 6. 1950 und Mat. Kortmann.

14 Laut Aussage eines Teilnehmers der Kamener Gründungsversammlung fand diese statt entgegen einem ausdrücklichen Verbot der britischen Ortskommandantur; Gespräch mit Gleisner am 23. 11. 1979.

15 So der Berichterstatter über den Tenor einer schon abgehaltenen Bezirksversammlung des SPD-Bez. Westliches Westfalen; vgl. Anm. 9.

16 Ebd.

verbänden haupt- oder ehrenamtlich tätigen) Facharbeiter. Der SPD sämtlich vor 1933 beigetreten, hatten sie zumeist schon in der Weimarer Republik kommunalpolitische Ämter bekleidet. Während der Hitler-Zeit waren sie politischer Verfolgung ausgesetzt gewesen oder in die innere Emigration abgetaucht. Die in anderen Lokalstudien bereits nachgewiesene enge Verzahnung der Spitzen von SPD und Kommunalverwaltung sowie die Personalunion zwischen Ortspartei, örtlichen (Groß-)Betriebsräten und Gewerkschaftskartellen ist auch kennzeichnend für den Führungskreis der Ortsgruppen in Unna und Kamen[17].

Der Typus des aus dem sozialistischen Traditionsmilieu stammenden unverwüstlichen Parteisoldaten Weimarer oder sogar noch Wilhelminischer Prägung, der einen betonten Klassenstandpunkt mit einer parlamentarisch-reformerischen Politikperspektive zu verbinden wußte, war in der Person des ersten Kamener SPD-Vorsitzenden[18], ferner in der Troika, die Mitte August 1945 die Vorstandsgeschäfte des Unnaer Ortsvereins übernahm[19], und auch in den Gestalten der ersten gewählten Nachkriegsbürgermeister beider Städte[20] gleichermaßen verkörpert.

[17] Deutlicher als in Unna dominierten unter den Funktionären der Kamener SPD, die zugleich Positionen in der lokalen Auftrags- und kommunalen Selbstverwaltung übernahmen, Bergarbeiter, deren Arbeitsstätte, die Zeche Monopol, das politische und wirtschaftliche Leben der Stadt beherrschte. Zu nennen sind hier neben dem Steiger, stellvertretenden Betriebsratsvorsitzenden von Monopol und nachmaligen Bürgermeister Josef Rissel (vgl. Anm. 18) vor allem Valentin Schürhoff und Heinrich Demand. Der gelernte Bergmann Schürhoff (Jg. 1891), vor 1933 Stadtverordneter und Fraktionssprecher der SPD in Kamen, im April 1933 wegen „staatsfeindlicher Einstellung" entlassen und zeitweilig im KZ inhaftiert, wurde im Mai 1945 von der Militärregierung als Beigeordneter (stellvertretender Bürgermeister) eingesetzt. Seit September 1946 gehörte Schürhoff als gewähltes Mitglied wieder der Ratsvertretung an.
Wie Schürhoff zählt der Hauer Heinrich Demand (Jg. 1902) zu den Wiedergründern der Kamener SPD. Vor 1933 Stadtverordneter und Führer des örtlichen Reichsbanners, im April 1933 entlassen und verhaftet, übernahm Demand im Jahre 1945 den Betriebsratsvorsitz von Monopol und 1949 auch die Leitung des SPD-Ortsvereins. MdL seit 1950. Über Demand siehe auch die zeitgenössische Portraitskizze bei Isaac Deutscher, Reportagen aus Nachkriegsdeutschland, Hamburg 1980, S. 87ff.

[18] Zum 1. Vorsitzenden wurde am 7. 8. 1945 der Steiger Josef Rissel (Jg. 1888) gewählt. SPD-Mitglied vor 1933; März bis September 1933 aus politischen Gründen entlassen, bis 1937 einfacher Bergmann; 1945 von der Militärregierung in den Bürgerrat Kamen berufen; stellvertretender Betriebsratsvorsitzender von Monopol, seit März 1946 Stadtverordneter, seit Mai 1948 1. Bürgermeister.

[19] Mit Schreiben vom 1. 10. 1945 wurden der Militärregierung Unna als Vorstand der SPD-Ortsgruppe Konrad Redel, Friedrich Lehn und Friedrich Triebel gemeldet; Mat. Kortmann. Alle drei waren politisch Verfolgte des NS-Regimes. Im Juni bzw. August 1945 traten sie als Beamte in die Stadtverwaltung Unna ein, der 1. Vorsitzende Redel (Jg. 1892), gelernter Maurer und Bauführer, als technischer Inspektor des Bauamtes. Von 1924–1929 war Redel Stadtverordneter, am 18. 9. 1945 wurde er zum Kreisdeputierten (stellvertretender Landrat) ernannt. Der 1. Kassier der Ortsgruppe, Fritz Lehn (Jg. 1892), dem erlernten Beruf nach Schlosser, hatte von 1924–1929 ebenfalls dem Unnaer Rat angehört. Fritz Triebel (Jg. 1900), 1. Schriftführer des Ortsvereins, war der SPD gleichfalls vor 1933 beigetreten.

[20] Zum Bürgermeister in Unna wurde im April 1946 Josef Ströthoff (Jg. 1884) gewählt. Ströthoff war gelernter Former, als 20jähriger der SPD beigetreten und hatte 1907 in Unna den Vorsitz der Metallgewerkschaft übernommen. Von 1922–1933 Stadtverordneter, war er seit 1929 auch unbesoldeter Stadtrat gewesen. Am Tag nach der Einnahme der Kreisstadt durch US-Truppen, am 12. April 1945, begann er mit dem Neuaufbau der gewerkschaftlichen Ortsorganisation. Mitte August wurde Ströthoff in den Bürgerrat berufen und Anfang September von der Militärregierung als 1. Beigeordneter eingesetzt. Das Amt des 1. Bürgermeisters hat Ströthoff bis Herbst 1949 bekleidet; Angaben nach Kreisarchiv Unna, Pers. Abt. 030–81/II, ferner Amtl. Bek. Nr. 17 vom 27. 4. 1946 und Westfälische Rundschau vom 5. 11. 1949.
Eine vergleichbare sozio-politische Biographie wies Ströthoffs Amtskollege Gustav Wiezoreck in Kamen vor. Von Beruf Bergmann, hatte Wiezoreck (Jg. 1886), der 1908 der SPD und dem Alten Bergarbeiterverband beigetreten war, seit 1929 der Kamener Ratsvertretung angehört. Im April und Juni 1933 von der SA mehrfach in Schutzhaft genommen, blieb er bis 1937 arbeitslos. Die SPD-Gründungsversammlung in Kamen wählte Wiezoreck am 7. August 1945 als Revisor in den Vorstand. Im März 1946 erstmals zum Bürgermeister gewählt, trat Wiezoreck Ende Mai 1948 aufgrund interner Vorgänge in der SPD-Fraktion von diesem Amt zurück; vgl. Amtl. Bek. Nr. 24 vom 9. 6. 1948.

Im Geiste der Tradition geführt und alsbald in den Routinebetrieb der gewohnten Versammlungsaktivitäten zurückgefallen, brachte die politische Arbeit der sozialdemokratischen Lokalorganisationen augenscheinlich keine auffälligen oder gar innovativen geistigen Impulse hervor. Während der ersten Wochen und Monate nach der Wiedergründung der Ortsgruppen hat das Bemühen um den Aufbau der Organisation, ähnlich wie in anderen west- und süddeutschen Regionen[21], den Gedanken an eine programmatische Erneuerung offenbar überlagert. Organisationsbezogene Instruktionen, die von der trotz Verbots der Besatzungsmacht in Dortmund bereits arbeitenden Leitung des SPD-Bezirks Westliches Westfalen eingingen[22], setzten das Hauptthema der Ortsversammlungen[23]. Eine systematische Ausfaltung des Apparats auf den verschiedenen Organisationsebenen, eine rasche Regelung des Beitragswesens zur Festigung der finanziellen Basis und eine zügige Ergänzung des Funktionärskörpers zwecks Sicherstellung politischer Handlungsfähigkeit erschienen, wie auch „unten" einleuchtete, zunächst vordringlich. Überdies rechnete die Bezirksleitung im Sommer 1945 mit baldigen allgemeinen Wahlen[24]. Erst „zum Abschluß seiner Ausführungen" über die zukünftige Parteiorganisation verlas der Sekretär des SPD-Unterbezirks Unna-Hamm am 26. August 1945 vor der Ortsgruppe Unna das vorläufige Parteiprogramm[25].

In beiden Ortsvereinen verlieren sich für die Dauer der Konstituierungsphase 1945 – insoweit wird ein entsprechender regionaler Forschungsbericht Helga Grebings für Niedersachsen bestätigt – die Spuren eines inhaltlichen Diskussionsbedürfnisses in der lokalen Fixierung auf Organisationsfragen[26]. Originäre, abweichende oder auch nur eigenwillige Vorstellungen über den künftigen politischen Kurs der Partei sind für den Bereich des SPD-Distrikts Unna-Kamen nicht nachweisbar. Kurt Schumachers Anfang Mai 1945 in Hannover getroffene Feststellung, daß vielen Arbeitern der „gutmeinende Wille", eine *einheitliche* Arbeiterpartei zu bilden, eigen sei[27], beschrieb ziemlich genau die Mitte/Ende August 1945 auch in Unna vorherrschende Gemütslage der Ortspartei. In der konstituierenden Sitzung etwa vermerkte man mit Bedauern, daß die KPD „schon jetzt wieder allen anderen Parteien, mit Einschluß der SPD", den Kampf ansage. „Trotzdem wurde beschlossen, mit der hiesigen KPD zu versuchen, auf eine einheitliche Basis zur Konzentrierung aller Kräfte zu gelangen."[28]

[21] Vgl. Riegele, Parteienentwicklung, S. 125ff.

[22] Laut Hans Graf, Die Entwicklung der Wahlen und politischen Parteien in Groß-Dortmund, Hannover 1958, S. 73, war die schnelle Wiedergründung der SPD in Dortmund ausschlaggebend für die Entwicklung der Partei im südlichen und westlichen Westfalen.

[23] In der Unnaer Gründungssitzung des 10. 8. 1945 berichtete der von der Bezirksversammlung gewählte Distriktsvorsitzende Unna-Kamen, Heinrich Bergmann, von dieser Versammlung: Vorläufig sei es untersagt, bindende Beschlüsse zu fassen, die über den Wirkungsbereich des Kreises hinausgingen. „Daher ist im Augenblick eine grundlegende programmatische Arbeit noch nicht möglich."

[24] Da „in Kürze" mit den ersten Kommunalwahlen zu rechnen sei, gab Unterbezirks-Sekretär Hubert Biernat Ende August 1945 in Unna bekannt, müsse alles getan werden, „um der Partei den erwünschten Erfolg zu bringen"; Protokoll über die Versammlung der SPD Unna am 26. 8. 1945, Mat. Kortmann.

[25] Ebd.

[26] Grebing, Kontinuität, S. 192.

[27] So in der Rede vom 6. 5. 1945 vor sozialdemokratischen Funktionären Hannovers; jetzt abgedruckt bei Willy Albrecht (Hrsg.), Kurt Schumacher: Reden-Schriften-Korrespondenzen 1945–1952, Berlin 1985, S. 215.

[28] Protokoll über die Versammlung am 10. 8. 1945; vgl. Anm. 23. In der Diskussion stellte der neugewählte Vorsitzende Redel „gerade diesen Punkt nochmals heraus"; ebd.

Im Mai 1946 verabschiedete die Unnaer Mitgliederversammlung ohne Gegenstimmen eine Entschließung an die Parteileitung in Hannover, daß die Ortsgruppe „einmütig und geschlossen hinter den Beschlüssen des Parteitages steht und diese in allen Punkten gutheißt“[29]. Bevor noch die theoretischen und aktionspolitischen Konturen eines sozialdemokratischen „Neubau“-Entwurfes[30] sich als Position der Gesamtpartei deutlicher verfestigten, war die innerparteiliche Meinungsbildung auch in Unna und Kamen ersichtlich kongruent mit den konzeptionellen Überlegungen Schumachers verlaufen. Dies gilt für die Haltung zur KPD (keine Einheit der Organisation, aber Zusammenarbeit in praktischen Fragen[31]). Dies gilt ebenso für andere grundsätzliche politische Aussagen, mit denen Schumacher das gemeinsame Selbstverständnis einer Sozialdemokratischen Partei festlegte, die in Deutschland ihren unbedingten politischen Führungswillen erklärte. Schumacher untermauerte diesen Anspruch der SPD mit einer in historischer Gegnerschaft zum Faschismus gründenden Legitimität und wandte sich deshalb auch sofort gegen die These einer Kollektivschuld. Folglich war der Partei als eine künftige Aufgabe gestellt, ihre Basis über die angestammte Hausmacht der Industriearbeiter hinaus durch die Mitarbeit und Mitgliedschaft „aller unbelasteten Aufbauwilligen“[32], insbesondere des Mittelstandes und der Jugend, zu verbreitern.

Ende September 1945 sprach der Hammer SPD-Vorsitzende und spätere Landtagsabgeordnete Heinrich Reinköster als Gastredner der Unnaer Ortsgruppe über den „Aufbau der SPD“. Eng angelehnt an Schumachers Vorstellungen, wollte Reinköster sein Referat als Vorüberlegungen für ein künftiges „einheitliches Programm der SPD“ verstanden wissen. Neben anderem führte er aus: es sei Aufgabe der SPD, den „vom Kapital und von den Nazis in schnödester Weise“ betrogenen, desorientierten Mittelstand[33] für die Partei zu gewinnen. Der im Ausland verbreiteten Ansicht, das deutsche Volk in seiner Gesamtheit sei am Nationalsozialismus schuldig, stünden die Blutopfer zahlreicher deutscher Demokraten entgegen. Das „Reich als Nation“ müsse erhalten bleiben; die SPD sei „wie früher auch heute Gegner separatistischer Bestrebungen“. Bei der Beurteilung ehemaliger Pgs müsse deren persönliche Haltung, nicht schematisch die bloße NSDAP-Mitgliedschaft oder das Partei-Eintrittsdatum gewürdigt werden. Gerade die Jugend, welche der Nationalsozialismus „zu sich hinübergezwungen“ habe, gelte es für die Ziele der Sozialdemokratie „zu begeistern, systematisch zu erziehen und zu schulen“. – An den Vortrag, vermerkt das Protokoll, schloß sich eine Aussprache an, „die zeigte, daß die Gedankengänge des Redners von allen Erschienenen bejaht wurden“[34].

[29] Protokoll der Mitgliederversammlung am 12. 5. 1946; Mat. Kortmann.

[30] Siehe zum „Postulat des Neubaus“ ausführlicher Klotzbach, Staatspartei, S. 54ff.

[31] Dies klingt in der Feststellung der SPD-Mitgliederversammlung Unna vom 26. 8. 1945, Partei „und sämtliche Mitglieder“ seien „ernsten Willens, mit der KPD, so weit es eben möglich ist, zusammenzuarbeiten“, als Distanz gegenüber einer organisatorischen Verschmelzung schon an; vgl. Anm. 24. Spätestens Anfang 1946 waren die lokalen Fronten geklärt: „Die Einigungsbestrebungen der K.P.D. wurden einer deutlichen Kritik unterzogen, mit der Schlußfolgerung, daß eine Einigung auf der augenblicklichen Grundlage nicht möglich ist.“ Niederschrift über die 1. Hauptversammlung der SPD am 25. 1. 1946, Mat. Kortmann.

[32] Vgl. dazu die von Kurt Schumacher am 25. 8. 1945 ausgegebenen Politischen Richtlinien für die S.P.D. in ihrem Verhältnis zu anderen politischen Faktoren, Hannover 1945, abgedruckt in: Albrecht, Schumacher, S. 285.

[33] „Seit 1848 hat der Mittelstand keine politischen Ideale mehr entwickelt“; Niederschrift über die Versammlung der SPD-Ortsgruppe Unna am 23. 9. 1945; Mat. Kortmann.

[34] Ebd.

Auch die Betrachtung der Entwicklung in Unna und Kamen macht also, entsprechend dem eingeführten geschichtswissenschaftlichen Deutungsmodell, die politische Physiognomie der klassischen Arbeiterpartei ersichtlich. Hervor tritt das örtliche Antlitz einer SPD, die durch die personellen Gegebenheiten und ideologischen Grundentscheidungen ihrer Wiedergründung 1945 in den Inhalten, den Formen und der sozialen Basis des sozialdemokratischen Traditionsvereins rekonstituiert worden ist und bis zum Ende der vierziger Jahre die selbst postulierte Wandlung zur sozialistischen „Volkspartei aller Schaffenden" strukturell und mental nur in Ansätzen vollzogen hat. Weil aber, so könnte man hieraus folgern, die traditionale Identität der SPD als Arbeiterpartei von *innen* heraus auch im hier untersuchten örtlichen Feld offenbar (noch) nicht ernsthaft in Frage stand, da vielmehr Schumachers Konzept der sozialen Öffnung der Partei einen Wandel des sozialen Gefüges der SPD – und eine entsprechende Differenzierung innerparteilicher *Denk*weisen – einstweilen in der Praxis nur in Ansätzen nach sich zog, blieb trotz des von oben vermittelten Neubau-Konzepts der beschriebene Konsens einer traditionalistisch eingestellten Basis gewahrt[35].

So gesehen spiegelt sich im Mikrokosmos in und um Unna augenscheinlich das zeittypische politische Innenleben und äußere Erscheinungsbild der Gesamtpartei akkurat wider: örtlich wieder aufgebaut und geführt von einer 40 bis 60 Jahre alten Arbeiteraristokratie, die ihre vor 1933 ausgeformte Lagermentalität in den Neubeginn nach 1945 mit einbringt; in der Mitgliedschaft bis zum Ende der vierziger Jahre sichtlich überaltert[36]; auf Handlungsperspektiven von Wahlerfolg und parlamentarischem Machterwerb verengt[37] und einen „reformistisch-antikapitalistischen"[38] Kurs steuernd, der einerseits der pragmatischen Aufbauorientierung der SPD in Kommunen und Ländern ideologisch hinterherhinkt, zum anderen aber aufgrund seiner immer noch starken klassenpolitischen Rhetorik die Öffnung zu den umworbenen Mittelschichten hin psychologisch eher blockiert denn begünstigt. Wenn, zum Beispiel, im Vorfeld der Landtagswahlen 1950 der Sekretär des Unterbezirks Hamm-Unna, der Bundestagsabgeordnete Alfred Gleisner, vor einem Parteiforum den gewerblichen Mittelstand „in einer Front mit den Arbeitern" sah und dessen Interesse an einer Wirtschaftsform proklamierte, in der „die Planung eine dominierende Rolle" einnähme[39], dann hallte Schumachers früh formulierter Imperativ einer „Sozialisierung

[35] Für diese Position siehe außer Susanne Miller, Die SPD vor und nach Godesberg, Bonn 1974, S. 9f., jetzt auch die Überblicksdarstellung von Siegfried Heimann, Die Sozialdemokratische Partei Deutschlands, in: Richard Stöss (Hrsg.), Parteien-Handbuch. Die Parteien der Bundesrepublik Deutschland 1945–1980, Bd. II, Opladen 1984, S. 2025ff., hier S. 2028f., S. 2042f. sowie die umfassende Studie Klotzbachs, Staatspartei, S. 42, S. 63.

[36] Ende 1949 gehörten dem (681 Mitglieder zählenden) SPD-Ortsverein Kamen 61 Personen an, die 26 Jahre und länger das Mitgliedsbuch der Partei besaßen; vgl. Hellweger Anzeiger vom 28. 11. 1949.
Von der Mitgliedschaft der Gesamtpartei waren im Jahr 1953 3,7% unter 25 J. alt; weitere 10,2% gehörten der Altersgruppe zwischen 26 und 35 J. an; vgl. Wolfgang Hirsch-Weber und Klaus Schütz, Wähler und Gewählte. Eine Untersuchung der Bundestagswahlen 1953, Berlin 1957, S. 217.

[37] „The Parties are jockeying for positions on the NRC's", meldete die Militärregierung Arnsberg in ihrem Monatsbericht für Februar 1946; MilGov Arnsberg, Monthly Report 1–28 February 1946, App. „A"-Political, PRO, FO 1013/661.

[38] So die Etikettierung Heimanns für die erste der drei Phasen im ideologischen Wandlungsprozeß der Nachkriegs-SPD; Heimann, Sozialdemokratische Partei, S. 2042.

[39] Laut Pressebericht der Westfälischen Rundschau vom 13. 3. 1950.

des Mittelstandes in der Idee"[40] nach, der freilich an der tatsächlichen Wirtschaftsgesinnung der meisten selbständigen Kleinerzeuger und -unternehmer vorbeizielte[41].

Daß die Unnaer Sektion der SPD in die ersten Wahlkampagnen mit einer gewissen Selbsttäuschung über ihre wirkliche Stärke und mit einer durch moralisierendes Sendungsbewußtsein angereicherten Siegesgewißheit zieht[42], daß die sozialdemokratische Kreispartei endgültig erst im September 1953 aus allen Illusionen gerissen wird, als der populäre Sozialdemokrat Alfred Gleisner bei den Wahlen zum Zweiten Bundestag ein für uneinnehmbar gehaltenes Direktmandat[43] an seinen CDU-Konkurrenten, den protestantischen Gutsbesitzer Frh. von Bodelschwingh, verliert – all dieses paßt ebenfalls noch in den Interpretationsrahmen, in dem sich die neuere Historiographie für diesen Abschnitt der Parteigeschichte bewegt. Im Gebiet Unna-Kamen scheint die wiedergegründete SPD in ihrem Denken, ihrem Habitus und ihrer Organisation bis hinunter zum lokalen Wurzelgrund durch die Weimarer Tradition geprägt, haben sich, so scheint es, bis in die fünfziger Jahre hinein in der Partei keine nennenswerten eigendynamischen Kräfte einer Regeneration von innen heraus entfaltet. Selbst eine solche beachtenswerte Denkschrift zur „Erneuerung der Sozialdemokratischen Partei Deutschlands", wie sie der Unterbezirk Hamm-Unna im Oktober 1953 vorlegt, erscheint da nur als eine Bestätigung der gängigen Annahme, die SPD habe sich, bis Anfang der fünfziger Jahre in ihrem überkommenen Traditionsmilieu eingekapselt, erst durch den „Schock"[44] der Wahlschlappe von 1953 ihre Strukturschwächen gleichsam schlagartig bewußtgemacht und habe erst danach in signifikanten Teilen ihrer Mitgliedschaft gegen sich selbst aufbegehrt, d.h. eine größere programmatische und soziale Anziehungskraft zu gewinnen gesucht.

Indes, wenn wir die Entstehung der Hammer Denkschrift von Oktober 1953 genauer untersuchen und bis in den Spätsommer 1945 zurückverfolgen, dann entdecken wir, wie janusköpfig das scheinbar so biedere Traditionsprofil der sozialdemokratischen Orts- und Unterbezirkspartei in Wirklichkeit gewesen ist. Das Gesicht dieser SPD nimmt unversehens auch andere, moderne Züge an. Die Verfasser der Denkschrift sahen sich selbst als *sozialistische* Neuerer, die zwar gegen die dogmatischen Versteinerungen und die routinierte Starre der Parteiverwalter angingen, mit der älteren SPD-Generation aber nicht radikal brechen wollten. „Aus Liebe zur Idee des Sozialismus und aus Sorge um die Zukunft unserer Partei richten wir diesen Aufruf an alle, von denen wir eigene Anregungen und konstruktive Beiträge im Sinne der Er-

[40] Redeformulierung vom 1. 12. 1945; zit. bei Klotzbach, Staatspartei, S. 59.

[41] Schumacher habe, urteilt Klotzbach treffend, im Grunde eine Mittelschichtdisposition unterstellt, „die zur Aufgabe der eigenen bisherigen Sichtweisen und Wertmaßstäbe, zur mehr oder weniger umweglosen Übernahme sozialistischer Gesellschaftsdeutungen offen und bereit war"; Klotzbach, Staatspartei, S. 59.

[42] Die CDU als Erbin der bürgerlichen Parteien Weimars, führte der politische Referent auf der 1. Hauptversammlung der SPD-Ortsgruppe Unna am 25. 1. 1946 aus, sei „noch weit mehr belastet" als die KPD. „Wenn wir daher im bevorstehenden Wahlkampf mit diesen Parteien die Klinge kreuzen müssen, dann werden wir als Sieger aus diesem Kampf hervorgehen. Die Sozialdemokratische Partei Deutschlands ist die einzige Partei, deren Ziele und Forderungen sich mit den Belangen Deutschlands decken." Referat „Die politische Lage"; vgl. Anm. 31.

[43] Der CDU-Bewerber Ernst von Bodelschwingh hatte selbst „nicht damit gerechnet", in direkter Wahl vorne zu liegen; vgl. Ernst von Bodelschwingh, in: CDU 1946–1956, hrsg. von CDU-Kreisverband Unna o.J., S. 23.

[44] Heimann, Sozialdemokratische Partei, S. 2030.

neuerung unserer Partei erhoffen."[45] Die Denkschrift sollte, daran erinnerte der Unterbezirkssekretär Alfred Gleisner zweieinhalb Jahre später, eine Diskussion in Gang bringen, deren Ziel „ein der Zeit und Lage gerecht werdendes" Parteiprogramm sei, „welches der Zukunft begegnen kann, der Zeit angepaßt ist und die Tradition nicht verloren hat"[46].

2. Erneuerung von unten – eine lokale „Abweichung" vom Traditionsprofil?

Das Wahlergebnis vom 6. September 1953 wurde von der Mehrzahl der Sozialdemokraten als eine eklatante Niederlage empfunden. So auch in Unna: Zwar habe man, betonte Alfred Gleisner Tage nach dem Wahlgang in einer Funktionärsbesprechung, absolut an Stimmen zugelegt, gleichwohl sei der Sieg der CDU „für uns eine echte Niederlage". Daß der Wählerstamm stabil geblieben sei, könne niemanden wirklich befriedigen. „Der Raum, in dem wir agieren, ist fast ausgeschöpft. Wollen wir, wie wir häufig vorgeben, eine Volkspartei werden, müssen wir uns andere Räume der Werbung suchen."[47]

Die Parteiführung in Bonn sah sich Mitte September genötigt, innerhalb der Partei offiziell eine „freie Diskussion"[48] anzuregen, die inzwischen längst eingesetzt hatte[49]. Die Führung um Erich Ollenhauer und Fritz Heine, die sich nach einem ersten Anflug von einsichtiger Enttäuschung („das Resultat ist entgegen allen Erwartungen ausgefallen ..."[50]) in larmoyanter, in absurder Weltuntergangsstimmung gefiel[51], mochte gehofft haben, auf diese Weise den vielerorts aufglimmenden Unmut zu kanalisieren[52]. Die innerparteiliche Diskussion, laut Willi Eichler „in jeder Beziehung frei und ungebunden"[53], ignorierte jedoch die moderierenden Ansprüche der Führung völlig[54]. Die Wahlschlappe hatte, so scheint es, eine Schleuse geöffnet, die aus dem Unter- und Mittelbau der Partei eine Welle herber Vorstandsschelte und freimütiger Selbstkritik in die SPD-Zentrale schwemmte: Außer dutzendweise Artikeln aus der parteinahen

[45] So der Unterbezirks-Vorsitzende Heinrich Demand (MdL) und der Unterbezirks-Sekretär Alfred Gleisner (MdB) in einem Begleitschreiben zur Hammer Denkschrift; Archiv des SPD-Unterbezirks Unna.

[46] Sozialdemokratische Partei – Unterbezirk Hamm, Jahresbericht 1955, März 1946; Privatbesitz Gleisner.

[47] Sitzung der Vorstände von Unterbezirk, Kreis und Distrikten am 9. 9. 1953 in Hamm; Rededisposition, Privatbesitz Gleisner.

[48] So Willy Eichler in einem Rundschreiben an alle SPD-Ortsvereins-Vorsitzenden am 18. 3. 1954; Archiv der sozialen Demokratie, Bonn.

[49] Tags zuvor, in der Parteivorstands-Sitzung am 16. September, hatte Ollenhauer einräumen müssen: „In der Partei werden [das] Wahlergebnis, seine Ursachen und Wirkungen bereits lebhaft diskutiert." Dabei schienen, kritisierte Ollenhauer, „einige Genossen auch die guten Ratschläge unserer Gegner übernehmen zu wollen"; Protokoll der Parteivorstands-Sitzung vom 16. 9. 1953, Archiv der sozialen Demokratie, Bonn.

[50] Ollenhauer in der Parteivorstands-Sitzung am 8. 9. 1953; ebd.

[51] Ollenhauer sagte eine „Rechtsentwicklung (Harzburger Front oder Dollfußkurs)" voraus; Heine äußerte Zweifel, „daß wir in 4 Jahren noch eine freie Wahl haben werden". Dazu und auch für die energische Gegenrede Henßlers das Protokoll der Parteivorstands-Sitzung vom 8. 9. 1953; ebd.

[52] Die Diskussion, mahnte Ollenhauer am 17. September vor einer Mandatsträgerkonferenz, solle „von vornherein im engsten Kontakt mit den Genossen in den Bezirken und dem Parteivorstand" geführt werden; zit. im Rundbrief Eichler vom 18. 3. 1954; vgl. Anm. 48.

[53] Protokoll der Parteivorstands-Sitzung vom 11./12. 12. 1953; Archiv der sozialen Demokratie, Bonn.

[54] „Die Fühlungnahme mit dem Parteivorstand", berichtete Eichler Mitte Dezember 1953 zum Stand der Diskussion, „ging dabei allerdings verloren ..."; ebd.

und der „gegnerischen" Presse gingen bis Mitte Februar 1954 in Bonn 29 Debattenbeiträge von Parteigliederungen sowie – so die bürokratensprachliche Formalbeschreibung – 24 „Einzelarbeiten oder Gruppenarbeiten nichtorganisatorischer Art" ein[55].

Unter den Anregungen, Entschließungen und Memoranden befand sich auch der „Beitrag zur Erneuerung der Sozialdemokratischen Partei Deutschlands", den „junge Sozialdemokraten" im Auftrage des Vorstands des SPD-Unterbezirks Unna-Hamm vorgelegt hatten. Auffallend an dem Erneuerungsentwurf, nur so viel sei hier vorweggenommen, ist der Akzent, der hinsichtlich des Verhältnisses zwischen SPD und junger Generation gesetzt wird. Die Jugend, so lautet eine Passage, verweigere sich der „Übermacht oder gar Allmacht eines anonymen Funktionärsmanagertums"; sie wünsche eine nicht taktischen Zwängen geopferte, „sichtbare und glaubhafte Bindung an die Idee", fordere ein neues, „unserer Zeit entsprechendes", sprachlich mitreißendes Programm und befürworte für den Aufstieg innerhalb der SPD das Auslesekriterium „echter Leistung in Beruf und politischen Ehrenämtern". Diese Sätze sind nicht nur als Momentaufnahme des Politikbildes der damals nachrückenden Parteijugend aufschlußreich. Sie erhärten vielmehr indirekt auch die Vermutung, daß ein nicht geringer Teil der (im Papier so apostrophierten) „Zwischengeneration" von jüngeren Kriegsteilnehmern und HJ-Jahrgängen[56], soweit diese nach 1945 politisch überhaupt ansprechbar gewesen ist, zur SPD hin tendiert hat. Selbst Passagen, in denen die Denkschrift das abschreckend selbstgerechte Auftreten örtlicher Altgenossen nach Kriegsende gegenüber der Kriegsgeneration (der die Verfasser des Papiers allesamt angehörten) ausdrücklich anprangert, lassen zwischen den Zeilen erkennen, daß die grundsätzlichen Sympathien, die diese Gesellschaftsgruppe für die Sozialdemokratische Partei hegte, nicht gänzlich verschüttet waren: „Jeder von uns kennt eine Reihe junger Menschen, die grundsätzlich sehr wohl zum freiheitlichen Sozialismus tendieren, aus einer Reihe unerfreulicher Einzelerlebnisse heraus jedoch bis heute den Weg zum offenen Bekenntnis nicht finden konnten."

Dies aus heutiger Sicht hervorzuheben heißt, die Frage nach der organisationsgeschichtlichen Genese und den sozialen Potentialen einer reformsozialistischen Erneuerung, die lange vor 1953 und *von unten* eingeleitet worden ist, neu zu stellen. Daß sich das ideologische Selbstverständnis der SPD erst von 1952/53 an, also gleichsam in der Latenzphase der Godesberger Programmentscheidung und auch dann vornehmlich aufgrund *externer* Einflußfaktoren gewandelt habe[57], diese Interpretation muß im Lichte der lokalen Parteientwicklung, wie sie in der Region Unna-Kamen-Hamm stattfand, korrigiert werden. Ebenso wenig haltbar erscheint die generalisie-

[55] Rundbrief Eichler vom 18. 3. 1954; vgl. Anm. 48.

[56] Zitiert wird hier nach einem Originalexemplar aus dem Privatbesitz Gleisners. Verfasser der Denkschrift waren Gerhard H., Günther H. und Fritz Holthoff (mdl. Auskunft von Günther H.). Der Text der Schrift findet sich vollständig neuerlich abgedruckt in Rolf Liffers, Der „Bergheimer Kreis", hrsg. von der Kreisverwaltung Unna, Unna 1983. Der sogenannten HJ-Generation werden gemeinhin die Jahrgänge 1919–1929 zugerechnet. Diese bildeten auch den Kern der hier thematisierten Kriegs- oder Zwischengeneration. Im folgenden werden die Termini Kriegs-, Zwischen- und HJ-Generation synonym verwandt.

[57] So zuletzt Heimann, der als Motive bzw. Ursachen des Wandels die Verabschiedung des Betriebsverfassungsgesetzes von 1952, den enttäuschenden Wahlausgang von 1953 sowie allgemein die politische und wirtschaftliche Stabilisierung des Weststaates und die wachsende Anziehungskraft der bürgerlichen Parteien anführt; Heimann, Sozialdemokratische Partei, S. 2054. Andererseits glaubt Heimann die „wesentliche programmatische Neuorientierung" der Partei bereits 1954 (!) vollzogen; ebd., S. 2058.

rende Einschätzung, die frühen Parteireformbestrebungen hätten lediglich „elitäre Vorhuten" beschäftigt, „denen es an tragfähiger Resonanz in den unteren Organisationsgliederungen noch weithin mangelte"[58]. Am hier untersuchten Fallbeispiel läßt sich zeigen, wie der sozialdemokratischen Traditionspartei schon früh aus bestimmten sozialen Segmenten der Nachkriegsgesellschaft von der Basis Kräfte einer politischen Erneuerung zugewachsen sind.

Gegen die allzu dogmatische These, die SPD sei 1945 „äußerlich wie auch wesentlich nicht neu-, sondern wiedergegründet worden", hat Helga Grebing einmal geltend gemacht, daß diese Deutung auf der methodischen Vernachlässigung von (mikropolitischen) „Abweichungen" beruhe[59]. Der gleiche Einwand muß erhoben werden, wo das Interpretationsparadigma der wiedergegründeten Traditionssozialdemokratie für die Parteientwicklung der späten vierziger und beginnenden fünfziger Jahre schlicht fortgeschrieben wird. Schon die Mitglieder- und Wählerentwicklung zeigt an, daß die Partei aus dem alten Gewand des Weimarer Traditionsvereins bereits 1946 herauszuwachsen begann.

3. Mitgliederentwicklung und Wahlverhalten 1946–1950: Anzeichen für frühe Trends zur Volkspartei

An ihrem Mitgliedervolumen und ihren Wähleranteilen gemessen, hat die SPD im Kreis Unna und in beiden Städten nach dem Kriege im Vergleich zu Weimar erhebliche Zuwächse erzielen können. Die Ortsvereine in Unna und Kamen erweiterten sich über die kleinen Gründerkerne hinaus zügig zu der Mitgliederzahl nach ansehnlichen Organisationen. Die Ortsgruppe Kamen wuchs im Laufe des Jahres 1946 um mehr als 100 Prozent und zählte im Februar 1950 insgesamt 682 Mitglieder – gut das Fünffache des harten Kerns, der bis Anfang Mai 1933 der Ortspartei angehört hatte[60], und genau 44 mehr, als bei Kriegsende in der NSDAP eingeschrieben gewesen waren[61]. In der Unnaer Ortspartei, der Ende 1946 850 Personen und Ende 1948 1311 Bürger als Mitglieder angehörten, war zu letzterem Stichdatum, statistisch gesehen, jeder zwanzigste Einwohner der Stadt sozialdemokratisch organisiert[62]. Der SPD-Unterbezirk Unna-Hamm hat binnen 10 Monaten, zwischen Sommer 1946 und Ende Januar 1947, seinen Mitgliederbestand fast vervierfachen und bis zum Jahresbeginn 1950 auf das Dreifache des Vorkriegsstandes (1932) steigern können[63].

[58] Klotzbach, Staatspartei, S. 129.

[59] Grebing, Kontinuität, S. 172.

[60] Mitgliederverzeichnis in der Anlage eines Polizeiberichts (undatiert, wahrscheinlich Juni 1933); Stadtarchiv Kamen, Nr. 2262.

[61] Westfälische Rundschau vom 8. 1. 1947 und 1. 2. 1950; Stadtarchiv Kamen, Nr. 2197.

[62] Angaben nach Mat. Kortmann.

[63] Westfälische Rundschau vom 1. 2. 1947 und Hellweger Anzeiger vom 31. 1. 1950. Für den analog verlaufenden Landestrend vgl. Christoph Kleßmann und Peter Friedemann, Streiks und Hungermärsche im Ruhrgebiet 1946–1948, Frankfurt 1977, S. 32, S. 81.
Einer Statistik der britischen Militärregierung zufolge belief sich die Mitgliedschaft *aller* Lizenzparteien im Juni/Juli 1946 auf ca. 3,7% bzw. 3,8% der Gesamtbevölkerung des Kreises Unna; MilGov RB Arnsberg, Annex A zu Monthly Report July 1946, PRO, FO 1013/661.

Wahlergebnisse Unna/Kamen 1924–1933 und 1946–1950

Kommunalwahlen 1924

Unna		Kamen	
SPD	41,8	Ver. Arbeiter	28,6
Zentrum	16,9	Zentrum	18,1
Großdt. Volksgem./Völkischer Block	3,0	Soz. Völk.Gem.	7,5
Ordnungsblock (DNVP/DVP)	28,7	Haus- u. Grundb.	13,4
DDP	3,4	DVP	16,8
Wirtsch.liste-ptl.	6,2	DDP	7,1
		KPD	8,6

Kommunalwahlen 1929

Unna		Kamen	
SPD	29,4	SPD	32,8
Zentrum	17,0	Zentrum	13,2
Bürgerliste (DVP, DNVP, Wirtschaftspartei)	40,9	Einheitsliste (DVP, DNVP, DDP)	12,7
		Wirt. Partei	35,2
DDP	3,3	Freie Arb.	2,6
KPD	9,3	KPD	3,1

Kommunalwahlen 1933

	Unna	Kamen
SPD	22,4	22,4
Zentrum	18,4	10,3
Bürgerl. Vereing.		19,1
Kampffr. Schw-W-R	14,7	
NSDAP	37,0	
Liste Franzke (NSDAP/DNVP)		43,4
KPD	7,6	4,7

Kommunalwahlen 1946

	Unna (GW)	Kamen (GW)	Kreis (KT)
SPD	44,9	44,5	47,1
CDU	38,7	34,1	34,6
KPD	10,0	10,4	9,7
FDP	0,8	–	0,7

Kommunalwahlen 1948

	Unna (GW)	Kamen (GW)	Kreis (KT)
SPD	41,9	55,5	49,9
CDU	41,5	36,3	33,6
KPD	6,5	8,4	8,3
FDP	10,1	–	4,2
Zentrum	–	–	2,9

Bundestagswahlen 1949 (Zweitstimmen)

	WKr. 120	Unna	Kamen	Kreis Unna
SPD	42,5	36,1	49,8	46,1
CDU	30,3	33,5	27,1	29,6
KPD	7,6	7,0	9,3	8,4
FDP	9,7	15,4	8,7	8,6
Zentrum	7,2	1,5	2,1	4,6
DKP/DRP	2,1	2,4	–	2,5

Landtagswahlen 1950

	Unna	Kamen	Kreis Unna
SPD	38,5	51,8	46,3
CDU	28,3	22,9	26,5
KPD	4,7	5,4	5,7
FDP	22,9	12,3	12,8
Zentrum	0,9	1,0	3,0
DRP	3,7	5,6	4,6

Das verfügbare Quellenmaterial erlaubt es nicht, die Zugewinne an Mitgliedern und Wählern nach Kriterien sozialer Herkunft, Stellung im Beruf und formaler Qualifikation exakt aufzuschlüsseln. Vergröbert läßt sich immerhin sagen, daß das Wachstum der SPD gewiß vor allem auf ihre Rekonsolidierung im Rahmen lokal gefestigter Traditionsmilieus zurückgeht. Ihren überproportionalen Stimmen-Anstieg in Kamen etwa dürfte die Partei zu einem Gutteil der abermaligen Ausweitung des Bergbausektors innerhalb der örtlichen Erwerbsgesellschaft (1936: 44,8 Prozent – 1950: 61,2 Prozent) verdankt haben; von der Erwerbsstruktur her gesehen, waren demnach also günstige Voraussetzungen für die von Alexander von Plato beobachtete sozialdemokratische Umorientierung heimatvertriebener Neubergleute gegeben. Jedoch gerade bei der SPD der Bergbaustadt Kamen wollten politisch aufmerksame Zeitbeobachter „die alte marxistische Richtung und außerdem einen ziemlich kräftigen Versuch des Übergreifens auf klein- und mittelbürgerliche Kreise beobachten“ können[64]. In Unna hinwiederum haben sich etliche Exponenten der liberalbürgerlichen Weimarer DDP nach 1945 der SPD angeschlossen[65].

Die tatsächlichen Dimensionen solcher frühen lokalen Ausbuchtungen der Traditionssozialdemokratie in das Mehrschichtenfundament einer Volkspartei hinein bleiben unscharf. Besser faßbar ist der bei Kriegsende einsetzende soziale Strukturwandel im Funktionärskader.

[64] So eine Passage in einem Privatbrief des nachmaligen CDU-Fraktionsvorsitzenden in Kamen, Gustav Fluhme, vom 29. 5. 1946; Privatbesitz. Der Bericht über den Kreisparteitag, vermerkt das Protokoll der Versammlung des SPD-Bezirks Unna V am 13. 3. 1948, habe erbracht, daß die Mitgliederzahl, „insbesondere in den bäuerlichen Kreisen“, steige; Mat. Kortmann.

[65] Unter anderem ein Kaufmann, der 1946 als SPD-Vertreter in den (ernannten) Stadtrat einzog, und ein ehemaliger DDP-Stadtverordneter, der 1945 zum Kreisschulrat in Unna avancierte.

4. Untere Funktionäre als Protagonisten der „Erneuerung"

Die Wiedergründung und den organisatorischen Aufbau der Partei im Gebiet des Unterbezirks Unna-Hamm hat während der Umbruchphase des Sommers 1945 Hubert Biernat koordiniert. Vom Alter her und gemessen an seinen politischen Aktivitäten vor 1933 ein jüngerer Vertreter der Weimarer SPD-Generation[66], verkörperte Biernat den Typus des gebildeten und intellektuell aufgeschlossenen Parteifunktionärs, der auch das Vertrauen der ideologisch gefestigten Arbeiter besaß, nicht zuletzt aufgrund seiner persönlichen Integrität und auch seiner administrativen Fähigkeiten wegen, die er seit 1946 als Landrat von Unna bewies. Persönlich pflegte Biernat keineswegs den Habitus des Parteidoktrinärs. Seinem Denken nach ehestens den ethischen Sozialisten zuzurechnen[67], hat Biernat gleichsam die Synthese von Weimarer Traditionspartei und postmarxistischem Reformgeist verkörpert.

In der Position des Unterbezirkssekretärs ist dem zum Landrat ernannten Biernat Anfang 1946 Alfred Gleisner nachgefolgt. Aufgrund seiner Herkunft und bergmännischen Berufsausbildung dem Milieu der Arbeiterpartei sozial ähnlich verbunden wie der gleichaltrige Biernat, anders als dieser aber kein SPD-Mitglied der Weimarer Zeit[68], hat sich Gleisner, der aus dem Krieg als hochdekorierter Stabsoffizier zurückkehrte, frühzeitig in seiner Heimatstadt Kamen intensiv um die Gewinnung der jüngeren Kriegsgeneration bemüht. Gemeinsam mit Biernat wurde Gleisner zum Mentor jener jungen Neuerer, die im Spätherbst 1945 zunächst formlos, seit Januar 1948 in der stetigen Form des „Bergheimer Kreises", über die geistige Grundlegung einer erneuerten SPD diskutierten. Sie waren es, die im Oktober 1953 ihre Überlegungen zur Parteireform mit der erwähnten Hammer Denkschrift vorlegten.

Zum Kreisvorsitzenden der SPD im Landkreis Unna wurde 1949 der damals 34jährige Fritz Holthoff[69] gewählt. Holthoff, Kriegsteilnehmer und Frontoffizier, seit 1947 Junglehrer in der Bergarbeitergemeinde Rünthe und dortselbst Begründer und Leiter einer Volkshochschule, übernahm im Juni 1950 ein Unnaer Landtagsmandat. Er fungierte als Sprecher des „Bergheimer Kreises" und behielt diese Funktion als dessen Vorsitzender auch bei, als das Diskussionsforum im gleichen Jahr als Kulturpolitischer Arbeitskreis des Unterbezirks in der Partei institutionalisiert wurde. Mit dem gelernten Dreher Werner Figgen[70], der 1947 zunächst als Jugendsekretär eingestellt, später zum Geschäftsführer des Unterbezirks berufen wurde, hat noch ein weiterer hauptamtlicher SPD-Funktionär der Kriegsgeneration dem „Bergheimer Kreis" angehört.

Über solchen Positionsbeschreibungen darf nicht unerwähnt bleiben, daß es „den Jungen" in den vierziger Jahren nur schwer gelang, über die ihnen als Reservate ju-

[66] Hubert Biernat (Jg. 1907), Bergmannssohn aus Heeren (Kr. Unna), 1926 Eintritt in die SPD, bis 1933 Redakteur der SPD-Zeitung Der Hammer; 1933 zeitweilig emigriert, 1946–1950 und 1958–1967 (†) Landrat in Unna, 1950 RegPräs. in Arnsberg, 1956–1958 Innenminister NRW.

[67] Vgl. Wolfgang Biernat und Kurt-Ingo Flessau (Hrsg.), Hubert Biernat – Im Mittelpunkt der Mensch, Wuppertal 1968, S. 11ff.

[68] Alfred Gleisner (Jg. 1908), 1922–1928 Bergmann, 1932 Kriminalinsp., April 1946–Februar 1959 Mitglied im SPD-Bezirksvorstand Westliches Westfalen, Vors. des Landespolizeibeirats, 1947–1949 MdL, 1949–1959 MdB.

[69] Fritz Holthoff (Jg. 1915), Lehrerausbildung, Kriegsteilnehmer (Offz.); seit 1947 an der Volksschule in Rünthe (Kr. Unna), 1950 MdL, später Schulrat und 1966–1970 Kultusminister NRW.

[70] Werner Figgen (Jg. 1921), nach der Dreherlehre RAD und Militärdienst 1939–1945; seit 1947 Angestellter der SPD, später OB der Stadt Hamm, MdB und 1966–1974 Arbeits- und Sozialminister NRW.

gendlicher Bewegtheit parteioffiziell zugewiesenen Arbeitsgemeinschaften der Falken und Jungsozialisten hinaus in den Ortsvorständen der SPD Fuß zu fassen[71]. Daß andererseits wichtige Parteiämter in Kreis und Unterbezirk zwischen 1945 und 1950 von Personen übernommen wurden, die sich als Protagonisten einer Parteireform „von unten" verstanden, daß zudem der Kreis derer, die eine solche Reform forderten und ihr vorausdachten, nicht auf eine elitäre Minderheit von intellektuellen Zirkeln oder Einzelgängern beschränkt geblieben ist[72], widerlegt die Annahme, den Bestrebungen zu programmatischer Erneuerung habe es an tragfähiger Resonanz in den Basisgliederungen und in den unteren Funktionärsschichten der Nachkriegs-SPD gemangelt. Im Gegenteil, weil einflußreiche Mitglieder des Unterbezirks- und Kreisvorstands mit dem „Bergheimer" Reformerkreis in Personalunion verbunden waren[73] und weil die Reformbefürworter – selbst aktiver Teil der Parteibasis – parallel zum Routinebetrieb sozialdemokratischer Ortsvereinsabende eine jahrelange intensive Bildungsarbeit geleistet hatten, trat im Oktober/November 1953 der höchst erstaunliche Fall ein, daß der Unterbezirk Hamm-Unna sich die inhaltlichen Aussagen des Hammer Papiers auf einem eigens anberaumten Kongreß am 8. November mehrheitlich offen zu eigen gemacht hat[74] – erstaunlich deshalb, da diese regionale SPD-Gliederung noch weitgehend in der alten sozialdemokratischen Tradition stand.

5. SPD und HJ-Jahrgänge – Vorbemerkung zur Analyse der politischen Orientierung der Zwischengeneration

Die partielle Verjüngung des unteren Funktionärskörpers, ferner die breite Billigung, welche die Hammer Denkschrift nachträglich im Unterbau der Ortsvereine fand, vor allem der Umstand, daß der „Bergheimer Kreis" einen Gruppen- und Erfahrungszusammenhang in die Partei überführt hat, der sich ursprünglich als *generationshomogene Ansichtsgemeinschaft* von politisch interessierten jüngeren Kriegsteilnehmern (die großenteils zugleich ehemals örtliche HJ-Führer gewesen waren) zusammengefunden

[71] Es bedurfte, wie sich ein Teilnehmer erinnert, einer heftigen „Redeschlacht", ehe z. B. im Ortsverein Kamen 1948 ein Juso in den Vorstand gewählt wurde; Nachschrift eines am 18. 10. 1984 mit Günther H., Kamen, geführten Gesprächs.

[72] Im Herbst 1953 arbeiteten auf Unterbezirks-Ebene in drei Arbeitskreisen, zu denen neben dem „Bergheimer Kreis" auch ein Wirtschaftspolitischer Arbeitskreis gehörte, etwa 150 junge Parteimitglieder im Alter von 18 bis 35 Jahren mit; Brief Gleisner an den SPD-Bezirksvorsitzenden Fritz Henßler vom 23. 10. 1953, Kopie im Archiv des SPD-Unterbezirks Unna.

[73] Dadurch erklärt sich, daß die antioligarchische Stoßrichtung der Denkschrift nicht pauschal gegen (besoldete) Funktionsträger der Partei zielte, sondern die sogenannten „Apparatfunktionäre" attackierte, also jenen Typus, der, so erläutert Fritz Holthoff rückblickend, „sein Genüge in der Organisation findet, jedoch nicht am geistigen Ringen beteiligt ist"; Niederschrift eines am 18. 10. 1984 mit Fritz Holthoff geführten Gesprächs.

[74] Die in den Ortsvereinen laufende Diskussion, schrieb Gleisner an die Verfasser des Papiers, lasse auf dem Kongreß „eine rege, aber auch heftige" Debatte erwarten; Schreiben vom 24. 10. 1953, Archiv des SPD-Unterbezirks Unna.
Die Hammer Denkschrift ist (vor dem Unterbezirks-Kongreß) vom Unterbezirks-Vorstand in Hamm als Diskussionsgrundlage „unverändert gutgeheißen und gebilligt" sowie, zeitgleich mit ihrer Veröffentlichung, im Auftrag des Vorstands sämtlichen Ortsvereinen zugeschickt worden; Rundschreiben des Unterbezirks-Sekretärs Figgen vom 20. 10. 1953; Archiv des SPD-Unterbezirks Unna. Einem Bericht der Zeit zufolge haben sich im Verlauf der vielstündigen Diskussion etwa zwei Drittel der Delegierten des Unterbezirks-Kongresses mit den Thesen der Denkschrift einverstanden erklärt. In: Die Zeit vom 12. 11. 1953.

hatte – diese Fakten werfen von mehreren Seiten Licht auf einen Assoziierungsprozeß, in dessen Verlauf sich Teile der Kriegs- bzw. HJ-Generation und die SPD einander angenähert haben.

Lokale Fallstudien begeben sich hier auf Pfade, die analytisch lange vernachlässigt und erst jüngst in der Betriebsrätestudie Alexander von Platos teilweise erschlossen worden sind[75]. Dabei ist die Fragerichtung durch die politische Soziologie verschiedentlich schon vorgezeichnet. Bereits Mitte der sechziger Jahre hat Juan Linz die Deutung versucht, daß der durch Nationalsozialismus, Krieg und Kriegsfolgen verursachte soziale Strukturwandel wie auch die Einstellung einer von diesem Wandel geprägten jüngeren Generation traditionelle Konfliktlinien deutscher Politik abgeschwächt und die Anerkennung des neuen konkurrenzdemokratischen Systems erleichtert hätten[76]. Als Teil eines solchen politisch-kulturellen Anpassungsprozesses ließe sich auch die Annäherung zwischen SPD und Kriegsgeneration verstehen. Im Begriff „Schicksalskategorie" hat dann Friedrich Tenbruck spezifische kollektive Zugehörigkeiten und Mentalitäten der Nachkriegsgesellschaft terminologisch schärfer gefaßt[77]. Diese Zugehörigkeiten liegen, wie in Existenzmerkmalen des Flüchtlings und des Fliegergeschädigten, des Heimkehrers und der Kriegerwitwe sichtbar, quer zu sozialen Typisierungen nach Schicht, Beruf etc. Sie bezeichnen gesellschaftliche Lagen einer Krisen- und Übergangszeit, haben aber als solche schicksalsspezifische Erfahrungswerte und Lebensgefühle in die ersten Jahrzehnte der Bundesrepublik tradiert.

Weder Linz noch Tenbruck sind selbst der Frage nachgegangen, ob die von ihnen beschriebene Politikorientierung bzw. soziale Typik der frühen Nachkriegsjahre bestimmte richtungs- und parteipolitische Vorlieben ausgeformt hat. Die ältere bundesdeutsche Wahlsoziologie hat die vergleichsweise hohe Parteipräferenz für die SPD in der Altersgruppe bis 30 Jahren bei den Bundestagswahlen 1953 mit unmittelbaren Reflexen des politischen Geschehens der frühen fünfziger Jahre erklärt[78]. Daß die Hypothese einer eigen-willigen Politikanschauung der „nivellierten Kriegsgeneration" im allgemeinen und einer speziellen Hinwendung signifikanter Teile derselben Generation zur Sozialdemokratie im besonderen nicht früher systematisch aufgegriffen wurde, hat wohl vor allem zwei Gründe: Einmal waren besonders die jüngeren Jahrgänge der Kriegsteilnehmer seit 1945 vom Ohne-mich-Syndrom und der damals verbreiteten Abstandshaltung zu Politik erfaßt; zweitens ist das aus der Zeit stammende Quellenmaterial in aller Regel lückenhaft überliefert, und wo es verfügbar ist, wurden die *kulturellen* Konkretionen, die Meinungen, Motive, Einstellungen und Alltagsnormen der Zeit mit dem herkömmlichen Werkzeug historischer Hermeneutik nur unzureichend erschlossen. In dem nun folgenden Abschnitt wird versucht, die genera-

[75] Im analytischen Ansatz von Platos wird diese Annäherung zwischen HJ-Generation und SPD vom schichtspezifischen Kriterium sozialer Herkunft aus dem Arbeitermilieu her erhellt. Der SPD scheine es, resümiert von Plato die Lebensberichte der Betriebsräte, gelungen zu sein, „*Jugendliche* aus der Arbeiterklasse zu gewinnen, die ihre ersten öffentlichen Erfahrungen im Nationalsozialismus gemacht hatten"; von Plato, Verlierer, S. 190, Hervorhebung im Original.

[76] Siehe Juan Linz, Cleavage and Consensus in West German Politics: The Early Fifties, in: Seymour M. Lipset and Stein Rokkan (Hrsg.), Party Systems and Voter Alignments: Cross-national Perspectives, New York 1967, S. 283 ff., hier S. 286.

[77] Friedrich H. Tenbruck, Alltagsnormen und Lebensgefühle in der Bundesrepublik, in: Richard Löwenthal und Hans-Peter Schwarz (Hrsg.), Die Zweite Republik. 25 Jahre Bundesrepublik Deutschland – eine Bilanz, Stuttgart 1974, S. 289 ff., hier S. 290 f.

[78] Zu den Daten und dieser Deutung siehe Hirsch-Weber, Schütz, Wähler, S. 213 ff.

tionsspezifische Annäherung der Zwischengeneration an die SPD sowie die politischen Impulse, die im Verlaufe dieses Prozesses für die Erneuerung der Partei freigesetzt wurden, zu rekonstruieren. Dafür werden nicht zuletzt die erinnerten Orientierungen von Angehörigen dieser seinerzeit „suchenden" Generation ausgewertet.

6. Skepsis und Suche als Grundbefindlichkeit einer desillusionierten Generation

Jene Zwanzigjährigen, welche die Winkel und Schnüre des HJ-Führers mit der Wehrmachtsuniform vertauscht hatten, oder die noch Jüngeren, die bei Kriegsende dem Pimpfenalter gerade erst entwachsen waren, fanden sich nach dem Sturz des Hitler-Staates mit dem vollständigen und endgültigen Zusammenbruch ihrer sicher geglaubten Überzeugung konfrontiert[79]. Man fühlte sich, wie einer der Betroffenen dieses Ende aller Illusionen Jahre später beschrieb, „aus der festen Überzeugung, für eine gute Sache zu leben und zu kämpfen, in den totalen ideellen und materiellen Trümmerhaufen eines total verlorenen Krieges und eines total verlorenen Glaubens gestoßen"[80]. Zurück blieben innere Unsicherheit und Leere. Das Gefühl, nach der Enthüllung des verbrecherischen Kerns der NS-Ideologie und nach dem Entlassensein aus der militärischen Befehl-Gehorsam-Hierarchie die Orientierung verloren zu haben, nötigte dazu, nach neuen geistigen und moralischen Haltepunkten zu suchen. „Der Wunsch, geradezu die Sucht nach einer neuen Orientierung, lag bei allen vor."[81]

Häufig mündete die Erfahrung der Orientierungskrise in die vielbeschriebene, sich mitunter zynisch gebende Abkehr von aller Politik ein. Aber auch jene in ihrer politischen Psychographie hier vorgestellten Jüngeren, welche die Krisenerfahrung als eine persönliche politische und geistige Herausforderung begriffen, teilten mit den sich jeglicher Politik Verweigernden den Widerwillen, sich sofort wieder von emotionalen Appellen zum „Mitmachen" und von präfabrizierten politischen Glaubenssätzen vereinnahmen zu lassen. Das Gefühl geistiger Leere verband sich mit wacher Aversion gegen die Scheinsicherheit von postfaschistischen Ersatzideologien. Diese Generation hatte ihre politische Gutgläubigkeit verloren. Ihr Mißtrauen gegenüber dogmatisch geschlossenen und „fertigen" Welterklärungen festigte sich zu einer latent skeptischen Grundhaltung, die sie auch dort nicht ablegte, wo sie sich für orientierende Angebote der demokratischen Parteien aufgeschlossen zeigte. Diese „Jungen" achteten, bewunderten wohl auch die unerschütterte Selbstgewißheit einer traditionsgeleiteten Demokratie- und Parteientscheidung, auf welche alte Sozialdemokraten zurückgreifen konn-

[79] Vgl. Gabriele Rosenthal u.a., ‚1945' – Ende oder Neuanfang? Lebenslaufrekonstruktionen von Angehörigen der ‚Hitlerjugend-Generation' (Projektbericht des Instituts für Soziologie an der FU Berlin, Oktober 1984), Berlin 1984. Im Rahmen dieses Projektes wurde vor allem nach der Bedeutung des Kriegsendes als Erfahrungseinschnitt für die HJ-Jahrgänge gefragt; ebd. S. 17f.

[80] „Ist die deutsche Jugend eine Filmdiva?", in: Westfälische Rundschau vom 30. 7. 1949. Der Verfasser, Gerhard H. (Jg. 1923), war Kriegsteilnehmer (Offz.), nach dem Krieg Kulturredakteur der Westfälischen Rundschau in Dortmund, Mitgründer der VHS Kamen, 1946 SPD-Beitritt.

[81] Erinnerungsbericht Holthoff vom 18. 10. 1984; vgl. Anm. 69. Man war, das bestätigt Holthoffs Generationsgenosse Karl. R. aus Kamen, „süchtig ..., nun doch mal etwas mehr zu erfahren"; Erinnerungsbericht vom 25. 10. 1984. Karl R. (Jg. 1923), HJ-Jungzugführer und Wehrmachtsoffizier, nach dem Krieg Bergbauangestellter, 1952 SPD-Beitritt.

ten, die man als eine in der NS-Zeit beiseite gedrückte Gesinnungsgemeinschaft überhaupt erstmals wahrnahm. Viele aus der jüngeren Generation sperrten sich aber, die Marxsche Gesellschafts- und Entwicklungstheorie als Gebote ihrer neuen politischen Glaubenslehre zu übernehmen. „Man hatte lange genug geglaubt, jetzt wollte man etwas wissen.“[82]

Innere Erschütterungen und Zweifel, die sich mit dem Irrewerden an der moralischen Vertretbarkeit des Hitler-Krieges und der nationalsozialistischen Systempraktiken einstellten, waren nicht schlagartig, nicht erst mit der Zäsur des Regimewechsels im Mai 1945 aufgebrochen. Kennzeichnend für die Angehörigen der Kriegsgeneration war vielmehr ein allmähliches Sichablösen von Denkweisen und Überzeugungsregeln, die ihnen der Nationalsozialismus anerzogen hatte. Dieser Ablösungsprozeß hatte während der letzten Kriegsjahre begonnen. Erfahrungen an und hinter der Front führten die Grausamkeit und Sinnlosigkeit eines Vernichtungswerkes vor Augen, das unvorstellbare, mit jugendlich idealisierten Deutungen der nationalsozialistischen Staatszwecke und Kriegsziele nicht mehr zu vereinbarende, menschenverachtende Züge offenbarte. Etliche dieser Erinnerungsberichte bezeugen, daß dies seit längerem Zweifel an der sittlichen Legitimation des NS-Regimes geweckt hatte. Ein Transport zur „Frontbewährung“, der den angehenden Offizier über das Warschauer Getto führte, oder die Lektüre der Leichenrede des Perikles in einem Lazarett („Es sprang einem förmlich in die Augen, daß dieses, was hier Perikles in der Wiedergabe des Thukydides sagte, auf diesen Staat, in dem wir lebten, gar nicht paßte.“[83]) sind solche Erinnerungen, die sich den Befragten als Schlüsselerlebnisse eingegraben haben. „Man hatte ja damals an die gute Sache geglaubt, man hat auch geglaubt, daß der Krieg zumindest von uns vertretbar sei ..., das, was wir eigentlich nie geglaubt hatten, was immer hinter vorgehaltener Hand gesagt wurde, daß in Auschwitz und woanders überall ganz einfach Menschen im wahrsten Sinne des Wortes vernichtet wurden, das hat uns dann doch sehr getroffen, so daß es mir dann Ende 1944 zum ersten Mal ... in den Sinn kam, daß wir uns selbst eigentlich einer Idee geopfert hatten, der man sich nicht eigentlich hätte zuwenden können.“[84] Dieser vor Kriegsende angebahnte Prozeß des Umdenkens war andererseits mit dem Tag der militärischen Kapitulation nicht abgeschlossen. Es hat, wie Fritz Holthoff formuliert, „Übergänge gegeben zu dem neuen Staat hin“, aufruhend auf einer durch das Kriegsschicksal vermittelten „inneren Vorbereitung“ und „Neueinstellung“, die diese Generation der Jüngeren „annäherte an die Möglichkeit des Mitmachens im demokratischen Staat“[85].

Das Lagerdasein der Kriegsgefangenschaft, für manchen der Befragten eine „längere Zeit erbärmlichen Hungerns“, aber auch der „nächtelangen Diskussionen mit Älteren und Jüngeren“[86], vergrößerte die schon gewonnene innere Distanz zum NS-System und vermittelte erste, freilich noch recht abstrakte Vorstellungen über Parlamentarismus, Parteienstaat und Demokratie. In den Lagern bildeten sich, wie Günther H. berichtet, Arbeitsgruppen und Diskutierzirkel „für fast alles“, sogar regelrechte Vortragsfolgen – etwa über deutsche Geschichte und Politik – vor einem vielhundertköpfigen

[82] So Gleisner über die damals vorherrschende Disposition; Erinnerungsbericht vom 23. 11. 1979.
[83] Erinnerungsbericht Holthoff.
[84] Erinnerungsbericht Karl R.
[85] Erinnerungsbericht Holthoff.
[86] Ebd.

Auditorium. „Die politische Motivation entstand im Gefangenenlager ... Die Stimmung war: wenn wir hier herauskommen, dann müssen wir einen neuen Anfang machen. Orientierungspunkte waren dabei Demokratie und Humanitas ... Was mich persönlich anging, war ich nach den Schlußerlebnissen des Krieges und den Gesprächen, die ich in der englischen Gefangenschaft mit vielen Kameraden gehabt habe, eigentlich auch von mir aus sehr entschlossen, etwas zu tun, was eine Wiederholung dessen ausschloß, was wir mittlerweile an Entsetzlichem erkannt hatten. Damit meine ich sowohl den Krieg wie das, was unmittelbar danach verstärkt herauskam – das heißt, ich, subjektiv, habe zumindest mehr gewußt, als die meisten Deutschen immer zugegeben haben."[87] Solche Selbstzeugnisse eignen sich ersichtlich nicht als Belege für ein bruchloses Hineinwachsen in demokratisch-parlamentarische Grundanschauungen. Sie so (miß)verstehen hieße, den idealdemokratischen Gründerzeitlegenden, die sich um die „Stunde Null" ranken, einen weiteren Ableger hinzuzufügen. Denn vorläufig – auch das veranschaulicht den Übergangscharakter dieser psychologischen Schwebelage „zwischen den Systemen" – blieben dieselben Personen noch in vielem der vom Nationalsozialismus geprägten Vorstellungswelt verhaftet. Es wäre, so Holthoff, nicht denkbar gewesen und dieser Generation selbst unglaubwürdig erschienen, wenn jene, die als „lodernde Nationalsozialisten" in den Krieg gezogen waren, am Tage nach der Kapitulation genauso enthusiastisch für die Demokratie eingetreten wären[88]. Erhalten blieb beispielsweise ein ausgeprägtes, gewissermaßen auf seinen normalen patriotischen Kern reduziertes Nationalbewußtsein: „Der Nationalsozialismus hat etwas grundständig nicht Schlechtes, nämlich das Ja zur eigenen Nation, maßlos übertrieben und ins Verbrecherische gewandt und aggressiv gegen andere gerichtet."[89] Offenbar aufgrund von Restbeständen nationalsozialistischer Mentalität wurde in ersten Diskussionskontakten, die diese jungen Kriegsheimkehrer mit örtlichen Repräsentanten der SPD zusammenführten, etwa das kommunistische Manifest „sofort als kommunistisch brüsk abgewiesen"[90], wurde Hitler von einigen, die an seine Leistungen als Feldherr noch glaubten, wenigstens in seinem Wirken als *militärisches* Genie verteidigt[91].

Solche Anschauungen wurden keineswegs hinter vorgehaltener Hand geäußert. „Bei uns gab es so eine ‚Nach-uns-die-Sintflut-Stimmung': Was kann uns schon eigentlich groß passieren, wenn wir unsere Meinung sagen. Entsprechend dieser Stimmungslage gab es bei uns keine Angst vor der Besatzungsmacht oder auch vor ande-

[87] Erinnerungsbericht Günther H. vom 28. 10. 1979 und 18. 10. 1984. Günther H. (Jg. 1924), Fähnleinführer des Jungvolks in Kamen, Kriegsteilnehmer, nach dem Krieg Lehramtsstudium, Mitgründer der VHS Kamen, SPD-Beitritt 1948.

[88] Erinnerungsbericht Holthoff. Z.B. hat Karl R., der erst 1952 der SPD beitrat, die im September 1945 von Gleisner eingeleitete Fühlungnahme der SPD mit dem Kreis ehemaliger Jungvolk- und HJ-Führer von Kamen für sich selbst nach den ersten Begegnungen abgebrochen: „Man kann doch nicht innerhalb so kurzer Zeit sich so umstellen, und das ist eigentlich für mich der Grund gewesen, nicht mehr hinzugehen." Erinnerungsbericht Karl R.

[89] So umschreibt Günther H. die Meinung, die seiner Einschätzung zufolge von den meisten „in meinem engeren Freundeskreis unter uns damaligen Jungvolk-Führern" geteilt worden ist; Erinnerungsbericht Günther H.

[90] Gemeinsamer Erinnerungsbericht Günther H. und Gerhard H. vom 28. 10. 1979.

[91] „Gut, politisch sei Hitler völlig indiskutabel, erinnere ich mich noch an einen Diskussionsbeitrag, das sei ja offenkundig, aber er sei ja doch insbesondere als genialer Feldherr hervorragend gewesen." Erinnerungsbericht Günther H. vom 18. 10. 1984.

ren. Der größte Teil von uns war ja ... nur knapp dem Tode entgangen, *das* war unser Lebensgefühl."[92]

Die politische Grundhaltung dieser Vertreter der Kriegsgeneration war in der Ausgangssituation von 1945 mithin ambivalent. Das Verlangen nach überzeugenden neuen Maximen und die Skepsis, ja Resistenz gegenüber vielem, was im Spätsommer/Herbst 1945 seitens der neuen deutschen Parteien an Politikvorstellungen angeboten wurde, hielten einander die Waage. Das Bedürfnis, sich eine zivilbürgerliche Identität neu zu erarbeiten, äußerte sich zunächst in Gesprächen mit gleichaltrigen Schicksalsgefährten, in Gesprächen, die im privaten Kreise von örtlichen Schulfreunden und Jungvolk-Kameraden, aber auch zufälliger Tagesbekanntschaften aufkamen. Wie sich einer der im Juli 1945 nach Kamen Heimgekehrten besinnt, gab es „ein ständiges Fluidum von Gesprächen und Gesprächsbereitschaften von sich zufällig bei irgendeinem zusammenfindenden Leuten: Freunden, Bekannten, Unbekannten. Nehmen wir das Privathaus eines Kamener Arztes, wo dessen Sohn, einer meiner Schulfreunde, nach dem Krieg in den hinteren Praxisräumen wohnte. Da haben manchmal 16 Leute übernachtet, mehr per Zufall, wie sich das auch aus der Sperrstunde ergab. Da konnte man nicht nach Hause, und dann wurde oft bis in den Morgen über unsere Fragen diskutiert ... Die Kollektivschuld-These hat uns beispielsweise damals heiß bewegt."[93] In solchen Gemeinschaftskontakten entwickelten sich Lernprozesse, die mitunter in Krieg und Gefangenschaft begonnen hatten.

Das neue Ordnungsprinzip Demokratie, aber auch Begriffe wie Sozialismus und Sozialisierung, die nunmehr in vieler Munde waren („eigentlich sprach jeder vom Sozialismus"[94]), sind für diese Generation anfangs fast politische Fremdworte gewesen, mit denen man noch nicht viel anzufangen wußte. Dabei wurde dieser Generation aber zugleich bewußt, daß die nationalsozialistische Indoktrinierung der vergangenen Jahre sie mit einem höchst selektiven und verformten historisch-politischen Wissensvorrat ausgestattet hatte, daß „in ihrer eigenen Vorbildung und in ihrem geistigen Werdegang bestimmte Bereiche vollkommen ausgespart worden waren, die es galt, jetzt neu zu sehen, aufzunehmen und zu bearbeiten"[95]. Erstmals beschäftigte man sich jetzt mit den am Ort schon aufkeimenden Ansätzen von Parteienstaat und parlamentarischer Demokratie, und erstmals nahm man in diesem Zusammenhang die sozialistische Arbeiterbewegung als eine geschichtlich gewachsene und, wie im bergbaulich geprägten Kreis Unna, politisch bestimmende Größe wahr: „Der ganze politisch-parlamentarische Bereich, die Geschichte der modernen Demokratie und die der Arbeiterbewegung, das waren Felder des Nachholbedarfs."[96]

[92] Ebd.
[93] Ebd.
[94] Erinnerungsbericht Günther H.
[95] Erinnerungsbericht Holthoff.
[96] Ebd.

7. Erste politische Eindrücke und lokale Orientierungsrunden

Daß der eigene politische Horizont unter der verblassenden Brauntönung weiße Flekken aufwies, machten Begegnungen mit den örtlichen Traditionskreisen der neu- bzw. wiedergegründeten politischen Parteien bewußt. Zunächst aus Neugier, dann aus dem wachsenden Bedürfnis nach neuer politischer Wegbestimmung heraus unternahmen in Kamen politisch interessierte Angehörige der HJ-Jahrgänge einzeln oder in Grüppchen ihre „Orientierungsrunden". So auch der damals 16jährige Egon P.: „Als 1945 der Krieg zu Ende ging und wir hier noch nicht wieder den normalen Schulbetrieb hatten, suchten wir jungen Leute, die wir nun irregeleitet in diesen Jahren waren und Zweifel auch hatten an dem, war wir von den Älteren erfahren hatten, suchten wir bei der Gründung der Parteien diese Veranstaltungen auf."[97] Dabei wurden die öffentlichen Veranstaltungen aller schon existierenden Parteien abgegangen. „Auch die KPD war ja zugelassen, die hat uns ebenfalls sehr interessiert ..., bei der CDU sind wir selbstverständlich auch gewesen."[98]

In keinem der hier erinnerten Einzelfälle kam es zum spontanen Parteibeitritt. Während dieser Orientierungsrunde wurden vorerst nicht mehr als Möglichkeiten einer neuen politischen Ortsbestimmung ausgelotet. Einer unverzüglichen neuen Parteibindung und ad hoc bekundeten demokratischen Konfession standen die erwähnten Überhänge an nationalsozialistischem Gedankengut im Wege. Auch schmerzte bei vielen die nationalsozialistische Parteivergangenheit als innere Brandwunde eines mißbrauchten guten Glaubens noch nach. Schließlich hätte ein glatter Gesinnungswechsel die Frage nach der Glaubwürdigkeit vor sich selbst aufgeworfen, zumal der rückkehrenden Kriegsgeneration in den Büros der Ortsbehörden und im Umfeld der Ortsparteien häufig Selbstgerechtigkeit und Opportunismus entgegenschlugen. Ein örtlicher Arbeitsamtsleiter, den man als „strammen SA-Mann" in Erinnerung hatte und der nun probierte, „den richtigen Demokraten zu spielen"[99]; ein lokaler Polizeichef, der das Ende der NS-Ära im Amt überlebte und einem sich rückmeldenden Kriegsfreiwilligen mit dem Ausspruch empfing: „Ihr ehemaligen Soldaten sollt für unser Elend büßen!"[100] – solche Eindrücke vermittelten jüngeren Heimkehrenden einen ersten negativen Vorgeschmack von „Politik".

Es fiel nicht leicht, in dieser kleinstädtischen Welt politisch umzulernen, wenn beamtete Mitläufer von gestern als inzwischen frisch gehäutete Demokraten posierten, oder aber auch ehrenwerte alte Sozialdemokraten den „Nazi-Jungen" mit Vorwurfshaltung entgegentraten. Die Kollektivschuld wurde unversehens zum spezifischen Stigma *einer* deutschen Generation. „Man hat viele von uns, als sie müde und zerschlagen aus dem kriegerischen Abenteuer nach Hause zurückkehrten, getreu dem Prinzip

[97] Erinnerungsbericht Egon P. vom 23. 8. 1982. Egon P. (Jg. 1929), Jungvolk-Führer, bei Kriegsende Schüler in Kamen, kfm. Lehre, 1. 11. 1945 SPD-Beitritt.

[98] Erinnerungsbericht Günther H. vom 18. 10. 1984.

[99] Erinnerungsbericht Norbert H. vom 25. 10. 1981. Norbert H. (Jg. 1923), 1941 Anwärter der Motor-HJ, dann Soldat; nach dem Krieg Studium und Berichterstatter der Westfalenpost in Kamen, Gründer der örtlichen Jungen Union, ab 1952 CDU-Ratsmitglied.

[100] Erinnerungsbericht Gerhard H. vom 28. 10. 1979. Zu eben diesen Fällen einer fragwürdigen personellen Kontinuität in Kamener Behörden vgl. auch die Anfang 1946 geäußerte bittere Kritik des Betriebsratsvorsitzenden von Monopol, Heinrich Demand; Deutscher, Nachkriegsdeutschland, S. 92 f.

'Haltet den Dieb' noch obendrein mit der Schuld des Vergangenen belasten wollen."[101] Durch gewisse „Selbstentlastungsakrobaten"[102] sich pauschal nachverurteilt zu sehen, empfand man als aufreizend, und diese Erfahrung klang, wie die entsprechenden Passagen der Hammer Denkschrift belegen, noch lange nach.

Daß unter solchen Bedingungen nicht noch mehr Jüngere, als dies ohnehin der Fall war, jedwedes Interesse an aktiver politischer Beteiligung verloren, daß immerhin eine Minderheit der Kriegsgeneration in den neuen Parteien oder in deren Vorfeld mitarbeitete und schließlich, nach mehr oder minder langen Bedenkfristen, diesen formell beitrat, muß beinahe verwundern. Die Motive und Ursachen dieser Partizipationsbereitschaft sind vielschichtig. Vorgearbeitet hatte ihr die aus den Kriegseindrücken und dem Nachdenken über diese Eindrücke resultierende Politisierung[103]. Weil dabei existentielle Fragen aufgeworfen und Identitätsprobleme bloßgelegt worden waren, die nach Klärung drängten, waren diese jungen Leute willens, die Suche nach neuer Orientierung nicht mit der ersten Enttäuschung abzubrechen. Aus der Unsicherheit, daß „man ja etwas noch nicht anerkennen konnte, von dem man nicht ausreichend viel wußte" (Fritz Holthoff), entstand das beharrliche Bedürfnis, über das, was unbekannt war und sich in manchen politischen Erscheinungsformen am Ort als spröde darbot, mehr zu erfahren.

8. Ein Startvorteil für Parteien: Die unfertige lokale Öffentlichkeit

In den ersten Nachkriegsmonaten bestand politische Öffentlichkeit oft in nichts weiter als persönlichen Begegnungen auf der Straße, in Wohnungen und Gasthäusern, aus den recht eingeschränkten Formen von Radiosendungen, amtlichen Bekanntmachungsorganen und britischen Armeezeitungen. Das politische Interesse konzentrierte sich daher zwangsläufig stärker auf unmittelbar zugängliche örtliche Parteiveranstaltungen. Diese Beschränkung der Massenkommunikation auf das Provisorium einer lokalen Schattenöffentlichkeit hat die sich neu formierenden Parteien nicht nur schwerwiegend behindert, darin lag vielmehr auch eine Chance zur „von unten" betriebenen demokratischen Politisierung. Weil es die lokale Öffentlichkeit normaler Zeiten (Schule, Zeitung, Verein, auch die öffentliche Präsentation staatlicher Funktionen) zunächst kaum gab, fiel den mit dem Parteiaufbau am Ort Beschäftigten von selbst eine orientierende Rolle zu: einmal als *Personen*, nämlich in ihrer Eigenschaft als gesinnungs- und charakterfeste Erinnerungsträger von nicht totalitären Werten und Weltbildern, zum anderen als Vertreter und Interpreten der *Parteien*, jener neben den Kirchen zunächst übriggebliebenen Kräfte, die *aus der Gesellschaft* heraus in dem gei-

[101] Westfälische Rundschau vom 30. 7. 1949; vgl. Anm. 80.

[102] Ebd.

[103] Das illustriert z.B. auch eine Reminiszenz des späteren Unterbezirks-Sekretärs Werner Figgen: „Das erste war eigentlich die Erkenntnis – nachdem ich ja sehr lange Soldat war –, daß man jetzt mithelfen muß, einen neuen Staat zu bauen, soweit das eben einzelne Menschen tun können, damit nicht wieder passiert, was wir ja schließlich als Soldaten an verfehlter Politik zum großen Teil haben ausbaden müssen ... Es gibt also nur die eine Möglichkeit, man beeinflußt die Politik, oder man muß es sich halt gefallen lassen, daß mit einem Politik geschieht. Das war für mich eigentlich der Hintergrund der Arbeit, die zunächst die Entscheidung war für die Sozialdemokratische Partei." Erinnerungsbericht Figgen.

stigen und institutionellen Vakuum, das nach der Entwertung bzw. Auflösung der Deutungsmuster und Symbole antidemokratischen Denkens entstanden war, normative Anhaltspunkte bieten konnten.

Zustatten kam den Parteien, daß nach dem Zusammenbruch des Hitlerstaates demokratie- und parteifeindliche Topoi, die den Parlamentarismus Weimars wirksam denunziert hatten, zwar im Denken vieler überdauerten, als meinungsprägendes Element mangels Öffentlichkeit aber ausfielen. Mußte sich der Weimarer Parteienstaat der antidemokratischen Gegenweltanschauungen gleichsam ab ovo erwehren, so war diesmal – auch angesichts der in der totalen Verwüstung des Landes allgegenwärtigen Folgen totalitärstaatlicher Politik – der demokratische Neubeginn auch aus der Perspektive der meisten Frontsoldaten nicht von vornherein mit dem Odium der illegitimen, durch „Dolchstoß" und „Umsturz" vorgeblich erschlichenen politischen Nachfolge behaftet.

Dieser Startvorteile haben sich in der unmittelbaren Nachkriegszeit grundsätzlich alle Lizenzparteien beim politischen Werben um die jüngeren Altersgruppen bedienen können. Daß, wie in unserem lokalen Beispiel gezeigt wird, der politisch motivierbare Teil der HJ-Generation sich überwiegend der Sozialdemokratischen Partei angenähert und schließlich angeschlossen hat, erklärt sich wohl daraus, daß die beschriebenen personalen und institutionellen Möglichkeiten einer örtlich-halböffentlichen politischen Ansprache von sozialdemokratischer Seite in einer Weise genutzt worden sind, die das Profil der wiedergegründeten Traditionspartei hinreichend einladend erscheinen ließ. Vermittelt wurde ein lokales Abbild der SPD Schumachers, das der HJ-Generation einen emotionalen und geistigen Grundkonsens mit *dieser* Selbstdarstellung der Arbeiterpartei ermöglichte, den die „Jungen" bei anderen Parteien nicht so leicht fanden.

9. Die Kamener Runde „lernwilliger junger Genossen" – politische Aufklärung frei von Parteiräson

Im Spätsommer 1945 hat Alfred Gleisner, der politische Vertraute des Parteisekretärs Biernat (und in diesem Amt dessen Nachfolger), in Kamen eine politische Gesprächsrunde ungewöhnlicher Art organisiert. Dieser Diskussionskreis, der in einer Gaststätte tagte, strahlte eine eigentümliche Anziehungskraft aus. Gleisner, so urteilt ein Teilnehmer der Runde rückblickend, „hat in den Jahren 1945/46 sich in hohem Maße bemüht, den Kontakt oder die Gesprächsbereitschaft zu der jungen, der jugendlichen Kriegsgeneration zu bekommen und sie für die Demokratie und sicher auch im Nebeneffekt – oder wie immer Haupt- und Nebeneffekt verteilt gewesen sein mögen – für die Sozialdemokratie zu gewinnen"[104].

Durch Zufall, vielleicht auch mit „Amtshilfe" der zu diesem Zeitpunkt schon von der SPD mitregierten Stadtverwaltung, war Gleisner in den Besitz der Führerkartei von Jungvolk und HJ in Kamen gekommen. Das ermöglichte ihm eine gezielte Ansprache eines 15–20 Personen zählenden Kreises, der zum Teil ohne jede Berührung mit den politischen Traditionen der Arbeiterbewegung herangewachsen war und der,

[104] Erinnerungsbericht Günther H.

umgekehrt, gestandenen Altgenossen als vormals aktiver Nachwuchskader der Nazi-Partei suspekt war. Günther H. erinnerte sich Jahre später: „Wir wurden im Spätsommer oder Herbst 1945, es kann Anfang September gewesen sein, von Gleisner angeschrieben, mit Namen und Adresse, und zu einem Ausspracheabend, etwa zu dem Thema ‚Deutschlands Zukunft', ... in eine Wirtschaft an der Bahnhofstraße geladen. Nun gab es natürlich einen engen Verkehr zwischen Gleichaltrigen, Generationsgenossen, von der Penne oder auch vom Jungvolk ... in so einer Kleinstadt traf man sich wie früher, man schlenderte ja auch, wir hatten alle noch nicht viel zu tun. Einige waren Rekonvaleszenten; ich z.B. mußte erstmal vier Wochen lang sehen, überhaupt wieder auf die Beine zu kommen. Aber wenn man durch die Stadt schlenderte, über den Marktplatz, traf man immer wieder Bekannte ... und dann latschte man mal zu denen mit nach Hause. Die Kommunikationsstruktur war überhaupt nicht unterbunden. So war es auch kein Wunder, daß wir schnell nach dieser Einladung zusammenkamen und dann auch erfuhren und erkannten, daß man nahezu alle – aus bestimmten Jahrgängen zumindest – angesprochen und angeschrieben hatte. Dann stellte sich natürlich die Frage: Gehst Du dahin? Soll man überhaupt zu den Sozis gehen? Nach meiner Erinnerung haben wir nach Debatten, wie das üblich ist, zumindest mit übergroßer Mehrheit – es gab keinen Beschluß, aber so einen Meinungstrend – uns so verstanden, daß wir gesagt haben: Wir gehen mal hin."[105] Gleisner startete seine Aktion, ohne sogleich die Feldzeichen selbstgewisser Parteipropaganda aufzupflanzen. Er vermied auch im weiteren eine parteidogmatische Engführung der Diskussion. Tatsächlich ist mindestens ein Teilnehmer der Gesprächsrunde, dem die „Sammlungsbewegung um Gleisner" nach eigener Aussage politisierende Impulse vermittelt hat, später der CDU beigetreten[106].

Für den Anfangserfolg des Kamener Modells und seine anschließend schrittweise enger geknüpfte Parteibindung war mit ausschlaggebend, daß sich der Kreis um Gleisner in Kommunikationsformen bewegte, die – trotz wechselnder organisatorischer Vorzeichen – einen geselligen, freimütigen und parteioffenen Diskurs garantierten. Diese Offenheit der Gesprächssituation trug dazu bei, daß aus dem ersten Gesprächsabend allmählich eine festere politische Verständigung zwischen klassenbewußten Altsozialisten und jenen jungen Kriegsteilnehmern erwuchs, die der Stadt als stramme Jugendfunktionäre des NS-Staates im Gedächtnis waren. Die Mehrzahl der Mitglieder des HJ-Führerkorps wuchs über Gleisners Initiative im Laufe der nächsten Jahre in die SPD hinein. „Als er sie erst für die SPD gewonnen hatte und ein Teil [von ihnen] auch das innere Klima der damaligen SPD kennengelernt hatte, da hielten sie sich da und fingen dann an, innerhalb der SPD tätig zu werden. Dies hat er sich sicher auch von seinen Anstößen erhofft (so selbstlos ist anders kein Parteisekretär)."[107]

Natürlich waren die Formen der direkten Begegung, der häufige Umgang aufgrund örtlicher Nähe und persönlicher Bekanntheit, allein nicht ausreichend, um das politische Denken der HJ-Generation, die sich eben nicht schlagartig aus sämtlichen ideologischen Befangenheiten ihrer nationalsozialistisch geprägten Wertewelt löste, in demokratische Bahnen umzuleiten. Es bedurfte orientierender Angebote, die inhaltlich

[105] Ebd.
[106] Erinnerungsbericht Norbert H.
[107] Erinnerungsbericht Günther H.

überzeugen konnten, die persönlich glaubhaft vertreten wurden sowie der Skepsis, dem Freimut und auch der Dünnhäutigkeit dieser Jüngeren Rechnung trugen.

In der Initiative Gleisners waren solche Voraussetzungen beinahe lehrstückhaft gegeben. Einmal wurde der Gruppenzusammenhang der ehemaligen HJ-Führer in den parteioffenen Ausspracheabenden gewahrt. Somit sahen sich die Jüngeren in einem gemeinhin politisch geächteten Abschnitt ihrer Biographie als Gesprächspartner akzeptiert. Eine psychologische Barriere für einverständige Begegnung war dadurch im vorhinein beiseite geräumt. Hinzu kam die Glaubwürdigkeit und rhetorische Überzeugungskraft der Personen, welche die sozialdemokratische Seite vertreten haben. Gleisner selbst, bei Kriegsende knapp 37 Jahre alt, mehrfach verwundet als Frontoffizier und hochdekoriert, selbst also dem Schicksalskollektiv der Kriegsgeneration zugehörig, genoß schon aufgrund seiner Vergangenheit bei den Jüngeren ein gewisses Ansehen. Obgleich er erst im August 1945 der SPD beitrat, besaß er dank der Herkunft aus einer Kamener Bergmannsfamilie auch Bindungen an das traditionelle sozialdemokratische Milieu.

Gleich zu Anfang gelang es Gleisner überdies, geachtete Exponenten des Traditionsflügels der Ortspartei für seine Idee einer unorthodoxen demokratischen Umerziehung zu gewinnen. Außer Josef Rissel, dem Steiger und Betriebsrat auf „Monopol" und ersten SPD-Ortsvereins-Vorsitzenden, war dies vor allem der Bergmann und erste sozialdemokratische Bürgermeister Kamens Gustav Wiezoreck. Belesen und bewandert in der sozialistischen Theorie, hatte dieser Teile seiner Bibliothek über die NS-Zeit hinweg retten können. Nicht zuletzt deshalb wurde er in einer Zeit, da kaum Gedrucktes existierte, zu einem gesuchten Gesprächspartner[108].

Über solche Wege erschloß sich der Generation, die mit dem pseudo-egalitären Gesellschaftsbild der nationalsozialistischen „Volksgemeinschaft" groß geworden war, das sozialkulturelle Milieu der klassenbewußten Arbeiterbewegung gleichsam von außen her. Wichtig war, daß selbstgewisse Schuldzuweisungen, zu denen wohl auch manche der alten SPD-Mitglieder in Kamen neigten[109], auf den Gleisnerschen Diskussionstreffen unterblieben. Fritz Holthoff, der etwa ein Jahr nach Gründung zu dem Kreis stieß, bestätigt: „Sie haben sich aufeinanderzu bewegt, und zwar in einem sachlichen Sinne, daß sie jeweils wichtige Informationen von den anderen aus deren Lebens- und Denkbereich empfangen haben, daß sie sich gegenseitig verständlich gemacht haben. Dieses Suchen in der geistigen Lebenswelt des anderen war wahrscheinlich auch der Grund dafür, daß eine gewisse Befriedigung bei diesem Zusammen[wirken] aufkam. Aus dieser Befriedigung entwickelte sich auch ein Verhältnis der gegenseitigen Anerkennung, des gegenseitigen Schätzens. Es war also nicht so, was heutige Vermutungen nahelegen, daß es menschliche Rangunterschiede in dem Sinn gegeben hatte, als würde derjenige, der aus dem Kriege kam, genötigt gewesen sein, um moralische Anerkennung zu ringen oder gar zu buhlen; dieses wurde von der einen Seite nicht angeboten und von der anderen nicht erwartet."[110] Gleisner hat diese Empfindlichkeit der Jüngeren wohl instinktiv erspürt. Die Schuldfrage zu klären, so referierte er, werde Aufgabe der Partei sein. Aber von der Schuld seien (außer denen, die Widerstand ge-

[108] „Er war so eine Art preußischer Arbeiter-Sozialist..."; Erinnerungsbericht Gerhard H.; „...das Typusbild des gebildeten Arbeiters"; Erinnerungsbericht Holthoff.

[109] Gleisner selbst bestätigt dies; Erinnerungsbericht vom 23. 11. 1979.

[110] Erinnerungsbericht Holthoff.

leistet hatten) alle Jugendlichen auszunehmen, „weil sie noch keine politische Meinung haben und hatten und zwangsläufig, d.h. durch Gesetz, nach nationalsozialistischen Grundsätzen ausgerichtet wurden“[111]. Allenfalls in einer Verbindung mit dem Versagen der Alten, die den Verirrungen ihrer Kinder nicht rechtzeitig gewehrt hätten, könne von einer Schuld der Jugend gesprochen werden[112].

Derart die Verstrickung des gesamten Volkes in das Terrorregime und die Schrekken des Krieges betont, verlor die Schuldfrage ihre – in der Tat schwer erträgliche und auch sachlich unhaltbare – generationsspezifische Verengung. Die Kriegsgeneration wurde vom moralischen Makel einer besonderen Täterschaft befreit. Sie hat allerdings ihrerseits auch kaum auf einer systematischen Erforschung der strukturellen und nationalkulturellen Ursachen der NS-Diktatur insistiert. Vorherrschendes politisches Bedürfnis war, „uns nicht mehr mit dem Gestern, das wir ja immer gegenwärtig hatten, sondern mit dem Morgen zu beschäftigen“[113]. So gesehen, barg dieser Versuch einer moralischen Entlastung der HJ-Generation auch ein bedenkliches Element.

So entschieden Gleisner eine spezielle Schuld der HJ-Generation zurückwies, so vernehmlich warnte er davor, „aus der Größe der [deutschen] Schuld für die Alliierten ein Recht zu einem neuen Versailles“ abzuleiten[114]. „Wir standen auf dem Standpunkt“, memoriert er heute rückblickend, „daß Deutschland zwar gründlich zerbrochen und zerstritten war, daß aber das deutsche Volk zu einer neuen geistigen Schöpfung fähig war. Das deutsche Volk wollte nicht nur Bauer im Schachspiel der Mächte sein.“[115] In solchen Aussagen klingt heute noch das national gefärbte Pathos der damaligen Reden Gleisners nach. Aber den suchenden Jüngeren, die durchaus noch an Nation und Nationalstaat als Leitbildern festhielten, boten gerade solche Bezeugungen von nationaler Selbstachtung und nationalem Selbstbehauptungswillen die Möglichkeit zu emotionaler Identifikation. Das Sozialdemokratische stellte sich ihnen dar als Perspektive einer demokratisch geläuterten nationalen Politik. Diesen Eindruck hat Gleisner offenbar gleich mit seinem Einleitungsreferat erzielt. Es war so, erinnert sich ein Zuhörer von damals, „daß Gleisner mit seinem Vortrag uns wirklich am Nerv traf, wenn er sagte, wir dürften in der Niedergeschlagenheit, in der sich Deutschland jetzt befände, tatsächlich wie bildlich, nicht verharren und etwa – er konnte sich ja zu so etwas verbal aufschwingen – die ‚Leichenfledderei‘ mancher Nachbarn, die dazu neigten, sich an dem schwachen Körper des deutschen Volkes jetzt zu vergreifen, anprangerte … Er warnte, sie würden das noch sehr bereuen; denn sie blieben ja unsere Nachbarn, und das deutsche Volk bliebe nicht auf diesem Nullpunkt. Es würde sich wieder regen, und es habe eine Zukunft. Dies also mit selbstbewußter, eigener, spürbarer innerer Überzeugung vorgetragen zu hören, das hat uns eigentlich alle bewegt und auch getroffen.“[116] Nicht das sozialistische, sondern das nationale Argument baute also wesentlich die Brücke, über welche ein Teil der Kriegsgeneration sich 1945 der SPD angenähert hat.

[111] Undatierte Redevorlage Gleisners (spätestens Herbst 1946); Privatbesitz Gleisner.

[112] Andere (gleichfalls undatierte) Redevorlage Gleisners aus den späten vierziger Jahren; ebd.

[113] Erinnerungsbericht Gleisner vom 23. 11. 1979.

[114] Andere (gleichfalls undatierte) Redevorlage Gleisners aus den späten vierziger Jahren; Privatbesitz Gleisner.

[115] Erinnerungsbericht Gleisner vom 23. 11. 1979.

[116] Erinnerungsbericht Günther H.

An der sozialdemokratischen Selbstdarstellung als einer nationalen und patriotischen Sammlungspartei wird deutlich, wie sehr um diese Zeit politische Perspektiven, die überörtlich und gesamtstaatlich ausgelegt waren, auch die lokale Wahrnehmung von Politik bestimmt haben[117]. Was Alfred Gleisner mit Worten und durch seine Person am Ort an politischen Anstößen vermittelte, erhielt in der eindrücklichen Gestalt Kurt Schumachers eine den lokalen Horizont überhöhende Identifikation. Schumacher überzeugte als „kämpferischer Darsteller sozialdemokratischer Politik" (so der damals 16jährige ehemalige „Jungzugführer" Egon P., der im November 1945 eine Kundgebung mit dem SPD-Führer in Hamm besuchte und dadurch zum Parteieintritt bewegt wurde[118]), vor allem aber als Anwalt der Kriegsgeneration, weil er ihr – so drückt es Fritz Holthoff aus – frühzeitig die Peinlichkeit einer besonderen moralischen Rechtfertigung nahm[119].

Gleisner ging noch einen Schritt weiter, indem er der jugendlichen Begeisterungsfähigkeit, welche sich ehedem die Nationalsozialisten dienstbar gemacht hatten, eine demokratische Tugend abgewann. Er hatte, so urteilt heute ein Mitglied der Gleisner-Runde, ein Gespür „für das, was diese junge Generation von meist ehemaligen Jungvolk-Führern gern hörte, wenn er sagte, für ihn sei es ein Ausweis von Dynamik und Aktivität, wenn man sich überhaupt eingesetzt habe, und er setze darauf, daß diese Dynamik und Aktivität erhalten geblieben sei"[120].

Demgegenüber fanden CDU und KPD, die gleichfalls mit besonderen Veranstaltungen die junge Generation umwarben, in dieser lokalen Gruppe von vormaligen Jungvolk- und HJ-Führern aus verschiedenen Gründen wenig Anklang. Die KPD-Versammlungen, so erinnert sich Günther H., seien nicht so attraktiv gewesen wie die Diskussionsrunde Gleisners. Aber „es gab einen Ansatzpunkt aus der Debatte bei Gleisner, das Stichwort hieß ‚Kommunistisches Manifest', und von daher landeten wir dann bei den Kommunisten; aber da war dann immer gleich die Frage, inwieweit sind die frei zu einer kommunistischen Gestaltung in Deutschland oder moskauhörig, wie das Stichwort damals hieß ... Diesen Antiaffekt gegen die Kommunisten brachten wir ja möglicherweise aus der Nazizeit mit."[121]

Bei der CDU sei man, so H., selbstverständlich auch gewesen. „Unsere Frage nach programmatischen Vorstellungen der CDU, die man nachlesen kann und über die man diskutieren kann, die hat die CDU damals nicht beantworten können. Es wurde geschichtlich argumentiert: daß es darauf ankomme, auf der Basis des Christentums ein neues Deutschland aufzubauen. Aber damit haben wir uns nicht zufrieden gegeben."[122] Den jungen Besuchern, die inhaltlich tiefer diskutieren wollten, bot der Kamener CDU-Vorsitzende schließlich an, Kapitel aus Augustinus' „Gottesstaat" miteinander zu lesen. „Ich weiß noch, daß wir uns lange noch darüber mokiert haben ... Ich weiß, daß die Überheblichkeit, mit der wir auf den Kirchenvater damals geblickt ha-

[117] Zur Konzeption Kurt Schumachers ein knapper Abriß bei Lutz Niethammer, Die Mitläuferfabrik. Die Entnazifizierung am Beispiel Bayerns, Berlin 1982, S. 211 ff.

[118] Erinnerungsbericht Egon P.

[119] „Kurt Schumacher ist der Mann gewesen, der viele von uns – mich auch – in die SPD geholt hat." Erinnerungsbericht Holthoff.

[120] Erinnerungsbericht Günther H.

[121] Ebd.

[122] Ebd. „Ich wüßte gar nicht", merkt auch Karl R. an, „wieso ich damals hätte zur CDU gehen sollen ..., die CDU bot eigentlich nichts an." Erinnerungsbericht vom 25. 10. 1984.

ben, nicht berechtigt war; aber uns 1945 oder 1946 mit jemandem zu kommen, der aus dem 4. Jahrhundert stammt, das fanden wir damals abstrus für eine gerade neugegründete Partei."[123]

Es war nicht primär ein bürgerliches Erscheinungsbild der CDU (in Kamen hatte die Partei einen starken Arbeiterflügel), das abschreckte; eher verfestigte sich offenbar der Eindruck einer programmatisch unscharfen, betulichen und auch konfessionell allzu gebundenen Partei. „Unser Mißtrauen galt eher dem Klerikalismus, der sich hier ein politisches Mäntelchen umhängte, also nicht antibürgerlich, sondern antiklerikal. Gegenüber den Kommunisten das Mißtrauen, die sind vielleicht doch moskauhörig, gegenüber der CDU war es ein antiklerikaler Affekt."[124]

Die sporadischen Zusammenkünfte mit Gleisner in der Kamener „Lindenschänke" mündeten im Spätherbst 1945 in eine regelmäßige sonntägliche politische Schulung ein. Mit Rundschreiben vom 15. Oktober („An alle Junggenossen") lud der SPD-Ortsvorstand zur „gemeinschaftlichen politischen Fort- und Weiterbildung" ein[125]. „Es ist jeder so alt, wie er sich fühlt" – aus diesem Grunde würden, hieß es, Altersgrenzen nicht festgesetzt. Die Leitung des Kurses übernahm Gleisner, und: „Genosse Wiezoreck wird in drei Vorträgen zur marxistischen Lehre sprechen, insbesondere aber an den Diskussionen der Lehrgangsteilnehmer nach jedem Vortrag besonders beteiligt sein."[126] Die Vortragsthemen setzten ganz unterschiedliche Schwerpunkte: das Programm der NSDAP, die Ursachen der nationalsozialistischen Machtergreifung, Hitlers Außenpolitik, Marxismus, Föderalismus, „Politischer Idealismus" und anderes mehr.

10. Der „Bergheimer Kreis"

Ende Januar 1946 lief der Schulungskurs aus. Dies war ungefähr auch der Zeitpunkt, zu dem sich aus der ursprünglich wenig strukturierten Diskussion eine spezifisch kulturpolitische Intention herausschälte. Ihre Kontinuität bewahrten die Bildungsinteressen und Orientierungsbedürfnisse der aus der Gleisner-Runde verbliebenen Kerngruppe einmal im Aufbau einer örtlichen Volkshochschule, dann aber auch in fortgesetzten theoretischen Grundsatzdebatten, die sich jetzt zeitweise in die private Sphäre eines häuslichen Freundeskreises zurückverlagerten. Die „Reprivatisierung" des politischen Diskurses ergab sich – das mutet zunächst paradox an – aus der engeren Berührung mit dem Alltag der SPD, in welche einige der Jüngeren inzwischen eingetreten waren: „Da hatten wir nun ein Bein in der Partei, aber doch ein ziemliches Mißvergnügen an den üblichen Parteiversammlungen ... Kommunalpolitik spielte eine große Rolle ... Aber das war noch nicht das, was uns damals interessierte. Es geht ja wohl auch eher die Entwicklung so, daß die jungen Leute das Abstrakte schätzen ... Also bei den Versammlungen gab es stets einen Referenten, der war unterschiedlich gut oder schlecht, die Diskussionen waren aber nicht so, daß sie auf Fragen, die wir hatten, zulängliche Antworten gaben. Es wurde fleißig diskutiert, es erschienen oft auch Kommunisten, mit denen es heftige bis dramatische Kontroversen gab. Aber wir

[123] Erinnerungsbericht Günther H.
[124] Ebd.
[125] Vollständig abgedruckt bei Holtmann, Krieg, S. 249 f.
[126] Ebd.

steckten noch voller Fragen grundsätzlicher Art und fanden dafür dort keine Plattform ... Daraus erwuchs dann die Absicht, uns im Rahmen der Partei als junge Leute, die vergleichsweise ähnliche Fragen hatten, zusammenzusetzen und uns selber Vorträge zu halten."[127] Solche Vorträge fanden anfangs in Privathäusern, später im Gesellschaftszimmer des Kamener Hotels Bergheim („König von Preußen") statt. Ende 1948 wurde der Bergheimer Kreis als Kulturpolitischer Arbeitskreis des SPD-Unterbezirks Hamm in das Gefüge der Partei eingegliedert.

Unter dem Vorsitz Fritz Holthoffs entwickelte sich der Kreis, der SPD-Mitgliedern und weiterhin auch Nichtparteigebundenen offenstand, zu einem kulturpolitisch akzentuierten Forum, das sich, insoweit die Bemühungen der suchenden Kriegsgeneration um Selbstaufklärung fortsetzend, der geistigen und programmatischen Standortbestimmung der Partei widmete[128]. Durch Vermittlung Gleisners gewann man prominente Sozialdemokraten wie Dr. Bleiss und Dr. Lütkens, Prof. Carlo Schmid und Prof. Erik Nölting als Gastreferenten. Nicht zufällig befanden sich unter den Vortragenden der Partei angehörende oder ihr nahestehende Intellektuelle, die, wie etwa Waldemar von Knoeringen oder Arno Hennig, aber auch die evangelischen Theologen Ehrenberg, Ahne und Harder, bereits zu dieser Zeit über eine programmatische Erneuerung der SPD nachdachten. Arno Hennig referierte am 6. Februar 1950 in Kamen über die ideologischen Grundlagen der SPD. Marxens „Kapital", so blieb dem über den Vortrag informierten britischen Kreisresidenten im Gedächtnis, könne laut Hennig nicht länger als „Bibel" des Sozialismus angesehen werden. „Hennig und seine Freunde sind fest davon überzeugt, daß Marx, würde er heutzutage leben, von seinem Wirtschaftsprogramm abrücken oder es unter metaphysischen Aspekten weiterentwickeln würde." Der Mißbrauch von Macht drohe, so Hennig, nicht nur vom Kapital, sondern auch von politischen Gewalten. Entlang der Richtwerte von Vertrauen, Gerechtigkeit, Freiheit und Toleranz müsse man eine neue Form sozialer Lebensgestaltung entwikkeln[129].

Thesen, wie sie Arno Hennig für den Reformflügel der SPD artikulierte, und die dahin zielten, die Partei aus dem ideologischen Monolith marxistischer Orthodoxie herauszulösen, fielen im Bergheimer Kreis auf fruchtbaren Boden. Die Vertreter einer nachwachsenden Parteigeneration, die sich im kulturpolitischen Arbeitskreis des Unterbezirks sammelten, verstanden wie Hennig den demokratischen Sozialismus als eine politische Ethik, die ideengeschichtlich pluralistisch fundiert war und auch für christliche Grundüberzeugungen offen sein sollte[130].

Im sozialdemokratischen Verständnis der „Bergheimer" wuchs dem Staat – nicht zuletzt als Träger einer emanzipatorisch ausgerichteten Erziehungs- und Kulturarbeit – eine positive politische Rolle zu. Nicht aus neomarxistischen Antrieben heraus bestimmte die in Bergheim versammelte Kriegsgeneration ihre Position in der SPD, sondern als neue Lassalleaner: „Der Einstieg über Lassalle in die Sozialdemokratie und

[127] Erinnerungsbericht Günther H.

[128] Der Bergheimer Kreis, referierte Fritz Holthoff auf dem Unterbezirks-Parteitag 1950, habe „in erster Linie eine bildnerische Aufgabe", die im Laufe der Zeit auf alle Ortsgruppen der Partei ausstrahlen solle. In: Westfälische Rundschau vom 12. 3. 1950.

[129] British Resident Unna/Hamm, Monthly Report LK Unna, February 1950; PRO, FO 1013/579.

[130] Das veranschaulicht z. B. das von Gerhard H. auf einem von Ev. Kirchengemeinde und SPD gemeinsam veranstalteten Diskussionsabend im September 1950 in Kamen gehaltene Korreferat zum Thema „Mensch, Kirchen, Parteien im sozialistischen Menschenbild". In: Hellweger Anzeiger vom 29. 9. 1950.

in die Geschichte der Sozialdemokratie war ja eigentlich für Leute unseres Herkommens darum so leicht gangbar, weil er ein Bejaher des Staates war im Gegensatz zu Marx, der ja doch im wesentlichen den Staat absterben lassen wollte."[131] Auch der Patriotismus und das, wie Fritz Holthoff sein und seiner Gesinnungsgenossen damaliges Empfinden beschreibt, „politische Tat-Menschentum"[132] machten Lassalle für diese Generation, die den Drang nach Selbstaufklärung mit aktionistischer Ungeduld verband, zur historischen sozialdemokratischen Leitfigur[133].

11. „Bergheimer Perspektiven": Der Ausbruch aus den sozialen Beschränkungen des sozialdemokratischen Traditionsmilieus

Aus dem üblichen Trott von Parteiabenden ausgelagert und von ideologischer Engstirnigkeit unbelastet, half der Bergheimer Kreis, die Eingewöhnung der jungen Neumitglieder in die sozialdemokratische Traditionsgemeinschaft zu erleichtern. Die Angleichung so unterschiedlicher SPD-Generationen ist ja keineswegs harmonisch verlaufen. Beiderseits keimten Vorurteile und Irritationen auf. Die diskutierlustigen und aktionseifrigen ehemaligen HJler setzten sich, eben erst das Mitgliedsbuch in Händen, unverblümt über geheiligte sozialdemokratische Bewährungsregeln hinweg, nach denen Parteiämter nach Anciennität und langjährigem Funktionärsdienst vergeben wurden. Umgekehrt schlug ihnen, die ja zum Teil Gymnasialabsolventen aus bürgerlichen Elternhäusern waren, von seiten manches Bergarbeiters und Betriebsrats ein unverhohlener Klassenargwohn entgegen.

Den „alten ehrenwerten Genossen" (Alfred Gleisner), die nach dem Krieg das Rückgrat der Partei bildeten, mochte im Grunde niemand den Respekt versagen. Aber die Begegnung mit ihnen war für die Jüngeren wenig anregend, lebten doch die Vorstellungen dieser Alten mehr in Gedanken, „denen eins auszuwischen, die sich in der Nazi-Zeit nicht zur Roten Fahne und zum Sozialismus bekannt hatten"[134]. Daß sich Bergheimer Kreis und SPD-Ortsverein dennoch nicht wirklich entfremdet haben, lag einmal an der erwähnten personellen Verschränkung mit dem Kernmilieu, zum anderen daran, daß Bergheim auf seine Weise, nämlich als Mittel zur Selbstbildung, in die Tradition der Arbeiterbewegung eintrat. Bei der Gründung der Gleisner-Runde, später des Bergheimer Kreises, stand diese historische Kontinuität zweifellos nicht als bewußter Reflex sozialistischer Vergangenheit Pate; aber mit Gustav Wiezoreck, dem marxistischen Theoretiker der Ortspartei, und mit Josef Rissel, ihrem ersten Nachkriegs-Ortsvorsitzenden, arbeiteten in dem Kreis auch klassenbewußte Sprecher der alten Arbeiterpartei mit. Sie haben nicht nur als Bindeglied zwischen den Generationen fungiert, sondern – Wiezoreck zumal – auch den Jüngeren eine Vorstellung von der Gedankenwelt und dem Lernwillen klassischer proletarischer Selbstaufklärung vermittelt.

131 Erinnerungsbericht Holthoff.

132 Ebd.

133 Dieser Lassalleanismus findet sich auch in der Konzeption Schumachers, der anderen, zeitgenössischen Identifikationsgestalt der Kriegsgeneration wieder. Dazu der Hinweis bei Miller, Godesberg, S. 13.

134 Erinnerungsbericht Gleisner vom 23. 11. 1979. Was an den Älteren gefiel, war laut Fritz Holthoff „eigentlich mehr ihre rührende Treue gegenüber der SPD, auch durch die 12 Jahre Nationalsozialismus, es war nicht etwa der geistige Horizont oder die umfassende Informiertheit." Erinnerungsbericht Holthoff.

In den Formen setzte Bergheim die Tradition der älteren Arbeiterbildungsvereine fort. „Rang kömmt nicht in Anschlag“ – diese ständeübergreifende demokratische Selbstverpflichtung der alten Bonner Lesegesellschaft des späten 18. Jahrhunderts hat als ungeschriebene Regel auch den Stil des Bergheimer Kreises geprägt: „Darin hat ja auch der außerordentliche Wert des Bergheimer Kreises gelegen, daß eben ... das Bürgertum, Söhne des Bürgertums, angesprochen werden konnten. Es war eine Plattform, die eben parteilich nicht eng gefaßt und beschrieben war, ein freier Zugang, es fühlte sich niemand, der geistig woanders angesiedelt war, desavouiert, indem er da hinging, es war freie Diskussion, ohne Scheuklappen und ohne bestimmte Prämissen, die man anerkennen mußte.“[135] Erkennbar auch in dem äußeren Rahmen des Forums, wurde das aufklärerische Traditionsbewußtsein der Arbeiterbewegung neu belebt und zugleich in die „ideale“ Gesprächsform bürgerlicher Öffentlichkeit hinübergeführt. Mit der Auswahl des gutbürgerlichen Hotels Bergheim als Verkehrslokal hatte sich Alfred Gleisner, unterstützt von Hubert Biernat, bewußt von Versammlungsgewohnheiten abgesetzt, die in der sozialen Isoliertheit (und trinkfesten Geselligkeit) des proletarischen Milieus befangen blieben: „Wir hatten noch in Erinnerung, wie vor dem Krieg bei Stahl am Edelfriedhof oder bei Nagel am Westentor mehr Schnaps getrunken wurde als Bier, und daß dort eben die Stammlokale der Sozialdemokraten waren. Das wollten wir nicht mehr. Und so haben wir uns gegen den Willen der Alten durchgesetzt und haben das angesehene Hotel ‚König von Preußen‘, Besitzer Bergheim, praktisch in Besitz genommen. Die Arbeiter haben das später auch mit Widerstreben anerkannt. Denn sie merkten, daß es notwendig ist, wenn man Leute wie Carlo Schmid oder Ollenhauer oder andere nach Kamen einlädt, um mit ihnen über die Zukunft zu reden, daß das schlecht in den Kneipen ging, in denen man sich nicht sah, weil schlechter Tabak geraucht wurde, und Zechenfusel, den die Arbeiter als Deputat erhielten, getrunken wurde.“[136] Man mag den Vorsatz, sich gleichsam demonstrativ ein Entrée in die bürgerliche Salonwelt der Kleinstadt Kamen zu verschaffen, heute als reputierlich belächeln. Aber damals hat nicht zuletzt diese Form des Gesprächs, in die das von Sozialdemokraten initiierte Forum symbolisch und tatsächlich eintrat, es möglich gemacht, eine kulturelle Tradition der Arbeiterbewegung in einem bewahrenden und erinnernden Sinne aufzuheben und zugleich solche Kreise anzusprechen, die der Arbeiterpartei traditionell fernstanden. So konnte der Bergheimer Kreis die Dimensionen einer geistigen Drehscheibe annehmen, über deren Anschluß-Möglichkeiten die gewachsenen Milieustrukturen von Arbeiterschaft und Bürgertum – denn auch dieses fand sich in Gestalt einzelner örtlicher Außenseiter ein – mit der sozial querliegenden Kriegsgeneration verknüpft wurden.

Aus der Verbindung von SPD und Kriegsgeneration entwickelte sich eine soziale Dynamik, die über die traditionellen Milieuschranken der Arbeiterpartei hinauswies. Jene Jüngeren, die dem Jungvolk- und HJ-Dienst noch nicht lange entwachsen waren, standen den herkömmlichen sozialhierarchischen Markierungen der bürgerlichen Gesellschaft recht unbefangen gegenüber. Ein Denken, das Klassengrenzen akzentuierte, lehnten sie ebenfalls ab. Eines hatte die nationalsozialistische Indoktrination immerhin zuwege gebracht: Die Parolen einer klassenlosen Volksgemeinschaft waren im ört-

[135] Ebd.
[136] Erinnerungsbericht Gleisner.

lichen Führerkorps des Jungvolks und der Hitler-Jugend gläubig verinnerlicht worden. Das daraus entwickelte Sozialbewußtsein umschreibt der frühere Fähnleinführer Günther H. so: „Ich hatte zeitweilig ein Fähnleingebiet, in dem überwiegend arbeitende Bevölkerung wohnte, also der ganze Kamener Westen mit Bollwerk, Lindenstraße, dazu das sogenannte ‚Negerdorf'... Man darf nicht übersehen, wir nahmen ja den Aspekt, den die Nazis auch immer propagandistisch pflegten, daß man für die Arbeiter sei, soweit ernst, daß wir uns auch sehr bemüht haben, für die Führermannschaft Arbeiter-Kinder zu finden, die aktiven von ihnen zu erkennen und denen dann auch gleich durch solche Dinge Hilfe und Stützung, wie man das damals meinte und empfand, zu geben.

In meiner Zeit als Fähnleinführer hatte ich mir eine Führermannschaft herangezogen, bei der ich Wert darauf gelegt habe, so wie ich die Nazi-Ideologie verstand, daß die nicht nur aus Pennälern bestand (überwiegend waren sonst die Jungvolk-Führer Pennäler). Ich war ganz stolz darauf; denn ich selbst war ja Pennäler. In den fünf Führungspositionen z. B. war nur noch ein einziger Pennäler, alle anderen waren Jungen anderer Herkunft, zwei davon aus Arbeiterfamilien, sie waren Söhne von Bergleuten, die anderen von Handwerkern. Darin also sah ich meinen Auftrag erfüllt. Das entsprach auch unserer Grundstimmung, die sich in einem damals viel gesungenen Lied zeigte, das wir besonders gerne sangen: ‚Wir sind nicht Bürger, Bauern, Arbeitsmann, haut die Schranken doch zusammen, Kameraden'."[137] Bei diesen Angehörigen der nationalsozialistischen Staatsjugend lebte trotz aller paramilitärischen Gleichrichtungszwänge eine bündisch geprägte Dienstauffassung fort, die laut Günther H. im Jungvolk als „Freikorps-Geist" verstanden wurde. Führerqualitäten sollten sich nicht durch die formale Autorität des höheren Dienstgrades, sondern das überzeugende persönliche Vorbild beweisen: „Dies widersprach ganz den immer administrativer und halbmilitaristisch werdenden Anordnungen von oben für den Jungvolk-Betrieb ... Das haben wir auch gemerkt und uns innerlich dagegen aufgelehnt ... Wenn wir vom Freikorps-Geist sprachen, dann bedeutete das, daß ein Jungvolk-Führer sich daran messen lassen mußte, ob es ihm gelang, die freiwillige Gefolgschaft seiner Jungen zu erzielen. Ich habe zweimal Jungvolk-Führer abgesetzt, denen das nicht gelang. Mir kam es nicht darauf an, daß die Pflichterfüllung durch Zwang zustande kam. An und für sich mußten die Jungen ja kommen, man mußte sich entschuldigen, wie man sich in der Schule entschuldigte, dazu wurden immer Dienstkontrollen – wie man das hieß – durchgeführt. Da einen administrativen Druck auszuüben, haben wir aber abgelehnt ... Aber um so mehr kam es uns darauf an, unsere Jungen in ihrer inneren Haltung in unserem Sinne zu formen, aber das war die durch unseren Oberbegriff ‚Freikorps-Geist' gefaßte Freiwilligkeit."[138]

Das milieuvernetzende, jugendbündische Selbstverständnis wirkte in den Einstellungen dieser Generation über die Zäsur des politischen Systemwechsels hinaus weiter – einmal als „antibürgerlicher Affekt" (Günther H.), der möglicherweise eben doch die innere Distanz zur als bürgerlich-betulich empfundenen CDU vertieft hat, und zum anderen in dem Bekenntnis zu persönlicher „Frontbewährung" durch aktivierende Leistung. Dieses Leistungsverständnis hatte sich in der Opposition gegen die

[137] Erinnerungsbericht Günther H.
[138] Ebd.

Militarisierung des Jungvolks und gegen nationalsozialistisches „Bonzentum" entwikkelt („Wir haben uns als Jungvolk-Führer oft in einer inneren Ablehnung gegenüber den Nazi-Bonzen gefühlt und verstanden."[139]) und wirkte hernach in der politischen Arbeit innerhalb der SPD untergründig mit, als die Jungen gegen die Funktionärsmentalität des Parteiapparats rebellierten. Wie zuvor in jugendlicher Empörung über das anmaßende Auftreten nationalsozialistischer Würdenträger, wurde jetzt „die Idee" gegen ihre Verfremdung und Verfälschung durch den „Apparat" verteidigt. Dazu nochmals Günther H.: „Ich bin 1941 durch den Ortsgruppenleiter der Partei wegen gravierender Führungsfehler und Widerstände in den eigenen Reihen, wie es hieß, abgesetzt worden. Das hatte aber einen Hintergrund, der mit dem Stichwort Bonzentum und Gegnerschaft dagegen zu tun hatte. Ich wurde mit einem Freund unfreiwillig Ohrenzeuge in einem von uns viel besuchten Café eines Gesprächs dieses Ortsgruppenleiters mit einem Bauern, in dem sie verhandelten, wie er diesem Ortsgruppenleiter ein schwarzgeschlachtetes Schwein besorgen wollte. Wir haben nicht darüber geschwiegen, wir haben es aber auch nicht groß breitgetreten, aber es machte doch die Runde. Ich erinnere mich noch, mit welcher jugendlichen inneren moralischen Empörung wir uns darüber ausgelassen haben. Das ist der eigentliche und wahre Grund für meine Absetzung gewesen ... Und von ähnlichen Dingen hatten wir ja in unseren engen Lebensverhältnissen und als Interne genug mitgekriegt, daß dies kein Einzelbeispiel war. So machten wir schon immer einen Unterschied zwischen uns und den Bonzen."[140] Wer seinen „Führerdienst" vor 1945 im Sinne einer sozialintegrativen Sendung aufgefaßt und praktiziert hatte, sträubte sich hernach gegen das ideologische Festmauern von Klassenschranken und versagte sich einem Denken in Kategorien von Klassenkämpfen. Wo man sich jetzt mit Marx und dem Marxismus in diesem Kreis befaßte, wurde bezeichnenderweise das Marxsche Menschenbild als Fundament einer neuen politischen Humanethik entdeckt.

In den Diskussionen Bergheims früh erkennbar, wies die politische Perspektive dieser Angehörigen der Zwischengeneration über die soziale Monostruktur der sozialdemokratischen Klassenpartei hinaus. Diese Generation wuchs in den örtlichen Unterbau und Solidarzusammenhang der Partei allmählich fester hinein und veränderte dabei das Profil der SPD von unten her schrittweise in Richtung einer sozialistischen Volkspartei.

12. Eine verwandte Bildungsinitiative: Die Volkshochschule

Bevor der Bergheimer Kreis seine endgültige organisatorische Gestalt annahm, entstand mit der Volkshochschule ein weiterer lokaler Kristallisationspunkt kultureller (Selbst)Aufklärung und Weiterbildung. Im Sommer 1946 reifte in Kamen der Plan, eine Volkshochschule zu gründen. Die Initiatoren dieser Idee zählten ebenfalls zu der Gesprächsrunde, die Alfred Gleisner um sich versammelte. „Gerhard H. und ich hatten die Kamener Volkshochschule in Eigeninitiative, wenn man so will: aus purem Mutwillen, aus der Taufe gehoben. Das lag zwar in der Luft, in der Zeitung war von

[139] Ebd.
[140] Ebd.

vielen Volkshochschulgründungen die Rede, aber in Kamen hatten wir keine. Wir wollten auch eine haben. Wir wollten sie haben, um unsere Diskussionsplattform zu verbreitern, zu institutionalisieren, und glaubten, davon selber auch zu gewinnen."[141] Wie die Gleisner-Runde, so erfolgte auch die Gründung der Volkshochschule ohne parteipolitische Vorzeichen. Die aus der Begegnung mit der SPD gewonnenen politischen Impulse schwangen in der Gründungsidee jedoch mit: „Was man uns in dem SPD-Kreis damals deutlich machte, war, daß die SPD in Deutschland auch eine Wurzel in den Arbeiterbildungsvereinen gehabt hätte und überhaupt die gute Erbin der bürgerlichen Bildung sei. Als solche Vermittler haben wir uns selbst verstanden, schon zu einem frühen Zeitpunkt, und dies (galt) wohl auch bei allen. Auch die CDU hatte ja damals eine ganz andere soziale Perspektive, um das Ahlener Programm zu nennen. Daß es also darauf ankam, in neuer und aufgeschlossenerer Weise als früher, zusammen mit der Arbeiterschaft die aufzubauende Demokratie zu gestalten, das war weitverbreitetes Gemeingut, und daß dazu auch gehörte, gemeinsam den Zugang zu der sogenannten bürgerlichen Bildung zu erschließen, empfanden wir als selbstverständlichen Auftrag bei der Gründung der Volkshochschule."[142] In Kamen (wie auch an drei weiteren Orten im Kreis Unna) entwickelten sich die Volkshochschulen nicht zu sozialpädagogischen Anhängseln der sozialdemokratischen Mehrheitspartei. Andernfalls wäre es den jungen Urhebern des Unternehmens, die ja teilweise noch keine SPD-Mitglieder waren, gewiß ungleich schwerer gefallen, Lehrkräfte des städtischen Gymnasiums, die einen „unpolitisch"-bürgerlichen Habitus pflegten, als Dozenten zu gewinnen. Nicht als Bildungsobleute einer Arbeiterpartei, sondern als Absolventen ihrer alten Schule sprachen die jungen „Gründerväter" der Volkshochschule bei Studienräten vor, die ihnen aus der eigenen Schülerzeit noch bekannt waren. Dieser vorzeigbare Status von „Ehemaligen", von Abiturienten aus „gutem Hause", machte das Volksbildungswerk in der Bergarbeiterstadt für „Akademiker" gesellschaftsfähig. „Da niemand sonst die Idee aufgriff, sind dann wir beide losgezogen und haben Leute gesucht, die das mit uns machten. Der damalige Direktor des Kamener Gymnasiums, ein Nicht-Pg, unser ehemaliger Biologielehrer Dr. B., war bereit, Vorsitzender des Kuratoriums zu sein, das wir brauchten. Wir brauchten dann Dozenten und haben bei Studienräten des Kamener Gymnasiums angeklopft, haben uns ‚Körbe' geholt wie auch Zusagen ... Wir haben wirklich einfach losgelegt, mit Leuten verhandelt, mit der Stadt, die Aula wurde zur Verfügung gestellt, die Schulräume auch. So trat die Volkshochschule ins Leben und hatte anfangs einen riesigen Zulauf."[143]

Das Bildungswerk entpuppte sich als nützlich für das Anknüpfen neuer persönlicher Bekanntschaften, die wiederum das lokale Netzwerk der geistigen Neuorientierung weiter ausweben halfen. Zu einer Besprechung, die vor Eröffnung des Startsemesters anberaumt war, fanden sich annähernd 100 Interessenten ein. „Da wurde über das Programm gesprochen und – besonders wichtig – für die vorgesehenen Arbeitsgruppen die Betreuer gesucht. Die waren nicht nur ohne Mühe zu finden, sondern da-

[141] Ebd. Am 14. 11. 1946, einem Sonntag, wurde das Volksbildungswerk in der Aula des Kamener Gymnasiums durch den Bürgermeister Wiezoreck und mit einer Rede des Kreistagsabgeordneten Gleisner offiziell eröffnet. Siehe dazu auch die ausführliche Debatte in der Sitzung des Städt. Kulturausschusses Kamen am 25. 11. 1946; Stadtarchiv Kamen, Nr. 1910.

[142] Erinnerungsbericht Günther H. Mitglied des Kuratoriums war u.a. auch das CDU-Mitglied Norbert H.; vgl. Anm. 99.

[143] Erinnerungsbericht Günther H.

bei gab es auch neue Gesichter von nach Kamen Evakuierten, entlassenen Soldaten, die hier – zunächst – bei Freunden hängen geblieben waren, und Vertriebenen. So bildete sich ein neuer fester Arbeits- und auch Gesprächskreis, dessen Themen natürlich nicht auf Ablauffragen des Volkshochschul-Betriebs beschränkt waren."[144] Über den Betreuerkreis der Volkshochschule erschlossen sich wiederum Kontakte zu anderen vorpolitischen Gruppen der Kriegsgeneration: „Eine dritte Gruppe, zu der wir Kontakt bekamen, waren die Förderkursler. Das waren ehemalige Gymnasiasten aus den Abschlußklassen, die in einjährigen Kursen am Gymnasium auf das Abitur vorbereitet wurden. In diesem Förderkurs gab es eine Dreier-Führungsgruppe, wovon einer Gruppenbetreuer in der Volkshochschule war. Über diesen kam zunächst ich in Kontakt, und daraus ergaben sich weitere und intensive Verbindungen."[145]

Im Laufe der Jahre 1946/47 „gingen die drei Kreise beinahe unscharf ineinander über, was besonders eine Kerngruppe von jungen Leuten angeht, die das eine mittrug oder an dem anderen wenigstens partizipierte"[146]. Aus persönlicher Mehrfachbeteiligung an sich überschneidenden Kommunikationskreisen entwickelte sich nicht selten eine „geistige und seelische Gleichgerichtetheit" (Fritz Holthoff), die dann auch deutliche parteipolitische Konturen annahm – gewiß auch dadurch beeinflußt, daß in den kommunalen Verwaltungen der meisten Gemeinden des Kreises Unna die SPD inzwischen klar dominierte. Der Bergheimer Kreis wurde und blieb die intellektuelle Mitte dieses lokalkulturellen Netzwerks, dessen identitätsstiftende Funktion gleichfalls Fritz Holthoff hervorhebt: „Jetzt ist interessant, daß ein Teil der Volkshochschulleiter ... zugleich Mitglied des Bergheimer Kreises gewesen ist. Insofern sahen wir uns also oft wieder und wollten das gleiche ... Ich bin 1947 in die SPD eingetreten. Das hing damit zusammen, daß an der Gemeinschaftsschule in Rünthe, an der ich tätig war, fast alle Lehrer in der SPD waren. Der Bürgermeister des Ortes war Sozialdemokrat, einer, der uns sehr wohlgewogen war, uns, der jüngeren Generation. Die meisten an meiner Schule sind ehemalige Offiziere gewesen, auch Kriegsgeneration, die – wie gesagt – der SPD angehörten, dem Bergheimer Kreis, den Volkshochschulen des Kreises Unna."[147] In Erinnerungen wie diesen äußert sich noch nachträglich ein „mehr oder weniger gleiches Generationsgefühl" (Holthoff), das in politische und kulturelle Aktivität einmündete. Die personelle Kontinuität behielt diese politisch tätige Generation in Männern wie Gerhard H. und Günther H., die schon zu Gleisners Gesprächskreis in der „Lindenschänke" gehört hatten, die dann an der Sonntagsschulung bei „Lamm" teilnahmen, beide gemeinsam die VHS Kamen gründeten, zum Bergheimer Kreis zählten und – mit Fritz Holthoff als Drittem – die Denkschrift zur Erneuerung der Sozialdemokratischen Partei im Oktober 1953 verfaßt haben. In dieser örtlichen Verbindung von SPD und Kriegsgeneration wird nicht nur ein Stück Parteientwicklung der Nachkriegsjahre anschaulich, solche überschaubaren, generationsbestimmten Gemeinschaftsbezüge haben auch die demokratische Enkulturation der örtlichen Nachkriegsgesellschaft vorangetrieben.

[144] Ebd.
[145] Ebd.
[146] Ebd.
[147] Erinnerungsbericht Holthoff.

13. Eine Reformschrift aus der Provinz als Ergebnis lokaler Parteierneuerung: Das Bergheimer Memorandum nach der Bundestagswahl 1953

In der erwähnten Denkschrift „Zur Erneuerung der Sozialdemokratischen Partei" vom Oktober 1953, mit welcher der Bergheimer Kreis in die Reformdebatte der SPD eingriff, haben die reformpolitischen Denkanstöße, die sich in dieser Gruppe und in diesem Netz örtlicher kulturell-politischer Aktionsfelder herauskristallisiert hatten, ihren Niederschlag gefunden[148]. Einleitend hieß es in dem Dokument: Gemessen am selbst gesetzten Anspruch, eine „revolutionär-fortschrittliche" Partei zu sein, stelle die im Ergebnis der Wahlen erkennbare Stabilisierung der Stammwählerschaft nur einen Scheinerfolg dar. Der Parteivorstand, dieser Einsicht wohl unzugänglich, trachte offenbar, die „dringend notwendige grundlegende geistige, personelle, programmatische und organisatorische Neuordnung" durch „zweitrangige Einzelaktionen" zu ersetzen. Not tue aber eine grundlegende Erneuerung, vorangebracht durch breite Diskussionen in der Partei, die auch den „uns kritisch gegenüberstehenden Bevölkerungsteil" einzubeziehen hätten.

Ersichtlich sei die SPD außerstande, so führte die Denkschrift weiter aus, einen „Einbruch in neue Bevölkerungsschichten" zu erzielen. Die Gründe dafür lägen in dem seit 1945 fühlbaren „Mangel einer eigenen Programmatik auf allen Gebieten", ferner in halbherzigen und widersprüchlichen Positionsaussagen zur Wahl (dort wurden als Reflex der der Partei noch durch Schumacher gesetzten Prioritäten vor allem außenpolitische Fragen angesprochen) sowie, nicht zuletzt, in dem Unvermögen, sozialdemokratische Politik durch geeignete Persönlichkeiten überzeugend zu präsentieren.

Diese die innerparteiliche Stoßrichtung des Papiers über weite Passagen kennzeichnende Personalisierung von Strukturschwächen spiegelt einerseits das Unbehagen über die nach Schumachers Tod entstandene „charismatische Lücke" wider, die Erich Ollenhauer weder nach innen noch in Konkurrenz mit Adenauer und Erhard ausfüllen konnte. Zum anderen artikulierte sie ein tiefsitzendes Unbehagen an der „Autokratie des Parteiapparats". Dieser verstehe sich wohl auf ein geschäftig steriles „Funktionieren", liefere jedoch wenig „schöpferische Beiträge zur Erarbeitung politischer Leitlinien"[149].

Die SPD habe sich, hieß es dann grundsätzlicher, „im Zuge der Umentwicklung der Gesellschaft und ihrer eigenen Struktur der Vorteile einer Klassenpartei begeben müssen, ohne die Vorteile einer echten Volkspartei erringen zu können". Im „übertriebenen Hängenbleiben an antiquierten Ressentiments, Vorstellungsformen und

[148] Schon Anfang 1950, während einer Arbeitstagung, die das abgelaufene Jahresprogramm des Bergheimer Kreises nochmals Revue passieren ließ, regte Gleisner „Protokolle an, die man an zentraler Stelle auswerten könnte, da hier schon viele wichtige Ausführungen gemacht worden seien, die auf die Gestaltung eines neuen Programms der SPD Einfluß haben könnten". In: Hellweger Anzeiger vom 17. 1. 1950. Zitate der Denkschrift nach dem Exemplar aus dem Besitz Gleisners.

[149] Vorgeschlagen wurde eine organisatorische Umgliederung der Parteispitze in einen Parteivorstand, den Vorstand der Bundestagsfraktion und ein (neu einzurichtendes) Generalsekretariat. Als Vorstand sollte eine „Gemeinschaft von Persönlichkeiten" fungieren, die vom Apparat unbehindert, „in dynamischer Weiterentwicklung die Generallinie der Partei" erarbeite.

Symbolen" sahen die Verfasser des Reformpapiers eine innerparteiliche Bruchlinie zwischen den Traditionalisten und den jüngeren Fürsprechern einer modernisierten Sozialdemokratie, als die sie sich selbst sahen. Kurt Schumacher habe 1945 die Partei ausdrücklich als „erneuerte SPD" wiedergegründet; dies allein habe „zahlreiche, ihr bis dahin nicht verbundene Menschen veranlassen können, mit der SPD zu sympathisieren oder ihr beizutreten".

Daß die Erneuerung der Partei von innen nicht „Ergebnis eines Kommandos", sondern allenfalls eines Entwicklungsprozesses würde sein können, hätten die Neumitglieder inzwischen erkannt und eingesehen. Der Parteivorstand habe es aber an der gebotenen Führung fehlen lassen, um die Mitgliedschaft auf die nötige – von der „geistigen Elite der Partei" längst vor-gedachte und umrissene – Neuorientierung einzustellen. So klaffe nunmehr ein „überaus gefährlicher Zwiespalt" zwischen der (von den Autoren der Denkschrift für ihre Reformvorstellungen selbstbewußt reklamierten) offiziellen Politik der SPD und dem „Genossen und Funktionär" auf „unterster Ebene", der diese Politik mißverstehe oder gar bekämpfe.

Die Strukturmängel der Partei, so die Kritik weiter, minderten zudem ihre Glaubwürdigkeit in der Bevölkerung. Eine der Vorstellungswelt einer Arbeiterpartei alten Stils entlehnte „antiquierte Ideologie" und „ungeschickte Terminologie" spreche die neuen Arbeitnehmerschichten nicht an. Obendrein habe sie die Zwischengeneration einer Jugend abgestoßen, die 1945, nach dem „totalen Zusammenbruch aller Werte und Wertordnungen", verzweifelt und „oft nur halb bewußt" nach einer neuen geistigen Heimat gesucht habe. „Die SPD hat damals, im Gegensatz zu der mutigen Haltung Kurt Schumachers und einiger besonnener Spitzenfunktionäre, im kommunalpolitischen Alltag diese Opfer des Hitlerschen Betruges für ihr eigenes Schicksal selbst verantwortlich gemacht und mit einem bewunderungswürdigen Unverständnis das Gros dieser jungen Menschen gründlich zurückgestoßen. Der dadurch verursachte Schock wirkt noch heute nicht nur auf diese, sondern auch auf die bereits nachgewachsenen Altersstufen." Soweit diese Jugend dennoch zur SPD gefunden habe, vermisse sie in der Partei „die echten Bindungen". Das heutige Gemeinschaftsleben in der Partei mute „verstaubt und unecht" an. Der übliche Versammlungsjargon werde als „Geheimsprache der Altfunktionäre auf der Insel des politischen Vorgestern empfunden". Ähnlich unzeitgemäß wirke auch die Symbolik der Partei.

Obgleich die Verfasser dieser „ketzerischen Flugschrift"[150], wie Der Spiegel sie nannte, zu Recht keinen Anspruch auf gedankliche Originalität ihrer Parteireformvorschläge erhoben, fand das Hammer Papier auf den verschiedenen Organisationsebenen der SPD und in der überregional meinungsbildenden Presse ein beachtliches Echo[151]. Dies einmal, weil in professioneller Manier für bundesweite Publizität gesorgt wurde[152]. Zum anderen haben auch die scharfen Attacken gegen den Parteivorstand und das kompromißlose Abrechnen mit der „Mittelmäßigkeit" des Apparats gewiß

[150] Der Spiegel vom 11. 11. 1953.

[151] Darauf weisen, neben ausführlichen Berichten in der Süddeutschen Zeitung vom 5. 11. 1953: Die unterlegene Partei fragt sich: Was tun? und der Zeit vom 12. 11. 1953 auch Aussagen in einem vom MdB Gleisner und MdL Demand unterzeichneten Grußwort für einen Unterbezirks-Kongreß in Hamm hin: Der nächste Schritt: Konzentration! In: Westfälische Rundschau vom 7. 11. 1953.

[152] Die in 2000 Exemplaren gedruckte Schrift wurde an sämtliche Bundestags- und Landtagsabgeordneten der SPD, an Bezirke und Unterbezirke, an den SDS und „alle SPD-Professoren" (handschriftliche Randnotiz Gleisner) sowie an alle Ortsvereine des eigenen Unterbezirks Unna-Hamm verschickt.

Furore gemacht. Daß die Funktionärsschelte überzogen und nicht frei von Ressentiments sei, gestand der Protektor der Verfasser des Papiers, der Unnaer Bundestagsabgeordnete und Parteisekretär Gleisner, intern dann auch bereitwillig ein[153].

Wirkung erzielte der Vorstoß aus Hamm aber nicht zuletzt deshalb, weil er die wesentlichen Punkte, die seit Jahren von den Reformern innerhalb der SPD vorgebracht worden waren, in einem klaren und prägnant formulierten Pamphlet zusammengefaßt hat. Studiert man die Sitzungsprotokolle des SPD-Bundesvorstands vom September 1953, so werden inhaltliche Übereinstimmungen so mancher Passagen des Hammer Erneuerungsappells mit Argumenten deutlich, die beispielsweise von Erwin Schoettle, Alfred Dobbert, Willy Brandt, Fritz Baade und Karl Schiller in die Bonner Vorstandsdebatte eingebracht wurden[154]. Die Parteiführung trug dem repräsentativen Charakter der Hammer Schrift insofern Rechnung, als sie den für die Frondeure aus dem östlichen Ruhrgebiet „politisch verantwortlichen" Alfred Gleisner und einen der Autoren, den Landtagsabgeordneten Fritz Holthoff, in die vom Parteivorstand eingesetzten Adhoc-Kommissionen berufen hat[155].

Die in der Gesamtpartei nach den verlorenen Wahlen heller aufblitzenden Reformforderungen wie in einem Brennglas bündelnd, tritt das Hammer Memorandum aus dem historischen Kleinformat einer am Rande der Partei anzusiedelnden, lokalistischen Unmutsäußerung heraus. Wenn das Hängen des „Funktionärs und Genossen" an überkommenen Formen, Vorstellungen und Symbolen beklagt, die „katastrophale Überalterung" des ideologischen Fundaments der SPD gerügt, der endliche Vollzug der vernachlässigten Programmreform angemahnt und die soziale Verkapselung der sozialdemokratischen Wählerbasis kritisiert wird, dann zeichnet diese parteiinterne Bestandsaufnahme, ungeachtet mancher polemischer Überspitzungen, ein Abbild des Traditionalismus der Organisations- und Denkstrukturen, der das allgemeine Erscheinungsbild der SPD Anfang der fünfziger Jahre noch weitgehend bestimmt hat.

Desgleichen dokumentiert die Hammer Erneuerungsschrift aber, daß die parteiinterne Kritik an diesem Traditionalismus nicht erst ein Produkt der politischen Gärung war, die in den Nachwahlwochen des September und Oktober 1953 in der SPD einsetzte. Im lokalen Umfeld der Partei zumindest des Unterbezirks Unna-Hamm wurde ein bereits erreichter Bewußtseinsstand, Ergebnis eines Jahre zuvor schon eingeleiteten Denk- und Lernprozesses, zu diesem Zeitpunkt nurmehr streitbar *in Worte gefaßt* und in wirksamer Weise öffentlich lanciert. Gleich in dem einleitenden Abschnitt erinnerte die Schrift daran, daß die Jungsozialisten des Unterbezirks „bereits vor mehr als Jahresfrist" zwei Eingaben an den Parteivorstand gerichtet hätten, in welchen Kritik an der Partei geübt und das „Verhalten einzelner Spitzenfunktionäre" gerügt worden sei[156]. Als Anfang November 1953 ein Unterbezirkskongreß über das Reformpapier debattierte, hoben die Abgeordneten Gleisner (MdB) und Demand (MdL) in ih-

153 „Die Kritik am Apparat mag falsch sein", schrieb Gleisner an den Bezirksvorsitzenden Henßler, habe aber ihre Ursachen in negativen Erfahrungen mit dem „abstinenten Verhalten" des Parteivorstands: „Wir haben auf Eingaben und Ausarbeitungen, die oft mehr als 100 Stunden erforderten, vom Parteivorstand keine Antwort erhalten." Brief vom 23. 10. 1953; Kopie im Archiv des SPD-Unterbezirks Unna. Vgl. Anm. 72.

154 Vgl. Protokoll der Parteivorstands-Sitzungen vom 8. 9. 1953 sowie der gemeinsamen Sitzung von Parteivorstand, Parteiausschuß, Kontrollkommission, Bezirkssekretären, BT-Fraktion und Länderministern am 17. 9. 1953 in Bonn; Archiv der sozialen Demokratie, Bonn.

155 Dazu Rundbrief Eichler; vgl. Anm. 48.

156 Darauf bezog sich offenbar Gleisner in seinem Schreiben an Henßler; vgl. Anm. 153.

rem vorab verschickten Grußwort hervor, daß die Schrift thesenhaft Ergebnisse einer in zwei Arbeitskreisen seit langem geleisteten politischen Grundlagenarbeit formuliere, die „der Anfang einer Grundsatzdebatte für ein neues Parteiprogramm sein werden“[157].

In dem idealistischen Paradigma politischer (Selbst)Bildung, die das Papier durchzieht, sodann im Postulat der Öffnung der Partei zu den Mittelschichten und der Entkrampfung ihres Verhältnisses zu den Kirchen, ferner im Rekurs auf den Stachel der „kalten“ Entnazifizierung, der sich die Jüngeren 1945 ausgesetzt gefühlt hatten, und nicht zuletzt auch in der schroffen Absage an das Negativbild eines bürokratisch erstarrten, „funktionärhaft sich selbst genügenden“[158] Parteiapparats (darin schwang noch etwas von der Animosität der Jungvolk-Führer gegen „Bonzen“ und gegen saturierte Lebensformen mit[159]) – in einer solchen Kritik wird das politische Psychogramm der Kriegsgeneration und ihrer bis dahin erfolgten Assimilation an die SPD deutlich. In der überwiegend positiven Aufnahme, welche die Denkschrift im Unterbezirk Hamm-Unna fand[160], zeigt sich zugleich, wie weit dort reformsozialistische Strömungen an der örtlichen Basis der sozialdemokratischen Traditionspartei schon vor 1953 haben vordringen können.

14. Kriegsgeneration und SPD – keine lokal begrenzte Ausnahmesympathie

Man kann annehmen, daß mit den kulturell-politischen Aktivitäten des Bergheimer Kreises das meinungsbildende Deutungsprivileg eines „unpolitischen“ örtlichen Kulturbürgertums, das vormals das öffentliche Bewußtsein einer Kleinstadt wie Kamen geprägt hatte, aufgelockert worden ist. In der Folge dieses lokalkulturellen Wandels dürfte auch dic traditionelle Zuordnung zwischen (klein)bürgerlicher Soziallage und konservativen Parteipräferenzen partiell brüchig geworden sein. Dies könnte neben der erwähnten erwerbsstrukturellen Festigung der Stadt als Bergbaugemeinde erklären, weshalb sich das SPD-Wählerpotential in Kamen im Vergleich zur Weimarer Zeit derart erweitert hat.

Das, was die Schumacher-SPD unter anderem charakterisierte: ein demokratischer Patriotismus und das Verständnis für den fehlgeleiteten Idealismus einer Jugend, die in der HJ groß geworden war, hat vermutlich auch andernorts während der ersten Nachkriegsjahre die Zwischengeneration politisch näher an die SPD heranrücken lassen. Erhebungen der Engländer aus der zweiten Jahreshälfte 1947 stützen eine solche

[157] Der nächste Schritt: Konzentration! In: Westfälische Rundschau vom 7. 11. 1953; Erinnerungsbericht Holthoff.

[158] So eine Wendung der Hammer Denkschrift.

[159] Günther H. bestätigt dies ausdrücklich; Erinnerungsbericht Günther H.

[160] Die „Bergheimer“ fanden keineswegs einmütige Zustimmung im Unterbezirk zu ihren Thesen. Exponenten der Traditions-SPD, die – wie Gustav Wiezoreck – der jungen Generation durchaus aufgeschlossen gegenüberstanden, äußerten jetzt deutlich Kritik an Ton und Inhalt der von Bergheim ausgehenden Vorstandsschelte; diese könne, monierte Wiezoreck brieflich, das Vertrauen in den Parteivorstand und in die Partei bei Parteigenossen und unpolitischen Menschen untergraben. Brief vom 5. 11. 1953 an Gleisner; Archiv des SPD-Unterbezirks Unna.

generalisierende Annahme[161]. Unter den Einwohnern der britischen Zone, die eine Parteipräferenz äußerten, waren bei Sympathisanten der SPD jene stärker vertreten als bei Anhängern von CDU und Zentrum, die meinten, daß der Nationalsozialismus eine „eigentlich gute, aber schlecht ausgeführte Idee" gewesen sei.

Anteil derer, die meinten, der Nationalsozialismus sei:	„schlecht"		„eine gute, aber schlecht ausgeführte Idee"	
Parteipräferenz:	m %	w %	m %	w %
SPD-Anhänger mit				
Volksschulbildung	45	39	47	49
Mittelschulbildung	45	38	50	58
Gymnasialbildung	38	40	53	60
alle SPD-Anhänger	45	39	47	50
CDU-/Zentrumsanhänger mit				
Volksschulbildung	52	50	41	42
Mittelschulbildung	52	42	44	49
Gymnasialbildung	41	44	57	53
alle CDU-/Zentrumsanhänger	49	50	46	44
KPD-Anhänger	61	42	35	44
Anhänger anderer Parteien	43	31	51	60
Befragte, die mit keiner Partei sympathisierten	23	20	62	55
Altersgruppen:	m %	w %	m %	w %
17–24	23	24	67	60
25–32	34	27	58	55
33–40	38	25	53	52
41–48	42	32	46	50
48–56	41	35	45	44
57 und älter	38	35	47	34
alle Altersgruppen	38	29	51	49

Quelle: PORO, Report No. 111 A; vgl. Anm. 161.

[161] PORO, Report No. 111 A: The General Attitude to National Sozialism in the Summer and Autumn of 1947. Der Bericht ist undatiert, weist jedoch den Eingangsstempel 19. 2. 1948 des Regional Commissioner North Rhine Region auf; PRO, FO 1013/104. Die Umfrage basierte auf einem nach dem Zufallsprinzip ausgewählten sample von mehr als 6000 männlichen und weiblichen erwachsenen Bewohnern der brit. Zone sowie des brit. und US-Sektors von West-Berlin.
Ein ähnliches Meinungsbild schälte sich in der US-Zone heraus, wo in den OMGUS-Umfragen dieselbe Frage periodisch wiederholt worden ist: Im August 1947 z. B. waren die Anhänger dieser Meinung in den Altersgruppen bis 30 J. mit 68% überproportional häufig vertreten; vgl. dazu Merritt, Merritt, Public Opinion, S. 32f., S. 163, S. 171.

Am meisten Zustimmung fand die Ansicht, der Nationalsozialismus sei eine gute, aber schlecht ausgeführte Idee gewesen, in den Altersgruppen zwischen 17 und 32 Jahren. Unter diesen Jüngeren war der Anteil derer, die sich mit keiner der existierenden Parteien identifizieren mochten, bezeichnenderweise am höchsten[162].

Was an unaufgearbeitetem Gedankengut diese ambivalente Haltung barg und inwieweit dieselbe Einstellung die Hinneigung zur SPD unmittelbar beeinflußt hat, blieb bei der Umfrage im Dunkeln[163]. So tief die charismatische Erscheinung Schumachers beeindruckte, so häufig mag die SPD wegen des „klerikalen" Profils, das den christlichen Parteien CDU und Zentrum anhaftete, den Vorzug erhalten haben[164]. Immerhin bleibt als ein unseren Befund stützendes Ergebnis der Umfrage, daß gerade jener jüngere Bevölkerungsteil, der sich gefühlsmäßig und intellektuell vergleichsweise zögernd aus der nationalsozialistischen Ideenwelt herauslöste, unter Parteigängern der SPD relativ stark vertreten gewesen ist[165].

In einen solchen allgemeinen politischen Meinungsstrom eingebettet, verliert das Kamener Fallbeispiel etwas von seinem Anstrich als ein vielleicht singuläres und örtlich begrenztes Ausnahmeereignis. Was das historisch Eigene, ja vielleicht Einzigartige dieses lokalen Orientierungs- und Assimilationsvorgangs ausgemacht hat, böte dann ein Beispiel dafür, wie verblüffend erfolgreich ein Politisierungspotential, das in der Zwischengeneration damals *generell* vorhanden war, das in erster Linie aber auf eine diffuse Sympathie für die Schumacher-Partei beschränkt geblieben ist, in aktive Parteiarbeit und in einen wirklich demokratischen Überzeugungswandel hat umgesetzt werden können.

[162] „One important conclusion appears to be that those educated during the Nazi period are not convinced of the basic wrongness of Nazism." Ebd. „Both men and women aged between 17 and 24 years are less likely than older people to approve the programme of an existing party. They appear to be more ready also to proclaim their antidemocratic attitudes than their elders." PORO, Special Report No. 134, Germans and Political Parties, undatiert, Eingangsstempel RGO 13. 2. 1948, PRO, FO 1013/104.

[163] „The reasons why Germans consider Nazism a good idea are ... mixed." Ebd.

[164] „The German's choice of party may depend on many factors, of which religion is often an important one, especially for women." Ebd.

[165] In den erwähnten britischen Umfragen sind die Parteipräferenzen der Befragten nicht nach Altersgruppen aufgeschlüsselt; eine Tendenzaussage wie diese kann sich jedoch auf eine Kombination mehrerer PORO-Einzelbefunde stützen; unter SPD-Anhängern und bei jüngeren Altersgruppen waren jene, die den Nationalsozialismus für eine gute, aber schlecht ausgeführte Idee hielten, überrepräsentiert; zugleich hatte die SPD in der Altersgruppe der 17- bis 24jährigen insgesamt etwas höhere Sympathiewerte als CDU/Zentrum; PORO Special Report No. 134.

II.

NS-Vergangenheit: Täter und Opfer

Barbara Fait

Die Kreisleiter der NSDAP – nach 1945

„Mehr als fünfzig Prozent der ehemaligen Nazi-Kreisleiter Bayerns ... sind nun auf freiem Fuß und leben mindestens so gut wie die Masse der Bevölkerung ... Von vielen anderen Fällen wird berichtet, die zeigen, daß ehemalige Nazi-Funktionäre wieder ihren früheren oder einen verbesserten Status erlangt haben. Viele Militärregierungsoffiziere erzählen, daß sich die anfangs – in einigen Fällen ziemlich – verärgerte und bestürzte örtliche Einwohnerschaft inzwischen mit dieser Situation abgefunden hat, die sie gleichwohl noch immer nicht verstehen kann."[1] Diese Beschreibung, einem internen Bericht der amerikanischen Militärregierung vom Juni 1949 zu entnehmen, war zweifellos überzeichnet. Angesichts der Konstituierung der Bundesrepublik und dem damit einhergehenden Abbau der Besatzungsherrschaft wurden viele Offiziere von einer Art Torschlußpanik erfaßt, in der ihnen die Lage schwärzer erschien, als sie war. Ein realer Kern ist der damaligen amerikanischen Einschätzung allerdings nicht abzusprechen: Die in vielen Statistiken belegte negative Bilanz der Entnazifizierung – im amerikanischen Besatzungsgebiet eher eine Bilanz der Rehabilitierung –, ihre im Interesse übergeordneter politischer und wirtschaftlicher Zielsetzungen überstürzte Beendigung im Zuge der Gründung der Bundesrepublik, die fatalerweise gerade denen zugute kam, deren Entnazifizierung man wegen der besonders schweren Belastung bisher aufgeschoben hatte, und schließlich die scheinbar oder tatsächlich nahtlose Reintegration der Ehemaligen in die Gesellschaft sind Hypotheken, die das Ansehen der Bundesrepublik noch lange belasteten. Enttäuschung und Widerwillen machten sich in den ersten Nachkriegsjahren in vehementen publizistischen Angriffen gegen die Entnazifizierungspolitik Luft, deren unterschiedslose Einbeziehung auch kleiner und kleinster Parteigenossen – so Eugen Kogon – eine allgemeine Abwehrhaltung gegen die Säuberung schlechthin provoziert habe, von der schließlich die eigentlich Verantwortlichen profitiert hätten. In der Konsolidierungsphase der Bundesrepublik geriet das Thema Entnazifizierung ins Abseits, Kritik wurde in vielen Fällen abgelöst durch pietätvolles Verschweigen. Diese von Hermann Lübbe so bezeichnete „Diskretion" gegenüber individueller oder institutioneller Nazi-Vergangenheit[2], die nur durchbrochen wurde, wenn handfeste Polit-Skandale das mühsam errungene Selbstbewußtsein der jungen Republik erschütterten, geriet Ende der sechziger Jahre mit der Studentenbewegung ins Kreuzfeuer der Kritik. In dieser Zeit entstand auch das grundlegende Buch von Lutz Niethammer über die Entnazifizierung in Bayern. Wie

[1] Weekly Intelligence Report Nr. 24, OMGBY, vom 17. 6. 1949; NA, RG 260, 7/36-3/1-4.

[2] Hermann Lübbe, Der Nationalsozialismus im politischen Bewußtsein der Gegenwart, in: Martin Broszat u. a. (Hrsg.), Deutschlands Weg in die Diktatur. Internationale Konferenz zur nationalsozialistischen Machtübernahme im Reichstagsgebäude zu Berlin. Referate und Diskussionen, Berlin 1983, S. 335.

schon der Titel des Nachdrucks (1982) – „Die Mitläuferfabrik" – impliziert, kommt Niethammer zu dem Ergebnis, die Entnazifizierung sei gescheitert, denn bis auf wenige Ausnahmen seien „alle ursprünglich inkriminierten Nazis unterhalb der Reichsebene rehabilitiert" worden[3]. Neuere Forschungen korrigieren das pauschale Verdikt: „Die Rehabilitierung zahlloser kleiner Parteigenossen war ... in vielen Fällen berechtigt und machte oft vorher begangenes Unrecht wieder gut." Der schließlichen Rehabilitierung gingen nämlich – das wird meist übersehen – häufig empfindliche Strafen voraus: Berufsverbote und in vielen Fällen Internierungshaft. „Darin", so Hans Woller, „bestand der eigentliche ‚Denkzettel' für die Mitläufer und Minderbelasteten. In seiner Mischung aus fühlbarer Strafe und großzügiger Gnade war er so dosiert, daß er die Gefahr der Herausbildung eines Heeres von Entnazifizierungsgeschädigten weitgehend bannte, die spätere Bildung neuer Loyalitäten an den demokratischen Staat nicht übermäßig erschwerte und eher das kritische Nachdenken über antidemokratische Experimente und Ideologien förderte."[4]

Erstreckte sich die Rehabilitierung tatsächlich auf alle ehemaligen Nationalsozialisten unterhalb der Reichsebene? Und wie vollzog sich der Prozeß der Integration im Einzelfall? War die Bereitschaft, Ehemalige wieder in die Gemeinschaft aufzunehmen, die sich schon in der heißen Phase der Entnazifizierung durch das Persilscheinwesen zeigte, nur Ergebnis einer durch die zu breit angelegte Entnazifizierung und kollektive Schuldzuschreibung provozierten Solidarisierung oder war die durchgehend zu konstatierende „gewisse Zurückhaltung in der öffentlichen Thematisierung individueller oder auch institutioneller Nazi-Vergangenheiten, die die Frühgeschichte der Bundesrepublik kennzeichnet", schon damals eine ganz bewußte „Funktion der Bemühung ..., zwar nicht diese Vergangenheit, aber doch ihre Subjekte in den neuen demokratischen Staat zu integrieren"[5], weil man nämlich erkannte, daß die neue Demokratie nicht gegen die Vielzahl ihrer mehr oder weniger nazistisch belasteten Bürger zu errichten war? Oder war die Integrationsbereitschaft bedingt durch die Erfahrung der NS-Zeit als eines „Geflechts unendlich kleiner Schritte, kleiner Feigheiten", in dem das „Monumentalbild des Politischen", das dieser Zeit angesichts von Holocaust, Verfolgung und Krieg anhaftet, sich bei näherer Betrachtung „in eine Vielzahl – oft widersprüchlicher – politischer Bilder auflöst"?[6] War die Bereitschaft zur Integration, um diesen Gedanken fortzusetzen, möglicherweise auch bedingt dadurch, daß sich selbst typische NS-Funktionäre, wie beispielsweise mancher Kreisleiter der NSDAP, – schon wegen ihres pseudodemokratischen Auftrages als Werbeträger des Regimes – ihrer Kreis-Öffentlichkeit eher gemäßigt und mild präsentiert hatten? War es da verwunderlich, daß später nur wenige – gewiß nicht die Mehrheit der Bevölkerung, die dem Nationalsozialismus mehr oder weniger gehuldigt hatte – einsahen, weshalb diese Repräsentanten des Regimes dauerhaft aus der Gemeinschaft ausgeschlossen bleiben sollten, auch wenn gleichzeitig generelle Übereinstimmung darüber bestand, daß die wirklich Verantwortlichen – zu denen im allgemeinen Bewußtsein die Kreisleiter

[3] Lutz Niethammer, Die Mitläuferfabrik. Die Entnazifizierung am Beispiel Bayerns, Berlin 1982; Zitat: Lutz Niethammer, Zum Wandel der Kontinuitätsdiskussion, in: Ludolf Herbst (Hrsg.), Westdeutschland 1945–1955. Unterwerfung, Kontrolle, Integration, München 1986, S. 78.

[4] Hans Woller, Gesellschaft und Politik in der amerikanischen Besatzungszone. Die Region Ansbach und Fürth, München 1986, S. 163.

[5] Lübbe, Nationalsozialismus, S. 335.

[6] Diskussionsbeitrag von H. Maier, ebd., S. 363.

selbstverständlich gehörten – hart zu bestrafen seien? Wie gerecht also war im Einzelfall – gemessen am individuellen Verhalten während der NS-Zeit – die Entnazifizierung, wie differenziert waren die Reaktionen der Nachkriegsgesellschaft?

Einer Antwort auf diese und andere Fragen näherzukommen, bemüht sich die vorliegende Studie, die sich mit dem Schicksal ehemaliger NS-Funktionäre in der Nachkriegszeit befaßt. Trotz der ungebrochenen Aktualität des Themas liegt bislang noch keine systematische Untersuchung hierzu vor[7]. Im Mittelpunkt des Beitrages stehen die ehemaligen NSDAP-Kreisleiter Oberbayerns. Bei einer wechselnden Anzahl von zwischen 24 und 26 Kreisen im Gau waren dies von 1933 bis 1945 etwa 50 Personen, die genaue Zahl ist wegen häufiger Amtswechsel in der Frühphase (1932–1934) und während des Krieges nicht mehr feststellbar. Erfaßt wurden aber alle langjährigen Amtsträger[8]. Der untersuchte Personenkreis wurde bewußt auf nur einen Gau und damit eine verhältnismäßig geringe Anzahl von Personen beschränkt, um über die intensive Beschäftigung mit der persönlichen Biographie des Einzelnen die Bedingungen für das Gelingen oder Scheitern gesellschaftlicher Reintegration vor Augen führen zu können. Die Wahl fiel auf die Kreisleiter der NSDAP, da sie einen Typus des NS-Funktionärs verkörpern, der im Bewußtsein seines gesellschaftlichen Umfeldes eindeutig als „typischer Nazi“ rangierte und durch sein Wirkungsfeld ausreichende Volksnähe und einen hohen Bekanntheitsgrad im Kreisgebiet garantierte. Als höchste Repräsentanten der mittleren Ebene der Parteihierarchie zählten die Kreisleiter nach 1945 im allgemeinen Bewußtsein zwar zu denen, die eindeutig für die Nazi-Diktatur verantwortlich gemacht wurden. Anders als die eigentliche Prominenz des Regimes standen sie jedoch knapp außerhalb der Tabuzone, die eine klare Distanzierung verlangte. Die Figur des Kreisleiters als eines nur mittleren NS-Funktionärs bot noch genügenden Spielraum für die ungehemmte Entfaltung gesellschaftlicher Reaktionen.

Die Untersuchung endet – von ihrer Anlage her – nicht mit dem Abschluß der Entnazifizierung, wenn auch die Materiallage in vielen Fällen darüberhinausgehende Aussagen erschwert. Die Zeit nach 1945, beginnend mit der Internierung und Entnazifizierung, der Rückkehr in den Alltag, die Stufen der Reintegration und die soziale und politische Entwicklung der Kreisleiter werden aus doppelter Perspektive betrachtet – aus der Perspektive der Kreisleiter selbst als eines Objekts von Entnazifizierung, gesellschaftlicher Ablehnung oder Integrationsbereitschaft und zugleich aus der Perspektive der Gesellschaft, die sie entnazifizierte, ablehnte oder wieder in ihre Mitte aufnahm. Die Bedingungen für Gelingen oder Scheitern gesellschaftlicher Reintegration waren, wie sich schnell zeigte, von Fall zu Fall sehr verschieden. Das wurde bereits in den Spruchkammerentscheidungen deutlich, die schon in erster Instanz fast die gesamte Kategorienpalette vom Hauptschuldigen- bis zum Mitläufer-Kreisleiter abdeckten. Wichtigstes Kriterium des Spruches war das Verhalten der Kreisleiter

[7] Niethammer, Mitläuferfabrik, untersuchte die ersten 300 Fälle der Entnazifizierungsakten des Buchstaben M in der Registratur S beim Amtsgericht München, beschränkte sich in seiner Darstellung jedoch überwiegend auf die summarische Wiedergabe der Ergebnisse der Entnazifizierung dieses sehr heterogenen Personenkreises. Ernst Klee (Hrsg.), Was sie taten – Was sie sind. Ärzte, Juristen und andere Beteiligte am Kranken- oder Judenmord, Frankfurt 1986, und Jörg Friedrich, Die kalte Amnestie. NS-Täter in der Bundesrepublik, Frankfurt 1985, stellen ausgewählte und skandalträchtige Fälle vor.

[8] Relativ vollständige Listen, die jedoch zuverlässig nur die langjährigen Amtsträger erfassen, finden sich 1937 bis 1943 in den verschiedenen Jahrgängen der Bayerischen Jahrbücher. Eine Liste (Stand 1944) enthält der Bestand Reichsstatthalter von Epp; BayHStA, 779. Weitere Namen finden sich im Bestand NSDAP und Gestapo-Leitstelle München, NSDAP 1 im StAM sowie vereinzelt in den eingesehenen Entnazifizierungsakten.

während der NS-Zeit, die Anzahl und Schwere ihrer im Namen des Regimes begangenen Vergehen und Verbrechen, die Art ihrer Amtsführung. Obwohl unser Interesse vor allem dem Nachkriegsschicksal der Kreisleiter gilt, ist daher eine partielle Rückblende in die NS-Zeit unumgänglich. Schon an dieser Stelle ist darauf hinzuweisen, daß die Aussagen zur örtlichen NS-Geschichte leider nur auf der Basis einer oftmals mehr als lückenhaften Quellenlage getroffen werden mußten.

Der eigentliche Kern der Studie besteht aus zwei Teilen: Einem Überblick über das in vieler Hinsicht ganz ähnlich verlaufende Nachkriegsschicksal von NS-Kreisleitern schließen sich acht individuelle Fallbeschreibungen an, die mit der politischen Biographie des Kreisleiters, der Beschreibung seiner Amtsführung und der persönlichen Entnazifizierungsgeschichte beginnen und – soweit dies möglich war – mit der Beschreibung seiner Lebensumstände in den fünfziger Jahren enden. Bewußt kommen die Kreisleiter etwa bei der Vorstellung ihrer politischen Biographie selbst zu Wort; dies gilt auch für die vorgebrachten Rechtfertigungsversuche, die mitunter ausführlich wiedergegeben werden. Obwohl diese Passagen vielleicht die Toleranzschwelle manchen Lesers überschreiten, sind sie unverzichtbar. Sie sagen mehr über Profil und Charakter der Kreisleiter aus, als es eine abstrakte Typisierung vermöchte, und deuten wohl auch einiges von dem an, was manchmal „Geist der Zeit" genannt wird.

Wichtigste Aktengrundlage waren die persönlichen Entnazifizierungsakten der ehemaligen Kreisleiter Oberbayerns, die über die Registratur S beim Amtsgericht München einzusehen sind. 51 Kreisleiter wurden namentlich erfaßt, für 17 fehlen jegliche Informationen. Ein Teil von ihnen lebte nach 1945 vermutlich nicht mehr, war gefallen, von amerikanischen Militärgerichten wegen Kriegsverbrechen zum Tode verurteilt, hatte Selbstmord begangen oder war – was wahrscheinlich auf den größeren Teil zutrifft – geflohen. Bezeichnenderweise fehlen die Akten von dreien der seit Januar 1945 amtierenden vier Kreisleiter Münchens, sie hatten es in der Anonymität der Großstadt am leichtesten unterzutauchen. Sechs Kreisleiter unseres Samples waren bei Kriegsende nachweislich verstorben, sie wurden nicht in die Untersuchung einbezogen. Von den 51 namentlich erfaßten Kreisleitern wurden somit 27 berücksichtigt, für neun von ihnen fanden sich nur Aktenfragmente, für 18 vollständige und meist sehr umfangreiche Akten[9].

Die beinahe standardisiert angelegten Entnazifizierungsakten enthalten biographische Angaben (neben dem großen und/oder kleinen Fragebogen meist einen Lebenslauf), Belastungsmaterial, das die Ermittler in Diensten der Spruchkammern zusammengetragen hatten (zum Teil Originalstücke aus den vor der Vernichtung bewahrten Akten der Kreisleitungen, Zeitungsausschnitte, Vernehmungsniederschriften, eidesstattliche Erklärungen, Informationen des Berlin Document Center), Entlastungsmate-

[9] Berücksichtigt wurden die Entnazifizierungsakten folgender Kreisleiter: Andreas Braass, Ebersberg (Fragment); Emil Breitenstein, Erding; Eduard Bucherer, Bad Tölz (Fragment); Franz Xaver Buchner, Starnberg; Franz Danninger, Miesbach; Anton Dennerl, Weilheim/München; Hans Eder, Dachau/Schrobenhausen (Fragment); Friedrich Eichinger, München-West; Franz Emmer, Fürstenfeldbruck/Dachau; Anton Endrös, Traunstein; Walter Fandrey, Altötting; Anton Feil, Traunstein; Lambert Friederichs, Dachau/Ingolstadt (Fragment); Anton Gmelch, Rosenheim; Hans Hartmann, Garmisch-Partenkirchen; Karl Lederer, Freising/München/Landshut; Max Limmer, Pfaffenhofen (Fragment); Jakob Scheck, Garmisch-Partenkirchen; Ludwig Schmid, Schongau; Sebastian Schurer, Ebersberg; Franz Seraph Seidl, Freising (Fragment); Bernhard Stredele, Berchtesgaden-Laufen; Hans Rupert Villechner, Freising; Josef Wallner, Traunstein; Josef Windstetter, Ebersberg; Michael Woelfle, Wasserburg; Georg Friedrich Zeitz, Berchtesgaden (Fragment). Sämtliche Akten lagern in der Registratur S beim Amtsgericht München.

rial sowie die Überlieferungen der Entnazifizierungsverhandlung: Klage- und Verteidigungsschriften, Verhandlungsprotokolle, Spruchkammerentscheidungen und schließlich Gnadengesuche und Briefwechsel mit Angaben über die materiellen und sonstigen Lebensverhältnisse aus der Zeit nach Abschluß der Entnazifizierung, die zwischen den Zeilen manches über die damalige psychische und politische Disposition der Kreisleiter aussagen.

Das biographische Material wurde ergänzt durch systematische Auswertung des Bestandes des Document Centers in Berlin, des Counter Intelligence Corps (CIC) sowie – für die acht Kreisleiter, die in den Fallstudien vorgestellt werden – durch Befragungen von Familienangehörigen und Zeitzeugen aus dem lokalen Umfeld. Interviews mit Familienangehörigen kamen nur in drei der acht Fälle – mit unterschiedlichem Erfolg – zustande; (verständlicherweise) war mancher nicht zu einem Gespräch bereit. Das gilt auch für eine nicht geringe Zahl kontaktierter Zeitzeugen, von denen einige wenig Interesse signalisierten oder Unverständnis zeigten, andere, mit Rücksicht auf die häufig noch am Ort lebenden Familienangehörigen der ehemaligen Kreisleiter, keine Auskunft geben wollten. Generell zeigte sich, daß viele (soweit sie alt genug waren) zwar Auskunft über Person und Wirken des Kreisleiters in der NS-Zeit geben konnten, jedoch nur ganz selten über sein späteres Ergehen informiert waren, ja von dessen Anwesenheit in der Stadt überhaupt nichts wußten, selbst wenn er noch jahrelang inmitten seines einstigen Wirkungsfeldes gelebt hatte. Dies ist freilich auch ein Ergebnis, ein deutlicher Hinweis nämlich auf die gesellschaftliche und politische Bedeutungslosigkeit der ehemaligen NS-Aktivisten in der Nachkriegszeit.

Zur Beurteilung der gesellschaftlichen Reaktionen wurden die Akten der lokalen Militärregierungsstellen, Lokalzeitungen, die jeweiligen Stadtarchive zu Rate gezogen sowie Interviews durchgeführt; die deutlichste Antwort geben wiederum die Entnazifizierungsakten, die manchmal direkte Hinweise enthalten, in allen Fällen aber in Gestalt der aufgetretenen Be- und Entlastungszeugen Anhaltspunkte liefern zu einer Analyse des Verhältnisses der örtlichen Gesellschaft zu „ihrem" Kreisleiter. Am problematischsten erwies sich die Aktenlage für eine Rekonstruktion des Verhaltens der einzelnen Kreisleiter in der NS-Zeit. Die Bestände der Kreisleitungen wurden meist rechtzeitig vor dem Einmarsch der Amerikaner vernichtet, so daß sich sowohl in den Stadtarchiven wie im Staatsarchiv München nur sehr selten Materialien zur örtlichen NS-Geschichte finden; der Bestand NSDAP und Gestapo-Leitstelle München im Staatsarchiv München war jedoch wertvoll für die Rekonstruktion von Herausbildung und Funktion der NSDAP-Kreisleitungen. Der Rückgriff auf Ortsgeschichten oder -chroniken war in der Regel enttäuschend, nur in Ausnahmefällen[10] wird in solchen städtischen Auftragsveröffentlichungen die NS-Zeit mit mehr als einigen lapidaren Sätzen bedacht, und Glücksfälle lokalhistorischer Forschungsintensität sind in Oberbayern selten[11]. Auch hier bot daher der Rückgriff auf die Entnazifizierungsakten den besten und schnellsten Zugang. Bei allem Vorbehalt gegenüber diesen der Belastung

[10] Heimatbuch Stadt Starnberg, hrsg. von der Stadt Starnberg, Starnberg 1972.

[11] Klaus Tenfelde, Proletarische Provinz. Radikalisierung und Widerstand in Penzberg/Oberbayern 1900–1945, in: Martin Broszat, Elke Fröhlich und Anton Grossmann (Hrsg.), Bayern in der NS-Zeit, Bd. IV: Herrschaft und Gesellschaft im Konflikt, München 1981; Elke Fröhlich, Die Herausforderung des Einzelnen. Geschichten über Widerstand und Verfolgung, in: Martin Broszat und Elke Fröhlich (Hrsg.), Bayern in der NS-Zeit, Bd. VI: Die Herausforderung des Einzelnen. Geschichten über Widerstand und Verfolgung, München 1983, skizziert in ihren Fallstudien teilweise auch die lokale NS-Geschichte.

wie Rehabilitierung ehemaliger Pgs gleichermaßen dienenden Materialsammlungen spiegelt sich in der Zusammenschau der überprüften Akten die Art der Amtsführung und das Maß der individuellen Gewaltherrschaft der Kreisleiter doch ziemlich gut. Die Beurteilung des Wirkens des ehemaligen Kreisleiters durch die örtliche Bevölkerung muß freilich nicht unbedingt deckungsgleich sein mit dem Urteil desHistorikers, der etwa das Ausmaß der tatsächlichen Zuarbeit z. B. für Gestapo oder SD kennt, das sich der allgemeinen Kenntnis entzog. Für die vorliegende Untersuchung genügt aber die subjektive Sicht der Bevölkerung des Kreises, die in den Entnazifizierungsakten zum Ausdruck kommt, geht es doch nicht um die Rekonstruktion der NS-Zeit als vielmehr darum, das Verhältnis der Nachkriegsgesellschaft zu ihren gestürzten einstigen Repräsentanten zu beschreiben und zu erklären.

1. Die Kreisleiter der NSDAP – vor 1945

Kreisleitungen waren relativ junge Organisationseinheiten der NSDAP. In den ersten Jahren waren die seit 1920 entstehenden Ortsgruppen organisatorisch direkt an die Münchener Zentrale gebunden. Dies erwies sich um so weniger praktikabel, je mehr Ortsgruppen entstanden. Nach Wiedergründung der NSDAP im Februar 1925 war ihre Zahl von ca. 350 (1923) auf ca. 600 angewachsen. Im Mai 1925 setzten daher im Umkreis Hitlers erste Überlegungen zur Untergliederung der Partei ein, die dieser Ende Juli 1925 aufnahm, als er zum ersten Mal davon sprach, die Partei in Bezirke, Gaue und Ortsgruppen zu gliedern[12]. Während sich bald eine Reihe von Gauen herausgebildet hatte, die allerdings willkürlich als „Hoheitsgebiete" rühriger Aktivisten entstanden und daher von ihrer Größe und Grenzziehung her sehr heterogen waren, entwickelten sich die Bezirke nur langsam. Im November 1928 ordnete der damalige Gauleiter von Oberbayern, Fritz Reinhardt, die Bildung von 14 oberbayerischen Bezirken an. Diese Bezirke hatten mit den späteren Kreisen noch wenig gemein. Sie entstanden offenbar überall dort, wo bereits ein Organisationsgrad der Partei erreicht war, der eine neue Mittelinstanz zwischen Gauleitung und Ortsgruppen erforderlich machte. Die 1928 ins Leben gerufenen Bezirke Isengau, Pasing, Herrsching, Starnberg, Murnau, Schongau, Holzkirchen, Miesbach, Rosenheim, Traunstein, Mühldorf, Schrobenhausen, Ingolstadt und der Bezirk „Hauptlehrer Bauer" (Eisenbahnlinien Pasing–Petershausen und München–Deisenhofen) lehnten sich in ihrer gebietlichen Ausdehnung bestehenden Eisenbahnlinien an. Wie Reinhardt in seiner Anordnung erläuterte, waren zwar „damit nicht nur diejenigen Orte gemeint, die auf dem Eisenbahnweg liegen und infolgedessen im *Fahrplan* genannt sind, sondern grundsätzlich auch diejenigen, die in dem Gebiet von etwa 10 km zu beiden Seiten des Eisenbahnweges gelegen sind"; von einer flächendeckenden Durchorganisation des Gaues konnte aber keine Rede sein[13].

Im Juni 1932 erfolgte – im Hinblick auf die erhoffte Machtübernahme nach den Reichstagswahlen im Juli 1932, die der NSDAP erwartungsgemäß einen erheblichen

[12] Wolfgang Horn, Führerideologie und Parteiorganisation in der NSDAP (1919–1933), Düsseldorf 1972, S. 224; vgl. dort auch Anm. 50.

[13] Abschrift der Anordnung, Nr. 17 vom 3. 11. 1928; StAM, NSDAP 237. Hervorhebung im Original.

Stimmenzuwachs (von 1930 18,3 Prozent auf 37,2 Prozent der Stimmen[14]) bescherte – eine reichseinheitliche Neuorganisation der Partei. Inzwischen war die Zahl der Ortsgruppen bzw. Stützpunkte im Reich von 1378 (1928) auf 11845 (1932), im Gau München/Oberbayern von 32 (1928) auf 196 (1932) angestiegen[15]. Der aufgrund der wachsenden Zahl der Ortsgruppen notwendig werdende Ausbau von Mittelinstanzen zwischen Gau- und Ortsgruppenleitung hatte sich bisher mehr oder weniger willkürlich und von Gau zu Gau unterschiedlich vollzogen. Die Bekanntgabe 9/32 des Reichsorganisationsleiters der NSDAP beseitigte den Organisationswirrwarr: „Um nun auch den Aufbau der Gaue im gesamten Reichsgebiet zu vereinheitlichen, wird folgende Anordnung getroffen: Die Gaue werden in *Kreise* aufgeteilt ... Der politische Leiter eines solchen Organisationsgebietes heißt von nun ab im gesamten Organisationsgebiet der NSDAP: der *Kreisleiter.* Alle übrigen Organisationen zwischen Gau und Ortsgruppe wie Bezirksleiter, Gaukommissar usw. fallen hiermit fort."[16]

Wenig später konkretisierte die „Dienstvorschrift für die P.O. der N.S.D.A.P." die Neuregelung der Parteiorganisation, die von nun ab als ein dichtes Netz das gesamte Reichsgebiet – untergliedert in Reichsorganisation, Landesinspektion, Gaue, Kreise, Ortsgruppen, Zellen und Blöcke – abdecken sollte. Die gebietliche Ausdehnung der Kreise wurde den bestehenden staatlichen und städtischen Verwaltungen angepaßt: Ein NSDAP-Kreis umfaßte fortan das Gebiet eines preußischen Landkreises, bayerischen Bezirksamtes, württembergischen Oberamtes etc. Damit war „erreicht, daß im gesamten Organisationsgebiet der NSDAP an der Spitze eines selbständigen Verwaltungsgebiets ein verantwortlicher Amtsleiter der Partei die Politik garantiert"[17].

Auch die Aufgaben der Kreisleiter hatten sich inzwischen gewandelt. Die Bezirksleiter des Jahres 1928 waren reine Ausführungsorgane des Gauleiters, die vor allem mit der Werbung neuer Mitglieder und der Verbreitung der NS-Propaganda beauftragt waren. Ihre vornehmste Aufgabe stellte die Verpflichtung dar, „mindestens *einmal, möglichst zweimal* wöchentlich in öffentlicher Versammlung" zu reden sowie dafür Sorge zu tragen, daß „bis spätestens 1. Mai 1929 in jedem Ort mit mehr als *zweihundert* Einwohnern mindestens *eine öffentliche Versammlung* stattfindet, und ... in jedem Ort mit mehr als *eintausend* Einwohnern eine *Ortsgruppe* gegründet wird ... Jeder Bezirksleiter gilt in Ansehung von *Propaganda* und *Organisation* innerhalb seines Bezirkes als mein [des Gauleiters] *Berater* und *Vertreter.*"[18]

Die Dienstvorschrift des Jahres 1932 trägt bereits den durch den höheren Organisationsgrad der NSDAP und die Erwartung der nahen Machtübernahme gestiegenen Anforderungen, aber auch dem Machtanspruch manches Vertreters der „neuen Parteielite" weitgehend Rechnung: „Der Kreisleiter überwacht die Gliederungen seines Gebietes und ist der Vorgesetzte sämtlicher Amtswalter derselben. Er erschließt sein Gebiet. In den Stadtkreisen mit mehreren Ortsgruppen veranstaltet der Kreisleiter die großen Versammlungen. Auf seinen Vorschlag werden die Ortsgruppenleiter vom Gauleiter eingesetzt oder abberufen. Ihm ist von allen Anordnungen der Gauleitung

[14] Dietrich Thränhardt, Wahlen und politische Strukturen in Bayern, 1848–1953, Düsseldorf 1973, S. 133.

[15] Partei-Statistik, hrsg. vom Reichsorganisationsleiter der NSDAP, Stand 1935, Bd. 3, S. 176ff.

[16] Verordnungsblatt der Reichsleitung der NSDAP, Folge 25, 2.Jg. vom 17. 6. 1932. Hervorhebung im Original.

[17] Dienstvorschrift für die P.O. der N.S.D.A.P., mit einem Vorwort Adolf Hitlers vom 15.Juli 1932, S. 21; IfZ-Archiv, Druckschriftensammlung, Db 01. 05.

[18] Anordnung Nr. 17, Blatt 3 und 4; vgl. Anm. 13. Hervorhebung im Original.

Mitteilung zu geben."[19] Dem Kreisleiter unterstand fortan auch ein fester „Stab" von vier „Hauptabteilungsleitern" sowie eine Geschäftsstelle.

Leider finden sich vor allem für die frühe Zeit fast keine Informationen zum tatsächlichen Organisationsstand der NSDAP in Oberbayern. Zwar waren den 14 Bezirken des Jahres 1928 weitere gefolgt, doch waren die Voraussetzungen für eine reibungslose Umorganisation nach dem vorgegebenen Schema gewiß nicht gegeben. Die Parteiorganisation im Gau München/Oberbayern – mit 1932 nur 196 Ortsgruppen klar im unteren Bereich der Erfolgsskala der NSDAP[20] – war alles andere als reif für die umfassende Reform. Es fehlte an Personal, speziell an geeigneten Kreisleitern für die anfangs 26 Kreise des Gaues. Die zunächst bevorzugt herangezogenen „Alten Kämpfer" waren mit den veränderten Aufgaben, die ihnen in steigendem Maße nicht nur „Führerqualitäten", sondern auch organisatorisches und verwaltungstechnisches Können abverlangten, oft überfordert. Häufige Wechsel waren anfangs an der Tagesordnung; im Kreis Ebersberg lösten sich zwischen 1932 und 1934 in schneller Folge drei Kreisleiter ab, bis man mit dem vierten, Josef Windstetter, schließlich zwar „nicht die Führungspersönlichkeit, wie sie erwünscht wäre", gefunden hatte, immerhin aber einen Mann, der – „beseelt von bestem Willen und Eifer" – vielleicht irgendwann „gewisse Führereigenschaften" entwickeln würde[21]. Noch im Januar 1934 klagte der Leiter des Gaupersonalamts, Franz Reichinger: „Zur Zeit hat man selbstverständlich mit den politischen Leitern einen gewissen Kampf zu führen ... Dies ist psychisch gesehen, sehr leicht erklärlich, nachdem gerade im Gau München/Oberbayern ... Pg. an der Führung stehen, die nahezu 100% die schwersten Zeiten des Kampfes mitgemacht haben und deswegen weitaus mehr Kämpfer und Soldaten sind, und sich um rein formalische Schreibarbeit sehr wenig gekümmert haben. Sie müssen deshalb erst erzogen werden."[22]

Es mangelte nicht nur an geeignetem Personal. Die Durchführung der Reform wurde zusätzlich erschwert durch den Mangel an finanziellen Mitteln, die zur Einrichtung und effizienten Führung der Kreisgeschäftsstellen erforderlich waren: „Man darf nicht glauben, ... daß die Gaue im Geld schwimmen, im Gegenteil, wir haben mehr wie genug Sorgen mit den Groschen der 60000 Pg [im Gau München/Obb.], den unumgänglich notwendigen Apparat aufrecht zu erhalten ... Die Kreise des Gaues führen einen bitteren Kampf bezüglich finanzieller Tragfähigkeit der Kreisleitungen."[23] Nach und nach entwickelten sich aber die Kreisleitungen zu jenen schlagkräftigen Organen, die die Parteileitung mit ihrer Anordnung zur dichtmaschigen Neuorganisation des Parteiapparates im Auge hatte und die den Kreisleitern sehr bald jene Machtvollkommenheit verlieh, wie sie sich im volksmundlichen Wort vom Kreisleiter als dem „kleinen König" kundtat.

Zur Erfüllung ihrer Aufgaben, die 1940 in der „Anordnung über die Verwaltungsführung in den Landkreisen" zusammenfassend mit dem Begriff „Menschenfüh-

[19] Dienstvorschrift, S. 21; vgl. Anm. 17.

[20] Partei-Statistik, Bd. 3, S. 175, S. 178.

[21] Gauorganisationsleiter Reichinger an Otto Nippold, Bericht über die Besichtigungfahrt im Kreis Ebersberg am 28./29. 11. 1935, Abschrift; Entnazifizierungsakt Windstetter.

[22] Gaupersonalamt (Reichinger) an die Oberste Leitung der PO am 11. 1. 1934; StAM, NSDAP 206.

[23] Gauorganisationsamtsleiter Reichinger an die Oberste Leitung der PO, Organisationsamt, am 11. 5. 1934; StAM, NSDAP 206.

rung"[24] umschrieben wurden, stand den Kreisleitern ein großer Apparat zur Seite. 1935 umfaßte der engere Stab eines Kreisleiters offiziell allein innerhalb der Kreisgeschäftsstelle sieben zum Teil hauptamtlich tätige Mitarbeiter (für die Bereiche Schulung, Personalamt, Organisation, Geschäftsführung, Kasse, Propaganda, Presse), die ihm sämtlich disziplinär unterstellt waren. Hinzu kamen eine Reihe ebenfalls ihm untergeordneter Dienststellen (beispielsweise Beauftragter für Rassenpolitik, Amt für Volksgesundheit, NSBO, Amt für Beamte, Amt für Erzieher, Rechtsamt, Landwirtschaftlicher Fachberater, Handwerk und Handel, Wirtschaftsberater, Amt für Kommunalpolitik, Fachberater für Technik, Amt für Volkswohlfahrt, Beauftragter für Kriegsopfer nebst angeschlossenen Verbänden) sowie die Riege der Ortsgruppenleiter. Von der Weisungsberechtigung des Kreisleiters ausgenommen blieben lediglich SS, SA, NSKK, HJ, RAD und das Parteigericht[25]. Da aber den Kreisleitern, sofern sie diesen Gliederungen angehörten, dort häufig automatisch ehrenhalber hohe Ränge verliehen wurden, dürfte auch für diese Gliederungen eine – zumindest indirekte – Weisungsbefugnis vorgelegen haben.

Im Gau München/Oberbayern umfaßte der weitere Kreisstab 1934 durchschnittlich 27 Personen[26], die Zahl der Ortsgruppen lag 1935 bei durchschnittlich 15 und wuchs bis 1940 auf durchschnittlich 21 an[27]. Einem oberbayerischen Kreisleiter unterstand also bereits 1934/35 ein Stab von durchschnittlich 42 Personen, dessen Auswahl weitgehend ihm selbst überlassen war. Zwar bedurfte die Ernennung der Kreisamtsleiter und Ortsgruppenleiter der Bestätigung des Gaupersonalamts, nachdem sich dieses aber in seiner Entscheidung auf die Personalakte des betreffenden Pg stützte[28], „Begutachtungen in fachlicher, charakterlicher, weltanschaulicher und leistungsmäßiger Hinsicht" der Kreisamts-, Ortsgruppen- und Stützpunktleiter aber dem Kreisleiter oblagen[29], war der Bestätigungsvorbehalt eher eine Formsache, die wohl nur dann Bedeutung erlangte, wenn der Kreisleiter selbst des Vertrauens der Gauleitung entbehrte.

Schon durch die Auswahl der Politischen Leiter konnte ein Kreisleiter das politische Klima, die Schärfe, mit der die Unterdrückungsmechanismen des NS-Regimes in seinem Kreis zum Tragen kamen, erheblich beeinflussen. Obwohl sich seine Weisungsberechtigung offiziell auf die Parteistellen beschränkte, Polizei, Bürgermeister und Landräte dem Regierungspräsidenten bzw. dem Innenministerium unterstanden[30], gab es in der Praxis eine faktische Trennung von Partei und staatlichen Stellen auch auf dieser mittleren Ebene nicht. Zwar sah die Reichsleitung die „Einheit von Partei und Staat" ausreichend garantiert durch die „Person des Führers" an der „Spitze" und die „fast ausnahmslos bestehende Personalunion zwischen Gauleiter und Führer der Landesregierung", so daß darauf auf Kreisebene seit 1939 im Sinne einer

[24] Anordnung über die Verwaltungsführung in den Landkreisen; RGBl. 1940/I, S. 45.

[25] Partei-Statistik, Bd. 3, S. 126.

[26] Der Kreis München mit allein 78 Mitarbeitern im engeren Kreisstab blieb als wenig repräsentativ in dieser Rechnung unberücksichtigt; StAM, NSDAP 206, Erhebung vom November 1934.

[27] Partei-Statistik, Bd. 3, S. 175, S. 181. Ausgespart ist wiederum München mit einer Zahl von allein 117 Ortsgruppen; StAM, NSDAP 9.

[28] Betr. Vereinheitlichung der praktischen Personalpolitik . . .; StAM, NSDAP 257.

[29] Anweisung des Reichsorganisationsleiters, Hauptpersonalamt, Nr. 2/38 vom 4. 4. 1938; StAM, NSDAP 186.

[30] Vgl. Eidesstattliche Erklärung von August Flemnich, Adjutant und persönlicher Referent von Gauleiter Giesler, für Stredele vom 22. 9. 1953; Entnazifizierungsakt Stredele.

strikten Aufgabenteilung ausdrücklich „verzichtet" werden sollte[31]. Daß sich aber der Einfluß eines Kreisleiters nicht auf die Parteistellen beschränkte, sondern sich gleichermaßen auf die staatlichen Verwaltungsstellen, das Bezirks- bzw. Landratsamt, die Stadt- bzw. Gemeindeverwaltungen und die Polizeibehörden ausdehnen konnte, dafür sorgte – wenn der Kreisleiter nicht ohnehin, auch trotz des Verbots von 1939, zugleich Bürgermeister oder Landrat war[32] – schon sein Mitspracherecht bei der Besetzung dieser Ämter. Ein Kreisleiter hatte zwar darüber hinaus keinen rechtlichen Einfluß auf die staatlichen Stellen, offiziell war sein Eingreifen in die laufende Verwaltungsführung sogar verboten, doch Handhaben hierfür bot schon die „Verpflichtung zu engster Zusammenarbeit und Unterrichtung" zwischen Landrat und Kreisleiter[33]. Die Stellungnahme der Kreisleiter mußte „in allen wesentlichen Dingen eingeholt werden. Es war so, daß die Kreisleitung gefragt werden mußte bei allen Fragen, die politische Bedeutung hatten. Das war im einzelnen schwer abzugrenzen."[34] Dem Machtbereich des Kreisleiters entzogen sich somit nur die Sonderkommissare, die Gestapo und mit Einschränkungen SA und SS, inwieweit er aber „einen tatsächlichen Einfluß ausüben konnte, hing von seiner Persönlichkeit ab"[35]. Es lag am Kreisleiter, ob Anweisungen, die – wie die „Aktion Gitter", die Verhaftungswelle, die dem Attentat des 20. Juli im August 1944 folgte – direkt an die Landräte gingen, umgangen, gemildert oder in vollem Maße ausgeführt wurden. Von ihm hing es ab, wie mit Denunziationen, die teilweise direkt dem Kreisleiter, aber auch den Ortsgruppenleitern, der Polizei oder dem Landrat zugetragen wurden, verfahren wurde. Angesichts eines als scharf bekannten Kreisleiters war schon sehr viel Zivilcourage nötig, eine solche Anzeige aus eigenem Entschluß unter den Tisch fallen zu lassen. Erhielt dieser dann doch davon Kenntnis, so lief man schließlich selbst Gefahr, durch die noble Geste empfindliche Nachteile zu erleiden. Die Macht eines Kreisleiters gründete auf Angst und erstreckte sich – innerhalb seines Kreises – auf beinahe jedes Gebiet.

Die Voraussetzungen zur Errichtung eines kleinen Königreiches innerhalb der Kreisgrenzen waren also durchaus gegeben, jedenfalls dann, wenn ein Kreisleiter das Vertrauen der Gauleitung genoß. Ob sich der „König" seiner Machtfülle bewußt wurde und wie er sich ihrer bediente, war natürlich von Fall zu Fall sehr unterschiedlich. Seine Herrschaft konnte ebenso eine Milderung wie eine Verschärfung des totalitären Charakters und der verbrecherischen Auswüchse des NS-Regimes bewirken. „*Den* Kreisleiter" schlechthin hat es in Oberbayern nicht gegeben: „Der eine versuchte es mit humanitären Worten, der andere mit Druck. Hauptsache war, daß das Ziel erreicht wurde."[36] Moralität, Gutmütigkeit, Gerechtigkeitssinn, Zivilcourage, In-

[31] Anordnung über die Verwaltungsführung in den Landkreisen vom 28. 12. 1939; RGBl. 1940/I, S. 45.

[32] 15 der überprüften Kreisleiter waren in Personalunion gleichzeitig Bürgermeister, davon 9 in den Kreisstädten, von diesen 6 langfristig. Bürgermeister durften nach der Gemeindeordnung nur im Benehmen und mit Zustimmung des Kreisleiters vom Landrat ernannt werden. Vgl. auch Protokoll der Verhandlung der Lagerspruchkammer Dachau gegen Anton Dennerl, S. 3; Entnazifizierungsakt Dennerl.

[33] Anordnung; vgl. Anm. 31.

[34] So der ehemalige Landrat von Miesbach, Ernst Heuser; Protokoll der öffentlichen Sitzung der Spruchkammer Miesbach gegen Franz Danninger; Entnazifizierungsakt Danninger sowie Anordnung; vgl. Anm. 31.

[35] Der ehemalige Landrat von Traunstein, Paul Tremel; Protokoll der Verhandlung der Berufungskammer München gegen Anton Endrös am 2. 8. 1950; Entnazifizierungsakt Endrös.

[36] Kreisleiter Dennerl, Protokoll S. 7; vgl. Anm. 32.

telligenz oder Dummheit, Obrigkeitshörigkeit, Fanatismus, Brutalität und Machtbesessenheit fanden in wechselnden Kombinationen mannigfache Entfaltungsmöglichkeiten.

Wie die ausführlichen Fallstudien einzelner oberbayerischer Kreisleiter exemplarisch zeigen werden, ist der Versuch einer Typisierung anhand formaler Kriterien beinahe hoffnungslos. Die NS-Kreisleiter waren ausnahmslos überzeugte Nationalsozialisten, soviel steht natürlich fest. Sieben waren schon vor 1923 der Partei beigetreten, 14 zwischen 1925 und 1930 und nur fünf bis Ende 1932, bei zweien erklärt sich der späte Parteieintritt durch das jugendliche Alter. Die „Alten Kämpfer" taten sich, wie die Studien zu Buchner, Danninger und Emmer zeigen, leichter, willkürlich und unangefochten ihre Herrschaft auszuüben. Sie besaßen gegenüber den später Hinzugekommenen einen Vertrauensvorsprung bei der Gauleitung und – aus alter Solidarität – meist gute persönliche Beziehungen zu einflußreichen Vertretern der Parteiführung. Die „Veteranen" griffen auch eher auf rauhe Methoden der „Kampfzeit" (Buchner, Emmer) zurück. Das Kriterium „Alter Kämpfer" mußte aber nicht automatisch ein hohes Maß an Autonomie oder rüder Amtsführung mit sich bringen, wie das Gegenbeispiel des obrigkeitsgläubigen und selten selbständig agierenden Kreisleiters Breitenstein (Pg seit 1920) zeigt. Auch das örtliche Milieu ist als Kriterium einer Typisierung wenig ergiebig. Es präsentiert sich in ganz Oberbayern überwiegend ländlich-kleinstädtisch, katholisch-konservativ, was die nationalsozialistische Infiltrierung erschwerte und die Kreisleiter – im Interesse ihrer propagandistischen Aufgabe, auch dort den Nationalsozialismus zu verkaufen – eher zwang, sich den örtlichen Verhältnissen anzupassen. Und die besonders konfliktträchtigen Enklaven stärkerer Resistenz – der erzkatholische Wallfahrtsort Altötting, die Bezirke Miesbach und Weilheim wegen der in Hausham und Penzberg angesiedelten Braunkohlebergwerke mit einer relativ starken Arbeiterbewegung – konnten je nach charakterlicher Disposition des Kreisleiters ebensogut Despotie provozieren (Schwägerl) wie weitgehende Anpassung erzwingen (Fandrey). Auch die Faktoren örtliches Milieu, Alteingesessenheit und Vertrautheit der Kreisleiter mit den spezifischen lokalen Gegebenheiten oder ihr Alter waren keine zwingenden Kriterien für die Art und Weise der Amtsführung. Im Fall des für die Dauer von zwei Jahren in Freising amtierenden Kreisleiters Hans Rupert Villechner, der bei seinem Amtsantritt 1942 gerade 27 Jahre alt war, äußerte sich die nazistische Erziehung (mit 14 Jahren Beitritt zur HJ, Ordensjunker) in einer brutalen und verbrecherischen Amtsführung[37]; auf Anton Dennerl, der ebenfalls mit 27 Jahren 1938 die Kreisleitung Weilheim (Parteieintritt allerdings erst mit 19 Jahren) übernahm, trifft dies nicht zu. Beide waren ortsfremd, im Unterschied zu den älteren Kreisleitern, die fast ausnahmslos schon Jahre in ihren Kreisen gelebt hatten oder dort aufgewachsen waren. Wenig Anhaltspunkte finden sich auch für eine bestimmende Wirkung des Bildungsniveaus oder der sozialen Stellung der Amtsträger, die sich zwar in gewissem Maße auf den Grad ihrer gesellschaftlichen Akzeptanz, nicht aber zwangsläufig auf die Qualität ihrer Herrschaft auswirkten (Windstetter). Bei vielen Kreisleitern, die gleichzeitig Bürgermeister waren, schoben sich kommunale (nicht

[37] Entnazifizierungsakt Villechner. Zu Villechner vgl. weiter unten.

politische) Interessen bald in den Vordergrund – eine wichtige Ursache des 1939 ergangenen Verbots einer solchen Personalunion[38].

Es waren weniger äußerliche, formale Kriterien, die das Erscheinungsbild der Kreisleiter und ihrer Herrschaft bestimmten, als vielmehr ihre charakterliche Disposition. Darauf deutet auch die in den späteren Spruchkammerverhandlungen in Zeugenaussagen oder Spruchbegründungen häufig anzutreffende Differenzierung zwischen „anständigen" oder „fanatischen", d.h. als scharf empfundenen Vertretern dieser Spezies. Dieser zeitgenössische, moralisch-wertende Ansatz einer Typisierung ist jedoch als Spiegelung eher subjektiven Empfindens problematisch; er ist dazu verschwommen und in dieser Pauschalität unzutreffend. Den immer anständigen Kreisleiter gab es natürlich ebensowenig wie den immer fanatischen, brutalen, konzessionslosen oder verbrecherischen.

Überwiegend „fanatisch", also scharf, parteikonform, brutal präsentierte sich übrigens nur eine Minderheit; von den 19 Kreisleitern, für die bei einer ausreichenden Quellenlage solche Aussagen gewagt werden können, eigentlich nur vier. Dies ergab sich schon aus dem Auftrag dieser „Säulen des Nazi-Regimes": Die Kreisleiter als „Garant[en] der nationalsozialistischen Revolution" und „geistige Träger der Idee Adolf Hitlers"[39] waren nämlich im Dienste ihres Werbungsauftrags gut damit beraten, es sich mit den örtlichen „Verhältnissen" nicht zu verderben, und das bedeutete in Oberbayern, ein eher mildes und mäßigendes Auftreten an den Tag zu legen. Schon bei der Ernennung der Kreisleiter wie der Ortsgruppenleiter war die Partei aus solchen Gründen darauf bedacht, die lokalen Gegebenheiten zu berücksichtigen und „Führer" einzusetzen, die „die nötige seelische Verbindung von vornherein mit der zu bearbeitenden Bevölkerung" besitzen[40].

In manchen Fällen war die erwünschte seelische Verbundenheit dann enger als gewollt: Neun der Kreisleiter gaben in ihrer späteren Entnazifizierungsverhandlung an, wegen „Laxheit" aus ihrem Amt vorzeitig entfernt worden zu sein. „Lax" waren vor allem die, die den Posten – oft auf Drängen der Bevölkerung – nur deshalb übernahmen, weil zu befürchten war, daß andernfalls ein scharfer Kreisleiter an ihre Stelle treten würde (Walter Fandrey in Altötting, Johann Gmelch in Rosenheim und Ludwig Schmid in Schongau). Dies trifft oft auf die kommissarisch eingesetzten Kreisleiter zu, die vorher meist Kreisamts- oder Ortsgruppenleiter gewesen waren und vor allem während des Krieges kurzfristig einen eingezogenen oder gefallenen Kreisleiter vertraten. Diese kamen bei der späteren Entnazifizierung auch meist schon in erster Instanz mit glimpflichen Sprüchen davon: Anton Feil, K/Kreisleiter Traunstein 1941/42 (Minderbelasteter); Johann Gmelch, K/Kreisleiter Rosenheim 1934–1941 (Mitläufer); Jakob Scheck, K/Kreisleiter Garmisch-Partenkirchen 1939–1943 (Mitläufer); Ludwig Schmid, K/Kreisleiter Schongau 1940–1942, 1944 (Minderbelasteter); Franz Seidl, K/Kreisleiter Freising 1941/42 (Minderbelasteter).

[38] Stellungnahme des Pg Friedrichs von der Partei-Kanzlei zur Gestaltung des Verhältnisses Partei–Staat, insbesondere die Frage der Personalunion zwischen Kreisleiter und Landrat (i.J. 1940); Akten der Parteikanzlei der NSDAP. Rekonstruktion eines verlorengegangenen Bestandes, Mikrofiche Nr. 126 02258-65 (= Bundesarchiv NS 8, Kanzlei Rosenberg, Bd. 183).

[39] Gauorganisationsamtsleiter Reichinger an die Oberste Leitung der PO, Organisationsamt, am 11. 5. 1934; StAM, NSDAP 206.

[40] Dienstvorschrift, S. 61; vgl. Anm. 17.

Verschiedene äußerliche Kriterien konnten also eine scharfe oder gemäßigte Amtsführung des Kreisleiters begünstigen, entscheidend war jedoch die individuelle charakterliche Disposition. Ihre Handlungsweise war im Einzelfall häufig durch persönliche Gründe motiviert. Daher ist es auch wenig verwunderlich, daß es in ganz Oberbayern keinen Kreisleiter gab, der sich nicht in dem einen oder anderen Fall über Anordnungen der Gauleitung hinweggesetzt und beispielsweise politischen oder religiösen Gegnern geholfen hätte. Wie ausgeprägt solch „abweichendes" Verhalten im Einzelfall gewesen war, wie mild oder scharf sich ein Kreisleiter in seinem Kreis geriert hatte, sollte nach dem Zusammenbruch des NS-Regimes, als die „Könige" vor die Kammern der Entnazifizierung gezogen wurden, für den Einzelnen überaus große Bedeutung erlangen.

2. Internierung, Entnazifizierung, Heimkehr

a) Internierung

Der Einmarsch der Alliierten wurde von vielen in Deutschland als Befreiung empfunden. Für die Kreisleiter der NSDAP und für alle, die sich dem NS-Regime mehr oder weniger verschrieben hatten, waren mit diesem historischen Augenblick entgegengesetzte Empfindungen verbunden: Die Stunde der Abrechnung, der politischen Säuberung war gekommen. Erklärtes Kriegsziel und Hauptanliegen der Alliierten war es, zu verhindern, daß Deutschland jemals wieder den Weltfrieden bedrohe. Die Ausmerzung von Nazismus und Militarismus betrachteten die Sieger als ihre vordringliche Aufgabe. Die Auflösung der NSDAP und ihrer Gliederungen, die Aufhebung der NS-Gesetzgebung, die Entfernung mehr als nomineller Nationalsozialisten aus Ämtern des öffentlichen Dienstes und jeder Position von Einfluß auch in der Privatwirtschaft waren schon in dem vom Obersten Befehlshaber der Alliierten im Dezember 1944 herausgegebenen Leitfaden über die ersten Schritte auf dem Weg zu einer politischen Säuberung Deutschlands vorgesehen. Ergänzt wurde dieses Programm durch die Anordnung der Internierung früherer Nationalsozialisten: „An essential step, complementary to the removal of Nazis from governmental positions and positions of influence, will be the internment of certain government and Party officials and members of police and para-military formations, whose presence at large might be a threat to the security of the Allied Forces or an impediment to the attainment of the objectives of Military Government in Germany."[41] Betroffen vom sogenannten Automatic Arrest waren nach diesen Richtlinien formal alle Nationalsozialisten in Führungspositionen; zu ihnen zählten sämtliche Amtsträger der Partei bis hinab zur Ortsgruppenebene[42].

41 Supreme Headquarters Allied Expeditionary Force, Office of the Chief of Staff, Handbook for Military Government in Germany. Prior to Defeat or Surrender, December 1944, Chapter II, Paragraphen 275ff.; IfZ-Archiv, Druckschriftensammlung, Dk 090.009.

42 Ebd., Chapter II, Table „C", Nazi Party, Police, Paramilitary and Governmental Officers to be Interned. Am 13.4.1945 erweiterte SHAEF die Liste der zu internierenden Personengruppen. U.S. Group Control Council (Germany), Office of Director of Intelligence to Chief of Staff vom 8.9.1945; NA, RG 260, 1945–46/44/3; Liste der Kategorien ebd., Brief Supreme Headquarters, AEF, AG 350.09-2 GBI-AGM vom 13.4.1945.

Entsprechend dieser Vorgaben wurden bis Dezember 1945 in der gesamten US-Zone 117512 Personen interniert[43].

Auch die oberbayerischen Kreisleiter kamen in den Automatic Arrest, sofern sie sich der Internierung nicht durch Flucht entzogen hatten. Dies scheint einigen gelungen zu sein. Wie die Fluchtgeschichte des ehemaligen Kreisleiters von Freising, Villechner, zeigt, war es nicht sonderlich schwierig, im allgemeinen Chaos der Nachkriegszeit zu verschwinden. Villechner, der seit 1945 als Fahnenjunkerfeldwebel gedient hatte, wurde in den letzten Kriegstagen von den Amerikanern gefangengenommen. Da er seinen Namen geändert und seine politische Funktion verschwiegen hatte, wurde er bereits im Herbst des gleichen Jahres aus der Kriegsgefangenschaft entlassen. Er ging nach Erlangen und erfuhr dort, daß er wegen der Erschießung amerikanischer Flieger vom Internationalen Militärgerichtshof gesucht wurde. Villechner tauchte in der britischen Zone unter, hielt sich vor allem in Oldenburg und zeitweise auch in der sowjetischen Besatzungszone auf. Erst 1951, als er von den Besatzungsmächten nichts mehr zu befürchten hatte, stellte er sich freiwillig den deutschen Gerichten[44].

Flucht war zwar durch die Nachkriegswirren erleichtert, bedeutete aber auch eine permanente psychische Belastung, ein Leben „gekennzeichnet durch die ständige Ungewißheit vor plötzlicher Entdeckung“[45]. Ständig angewiesen auf die Solidarität von Schicksalsgenossen, die, ohne wirklich organisiert zu sein, „offenbar ein lockeres Netz“ gebildet hatten, „das aus vielen Kreisen und aus Verbindungen untereinander und zu alten Freunden besteht, die oft formal wenig oder gar nicht belastet sind“, empfanden die Flüchtigen in ihrer Mehrheit „ihre Illegalität als ein persönliches und soziales Schicksal“. Im allgemeinen war ihr Fluchtgrund keineswegs Gesinnungstreue, sie waren deshalb auch keine Gefahr im Sinne etwa einer sich neu formierenden nazistischen Untergrundbewegung[46].

Die Mehrzahl der Kreisleiter wurde aber meist unmittelbar nach dem Einmarsch der amerikanischen Truppen verhaftet und in die verschiedenen Internierungslager verbracht. Die Bedingungen in den Lagern waren, besonders anfangs, schlecht, keineswegs aber vergleichbar mit den Zuständen in den nationalsozialistischen Konzentrationslagern. Der ehemalige KZ-Häftling und Verfasser des ersten – bereits 1946 erschienenen – systematischen Buches über die Konzentrationslager, Eugen Kogon[47], der im März 1947 im Auftrag des hessischen Sonderministers Gottlob Binder einige Tage im Lager Darmstadt zugebracht hatte, um den damals weit verbreiteten Vorwurf, die Internierungslager ähnelten Konzentrationslagern, an Ort und Stelle zu überprüfen, fand zwar einigen Anlaß zur Kritik, kam aber insgesamt zu dem Ergebnis, „daß die Gesamtverhältnisse im Lager nicht so entsetzlich sind, wie sie im Lande vielfach dargestellt werden“. Als eindringlichen Beweis für die Unvergleichbarkeit der Internierungslager mit den Konzentrationslagern stellte Kogon die Todesraten des Lagers Darmstadt denen des KZ Buchenwald gegenüber: Im Lager Darmstadt, wo 11340 In-

[43] Niethammer, Mitläuferfabrik, S. 255 f.

[44] Spruch des Schwurgerichts beim Landgericht München II gegen Hans Rupert Villechner, Verhandlung vom 12.–15. 11. 1952, 12 Ks 15/52; Entnazifizierungsakt Villechner.

[45] Karl Wilhelm Böttcher, Menschen unter falschem Namen, in: Frankfurter Hefte 4 (1949), Heft 6, hier S. 495.

[46] Ebd., S. 493. Eine eindrucksvolle belletristische Darstellung einer Fluchtgeschichte schrieb 1945 Anna Seghers, Das Ende, in: Anna Seghers, Der Ausflug der toten Mädchen, Darmstadt [6]1984.

[47] Eugen Kogon, Der SS-Staat. Das System der deutschen Konzentrationslager, München 1946.

ternierte einsaßen (Stand März 1947), waren in der Zeit von Februar 1946 bis Februar 1947 43 Todesfälle zu verzeichnen, darunter drei Selbstmorde. Im KZ Buchenwald starben (im statistischen Durchschnitt während einer Zeit von achteinhalb Jahren) innerhalb von neun Monaten ca. 7000 Menschen, Selbstmorde waren dort an der Tagesordnung[48].

Anlaß zur bitteren Kritik an den Internierungslagern bot vor allem die Unterbringung. Die Internierten hausten in Zelten, überbelegten ungeheizten Räumen, „mit 180 Mann in einem Pferdestall" oder „mit 150 Mann zusammen in einem Raum von 400 cbm"[49]. Die Verpflegung dagegen war, „verglichen mit den Verhältnissen im Lande", nicht nur „zureichend", sondern teilweise offenbar so reichhaltig, daß „sich nicht wenige Internierte in ihrem Gewissen der Bevölkerung gegenüber als bevorzugt fühlten"[50]. Der Lageralltag verlief eintönig – „Morgenkaffee etwa 7 Uhr, Mittagessen etwa 11 Uhr, Abendessen etwa 17.30, um 22 Uhr wird das Licht gelöscht"[51]. Obwohl kein Arbeitszwang bestand, drängten sich die Internierten nach Arbeit. Da anfangs bei weitem nicht genügend Arbeitsmöglichkeiten für alle bestanden, entwickelten sich sehr bald verschiedene Eigeninitiativen – Lagerschulen, Lagertheater und Musikgruppen – zur Auflockerung des tristen Tagesablaufs[52].

„Wenn man die Schilderung des Lagerlebens liest, mag es manchem erfreulicher erscheinen, als das Leben außerhalb. Für Essen, Kleidung, Heizung, ja selbst für Unterhaltung ist gesorgt. Diese Einstellung übersieht jedoch die außerordentlich ungünstige psychologische Wirkung, die Einsperrung und Stacheldraht auf den Menschen haben."[53] Erheblich verschärft wurde die psychologische Situation der Internierten durch die Ungewißheit über die Dauer ihrer Internierung; zum Teil verstrichen Monate und Jahre bis zum Zeitpunkt der ersten Vernehmung[54]. Sorgen um die Angehörigen, Erbitterung darüber, daß andere, zum Teil viel schwerer Belastete frei blieben, Angst vor harten Strafen und Degradierung trugen dazu bei, die Psyche der Internierten bis an ihre Grenzen zu belasten; Depressionen waren eine weit verbreitete Erscheinung. Die räumliche Enge der überfüllten Lager begünstigten Aggressionen und Nervosität, psychosomatische Krankheiten, vor allem Herz- und Magenleiden, waren recht häufig. Zusätzlich belastet wurde die seelische Verfassung vieler Internierter – dazu zählten auch viele Kreisleiter – durch „die Überzeugung, völlig zu Unrecht auf falsche Denunziation hin oder aus Irrtum in Haft" zu sitzen[55].

48 Eugen Kogon, Bericht über die Zustände im Lager Darmstadt; HStAW, 521/31.

49 Kogon, Bericht. Befragung entlassener Internierter, ohne Titel vom 16. 8. 1946; NA, RG 260, 10/71-1/21. Die Entnazifizierungsakten enthalten meist keine Angaben über die Bedingungen und persönlichen Erfahrungen in den verschiedenen Lagern. Daher muß sich die Rekonstruktion der Lagerverhältnisse auf allgemeine Quellen stützen. Informationen hierzu finden sich in einer Reihe von Veröffentlichungen ehemaliger Internierter: Karl Vogel, M-AA-509, Elf Monate Kommandant eines Internierungslagers, Memmingen 1951; Jon Gheorghe, Automatic Arrest, Freising 1957; Heinrich Zerkaulen, Zwischen Nacht und Tag. Erlebnisse aus dem Camp 94, München 1951. Eine ausführliche wissenschaftliche Monographie über die Lager liegt bislang nicht vor, vgl. aber die Studie von Christa Schick (der die Vf. einige einschlägige Hinweise verdankt) in diesem Band.

50 Bericht: Return of Nazi Internees, 27 July 1946; NA, RG 260, 10/71-1/21.

51 (Bericht über das) Lager Moosburg bei Landshut vom Januar 1946; NA, RG 260, AG 1945–46–45/5.

52 Ebd.

53 Ebd.

54 Vgl. Return of Nazi Internees, 27 July 1946; NA, RG 260, 10/71-1/21 und die Fallstudie „Ein Mitläufer" weiter unten.

55 Return of Nazi Internees, 27 July 1946; NA, RG 260, 10/71-1/21.

Die Chance zur demokratischen Umerziehung blieb weitgehend ungenutzt. Viele Internierte, die „anfangs geglaubt [hatten], die Lager hätten den Sinn, die darin Internierten umzuschulen und aufzuklären über die Verbrechen, die der Nationalsozialismus im deutschen Volk und in der Menschheit angerichtet hat, und sie zur Demokratie zu erziehen“[56], wurden enttäuscht. „Wenn nicht deutsche Internierte diese Aufgabe aus freien Stücken ... in geringem Umfang übernommen hätten, wäre nichts an Erziehungsarbeit geleistet worden. Im Gegenteil: in vieler Beziehung sind diese Lager nicht Denazifizierungslager, sondern Renazifizierungslager.“[57] Tatsächlich versuchten „etliche Unentwegte und allzu Eingefleischte ... auch im Lager noch die alte Walze zu drehen“[58]. Sie stießen allerdings im allgemeinen auf erhebliche Vorbehalte. Es wird berichtet, „daß sich hartnäckige Vertreter des Nationalsozialismus innerhalb des Lagers absonderten, in ihren Äußerungen sehr vorsichtig waren und von den übrigen Inhaftierten gemieden wurden“[59].

Im Lande wie auch in den Lagern war die Forderung, „die Großen zu hängen, die Kleinen laufen zu lassen“[60], weit verbreitet. Die Kreisleiter wurden – glaubt man den Ergebnissen einer im Dezember 1946 von den Amerikanern durchgeführten Meinungsumfrage[61] – eindeutig ersteren zugerechnet, den „Großen“ also, die man „hängen“ sehen wollte. Vermutlich hatten sie in den Lagern einen dementsprechend schweren Stand. Einige Indizien, die Ausstellung oft zahlreicher Persilscheine durch eine Reihe in etwa gleichbelasteter und im gleichen Lager einsitzender Kameraden oder die Gleichförmigkeit vieler Rechtfertigungsversuche beispielsweise, lassen vermuten, daß die schwerer Belasteten – wohl auch als Reaktion auf solche Abwehrhaltungen ihrer Mitinternierten – im Lager eine Art Subkultur bildeten. Im Mai 1948 war die Zahl der in bayerischen Lagern Internierten auf 2630 gesunken[62]. Zu den am längsten einsitzenden Internierten zählten die NS-Kreisleiter. Erst im Zuge der sukzessiven Auflösung der Lager ab Sommer 1948 wurden auch sie vor die Spruchkammern gestellt und aufgrund der dort getroffenen Entscheidungen meist aus der Haft entlassen.

b) Entnazifizierung

Die Entnazifizierung in Bayern, ausführlich und kritisch dargestellt von Lutz Niethammer, verlief zunächst unter amerikanischer Regie nach dem im SHAEF-Handbuch grob umrissenen Programm, das durch eine Reihe nachfolgender Gesetze und Direktiven der amerikanischen Militärregierung präzisiert und erweitert wurde[63]. Mit der feierlichen Unterzeichnung des unter amerikanischer Anleitung entstandenen

[56] Kogon, Bericht sowie Bericht über die amerikanischen Internierungslager Glassenbach, Golling, Altenstadt (verfaßt von einem Anti-Nationalsozialisten, der versehentlich für sechs Monate, bis Januar 1946, in Internierungshaft geraten war); NA, RG 260, AG 1945–46–45/5.

[57] Bericht Glassenbach; vgl. Anm. 56.

[58] Return of Nazi Internees, 27 July 1946; NA, RG 260, 10/71-1/21.

[59] Befragung entlassener Internierter vom 16. 8. 1946; NA, RG 260, 10/71-1/21.

[60] Return of Nazi Internees, 27 July 1946; NA, RG 260, 10/71-1/21.

[61] The Trend of Public Reactions on the Nuernberg Trials, ICD-Report, No. 33, December 1946; IfZ-Archiv, Druckschriftensammlung, Dk 110.001.

[62] Vgl. Schick, weiter unten in diesem Band.

[63] Die verschiedenen Etappen der Entnazifizierung unter amerikanischer und später deutscher Regie sind ausführlich bei Niethammer, Mitläuferfabrik, nachzulesen.

deutschen „Gesetzes zur Befreiung von Nationalsozialismus und Militarismus" am 5. März 1946 war die Entnazifizierung in den Ländern der amerikanischen Besatzungszone – Bayern, Hessen, Württemberg-Baden – an deutsche Stellen übergegangen, die freilich nach wie vor von der Militärregierung beaufsichtigt und kontrolliert wurden. Das im damaligen Sprachgebrauch kurz als „Befreiungsgesetz" bezeichnete komplizierte Gesetzeswerk[64] stellte in 67 Artikeln Normen zur Bewältigung einer gewaltigen Aufgabe auf: Alle, „die die nationalsozialistische Gewaltherrschaft aktiv unterstützt oder sich durch Verstöße gegen die Grundsätze der Gerechtigkeit und Menschlichkeit oder durch eigennützige Ausnutzung der dadurch geschaffenen Zustände verantwortlich gemacht haben", sollten „von der Einflußnahme auf das öffentliche, wirtschaftliche und kulturelle Leben ausgeschlossen und zur Wiedergutmachung verpflichtet" werden[65]. Die Beurteilung des einzelnen sollte „in gerechter Abwägung der individuellen Verantwortlichkeit und der tatsächlichen Gesamthaltung" erfolgen, „äußere Merkmale wie die Zugehörigkeit zur NSDAP, einer ihrer Gliederungen oder einer sonstigen Organisation sind nach diesem Gesetz für sich allein nicht entscheidend für den Grad der Verantwortlichkeit"[66]. Mit diesem Anspruch distanzierte sich das Befreiungsgesetz klar von der bislang praktizierten, von den Deutschen mehrheitlich jedoch als überaus ungerecht empfundenen Methode der Amerikaner, die eine Belangung allein von formalen Kriterien abhängig gemacht hatten.

In jedem Stadt- und Landkreis – um hier das Verfahren nur in aller gebotenen Kürze zu charakterisieren – wurden sogenannte Spruchkammern errichtet, die über jeden einzelnen Fall zu entscheiden hatten. Die Spruchkammern waren angelegt als „eine Laienbürokratie in schöffengerichtlicher Verfassung"[67], ein Vorsitzender und mindestens zwei Beisitzer entschieden gemeinsam über den zu fällenden Spruch. Die von den Parteien entsandten Spruchkammerangehörigen sollten mit den örtlichen Verhältnissen vertraut sein, mußten aber keine juristische Vorbildung mitbringen. Trotzdem war man in der Praxis darauf bedacht, wenigstens den Vorsitz qualifizierten Juristen zu übertragen; in der Region Ansbach und Fürth etwa waren sämtliche Spruchkammervorsitzenden juristisch geschult[68]. Überhaupt waren die Bemühungen um eine qualifizierte Besetzung der Spruchkammern aus der Nahoptik weit weniger halbherzig, als die immer wieder verlautende harsche Kritik der amerikanischen Militärregierung vermuten läßt. Wie Hans Woller in seiner Studie zur Nachkriegsgeschichte in der Region Ansbach und Fürth hervorhebt, war dort die Entnazifizierung „keineswegs in die Hände von ‚Minderwertigen' geraten", vielmehr beauftragten die Parteien 1946 „in aller Regel ihre besten Leute"[69]. Trotzdem waren die Spruchkammern mit ihrer Aufgabe häufig überfordert. Mangelnde Kenntnis des Gesetzes und seiner Ausführungsbestimmungen, Verfahrensmängel, häufiger Wechsel des Personals (nicht zuletzt auch aufgrund von Eingriffen der Besatzungsmacht), Korruption und ein allmählicher Verlust des Bewußtseins der Notwendigkeit der Entnazifizierung mit der

[64] Gesetz zur Befreiung von Nationalsozialismus und Militarismus vom 5. März 1946, mit den Ausführungsvorschriften. In amtlichem Auftrag herausgegeben und mit Anmerkungen und Sachverzeichnis versehen von Erich Schullze, Präsident der Berufungskammer München, München ^{3}1948.

[65] Befreiungsgesetz Art. 1, S. 5.

[66] Ebd., Art. 2, S. 8.

[67] Niethammer, Mitläuferfabrik, S. 336.

[68] Woller, Gesellschaft und Politik, S. 123.

[69] Ebd., S. 126; eine Gegenposition vertritt Niethammer, Mitläuferfabrik, S. 338.

Folge einer starken Tendenz zum „Weißwaschen" waren von den Amerikanern vielbeklagte Phänomene[70], die sich mit zunehmender Dauer der politischen Säuberung häuften. Die Kritik war zumeist berechtigt, doch waren dies Verschleißerscheinungen, an denen die Amerikaner nicht schuldlos waren. Die mit Rücksicht auf die öffentliche Meinung in den USA 1944/45 viel zu breit angelegte Entnazifizierung konfrontierte die Spruchkammern mit einer Flut „kleiner Fische", die den anfänglichen Enthusiasmus des Spruchkammerpersonals zunehmend zermürbte.

Die Arbeit der Spruchkammern bestand zunächst in der Auswertung der Meldebögen[71], die jeder Deutsche über 18 Jahre ausfüllen mußte. Auf der Basis der dort angegebenen Daten über Mitgliedschaft und Ränge in der Partei, ihrer Gliederungen und angeschlossener Verbände wurde die Zugehörigkeit zu formalen Belastungskategorien ermittelt. Das Befreiungsgesetz sah fünf Gruppen von Verantwortlichen vor: Hauptschuldige, Belastete (Aktivisten, Militaristen, Nutznießer), Minderbelastete (Bewährungsgruppe), Mitläufer und Entlastete. Als formal hauptschuldig galt, wer „der nationalsozialistischen Gewaltherrschaft außerordentliche politische, wirtschaftliche, propagandistische oder sonstige Unterstützung gewährt" hatte, sich an Gewalttaten des Regimes beteiligt hatte sowie alle, die „sich in führender Stellung der NSDAP, einer ihrer Gliederungen oder eines angeschlossenen Verbandes" betätigt hatten, mithin auch die Kreisleiter der NSDAP[72]. Zu den Belasteten zählten überzeugte Anhänger der nationalsozialistischen Gewaltherrschaft sowie jeder, der durch seine Stellung oder Tätigkeit, insbesondere durch Reden oder Schriften, dieselbe „wesentlich" gefördert hatte. Dies betraf sämtliche Amtsträger der Partei bis hinab zur untersten Stufe. Minderbelastet war, wer eigentlich zu den Belasteten zählte, aber wegen besonderer Umstände einer milderen Beurteilung würdig erschien. Zu der Gruppe der Mitläufer schließlich zählte die Masse derer, die „nicht mehr als nominell am Nationalsozialismus teilgenommen oder ihn nur unwesentlich unterstützt" hatten[73].

An die Einstufung in eine dieser Kategorien waren obligatorisch zu verhängende Sühnemaßnahmen gekoppelt: Die Einreihung in die Gruppe der Hauptschuldigen bedeutete automatisch die Einweisung in ein Arbeitslager für mindestens zwei, höchstens zehn Jahre, den Einzug des gesamten Vermögens bis auf einen Betrag, der für den notdürftigsten Lebensunterhalt erforderlich war, das dauernde Verbot, ein öffentliches Amt zu bekleiden, den Verlust der Rechtsansprüche auf eine aus öffentlichen Mitteln zu zahlende Pension oder Rente, den Verlust der bürgerlichen Rechte (Wahlrecht, Recht auf politische Betätigung und Mitgliedschaft in einer Partei, Gewerkschaft oder wirtschaftlichen Vereinigung). Für die Dauer von mindestens zehn Jahren unterlag der Hauptschuldige erheblichen Berufsbeschränkungen. Es war ihm verboten, „in einem freien Beruf oder selbständig in einem Unternehmen oder gewerblichen Betrieb jeglicher Art tätig zu sein, sich daran zu beteiligen oder die Aufsicht oder Kontrolle hierüber auszuüben" (darunter fielen auch landwirtschaftliche Betriebe), „in nicht selbständiger Stellung anders als in gewöhnlicher Arbeit beschäftigt zu werden"

[70] Vgl. die mit solchen Klagen gespickten Field Inspection Reports, die OMGUS in regelmäßigen Abständen über die Arbeit der einzelnen Spruchkammern erstellen ließ, z. B. über die Kammer Ingolstadt; NA, RG 260, 15/119-2/26, Mühldorf; NA, RG 260, 15/119-3/9, Rosenheim; NA, RG 260, 15/119-3/42.

[71] Das Muster eines sog. kleinen Meldebogens findet sich als Anhang zum Befreiungsgesetz, S. 112f.

[72] Befreiungsgesetz, Art. 5, S. 11. Die lange Liste der formal nach Gruppe I Belasteten findet sich auf den Seiten 87ff.

[73] Ebd., Art. 7–13, S. 13ff.

(wobei als gewöhnliche Arbeit „eine Tätigkeit in gelernter oder ungelernter Arbeit oder als Angestellter in einer Stellung von untergeordneter Bedeutung" definiert wurde[74]) und sich als Lehrer, Prediger, Publizist oder Journalist zu betätigen. Wohnungs- und Aufenthaltsbeschränkungen sowie der Verlust sämtlicher Approbationen und Konzessionen ergänzten diesen Sühnekatalog. Belastete unterlagen den gleichen Sühnen, jedoch war die Dauer des Arbeitslagers auf fünf Jahre begrenzt und die ersatzweise Verurteilung zu Sonderarbeiten für die Allgemeinheit möglich, ihr Vermögen konnte auch teilweise eingezogen werden und die Dauer der Berufsbeschränkungen war auf mindestens fünf Jahre verkürzt. Die Einreihung in die Gruppe der Minderbelasteten war für die Dauer einer von der Spruchkammer zu bestimmenden Bewährungsfrist mit gemilderten Berufsbeschränkungen verbunden, ergänzt durch die Auferlegung einer Geldsühne für einen Wiedergutmachungsfond. Hatte sich der Betroffene in dieser Zeit bewährt, war damit automatisch im Nachverfahren seine Herunterstufung in die Gruppe der Mitläufer verbunden[75], und der sozialen Reintegration stand nach den Buchstaben des Gesetzes nichts mehr entgegen. Mitläufer hatten lediglich eine Geldsühne zu leisten, Beamte konnten in den Ruhestand versetzt und zurückgestuft werden. Letzteres war auch gegen Personen der Privatwirtschaft möglich.

Bis zum Tag der Verhandlungen gegen die Kreisleiter hatten die für die Kammern tätigen Ermittler in umfangreichen Recherchen unter Zuhilfenahme noch auffindbarer Akten der Kreisleitung, von Zeitungsartikeln und durch die Mobilisierung von Zeugen – durch einen Aufruf in der lokalen Presse und Anschlag an öffentlichen Gebäuden – Beweismaterial gesammelt. Zusammen mit der formalen Zuordnung in die Belastungskategorie der Hauptschuldigen[76] bildete es die Grundlage der Klageschrift des öffentlichen Klägers. Die Verhandlungen gegen die Kreisleiter waren, wie alle Verfahren gegen Hauptschuldige und Belastete, öffentlich. Der Ablauf einer Spruchkammerverhandlung, bei der die Beweislast im Gegensatz zum traditionellen deutschen Strafrecht beim Betroffenen lag, ähnelte einer Schwurgerichtsverhandlung. Dem Verlesen der Klageschrift folgte die Vernehmung des Betroffenen, danach der Aufmarsch von Zeugen, die Verlesung und Würdigung eidesstattlicher Erklärungen, sodann die Schlußplädoyers. In geheimer Beratung entschieden anschließend der Vorsitzende und die Beisitzer über die individuelle Einstufung des Betroffenen und die ihm aufzuerlegenden Sühnemaßnahmen. Es stand ihm wie auch dem öffentlichen Kläger frei, gegen den Spruch Berufung einzulegen. Einspruch konnte in Bayern auch der eigens errichtete Kassationshof sowie die Militärregierung erheben, die über jede Entscheidung zu informieren waren[77]. Die rechtskräftige Entscheidung wurde zusammen mit den verhängten Sühnemaßnahmen im Personalausweis des Betroffenen und in einem sogenannten Gruppenregister, das jedermann zur Einsicht offenstand, vermerkt.

Als die Kreisleiter sich seit Mitte 1948 vor den Spruchkammern zu verantworten hatten, war der Entnazifizierungselan der frühen Nachkriegszeit weitgehend erlahmt. Die Verzögerung ihrer Verhandlungen bis 1948 widersprach eigentlich den Bestim-

[74] Ebd., Art. 63 und Ausführungsverordnung (AV) 55.

[75] Ebd., Art. 42, S. 67 f. sowie AV 20 a, S. 250.

[76] In fünf Fällen ging der jeweilige öffentliche Kläger von dieser Bestimmung ab, davon waren 2 als Belastete angeklagt, in 3 Fällen stellten die öffentlichen Kläger der Kammer die Eingruppierung anheim.

[77] Befreiungsgesetz Art. 52, Anm. 2, S. 76, AV 37, S. 312 f.

mungen des Befreiungsgesetzes, das aus gutem Grund die vordringliche Aburteilung der Hauptschuldigen vorgesehen hatte. Sie war aber „unter den herrschenden Bedingungen fast unvermeidlich“[78]. Die rigorose Entlassungspolitik der Amerikaner hatte ein Heer stellungsloser Beamter, Angestellter und Freiberufler produziert, die zwar meist nur nominell belastet waren, denen aber nach den geltenden Bestimmungen bis zum Abschluß ihrer Entnazifizierung die Ausübung ihrer erlernten Berufe bzw. die Rückkehr in ihre alten Stellungen untersagt war. Das war nicht nur für die Betroffenen fatal. Während die oft hochqualifizierten Kräfte gezwungen waren, sich und ihre Familien mit niederen Gelegenheitsarbeiten über die Runden zu bringen, mangelte es überall an ausgebildetem Personal. Von allen Seiten wurden die Spruchkammern deshalb bestürmt, die gering Belasteten bevorzugt zu verhandeln. Dies konstatierte der amerikanische Militärgouverneur in seinem Jahresbericht 1947/48 mit einiger Verärgerung: „Immediately after the Law went into operation, pressure was exerted locally by all those who had been ordinary members of the party and its affiliations to force the trial of their cases so that they could resume their positions. Regulations required that the heavily incriminated Nazi activists should be tried first, but these persons exerted no pressure, as they realized they would in all probability be given severe sanctions.“[79] Daß die vorgezogene Entnazifizierung der Masse der kleinen Pgs nicht zuletzt eine von den Amerikanern selbst verschuldete Folgeerscheinung ihrer pauschalen und viel zu breit angelegten Entlassungspolitik war, dafür zeigte die Militärregierung wenig Verständnis. Was sie als Versuch der Unterlaufung einer konsequenten Entnazifizierung deutete, diente aus deutscher Sicht lediglich dem Bemühen, die Fehler der amerikanischen Säuberungspolitik wieder auszubügeln. Das gleiche galt für die Lagerspruchkammern, die sich aus ähnlichen Gründen zunächst der „kleinen Fische“ annahmen[80]. Die so geschaffene „fatale Optik, als sollten die schweren Fälle bis zum Sankt-Nimmerleins-Tag hinausgezögert werden“[81], wird den Motiven aller Beteiligten sicher nicht gerecht. Im Ergebnis lief die verzögerte Aburteilung der Hauptschuldigen aber auf einen ähnlichen Effekt hinaus. Als diese Fälle nämlich 1948 endlich zur Entscheidung standen, hatte sich die Situation grundlegend zu ihren Gunsten verändert.

Seit Anfang 1948 drängte die amerikanische Militärregierung aus finanziellen und wirtschaftlichen Gründen, aber auch im Interesse übergeordneter Ziele auf die rasche Beendigung der politischen Säuberung[82]. Das war unter Beibehaltung der bisherigen Praxis kaum zu realisieren. Um den politischen Erfordernissen Rechnung zu tragen, wurde das Befreiungsgesetz entschärft, die Herabstufung und die Möglichkeit der Einstellung von Verfahren erleichtert[83]. Im Juli 1950 verabschiedete der Bayerische Landtag das (Erste) Gesetz zum Abschluß der politischen Befreiung, das am 1. September 1950 in Kraft trat. Es begrenzte die Entnazifizierung auf formal Hauptschuldige und Belastete, alle übrigen Verfahren waren einzustellen. Bereits auferlegte Sühnemaßnahmen und Verfahrenskosten gegenüber Minderbelasteten, Mitläufern und Entlasteten

[78] Woller, Gesellschaft und Politik, S. 128.
[79] OMGUS, Denazification (Cumulative Review), Report of the Military Governor (1 April 1947 – 30 April 1948), No. 34; IfZ-Archiv, Druckschriftensammlung, Dk 101.006.
[80] Hierzu Schick, weiter unten in diesem Band.
[81] Woller, Gesellschaft und Politik, S. 129.
[82] Vgl. Niethammer, Mitläuferfabrik, S. 486 ff.
[83] Ebd., S. 512 ff.

wurden erlassen[84]. Das Zweite Gesetz zum Abschluß der politischen Befreiung, das zum 1. September 1954 in Kraft trat, brachte das Ende der Entnazifizierung in Bayern[85].

Das Interesse an der konsequenten Durchführung der politischen Säuberung hatte nicht nur auf Regierungsebene nachgelassen. 1948 hatte sich längst auch die öffentliche Meinung zugunsten der Ehemaligen gewandelt. Eine weitverbreitete Aversion gegen jegliche Säuberungsanstrengung, harsche Kritik an der Denazifizierung, die „in allen vier Zonen Deutschlands mißglückt" sei[86], der Verlust des Bewußtseins der eigenen Verantwortlichkeit und das zunehmende Bedürfnis der Distanzierung gegenüber der Entnazifizierung schlechthin waren die Folge einer viel zu breit angelegten Säuberung: „Über Millionen Betroffene, unter denen sich nicht wenige befanden, die nun ehrlich betroffen waren, da es sie plötzlich betraf, obwohl doch alle ihre Bekannten und Freunde genau wußten, daß sie nicht nationalsozialistisch gesinnt waren, sondern aus den jedem Deutschen vertrauten Gründen eben ‚in die Partei' gegangen waren, über Millionen war die braune Farbe gleichmäßig ausgegossen, so daß sie, statt an Deutlichkeit zuzunehmen, in den Augen der Menge zu verschwimmen begann: aus braun wurde grau, aus grau gräulich."[87] Schon im Winter 1946/47 war die Haltung der Bevölkerung deutlich auf die kollektive Vergebung der Nazisünden umgeschwenkt: „A solid majority (62%) were opposed both to noting former NSDAP membership in Pg's identification cards and keeping them from going back to their former jobs. Public sentiment, thus was firmly behind a ‚forgive and forgot' policy."[88]

Es ist klar, daß auch die ehemaligen Kreisleiter der NSDAP in Oberbayern von der Verzögerung ihrer Entnazifizierungsverhandlungen profitierten. Wie stark sich die zunehmende Abneigung der breiten Öffentlichkeit gegen die Säuberung und den Zwang zur Auseinandersetzung mit der Nazi-Zeit auf die Qualität der Entnazifizierungsverfahren gegen die „Säulen des Nazi-Regimes" auswirkte, ist im einzelnen schwer zu belegen. Da fast alle Verhandlungen etwa zur gleichen Zeit (die erste im Februar/März, die Mehrzahl Mitte 1948) durchgeführt wurden, muß die Vermutung, die Entscheidungen der Spruchkammern wären 1946/47 wahrscheinlich härter ausgefallen, Spekulation bleiben. Ganz eindeutig zeigten sich die Folgen einer verzögerten Entnazifizierung nur im Verfahren gegen den ehemaligen Kreisleiter von Freising, Hans Rupert Villechner, der sich erst 1954 – gegenüber den übrigen Kreisleitern also mit einem zeitlichen Abstand von sechs Jahren, und volle neun Jahre nach Kriegsende – zu verantworten hatte.

Villechner, der 1945 untergetaucht war, hatte sich 1951 freiwillig den Behörden gestellt. Der Beteiligung an der Tötung abgestürzter amerikanischer Flieger beschuldigt, hatte er sich eines ordentlichen Gerichtsverfahrens zu unterziehen, das in erster Instanz vor dem Schwurgericht München mit seiner Verurteilung zu drei Jahren Zucht-

[84] Bayerisches Gesetz- und Verordnungsblatt, Nr. 17, 1950, S. 107 f.
[85] Ebd., Nr. 16, 1954, S. 161 ff.
[86] Eugen Kogon, Das Recht auf den politischen Irrtum (Juli 1947), in: Eugen Kogon, Die unvollendete Erneuerung. Deutschland im Kräftefeld 1945–1963. Politische und gesellschaftspolitische Aufsätze aus zwei Jahrzehnten, Frankfurt 1964, S. 27.
[87] Ebd., S. 30.
[88] Public Attitudes toward Denazification, ICD-Report, No. 55 vom 15. 4. 1947; IfZ-Archiv, Druckschriftensammlung, Dk 110.001.

haus endete[89]. Die Revisionsverhandlung im Februar 1954 erbrachte – „trotz fortbestehenden dringenden Tatverdachts" – seinen Freispruch „mangels Beweises"[90]. Das eigentliche Entnazifizierungsverfahren fand erst nach Abschluß der Gerichtsverhandlung im April 1954 vor der Spruchkammer München statt. Obwohl die Presse anläßlich der Strafprozesse ausführlich über den Fall Villechner berichtet hatte[91], fand sein Entnazifizierungsverfahren im Raum Freising nicht die geringste Resonanz. Zwar hatte der mit damals 27 Jahren „jüngste Kreisleiter Deutschlands" nur zwei Jahre, 1942 bis 1944, in Freising amtiert. Die Berichte über seinen und andere Prozesse wegen nationalsozialistischer Gewaltverbrechen im Raum Freising, die während seiner Amtszeit begangen worden waren, dürften aber verhindert haben, daß man dort den ehemaligen Kreisleiter schlicht vergaß. Trotzdem brachten die desinteressierten Freisinger im Entnazifizierungsfall Villechner weder Be- noch Entlastendes vor.

Insgesamt vier Persilscheine, die Villechner zu seiner Entlastung vorlegte, stammten sämtlich aus dem Raum Oldenburg, wo er sich seit 1945 überwiegend aufgehalten hatte. Offensichtlich waren, was sich auch bei den anderen Entnazifizierungsverfahren zeigte, intakte persönliche Beziehungen der sicherste Weg, um in den Besitz der wertvollen „Weißmacher" zu gelangen. Dasselbe dürfte umgekehrt auch für potentielle Belastungszeugen gegolten haben: Sofern das persönlich erlittene Unrecht nicht allzu schmerzlich in Erinnerung geblieben war, mußten auch sie zu Aussagen ermuntert werden. Das Ergebnis der von amtlicher Seite in Sachen Villechner durchgeführten Recherchen – sofern es ernsthafte Versuche überhaupt gegeben hatte – war überaus dünn. Die Kammer stützte sich im wesentlichen auf das Material der Strafprozesse; ergänzt wurde es lediglich durch ein paar Informationen, die das Document Center beisteuern konnte, überwiegend Angaben zum politischen Werdegang Villechners. Zwar genügte dies der ersten Instanz, um den ehemaligen Kreisleiter in die Gruppe der Belasteten einzureihen[92], doch wirkte sich die magere Beweislage in der Berufungsverhandlung verhängnisvoll aus. Die nun von Seiten Villechners intensivierten Bemühungen um Entlastungszeugen – bei gleichbleibend schlechtem Belastungsmaterial, das im Verlauf des Berufungsverfahrens nicht mehr ergänzt wurde – führten zu seiner Einstufung in die Gruppe der Minderbelasteten, und dies bedeutete seit dem Jahr 1950 Einstellung des Verfahrens[93]. Der ehemalige Kreisleiter und lediglich mangels Beweisen (bei fortbestehendem dringenden Tatverdacht) dem Zuchthaus entkommene Villechner hatte vom mangelnden Interesse der Bevölkerung, aber auch der Behörden an der Entnazifizierung profitiert. Obwohl er nachweislich ein übler Propagandist gewesen war (beispielsweise hatte er seinerzeit die Teilnehmer einer Bauernversammlung aufgefordert, abgestürzte „Amerikaner mit Mistgabeln und Dreschflegeln niederzumachen") und auch handfest die nationalsozialistische Gewaltherrschaft unterstützt hatte (durch die Einrichtung eines sogenannten Rollkommandos, das unter seiner Teilnahme in nächtlichen Appellen und Kontrollen in den Freisinger Fremdar-

[89] Urteil des Schwurgerichts beim Landgericht München II gegen Hans Rupert Villechner, 12 Ks 15/52, Verhandlung vom 12.–15. 11. 1952; Entnazifizierungsakt Villechner.

[90] Urteil und Urteilsbegründung des Schwurgerichts beim Landgericht München II; Entnazifizierungsakt Villechner.

[91] Z.B. im Freisinger Tagblatt vom 17. 11. 1952 und in der Süddeutschen Zeitung vom 13. 11. 1952.

[92] Spruch der Hauptkammer München vom 27.4. 1954; Entnazifizierungsakt Villechner.

[93] Ebd., Spruch der Berufungskammer München vom 16. 9. 1955.

beiterlagern sein Unwesen trieb und wiederholt gewalttätig gegen die Fremdarbeiter vorging)[94], wurde er von sämtlichen Instanzen rehabilitiert – dank seiner Flucht und des 1955 längst erlahmten Interesses an der politischen Säuberung.

So drastisch wie hier zeigten sich die Auswirkungen des öffentlichen Desinteresses an der Entnazifizierung auf das Ergebnis der Spruchkammerverfahren aber in keinem anderen Fall. Im Gegenteil suggerieren die von eidesstattlichen Erklärungen und Vernehmungsprotokollen überquellenden Entnazifizierungsakten in den ersten Jahren ein reges Interesse an der Aburteilung der ehemaligen Kreisleiter. Doch schon die entsprechenden Presseberichte lassen daran zweifeln, daß der „Tag der Abrechnung" im Bewußtsein der breiteren Öffentlichkeit tatsächlich einen herausragenden Platz einnahm. In sachlichem Tenor berichteten sie zwar meist ausführlich über die Verhandlungen und die gefällten Sprüche[95], doch sprach aus ihnen kaum größeres Engagement als aus anderen Artikeln über das Tagesgeschehen am Ort. Auch die Befragung von Zeitzeugen deutet darauf hin, daß die Entnazifizierung des Kreisleiters im Bewußtsein der Öffentlichkeit keinen wesentlich größeren Stellenwert einnahm als andere Verfahren zu diesem Zeitpunkt, nämlich so gut wie keinen. Selbst politisch damals stark engagierte Sozialdemokraten (Stadträte, Bürgermeister), die der Entnazifizierung noch am aufgeschlossensten gegenüberstanden, erinnern sich nicht, die Verhandlung verfolgt oder ihr sogar beigewohnt zu haben. Man hatte – so der generelle Tenor – viel wichtigere Dinge zu tun.

Zu Wort meldeten sich in diesen Verfahren nur diejenigen, denen es aus persönlichen Gründen ein dringendes Anliegen war: Be- und Entlastungszeugen also, die auf die eine oder andere eindrucksvolle Weise mit dem ehemaligen Kreisleiter zusammengetroffen waren. Die Entlastungszeugen dominierten zahlenmäßig in allen Fällen, in manchen Verfahren trat nicht ein einziger privater Belastungszeuge hervor. Die zahlreichen Persilscheine erwecken dabei selten den Eindruck, als seien sie – etwa aus familiären, freundschaftlichen oder nachbarschaftlichen Bindungen heraus – pflichtschuldigst verfaßt worden. Auch wenn als sicher gelten kann, daß die Familien der bis zur Verhandlung internierten Kreisleiter sich um die Herbeischaffung zahlreicher Persilscheine bemühten, so spricht doch aus den häufig sehr ausführlichen Aussagen oft ein begründetes Bedürfnis, dem Betroffenen aus seiner mißlichen Lage herauszuhelfen. Da werden konkrete Situationen geschildert, in denen der Kreisleiter als Retter in höchster Not hilfreich eingegriffen hatte (aus dem KZ geholt, vor Schutzhaft bewahrt, Denunziationen weggeworfen, Hilfe beim Hausbau oder bei der Arbeitssuche, Eintreten für Ausländer oder Juden etc.). Natürlich gab es daneben eine stattliche Zahl von Personen, die ihm gern bescheinigten, daß er stets „freundlich" und „höflich" gewesen sei, einen bescheidenen Haushalt geführt habe usw.

Die Bereitschaft, den ehemaligen Kreisleiter zu belasten, war weitaus geringer. Belastungszeugen sprachen fast ausschließlich in eigener Sache (durch den Kreisleiter ins KZ oder in Schutzhaft gekommen, von ihm verprügelt, angebrüllt, um die Arbeit ge-

94 Urteilsbegründung; vgl. Anm. 90.

95 Vgl. z. B. Oberbayerisches Volksblatt für den Inn-, Chiem-, Mangfall- und Isengau vom 4. 6. 1949 (Bericht über Gmelch). Außergewöhnlich ausführlich war die Berichterstattung über die in Abwesenheit durchgeführte Verhandlung gegen Kreisleiter Buchner. Der Starnberger Neue Seebote berichtete am 26. 5. 1949 über die Verhandlung. Es folgten dann zwei weitere Artikel, in denen sich zunächst der Starnberger Vorsitzende der VVN und anschließend die Verteidigung Buchners zu Wort meldeten. Neuer Seebote vom 26. 5. 1949, 28. 5. 1949 und 4. 6. 1949.

bracht etc.). Von ganz wenigen Ausnahmen abgesehen meldeten sich – die amtlichen Stellen ausgenommen, die routinemäßig angeschrieben überwiegend ebenso routinemäßig antworteten – keine Zeugen, die aussagten, gesehen zu haben oder zu wissen, daß der Betroffene sich etwas habe zuschulden kommen lassen. Das kann kaum verwundern, galt doch „Denunziation" als typische NS-Missetat, die schon seinerzeit allgemeine Verachtung hervorgerufen hatte. Diese Tradition wollte niemand fortsetzen. Nur denen, die während der NS-Herrschaft unter den Terror- und Gewaltmaßnahmen persönlich gelitten hatten, war es ein Anliegen, zur Bestrafung der Verantwortlichen aktiv beizutragen. Insofern ist die meist sehr geringe Zahl von Belastungszeugen kein zwingendes Indiz für ein insgesamt erträgliches Regiment eines Kreisleiters. Gerade diejenigen, die ihre „Rassezugehörigkeit", ihre politische oder religiöse Überzeugung mit dem Leben bezahlt hatten, oder die, die ihren Verfolgern durch Emigration rechtzeitig entkamen, konnten sich in diesen Verfahren nicht zu Worte melden. Trotzdem bietet die Zahl der Belastungszeugen aber einen Anhaltspunkt für den Grad allgemein empfundener Unterdrückung. Die Beispiele Emmer, Danninger und Buchner belegen, daß sich öffentlich-transparent ausgeübte Gewaltherrschaft (im Gegensatz zu Schreibtischverbrechen, die der Öffentlichkeit verborgen blieben und daher keine Resonanz finden konnten) nicht nur in der Qualität, sondern auch in der Zahl der vorgebrachten Belastungen widerspiegelt. Besonders deutlich wird dies im Fall des ehemaligen Kreisleiters von Fürstenfeldbruck Franz Emmer (1932–1945). Dem gefürchteten Despoten, gegen den eine ungewöhnliche Fülle von Belastungsmaterial vorgelegt wurde, hatte man nicht vergeben, daß er beispielsweise im Jahre 1941 eine Frau wegen unerlaubten Verkehrs mit einem Franzosen verhaftet, öffentlich hatte scheren und, versehen mit einem Schild „Ich bin von Aich und ein Franzosenmenscherl", auf dem Marktplatz hatte zur Schau stellen lassen[96]. In diesem Fall meldeten sich dann auch Zeugen, die zwar mit dem Kreisleiter in Konflikt geraten, jedoch ohne unmittelbar belegbare persönliche Nachteile davongekommen waren; eine Frau etwa, die seit einer üblen Auseinandersetzung mit dem Kreisleiter wegen Arbeitsverweigerung, in deren Verlauf er ihr mit eigenhändiger Auspeitschung und der Verbringung nach Dachau gedroht hatte, in ständiger Angst vor ihrem Peiniger lebte, die sie auch nach ihrer Übersiedlung nach München nicht ablegen konnte[97]. Aber auch hier zeigten sich Ermüdungserscheinungen mit fortschreitender Distanz zum Erlebten. So weigerte sich 1950 die seit diesem Vorfall psychisch labile Zeugin, ihre in schriftlicher Form 1946 abgegebene eidesstattliche Erklärung in einer Nachfolgeverhandlung persönlich zu wiederholen: „Ich empfinde die ständige Zitierung vor die Spruchkammer wie eine Art Fortsetzung der Bedrängungen im Dritten Reich. Ich habe das stärkste Bedürfnis und Recht, von diesen Dingen endlich meine Ruhe zu haben."[98]

Die Entscheidungen der Spruchkammern und vor allem der Berufungskammern fielen, wie nachfolgende Tabelle der Sprüche erster und letzter Instanz zeigt, gemessen an der Formalbelastung der Kreisleiter als Hauptschuldige, überwiegend mild aus.

[96] Rechtsanwalt S. an die Spruchkammer Miesbach am 18. 3. 1950; Entnazifizierungsakt Franz Emmer. (Die Namen von an diesen Verfahren beteiligten Personen wurden, soweit es sich nicht um sog. Personen der Zeitgeschichte handelt, aus Gründen des Persönlichkeitsschutzes anonymisiert.)

[97] Eidesstattliche Erklärung der H. H. vom 3. 6. 1946; Entnazifizierungsakt Emmer.

[98] H. H. an die Hauptkammer München am 29. 3. 1950; ebd.

Sprüche erster und letzter Instanz

Belastungsgruppen	I	II	III	IV	V	Verfahren eingestellt
Erste Instanz	4	10	8	4	–	1
Letzte Instanz	1	7	1	15	–	3

Die große Anzahl der Mitläufer in letzter Instanz erklärt sich aus den Vorgaben des Gesetzes: 13 der 15 in letzter Instanz zum Mitläufer erklärten Kreisleiter gelangten als Minderbelastete im automatischen Nachverfahren in diese Gruppe, davon als Folge der Entschärfung des Befreiungsgesetzes 1948 drei unmittelbar, die übrigen zehn nach Ablauf einer Bewährungsfrist. Vier der erstinstanzlichen Urteile (zwei der Gruppe II, zwei der Gruppe IV) waren endgültig, da die Betroffenen auf eine Berufung verzichtet hatten, in vier Fällen (zwei III, zwei IV) hatte der öffentliche Kläger, in den übrigen Fällen hatten die Betroffenen Berufung eingereicht.

Wie die Tabelle zeigt, haben schon die innerhalb weniger Monate bei gleicher Rechtslage stattfindenden Verfahren der ersten Instanz zu sehr unterschiedlichen, in immerhin 14 Fällen aber zu harten Entscheidungen geführt. Die Ursachen hierfür sind vielschichtig. Zu einem gewissen Teil – besonders in der ersten Instanz – erklären sie sich aus der unterschiedlichen Haltung der jeweiligen Spruchkammermannschaft, die der Säuberungspolitik – genau wie die gesamte Bevölkerung – mehr oder weniger positiv gegenüberstehen konnte. In mancher Spruchkammer saßen richtiggehende Gegner der Entnazifizierung, die entsprechend ihrer Überzeugung ihre Verhandlungsführung dann eher auf die Ent-, nicht Belastung der Betroffenen ausrichteten und somit zwangsläufig zu milderen Sprüchen kamen, als eine mit überzeugten Anhängern der Entnazifizierung oder gar politisch Verfolgten besetzte Kammer[99]. Allzu große Ungerechtigkeiten wurden jedoch verhindert durch die Präsenz der Militärregierung, die die Arbeit der Spruchkammern bei wichtigen Verfahren besonders aufmerksam beobachtete. Die Lagerspruchkammern verhandelten politischer und entschieden insgesamt schärfer als die Spruchkammern vor Ort; die Mitläufer-Urteile der ersten Instanz waren sämtlich von Heimatspruchkammern gefällt worden.

Daß die Sprüche schon in erster Instanz nahezu die gesamte Kategorien-Palette des Befreiungsgesetzes – nur die „Entlasteten" ausgenommen – abdeckten, erklärt sich aber vor allem aus der Beherzigung des Anspruchs des Befreiungsgesetzes, die individuelle Verantwortlichkeit zum Maßstab der Entscheidungen zu nehmen. Daß milde Sprüche gegenüber den formal sämtlich gleichbelasteten Kreisleitern nicht durch Tendenzen hervorgerufen wurden, die mit dem Begriff „Mitläuferfabrik" umschrieben worden sind, die Diskrepanzen der Sprüche sich also keineswegs nur aus dem unter-

[99] Solche Erscheinungen werden in verschiedenen Field Inspection Reports von der amerikanischen Militärregierung beklagt, z.B. bei der Spruchkammer Ingolstadt, Bericht vom 9. 8. 1947; NA, RG 260, 15/119-2/26 oder bei der Spruchkammer Wolfratshausen, Bericht vom 9. 8. 1947; NA, RG 260, 12/120-1/32.

schiedlich starken Entnazifizierungsenthusiasmus der einzelnen Spruchkammern ableiteten, zeigt der Vergleich der Entscheidungen der Lagerspruchkammern Dachau und Regensburg. Bei gleicher personeller Besetzung entschied die Mannschaft A der Lagerspruchkammer Dachau binnen sechs Wochen gegen Anton Dennerl (Kreisleiter Weilheim, München-Nord 1938–1945) auf Einreihung in die Gruppe II (3.8.1948); gegen Michael Woelfle (Kreisleiter Wasserburg 1932–1936) ebenfalls auf II (7.9.1948); gegen Emil Breitenstein (Kreisleiter Erding, Freising 1930–1945) auf Einreihung in die Gruppe I (14.9.1948). Die Spruchkammermannschaft B der Lagerspruchkammer Dachau entschied bei ebenfalls unveränderter Besetzung gegen Ludwig Schmid (Kreisamtsleiter Schongau, [kommissarischer] K/Kreisleiter 1940–1942, 1944) auf Einreihung in die Gruppe III (10.8.1948); gegen Karl Lederer (Kreisleiter Freising, München 1933–1945) auf Einreihung in die Gruppe II (19.8.1948); gegen Eduard Bucherer (Kreisleiter Bad Tölz, Wolfratshausen 1934–1943) auf III (19.8.1948). Die Lagerspruchkammer Regensburg entschied im Laufe eines Vierteljahres unter demselben Vorsitzenden gegen Hans Eder (Kreisleiter Dachau, Aichach, Schrobenhausen 1938–1945) auf Einreihung in die Gruppe II (26.5.1948); gegen Lambert Friederichs (Kreisleiter Aichach, Dachau, Ingolstadt, Pfaffenhofen 1933–1943) auf Einreihung in die Gruppe I (19.8.1948). Auch die deutlich zur Milde neigende Berufungsinstanz konnte sich immerhin in sechs Fällen nicht zur Produktion von Minderbelasteten bzw. Mitläufern entschließen, obwohl diese Fälle zum Teil über Jahre immer wieder zur Verhandlung standen.

In den Spruchkammern wurde der genuin politische Auftrag der Entnazifizierung recht deutlich erkannt. Die Konstruktion der Berufungsmaschinerie aber, seit der sukzessiven Auflösung des oberbayerischen Spruchkammerwesens 1948/49 zuletzt in München zentriert, litt unter einem doppelten Dilemma: Einerseits fehlte der Einblick in die örtlichen Verhältnisse, so daß sich die Entscheidungen ausschließlich auf Akten und Zeugenaussagen gründen mußten. Andererseits garantierte die Besetzung der Berufungsmaschinerie schon allein durch die Person des Vorsitzenden, der Volljurist sein mußte, eine eher von klassischen strafrechtlichen Normen beeinflußte, viel stärker auf die Beweisbarkeit vorgebrachter Anschuldigungen bedachte und damit im allgemeinen für die Betroffenen günstigere Spruchfindung. Ein Lehrstück für die schon im Befreiungsgesetz durch die Verpflichtung zur Berücksichtigung der individuellen Gesamthaltung angelegte Problematik der Entnazifizierung bietet die Lektüre der Protokolle des Spruchkammerverfahrens gegen den ehemaligen Kreisleiter von Miesbach, Franz Danninger. Die Spruchkammer Miesbach verhandelte im Tenor eines echten politischen Tribunals, was sich übrigens in keinem weiteren Fall so konsequent wiederholte, und reihte ihn unter Zumessung der höchstmöglichen Sühnen in die Gruppe der Hauptschuldigen ein. Ihre Begründung: Der Kreisleiter „als der politisch Führende innerhalb seines Kreisgebietes [sei] verantwortlich für all das, was innerhalb seines Zuständigkeitsbereiches geschah". Danningers politische Verantwortung, die in Miesbach im Vordergrund gestanden hatte, spielte in der Verhandlung der Berufungskammer eine nur noch marginale Rolle. Diese konzentrierte sich auf sein individuelles Verhalten, prüfte die Beweisbarkeit der gegen ihn vorgebrachten Belastungen und kam unter Berücksichtigung der vorliegenden Entlastungszeugnisse zu dem Schluß, der von der Spruchkammer Miesbach als „kleiner Hitler in seinem Kreis" beschriebene Mann habe „regelmäßig eine Haltung" eingenommen, „die in den

Grenzen des Anstandes und der Menschlichkeit blieb". Danninger geriet somit in die Gruppe der Belasteten, die Sühnen wurden drastisch reduziert[100].

Die sachliche, auf „Tatbestandsmerkmale" orientierte und der gängigen Rechtsprechung angepaßte Verhandlungsführung der Berufungskammern stand im Einklang mit dem Anspruch des Befreiungsgesetzes, „unparteiisch und unbefangen"[101] das individuelle Verhalten zu beurteilen. Dabei kam den solcherart unter die Lupe Genommenen vor allem in den Berufungsverhandlungen zugute, daß faktische Belastungen bei genauem Hinsehen meist an Substanz verloren – nachdem die einschlägigen Akten vor dem Einmarsch der Amerikaner meist vollständig vernichtet worden waren, gründeten sie sich häufig nur auf vage und oft unsicher vorgebrachte Zeugenaussagen, denen meist entlastende Zeugnisse gegenüberstanden. In solchen Fällen entschieden speziell die Berufungskammern nach alter Rechtstradition meist nach dem Grundsatz „in dubio pro reo".

Unabhängig von solchen rechtspositivistischen Auffassungen führte aber schon die direkte Konfrontation mit dem Beschuldigten, die mit der Aufgabe der Bewertung individuellen Verhaltens verbunden war, fast zwangsläufig zur Relativierung politischer Verantwortlichkeit. Wies der Kreisleiter als Mensch doch nur allzu vertraute Züge, sein Verhalten – wenn überhaupt – meist nur unwesentliche Abweichungen gegenüber dem weniger oder gar nicht belasteter Zeitgenossen auf. Die Normalität des politischen Versagens – im Bewußtsein der damaligen Gesellschaft schmerzlich verankert – manifestierte sich immer wieder auch in diesen „Säulen des Nazi-Regimes". Ihrer Parteiuniform und gefährlich einflußreichen Parteistellung entkleidet, durch die Internierungszeit abgezehrt und häufig kränkelnd, hatten sie sich vom verhaßten König wieder zum normalen Kleinbürger gewandelt, der durchaus Mitleidsgefühle auslösen konnte. Die Berufung auf einen Befehlsnotstand, den mancher Kreisleiter (Breitenstein), als Rechtfertigung etwa für die Weitergabe von Denunziationen, für sich in Anspruch nahm – wieso sollte dieses Argument von einem Kreisleiter nicht mit dem gleichen Recht ins Feld geführt werden können wie von den vielen kleinen Pgs oder Nicht-Pgs, deren Opportunismus ebenfalls zur Aufrechterhaltung des Nazi-Regimes beigetragen hatte? War nicht auch ein Kreisleiter den Unterdrückungsmechanismen des Regimes ebenso unterworfen, wie alle anderen auch? So erklären sich wohl Zeilen wie diese, die aus der Berufungsentscheidung gegen den ehemaligen Kreisleiter von Erding, Emil Breitenstein, stammt: „Im übrigen gehörte die Erstattung und Weiterleitung von Meldungen zu der Amtstätigkeit des Betroffenen."[102] Daß der seit 1920 für die NSDAP aktive Kreisleiter – wie alle anderen Kreisleiter auch – ja gerade in starkem Maße mitverantwortlich für die Errichtung und Aufrechterhaltung der NS-Gewaltherrschaft war, vermutlich Denunziantentum propagandistisch legitimiert und damit angesichts der oftmals drakonischen Bestrafung oppositionellen Verhaltens eines der vielen Instrumente der Unterdrückung geschmeidig und wirksam gehalten hatte: Solche Überlegungen verschwammen nur allzu häufig hinter der augenscheinlichen individuellen Bedeutungslosigkeit und Banalität der Beschuldigten.

[100] Der Fall Danninger ist als Fallstudie weiter unten ausführlich dargestellt.

[101] Befreiungsgesetz, Art. 27, S. 42.

[102] Berufungskammer für Oberbayern, Senat Freising, Spruch gegen Emil Breitenstein vom 20. 4. 1949; Entnazifizierungsakt Breitenstein.

Das Dilemma der Entnazifizierung lag in der Doppelgesichtigkeit des Befreiungsgesetzes selbst, das zwei ihrer Natur nach unvereinbare Zielsetzungen miteinander zu verknüpfen suchte: Es diente der Auseinandersetzung mit einem Unrechtsregime durch die Zuweisung eines jeweils abgestuften Maßes politischer Verantwortung an seine Repräsentanten, Förderer und Anhänger, aber durch die Verpflichtung zur Einbeziehung der individuellen Gesamthaltung war die Relativierung und Verwässerung politischer Verantwortlichkeit vorprogrammiert. Politische Verantwortlichkeit – die nur formal-pauschal zuweisbar ist – läßt sich selten vereinbaren mit individueller Gerechtigkeit; dies janusköpfige Konstrukt mußte orientierungslos bleiben. Eine der Folgen war die stetige Verlagerung politischer Verantwortung auf immer höhere Stellen. Dies spiegelt auch der Wandel der Rechtsauffassung über die vermutbare Formalbelastung der Kreisleiter – eine weitere wichtige Ursache der fast durchgängig milderen Sprüche der letzten Instanz: Die 1948 getroffenen Entscheidungen der ersten Instanz waren entsprechend der Vorgaben des Befreiungsgesetzes überwiegend von einer formalen Belastung der Kreisleiter als Hauptschuldige ausgegangen – nur in vier Fällen stellte der öffentliche Kläger der Kammer eine niedrigere Einstufung anheim. Im Herbst 1948 setzte die Diskussion ein, ob ein Kreisleiter tatsächlich eine führende Stellung im Sinne des Artikels 5 des Befreiungsgesetzes eingenommen habe. Diese Frage wurde schon in den Spruchbegründungen der ersten Instanz verschiedentlich diskutiert und zum Teil verneint. Seit Anfang 1949 setzte sich jedoch zunehmend die Auffassung durch, ein Kreisleiter sei in dem stark zentralistisch organisierten Gefüge der NSDAP so strikt an die Weisungen der Gauleitung gebunden gewesen, daß er „aus eigener Verantwortung zwar im Einzelfall weitreichende, aber doch keine entscheidenden und verbindlichen Anordnungen für sein Kreisgebiet treffen konnte“[103]. Das entsprach zwar nicht den Realitäten zwischen 1933 und 1945, lief aber auf eine vermutbare Formalbelastung als Belasteter, unter Berücksichtigung mildernder Umstände – in Anwendung des Artikels 39 – die Einstufung in die Gruppe der Minderbelasteten, letzteres dann nach Ablauf der Bewährungsfrist die automatische Einreihung in die Gruppe der Mitläufer hinaus.

Die Einreihung eines NSDAP-Kreisleiters in die Gruppe der Minderbelasteten oder Mitläufer wirkt angesichts seiner politischen Funktion und seiner politischen Verantwortung auf den ersten Blick geradezu grotesk. Die einstigen „Säulen des Nazi-Regimes“, nach dem „Führer“ und den Gauleitern an dritter Stelle der Nazi-Hierarchie, sollten nun plötzlich minderbelastet oder gar „Mitläufer“ sein? Es ist die im Mitläuferprädikat implizierte moralische Wertung, die diese Irritation auslöst, denn de facto war ein Kreisleiter-Mitläufer keineswegs gleichgestellt mit der Masse der Mitläufer schlechthin: Die Kreisleiter der NSDAP hatten zum Zeitpunkt ihrer Spruchkammerverhandlung bereits drei Jahre hinter Stacheldraht verbracht; sie gehörten zu den

[103] Vgl. den Schriftsatz des Rechtsanwalts Karl R. an die Lagerspruchkammer Dachau am 10. 9. 1948; Entnazifizierungsakt Dennerl, den Spruch der Berufungskammer München, Senat Freising, gegen Dennerl vom 17. 3. 1949 sowie die eindeutige Stellungnahme des bayerischen Kassationshofes: Beschluß des Kassationshofes zur Aufhebung des Spruches vom 13. Oktober 1948 und 1. Oktober 1949 gegen Franz Emmer vom 19. 1. 1950; Entnazifizierungsakt Emmer. Während der Kassationshof aufgrund der materiellen Belastungen die vorgenommene Einstufung in die Gruppe der Hauptschuldigen bestätigte, wandte er sich gegen die Spruchbegründung, die auf Art. 5 des Befreiungsgesetzes basierte, denn „die Stellung eines Kreisleiters war keine führende Stellung in der Partei“.

letzten, die die Internierungslager verließen. Wenn die Spruch- bzw. Berufungskammern sie nun zu Mitläufern erklärten, geschah dies auch nicht, um damit auszudrükken, sie hätten zu der Masse der kleinen Pgs gezählt, die eben nur mitgelaufen waren; ein ausschließlich formal belasteter Kreisleiter hatte in den Augen vieler Kammern mit seiner gut dreijährigen Internierung lediglich ausreichend gesühnt. Die zusätzliche Bestrafung, die bei einer höheren Einstufung vor allem Berufsbeschränkungen auf niedere, damit meist schwere körperliche Arbeit bedeutete, erschien angesichts des durch den Lageraufenthalt oft stark angegriffenen Gesundheitszustands und wohl auch des fortgeschrittenen Alters der meist ungefähr fünfzigjährigen Familienväter[104] in vielen Fällen als übermäßige Härte.

c) Heimkehr

Die Verkündung der Spruchkammerentscheidungen bedeutete für den weit überwiegenden Teil der ehemaligen Kreisleiter den Weg zurück in die Freiheit. Die Kammern hatten ihren Spruch über die Dauer der Einweisung in ein Arbeitslager in der Regel dem Zeitraum der verbüßten Internierungshaft angepaßt, die dann vollständig mit der abzuleistenden Sühne verrechnet wurde. Die Lebensverhältnisse, auf die die Kreisleiter nach ihrer Rückkehr aus der Internierung trafen, waren – natürlich wesentlich mitbedingt durch die Folgen des Krieges, die auch den Rest der Bevölkerung trafen – desolat. Verfolgt man das Schicksal der ehemaligen Kreisleiter über die Entnazifizierung hinaus, so stößt man unweigerlich auf eine zweite Dimension der politischen Abrechnung, die die Haltung der Spruchkammern nicht unwesentlich beeinflußt hatte[105]: Die politische Säuberung traf mit den Kreisleitern auch deren Familien und nur zu oft fast schwerer als die Verantwortlichen selbst. Besonders kraß zeigt sich dies an den Fällen, in denen gemäß Artikel 37 des Befreiungsgesetzes ein sogenanntes Verfahren gegen Verstorbene eingeleitet wurde, um Pensions- bzw. Rentenansprüche der Hinterbliebenen auszuschließen oder Vermögen (dazu zählte auch Haus- und Grundbesitz) einzuziehen[106]. Zwar wurden die Familienangehörigen in der US-Zone nicht – wie es aus der französischen Besatzungszone berichtet wurde – mit Sippenhaft bestraft und einschließlich ihrer Kinder interniert, doch waren es häufig die Familien, gegen die sich der aufgestaute Zorn in der unmittelbaren Nachkriegszeit richtete: Kinder, die wegen der politischen Belastung des Vaters beispielsweise des Kinderheims verwiesen wurden[107], Frauen, die gleich nach 1945 unter gesellschaftlicher Isolation und Ächtung litten. Weitgehend auf sich allein gestellt, wurden sie mit Diskriminierungen konfrontiert, die von der politischen Belastung des Mannes herrührten: den sofortigen automatischen Verweis aus der Wohnung, Plünderungen, Anfeindungen in den anfangs häufig mit politischen Gegnern des NS-Regimes besetzten Ämtern, die sie auf-

[104] Jahrgänge 1880–1889 5; 1890–1899 12; 1900–1910 7; nach 1910 3. Mit einer Ausnahme waren alle verheiratet und hatten, soweit Angaben hierzu vorliegen, durchschnittlich 2 Kinder zu versorgen.

[105] Vgl. z. B. den Spruch der Berufungskammer, Senat Freising, vom 17. 3. 1949 gegen Dennerl; Entnazifizierungsakt Dennerl.

[106] Von einem solchen Verfahren waren vier Familien – Bogner, Kammerer, Schwägerl, Sponsel – der nachweislich sechs verstorbenen Kreisleiter betroffen.

[107] Interview mit den Kindern des ehemaligen Kreisleiters von Miesbach, Franz Danninger: Dr. Heinz Danninger und Gertraud Riedel.

suchen mußten, um Wohnraum oder Fürsorgeunterstützung zu erlangen. Im Vorfeld des Entnazifizierungsverfahrens fiel es ihnen zu, sich um einen Anwalt und Entlastungszeugen zu bemühen, was in manchem Fall einem Spießrutenlauf gleichkam. Die Frauen waren damit häufig überfordert. Über die Lage der Familien der Kreisleiter in der Zeit der Internierung sagen die Akten wenig aus, vieles läßt sich nur zwischen den Zeilen lesen oder erahnen. Aktenkundig wurden in manchen Fällen immerhin die Folgen der starken physischen und psychischen Belastung der Frauen. Bei einer vermutlich hohen Dunkelziffer litten in unserem Sample allein vier unter psychosomatischen Störungen, in einem Fall (Hartmann) wurde ein Selbstmordversuch bekannt.

Noch 1948/49 hausten die meisten Kreisleiter-Familien in Notunterkünften, zu fünft in einem kellerartigen Raum, in dem die Wände völlig durchfeuchtet waren, Lebensmittel nach kurzer Zeit schimmelten, Betten und Kleidung ständig feucht waren, so daß der zuständige Amtsarzt beim Gesundheitsamt nach einer Besichtigung umgehend die Umquartierung aus der „gesundheitsschädlichen" Wohnung anordnete; oder auch zu fünft in einem Zimmerchen, in dem gekocht, geschlafen, gelebt werden mußte. Mobiliar, Kleidung und Wertgegenstände waren entweder geplündert oder von den Frauen zur Bestreitung des Lebensunterhalts verkauft worden, häufig fehlten selbst Schlafgelegenheiten[108]. Solche Wohnverhältnisse waren zwar auch in den relativ unzerstörten ländlichen Gebieten nur graduell schlechter als die anderer, doch profitierten die Kreisleiter-Familien von der allmählichen Beseitigung der Kriegsfolgen wohl mit als letzte. Symptomatisch sind feindliche Reaktionen auf Bemühungen, die Lebensumstände zu verbessern: Der Familie des ehemaligen Kreisleiters von Garmisch, Hartmann, die sich wegen der Rückkehr des Vaters um eine größere Wohnung bemühte, wurde auf dem Wohnungsamt bedeutet, sie möge den Heimkehrer doch „als Gardinenstangerl übers Fenster hängen". Familie Danninger beschied man mit dem Rat, der Wald sei groß genug[109]. Am besten erging es denen, die bei Verwandten Unterschlupf und Unterstützung finden konnten. Wegen der überwiegend niedrigen sozialen Herkunft der Kreisleiter und damit oft auch der Ehefrauen, war aber eine großzügige Aufnahme eine Seltenheit.

Mit der Entlassung aus der Internierungshaft war für die ehemaligen Kreisleiter das Kapitel ihrer nationalsozialistischen Vergangenheit nicht abgeschlossen. Wie beschrieben, umfaßten die Sühnekataloge weitere Strafen, vor allem Berufsbeschränkungen und Geldbußen. Letztere konnten – mit Ausnahme des Verlustes der Pension oder Rente – angesichts der 1948/49 schlechten materiellen Situation der meisten Kreisleiter selten greifen. Soweit vorhanden[110], war das Vermögen zum Zeitpunkt der Spruchverkündung längst für den Unterhalt aufgebraucht, und die monatlichen Einkünfte, die sich – soweit konkrete Angaben hierzu vorliegen – zwischen Gewährung

[108] Gesundheitsamt Berchtesgaden, Besichtigungsbericht vom 1. 10. 1948, sowie Amtsarzt Dr. H. an das Jugendamt Berchtesgaden am 8. 10. 1948; Entnazifizierungsakt Kammerer. Rechtsanwalt S. an das Zentralfinanzamt München am 13. 7. 1949; Entnazifizierungsakt Lederer. Johann Gmelch an das Sonderministerium am 20. 4. 1950; Entnazifizierungsakt Gmelch.

[109] Interview mit der Tochter des ehemaligen Kreisleiters von Garmisch-Partenkirchen, mit Hans Hartmann sowie mit Gertraud Riedel und Dr. Heinz Danninger.

[110] Interessant in diesem Zusammenhang ist, daß keiner der Kreisleiter sein Amt nutzte, um sich Vermögen anzueignen. Nur gegen zwei Kreisleiter wurde der Vorwurf der Nutznießerschaft erhoben und bei beiden fallen gelassen.

von Kost und Logis und Beträgen in Höhe von ca. DM 200 bewegten, ließen die Abzahlung von Geldsühnen (zwischen DM 2000 und DM 50) und Verfahrenskosten (ca. DM 1000) fast nie zu. Anträge auf Erlaß oder Verringerung der Geldsühnen wurden daher auch meist positiv beschieden und die Sühnen nach dem Inkrafttreten des ersten Abschlußgesetzes 1950 überwiegend ganz erlassen.

Auch die Berufsbeschränkungen wurden selten über längere Zeit aufrechterhalten. In erster Instanz wurden in 5 der 27 Fälle keine Berufsbeschränkungen auferlegt, in acht Fällen die für Minderbelastete geltenden entschärften Berufsbeschränkungen für die Dauer der Bewährungsfrist – zwischen ein und drei Jahren – ausgesprochen. Zehn Kreisleiter wurden auf die Dauer von fünf Jahren, vier auf die Dauer von zehn Jahren von anderer als gewöhnlicher Arbeit ausgeschlossen. Die Entscheidungen der letzten Instanz verkürzten diese Spannen erheblich. Unter Berücksichtigung der Fristen bis zu den rechtsgültigen Entscheidungen bzw. der später erfolgenden Gnadenerweise waren die Berufsbeschränkungen nur für wenige von langfristiger Bedeutung: Neun Kreisleiter waren für rund ein Jahr Berufsbeschränkungen unterworfen, sechs für zwei, einer für drei, einer für vier, vier für fünf und einer auf zehn Jahre.

Da die Kreisleiter überwiegend kleinbürgerlichem Milieu entstammten und von ihrer Berufsausbildung her für leitende Positionen nicht qualifiziert waren, waren die Berufsbeschränkungen ohnehin oft bedeutungslos. Von den 26 der 27 Kreisleiter unseres Samples (im Fall Scheck findet sich als Berufsbezeichnung lediglich „Bürgermeister") hatte einer ausschließlich Parteiämter innegehabt, drei waren Beamte in niederer Position, elf selbständig, davon neun kleine Gewerbetreibende (Handwerker, Kaufleute) und zwei in gehobener Tätigkeit als Arzt bzw. Tierarzt, acht waren Angestellte in niederer, drei in gehobener Position. Trotzdem fanden nur drei bereits 1948/49 den Weg zurück in den erlernten Beruf, neun verdingten sich als Hilfsarbeiter, Aushilfskräfte, Vertreter und ähnliches, vier waren von Fürsorge- bzw. Arbeitslosenunterstützung abhängig. In zehn Fällen fehlen solche Angaben, die Verteilung dürfte aber ähnlich sein.

Ab 1950 und in den folgenden Jahren arbeiteten fünf Kreisleiter wieder in ihren alten Berufen, davon drei als Selbständige (Schuhmacher, Einzelhandelskaufmann, Arzt), einer als Buchhalter bzw. Geschäftsführer im Betrieb des Schwiegervaters, aber nur einer als Angestellter. Zwei – Jahrgänge 1911 bzw. 1915 – hatten neue, ihrer Berufsausbildung adäquate Beschäftigungen gefunden (einer als gehobener Angestellter, einer als Teilhaber einer Großhandelsvertretung), beide hatten den Wohnort gewechselt. Fünf verdingten sich als Aushilfs- oder Hilfsarbeiter, zwei erhielten Fürsorgeunterstützung, einer eine Rente. Für die übrigen elf fehlen solche Angaben. Auffallend ist der hohe Anteil Selbständiger unter denen, die ihrer Berufsausbildung entsprechende Tätigkeiten ausübten, Indiz für eine geringe Bereitschaft örtlicher Arbeitgeber, ehemalige Kreisleiter zu beschäftigen und damit beruflich wieder Fuß fassen zu lassen.

Aus dieser Bilanz lassen sich allerdings nicht ausschließlich gesellschaftliche Abwehrhaltungen oder Distanzierungen ableiten. Arbeitslosigkeit und berufsfremde Tätigkeit waren damals ein allgemeines Phänomen, das durch das relativ hohe Durchschnittsalter der Kreisleiter (Jahrgänge 1880–1889: fünf; 1890–1899: zwölf; 1900–1909 sieben; 1910–1920: drei) sicherlich verschärft wurde. Die Akten enden überwiegend vor der Phase des wirtschaftlichen Aufschwungs, der sich seit Mitte der fünfziger Jahre durch sinkende Arbeitslosenquoten und steigenden Wohlstand bemerkbar machte.

Vom „Wirtschaftswunder“ konnten die Kreisleiter jedoch überwiegend vermutlich nicht profitieren: Fünf von ihnen hatten zu dieser Zeit bereits das Rentenalter erreicht, elf waren nur wenige Jahre davon entfernt und damit zu alt für einen beruflichen Neuanfang. Der Vergleich der Situation 1948/49 mit der der fünfziger Jahre weist aber darauf hin, daß für die berufliche und materielle Lage der arbeitsfähigen Kreisleiter dasselbe gilt, wie für deren Wohnverhältnisse: eine klare Tendenz zur Normalisierung ihrer Situation, eine tendenzielle Rückkehr zu ihrem Sozialstatus vor der nationalsozialistischen Machtergreifung, doch hinkte die Normalisierung der Lebensverhältnisse der ehemaligen Kreisleiter der allgemeinen Lage um einige Jahre hinterher.

Aussagen über den Grad ihrer gesellschaftlichen Re-Integration in Nachbarschaft, Freundeskreis oder in die kleinstädtische Öffentlichkeit müssen leider ein wenig spekulativ bleiben. In keinem Fall fand sich ein Hinweis auf die Bekleidung einer öffentlichen Funktion etwa als Bürgermeister oder Stadtrat; die Befragung von Zeitzeugen, die sich allerdings auf die Fälle jener Kreisleiter beschränkte, die in den nachfolgenden kleinen Studien vorgestellt werden, ergab selbst bei so bekannten und langjährigen NS-Funktionären wie Franz Emmer, der seit seiner Entlassung aus der Internierungshaft im Zentrum von Miesbach lebte, daß seine Anwesenheit in der Stadt nur den wenigsten überhaupt bekannt war. Solche Auskünfte waren die Regel, obwohl sich die Befragten in allen Fällen meist sehr gut an Namen und Funktion des ehemaligen Kreisleiters erinnerten. Die Frage, was denn aus ihnen geworden sei, konnten – wenn nicht wie im Falle Hans Hartmann sein Einzelhandelsgeschäft im Stadtzentrum von Garmisch dies augenscheinlich machte – ausschließlich Verwandte oder Freunde beantworten. Offensichtlich spielten die ehemaligen Könige der Kreise gesellschaftlich überhaupt keine Rolle mehr; mit dem Zusammenbruch des Regimes hatten sie ausgespielt.

Das engere gesellschaftliche Umfeld – Familie, Nachbarschaft, Freundes- und Bekanntenkreis – war, wie schon die zahlreichen Persilscheine in den Entnazifizierungsakten zeigen, durchaus bereit, über die politische Belastung der Kreisleiter hinwegzusehen. Die „Danksagung“ für die „vielen Beweise aufrichtiger Teilnahme“ anläßlich der Beerdigung des ehemaligen Kreisleiters von Fürstenfeldbruck, Franz Emmer, dem gefährlichsten und am meisten gefürchteten Kreisleiter in unserem Sample, der 1959, also nur 14 Jahre nach dem Ende der NS-Herrschaft in dieser Kleinstadt starb, hebt sich nicht von den in solchen Anzeigen üblichen Wendungen ab. Für die „aufrichtigen Trostworte und herrlichen Blumengebinde der Nachbarschaft“ bedankte sich die Familie „besonders“[111]. Die obligatorische Notiz im Lokalblatt ist vielleicht einen Hauch kürzer und distanzierter als andere Meldungen über Todesfälle aus der Stadt, verschweigt aber geflissentlich die NS-Vergangenheit des ehemaligen Kreisleiters, der nurmehr als „ehemaliger kaufmännischer Angestellter“ figuriert[112]. Interviews mit nahestehenden Personen, die in den Fällen Danninger, Emmer, Hartmann und – eingeschränkt – Dennerl möglich waren, zeigten aber auch, daß engere persönliche Beziehungen über die familiären Bindungen hinaus die Ausnahme waren, die Integrationsbereitschaft der Stadtgemeinschaft offenbar eher ein Oberflächenphänomen war. Die

[111] Fürstenfeldbrucker Tagblatt vom 6. 7. 1959.
[112] Ebd. vom 29. 6. 1959.

älteren Kreisleiter lebten meist zurückgezogen, die Jüngeren und Selbständigen widmeten sich intensiv ihrem Beruf.

Freundschaftliche Verbindung zu den ehemaligen Parteigenossen am Ort oder zu ihren früheren Funktionären suchten die ehemaligen Kreisleiter anscheinend kaum, doch trafen sich manche Kreisleiter untereinander (Danninger, Dennerl, Emmer). Daß gerade diese Kontakte nach 1945 aufrechterhalten blieben, die im Wortsinne naheliegenderen zu ehemaligen „Kameraden" aber nicht, hängt wohl mit einem gewissen elitären Bewußtsein zusammen, das die einstige Parteielite vor und nach dem Zusammenbruch verband und von den anderen abhob. Und: Im Gegensatz zu vielen Ortsgruppen- oder Kreisamtsleitern, die ihre oft auch weniger tiefgehende nationalsozialistische Gesinnung nach dem Zusammenbruch schnell ablegten oder wenigstens nicht mehr als solche apostrophierten, nahmen vor allem die „Alten Kämpfer" weniger leicht Abschied von ihrer früheren Überzeugung.

Der Charakter der Entnazifizierungsakten ließ naturgemäß kein offenes Bekenntnis nazistischer Einstellung zu. Nur Franz Emmer bekannte sich unumwunden zu seiner nach wie vor nationalsozialistischen Überzeugung[113]; bei anderen deuten vor allem ihr fehlendes Bewußtsein eigenen Fehlverhaltens und auch die mangelnde Einsicht in den Unrechtscharakter des Regimes darauf hin, daß sie in ihren politischen Ansichten nicht eines Besseren belehrt worden waren (Danninger, Breitenstein). Franz Emmer und Franz Danninger gingen zur Deutschen Reichspartei bzw. später zur NPD. Sie besuchten sämtliche Versammlungen, pflegten Kontakte zu den Gesinnungsgenossen, spendeten Geld[114], übernahmen aber trotz offenkundigen Engagements bezeichnenderweise keine Funktionen. Für politischen Aktivismus waren sie nicht mehr zu gewinnen. Erleichtert wurde ihr Weg in die rechtsradikalen Parteien vermutlich durch den ihnen nach wie vor anhaftenden „Status" des Hauptschuldigen oder Belasteten. Anton Dennerl, der aus der Entnazifizierung als Mitläufer hervorgegangen war, engagierte sich trotz seiner vermutlich auch politisch motivierten Beziehungen zu Franz Danninger nicht wieder für eine politische Partei. Sein Interesse galt nach dem Zusammenbruch fast ausschließlich seinem beruflichen Fortkommen[115].

Leider ist die wichtige Frage nach dem politischen Verhalten der ehemaligen NSDAP-Kreisleiter in der jungen deutschen Demokratie nicht exakt zu beantworten, da man sich bei ihrer Beantwortung fast ganz auf Informationen ihnen nahestehender Personen verlassen muß. Franz Danninger und Franz Emmer scheinen eher Ausnahmen gewesen zu sein, und ihr späteres politisches Engagement deutete sich in den Akten auch schon an. Ähnliche Anzeichen fanden sich in zwei weiteren Fällen. Der überwiegende Teil der ehemaligen Kreisleiter scheint sich von der Politik völlig zurückgezogen zu haben. Sofern Reizworte wie Politik oder Partei überhaupt noch im Sprachgebrauch der einstigen „Aktivisten" zu finden waren, so waren sie eher negativ besetzt. Die Beteuerung des ehemaligen Kreisleiters von Weilheim, Anton Dennerl (1938–1945), daß er nach der Erfahrung der Internierung „niemals mehr einen Kreisleiter machen würde, lieber einen Heizer"[116], seine Versicherung, „daß bei mir keine Gefahr besteht, daß ich mich im neonazistischen Sinne betätigen könnte. Man darf

[113] Franz Emmer an den Kassationshof am 21. 12. 1949; Entnazifizierungsakt Emmer.
[114] Interview mit Lukas Drexler, Fürstenfeldbruck, und Gertraud Riedel und Dr. Heinz Danninger.
[115] Er stieg zum Direktor einer Münchener Vertriebsgesellschaft auf.
[116] Anton Dennerl an die Lagerspruchkammer Dachau am 5. 7. 1948; Entnazifizierungsakt Dennerl.

mir ehrlich glauben, daß ich die Nase voll habe"[117], charakterisiert treffend die Einstellung vieler ehemaliger Kreisleiter. Nach den Erfahrungen in den Nachkriegsjahren wollte kaum einer noch irgend etwas mit Politik zu tun haben. Der ehemalige Kreisleiter Villechner, der auf eine mustergültige NS-Karriere zurückblicken konnte (1915 geboren, war er mit 14 Jahren, 1929, der HJ beigetreten, 1932 der SS, 1933 kam er als Ausbilder zur kasernierten SS, 1937 als Junker auf die Ordensburgen Krössinsee und Vogelsang, 1942 wurde er zum Kreisleiter ernannt), erklärte der Spruchkammer: „Mit Politik will ich nichts mehr zu tun haben. Ich bin 50% kriegsbeschädigt, bin verheiratet und habe 3 Kinder."[118] Der ehemalige Kreisleiter Windstetter vermittelte seiner Umwelt „den bestimmten Eindruck ..., daß er sich von der Ideologie des Nationalsozialismus abgewendet und der demokratischen Ordnung unseres politischen Lebens eingeordnet hat. Sein Interesse ist ... ausschließlich seiner bürgerlichen Tätigkeit zugewandt."[119] Er selbst erklärte, „er würde sich nie wieder mit Politik abgeben, auch wenn er noch so gut bezahlt würde"[120]. Solche Beteuerungen zeigen, daß sich die Ex-Kreisleiter vom politischen Aktivismus distanzierten, über ihre politische Einstellung sagen sie wenig aus.

Es spricht wenig dafür, daß sich die ehemaligen NS-Funktionäre jemals zu überzeugten Demokraten gewandelt haben. Die in Gnadenanträgen gern zur Schau gestellten Bekenntnisse zur Demokratie sind eher als bloße Lippenbekenntnisse aufzufassen. Die dort gezeigte Haltung hatte auch wenig mit demokratischem Engagement gemein. Weitverbreitet war die Auffassung Ludwig Schmids, seine „Bewährung zur Demokratie ... bereits dadurch unter Beweis" gestellt zu haben, „daß ich trotz meiner beeinträchtigten Gesundheit während meiner Internierung 23½ Monate freiwillig Arbeit geleistet habe"[121]. Solche Auffassungen von Demokratie wurden noch gefördert durch Erklärungen manches Politikers. „Wer sich im Arbeitseinsatz hervortut, beweist, daß er den guten Willen hat, sich für den Wiederaufbau des Landes einzusetzen", versicherte im Februar 1948 etwa der Staatssekretär im bayerischen Sonderministerium, Camille Sachs[122]. Mit ihrer apolitischen Demokratieauffassung standen die ehemaligen Aktivisten durchaus im Einklang mit der Mehrheit der deutschen Gesellschaft. Die Gleichsetzung bzw. Verwechslung von Wiederaufbaubereitschaft und demokratischer Gesinnung war weit verbreitet. Meinungsumfragen der Amerikaner erbrachten 1949 deprimierende Ergebnisse: „The main findings in this report are the widespread inertia about political matters, the ignorance or mis-information of elementary political facts, and the widespread disclination actively to assume the respon-

117 Dennerl an den öffentlichen Kläger der Hauptkammer München (Gnadensachen) am 21. 10. 1949; Entnazifizierungsakt Dennerl.

118 Protokoll der Verhandlung der Hauptkammer München gegen Hans Rupert Villechner am 27. 4. 1954; Entnazifizierungsakt Villechner. Einen ausführlichen Lebenslauf Villechners enthält der Spruch des Schwurgerichts beim Landgericht München II, Verhandlung vom 12.–15. 11. 1952, 12 KS 15/52; Entnazifizierungsakt Villechner.

119 Erklärung von Dr. Josef Wintrich, Senatspräsident am OLG München, Mitglied des Bayerischen Verfassungsgerichtshofes, vom 21. 10. 1949; Entnazifizierungsakt Windstetter.

120 Zeugnis J. F. vom 4. 10. 1949; Entnazifizierungsakt Windstetter.

121 Ludwig Schmid an den öffentlichen Kläger der Hauptkammer Weilheim am 20. 12. 1948; Entnazifizierungsakt Schmid. Ähnlich Kreisleiter Dennerl, Rechtfertigungsschrift vom 6. 7. 1948; Entnazifizierungsakt Dennerl.

122 Rundschreiben vom 5. 2. 1948. Eine Abschrift des Schreibens findet sich im Entnazifizierungsakt Danninger.

sibilities that go with citizenship in a working democratic society."[123] Im August 1949 bekundeten nur 35 Prozent der Bevölkerung in der amerikanischen Besatzungszone politisches Interesse, 65 Prozent wollten Politik lieber anderen überlassen. Eine Umfrage im Mai 1949 ergab, daß 71 Prozent der Befragten es ablehnen würden, ein verantwortliches Amt im politischen Leben ihrer Gemeinde zu übernehmen, gleichzeitig erklärten 76 Prozent ihre Bereitschaft, eine Stunde täglich unentgeltlich für den wirtschaftlichen Wiederaufbau Deutschlands zu arbeiten[124].

3. Acht oberbayerische Kreisleiter[125]

a) „Der Typ des Nazis schlechthin"

Emmer, Franz

Geboren am 28.6.1893 in Oberlauterbach (bei Rosenheim), gestorben am 26.6.1959 in München, seit 1922 verheiratet mit Ida, keine Kinder, kaufmännischer Angestellter, Pg 1920/21,1922/23, 1926, seit 1932 Kreisleiter (Oberbereichsleiter) Fürstenfeldbruck, 1942/43 zusätzlich Kreisleiter Dachau, seit 1942 hauptamtlich, Kreis- und Gauredner, NSV, RLB, RBfL, VDA, RKolB, 1936–1942 Vorsitzender des Disziplinar- und Ehrengerichts der DAF, interniert vom 29.4.1945–13.10.1948.

Franz Emmer wurde im Jahr 1893 als ältestes von sieben Kindern der Volksschullehrereheleute Franz und Maria Emmer in Oberlauterbach bei Rosenheim geboren. Nach der Volksschule besuchte er drei Jahre lang die kaufmännische Berufsschule, nach dem Tod des Vaters 1906 begann er eine kaufmännische Lehre. Das Angebot des Ortsgeistlichen, ein kostenloses theologisches Studium zu absolvieren, lehnte er ab: „Ich glaube noch heute [1948] feststellen zu müssen, daß ich … keinesfalls glücklich geworden wäre als katholischer Geistlicher." Nach Ausbruch des Ersten Weltkrieges wurde er im Oktober 1914 eingezogen. Am 30. August 1916 geriet er an der Somme in französische Gefangenschaft, aus der er erst im Februar 1920 entlassen wurde. Im Mai des gleichen Jahres kam er nach München, dort arbeitete er bei der Firma Kathreiner als kaufmännischer Angestellter.

Emmer hatte sich unter dem Einfluß des Vaters schon als Knabe für Politik interessiert. Seit 1912 war er „ständiger Teilnehmer an politischen Versammlungen der verschiedenen Parteien", ohne sich allerdings für eine von ihnen zu entscheiden. Das änderte sich nach seiner Rückkehr aus der Kriegsgefangenschaft. „Im April 1920 hörte ich in Rosenheim Adolf Hitler sprechen. Damit war mein Schicksal besiegelt, ich wurde Mitglied." Ausschlaggebend waren für ihn die nationalen und „insbesondere die sozialen Grundsätze des Programms", offensichtlich auch die Person Hitlers, den er bewunderte. Seine Verbundenheit mit dem „Führer" demonstrierte Emmer später auch äußerlich – er trug den charakteristischen Oberlippenschmuck, im Volksmund kurz „Fliegendreck" genannt. Seit Mai 1920 war Emmer ständiger Gast im Münchener Lokal Sternecker und fand bald Kontakt zu den führenden Männern der NSDAP, die sich dort unter dem Vorsitz Anton Drexlers trafen. Hier lernte Emmer auch Hitler

[123] The State of German Political Interest at the Outset of the West German Republic, Report No. 191, 9 December 1949, Reactions Analysis Branch, HICOG; IFZ-Archiv, Druckschriftensammlung, Dk 101.001.

[124] Ebd.

[125] Soweit dies nicht anders gekennzeichnet ist, sind sämtliche Informationen und Zitate den jeweiligen Entnazifizierungsakten entnommen. Aus Gründen des Persönlichkeitsschutzes wird die Herkunft vor allem von eidesstattlichen Erklärungen nur bei sog. Personen der Zeitgeschichte aufgeschlüsselt.

näher kennen, der „sehr viel über Kunst und Theater" sprach, und geriet alsbald in den Vorstand der NSDAP. Eines Abends wurde er überraschend zu einer Vorstandsbesprechung gerufen: „Dort sagte man mir, ich soll auch in die Vorstandschaft eintreten. Ich war von dem Zeitpunkt an Vorstandsmitglied der damaligen NSDAP" und als solches zugleich Teilhaber des Völkischen Beobachters[126]. 1921 trat er nach parteiinternen Zwistigkeiten – „Ich habe mich mit Hitler indirekt überworfen" – zum ersten Mal aus der Partei aus, stieß aber 1922 wieder dazu: „Ich saß im Nebenzimmer [des Sternecker], da kam Hitler. Ich habe ihn nicht gegrüßt, obwohl wir uns gekannt haben." Hitler ließ ihn zu sich kommen und fragte, „warum ich nicht mehr mitmache. Ich ging dann wieder dazu." Während des Verbots der NSDAP besuchte Emmer, der sich in dieser Zeit im Völkischen Block engagierte, Hitler zweimal in Landsberg, kam aber nach dessen Entlassung einige Jahre „nicht mehr mit ihm zusammen. Das war auch der Grund, warum ich erst 1926 wieder dazu gegangen bin. Ich habe mich verärgert zurückgezogen." Bis 1932 blieb er – abgesehen von einem kurzen Intermezzo als Sektionskassierer – einfacher Pg, tat sich aber als Debattierer in den Versammlungen der gegnerischen Parteien hervor. Wie er später behauptete, war es dabei nie zu Schlägereien gekommen: „Ich war eben in der Lage, meinen Kampf ausschließlich mit geistigen Waffen zu führen." Seine Ernennung zum Kreisleiter von Fürstenfeldbruck erfolgte eher überraschend: 1932 kam er als Redner nach Alling (Kreis Fürstenfeldbruck). „Alling war bekannt, daß es nicht so leicht zu haben war." Der damalige Bezirksleiter war „ein Norddeutscher, doch es gab damals schon den Kampf zwischen Bayern und Preußen. Er war unmöglich. Ich sprach dann in Alling, ich beherrsche den bayerischen Dialekt und habe mich in Alling gut verstanden mit den Leuten ..., und es wurde mir gesagt, ich muß den Kreis übernehmen. Ich sagte, wie soll ich das machen, doch man sagte mir, es wird schon gehen." So wurde er Kreisleiter für Fürstenfeldbruck, wohnte allerdings bis 1938 weiter in München und widmete sich zunächst überwiegend anderen Aufgaben. Emmer war Leiter des Bezirks Bayern des Deutschen Handlungsgehilfenverbandes bzw. nach dessen Überführung in die DAF der Abteilung Berufserziehung im Gau München/Oberbayern und 1936 bis 1942 hauptamtlicher Vorsitzender des Disziplinar- und Ehrengerichts der DAF. Erst 1942, vor die Entscheidung gestellt entweder sein Richter- oder sein Kreisleiteramt aufzugeben, entschied er sich für die hauptamtliche Übernahme der Kreisleitung, weil er „verhindern wollte, daß evtl. eine der Gauleitung willige Kreatur das Amt übernimmt"[127].

Angesichts seiner sehr frühen Mitgliedschaft in der NSDAP und vor allem seiner engen Verbindung zur frühen Führungsclique bzw. zu Hitler selbst – der Völkische Beobachter feierte 1926 Emmers Wiedereintritt „als erfreulichstes Zeichen des nun vollständig beendeten ... Bruderzwistes in der Bewegung"[128] – ist die Parteikarriere Emmers, der es nur bis zum Kreisleiter brachte, eher dürftig. Tatsächlich hätte er mehr erreichen können. Anläßlich eines Nürnberger Reichsparteitages sprach ihn „der Führer höchstpersönlich" auf sein bescheidenes Amt an und versuchte, ihn für einen Posten in der Zentrale zu gewinnen. Er lehnte ab. Emmer, der „Buckerlma-

[126] Protokoll der öffentlichen Sitzung der Spruchkammer Fürstenfeldbruck am 11./12./13.10.1948; vgl. auch Werner Maser, Die Frühgeschichte der NSDAP. Hitlers Weg bis 1924, Frankfurt 1965, S. 264.

[127] Sämtliche Angaben und Zitate aus der „Rechtfertigungs- und Entlastungsschrift ..." Emmers, undatiert (1948?) bzw. dem Protokoll der öffentlichen Sitzung der Spruchkammer Fürstenfeldbruck am 11.–13. 10. 1948; Entnazifizierungsakt Emmer.

[128] Völkischer Beobachter vom 8. 3. 1926.

chen" gar nicht liebte und aus seiner „Tendenz, sich von den höheren Parteiinstanzen möglichst unabhängig zu machen"[129], keinen Hehl machte, zog es vor, unangefochtener Herrscher in seinem eigenen kleinen Territorium zu bleiben. Dort schaltete und waltete er zum Verdruß der übergeordneten Dienststellen in hohem Maße aus eigener Machtvollkommenheit, ohne daß sich die Gauleitung getraute, das „Enfant terrible" mit seinen guten Verbindungen zur obersten Parteileitung zu maßregeln oder gar abzusetzen.

Kreisleiter Emmer führte ein ebenso unumschränktes wie scharfes Regiment. Da er als Kreisleiter „alle Verantwortung für seinen Kreis zu tragen habe"[130], verlangte er, über sämtliche Vorgänge umfassend informiert zu werden. Sein Informationsbedürfnis entsprang seinem Machtstreben und seinem Selbstverständnis, die letzte und ausschlaggebende Entscheidungsinstanz in seinem Kreis zu sein. Wie deutlich er seinen Herrschaftsanspruch durchsetzen konnte, zeigen die Aussagen des damaligen Landrates von Fürstenfeldbruck, der Emmer anläßlich der Entnazifizierungsverhandlung zugute hielt, daß er das „Übergewicht der Stellung, das damals der Kreisleiter tatsächlich gegenüber dem Staatsbeamten hatte", nicht ständig herauskehrte, auch wenn es die „weitgehende Einmischung der Kreisleiter in die Amtsführung der Landräte mit sich brachte, daß zwischen E. und mir nicht selten größere und kleinere Meinungsverschiedenheiten auftraten"[131]. Auch SS und SA wurden von ihm gegängelt, nur die Maßnahmen von SD und Gestapo entzogen sich – zu seinem Bedauern – seinem Einfluß[132]. Dieses Macht- und Unabhängigkeitsverlangen des Kreisleiters wirkte sich in mancher Hinsicht sogar positiv für seinen Kreis aus; so weigerte er sich beispielsweise, den „Wust" von Vorschriften und Anordnungen seitens der Gauleitung, „die nur hinter dem grünen Tisch entstanden" seien, kritiklos durchzuführen. Seinen Ortsgruppenleitern gab er „in seiner bekannten drastischen Art" wiederholt klar zu verstehen, „er werde daraus nur das wirklich Vernünftige, für die örtlichen Verhältnisse Brauchbare herausziehen" und an sie weitergeben: „Im Kreis Fürstenfeldbruck wird die Propaganda nach meinen Richtlinien und Weisungen durchgeführt."[133] Emmers Zensur fiel unter anderem der sogenannte Kruzifix-Erlaß (Entfernung der Kruzifixe aus den Schulen) zum Opfer, und auch die als „Aktion Gitter" bekannte Verhaftungswelle nach dem Attentat am 20. Juli ging an Fürstenfeldbruck vorbei[134]. Sein Unabhängigkeitsdrang kam in gewisser Weise auch politischen Gegnern zugute, die bei ihm denunziert worden waren. Um sich nicht von Gestapo oder SD das Heft aus den Händen nehmen zu lassen, regelte er solche Fälle häufig – nicht immer – selbst. Gewöhnlich zitierte er die Denunzierten auf die Kreisleitung und brüllte sie dort in Grund und Boden. Brutale Schläge gehörten ebenso zu dieser Prozedur wie die stereotype Drohung mit Dachau. Die Wirkung war in der Regel durchschlagend, den von solchen Auswüchsen Betroffenen blieb aber immerhin Schlimmeres erspart[135].

129 Interview mit Lukas Drexler, Fürstenfeldbruck. Eidesstattliche Erklärung Landrat Sepp vom 11. 1. 1949.

130 Rechtfertigungsschrift, S. 11; vgl. Anm. 127.

131 Eidesstattliche Erklärungen Landrat Sepp vom 11. und 12. 1. 1949.

132 Rechtfertigungsschrift, S. 10f.; vgl. Anm. 127.

133 Eidesstattliche Erklärung J. St. vom 9. 6. 1948 und W. R. vom 1. 7. 1948.

134 Vgl. Protokoll der Verhandlung am 11.–13. 10. 1948. Das bestätigte auch der ehemalige SPD-Stadtrat Michael Neumair, Altomünster.

135 Vgl. Protokoll der Verhandlung am 11.–13. 10. 1948 sowie die Aussage Emmers bei der Spruchkammerverhandlung gegen Emil Breitenstein (Entnazifizierungsakt Breitenstein), wo er zugibt, in manchen Fällen die Betroffenen weitergemeldet zu haben.

Trotzdem – oder auch gerade deshalb – war Emmer einer der, wenn nicht *der* am meisten gefürchtete Kreisleiter in Oberbayern. Machtverlangen, Geltungsbedürfnis und cholerisches Auftreten machten ihn selbst bei seinen Parteigenossen unbeliebt. Er machte sich da auch keine Illusionen: „Daß ich keinen Freund hatte, und daß ich auch in Parteikreisen gefürchtet war, stimmt wirklich."[136] Emmer war auch nach eigener Ansicht „ein überzeugter Nationalsozialist, ein ehrlicher Kämpfer für die nationalsozialistische Idee, jedoch eines Nationalsozialismus eigener Prägung"[137]; er galt als ein 150prozentiger Nazi, und das ist er auch gewesen. Zwar zeigte auch er sich immer wieder einmal den Sorgen und Nöten einzelner aufgeschlossen, war, wie die zahlreichen Persilscheine im Entnazifizierungsakt beweisen, unter Mißachtung nationalsozialistischer Gepflogenheiten auch manchem politischen Gegner gegenüber hilfsbereit und im privaten Umkreis ein umgänglicher Mensch. Doch gehörte er keineswegs zu jenem Typ von Kreisleiter, der bemüht war, die Auswüchse und Terrormethoden des Regimes zu mildern. Im Gegenteil: Er war und galt als scharf und er verlangte von seinem Stab das gleiche. Für den Kreis Fürstenfeldbruck lassen sich – abgesehen von 63 Schutzhaftfällen im Zuge der Machtergreifung (die nicht auf das Konto des Kreisleiters gingen) – 126 Fälle nachweisen, in denen Fürstenfeldbrucker aus politischen Gründen bestraft, d.h. verhaftet und ins KZ eingewiesen oder vom Sondergericht zu Zuchthaus, Gefängnis oder Geldstrafen verurteilt wurden[138].

Noch heute erinnert man sich in der Stadt eines Vorfalls, der Emmers Herrschaft mit der Angst drastisch vor Augen führt: Im Sommer 1941 erreichte den Kreisleiter die Meldung, eine Frau aus Fürstenfeldbruck unterhalte (verbotene) intime Beziehungen zu einem kriegsgefangenen Franzosen. Emmer ordnete an, die Frau umgehend zu verhaften. Am nächsten Morgen, es war der 27. Juli 1941, „suchte Kreisleiter Emmer die Frau ... in der Zelle auf, beschimpfte sie auf das Schwerste und ließ sie von der Polizei auf den Marktplatz führen. Er befahl der Polizei, die Frau ... auf einen Stuhl zu binden. Es wurde dann durch den Kreisleiter möglichst laut vor der gesamten Bevölkerung herumgeschrien, man solle dieses ‚Franzosenmensch' anspucken." Emmer nötigte dann einen Friseur unter Androhung von Schutzhaft, „der Frau öffentlich die Haare abzuscheren. Der Friseur ließ sich einschüchtern und vollzog den Befehl. Die Haare wurden der Frau völlig abgeschnitten, so daß sie ganz kahl war. Bei diesen Behandlungsarten erlitt die Frau einen völligen Zusammenbruch." Sie wurde – trotz einer zunehmend gegen den Kreisleiter aufgebrachten Menschenansammlung – längere Zeit auf dem Marktplatz festgehalten. Kurz darauf verlor die im zweiten oder dritten Monat schwangere Frau ihr Kind[139].

Die Herrschaft des Kreisleiters Emmer endete am 29. April 1945 mit dem Einmarsch der Amerikaner. Mit seiner Duldung war die Verteidigung von Fürstenfeldbruck unterblieben und die Besetzung der Stadt ohne Zwischenfälle vor sich gegangen. Wenig später „krochen alle Einwohner aus ihrem Versteck, und so waren die Straßen bzw. die Gehsteige mit Menschen besetzt und teilweise wurde den Amerika-

[136] Schlußausführungen Emmers, Protokoll der Verhandlung am 11.–13. 10. 1948.
[137] Rechtfertigungsschrift, S. 17; vgl. Anm. 127.
[138] Vgl. Manfred Bosch, Widerstand und Verfolgung im Kreis Fürstenfeldbruck, in: Amperland 19 (1983), Heft 1–3, S. 405 ff.
[139] Rechtsanwalt F. S. an die Hauptkammer München, Abschrift seiner seinerzeitigen Anzeige gegen Emmer vom 28. 8. 1941. Emmer bestätigte diesen Verlauf in seiner Aussage vor der Berufungskammer München; Protokoll der Verhandlung am 26.–28. 9. 1949.

nern zugejubelt, teilweise sah man mit trauriger Miene dem Spiel entgegen"[140]. Kreisleiter Emmer zählte sicher zu letzteren, doch mitsamt seinem engsten Stab erwartete er die Amerikaner mit Würde: geschmückt mit seiner – sonst selten getragenen – Parteiuniform[141].

Nach dreieinhalb Jahren Internierung überwiegend im Lager Moosburg wurde der Fall des ehemaligen Kreisleiters vor der Spruchkammer Fürstenfeldbruck verhandelt. In Erwartung eines besonders großen Publikums hatte man eigens die Brucker Jahnhalle angemietet; unnötigerweise, wie sich bald herausstellte, denn dieses Verfahren fand kaum mehr Interesse als andere[142]. Gegen den berüchtigten Kreisleiter trat eine stattliche Anzahl von beinahe 30 Belastungszeugen auf, bei weitem mehr als in jedem anderen der in dieser Studie berücksichtigten Verfahren, wenn auch – wie der Spruchkammervorsitzende bemerkte – bei weitem weniger, als sich hätten melden können: „Der Kreis Fürstenfeldbruck ist groß und Sie wissen, daß das deutsche Volk abgerückt ist von dem, was man gepflegt hat, und dem haben Sie zu verdanken, daß so wenig Belastungen hier vorliegen."[143] Die Palette der Anschuldigungen zeichnete dann auch ein Bild der Diktatur, die Emmer in Fürstenfeldbruck aufgerichtet hatte.

Mit Spruch vom 13. Oktober 1948 reihte die Kammer Franz Emmer in die Gruppe der Hauptschuldigen ein. Als Sühnemaßnahmen verhängte sie sechs Jahre Arbeitslager, Einzug des gesamten Vermögens mit Ausnahme eines Einfamilienhauses in München, laufende Sonderabgaben von 20 Prozent seines Einkommens in einen Wiedergutmachungsfonds, Verlust der Rente und der Bürgerrechte sowie zehn Jahre Berufsbeschränkung: „Durch sein gewalttätiges, aggressives, aktivistisches Verhalten hat der Betroffene in seiner Eigenschaft als Kreisleiter der NSDAP die Bevölkerung der Stadt und des Kreises Fürstenfeldbruck unter Druck gesetzt und gehalten. Er bildete zusammen mit dem Ortsgruppenleiter Böck und dem Kreisschulungsleiter Gruber das berüchtigte Triumvirat, dessen Protagonist der Betroffene für die nationalsozialistische Gewaltherrschaft gewesen ist."[144]

Gegen diesen Spruch legte der Verteidiger Emmers, der spätere Bürgermeister von Fürstenfeldbruck, Fritz Bauer, am 24. November 1948 Berufung ein. Am 1. Oktober 1949 bestätigte die Berufungskammer München aber das Urteil: Emmer sei jener „Typ des nationalsozialistischen Gewaltmenschen, dem, aus kleinen Kreisen kommend, der Machtdünkel zu Kopfe gestiegen ist". Das umfangreiche Belastungsmaterial zeige „den Betroffenen als überzeugten und nach seiner Überzeugung auch im Sinne der nationalsozialistischen Gewaltherrschaft tätig gewordenen politischen Führer der NSDAP". Trotzdem milderte die Kammer die Sühnemaßnahmen und setzte die Dauer der Arbeitslagerhaft auf viereinhalb Jahre, die Höhe der Sonderabgaben auf 10 Prozent des Einkommens herab.

Emmer wandte sich im Dezember 1949 an den Kassationshof, um eine erneute Wiederaufnahme seines Verfahrens zu erreichen. Obwohl er die meisten Belastungen keineswegs abstritt, befand er sich als zu streng bestraft: „Zusammenfassend darf ich

140 Direktor der Stadtwerke Fürstenfeldbruck, Franz Wagner, Die letzten Tage des Weltringens in Fürstenfeldbruck. Meine Erlebnisse; vgl. auch Güterdirektor Haug, Bericht über die Besetzung der Stadt Fürstenfeldbruck am 29. 4. 1945; beide Dokumente sind im Besitz von Herrn Karl Steininger, Fürstenfeldbruck.

141 Interview mit Michael Neumair, Altomünster.

142 Interview mit Lukas Drexler, Fürstenfeldbruck.

143 Protokoll der Verhandlung am 11.–13. 10. 1948, Schlußausführungen.

144 Spruch der Spruchkammer Miesbach vom 13. 10. 1948.

dazu sagen, daß weder von seiten der breiten Masse der Arbeiterschaft noch der Bauern meines Kreisgebietes irgend eine Belastung abgegeben wurde. Wenn es nun trotzdem passiert ist, daß bei gering geschätzt ungefähr 2500 Vorgängen ... mir in vielleicht 10–12 Fällen ‚das Haferl übergelaufen ist', so kann die mir gewordene Beurteilung nicht zutreffen." Emmer vergaß nicht hinzuzufügen, „weil ich nicht heucheln kann, ... daß ich im großen gesehen nichts zu bereuen habe ... Ich gebe selbstverständlich zu, daß ich mich manchesmal geirrt habe ... Mein Wollen war jedoch immer, ... Gerechtigkeit zu üben."[145] Tatsächlich ordnete der Kassationshof die erneute Durchführung des Verfahrens an. Der Schuß ging jedoch nach hinten los: Die Hauptkammer München kam zu dem Ergebnis, Emmer sei „der Typ des Nazis schlechthin. Bar jedes Gefühls für Recht oder Unrecht unterstützte er den Nationalsozialismus mit allen ihm zu Gebote stehenden Mitteln ... Er ‚herrschte' im Sinne seines Führers vollkommen willkürlich als Diktator in seinem politischen Bereich." Die Kammer schloß sich daher nicht nur den vorangegangenen Sprüchen an, sondern verschärfte erneut die Sühnen: fünf Jahre Arbeitslagerhaft und Einzug des Vermögens bis auf einen Betrag von DM 2000[146].

Wieder legte Emmer Berufung ein, diesmal mit besserem Erfolg. Zwar blieb er in der Gruppe der Hauptschuldigen, doch der vom Vermögenseinzug freibleibende Betrag wurde auf DM 4000 erhöht. Außerdem reduzierte die Berufungskammer München die Dauer der Arbeitslagerhaft auf dreieinviertel Jahre, sie galt durch die bereits abgesessene Internierungshaft als verbüßt. Diese Milderung erfolgte „mit Rücksicht auf das Alter des Betroffenen" und aus der Überlegung heraus, „daß eine erneute Einweisung in ein Arbeitslager den vorhandenen guten Willen, sich in die neuen Verhältnisse eines freiheitlichen demokratischen Staates einzugliedern, nur beeinträchtigen würde"[147].

Am 10. Juli 1951 startete Emmer einen neuen, den vierten Anlauf. Diesmal wandte er sich an den Münchener Spruchkammervorsitzenden Kessler, an dem er – als Zeuge in einem anderen Verfahren – eine „gewisse menschliche Note" glaubte beobachtet zu haben und bat diesen um Unterstützung eines Gnadenantrags. „Ich werde nie die Form und den Inhalt des nach dem – heute allerdings von den Amerikanern aus Zweckmäßigkeitsgründen verpönten – Morgenthauplan geborenen Entnazifizierungsgesetzes anerkennen ... Ich sehe ja ein, daß nachdem nun einmal ein Entnazifizierungsgesetz besteht, ich ebenfalls eine gewisse Buße zahlen muß." Die ihm auferlegte Strafe sei allerdings bei weitem zu hoch. Einige der vorgebrachten Belastungen habe er schuldlos auf sich genommen, um andere nicht „hinzuhängen", vor allem aber seien – „vorurteilsfrei" gesehen – „in keinem Fall irgendwie politische Gegner belästigt worden". Vielmehr habe es sich „in allen Fällen um asoziale, ja teilweise minderwertige Elemente ... gehandelt". Kein Zweifel, die nazistische Weltsicht des ehemaligen Kreisleiters war unerschütterlich. Im Mai 1953 erreichte Franz Emmer schließlich eine deutliche Herabsetzung seiner Sühne. Der angeordnete, bisher aber nicht vollstreckte Vermögenseinzug wurde in eine feste Geldsühne von DM 6000 umgewandelt. Wenn man berücksichtigt, daß Emmer und seine Frau je zur Hälfte im Besitz

[145] Emmer an den Kassationshof am 21. 12. 1949.
[146] Spruch der Hauptkammer München vom 5. 4. 1950.
[147] Spruch der Berufungskammer München vom 17. 10. 1950.

zweier Einfamilienhäuser im Wert von damals insgesamt DM 37 530 waren[148], war das ein wahrhaft gelinder Betrag.

Ermuntert durch manch kritische Politiker-Äußerung zur Entnazifizierung, die im Verlauf der Verhandlungen des Bayerischen Landtags über das Zweite Abschlußgesetz in den Zeitungen nachzulesen war, stellte Franz Emmer im Oktober 1954 einen weiteren Antrag auf Wiederaufnahme seines Verfahrens, der im September 1955 abgelehnt wurde[149]. Der Schlußpunkt im Entnazifizierungsfall Emmer wurde am 20. Februar 1957, zwölf Jahre nach dem Zusammenbruch des NS-Regimes, gesetzt. Seitens des bayerischen Justizministeriums wurde dem ehemaligen Kreisleiter ein generöser Gnadenerweis zuteil. Die noch immer nicht gezahlte Geldsühne wurde drastisch auf DM 500 reduziert, unter der Voraussetzung allerdings, daß dieser Betrag bis 1. April 1957 beim zuständigen Finanzamt einlaufe. Die Zähigkeit des ehemaligen Kreisleiters Emmer hatte sich ausgezahlt. Zwar haftete ihm – rechtlich – weiterhin der „Verbrecher"-Status eines Hauptschuldigen an, die materiellen Folgen dieser Kategorisierung hatten ihn jedoch nicht getroffen.

Emmer war, wie er später großsprecherisch erklärte, nach seiner Entlassung aus der Internierung „bewußt wieder" an den Ort seiner Taten zurückgekehrt, um sich zu „verantworten und durchzusetzen"[150]. Seine Frau hatte bei Kriegsende Unterschlupf bei Verwandten gefunden, und dort fand sich auch ein Platz für ihn. Das Ehepaar lebte anfangs bescheiden. Frau Emmer arbeitete in einer Münchener Gaststätte, Emmer für ca. DM 195 monatlich zunächst als Bauhilfsarbeiter[151], seit September 1950 als Reisevertreter einer Likörfirma mit einem Monatsgehalt von durchschnittlich DM 220[152]. Hinzu kamen Mieteinnahmen von DM 123 aus dem Münchener Haus[153]. Ihre materielle Lage besserte sich deutlich, nachdem das von den Amerikanern beschlagnahmte Brucker Haus geräumt war. Vermutlich im Jahr 1953, nachdem der Vermögenseinzug in eine feste Geldsühne umgewandelt worden war, verkaufte Emmer das Münchener Haus. Der Erlös diente der Sanierung des Hauses in Fürstenfeldbruck, in das die Eheleute nun selbst einzogen, und zur Finanzierung des jetzt insgesamt aufwendiger werdenden Lebensstandards.

Emmer lebte zurückgezogen, die Recherchen in Fürstenfeldbruck ergaben, daß fast keiner der befragten Personen bekannt war, daß er überhaupt dort gewohnt hatte. Engere Kontakte pflegte er nur zu den Verwandten, bei denen er 1949 untergekommen war, außerdem zum ehemaligen Kreisleiter von Miesbach, Franz Danninger, mit dem ihn eine langjährige Freundschaft verband. Mit seinen einstigen Amtsleitern oder anderen Pgs aus Fürstenfeldbruck, die untereinander Verbindung hielten[154], kam er nicht zusammen, auf eigenen Wunsch offenbar, denn sein einstiger Kreisamtsleiter Gruber spricht von ihm noch heute als einem „wunderbaren Menschen". Die Reaktionen der Bevölkerung insgesamt waren eher indifferent; Anfeindungen machten sich lediglich unmittelbar nach Kriegsende bemerkbar, als mancher sich weigerte, im La-

[148] Gnadenantrag, Bearbeitung abgeschlossen am 22. 5. 1953, sowie Vermögensaufstellung des Bayerischen Landesamts für Vermögensverwaltung vom 23. 3. 1953.

[149] Emmer an die Hauptkammer München am 26. 10. 1954, Beschluß vom 30. 9. 1955.

[150] Emmer an das Justizministerium am 3. 12. 1956.

[151] Thormann & Stiefel A.G. München, Bescheinigung vom 23. 5. 1951.

[152] Kust-Likörfabrik, Verdienstbestätigung vom 26. 4. 1951.

[153] Gnadenantrag, entschieden am 22. 5. 1953.

[154] Interview mit Michael Neumair und Georg Gruber.

den des D., der die Frau Emmers aufgenommen hatte, weiter einzukaufen. Solches wiederholte sich nach der Rückkehr des Kreisleiters selbst jedoch nicht, die Aversionen hatten sich in der Spruchkammerverhandlung ausreichend Luft verschafft. Emmer konnte sich in Lokale wagen, und es soll sogar vorgekommen sein, daß er, ohne daß es zu Zwischenfällen gekommen wäre, mit einem Mann am gleichen Tisch saß, den er für einige Tage ins KZ gebracht hatte. Emmer selbst beurteilte seine Lage 1956 allerdings vermutlich zu positiv, als er behauptete, sich trotz seines Urteils („heute noch Hauptschuldiger") „durchgesetzt zu haben, zumal mir der Ankläger zwei Tage nach der dreitägigen Verhandlung bestätigt hat, daß die Sympathien des Volkes auf meiner Seite seien"[155]. Es spricht vielmehr alles dafür, daß er, jedenfalls in Fürstenfeldbruck, schlicht abgewirtschaftet hatte. Er war so bedeutungslos geworden, daß es nicht einmal so engagierte ehemalige politische Gegner wie den sozialdemokratischen Stadtrat N., dessen Familie schwer unter Emmers Verfolgung gelitten hatte, aus der Fassung brachte, daß der ehemalige Kreisleiter, eines Abends bei einem Lokalbesuch von ihm zur Rede gestellt, sich in bester Nazimanier verteidigte.

In der Tat machte Emmer aus seiner ungebrochenen nationalsozialistischen Überzeugung keinen Hehl. Selbst aus seinen offiziellen Eingaben an die Spruchkammer oder das Sonderministerium geht hervor, was er in persönlichen Gesprächen wiederholt klar bestätigte: Er war und blieb ein überzeugter Nationalsozialist und vor die Wahl gestellt, hätte er sich nicht anders entschieden als seinerzeit. Im Gegensatz zu den meisten seiner Kreisleiterkollegen bewirkte der Internierungs- und Entnazifizierungsschock bei Emmer keinen Rückzug von der Politik. 1956 feierte er seinen nunmehr „35jährigen Kampf, besser gesagt – Arbeit für Volk und Vaterland ... Ich betrachte nämlich auch die zehn Jahre nach 1945 als Kampf und Arbeit für Deutschland."[156] Er „kämpfte" an der Seite Adolf von Thaddens, der bei seinen Münchener Aufenthalten in seinem Haus ein und aus ging, für die Ziele der rechtsextremistischen Deutschen Reichspartei, deren Leitlinien bei aller ideologischer Schwammigkeit mit den Begriffen „Wiedergutmachung" der Entnazifizierung, Bekämpfung der politischen Ordnung der Bundesrepublik, Antikommunismus und Ablehnung der SPD grob umrissen sind[157]. Eine öffentliche Funktion übte er in dieser Partei allerdings nicht aus, das war schon aufgrund seines Spruchkammerurteils unmöglich, das ihm die Mitgliedschaft oder aktive Tätigkeit in einer politischen Partei verbot.

Emmer starb am 27. Juni 1959. Nach seinem Tod rückte der ehemalige Kreisleiter ein letztes Mal in den Blickpunkt des öffentlichen Interesses. Unter dem Titel „Hitler-Gruß bei Kreisleiterbeerdigung" brachte die Frankfurter Rundschau folgende Meldung der dpa: „Die Beerdigung des ehemaligen Kreisleiters von Fürstenfeldbruck auf dem Münchener Ostfriedhof wird für einen Münchener Gartenbauarchitekten ein gerichtliches Nachspiel haben. Die Polizei hat ihn angezeigt, weil er von dem Toten mit dem ehemaligen ‚Deutschen Gruß' Abschied genommen hat."[158] Der Mann, einer sei-

[155] Emmer an das Justizministerium am 3. 12. 1956.

[156] Emmer an die Berufungskammer München am 21. 3. 1956.

[157] Adolf von Thadden war einer der Parteiführer der DRP, seit 1961 ihr Vorsitzender, 1964 stellvertretender, 1967 Vorsitzender der NPD und Herausgeber der rechtsextremistischen Deutschen Wochenzeitung. Zu von Thadden und zur DRP vgl. Horst W. Schmollinger, Die Deutsche Reichspartei, in: Richard Stöss (Hrsg.), Parteien-Handbuch. Die Parteien der Bundesrepublik Deutschland 1945–1980, Bd. 1, Opladen 1983, S. 1112ff., hier S. 1115, S. 1119.

[158] Frankfurter Rundschau vom 9. 7. 1959.

ner neuen politischen Freunde, hatte während seiner Grabrede den rechten Arm – ob beabsichtigt oder nicht, darum stritten sich später die Geister – in eindeutig zweideutiger Geste dem Toten entgegengestreckt und wurde von Beamten des Verfassungsschutzes unverzüglich verhaftet[159].

b) „Der bestgehaßte Mensch im Kreis"

Danninger, Franz

Geboren am 6. 1. 1896 in Haizendorf/Österreich, gestorben am 16. 8. 1976, seit 1921 in Schliersee, verheiratet, zwei Kinder, Volksschule, Gymnasium, kaufmännischer Angestellter, Pg 1923, 1927–1933 Ortsgruppenleiter in Schliersee, 1928–1945 Bezirks- bzw. Kreisleiter Miesbach/Schliersee (bis 1938 ehrenamtlich), ehrenamtlicher Bürgermeister Schliersee 1934–1939, 1931 SA, 1942 Sturmbannführer, 8. 5. 1945 Kriegsgefangenschaft, interniert vom 17. 6. 1945–12. 1. 1949.

Franz Danninger wurde am 6. Januar 1896 in dem österreichischen Dorf Haizendorf geboren. Der Vater, Schlossermeister von Beruf, war „Marxist". Seine politische Einstellung erschwerte das Leben der 13köpfigen Familie inmitten des konservativen Milieus des niederösterreichischen Dorfes, und das war die Ursache einer tiefen Gegnerschaft des Sohnes gegen Marxisten von Jugend auf. Danninger, ein begabter Schüler, besuchte auf Anraten des Dorfpfarrers das Gymnasium in der 16 Kilometer entfernten Kreisstadt Krems und bestand – schon Soldat des österreichischen Heeres – 1916 sein Abitur. Nach dem Ende des Ersten Weltkrieges studierte er zwei Semester lang an der Handelsakademie Wien, mußte sein Studium aber dann wegen Geldmangels abbrechen. Eigentlich wollte der künftige Kreisleiter nun nach Kanada auswandern. Sein Weg führte ihn über Deutschland, in Schwandorf (Oberpfalz) gab er auf den Rat von Verwandten seine Kanadapläne auf und blieb in Deutschland.

Als Volontär in einem oberpfälzischen Bergwerk – „die Inflation streckte bereits ihre Arme aus" – und nach dessen Stillegung, seit 1921, als Rechnungsführer bzw. Materialverwalter im Bergwerk Hausham wurde er konfrontiert mit der wachsenden sozialen Not, die auch er zu spüren bekam. Danninger begann, sich in der christlichen Gewerkschaftsbewegung zu engagieren. Doch – um ihn selbst zu Wort kommen zu lassen – „im Jahre 1923 stieg die Inflation aufs höchste und damit auch die politischen Leidenschaften". Danninger trat der NSDAP bei. Es waren vor allem die Forderung nach Aufhebung der „unmöglichen Friedensverträge" und die soziale Stoßrichtung der Partei, die ihn zur NSDAP hinzogen. Während der Zeit des Verbots ab November 1923 engagierte er sich vorübergehend im Völkischen Block und wurde nach Wiederzulassung der NSDAP im Juli 1925 erneut Mitglied. Seit 1927 Ortsgruppenleiter in Schliersee, übernahm er 1928 das Amt des Bezirksleiters (Eisenbahnlinie Miesbach–Bayrischzell)[160] und 1932 den Posten des Kreisleiters im Kreis Miesbach. Seine Tätigkeit „für den Aufbau Deutschlands" war ehrenamtlich, brachte ihm aber eine Aufwandsentschädigung von RM 400 ein; sie war um stolze RM 100 höher, als sein Monatsverdienst im Bergwerk Hausham, wo er zunächst weiterhin als Materialverwalter Dienst tat. 1934 schied er auf Befehl der Gauleitung aus dem Betrieb aus und übernahm das Amt des Bürgermeisters in Schliersee, ehrenamtlich, aber mit einer zusätzlichen monatlichen Aufwandsentschädigung von RM 350. Im März 1938 hauptamtlich

[159] Interviews mit Dr. Heinz Danninger und Lukas Drexler, Fürstenfeldbruck.
[160] Anordnung Nr. 17 des Gauleiters Fritz Reinhardt vom 3. 11. 1928; StAM, NSDAP 237.

von der Partei übernommen, entschied er sich 1939, vor die Alternative Kreisleitung oder Bürgermeisteramt gestellt, für das Parteiamt, das er bis Kriegsende führte. Franz Danninger war der dienstälteste Kreisleiter Oberbayerns.

Seine Tätigkeit in dem idyllisch gelegenen Landkreis stellte sich in der Erinnerung des ehemaligen Kreisleiters noch 1947, nach fast zweijähriger Internierung, als friedlicher und harmonieschaffender Dienst an der Bevölkerung „seines" Kreises dar: „Wir setzten alles daran, Arbeit zu beschaffen und die Arbeitslosigkeit zu beseitigen, was uns auch sehr bald gelang. Die wenigen, die noch abseits standen, wurden durch ihre eigenen Genossen mitgerissen, so daß alle einsahen, daß es nur eines geben kann: Zusammenarbeit für ein freies, soziales Deutschland." Nicht weniger selektiv-naiv war Danningers Sicht der folgenden und der letzten Jahre der NS-Herrschaft: „Inmitten unserer friedlichen Arbeit traf uns der Ausbruch des großen Krieges, der uns so überraschte wie jeden anderen Deutschen. Wir stellten uns in den Dienst der Verteidigung unseres Vaterlandes. Wer hat das nicht getan?" Auch Danninger wurde im März 1940 eingezogen. Zweimal sollte er u.k. gestellt werden, doch der Patriot lehnte ab. Im Kaukasus erreichte ihn 1942 die Nachricht seiner unwiderruflichen u.k.-Stellung. Nach wie vor im besten Glauben und „bis zur letzten Stunde der Überzeugung, daß von der Führung alles getan wird, das deutsche Volk vor dem Untergang zu retten", stellte er sich den „Aufgaben" in der Heimat. „Die Betreuung der Menschen erforderte unseren ganzen Einsatz ... Tausende waren es, denen ich Rat und Hilfe gab oder den Weg gewiesen habe, wo ihnen Hilfe ward." In den letzten Kriegstagen setzte sich Danninger aus Miesbach ab. Als er die Nachricht vom Waffenstillstand erfuhr – „damit war für mich alles beendigt" –, trat er den Heimweg an und geriet am 8. Mai in Bayrischzell in amerikanische Kriegsgefangenschaft, am 17. Juni kam er ins Internierungslager.

Aus solcher Perspektive war es nicht verwunderlich, daß sich der ehemalige Kreisleiter nach dem Zusammenbruch um seine „Verdienste" für das Vaterland betrogen fühlte: „In uneigennütziger Weise habe ich mich für die Gemeinschaft eingesetzt, so daß ich heute mit 50 Jahren nicht mehr besitze als zu Beginn meiner beruflichen Tätigkeit. Keinem Menschen habe ich je etwas genommen, mir aber hat man alle Habseligkeiten geraubt, ja auch das eingebrachte Gut meiner Frau und das letzte Kinderkleidchen wurde gestohlen. Das ist der Dank für eine jahrzehntelange Arbeit für Volk und Vaterland."[161] Danninger war diese Klage bitterernst. Daß der ehemalige Kreisleiter sich tatsächlich keiner Schuld oder Verantwortung bewußt war, zeigt ein Brief an seine Frau, der aus nicht ersichtlichen Gründen im Entnazifizierungsakt landete: „Am 8. Mai waren es zwei Jahre, daß ich hinter Stacheldraht bin. Bis heute weiß ich nicht, was mir zur Last gelegt wird. Aber sorgt Euch nicht um mich, Recht muß Recht bleiben."[162]

Offensichtlich verunsicherten den Unverbesserlichen in seiner Weltsicht auch die feindlichen Reaktionen nicht, die ihm und seiner Familie nach dem Zusammenbruch entgegenschlugen: „Ob Du zur Verhandlung gehst, überlasse ich Dir. Wer schützt

[161] Sämtliche Zitate sind dem selbst verfaßten Lebenslauf Danningers vom 9. 1. 1947 entnommen, die Angaben hieraus wurden ergänzt aufgrund des Protokolls der öffentlichen Sitzung der Spruchkammer Miesbach vom 27. 2.–1. 3. 1948, des Protokolls der öffentlichen Sitzung der Berufungskammer Oberbayern am 10. 1. 1949 und eines Interviews mit den Kindern, Dr. Heinz Danninger und Gertraud Riedel.

[162] Brief an „Meine liebe Mutti", Miesbach, 11. 5. 1947.

Dich heute, wenn Du angepöbelt wirst?! … Ich wage nicht mehr, Dir Namen zu nennen für eidesstattliche Erklärungen, denn es soll in Hausham jeder mit Verfolgung zu rechnen haben, der *für* mich Zeugnis gibt!"[163]. Die Schuld an der allgemeinen Stimmung gegen ihn gab er einer Unzahl von Gerüchten, die in seiner Abwesenheit in Umlauf gesetzt worden seien, z. B. die Behauptung, er habe Schliersee bis zum letzten Haus verteidigen wollen: „Ich kann mir ohne weiteres erklären, daß die Bevölkerung gegen mich aufgebracht war, wenn sie in so unglaublicher Weise gegen mich aufgehetzt worden ist. Ich war erstaunt, als ich zum 1. Male nach der Gefangennahme erfahren habe, was im ganzen Kreisgebiet über mich gesprochen wird."[164] Auch die Frau Danningers, von solchen Aversionen unmittelbarer betroffen als ihr Mann, schien in ihrem Glauben an die Unschuld des Gatten kaum zu erschüttern: „Alle … Anschuldigungen, die gerüchteweise umgingen, kann mein Mann ohne weiteres entkräften. Wäre er nicht u. k. gestellt worden, so hätte Miesbach einen jungen Kreisleiter bekommen, der gerade in den letzten, entscheidungsvollen Jahren bestimmt nicht so ausgleichend und mäßigend gewirkt hätte, wie es geschehen. Einmal wird das wohl erkannt werden, und die Verfolgung von Menschen ihrer Gesinnung wegen ein Ende nehmen. Dann erst wird man an einen ernstlichen Wiederaufbau denken können."[165]

Die Perfektion der Verdrängung, die sich hinter solchen Äußerungen verbirgt, wird deutlich, wenn man aus anderen Quellen Näheres über das Wirken des Kreisleiters von Miesbach erfährt. Der Landkreis barg einiges Konfliktpotential. Die NSDAP stieß hier auf die für Oberbayern typischen Beharrungskräfte der katholisch-konservativen Bauernschaft und zugleich auf die untypische Präsenz einer starken Arbeiterbewegung, die sich überwiegend aus der Belegschaft der Braunkohlengrube Hausham rekrutierte. Zur Einschätzung Danningers, eindeutig jener Typ Kreisleiter, der bemüht war, seine Macht auf das gesamte öffentliche Leben des Kreises auszudehnen, und dem es überwiegend gelang, letzte und ausschlaggebende Instanz auch für Entscheidungen zu sein, die wenig mit seiner politisch-propagandistischen Aufgabe der „Menschenführung" zu tun hatten, mag der Hinweis ausreichen, daß unter seiner Herrschaft allein 122 Sondergerichtsverfahren gegen Miesbacher in Gang gesetzt wurden[166] und die Zahl der 1933–1945 Verhafteten „aus politischer Gegensätzlichkeit" die traurige Höhe von 327 erreichte. Einige der politisch verfolgten Miesbacher landeten im KZ Dachau und manche starben dort[167].

Von den Verhaftungen gingen einige nachweisbar direkt auf das Konto des Kreisleiters. Den Zorn Danningers zog sich z. B. der evangelische Pfarrer Rudolf Neunhöffer zu, der, so Danninger, „schlimmer als alle katholischen Geistlichen des Kreisgebietes" in „versteckten und mit jesuitischer Schlauheit durchdachten Angriffen" unermüdlich seiner Gegnerschaft zu Partei und Staat Ausdruck verlieh. Der Wunsch des Kreisleiters, diesem „hetzerischen Treiben … unter allen Umständen einmal ein Ende

163 Ebd., Hervorhebung im Original.

164 Protokoll der Berufungsverhandlung am 17. 1. 1949, Anlage 7.

165 Brief Frieda Danningers an Frau Z. vom 14. 7. 1947, Bitte um eine eidesstattliche Erklärung und Hilfe bei der Wiederbeschaffung von bei der Plünderung des Hauses in Schliersee verlorengegangenen Dokumenten.

166 Nach einer Aufstellung im Landratsamt (LRA) Miesbach, Sammlung Nationalsozialismus.

167 Spruch der Spruchkammer Miesbach vom 13. 3. 1948. Diese Zahl wird in den greifbaren Quellen nicht bestätigt, jedoch belegen namentlich konkretisierte Aufstellungen im LRA Miesbach, Sammlung Nationalsozialismus, daß die Zahl der Verhafteten und politisch, rassisch oder religiös Verfolgten sehr hoch gewesen ist.

zu bereiten"[168], erfüllte sich 1935 erstmals. Gegen den Rat des Bezirksamts Miesbach, das sich gegen die Inschutzhaftnahme des beliebten Pfarrers aussprach – da sie „großen Unwillen erregen und für die NSDAP nicht von Vorteil sein" werde –, wurde der Pfarrer im April 1935 verhaftet[169]. Auch im Fall des katholischen Stadtpfarrers Trasberger, der „seit Jahren alle möglichen und unmöglichen Wege gesucht hat, um die Versammlungsverbote zu umgehen (Geburtstag des Pfarrers, Namenstag der Köchin, Geburtstag der Vorstandsdame des kath. Frauenbundes etc.)", hielt Danninger einen deutlichen Denkzettel für angebracht: „Einige Monate Schutzhaft, glaube ich, würden den Herrn Stadtpfarrer einmal eines Besseren belehren."[170] Natürlich wurde im Kreis Miesbach die Kruzifixaktion durchgeführt, sie mußte aber nach vehementen Protesten wieder rückgängig gemacht werden[171]. Auch anläßlich der dem Anschlag vom 20. Juli 1944 folgenden Verhaftungswelle im August 1944 stand Danninger ganz auf der Linie der Partei. Er hatte keine Bedenken, 142 als politische Gegner erfaßte Miesbacher verhaften zu lassen. Nur der Hartnäckigkeit des Landrates, der den Kreisleiter unermüdlich darauf aufmerksam machte, daß ein solches Vorgehen politisch unklug sei, da es die latente Opposition schüren würde, war es zu verdanken, daß sich Danninger – unter Ablehnung jeder Verantwortung – schließlich überreden ließ, „keine Schwierigkeiten" zu machen. So lief die Aktion dann glimpflich ab, die bereits Verhafteten wurden entlassen und keine weiteren Verhaftungen mehr vorgenommen[172].

Kein Wunder, daß sich nach dem Zusammenbruch des NS-Regimes in Miesbach die Aversionen gegen den ehemaligen Kreisleiter richteten: „Hunderte warten auf diese [Spruchkammer-]Verhandlung ... Danninger war in seiner Zeit der bestgehaßte Mensch im Kreis und hat Hunderte tyrannisiert und geschädigt, und alle diese würden ihn gern belasten, jetzt, wenn diese alle nur wissen würden, daß und wann sein Verhandlungstermin sein wird."[173] Daß diese Einschätzung die Stimmung vor Ort treffend charakterisierte, bestätigte der Verteidiger Danningers, der überzeugt war, daß im Kreis Miesbach einige Leute lebten, „die so gerne aus persönlichen Rachemotiven den D. baumeln sehen möchten".[174]

Ende Februar/Anfang März 1948 hatte sich Danninger in mehrtägiger Verhandlung vor der Spruchkammer Miesbach zu verantworten. Die Verhandlung fand „wegen der zu erwartenden starken Zuhörerschaft im Bräuwirtsaal" statt[175]. Schon aufgrund seiner formalen Belastung als Kreisleiter und SA-Sturmbannführer beantragte der öffentliche Kläger Danningers Einstufung in die Gruppe der Hauptschuldigen. Außerdem warf er ihm vor, sich praktischer Gewaltanwendung gegen politische und religiöse Gegner, ihrer Verhaftung und Verfolgung schuldig gemacht zu haben. Auch habe Danninger den Versuch unternommen, die Gemeinde Schliersee beim Einmarsch der amerikanischen Truppen „sinnlos zu verwüsten"[176].

[168] LRA Miesbach, Sammlung Nationalsozialismus, NS und Kirchen, hier: Gend.-Haupt-Station Miesbach, Nr. 3500 vom 13. 10. 1937.
[169] Briefwechsel vom April 1935; ebd.
[170] Ebd., Kreisleiter Danninger an das Bezirksamt Miesbach am 26. 1. 1938.
[171] Chronik von Miesbach vom 15. 9. 1941 (Ms); Stadtarchiv Miesbach, S 10–5.
[172] Protokoll der öffentlichen Sitzung der Spruchkammer Miesbach am 27. 2.–1. 3. 1948.
[173] Brief eines D.P., auch im Akt anonym, o. D., Anf. 1948.
[174] Rechtsanwalt Sch., Erwiderung auf die Klageschrift vom 15. 2. 1948, S. 10.
[175] Hochlandbote vom 13. 2. 1948.
[176] Klageschrift des öffentlichen Klägers der Spruchkammer Miesbach vom 27. 1. 1948.

Die Spruchkammer Miesbach war unter dem Vorsitz eines Sozialdemokraten überwiegend mit Kommunisten besetzt, zwei von ihnen hatten während der NS-Zeit Schweres durchgemacht; einer hatte zwei Jahre, von März 1933 bis Mai 1935, im KZ Dachau zubringen müssen[177]. Die Kammer verhandelte ausgesprochen scharf. Geboten wurde ein konsequentes politisches Tribunal, wie es sich in ähnlicher Ausprägung in keinem weiteren Verfahren gegen die NSDAP-Kreisleiter Oberbayerns wiederholte. Während andere Spruchkammern vergleichbare Fälle fast irritierend sachlich verhandelten und die politische Dimension von Schuld und Verantwortung häufig im Versuch der Rekonstruktion individuellen Wohl- oder Fehlverhaltens versank, sah die Kammer Miesbach ihre Aufgabe dezidiert politisch: „Es kann natürlich heute nicht mehr festgestellt werden, was alles unter den Opfern auf das Konto Kreisleiter zu schreiben ist. Und wenn heute sich ein Kreisleiter auf eine höhere Stelle beruft, so können wir ihm nur sagen, daß er ein kleiner Hitler in seinem Kreis war." Danninger „als der politisch Führende innerhalb seines Kreisgebietes [sei] verantwortlich für all das, was innerhalb seines Zuständigkeitsbereiches geschah". In seiner Macht habe es gelegen, „verbrecherische Handlungen zu verhindern oder in ihrer Wirkung abzuschwächen". In diesem Sinne ging es nicht darum, dem Betroffenen nachzuweisen, wie viele der 327 beim Amtsgericht Miesbach registrierten Fälle von Verhaftungen auf seine Veranlassung vorgenommen worden waren. „Viel wichtiger war festzustellen, daß der Betroffene von diesen Verhaftungen vorher oder nachher wußte und daß er in zahlreichen Fällen nichts unternahm, um dies abzuschwächen und zu verhindern."

Auf eine Anhörung von Entlastungszeugen verzichtete die Kammer weitgehend: „Daß Danninger zu dieser Gruppe fanatischer Nazis gehört, das weiß wohl jedes Kind im Kreise Miesbach, das ist notorisch bekannt, daß darüber Beweise notwendig wären, ist wohl nicht vonnöten ... Es sind Entlastungszeugen aufgetreten ..., wie viele es waren, spielt keine Rolle, ob wir einen Unbelasteten darunter gefunden hätten, weiß ich nicht. Jedenfalls konnten wir bei den Entlastungszeugen feststellen, wie kurz das Gedächtnis eines Nazis ist."[178] Mit Spruch vom 1. März 1948 reihte die Kammer Danninger in die Gruppe der Hauptschuldigen ein und wies ihn auf die Dauer von zehn Jahren in ein Arbeitslager ein; zwei Jahre seiner bisherigen politischen Haft wurden ihm angerechnet. Unter Belassung eines Betrages von RM 3000 wurde sein gesamtes Vermögen eingezogen, zusätzlich verurteilte ihn die Kammer zu einem laufenden Sonderbeitrag in einen Wiedergutmachungsfonds in Höhe von 25 Prozent seines monatlichen Bruttoeinkommens und erlegte ihm auf die Dauer von 15 Jahren eine Berufsbeschränkung auf.

Verfolgt man das Protokoll der Verhandlung, entsteht der Eindruck, in Miesbach habe sich ein in zwölf Jahren aufgestauter allgemeiner Volkszorn gegen Danninger, den bisher unantastbaren „kleinen Hitler in seinem Kreis"[179], endlich Luft gemacht. Für den Verlauf der Verhandlung spielte aber noch ein anderer Faktor eine nicht unwesentliche Rolle. Im Januar 1948 war William A. Rubin, seines Zeichens Feldinspekteur der amerikanischen Militärregierung, in Miesbach aufgetaucht. Rubin, der durch die Lande reiste, um den Zustand der Spruchkammern und den Stand der Entnazifi-

[177] Beisitzer E. sowie B., vgl. Protokoll der Verhandlung am 27. 2.–1. 3. 1948 sowie die Liste ehemaliger KZler und politisch Verfolgter; LRA Miesbach, Sammlung Nationalsozialismus.

[178] Protokoll der Spruchkammerverhandlung am 27. 2.–1. 3. 1948, Anlage III, Plädoyer des Anklägers.

[179] Ebd.

zierung unter die Lupe zu nehmen, stellte fest, daß die Spruchkammer Miesbach alles andere als effizient arbeite und – falls man nicht schnellstens Abhilfe schaffe – die Entnazifizierung in diesem Kreis nicht vor März 1951 beendet sein würde[180]. Die Kritik des OMGUS-Inspekteurs brachte offensichtlich die für die Entnazifizierung zuständige örtliche Special Branch auf Trab. Wie Danninger dem Kassationshof in einem Antrag auf Überprüfung seines Berufungsurteils[181] unter Bezug auf einen Pressebericht vom 15. Februar 1948 glaubhaft versicherte, hatte kurz vor seiner Verhandlung die Militärregierung in Miesbach „offen und nachdrücklich [ihre] Unzufriedenheit mit der bisher geleisteten Arbeit in der Entnazifizierung zum Ausdruck" gebracht. „Nach meiner Verurteilung bekam der Vorsitzende eine belobigende Anerkennung." Es spricht einiges dafür – nicht zuletzt die bis dahin getroffenen Entscheidungen der Miesbacher Spruchkammer selbst, die in ihrer Schärfe eher unter dem bayerischen Durchschnitt rangierten[182] –, daß Danninger ohne die amerikanische Intervention glimpflicher davongekommen wäre. Zu seinem Nachteil wirkte sich wahrscheinlich zusätzlich aus, daß gegen ihn als einem der ersten Kreisleiter verhandelt wurde, er gewissermaßen also einen Präzedenzfall darstellte.

Das Urteil löste einige Empörung aus. Frieda Danninger bat „im Namen der Menschlichkeit und aus tiefster Herzensnot als Gattin und Mutter" den Mann aus der Internierung zu entlassen. „Ich bin ohne Einkommen, mein Mann ist herzleidend und es droht Gefahr, daß er durch die lange bereits erlittene Internierung seine Arbeitskraft für immer verliert, also verliert auch die Familie ihren Ernährer." Das Urteil von Miesbach sei ein großes Fehlurteil, alle Belastungen, mit Ausnahme der formellen, könne ihr Mann restlos widerlegen. „Es ist ja zum verzweifeln, wenn Gauleiter, Reichsminister und höchste ehemalige Parteifunktionäre entlassen werden, ja verschiedene ohne Verhandlung."[183] Auch im Arbeitszeugnis des Küchenleiters M., Vorgesetzter Danningers im Arbeitslager Moosburg, schwingt deutlich Kritik mit, als er seiner durchwegs positiven Beurteilung des ehemaligen Kreisleiters, der zweifellos gewillt sei, sich für den Aufbau der Heimat einzusetzen, mahnend hinzufügte: „Wir hoffen, daß sein guter Wille nicht durch zu lange Internierung gehemmt wird."[184]

Gegen den Spruch der Spruchkammer Miesbach legte der Anwalt Danningers Berufung ein. „Daß der Betroffene Kreisleiter war, ist allein noch kein Schuldgrund, ihn in Bausch und Bogen zu 10 Jahren und Gruppe I zu verurteilen."[185] Nach vier Verhandlungstagen gab die Berufungskammer München dem Anwalt mit Spruch vom 27. Januar 1949 recht. Danninger durfte sich nunmehr zur Gruppe der Belasteten zählen, die Dauer der Arbeitslagerhaft wurde auf dreieinhalb Jahre reduziert und galt durch die Internierung als verbüßt. Der Vermögenseinzug wurde auf 20 Prozent begrenzt und die Dauer der Berufsbeschränkung auf fünf Jahre herabgesetzt.

[180] Denazification Field Inspection Report, Det. E 232, LK Miesbach vom 10. 1. 1948; NA, RG 260, 15/119-3/5.

[181] Schreiben vom 29. 10. 1950.

[182] Von den 428 bis zum 10. 1. 1948 gefällten Sprüchen lauteten nur 2 auf Einstufung in die Gruppe der Hauptschuldigen, 7 in die der Belasteten. Den weitaus größten Anteil nahmen die 324 Mitläufer ein, hinzu kamen 47 Entlastete. Vgl. Field Inspection Report, wie Anm. 180 sowie Niethammer, Mitläuferfabrik, S. 543.

[183] Gesuch Frieda Danningers um Aufhebung der Haft für Franz Danninger vom 8. 10. 1948.

[184] Arbeits-Zeugnis des Internierungs- und Arbeitslagers Moosburg vom 10. 11. 1948, Oberwachtmeister und Küchenleiter M.

[185] Berufungsschrift des Rechtsanwalts A. M. vom 7. 5. 1948.

Die politische Verantwortung des Kreisleiters, die in Miesbach im Vordergrund gestanden hatte, spielte in der öffentlichen Verhandlung der Berufungskammer fast keine Rolle mehr. Die Kammer konzentrierte sich auf die Rekonstruktion des individuellen Verhaltens Danningers. Die Prüfung der Beweisbarkeit der Belastungsmomente und die gleichberechtigte Einvernahme auch von Entlastungszeugen ergaben ein verändertes Bild des bestgehaßten Mannes im Kreis. Danninger habe, so das Urteil der Berufungskammer, „regelmäßig eine Haltung" eingenommen, „die in den Grenzen des Anstandes und der Menschlichkeit blieb und keinen dauernden Schaden für andere, insbesondere für der Partei fernstehende Personen, brachte". Mehrfach habe er versucht, Parteimaßnahmen abzuschwächen und „geriet hierdurch mitunter in Widerspruch zu seiner vorgesetzten Dienststelle", so daß ihn die Gauleitung seit 1944 „allmählich in politischen Fragen mehr und mehr ausschaltete". „Wenn auch in einzelnen Fällen der Betroffene Handlungen vorgenommen hat, die zur Erreichung der Ziele des Nationalsozialismus nicht unbedingt erforderlich waren, so würde es doch zu weit gehen, die Art ihrer Durchführung als rücksichtslos und unmenschlich zu bezeichnen."[186]

Danninger, der bereits während der Berufungsverhandlung, am 12. Januar 1949, auf freien Fuß gesetzt worden war[187], bemühte sich im Oktober 1950 erstmals um Überprüfung des Berufungsurteils. Unter Hinweis darauf, daß er seit 1945 keinen Anlaß gegeben habe, „daran zu zweifeln, daß ich in meinem bürgerlichen Leben meine Pflichten dem Staate gegenüber erfüllt und Bereitwilligkeit gezeigt habe, zum Wiederaufbau Deutschlands auf einer friedlichen und demokratischen Grundlage" beizutragen, bat er um eine Herabsetzung der Sühnemaßnahmen, „insbesondere mir die vollen Rechte als Staatsbürger zurückzugeben"[188].

Im April 1953 erreichte er die erste Milderung des Urteils. Das Verbot, einer Gewerkschaft, einer wirtschaftlichen oder beruflichen Vereinigung als Mitglied anzugehören, wurde vom Sonderministerium aufgehoben, ebenso war ihm nun gestattet, in der gewerblichen Wirtschaft selbständig oder als Angestellter auch in gehobener Stellung tätig zu sein. Eine Milderung der finanziellen Sühnen, insbesondere einen Anspruch Danningers auf eine aus öffentlichen Mitteln zu zahlende Pension, lehnte das Ministerium jedoch ab[189]. Im August 1953 folgte das Sonderministerium einem weiteren Antrag Danningers und wandelte den 20prozentigen Vermögenseinzug in eine feste Geldsühne von DM 200 um; im November 1953 wurde auch diese erlassen und Danninger das Wahlrecht und das Recht auf politische Betätigung zurückgegeben[190].

Damit gab sich der ehemalige Kreisleiter noch immer nicht zufrieden. Im Oktober 1954 bemühte sich der inzwischen 58jährige noch einmal um Wiederaufnahme des Verfahrens mit dem Zweck der Aufhebung seiner Einstufung in die Gruppe der Belasteten. Weitaus selbstbewußter als in seinen früheren Anträgen verwies Danninger auf verschiedene Ungereimtheiten im Zusammenhang mit der Miesbacher Verhandlung. Das Erst-Urteil von Miesbach sei „für alle Stellen maßgebend" gewesen, „ohne daß

186 Protokoll der Verhandlung der Berufungskammer München am 10., 12., 17., 24. und 27. 1. 1949 sowie Spruch vom 27. 1. 1949.

187 Protokoll der Verhandlung am 12. 1. 1949.

188 Danninger an den Kassationshof am 29. 10. 1950.

189 Antrag nach Art. 53 Befreiungsgesetz für Franz Danninger, Bearbeitung abgeschlossen am 2. 4. 1953.

190 Antrag nach Art. 53 Befreiungsgesetz für Franz Danninger, Bearbeitung abgeschlossen am 16. 11. 1953.

man irgendwo auf die Meineide der Denunzianten einging und auf den Terror, der bei dieser Verhandlung auf Schritt und Tritt zu verfolgen ist“[191]. Ganz offensichtlich wehte, wie anderswo, der feindliche Wind auch in Miesbach/Schliersee nicht mehr so stürmisch wie fünf Jahre zuvor. Wie deutlich sich inzwischen die Stimmung zugunsten Danningers gewandelt hatte, zeigte das Verhalten eines ehemaligen Belastungszeugen. In einer eidesstattlichen Erklärung behauptete dieser 1952, die Belastungen, die er anläßlich des ersten Spruchkammerverfahrens gegen den ehemaligen Kreisleiter vorgebracht habe, seien „entstellt und mißbraucht“ worden. Es sei ihm nicht nur nicht erinnerlich, jemals ernste Differenzen mit Danninger gehabt zu haben, sondern er erinnere sich genausowenig, den ehemaligen Kreisleiter jemals belastet zu haben: „Meine persönlichen Beziehungen zum ehem. Bürgermeister [!] Franz Danninger und zu seiner Familie haben sich auch nach seinem Ausscheiden aus dem Amte im Jahre 1939 in keiner Weise geändert, so daß es mir unmöglich erscheint, daß ich je gegen ihn abträgliche Äußerungen getan hätte.“[192] Da es sich bei seiner damaligen Aussage um eine schriftlich fixierte, eigenhändig unterschriebene eidesstattliche Erklärung gehandelt hat, ist der nachträgliche Vorwurf der Verfälschung seiner Angaben unglaubwürdig. Wahrscheinlicher ist, daß er wie viele andere einen endgültigen Schlußstrich unter die leidige Entnazifizierung gesetzt sehen und dazu durch die Widerrufung seiner damaligen Aussage einen ganz persönlichen Beitrag leisten wollte.

Schließlich hatte selbst der sozialdemokratische bayerische Ministerpräsident Wilhelm Hoegner in seiner Weihnachtsbotschaft des Jahres 1954 an die Bevölkerung appelliert, „jetzt die Vergangenheit [zu] begraben, alles, was uns bisher getrennt hat, [zu] vergessen und uns zu gemeinsamen Worten und Werken des Friedens [zu] verbünden“[193]. In diesem Klima schien Danninger der Versuch, sein Entnazifizierungsverfahren noch einmal in Gang zu bringen, nur opportun: „Seit 10 Jahren werde ich nun als Mensch 2. Klasse behandelt. Meine Berufsgrundlage ist vernichtet. Mein ganzes Vermögen wurde geplündert. Meine Gesundheit wurde mir zerstört. Was soll ich mit meiner Familie, wenn mein 73jähriger Schwiegervater nicht mehr arbeiten kann, bei dem ich mit meiner Familie Unterkommen gefunden habe, als 60jähriger anfangen?“[194] Nachdem Danninger nach seinen positiv beschiedenen Gnadenanträgen zwar formal weiterhin als Belasteter galt, zu diesem Zeitpunkt aber kaum noch in seinen Rechten eingeschränkt war, dürfte das Hauptmotiv des neuerlichen Anlaufs zur Wiederaufnahme seines Verfahrens in der Hoffnung begründet gewesen sein, durch eine Herabstufung in den Genuß einer Rente zu kommen. Mit Beschluß vom 28. Dezember 1954 und erneut vom 21. Januar 1955 lehnte die Spruch- bzw. Berufungskammer München dieses Ansinnen jedoch ab. Der Entnazifizierungsakt Danninger war geschlossen.

Danningers zahlreiche Gnadenanträge erwecken den Eindruck, daß es ihm und seiner Familie materiell sehr schlecht erging[195]. Die Realität sah freilich etwas anders aus. Danningers Frau hatte unmittelbar nach Kriegsende Schliersee verlassen und mit den Kindern Zuflucht im Haus ihrer Eltern in München gesucht. Das Haus in Schliersee

[191] Danninger an die Berufungskammer München am 20. 10. 1954.
[192] A. K., Eidesstattliche Erklärung, Schliersee, am 26. 11. 1952.
[193] Süddeutsche Zeitung vom 24./25./26. 12. 1954.
[194] Wiederaufnahmeantrag vom 20. 10. 1954.
[195] Danninger an die Berufungskammer München am 23. 5. 1951.

war beschlagnahmt, kein Geld vorhanden, Gerüchte über von Bad Tölz her nahende „Neger", die die ungeschützten Frauen vergewaltigen würden, verbreiteten Panik und angesichts der Aversionen, die ihr in Miesbach/Schliersee entgegenschlugen, hatte sie keine Hilfe zu erwarten. Im Haus des Vaters, eines Apothekers, war die Familie beengt, aber gut aufgehoben. Es ging ihnen nicht schlechter als anderen, sicher besser als anderen Kreisleiterfamilien, die nicht bei Verwandten Unterschlupf finden konnten. Als Danninger im Januar 1949 mit nurmehr 50 Kilogramm Körpergewicht und einer schweren Gelbsucht aus der Internierungshaft zurückkehrte, waren die unmittelbaren Nachkriegsfolgen überwunden, die Apotheke florierte, es ging allmählich wieder aufwärts. Frau Danninger führte den Haushalt ihrer Eltern, und der ehemalige Kreisleiter half im Geschäft. Offiziell verdiente er als Hausmeister und Buchführer bei freier Kost und Logis anfangs DM 100, ab Juli 1950 DM 170, ab Oktober 1952 DM 200 monatlich[196]. Bald, vermutlich aber noch vor Aufhebung der Berufsbeschränkungen im Frühjahr 1953, übernahm er die Geschäftsführung der Apotheke, die er auch nach dem Tod des Schwiegervaters 1959 mit einem angestellten Apotheker bis 1966 beibehielt.

Im April 1945 hatte sich Franz Danninger in Miesbach mit der Bemerkung verabschiedet, die Bevölkerung werde „schon noch einsehen, wie gut sie es unter der Herrschaft der NSDAP gehabt hätte. Es werden schwere Zeiten kommen und sie wird sich unsere Zeit wieder herbeisehnen."[197] Wie Franz Emmer trennte er sich niemals von seiner nationalsozialistischen Überzeugung. An seiner unverbrüchlichen politischen Treue änderten auch die Aufdeckung der NS-Verbrechen – selbst des Holocaust – nichts. Seine eigenen Vergehen im Dienste des Regimes wurden ihm niemals als solche bewußt. Er war überzeugt, nie etwas getan zu haben, was man ihm vorwerfen könnte. Auch Danninger engagierte sich für die DRP bzw. später für die NPD. Wie Emmer übernahm er dort keine Funktionen, doch unterstützte er beide Parteien in bescheidenem Maße auch finanziell und besuchte bis zu seinem Tod am 16. August 1976 regelmäßig ihre politischen Versammlungen. Umstürzlerischen Gedanken oder dem Traum von einer NPD-Regierung hing er aber nicht an. Gewalt habe er abgelehnt und er sei zu realistisch gewesen, um sich für die Rechtsparteien mehr zu erhoffen, als daß sie einmal mitreden, also die Fünf-Prozent-Hürde überspringen könnten[198].

c) „Der ungekrönte König von Starnberg"

Buchner, Franz Xaver

Geboren am 17. 6. 1898 in Starnberg, seit 1920 verheiratet mit Ida, vier Kinder (nach 1945 Scheidung), Vermessungsbeamter, Pg 1922, 1925, 1928–1943 ehrenamtlicher Bezirks- bzw. Kreisleiter Starnberg (Oberbereichsleiter), 1933–1944 hauptamtlicher Bürgermeister Starnberg, 1928–1940 Gauredner, 1934–1936, 1941 Gauamtsleiter für Kommunalpolitik, SA 1922, SS 1924, Truppführer, Mitglied des Reichstags 1933–1944, bei Kriegsende flüchtig, verhaftet und interniert 22. 2. 1950–22. 11. 1950.

Franz Xaver Buchner wurde 1898 als Sohn des Oberweichenwärters Josef Buchner in Starnberg geboren. Er besuchte die Volks- und Realschule. Im Mai 1917 wurde er

[196] Das galt noch 1953, Gnadenantrag; vgl. Anm. 190.
[197] 18 Tage „Notbürgermeister" (1.–18. 5. 1945) von Carl Feichtner, Miesbach; Stadtarchiv Miesbach, 417.
[198] Interview mit Dr. Heinz Danninger und Gertraud Riedel.

eingezogen und als Minenwerfer in Flandern und bei Verdun eingesetzt. 1918 kehrte er nach Starnberg zurück und fand 1919 Arbeit beim dortigen Vermessungsamt. Im gleichen Jahr hatte er sich dem Freikorps Epp bzw. Freikorps Oberland angeschlossen, 1922 trat er der NSDAP und SA bei. Während der Verbotszeit, im Februar 1924, gründete er die Ortsgruppe Starnberg der Großdeutschen Volksgemeinschaft und nach Wiederzulassung der NSDAP im Mai 1925 die Ortsgruppe Starnberg der NSDAP sowie die SS-Truppe Starnberg; beiden stand er als Ortsgruppenleiter bzw. Truppführer vor. Seit dieser Zeit trat er in vielen öffentlichen Versammlungen als Redner für die Partei auf, was diese ihm 1928 durch seine Ernennung zum Gauredner honorierte. Im gleichen Jahr wurde er in den Starnberger Stadtrat gewählt (1928–1933) und zum ehrenamtlichen Bezirks- bzw. Kreisleiter der NSDAP in Starnberg ernannt. Nach der Machtübernahme – das Vermessungsamt Starnberg hatte ihn inzwischen entlassen – verschrieb er sich ganz der Partei und bestritt den Lebensunterhalt seiner Familie von den Diäten, insgesamt RM 900 monatlich, die er seit 1933 als Mitglied des Reichstages und als Erster Bürgermeister von Starnberg erhielt, seine Tätigkeit als Kreisleiter wurde ihm nicht gesondert vergütet[199].

Glaubt man Buchner, so war sein Eintritt in die NSDAP nur einem Zufall zuzuschreiben. Als er 1918 aus dem Krieg zurückgekehrt war, hatte er „auf der Suche nach politischer Aufklärung" auch eine Versammlung der Demokratischen Partei besucht – ein Schlüsselerlebnis für den markigen Frontsoldaten, das ihn auf Jahre demokratischem Gedankengut entfremden sollte. Er erlebte, wie „eine ehrwürdige, alte Dame in schwarzem Seidenkleid mit monotoner Stimme ihr Konzept über ‚Das Wesen der Demokratie'" vorlas. „Durch das Kriegserlebnis aus allen Wolken seiner bis dahin wohlbehüteten Vorstellungswelt gestürzter junger Mensch, glaubte ich, die Demokratie in Bausch und Bogen nur deshalb ablehnen zu müssen, weil ich mir einbildete, mich als ‚Mann und Frontsoldat' nicht von einem ‚alten Weiberrock' über die politische Zukunft Deutschlands belehren lassen zu können. Wäre ich damals einem geschickteren Redner in die Hände gefallen, wäre ich vielleicht niemals Nationalsozialist geworden." Als er drei Jahre später anläßlich einer Rede Hitlers zum ersten Mal mit der NSDAP in Kontakt geriet, fühlte er sich „durch die Art der Propaganda und ihren militanten Charakter" sofort von dieser Bewegung angezogen.

Angeblich änderte sich nach der Machtübernahme sein bis dahin ungetrübtes Verhältnis zur Partei, entfremdete ihn die nach und nach deutlicher werdende Änderung der Zielsetzung mehr und mehr der Bewegung und brachte ihn nach Kriegsbeginn gar in „schärfste Opposition" zur Partei: „Zu dieser Zeit war ich innerlich bereits soweit vom NS abgerückt, daß mich jedesmal, wenn Hitler bei seinem Erscheinen im Reichstagssitzungssaal der Kroll-Oper in Berlin durch die Reihen der Abgeordneten ging und dabei nahe an meinem Platz vorbei kam, der Gedanke überfiel: ... Wenn Du diesen Mann jetzt niederschießen würdest, nähme die Weltgeschichte einen anderen Verlauf ... Allein, es handelte sich bei solchen Vorstellungen um theoretische Betrachtungen, da ich jeden Gewaltakt grundsätzlich ablehne." Die groteske Selbstdarstellung des ehemaligen Kreisleiters von Starnberg entlarvt sich spätestens an diesem Punkt als Phantasiegebilde. Von Ablehnung jeglicher Gewalt konnte gerade bei Buchner, einem

[199] Buchner an die Hauptkammer München am 26. 2. 1951, Antrag auf Wiederaufnahme seines Verfahrens vom 26. 2. 1951.

der zuverlässigsten und übelsten Kreisleiter Oberbayerns, gewiß keine Rede sein. Er selbst beschrieb in seinem Buch „Kamerad halt aus!" sehr anschaulich die gewalttätigen Praktiken der Starnberger Nazis vor der Machtergreifung, bei denen er selbst eifrig mittat: Fünf Tage Gefängnis wegen Vergehens gegen das Republikschutzgesetz, Strafverfolgung wegen gefährlicher Körperverletzung (1930), drei Monate Gefängnis wegen „Aufreizung zu politischen Gewalttätigkeiten" gegenüber Kommunisten (1932), „verschiedene Anzeigen wegen politischer Beleidigungen – Geldstrafen –, leichte Verletzungen bei Saalschlachten in Penzberg und Pöcking" waren eindrucksvolle Belege seiner Grundüberzeugung von „Gewaltfreiheit", derer er selbst sich gerühmt hatte, als Gewalt noch gefragt war – in seinem um 1934 verfaßten Lebenslauf[200].

Tatsächlich fiel Buchner 1941 in Ungnade – als Folge seines „passiven und später immer offener gewagten aktiven Widerstandes", wie er selbst behauptete. Die tatsächlichen Hintergründe seines Konfliktes mit der Parteileitung sind unbekannt. Jedenfalls schrumpfte seither sein Einfluß in der Partei, 1941 tauchten erste Gerüchte über seine Absetzung als Kreisleiter auf, und seit 1942 – so Buchner – sei er sogar vom SD beschattet worden. 1943 habe er von Gauleiter Giesler erfahren, Himmler und Bormann „mögen" ihn nicht mehr, was er mit seiner Amtsniederlegung quittierte, „um gefährlichen Weiterungen zu entgehen". Im Juni 1944 sei er von Frick aufgefordert worden, sein Reichstagsmandat niederzulegen, und im Oktober 1944 sei schließlich ein Parteigerichtsverfahren gegen ihn eingeleitet worden, das mit der Androhung des Ausschlusses aus der Partei endete. „Mit diesem Urteil war ich politisch tot und wurde zur OT [Organisation Todt] abgeschoben, wo ich die OT-Arbeiter mit Freizeitgestaltungsmaterial, wie Zithern, Mandolinen, ‚Mensch-ärgere-dich-nicht' und anderen Brettspielen, Zeitungen und Büchern versorgen durfte."[201]

Das blütenreine Gewissen, das Buchner für sich in Anspruch nahm, stand in krassem Widerspruch zu seinem Verhalten bei Kriegsende. Rechtzeitig vor dem Einmarsch der Alliierten setzte er sich in der Nacht vom 28./29. April 1945 mit einem Wagen aus Starnberg ab und konnte erst am 22. Februar 1950 in Höchstadt a.d. Aisch, wo er sich unter falschem Namen verbarg, aufgegriffen werden.

Sein Entnazifizierungsverfahren fand trotzdem bereits 1949 statt. Die öffentliche Verhandlung der Hauptkammer München wurde auf Antrag des Bayerischen Landesamts für Vermögensverwaltung und Wiedergutmachung in Abwesenheit Buchners am 24. Mai 1949 durchgeführt. Als engagierter Nebenkläger trat der Bankdirektor und Landwirt sowie zeitweilige Vorsitzende der VVN Starnberg, Dr. Harry Philippi, auf. Der „Halbjude" Philippi war in diesem Fall persönlich betroffen. Buchner hatte ihn wirtschaftlich geschädigt und ihn in ein KZ zu bringen versucht. 1942 war Philippi tatsächlich – allerdings nicht auf Betreiben Buchners – zunächst ins Gefängnis und 1944 in ein Konzentrationslager gekommen[202]. Der „Neue Seebote Starnberg" faßte am 25. Mai 1949 in einem Artikel mit dem Titel „Der ungekrönte König von Starn-

200 Wiederaufnahmeantrag sowie Lebenslauf Buchner, undat.; Document Center Berlin, Franz Xaver Buchner. Vgl. Fröhlich, Herausforderung, S. 115ff., sowie Heimatbuch Stadt Starnberg, hrsg. von der Stadt Starnberg, Starnberg 1972.

201 Wiederaufnahmeantrag vom 26. 2. 1951 sowie Urteil des Parteigerichts gegen Buchner aufgrund der Hauptverhandlung am 13. 12. 1944 (ohne Begründung); Document Center Berlin, Franz Xaver Buchner.

202 Protokoll der Verhandlung der Hauptkammer München gegen Franz Xaver Buchner am 24. 5. 1949.

berg“ das Ergebnis der Verhandlung zusammen, die ein recht widersprüchliches Bild von der Persönlichkeit des einstigen Kreisleiters ergeben hatte. Die Zeugen „schilderten Buchner teils als zu Gewalttätigkeiten aufgelegt, aber auch wieder als gutmütig, groß im Geldausgeben, wobei das andere Geschlecht eine erhebliche Rolle gespielt habe, doch andererseits sozialen Regungen zugängig, fanatisch der Parteidoktrin ergeben, aber mit der Religion nie ganz brechend. Zweifellos sei er überzeugter Antisemit gewesen, immerhin habe er aber dem einen oder anderen Juden geholfen.“

Zur Verhandlung waren 21 Zeugen geladen – 15 Be- und 6 Entlastungszeugen. Zehn von ihnen, neun Be- und ein Entlastungszeuge, waren nicht erschienen. Wie in allen Entnazifizierungsverhandlungen gegen Kreisleiter dominierten auch in diesem Verfahren eidesstattliche Erklärungen, die Positives über den ehemaligen Kreisleiter enthielten – weit mehr als im Falle Emmer, obwohl Buchner ähnlich despotisch und willkürlich in Starnberg regierte wie Emmer in Fürstenfeldbruck.

Auch Buchner bediente sich gern der Methoden der Kampfzeit, Prügeleien und wüste Beschimpfungen galten auch ihm als legitimes Mittel, oppositionelle Regungen mundtot zu machen und seine Herrschaft abzusichern. Auf sein Konto kamen Schutzhaftanträge, im Falle Philippi nachweislich ein Antrag auf Verbringung ins KZ. Buchner war ein übler Antisemit, dies zeigte sich auch in der Reichskristallnacht, als er sich als „richtiger Radau-Antisemit“ aufführte. Auf sein Betreiben hin wurden in dieser Nacht zwölf Juden aus dem Kreis Starnberg verhaftet, einige von ihnen in verschiedene Arbeitslager abtransportiert. Überhaupt waren Juden bevorzugte Zielscheibe seiner Beschimpfungen. „Judenschwein“ und „Parasit“ waren fester Bestandteil seines Wortschatzes[203]. Wichtiges Belastungsmaterial lieferte Buchner selbst, der im Auftrag der Partei einen Bericht über die Machtergreifung der NSDAP in Starnberg geschrieben hatte – „Kamerad halt aus!“ –, der in Buchform in einer Auflage von 25 000 Exemplaren erschien. Dieses Machwerk brachte ihm das Lob der Partei sowie Tantiemen in Höhe von RM 12 000 ein, außerdem weitere RM 1000 als Anerkennung zusammen mit dem Literaturpreis der Stadt München (1938). Als „Katechismus des Antisemitismus und der Intoleranz“ bezeichnete es zu Recht die Hauptkammer München: „Es läßt sich darüber aus, wie politisch Andersdenkende durch Gewalt und schärfsten politischen Druck mundtot gemacht wurden ... Es zeigt schließlich, wie es dem Betroffenen nach jahrelangem, beinahe 1 Jahrzehnt dauerndem Kampf gelungen ist, die Gegner mundtot zu machen und die Macht im Kreise Starnberg zu begründen.“[204]

Die Entlastungszeugen bescheinigten Buchner manches Positive. Er habe sich wiederholt auch für Gegner der Partei eingesetzt, Anzeigen unter den Tisch fallen lassen etc. Und, in bayerischen Augen nicht ganz unwichtig, erst 1943 war Buchner – nach eigenen Angaben als letzter Kreisleiter des Gaues München/Oberbayern[205] – aus der Kirche ausgetreten. Diesen Schritt machte er – der seitdem „in einem tiefen religiösen Konflikt lebte“ – 1951 wieder rückgängig. Der spätere Bürgermeister von Starnberg,

[203] Spruch vom 18. 11. 1949 sowie Protokoll; vgl. Anm. 202.
[204] Spruch vom 18. 11. 1949.
[205] Wiederaufnahmeantrag Buchners vom 26. 2. 1951, Bl. 7.

Karl Goldate, sagte aus: „Buchner war Katholik und Starnberger ... Er hat sich für seine Starnberger jederzeit eingesetzt.“[206]

Buchner kam zweifellos die durch seine Flucht bedingte Verzögerung der Entnazifizierungsverhandlung zugute. Die Spruchkammer hielt ihn zwar für einen fanatischen Nationalsozialisten – die Unterstützung einiger NS-Gegner sei nicht aus antinationalsozialistischen Motiven, sondern menschlichen Gefühlen heraus erfolgt und könne daher nicht mildernd wirken –, reihte ihn aber mit Spruch vom 24. Mai 1949 trotzdem nicht in die Gruppe der Hauptschuldigen, sondern lediglich in die der Belasteten ein. Drei Jahre Arbeitslager, ein 50prozentiger Vermögenseinzug und Berufsbeschränkungen auf die Dauer von fünf Jahren waren seine Sühnen. Gegen diesen Spruch legte die Verteidigerin, Rechtsanwältin Hilde H., am 30. Juni 1949 Berufung ein, Anschlußberufung der Nebenkläger Philippi, der das Urteil als „das äußerst und niedrigst tragbare Maß für den nach dem Gauleiter Adolf Wagner hervorragendsten und aktivsten Repräsentanten der Partei im Gau München–Oberbayern“ ansah.[207] Die Berufungskammer München gab ihm Recht, wies in öffentlicher Sitzung mit Spruch vom 18. November 1949 die Berufung zurück, reduzierte aber die Dauer der Arbeitslagerhaft auf ein Jahr.

Daß Buchner schließlich Anfang 1950 aufgegriffen und zur Ableistung seiner Strafe von Februar bis November 1950 ins Arbeitslager Eichstätt eingewiesen werden konnte, war nicht zuletzt den unermüdlichen Bemühungen Philippis zu verdanken, der den Behörden unter Bezug auf Mitteilungen, die ihn von verschiedener Seite erreicht hatten, in einem vertraulichen Brief vom 5. Januar 1950 Interessantes mitzuteilen wußte: „Ich übergab Ihnen vor Monaten eine Nachricht, daß Buchner unter falschem Namen als Kunstmaler mit einer Geliebten in Höchstadt bei Nürnberg lebt. Ich ergänze diese Nachricht heute dahin: Buchner lebt dort mit falschen Papieren ... Buchner hält sich häufig bei seiner Familie in Starnberg auf. Der Anwalt hatte laufend Verbindung mit ihm. Buchner bekommt laufend Lebensmittelpakete von Starnberg und wird, wenn er hier ist, jeweils mit dem Auto in Mühlthal, 1 Station vor Starnberg, abgeholt und dorthin zurückgebracht. Es wissen eine ganze Menge Leute hier in Starnberg, und diese Leute machen sich lustig über unseren neuen Staat.“ Philippi riet dem Sonderministerium „zur Vermeidung eines Skandals in der Öffentlichkeit, der sonst unvermeidlich werden würde“, nunmehr „ohne Verzögerung“ die Konsequenzen zu ziehen, andernfalls sähe er sich gezwungen, die Amerikaner einzuschalten. „Eile ist, wie ich höre, geboten.“ Flucht vor den Folgen der NS-Vergangenheit bedeutete also nicht unbedingt Durchtrennung aller familiärer und freundschaftlicher Bande. Das soziale Netz war dicht genug, um dem Flüchtigen Halt zu bieten, zumal – wie sich bei Buchner zeigt – das öffentliche Interesse an der Verhaftung eines Flüchtigen nicht allzu groß gewesen ist.

Die Angaben Philippis erwiesen sich als richtig. Am 22. Februar 1950 wurde der unter dem Namen Hans Karl Burger untergetauchte Buchner verhaftet und noch am gleichen Tag ins Arbeitslager Eichstätt eingeliefert[208]. Nach den Angaben des Lager-

[206] Aussage Karl Goldates, Schuldirektor eines Starnberger Internats und späterer Bürgermeister von Starnberg, vor der Hauptkammer München am 24.5.1949.

[207] Anschlußberufung Philippi vom 15.6.1949.

[208] Sonderministerium an den öffentl. Kläger der Hauptkammer München am 2.3.1950.

leiters fügte sich Buchner gut in die Lagerordnung ein, er „war stets zugänglich, gefällig und taktvoll". Im Arbeitseinsatz als Gärtnereihilfsarbeiter, Lagerhilfsarbeiter bzw. Schreiber der Rechtsberatungsabteilung zeigte er sich willig und fleißig, und der Lagerleiter zweifelte nicht daran, „daß Buchner sich in der wiedererlangten Freiheit am Wiederaufbau des Landes auf einer demokratischen Grundlage beteiligt und sich dafür einsetzt"[209].

Kaum aus dem Lager entlassen – das letzte Viertel der Sühne wurde ihm erlassen, Buchner kehrte schon im November 1950 nach Starnberg zurück[210] –, begann er, sich um seine Rehabilitierung zu bemühen. In einem Brief an Camille Sachs bedankte er sich artig für seine vorzeitige Entlassung aus der Internierungshaft[211]. Seit Sachs' Besuch im Arbeitslager Eichstätt im Juni 1950 fühlte sich der ehemalige Kreisleiter dem Leiter des bayerischen Befreiungsministeriums nämlich persönlich verbunden. Damals hatte sich Sachs „im Zusammenhange mit mündlichen Vorstellungen verschiedener Internierter in eigenen Sachen" den Nöten der Ehemaligen gegenüber sehr verständnisvoll gezeigt, unter anderem auch den Ausspruch getan: „Eines Mannes Rede ist keines Mannes Rede, man muß sie hören alle Beede!" Der sinnige Spruch bot Buchner den idealen Aufhänger, um sich der Unterstützung des Ministerialdirektors bei seinem Begehren um Wiederaufnahme seines Falles zu versichern: „In meinem Spruchkammerverfahren sprach bisher nur der ‚eine Mann', der andere kam, allerdings nicht ohne eigenes Verschulden, noch nicht zu Wort. Ich bitte, ihm billigerweise diese Chance, die Gelegenheit zur Rechtfertigung geben zu wollen." Für seine Flucht warb er um Verständnis: „Meine Spruchkammerverfahren in beiden Instanzen wurden in meiner Abwesenheit durchgeführt, weil ich i. J. 1945 unter dem Eindruck der von der amerikanischen Militärregierung gegen den NS verhängten Kollektivmaßnahmen, aus denen ich den Schluß ziehen mußte, mitverantwortlich gemacht zu werden für die Summe von Verbrechen gewisser Männer, ohne mit diesen Vorgängen in Verbindung gestanden zu haben, in die zermürbende Einsamkeit eines kläglichen Schattendaseins geflüchtet war."

Seine Argumentation spricht nicht gerade für den einstigen „König von Starnberg". Mit seinem Angriff gegen die „Kollektivmaßnahmen" der Amerikaner wußte er sich allerdings genau im Trend. Buchner ist geradezu ein Musterexemplar jener „schuldigen Aktivisten", die „mit richtigen Argumenten für ihre schlechte Sache hausieren" gingen und letztlich Erfolg verbuchen konnten – eine Folgeerscheinung der zu breit angelegten Entnazifizierung, die Eugen Kogon schon 1947 in seinem Aufsatz über das „Recht auf den politischen Irrtum" beklagte[212].

Am 26. Februar 1951 stellte Buchner einen förmlichen Antrag auf Wiederaufnahme seines Verfahrens, wobei er nicht hinzuzufügen vergaß, daß er diesen Schritt „auf Grund einer Empfehlung des ... Ministerialdirektors C. Sachs"[213] unternehme, der ihn in Beantwortung seines Briefes an diese Stelle verwiesen hatte[214]. Mit Beschluß vom 20. April 1951 lehnte die Hauptkammer München den Wiederaufnahme-

[209] Arbeits- und Führungszeugnis des Lagerleiters des Arbeits- und Festhalte-Lagers Eichstätt vom 21. 11. 1950.
[210] Entschließung des Ministers für Politische Befreiung in Bayern vom 23. 10. 1950.
[211] Vom 22. 11. 1950.
[212] Kogon, Recht, S. 30.
[213] Schreiben vom 26. 2. 1951 an die Hauptkammer München.
[214] Schreiben Camille Sachs' vom 15. 2. 1951.

antrag Buchners ab und verwies ihn auf die Möglichkeit eines Gnadengesuches. Buchners Bemühungen um Gnadenerweise (seit 19. Oktober 1951) blieben zunächst in den Schubladen. Im Juli 1952 – er hatte inzwischen das Sonderministerium mit zahlreichen schriftlichen und mündlichen Eingaben traktiert – wurde der 50prozentige Vermögenseinzug in eine feste Geldsühne von DM 3000 umgewandelt. Dem Ansinnen des ehemaligen Kreisleiters auf Wiedereinsetzung in seine Beamtenrechte gab das Sonderministerium nicht nach[215]. Unermüdlich betrieb Buchner nach Inkrafttreten des Zweiten Abschlußgesetzes seit Oktober 1954 in einer Reihe von Eingaben die Wiederaufnahme seines Verfahrens. Wie Danninger formulierte er seine Anträge zunehmend aggressiver und selbstbewußter. Die Entscheidungen des Jahres 1949 seien willkürlich zustandegekommen, denn der Vorsitzende der Berufungskammer sei mit dem Nebenkläger Philippi eng befreundet gewesen. Im übrigen unterstellte er der Berufungskammer mangelnde Sorgfalt bei der Würdigung der belastenden Aussagen, die sämtlich aus der Luft gegriffen gewesen seien. „Lediglich also wegen meiner Formalbelastung hat mich die Berufungskammer München primär in die aus dem gesellschaftlichen, wirtschaftlichen und politischen Leben wie Verbrecher ausgeschaltete Gruppe der Hauptschuldigen eingereiht."[216]

Wieder wurde sein Begehren – mit Beschluß der Hauptkammer München vom 28. Februar 1955 – abschlägig beschieden. In dieser Situation schaltete Buchner schließlich den versierten Münchener Rechtsanwalt Eckhard K. ein, dem es gelang, die Wiederaufnahme des Verfahrens durchzusetzen[217]. Im schriftlichen Verfahren hob die Hauptkammer München mit Spruch vom 23. November 1955 die Entscheidungen des Jahres 1949 auf und stellte das Verfahren „gemäß § 1 des Gesetzes zum Abschluß der politischen Befreiung in Bayern vom 27. 7. 1950" ein. „Haupt- und Berufungskammer haben in Übereinstimmung mit dem Kassationshof in ständiger Rechtsprechung die Rechtsauffassung vertreten, daß die Stellung eines Kreisleiters einen Betroffenen nicht zum Hauptschuldigen macht, da diese Stellung nicht als führende Stellung der NSDAP gemäß Art. 5 Ziffer 4 Befr.Ges. anzusehen ist und ein Kreisleiter nicht die Befugnis zu leitenden Anordnungen gehabt hat, besonders dann, wenn es sich wie im vorliegenden Fall um einen verhältnismäßig kleinen Kreis handelte." Die Kammer hielt daher Buchners anfängliche Einstufung in die Gruppe II der Belasteten für gerechtfertigt und kam aufgrund der stattlichen Zahl von Persilscheinen zu seiner endgültigen Zuordnung in die Gruppe der Minderbelasteten. Dies aber bedeutete gemäß § 1 des Abschlußgesetzes vom 27. Juli 1950: Einstellung des Verfahrens. Mit diesem Spruch waren auch sämtliche in den aufgehobenen Sprüchen ausgesprochenen Sühnemaßnahmen hinfällig geworden.

Auch hier bestätigte sich: Beharrlichkeit zahlte sich aus. Ende 1955 war Buchner – zumindest formal – rehabilitiert und kehrte – formal – aus der nach seinem Empfinden „aus dem gesellschaftlichen und politischen Leben wie Verbrecher ausgeschalteten Gruppe"[218] der Belasteten in das Leben eines Normalbürgers zurück. Ob sich für ihn allerdings wirklich etwas geändert hat, ist zu bezweifeln. Die Starnberger sahen

[215] Vgl. Gnadenantrag vom 19. 10. 1951 sowie Wiederaufnahmeantrag vom 26. 2. 1951.
[216] Schreiben Buchners an die Berufungskammer München am 22. 1. 1955.
[217] Spruch der Berufungskammer München vom 27.5.1955.
[218] Wiederaufnahmeantrag vom 22.1.1955.

den ehemaligen Kreisleiter nur ungern wieder in ihrer Mitte. Unmittelbar nach seiner Rückkehr begannen sich schon seine Gegner zu formieren. Im Januar 1951 berichtete der Stadtrat dem Sonderministerium: „Herr Franz Buchner hat bisher in der *breiten Öffentlichkeit* noch keinen Anlaß zu Beanstandungen gegeben. Er lebt hier – ‚getrennt von seiner fleißigen Frau' – als Fürsorgeempfänger und wohnt in dem Hause ..., dessen grundbuchmäßiger Eigentümer er ist, als Untermieter in einem Zimmer. Die Einweisung in sein früheres Eigentum erfolgte nach Information der Regierung von Oberbayern, da dort gerade ein kleiner Raum frei war und eine anderweitige Unterbringung mit Rücksicht auf die Vergangenheit kaum möglich gewesen wäre. Gegenüber den Mitbewohnern des Hauses tritt Buchner sehr arrogant und rücksichtslos auf und macht dem ... Treuhänder ... dadurch erhebliche Schwierigkeiten, daß er sich nicht im geringsten an die Hausordnung hält, sich als unbeschränkter Eigentümer aufführt und sogar widerrechtlich einer anderen Mietpartei zu kündigen versucht hat. Buchner versucht seinen früheren Freundeskreis zu erhalten und empfängt viele Besuche, wodurch erhebliche Ruhestörungen im Hause veranlaßt sind. Seiner alten Gewohnheit entsprechend, hat er sich wieder eine Freundin zugelegt und in seinem Benehmen bei deren häufigen und ausgedehnten Besuchen erblickt die neben ihm wohnende Familie eine erhebliche moralische Gefährdung deren minderjähriger Kinder. Sehr viele Starnberger lehnen Buchner entschieden ab und können es ihm nicht vergessen, daß er sich lange Zeit in Nordbayern unter falschem Namen versteckt aufhielt und als Flüchtling aus der Tschechoslowakei getarnt, sich ihm nicht zustehende Vorteile verschafft hat. Er soll auch Anhänger der SRP sein und deren Lob in seinem Freundeskreis preisen. Der weitaus überwiegende Teil der Starnberger Bevölkerung will mit Buchner nichts zu tun haben und würde es im Hinblick auf seine frühere Vergangenheit und sein jetziges Benehmen nicht verstehen können, wenn ihm erheblicher Gnadenbeweis zuteil werden würde."[219]

Dic Gerüchteküche brodelte. Berichte über Zechgelage im Zimmerchen des ehemaligen Königs von Starnberg, bei denen zu später Stunde das Horst-Wessel-Lied erklungen sei, kursierten. Seine angeblich oder wirklich ausgesprochene Prophezeiung, „innerhalb kurzer Zeit wieder Bürgermeister in Starnberg zu werden", wurde kolportiert[220]. Es ist schwer zu sagen, was davon der Wahrheit entsprach. Buchner wußte sich jedenfalls zu wehren. Mit unverhohlener Schadenfreude und einem warnenden Unterton[221] setzte er einen seiner Gegner davon in Kenntnis, daß ein anderer, der Mieter seines Hauses, Stud.-Assessor K. K., am 9. August 1951 bei der Stadtpolizei Starnberg Strafanzeige gegen ihn „wegen Ruhestörung, Benützung eines unangemeldeten Radios und Singens ns. Lieder erstattet" hatte, dieser Schuß aber nach hinten losgegangen sei. Die Staatsanwaltschaft hatte den Erlaß eines Strafbefehls gegen Buchner abgelehnt und statt dessen K. wegen „falscher Anschuldigung" zu einer Geldstrafe verurteilt. „K. hat mich also (wieder einmal) fälschlicherweise beschuldigt und denunziert."

Mit der Verurteilung dieses Kontrahenten fanden die Angriffe gegen Buchner ein jähes Ende. Der Stadtrat beeilte sich, seine zwei Monate zuvor abgegebene Stellung-

[219] Stellungnahme des Stadtrates Starnberg für das Sonderministerium vom 22. 11. 1951. Hervorhebung im Original.
[220] Diplom-Volkswirt Herbert Sch. mit Schreiben an das Sonderministerium vom 12. 10. 1951.
[221] Mit Schreiben vom 21. 1. 1952.

nahme zurückzunehmen. Mit Schreiben vom 21. Januar 1952 attestierte man Buchner nun, daß er „neuerdings äußerst zurückgezogen lebt und jedes provozierende Auftreten vermeidet. Es ist kein Fall bekanntgeworden, der auf eine politische Betätigung seinerseits schließen läßt." In ähnlichen Worten trat nun auch der Starnberger Landrat Irlinger – schon vor 1945 in diesem Amt und erneut seit März 1952 – für Buchner ein. Irlinger, der bei der Spruchkammerverhandlung als Belastungszeuge aufgetreten war, war inzwischen aufgrund des Gesamtverhaltens des ehemaligen Kreisleiters zur Überzeugung gelangt, daß Buchner nun bereit sei, „sich in den demokratischen Staat einzuleben und an seinem Aufbau mitzuarbeiten"[222].

Das plötzliche Ende der Abstoßungsreaktionen bedeutete nicht mehr, als daß man sich mit seiner Präsenz abgefunden hatte. Der Zugang in die kleinstädtische Gesellschaft blieb ihm aber ebenso versperrt wie jegliche materielle Hilfe. Buchners finanzielle Lage war außerordentlich prekär. Der mit einem monatlichen Einkommen von RM 900 einst recht gut bezahlte Kreisleiter – inzwischen wegen eines schweren Herzleidens (Angina pectoris) arbeitsunfähig – war nach Abbüßung seiner Haftstrafe „als nicht wieder im Staatsdienst verwendeter Beamter"[223] zunächst auf die Fürsorge angewiesen und mußte mit einer monatlichen Unterstützung von DM 60 auskommen[224]. Seine finanzielle Lage besserte sich erst mit der Entscheidung zur Einstellung seines Verfahrens. Seit 1955 erhielt er eine Pension für 14 Jahre Dienstzeit als Vermessungsbeamter – nicht als Bürgermeister von Starnberg –, die allerdings kaum sehr hoch gewesen sein dürfte, zumal seine Beförderungen zum Planinspektor bzw. Vermessungsoberinspektor unberücksichtigt blieben. Natürlich ließ der streitbare Buchner dies nicht auf sich sitzen. Bis 1968 dauerte die Verwaltungsstreitsache Buchner gegen den Freistaat Bayern, über den Ausgang wissen wir nichts[225].

Sein Haus blieb bis 1953 dem Treuhänder, anschließend der Zwangsverwaltung unterstellt und war mit einer Zwangshypothek in Höhe seiner unbezahlten Geldbuße belastet. Mit Hilfe eines kurzfristigen Kredits gelang es Buchner (dem offenbar entgangen war, daß mit Einstellung seines Verfahrens auch der Sühnebetrag hinfällig geworden war) 1956 mit Mühe, eine Zwangsversteigerung zu vermeiden, fand sich aber ein Jahr später, als der Kredit auslief, in der gleichen Situation[226]. Unter Hinweis auf seine „außergewöhnliche wirtschaftliche Notlage" bemühte er sich im Sommer 1957 um Klarheit über die bis dahin noch auf seinem Haus liegende Zwangshypothek, deren Aufhebung ihn aus seiner schweren wirtschaftlichen Bedrängnis, die ihn „bisher schon an den Rand des gesundheitlichen Zusammenbruchs gebracht" habe, befreien würde[227]. Mit der Löschung der Zwangshypothek, die der Berufungshauptkläger mit Schreiben vom 5. Juli 1957 an das Finanzamt Starnberg schließlich veranlaßte, fand

222 Schreiben des Landrats Dr. Irlinger an das Sonderministerium vom 9. 1. 1950.

223 Buchner in einem Schreiben an das Landgericht München I am 6. 6. 1957.

224 Gnadenvorgang vom 19. 10. 1951.

225 Es fanden sich Belege für eine Anfechtungsklage und einen Berufungsprozeß Buchners gegen den Freistaat Bayern vor dem Verwaltungsgericht ab dem 1. 8. 1957. Betr.: „Personalverhältnisse im Vermessungsdienst. Hier: Vermessungssekretär z. Wv. Franz Buchner, Nichtberücksichtigung der Ernennungen zum Planinspektor und Vermessungs-Oberinspektor gem. §7 G 131"; Verwaltungsstreitsache (letzter Beleg) vom 3. 1. 1968.

226 Schreiben an das Landgericht München I vom 25. 6. 1957.

227 Ebd.

seine finanzielle Not offenbar ein Ende. Das Haus ist noch heute im Besitz der Familie.

Auch im Fall Buchner war es nicht möglich, die Familienangehörigen, die teilweise noch in Starnberg leben, zu befragen. Der Kenntnisstand außenstehender Zeitzeugen ist ganz ähnlich wie im Fall Emmer bzw. Danninger: Keiner weiß Genaues, obwohl der ehemalige Kreisleiter bis zu seinem Tode nur wenige hundert Meter vom Starnberger Rathaus entfernt inmitten der kleinen Stadt lebte.

d) „Ein Pflichtbewußter"

Breitenstein, Emil

Geboren am 31.8.1899 in Rosenheim, seit 1920 in Erding, verheiratet, keine Kinder, Volks- und Realschule, kaufmännischer Angestellter, Pg 2.5.1920 bzw. 1.9.1928, 1930–1945 Ortsgruppenleiter, seit 1.7.1930 Kreisleiter (hauptamtlich), 30.3.1933–28.2.1945 ehrenamtlicher Bürgermeister Erding, 1920–1923 und seit 1930 SA, 1938 Obersturmbannführer, Mitglied des Reichstags 1.12.1942–2.5.1945, November 1944 bis 2.5.1945 Volkssturmführer Erding, am 2.5.1945 unter dem Verdacht der Begehung eines Kriegsverbrechens arretiert, interniert August 1947–14.9.1948.

Emil Breitenstein wurde am 31. August 1899 in Rosenheim als Sohn eines Werkmeisters geboren. Nach dem Besuch der Volks- und Realschule machte er eine kaufmännische Lehre, 1916 wurde er Soldat. „Der Ausbruch der Revolution erreichte mich in einem Brüsseler Lazarett ... Ein Mensch meiner geistigen Erziehung und politischen Einstellung forschte nach den Gründen des Zusammenbruches. Einerseits sah ich die Menschen, die in Drohnendasein lebten, andererseits sah ich die Masse der Arbeiter, welche darbte. Um aus diesem Trümmerhaufen herauszukommen, mußte ein System gefunden werden, daß den Anforderungen der Arbeiterschaft gerecht werden konnte. Ich besuchte die politischen Versammlungen der heutigen größten Parteien, aber ich fand keine, die mir entsprochen hätte, als Deutscher und als Sozialist." Eine Rede Hitlers, „welche alles das in Worte formte, was sich durch das Fronterleben und die November-Revolte unbewußt in mir als Weltanschauung zu formen begann"[228], veranlaßte ihn 1920, der NSDAP beizutreten. „Ich war kein Hurrahpatriot, sondern einer mit sozialistischen Grundsätzen. Den sturen Rassenhaß und Radau habe ich abgelehnt." Im Jahre 1920 kam Breitenstein nach mehrmonatiger Arbeitslosigkeit nach Erding, wo er in einem Bauunternehmen Arbeit als Buchhalter, später Prokurist fand. 1921 gründete er die Ortsgruppe Erding der NSDAP, nach dem Verbot der Partei fungierte er als stellvertretender Bezirksleiter des Völkischen Blocks[229]. Er trat dann 1925 nicht sofort wieder der NSDAP bei: Die „verschiedenen Streitigkeiten haben mich angewidert ... Der wirtschaftliche Niedergang unseres Volkes sowie die Verschlechterung meiner eigenen wirtschaftlichen Lage zwangen mich 1928, wieder in das politische Leben zurückzukehren." Mit fünf anderen gründete er die neue Ortsgruppe Erding, deren Leitung er 1930 übernahm. Seit 1. Juli 1930 war er Bezirks-, später Kreisleiter in Erding, am 30. März 1933 wurde er auch Bürgermeister der Stadt. Er behielt dieses Amt trotz des Verbots solcher Personalunionen bis zum Februar

[228] Fragebogen für die ersten Mitglieder der NSDAP, von Breitenstein ausgefüllt und unterzeichnet am 4. 10. 1933; Document Center Berlin, Emil Breitenstein.

[229] Ebd.

1945 und residierte „aus Zweckmäßigkeitsgründen" in beiden Funktionen im gleichen Raum[230].

Am 1. Mai 1945 wurde Erding von den Amerikanern besetzt. Der Kreisleiter hatte sich aus dem Staub gemacht, er wurde erst am nächsten Tag vom CIC in einer Jagdhütte aufgespürt und verhaftet. Nachdem er wegen des Verdachts der Beteiligung an der Erschießung amerikanischer Flieger zunächst im Kriegsverbrechertrakt des Lagers Dachau arretiert war, kam er im August 1947, da sich der Verdacht als unbegründet erwiesen hatte, in den Automatic Arrest[231]. Am 14. September 1948 fand die Entnazifizierungsverhandlung gegen Breitenstein vor der Lagerspruchkammer Dachau statt. Der öffentliche Kläger hatte seine Einstufung in die Gruppe der Hauptschuldigen beantragt. Breitenstein sei „sehr gefürchtet und ein ganz radikaler Verfechter des Dritten Reiches" gewesen, ein „vom Anfang bis zum Ende ... ganz verbissener Verfechter der Naziideologie"[232]. Der Spruchkammer lagen verschiedene Korrespondenzen vor, die Einblick in die Tätigkeit des ehemaligen Kreisleiters gewährten. Aus diesem Material ging eindeutig hervor, daß Breitenstein in mehreren Fällen gegenüber dem Landrat, der Gestapo oder dem Sonderkommissar für die Inschutzhaftnahme von Personen plädiert hatte, die in irgendeiner Form ihrer Gegnerschaft zum Regime Ausdruck verliehen hatten[233], und daß er überhaupt ein ziemlich linientreues Regiment geführt hatte. Breitenstein war jedoch alles andere als der Typ des willkürlichen und machtbesessenen Despoten, kein ausgesprochener Aktivist und Fanatiker. Seine Gefährlichkeit resultierte aus seiner nationalsozialistischen Überzeugung einerseits und seiner kritiklosen Obrigkeitsgläubigkeit andererseits, die ihn zum idealen Erfüllungsgehilfen des Regimes machten. Er nutzte die Machtstellung, die er aufgrund seiner Doppelfunktion als Kreisleiter und Bürgermeister innehatte, weder im positiven noch im negativen Sinne. Er wurde nie aus eigener Verantwortung und Initiative aktiv.

Sein Verhalten während der sogenannten Kruzifixaktion im Sommer 1941, zu dem er 1948 ausführlich schriftlich Stellung nahm, zeigt charakteristische Merkmale seiner Persönlichkeit und seiner Amtsführung: Eines Morgens wurde ihm zu seiner Überraschung gemeldet, ein Schulleiter seines Kreises sei beauftragt worden, sämtliche Kruzifixe aus den Schulräumen zu entfernen. Seine Nachfrage bei der Gauleitung ergab, daß die Anordnung dort unbekannt war. Auf einer für den Nachmittag anberaumten Kreisleiterbesprechung bei Gauleiter Wagner stellte sich heraus, daß ein Beamter des Kultusministeriums diese Anweisung herausgegeben habe, „bedauerlicherweise" ohne zuvor mit der Partei Rücksprache zu nehmen. Von Wagner um ihre Meinung befragt, gaben insbesondere die dienstälteren Kreisleiter zu verstehen, daß sie von dieser Aktion nichts hielten. „Wagner, bekanntlich sehr impulsiv und keinen Widerspruch ertragend", so Breitenstein, schloß die Besprechung mit dem „strikten Befehl, aus sämtlichen öffentlichen Gebäuden, einschließlich der Schulen sofort die Kruzifixe entfernen zu lassen". Breitenstein, der zu Recht Schwierigkeiten fürchtete, beschloß, „um

230 Soweit dies nicht anders gekennzeichnet ist, sind die Angaben der Aussage Breitensteins laut Protokoll der öffentlichen Sitzung der Lagerspruchkammer Dachau vom 14. 9. 1948 entnommen. Vgl. auch die Biographie in: „Der Großdeutsche Reichstag, IV. Wahlperiode 10. 4. 1938–30. 1. 1947", S. 171.

231 Arrest Report, May 1945, Head Quarters Third U.S. Army and Eastern Military District, Judge Advocate Section, War Crimes Branch, Case Breitenstein, undat., CIC, XE 02723/86122; U.S. Army Intelligence and Security Command, Fort G. Meade.

232 Klageschrift vom 12. 7. 1948.

233 Abschriften im Entnazifizierungsakt Breitenstein.

die Sache wenigstens in meinem Kreis nicht auf die Spitze zu treiben ... lediglich in den Schulen der Stadt Erding" den Befehl durchführen zu lassen. Wenige Tage später erreichte ihn ein Anruf, „daß im Knabenschulhaus an die hundert Frauen seien, welche die Wiederanbringung der Kruzifixe fordern würden. Ich war mir sofort im klaren, daß ich mich einer in derartiger Form vorgebrachten Forderung niemals beugen dürfe, denn hier handelte es sich nun um die Aufrechterhaltung der Staatsautorität." Er eilte an den Ort der Renitenz und forderte die Frauen auf, das Haus zu verlassen, was auch befolgt wurde. „Pflichtgemäß erstattete ich der Gauleitung Bericht über diesen Vorfall." Die Gestapo wurde eingeschaltet und untersuchte den Fall. „Erst meinem Einsatz gelang es", so hielt sich der Kreisleiter zugute, „die Gestapo von Verhaftungen oder strengen Bestrafungen zurückzuhalten"[234]. Symptomatisch ist auch seine Rechtfertigung der Meldung politischer Gegner: „Soweit sich also politische Gegner nicht offen und aktiv als solche betätigten, ist ihnen nie ein Leid geschehen ... Allerdings, wer sich offen und aktiv als Gegner der Regierung betätigte, mußte von mir gefaßt werden. Es war meine Pflicht, und die heutigen Inhaber der Macht würden mir gegenüber genauso handeln."[235]

Da Breitenstein auch nach dem Zusammenbruch jede Einsicht in den Unrechtscharakter des NS-Regimes und somit auch seiner in dessen Diensten verübten Handlungen fehlte – „Es liegt mir nicht, heute einen Stein zu werfen auf Dinge, die mir bis dahin heilig waren"[236] –, leugnete er in seiner Entnazifizierungsverhandlung die gegen ihn vorgebrachten Belastungen nicht, berief sich aber stereotyp auf sein Pflichtgefühl. Mit umwerfender Logik gab er immerhin zu bedenken, daß er, hätte er sich anders verhalten, „damals schon ins KL gewandert wäre. Weil ich aber kein Gegner war, sondern ehrlich überzeugt von der Richtigkeit und Gerechtigkeit meiner Handlungen war, darum sitze ich jetzt, und zwar schon seit 39 Monaten. Damit ist aber bewiesen, daß ich mich damals in einer Zwangslage befand, ohne mir allerdings dieser Tatsache bewußt zu sein."[237]

Mit Spruch vom 14. September 1948 reihte die Lagerspruchkammer Dachau Breitenstein in die Gruppe der Hauptschuldigen ein. Die Sühnen umfaßten drei Jahre Arbeitslagerhaft, die durch die Internierung als verbüßt galten, Vermögenseinzug bis auf einen Betrag von DM 1500, Verlust der Pension wie der bürgerlichen Rechte und Berufsbeschränkung auf die Dauer von zehn Jahren. Die Kammer mußte ihren Spruch im wesentlichen auf belastendes Aktenmaterial stützen, es hatten sich nur ganz wenige Belastungszeugen gemeldet, und nur drei brachten schwerwiegende (aber nicht stichhaltige) Vorwürfe vor (Androhung der Erschießung, Veranlassung einer Sterilisation mit Todesfolge, Weitergabe einer Denunziation mit Haftfolge). Demgegenüber konnte Breitenstein ein stattliches Bündel von Persilscheinen vorweisen, unter anderem von so hochrangigen Persönlichkeiten wie Ministerialrat Ernst Vetter vom bayerischen Innenministerium oder Oberregierungsrat Dr. Sigmund Elsässer vom Staatskommissariat für rassisch, religiös und politisch Verfolgte. Die Persilscheine bescheinigten Breitenstein politische wie rassische Toleranz, eine aufrichtige sozialistische Einstellung und Hilfsbereitschaft gegenüber jedermann. „In der Bevölkerung Erdings

[234] Abschrift, Eidesstattliche Erklärung Breitensteins, Kruzifixaktion.
[235] Breitenstein an die Lagerspruchkammer Dachau am 15. 8. 1948.
[236] Protokoll der Verhandlung, S. 4.
[237] Breitenstein an die Spruchkammer am 15. 8. 1948.

wurde der ehrliche aufrichtige Charakter Breitensteins allgemein anerkannt und geschätzt ... Zu den radikalen Kreisleitern, von denen man anderswo erzählen hörte, gehörte Breitenstein bestimmt nicht."[238]

Bei solchen Aussagen handelte es sich nicht um Freundschaftsdienste. Daß die Persilscheine das Erdinger Prestige des Kreisleiters treffend wiedergaben, bestätigte sich eindrucksvoll durch den Auftritt eines Zeugen, der Breitenstein „als humanen und anständigen Menschen" beschrieb und von dieser Auffassung auch dann nicht abrückte, als ihm während der Verhandlung ein Schreiben Breitensteins vorgelesen wurde, aus dem eindeutig hervorging, daß er selbst seinerzeit auf Veranlassung des Kreisleiters drei Wochen in Haft geraten war. Seine Reaktion: „Von einer Brutalität kann man nicht sprechen. Ich kann nicht sagen, daß er in Erding jemandem etwas nur getan hat." Und auf die solcherart ermutigte Einlassung des ehemaligen Kreisleiters: „Wie oft habe ich Sie gewarnt?" ... „Ja –! Da hat einmal Göring gesprochen und ich habe schwer geschimpft und Sie sagten zu mir: sind Sie vernünftig Mensch, Sie haben ein Geschäft, Sie haben Familie! Von einem Terror, Boshaftigkeit oder Haß war Breitenstein nicht." Und auf die etwas hilflose Bemerkung des Vorsitzenden, „ich könnte Ihnen da verschiedene Sachen vorlesen", antwortete der Zeuge: „Von diesen Dingen wissen wir nichts, das muß er verantworten. Mich hat er nicht schlecht behandelt."[239]

Die Diskrepanz zwischen dem vorliegenden Belastungsmaterial und solch positiven Voten von Personen, die zwar mit dem NS-Regime in Konflikt geraten waren – politische Gegner, Juden –, doch den unmittelbaren Repräsentanten dieses Systems nicht nur von jeglicher Verantwortung freisprachen, sondern ihm außerdem nur Gutes nachsagten, erschwerte die Urteilsfindung der Lagerspruchkammer. Sie entschied auf Einstufung Breitensteins in die Gruppe der Hauptschuldigen, hatte aber sichtlich Mühe, diesen Spruch zu begründen. Breitenstein sei zwar „wesentlich für die Gewaltherrschaft der NSDAP tätig" geworden, „dabei aber immer bestrebt [gewesen], sich selbst im Hintergrunde zu halten, damit die Bevölkerung keine Kenntnis von seinem Wirken erhielt". Daß er als Bürgermeister immerhin „soziales Verhalten" gegenüber den städtischen Angestellten gezeigt habe, wirkte sich mildernd auf die Bemessung der Sühnen aus[240].

Gegen diesen Spruch legte Breitenstein, inzwischen vertreten durch einen Rechtsanwalt, am 2. November 1948 Berufung ein. Die Lagerspruchkammer habe das vorliegende Entlastungsmaterial vollständig außer acht gelassen und damit gegen den Hauptgrundsatz des Befreiungsgesetzes verstoßen, wonach die Beurteilung des einzelnen in gerechter Abwägung der individuellen Verantwortlichkeit und der tatsächlichen Gesamthaltung zu erfolgen habe[241]. Am 20. April 1949 fand die Berufungsverhandlung in Freising statt. Als Zeuge gehört wurde u. a. der Beamte Dr. Elsässer, nach nationalsozialistischer Terminologie jüdischer „Mischling" 1. Grades, von 1932 bis 1946 Amtsgerichtsrat in Erding. Dieser hob hervor: Allein dem Kreisleiter sei es zu verdanken, daß er als „Mischling" sein Richteramt ausüben konnte, völlig unbehelligt von der Partei noch dazu, denn Breitenstein habe nie versucht, Druck auf die Justiz

[238] Eidesstattliche Erklärung Franz L., ehemaliger Stadtoberinspektor und kommissarischer Bürgermeister 1942–1945 in Erding, vom 22. 11. 1948.
[239] Protokoll der Verhandlung am 14. 9. 1948, Aussage Pius E.
[240] Spruch der Lagerspruchkammer Dachau vom 14. 9. 1948.
[241] Rechtsanwalt Sch. an die Lagerspruchkammer Dachau-Moosburg am 2. 11. 1948.

auszuüben. Auch sei ihm kein Fall in Erding bekannt, daß eine Person aus rassischen Gründen verfolgt worden sei. Auch die übrigen Zeugen wußten nur Positives zu berichten, wie schon bei der Erstverhandlung trat kein Belastungszeuge auf[242].

Die Berufungskammer reihte Breitenstein in die Gruppe der Minderbelasteten ein und erlegte ihm für die Dauer von zwei Jahren eine Bewährungsfrist auf, in der ihm andere als gewöhnliche Arbeit verboten war. Hinzu kam ein einmaliger Sonderbeitrag in einen Wiedergutmachungsfonds in Höhe von DM 500, zahlbar in 20 Monatsraten. Die Berufungskammer erblickte in der Tätigkeit eines Kreisleiters nicht die Erfüllung des „Tatbestandes", wie er in Art. 5 Ziffer 4 des Befreiungsgesetzes (nach dem jeder Hauptschuldiger war, der sich in der NSDAP in einer führenden Stellung betätigt hatte) umschrieben sei. Bei dem Amt eines Kreisleiters habe es sich „nicht um eine ausgesprochene Spitzenstellung in der NSDAP gehandelt, wie sie im Sinne der vorgenannten Gesetzesvorschrift mit ihren schwerwiegenden Folgen liegt. Der Betroffene konnte zwar im Einzelfall weitreichende und sehr empfindliche, jedoch aus eigener Machtbefugnis und in eigener Verantwortung keine Anordnungen führender Natur für sein Kreisgebiet treffen. Er war in dieser Hinsicht in dem streng zentralistisch organisierten Gefüge der NSDAP sehr stark an die Weisungen der Gauleitung gebunden." Breitenstein habe sich auch keines Verbrechens gegen Opfer oder Gegner des Nationalsozialismus schuldig gemacht. Die von ihm weitergeleiteten Anzeigen betrafen „geringfügigere Fälle, bei denen die Strafverfolgung lediglich zu der Erteilung einer Verwarnung oder zu einer kurzfristigen Inhaftierung geführt" habe. „Im übrigen gehörte die Erstattung und Weiterleitung von Meldungen zu der Amtstätigkeit des Betroffenen ... Eine 15jährige Kreisleitertätigkeit konnte nicht spurlos vorübergehen." Bestätigt sah sich die Kammer in ihrer Einschätzung durch den „bemerkenswerten" Umstand, daß nicht „ein einziger Belastungszeuge aufgetreten ist. Hätte der Betroffene im Laufe dieser fünfzehn Jahre jemanden tatsächlich schwerwiegend geschädigt oder drastisch behandelt, so wären diese Personen oder deren Angehörige jetzt gegen ihn aufgetreten."[243]

Seit 1. September 1950 durfte sich der ehemalige Kreisleiter aufgrund des § 2 des Gesetzes zum Abschluß der politischen Befreiung der Gruppe der Mitläufer zugehörig fühlen[244]. Seinem wenig später gestellten Gnadenantrag auf Erlaß der Geldsühne wurde jedoch nicht stattgegeben[245]. Die Entnazifizierung des Kreisleiters war also mehr als glimpflich ausgegangen. Als Mitläufer hatte er es – nach Aktenlage – jedoch schwerer als etwa Franz Danninger, wieder auf die Beine zu kommen. Es gab keine wohlhabenden Angehörigen, die ihn unterstützten; ein Großteil der Familie war selbst schwer belastet – seine Frau als Kreisfrauenschaftsleiterin, ein Schwager als Kreisamtsleiter für Erziehung, ein anderer als Ortsgruppenleiter und Bürgermeister – und vermutlich in einer ähnlichen Situation wie er selbst. Ein Sparkassenguthaben, neben einem Drittelanteil an einem 1945 beschlagnahmten Gartengrundstück in Oberbierbach (bei Erding) das einzige Vermögen, das er bei Kriegsende besaß, war bereits vor seiner Haftentlassung aufgebraucht[246]. Das kinderlose Ehepaar, in der NS-Zeit an ei-

[242] Protokoll der Verhandlung am 20. 4. 1949.
[243] Berufungskammer für Oberbayern, Senat Freising, vom 20. 4. 1949.
[244] Der öffentliche Kläger der Hauptkammer München, Bescheinigung vom 23. 1. 1951.
[245] Gnadenantrag, abschlägig beschieden mit Beschluß vom 17. 5. 1951.
[246] Protokoll der Berufungsverhandlung am 20. 4. 1949.

nigen Luxus gewöhnt, lebte vom kargen Verdienst eines Stundenbuchhalters bei einer Erdinger Maler- bzw., später, einer Speditionsfirma. Der 1944/45 ca. RM 1400 verdienende ehemalige Kreisleiter, Bürgermeister und Reichstagsabgeordnete brachte es 1949/50 auf ein Monatsgehalt von ca. DM 215[247]. Pelzmäntel, Smoking und Leica-Kamera – neben anderen begehrenswerten Dingen bei Kriegsende noch fester Bestandteil des Haushalts[248] – waren von diesem Gehalt nicht zu bezahlen. Seit jeher exakte Buchführung gewohnt, präsentierte Breitenstein im September 1950 eine minutiöse Aufstellung von Soll und Haben seines Haushalts. Danach mußte er mit seinem Gehalt von DM 215 feste Verbindlichkeiten in Höhe von DM 95 bestreiten, im einzelnen: DM 30 Raten für neu angeschaffte Betten, DM 12 Miete „für ein Zimmer, in dem wir kochen, essen, schlafen", DM 10 Licht und Kochstrom, DM 10 Anwaltskosten, DM 32 Beitrag zur Bausparkasse Bayern („nachdem ich ... in einem Zimmer leben muß, die Zuteilung einer ausreichenden Wohnung bisher verweigert wurde ... Es war dies vielleicht etwas leichtsinnig ..."[249]). Das Ehepaar litt sichtlich unter seinem Statusverlust. Dem bayerischen Ministerpräsidenten Ehard, den er um Herabsetzung der Raten für Verfahrenskosten und Sühne (DM 25) anflehte, führte Breitenstein die Hoffnungslosigkeit seiner Situation drastisch vor Augen: „Wenn ich hier keine Hilfe erhalten kann, bleibt für meine Frau und mich eigentlich nur der Strick. Unter diesen Umständen kann ich nie an den Bau eines Eigenheims denken ... Ich komme auch nie mehr dazu, mir die unbedingt notwendige Wäsche und Kleidung zu beschaffen, von allen anderen Dingen, die das Leben lebenswert machen, ganz zu schweigen ... Ich glaube, ich habe mit dem Verlust meines, in damals 20jähriger Ehe mühsam erworbenen Vermögens von rd. 17000 DM und meines Ersparten, sowie mit einer 3½ jährigen Internierungshaft das Verbrechen gesühnt, daß ich dadurch begangen habe, daß ich glaubte, unserem Vaterland durch die Unterstützung der nationalsozialistischen Idee helfen zu können ... Geben Sie uns durch einen großzügigen Gnadenerweis den Glauben zurück, daß wir ehemalige Nationalsozialisten nicht für immer und ewig verdammt bleiben, daß auch für uns wieder einmal die Hoffnung besteht, an der Schwelle des Alters mit einem einigermaßen sorgenfreien Leben rechnen zu dürfen."[250]

Nach seinem Persönlichkeitsprofil zu urteilen, ist es eher unwahrscheinlich, daß Breitenstein sich jemals wieder politisch engagierte. Da die Akten im Mai 1951 enden, bleibt dies jedoch ebenso Spekulation wie die Annahme, daß es ihm früher oder später gelungen sein dürfte, in den Besitz des ersehnten Eigenheims zu gelangen und einen mehr oder weniger beschaulichen Lebensabend im Kreis wohlgesonnener Nachbarn zu genießen. Dafür spricht auch der Text einer Chronik der Stadt Erding, die Breitenstein zu den „eher Gemäßigten" unter den Kreisleitern zählt, obwohl der Verfasser konzediert, daß auch in dieser Stadt die NS-Diktatur „ihr typisches Gesicht mit Druck und Verfolgung, aber auch mit großangelegten Kundgebungen und Repräsentationen des völkischen Staates" gezeigt habe[251].

247 Breitenstein, Eidesstattliche Erklärung über Einkommensverhältnisse vom 13. 2. 1951, nebst Verdienstbescheinigungen.

248 Breitenstein, Verzeichnis des seit 2. 5. 1945 abhanden gekommenen Eigentums vom 15. 2. 1949.

249 Breitenstein an den Ministerpräsidenten Hans Ehard am 26. 9. 1950.

250 Ebd.

251 Stadt Erding. Chronik, Bilderbogen, Dokumente, Erding 1980, S. 12.

e) „Ein Widerständler“

Dennerl, Anton

Geboren am 2.5.1911 in München, gestorben 1975, verheiratet, 3 Kinder, Bankkassierer, Pg 1.5.1930, 1938–1945 Kreisleiter Weilheim, SA 1940–1945, Sturmbannführer ehrenhalber, NSBO, DAF 1931, 1936–1938 Gauorganisationswalter, interniert 3.6.1945–3.8.1948.

Anton Dennerl wurde am 2. Mai 1911 in München als Sohn eines Postverwalters geboren. Nach dem Besuch der Oberrealschule machte er eine Banklehre und arbeitete als Bankangestellter zunächst in München, dann in Garmisch. Über Kollegen kam er 1929 in Hitler-Versammlungen. „Wie Millionen andere wurde auch ich von Hitler gebannt und von seinen sozialistischen Forderungen gepackt. Seine Partei schien mir als jene Einrichtung, die unser Volk zum Aufstieg führen würde ... Ich war damals gerade 19 Jahre alt, als ich im Glauben an diese sozialistischen Ziele am 1. Mai 1930 in die NSDAP eintrat.“ Zunächst einfaches Parteimitglied wurde er im Herbst 1932 NSBO-Obmann in Garmisch, „weil mich die Arbeiterfrage interessierte“. Im Mai 1933 hauptamtlich von der DAF übernommen, leitete er seit 1936 die Gau-Organisationsabteilung. Weil er die Unzulänglichkeiten und Fehler der DAF zunehmend zu kritisieren begann, wurde er 1938 „weggelobt ... indem man mich der politischen Gauleitung empfahl. Nachdem es dort an jungen Nachwuchskräften mangelte und der ‚Stellvertreter des Führers‘ in dieser Zeit eine Verjüngungsaktion befahl, wurde ich 1938 zur Parteiarbeit herangezogen und ... zum Kreisleiter von Weilheim ernannt. Ich war darüber keineswegs erfreut, weil ich keinerlei Parteipraxis hatte ... und zudem erst 26½ Jahre alt war.“ Bei Ausbruch des Krieges meldete er sich freiwillig und diente – trotz seiner u.k.-Stellung – ab März 1940 bei der Luftwaffe. Im April 1943 folgte er „keineswegs erfreut“ dem Befehl der Gauleitung und kehrte nach Weilheim zurück. Im Sommer 1944 wurde er vorübergehend mit der Kreisleitung Starnberg beauftragt, im Juli 1944 übernahm er die Kreisleitung München-Nord, wo er überwiegend mit Notstands- und Luftschutzaufgaben befaßt war.

Dennerl selbst sah seine Tätigkeit als Kreisleiter – wie er im Juli 1948 erklärte – „nie als ‚Parteisache‘ ..., sondern als eine öffentliche Pflicht. Ich sah die Partei als ein Mittel zum Zweck der Betreuung der Menschen.“ Unbeeinflußt von den „üblichen Gepflogenheiten der Parteiarbeit“ habe er sich „in allererster Linie der sozialen und wirtschaftlichen Betreuung der Bevölkerung“ gewidmet, vor allem seit 1943: „Von einer parteipolitischen Tätigkeit konnte bei mir in dieser Zeit kaum eine Rede mehr sein.“ Mit einiger Raffinesse rechtfertigte er seinen politischen Werdegang mit seiner jugendlichen Begeisterungsfähigkeit, die seinerzeit keinerlei Korrektiv gefunden habe. Daß das „Hitlerregime ... durch Gewaltherrschaft die Bürger einer gewaltsam aufgerichteten Macht gefügig macht“, sei ihm in seiner politischen Unerfahrenheit „überhaupt nicht zum Bewußtsein“ gekommen, „hatten ja gerade die Älteren und politisch Erfahrenen nach einem ‚starken Mann‘ ... geradezu geschrieen“ und auch das Ausland nichts gegen Hitler unternommen. „Mußte das einem jungen begeisterungsfähigen Menschen nicht den Glauben geben, daß Deutschland auf dem richtigen Weg ist, wenn Staatsoberhäupter und der Heilige Stuhl ... Hitler Huldigungen und Glückwünsche darbrachten, wenn sie Verträge und Abkommen mit ihm abschlossen ... Ich kannte ja auch keine andere Staatsform.“ In den letzten Kriegsjahren habe er allerdings begonnen, an der NS-Herrschaft zu zweifeln: „Immer krasser traten damals die beiden Richtungen des NS-Regimes zutage: Die Richtung der Idealisten, die den Mitmenschen Hilfe und Unterstützung gaben, und die Richtung der Terroristen, die die Gewaltherrschaft ausübten. Ich widersetzte mich immer schärfer der Befehlsmaschine der Führung, denn ich glaubte damals noch, daß die guten Kräfte doch noch Herr der schlechten Elemente würden und daß ein Widerstand von innen heraus das System ... in neue menschliche Bahnen bringen könnte."

In den letzten Kriegstagen hielt sich Dennerl in Weilheim auf. Am 3. Juni 1945, einen Monat nach dem Einmarsch der Amerikaner, meldete er sich dort bei der Militärregierung und kam in Internierungshaft[252]. Der diensthabende Offizier des CIC, der ihn dort über seine Parteitätigkeit befragte, zeigte sich sichtlich von ihm beeindruckt: Dennerl „is one of the few who went into the Nazi movement out of idealism ... From the beginning he was opposed to violence"[253]. Ebenso erging es offenbar dem öffentlichen Kläger der Lagerspruchkammer Dachau, der ihm aufgrund der regelmäßig einzuholenden und damit im allgemeinen eher oberflächlichen amtlichen Auskünfte von Polizei und Bürgermeister zwar vorwarf, „die Parteiinteressen in Wort und Schrift und Tat in fanatischer und rücksichtsloser Weise" vertreten zu haben und daher seine Einstufung in die Gruppe der Hauptschuldigen beantragte, es aber gleichzeitig der Kammer anheimstellte, ihn in eine niedrigere Gruppe einzureihen[254].

Tatsächlich hatte Dennerl einiges zu seinen Gunsten anzuführen. Intelligent und wortgewandt tat er dies auch in einer 51 Seiten umfassenden Rechtfertigungsschrift, aus der, bestätigt und ergänzt durch nicht weniger als 67 eidesstattliche Erklärungen, herauszulesen war, daß – so Dennerl – „ich mich trotz meiner Stellung als Kreisleiter gegenüber der NS-Gewaltherrschaft nicht nur passiv verhalten, sondern aus innerer Veranlagung nach dem Maß meiner Kräfte aktiv Widerstand gegen die mir bekannten Auswüchse und üblen Erscheinungsformen der NS-Gewaltherrschaft geleistet habe"[255]. Sein „Widerstand" richtete sich „gegen Zwangsmethoden und Unterdrükkung von Nichtmitgliedern der NSDAP"; gegen die „Verfolgung politischer Gegner", die er, wie ihm eine Reihe von Entlastungszeugen bestätigten, „wiederholt sogar unter eigener Lebensgefahr gefördert und unterstützt" habe; gegen „die Verfolgung von Kirche und Religion", was u.a. darin zum Ausdruck kam, daß in der Ortsgruppe Aidling der „katholische Ortspfarrer als Ortsgruppenleiter tätig" gewesen war und Dennerl selbst sich noch im Jahr 1937 kirchlich trauen ließ; gegen die „Verfolgung von Juden", was, wie ihm der von den Nazis politisch verfolgte 2. Bürgermeister und SPD-Kreisvorsitzende Hans Korntheuer bestätigte[256], sich unter anderem in der Reichskristallnacht gezeigt hatte, als er durch sein Einschreiten die Zerstörung eines Weilheimer jüdischen Kaufhauses verhinderte; gegen die „Verfolgung von Ausländern" und schließlich – und für diesen Aspekt trifft der Widerstandsbegriff tatsächlich zu – gegen „höchste militärische Befehle". Anfang April noch leidenschaftlicher Verfechter einer „Kampfentschlossenheit bis zum letzten"[257], hatte sich Dennerl in den letzten Kriegstagen von der Sinnlosigkeit weiteren Widerstandes gegen die amerikanischen Trup-

252 Sämtliche Angaben und Zitate zum Lebenslauf aus der Rechtfertigungsschrift von Anton Dennerl, Internierungs- und Arbeitslager München, vom 6. 7. 1948.

253 Hermann G. Kleikamp, Subj.: Internee Dennerl, Anton, undat.; Akten des CIC, XE 144260/I 80035; U.S. Army Intelligence and Security Command, Fort G. Meade.

254 Klageschrift des öffentlichen Klägers der Lagerspruchkammer Dachau vom 30. 6. 1948.

255 Dennerl an den öffentlichen Kläger der Lagerspruchkammer Dachau im April 1948.

256 Eidesstattliche Erklärung vom 2. 7. 1947.

257 Vgl. Tenfelde, Provinz, S. 375.

pen überzeugt. Während in Penzberg (Kreis Weilheim) am 28./29. April 1945 16 Penzberger ihr Leben ließen, weil man dort, dem Aufruf der Freiheitsaktion Bayern folgend, die örtlichen Nazihonoratioren aus ihren Ämtern entfernt und durch Antifaschisten ersetzt hatte[258], verteilte Dennerl im gesamten Kreisgebiet ein Plakat, in dem er die Bevölkerung aufrief, Ruhe und Ordnung zu bewahren, keinen Widerstand gegen die Amerikaner zu leisten und die Zerstörung lebenswichtiger Einrichtungen zu verhindern[259].

Bei soviel „Widerstandsgeist" macht es allerdings stutzig, daß Dennerl sein Amt nicht nur nicht niederlegte, sondern im Gegenteil – wie in seiner propagandistischen Verfechtung der „Kampfentschlossenheit bis zum letzten" – weiterhin eifrig zur Aufrechterhaltung des Regimes beitrug, und zwar in so überzeugender Weise, daß er in den Nachbarkreisen und vermutlich auch im eigenen als „unangenehmer" Kreisleiter galt[260]. Gleichwohl spricht der Inhalt des gesamten Entnazifizierungsaktes dafür, daß Dennerl sich in der Praxis seiner Kreisleitertätigkeit tatsächlich überwiegend „anständig" und mäßigend gezeigt hat. Das bestätigten ihm für konkrete Vorfälle, wie erwähnt, eine Fülle von Zeugen, unter ihnen zwar eine stattliche Anzahl von Pgs, aber auch so Unverdächtige wie ein britischer Colonel, der wegen einer Krankheit bei Ausbruch des Krieges nicht mehr nach Hause zurückkehren konnte, ein Oberamtmann i. R., der während der Nazizeit mehrfach in Haft geraten war, der ebenfalls politisch verfolgte Kreisvorsitzende der Weilheimer SPD sowie der stellvertretende Landgerichtsdirektor und Vorstand des Amtsgerichts Weilheim. Außer den belastenden amtlichen Auskünften des Bürgermeisters (ein schlesischer Flüchtling) und der Polizei (der Polizeichef war selbst Pg und daher „bemüht, keinen Fehler zu machen", so Dennerl glaubhaft in der Spruchkammerverhandlung), einem Schreiben, dem zu entnehmen war, daß auf Dennerls Veranlassung ein Lehrer aus dem ehrenamtlichen Gemeindedienst entlassen werden sollte, und eines offenkundig auf persönlichen Querelen beruhenden Denunzierungsvorwurfs eines Pg lag gegen Dennerl keinerlei weiteres Belastungsmaterial vor. Unter der – in diesem wie in allen Fällen mit unvollständiger Quellenlage zu Grunde liegenden – Prämisse, daß sich schwerwiegende Akte von Unterdrückung und Verfolgung in Form belastender Zeugnisse in den Entnazifizierungsakten wenigstens ansatzweise hätten spiegeln müssen, war gegen Dennerl ausschließlich wegen seiner Formalbelastung zu verhandeln.

Die Lagerspruchkammer Dachau befaßte sich am 3. August 1948 mit seinem Fall. Die vernommenen Zeugen bestätigten die von Dennerl angeführten Entlastungsmomente, Belastungszeugen traten nicht auf. Mit Spruch des gleichen Tages reihte die Kammer den ehemaligen Kreisleiter in die Gruppe der Belasteten ein, erlegte ihm aber sehr milde Sühnen auf: ein Jahr Arbeitslager – durch die politische Haft seit Juni 1945 verbüßt –, einen „Vermögenseinzug" von DM 200, Aberkennung der bürgerlichen Rechte und fünf Jahre Berufsbeschränkung. Dennerl, aufgrund seiner Formalbelastung als Kreisleiter eigentlich der Gruppe der Hauptschuldigen zuzurechnen, habe „während der ganzen Dauer seiner Amtstätigkeit als Kreisleiter eine anständige Haltung an den Tag" gelegt, „so daß keine Belastungen gegen ihn vorgebracht werden"

[258] Ebd., S. 376 ff.
[259] Spruchbegründung der Lagerspruchkammer Dachau vom 3. 8. 1948 sowie Rechtfertigungsschrift, S. 38.
[260] Spruchkammer Garmisch-Partenkirchen, Spruch gegen den Bürgermeister und k/Kreisleiter 1939–1943 von Garmisch-Partenkirchen Jakob Scheck vom 9. 9. 1948; Entnazifizierungsakt Scheck.

konnten. Da er sich für die Ziele der NSDAP immerhin aktivistisch eingesetzt habe, sei er der Gruppe der Belasteten zuzurechnen[261].

Gegen diesen Spruch legte Dennerl, vertreten durch einen Rechtsanwalt, Berufung ein. Der Anwalt stützte seinen Antrag ausschließlich auf das Argument, das in den Verhandlungen gegen Kreisleiter zunehmend an Bedeutung gewann und sich 1950 als allgemeine Rechtsauffassung durchgesetzt hatte[262]: „Der Kreisleiter war als politischer Beamter in dem streng zentralistisch organisierten Gefüge der NSDAP – besonders im Gau Oberbayern – so stark an die Weisungen der vorgesetzten Gauleitung gebunden, daß er selbst aus eigener Verantwortung zwar im Einzelfall weitreichende, aber doch keine entscheidenden und verbindlichen Anordnungen für sein Kreisgebiet treffen konnte. Er hatte daher keine führende politische Stelle im Sinne des Befr.Ges. inne und gehört deshalb nicht zu den Ist-Hauptschuldigen."[263]

Die Berufungskammer Oberbayern, Senat Freising, entschied in schriftlichem Verfahren mit Spruch vom 17. März 1949 zugunsten Dennerls und reihte ihn in die Gruppe der Minderbelasteten ein. Sie folgte in ihrer Spruchbegründung fast wörtlich der Argumentation des Anwalts und rechnete Dennerl formal der Gruppe der Belasteten (Aktivisten) zu, da es sich bei dem Amt eines Kreisleiters „nicht um eine ausgesprochene Spitzenstellung gehandelt" habe. Unter Anerkennung seiner mäßigenden Haltung im Sinne des Art. 39 II des Befreiungsgesetzes bedeutete dies Einstufung in die Gruppe der Minderbelasteten. Die Sühnen, ein Jahr Bewährungsfrist, in dem Dennerl begrenzte Berufsbeschränkungen auferlegt waren, und die Zahlung eines einmaligen Sonderbeitrags in einen Wiedergutmachungsfonds in Höhe von DM 500, erschienen der Kammer als „angemessen und ausreichend. Bei ihrer Zumessung wurde nebst dem nachgewiesenen allgemeinen Wohlverhalten ganz besonders die Internierungshaft des Betroffenen, die über drei Jahre währte, sowie seine schwere finanzielle Lage (fünfköpfige Familie) berücksichtigt." Auf die Anwendung des 2. Abänderungsgesetzes – automatische Rückstufung in die Gruppe der Mitläufer ohne Nachverfahren – verzichtete die Kammer allerdings, weil sich Dennerl „im Hinblick auf die viele Jahre innegehabte hohe politische Stellung als Bürger eines friedlichen demokratischen Staates … erst bewähren möge"[264]. Zum Mitläufer wurde der ehemalige Kreisleiter ein knappes Jahr später, im Februar 1950; Dennerls im Juni 1949 gestellter Gnadenantrag auf Erlaß bzw. Ermäßigung der Geldsühne wurde allerdings abgelehnt[265].

Dennerl war nach seiner Entlassung aus der Internierungshaft nicht nach Weilheim zurückgekehrt. Seine Frau hatte nach dem Zusammenbruch die dortige Wohnung verlassen und war zu ihren Eltern nach Weissenhorn (Schwaben) gegangen, in deren Haus sie mit den drei Kindern ein Zimmer bewohnte. Dort fand auch Dennerl zunächst Unterschlupf, der Schwiegervater, ein Bankier, beschäftigte ihn als Kassenboten[266]. Die materielle Lage der fünfköpfigen Familie war anfangs nicht gerade rosig, Haus- oder Grundbesitz war nicht vorhanden und das Barvermögen schon vor der Währungsreform für den Unterhalt der Familie aufgebraucht. Der Schwiegervater, ein

261 Protokoll der Verhandlung am 3. 8. 1948 sowie Spruch vom 3. 8. 1948.

262 Vgl. Beschluß des Kassationshofes zur Aufhebung der Entscheidungen gegen Franz Emmer vom 19. 1. 1950; Entnazifizierungsakt Emmer.

263 Rechtsanwalt Karl R. an die Lagerspruchkammer Dachau am 10. 9. 1948.

264 Spruch der Berufungskammer Freising vom 17. 3. 1949.

265 Spruch der Hauptkammer München vom 8. 2. 1950, Gnadenantrag, beschieden am 3. 1. 1950.

266 Arbeitsamt Neu-Ulm, Bestätigung vom 15. 11. 1949.

offensichtlich sparsamer Mann, bezahlte Dennerl kein Gehalt, da er „für seinen und seiner Familie Lebensunterhalt" aufkomme. Seine Arbeit diene daneben der Abgeltung seiner Schuld – ein Betrag von RM 6480 für Unterbringung und Verpflegung seiner Frau und der Kinder seit September 1945[267]. Die Lage besserte sich, nachdem Dennerl aus der „entehrenden Gruppe der Minderbelasteten"[268] herausgekommen war. Die Familie ging nach München, wo der ehemalige Kreisleiter bei der deutschen Zweigstelle der englischen Firma Ferguson Machine Company S.A. zunächst als Vertreter Arbeit fand. Dennerl, 1950 gerade 39 Jahre alt, setzte seine ganze Energie für sein berufliches Fortkommen ein. Mit Erfolg: Es gelang ihm, sich zum deutschen Generalbevollmächtigten dieser Firma, später zum Direktor einer Münchener Vertriebsgesellschaft hochzuarbeiten[269].

Als er Ende 1949 der Spruchkammer München versicherte, „daß bei mir keine Gefahr besteht, daß ich mich im neonazistischen Sinne betätigen könnte. Man darf mir ehrlich glauben, daß ich die Nase voll habe"[270], entsprach dies der Wahrheit. Er hielt zwar Kontakt zu Franz Danninger, der sich intensiv für die DRP bzw. später die NPD engagierte, sympathisierte vermutlich auch mit den Zielen dieser Parteien, war aber für größeres politisches Engagement nicht zu gewinnen. Wie die Mehrzahl der Nachkriegsdeutschen zog er sich vollständig ins Berufliche und Private zurück. Dennerl starb 1975 im Alter von 64 Jahren in München[271].

f) „Ein Mitläufer"

Hartmann, Hans

Geboren am 22.11.1894 in Mindelheim, Schwaben, seit 1924 Garmisch-Partenkirchen, verheiratet seit 1919, zwei Kinder, Bankangestellter, seit 1924 selbständiger Kaufmann, Pg 1931; 1932–1937 Kreisleiter Garmisch-Partenkirchen, 1933/34 2. Bürgermeister von Garmisch, SA 1931, Obersturmführer und Sonderbeauftragter für den Kreis Garmisch-Partenkirchen (Gleichschaltung, Aufstellung der politischen Polizei), 1934 überführt zum NSKK, Hauptsturmführer, 1939–1945 Wehrmacht, Kriegsgefangenschaft, interniert seit etwa März 1946–24.6.1948.

Hans Hartmann, im November 1894 als Sohn der Bäckermeisters-Eheleute Johann und Therese Hartmann in Mindelheim geboren, absolvierte ein humanistisches Gymnasium und begann im Jahr 1912 eine Lehre als Bankkaufmann in einem jüdischen Bankgeschäft. Von Oktober 1914 bis Januar 1919 eingezogen, kehrte er als Leutnant der Reserve zu 70 Prozent kriegsbeschädigt ins Zivilleben zurück. Zunächst arbeitslos, fand er schließlich Anstellung in verschiedenen Banken, seit April 1924 lebte er in Garmisch, wo er im Dezember 1924 ein eigenes Geschäft (Einzelhandel mit Glas-, Porzellan-, Metallwaren) eröffnete.

Abgesehen von seiner Zugehörigkeit zum Wirtschaftsbund Garmisch hatte er sich bis Anfang 1931 nicht politisch betätigt – „ich hatte genug Existenzsorgen"[272] – und gehörte auch keiner Partei an. Wie viele, begründete auch er seinen Eintritt in die NSDAP am 1. Februar 1931 mit dem wirtschaftlichen Niedergang Deutschlands, der daraus resultierenden eigenen wirtschaftlichen Notlage, dem Versagen der bürgerli-

[267] Eidesstattliche Erklärung Carl S. vom 11. 11. 1949.
[268] Dennerl an den öffentlichen Kläger der Hauptkammer München am 21. 10. 1949.
[269] Süddeutsche Zeitung vom 4./5. 10. 1975.
[270] Dennerl an den öffentlichen Kläger der Hauptkammer München am 21. 10. 1949.
[271] Wie Anm. 269.
[272] Protokoll der öffentlichen Sitzung der Lagerspruchkammer Regensburg am 24. 6. 1948.

chen Parteien und seiner Angst vor dem Kommunismus[273]. „Es war mir klar, daß irgend etwas unternommen werden mußte, um diesem Notstand abzuhelfen."[274] 1932 wurde dem bis dahin einfachen Pg nahegelegt, den Posten des Kreisleiters für Garmisch zu übernehmen. Er lehnte dies zunächst ab, mit der Begründung, „daß ich erst seit 31 bei der Partei wäre, es wären doch ältere als ich da. Außerdem hätte ich mich noch nie politisch betätigt und kein Talent zum Reden. Ich erhielt ein paar Tage später vom Gauleiter Wagner den Auftrag, die Kreisleitung zu übernehmen. Eine Entgegnung meinerseits wurde gar nicht angenommen. Ich war mir überhaupt nicht bewußt, was meine Tätigkeit als Kreisleiter ist, auch konnte ich mich ihr gar nicht so widmen, wie es verlangt war, denn ich hatte ja mein Geschäft, was ich mir aufbauen wollte."[275] In der Tat war es ungewöhnlich, daß ihm nach nur einjähriger Parteimitgliedschaft die Kreisleitung geradezu aufgedrängt wurde. Seine Ernennung war jedoch von der Gauleitung wohlüberlegt. Die NSDAP tat sich schwer, im Kreis Fuß zu fassen – in Partenkirchen und Oberammergau soll es noch Ende 1934 keinen einzigen Pg gegeben haben[276] –, und nach mehreren unglücklich verlaufenen Versuchen der Partei, sich im Kreis zu etablieren, wählte die Gauleitung aus taktischen Gründen einen Mann wie Hartmann: „In Garmisch war es Ende des Jahres 1932 notwendig, einen ruhigen, vom Vertrauen der Garmischer Bürgerschaft getragenen, sachlich und persönlich einwandfreien Mann an die Spitze des Kreises Garmisch-Partenkirchen zu stellen."[277]

Diese Eigenschaften Hartmanns, die 1932 ausschlaggebend für seine Ernennung zum Kreisleiter gewesen waren, verloren nach der Machtübernahme und der Konsolidierung des Regimes an Bedeutung, und seine milieukonforme Amtsführung führte schließlich zu seiner Amtsenthebung im Jahre 1937. Die Rekonstruktion seiner fünfjährigen Tätigkeit durch die Lagerspruchkammer Regensburg ergab ein überwiegend positives Bild des ehemaligen Kreisleiters. Hartmann war nicht sehr aktiv gewesen und hatte sich auch gegenüber politischen Gegnern anständig verhalten[278]. Einem Befehl der Gauleitung widersetzte sich der 1933/34 gleichzeitig als Sonderbeauftragter amtierende Kreisleiter erstmals im Zuge der gemeindlichen Gleichschaltung. Entgegen dem Befehl des Gauleiters beließ er die gegnerischen Gemeinderäte „nach Abnahme des Ehrenwortes auf freiem Fuß"[279], konnte (oder wollte?) allerdings die Verhaftung von ca. 20 von der Politischen Polizei München namentlich benannten KPD-Funktionären nicht verhindern[280]. Seine Haltung gegenüber der Kirche war tolerant; er war bemüht, kirchenfeindliche Anordnungen zu umgehen oder abzumildern. So setzte er sich dafür ein, daß zwei Ordensangehörige des Benediktinerklosters Ettal, die „naturgemäß nicht Parteimitglieder waren", nach der Machtergreifung im Ettaler Ge-

273 Angaben aus dem Lebenslauf Hartmanns vom 15. 1. 1948.

274 Protokoll vom 24. 6. 1948.

275 Ebd.

276 Hartmann an die Gauorganisationsleitung am 30. 11. 1934; StAM, NSDAP 234.

277 Eidesstattliche Versicherung Max Köglmaier, Internierungs- und Arbeitslager Regensburg, vom 19. 7. 1947.

278 Vgl. Spruchbegründung vom 24. 6. 1948.

279 Eidesstattliche Erklärung des ehemaligen BVP-Gemeinderats, Karl H., vom 26. 1. 1948; Eidesstattliche Erklärung Carl Märkl, 1933–1939 Kreisgeschäftsführer Garmisch-Partenkirchen, 1943–1945 Kreisleiter Schongau, Internierungslager Dachau, vom 18. 1. 1948 sowie Hartmanns eigene Aussage in der Verhandlung am 24. 6. 1948.

280 Vgl. Bl. 2 des Spruches gegen Hartmann vom 24. 6. 1948.

meinderat vertreten blieben. Als zwingende Vorschriften dies schließlich nicht mehr zuließen, regte er die Schaffung eines Beirates an, um so dem Kloster die Wahrnehmung seiner Interessen zu ermöglichen[281]. Auch das Judenprogramm der Partei fand nicht seine Unterstützung, durch das NSKK ließ er die auf Befehl des Gauleiters angebrachten Schilder – „Juden unerwünscht" – in Garmisch entfernen[282]. Als Gauleiter Wagner in seiner Eigenschaft als bayerischer Innenminister 1935 die Zusammenlegung der Gemeinden Garmisch und Partenkirchen anordnete, stellte sich der Kreisleiter, der zugleich Gemeinderat von Garmisch war, auf die Seite der Bevölkerung, die mehrheitlich gegen die Vereinigung der Gemeinden war. Damit geriet er in Konflikt mit dem Gauleiter, der ihm die Verbringung nach Dachau androhte, falls nicht umgehend die gewünschte Beschlußfassung zur Zusammenlegung erfolge[283]. Alles in allem war seine Amtsführung geprägt vom Bemühen um Anpassung an die Verhältnisse in seinem Kreis, damit wurde er für die Partei schließlich unhaltbar.

Im Jahr 1937 bot sich die Gelegenheit, Kreisleiter Hartmann, der sich bei der Gauleitung, die von ihm „mehr Initiative und Durchschlagskraft" erwartet hatte, durch seine laxe Amtsführung längst in Verruf gebracht hatte[284], seines Postens zu entheben. Weil er öffentlich einen Alt-Parteigenossen beleidigt hatte, wurde gegen ihn beim Gaugericht der NSDAP ein Verfahren wegen parteischädigenden Verhaltens durchgeführt, das mit seiner Absetzung als Kreisleiter und dem Verbot, für die Dauer von drei Jahren ein Parteiamt zu führen, endete[285]. Dem Rat des stellvertretenden Gauleiters Nippold, „sich zu erschießen, da der Gauleiter seine Verbringung ins KZ beabsichtigte", war Hartmann nicht gefolgt[286]. Er war über seine Amtsenthebung nicht unglücklich, „weil ich nichts mehr davon wissen wollte und [ich] hätte jedes Urteil genommen, was sie mir gegeben hätten, nur um loszukommen"[287].

Seitdem stand er in scharfer Opposition zur Partei, die er, wie einige Zeugen ihm bescheinigten, auch wiederholt öffentlich angriff: „Noch recht gut kann ich mich erinnern, wie abfällig Hartmann sich über den Gauleiter Wagner und den ungekrönten König von Bayern, den sogenannten Präsidenten und früheren Roßknecht Christian Weber äußerte ... Genauso scharf war sein Urteil über Maßnahmen, die von seiten der Partei angeordnet wurden."[288] Hartmann gab seiner Gegnerschaft auch wiederholt praktischen Ausdruck, vor allem nach seiner Einberufung in die Wehrmacht. Nachdem er „die Aussichtslosigkeit und Absurdität unserer Kriegführung absolut erkannt hatte", schickte der Kommandeur für Urlaubsüberwachung und Kommandant Wehrmacht Reiseverkehr Südost, Hauptmann Hartmann, „Soldaten oft schon um Wochen früher von der Front in die Heimat, um sie dadurch möglichst lange ... den Gefahren des Krieges ... zu entziehen"[289].

[281] Eidesstattliche Erklärung Pater Johannes Albrecht, Leiter der Klosterverwaltung Ettal, vom 18. 6. 1948.
[282] Erklärung Karl B. vom 12. 2. 1948 sowie Carl Märkl in der Verhandlung am 24. 6. 1948.
[283] Eidesstattliche Erklärung Max Köglmaier vom 7. 1. 1948.
[284] Eidesstattliche Erklärung Adam Förtsch, ehemaliger Gauorganisationsleiter von München–Oberbayern, vom 28. 1. 1948.
[285] Eidesstattliche Erklärung Karl St., ehemaliger Kreisrichter der NSDAP in Garmisch-Partenkirchen, vom 27. 6. 1947. Abschlußmeldung für die Warnkartei vom 25. 11. 1937; Document Center Berlin, Hans Hartmann.
[286] Vgl. Verteidigungsschrift des Rechtsanwalts F. St. vom 19. 6. 1948.
[287] Protokoll der Verhandlung am 24. 6. 1948.
[288] Eidesstattliche Erklärung Anton K. vom 10. 7. 1947 (Zitat), Franz R. vom 14. 1. 1948 u. a.
[289] Eidesstattliche Erklärung Robert W. vom 18. 12. 1947.

Die Lagerspruchkammer Regensburg würdigte seine mäßigende Amtsführung und sein frühzeitiges Abrücken von der NSDAP durch einen milden Spruch: „Da aber der Betroffene politisch Verfolgte unterstützte und förderte, weil er mit den Gewaltmethoden des Dritten Reiches nicht einverstanden war und eindeutig und klar erkennbar frühzeitig vom Nationalsozialismus und seinen Methoden abgerückt ist, hat ihn die Kammer ... in die Gr. III der Minderbelasteten ... eingereiht, weil er einer milderen Beurteilung würdig erscheint und nach seiner Persönlichkeit erwarten läßt, daß er nach Bewährung in einer Probezeit von 18 Monaten seine Pflichten als Bürger eines friedlich demokratischen Staates erfüllen wird."[290] Mit Spruch vom 21. März 1949 kam Hartmann noch vor Ablauf der Bewährungsfrist im Nachverfahren in die Gruppe der Mitläufer.

Trotz der – nach Aktenlage – mäßigenden und milieukonformen Amtsführung Hartmanns steht die Einstufung eines NS-Kreisleiters in die Gruppe der Mitläufer in offensichtlichem Mißverhältnis zu seinen Parteifunktionen. Wie alle NS-Kreisleiter war Hartmann ein „Erznazi", ein überzeugter Nationalsozialist, und durch seine Parteifunktionen als Kreisleiter bzw. Sonderbeauftragter des Kreises im Zuge der Gleichschaltung hatte er sich unzweifelhaft mehr als nur nominell für die NSDAP eingesetzt. Hartmann – ebenso wie andere Kreisleiter-Mitläufer – unterschied jedoch eine sehr wichtige Tatsache von der Masse der Mitläufer schlechthin: die Zeit der Internierung. Die Haft war eine ziemlich empfindliche Strafe, und das war den Kammern bei ihrer Spruchfindung auch bewußt. Was es bedeutete, interniert zu sein, welche Sorgen, Nöte und Ängste den Internierten, aber vor allem auch seine Familie während dieser bei NS-Kreisleitern mindestens drei Jahre währenden Quarantäne bedrückten, ist in diesem Fall recht eindrucksvoll dem Akt zu entnehmen: Am 15. Mai 1945 war Hartmann in britische Kriegsgefangenschaft geraten. Er wurde zunächst nach Aalen, dann ins Lager Ludwigsburg transportiert, wo er etwa im März 1946 von den Amerikanern aus der Kriegsgefangenschaft entlassen und gemäß den Bestimmungen des Automatic Arrest ins Internierungslager Ludwigsburg überführt wurde. Von Januar 1947 bis zu seiner Entlassung am 24. Juni 1948 war er im Internierungslager Regensburg, mehrere Anträge auf Haftverlegung nach Moosburg – um die räumliche Entfernung nach Garmisch abzukürzen – wurden abgelehnt. Noch im September 1947 berichtete er: „Ich wurde bis jetzt nicht aufgefordert, meinen politischen Lebenslauf abzugeben, noch wurde mir mitgeteilt, daß mein Verfahren eröffnet ist. Auch zu keiner Einvernahme wurde ich bestellt."[291] Die Familie hatte bereits Anfang 1947 einen Rechtsanwalt mit der Vertretung seines Falles beauftragt. Dieser ließ sich allerdings bis Oktober nicht im Lager blicken, so daß die Familie einen neuen Anwalt beauftragte. Dieser war zwar rühriger, doch wurden ihm sämtliche Akten aus seinem Auto gestohlen und mußten mühsam neu beschafft werden.

Als Hartmanns Entnazifizierungsverfahren 1948 begann, war er, der ja Kriegsteilnehmer gewesen war, seit mehr als 8 Jahren von seiner Familie getrennt[292]. Sein Sohn war gefallen und seine Frau „schwer leidend, durch wiederholte Nervenzusammenbrüche gefährdet"[293]. Trotz erheblicher Bemühungen vor allem seines Bruders, Erster

[290] Begründung des Spruches vom 24. 6. 1948.
[291] Abschrift eines Berichtes, Zur Sache Hartmann, Hans, vom 22. 9. 1947.
[292] Franz X. Hartmann, Entlassungsgesuch für Hans Hartmann vom 11. 3. 1948.
[293] Franz X. Hartmann, Urlaubsgesuch für Hans Hartmann vom 23. 3. 1948.

Vorsitzender des Bayerischen Lehrervereins und Landesbeauftragter für die Heime der verlegten Schulen in Bayern, gelang es nicht, ihm zu einem kurzfristigen Heimaturlaub zu verhelfen. Es häuften sich alarmierende Meldungen über den zunehmend schlechteren Zustand seiner Frau: „Das Herz- und besonders das Nervenleiden hat sich verstärkt: Selbstmordversuche in letzter Zeit; wurde mit durchschnittener Pulsader noch rechtzeitig aufgefunden."[294] Urlaub bekam Hartmann nicht; statt dessen legte man ihm eine „*Belehrung* betreffend die Folgen einer Entweichung" vor, die ihn davon in Kenntnis setzte, daß seine Flucht aus dem Lager, wozu auch jede „kurzfristige unerlaubte Entfernung" zählte, bedeuten würde, „daß das laufende Spruchkammerverfahren bis zur Erledigung der übrigen Spruchkammerverfahren zurückgestellt werden kann"[295].

Die Meldungen vom Zustand der Frau Hartmann wurden immer besorgniserregender. Als Hartmann von der Gefahr ihres akuten Herztodes[296] Kenntnis erhielt, versuchte er am 1. Juni 1948, kurz vor Beginn seines Verfahrens, ein letztes Mal, Heimurlaub zu bekommen: „Durch meine lange Abwesenheit von zu Hause, ich bin seit 26.8.39 von meiner Familie getrennt ..., sind die wirtschaftlichen Verhältnisse zu Hause derartig zerrüttet ..., ist die Existenz nicht nur des Geschäftes, sondern auch die Möglichkeit des künftigen Lebensunterhalts meiner Frau in Frage gestellt ... Meine Frau, durch das Erleben der letzten Jahre gesundheitlich und seelisch vollständig erledigt ..., verfällt immer mehr ... Aus diesen Gründen ist es notwendig, daß ich Gelegenheit habe, ihr die angefallenen Abwicklungen und die Sicherung ihres Unterhaltes abzunehmen. ... Ich bitte daher um Urlaub bis zur Durchführung meiner Spruchkammerverhandlung ... Ergebenst!"[297]

Im Juni 1948 kehrte Hartmann nach Garmisch-Partenkirchen zurück. Die Verhältnisse, auf die er dort traf, waren deprimierend. „Durch Maßnahmen der Treuhänderschaft und Geschäftsführung in den vergangenen Jahren" ist „eine fast 100%ige Vernichtung meines Geschäftes eingetreten ... Ich muß also so ziemlich von vorne beginnen."[298] Es gelang Hartmann mit der tatkräftigen Unterstützung vor allem seiner Tochter, das Geschäft wieder aufzubauen. Leicht machte man es dem ehemaligen Kreisleiter allerdings nicht. Der bis zu seiner Rückkehr treuhänderisch verwaltete Laden war in eine ungünstig gelegene Baracke verlegt worden und vollständig heruntergewirtschaftet, denn den Familienangehörigen war es verboten, dort mitzuarbeiten, und der Treuhänder hatte wenig Interesse, sich für das Geschäft einzusetzen. Nach und nach gelang es aber, das Geschäft hochzubringen. Trotz seiner allseits bekannten politischen Vergangenheit kaufte man wieder bei ihm. Das Geschäft brachte ihm bald sogar so viel ein, daß er den Laden sowie die darüber liegenden Wohnräume kaufen konnte. Auch sein gesellschaftliches Ansehen wuchs; glaubt man den Angaben seiner Tochter, war er bald wieder ein angesehenes Mitglied der Gemeinde. Die Zeit des Nationalsozialismus, des Krieges und der Internierung waren nach Beendigung des Spruchkammerverfahrens kein Thema mehr für ihn, jedenfalls keines, über das er ein Wort verlor. Politisch engagierte er sich nicht wieder. Das hing – so meint die Tochter –

[294] Franz X. Hartmann, Urlaubs- bzw. Entlassungsgesuch für Hans Hartmann vom 11. 5. 1948.
[295] Belehrung vom 26. 5. 1948.
[296] Ärztliche Bescheinigung für Frau Hartmann vom 5. 6. 1948.
[297] Hartmann an die Lagerleitung, Urlaubsgesuch zu Hans Hartmann aus wirtschaftlichem Notstand, am 1. 6. 1948.
[298] Gesuch um Herabsetzung der Verfahrenskosten vom 27. 12. 1948.

nicht mit den Erfahrungen der Nachkriegszeit zusammen. Einmal sei ihm für Politik keine Zeit geblieben und außerdem sei er nie politisch gewesen, von den Parteien habe er nie viel gehalten, nur die Gemeindepolitik habe sein Interesse gefunden[299].

g) *„Der Schustersepp“*

Windstetter, Josef

Geboren am 11.10.1892 in Steinhöring, ledig, Schustermeister, Pg 1.7.1929, 1.7.1929 Ortsgruppenleiter Steinhöring, 1934–1945 Kreisleiter Ebersberg, 1933–1945 1. Bürgermeister Steinhöring, interniert bis 26.4.1948.

Josef Windstetter wurde am 11. Oktober 1892 in Steinhöring, einem kleinen Dorf bei Ebersberg, geboren. Er stammte aus einfachen Verhältnissen, „war nie auf Rosen gebettet“, ein „einfacher Mann“. Er besuchte die Volksschule, machte anschließend eine Schusterlehre, erwarb den Meistertitel und arbeitete dann als selbständiger Schuhmacher in Steinhöring. Bei Ausbruch des Ersten Weltkrieges wurde er eingezogen und geriet 1916 in Gefangenschaft, aus der er erst 1920 nach Steinhöring zurückkehrte. 1929 trat er der NSDAP bei, „teils aus wirtschaftlicher Notlage und zu einem Teil auch im Glauben, einer guten Sache zu dienen“[300]. Für die Partei hatte er sich allerdings schon früher engagiert. Ein Parteigenosse bescheinigte ihm später große Verdienste an den seit 1924 einsetzenden Wahlerfolgen der NSDAP in Steinhöring („30 und mehr Stimmen schon damals“), die „nur der rührigen Aufklärungsarbeit des Pg. Windstetter zuzuschreiben“ gewesen seien. Windstetter gründete am Tag seines Parteieintritts, am 1. Juli 1929, die Ortsgruppe Steinhöring der NSDAP, der er bis zu seiner Ernennung zum Kreisleiter vorstand[301]. Nachdem drei in kurzer Folge die Kreisleitung Ebersberg passierende Vorgänger „eine wenig glückliche Hand“ bewiesen hatten[302], wurde im April 1934 Windstetter Kreisleiter. Er wollte das Amt „zunächst nicht übernehmen, weil ich mich der Aufgabe nicht gewachsen fühlte. Ich habe aber trotzdem nach mehrmaligem und wiederholtem Drängen der Gauleitung diesem Ersuchen stattgegeben, weil von seiten der Bevölkerung hier in Ebersberg Stimmen laut wurden, ich möchte so gut sein und es übernehmen, bevor ein strengerer Kreisleiter herkommen soll.“[303] Gelockt hat wohl auch die Aussicht auf Besserung seiner prekären Finanzlage. Sein Einkommen stieg nach der hauptamtlichen Übernahme der Kreisleitung von 1932 monatlich ca. RM 200 auf 1938 ca. RM 415 und 1943 ca. RM 670 monatlich[304].

Tätigkeit und Ansehen des Kreisleiters sind sehr authentisch in einem Bericht des für die Spruchkammer tätig gewordenen Ermittlers zusammengefaßt. Seine Farbigkeit und Lebendigkeit, die Mentalität und Stimmung vor Ort plastisch werden lassen, und die inneren Widersprüche mit oft komischem Effekt, die – zweifelsohne unbeabsichtigt – die unbewußten Ambivalenzen weiter Kreise der Gesellschaft „nach Hitler“ zeigen, rechtfertigen ein ausführliches Zitat: „Unter dem Namen ‚Schustersepp‘ ist der

[299] Interview mit der Tochter.

[300] Windstetter laut Protokoll der öffentlichen Verhandlung der Spruchkammer Ebersberg am 26. 7. 1948.

[301] Ortsgruppenleiter W., Bestätigung vom 15. 12. 1939; Document Center Berlin, Josef Windstetter.

[302] Gauorganisationsamtsleiter Reichinger an Nippold, Bericht über eine Besichtigungsfahrt in den Kreis Ebersberg am 28./29. 11. 1935.

[303] Windstetter vor der Spruchkammer Ebersberg; Protokoll der Verhandlung am 26. 7. 1948.

[304] Kleiner Fragebogen Windstetter.

Betroffene im ganzen Kreis Ebersberg als typischer Nazibonze bekannt. Bei den Ermittlungen bekam ich immer und immer wieder zu hören, daß Windstetter so ziemlich an allem Unrechten, was während der Nazizeit im Kreis Ebersberg geschah, schuld – oder zumindest mitschuldig sei, da er der mächtigste Mann im Kreis war und auch mit dem Bezirksamt Hand in Hand arbeitete. Unzählige Zeugen, die ich vernahm, konnten den Betroffenen wohl allgemein charakterisieren, ihm jedoch keine konkreten Schandtaten nachweisen ... Von Beruf Schuhmacher, gründete der Betroffene 1929 die Ortsgruppe der NSDAP Steinhöring. Trotzdem von Natur aus nicht gerade von großer Intelligenz ausgestattet, gelang ihm, ... Steinhöring bald zu einem Bollwerk der Nazis zu machen ... Selbstverständlich kehrte er nur auf Befehl von ‚oben' der Kirche den Rücken und selbstverständlich attackierte er alles Christliche ebenfalls nur auf Befehl von ‚oben' auf das gemeinste ... Dies besonders seitdem er Kreisleiter geworden war. Nur der Umstand, daß der Betroffene im Grunde feig war und genau wußte, daß die Kirche besonders im Kreis Ebersberg nicht von heute auf morgen aus dem Sattel gehoben werden konnte, bestimmte ihn dazu, den Kampf nicht in aller Öffentlichkeit auszutragen und ihn nicht allzusehr auf die Spitze zu treiben. Nachdem der Betroffene an einem Führerkurs in Saßnitz auf Rügen teilgenommen hatte, ... war es mit dem ab und zu noch vorhandenen Verstand ganz aus. Von nun an lebte er nur noch in und mit Schlagworten. Da er ein erbärmlicher Redner war, seine Geltungssucht ihn aber dazu trieb, bei allen passenden und unpassenden Gelegenheiten zu reden und sich für die Bewegung einzusetzen, blieb ihm nichts anderes übrig, als tönende Worte Hitlers, Goebbels, Wagners u.a. ein bißchen durcheinanderzuschütteln und dem Volke zuzubrüllen. Erstaunlicherweise hatte er damit Erfolg, denn Ebersberg wurde einer der zuverlässigsten Kreise im Gau ...

Zusammenfassend: Der Betroffene ist hauptverantwortlich an der Errichtung und Aufrechterhaltung der Naziherrschaft im Kreis Ebersberg. In unzähligen Reden hämmerte er den Menschen den Glauben an das Dritte Reich ein, schreckte vor Drohungen nicht zurück, schloß laue Parteigenossen rücksichtslos aus der Partei aus ... Er kannte nur ein Ziel, sein Kreis mußte in jeder Beziehung und unter allen Umständen nationalsozialistisch werden. Kein Wunder, wenn der Großteil der Bevölkerung den Standpunkt vertritt, daß eine Rückkehr Windstetters ins Zivilleben in den nächsten Jahren nicht tragbar wäre."[305]

Tatsächlich verhielt sich Windstetter wie ein Hund der bellte, aber nicht biß. Gegen ihn lag – abgesehen von seinem lautstarken propagandistischen Eintreten für die Ziele der NSDAP – keine schwerwiegende Belastung vor. Die Aussagen der Belastungszeugen weisen im Gegenteil darauf hin, daß unter Windstetter der Spielraum für renitentes Verhalten groß gewesen ist: „Wenn man Windstetter mit ‚Grüß Gott' grüßte, so sagte er gleich: Weißt es nicht, wie man grüßen muß, ‚Heil Hitler'!"[306] Seine eher zaghaften Versuche der Einmischung in die Geschäfte der Gendarmerie stießen regelmäßig auf den Widerstand des leitenden Beamten: „Beabsichtigte Eingriffe der Kreisleitung Ebersberg in die Führung meiner Dienstgeschäfte ... habe ich immer mit allem Nachdruck zurückgewiesen und mir jede Einmischung verbeten. Dadurch wurde das Verhältnis zwischen mir und der Kreisleitung ... im Laufe der Jahre sehr gespannt. Es

[305] Ermittlungsbericht vom 19. 1. 1948.
[306] Eidesstattliche Erklärung Berta S. vom 13. 1. 1948.

kam dadurch so weit, daß mich der Kreisleiter ... vor allen Leuten schnitt." Der Leiter der Gendarmerie rächte sich, indem er an seine „Posten die Weisung hinaus [gab], daß an sogenannten Kontrolltagen auch der Kraftwagen des Kreisleiters zu kontrollieren sei"[307].

Der Nationalsozialismus zeigte in Windstetter ein eher harmloses Gesicht. Die allgemeine Stimmung gegen ihn, von der der Ermittler zu berichten wußte, gründete weniger auf einem Gefühl von Unterdrückung. Was man ihm übel nahm, war sein schneller Aufstieg vom armen Schuhmacher zu einem, der etwas zu sagen hatte: „Windstetter war eigentlich nirgends beliebt, weil er als Schuster später so stolz wurde."[308] Im übrigen war die Bevölkerung der Meinung, „daß der Kreisleiter Windstetter Josef zu dumm war, um gefährlich zu werden"[309].

Am 26. Juli 1948 befaßte sich die Spruchkammer Ebersberg mit dem Fall des ehemaligen Kreisleiters. Es war die letzte öffentliche Verhandlung im Landkreis, die Spruchkammer Ebersberg war in bezug auf Effizienz und Spruchfindung einer der wenigen Lichtblicke, die Field Inspector William A. Rubin bei seinen Reisen zu den oberbayerischen Spruchkammern begegneten[310]. Der öffentliche Kläger hatte Windstetters Einstufung als Hauptschuldiger beantragt. Die Verhandlung, so meinte er, würde den Beweis erbringen, daß der Betroffene nicht nur formal, sondern tatsächlich als Hauptschuldiger anzusehen sei[311]. Dem war aber nicht so. Gegen Windstetter, der – nun wieder der kleinlaute Schuster – sich selbst so gut wie gar nicht verteidigte, wurde keine materielle Belastung aufrechterhalten. Der einzige schwerwiegende Vorwurf, der gegen ihn erhoben worden war, erwies sich bei der Verhandlung als wenig stichhaltig. Der Kreisleiter hatte sich in seiner Amtsführung weitgehend dem katholisch-konservativen Milieu des Landkreises angepaßt. Die Kruzifixaktion reduzierte sich in Ebersberg auf die Weitergabe der Anordnung an die Ortsgruppenleiter und Bürgermeister. Wenige Tage später reiste der Kreisleiter durch den Kreis und nahm die Order „unter der Hand" zurück. Die „Aktion Gitter" wurde im Einvernehmen zwischen Landrat und Kreisleiter ignoriert, man erstattete beiderseits Fehlanzeige. Eine ähnlich gemäßigte Haltung legte Kreisleiter Windstetter auch im Umgang mit politischen Gegnern an den Tag: „Wenn Anzeigen eingelaufen sind, sind die Betreffenden zum ersten Mal verwarnt worden und zum zweiten Mal auch wieder und erst zum dritten Mal war eine Anzeige ins Auge gefaßt."[312] Gefährlich wurde er allerdings, wenn er selbst zum Angriffspunkt wurde, etwa als eine Frau verbreitete, er habe schwarz geschlachtet, oder als ein Parteigenosse ihn einen Lumpen hieß. In beiden Fällen erstattete er Anzeige beim Landratsamt, die Frau wurde für einige Tage verhaftet, der Parteigenosse vor das Parteigericht zitiert[313].

Ein erstaunliches Maß an Zivilcourage bewies Windstetter Anfang 1945. Ein Justizinspektor berichtete der Kammer einen bemerkenswerten Vorfall, der von Windstetter selbst bezeichnenderweise gar nicht ins Feld geführt worden war. Er sei seinerzeit

[307] Josef St. an die Spruchkammer des Landkreises Ebersberg am 12. 10. 1946.

[308] Berta S. vom 13. 1. 1948.

[309] Vernehmung Johann E. am 20. 1. 1948.

[310] Der öffentliche Kläger am 26. 7. 1948; Entnazifizierungsakt Windstetter. Denazification Field Inspection Report vom 22. 11. 1947; NA, RG 260, 15/119-1/43.

[311] Klageschrift vom 21. 6. 1948.

[312] Aussage Windstetters; Protokoll, S. 2, S. 5.

[313] Protokoll, S. 23, S. 24.

zum Kreisleiter zitiert worden, der von ihm zu erfahren wünschte, mit welchen Folgen er zu rechnen habe, wenn er von einer Widerstandsbewegung Kenntnis erhalte und dies nicht weitermelde. Der Zeuge belehrte ihn, daß Widerstand ein Hochverratsdelikt sei und daß der Volksgerichtshof die Nichtmeldung des Hochverrats schwer bestrafe. Windstetter zeigte ihm darauf ein Schriftstück, aus dem hervorging, „daß in München eine Widerstandsgruppe bestand, die von Glonn [Kreis Ebersberg] aus geleitet wurde. Unterschrieben war es von einem Scharnagel und getarnt war es als Volkssturmangelegenheit." Der um seinen Rat befragte Zeuge gab Windstetter zu bedenken, daß die Weitergabe dieser Information Menschenleben kosten werde. Der Kreisleiter gab ihm recht, „hat den ganzen Vorgang in den Ofen geworfen und gesagt ‚Sie haben selbstverständlich nichts gesehen und gehört'"[314].

Von solchen Aussagen zeigte sich selbst der öffentliche Kläger beeindruckt. Die Verhandlung ergab, daß sich der als einfältig verschrieene „Schustersepp" in diesem wie in fast allen zur Sprache gekommenen Fällen so umsichtig verhalten hatte, daß es dem Kläger offensichtlich schwerfiel, in seinem Abschlußplädoyer die Forderung auf Einstufung als Hauptschuldiger (an der er wegen der Formalbelastung trotzdem festhielt) aufrechtzuerhalten: „Er war ein überzeugter Nationalsozialist. Er hat die Ideen und Maßnahmen des Nationalsozialismus vertreten. Der Betroffene hat alle Befehle, die von seinen vorgesetzten Parteidienststellen heruntergegeben wurden, durchgeführt ... Daß er sich bei der Durchführung der einzelnen Befehle durchaus menschlich verhalten hat, daß ihm keinerlei konkrete Schandtaten nachgesagt werden können, sind Tatsachen, die nicht unberücksichtigt bleiben dürfen." Er fügte seinem Antrag darum hinzu: „Ich möchte noch einmal betonen, daß ... ein milderes Urteil bei dem Betroffenen am Platze wäre."[315]

Mit Spruch vom 26. April 1948 wurde Windstetter in die Gruppe der Belasteten eingereiht. Ein Jahr nützliche – und durch seine Berufsvorbildung qualifizierte – Sonderarbeit, Einzug von 20 Prozent seines Vermögens unter Belassung eines Betrages von RM 3000 und seines Handwerkszeugs sowie fünf Jahre Berufsbeschränkung hielt die Kammer für angemessen, ordnete aber gleichzeitig eine Überprüfung seiner politischen Gesinnung nach Jahresfrist an, um dem Sonderminister – falls „der Betroffene sich vom Nationalsozialismus völlig abgewandt hat" – eine Milderung oder Aufhebung der Sühnen anheimzustellen.

Sein Amt als Kreisleiter, so die Spruchbegründung, habe er „wie er ohne Beschönigung zugesteht, ... in all seinen Funktionen geführt ... Dabei gehörten zu seinen Pflichten auch die Maßnahmen, die ihm heute als Belastungen angesehen werden müssen. Er habe sich aber bemüht, ... möglichst gerecht zu verfahren und überflüssige Härten zu vermeiden. Direkt ungünstige Angaben über den Betroffenen wurden vor der Kammer nicht gemacht ... Es ist wiederholt ausgesprochen worden in der Verhandlung, daß der Betroffene ein anständiger, ehrlicher Mensch war. An und für sich dürfte das für jeden Menschen in führender Stellung selbstverständlich sein und man kann es für die Einstufung als solche nicht in Anrechnung bringen. Es kommt lediglich für das Sühnemaß in Frage." Die Kammer bedauerte, bei der Zumessung der Sühne an die starren Vorschriften gebunden zu sein, ging aber davon aus, daß die mei-

[314] Protokoll, S. 28.
[315] Protokoll, Anlage 3.

sten der angeordneten Sühnen „den Betroffenen nicht sehr treffen" würden. Das Gegenteil gelte lediglich für das Verbot, als selbständiger Schuster zu arbeiten, die Kammer werde daher ein entsprechendes Gnadengesuch unterstützen, zumal der Betroffene sich bereits seit Kriegsende vom Nationalsozialismus abgewandt habe: „Er kam nach dem Zusammenbruch fast volle 3 Jahre in automatischen Arrest. Die Internierungshaft war auch für ihn eine Zeit der Erkenntnis, so daß er heute von sich behaupten kann, daß er jede Diktatur als Regierungsform ablehne."

Windstetter machte von der Möglichkeit der Berufung keinen Gebrauch, griff aber nach dem Rettungsreifen, den die Spruchkammer Ebersberg im Bewußtsein ihres als zu hart empfundenen Spruches fürsorglich ausgeworfen hatte. Sein Rechtsanwalt beantragte im Oktober 1949 die Überprüfung der verfügten Sühnemaßnahmen, insbesondere die Aufhebung der Berufsbeschränkung: Windstetter lege „großen Wert darauf, eines Tages wieder selbständig zu arbeiten und muß alsdann auch wieder einer beruflichen Vereinigung angehören können"[316]. Nachdem die Kammer Windstetters völlige Abwendung vom Nationalsozialismus zur Bedingung ihrer Unterstützung eines solchen Gnadenantrags gemacht hatte, war vorgegeben, daß der Rechtsanwalt eine Reihe entsprechender Zeugenaussagen beibrachte. Der Schuhmacher, bei dem Windstetter seit August 1948 als Gehilfe arbeitete, bescheinigte ihm, sich niemals an politischen Gesprächen, die verschiedentlich mit Kunden geführt würden, beteiligt zu haben. Windstetter habe ihm einmal gesagt, „er würde sich nie wieder mit Politik abgeben, auch wenn er noch so gut bezahlt würde"[317]. Im gleichen Sinne äußerte sich Dr. Josef Wintrich, Senatspräsident am Oberlandesgericht München, der schon vor der Spruchkammer positiv für den ehemaligen Kreisleiter gezeugt hatte und aufgrund verschiedener Gespräche mit Windstetter den bestimmten Eindruck gewonnen hatte, „daß er sich von der Ideologie des Nationalsozialismus abgewendet und der demokratischen Ordnung unseres politischen Lebens eingeordnet hat. Sein Interesse ist nunmehr ... ausschließlich seiner bürgerlichen Tätigkeit zugewandt."[318]

Die Berufungskammer München holte zusätzlich die Stellungnahme des Bürgermeisters von Steinhöring ein. Der Gemeinderat bescheinigte Windstetter zwar tadelloses Verhalten, hatte auch keinerlei Bedenken, ihm die selbständige Berufsausübung zu gewähren, hielt es jedoch „für zweckmäßig, daß man W. nicht hier im Landkreis Ebersberg diese Vergünstigungen gewährt, da W. hier Kreisleiter war"[319]. Die ambivalente Stellungnahme veranlaßte das Sonderministerium, für Windstetter zu intervenieren: „Ich bitte den Betroffenen zu befragen, ob es ihm möglich wäre, seinen Wohnsitz ... zu verlegen und sich anderswo als selbständiger Schuhmacher niederzulassen. Sollte dies dem Betroffenen aus triftigen Gründen nicht möglich sein, bitte ich um Mitteilung, ob Sie an Ihrer Bitte festhalten." Der Gemeinderat von Steinhöring gab nach[320]. Mit Wirkung vom 1. November 1950 wurde es dem ehemaligen Kreisleiter gestattet, wieder als selbständiger Schuhmacher tätig zu sein, eine darüber hinausge-

316 Rechtsanwalt Hans H. an die Hauptkammer München-Land am 26. 10. 1949.

317 Zeugnis Jakob F. vom 4. 10. 1949.

318 Bestätigung Wintrich vom 21. 10. 1949.

319 Berufungskammer München an den Bürgermeister von Steinhöring am 22. 6. 1950, urschriftlich zurück am 25. 6. 1950.

320 Ministerium für politische Befreiung an den Bürgermeister von Steinhöring am 9. 10. 1950, urschriftlich zurück am 13. 10. 1950.

hende Abmilderung der Sühnen, insbesondere des 20prozentigen Vermögenseinzugs, lehnte das Sonderministerium jedoch ab[321]. Das war allerdings auch nicht gravierend, da Windstetters Besitz sich in einem „alten Kleiderschrank und einem alten Wäscheschrank sowie dem dringendsten Kleider- u. Wäschebedarf" erschöpfte. Sein während der NS-Zeit erspartes Bankguthaben von RM 21618,03 war der Währungsreform zum Opfer gefallen, der verbliebene Rest von DM 540 für Anwalts- und Verfahrenskosten verbraucht[322].

Im November 1950 war Windstetter – inzwischen 58 Jahre alt – wieder auf jenem sozialen Status angelangt, dem er 1934 mit der Übernahme der Kreisleitung Ebersberg auf immer zu entfliehen gehofft hatte. Sein gesellschaftliches Ansehen scheint, wenn man die Reaktion des Steinhöringer Gemeinderates zum Maßstab nimmt, durch seinen elf Jahre währenden Höhenflug unwiderruflich gelitten zu haben. Nachdem die Spruchkammerakte ihn eindeutig als zum Typus der „anständigen" Kreisleiter gehörig ausweist, sind die Gründe der ungewöhnlichen Nachhaltigkeit der Distanzierung wohl kaum in seiner NS-Vergangenheit zu suchen. Die noch 1950 deutliche Antipathie gegen den ehemaligen Kreisleiter war vielmehr eine gesellschaftliche Abwehrhaltung gegen einen, der sich als Schuster dazu verstieg, elf Jahre den „König zu markieren"[323].

Da im Falle Windstetter keine Interviewpartner ausfindig gemacht werden konnten, läßt sich die Stichhaltigkeit dieser Interpretation nicht überprüfen, auch nicht, ob und wann sein Außenseiterdasein ein Ende fand. Windstetter lebte, wie dem Einwohnerbuch des Landkreises zu entnehmen ist, 1959 als selbständiger Schuster in Steinhöring[324], wo er offensichtlich den Konkurrenzkampf gegen einen zweiten Schuhmacher bestand. Daß er sich jemals wieder politisch engagierte, ist eher unwahrscheinlich. Dafür sprechen weniger die Aussagen der im Zuge des Gnadenverfahrens für ihn eingetretenen Zeugen als die Tatsache, daß er – trotz bester Aussicht auf Erfolg – auf ein Berufungsverfahren verzichtete. Anscheinend wollte er einen endgültigen Schlußstrich unter seine Vergangenheit gezogen wissen. Es waren speziell die Unverbesserlichen – Buchner, Danninger, Emmer –, die, sich keiner Schuld bewußt, nicht müde wurden, in immer neuen Anläufen zu versuchen, die als diskriminierend empfundenen Kategorien eines Hauptschuldigen oder Belasteten abzustreifen.

h) „Eine geradezu auffallende Ausnahme"

Fandrey, Walter

Geboren am 13.12.1900 in Berlin-Wilmersdorf, verheiratet seit 1927, drei Kinder, kaufmännischer Angestellter, Pg 1930–1945, 1934–1936 Ortsgruppenleiter, 1935–1941 Kreisleiter Altötting, 1934–1938 Bürgermeister Altötting, SA 1930–1945, 1941 Sturmbannführer, 1941–1945 Wehrmacht, interniert vom 28.5.1945 bis zum 28.4.1948.

„Ich Unterzeichneter erkläre hiermit nach bestem Wissen und Gewissen, daß ich zu allen Zeiten meines Eintretens für den nationalen Sozialismus niemals dem Nazismus gehuldigt habe und die von mir vertretene Weltanschauung eine solche des gesunden

321 Gnadenantrag, beschieden am 20. 10. 1950.

322 Eidesstattliche Erklärung Windstetters vom 20. 2. 1950 sowie Vermögensaufnahme samt Anlagen vom Februar 1950.

323 Protokoll, Zeuge B., S. 12.

324 Einwohnerbuch für die Städte Ebersberg und Grafing bei München sowie die Gemeinden des Landkreises Ebersberg, München 1959.

Menschenverstands, der anständigen Charakterhaltung und der sauberen Lebensführung war." Mit diesen Sätzen leitete Walter Fandrey, langjähriger Bürgermeister und Kreisleiter von Altötting, seine neunzehnseitige Verteidigungsschrift ein, die er im Juni 1948 zur Vorlage bei der Spruchkammer Altötting in gestochener, penibelgleichmäßiger, reinlicher Handschrift zu Papier gebracht hatte.

Was und wann es den gebürtigen Berliner evangelischer Konfession Walter Fandrey ausgerechnet ins erzkatholische Altötting verschlagen hatte, ist fraglich. Vermutlich schon in der Kindheit, denn der bekannte oberbayerische Wallfahrtsort, der erst im Jahr 1900 zur Stadt erhoben worden war und fast ausschließlich von den Gläubigen lebte, die dem abgelegenen Städtchen zuströmten – da man dem Ort wundersame Heilkraft nachsagte[325] –, bot eigentlich wenig Möglichkeiten für einen jungen strebsamen kaufmännischen Angestellten aus Berlin. Fandrey kam im Juni 1930 zum ersten Mal in Kontakt mit der NSDAP. Beeindruckt vom Programm der Partei, noch mehr aber von der „Begeisterung der Menschen, die der Versammlung beiwohnten", entschloß er sich im August 1930 zum Parteieintritt. Der damalige Ortsgruppenleiter von Neuötting, den er zu diesem Zweck aufsuchte, sprach zu ihm „mit tiefem Ernst und nahezu einer heiligen Überzeugung von der Bewegung", und schickte ihn sodann mit den Worten nach Hause: „Überlegen Sie sich das noch 14 Tage. Die Bewegung braucht Männer von großem Idealismus, Treue, Glaubens- und Charakterstärke. Erwarten Sie keine Vorteile, aber große Pflichten." Der Mann nahm sich die Phrasen zu Herzen: „Ich habe während dieser 14 Tage innerlich seelisch gekämpft, allein um die Frage, ob ich würdig genug sei, dieser Bewegung beizutreten." Am 1. September entschied er, er sei. Noch am gleichen Tag wurde er – mit offenen Armen empfangen – Beisitzer im „Uschla" (Untersuchungs- und Schlichtungsausschuß) der Ortsgruppe Neuötting, zwei Wochen später Ortsgruppenpressewalter[326]. Der in den Jahren 1930 bis 1933 meist arbeitslose kaufmännische Angestellte stieg nach der Machtergreifung, im November 1933[327], zum hauptamtlichen Bürgermeister auf, im Februar 1934 erhielt er zusätzlich die Ortsgruppenleitung, im März 1935 die Kreisleitung von Altötting[328]. Er übernahm das Amt trotz seiner Bedenken, aufgrund seiner Belastung als Bürgermeister seine Pflicht nicht adäquat erfüllen zu können: „Ein Teil meiner Mitbürger ... drängten dazu, daß ich dieses Amt übernehmen soll. Entscheidend aber war für mich der Gedanke, daß im Falle meiner endgültigen Absage der Kreisleiter von Mühldorf [Schwägerl, ein ganz übler Scherge, der nach dem Zusammenbruch Selbstmord verübte] den Kreis Altötting mitübernehmen würde."

Durch seine ausgesprochen milieukonforme Amtsführung zog er sich das Mißfallen Gauleiter Wagners zu. Das Faß lief über, als dieser im Herbst 1941 zu einer Führerbesprechung nach Altötting kam und ungewöhnlich nüchtern empfangen wurde. Der Bürgermeister und Kreisleiter weigerte sich – da es ihm angesichts des Krieges „unangebracht" erschien –, den Gauleiter mit einem großen Empfang samt Festessen zu beglücken und ließ ihm lediglich einen Blumenstrauß überreichen. Gauleiter Wagner konnte die ausgebliebenen Gaumenfreuden zwar wenig später bei Kreisleiter Schwä-

[325] Friedrich Leeb, Altötting. Orts- und Wallfahrtsgeschichte, Altötting 1957, S. 74ff.

[326] Bestätigung für Walter Fandrey, Ortsgruppenleiter Neuötting, vom 6. 12. 1939; Document Center Berlin, Walter Fandrey.

[327] Beurteilung, undat.; ebd.

[328] Antrag auf Erwerb der Dienstauszeichnung der NSDAP für 10jährige Tätigkeit vom 30. 1. 1940; ebd.

gerl in Mühldorf nachholen, doch Fandrey hatte ausgespielt: „Meine Absetzung erfolgte unmittelbar und ohne jegliche vorherige Ankündigung. Innerhalb von 36 Stunden hatte ich mich am 2. Weihnachtsfeiertag 1941 der Wehrmacht zu stellen. Die Begründung für meine Absetzung erfuhr ich erst anläßlich meines Urlaubs aus Rußland im Jahre 1943. Der neue Gauleiter Giesler erklärte mir persönlich: ‚Sie eignen sich nicht für Altötting. Sie sind mir zu beliebt bei der Bevölkerung gewesen. Sie haben sehr viel Takt gezeigt, aber zu wenig Schärfe. Ihre Beziehungen zu den kirchlichen Stellen und einer Reihe von politischen Gegnern haben mißfallen. Anweisungen der Gauleitung haben Sie umgangen und einige strikte Befehle nicht durchgeführt. Aus Ihren Reden war eine politische Richtung zu entnehmen, die nicht gewünscht wurde.'"

Gieslers Zurechtweisung löste zwar bei Fandrey „die ersten schweren Zweifel über die Folgerichtigkeit des Führerprinzips" aus, konnte aber seine politische Grundüberzeugung nicht erschüttern. Auch die Zeit im Internierungslager vom 28. Mai 1945 bis 28. April 1948 brachte keine endgültige Abkehr vom Nationalsozialismus: „Erschüttert über den maßlosen Mißbrauch, der gegen den Idealismus, die Treue und den Glauben von Millionen ... Anhänger dieses Reiches getrieben wurde", rang sich Fandrey immerhin zu der Erkenntnis durch, „daß die nationalsozialistische Idee in dieser Form nur geleitet durch das Führerprinzip falsch gewesen ist. Ich bin bereit, die Folgen dieser Erkenntnis auf mich zu nehmen."[329] Walter Fandrey hatte – nach Aktenlage – sein Amt tatsächlich in dem Sinne geführt, wie es der von ihm sicher stilisierte Vorwurf Gauleiter Gieslers suggeriert. Der ehemalige Kreisleiter war aber, wie sich aus der auszugsweise zitierten Verteidigungsschrift auch herauslesen läßt, keineswegs der Typ des kritischen Idealisten oder gar mutigen Einzelkämpfers. Seine in vieler Hinsicht von den Vorgaben des NS-Regimes abweichende Amtsführung war vielmehr bedingt durch seine charakterliche Disposition eines unsicheren Opportunisten, der sich – ständig bemüht um Anerkennung und Einklang mit seiner gesellschaftlichen Umgebung – weitgehend vom Altöttinger Milieu absorbieren ließ. Gerade die ihm im Zuge seiner Entnazifizierung zugute gehaltenen anpasserischen Aspekte seines Wesens legen die Vermutung nahe, daß ein anderer Ort, ein anderes Milieu und eine größere Nähe zur Parteiführung einen völlig anderen Kreisleiter Fandrey hervorgebracht hätten. Fandrey aber lebte in Altötting, dem kleinen Wallfahrtsort, der fern der Hauptstadt der Bewegung ein unerschütterliches Bollwerk des Katholizismus geblieben war. Der spätere Kreisleiter war 1927 – „aus Liebe zu meiner Frau" – der katholischen Kirche beigetreten, aus der er erst 1941 – „aus Gewissensgründen" – wieder austrat[330]. In den ersten Jahren des NS-Regimes besuchte er regelmäßig die Sonntagsgottesdienste in der Pfarrkirche, 1934 fuhr er anläßlich der Heiligsprechung Bruder Konrads von Altötting nach Rom, wo er offiziell an den Heiligsprechungsfeierlichkeiten teilnahm[331], und er ließ die Altöttinger Geistlichkeit gewähren, als sie dieses Ereignis in „glanzvollen kirchlichen Festwochen" ausklingen ließ[332]. Verständig sprach er mit einem Pater des Bischöflichen Ordinariats Passau über die „Mißstände" im

[329] Sämtliche Angaben und Zitate, soweit nicht anders angemerkt, aus der „Verteidigungsschrift" Fandreys vom 1. 6. 1948.
[330] Vernehmungsprotokoll der Spruchkammer Altötting, Aussage Fandrey am 22. 6. 1948.
[331] Eidesstattliche Erklärung Heinrich H., 2. Lizenzträger des Südost-Kurier, vom 24. 4. 1948.
[332] Leeb, Altötting, S. 89.

Volksbad und ordnete zur Beruhigung der kirchlichen Stellen an, „daß Männer und Frauen nicht mehr zu gleicher Zeit, sondern nacheinander baden" mußten[333]. Kurz: „Die Amtszeit des Fandrey" war „erträglich für die Einwohner ..., da er offensichtlich bemüht war, mit denselben in einem guten Verhältnis zu bleiben", und das galt offenbar auch für die wohl ohnehin verschwindend geringe Opposition von links[334].

Gegen Fandrey wurden – mit Ausnahme einer Anzeige der Ortskrankenkasse Mühldorf, die ihm die Verhinderung einer Beförderung eines ihrer Mitarbeiter anlastete – seitens der Einwohnerschaft Altöttings keinerlei Belastungen erhoben, und selbst die gewöhnlich stereotyp negativen Auskünfte seitens der Polizei, des Bürgermeisters und der politischen Parteien bescheinigten ihm, er sei zwar ein überzeugter Nationalsozialist gewesen, in seiner Eigenschaft als Kreisleiter und Bürgermeister jedoch stets anständig, vermittelnd und gerecht und fern von jedem Radikalismus aufgetreten: „Die Bevölkerung erkannte den Unterschied nur zu gut, als sein Nachfolger Schwägerl die Kreisleitung übernahm und brutal die Bevölkerung bis zur Ermordung von 5 Bürgern am 28.4.1945 unterdrückte."[335] Ähnlich wie in Penzberg war man am 28. April auch in Altötting dem Aufruf der Freiheitsaktion Bayern gefolgt und hatte die örtliche Naziprominenz ihrer Posten enthoben und eingesperrt. Die Aktion erfolgte hier wie dort einige Tage zu früh und bot Kreisleiter Schwägerl, „schon immer ein erbitterter Feind Altöttings und seiner Wallfahrt", willkommenen Anlaß, mit den verhaßten Gegnern in letzter Minute abzurechnen. Auf seine Veranlassung wurden kurz vor dem Zusammenbruch fünf Altöttinger Bürger von einem SS-Kommando erschossen[336].

Das traumatische Erlebnis des 28. April und die Diskrepanz zwischen der Ära des anpassungsbereiten und daher harmlosen Fandrey und der Herrschaft des fanatischen und gewalttätigen Schwägerl, die auch von vielen Entlastungszeugen hervorgehoben wurde, kam dem ehemaligen Kreisleiter und Bürgermeister zweifellos zugute, als sich die Spruchkammer Altötting im Sommer 1948 in schriftlichem Verfahren mit ihm beschäftigte. Pflichtgemäß hatte der öffentliche Kläger der Spruchkammer Altötting seine Einstufung in die Gruppe der Hauptschuldigen beantragt. Ohne weitere Begründung: In „den wichtigsten und aufschlußreichen mündlichen Verhandlungen gegen ‚aktive' Nationalsozialisten des Landkreises Altötting" seien alle wesentlichen Dinge, die den Betroffenen anbelangten, bereits ausführlich erörtert worden[337]. Daß er damit keineswegs ausdrücken wollte, daß in Widerspruch zu den bisherigen Ausführungen die Untaten des Fandrey bereits eindeutig geklärt seien, zeigt die Entscheidung der Spruchkammer Altötting vom 6. August 1948, die Fandrey in erster Instanz in die Gruppe der Mitläufer einreihte und ihn lediglich mit einer Geldsühne von DM 100 bestrafte: „Der öffentliche Kläger war nach den Richtlinien ... gehalten, da es sich bei Fandrey um einen ehemaligen Kreisleiter der NSDAP handelte, die Einreihung in die

[333] Eidesstattliche Erklärung, Geistlicher Rat und Ehrenbürger der Stadt Altötting, P. Josef Anton K., vom 31. 8. 1946.

[334] Bürgermeister der Stadt Altötting, Eidesstattliche Erklärung vom 1. 12. 1947, Eidesstattliche Erklärung von Franz A. vom 28. 5. 1947 sowie Spruch der Spruchkammer Altötting vom 6. 8. 1948.

[335] Amtliche Auskunft der Polizeidienststelle Altötting vom 8. 3. 1948.

[336] Vgl. Hildebrand Troll, Aktionen zur Kriegsbeendigung im Frühjahr 1945, in: Martin Broszat, Elke Fröhlich und Anton Grossmann (Hrsg.), Bayern in der NS-Zeit, Bd. IV: Herrschaft und Gesellschaft im Konflikt, München 1981, S. 674.

[337] Klageschrift vom 5. 7. 1948.

Gruppe I zu beantragen. Die Kreisleitungen waren die entscheidenden Stützpunkte der nationalsozialistischen Gewaltherrschaft, und fast durchwegs entsprach der maßgebenden Verantwortlichkeit der Kreisleiter auch eine brutale gegen die Gesetze der Menschlichkeit verstoßende Gesamthaltung. In letzterer Beziehung machte Fandrey eine geradezu auffallende Ausnahme ... Für die Mitglieder der Kammer war es ein ernstes verantwortungsvolles Problem, Betroffene, die derartige Schlüsselstellungen einnahmen, in die gleiche Rechtslage zu bringen wie Mitläufer. Aber es muß festgestellt werden, hätten alle Führer an der Spitze von Partei und Staat in der gleichen Weise wie Fandrey gewirkt, es sähe heute anders aus in Deutschland und keine Spruchkammer stünde vor der Entscheidung solcher schwieriger und problematischer Fragen." Fandrey habe objektiv „durch seine Stellung als Kreisleiter und Bürgermeister" die nationalsozialistische Gewaltherrschaft gefördert und sei daher formal der Gruppe der Belasteten zuzurechnen. Seine Gesamthaltung aber rechtfertige die Einreihung in die Gruppe der Minderbelasteten und „unter Berücksichtigung der bereits abgebüßten 35 Monate währenden Internierung, der Verdienstlosigkeit während dieser Zeit und des guten, ehrliche Reue zeigenden Eindrucks" ohne Nachverfahren die weitere Herabstufung in die Gruppe der Mitläufer[338]. Im März 1949 wurde Fandrey schließlich auch die Geldsühne erlassen, da in Anbetracht seiner materiellen „Verhältnisse eine zwangsweise Beitreibung auch ohne Erfolg bleiben wird"[339].

So kulant wie die Spruchkammer zeigte sich die Altöttinger Geschäftswelt ihm gegenüber nicht. Trotz seiner Einstufung als Mitläufer und schwerer gesundheitlicher Schäden, die er sich in der Internierungshaft zugezogen hatte, war der gelernte kaufmännische Angestellte gezwungen, den Lebensunterhalt für sich und seine Familie in schwerster Arbeit als Hilfsarbeiter zuerst in einer Ziegelei, anschließend in einem Altöttinger Möbelhaus für einen Stundenlohn von DM 0,93 zu verdienen. Die vierköpfige Familie – ein Sohn galt als vermißt – lebte seit Kriegsende auf engstem Raum[340]. Wie der ehemalige Kreisleiter von Ebersberg war Fandrey 1949 genau auf dem sozialen Status angelangt, den er 16 Jahre zuvor verlassen hatte: ein beschäftigungsloser kaufmännischer Angestellter, der durch Hilfsarbeit nur wenig mehr verdienen konnte, als ihm die Fürsorgesätze eingebracht hätten. Auch er zeigte nach den Erlebnissen der Nachkriegszeit kein Interesse mehr an Politik[341].

4. Schlußbemerkung

Wir sind „der Geschichte der Entnazifizierung nicht weniger schuldig ... als jeder anderen Vergangenheit, nämlich genau hinzusehen und vom Gesehenen so gerecht wie möglich zu berichten"[342]. Beherzigt man dieses Plädoyer, so wird man den historisch so bedeutsamen Prozeß der politischen Säuberung in der amerikanischen Besatzungszone und speziell in Bayern jenseits pauschaler Klischees („Mitläuferfabrik") in seiner

[338] Spruch der Spruchkammer Altötting vom 6. 8. 1948.
[339] Gnadengesuch Walter Fandrey, eingegangen am 23. 2. 1949.
[340] Gnadengesuch Walter Fandrey nebst Anlagen vom 17. 11. 1948, Politisches Leumundszeugnis der Stadtpolizei vom 16. 11. 1948.
[341] Ebd.
[342] Woller, Gesellschaft und Politik, S. 162.

ganzen Differenziertheit betrachten müssen. Wenn die Bilanz der Entnazifizierung im großen und ganzen weithin eine Bilanz der Rehabilitierung war, so umfaßte diese doch gerade nicht, jedenfalls nicht generell, auch die NS-Funktionäre im engeren Sinne, die Gruppe der ehemaligen politischen Leiter der NSDAP also, die – wie die hier betrachteten Kreisleiter – ihre zeitweilige Stellung als „Elite" vornehmlich oder ausschließlich der Partei verdankte. Ihre Rehabilitierung nach 1945 vollzog sich keineswegs nahtlos und reibungslos. Und sofern von sozialer Reintegration überhaupt die Rede sein kann, bestand sie mehr in sozialer Duldung nach vorangegangener empfindlicher Degradierung und nicht in wohlwollender Aufnahme oder gar Wiederherstellung des früheren gesellschaftlichen Status.

Auch der Weg zur nominellen rechtlichen Rehabilitierung war für die Kreisleiter der NSDAP nach 1945 im allgemeinen lang und er führte nicht immer zum Ziel. Bevor sie überhaupt Gelegenheit bekamen, sich wieder einen Platz in der Gesellschaft zu suchen, hatten sie in der Regel drei lange Jahre der Internierungshaft hinter sich. Das war eine durchaus empfindliche, sehr fühlbare Strafe, die in unserem Sample mit Ausnahme der Flüchtigen (Villechner und Buchner) alle traf. Erst die vorangegangene Internierungszeit, die bei der rückblickenden Betrachtung der Entnazifizierung häufig übersehen wird, den Zeitgenossen aber sehr gegenwärtig war, erklärt, weshalb die Spruchkammern – gemessen an der Formalbelastung – manchmal vergleichsweise milde Urteile fällten. Wenn die Kammern in letzter Instanz schließlich (meist erst 1949/50) einen großen Teil der Kreisleiter (in unserem Sample 15 von 27) zu Mitläufern erklärten, so nicht, um sie von ihrer schwerwiegenden politischen Verantwortung freizusprechen – für die hatten sie bereits mit drei Jahren Haft gebüßt –, sondern in erster Linie, um ihnen weiterreichende Strafen zu ersparen. Das geschah oft auch mit Rücksicht auf die Familienangehörigen, die von der politischen Säuberung mitbetroffen waren und mitunter sogar schwerer darunter zu leiden hatten als die internierten Kreisleiter selbst.

Das Mitläuferprädikat erhielt überdies in der Regel nur der, dem über seine politische Formalbelastung hinaus keine schwerwiegenden persönlichen Vergehen vorzuwerfen waren. Die Spruchkammern, und noch deutlicher die Berufungskammern, orientierten sich bei ihren Entscheidungen stark am individuellen Verhalten während der NS-Zeit. Hierbei schmolz die vermeintliche Rolle gefährlicher Großbonzen der NSDAP vielfach auf ein relativ harmloses „Normalmaß" durchschnittlicher Irrtümer und Verfehlungen zusammen. Betrachtete man das Wirken der ehemaligen Kreisleiter genauer, unterschied auch – aufgrund zahlreicher Zeugenaussagen – genau zwischen dem bombastischen Schwall ihrer mitunter martialischen Reden und dem, was sie getan und wie sie sich bei bestimmten Herausforderungen tatsächlich verhalten hatten, dann offenbarte sich häufig, daß sich diese „Säulen des Nazi-Regimes" in ihrem Denken und Verhalten oft nur geringfügig von der Masse der Bevölkerung unterschieden. Gerade im katholischen Milieu Oberbayerns mußten die Repräsentanten der Partei, wenn sie deren Popularitätsbasis verbreitern wollten, auf eine Mäßigung des weltanschaulichen und organisatorischen Anspruches der NSDAP bedacht sein. Nicht wenige Kreisleiter sind wegen ihrer Eignung für eine solche maßvolle, auch dem örtlichen Honoratiorentum zumutbare Repräsentanz der Partei ausgewählt worden. Sie unterschieden sich kategorisch vom Typ der „Alten Kämpfer" und Partei-Haudegen, die eher den scharfmacherischen Konflikt mit diesem Milieu gesucht hatten und wegen solcher aktivistischer Vergangenheit in die Kreisleiterfunktion gelangt waren. Vergleicht man unter diesem Aspekt unsere Fallbeispiele Emmer und Fandrey, so wird man die Berechtigung des von den Spruchkammern festgestellten „Klassenunterschiedes" zwischen beiden Kreisleitern – Hauptschuldiger der eine, Mitläufer der andere – anerkennen müssen. In anderen Fällen fällt solche Zustimmung schwerer. Die unterschiedliche Gewichtung der Fälle Windstetter (Belasteter) und Breitenstein (Mitläufer) ist weniger einleuchtend, erklärt sich wohl eher aus dem Berufungsverzicht des „Schustersepp". Daß sich die Berufungskammern eher der justizförmigen Rechtsfindung nach traditioneller Gewohnheit der Rechtsprechung verpflichtet fühlten und ihre Entscheidungen daher in der Regel milder ausfielen als die der ersten Instanz, die den politischen Zweck der Entnazifizierung stärker vor Augen hatte, ist bekannt. Aber auch die Berufungskammern waren keine blinde Rehabilitierungsmaschinerie. Den üblen Schergen unter den Kreisleitern, den nach 1933 aus gutem Grund gefürchteten „Nazibazi", blieb die nominelle Rehabilitierung dauerhaft versagt.

Auch bei der Bewertung der gesellschaftlichen Reaktion auf die ehemaligen Nazifunktionäre wird man sich nicht zu schnell von der Oberflächenevidenz leiten lassen dürfen. Wir wissen beispielsweise, daß die Spruchkammern nicht gerade von belastenden Aussagen überschwemmt wurden. Die Bereitschaft, den ehemaligen Kreisleiter zu entlasten, war innerhalb der örtlichen Gesellschaft bei weitem größer, als die Neigung, ihn zu bezichtigen. Es wäre aber falsch, darin ein Indiz gesellschaftlicher Solidarisierung mit den ehemaligen Nazi-Funktionären zu sehen; hinter der Weigerung, vor der Spruchkammer gegen die früheren Kreisleiter aufzutreten, steckte oft nur die Abneigung gegen eine Neuauflage des während der NS-Zeit grassierenden Denunziantentums. Die eigentliche Reaktion der Gesellschaft auf die Kreisleiter war subtiler, eher passiv und kaum vom Ausgang der Entnazifizierung abhängig, die viele 1948/49 ohnehin nicht mehr ernst nahmen. Ob als Mitläufer oder Hauptschuldiger eingestuft, die meisten Kreisleiter der NSDAP blieben in ihrer gesellschaftlichen Umgebung nach 1945 Außenseiter, wenn nicht gar „Ausgestoßene". Arbeitslosigkeit, Not und gesellschaftliche Isolation kennzeichneten ihre Situation bis weit in die fünfziger Jahre hinein. Gewiß: Von der materiellen Notlage nach dem Ende des Krieges waren mehr oder weniger alle betroffen. Die in der Einleitung zitierte amerikanische Einschätzung, den ehemaligen Kreisleitern der NSDAP sei es 1949 „mindestens so gut ergangen wie der Masse der Bevölkerung", ist übertrieben, auf jeden Fall aber irreführend. Es ging ihnen nicht nur so schlecht wie den meisten anderen auch, sie waren degradiert, teilten die allgemeine Misere und zusätzlich blieben sie infolge ihrer Internierung oder Verurteilung länger als ihre gesellschaftliche Umgebung auf diesem Armuts-Niveau der ersten Nachkriegsjahre. Die Kreisleiter gehörten zu den letzten, die von der allmählichen Verbesserung der Lebensverhältnisse, von der Entschärfung der Wohnsituation, der Beseitigung der Arbeitslosigkeit, vom neuen Wohlstand profitierten. Die Normalisierung ihrer Lebensumstände erfolgte zeitversetzt, ihre private Lebensqualität hinkte der der Masse der Bevölkerung um einige Jahre hinterher. Bestenfalls erreichten sie schließlich wieder jenen meist niedrigen sozialen Status, den sie 15 oder 20 Jahre zuvor mit der Übernahme des Parteiamtes für immer zu überwinden gehofft hatten. Verglichen mit dem zeitweiligen Aufstieg zu „Kreiskönigen" war dies ein dauerhafter und schockierender sozialer Abstieg.

Vergegenwärtigt man sich, daß eine gerechte Beurteilung der politischen Säuberung sich nicht allein in der Bewertung der Spruchkammerentscheidungen erschöpfen kann, vielmehr außer der realen Vorgeschichte des Verhaltens in der NS-Zeit auch die zum Teil lange „Nachgeschichte" der unmittelbaren und mittelbaren sozialen Folgen der Entnazifizierung berücksichtigen muß, dann kann gerade in bezug auf den engeren Kreis der politischen Funktionäre des Nationalsozialismus von einer großzügigen und quasi automatischen rechtlichen und gesellschaftlichen Rehabilitierung sicher nicht die Rede sein. Auch wenn die Bevölkerung sich im allgemeinen nicht zu Racheaktionen oder scharfen politischen Anklagen gegenüber den ehemaligen Kreisleitern bewegen ließ – weil diese oft harmloser waren als ihr Ruf, weil die potentiellen Zeugen sich von politischen Verstrickungen (wenn auch geringeren Grades) meist selbst nicht völlig freisprechen konnten oder weil sie unter den Augen der Besatzungsmacht nicht als Denunzianten auftreten wollten –, so ist das keineswegs schon als Zeichen wiederhergestellter gesellschaftlicher Akzeptanz gegenüber den ehemaligen lokalen Repräsentanten des Regimes zu sehen. Im Gegenteil, die starken Aversionen in der Bevölkerung, die schon während der NS-Zeit (zumal im katholischen Oberbayern) gegenüber dem braunen Bonzentum bestanden hatten, erwiesen sich als ein Element hartnäckiger und nachwirkender gesellschaftlicher Distanzierung. Die soziale Nichtbeachtung, mit der man die ehemaligen Kreisleiter der NSDAP nach 1945 fast überall, wo sie am Ort geblieben waren, bestrafte, das fast totale gesellschaftliche und politische Vergessen dieser ehemaligen politischen Elite, die sich zwischen 1933 und 1945 so sehr durch propagandistische Auftritte bemerkbar zu machen versucht hatte, war die eigentliche, höchst wirkungsvolle gesellschaftliche Reaktion der Bevölkerung auf diese Nazifunktionäre. Fast scheint es sogar, als ob in der hartnäckigen gesellschaftlichen Nichtbeachtung der ehemaligen Parteibonzen, die meist niederer sozialer Herkunft waren, über kein parteiunabhängiges soziales Prestige verfügten, etwas Kompensatorisches steckt. Konnten die ins soziale Außenseitertum verbannten ehemaligen Kreisleiter, ebenso wie andere geächtete „typische Parteibonzen", doch auch als wohlfeiles Alibi einer demokratischen Distanzierung von der NS-Vergangenheit dienen, der man in anderer Gestalt – wenn es um hochgestellte Repräsentanten des Staates, der Wissenschaft oder der Kultur ging, die sich mit dem Regime mehr oder weniger stark eingelassen hatten – sehr viel wohlwollender gegenüberstand.

Unsere Betrachtung des Entnazifizierungsschicksals einer ausgewählten Gruppe von typischen NS-Funktionären führt deshalb mit den Teilantworten, die sie für diese Gruppe erbrachte, zu der umfassenderen Frage nach dem Entnazifizierungsschicksal der verschiedenen Gruppen von Trägern und Nutznießern des NS-Regimes. Erst eine solche vergleichende Betrachtung wird in vollem Maße erschließen, welche vermutlich starke Durchdringung rechtlicher, politischer und sozialer Urteile und Vorurteile bei dem gesellschaftlichen Prozeß der Entnazifizierung wirksam war.

Christa Schick

Die Internierungslager

Die Geschichte der politischen Säuberung, insbesondere der Entnazifizierung durch die Spruchkammern, gehört mittlerweile zu den relativ gut erforschten Themen der Besatzungszeit. Weitgehend unbeachtet geblieben ist jedoch ein wichtiger Aspekt dieser „Säuberung“: die automatische Internierung zehntausender Aktivisten des NS-Regimes unmittelbar nach der Besetzung[1]. Abgesehen von den Strafverfahren, die zur Verurteilung führender Repräsentanten des Hitlerstaates in den Nürnberger Prozessen und durch andere Tribunale der Besatzungsmächte führten, bedeutete die meist ein- bis dreijährige Internierung in erbärmlich ausgestatteten Lagern die fühlbarste Strafe für einen zahlenmäßig relativ großen Kreis ehemaliger Nationalsozialisten; es waren keineswegs nur Reichsleiter, Gauleiter oder Kreisleiter der NSDAP oder heimtückische Gestapo-Agenten, die in die Internierungslager gelangten. Der größte Teil der deutschen Öffentlichkeit wußte wenig von diesen Lagern und ihren Insassen. Die Besatzungsmächte und die deutschen Behörden, die für sie zuständig waren, hatten wegen der Lager bald ein ungutes Gefühl. Das mag dazu beigetragen haben, daß sie auch in der historischen Erinnerung nicht aufbewahrt wurden. Der vorliegende Beitrag will wenigstens einige Daten zur Internierungspolitik und Geschichte der Internierungslager in der amerikanischen Zone und besonders in Bayern liefern. Er stützt sich dabei im wesentlichen auf Dokumente aus bayerischen Archiven. Dabei wird häufig auf das Lager Nürnberg-Langwasser Bezug genommen, dessen Überlieferung besonders reichhaltig ist.

1. Die amerikanische Internierungspolitik

Bei der amerikanischen Zielsetzung der gründlichen „Säuberung“ des deutschen Volkes von nationalsozialistischen Elementen ging es nicht nur darum, die Ideologie des Nationalsozialismus auszulöschen, sondern zunächst auch um den Schutz der Einrichtungen der Besatzungsmacht. Schon das im April 1944 zur Vorbereitung der Besat-

[1] Die wichtigsten Veröffentlichungen zu diesem Thema unter wissenschaftlichem Aspekt sind: Lutz Niethammer, Die Mitläuferfabrik. Die Entnazifizierung am Beispiel Bayerns, Berlin 1982 (unveränderte Neuauflage von: Lutz Niethammer, Entnazifizierung in Bayern. Säuberung und Rehabilitierung unter amerikanischer Besatzung, Frankfurt 1972), und Edward N. Peterson, The American Occupation of Germany. Retreat to Victory, Detroit 1978. Beide Autoren streifen das Thema der Internierungslager, so daß nur ein kurzer Eindruck der Problematik, nicht aber eine ausführliche Untersuchung der Thematik entstand. Diese Studie ist Teilergebnis meiner Dissertation über die bayerischen Internierungs- und Arbeitslager, die von Prof. Dr. Karl-Heinz Ruffmann (Universität Erlangen-Nürnberg) wissenschaftlich betreut wird.

zungspolitik erarbeitete SHAEF-Handbook for Germany sah die Verhaftung der führenden Größen des Dritten Reiches und die Festsetzung, d.h. Internierung bestimmter, als gefährlich erachteter Personenkreise vor[2]. Die Angst vor einer nationalsozialistischen Untergrundbewegung war in den ersten Monaten der Besatzungsherrschaft bei den Amerikanern groß. Deshalb war man entschlossen, zumindest für eine gewisse Zeit den Einfluß tatsächlicher oder mutmaßlicher Träger der NS-Weltanschauung und sonstiger „gefährlicher" Personen rigoros auszuschalten. Die Amerikaner gingen dabei von einem verallgemeinerungsfähigen Schema aus: Die Mitgliedschaft und/oder ein bestimmter Funktionärsrang in der Partei oder bestimmten Spezial-Organisationen des NS-Regimes begründete in ihren Augen den Verdacht oder Tatbestand des Aktivismus für die verbrecherischen Ziele des Nationalsozialismus. Die Internierung dieser Personen war nach Meinung der amerikanischen Besatzungsmacht wegen der Sicherheit ihrer Truppen und Einrichtungen nötig. In zweiter Linie befürchtete man eine negative Beeinflussung der Bevölkerung durch diese Personen, die im NS-Regime gehobene oder führende Stellungen innegehabt hatten. Die Rangfolge dieser Ziele geht deutlich aus einer Direktive vom November 1945 hervor: „The objectives of the detention policy (...) are (a) to ensure the security of the occupying forces, (b) the disbandment of the Nazi Party in all its ramifications and (c) the de-nazification of German institutions."[3]

Der Personenkreis, der von den ins Auge gefaßten Maßnahmen betroffen war, läßt sich in drei Gruppen einteilen. Zum einen gab es die sogenannten „war criminals", die im Verdacht standen, Kriegsverbrechen begangen zu haben. Hierbei ging es vor allem um das KZ-Personal, um Angehörige der nationalsozialistischen Sicherheitspolizei und um Personen, denen man die Ermordung notgelandeter amerikanischer Flieger zur Last legte. Diese Verdächtigen wurden nach ihrer Absonderung von den übrigen Internierten nach Ludwigsburg in das Camp 78 oder in das Lager Dachau gebracht. Nach der Auflösung des Kriegsverbrecherlagers in Ludwigsburg Mitte 1946 wurde diese Personengruppe – für die der amerikanische Judge Advocate for War Crimes zuständig war – in Dachau zusammengefaßt. Hier befand sich auf dem Gelände des ehemaligen Konzentrationslagers zeitweise das größte Internierungslager der gesamten amerikanischen Besatzungszone. Bis zu seiner Auflösung im Jahre 1948 unterstand dieses Lager ausschließlich den Amerikanern.

Neben den mutmaßlichen „Kriegsverbrechern" veranlaßten die Amerikaner auch die Internierung „for reasons of security, interrogation"[4]. Dazu gehörten u.a. sogenannte „unfriendly witnesses to war crimes"[5], d.h. Personen, die von den Amerikanern als Zeugen in den bereits im Spätsommer 1945 beginnenden Militärgerichtsprozessen gegen Kriegsverbrecher gebraucht wurden, aber nicht bereit waren, freiwillig hierbei auszusagen[6].

[2] SHAEF, G-5 Civil Affairs Section, Handbook for Military Government in Germany, April 1944, Part III.

[3] Headquarters USFET to Commanding Generals vom 15. 11. 1945; NA, RG 260, 17/55-2/13 und NA, RG 260, 15/121-1/32.

[4] Headquarters USFET to Commanding Generals vom 13. 7. 1946; NA, RG 260, 3/174-2/8.

[5] OMGUS to Director, OMGWB vom Februar 1947; NA, RG 260, 11/121-1/8.

[6] Die Kriegsverbrecherprozesse der Amerikaner entbehren noch der zusammenfassenden wissenschaftlichen Darstellung. Grundlegende Ausführungen enthält die unveröffentlichte Aufzeichnung von Lt. Col. C. E. Straight (Deputy Judge Advocate for War Crimes) für Col. James L. Harbaugh, Jr. (Judge Advocate for War Crimes) vom 29. 8. 1948; IfZ-Archiv.

Die zweite Gruppe der Internierten bildeten die sogenannten „security threats". Unter diesen Begriff fielen alle Personen, in denen die Amerikaner eine Gefährdung der Sicherheit ihrer Truppen und militärischen Einrichtungen erblickten. Die vage Definition führte gerade in den hektischen Tagen nach dem Einmarsch zu vielen recht willkürlichen Anwendungen. So konnte es durchaus geschehen, daß jemand, der sich irgendwelchen Anordnungen der Amerikaner nicht fügte oder z.B. Waffen vergraben hatte, als „security threat" verhaftet und in ein Internierungslager gebracht wurde.

Die mit Abstand größte Gruppe der Internierten fiel unter die Bestimmungen des „Automatischen Arrestes"[7]. Hier handelte es sich um diejenigen Personen, die aufgrund ihres Ranges in der NSDAP oder in anderen nationalsozialistischen Organisationen interniert wurden. U.a. waren betroffen: alle Gestapo- und SD-Angehörigen, die Politischen Leiter bis hinab zum Rang eines Kreishauptstellenleiters und Bereichsleiters, alle Führer und Unterführer der Allgemeinen SS und der Waffen-SS sowie hohe Beamte[8]. Als niedrigste Ebene der Parteiorganisation, die zu Verhaftungen führen sollte, war zunächst die Kreisebene vorgesehen. Bis zum Frühjahr 1945 verschob sich die niedrigste Ebene der für die Internierung vorgesehenen Personen auf die der Ortsgruppe. In einem Schreiben vom 13.4.1945, das die Grundlage für das „Automatic Arrest Handbook" bildete, dehnte SHAEF die Festnahme generell auch auf Ortsgruppenleiter aus[9].

Die Verhaftungen begannen unmittelbar nach dem Einmarsch der amerikanischen Streitkräfte. Die Festnahmen waren vor allem Sache der Abwehrorganisation der U.S. Army, des Counter Intelligence Corps (CIC), das aufgrund seines pauschalen Vorgehens und mancher Fehlgriffe von einzelnen Deutschen bösartig als amerikanische Gestapo bezeichnet wurde[10]. Für ihre Aufgabe meist nicht genügend ausgebildet, ohne genauere Kenntnis des Wesens und der Organisation des NS-Regimes, oft kaum des Deutschen mächtig und nach ersten Entnazifizierungspannen von der amerikanischen Presse mit Argusaugen beobachtet, schossen CIC-Agenten häufig über das Ziel hinaus. Es war gewiß nicht repräsentativ, aber hatte doch wohl einen Wahrheitsgehalt, wenn Ernst von Salomon, der geraume Zeit in verschiedenen Internierungslagern verbrachte, in seinem Buch „Der Fragebogen" berichtete: „Just war von der Anklage in Nürnberg die Forderung erhoben worden, den deutschen Generalstab als Verbrecherorganisation zu erklären. Daraufhin hatte der Landshuter Resident-Officer sich die Fragebogen vorgenommen und alles, was die Bezeichnung ‚Stab' vor dem Rang führte, verhaften lassen: Stabsärzte, Stabsapotheker, Stabszahlmeister, Stabsintendanten,

[7] Die Verhaftungsgründe für die 4811 Internierten des Internierungslagers Garmisch-Partenkirchen waren:

„AA (Automatic Arrest)	= Automatische Verhaftung	4500
ST (Security Threat)	= Sicherheitsbedrohung	243
BL (Black List)	= Schwarze Liste	37
Misc (Miscallaneous)	= Vermischte	23
WC (War Crime)	= Kriegsverbrechen	8."

Quelle: Karl Vogel, M-AA 509. Elf Monate Kommandant eines Internierungslagers, Memmingen 1951, S. 90.

[8] SHAEF, G-5 Civil Affairs Section, Handbook for Military Government in Germany, April 1944, Part III, Chapter II, Table „C".

[9] SHAEF to Commanding Generals vom 13. 4. 1945; NA, RG 260, AG 1945-46/44/3.

[10] Vgl. Marshall Knappen, And call it peace, Chicago 1947, S. 128. Knappen bemerkt, die deutsche Bevölkerung habe die Methoden des CIC als „american Gestapo procedures" bezeichnet.

Stabsgefreite! Es war wirklich so, da saßen sie im Lager. Nach fünf Tagen stellte sich der kleine Irrtum heraus, aber sie saßen nun einmal und sie blieben sitzen."[11] Natürlich weideten sich deutsche Kritiker auch an solchen Mißgriffen, und zwischen Wahrheit und Karikatur ist bei ihrer Berichterstattung nicht klar zu unterscheiden, so z.B. wenn ein Abgeordneter des Bayerischen Landtages im April 1947 behauptete: „Aus einwandfreier Quelle habe ich dieser Tage erfahren, daß aus dem Lager Hammelburg ein Mann entlassen wurde, der Kreissägenbesitzer war. Das Wort ‚Kreis' allein hatte schon die Wirkung, daß man ihn seit zwei Jahren im Lager behalten hat."[12]

2. Die Internierungslager in amerikanischer Regie

Zur Unterbringung der Internierten benötigten die Amerikaner große Lager. Zur Verfügung standen ehemalige Konzentrationslager, Außenlager von Konzentrationslagern und ehemalige Kriegsgefangenenlager. Erste Internierungslager in Bayern entstanden in Dachau, Hersbruck, Garmisch-Partenkirchen, Natternberg, Moosburg, Straubing, Plattling, Stephanskirchen und Altenstadt[13].

Die Zahl der Internierten stieg im Laufe des Jahres 1945 kontinuierlich an; Mitte Juli 1945 rechneten die Amerikaner mit ca. 70000 Internierten in der US-Zone[14]. Zwei Monate später befanden sich bereits ungefähr 82000 Personen in den mittlerweile überfüllten Internierungslagern[15]. Mit rund 100000 Personen erreichte die Zahl der Internierten Ende 1945 ihren Höhepunkt. Die meisten Lager bestanden aus baufälligen Baracken; das Lager Darmstadt z.B. aus Zelten, die Unterbringung war entsprechend primitiv. Im Lager Moosburg mußten „in einer Baracke (...) 200 bis 300 Mann in meist dreistöckigen Betten" liegen. „Jeder Mann hat einen Strohsack und in der Regel drei Decken, Frauen und Kranke haben Anspruch auf vier Decken"[16], so hieß es in einem zeitgenössischen Bericht. In der ersten Zeit freilich mußten auch viele auf dem Erdboden schlafen, da „ein Mangel an Stroh und Decken"[17] bestand. In den zugigen Räumen fehlte meist jegliche Möblierung, so daß die Internierten Tische, Stühle und Herde selbst herstellten. Arbeitskommandos setzten – soweit möglich – die Baracken instand und bemühten sich um die Versorgung der Lager. Eßgeschirr war kaum vorhanden, man behalf sich vielfach mit amerikanischen Konservendosen[18].

Anhaltspunkte der sozialen Schichtung der Internierten lieferte der deutsche Lagerleiter des Internierungslagers Garmisch-Partenkirchen, Karl Vogel, in einer Übersicht der dortigen Lagerinsassen. Demnach waren 35,9 Prozent der Lagerinsassen Beamte,

[11] Ernst von Salomon, Der Fragebogen, Reinbek bei Hamburg 1961, S. 645.
[12] Bayerischer Landtag, 13. Sitzung am 25. 4. 1947; Verhandlungen des Bayerischen Landtags, I. Tagung, 1946/1947, Stenographische Berichte Nr. 1–27, I Band, München 1948, S. 379.
[13] Vogel, M-AA 509, S. 75f. Vgl. die Lageraufzählung in „Report on Conditions in Internment Camps in Third Army Area"; NA, RG 260, 17/55-2/13; der Besuch der Lager durch amerikanische Offiziere fand am 20. 11. 1945 statt.
[14] Monthly Report of the Military Governor U.S.Zone, August 1945, Denazification, S. 2.
[15] Monthly Report of the Military Governor U.S.Zone, October 1945, S. 2.
[16] Bericht über das Lager Moosburg, Januar 1946; NA, RG 260, AG 1945-46/45/5.
[17] Ebd.
[18] Vgl. Vogel, M-AA 509, S. 101.

ihnen folgten freiberuflich Tätige mit 12,1 Prozent, Bauern und Landwirte mit 11,9 Prozent, Handwerker mit ebenfalls 11,9 Prozent und Angestellte mit 11,7 Prozent[19]. Zu ähnlichen Ergebnissen kam Eugen Kogon in einem Bericht über die Insassen des Darmstädter Lagers: 2751 Internierte waren früher als Staats- und Kommunalbeamte tätig gewesen, 1757 Angestellte im öffentlichen Dienst, 1249 Bauern und 1111 selbständige Kaufleute[20]. Laut Vogels Bericht befanden sich am 15.10.1945 im Lager Garmisch-Partenkirchen 2102 ehemalige Politische Leiter der NSDAP: Sie gliederten sich nach ihrer Rangstufe folgendermaßen auf:

Mitglieder der Stabsämter vom Reichsleiter der NSDAP	30
Mitglieder von Gauämtern der NSDAP	45
Mitglieder von Kreisämtern der NSDAP	210
Ortsgruppenleiter der NSDAP	841
Sonstige Amtsträger in Ortsgruppen der NSDAP	839
Zellenleiter	40
Blockleiter	87
Ortsbauernführer	10
	2102

Die Funktionäre, die das NS-Regime auf der Orts- und Kreisebene repräsentiert hatten, machten rd. 90 Prozent der Internierten aus. Das lag wohl auch daran, daß viele prominente Reichs- und Gauleiter in den Wirren der letzten Kriegstage untergetaucht waren, manch einer seinem Leben ein Ende gemacht hatte und nicht wenige als mutmaßliche Kriegsverbrecher in Speziallagern wie Dachau, Ludwigsburg oder im Nürnberger Gefängnis saßen und auf ihre Prozesse warteten.

Die Zuständigkeit für Internierungslager lag anfangs gänzlich bei den amerikanischen Streitkräften. In jedem Lager gab es eine amerikanische Lagerleitung, die sich in der Regel aus einem Kommandanten, dessen Stellvertreter und einem Sicherheitsoffizier zusammensetzte. Außerdem waren im Lager das CIC und eine größere Zahl von einfachen Dienstgraden als Bewachung vertreten[21]. Für die innere Verwaltung der Lager zogen die Amerikaner Internierte als Hilfspersonal heran. Die Internierten blieben mithin in hohem Maße sich selbst überlassen. Die Amerikaner interessierten sich nicht sonderlich für den inneren Betrieb der Lager und hatten wohl auch nicht genügend Personal, um die Verwaltung ganz in eigener Regie zu betreiben. Die aus deutschen Internierten bestehende „Selbstverwaltung" war meist einfach organisiert: An der Spitze stand ein von den Amerikanern ernannter „Bürgermeister" oder deutscher Lagerkommandant. Über seine Person liefen die Wünsche der Internierten an die amerikanische Lagerleitung, auf der anderen Seite wurden Verfügungen und Anweisungen des amerikanischen Lagerkommandanten durch den „Bürgermeister" nach „unten" weitergegeben. Der „Bürgermeister" besaß auch eine begrenzte Disziplinarge-

[19] Ebd., S. 94.

[20] Eugen Kogon und Ferdinand Rämhild, Bericht über das Internierungslager Darmstadt, April 1947, S. 3; HStAW, 521/31.

[21] Bericht über das Lager Moosburg, Januar 1946; NA, RG 260, AG 1945-46/45/5 und Vogel, M-AA 509, S. 62.

walt gegenüber den Internierten, sofern diese gegen die Lagerordnung verstießen. Er konnte sich für solche Fälle auf eine Lagerpolizei stützen, die sich aus Internierten rekrutierte und als „Ordnungspolizei“ bezeichnet wurde[22].

Für die Atmosphäre in den Lagern war es natürlich entscheidend, aus welcher Gruppe der Internierten sich die Selbstverwaltung rekrutierte. Ernst von Salomon berichtete, daß im Lager Natternberg eine Gruppe ehemaliger KZ-Kapos, die beschuldigt wurden, Verbrechen an ihren Mithäftlingen begangen zu haben, den Ton angegeben hat. Aufgrund ihrer langjährigen KZ-Erfahrung hätten sie gewußt, worauf es im Lager vor allem ankam, und seien entsprechend zielstrebig vorgegangen: „Sie besetzten sofort und mit Geschick sämtliche lukrativen Posten, sie saßen in der Küche, in den Materialverwaltungen, im Wachhaus und in den Handwerksbetrieben, die für die Amerikaner arbeiteten, sie waren es vornehmlich, die von den Amerikanern zu persönlichen Diensten herangezogen wurden, sie hielten fest zusammen, sie warfen sich in allen Fällen die Bälle zu – sie beherrschten dadurch das Lager und gaben ihm das äußere Gesicht.“[23] Auch im Lager Moosburg waren ein halbes Jahr lang ehemalige KZ-Kapos dominierend[24]. In anderen Lagern, wie z. B. Bad Aibling, bestimmten ehemalige SS-Mitglieder das Lagerleben.

Im Sommer und Herbst 1945 kam es aufgrund von Nachschubschwierigkeiten und Kalkulationsfehlern der amerikanischen Stäbe, die offensichtlich von der großen Zahl der Inhaftierten selbst überrascht worden waren, zu Versorgungsengpässen. Die Internierten griffen vielfach zur Selbsthilfe: Der ehemalige Reichsfinanzminister Schwerin von Krosigk, der in Nürnberg-Langwasser interniert war, berichtete später in seinen Memoiren, man habe dort eine Lebensmittelanreicherung aus dem neben dem Lager liegenden Lebensmitteldepot der Amerikaner bezogen. „Man hatte unter dem Zaun einen Gang gegraben, durch den nachts Lebensmittel jeder Art und Menge ins Lager transportiert wurden. Der sorgfältig getarnte Eingang wurde eines Tages nur durch Zufall entdeckt.“[25] Die unzureichende Verpflegung beeinträchtigte nicht nur den Gesundheitszustand der Internierten, sondern oft auch ihre moralische Haltung: Jeder neidete dem anderen das, was dieser besaß. Solidarität untereinander oder Kameradschaft entstanden in dieser Situation selten, wie Otto Wien, ein ehemaliger Generalstabsoffizier, berichtete: „Einmal sah ich, wie ein alter, grauhaariger Reserveoffizier, nach dem Essenempfang, den gefüllten Blechnapf in der Hand, über eine Zeltleine stolperte, so daß einige Nudeln ins Gras fielen. Ein anderer sah das und begann, die Nudeln einzeln aufzusammeln und sich in den Mund zu stopfen. Mit dem Schrei: ‚Das sind meine Nudeln‘, sprang der Alte herzu und schlug auf den Dieb ein.“[26]

Bis zum Herbst 1945 waren die Internierten von der Außenwelt abgeschlossen[27]. Jegliche Kontaktaufnahme nach außen war streng untersagt. Auch der Postverkehr mit ihren Angehörigen war in den meisten Lagern bis zum Herbst 1945 verboten[28].

[22] Bericht über das Lager Moosburg, Januar 1946; NA, RG 260, AG 1945-46/45/5.
[23] Salomon, Fragebogen, S. 579.
[24] Vgl. Prof. Mayrhofer, OSB, „Zur Psychologie der Internierten“, Bericht vom 5. 12. 1946; BayHStA, MSo 2000.
[25] Lutz Graf Schwerin von Krosigk, Memoiren, Stuttgart 1977, S. 258.
[26] Otto Wien, Ein Leben und viermal Deutschland, Erinnerungen aus siebzig Lebensjahren 1906–1976, Düsseldorf 1978, S. 495.
[27] Vgl. Vogel, M-AA 509, S. 69, und Salomon, Fragebogen, S. 588.
[28] Vogel, M-AA 509, S. 115.

Das bedeutete: Einige Monate lang wußten viele Familien nichts vom Schicksal ihrer internierten Angehörigen. Besonders belastend war dies dann, wenn Familienangehörige aus den ehemaligen deutschen Ostgebieten hatten fliehen müssen und ihre neuen Aufenthaltsorte dem internierten Angehörigen nicht bekannt waren. Die meisten Angehörigen der Internierten brachten aber trotz der bestehenden Kontaktsperre bald in Erfahrung, wo sich die Internierten befanden. Frauen legten weite Strecken zurück, um ihre internierten Ehemänner zu sehen, meist vergebens, da Besuche in den Internierungslagern – solange diese unter amerikanischer Aufsicht standen – nicht gestattet wurden. Über die Zustände im Lager Altenstadt wird berichtet: „Die Frau eines Internierten passierte die am Lager vorbeiführende Verkehrsstraße; sie erkannte wohl ihren Mann und winkte ihm zu. Der Posten schoß auf die Frau, sie erhielt einen Kopfschuß und brach blutend zusammen. Der Mann stand 10 m hinter dem Stacheldraht entfernt und konnte ihr nicht helfen. Der amerikanische Posten brachte der Frau keine Hilfe. Nach einigen Minuten kam ein Lastwagen mit amerikanischen Soldaten vorbei. Um sich den Weg frei zu machen, sprangen einige Soldaten aus dem Wagen, legten die Frau an die Seite der Straße und fuhren weiter. Erst nach etwa ½ Stunde erhielt die Frau erste Hilfe. Sie wurde in das Krankenhaus Schongau überführt, wo sie in der Nacht an den Folgen der schweren Verwundung starb."[29]

Lediglich Priestern war der Zutritt zu den Lagern gestattet. Sie lasen dort Gottesdienste und kümmerten sich um die seelischen Probleme der Internierten. Außerdem dienten sie auch als „Briefträger" für die Lagerinsassen und deren Familien: „Der Pfarrer von Michaelsburg nahm keine Briefe mit hinaus, aber er hatte ein vorzügliches Gedächtnis, und wer ihn murmelnd durch das Lager schreiten sah, wußte, daß er keineswegs sein Brevier las, sondern Briefe auswendig lernte."[30]

Um dem Lageralltag mit seiner Langeweile zu entgehen und obendrein eine zusätzliche Essensration zu erhalten, meldeten sich viele Internierte zum Arbeitseinsatz. Einen Zwang zur Arbeitsleistung übten die Amerikaner nicht aus. Wichtige Arbeitskommandos im Lager Moosburg waren: „Holzfäller, Holzhacker, Küchenpersonal, Erdarbeiter, Arbeiter für die Werkstatt des technical officer, Aufräumen in den amerikanischen Baracken, Schusterwerkstatt, Schneiderwerkstatt, Magazin-Verwaltung, Schreibmaschinenschreiber. Die Frauen waren teilweise in der Schneiderei eingesetzt."[31] Die Arbeiten fanden innerhalb und außerhalb der Lager statt und sorgten in erster Linie für die Aufrechterhaltung des Lagerbetriebes. Arbeitskommandos, die außerhalb der Lager tätig waren, besaßen noch eine andere Funktion: Mit ihrer Hilfe konnten Briefe und Pakete aus dem Lager und in die Lager befördert werden, wobei zum Teil auch amerikanische Wachposten den Internierten behilflich waren[32].

Wer nicht arbeitete, war sich den ganzen Tag selbst überlassen und versank in Grübeln und Nachdenken über sein Schicksal. Die Abschließung von der Außenwelt förderte die Entstehung und Verbreitung oft bizarrer Gerüchte von „Latrinenparolen"

[29] Bericht über die amerikanischen Internierungslager Glasenbach b. Salzburg, Golling (österreichische Lager) und Altenstadt b. Schongau in Bayern, Januar/Februar 1946, loses Blatt über das Lager Altenstadt; BayHStA, Nachlaß Pfeiffer 125 und NA, RG 260, AG 1945-46/45/5.

[30] Salomon, Fragebogen, S. 578.

[31] Bericht über das Lager Moosburg, Januar 1946; NA, RG 260, AG 1945-46/45/5.

[32] Vogel, M-AA 509, S. 115.

jeglicher Art. Für das Lager Garmisch-Partenkirchen sind folgende Gerüchte bezeugt: Im Februar 1946 kam die Nachricht auf, daß „zwischen Amerika und Rußland Krieg geführt" werde und „die Lagerinsassen in Arbeitskompanien an die Front geschickt" würden. Eine andere „Latrine" besagte: Das Lager werde gänzlich aufgelöst, weil Ostflüchtlinge in der Kaserne untergebracht werden müßten[33]. Welche abstrusen Meinungen und vagen Hoffnungen noch im Jahre 1948 in den Lagern anzutreffen waren, zeigt ein Gerücht, das im Januar 1948 im Lager Moosburg die Runde machte: „Adolf Hitler is alive in the Argentine."[34]

Außer der Arbeit sollten kulturelle Veranstaltungen vom öden Lageralltag ablenken. Nennenswerte Versuche der politischen Umerziehung der Internierten fanden jedoch nicht statt. Von den im Laufe des Jahres 1946 entlassenen Internierten, die deswegen befragt wurden, hatte nur ein einziger „zwei Vorträge amerikanischer Offiziere über den Sinn der Demokratie gehört"[35]. Eine gewisse aufklärerische Wirkung ging aber offensichtlich von den Rundfunksendungen über den Nürnberger Prozeß aus. Die meisten Internierten verfolgten den Prozeß schon deshalb gespannt, weil sie in der Mehrzahl einer in Nürnberg als verbrecherisch beschuldigten Organisation angehörten[36]. Das Hauptziel der Internierung bestand aus der Sicht der Besatzungsmacht nicht in einer Reeducation der Lagerinsassen, sondern im Schutz der amerikanischen Einrichtungen. Den Amerikanern war es deshalb auch gleichgültig, daß in den Lagern „kleine Fische" mit hohen Nazi-Funktionären zusammengesperrt waren. Sie registrierten kaum die dadurch bewirkte Solidarisierung dieser beiden ungleichen Gruppen, die sich durch die Erfahrung der gemeinsam erlittenen Haft verbunden fühlten. Infolgedessen blieb vielfach der Einfluß der „aktiven" Nazis in den Lagern dominierend. Ein Internierter – wohl eher ein „passiver" Nationalsozialist – kam von daher zu der bitteren Feststellung, die Internierungslager seien keine „Denazifizierungslager, sondern Renazifizierungslager"[37] gewesen. Sofern kulturelle Aktivitäten in den Lagern zustande kamen, gingen sie fast ausschließlich auf die Initiative der Internierten zurück. Im Lager Moosburg etwa konnten die Lagerinsassen Sprachkurse, Vorträge, ein Lagertheater, das unter anderem Goethes „Urfaust" zur Aufführung brachte, und ein Puppenspiel besuchen. Die Lagerschule bot Referate über Themen wie „Die Religionen der Völker", „Die Kultur des Mittelalters" oder „Der Sternenhimmel"[38] an. Weiterhin existierte eine Lagerkapelle, auch Einzelpersonen traten als Musiker auf. Neben

[33] Bericht „Mein AUTOMATIC ARREST vom 27. Oktober 1945 bis 16. März 1946", März/April 1946; BayHStA, Nachlaß Pfeiffer 125.

[34] Military Intelligence Detachment „E" – Civilian Internment and Labor Camp No. 6 Moosburg an Commanding General, First Military District, vom 8. 1. 1948, Security Report, Period 1 January 1948 to 7 January 1948; NA, RG 260, 15/124-1/18.

[35] OMGUS, Office of the Director of Information Control to Chief of Intelligence, Information Control Division: Office of Military Government for Bavaria, Office of Military Government for Wuerttemberg-Baden, Office of Military Government for Greater Hesse, Office of Military Government for Bremen Enclave vom 27. 7. 1946; NA, RG 260, 10/71-1/21.

[36] Ebd.

[37] Bericht über die amerikanischen Internierungslager Glasenbach b. Salzburg, Golling (österreichische Lager) und Altenstadt b. Schongau in Bayern, Januar/Februar 1946; BayHStA, Nachlaß Pfeiffer 125, und NA, RG 260, AG 1945-46/45/5.

[38] Bericht über das Lager Moosburg, Januar 1946; NA, RG 260, AG 1945-46/45/5.

klassischer Musik gab es „heitere Abende“[39] für die Lagerbewohner. In Darmstadt hielten an einer Lageruniversität internierte Hochschulprofessoren Vorlesungen[40].

Trotz Arbeitseinsatz und kultureller Ablenkung war die seelische Belastung der Häftlinge erheblich. Psychische Krankheiten häuften sich, immer wieder geschahen Selbstmorde. Die Hauptgründe dafür listete die Militärregierung Mitte 1946 auf: „a) die Überzeugung zu Unrecht verhaftet worden zu sein (...), b) das Hinausziehen (Monate) des ersten Verhörs, c) Erbitterung darüber, daß andere, viel schwerer Belastete, frei, in angesehenen Stellungen und Besitz ihres Vermögens blieben, d) das Postverbot (...), e) Angst vor einer harten Bestrafung und Degradierung, f) Sorge um Familie, Beruf, Zukunft.“[41]

Zur gedrückten Stimmung in den Lagern trug sicherlich auch bei, daß die Inhaftierten nicht wußten, welche Behandlung sie von seiten der Amerikaner erwartete; diese hatten bei den Verhaftungsaktionen wiederholt bewiesen, daß auch sie nicht allzu zimperlich waren. In der Regel fand nach der Einlieferung eine Vernehmung durch amerikanisches Personal statt; die Erfragung der Personalien des neuen Lagerinsassen und seiner früheren politischen Tätigkeit wurde häufig von Beschimpfungen und der Austeilung von Prügeln begleitet[42]. In vielen Fällen waren die Häftlinge anfangs Schikanen des amerikanischen Wach- und Lagerpersonals ausgesetzt. Karl Vogel berichtete dazu folgendes: „Anschließend holten sich die Doppelposten der Amerikaner mehrmals Gruppen von zwei, drei oder vier Männern aus der Garage. Sie drückten diesen Besenstiele oder Knüppel in die Hände und ließen sie, auch mit nackten Füßen, vereinzelt im Hemd, auf dem Granitpflaster Paradeschritt üben: „You fockend Nazi-Dog! Mak Aktung! Dazu Gegröle.“[43] Derartige Ausschreitungen ließen aber bald nach der Errichtung der Lager nach oder wurden von höherer amerikanischer Seite unterbunden.

3. Die Internierungslager in deutscher Regie

Die ständig steigende Zahl der Internierten stellte die Amerikaner vor kaum zu bewältigende organisatorische Aufgaben. Besonnene Köpfe in den Reihen der Militärregierung, die sich von der allgemeinen Entnazifizierungshysterie nicht anstecken ließen, gelangten schon bald zu der Einsicht, daß den pauschalen Verhaftungsaktionen viele eher harmlose Menschen zum Opfer gefallen waren, die schleunigst auf freien Fuß gesetzt werden mußten. Schon im Sommer 1945 richteten die Amerikaner deshalb sogenannte Überprüfungsausschüsse ein, die bis zum Januar 1946 etwa 12000 harmlose „security threats“ aus den Lagern entließen[44]. Im Herbst 1945 wurden auch viele ehemalige Ortsgruppenleiter aus den Lagern entlassen, die sich allerdings ihrer Freiheit

[39] Ebd.

[40] Eugen Kogon und Ferdinand Rämhild, Bericht über das Internierungslager Darmstadt, April 1947; HStAW, 521/31.

[41] OMGUS, Office of the Director of Information Control to Chief of Intelligence, Information Control Division: Office of Military Government for Bavaria, Office of Military Government for Wuerttemberg-Baden, Office of Military Government for Greater Hesse, Office of Military Government for Bremen Enclave vom 27. 7. 1946; NA, RG 260, 10/71-1/21.

[42] Vogel, M-AA 509, S. 37, und Salomon, Fragebogen, S. 558 ff.

[43] Vogel, M-AA 509, S. 35.

[44] Marye an Fahy vom 14. 3. 1946; NA, RG 260, 17/55-2/13.

nicht allzu lang erfreuen konnten. Etwa zum gleichen Zeitpunkt erschien nämlich das Gesetz Nr. 8, das den Höhepunkt der radikalen amerikanischen Säuberungspolitik markierte. Um nicht in Widerspruch mit dieser strengen Linie der Entnazifizierung zu geraten, verhaftete die amerikanische Besatzungsmacht die Ortsgruppenleiter erneut und lieferte sie wieder in die Lager ein[45]. Vorstöße verschiedener amerikanischer Stellen im September 1945, die eine mildere Handhabung des „Automatischen Arrestes" forderten, wurden von Clay abgeblockt[46]. Erst die Einrichtung sogenannter „Security Review Boards" aufgrund der Direktive vom 15. November 1945 zeigte den Willen der Amerikaner, zu einer vernünftigen Revision der pauschalen Internierung. Das System der Überprüfung war jedoch reichlich umständlich: Der „Security Review Board Nr. 1" prüfte die eingereichten Unterlagen der Internierten und leitete sie – wenn ein Entlassungsantrag zu Recht gestellt worden war – an einen „Review Board", der aus Deutschen gebildet war, weiter. Dieser gab, nachdem er Erkundigungen über den Antragsteller und dessen frühere politische Tätigkeit eingezogen hatte, eine Empfehlung an den „Security Review Board Nr. 2" ab, der die endgültige Entscheidung über Entlassung oder Fortdauer der Haft traf[47]. Während im „Review Board" nur deutsche Mitglieder saßen, setzten sich die „Security Review Boards" Nr. 1 und Nr. 2 aus Amerikanern zusammen. Der Nachteil des Verfahrens lag darin, daß die deutschen Ausschüsse offenbar sehr genau recherchierten, was viel Zeit in Anspruch nahm. Zudem fehlte das nötige Personal, so daß die deutschen Stellen bald hoffnungslos im Verzug waren, was die Amerikaner verärgerte und zu heftigen Klagen führte. Die amerikanischen Ausschüsse behandelten deshalb – zumindest in Bayern – ungefähr 50 Prozent der Anträge direkt, d.h. unter Umgehung der deutschen „Review Boards"[48].

Die Schaffung des Systems der „Security Review Boards", das wurde schnell deutlich, trug zu einer Lösung des Interniertenproblems wenig bei. Es hätte vor allem einer großzügigen Änderung der Entlassungskategorien bedurft, die bisher viel zu eng definiert worden waren. So durften beispielsweise Mitglieder der Organisationen, die vor dem Internationalen Militärgerichtshof in Nürnberg als „verbrecherisch" angeklagt waren, nicht entlassen werden[49]. Dies betraf Angehörige der SS, der SA, des SD, des Korps der Politischen Leiter, des Generalstabs und des Oberkommandos der Wehrmacht und der Reichsregierung. Gerade aus diesen Personengruppen kam die Masse der Internierten.

Nachdem sich die Zahl der Internierten bis zum Dezember 1945 auf ungefähr 90000 Personen erhöht hatte, wobei noch ungefähr 25000 Kriegsgefangene, die unter die Kategorien des „Automatischen Arrests" fielen[50], hinzugerechnet werden mußten,

[45] Earl F. Ziemke, The US Army in the Occupation of Germany 1944–1946, Washington 1975, S. 387.

[46] Peterson, Occupation, S. 145.

[47] Die grundlegende Anweisung bildet: Headquarters USFET to Commanding General, Western Military District und Commanding General, Eastern Military District, vom 15. 11. 1945; NA, RG 260, 17/55-2/13. Die hier gemachten Ausführungen basieren auf: Headquarters USFET, Legal Branch to D/Chief, Legal Division vom 3. 12. 1945; NA, RG 260, 17/55-2/13.

[48] Marye an Fahy vom 14. 3. 1946; NA, RG 260, 17/55-2/13.

[49] Die Hauptkriegsverbrecher wurden vor dem Internationalen Militärgerichtshof in Nürnberg nicht nur als Einzelpersonen, sondern auch als Mitglieder von NS-Organisationen angeklagt.

[50] Dabei wurden jedoch Angehörige der bewaffneten Verbände, wie z.B. der Waffen-SS, der Abwehr und der Geheimen Feldpolizei zunächst in Kriegsgefangenschaft gehalten. Nach ihrer formellen Entlassung aus ihren Waffenverbänden internierten die Amerikaner sie sofort, d.h., es fand nur ein Wechsel ihres Status statt; sie mußten aber weiterhin in einem Lager bleiben. Diese Entlassungen aus der Kriegsgefangenschaft und die gleichzeitige Überführung in das Interniertenverhältnis fanden meist im Frühjahr 1946 statt.

war Clay zu einer Lockerung seiner starren Haltung in der Internierungsfrage bereit. Am 8. Dezember 1945 sandte er ein Fernschreiben nach Washington, in dem er darlegte, daß die Arbeit der „Review Boards" nur langsam vorangehen werde. Das Hauptproblem stellten die überfüllten und nicht winterfesten Lager dar. Clay schlug dem War Department deshalb vor, die Haftkategorien auf mutmaßliche Kriegsverbrecher, gefährliche „security threats" und aktive Mitglieder der vor dem Internationalen Militärgerichtshof in Nürnberg angeklagten Organisationen zu beschränken[51], und drang damit in Washington durch. Die Anweisungen vom 4. und 11. Februar 1946[52], die die alte Direktive vom 15. November 1945 ablösten, bestimmten, daß jetzt auch Angehörige der in Nürnberg vor Gericht stehenden NS-Organisationen berechtigt waren, einen Entlassungsantrag an die „Review Boards" zu stellen, wenn sie von den Bestimmungen des „Automatischen Arrestes" nicht betroffen waren. Bis zum April 1946 gingen bei den „Review Boards" in Bayern 15 588 Entlassungsanträge ein, 7319 Personen wurden tatsächlich entlassen[53]. Im September 1946 zählte man schon 20 758 Anträge, von denen immerhin 17 160 positiv beschieden wurden[54]. Um diese Zeit saßen noch immer rd. 40 000 Personen in bayerischen Lagern – ohne Anklage und Urteil, viele zu Recht, manche zu Unrecht[55]. Ohne die Mitwirkung der Deutschen, das zeigte sich auch in der Interniertenfrage, ging es nicht.

Clay hatte bereits im Herbst 1945 zu erkennen gegeben, daß die Verwaltung der Interniertenlager seines Erachtens in deutsche Hände übergehen sollte[56]. Einen wichtigen Schritt auf dem Weg zur Übergabe der Internierungslager an die Deutschen stellte das „Gesetz zur Befreiung von Nationalsozialismus und Militarismus" vom 5. März 1946 dar. Das „Befreiungsgesetz", das die Entnazifizierung in der US-Zone regelte, sah fünf Gruppen vor: die der Hauptschuldigen (Gruppe I), der Belasteten (Gruppe II), der Minderbelasteten (Gruppe III), der Mitläufer (Gruppe IV) und der vom Gesetz nicht Betroffenen (Gruppe V). Diejenigen, die in Gruppe I oder II eingestuft, also als besonders aktive Nationalsozialisten angesehen wurden, konnte die Spruchkammer nach Anhören der Be- und Entlastungszeugen und nach Abwägung der vorgelegten Beweise für eine gewisse Zeit in Arbeitslager einweisen, die eigens für diesen Zweck eingerichtet werden sollten. Dort sollten sie Sühne durch unbezahlte Arbeit beim Wiederaufbau leisten. Die Arbeitslagerzeit konnte bei Hauptschuldigen zwischen zwei und zehn Jahren, bei Belasteten bis zu fünf Jahren betragen[57].

Nicht lange nach dem Erlaß des „Befreiungsgesetzes" beschlossen die Amerikaner am 17. April 1946, den Deutschen eine Anzahl der Internierungslager zu übertragen, da viele Insassen mit Strafen aufgrund der Bestimmungen des „Befreiungsgesetzes" rechnen müßten[58]. Aus der Sicht der Besatzungsmacht war das nur logisch: Nachdem

[51] Clay to Hilldring vom 8. 12. 1945, in: Jean Edward Smith (Hrsg.), The Papers of General Lucius D. Clay. Germany 1945–1949, Bd. 1, Bloomington 1974, S. 131.

[52] Headquarters USFET to Commanding Generals vom 11. 2. 1946; NA, RG 260, 17/55-2/13. Die Anweisung vom 4. 2. 1946 war in dem vorhandenen Material nicht auffindbar.

[53] Historical Report for Land Bavaria vom 1.–30. 4. 1946, S. 57f; NA, RG 260, 13/147-2/21.

[54] Historical Report for Land Bavaria vom 1.–30. 9. 1946, S. 88; NA, RG 260, 13/147-3/2.

[55] Zahlen errechnet nach: Nutritional Progress, Civilian Internees vom 3. 10. 1946; NA, RG 260, 3/174-2/8.

[56] Clay to Conrad vom 11. 9. 1945; NA, RG 260, AG 1945-46/44/3.

[57] Vgl. Erich Schullze (Hrsg.), Gesetz zur Befreiung von Nationalsozialismus und Militarismus vom 5. März 1946. Mit den Ausführungsvorschriften und Formularen, München ^{2}1947.

[58] OMGUS, Assistant Deputy Military Governor an Col. Wilson vom 19. 4. 1946; NA, RG 260, 15/123-3/9.

die Amerikaner den Deutschen die Durchführung der Entnazifizierung überlassen hatten, mußten sie ihnen auch den Vollzug der Strafen übertragen. Die neu zu errichtenden Arbeitslager wurden so zu einer Aufgabe der deutschen Behörden. Bis Februar 1947[59] gab es aber keine Arbeitslager, sondern nur Internierungslager, in denen sich Personen befanden, die im Zeichen des „Automatischen Arrests" verhaftet worden waren.

Ein weiterer Schritt war somit getan. Clay und seine Mitarbeiter zögerten aber, die Kompetenzen der Deutschen noch weiter auszudehnen. Die für gefährlich erachteten, angeblich unverbesserlichen Nazis ihren eigenen Landsleuten anzuvertrauen, das schien denn doch zu gewagt. Entsprechend vorsichtig gingen die Amerikaner vor. Bestimmte Gruppen von Internierten, vor allem mutmaßliche Kriegsverbrecher und Zeugen für Kriegsverbrecherprozesse, wurden weiter in Lagern unter amerikanischer Kontrolle, d. h. im Lager Dachau und im Lager 74 in Ludwigsburg festgehalten. Nichtdeutsche Internierte blieben in einem Teil des Darmstädter Lagers ebenfalls in amerikanischem Gewahrsam[60]. Einer der amerikanischen Truppenkommandeure, General Keyes, widersetzte sich der von Clay verfolgten Politik der Übergabe der Verantwortung für die Internierungslager an die deutschen Behörden. Er befürchtete nicht nur verwaltungstechnische Verwicklungen bei einem Wechsel von amerikanischen zu deutschen Behörden, sondern erblickte darin auch ein zu starkes Sicherheitsrisiko. Er hatte Bedenken, die Deutschen könnten mit der Bewachung überfordert sein, zumal er ein weiteres Ansteigen der Zahl der Häftlinge erwartete[61]. Gleichwohl gab USFET am 13. Juli 1946 eine Direktive heraus, die die Übergabe der Internierungslager vorsah. Die Amerikaner behielten sich dennoch die Richtlinienkompetenz in der Internierungspolitik vor. Zugleich wurde die Errichtung von Spruchkammern in den Lagern angeordnet, die die Internierten aufgrund der Bestimmungen des „Befreiungsgesetzes" behandeln sollten. Die Lagerspruchkammern wurden somit in gewisser Weise Nachfolger der „Security Review Boards", die im Herbst 1946 ihre Arbeit einstellten[62]. In Bayern fielen folgende Lager in die Kompetenz des „Staatsministeriums für Sonderaufgaben": Moosburg, Regensburg, Augsburg-Göggingen, Nürnberg-Langwasser, Hammelburg, das Interniertenkrankenhaus Garmisch, ein Teil des Lagers Dachau[63] und das Frauenlager in Augsburg-Göggingen[64]. Das Internierungslager, das in der US-Zone als erstes am 10. Oktober 1946 den deutschen Behörden unterstellt wurde, war das Lager Moosburg.

[59] OMGUS signed Clay to Dir OMGBY, Dir OMGH, Dir OMGWB (Info: Dir, OMG Bremen Enclave) vom 6. 2. 1947; NA, RG 260, AG 1947/152/6. Diese Anweisung sah die Einlieferung der in 1. Instanz zu Arbeitslager verurteilten Personen in Lager vor.

[60] Headquarters USFET to Commanding Generals vom 13. 7. 1946; NA, RG 260, 3/174-2/8 und NA, RG 260, 17/55-2/13, und Headquarters Third US Army to Commanding Generals vom 21. 9. 1946; NA, RG 260, 17/55-2/13.

[61] General Keyes to Commanding General USFET vom 17. 6. 1946; NA, RG 260, 15/121-1/32.

[62] Headquarters USFET to Commanding Generals vom 13. 7. 1946; NA, RG 260, 3/174-2/8 und NA, RG 260, 17/55-2/13.

[63] Die Bemerkung Niethammers, die den Eindruck entstehen läßt, als sei das ganze Lager Dachau übergeben worden, trifft nur partiell zu. Nur ein Teil des Lagers wurde offenbar den Deutschen zur Verfügung gestellt, die dies jedoch vorerst nicht nutzten. Vgl. Niethammer, Mitläuferfabrik, S. 456.

[64] Die Frauen waren anfangs in verschiedenen Lagern interniert, bis man sie gesammelt im Lager Ludwigsburg 77 unterbrachte. Später wurden sie auf die einzelnen Länder der US-Zone – je nach ihrem Heimatort – verteilt.

Die bayerische Regierung war von der Aussicht, die Lager übernehmen zu müssen, keineswegs begeistert. Hoegner und Ehard, den beiden Ministerpräsidenten, die sich mit der Frage zu befassen hatten, stand klar vor Augen, daß die Existenz der Lager mit zahlreichen Häftlingen ohne Anklage und Urteil mit demokratischen und rechtsstaatlichen Grundsätzen, wie sie gerade in der bayerischen Verfassung verankert worden waren, nur schwer in Einklang zu bringen war. Sie erkannten, daß sie sich mit den Lagern eine schwere Hypothek aufluden. Schon erhoben sich Stimmen, die die Lager als amerikanische KZs diffamierten. Selbst im Kabinett billigte kaum einer die pauschalen Verhaftungsaktionen der Besatzungsmacht. Sollten jetzt deutsche Stellen, so fragten die Kritiker mit einigem Recht, die Suppe auslöffeln, die die Amerikaner eingebrockt hatten? Andererseits wußten Hoegner und Ehard, daß solche rechtsstaatlichen Bedenken auch in die Nähe von juristischen Spitzfindigkeiten rücken konnten. Hatten doch viele Internierte, die jetzt auf eine Behandlung nach rechtsstaatlichen Grundsätzen pochten, gerade diese mit Füßen getreten. Und schließlich täuschten sich die beiden Ministerpräsidenten nicht darüber, welchen fatalen Eindruck es in der Weltöffentlichkeit machen mußte, wenn sie die Verantwortung für die Lager ablehnen oder diese gar auflösen und damit zahlreiche NS-Aktivisten auf freien Fuß setzen würden. Eine Patentlösung gab es nicht. Die Regierung schuf im Juni 1946 ein „Landesamt für Arbeitslager“, das die Verwaltung der Arbeits- und Internierungslager übernehmen sollte. Wenig später zog das Sonderministerium alle Kompetenzen an sich und gliederte das Landesamt als Abteilung VI dem Ministerium ein[65].

Die Frage nach dem personellen Erbe, das den deutschen Stellen mit den Lagern übergeben wurde, ist leichter gestellt als beantwortet. Ein Beispiel liefert das Internierungslager Nürnberg-Langwasser, das allerdings ein reines SS-Lager und insofern nicht repräsentativ war. Ein Test, basierend auf 248 alphabetisch ausgewählten Personen ergab[66]: Bei der Übergabe an das Sonderministerium am 14. November 1946 befanden sich 155 der 248 registrierten Personen im Lager Nürnberg-Langwasser. Von ihnen hatten 12 der Allgemeinen SS, 57 Personen sowohl der Allgemeinen SS als auch der Waffen-SS und 83 nur der Waffen-SS angehört. Die Mehrzahl der Mitglieder der Allgemeinen SS (7 von 12 Personen) bekleidete den Rang eines Unterscharführers (= Unteroffizier), d.h. die niedrigste Rangstufe, bei der auch der „Automatische Arrest“ einsetzte. Ähnlich verhielt es sich bei denjenigen, die sowohl der Allgemeinen SS als auch der Waffen-SS angehört hatten. Von diesen 57 Personen hatten 15 den Rang eines Unterscharführers (= Unteroffizier) der Allgemeinen SS und 11 den Rang eines Oberscharführers (= Feldwebel) der Allgemeinen SS inne; 11 Personen waren Unterscharführer der Waffen-SS, 14 Oberscharführer der Waffen-SS und 11 Hauptscharführer (= Hauptfeldwebel) der Waffen-SS. Auch von den 83 Personen, die nur Mitglieder der Waffen-SS gewesen waren, besaßen mehr als die Hälfte, nämlich 46 Männer, den Rang eines Oberscharführers. Das heißt: Bei der Mehrzahl der in Nürn-

[65] Niethammer, Mitläuferfabrik, S. 367.

[66] Der von mir erstellten Statistik liegt die Interniertenkartei der Registratur S im Münchener Amtsgericht zugrunde. Untersucht wurden 350 alphabetisch ausgewählte Insassen des Internierungs- und Arbeitslagers Nürnberg-Langwasser. 54 Personen konnten aufgrund ihres nur sehr kurzfristigen Aufenthaltes in diesem Lager nicht berücksichtigt werden. Weitere 48 Personen stellten reine Arbeitslagerhäftlinge dar und schieden somit auch aus der Wertung der Statistik aus. Die erstellte Statistik umfaßt also 248 Internierte.

berg-Langwasser internierten SS-Männer handelte es sich um Unteroffiziers-Ränge, die die niedrigste Ebene des „Automatischen Arrestes“ ausmachten. In den Lagern, so wird man allgemein sagen können, saßen gewiß nicht nur solche kleinen Parteifunktionäre, doch ebensowenig die großen gefährlichen Nazis oder gar die Führungsschicht des NS-Regimes.

Der Übergang der Lager in deutsche Verantwortung hatte zunächst kaum nennenswerte Auswirkungen auf das Leben im Lager. An den schlechten Unterkünften der Internierten, den Baracken und Zelten, änderte sich seit 1945 nur wenig. Eugen Kogon bezeichnete noch im April 1947 die Unterbringung der Internierten in Darmstadt als „menschenunwürdig“[67]. Über die Hälfte der Zelte war beschädigt oder nicht wasserdicht. Zweistöckige Holzkojen wurden als Betten verwendet. „Strohsäcke sind nicht vorhanden, das Stroh liegt lose in den Kojen. Kopfkeile und Bettwäsche gibt es nicht, jedermann hat 2 Decken und 1 Leinenschlafsack. Eine 3. Decke (Steppdecke) haben nur Kranke auf Grund ärztlicher Genehmigung.“[68] Das gleiche Bild im Lager Nürnberg-Langwasser: Hier waren ungefähr 60 bis 65 Männer in einer Baracke untergebracht, die sich meist in katastrophalem Zustand befand[69]. Hungern mußte in den Lagern freilich niemand mehr. Im Lager Darmstadt verzeichnete man im April 1947, als sich die Normalverbraucher im Ruhrgebiet mit ganzen 800 oder 900 Kalorien begnügen mußten, vier Verpflegungskategorien, die schon fast als üppig gelten konnten: „Nichtarbeiter mit 1700 Kalorien täglich, Teilschwerarbeiter mit 2075 Kalorien, Schwerarbeiter mit 2400 Kalorien, Kranke mit 2400 Kalorien.“[70] Das Essen war allerdings meist wenig abwechslungsreich und nicht sehr vitaminhaltig. Im Darmstädter Lager gab es monatelang „morgens regelmäßig Haferflockensuppe in gleicher Zubereitung, mittags dicke Nudelsuppe mit oder ohne Bohnen und Erbsen“[71]. Um die Internierten auch mit Frischgemüse versorgen zu können, schuf man in einzelnen Lagern Anbauflächen für Gemüse und Getreide. In Nürnberg-Langwasser konnte man z. B. Karotten, Petersilie, Lauch, Zwiebeln, Spinat, Mangold, Hafer und Sommerroggen ernten[72]. Auch durch Lebensmittelpakete von zu Hause wurde das eintönige Essen in den Lagern etwas verbessert.

Die großzügige Kalorienzuteilung für Internierte war nicht selten Gegenstand bitterer Debatten. Es wurden Stimmen laut, die eine Anpassung der Verpflegung der ehemals „aktiven Nazis“ an das kärgliche Normalmaß verlangten. Die Amerikaner lehnten aber eine Herabsetzung der Kalorienmenge ab, nicht zuletzt wohl auch deshalb, um Vergleichen zwischen den Internierungslagern und den nationalsozialistischen Konzentrationslagern von vorneherein den Boden zu entziehen[73].

[67] Eugen Kogon und Ferdinand Rämhild, Bericht über das Internierungslager Darmstadt, April 1947, S. 15; HStAW, 521/31.

[68] Ebd., S. 16.

[69] Monatsbericht des Lagers Nürnberg-Langwasser vom 10. 1. 1947; BayHStA, MSo 2078.

[70] Eugen Kogon und Ferdinand Rämhild, Bericht über das Internierungslager Darmstadt, April 1947, S. 16; HStAW, 521/31. Laut Headquarters USFET an Commanding Generals vom 30. 3. 1946; NA, RG 260, 15/123-3/13, waren 1700 Kalorien für den Normalverbraucher und 2400 Kalorien für den Schwerarbeiter unter den Internierten durch die Amerikaner vorgesehen.

[71] Eugen Kogon und Ferdinand Rämhild, Bericht über das Internierungslager Darmstadt, April 1947, S. 17; HStAW, 521/31.

[72] Monatsbericht des Lagers Nürnberg-Langwasser vom April 1947; BayHStA, MSo 2080.

[73] Vgl. Anlage 5 zu Punkt 10 der Tagesordnung des Entnazifizierungsausschusses des Länderrates vom 9. 9. 1947; NA, RG 260, 11/29-1/1.

Einschneidende Veränderungen gab es jedoch hinsichtlich der Binnenverwaltung der Lager. Das Sonderministerium bestellte einen deutschen Lagerleiter, der für die Aufrechterhaltung von Ruhe und Ordnung zuständig war. Für verschiedene Bereiche der Lagerverwaltung standen ihm Referenten zur Seite. In Darmstadt gab es – wie in anderen Lagern auch – sogenannte „Verbindungsoffiziere", d.h. Amerikaner, die im Kontakt mit der Militärregierung, dem CIC und der Armee standen. Die Lagerselbstverwaltung wurde beibehalten, allerdings – sofern nicht bereits vorhanden – um eine wesentliche Variante ergänzt, die man als ein Element der „Demokratie im Lager" bezeichnen könnte: die Wahl der unteren Organe der Selbstverwaltung. Für Darmstadt berichtete Kogon: „Die Insassen jedes Zeltes (8–10 Mann) wählen aus ihrer Mitte einen Zeltältesten. Eine sog. Gemeinde, d.h. zwei einander gegenüberliegende Zeltreihen mit zus. 8–15 Zelten, wählen einen Gemeindeältesten, dem ein Sekretär, ein Betreuer, ein Arzt und ein Fourier zur Seite stehen. Durchschnittlich 10 Gemeinden zusammen bilden einen Bezirk, von denen es insgesamt 8 im Lager gibt, die einen Bezirksvorsteher wählen. Außerdem wählt jeder Bezirk 2 Vertreter in den sog. Gemeinderat, der nicht identisch ist mit den vorhin genannten Zeltgemeinden, sondern ein den Bezirken übergeordnetes Gremium der Selbstverwaltung darstellt. Die Gemeinderäte wählen den Stadtrat. Die Wahlen erfolgen auf Grund von Wahlvorschlägen, die jedermann machen kann, zu deren Aufstellung aber selbstverständlich nur die Führenden und Einflußreichen im Lager fähig sind. Die Abstimmung soll geheim durchgeführt werden. Formell sollen die Wahlen angeblich alle Vierteljahr stattfinden, doch sind die Gewählten mehr oder minder immer die Gleichen."[74]

Die Spitze der Interniertenselbstverwaltung, der sogenannte „Oberbürgermeister", wurde – zumindest im Lager Darmstadt – allerdings nicht gewählt, sondern von der deutschen Lagerleitung ernannt. Dieser arbeitete mit den gleichfalls ernannten „Bürgermeistern", dem Stadtrat und den Gemeinderäten zusammen. Die Selbstverwaltung verfügte über neun Referate: die „Personalstelle", „das Büro des Chefs der Verwaltung", „die soziale Betreuung", „der Arbeitseinsatz", „das technische Büro", „die Kulturabteilung", „die Abt. Presse", „der eigene Ordnungsdienst des Lagers", d.h. die Lagerpolizei, und „das Lagergericht", das Verstöße gegen die Lagerordnung bestrafte[75].

Wie früher war die Lagerleitung mehr oder weniger abhängig von der Interniertenselbstverwaltung, die das Lagerleben weitgehend kontrollierte. Im April 1947, als sich die Insassen des Lagers Darmstadt fast nur noch aus ehemaligen Mitgliedern der SS und Politischen Leitern der NSDAP zusammensetzten, wurde die Selbstverwaltung naturgemäß von Vertretern dieser Gruppen geleitet. Diese hatten aber offenbar auch schon zuvor, als noch weitaus mehr Insassen aus sehr verschiedenen Kategorien interniert waren, das Geschehen im Lager bestimmt, was, wie Kogon bemerkte, „nach Schilderungen, die uns gegeben wurden, eine offensichtliche Ungerechtigkeit" darstellte, „die zu zahlreichen Härten führte"[76].

Das den Internierten zugestandene Recht, die Lager selbst zu verwalten, geriet weiterhin häufig ins Kreuzfeuer der Kritik. Viele Internierte fühlten sich von korrupten

[74] Eugen Kogon und Ferdinand Rämhild, Bericht über das Internierungslager Darmstadt, April 1947, S. 13; HStAW, 521/31.

[75] Ebd., S. 13f.

[76] Ebd., S. 14.

„Bürgermeistern" ungerecht behandelt, anderen war die Dominanz der SS ein Dorn im Auge. In Bayern nahm deshalb der neue Sonderminister im Kabinett Ehard, Alfred Loritz (WAV), Meldungen über Skandale in den Lagern Regensburg und Moosburg zum Anlaß, die Einrichtung der Selbstverwaltung aufzulösen. Das Sonderministerium besetzte die verschiedenen Verwaltungsreferate mit eigenen Angestellten, was sich jedoch wegen des Personalmangels zum Teil als so schwierig erwies, daß letztlich doch wieder auf Internierte zurückgegriffen werden mußte. Der „Bürgermeister" wurde durch einen sogenannten „Interniertenvertrauensmann" (IVM) abgelöst, der offenbar von den Lagerinsassen gewählt wurde.

Im Lager Garmisch-Partenkirchen gelangte mit Karl Vogel ein durchaus respektabler Mann an die Spitze der deutschen Lagerverwaltung, dem die Spruchkammer später sogar Widerstand gegen den Nationalsozialismus bescheinigte. Es war aber auch möglich, daß ein exponierter Repräsentant des untergegangenen NS-Systems den Ton angeben konnte, wie im Lager Dachau der ehemalige Gauleiter von Tirol, Franz Hofer. Im Lager Nürnberg-Langwasser konnte der im Nürnberger Prozeß gegen die Hauptkriegsverbrecher freigesprochene, später von einer Spruchkammer zur Ableistung einer Arbeitslagerstrafe verurteilte ehemalige Chefkommentator des Reichsrundfunks, Hans Fritzsche, zum Vertrauensmann der Arbeitslagerhäftlinge aufsteigen.

Nach dem Übergang der Lager in deutsche Regie durften die Internierten erstmals Besuche empfangen. Den Insassen von Nürnberg-Langwasser war es im April 1947 erlaubt, täglich von 8 bis 12 Uhr und zwischen 14 und 17 Uhr Angehörige und Freunde zu sehen. Die Sprechzeit betrug pro Person eine Stunde[77]. Pro Tag verzeichnete man zwischen 120 und 150 Besucher. In der eigens errichteten Besuchsbaracke war allerdings ein ungehinderter Austausch privater Mitteilungen kaum möglich: „Nach wie vor wird der auf Anordnung der Militärregierung zwei Meter breite Sprechtisch als sehr unangenehm und störend empfunden. Bei dieser Entfernung können sich die Partner nur verständigen, wenn ziemlich laut gesprochen wird, und man kann sich vorstellen, welcher Lärm entstehen muß, wenn 30 bis 40 Personen gleichzeitig laut sprechen."[78] Anders waren die Besuche im Lager Darmstadt geregelt. Sie konnten alle 4 Wochen erfolgen. „Zugelassen sind die nächsten Angehörigen. Die Besuchsdauer beträgt 2 Stunden. Der Internierte kann mit seinem Besuch in einem eigenen Raum, in dem die Tür ausgehängt ist, allein bleiben. Auf dem Korridor vor den Besuchsräumen geht ein Wachposten auf und ab."[79]

Auch in der Urlaubsfrage traten 1946/47 gewisse Erleichterungen ein. Urlaub wurde den Lagerinsassen allerdings nur bei Tod oder lebensgefährlicher Erkrankung von Angehörigen und bei wirtschaftlichem Notstand gewährt; es kam freilich auch vor, daß inhaftierte Bauern zur Erntezeit kurzzeitig heimkehren durften. Jedem Urlaubsgesuch mußte neben dem Lagerleiter auch der amerikanische Lageraufsichtsoffizier zustimmen. Auch bei einer Ablehnung wußten sich die Inhaftierten zu helfen: Sie beurlaubten sich einfach selbst und verschwanden für einige Tage aus dem Lager, regelten ihre dringenden Angelegenheiten und kehrten danach ins Lager zurück. Im

[77] Monatsbericht des Lagers Nürnberg-Langwasser vom April 1947; BayHStA, MSo 2080.
[78] Monatsbericht des Lagers Nürnberg-Langwasser vom Juni 1947; BayHStA, MSo 2080.
[79] Eugen Kogon und Ferdinand Rämhild, Bericht über das Internierungslager Darmstadt, April 1947, S. 22; HStAW, 521/31.

Fall der Entdeckung drohte den illegalen „Freigängern" Arrest und die Zurückstellung ihrer Spruchkammerverfahren. Das nahmen die Internierten aber in Kauf, vor allem, wenn sie aus einem dringenden Grund geflohen waren. So blieb z. B. ein Internierter des Lagers Nürnberg-Langwasser ungefähr zwei Wochen weg. Der „Flüchtling", ein Chirurg, war in die SBZ gefahren, wo seine Frau mit den beiden Kindern lebte. Er brachte seine Familie über die Zonengrenze in den Westen und kehrte schließlich in aller Ruhe wieder in das Lager zurück[80].

Ein beträchtlicher Teil der Flüchtenden stammte aus der britischen oder französischen Besatzungszone. Ihnen war klar, daß sie bei der Entnazifizierung benachteiligt wurden. Ihre Akten blieben einfach liegen, da man mit der baldigen Verlegung dieses Personenkreises in die „Heimat"-Zonen rechnete. Die Internierten aus den anderen Zonen erhielten außerdem keinen Urlaub, durften nicht in Außenarbeitskommandos beschäftigt werden und bekamen wegen der großen Entfernung nur selten Besuch. Schließlich ließ sich manch einer wohl auch von der Aussicht auf eine mildere Entnazifizierung, womit er in der französischen und britischen Zone tatsächlich rechnen konnte, zur Flucht verleiten.

Die Befürchtungen von General Keyes, der bei der Übergabe der Lager an die Deutschen ein Ansteigen der Fluchtquote vorausgeahnt hatte, bestätigten sich. Die deutschen Behörden, die die Lager nur ungern übernommen hatten, schreckten vor allzu scharfen Sicherheitsmaßnahmen zurück, um nicht in den Verdacht zu geraten, KZ-artige Verhältnisse zu unterhalten. Im Lager Nürnberg-Langwasser entwickelte sich zwischen September 1946 und Januar 1947 die Fluchtquote folgendermaßen: September 4 Fluchtfälle, Oktober 23, November 14, Dezember 43, Januar 30 Fluchtfälle[81]. Für das Lager Darmstadt ergibt sich aufgrund des schon mehrfach erwähnten Kogon-Berichts ein ähnliches Bild: In der Zeit von 1. 11. 1946 bis in die ersten Märztage 1947 flüchteten insgesamt 121 Mann, davon im November 7, im Dezember 22, im Januar 50, im Februar 36, in den ersten Märztagen 6[82].

Es zeigte sich immer wieder, wie schwer sich die Deutschen mit den Lagern taten. Das Sonderministerium wollte Personal der Polizei, d. h. bereits geschulte Truppen, als Wachmannschaften einsetzen. Dieser Plan scheiterte aber am Widerstand des Innenministeriums, das seine Kräfte nicht den korrumpierenden Anfechtungen, die sich in den Lagern fast zwangsläufig ergaben, aussetzen wollte. Das Sonderministerium wandte sich deshalb an die verschiedenen Arbeitsämter in Bayern und inserierte in der Presse, um militärisch geschulte Männer zu finden. Über die endgültige Anstellung der Bewerber, die politisch einwandfrei sein mußten, entschied das Sonderministerium. Die Auswahl war meist nicht sonderlich groß, man mußte nehmen, was sich anbot, darunter auch zwielichtige Figuren: Manchen fehlte die nötige Disziplin, andere waren bestechlich, bestahlen ihre Kollegen und sorgten dadurch für erhebliche Unruhe unter den Wachmannschaften. Nicht einmal Uniformen konnten ihnen in ausreichender Zahl gestellt werden. Im Lager Nürnberg-Langwasser hatte das folgende Konsequenzen: „Wachmänner und Internierte sind äußerlich kaum zu unterscheiden.

80 Schriftwechsel; BayHStA, MSo 2037.

81 Statistiken über Fluchten aus den Internierungslagern, undatierter, loser Zettel; NA, RG 260, 15/123-3/12.

82 Eugen Kogon und Ferdinand Rämhild, Bericht über das Internierungslager Darmstadt, April 1947; S. 24; HStAW, 521/31.

Eine ganze Anzahl von Fluchtfällen sind auf diese Umstände zurückzuführen. Ich habe daher angeordnet, daß Wachmänner in Zukunft Armbinden tragen, aber auch das wird keine endgültige Lösung zeitigen, da sich die Internierten diese Armbinden selbst fertigen."[83]

Die Wachleute waren mit ihrer Rolle alles andere als zufrieden. Zu ihrer Unzufriedenheit trug auch bei, daß sie in Verpflegung und Unterkunft anscheinend zum Teil schlechter gestellt waren als die Internierten. In bezug auf das Lager Hammelburg bemerkte deshalb ein bayerischer Landtagsabgeordneter nach einem Besuch spöttisch, „die eigentlichen Gefangenen des Lagers" seien „nicht die Internierten, sondern die Wachmannschaften"[84]. Auch den Amerikanern blieb der desolate Zustand der Wachen nicht verborgen. Der Chef des CIC im Lager Nürnberg-Langwasser, Captain Kaltenbach, äußerte sich gegenüber dem Nürnberger Landgerichtspräsidenten Sachs sarkastisch über die „armselige Zusammensetzung der Lagerwachen". Er stellte das Auftreten in Gegensatz „zu den disziplinierten, gekräftigten Angehörigen der SS, die interniert seien"[85].

Erleichterungen wie Urlaub und Besuchserlaubnis und die als ultima ratio mögliche Flucht änderten nur wenig an der deprimierten Stimmung der Lagerinsassen. Manche saßen schon drei Jahre in den Lagern, ohne daß sie vor die hoffnungslos überlastete Lagerspruchkammer zitiert worden waren. Ihnen war aber auch bekannt, daß manch einer, der im Dritten Reich im Rampenlicht gestanden hatte, aber dem „Automatischen Arrest" der ersten Stunde durch Glück entgangen war, mittlerweile von den lokalen Spruchkammern außerhalb der Lager längst als minderbelastet eingestuft worden war und sich seiner Freiheit erfreuen konnte. Manche setzten auf eine weitere Verschärfung des Kalten Krieges – in der vagen Hoffnung, daß sich dadurch ihre Lage positiv ändern werde. Im Stimmungsbericht aus dem Lager Nürnberg-Langwasser für März 1948 heißt es: „In der ersten Hälfte des Monats März war die Stimmung der Lagerinsassen depressiv hoffnungslos und unterschied sich durch nichts von der Stimmung der vorhergehenden Monate. Der unverändert menschenunwürdige Lebensstandard des Lagers, verbunden mit der Ungewißheit über das Schicksal der Familien und der eigenen Zukunft führte die Männer in eine bisher noch nicht beobachtete Lethargie und Passivität, die allerdings einer merkbar interessierten Aufmerksamkeit Platz machte, als die Ereignisse in der Tschechoslowakei und die unverblümten Kommentare der Staatsmänner in Ost und West die Weltöffentlichkeit mit einer nervösen Spannung erfüllten."[86] Je länger die Haft dauerte, desto größer wurde der Haß gegen die Amerikaner, die die Inhaftierung vorgenommen hatten und keine großzügigen Entlassungsaktionen durchführten. Ihre Beschwörungen von Demokratie, Rechtsstaat und Gerechtigkeit ernteten nur noch Hohn. Im Brief eines Häftlings, der von der Zensur abgefangen worden war, hieß es beispielsweise: „... der Russe ist auch nicht schlechter, als der Ami, im Gegenteil, wen der Russe nicht gebrauchen kann, gibt er

83 Monatsbericht des Lagers Nürnberg-Langwasser vom 10. 1. 1947; BayHStA, MSo 2078.

84 Bayerischer Landtag, 15. Sitzung am 3. 5. 1947; Verhandlungen des Bayerischen Landtags, I. Tagung, 1946/1947, Stenographische Berichte Nr. 1–27, I Band, München 1948, S. 435.

85 Präsident der Berufungskammer Nürnberg, Sachs, an das Bayerische Sonderministerium, Abt. VI vom 26. 11. 1946; BayHStA, MSo 1996.

86 Monatsbericht des Lagers Nürnberg-Langwasser vom März 1948; BayHStA, MSo 2088.

den Genickschuß, der Ami knechtet und foltert uns seelisch langsam zu Grunde, da ist ersterer noch menschlicher."[87]

Besonderen Unmut erregte die Pauschalität des amerikanischen „Automatischen Arrests", über den sich ehemals überzeugte Parteifunktionäre mit unkritischer Selbstgerechtigkeit ausließen: „Sperren Menschen jahrelang ein, nur weil sie einmal Nazis waren, ohne Ruecksicht darauf, ob sie Verbrechen begingen oder nicht. (...) Menschen, die das Wort ‚Gerechtigkeit' im Munde fuehren und dabei Unrecht ueber Unrecht begehen, sind Heuchler, vor denen man sich in acht nehmen soll."[88] Gerade weil die Kritik an der Pauschalität der amerikanischen Maßnahmen nicht unberechtigt war, neigten viele Internierte dazu, sich als „verfolgte Unschuld" zu fühlen und brachten wenig Anstrengungen auf, sich über ihre eigene Schuld, ihre Mittäterschaft oder über ihre Verstrickung in das verbrecherische NS-Regime Rechenschaft abzulegen. Für die Ansätze der Umerziehung, die ab 1946/47 von deutscher Seite unternommen wurden, war dies eine denkbar schlechte Ausgangslage.

4. Umerziehung in den Lagern?

Nach der Übernahme der Lager durch deutsche Stellen verbesserten sich die Kulturprogramme für die Häftlinge. Im Lager Nürnberg-Langwasser gab es 1947 zwei Bibliotheken, eine Fachbücherei und eine Bücherei mit Unterhaltungsliteratur. Die Mehrzahl der Bücher der Lagerbibliotheken stammte aus dem Privatbesitz der Internierten oder war aus den Beständen von Gefängnissen übernommen: Darunter befanden sich auch Werke, die man bei der „Entnazifizierung" der Bibliotheken übersehen hatte. In der Bibliothek des Lagers Moosburg fand sich sogar ein Exemplar von Hitlers „Mein Kampf"[89]. In vielen Lagern wurde auch eine Lagerzeitung herausgegeben, in denen Themen aus dem Bereich des Lagerlebens, der Philosophie und anderen Wissensgebieten besprochen wurden. Auch Tageszeitungen standen den Lagerbewohnern zur Verfügung. In den Lagerschulen fanden ferner Vorträge, Sprach- und Umschulungskurse statt, die den Lagerinsassen den Neuanfang im Berufsleben erleichtern sollten. Aus Kogons Bericht über das Lager Darmstadt ist freilich zu entnehmen, daß die Zahl der Teilnehmer an solchen Kursen sehr gering war.

Ungleich größeres Interesse fanden Theateraufführungen. Stücke wie „Charlys Tante" und „Gräfin Mariza" konnten, wie Kogon berichtet, nicht oft genug gezeigt werden. „Die meisten Lagerinsassen wünschen nur erotisches Illusionstheater; dabei haben die von Männern gespielten Frauenrollen eine besondere Bedeutung. Irgendeinen Erziehungswert hat diese Art Theater nicht. Vom 28. Mai 1946 bis zum 5. März 1947 haben im Lustspieltheater des Camp II 250 Aufführungen mit 150000 Besuchern stattgefunden."[90]

[87] Landesamt für Arbeitslager, Verwaltungsstelle Darmstadt, Abt. Postzensur vom 2. 12. 1946; HStAW, 522/25.
[88] Ebd.
[89] Aktenvermerk über die Besprechung bei der Militärregierung am 8. 1. 1948; BayHStA, MSo 2006.
[90] Eugen Kogon und Ferdinand Rämhild, Bericht über das Internierungslager Darmstadt, April 1947, S. 25; HStAW, 521/31.

Bewegten sich diese Aktivitäten noch durchaus im Rahmen dessen, was auch in den von den Amerikanern geleiteten Lagern stattgefunden hatte, so wurde von deutscher Seite schließlich doch eine wesentliche Neuerung eingeführt: 1946/47 begann man sich erstmals intensiv um die politische Umerziehung der Internierten zu bemühen. Die Lager, die bis dahin – trotz Urlaub und Besuch – von der Öffentlichkeit abgeschnitten gewesen waren, öffneten sich nun stärker den Fragen der Politik und Zeitgeschichte. Zu diesem Zweck lud man auswärtige Redner ein, die über politische Themen sprachen. Im Lager Darmstadt hielt z. B. der Oberbürgermeister der Stadt einen Vortrag. In Nürnberg-Langwasser traten Redner der politischen Parteien auf, die – zumindest am Anfang – unter den Lagerinsassen wesentlich größeren Zuspruch fanden als die kulturellen Vorträge oder Umschulungskurse. Das Lagertheater mit seinen 650 Plätzen war bei den Diskussionsabenden, die im Lager abgehalten wurden, regelmäßig voll besetzt. Im Juli/August 1947 fanden im Lager Nürnberg-Langwasser sechs Diskussionsabende statt, „und zwar je einer nach einem Referat eines Vertreters der CSU, KPD und FDP und drei nach einem einleitenden Referat und nach Referaten über Wirtschaftsfragen, gehalten von der SPD“[91]. Den Diskussionsabend leitete jeweils ein „vorher bestimmter geeigneter Internierter“[92]. Das Ziel dieser Veranstaltungen war, die Internierten mit den politischen Parteien und deren Programme bekanntzumachen und zugleich demokratische Gepflogenheiten, vor allem Toleranz gegenüber anderen Ansichten, einzuüben. Die amerikanische Field Research Section der Intelligence Division berichtete über weitere Aktivitäten der politischen Parteien am 27. April 1948: Um bei den Internierten gut anzukommen, habe sich die KPD nicht gescheut, auch einen früheren SS-Mann sowie den ehemaligen Absolventen einer Adolf-Hitler-Schule als Redner in das Lager Langwasser zu entsenden. Dabei sei es in letzterem Fall zu einem peinlichen Zwischenfall gekommen. Die von dem ehemaligen Mitglied der Adolf-Hitler-Schule abgehaltene Veranstaltung sei auch von einem früheren Kreisleiter besucht worden, der in derselben Adolf-Hitler-Schule als Schulungsredner tätig gewesen war. Nach dem Schluß der Veranstaltung sei dieser aufgestanden und habe in bezug auf den KPD-Redner laut erklärt: „Daß er etwas bei uns gelernt hat, sieht man.“[93]

Die amerikanischen Dienststellen hatten sich allerdings vorgenommen, den Internierten vor allem die nationalsozialistischen Verbrechen vor Augen zu führen. Zu diesem Zweck wurde z. B. im Lager Regensburg der KZ-Film „Die Todesmühlen“ gezeigt, den sich alle Internierten ansehen mußten[94]. Der Film verdeutlichte anhand von Originalaufnahmen, die bei der Befreiung der Konzentrationslager entstanden waren, die Grausamkeit der Lager[95]. Der Kulturreferent des Lagers Darmstadt bemühte sich um die Freigabe dieses Films auch für das Lager Darmstadt, hatte aber keinen Erfolg.

[91] Internierungs- und Arbeitslager Nürnberg-Langwasser an das Bayerische Sonderministerium, Abt. VI vom 11. 8. 1947; BayHStA, MSo 2036.

[92] Ebd.

[93] Field Research Section Mittel-Oberfranken (Nuremberg), Office of Military Government for Bavaria, Intelligence Division, Research Branch an Office of Military Government for Bavaria, Intelligence Division, Research Branch vom 27. 4. 1948; NA, RG 260, 10/89-2/24.

[94] Heidinger an Vitalowitz vom 12. 9. 1947; BayHStA, MSo 2002.

[95] Brewster S. Chamberlin, Todesmühlen – Ein früher Versuch zur Massen-„Umerziehung“ im besetzten Deutschland 1945–1946, in: Vierteljahrshefte für Zeitgeschichte 29 (1981), S. 420 ff.

Das machte einen sehr schlechten Eindruck auf die Lagerinsassen: „Infolgedessen ist im Lager allgemein die Auffassung verbreitet, daß dieser Film über die Konzentrationslager der Nationalsozialisten einerseits ein Schwindel ist und daß man andererseits nicht gewagt hat, ihn den Internierten von Darmstadt zu zeigen, weil er zu Vergleichen zwischen damals und heute angeregt hätte, die zu Ungunsten der heutigen Zustände ausgefallen wären!"[96]

Das Beispiel zeigt, was sich auch durch viele andere Fälle belegen ließe: Eine ernsthafte Auseinandersetzung mit den Geschehnissen im Dritten Reich unterblieb. Es waren wohl nur wenige Internierte, die sich ehrlich Rechenschaft ablegten über ihre eigene Mitverantwortung für die Verbrechen des Hitlerstaates. Die meisten sahen sich eher als Opfer der Besatzungsmacht, denn als Täter des NS-Regimes. Zu größeren Anstrengungen der Aufklärung oder „Umerziehung", wie man sie hätte erwarten können, ist es in den Lagern offenbar kaum gekommen. Auf amerikanischer Seite fehlte allem Anschein nach genügendes Interesse an einer intensiven Belehrung der Lagerinsassen, aber auch die deutsche Seite unternahm hier wenig, um die Auseinandersetzung mit der NS-Vergangenheit zu intensivieren. Die Deutschen und Amerikaner waren wohl auch der nicht unbegründeten Ansicht, daß die in den Lagern einsitzenden politischen Häftlinge sich gegen eine realistische Erkenntnis der Verbrechen des Dritten Reiches schon aus psychologischen Gründen sperren würden. Man blickte lieber nach vorn als zurück und versuchte eher Verständnis für die Prinzipien und Spielregeln der Demokratie zu wecken. Im Rahmen der politischen Aufklärung wurden deshalb Vorträge über das Wesen der Demokratie und die Funktion und die Ziele der politischen Parteien bevorzugt. Allenfalls noch vom Nürnberger Prozeß ging eine „aufklärende" Wirkung aus.

5. Die Lager leeren sich

Den Verlauf des Nürnberger Prozesses verfolgten viele Häftlinge schon deshalb mit großer Aufmerksamkeit, weil sie sich vom Urteil des Internationalen Militärtribunals auch eine Wende in der Interniertenpolitik versprachen. Die Hoffnung war nicht grundlos. Tatsächlich wurden im Herbst 1946 in Nürnberg nur vier „Organisationen" des Dritten Reiches als „verbrecherisch" erklärt: das Korps der Politischen Leiter der NSDAP, die Gestapo, die SS und der SD. Die Nürnberger Richter folgten aber nicht dem Antrag der Ankläger, auch die SA, den Generalstab, das OKW und die gesamte Reichsregierung des Dritten Reiches pauschal für „verbrecherisch" zu erklären[97]. Die Internierten, die den nicht-verurteilten Organisationen angehörten, hätten nach dem Urteil von Nürnberg auf freien Fuß gesetzt werden können. Dazu bedurfte es freilich der Genehmigung der amerikanischen Militärregierung, die sich aber der heiklen Materie nur zu sehr bewußt blieb und nichts überstürzen wollte. Erst am 13. Mai 1947 legte sie die Entscheidung über das Schicksal dieser Internierten in die Hände der Befreiungsminister der US-Zone. In Bayern verfügte der zuständige Minister, Alfred Lo-

[96] Eugen Kogon und Ferdinand Rämhild, Bericht über das Internierungslager Darmstadt, April 1947, S. 25; HStAW, 521/31.

[97] Vgl. Das Urteil von Nürnberg 1946, München [3]1977.

ritz, daraufhin, die fälligen Entlassungen vorzunehmen. Ausgenommen bleiben sollten u.a. aber Standartenführer und Inhaber höherer Ränge in der SA, im NSKK, NSFK sowie Bannführer und -mädelführerinnen von HJ, DJ und Personen, die eine hohe Sühne nach den Bestimmungen des Befreiungsgesetzes zu erwarten hatten. Ausnahmen sollten nur bei schwerer wirtschaftlicher Not, schwerer Körperversehrtheit oder schwierigen Familienverhältnissen sowie bei hohem Alter gemacht werden[98]. Offensichtlich lag es in seiner Absicht, die politische Prominenz nicht vor den „kleinen" Internierten zu entlassen.

In Nürnberg-Langwasser wirkte sich das Nürnberger Urteil nicht aus, da sich hier fast ausschließlich Angehörige der als „verbrecherisch" verurteilten SS befanden. Dagegen verfehlte eine andere Entlassungsaktion ihre Wirkung nicht. Bereits im Dezember 1946 hatte die amerikanische Militärregierung körperlich und geistig kranken Internierten die Rückkehr in ihre Heimatorte gestattet, sofern sie kein Sicherheitsrisiko für die Einrichtungen der Militärregierung darstellten[99]. Aufgrund dessen wurden aus dem Lager Nürnberg-Langwasser 29 Internierte entlassen. Drei von ihnen gehörten der Allgemeinen SS an; einer von ihnen war Oberscharführer (= Feldwebel), einer Untersturmführer (= Leutnant) und einer Hauptsturmführer (= Hauptmann) gewesen. 15 von den Entlassenen waren ausschließlich Mitglieder der Waffen-SS gewesen: die Mehrzahl (9) im Range von Subaltern-Offizieren (6 Oberscharführer, 3 Hauptscharführer). Die restlichen 10 Entlassenen waren sowohl Mitglieder der Allgemeinen SS wie der Waffen-SS gewesen.

Um die Jahreswende 1946/47 waren in Bayern noch immer 20015 Personen interniert[100]. Im Februar 1947 erhöhte sich diese Zahl sogar noch durch diejenigen, die aufgrund von Urteilen der ersten Instanz der Spruchkammern zu Arbeitslagerhaft verurteilt und in Arbeitslager eingewiesen worden waren. Clay hatte durchgesetzt, daß das geschah, ohne die Entscheidung der zweiten Instanz abzuwarten[101]. Da das ursprüngliche Vorhaben, für diese Spruchkammer-Verurteilten eigene Arbeitslager zu schaffen, gescheitert war, wurden sie in das nächstgelegene Internierungslager gesteckt. Die Arbeitslagerhäftlinge blieben in den Lagern aber eine Minderheit, die Masse bestand nach wie vor aus den Internierten, die aufgrund des „Automatischen Arrests" in die Lager gelangt waren.

Angesichts der 1947/48 schnell eintretenden Milde und Nachsicht bei den meisten Spruchkammerurteilen hegten die Arbeitslagerhäftlinge, die während der kurzen Phase relativ scharfer Spruchkammerpraxis 1946/47 zu Arbeitslager verurteilt worden waren, meist besonderen Groll gegen die Lager. Aus der Berufungsverhandlung, die oft erst ein oder zwei Jahre später schon im Zeichen einer allgemeinen Amnestiebereitschaft stattfand, gingen sie meist als Mitläufer hervor. Sie hatten also die Haftstrafe

[98] Bayerisches Sonderministerium, Abt. VI vom 11. 6. 1947; BayHStA, MSo 2021. Es handelt sich hierbei um die „Durchführungsverfügung zu dem Telegramm der Militärregierung für Deutschland, mitgeteilt durch Verfügung der Militärregierung für Bayern vom 13. V. 1947, betreffend Genehmigung für Entlassungen von Zivilinternierten".

[99] OMGUS an Office of Military Government for Bavaria, Office of Military Government for Hesse, Office of Military Government for Wuerttemberg-Baden vom 12. 12. 1946; NA, RG 260, AG 1945–46/90/1.

[100] Monthly Report No. 3 of Arbeits- and Internierungslager in Bavaria vom Dezember 1946; BayHStA, MSo 2078.

[101] OMGUS signed Clay an Dir. OMGBY, Dir OMGH, Dir. OMGWB (Info: Dir, OMG Bremen Enclave) vom 6. 2. 1947; NA, RG 260, AG 1947/152/6.

zu verbüßen, obwohl diese – zumindest in den Augen der zweiten Instanz – nicht gerechtfertigt gewesen war. Erst im März 1948 wurde die Verfügung Clays vom Februar 1947 zurückgenommen[102]. Ein gewisser Wandel in der Internierungspolitik, den viele Häftlinge vom Urteil im Nürnberger Prozeß erwartet hatten, bahnte sich an mit der Errichtung der Lagerspruchkammern, die meist Anfang 1947 ihre Arbeit aufnahmen. Im Lager Nürnberg-Langwasser stand der erste Häftling im Februar 1947 vor den Schranken der Kammer. Im Laufe des Frühjahrs stieg die Zahl der monatlich verhandelten Fälle auf 162[103], im November 1947 fällte die Kammer 156 Urteile[104], im Februar 1948 sank die Zahl auf 147 Urteile[105]. Die Spruchkammer des Lagers Nürnberg-Langwasser hatte es sich – wie auch alle übrigen Lagerspruchkammern – zur Richtschnur gemacht, zunächst Fälle der Minderbelasteten und Mitläufer zu behandeln, da bei ihnen eine Fortsetzung der Haft am wenigsten gerechtfertigt erschien[106]. Legte man die Erfahrung der Lagerspruchkammern aus dem ersten Jahr ihres Bestehens zugrunde, so ergab sich, daß die Arbeit der Kammern erst 1950 würde beendet werden können. Diese Aussicht fügte sich freilich kaum in das seit 1947/48 schnell gewandelte Konzept der Besatzungsmacht.

Am 12. März 1948 war Clay aus Washington mitgeteilt worden, daß eine sofortige Beendigung der Entnazifizierung in Deutschland erwünscht sei[107]. Der Hauptgrund für das plötzliche Umschwenken der amerikanischen Politik lag in der Absicht, Deutschland wirtschaftlich wieder auf eigene Beine zu stellen und in einem deutschen Weststaat einen Partner und eine Stütze für die 1947 von Truman verkündete Politik der Eindämmung des Kommunismus zu finden. Auch der Abschluß der Entnazifizierung in der sowjetischen Besatzungszone spielte bei dem Entschluß mit. Clay sprach sich Washington gegenüber zwar gegen einen abrupten Stop der Entnazifizierung aus, spielte aber selbst eine Zeitlang mit dem Gedanken einer Generalamnestie für alle Internierten. Von diesem Vorhaben konnten ihn seine Berater jedoch abbringen[108]. Eine derart plötzliche Beendigung der anfangs so rigide verfolgten Säuberung mußte unfehlbar zu Protesten der Deutschen führen und zu erheblichen generellen Zweifeln an der Berechtigung dieser Maßnahme überhaupt; schließlich wären kleine und große Nazis damit auf eine Stufe gestellt worden. Deshalb erklärte Clay am 14. März 1948 gegenüber Washington, „a general amnesty would free these bad actors and would really discredit entire program"[109]. Die Ratgeber Clays planten statt dessen zur Beschleunigung des Programms eine Änderung des Befreiungsgesetzes. Theo E. Hall, der Direktor der Public Safety Abteilung, begab sich deshalb zu einer außerordentlichen Sitzung des Entnazifizierungsausschusses beim Stuttgarter Länderrat am 19. März 1948. In der Sitzung erklärte Hall, die Militärregierung werde sich künftig

102 Mitteilungsblatt des Bayerischen Staatsministeriums für Sonderaufgaben, Nr. 7/8 vom 6. 4. 1948, S. 28.

103 Monatsstatistik der Internierungs- und Arbeitslager des Bayerischen Sonderministeriums vom Mai 1947; BayHStA, MSo 2080.

104 Zahl errechnet nach den Dekadenberichten des Lagers Nürnberg-Langwasser für November 1947; BayHStA, MSo 2082, 2083.

105 Zahl errechnet nach den Dekadenberichten des Lagers Nürnberg-Langwasser für Februar 1948; BayHStA, MSo 2086.

106 Eisner an Höltermann vom 17. 1. 1947; BayHStA, MSo 2034.

107 Under Secretary Draper an Clay vom 12. 3. 1948, in: Smith, Papers, S. 574ff.

108 E. W. Wendt an M. Ambassador vom 13. 3. 1948; NA, RG 84, Polad 461/50.

109 Clay an Draper vom 14. 3. 1948, in: Smith, Papers, S. 578f.

ganz aus der Entnazifizierung zurückziehen, falls sich die Befreiungsminister mit der Änderung des Befreiungsgesetzes einverstanden erklärten. Die Befreiungsminister der US-Zone waren über die unerwartete Kursänderung höchst erstaunt. Hatte man der Militärregierung bisher stets vergebens mit Vorschlägen zur Änderung der starren Säuberungspolitik in den Ohren gelegen, so hatte sich die Lage nun vollkommen geändert. Die Durchführung der Entnazifizierung wurde in die Hände der Befreiungsminister gelegt, die bei ihren Vorschlägen nun in aller Regel mit der Zustimmung der Amerikaner rechnen konnten. Aber auch die Deutschen scheuten vor einer Generalamnestie und noch viel mehr vor einer pauschalen Entlassung sämtlicher Internierter zurück. Nach ihrer Auffassung mußten die Hauptschuldigen nach wie vor in den Lagern verurteilt werden. „Es wird kaum möglich sein", so erklärte Staatssekretär Sachs vom bayerischen Sonderministerium in der Ausschußsitzung, „zum jetzigen Zeitpunkt vor das Volk hinzutreten und eine Beendigung der restlichen Fälle in einem großzügigen Verfahren bekanntzugeben, nachdem bisher unter der Anweisung der Besatzungsmacht die kleinen Leute voll zur Verantwortung gezogen wurden und jetzt die wirklich Belasteten erst an die Reihe kommen. Vom deutschen Standpunkt und vom Standpunkt der Gerechtigkeit aus muß darauf bestanden werden, daß auch diese schweren Fälle gerecht abgeurteilt werden."[110] Eine gute Woche später traten die Bestimmungen zur späten Neuordnung von Entnazifizierung und Internierung in Kraft.

Im Frühjahr 1948 kam es infolgedessen zu einer großen Entlassungswelle. Allein in Bayern wurden in den Monaten März und April 1948 insgesamt rd. 9000 Internierte entlassen[111]. Am 1. Mai 1948 zählte man nur noch 2630 Internierte in den bayerischen Internierungs- und Arbeitslagern[112]. Fast alle Lager wurden daraufhin aufgelöst. Nur das Lager Nürnberg-Langwasser blieb bestehen. In der deutschen Öffentlichkeit erhob sich kaum Kritik, als sich die Tore der Lager öffneten. Im Gegenteil: Die Pauschalität der amerikanischen Maßnahmen hatte fast überall das Bewußtsein entstehen lassen, die Internierten seien zu Unrecht verhaftet worden. So verwunderte es auch nicht weiter, daß die Häftlinge in ihren Heimatorten meist keinerlei Schwierigkeiten begegneten. Die Militärregierung berichtete darüber: „Alle Rückgekehrten mit verschwindend wenig Ausnahmen erklären, gut bei ihrer Gemeinde aufgenommen zu sein ... Nur ein Fall von schlechter Behandlung durch einen Kassenarzt wird aus Augsburg gemeldet. Ein kleiner Teil der Leute gibt an, sehr zurückgezogen zu leben und daher nichts über die Aufnahme sagen zu können. Es scheint sich bei diesen um Aktivisten zu handeln, die isoliert leben, weil sie mit Zurückhaltung aufgenommen werden."[113]

[110] Protokoll der außerordentlichen Sitzung des Entnazifizierungsausschusses beim Länderrat vom 19. 3. 1948; NA, RG 260, 11/29-1/1.

[111] Dekadenberichte der Internierungs- und Arbeitslager Bayerns vom 21. 2. 1948–30. 4. 1948; BayHStA, MSo 2086, 2087, 2088, 2089.

[112] Zahlen nach losem Blatt des Bayerischen Sonderministeriums, undatiert (aber nach dem 10. 1. 1949 erschienen, da Zahlen für diesen Termin noch aufgeführt sind); BayHStA, MSo 2007.

[113] OMGUS, Office of the Director of Information Control an Chief of Intelligence, Information Control Division: Office of Military Government for Bavaria, Office of Military Government for Wuerttemberg-Baden, Office of Military Government for Greater Hesse, Office of Military Government for Bremen Enclave, vom 27. 7. 1946; NA, RG 260, 10/71-1/21.

Da das Lager Nürnberg-Langwasser seit Sommer 1948 das einzige noch bestehende Lager für Internierte und Arbeitslagerhäftlinge in Bayern geworden war, wurden dorthin nunmehr alle noch zu weiterer Haft verurteilten Internierten und Arbeitslagerhäftlinge aus den anderen, bereits aufgelösten oder noch aufzulösenden Lagern eingeliefert. Nürnberg-Langwasser verlor infolgedessen seinen bisherigen Charakter als Lager für SS-Männer. Aus unserem Sample ergibt sich: Im Mai 1948 stellten die Politischen Leiter mit 21 Personen die größte Gruppe des Samples. Unter ihnen befanden sich 9 Ortsgruppenleiter bzw. kommissarische Ortsgruppenleiter, 3 Kreisleiter bzw. kommissarische Kreisleiter, 1 Kreisverwalter der NSV, 3 Ortsgruppenleiter, die auf der Kreisebene als kommissarischer Kreisamtsleiter für Erziehung, als Kreiskulturhauptstellenleiter und als Kreisamtsleiter des NSV tätig gewesen waren, und ein Ortsgruppenleiter, der als Kreishauptstellenleiter amtiert hatte. Und schließlich mußten weiter im Lager bleiben: 1 Gauobmann der DAF, der zugleich Richter am Obersten Ehren- und Disziplinargericht der DAF gewesen war, 1 Gaustellenleiter der DAF, 1 Ortsjugendwalter, der gleichzeitig den Rang eines Unterscharführers der Allgemeinen SS bekleidet hatte. Zu den besonders prominenten Häftlingen gehörte Artur Axmann, der seit 1940 Reichsjugendführer und Nachfolger Baldur von Schirachs gewesen war. Komplettiert wurde der Kreis der Häftlinge unserer Stichprobe durch 7 Angehörige der höheren SS-Führerschaft und 3 Gestapo-Leute.

Am 10. Januar 1949 lebten nur noch 241 Häftlinge in dem Lager, dessen Kapazität für 4000 Personen angelegt war[114]. Das Sonderministerium beschloß deshalb, das Lager aufzulösen und die restlichen Insassen nach Eichstätt zu verlegen. Das dortige Landgerichtsgefängnis wurde eigens dafür teilweise zu einem Arbeits- und Festhaltelager für Männer umgebaut. Die „Verwahrten" galten aber als politische Gefangene und sollten eine andere Behandlung erfahren als Häftlinge, die eines kriminellen Vergehens überführt worden waren. Die wegen politischer Delikte festgehaltenen Frauen wurden im nahe gelegenen Arbeitshaus Rebdorf untergebracht. Als sich jedoch auch in Eichstätt die Zahl der Insassen verringerte, verlegte man die letzten Arbeitslagerhäftlinge in das Gefängnis nach Landshut. Dort entstand eine eigene Abteilung, das „Arbeitslager Landshut", das bis April 1952 belegt war. Der den letzten Verwahrten gewährte Osterurlaub 1952 wurde bis Juli 1952 verlängert, im Juli setzte man den weiteren Vollzug der Arbeitslagerstrafen vorläufig aus, da man die Verabschiedung des bevorstehenden Entnazifizierungs-Abschlußgesetzes abwarten wollte. Die letzten Lagerinsassen, die in den Genuß dieses Verfahrens kamen, waren eine ehemalige Aufseherin der Konzentrationslager Auschwitz und Ravensbrück, ein Mann, der sich an jüdischem Eigentum bereichert hatte, und der Führer der Münchner KPD im Untergrund, der gleichzeitig Spitzel der Gestapo gewesen war. Die deutschen Stellen waren ihrer Maxime, die „kleinen Fische" bevorzugt aus den Lagern zu entlassen und die schwer belasteten NS-Führer und Nazi-Aktivisten noch weiter in Haft zu halten, nicht gänzlich untreu geworden. Besonders eindrucksvoll war diese Grundsatztreue aber nicht, waren doch im Zuge der raschen Auflösung der Lager schon ein halbes Jahr nach der Entlassung der Masse der kleineren Parteigenossen auch die meisten einstigen Systemträger auf Kreis-, Gau- und Reichsebene nach Hause geschickt worden.

[114] Zahlen nach losem Blatt des Bayerischen Sonderministeriums, undatiert (nach dem 10. 1. 1949); BayHStA, MSo 2007.

Juliane Wetzel

„Mir szeinen doh"

München und Umgebung als Zuflucht von Überlebenden des Holocaust 1945–1948

Im Vergleich zu anderen deutschen Großstädten war in München vor 1933 keine übermäßig große, mit rund 10000 Personen[1] aber doch eine stattliche jüdische Gemeinde beheimatet gewesen. Jüdische Kaufleute, Bankiers, Kunstsammler, Akademiker, Schriftsteller und Musiker hatten dem wirtschaftlichen und kulturellen Leben der bayerischen Landeshauptstadt bedeutende Impulse gegeben, waren von ihrer Ausstrahlungs- und Anziehungskraft besonders berührt worden. Durch die Ausschaltung erst aus dem öffentlichen Dienst, dann zunehmend aus ihrer eigentlichen Domäne – der Wirtschaft und besonders den Handelsgeschäften – waren die Juden bis zum Kriegsbeginn ihrer materiellen Existenzgrundlage fast vollständig beraubt. Die Mehrzahl der Bessersituierten und der Jüngeren war deshalb (vor allem nach Palästina und den USA) ausgewandert. Die verbliebenen 3500–4000[2] überwiegend ärmeren oder älteren Juden sanken infolge der weiteren Maßnahmen zur Enteignung, Diskriminierung und sozialen Ghettoisierung auf den Status einer verfemten, unfreien und wachsender Not verfallenden Randgruppe herab, die ihr Leben bei Zwangsarbeit oder in Zwangslagern fristen mußte. In der Folgezeit wurden fast alle Opfer der Zwangsdeportationen und Massentötungen im Osten. Nur ein spärlicher Rest insbesondere von in Mischehen lebenden und deswegen „privilegierten" Juden hatte sich in München halten oder untertauchen können. Manche überlebten in Theresienstadt oder in einzelnen Zwangsarbeitslagern. Wie in anderen jüdischen Zentren des Reiches und des deutschen Besatzungsgebietes in Europa waren am Ende des Zweiten Weltkrieges auch in München die Geschichte, die lebendige gesellschaftliche Wirklichkeit und die bedeutende Kultur des Judentums so gut wie vollständig ausgelöscht.

Überraschenderweise aber wurde München und seine oberbayerische Umgebung in den ersten drei, vier Nachkriegsjahren Schauplatz eines neuen, ganz andersartigen Zentrums von Juden: Es waren die Überlebenden des Holocaust aus Polen und anderen osteuropäischen Ländern, die in der US-Zone Zuflucht suchten. 1945 war Amerika (in der osteuropäisch-jüdischen Gesellschaft schon seit dem 19. Jahrhundert Ziel und Verheißung Tausender von Juden, die am Rande einer tragbaren Existenz angelangt oder von Pogromen heimgesucht worden waren) gewissermaßen nach Europa,

[1] Baruch Z. Ophir und Falk Wiesemann (Hrsg.), Die jüdischen Gemeinden in Bayern 1918–1945. Geschichte und Zerstörung, München 1979, S. 33.

[2] Ebd.

nach Deutschland gekommen und bis dicht vor die Tore Polens vorgedrungen. Die US-Zone wurde deswegen 1945/46 das bedeutendste Gravitationsfeld für heimatlos gewordene polnische und andere osteuropäische Juden. Bei Kriegsende irrten sie als Displaced Persons (DP's) im Vier-Zonen-Deutschland umher oder kamen in provisorischen Sammellagern unter; das größte Kontingent bildeten die etwa 100000 polnischen Juden, die aus Rußland zurückgekehrt waren oder in Polen überlebt hatten, denen dieses Land aber fremd geworden war und sie 1946 zum Weiterziehen nach Westen veranlaßte[3]. Der Exodus dieser Überlebenden des Holocaust kam für einige Jahre in der amerikanischen Zone zum Stehen, ehe die Gründung des Staates Israel (1948) und die fast gleichzeitige Erleichterung der Einwanderung in die USA die sehnlich erwartete Weiterwanderung ermöglichten.

In dieser Zwischenphase wurde München vorübergehend zum westdeutschen Mittelpunkt internationaler jüdischer Aktivitäten und Hilfsorganisationen, die sich der Unterbringung, der Versorgung und der politisch-kulturellen Selbstbestimmung der jüdischen DP's und der Vorbereitung und Förderung ihrer Auswanderung widmeten. Es wurde vorübergehend auch Sitz einer Universität für DP's unter dem Protektorat der „United Nations Relief and Rehabilitation Administration" (UNRRA) sowie Zentrum jüdischer Verlage, Zeitungen und anderer kultureller Initiativen. Und gleichsam als Nebenprodukt entstand in München die nach Berlin und Frankfurt größte westdeutsche jüdische Nachkriegsgemeinde[4]. Sie setzte sich allerdings nur zum geringeren Teil aus ehemaligen deutschen Juden zusammen, zum weitaus größeren aus jüdischen DP's osteuropäischer Herkunft, die sich zum Bleiben in München entschlossen. Mit der alten Tradition des deutschen Judentums hatte diese Neugründung nur noch wenig zu tun. Gänzlich außerhalb der Tradition des deutschen Judentums stand die Scherit-Hapleita[5], die befreiten jüdischen DP's aus Osteuropa. Die Geschichte ihres Zwangsaufenthalts in München, Oberbayern und anderen Gebieten der US-Zone vor allem in den Jahren 1945–1948 ist ein Stück jüdischer Nachkriegsgeschichte, das zwar auf deutschem Boden stattfand, aber außerhalb deutscher administrativer Zuständigkeit unter dem Patronat der amerikanischen Besatzungsmacht und internationaler nichtjüdischer und jüdischer Hilfsorganisationen stand, und deshalb auch die deutsche Gesellschaft nur marginal berührte. Diese Phase jüdischer Geschichte ist, obwohl sie sich in Deutschland abspielte, in der jüdisch-israelischen und jüdisch-amerikanischen Erinnerung viel stärker aufbewahrt worden als in der deutschen.

Sinn des folgenden Beitrages ist es, diese Erinnerungslücke zu schließen. Das erscheint schon deshalb angebracht, weil wir es mit einer massiven Folgeerscheinung der nationalsozialistischen Judenverfolgung zu tun haben. In Gestalt von 100000 meist polnischen Juden holten die vor allem im besetzten Polen begangenen nationalsozialistischen Verbrechen ihre deutschen Urheber gleichsam wieder ein. Am Exodus dieser Überlebenden des Holocaust, die in München und Umgebung immerhin drei bis vier Jahre lang Halt machten, hätten die Deutschen die Realität dieser Verbrechen wenigstens nachträglich zur Kenntnis nehmen können. Doch den meisten Einheimi-

[3] Leonhard Dinnerstein, America and the Survivors of the Holocaust, New York 1982, S. 107ff.

[4] Harry Maòr, Über den Wiederaufbau der jüdischen Gemeinden in Deutschland seit 1945, Mainz 1961, S. 105.

[5] Den Namen „Scherit-Hapleita" gaben sich die Überlebenden selbst. Er ist biblischen Ursprungs und bedeutet „Rest der Geretteten" oder der „rettende Rest".

schen, die den jiddisch sprechenden Displaced Persons damals in ihren Läden in der Möhlstraße im Münchener Stadtviertel Bogenhausen oder im Umkreis der unter dem Dach des Deutschen Museums logierenden UNRRA-Universität begegneten, außerhalb der Stadt, in der Nähe der Lager der UNRRA bei Landsberg, Feldafing oder Wolfratshausen-Föhrenwald auf sie stießen, ist dieser leidvolle zeitgeschichtliche Zusammenhang wohl überhaupt nicht bewußt geworden. Die Fähigkeit und Bereitschaft, sich das Schicksal dieser Menschen zu eigen zu machen, ihm wenigstens nicht achtlos gegenüberzutreten, war infolge des erst geringen Abstandes und der inneren Absperrung gegenüber der NS-Vergangenheit bei den allermeisten gering. Sonst hätte es nicht zu jenen fatalen Ausbrüchen eines auch nach Hitler noch immer unbekümmerten Antisemitismus kommen können, wie sie in dem folgenden Beitrag auch zu registrieren sind. Gerade auch die Erinnerung an diese abermalige Belastung des deutschen Schuldkontos gegenüber den Juden gehört in den Rahmen des vorliegenden Bandes. Ihr schmerzlichster Aspekt, neben eindrucksvollen Zeugnissen der Wiedergutmachungsbereitschaft, ist die dumpfe, durch die Erfahrung der NS-Zeit nicht überwundene, bei manchen eher noch verstärkte Beziehungslosigkeit zu den Opfern und Überlebenden des Holocaust, die sich nach dem Ende des „Dritten Reiches" einige Jahre in München und Umgebung aufhielten.

Die Sammlung jüdischer Überlebender begann in den Wochen und Monaten unmittelbar nach Kriegsende und erlangte im Laufe des Sommers und Herbstes 1945 eine erste Konsolidierung. In dieser Phase sammelte sich die kleine Gruppe derjenigen deutschen Juden oder „Geltungsjuden", die die nationalsozialistische Herrschaft in München überlebt hatten oder aus den Ghettos und Lagern inner- oder außerhalb Bayerns (vor allem aus Theresienstadt) zurückkehrten[6]. Geprägt aber war diese erste Etappe von jener zahlenmäßig viel größeren Gruppe von Juden nichtdeutscher – vor allem polnischer und ungarischer – Herkunft, die vor Kriegsende aus dem Osten nach Westdeutschland evakuiert worden waren und auf dem Gebiet der späteren US-Zone im Frühjahr 1945 von amerikanischen Truppen befreit wurden[7]. Beide Gruppen waren nicht nur von unterschiedlicher Größenordnung, die beiden Vorgänge hatten auch verschiedene Schauplätze und vollzogen sich in jeweils anderem institutionellen Rahmen. In den allerersten Monaten nach der Befreiung, bis zum Sommer 1945, hatten sie aber auch mancherlei Berührung. Beide Vorgänge bedürfen zur Verdeutlichung der unerhörten Qualität des Kontinuitätsbruches, der sich hierbei vollzog, der Charakterisierung ihrer Vorgeschichte. Im folgenden Teil unserer Darstellung soll deshalb zunächst dieser, die Ausgangslage bei Kriegsende bestimmende Hintergrund geschildert werden.

[6] Franz Obermaier und Josef Maurer, Aus Trümmern wächst das neue Leben, München 1945, S. 64.

[7] Günther Kimmel, Das Konzentrationslager Dachau. Eine Studie zu den Nationalsozialistischen Gewaltverbrechen, in: Martin Broszat und Elke Fröhlich (Hrsg.), Bayern in der NS-Zeit, Bd. II: Herrschaft und Gesellschaft im Konflikt, München 1979, S. 409 ff.

1. Die Überlebenden der ehemaligen jüdischen Gemeinde Münchens

Im 16. und 17. Jahrhundert waren aus dem wittelsbachischen Altbayern fast alle Juden vertrieben worden. Auch nach ihrer allmählichen Wiederzulassung im 19. Jahrhundert hatte die bayerische Matrikelgesetzgebung die jüdische Zuwanderung eng begrenzt[8]. Im Jahre 1875 zählte man in München erst 3451 Juden, bis 1900 stieg die Zahl auf 8739 und bis 1910 auf 11083 an[9]. Eigentlich nur in der Periode zwischen 1871 und 1914, ehe mit der Hetze der Vaterlandspartei gegen „jüdische Kriegsgewinnler" und in der nationalistischen Reaktion auf Novemberrevolution und Münchener Räterepublik eine Welle des völkischen Antisemitismus hereinbrach, hatten die Juden sich freizügig entfalten, schnell prosperieren und eine stattliche Gemeinde bilden können. Sie gewann vor 1914 ihre größte Stärke und Blütezeit, ehe sie nach dem Umschlagen des politischen Klimas seit dem Ersten Weltkrieg sowie infolge der Inflation und der Wirtschaftskrise gegen Ende der Weimarer Republik nicht nur zahlenmäßig zurückging, sondern auch stark an Zukunftsoptimismus und wirtschaftlichem Unternehmungsgeist einbüßte. Immerhin: Wegen ihres liberalen Klimas und schnellen Wirtschaftswachstums, das mehr als 40 Jahre lang bis zum Ersten Weltkrieg in der kulturell anziehenden bayerischen Residenzstadt herrschte, war die jüdische Gemeinde Münchens ein Musterbeispiel jüdisch-deutscher Assimilation geworden. Der eindrucksvolle Bau der 1887 im Stadtzentrum hinter dem Künstlerhaus an der Herzog-Max-Straße errichteten Hauptsynagoge, in der bis zu ihrer Zerstörung (im Juni 1938) Dr. Leo Baerwald als Hauptrabbiner und der berühmte Kantor Emanuel Kirschner jahrzehntelang gewirkt hatten, war das Zentrum einer religiös überwiegend liberal eingestellten jüdischen Gemeinde geworden. Von den Juden, die im Laufe vor allem der zweiten Hälfte des 19. Jahrhunderts aus alten Judensiedlungen in Franken oder Schwaben nach München übersiedelten und hier Einfluß und Bedeutung gewannen – die Aufhäusers, Bernheimers und Feuchtwangers waren nur einige der bedeutendsten Familien –, hatten viele nur noch eine schwache Beziehung zur jüdischen Religionsgemeinde und den religiösen Gebräuchen und Gesetzen des Judentums behalten oder diese Beziehung ganz aufgegeben.

Die Zahl der jüdisch-christlichen „Mischehen" war in München kontinuierlich gewachsen. In dem Jahrzehnt vor 1933 betrug die Quote der Juden, die in München eine Ehe mit christlichen Personen eingingen, über 50 Prozent[10]. Und in der Regel waren die Mischehen der Anlaß auch für stillschweigende oder förmliche Christianisierung der daraus hervorgegangenen Kinder.

Entsprechend der nazistischen Rassentheorie, der auch noch diese „Mischlinge ersten Grades" als Juden „galten", selbst wenn sie christlich getauft und erzogen worden waren, war die Zahl der Personen jüdischer oder teilweise jüdischer Herkunft, die 1933 in München lebten und von der antijüdischen Diskriminierung und Verfolgung

[8] Falk Wiesemann, Judenverfolgung und nichtjüdische Bevölkerung 1933–1944, in: Martin Broszat, Elke Fröhlich und Falk Wiesemann (Hrsg.), Bayern in der NS-Zeit, Bd. I: Soziale Lage und politisches Verhalten der Bevölkerung im Spiegel vertraulicher Berichte, München 1977, S. 428.

[9] Vgl. Peter Hanke, Zur Geschichte der Juden in München zwischen 1933 und 1945, München 1967, S. 16 und Ophir, Wiesemann, Gemeinden in Bayern, S. 33.

[10] Ophir, Wiesemann, Gemeinden in Bayern, S. 37.

durch die NS-Machthaber betroffen waren, mit Sicherheit um ein- bis zweitausend Personen größer als die am 16. Juni 1933 statistisch ausgewiesene Zahl von 9005 „Glaubensjuden“[11]. Die meisten der in Mischehen lebenden und getauften Juden oder „Halbjuden“ gehörten dem wohlsituierten Bürgertum an, waren kulturell und sozial besonders stark assimiliert; nach 1933 waren sie unter den Auswanderern überproportional vertreten. Von den etwa 9000 Glaubensjuden hatten knapp 7000 die deutsche Staatsangehörigkeit besessen. (Ungefähr 3400 waren schon in München geboren.) Die anderen 2000 Juden waren erst in den drei letzten Jahrzehnten aus Gebieten des ehemals zaristischen Rußland nach Deutschland eingewandert und hatten keine deutsche Staatsangehörigkeit erwerben können[12]. Seit die Räterepublik München zum Zentrum eines nationalistischen Antisemitismus gemacht hatte, standen vor allem diese „Ostjuden“ im Zentrum behördlichen Argwohns. Im Herbst 1923, als Gustav von Kahr als Staatskommissar in Bayern fungierte, waren etwa 180 ostjüdische Familien aus München sogar des Landes verwiesen worden[13]. Der vor allem von den Nationalsozialisten geschürte Antisemitismus, der schon lange vor 1933 in München und Umgebung zahlreiche Ausschreitungen zur Folge gehabt hatte, bewirkte aber auch, daß die Kluft zwischen den gutbürgerlichen, assimilierten deutschen Juden, die bevorzugt in den Villen-Vierteln an der Theresienwiese und in Bogenhausen wohnten, und den ärmeren Ostjuden (mit ihren kleinen Läden und Handwerksbetrieben vor allem im Gärtnerplatz-Viertel) ein wenig verringert worden war. Die meist den ostjüdischen Familien entstammenden orthodoxen Juden Münchens hatten in der Vereinigung Agudat Achim eine 1931 in der Reichenbachstraße eröffnete eigene Synagoge sowie in verschiedenen zionistischen und anderen Organisationen ihre separaten religiösen, kulturellen und gesellschaftlichen Einrichtungen[14].

Trotz der starken antisemitischen Propaganda und zahlreicher antijüdischer Demonstrationen und Verfolgungen, die von Seiten nationalsozialistischer Organisationen nach 1933 in der „Hauptstadt der Bewegung“ immer wieder angefacht wurden – nicht zuletzt, um die gesetzliche Diskriminierung und Ausschaltung der Juden weiterzutreiben –, hielt die starke Anhänglichkeit an Freunde und Verwandte auch manche vorausschauende Juden lange Zeit von einer Auswanderung ab. Bis Ende 1934 waren 1100 Juden aus München weggezogen, 1935 ging die Zahl der Wegziehenden (meist Auswanderer) auf 357 zurück, 1936 stieg sie auf 603, 1937 auf 589 an. Bis zum Jahr 1937 war die Zahl der jüdischen Auswanderer (etwa 2500) aber fast ganz wettgemacht worden durch jüdische Zuwanderer aus kleinen Städten und Dörfern Bayerns, in denen der soziale Druck infolge der antisemitischen Stigmatisierungen spürbarer war als in der Anonymität der Großstadt[15].

Mit den 1938 massiv einsetzenden Pressionen zur „Arisierung der Wirtschaft“ hatte aber auch in München ein rapider Exodus begonnen, insbesondere nach der sogenannten „Reichskristallnacht“ (9./10. November 1938), in deren Folge aus München ungefähr 1000 männliche Juden im arbeitsfähigen Alter für einige Wochen in das nahegelegene Konzentrationslager Dachau gebracht wurden, um sie dort gehörig ein-

[11] Hanke, Juden in München, S. 169.
[12] Ebd.
[13] Ophir, Wiesemann, Gemeinden in Bayern, S. 36.
[14] Ebd., S. 40.
[15] Hanke, Juden in München, S. 178 ff.

zuschüchtern und ihre Auswanderung zu forcieren[16]. Schon kurz zuvor, am 31. August 1938, war der Israelitischen Kultusgemeinde in München der Status einer Körperschaft öffentlichen Rechts aberkannt worden. Nach dem von Hitler persönlich angeordneten Abbruch der Münchener Hauptsynagoge schon im Juni 1938 – weil den Diktator das jüdische Gotteshaus direkt neben dem von ihm bei seinen Besuchen in München häufig frequentierten Künstlerhaus störte – war in der „Reichskristallnacht" auch die Synagoge des orthodoxen Vereins „Ohel Jakob" (Zelt Jakobs) in der Herzog-Rudolf-Straße niedergebrannt worden. Daß die Synagoge in der Reichenbachstraße im wesentlichen gerettet werden konnte, war dem Eingreifen der Feuerwehr zuzuschreiben, die ein Übergreifen des Feuers auf benachbarte Häuser fürchtete und den Brand vorsorglich löschte[17].

Die dezimierte jüdische Gemeinde hatte ab Dezember 1938 in der Lindwurmstraße eine für Gottesdienst und Verwaltung provisorisch hergerichtete Behelfsunterkunft gefunden. Ab 1940/41 verloren die verbliebenen 4000 Juden Münchens die letzten Elemente bürgerlicher Freizügigkeit, mußten in „Judenhäuser" umziehen und Zwangsarbeit verrichten, sofern sie nicht als Alte und Kranke Versorgungsfälle waren. Schon seit der „Kristallnacht" waren die Bankkonten der Juden gesperrt. Die meisten der bei dieser Aktion beschlagnahmten Einrichtungen der jüdischen Gemeinde (die jüdische Schule, das Lehrlings-, Kinder- und Mädchenheim) blieben verloren. Nur das dringend benötigte jüdische Heim in der Antonienstraße wurde der jüdischen Gemeinde 1939 zurückgegeben und blieb bis 1942 erhalten[18]. Von der ehemals großen Zahl jüdischer Ärzte waren 1939 nur noch ganze zehn als „Krankenbehandler" ausschließlich für Juden zugelassen, unter ihnen Dr. Julius Spanier (geb. 1880), der 1942–1945 unter schwierigsten Bedingungen ein jüdisches Krankenheim aufrechterhielt und leitete[19]. Seit 1939 diente die provisorisch renovierte ostjüdische Synagoge in der Reichenbachstraße als Ersatz für die jüdische Lehrlingswerkstätte und als Unterrichtsraum für jüdische Kinder.

Nach Beginn des Krieges und der Einführung des Kartensystems zur Versorgung der Bevölkerung wurden den Juden besondere Geschäfte zugewiesen; zusammen mit der Kennzeichnungspflicht („Judensterne") verbot man ihnen schließlich ab Oktober 1941 die Benutzung der öffentlichen Verkehrsmittel. Schon Ende 1939 waren in München praktisch alle jüdischen Geschäfte und der größte Teil des jüdischen Hausbesitzes beschlagnahmt bzw. „arisiert" worden. Während der Jahre 1939–1941 mußten die Juden sukzessive ihre enteigneten oder gekündigten Wohnungen räumen und in bestimmte „Judenhäuser" ziehen[20]. Einige hundert Alte und Kranke, die anderswo nicht unterkommen konnten, wurden 1941 im Stadtviertel Berg am Laim in einer sogenannten Heimanlage in zwei Etagen eines Nonnenklosters zusammengepfercht. Die arbeitsfähigen Juden wurden notdienstverpflichtet bei der städtischen Straßenreinigung, in der Hanffabrik in Lohhof, wo zeitweise 160 jüdische Mädchen und Frauen beschäftigt und in einem Arbeitslager untergebracht waren, sowie in kleineren Gruppen bei einer Reihe von anderen Firmen[21].

[16] Ophir, Wiesemann, Gemeinden in Bayern, S. 52.
[17] Ebd.
[18] Ebd., S. 58.
[19] Ebd.
[20] Hanke, Juden in München, S. 279 ff.
[21] Ebd., S. 286 und Ophir, Wiesemann, Gemeinden in Bayern, S. 56.

Ein aus 450 Juden bestehendes Arbeitskommando errichtete zwischen März und Oktober 1941 auf dem Gelände an der Knorrstraße 148 im Stadtteil Milbertshofen einen Barackenkomplex. Diese „Judensiedlung Milbertshofen" sollte das zentrale Zwangsarbeitslager für die noch in München verbliebenen Juden werden. Als dann im November 1941 die Deportation der Juden nach dem Osten begann, wurde es zur oberbayerischen Sammelstelle für diese Transporte umfunktioniert[22]. Von den insgesamt 8376 Juden aus Bayern, die nachweislich zwischen 1941 und 1945 nach dem Osten deportiert wurden (23,7 Prozent der am 16. Juni 1933 in Bayern registrierten 35452 Juden), wurden 3559 über das Münchener Sammellager Milbertshofen abtransportiert, jeweils mehr als 2000 über entsprechende Sammelstellen für Nürnberg/Fürth und Würzburg[23].

Am 20. November 1941 erfolgte von Milbertshofen aus eine erste Deportation von 1000 Juden nach Riga. Die Deportierten wurden offenbar bald nach ihrer Ankunft sämtlich durch Massenerschießung liquidiert. Keiner kehrte zurück. Nach dem selben tödlichen Bestimmungsort bei Riga gingen in den folgenden Novembertagen 1941 auch Judentransporte aus Würzburg mit 202, aus Nürnberg/Fürth mit 618 Personen. Im März/April 1942 folgte ein weiterer Deportationsschub, in dessen Verlauf rund 2000 Juden aus Bayern in verschiedene Judenarbeitslager in der Umgebung von Lublin (Polen) verbracht wurden. Darunter war ein Transport aus München nach Piaski bei Lublin mit 776 Personen, der am 3. April 1942 abging. Die Gruppe dieser Deportierten scheint überwiegend nach 1943 in den Arbeitslagern bei Lublin am Leben geblieben zu sein und ist erst später vernichtet worden. Da von München und anderen bayerischen Orten aus 1942/43 noch Post-Kontakt mit den Deportierten in verschiedenen Lagern bei Lublin bestand, hat das bei den noch in Deutschland verbliebenen Juden die von der SS vorgegaukelte Illusion nähren helfen, die Deportation bedeute nur Arbeitseinsatz im Osten, nicht Massentötung. Tatsächlich erlebte von den 776 Personen, die am 3. April 1942 von München nach Piaski abtransportiert worden waren, nur eine einzige das Ende des Krieges[24].

Die relativ große Gruppe der Juden, die mit einem nichtjüdischen Partner verheiratet waren (in „privilegierter" oder „nichtprivilegierter Mischehe" lebende Juden), oder Juden mit besonderen patriotischen Verdiensten (beispielsweise ehemalige aktive Teilnehmer oder Ordensinhaber des Ersten Weltkrieges), war auch bei der Deportation besser gestellt. Für sie war das in der ehemaligen böhmischen Festung Theresienstadt 1941 eingerichtete, von der NS-Führung aus Gründen der Verschleierung als Musterlager vorgezeigte Ghetto bestimmt. Zwischen Anfang Juni 1942 und Mitte August 1942 gingen – regelmäßig und in kurzen Abständen – insgesamt 24 kleinere Transporte mit jeweils 50 „privilegierten" Juden (insgesamt 1200 Personen) aus München nach Theresienstadt, im September des gleichen Jahres nochmals etwa 135 Personen (zusammen 1335). Aus anderen bayerischen Orten kamen im selben Zeitraum weitere 813 Juden in das Ghetto in Böhmen[25].

Aufgrund dieser Deportationsschübe seit November 1941 war die Zahl der in München lebenden Juden, die sich Ende August 1941 noch auf 3249 belaufen hatte, bis

[22] Hanke, Juden in München, S. 282ff.
[23] Wiesemann, Judenverfolgung, S. 431.
[24] AJDC-Archiv, Germany Generals: Report on Journey to Germany by A. Wolf-Warburg, London 1947.
[25] Ophir, Wiesemann, Gemeinden in Bayern, S. 60.

Ende 1942 auf eine Restgruppe von 642 Personen zusammengeschmolzen[26]. Von einer jüdischen Gemeinde konnte jetzt kaum noch die Rede sein. Neben den Juden, die in der Heimanlage in Berg am Laim, im Barackenlager Milbertshofen und im Frauenarbeitslager Lohhof untergebracht waren, hatten es nur einige wenige vermocht, als unabkömmliche Arbeitskräfte bei freundlichen Betriebsleitern oder in Wohnverstecken unterzutauchen. Am 13. März 1943 wurden schließlich fast alle Ende 1942 noch registrierten „Volljuden" (113 von 135) nach Auschwitz deportiert. Nur ein einziger überlebte[27]. An die Stelle der jüdischen Gemeinde war als letzter Rest des Münchener Judentums die Notgemeinschaft jüdischer „Mischehepartner" getreten. Von ihnen sind zwischen März und Juni 1943 nochmals 177, im Januar 1944 weitere 45 und noch im Februar 1945 abermals 97 nach Theresienstadt deportiert worden. Das lange Zeit von Massenliquidierungen verschonte Lager Theresienstadt erwies sich zuletzt keineswegs als sicheres Refugium[28]. Denn seit dem Herbst 1944, als die Naziführung vor allem das eigene Überleben und die Spurenvernichtung im Sinne hatte, aber kaum noch Interesse an der Camouflage des „Musterlagers" Theresienstadt, begann man dort auf höchste Weisung das überbelegte Lager durch Transporte nach Auschwitz zu entleeren. Der größte Teil auch der rund 2500 nach Theresienstadt deportierten bayerischen Juden kam dabei ums Leben. Immerhin überlebte hier wenigstens ein Teil der Deportierten[29].

Als die Amerikaner am 30. April 1945 München besetzten, konnten sie 84 „Volljuden" befreien, die in verschiedenen Verstecken Unterschlupf gefunden hatten. Außerdem hielten sich in München über 300 getaufte oder in privilegierter Mischehe lebende Juden auf, die von der Deportation verschont geblieben waren[30]. In den folgenden Wochen kehrten auch einige Münchener Juden zurück, die in Industrie-Arbeitslagern oder Arbeitskommandos von Konzentrationslagern außerhalb Münchens überlebt hatten. Besonders eindrucksvoll war die Rückkehr von 297 Juden aus Theresienstadt am 23. Juni 1945, darunter etwa 120 Münchener Juden[31]. Unter ihnen befand sich auch Gerty Spies, die ihre Gefühle bei dieser Rückkehr in ergreifenden Tagebuchnotizen und Gedichten festgehalten hat. Ende Juni 1945 zählte man in München rund 430 deutsche Juden; sie bildeten den Kern der neuen jüdischen Gemeinde.

Schon ehe die Theresienstädter Überlebenden zurückgekehrt waren, hatte sich der Münchener jüdische Rechtsanwalt Siegfried Neuland, der in der „Judensiedlung" Milbertshofen untergetaucht gewesen war, um eine Sammlung der wenigen Überlebenden bemüht und deshalb auch Kontakt zur Militärregierung und zur neuen Spitze des bayerischen Kultusministeriums aufgenommen. Am 19. Juli 1945 genehmigte die Militärregierung eine Versammlung der Münchener religionsangehörigen Juden. Tagungsort war das unzerstörte ehemalige jüdische Altersheim in der Kaulbachstraße 65, wo einige der zurückgekehrten älteren Münchener Überlebenden eine vorläufige

[26] Hanke, Juden in München, S. 295.
[27] AJDC-Archiv, Germany Generals: Report London 1947.
[28] Ophir, Wiesemann, Gemeinden in Bayern, S. 60.
[29] Gerty Spies, Erinnerungen an Dr. Julius Spanier, in: Hans Lamm (Hrsg.), Vergangene Tage. Jüdische Kultur in München, München 1982, S. 134.
[30] BayMfUK, Akten der Israelitischen Kultusgemeinde, Bd. 1/1945–30. 6. 1956, Vorbemerkung vom 8. 6. 1945.
[31] Obermaier, Maurer, Trümmer, S. 64.

Bleibe gefunden hatten. Auf dieser Versammlung wurde die Gründung der neuen Israelitischen Kultusgemeinde (IKG) beschlossen. Ihr erster Präsident wurde der Facharzt für Kinderkrankheiten Dr. Julius Spanier, der erst kurz zuvor aus Theresienstadt zurückgekehrt war – Flecktyphus hatte ihn länger als vorgesehen dort festgehalten. Die Aufgaben eines Vizepräsidenten übernahm Siegfried Neuland[32].

Die Verwaltung richtete sich in dem aus ehemaligem Besitz der IKG stammenden Gebäude in der Herzog-Max-Straße 7 ein. Dort, nahe der Stelle, wo bis zu ihrer Zerstörung 1938 die ehemalige Hauptsynagoge gestanden hatte, wurde auch der erste gottesdienstliche Raum für die jüdischen Gläubigen in dem zu einem Betsaal umgewandelten früheren Bibliotheksbereich der Synagoge hergerichtet[33]. Am 7. September 1945 fand hier zum jüdischen Neujahrsfest „Rosch-ha-Schana" der erste Gottesdienst statt. Zu diesem Anlaß holte man die von umsichtigen jüdischen Bürgern während der Jahre der Verfolgung auf dem jüdischen Friedhof an der Ungererstraße vergrabenen Kultgegenstände wieder hervor[34].

Die über Radio München gesendete religiöse Feier fand in Abwesenheit des ehemaligen Gemeinderabbiners Dr. Baerwald statt, der die Münchener IKG von 1918 bis 1940 geleitet hatte, danach aber in die USA ausgewandert war[35]. Dort stand er der New Yorker Gemeinde „Beth Hillel" vor, die in der Hauptsache aus ehemaligen Münchener und Nürnberger Juden bestand. Der Kern der neuen Münchener Kultusgemeinde bestand aus Mischehen-Juden, die schon vor 1933 eher am Rande der jüdischen Religion gelebt und ganz und gar an das Deutsche assimiliert waren. Hatte Diskriminierungs- und Verfolgungserfahrung in der NS-Zeit gewiß auch ihr jüdisches Bewußtsein verstärkt, so waren die Voraussetzungen für eine religiöse Erfüllung des Gemeindelebens doch sehr schwach. Als die im Juli 1945 neugegründete Gemeinde sich einen neuen Rabbiner bestellen wollte, konnte sie auf keine deutschen Juden mit entsprechender Ausbildung zurückgreifen. Man entschied sich deshalb dafür, einen Mann polnischer Herkunft, Dr. Aaron Ohrenstein, der unter den befreiten jüdischen Displaced Persons nach München gelangt war, am 23. Oktober 1945 zum Rabbiner der Münchener Kultusgemeinde zu bestellen[36]. Ohrenstein war zwar in Berlin geboren, hatte aber als „Ostjude" die polnische Staatsangehörigkeit behalten. Deshalb war er 1938 zwangsweise nach Polen abgeschoben worden und später als jüdischer KZ-Häftling nach Dachau gekommen, wo ihn die Amerikaner befreiten. Aufgrund dieses Lebenslaufs war er in besonderem Maße geeignet, zwischen den assimilierten deutschen Juden und den „Ostjuden" innerhalb der neuen IKG zu vermitteln. In seiner Person war aber auch die Spannung schon angelegt, die sich aus der Begegnung der Reste des hochgradig assimilierten deutschen Judentums mit den überwiegend noch ganz ihrer religiösen Tradition verhafteten jüdischen DP's nach 1945 zwangsläufig ergab.

Diese Spannung kam auch in der neuen, am 15. Juli 1945 verfaßten Satzung der IKG zum Ausdruck. Darin hieß es nämlich, daß jeder „Israelit" und jede „Israelitin" mit Wohnsitz oder ständigem Aufenthalt in München oder Oberbayern, gleich wel-

[32] BayMfUK, Akten der IKG, Bericht von Siegfried Neuland vom 4. 12. 1945.
[33] Ebd.
[34] LBI-Archiv, Hedwig Geng Collection AR 1587/1939–1963, Brief von Hedwig Geng vom 7. 9. 1945.
[35] YIVO, DPG folder 1254, AJDC Munich, Jewish Synagogues 1945.
[36] BayMfUK, Akten der IKG, Vertrag der IKG vom 23. 10. 1945.

cher Nationalität, automatisch Mitglied der Kultusgemeinde sei[37]. Wenn Spanier und Neuland geahnt hätten, wieviele jüdische DP's nichtdeutscher Herkunft sehr bald einströmen würden, hätten sie diesen Passus der Satzung, der – wörtlich genommen – sehr schnell die Majorisierung der jüdischen Gemeinde Münchens durch nichtdeutsche Juden gebracht hätte, schwerlich akzeptiert.

2. Die Ansammlung jüdischer DP's

Bei der Besetzung Münchens am 30. April 1945 konnten Soldaten der amerikanischen Armee nicht nur einige Dutzend deutscher Juden als letzte Überbleibsel der einst stattlichen jüdischen Gemeinde befreien, sie stießen im Gebiet der späteren US-Zone unter dem Heer von Konzentrationslager-Häftlingen, die sich bei Kriegsende in zahlreichen großen und kleinen Lagern und Außenkommandos befanden, auch auf einige zehntausend jüdische Häftlinge, vor allem polnischer und ungarischer Herkunft. Diese starke Massierung in Bayern und im oberbayerischen Umkreis Münchens hatte ihre Ursache vor allem darin, daß die bayerischen Konzentrationslager Flossenbürg (Oberpfalz) und Dachau – ähnlich wie Bergen-Belsen in Norddeutschland – letzte Auffangstationen für die in der Schlußphase des Krieges aus Osteuropa und Ostdeutschland evakuierten Restghettos und Konzentrationslager wurden[38].

Es hatte damit angefangen, daß Himmler im Herbst 1944 den Einsatz von etwa 100 000 noch in Ghettos und Lagern im Baltikum und in Polen lebenden Juden für die Rüstungsindustrie befahl, insbesondere für die Schwerpunktprogramme zur Verlagerung wichtiger Produktionen für die Luftwaffe und die V-Waffen in bombensichere unterirdische Stollen. Daraus war damals im Herbst 1944 der große Komplex des Konzentrationslagers Dora-Mittelbau im Harz entstanden, wo fast ausschließlich jüdische Arbeitssklaven mörderische Knochenarbeit verrichten mußten[39]. Ähnliche Projekte entstanden zur selben Zeit auch in Bayern. Am umfangreichsten war der im Umkreis des Fliegerhorstes Landsberg am Lech im Herbst 1944 als Außenlager des KZ Dachau errichtete Komplex der Kauferinger Lager (I – XI) mit etwa 10 000 meist ungarischen oder polnischen Juden. Unter Leitung der Organisation Todt hatten sie unter primitivsten Lebensbedingungen schwerste unterirdische Bauarbeiten zu verrichten[40]. Ein zweiter wichtiger Komplex entstand zu gleicher Zeit als Außenkommando des KZ Flossenbürg bei Hersbruck, wo einige tausend ungarische Juden unter unmenschlichen Bedingungen im nahen Happurg Stollen zur Unterbringung von Rüstungsfabriken ausschachten mußten[41]. Von den Kauferinger jüdischen Arbeitssklaven starben in den Monaten November 1944 bis Mai 1945 an die 7500 Personen, wovon heute noch die verschiedenen nach dem Krieg errichteten KZ-Friedhöfe bei

[37] Ebd., Satzung der IKG-München, § 4 der Statuten.
[38] Kimmel, KZ Dachau, S. 408 f.
[39] Manfred Bornemann und Martin Broszat, Das KL Dora-Mittelbau, in: Studien zur Geschichte der Konzentrationslager, Stuttgart 1970, S. 154 ff.
[40] Kimmel, KZ Dachau, S. 383.
[41] Toni Siegert, Das Konzentrationslager Flossenbürg. Ein Lager für sogenannte Asoziale und Kriminelle, in: Martin Broszat und Elke Fröhlich (Hrsg.), Bayern in der NS-Zeit, Bd. II: Herrschaft und Gesellschaft im Konflikt, München 1979, S. 452.

Kaufering zeugen[42]. Im Lager Hersbruck, wegen der dort aufgefundenen Leichenberge von den Amerikanern nur noch als „Todesfabrik" bezeichnet, dürfte die Sterblichkeitsquote infolge von Fleckfiebertyphus, Hunger und Entkräftung kaum geringer gewesen sein. Die beiden Komplexe sind wie Dora-Mittelbau ein Indiz dafür, daß der von Himmler im Herbst 1944 befohlene Arbeitseinsatz Zehntausender ungarischer und polnischer Juden weitgehend auf „Vernichtung durch Arbeit" hinauslief.

Da weder die in den Konzentrationslagern geführten Statistiken der SS noch die 1945 von den Amerikanern angestellten Zählungen der befreiten Displaced Persons die Juden als besondere Gruppe erfaßten, wissen wir nicht, wie groß die Zahl der jüdischen KZ-Häftlinge war, die nach diesem vernichtenden Arbeitseinsatz im amerikanischen Besetzungsgebiet im April 1945 befreit wurden. Doch es gibt in bezug auf die Größenordnung immerhin einige Anhaltspunkte. Die letzte Statistik über die Nationalitäten der Häftlinge des Gesamtkomplexes des Lagers Dachau, die wenige Tage vor der Befreiung zusammengestellt wurde, weist 14994 Häftlinge polnischer und 12094 Häftlinge ungarischer Nationalität aus[43]. Bei letzteren dürfte es sich mit Sicherheit zu 90 Prozent, bei ersteren wahrscheinlich doch wenigstens zu 20 oder 30 Prozent um Juden gehandelt haben. Das würde für Dachau eine Schätzziffer von rund 16000 jüdischen Häftlingen bei Kriegsende ergeben. Für Flossenbürg und seine Außenlager kann angenommen werden, daß sich unter den etwa 50000 Häftlingen, die die Befreiung erlebten, doch wenigstens 10 bis 20 Prozent Juden befunden haben[44]. Daraus ergibt sich eine Größenordnung von 20–25000 im April 1945 von amerikanischen Truppen in Bayern befreiten jüdischen KZ-Häftlingen.

Da die große Mehrzahl von ihnen zum Lagerkomplex Dachau gehörte, und auch jüdische Häftlinge aus einigen Außenlagern von Flossenbürg noch im April nach Dachau evakuiert bzw. in Marsch gesetzt worden waren, befand sich der weitaus größte Teil jüdischer KZ-Häftlinge zum Zeitpunkt der Befreiung in Südbayern. Die illusionäre Zielsetzung der NS-Führung, als letzte Bastion ihrer Herrschaft eine „Alpenfestung" zu errichten, war wohl maßgeblich für den im April 1945 gefaßten Beschluß, die Mehrzahl der noch arbeits- oder transportfähigen Häftlinge aus Dachau und seinen Außenlagern in Richtung Tirol in Marsch zu setzen[45]. Alle diese Kolonnen fielen in den letzten April- oder ersten Mai-Tagen noch auf bayerischem Boden den Amerikanern in die Hände. Zum Zeitpunkt der Befreiung Flossenbürgs (23. April 1945) und Dachaus (29. April 1945) befand sich weniger als die Hälfte der zu beiden Lagern gehörenden Häftlinge noch in ihren Stammlagern: etwa 15000 in Flossenbürg und ungefähr 32000 in Dachau. Weitere rund 50–60000 erlebten die Befreiung in den Außenlagern oder unterwegs auf dem Evakuierungsmarsch[46].

Größere Außenlager in der weiteren Umgebung Münchens gab es außerdem bei Kaufering, bei Mühldorf am Inn (Waldlager Ampfing), in Kempten, bei der Firma Messerschmitt in Augsburg, beim Kohlenbergwerk Hausham sowie in Feldmoching bei München und in München-Allach. Von den Evakuierten aus Flossenbürg, die Dachau nicht mehr erreichten, wurden etwa 500 in der Gegend von Schwandorf, wei-

[42] Kimmel, KZ Dachau, S. 383.
[43] Ebd., S. 374.
[44] Siegert, KZ Flossenbürg, S. 481.
[45] Kimmel, KZ Dachau, S. 409f.
[46] Ebd., S. 410 und Siegert, KZ Flossenbürg, S. 485.

tere etwa 600 bei Weiden, eine große Gruppe mit 7000 Häftlingen am 23. April 1945 in der Gegend von Cham und weitere zersprengte Marschkolonnen in den ersten Mai-Tagen im Chiemseegebiet befreit[47]. Von den aus Dachau Evakuierten befreiten die Amerikaner größere Gruppen bei Seeshaupt (ca. 3000), bei Staltach-Penzberg (ca. 1700), bei Beuerberg (ca. 5000) sowie bei Mittenwald (ca. 2000)[48].

Ein jüdischer Häftling, der Maidanek, Auschwitz und Dachau überlebt hatte, Samuel Pisar, beschrieb sein Erlebnis der Befreiung so: „In einem Wald bei Dachau hat die amerikanische Armee mich befreit. Ich sehe ihn wieder vor mir, den Panzer mit dem weißen Stern, wie er plötzlich mitten in der Lichtung stand, und ich sehe mich, das verängstigte Kind, wie ich ohne zu überlegen, und während rings um mich her die Kugeln pfiffen, aus meinem Versteck in die Freiheit rannte ... Ein hochgewachsener Neger kam aus dem (Panzer-)Turm hervor und redete mich in einer unverständlichen Sprache an. Ich warf mich dem Soldaten zu Füßen und schlang die Arme um seine Beine. Die drei englischen Worte, die meine Mutter so oft gesagt hatte, wenn sie von einer Erlösung träumte, kamen mir in den Sinn, und ich schrie aus vollem Halse: ‚God bless Amerika!‘ ... Die GIs begrüßen mich: ‚Hi, kid‘. Ich antwortete: ‚Heil Roosevelt‘.“[49]

Ein ähnliches Befreiungserlebnis hatte eine Gruppe von 500 jüdischen Überlebenden aus den Kauferinger Lagern. Ein amerikanischer Militärwagen tauchte auf, von dem ein amerikanischer Soldat herabsprang. Dr. Zalman Grinberg, ein aus Kowno stammender Arzt, der die Gruppe anführte, schrieb in der Erinnerung an dieses Ereignis: „One solitary American has jumped from the vehicle ... This saving angel whom we had never, even in our horror-filled nights, dared to conjure up in our minds ... Now he stood before us, no mirage, no ghost, but flesh and blood, a concrete reality!“[50] Dr. Grinberg brachte die etwa 500 Juden, die mit ihm diese Befreiung erlebt hatten, am 29. April 1945 in das nahegelegene Benediktinerkloster St. Ottilien bei Landsberg. Während des Krieges hatte es als Krankenhaus gedient und beherbergte jetzt noch verwundete deutsche und ungarische Soldaten[51]. Nachdem die nichtjüdischen Patienten in anderen Kliniken untergebracht waren, konnte Grinberg in St. Ottilien ein gut funktionierendes Krankenhaus für die jüdischen Überlebenden aufbauen. Bei der Versorgung der physisch und psychisch schwer geschädigten jüdischen Überlebenden lernte Grinberg den amerikanischen Rabbiner Abraham J. Klausner kennen, der bei seiner Arbeit im befreiten KZ Dachau viele jüdische Insassen vorgefunden hatte, die dringend ärztliche Hilfe benötigten. Gemeinsam beschlossen Grinberg und Klausner, auch diese Patienten nach St. Ottilien bringen zu lassen[52]. „It was a strange world. The men were somber and did not talk to one another. They went about their work like ants“, so Klausner dazu[53].

Der Kontakt zwischen Grinberg und Klausner, tatkräftigen Männern der „ersten Stunde“, war gleichzeitig der Beginn einer Zusammenarbeit auf anderem Gebiet:

[47] Siegert, KZ Flossenbürg, S. 485.
[48] Kimmel, KZ Dachau, S. 409 f.
[49] Samuel Pisar, Das Blut der Hoffnung, Hamburg 1979, S. 11 f., S. 95 f.
[50] Zalman Grinberg, Our Liberation of Dachau, in: Abraham S. Hyman, The Undefeated. The Story of the Jewish Displaced Persons, S. 161 (Ms).
[51] Ebd., S. 124 ff.
[52] IfZ-Archiv, Fi 01.108, Interview von Dr. Yehuda Bauer mit Rabbiner Abraham Klausner, Tape 1, S. 7.
[53] Hyman, Undefeated, S. 30.

Klausner wie auch Grinberg hielten es zwar für unerläßlich, daß die amerikanische Armee den befreiten Juden durch Lebensmittelzuteilungen, finanzielle Unterstützung und medizinische Versorgung erste Hilfe leistete, sie waren aber auch der Meinung, daß von diesen selbst möglichst bald eine selbständige Vereinigung der befreiten Juden in der US-Zone geschaffen werden müsse.

Die erste in St. Ottilien von den Überlebenden organisierte Veranstaltung war ein Konzert am 27. Mai 1945, bei dem acht Mitglieder des ehemaligen Kowno-Ghetto-Orchesters mitwirkten. Was Grinberg in den wenigen Wochen nach der Befreiung für seine Leidensgenossen getan hatte, machte ihn schnell zum anerkannten Sprecher der befreiten Juden, der „Scherit-Hapleita" („Rest der Geretteten"), wie sie sich nach einem biblischen Ausdruck nunmehr nannten. Anläßlich des Konzerts konnte Grinberg zum Ausdruck bringen, was die meisten empfanden: „Wir haben uns hier getroffen, um unsere Befreiung zu feiern, aber es ist auch ein Tag der Trauer. Wir sind frei, aber wir verstehen jetzt noch nicht unsere Freiheit, vielleicht weil wir noch im Schatten des Todes stehen."[54]

Mit der Veranstaltung hatte Grinberg aber schon den Weg gewiesen, der sechs Wochen später in die unter seiner Leitung vorgenommene Gründung des Zentralkomitees der befreiten Juden in Bayern münden sollte. Aber ehe dieses Komitee in seine spätere wichtige Rolle hineinwuchs, lag bis zum Oktober 1945 die alleinige Kompetenz für die Betreuung der jüdischen und der nichtjüdischen befreiten KZ-Insassen und Zwangsarbeiter, die zunächst generell unter dem Begriff der Displaced Persons zusammengefaßt wurden, bei der amerikanischen Armee[55].

Angesichts der riesenhaften Dimensionen des *allgemeinen* DP-Problems drohte das *Sonderproblem* der jüdischen Holocaust-Überlebenden zunächst gänzlich unterzugehen – befanden sich unter den DP's doch nicht nur Zehntausende von ehemaligen KZ-Häftlingen verschiedenster Herkunft, sondern Hunderttausende, ja Millionen von Kriegsgefangenen und Fremdarbeitern, die von den alliierten Truppen in Deutschland befreit worden waren. Für die westlichen Besatzungsmächte mußte es zunächst ganz und gar vordringlich erscheinen, dieses Millionenheer der DP's, das sich nach der Befreiung über die Landstraßen des Vier-Zonen-Deutschlands ergoß, so schnell wie möglich zu repatriieren oder – sofern das nicht ohne weiteres möglich war – in den bisherigen Lagern oder neu eingerichteten Camps notdürftig zu versorgen, diese Menschenmassen vor allem unter Kontrolle zu bekommen. Dies um so mehr, als die bis kurz zuvor von den Deutschen in Arbeitslagern und KZ's bis zur körperlichen Erschöpfung zum Arbeitseinsatz gepreßten, physisch und psychisch heruntergekommenen Personen nach der Befreiung fast überall zur Selbsthilfe zu greifen suchten. Manchmal schlug dabei das Requirieren von deutschen Lebensmitteln und Kleidungsstücken in Beutemachen und willkürliche Rache um.

Obwohl die Versorgung der DP's für die Militärverwaltungseinheiten der US-Armee zu den vordringlichen Aufgaben gehörte, blieb es nicht aus, daß die Displaced Persons, nicht nur von vielen Deutschen, sondern bald auch von maßgeblichen Dienststellen und Kommandobehörden der US-Armee, der das Problem über den Kopf zu wachsen drohte, als eine „Landplage" betrachtet wurde, der man nur durch ri-

[54] Leo Walder Schwarz, The Redeemers. A Saga of the Years 1945–1952, New York 1953, S. 8.

[55] Juliane Wetzel, Jüdisches Leben in München 1945–1951. Durchgangsstation oder Wiederaufbau?, München 1987, S. 129.

gorose Maßnahmen Herr werden könne. Relativ schnell und reibungslos gelang es, die Hunderttausende von befreiten Kriegsgefangenen, Fremdarbeiter und KZ-Häftlinge der westlichen Nationen (Amerikaner, Engländer, Franzosen, Belgier, Holländer, Italiener usw.) in ihre Heimatländer zu bringen. Der Repatriierung der zahlenmäßig größeren Gruppe, die aus dem Osten, aus der Sowjetunion, den ehemaligen baltischen Staaten, aus Polen, Ungarn, Jugoslawien, der Tschechoslowakei oder anderen von der Roten Armee befreiten osteuropäischen Länder stammte, stellten sich dagegen bald größere Schwierigkeiten entgegen. Viele von ihnen wollten nicht mehr in ihre sowjetisch kontrollierte Heimat zurück, hofften auf eine Auswanderungsmöglichkeit in westliche Länder oder waren zum Teil noch gar nicht transportfähig[56].

Letzteres galt in besonderem Maße für die in Dachau, Flossenbürg und deren Außenlagern befreiten Häftlinge, von denen einige tausend, bei der Befreiung schon vom Tode gezeichnet, trotz sofortiger medizinischer Versorgung durch die US-Armee noch im Mai und Juni 1945 an den Folgen der erlittenen Haft starben. Unter den besonders geschundenen Juden war es nur eine relativ kleine Minderheit, die sich schon bald wieder selbst helfen konnte, die imstande war, auf eigene Faust oder mit Hilfe amerikanischer Armeestellen einen „Job" oder etwa eine Verkaufslizenz als neue Existenzgrundlage zu erhalten, in beschlagnahmten deutschen Wohnungen unterzukommen und damit einer Fortsetzung des Lagerlebens zu entrinnen. Nicht wenige jüdische DP's versuchten, in den Stäben von Hilfsorganisationen eine Beschäftigung zu finden, die zur Betreuung jüdischer DP's im Sommer 1945 in München ihre Agenturen und Depots errichteten.

Nach Schätzung des American Joint Distribution Committee (Joint), das als erste private amerikanisch-jüdische Hilfsorganisation im August 1945 in München eine Agentur (im Gebäude Siebertstraße 3 in Bogenhausen) errichtet hatte, waren bis Ende Oktober 1945 etwa 2300 jüdische DP's zumindest vorübergehend in Münchener Privatwohnungen einquartiert worden[57]. Ein Teil dieser ostjüdischen Displaced Persons und die Restgruppe der deutschen Juden, die zum Teil auch durch Remigration aus dem Ausland bis zum Frühjahr 1946 auf etwa 700 Personen anwuchs, bildeten die heterogenen Elemente der neuen Israelitischen Kultusgemeinde in München[58]. In den folgenden Jahren wuchs sie nach heftigen Auseinandersetzungen erst allmählich zusammen. In wesentlich kleinerem Umfang entstanden auch in anderen bayerischen Orten aus seßhaft gewordenen jüdischen DP's und vereinzelten deutschen Juden neue Israelitische Kultusgemeinden, die auch nach den großen Auswanderungswellen weiterbestanden. 1959/60 setzte sich die Münchener IKG aus etwa 1800 ehemaligen DP's und 500 deutschen Juden zusammen. Weitere etwa 850 Juden in Bayern verteilten sich damals auf folgende sieben Gemeinden: Nürnberg (43 ehemalige DP's, 164 deutsche Juden), Regensburg (84 DP's, 88 deutsche Juden), Augsburg (85 DP's, 64 deutsche Juden), Würzburg (25 DP's, 80 deutsche Juden), Straubing (70 DP's, 9 deutsche Juden), Bamberg (65 DP's, 10 deutsche Juden), Amberg (60 DP's, 9 deutsche Juden)[59].

Die meisten jüdischen KZ-Häftlinge waren in den ersten Monaten nach ihrer Be-

[56] Dinnerstein, Survivors, S. 9f.
[57] Wetzel, Jüdisches Leben, Anhang: Statistik München.
[58] Ophir, Wiesemann, Gemeinden in Bayern, S. 59.
[59] Maòr, Wiederaufbau, S. 29f.

freiung zu einer Existenzgründung schon aus gesundheitlichen und seelischen Gründen noch nicht in der Lage. Hunderte von ihnen bedurften der Pflege etwa in St. Ottilien oder in einem weiteren, in Gauting eingerichteten Krankenhaus für jüdische DP's aus dem Raum München; Erholungsheime für sie gab es außerdem in Bad Reichenhall, in Garmisch und noch an anderen Orten.

Die amerikanische Besatzungsmacht gestattete es zunächst nicht, daß die Juden die für die Displaced Persons eingerichteten Lager nach eigenem Gutdünken verlassen konnten. Insbesondere General George S. Patton, der bis zum Herbst 1945 als Befehlshaber der 3. US-Armee Militärgouverneur in Bayern war, suchte den für ihn bald lästigen DP's, die er fast nur unter dem Gesichtspunkt der Beeinträchtigung der öffentlichen Ordnung zu sehen vermochte, mit eiserner Strenge beizukommen. Auf Patton ging es vor allem zurück, daß die im Umkreis von München eingerichteten Lager mit Stacheldraht und bewaffneten Posten nach außen abgeriegelt wurden. Die DP's durften das Lager nur aus triftigem Grund und mit Tagespaß verlassen. Unter Pattons ablehnender Einstellung den DP's gegenüber, zu deren Kontrolle er – bar jeglichen Feingefühls – neben Militärpolizei auch deutsche Polizei heranziehen ließ, litt die Ausstattung und Versorgung der Lager sehr[60]. Vor allem in den großen Lagern bei Landsberg, wo im Frühjahr und Sommer 1945 bis zu 5000 großenteils jüdische Displaced Persons in Baracken und einigen Häusern zusammengedrängt waren[61], herrschten anfangs Zustände der Verwahrlosung, die sich von den Verhältnissen in den deutschen Arbeits- und Konzentrationslagern der NS-Zeit nicht mehr sehr unterschieden. Patton veranlaßte auch, daß Gruppen von DP's gegen ihren Willen in Übergangslager zur Repatriierung nach Osteuropa verlegt wurden. Sofern sich darunter Juden befanden, so mußten sie in ihrer ungarischen oder polnischen Heimat meist schnell feststellen, daß fast alle Verwandten und Nachbarn umgebracht waren, die Struktur ihrer früheren Heimatgemeinden gänzlich zerstört war. Deshalb versuchten viele dieser Repatriierten ihre unwirtlich gewordenen Herkunftsorte in Osteuropa so schnell wie möglich wieder zu verlassen und in die amerikanische Zone zurückzukehren. Die illegale jüdische Auswanderungsorganisation „Brichah" (Flucht) half dabei, diese Juden wieder in die US-Zone einzuschleusen. Ihr ging es auch darum, dort durch die starke Ansammlung jüdischer DP's, die nach Israel auswandern wollten, einen massiven Auswanderungsdruck zu erzeugen. Ihr Ziel war es vor allem, die mit Rücksicht auf die palästinensischen Araber von der britischen Mandatsmacht in Palästina verhängte Sperre bzw. Restriktion jüdischer Einwanderung zu brechen. Diesem Zweck dienten auch die zahlreichen illegalen Verschiffungen jüdischer DP's nach Palästina in den Jahren vor der Gründung des Staates Israel (1948)[62].

Vernünftiger wurde das DP-Problem im Bereich der 7. US-Armee unter General Alexander Patch (Hessen, Württemberg) gehandhabt. Dort konnten die DP's die Lager verlassen, wann immer sie wollten, und trotzdem gab es nur wenige der von Patton befürchteten Ausschreitungen gegenüber der deutschen Bevölkerung[63]. Die Führer der „Scherit-Hapleita" mahnten gerade in diesem Punkt immer wieder zur Beson-

[60] Dinnerstein, Survivors, S. 14 ff.

[61] YIVO, DPG folder 215, Report on Camp Landsberg of AJDC, 1. 9.–20. 10. 1945.

[62] Wolfgang Jacobmeyer, Jüdische Überlebende als „Displaced Persons". Untersuchungen zur Besatzungspolitik in den deutschen Westzonen und zur Zuwanderung osteuropäischer Juden 1945–1947, in: Geschichte und Gesellschaft 9 (1983), S. 435.

[63] Dinnerstein, Survivors, S. 16.

nenheit. Anläßlich einer Befreiungsfeier im Juni 1945 erklärte Dr. Grinberg: „If we took revenge, we would descend into the lowest depth of ethics and morality to which the German nation has fallen during the past ten years. We are not able to slaughter women and children ... We are not able to burn millions of people. We are not able to slave hundreds of thousands ..."[64]

Ein grundlegender Wandel der amerikanischen Politik gegenüber den jüdischen DP's ergab sich erst aufgrund der sogenannten Harrison-Mission. Im Auftrag von Präsident Truman begab sich Earl G. Harrison, ehemaliger amerikanischer Kommissar für Einwanderung, in den ersten Julitagen 1945 zusammen mit Dr. Joseph J. Schwartz von der Zentrale des „Joint" in New York und Patrick M. Malin, dem Vizedirektor des „International Committees on Refugees" sowie Herbert Katzki vom „War Refugee Board" nach Deutschland, um die Lebensbedingungen der DP's – speziell der jüdischen Überlebenden – zu prüfen. Harrison konzentrierte sich in der Hauptsache auf die Lage in Bayern. Er besuchte etwa 30 Lager, eingehend unter die Lupe nahm er das mit Abstand größte Lager für jüdische DP's bei Landsberg. Die Kommission war über die dort vorgefundenen Zustände entsetzt. Viele Lagerbewohner trugen noch ihre KZ-„Pyjamas", andere waren mit umgefärbten SS-Uniformen bekleidet. Die von der Armee ausgegebenen Rationen von 2000 Kalorien pro Tag bestanden zu drei Vierteln aus schwarzem, nassem, jedenfalls extrem unappetitlichem Brot. In seinem abschließenden Bericht vom August 1945 vermerkte Harrison mit Bitterkeit, daß viele Deutsche wesentlich abwechslungsreichere Nahrung hätten als die befreiten Juden: „As matters now stand, we appear to be treating the Jews as the Nazis treated them except that we do not exterminate them. They are in concentration camps in large numbers under our military guard instead of S.S. troops. One is led to wonder wether the German people, seeing this, are not supposing that we are following or at least condoning Nazi policy."[65]

Als Voraussetzung für eine grundlegende Verbesserung schlug Harrison vor allem vor, den Juden, da sie unter den Nazis besonders zu leiden gehabt hatten, einen Sonderstatus einzuräumen und sie von anderen DP-Gruppen zu trennen. Ferner sollten die zu errichtenden rein jüdischen Lager schnellstens in die Verantwortung ziviler Organisationen, in erster Linie der 1943 gegründeten UNRRA, übergehen[66]. Die bisherige Einteilung der DP-Lager nach der jeweiligen Staatsbürgerschaft – so gab es beispielsweise polnische, baltische oder auch rumänische Lager – erschien unter anderem deshalb untragbar, weil sich unter den nichtjüdischen Lagerinsassen zahlreiche ehemalige Kapos und viele traditionell antisemitisch eingestellte Personen befanden. Die Anwendung formaler Staatsangehörigkeit auf die Kategorisierung der DP's war insbesondere schlecht geeignet, der Eigenart der weitaus größten Gruppe der jüdischen Displaced Persons, den polnischen Juden, gerecht zu werden. Anders als die meisten ungarischen oder tschechischen Juden, die sich sprachlich und kulturell ebenso wie die deutschen und westeuropäischen Juden weitgehend assimiliert hatten, hingen die aus dem polnisch-baltisch-russischen Raum stammenden Juden des ehemals zaristischen Rußland stark an ihrem kulturellen Eigenleben, dem sie etwa durch den Gebrauch der jiddischen Sprache Ausdruck gaben. Mehr als alle anderen jüdischen

[64] Zalman Grinberg, We are Living Corpses. Aufbau vom 24. 8. 1945.
[65] AJC-Blaustein Library, Earl G. Harrison Report to President Truman, London 1945, S. 5f.
[66] Ebd., S. 13f.

Gruppen verstanden sie sich nationalkulturell als eigenständiges jüdisches Volk. Sie waren deshalb in den DP-Camps wie später in Palästina und Israel meist auch führend, wenn es um die Organisation autonomer politisch-nationaler Lebensformen ging.

Der Harrison-Report schlug in Washington wie eine Bombe ein und veranlaßte die amerikanische Regierung zu schnellem Handeln. Schon am 23. August 1945 gab General Eisenhower neue Direktiven heraus. Sie regelten, gemäß dem Vorschlag Harrisons, den Sonderstatus der Juden unter den DP's, mit der Maßgabe, die Juden in gesonderten Lagern oder von den Deutschen zu räumenden Häusern unterzubringen und ihre Lebensmittelrationen spürbar zu erhöhen. Jüdische DP's sollten künftig bei Einstellungen ziviler Hilfskräfte von der amerikanischen Armee und der Militärregierung bevorzugt werden. Eisenhower befahl ferner die Einrichtung eines Suchdienstes für die Aufklärung des Schicksals jüdischer Verschollener, zu seinem Stab beorderte er einen ständigen „Advisor on Jewish Affairs". Außerdem ließ der Oberkommandierende der amerikanischen Streitkräfte in Europa nun auch zivile Hilfsorganisationen wie den „Joint" zu[67].

Aufgrund der amerikanischen Reaktion auf den Harrison-Report konnten die oft katastrophalen Verhältnisse in den Lagern gründlich verbessert werden. Im Umkreis von München entstanden nun drei große rein jüdische Lager. Als erstes Lager nur für jüdische DP's war schon lange vor der Harrison-Mission Anfang Mai 1945 auf dem Gelände einer in der NS-Zeit für die Ausbildung einer künftigen nationalsozialistischen Elite eingerichteten Nationalpolitischen Erziehungsanstalt (Napola) bei Feldafing am Starnberger See ein Camp entstanden, in dem sich von Anfang an eine starke Autonomie der jüdischen Lagerverwaltung entwickelte. Feldafing gab deshalb auch das Vorbild für die Umorganisation der anderen Lager im Sommer 1945 ab[68].

In Landsberg begann mit dem 24. September 1945 der Auszug der nichtjüdischen DP's, vier Wochen später war auch der Stacheldraht rund um das Lager beseitigt. In dem seit Anfang Oktober rein jüdischen Lager entwickelte sich bald eine gute Zusammenarbeit zwischen amerikanischen Militärs (Lagerkommandant war Major Irving Heymont), den Vertretern der UNRRA, die nun einen Großteil der Verantwortung für die Versorgung des Lagers übernahmen, und der jüdischen Selbstverwaltung unter Leitung von Samuel Gringauz, einem ehemaligen Richter aus Memel. Das auch zahlenmäßig von 6000 (im September) auf 4650 Personen (Ende Oktober) reduzierte Lager wurde bald ein besonders erfreuliches Muster eines jüdischen DP-Camps[69].

Zum dritten jüdischen Lager in der Umgebung von München wurde die aus 102 Mehrfamilienhäusern bestehende Siedlungsanlage Föhrenwald bei Wolfratshausen, die 1939 von den IG-Farben für Ingenieure und Arbeiter eines neuen Rüstungswerkes errichtet worden war. Die sehr gut ausgestattete Anlage wurde im September 1945 vor allem für die Unterbringung jüdischer Kinder bestimmt, die ihre Eltern verloren hatten; gehörte es doch zur besonderen Situation jüdischer DP's, daß deren Familien in der Regel aus Ghettos in Polen oder Litauen in die Konzentrationslager gebracht, dort aber auf Männer-, Frauen- und Kinderlager mit je unterschiedlichen Schicksalen auf-

[67] Dinnerstein, Survivors, S. 45f.
[68] YIVO, DPG folder 29, AJDC monthly Report-Feldafing vom 26. 12. 1946.
[69] Wetzel, Jüdisches Leben, S. 220ff.

geteilt worden waren – daher auch die große Zahl elternloser jüdischer Kinder über zehn Jahre, die die SS zu gesonderten Arbeitseinsätzen herangezogen hatte[70].

Am 10. September 1945 wurde mit 60 jüdischen Waisenkindern, um die sich der amerikanisch-jüdische „Joint" in besonderem Maße kümmerte, der Anfang gemacht. Ende Oktober lebten bereits 500 Kinder und Jugendliche in Föhrenwald. Sie machten ein Drittel der Lagerbelegschaft aus[71]. Die Kinder waren in eigenen Blöcken zu vier Häusern und je ungefähr 50 Kindern untergebracht. Jeder Block hatte einen großen Raum, der als Schulzimmer und Eßraum benutzt wurde. Im Rahmen der amerikanischen und UNRRA-Lagerverwaltung wählten die Kinder ihren eigenen Blockwart und ihren eigenen Vertreter im Lagerkomitee[72].

Zu den Neuerungen aufgrund des Harrison-Reports gehörte die stark ausgebaute Autonomie der jüdischen Lager. Deutsche Polizei durfte sie nicht mehr betreten, nur die amerikanische Military Police hatte Zutritt. Lediglich bei Spezialuntersuchungen zur Aufklärung schwerwiegender Schwarzhandelsdelikte oder ähnlicher Vergehen konnten deutsche Polizeibeamte mit Hilfe einer Sondergenehmigung und in amerikanischer Begleitung ausnahmsweise in den jüdischen Lagern tätig werden[73].

Seit Herbst 1945 wählten die Insassen der drei jüdischen Camps alle ihre Komitees, die eine eigene Lagerpolizei und -gerichtsbarkeit organisierten. Die jüdische Selbstverwaltung übernahm zunehmend die gesamte innere Organisation des Lagerbetriebs, vor allem die Versorgung mit den von der Armee und den Hilfsorganisationen zur Verfügung gestellten Mitteln, aber ebenso die Organisation jüdischen religiösen und kulturellen Lebens einschließlich des rituellen Vieh-Schächtens; jedes Lager verfügte über eigene Rabbiner und Betsäle[74].

Der gleichmäßigen Organisation der jüdischen Camps kam es zugute, daß schon am 1. Juli 1945 eine überörtliche Organisation der befreiten Juden gebildet worden war. An diesem Tag hatten sich im Feldafinger Lager Repräsentanten jüdischer Sprecher aus 41 großen und kleinen bayerischen DP-Camps getroffen und ein „Zentralkomitee der befreiten Juden in Bayern" geschaffen. Das vorläufige Büro des Zentralkomitees (ZK) wurde zunächst in der ehemaligen Flakkaserne in München, nach dem Einzug der UNRRA in das Deutsche Museum und schließlich in das Münchener Dienstgebäude des „Joint" (Siebertstraße 3) verlegt. Erster Vorsitzender des Komitees, das als ZK der befreiten Juden in der US-Zone am 7. September 1946 von der amerikanischen Militärregierung als Vertretung der überlebenden Juden in der US-Zone anerkannt wurde, war der in St. Ottilien so erfolgreich tätige Arzt Dr. Zalman Grinberg. Die neue Vertretung der befreiten Juden in Bayern entwickelte bald einen Monopolanspruch, der zwangsläufig zu einem kritischen Verhältnis gegenüber der zur gleichen Zeit wiedergegründeten Israelitischen Kultusgemeinde in München führen mußte. In einer Sitzung am 19. August 1945 lehnte es das ZK der „Scherit-Hapleita" ab, sich mit der IKG überhaupt zu befassen[75].

[70] IfZ-Archiv, Fi 01.80, Eli Rock, The Jewish Community of Bavaria vom 2. 11. 1945, S. 4.

[71] YIVO, DPG folder 54, Brief von Miriam Warburg, AJDC Föhrenwald vom 24. 9. 1945 und ebd., folder 209, Brief von Shea Abramovicz, AJDC Föhrenwald vom 7. 10. 1945.

[72] IfZ-Archiv, Fi 01.80, Conditions of Jewish Children in a Bavarian Rehabilitation Camp, November 1945, S. 8.

[73] Wetzel, Jüdisches Leben, S. 217.

[74] Hyman, Undefeated, S. 207.

[75] Wetzel, Jüdisches Leben, S. 149 ff.

Der Zwist, der in den folgenden Jahren in wechselnden Formen weiter bestehen sollte, ergab sich in erster Linie aus der Tatsache, daß die führenden Repräsentanten des ZK nach allem, was sie und ihre dezimierten Familien unter der Herrschaft des Nationalsozialismus erlitten hatten, wenig Verständnis dafür aufbringen konnten, daß es noch immer eine Gruppe von deutschen Juden gab, die für jüdisches Leben in Deutschland eine ersprießliche Zukunft sahen. Diese Tendenz, die ganz und gar auf eine möglichst schnelle Auswanderung aus der US-Zone abstellte und das Verbleiben dort nur als Vorbereitung auf Erez Israel betrachtete, verstärkte sich noch ganz erheblich infolge der Aktivität der jüdischen Hilfsorganisationen seit dem Sommer 1945 und des Massenzustroms von jüdischen Überlebenden des Holocaust aus Polen im Jahre 1946.

3. Die jüdischen Hilfsorganisationen und der Massenzustrom jüdischer DP's aus Polen 1945/46

Die negative Bilanz des Harrison-Reports kann nicht darüber hinwegtäuschen, daß der amerikanischen Armee das Hauptverdienst dafür zukommt, daß für den größten Teil der jüdischen Überlebenden des Holocaust nach den Torturen der NS-Zeit im Frühjahr und Sommer 1945 wieder die Basis für ein menschenwürdiges Dasein geschaffen wurde. Wenn es auch amerikanische Militärs vom Schlage George S. Pattons gab, die den jüdischen DP's mit kaum verhohlenen antisemitischen Vorurteilen, mehr mit Verachtung und Strenge als mit Verständnis und Hilfsbereitschaft entgegenkamen, so fehlt es doch nicht an Gegenbeispielen für einsatzbereite Hilfe. Das gilt nicht zuletzt für diejenigen jüdischen Offiziere und Soldaten, die selbst vor Jahren erst aus Deutschland oder Österreich entkommen und mit der Mentalität ihrer verfolgten Glaubensbrüder bestens vertraut waren. Mit Bedacht schrieb der Berater für jüdische Angelegenheiten im Stabe General Clays, Philip S. Bernstein, deshalb später, es grenze an ein Wunder, daß die physische Stabilisierung der vielfach zu Tode ermatteten Überlebenden des Holocaust habe erreicht werden können: „Mit Hilfe der amerikanischen Armee vor allem gelang ihnen eine schnelle physische Erholung. Vitalität strömte wieder durch ihr Blut", obwohl es innerhalb der Armee auch einen schmerzlichen Mangel an Sympathie und Verständnis gebe und speziell die jüdischen DP's von vielen Repräsentanten der Army als eine bloße Irritierung und Belastung empfunden worden seien[76].

Ab Oktober 1945 übernahm die UNRRA die Zuständigkeit für die Verwaltung der DP-Lager. Deren Insassen stießen nun auf mehr Verständnis, bekamen es jetzt auch mit besser ausgebildetem Personal zu tun. Das Hauptquartier der UNRRA für die in vier Distrikte aufgegliederte US-Zone befand sich in München-Pasing. Das Büro des Münchener Bezirks, der im Westen bis Memmingen, im Osten und Süden bis zur österreichischen Grenze und im Norden bis Leipheim und Ingolstadt reichte, befand

[76] Thomas Ph. Liebschutz, Rabbi Philip S. Bernstein and the Jewish Displaced Persons, Diss. Cincinnati 1965, S. 53, S. 55.

sich im Gebäude Lamontstraße 7[77]. Im Mai 1946 belief sich die Gesamtzahl der in der US-Zone in UNRRA-Assembly-Centers befindlichen DP's auf 348 000, davon über 163 000 Polen, 87 000 Balten und 43 000 Juden (sowie 55 000 Sonstige)[78]. Neben ihrer Hilfstätigkeit für die Camps unterhielt die UNRRA im Deutschen Museum in München auch eine Universität für Displaced Persons. Die jüdischen Studenten dieser Universität bildeten eine eigene Studentenvereinigung („Union of the Jewish Students in Munich") mit einem Büro in der Kolbergstraße 16 als studentischer Selbsthilfeorganisation mit selbständigen kulturellen und Bildungsaktivitäten[79]. Im Oktober, als aufgrund des noch zu schildernden Massenzustroms weiterer Überlebender die Zahl der Juden in Bayern auf rund 70 000 Personen (in der gesamten US-Zone auf etwa 130 000 Personen) angewachsen war, studierten an der Münchener UNRRA-Universität immerhin 142 jüdische Studenten[80].

Von den insgesamt in München studierenden 402 jüdischen Studenten (287 Männer und 115 Frauen), für die genauere Angaben vorliegen, stammten 307 aus Polen, 31 aus Deutschland, 22 aus Ungarn und 15 aus Litauen. Neben Allgemeinmedizin (82) und Zahnmedizin (57) waren die praktischen Fächer Maschinenwesen (81), Bauwesen (24), Chemie (13), Ingenieurwissenschaft (11) und Agronomie (10) die bevorzugten Studienfächer[81].

Schon im August 1945 hatte auch die amerikanisch-jüdische Hilfsorganisation „Joint" ihr Hauptquartier für die US-Zone in München aufgeschlagen. Von hier aus betreute der „Joint" auch die in der Umgebung Münchens liegenden DP-Lager mit Lebensmitteln, Kleidung, Medikamenten und Ritualien, ebenso gab er den jüdischen DP's Ausbildungshilfe und Rechtsbeistand. Zusammen mit der ebenfalls in den USA gegründeten, aber seit 1888 bestehenden „Hebrew Immigrant Aid Society" (HIAS), die Anfang 1946 ebenfalls in München (Möhlstraße 37) ein Büro errichtete, organisierte der „Joint" vor allem die Auswanderung jüdischer DP's. Noch ehe der Staat Israel ab 1948 die Einwanderung freigab und in den USA liberale Quoten die jüdische Einwanderung erleichterten, vermochten beide Organisationen binnen acht Monaten des Jahres 1947 insgesamt 17 086 jüdischen DP's aus der US-Zone zur Auswanderung in zwanzig verschiedene Länder zu verhelfen. Davon emigrierten 4847 nach Amerika, nach Palästina 3785, nach Südamerika 3567, nach Australien 1435 und nach Kanada 202 Personen[82].

Maßgebend beteiligt an der psychischen Stabilisierung der Überlebenden in der US-Zone war das Amt für Erziehung und Kultur des „Joint". Schulen wurden mit den nötigsten Unterrichtsmitteln versorgt, und um dem Mangel an Lesestoff abzuhelfen, erging die Aufforderung an die amerikanische Judenheit und an die in Palästina lebenden Glaubensgenossen, Bücher und Zeitschriften zu schicken. Allerdings erreichte der erste, auf die Bedürfnisse der Scherit-Hapleita abgestimmte Transport aus Amerika München nicht vor Juni 1946. Deshalb übernahm der „Joint" den Druck zahlreicher Bücher und richtete in der US-Zone etwa 20 Bibliotheken ein, die mit Leihgaben aus

[77] Malcolm J. Proudfoot, European Refugees 1939–1952. A study in forced population movement, London 1957, S. 235.
[78] YIVO, DPG folder 119, UNRRA DP-Operations, Situation of May 8th, 1946.
[79] Wetzel, Jüdisches Leben, S. 306 f.
[80] BayHStA, UNRRA Akten Nr. 28, Bericht über die UNRRA-Universität 1946.
[81] YIVO, DPG folder 459, Statistik der jüdischen Studenten in München.
[82] Neue Welt vom 26. 2. 1948.

dem Offenbacher Archiv-Depot der Amerikaner bestückt wurden. Der kulturelle Wissensdurst und noch mehr der Wunsch nach Ausbildung war bei den Überlebenden derart groß, daß es auch galt, so schnell wie möglich geeignete Lehrer und Techniker auszubilden[83].

Bei der Ausbildung, vor allem im Hinblick auf die bevorstehende Auswanderung, setzte sich neben dem „Joint" insbesondere die „Organization for Rehabilitation through Training" (ORT) ein. ORT ging auf eine russische Gründung zurück. Unter dem Namen „Oschtschestwo Rasprostranenja Truda" (Gesellschaft zur Förderung des Handwerks) war ORT 1880 in Petersburg gebildet worden. Da Juden damals in Rußland in größere Städte nur einwandern durften, wenn sie ein Handwerk ausübten, hatte es sich ORT zur Aufgabe gemacht, den Millionen russischen Juden den Zugang zum Handwerk und zur Landwirtschaft zu ermöglichen. Nicht nur handwerkliche Berufe, auch Sprachen sollten gelehrt werden. Die erste ORT-Fachschule nahm schon im August 1945 im DP-Lager Landsberg ihre Tätigkeit auf. Einige wenige Lehrer und ein nur kleiner Schülerkreis legten damals den Grundstein zur Organisation der ORT in der amerikanischen Zone Deutschlands[84].

Von Landsberg aus wurde das Büro im Frühjahr 1946 in die Möhlstraße 10 verlegt, von nun an die Zentrale für die gesamte US-Zone. Die Schulen in München waren auf fünf Stadtteile verteilt. Das zentrale Schulgebäude befand sich in der ehemaligen SS-Kaserne an der Rosenheimerstraße 130. Neben einer Publikationsabteilung, die sich als wichtigste Aufgabe die Herausgabe von technischen Lehrbüchern in jiddischer Sprache gestellt hatte, unterhielt die Münchener Zentrale auch ein Internat in der Holbeinstraße 14[85]. Von 1946–1949 wurden in der US-Zone 22627 Schüler ausgebildet[86]. Die Süddeutsche Zeitung schrieb in ihrer Ausgabe vom 11. Februar 1947: „In Deutschland bestehen eigenartige Schulen, deren Existenz allein die ganze Katastrophe des europäischen Judentums aufzeigt. Die Schüler sind Juden und Jüdinnen im Alter von 18 bis 55 und mehr Jahren, die dort ein Handwerk erlernen, um dann gestützt auf ihre Kenntnisse und ihre eigene Kraft, Deutschland zu verlassen und auszuwandern ..."[87]

Das Verhalten der nicht mehr ganz jungen Schüler war von einer gewissen Ruhelosigkeit geprägt. Das Suchen nach Angehörigen, die Ungewißheit der Auswanderungsmöglichkeiten überhaupt, aber auch das fieberhafte Warten auf eine legale oder illegale Auswanderung und das enervierende Leben aus Koffern, waren wahrhaftig Gründe, weshalb die Schüler nicht konzentriert bei der Sache bleiben konnten. Erst ab Mai 1948, nach der Gründung des Staates Israel, beruhigte sich die Situation, die Arbeit der ORT verlief nun in geregelteren Bahnen. 1952 stellte ORT ihre Arbeit in Deutschland ein und verschiffte sämtliche Maschinen und Werkzeuge nach Israel. Dort setzte sie ihren Unterricht fort[88].

Zur Förderung legaler wie illegaler Auswanderung nach Palästina wurde schon im Januar 1946 in München in der Möhlstraße 18 ein zonales Zentralbüro der „Jewish

[83] AJDC-Archiv, Germany, education, religious and vocational activities 1945–1947 und YIVO, DPG folder 23, AJDC Report on activities, June 1946.

[84] YIVO, DPG folder 1925, Baricht fun der ORT-Tetikajt in der US-Zone fun Dajtsland farn Jor 1947.

[85] Hyman, Undefeated, S. 274.

[86] Abendzeitung vom 16. 3. 1949.

[87] Süddeutsche Zeitung vom 11. 2. 1947.

[88] Hyman, Undefeated, S. 317.

Agency for Palestine" gebildet. Mit seiner geheimen Fluchthilfe-Organisation „Brichah" trug die Jewish Agency, als verlängerter Arm der jüdischen „Regierung" in Palästina, maßgeblich zu dem massenhaften Exodus von Juden aus Polen in die US-Zone bei, der 1946 in Gang kam[89].

Daß München schon 1945/46 Sitz der potenten jüdischen und internationalen Hilfsorganisationen für die jüdischen DP's in der US-Zone geworden war, verstärkte naturgemäß die Anziehungskraft der bayerischen Metropole für weitere Zuwanderungen aus dem Osten. Ereignisse wie das von nationalpolnischen Gruppen organisierte Judenpogrom in Kielce im Juli 1946 trugen wesentlich dazu bei, unter den Resten des polnischen Judentums, die zum Teil erst im Gefolge der Roten Armee in ihre polnischen Heimatorte zurückgekehrt waren, für eine Auswanderung über die US-Zone nach Palästina oder in die USA Stimmung zu machen.

Daß die Stadt München und ihre Umgebung bevorzugtes Ziel des 1946 massiv einsetzenden jüdischen Flüchtlingsstroms aus dem Osten wurde, lag nicht nur an der geographischen Lage – von Polen aus, durch die Tschechei, über Österreich und die sogenannte „Grüne Grenze", war die bayerische Landeshauptstadt relativ einfach zu erreichen –, sondern eben auch an der Konzentration jüdischer Lager und Hilfsorganisationen dort. Die Juden aus Polen zogen „hauptsächlich dorthin, wo sich die amerikanische Armee befindet, weil sie das Gefühl haben, daß die amerikanische Armee ihnen vielleicht als einzige einen wirklich ausreichenden Schutz gewähren wird", so beurteilte Clays Advisor on Jewish Affairs, Philip S. Bernstein, rückblickend, im Oktober 1947, die damalige Situation[90]. Nicht nur der erhoffte Schutz der amerikanischen Armee, sondern auch deren – im Vergleich zur britischen – wesentlich offenere Politik gegenüber den jüdischen DP's ließ insbesondere Bayern zum Ziel der jüdischen Masseneinwanderung werden. Die britische Zonenpolitik setzte, im Hinblick auf das Palästinamandat, andere Prioritäten: Jüdische DP's erhielten keinen genuin jüdischen Status, sondern den vor allem von den polnischen Juden immer abgelehnten Status ihrer Staatszugehörigkeit[91].

Angesichts der britischen Palästinapolitik wurde die Infiltration der polnischen Juden von jüdischer Seite bewußt gesteuert. Es war ein offenes Geheimnis, daß die jüdische Fluchthilfeorganisation „Brichah" mit ihrer Werbetätigkeit in Polen die Schaffung eines jüdischen Massenproblems in der US-Zone bezweckte, um mit flankierender Unterstützung jüdischer „Pressure Groups" in den USA die britische Mandatspolitik in Palästina zu einer drastischen Erhöhung der Einwanderungsquoten, letztlich zur Zustimmung zu einer eigenen jüdischen Staatsgründung zu zwingen[92]. Letztendlich bot die Schaffung eines jüdischen Staates auch in den Augen der großen Mehrheit der „Scherit-Hapleita" die einzige Aussicht auf eine lebenswerte Zukunft. Der jüdische Flüchtlingsstrom aus Polen war, wie Samuel Gringauz bemerkte, „elementar-individuell, illegal und wirtschaftlich völlig ungeordnet"[93]. Diese Menschen kamen nicht, wie die deutschen Flüchtlinge aus den ehemals deutschen Ostgebieten, in ein Land, das

[89] Wetzel, Jüdisches Leben, S. 110ff.

[90] Ernst Landau, Rabbiner-Konferenz der US-Zone, in: Jüdische Rundschau, Heft 16/17 vom Oktober 1947, S. 53.

[91] Jacobmeyer, Überlebende, S. 444.

[92] Ebd., S. 435.

[93] Samuel Gringauz, Ein Jahr Verband der befreiten Juden in der US-Zone Deutschlands, in: Jüdische Rundschau, Heft 12/13 vom März 1947, S. 9.

sie wirtschaftlich und emotional in seine Gemeinschaft aufnahm, sondern auf illegalen Wegen, unterstützt von den jüdischen Fluchthilfeorganisationen, in kleinen Gruppen oder einzeln in ein Land, dessen bis 1945 herrschende politische Führung den Tod ihrer Familienangehörigen, Verwandten und Freunde zu verantworten hatte.

Hatten diese Flüchtlinge, auf welchen Wegen auch immer, die US-Zone erreicht, gewährte das Displaced-Persons-Gesetz auch ihnen den DP-Status[94]. Als DP's fielen sie automatisch unter die Betreuung der UNRRA und mußten dementsprechend in den von der UNRRA geleiteten Lagern untergebracht werden. Insgesamt kamen vom Frühjahr/Frühsommer 1946 bis Ende 1946 etwa 100000 polnische Juden in die US-Zone. Die stärkste Massierung der Einwanderung erfolgte in den Sommer- und Herbstmonaten des Jahres 1946. Mit etwa 130000 Personen erreichten die jüdischen DP's in der US-Zone Ende 1946 ihre Höchstziffer. Die 1947 allmählich stärkere Auswanderung nach Palästina und Übersee verringerte diesen Stand bis Ende 1947 auf ungefähr 125000 und bis zur Gründung des Staates Israel im Mai 1948 auf 96000 Personen; auch die jüdischen DP-Camps erlebten Ende 1946 ihren Höchststand[95].

Die jüdische Masseneinwanderung in die US-Zone im Jahre 1946 erzeugte nicht nur erhebliche Probleme auf der Ebene der Wohlfahrtstätigkeit – alle Hilfsorganisationen und auch das ZK mußten sich auf diese unerwartete Situation kurzfristig umstellen –, sondern schuf auch ein politisches Element von internationaler Bedeutung. Die illegalen Fluchthilfeorganisationen der Jewish Agency, die bewußt den Flüchtlingsstrom in die US-Zone förderten, erreichten damit nicht nur, daß die amerikanische Regierung geneigt wurde, stärkeren Druck auf die britische Mandatspolitik in Palästina auszuüben. Sie bewirkte mehr ungewollt als gewollt auch, daß die Amerikaner selbst ihre bisher stark restriktive Einwanderungsgesetzgebung revidieren mußten, weil amerikanischer Druck auf Großbritannien nur so glaubhaft und wirkungsvoll sein konnte. Das am 1. Juli 1948 verabschiedete amerikanische DP-Gesetz erlaubte die Einwanderung von 250000 DP's, benachteiligte allerdings die jüdische Immigration noch immer stark. Erst mit der erweiterten DP-Akte aus dem Jahre 1950 öffneten sich nun auch für die jüdischen DP's die Tore Amerikas im erhofften Maße[96].

4. Die Massierung ostjüdischer DP's: Soziale, kulturelle und politische Folgen

Von schätzungsweise 25000 jüdischen DP's, die sich als Überlebende der Konzentrationslager im Frühjahr 1946 in Bayern und mit Schwerpunkt im Raum München aufhielten, stieg aufgrund der massiven jüdischen Einwanderung aus Polen die Zahl der in Bayern lebenden Juden bis Ende 1946 auf rund 80000, Ende März 1947 waren es noch etwa 71000, Ende Januar 1948 noch ungefähr 62000 Personen[97]. Neben den im Umkreis von München errichteten Camps mußten 1946 für sie zwei weitere Zentren in anderen Teilen Bayerns errichtet werden: eines in Regensburg mit 22 Einzellagern

[94] George Vida, From Doom to Dawn. A Jewish Chaplains Story of Displaced Persons, New York 1967, S. 19.
[95] IfZ-Archiv, Fi 01.30–01.34, ITS-Arolsen, Nachkriegsabteilung, Statistiken Displaced Persons.
[96] Dinnerstein, Survivors, S. 176, S. 255.
[97] IfZ-Archiv, Fi 01.30–01.34, ITS-Arolsen.

und einem Höchststand von (1947) 18 000 jüdischen Lagerinsassen, ein weiteres in Bamberg mit 37 Einzellagern und einer Höchstbelegung von (1947) etwa 14 000 Juden[98].

Auch in München und Umgebung waren zusätzliche Lager einzurichten oder mußte die Zahl der Insassen der bestehenden Lager erhöht werden. Neben den bereits erwähnten großen Lagern (Landsberg, Feldafing, Föhrenwald) ist vor allem die Münchener Anlage „Kaltherberge" zu nennen. Die 1930 erbaute ehemalige Arbeitersiedlung bestand, wie Dr. Henry Cohen, ein leitender Angestellter der UNRRA in München bei einer Ansprache vor dem World Jewish Congress am 7. November 1946 erklärte, „of about a hundred detached workers' houses, with much garden space"; sie seien zu einem der besten Lager in Deutschland umgestaltet[99]. Die von der amerikanischen Armee beschlagnahmten über 200 Siedlungsstellen übernahm die UNRRA für polnisch-jüdische DP's, die sich hier zugleich in der Fertigkeit des Gartenbaus üben konnten[100]. In der Kaltherberge waren vom Oktober 1946 bis Ende 1947 ständig etwa 2000, in zwei Annexen der Anlage nochmals ungefähr 1000 Juden untergebracht. Im Laufe des Jahres 1948 verringerte sich die Gesamtzahl auf rund 2500, bis Ende April 1949 auf rund 2000 „Siedler"[101]. Im Jahre 1949 wurde die Anlage geschlossen, die Bewohner anderweitig in München untergebracht.

Die ehemaligen deutschen Siedler beklagten nach der Ausquartierung die Beschlagnahme ihres Gartenlandes durch die Besatzungsmacht vor allem wegen des Entzugs der damals so wichtigen Ernährungsgrundlage und schlossen sich zu einer Interessengemeinschaft zusammen, die über den Münchener Oberbürgermeister wiederholt die Rückgabe ihrer Siedlerstellen verlangte. Im Laufe dieser Auseinandersetzung scheuten sich Mitglieder der Interessengemeinschaft nicht, von den Juden als „illegalen Einwanderern" und „arbeitsscheuen Elementen" zu sprechen, und beschuldigten sie, Mobiliar und Haushaltsgegenstände aus den Häusern entfernt und auf dem Schwarzen Markt verkauft zu haben[102]. Die Beschuldigungen fanden erst ein Ende, als – in der Nachfolge der UNRRA – die ab 1947 für die Lager zuständige International Refugee Organization (IRO) die Kaltherberge 1949 räumen ließ. Dieses Ende nutzten die DP's nun ihrerseits, um sich an den ehemaligen deutschen Siedlern, deren Beschuldigungen sie so oft ausgesetzt waren, zu rächen. Bevor sie die Kaltherberge verließen, schlugen sie in den Häusern und Gärten alles kurz und klein[103].

Der Vorfall zeigte, wie gespannt das Verhältnis zwischen Deutschen und jüdischen DP's war oder sein konnte, wenn deren Interessen kollidierten. Die Juden aus Polen – wie konnte es auch anders sein – hatten nicht vergessen, was ihnen und ihren Familien im Zweiten Weltkrieg von Deutschen angetan worden war. Und viele Deutsche, zumal wenn sie von Konfiskationen zugunsten jüdischer DP's betroffen waren, ließen sich von freilich viel weniger entschuldbaren Gefühlen moralischer Selbstgerechtigkeit gegenüber den durch jahrelangen Lageraufenthalt naturgemäß bürgerlicher Ordnung entwöhnten Juden treiben und blieben anscheinend ganz und gar unberührt von

[98] Ophir, Wiesemann, Gemeinden in Bayern, S. 92, S. 118.
[99] YIVO, DPG folder 65, Henry Cohen, Adress to the World Jewish Congress vom 7. 1. 1946.
[100] AJDC-Archiv, Germany Localities, Munich 1945.
[101] IfZ-Archiv, Fi 01.30–01.34, ITS Arolsen.
[102] Stadtarchiv München, BUR 1885, Brief von F. Abele an den Oberbürgermeister vom 19. 12. 1945 und Brief der Siedlungsleitung an das UNRRA-Lager Freimann vom 18. 8. 1945.
[103] YIVO, DPG folder 62, Noe Heitlinger Report, Final Liquidation of Camps.

Empfindungen der Scham wegen der vorangegangenen, im deutschen Namen begangenen Massenmorden an den Juden.

Zwei weitere Lager für insgesamt ungefähr 2300 jüdische DP's wurden 1947 bei Wasserburg (Lager Attel und Lager Gabersee) eingerichtet, die bis Januar bzw. Juni 1952 bestanden. Vorübergehend dienten auch einige Münchener Kasernen, die Luitpold-, die Warner- und die Funk-Kaserne, zur Unterbringung jüdischer DP's. Bald wurden sie zu Sammelpunkten für die Ausreise, die nach der Gründung des Staates Israel (15. Mai 1948) endlich zügig in Gang kam; im TB-Sanatorium Gauting schwoll die Zahl jüdischer Patienten 1947 zeitweilig auf über 400, im Münchener Altersheim für jüdische DP's auf beinahe 70 Personen an. Neben Föhrenwald wurde in Klein-Inderstorf ein neues Kinderzentrum für (1947) über 200 jüdische Waisenkinder angelegt, das bis zum Sommer 1948 erhalten blieb[104].

Die Massierung jüdischer DP's zeigte sich nicht zuletzt in den drei großen Lagern Landsberg, Feldafing und Föhrenwald. Im Herbst 1946 waren in den drei Lagern insgesamt etwa 13 000 Personen untergebracht. Diese Belegstärke blieb über ein Jahr lang ungefähr konstant, verringerte sich leicht erst im Frühjahr 1948 auf rund 10 500, bis Frühjahr 1949 auf knapp 9000 und bis Ende 1950 auf gut 7000 Insassen[105].

Belegstärke der jüdischen DP-Camps Landsberg, Feldafing und Föhrenwald 1946–1950

	19.10.1946	3.10.1947	20.5.1948	25.4.1949	1.11.1950
Landsberg	4983	4478	3790	2558	1096
Feldafing	3999	3801	3198	2556	2203
Föhrenwald	4234	4296	3590	3876	3767

Durch den Massenzustrom aus Polen verstärkte sich der Anteil der polnischen Juden an der Gesamtzahl der jüdischen DP's in der amerikanischen Zone auf über 90 Prozent. Das zeigte sich, wie wir schon gesehen haben, auch an der Zusammensetzung der jüdischen Studenten, die 1948 an der Münchener UNRRA-Universität studierten. Die Verstärkung der polnisch-jiddischen Homogenität der jüdischen DP's erhöhte zweifellos deren Selbstbewußtsein, ihre Aktivität innerhalb und außerhalb der Lager.

Das Anwachsen der Lagerbevölkerung schuf erneut große Probleme der Lagerhygiene und -versorgung. Mangelnde Disziplin und auch die nach wie vor nicht geringe Kriminalität unter den DP's hatten nicht nur materielle, sondern vor allem psychische und habituelle Gründe. Die aus Polen gekommenen Juden, die oft schon vorher Jahre im russischen Exil oder im Untergrund in Polen zugebracht und eine oft abenteuerliche Existenz, bedroht von tödlicher Verfolgung, geführt hatten, erlernten die unumgänglichen Regeln der Lagerordnung nur langsam. Da die meisten DP's auf ihre Auswanderung warteten und schon deshalb wenig geneigt waren, sich auf eine längerfristige Tätigkeit oder Ausbildung einzulassen, war es vonnöten, die Lagerinsassen aus ihrer Lethargie aufzurütteln und zu produktiver Tätigkeit anzuregen. Darin lag eine wesentliche Aufgabe der jüdischen Selbstversorgungskomitees in den Lagern. Auch aus Gründen der Selbstachtung suchten sie ihre Kompetenz zu stärken, sich frei zu

[104] IfZ-Archiv, Fi 01.30–01.34, ITS Arolsen.
[105] Ebd.

machen von den regelmäßigen Inspektionen durch die UNRRA und die amerikanische Militärpolizei. Vor allem das Landsberger Lagerkomitee unter Führung von Samuel Gringauz suchte durch erfolgreiche Arbeit in Landsberg auch sein Ansehen innerhalb des Münchener Zentralkomitees zu steigern, zu dessen Initiatoren die Mitglieder des Landsberger Komitees in besonderem Maße gehört hatten[106].

Wie anderswo, so war auch in Feldafing ab 1946 die Überbelegung ein großes Problem, das schließlich aber gemeistert werden konnte. Das Lager wurde im übrigen bekannt wegen seines intensiven religiösen Lebens. Hier eröffnete die ultra-orthodoxe politische Organisation „Agudath Israel" ihr erstes Büro. Viele Rabbiner versammelten sich dort und verbreiteten orthodoxes Ideengut. Außer einer Synagoge wurden im Lagerbereich zwei religiöse Kibbuzim gegründet, innerhalb der ORT-Schule ein Schneiderkurs für orthodoxe jüdische Frauen und von der 1939 gegründeten „American Vaad Hatzala" eine Talmud-Hochschule, die Jeschiwa „Bet Aron", eröffnet[107]. Die Agudath Israel gab in Feldafing eine eigene Zeitung „Dos jiddishe Wort" heraus, die später über das Lager hinaus Bedeutung erlangte und ihr Redaktionsbüro nach München in die Trogerstraße 58 verlegte[108]. Das Feldafinger Lager behielt bis zu seiner Auflösung am 31. Mai 1951 seine stark orthodoxe Ausrichtung. Nachdem zuvor schon die letzten, noch nicht zur Auswanderung gelangten Insassen von Landsberg nach Feldafing gebracht worden waren, wurden etwa 1500 Juden, die sich zum Zeitpunkt der Auflösung des Lagers noch in Feldafing befanden, nach Föhrenwald überführt[109].

Als Folge des Massenzustroms polnischer Juden verlor auch das Lager Föhrenwald 1946 sehr schnell seinen besonderen Charakter als Zentrum vornehmlich für jüdische Waisenkinder und wurde nunmehr, wie Landsberg und Feldafing, zum DP-Massenlager. Die Vorbereitung auf die Auswanderung, vor allem die Aneignung von gefragten beruflichen Fertigkeiten, spielte während dieser Zeit auch in Föhrenwald die Hauptrolle. Das fand auch Ausdruck darin, daß ab 1947 anstelle der UNRRA die IRO, die unmittelbar in die Palästina- bzw. Israel-Auswanderung eingeschaltet war und durch entsprechende Schulung darauf vorzubereiten suchte, die Zuständigkeit für die jüdischen Camps in der US-Zone übernahm[110]. Sie schlug in München ihr Control Center auf. Über die weitere Geschichte des Lagers Föhrenwald, die über die Periode der Auswanderung hinausgeht, berichten wir am Schluß unserer Darstellung.

Zu den sinnvollsten und eindrucksvollsten Aktivitäten, denen sich die jüdischen Selbstverwaltungsorgane zwischen 1946 und 1949 widmeten, gehörten die verschiedenen kulturellen Initiativen, die unter anderem zur Gründung von Theatern und Kabaretts, zu Literaturlesungen oder zur Veranstaltung von Ausstellungen führten. Das Kulturamt beim Zentralkomitee des Verbandes der befreiten Juden richtete Lesesäle und Bibliotheken in den Lagern ein und gründete sogar eine eigene Verlagsabteilung.

[106] Irving Heymont, Among the Survivors of the Holocaust-1945. The Landsberger DP Camp Letters of Major Irving Heymont, Cincinnati 1982, S. 20ff.

[107] Pictorial Review, Vaad Hatzala Germany, München 1948 und YIVO, DPG folder 62, Vaad Hatzala Report vom 15. 9. 1946–1. 1. 1947.

[108] Interview mit Joseph Friedenson, Chefredakteur von „Dos jiddishe Wort" damals und heute wieder in New York, am 17. 7. 1984.

[109] YIVO, DPG folder 62, Noe Heitlinger Report.

[110] Hermann Maurer, Dienst an Displaced Persons (DP's). Die Arbeit für heimatlose Ausländer und nichtdeutsche Flüchtlinge 1945–1950, in: Jahresbericht 1953 des Hilfswerks der Evangelischen Kirche in Deutschland, Stuttgart 1954.

Im Juli 1946 gab das Münchener jüdische Kunsttheater (MJKT) mit einem Stück des jüdischen Autors Scholem Aleichem sein Debüt. Der Direktor der Theatergruppe erklärte, es sei sein Ziel, „ein anschauliches, professionelles Theater der Scherit-Hapleita zu schaffen, das das jüdische Wort in alle Ecken Deutschlands bringt, wo Juden leben"[111]. Die Süddeutsche Zeitung rühmte das musikalisch-melodische Jiddisch, das in dem Theater gesprochen werde, und die Mischung von Schauspielkunst, Tanz und Gesang, die eine Spezialität des jüdischen Theaters sei und dem Zuschauer eine aus Realität und Phantasie gemischte Welt vermittle: „Wer jüdisches Theater zum ersten Mal besucht, wird fassungslos vor dem sitzen, was er zu sehen und zu hören bekommt ..."[112]

Ein einzigartiges Phänomen der jüdischen Nachkriegsgeschichte in Westdeutschland war die vielfältige jüdische Zeitungslandschaft. Als eine der ersten jüdischen Zeitungen in München erschien am 12. Oktober 1945 das offizielle Organ des Zentralkomitees der befreiten Juden „Undzer Weg". Zur Begrüßung der Zeitung schrieb Isaac Ratner, einer der prominentesten zionistischen Führer der DP's: „Wenn heute ‚Undzer Weg' erscheint ... wollen wir Zionisten weder einen Bracha (Segen) noch ein Shehehianu (Dankgebet) aussprechen. Sondern wir erklären anstattdessen ‚Mir szeinen doh'."[113] Das war Programm nicht nur dieser Zeitung. Ein anderes Blatt „Nizoz" (Funke), ebenfalls im Verlag des ZK in der Möhlstraße 12a gedruckt, propagierte als Tribüne für Politik, Literatur und Jugendfragen die zionistischen Ideen[114]. Ferner gaben die landwirtschaftliche Abteilung und die Historische Kommission beim ZK sowie andere ihm angeschlossene Verbände und Vereinigungen eigene Blätter heraus. Als übergeordnetes Organ der DP's erschien der „Ibergang. Organ fun der Federacje fun Jidn fun Pojln in der amerikanischen Zone". Schließlich gab es die zahlreichen Lagerzeitungen. Als Blatt der deutschsprachigen Juden wurde seit September 1947 die „Neue Welt. Eine Wochenschrift der befreiten Juden" herausgegeben[115].

Anfangs konnten die jüdischen Blätter mangels Papier und geeigneter Druckmöglichkeiten nur in kleinen Auflagen oder hektographiert erscheinen. Schließlich sorgten aber der „Joint" und die UNRRA für eine bessere technische und finanzielle Grundlage. Ein Kuriosum waren die Zeitungen, die in Jiddisch mit lateinischen Buchstaben erschienen. Erst Mitte 1948 standen hebräische Lettern in ausreichendem Maße zur Verfügung. Die meisten in München erscheinenden jüdischen Zeitungen, die drei Jahre lang für die jüdischen DP's eine wichtige Funktion erfüllt hatten, stellten 1949 ihr Erscheinen ein. Durch die große Auswanderungswelle seit Mai 1948 war ihre Leserschaft allzu stark geschrumpft[116].

Besonders bemerkenswert war die Aktivität der Historischen Kommission beim Zentralkomitee. Sie trug Material über die Bedingungen in den Konzentrationslagern und Ghettos der Nazizeit zusammen und veröffentlichte es in ihrer Zeitschrift „Fun letztn Churban" (Von der letzten Zerstörung). Das Zentralkomitee unterhielt auch ein eigenes Rabbinat für die religiöse Betreuung der befreiten Juden. Die Einrichtung von

[111] YIVO, DPG folder 550, Israel Segal, Our Premiere.
[112] Süddeutsche Zeitung vom 12. 11. 1946.
[113] Abraham Peck, The Lost Legacy of Holocaust Survivors, in: Shoah 3 (1982/83), S. 33.
[114] Tsemach M. Tsamriyon, Die hebräische Presse in Europa. Ein Spiegel der Geistesgeschichte des Judentums, Haifa 1976, Bd. 2, S. 559 ff.
[115] Wetzel, Jüdisches Leben, S. 283 ff.
[116] Ebd., S. 276.

koscheren Küchen – 1947 existierten in München drei davon – gehörte dazu ebenso wie die Verteilung von Ritualien und die Vorbereitung hoher jüdischer Feste. Großartigste Leistung des Rabbinats war wohl der Neudruck des babylonischen Talmud in 19 Bänden. Die Ausbildung zu handwerklichen Berufen fiel vor allem den ORT-Schulen innerhalb und außerhalb der Lager zu, von denen es 1947 in der US-Zone nicht weniger als 60 gab, 22 davon in München und Umgebung. Nicht minder wichtig war die Ausbildung in den landwirtschaftlichen Kibbuzim und den dort unterhaltenen Betrieben mit Kleintierzucht und anderem mehr. Eine wesentliche Grundlage für alle diese Aktivitäten bildete die finanzielle Unterstützung durch die jüdischen Hilfsorganisationen[117].

Je mehr polnische Juden 1946 in München und Umgebung zusammenströmten, je freizügiger man die jüdischen Camps hielt und je länger der Lageraufenthalt andauerte, desto mehr wuchs die Zahl derjenigen jüdischen DP's, die sich auf eigene Füße zu stellen suchten, in München bald ein eigenes privates Unterkommen fanden und sich eine, wenn auch noch so kärgliche, Geschäfts- oder andere Existenzgrundlage zu verschaffen vermochten. Die Zahl der in München in Privatwohnungen lebenden jüdischen DP's, die im Herbst 1945 bei rund 2300 gelegen hatte, stieg im Jahre 1946 auf 7000 Personen an und hielt sich bis Anfang 1949 auf dieser Höhe. Erst im Zuge des Auswanderungsbooms sank sie bis Ende 1949 auf rund 3000[118]. 1948 zählte die Dienststelle des bayerischen Staatskommissars für die Verfolgten des NS-Regimes in München nicht weniger als 293 über die ganze Stadt verstreute jüdische Geschäfte[119]. Daneben beschäftigten die zahlreichen internationalen, amerikanischen und sonstigen Dienststellen und Hilfsorganisationen, die sich mit den jüdischen DP's befaßten, Hunderte von Mitarbeitern aus diesem Personenkreis. Allein die ORT-Schule beim ZK in München zählte Ende 1947 69 Lehrer, Assistenten und sonstiges Personal[120].

Die Häufung der Büros und Agenturen jüdischer Selbstverwaltungsorgane und vielerlei Hilfsorganisationen im Stadtviertel Bogenhausen, wo Ende 1946 in der Nähe der Möhlstraße durch den Oberrabbiner des ZK auch eine Synagoge errichtet worden war, machte das Villenviertel zwischen Ismaninger Straße und Isaranlagen im Abschnitt zwischen Prinzregenten- und Tivoli-Brücke zum Zentrum jüdischen Lebens in München und die Möhlstraße zum jiddischen Markt. In den stattlichen Villen dieses Viertels hatten schon vor 1938 viele wohlhabende Juden gelebt. Sie waren dann zugunsten von NS-Organisationen arisiert und nach 1945 wiederum als erste von der U.S. Army beschlagnahmt und jüdischen Organisationen zur Verfügung gestellt worden[121]. Ein Monument jüdischen Lebens nannte Noe Heitlinger, ein Mitarbeiter des „Joint", die Möhlstraße der Jahre 1946–1949[122]. Man erreichte sie mit dem „Palestine Express", wie die Juden die Straßenbahnlinie auf der Ismaninger Straße zwischen Max-Weber-Platz und Siebertstraße nannten. Beiderseits der Möhlstraße hatten sich

117 Ebd., S. 177 ff.

118 IfZ-Archiv, Fi 01.30–01.34, ITS-Arolsen.

119 YIVO, DPG folder 187, Liste der jüdischen Geschäftsleute, die beim Staatskommissariat registriert sind (1948).

120 YIVO, DPG folder 698, Liste der Lehrer und Angestellten der „ORT-Schulen beim Zentralkomitee" in München vom 18. 12. 1947.

121 Erich Reißig, Möhlstraße. Geschichte eines Schwarzmarktes in der Nachkriegszeit, in: Gehört, gelesen 33 (1986).

122 YIVO, DPG folder 62, Noe Heitlinger Report.

im Laufe der Jahre mehr und mehr jüdische Händler niedergelassen. Der Kleinhandel begann im Hof der Möhlstraße 43, wo eine Abteilung des ZK untergebracht war, und dehnte sich von hier immer mehr aus. Bald war jeder verfügbare Raum genutzt, um Lebensmittel-, Textilwaren-, Silberwaren-Geschäfte oder Läden für jüdische Ritualien einzurichten. Schon längst reichten die vorhandenen Häuser nicht mehr aus. Auf beiden Seiten der Straße wurden Behelfsbaracken aufgestellt[123]. Die kleinen Einzelhandelsgeschäfte vermehrten sich nochmals nach der Währungsreform im Juni 1948, als auch die deutschen Geschäfte wieder mit all den Dingen gefüllt waren, die es bisher nur auf dem Schwarzmarkt gegeben hatte. In den Wintermonaten 1948/49 kam nochmals eine größere Anzahl von jüdischen Geschäftsleuten hinzu, die nach der Auflösung einzelner DP-Lager bis zu ihrer Auswanderung hier ein Betätigungsfeld suchten[124].

Nicht nur die Juden, die ganze Münchener Bevölkerung nutzte den „Markt" in der Möhlstraße für günstige Einkäufe oder zum Weiterverkauf. Vor allem vor der Währungsreform war die Straße auch Zentrum eines lebhaften Schwarzhandels für Juden und Nichtjuden. Aber wegen der unverhältnismäßig hohen Zahl jüdischer Händler und Geschäfte in dieser Zone wurden Schwarzhandel und Schwarzhandelsdelikte von vielen Münchnern damals als Ausdruck jüdischer Geschäftsmoral verleumdet. Daß Juden an dem Tauschhandel rege beteiligt waren, lag zum Teil an den zusätzlichen Lebensmitteln, die ihnen durch den „Joint" und die UNRRA zur Verfügung gestellt worden waren, und an manchen großzügigen Lizenzen zum Verkauf nicht preisgebundener Waren, die ihnen auch aus Gründen der Wiedergutmachung von den deutschen Behörden eingeräumt wurden. Die jüdischen DP's nutzten ihre Zeit für diesen Handel, der vielen von ihnen in der Übergangsphase des Wartens auf die Auswanderung die einzige Existenzgrundlage abgab. Die darauf gründenden Vorurteile in bezug auf den angeblich vor allem von den Juden bestimmten und beherrschten Schwarzen Markt paßten aber auch in ein traditionelles Raster der Schuldzuweisung. Das zeigte sich selbst bei manchen staatlichen und städtischen deutschen Behörden, die wissen konnten, daß jüdische DP's – aufs ganze gesehen – nur einen kleinen Teil der Schwarzhändler ausmachten. An den 11445 im Dezember 1948 in der US-Zone registrierten Schwarzhandelsvergehen waren beispielsweise in nur 401 Fällen DP's beteiligt[125].

In den Sammelberichten des Münchener Polizeipräsidenten Franz Xaver Pitzer – er wurde 1949 wegen illegaler Geschäfte selbst seines Amtes enthoben[126] – war schon 1946 von den Juden als Initiatoren des Schwarzhandels die Rede. In einem seiner Berichte heißt es: „Der Schwarze Markt in und vor der Durchfahrt zum Deutschen Museum lebt wieder auf, und ein neuerliches Vorgehen gegen die dort Schwarzhandel treibenden Ausländer, in der Mehrzahl polnische Juden, ist unbedingt geboten."[127] Aufgrund verschiedener Beanstandungen erging zwei Jahre später, am 29. Juli 1948, ein ministerieller Erlaß, der den Beamten solchen pauschalen Gebrauch der Bezeich-

[123] Stadtarchiv München, BUR 1843, Brief der Unternehmer der Möhlstraße an das bayerische Wirtschaftsministerium vom 11.4.1949.
[124] Schwarz, Redeemers, S. 298.
[125] IfZ-Archiv, Fi 01.81, Gerhard Jacoby, The Story of the Jewish DP vom 6.6.1948, S. 14.
[126] YIVO, DPG folder 62, Noe Heitlinger Report.
[127] Stadtarchiv München, BUR 1707, Schwarzer Markt, Sammelberichte.

nung „Jude" in amtlichen Akten untersagte[128]. Dadurch änderte sich freilich nur auf dem Papier etwas, kaum im Bewußtsein der Beamten. Fortan war in den Polizeiberichten nicht mehr von „Juden" die Rede, sondern von „verschiedenen Gruppen von Ausländern und arbeitsscheuen Elementen" oder von „Ausländern und Nichtstuern"[129]. Jeder wußte, wer gemeint war.

Daß in München und Umgebung mehr als in anderen Gegenden Bayerns in den Jahren 1947 bis 1949 erneut in stärkerem Maße antisemitische Regungen aufkamen, hatte seinen Grund nicht nur in der relativ starken Massierung jüdischer DP's. Es lag wohl auch daran, daß die große Mehrheit der Juden keinerlei Kontakt mit der deutschen Bevölkerung suchte und ihre ostjüdischen Lebensgewohnheiten sowie ihre jiddische Sprache selbstbewußt zum Ausdruck brachten, was wiederum manchen Deutschen befremdete. Eine Rolle spielte sicher auch, daß es wenig öffentliche Aufklärung gab, warum sich in diesen Jahren so relativ viele polnische Juden in München und Umgebung befanden. Nur wenige deutsche Politiker nahmen das Wort zu dem Thema, so wie es im Januar 1946 anläßlich des ersten Kongresses des Verbandes der befreiten Juden Münchens Oberbürgermeister Karl Scharnagl tat, als er den jüdischen Gästen schrieb: „Die Unmenschlichkeit, die Ihnen zugefügte Behandlung, das Unrecht, das Ihnen wegen Ihrer Zugehörigkeit zu Ihrem Volksstamme und Ihrem Glauben angetan wurde, verlangen eine Wiedergutmachung, zu der beizutragen wir uns nach bester Möglichkeit bestreben wollen."[130]

Eine Annäherung zwischen den einheimischen Deutschen und den jüdischen Überlebenden hat es in diesen Jahren kaum gegeben. Die amerikanische Militärregierung registrierte in München ein seit 1946 wachsendes Maß an antisemitischen Vorurteilen. Ähnlich sprach sich im Mai 1947 der aus der Emigration zurückgekehrte Dr. Hans Lamm aus, der später – ab 1970 bis zu seinem Tode 1985 – Präsident der Münchener Israelitischen Kultusgemeinde wurde[131]. Zu registrieren waren damals auch vereinzelt Gewaltakte gegen jüdische Einrichtungen und Häuser, beispielsweise die Schändung des jüdischen Friedhofes Schwabhausen bei Landsberg im Oktober 1947[132]. In der Nacht vom 6. zum 7. Februar 1948 wurden in München bei der jüdischen Koscher-Metzgerei in der Ismaninger Straße 46, bei dem jüdischen Restaurant „Bristol" in der Höchlstraße und beim Büro des „Joint" in der Möhlstraße Türen und Fenster eingeschlagen[133].

Der Berater General Clays für jüdische Angelegenheiten, Philip Bernstein, äußerte im Mai 1947 in einer Rede vor der „UN-Commission for Palestine" in München die pessimistische Meinung: „Wenn die amerikanische Armee sich morgen zurückzieht,

[128] STAM, Polizeidirektion München 11411, Jüdische Bürger (Generalakt), Auszug aus dem MABl., Nr. 35 vom 4. 11. 1951.

[129] Stadtarchiv München, BUR 1710, Bericht von Pitzer an OB Wimmer, Berichtwoche vom 11. 2.–17. 2. 1949 und Berichtwoche vom 25. 2.–3. 3. 1949.

[130] YIVO, DPG folder 159, Brief von OB Scharnagl an das ZK vom 26. 1. 1946.

[131] Die Juden in Deutschland. Ein Briefwechsel zwischen Erich Kuby und Hans Lamm, in: Der Ruf vom 15. 5. 1947.

[132] Samuel Gringauz, Our new German Policy and the DP's, in: Commentary 5 (1948), S. 511.

[133] NA, RG 260, 10/88–2/21, Brief des ZK an Murray D. Wagoner vom 9. 2. 1948 und Neue Welt vom 12. 8. 1948.

gibt es am nächsten Tag Pogrome."[134] Auch Bernsteins Nachfolger William Haber sprach 1948 von „deep seated" Antisemitismus unter den Deutschen[135].

Eine erfrischende Ausnahme bildete ein Artikel, den W. E. Süskind unter dem Titel „Judenfrage als Prüfstein" am 2. August 1949 in der Süddeutschen Zeitung veröffentlichte. Mit aller Deutlichkeit sprach sich Süskind gegen den neuen Antisemitismus aus und zitierte General McCloys Wort von der Judenfrage als Feuerprobe der Demokratie. Es gelte, so Süskind, in der Judenfrage endlich Farbe zu bekennen und einen klaren Willen auszudrücken. Tatsache sei: „Wir sind ärmer geworden ohne sie", und, fuhr er fort, wir werden noch ärmer sein, wenn wir die in München lebenden Juden austreiben, „indem wir sie nicht halten"[136].

Der Artikel hatte ein starkes Leserecho. Die Süddeutsche Zeitung veröffentlichte eine ganze Reihe von zustimmenden Zuschriften, ließ aber, um das Bild nicht zu verfälschen, auch ablehnende Briefe abdrucken und – wie die Redaktion später, am 11. August 1949, zu ihrer Rechtfertigung schrieb – „mit voller Absicht" auch „eine besonders gehässige Stimme", um sie in ihrer „vollen Brutalität" vorzuführen[137]. Es handelte sich um einen Leserbrief, der unter der hämischen Pseudoanschrift „München 22, Palestrinastr. 35" und dem Pseudonym „Adolf Bleibtreu" von einem offenbar unverbesserlichen Antisemiten geschrieben war. In dem aggressiven Brief hieß es: „Geht doch nach Amerika, aber dort können sie Euch auch nicht gebrauchen, sie haben genug von diesen Blutsaugern. Ich bin beim Ami beschäftigt und da haben verschiedene schon gesagt, daß sie uns alles verzeihen, nur das eine nicht, und das ist: daß wir nicht alle vergast haben, denn jetzt beglücken sie Amerika ... Sie können sich darauf verlassen, daß ich alles tun werde, um recht viele Amis aufzuklären. Ich versichere Ihnen, daß ich kein Nazi war, aber ich bin ein 100%iger Deutscher. Ich gehöre zu den sogenannten Stillen im Lande und die Flüsterpropaganda ist mehr wert als 100 Zeitungen ... Wir sind ein ganz kleiner Kreis (noch) und alles geht von Hessen aus. Wir sind auf dem ‚Laufenden'. Selbst in der engsten Umgebung von Dr. Auerbach & Kogon sitzen unsere Freunde. Später bzw. zu gegebener Zeit hören sie wieder etwas mehr von mir. Bitte veröffentlichen Sie diese Zeilen, wenn Sie ‚Demokrat' sind."[138]

Viele Münchener Juden waren über die unüberlegte Veröffentlichung des Leserbriefes durch die Süddeutsche Zeitung aufgebracht. Auf der Möhlstraße formierte sich ein Demonstrationszug von annähernd 1000 Juden, der auf mitgeführten Transparenten unter anderem forderte: „Nieder mit dem ‚Stürmer' von 1949, der Süddeutschen Zeitung." Der Zug wollte vor das Gebäude der Süddeutschen Zeitung marschieren. Als berittene deutsche Polizei dies zu verhindern suchte, kam es zu handgreiflichen Auseinandersetzungen. Die Polizisten gingen mit Gummiknüppeln vor, und jüdische Demonstranten warfen mit Pflastersteinen nach der deutschen Polizei. Erst als amerikanische Militärpolizei eingriff und die Polizeibeamten veranlaßte sich zurückzuzie-

[134] Liebschutz, Philip S. Bernstein, S. 105.

[135] Leonhard Dinnerstein, German attitudes against Jewish Displaced Persons, in: Hans L. Trefousse (Hrsg.), Germany and America. Essays on problems of International Relations and Immigration, New York 1980, S. 242.

[136] Süddeutsche Zeitung vom 2. 8. 1949.

[137] Süddeutsche Zeitung vom 11. 8. 1949.

[138] Süddeutsche Zeitung vom 9. 8. 1949.

hen, gelang es, wieder Ruhe herzustellen[139]. Die Affaire wurde erst abgeschlossen, als, nach einem Strafantrag des Landesverbandes der Israelitischen Kultusgemeinden gegen die Süddeutsche Zeitung, diese vom zuständigen Gericht von jeglicher Absicht der Verbreitung antisemitischen Gedankengutes freigesprochen wurde[140].

5. Das Zentralkomitee der befreiten Juden und die jüdische Gemeinde in München

Je mehr jüdische DP's ab 1945/46 als Bürger in München zeitweilig oder längerfristig seßhaft wurden, umso mehr stellte sich die Frage nach dem Verhältnis zwischen diesen, vom Verband der befreiten Juden repräsentierten DP's meist polnischer Herkunft und dem Kern ehemaliger deutscher Juden, die im Juli 1945 die Israelitische Kultusgemeinde in München wiedergegründet hatten. Trotz der Erfahrungen der Hitlerzeit hielt der zum Vorsitzenden der Münchener IKG bestellte Arzt Dr. Spanier insoweit am Assimilationsbegriff des „deutschen Judentums" fest, als er eine Überfremdung der IKG durch die zunehmende Zahl osteuropäischer Juden zu verhindern suchte. Umgekehrt machten sich im Zentralkomitee des Verbandes der befreiten Juden Monopolansprüche geltend, die nicht-zionistische jüdische Einstellungen kaum noch zu tolerieren geneigt waren.

Nach der Satzung der Münchener IKG vom 15. Juli 1945 war jeder in München wohnende „Israelit" automatisch Mitglied der Kultusgemeinde. Um die sich daraus möglicherweise ergebenden Folgen zu vermeiden, suchten Dr. Spanier und einige andere Vorstandsmitglieder der IKG 1946 eine Änderung der Satzung herbeizuführen mit dem Ziel, nur diejenigen als wahlberechtigte Mitglieder zuzulassen, die schon vor 1938 einer jüdischen Gemeinde in Deutschland angehört hatten[141]. Unter dem Druck der amerikanischen Militärregierung zog man diesen Vorschlag aber wieder zurück. Das war ganz im Sinne von Rabbiner Dr. Ohrenstein, der sich von der Einbeziehung streng religiöser Ostjuden eine Verstärkung des jüdischen Selbstbewußtseins der Gemeinde versprach und neue ostjüdische Gemeindemitglieder als Experten für jüdischrituelle Angelegenheiten heranzog[142]. Aber es blieb lange Zeit dabei: Der Vorstand der IKG bestand nur aus alteingesessenen deutschen Juden. Erst spätere Statuten erlaubten eine Besetzung der Vorstandsposten zu fünfzig Prozent auch durch Ostjuden[143].

Auf die Wünsche der ostjüdischen Mitglieder Rücksicht zu nehmen, fiel den meist in religiös-liberaler Tradition stehenden deutschen Juden, die die israelitischen Kultusgemeinden auch außerhalb Münchens zumeist bestimmten, sichtlich schwer. Sie mußten umdenken und lernen, mit den religiös strengeren Auffassungen und vor allem mit den zionistischen Ideen ihrer ostjüdischen Glaubensgenossen umzugehen.

[139] YIVO, DPG folder 180, Harry Greenstein an das American Jewish Committee, den Joint, die Jewish Agency und den World Jewish Congress. Subject: Demonstration and Riot in Munich at 15. 8. 1949.
[140] Süddeutsche Zeitung vom 13. 8. 1949.
[141] BayMfUK, Akten der IKG, Brief an Ministerialrat Emnet vom 10. 1. 1946.
[142] Interview mit Dr. Aaron Ohrenstein vom 16. 12. 1982.
[143] Der Spiegel vom 31. 7. 1963.

Wie die IKG zunächst keinerlei Kontakt mit dem Zentralkomitee der befreiten Juden aufnahm, mißachtete auch dieses die IKG, betrachtete sich als alleinige Vertretung aller jüdischen Überlebenden und schloß die IKG bei der Verteilung der vom „Joint" zur Verfügung gestellten Hilfsgüter aus[144]. Auch die Jewish Agency erkannte die IKG zunächst nicht an und wollte ihr das Recht absprechen, Abgesandte zum zionistischen Weltkongreß zu entsenden, obwohl doch die Geschichte des Zionismus bewies, daß das Interesse am zionistischen Gedankengut nicht unbedingt identisch war mit der Bereitschaft, nach Palästina auszuwandern[145]. Schließlich setzten sich aber gemäßigtere zionistische Kräfte durch, und auch die deutschen IKG's konnten Abgesandte zu den Kongressen entsenden. Anfang 1948 modifizierte auch der „Joint" seine Einstellung gegenüber den IKG's. Die deutschen Juden wurden seitdem in die Zuteilungen von Hilfsgütern einbezogen und erhielten insofern DP-Status[146].

Zunächst schien es, daß der Verband der befreiten Juden, der über eine soviel größere Mitgliederzahl verfügte, die Münchener Kultusgemeinde bald ganz und gar in den Schatten stellen würde. Das war insbesondere der Eindruck bei dem ersten Kongreß, den der Verband am 27./28. Januar 1946 in München veranstaltete. Ursprünglich auf Bayern beschränkt, erweiterte sich der Verband bei diesem Kongreß zur Vertretung aller befreiten Juden in der US-Zone. Neben 212 Delegierten, die von 30000 Juden in den DP-Lagern der US-Zone gewählt worden waren, befanden sich unter den Gästen angesehene Repräsentanten des internationalen Judentums, Nahum Goldman als Vorsitzender des jüdischen Weltkongresses und David Ben Gurion als Abgesandter der zionistischen Weltorganisation. Auch hochgestellte Vertreter der amerikanischen Militärregierung sowie der bayerische Ministerpräsident Dr. Wilhelm Hoegner und zahlreiche Vertreter der in- und ausländischen Presse waren erschienen[147].

Bei der Neuwahl der Mitglieder des Präsidiums und des Rates des Verbandes spielten auch politische Interessen zunehmend eine Rolle. Es gab nicht mehr nur, wie bei der Gründung des Verbandes im Sommer 1945, das allgemeine Ziel der Gewinnung einer neuen Heimat in Erez-Israel. In der Zwischenzeit hatten sich unterschiedliche Auffassungen über die Gestalt eines künftigen jüdischen Staates herausgebildet. Während die eine Seite eine streng religiöse Bindung dieses Staates erstrebte, proklamierten andere eine laizistische, sozialistische Ausrichtung. Dazwischen gab es zahlreiche Gruppierungen nach dem Vorbild der in Palästina unter den Juden bestehenden Parteien[148]. In der am 28. Januar 1946 verabschiedeten Satzung beanspruchte der Verband die Rechtsnachfolge der früheren jüdischen Gemeinden und ihres Vermögens in der amerikanischen Besatzungszone[149]. Am 5. Februar 1946 beschloß das ZK außer-

[144] YIVO, DPG folder, Brief von Charles Passman. Zone Director AJDC an Philipp Auerbach vom 9. 12. 1947.

[145] YIVO, DPG folder 570, Brief des Bayerischen Hilfswerks an Staatskommissar Auerbach vom 12. 2. 1948.

[146] YIVO, DPG folder 35, District 5 Report AJDC von Celia Weinberg vom Juni 1947, S. 6 und folder 337, Report vom August 1947, S. 8.

[147] YIVO, DPG folder 159, Ernst Landau, Ein jüdischer Kongreß in München vom 5. 1. 1946 und Schwarz, Redeemers, S. 80f.

[148] Hyman, Undefeated, S. 98 und YIVO, DPG folder 11, List of the members of the CC and their functions, 26. 8. 1947.

[149] YIVO, DPG folder 21, Satzung des Verbandes der befreiten Juden in der amerikanischen Zone in Deutschland.

dem, alle Juden ehemaliger deutscher Staatsangehörigkeit in der US-Zone müßten sich dem Verband anschließen, wenn sie als DP's anerkannt werden wollten[150]. Die bayerischen Kultusgemeinden hatten schon einige Tage zuvor erkennen lassen, daß sie nicht gewillt waren, einer solchen kategorischen Forderung zu entsprechen. Sie betrachteten vielmehr sich allein als Rechtsnachfolger der Kultusgemeinden aus der Zeit vor 1933[151].

Tatsächlich vermochte sich das ZK des Verbandes der befreiten Juden mit seinen Monopolansprüchen auch bei der Militärregierung nicht durchzusetzen. Die entsprechenden Punkte der ZK-Satzung wurden von ihr nicht genehmigt. Erst eine revidierte Fassung fand am 7. September 1946 die Zustimmung der Militärregierung[152]. In bezug auf die Vermögenswerte der ehemaligen jüdischen Gemeinden wurde erst im Jahre 1948 entschieden, daß die in New York von Mitgliedern der amerikanisch-jüdischen Hilfsorganisationen gebildete „Jewish Restitution Successor Organization" (JRSO) das unbeansprucht gebliebene und aus dem Vollzug der Rückerstattungsgesetze zu erwartende jüdische Vermögen zu Wohlfahrtszwecken für die jüdischen Überlebenden zu verwalten habe[153]. Die JRSO übernahm zudem die Verwaltung des Vermögens von Gemeinden, die nicht wieder neu entstanden; von der amerikanischen Regierung wurde sie als Nachfolgeorganisation für das herrenlose jüdische Vermögen in der US-Zone anerkannt[154].

Die amerikanische Militärregierung wollte dem ZK an sich keinerlei politische Aktivitäten, sondern nur rein soziale und kulturelle Aufgaben zugestehen. Die zunehmende Politisierung des Verbandes, noch verstärkt durch den Massenzustrom politisch selbstbewußter polnischer Juden, konnte sie aber nicht verhindern. Das ZK betrachtete sich zunehmend als alleinige Vertretung der Juden in der US-Zone, verstand sich gewissermaßen als Regierung der hier vorübergehend lebenden Juden, die sich auf den jährlichen Kongressen jeweils neu bestätigen ließ. Die verschiedenen Zentralämter figurierten sozusagen als „Ministerien", so für Kultur oder Gesundheitsfragen, für Industrie und Landwirtschaft, für Public Relations und religiöse Fragen. Der Leiter des Rabbinats, Dr. Samuel Snieg, ein in Dachau befreiter ehemaliger Militärrabbiner aus dem litauischen Kowno hatte schon Ende 1946 für die jüdischen DP's in München in der Nähe der Möhlstraße auch ein geeignetes Gebäude für eine orthodoxe Synagoge gefunden und herrichten lassen. Die Räumlichkeiten für 400 bis 500 Menschen umfaßten auch eine große Küche, in der nach jüdischem Ritus koscheres Essen zubereitet werden konnte. Die Synagoge in den Räumen des ehemaligen Schwesternheimes Ecke Neuberghauser-/Möhlstraße wurden Ende 1946 bezogen[155].

Inzwischen hatte die Israelitische Kultusgemeinde auf ihre Weise eine Integration auch der Ostjuden zu erreichen versucht. Oberrabbiner Dr. Ohrenstein erstrebte dies

150 YIVO, DPG folder 95, Protokoll des ZK, Nr. 34 vom 5. 2. 1946.

151 YIVO, DPG folder 161, Brief an das ZK von den Gemeinden München, Nürnberg, Fürth, Würzburg und Württemberg vom 26. 1. 1946.

152 IfZ-Archiv, Fi 01.77, Anerkennungsurkunde unterzeichnet von General Joseph T. McNarney vom 7. 9. 1946.

153 Ben Ephraim, Der steile Weg zur Wiedergutmachung, in: Heinz Ganther (Hrsg.), Die Juden in Deutschland. Ein Almanach, Hamburg 1959, S. 289.

154 Ebd., S. 293, und YIVO, DPG folder 190, Report Nr. 2 of the JRSO and the Restitution of Jewish Property in the US-Zone of Germany vom 1. 2. 1949, S. 8.

155 Stadtarchiv München, BUR 2059, Stadtbauamt, Hochbau I, Brief vom 15. 11. 1949.

durch den Wiederaufbau der nur zum Teil zerstörten Synagoge in der Reichenbachstraße und ließ den Aufbau so durchführen, daß er den Erfordernissen einer konservativen Synagoge entsprach, mit einer nach Osten ausgerichteten, dem Eingang gegenüberliegenden Heiligen Lade zur Aufbewahrung der Tora-Rollen[156]. Auch der bayerische Staat beteiligte sich mit 150000 RM an dem Wiederaufbau[157]. Am 21. Mai 1947 konnte das Gebäude als eine der ersten Synagogen einer jüdischen Nachkriegsgemeinde in Deutschland eingeweiht werden. Zu den Feierlichkeiten kamen General Clay und sein politischer Berater Robert Murphy, der Chef der bayerischen Militärregierung General Muller, der bayerische Ministerpräsident Dr. Ehard sowie zahlreiche Repräsentanten des öffentlichen Lebens. Clay hielt die Begrüßungsansprache und wies auf die Symbolik hin, die darin liege, daß München, die ehemalige „Hauptstadt der Bewegung", in der die erste deutsche Synagoge von den Nazis zerstört worden war, nun als eine der ersten deutschen Städte wieder ein jüdisches Gotteshaus erhalten habe[158]. Hans Lamm konnte die Grußbotschaft des ehemaligen Münchener Gemeinderabbiners Leo Baerwald verlesen, in der die biblische Verheißung zitiert war: „Ich, der Herr, baue das Zerstörte auf, pflanze neu, was verwüstet war."[159] Anläßlich der Eröffnung der Synagoge wurde im Namen des amerikanischen Advisors on Jewish Affairs eine Gedenktafel für die jüdischen Opfer der Jahre 1933–1945 enthüllt. Wie aus verschiedenen amerikanischen Zeitungen hervorgeht, fand die Münchener Synagogen-Einweihung bei der jüdischen Bevölkerung Amerikas großes Interesse. Die New York Times berichtete darüber unter der Schlagzeile „Restored Munich Synagogue is dedicated: Courage of Jews praised by General Clay"[160].

Der bereits erwähnte „Joint"-Beschluß vom 1. Januar 1948, der die Kultusgemeinden der US-Zone in das Versorgungsprogramm des „Joint" einbezog, verbesserte die bis dahin sehr dürftige materielle Lage der IKG's. Zuvor hatten sie lediglich durch das schon am 15. Mai 1945 im Auftrag der Militärregierung gegründete „Relief Committee for all damaged by the Nuremberg Laws" einige Unterstützung erhalten. Das Relief Committee wurde einige Wochen später den städtischen Wohlfahrtsreferaten eingegliedert und ab 1. Januar 1946 zum „Bayerischen Hilfswerk für die von den Nürnberger Gesetzen Betroffenen" umgewandelt[161]. Das Hilfswerk, das sich in der Möhlstraße 14 einquartierte, leistete Fürsorge nicht nur für Volljuden, sondern auch für die in Mischehen lebenden Juden und für Zigeuner. Ausgenommen waren die von der UNRRA betreuten Lagerinsassen. Dadurch, daß Dr. Julius Spanier selbst zum Präsidenten des Bayerischen Hilfswerks ernannt wurde, vermochte er der Münchener IKG wirksame Hilfe zu leisten. Zu der Aufgabe des Hilfswerks gehörte vor allem auch die Erhaltung von Erholungsheimen für jüdische Überlebende, etwa des Heimes „Bayeri-

156 Interview mit Dr. Aaron Ohrenstein vom 16. 12. 1982.

157 BayMfUK, Akten der IKG, Brief des Bayerischen Staatsministeriums der Finanzen an die Bayerische Landeshauptkasse betreff Überweisung der Summe an das Sonderkonto „Synagogenaufbau der IKG München" vom 5. 10. 1946.

158 Münchner jüdische Gemeindezeitung, Sondernummer zum 50jährigen Bestehen der Synagoge an der Reichenbachstraße, September 1981, und die deutschsprachige Jerusalemer Tageszeitung „Jedioth Chadashot" vom 6. 6. 1947.

159 Jüdische Rundschau, Heft 14/15 vom Juni 1947, Abdruck des vollständigen Briefes von Leo Baerwald.

160 New York Times vom 21. 5. 1947.

161 YIVO, DPG folder 112, Bericht über die Entstehung und die Tätigkeit des Bayerischen Hilfswerks in einem Brief von Heinz Meier an das Kulturamt beim ZK vom 17. 2. 1949.

scher Hof" in Tegernsee, des „Seeheimes" in Lautersee bei Mittenwald und der Anlage Bad Trißl bei Oberaudorf[162].

Am 12. Januar 1947 wurde ein Dachverband gebildet, der auf Landesebene die Mitglieder der IKG zusammenfaßte. Der Landesverband richtete sein Büro neben der Synagoge in der Reichenbachstraße ein[163]. Am 5. Oktober wurden Dr. Ohrenstein zum Landesrabbiner und Staatskommissar Philipp Auerbach zum ersten Präsidenten des Bayerischen Landesverbandes gewählt; er erhielt die Rechtsstellung einer Körperschaft des öffentlichen Rechts[164].

Während sich auf diese Weise trotz der Konkurrenz mit dem Verband der befreiten Juden die institutionelle Eigenständigkeit der israelitischen Kultusgemeinden behaupten und konsolidieren konnte, verlor der Verband der befreiten Juden nicht zuletzt durch seine übermäßige Politisierung eher an Integrationskraft. Im Vorfeld seines zweiten Kongresses, der im Februar 1947 in Bad Reichenhall stattfand, kam es zu erbitterten Kämpfen der verschiedenen Gruppen. Inzwischen hatten sich in München nicht weniger als dreizehn verschiedene jüdische Parteien formiert, in starkem Maße inspiriert von Führern des palästinensischen Judentums, die nach dem zionistischen Weltkongreß in Basel im Dezember 1946 nach Bayern gekommen waren[165]. Aus den Auseinandersetzungen ging bei den Präsidiumswahlen in Bad Reichenhall schließlich eine der Arbeiterparteien als Sieger hervor. Viele bisher bewährte Mitglieder des ZK blieben künftig ausgeschlossen[166]. Parteipolitische Interessen beeinträchtigten mitunter auch die sachliche Arbeit, es kam zu Beschwerden über die mangelnde Effektivität und den autoritären Führungsstil des ZK, die sich in der Folgezeit noch verschärften. Hauptgrund für die wachsende Unzufriedenheit mit der Führung des Verbandes war freilich die lange Wartezeit der DP's, die bisher vergeblich gehofft hatten, daß das ZK ihnen eine schnelle Auswanderung ermöglichen würde. Diese Unzufriedenheit zeigte sich deutlich bei den Delegiertenwahlen für den dritten Kongreß im März 1948, der wieder in Bad Reichenhall stattfand. Nur sieben Prozent der Wahlberechtigten (damals über 61 000 Personen) waren zur Wahlurne gegangen[167]. Als dann nach der Gründung des Staates Israel im Mai 1948 endlich die zügige Auswanderung in Gang kam, verlor die Führung des Verbandes dadurch an Autorität, daß seine besten und einflußreichsten Mitglieder, Männer wie David Treger, Leon Retter und andere, mit dem ersten Schub nach Israel gingen, um am Aufbau der neuen Heimat mitzuwirken.

Am schwierigsten war die Lage für diejenigen DP's, die auch nach der Öffnung Israels und den Erleichterungen der amerikanischen Immigrationsgesetzgebung in der US-Zone bleiben mußten, weil sie aus gesundheitlichen oder anderen Gründen zur Auswanderung nicht in der Lage waren. Viele blickten angstvoll in eine Zukunft, die ihnen ein noch jahrelanges Verbleiben auf dem Boden eines ungeliebten Landes in Aussicht stellte. Am 17. Dezember 1950 beendete das ZK des Verbandes der befrei-

[162] Stadtarchiv München, BUR 1841, Rechenschaftsbericht des Staatskommissars für rassisch, religiös und politisch Verfolgte vom 15. 9. 1946–15. 5. 1947, S. 5 f.

[163] Stefan Schwarz, Die Juden in Bayern im Wandel der Zeiten, München 1980, S. 298.

[164] Simon Snopkowski, Die jüdischen Gemeinden in Bayern, in: Festschrift für Alfons Goppel, Passau 1975, S. 235.

[165] YIVO, DPG folder 105, Ratssitzung des ZK vom 15. 1. 1947 und Schwarz, Redeemers, S. 203 ff.

[166] YIVO, DPG folder 111, List of Members of the CC and their functions.

[167] Hyman, Undefeated, S. 393.

ten Juden mit einer Kundgebung im Deutschen Museum in München offiziell seine Tätigkeit in der US-Zone[168].

Währenddessen hatten sich die auch in anderen Ländern der US-Zone gebildeten Landesverbände der IKG's zu einer zonalen Arbeitsgemeinschaft mit Sitz in Stuttgart zusammengeschlossen und Kontakt zu den Vertretern der IKG's in den anderen drei Zonen aufgenommen. Die Arbeitsgemeinschaft erweiterte sich schließlich am 19. Juli 1950 zum „Zentralrat der Juden in Deutschland", der seinen Sitz in Düsseldorf nahm. Eine seiner wichtigsten Aufgaben bestand darin, an einer möglichst günstigen Gestaltung der Wiedergutmachungsgesetzgebung in der Bundesrepublik mitzuwirken[169].

Die jüdische Kultusgemeinde Münchens wurde schließlich auch Auffangbecken für einen Teil derjenigen jüdischen DP's, die nicht auswandern konnten oder später wieder zurückkehrten. Als die Schlußkundgebung des Zentralverbands der befreiten Juden Ende 1950 abgehalten wurde, befanden sich in der ganzen amerikanischen Zone schätzungsweise nur noch 6000 bis 8000 jüdische DP's[170]. Über das Jahr 1951 hinaus blieb von den großen jüdischen DP-Camps nur noch das Lager Föhrenwald bei Wolfratshausen für einige Jahre bestehen. Im Zuge der Auflösung der IRO-Organisationen in Deutschland wurde das Lager am 1. Dezember 1951 der deutschen Verwaltung unterstellt mit der Bezeichnung „Regierungsdurchgangslager für heimatlose jüdische Ausländer". Kostenträger wurden nun der Bund bzw. das Land Bayern[171].

Wogegen viele jüdische DP's revoltiert hatten, nämlich dagegen, von deutschen Behörden abhängig zu sein, das war für die Restgruppe der 1000 bis 2000 Juden in Föhrenwald nun eingetreten[172]. Es fehlte nicht an Konflikten, die auch deutscherseits das Bestreben verstärkten, die Juden zur Auswanderung gelangen zu lassen und das Lager baldmöglichst aufzulösen. Aber Anfang 1956 lebten immer noch fast 1000 Personen in Föhrenwald[173]. Ein großer Teil von ihnen waren sogenannte „Returnees", die illegal aus Israel wieder zurückgekommen waren, weil sie den harten Lebensbedingungen dort nicht gewachsen waren und lieber die weitere Unterstützung durch den „Joint" in dem ihnen oft schon vertrauten Lager beanspruchten. Im Laufe des Jahres 1956 wurden die letzten Insassen des Lagers auf neun verschiedene Städte in der Bundesrepublik verteilt, 492 von ihnen blieben in München[174]. Die Rückwanderung der „Returnees" war damit nicht abgeschlossen. Sie blieb auch später noch eine beständige Quelle des Zuzugs zu den neuen Israelitischen Kultusgemeinden in der Bundesrepublik. Wie schon in den Jahren unmittelbar nach dem Krieg blieb insofern auch später ein Teil des DP-Problems untrennbar mit der personellen Neurekrutierung der jüdischen Gemeinden verknüpft. Diese Rekrutierungs-Quelle war jedenfalls weit bedeutender als der nur ganz geringfügige Zuwachs durch die Remigration deutscher Juden,

[168] YIVO, DPG folder 718, Brief von M. Sandberg, Abteilung für Wiedergutmachung des ZK an das „Joint" vom 17. 12. 1950.

[169] Hendrik G. van Dam, Die Juden in Deutschland nach 1945, in: Franz Böhm und Walter Dirks (Hrsg.), Judentum. Schicksal, Wesen und Gegenwart, Wiesbaden 1965, S. 899f.

[170] IfZ-Archiv, Fi 01.30–01.34, ITS-Arolsen.

[171] Johannes Menke, Die soziale Integration jüdischer Flüchtlinge des ehemaligen Regierungsdurchgangslagers „Föhrenwald" in den drei westdeutschen Großstädten Düsseldorf, Frankfurt und München, in: Sozialhygienische Forschungen, Bd. 2, Hamburg 1960, S. 5.

[172] IfZ-Archiv, Fi 01.30–01.34, ITS-Arolsen.

[173] AJDC-Archiv, DP's Camp Föhrenwald, Bericht vom 1. 9. 1956.

[174] Menke, Integration, S. 75.

die zwischen 1933 und 1941 Hitler-Deutschland verlassen hatten. Auch darin wird der nicht wieder rückgängig zu machende Bruch der Kontinuität der Geschichte des Judentums in Deutschland deutlich, den die Herrschaft des Nationalsozialismus herbeigeführt hat.

III.

Bruch und Behauptung: Gesellschaftliche Gruppen im Wandel

Paul Erker

Revolution des Dorfes?

Ländliche Bevölkerung zwischen Flüchtlingszustrom und landwirtschaftlichem Strukturwandel

Unter dem Eindruck des Flüchtlingsstroms, der sich auf die ländlichen Regionen ergoß, prägte der Soziologe Ludwig Neundörfer 1948 die Formel von der „Revolution des Dorfes"[1]. Dabei wies er auf befürchtete oder in Ansätzen schon wahrnehmbare Umwälzungen hin: die Überlastung des Dorfes mit neuen sozialen, wirtschaftlichen und infrastrukturellen Funktionen im Rahmen der Flüchtlingsfrage, die Veränderung der dörflichen Sozial- und Erwerbsstruktur sowie das gewandelte Stadt-Land-Verhältnis. Das Land wurde nach Kriegsende tatsächlich zunehmend Ort sozialer Spannungen, die sich wegen der allgemeinen Ernährungskrise und einer bald nicht mehr zu übersehenden Strukturkrise der Landwirtschaft noch verschärften. Weniger die NS- und Kriegszeit als die unmittelbaren Nachkriegsjahre wurden deshalb auf dem Lande als eine Zeit des massiven Umbruchs überkommener Normen und Traditionen empfunden. Die Kontinuität der Zwangswirtschaft in der Landwirtschaft zwischen 1933/39 und 1948/49, die Phase der „Überfremdung" des Dorfes durch Evakuierte und Flüchtlinge zwischen 1942/43 und Anfang der fünfziger Jahre, die massiv einsetzende landwirtschaftliche Mechanisierung seit der Währungsreform sowie die mit Anfang der fünfziger Jahre sich verschärfende Strukturkrise in der Landwirtschaft und nicht zuletzt die Veränderungen im Bereich von Dorfeliten und politischer Kultur markieren die unterschiedlichen ökonomischen, sozialen, technischen und politischen Aspekte der Umbruchphase, die im folgenden näher untersucht werden.

Im Mittelpunkt steht dabei zum einen die Frage, inwieweit sich im ländlichen Bereich angesichts der massiven Einbrüche und Bedrohungen bisherige Normen auflösten, neue akzeptiert wurden und sich in spezifischen Handlungsmustern umsetzten. Zum anderen geht es um die Frage, ob die Notbewältigungserfahrungen episodisch blieben oder ob die dabei entwickelten Verhaltens- und Sozialnormen auch für die weitere Entwicklung der bäuerlichen Bevölkerungsschicht in der deutschen Nachkriegsgesellschaft konstitutiv waren. Im einzelnen wird daher zunächst der Strukturwandel der ländlichen Region sowie in der Landwirtschaft kurz skizziert und nach den Auswirkungen für die soziale Lage der Bauern gefragt. Danach sollen vor allem die Einflüsse der Flüchtlinge und Evakuierten in den verschiedenen Bereichen des sozialen und politischen Lebens auf dem Lande nachgezeichnet werden. Der Untersuchungsrahmen, der zwischen 1943 und Mitte der fünfziger Jahre angesetzt wird und

[1] Ludwig Neundörfer, Unser Schicksal, Frankfurt 1948, S. 106ff.

sich auf die ländlichen Regionen Bayerns bezieht, soll gleichsam den Kulminationspunkt dieser Umbruchphase auf dem Lande umfassen; einer Umbruchphase, deren spezifisches Kennzeichen es war, daß sie sich im Spannungsfeld von Modernität und Tradition, von langfristigen Wandlungstendenzen seit der NS-Zeit und spezifischen Veränderungen der unmittelbaren Nachkriegszeit vollzog[2].

1. Allgemeine Züge der Umbruchsphase im ländlichen Sozial- und Wirtschaftsgefüge Bayerns

a) Vergewerblichung und Mobilisierung

Bedingt und beschleunigt durch die während der Kriegsjahre massiv einsetzenden Verlegungen von Produktionsstätten auf das Land und die Notwendigkeit, nahezu zwei Millionen Flüchtlinge aufzunehmen und zu versorgen, veränderte sich das wirtschaftlich-soziale Gefüge der bayerischen Landkreise nach 1945 erheblich. Zwischen 1939 und 1950 erfuhr Bayern eine starke Vergewerblichung seiner Wirtschaft, die gerade auch den ländlichen Bereich erfaßte. So ging die Zahl der überwiegend landwirtschaftlich geprägten Landkreise zwischen 1933 und 1950 auf nahezu die Hälfte zurück, während sich die Zahl der primär gewerblichen Landkreise fast verdreifachte. Erst in der Umbruchphase zwischen 1943 und 1955 vollzog sich damit in Bayern die Wandlung von einer überwiegend agrarischen zu einer primär gewerblichen Gesellschaft. 1939 waren noch 38,2 Prozent der Erwerbspersonen in der Landwirtschaft beschäftigt gewesen, 1950 nur noch 30,6 Prozent. Gleichzeitig stieg der Anteil der Beschäftigten in der Industrie und im Handwerk von 34,3 auf 38,8 Prozent und im öffentlichen Dienst von 13,0 auf 16,6 Prozent[3].

Dazu kam eine bereits im Kriege beginnende Verschiebung der Bevölkerungsstruktur, von der besonders die Kleinstädte und Dörfer betroffen waren. Seit Anfang der vierziger Jahre wurde das Dorf von mehreren, zum Teil sich überlagernden Mobilisierungsströmen erfaßt. Nachdem seit 1941 erste städtische Evakuierte aus luftkriegsbedrohten Gebieten und zahlreiche Fremdarbeiter gekommen waren, strömten ab 1943 im Zusammenhang mit der Verlegung gewerblicher Betriebe nach und nach Rüstungsarbeiter aufs Land; Ende April/Anfang Mai 1945 waren insgesamt 1,1 Millionen Evakuierte und Fremdarbeiter auf dem Land ansässig[4]. Gleichzeitig kamen schon vor

[2] Wichtigste Quellenbasis sind zum einen die monatlichen Berichte der bayerischen Regierungspräsidenten, insbesondere von Ober- und Mittelfranken sowie von Oberbayern zwischen 1945 und 1952/53. Speziell für die Landkreise Rosenheim, Miesbach und Berchtesgaden wurden darüber hinaus die verschiedenen wöchentlichen oder monatlichen Berichte der Dorfbürgermeister bzw. des Landrats oder der Landpolizei von 1945 bis 1955 durchgesehen. Diesen Quellen aus deutscher Provenienz wurden die wöchentlichen Reports der Intelligence Division, des Nachrichtendienstes der amerikanischen Militärregierung in Bayern, von Mai 1945 bis Oktober 1949 gegenübergestellt, die als Zusammenfassung der Berichte aus den örtlichen Detachments eine Fülle von Hintergrundinformationen zu politischen, sozialen und wirtschaftlichen Fragen enthalten. Eine weitere wichtige Quelle ist schließlich der Bestand der evangelischen Pfarrvisitationsberichte zwischen 1945 und 1950.

[3] Vgl. dazu Bayern in Zahlen 7 (1953), S. 340ff. sowie Klaus Schreyer, Bayern ein Industriestaat. Die importierte Industrialisierung. Das wirtschaftliche Wachstum nach 1945 als Ordnungs- und Strukturproblem, München 1969, S. 289ff.

[4] Vgl. Statistisches Handbuch für Bayern 1946, S. 17ff. sowie Bayernatlas. Landwirtschaft, Wirtschaft, Bevölkerungsbewegungen, hrsg. von Martin Kornrumpf, München 1949, S. 48.

Kriegsende die ersten, meist schlesischen Flüchtlinge nach Bayern. Ende 1945 zählte man 734000 Flüchtlinge, die sich vor allem in den ostbayerischen Gebieten aufhielten, während sich die Zahl der Evakuierten nach Kriegsende schnell verminderte; Ende 1945 waren es aber noch immerhin 468000[5]. Im Laufe des Jahres 1946 nahm der Flüchtlingsstrom stark zu, wobei nun vor allem Sudetendeutsche in die bayerischen Dörfer kamen. Hauptbelastungsgebiet blieb der niederbayerisch-oberpfälzische Raum bzw. die grenznahen Gebiete Ober- und Mittelfrankens[6].

Absolute Zahl und prozentualer Anteil der Flüchtlinge an der Gesamtbevölkerung in den bayerischen Regierungsbezirken 1947 und 1949

Regierungsbezirk	absolut 1947	1947 (%)	1949 (%)
Oberbayern	382651	15,7	17,9
Niederbayern	259879	23,6	25,2
Oberpfalz	176364	19,3	21,0
Oberfranken	236915	21,6	23,2
Mittelfranken	185896	15,0	17,9
Unterfranken	142121	14,0	15,5
Schwaben	273939	22,3	24,9
Bayern	1657765	18,4	20,4

Quelle: Statistisches Jahrbuch für Bayern 1947, S. 26, und Regionale Unterschiede in der Flüchtlingsbelastung Bayerns, in: Bayern in Zahlen 3 (1949), S. 1.

Wegen der verminderten Aufnahmefähigkeit der zerstörten Städte konzentrierte sich der Binnenwanderungsstrom auf die ländlichen Gebiete. Im Vergleich zur Vorkriegszeit verschob sich damit das Verhältnis zwischen Stadt- und Landbevölkerung in starkem Maße. 1946 zählten rund 65 Prozent der bayerischen Bevölkerung zur Landbevölkerung gegenüber rund 57 Prozent im Jahre 1939 und 55 Prozent im Jahre 1955[7]. Vor allem die kleinen Landgemeinden und Marktflecken erhielten durch die Flüchtlinge einen starken Zuwachs: knapp drei Viertel aller Vertriebenen nahmen in Gemeinden unter 4000 Einwohnern Quartier, allein 59,2 Prozent in Gemeinden unter 2000 Einwohnern[8]. Damit ergab sich – wenn auch nur kurzfristig – eine Umkehr des Stadt/Land-Verhältnisses und der langfristigen sozialen Tendenz der Urbanisierung[9]. Für die Dörfer bedeutete der starke Zustrom von Flüchtlingen meist ein Aufrücken in die nächsthöhere Gemeindegrößenklasse. Statistisch wurden sie damit zu Stadtge-

[5] Vgl. Bayernatlas, S. 53. Im Oktober 1948 wurden in Bayern immerhin noch 287000 Evakuierte gezählt.

[6] Vgl. Franz J. Bauer, Flüchtlinge und Flüchtlingspolitik in Bayern 1945–1950, Stuttgart 1982, S. 22 ff.

[7] Vgl. Bayern in Zahlen 7 (1947), S. 136 und Statistisches Jahrbuch für Bayern 1955, S. 20.

[8] Vgl. Bayernatlas, S. 57 sowie Die Flüchtlinge in Bayern. Ergebnisse einer Sonderauszählung aus der Volks- und Berufszählung vom 29. 10. 1946, München 1948, S. 7. Statistisch umfaßt der Dorfbegriff alle Gemeinden unter 2000 Einwohner, wobei im folgenden mitunter auch die kleinen Landgemeinden bis unter 4000 Einwohner in die Untersuchung einbezogen wurden. Kennzeichnend für das Sozialgebilde Dorf ist seine spezifische Siedlungs-, Wirtschafts- und Sozialstruktur, die stark landwirtschaftlich und von den jeweiligen Grundbesitzverhältnissen sowie von einer Einheitlichkeit, Geschlossenheit und Kleinräumigkeit geprägt ist. Je nach Wirtschaftsweise sowie Stadtnähe kommt es jedoch zunehmend zu Differenzierungsprozessen, die zur Herausbildung unterschiedlicher Landgemeindetypen geführt haben, die von der reinen Agrargemeinde bis zur gewerblich-industriellen Kleinstadt reichen. Vgl. Handwörterbuch der Sozialwissenschaften, Bd. 3, Tübingen 1961, S. 7 ff.

[9] Vgl. Lutz Niethammer, Die deutsche Stadt im Umbruch 1945 als Forschungsproblem, in: Die alte Stadt 2 (1978), S. 138 ff.

meinden, während Charakter sowie Wirtschafts- und Infrastruktur jedoch weitgehend dörflich blieben.

Schon mit Kriegsende, vor allem aber seit 1946 nahm der Rückstrom in die Städte wieder zu, was die Stadtverwaltungen nur mühsam durch Zuzugsverbote bremsen konnten. Abhängig von der Lockerung der Wohnraumbewirtschaftung und der Aufhebung der Zuzugsbeschränkungen stellte sich vor allem seit der Währungsreform ein neuer Mobilitätsschub ein; verstärkt setzten Binnen- und Pendelwanderungen ein, die sich nun wieder auf die Städte hin orientierten. Viele Flüchtlinge wanderten aus den ländlichen Regionen ab, während gleichzeitig eine erste echte „Landflucht" der bäuerlichen Bevölkerung begann, die ihr Glück in der Stadt suchte. Insgesamt nahm in den bayerischen Landkreisen bis 1950 auch der Anteil der Pendelwanderer gegenüber der Vorkriegszeit um 70 Prozent zu, wobei vor allem die Landgemeinden unter 2000 Einwohnern betroffen waren, die vielfach erstmals in die Pendelwanderung einbezogen wurden. Während es 1939 noch rund 670 Gemeinden ohne Auspendler gab, waren es 1950 noch ganze 200. Die Flüchtlinge stellten dabei knapp 31 Prozent aller Pendler. Bezogen auf die Anzahl der jeweiligen Erwerbspersonen lag jedoch der Anteil der pendelnden Flüchtlinge mit 17 Prozent deutlich über dem Anteil der Altansässigen. Von den berufstätigen Vertriebenen pendelten somit fast doppelt soviele wie von den einheimischen Erwerbspersonen[10].

b) Bäuerliche Sozialposition und landwirtschaftliche Mechanisierung

Im Übergang von der NS-Zwangswirtschaft zur Marktwirtschaft der „Nachwährungszeit" war sowohl der Stellenwert der Landwirtschaft als auch die soziale Stellung der bäuerlichen Schichten einem tiefgreifenden Wandel unterworfen. Anfang der dreißiger Jahre waren zwar durch eine Reihe von Gesetzesmaßnahmen die Forderungen der Bauern nach Schutz vor Konkurrenzdruck und Absatzproblemen sowie nach einer „gerechten Preisstruktur" weitgehend erfüllt worden. Gleichzeitig war jedoch der Bauer in ein umfangreiches System von Markt- und Preisregelungen für die landwirtschaftlichen Produkte eingebunden worden. Festpreissystem, Absatzregelungen sowie Eingriffe in die landwirtschaftliche Produktion durch Anbauvorschriften und Ablieferungskontingentierungen bedeuteten eine erhebliche Einengung der Selbständigkeit und des Handlungsspielraums des Bauern. Dies erschütterte die vielfach propagierte herausgehobene Position der Bauern innerhalb der „Volksgemeinschaft", zumal unter anderem auch der traditionelle direkte Austausch zwischen Verbraucher und Produzent mit scharfen Strafen bedroht war. Die Reaktionen auf diese Statusbedrohung waren zum Teil massiv und äußerten sich u.a. in Ablieferungsstreiks, Schwarzschlachten und Schwarzmarktaktivität[11].

[10] Vgl. dazu Rudolf Hellmeier, Die Abwanderung vom Lande. Umfang, Ursache, Wirkung und Bekämpfung der Entvölkerung des Landes in Bayern, Diss. München 1961, S. 85ff., Statistisches Jahrbuch für Bayern 1952, S. 62.

[11] Vgl. Ian Kershaw, Popular Opinion and Political Dissent in the Third Reich: Bavaria 1933–1945, Oxford 1983, S. 52f., S. 63 sowie Adelheid von Saldern, Mittelstand im „Dritten Reich". Handwerker–Einzelhändler–Bauern, Frankfurt 1979, S. 68ff. Zur Entwicklung der Einkommenslage der Bauern in der NS-Zeit vgl. im einzelnen Frieda Wunderlich, Farm Labor in Germany 1810–1945. Its historical development within the framework of agricultural and social policy, Princeton 1961, S. 192ff., und Arthur Hanau und Roderich Plate, Die deutsche landwirtschaftliche Preis- und Marktpolitik im Zweiten Weltkrieg, Stuttgart 1975, S. 9ff.

Die Lage der Bauern war daher in der NS-Zeit ambivalent. Die sozialen Aufwertungsversuche der Nationalsozialisten, die Unterscheidung zwischen „Erbhofbauern" und nicht erbhofberechtigten „Landwirten" sowie die ideologische Erhöhung des „Bauernstandes" durch die Mythologisierung bäuerlicher Arbeit und Kultur traf bei den Bauern selbst zunehmend auf Skepsis und Kritik, da immer häufiger Widersprüche zwischen den agrarpolitischen und zwangswirtschaftlichen Maßnahmen zu spüren waren[12].

Bis über die Währungsreform hinaus stand die Landwirtschaft unter dem Diktat des Ernährungs- und Versorgungsmangels und der zwangswirtschaftlichen Preisbindung, die stark modernisierungshemmend wirkten. Zu nennen wären die ungenügende Versorgung mit Dünge- und Betriebsmitteln, die erzwungene Produktionsumstellung von tierischer Veredelungswirtschaft auf kalorienreichere pflanzliche Kost sowie eine ungenügende Rentabilität der Höfe. Außerdem mußten sich die Bauern mit der Fortdauer der Zwangswirtschaft – bei vielfach höheren Ablieferungssätzen – abfinden. Das Ende der NS-Zeit brachte jedoch spezifische, wenn auch kurzfristige Veränderungen, die vor allem soziale Position und soziales Selbstverständnis betrafen. Auch der Zwang lockerte sich. Amerikanische Besatzungsmacht und deutsche Ernährungsverwaltung diktierten die Produktionsleistungen, ohne jedoch deren Erfüllung so sanktionieren zu können, wie das in der NS-Zeit möglich gewesen war[13]. Die Ernährungskrise verschaffte den Bauern, die über die Lebensmittel verfügten, schließlich bald einige soziale und materielle Privilegien, aber keine wirkliche Besserstellung. Die zwangswirtschaftlichen Maßnahmen stießen deshalb ebenso wie in der NS-Zeit auf Protest, der sich – wie in der NS-Zeit – in Ablieferungsstreiks oder gefälschten Angaben über die Anbaufläche äußerte. Nach 1945 machten sich zunehmend auch die Folgen der zurückgestauten Inflation bemerkbar. Noch in den letzten Kriegsjahren war angesichts der knappen Versorgungsgüter, die einer immer größer werdenden Geldmenge gegenüber standen, das Vertrauen in die Währung geschwunden; das hatte in beträchtlichem Umfang zur Flucht in die Sachwerte geführt. Die Entwertung und Ablehnung der Reichsmark brachte für die bäuerliche Bevölkerung Vor- und Nachteile: Einerseits war sie aufgrund des Festpreissystems gezwungen, ihre Produkte zu einem geringeren Preis für eine zunehmend wertlos werdende Reichsmark abzugeben. Andererseits konnte sie aber über den Grauen oder Schwarzen Markt erhebliche Sachwerte für ihre Lebensmittel anhäufen. Im Vergleich etwa zu festbesoldeten Arbeitern und Angestellten erwirtschaftete sie so einen erheblich höheren Realeinkommensertrag.

Wie widersprüchlich das Verhalten und die Lage der Bauern in der Schwarzmarktzeit beurteilt wurde, zeigt sich in den folgenden Berichten. So stellt der Regierungspräsident von Ober- und Mittelfranken im September 1947 fest, „daß die Rentabilität der bäuerlichen Anwesen mit Rücksicht darauf, daß auch das Nutzvieh zu geminderten Schlachtviehpreisen abgesetzt werden muß, weiterhin im Absinken ist. Vielerorts ist festzustellen, daß nur durch den Schwarzhandel diese Betriebe sich über Wasser

[12] Vgl. dazu von Saldern, Mittelstand, S. 146 ff. sowie Wolfgang Kaschuba und Carola Lipp, Dörfliches Überleben. Zur Geschichte materieller und sozialer Reproduktion ländlicher Gesellschaft im 19. und frühen 20. Jahrhundert, Tübingen 1982, S. 234 ff.

[13] Vgl. dazu John E. Farquharson, The Western Allies and the Politics of Food: Agrarian Management in Postwar Germany, Leamington 1985.

halten."[14] Anders sah die Militärregierung im August 1947 die Lage der Bauern: „Peasants who occupy the most enviable position in present-day Germany are making the most of it. In trading farm products for radios, clothing, jewelry and other items they have never heretofore been able to afford. The peasantry is fast becoming the most despised class in the land. In exacting exorbitant prices for food which others need to stave off hunger, farmers not only violate price-control and ration laws, but defiantly justify themselves by claiming immunity from any responsibility for post-war hunger and accompanying adverse conditions."[15] Deutlicher als in der NS-Zeit brachen nun die alten Konfliktlinien zwischen Konsumenten und Produzenten, zwischen Stadt und Land auf. Die Höhe der Gewinne durch Schwarzmarkt und Kompensation und ihr Anteil am bäuerlichen Einkommen ist nicht annähernd quantitativ zu bestimmen. Die Bauern konnten nach der Währungsreform aber wohl nur einen Teil der Sachbestände aus Kompensation, Hortung und Schwarzmarkt in wirtschaftliches Kapital ummünzen. Erhebliche Teile ihres Betriebskapitals waren bereits aufgebraucht.

Die „Geldflüssigkeit" bei den Bauern bis zur Währungsreform hatte den beträchtlichen Innovationsbedarf nur verdeckt. Dies bewirkte, daß die schon längerwährende Anpassungskrise die Landwirtschaft nach 1948 um so härter traf. Zum Problem wurde vor allem die sich weitende Preisschere zwischen den agrarischen Erzeugerpreisen und den Aufwendungen für landwirtschaftliche Betriebsmittel, durch die kurz nach der Währungsreform eine Lähmungskrise der Landwirtschaft drohte[16]. Einerseits geriet die Agrarpolitik nach Inflation und Zwangswirtschaft ab 1948 zunehmend in die Dynamik der Erhardschen Wirtschaftspolitik. Zugleich mußten aber aufgrund des langsameren Produktionsrhythmus' der Landwirtschaft sowie des Primats der Lebensmittelversorgung die landwirtschaftlichen Preise noch gebunden bleiben. Gerade die Bauern fühlten sich daher als Opfer der Währungsumstellung. „Die Bauern bezeichnen die Währungsreform als ein unsoziales Machwerk mit unangenehmen Folgeerscheinungen", berichtete beispielsweise das Landwirtschaftsamt Kaufbeuren im August 1948. „Nach wie vor hat der Bauer mit schwierigen Wirtschaftsverhältnissen zu kämpfen. Klagen über Bargeldmangel und über zu hohe Preise für landwirtschaftliche Maschinen und Geräte, sowie über Bedarfsartikel werden immer zahlreicher. Auch die Absatzschwierigkeiten bei Kartoffeln und Gemüse und die niedrigen Verkaufspreise drücken die Stimmung der Bauern."[17]

Immer deutlicher trat darüber hinaus der Mechanisierungsbedarf in der Landwirtschaft zutage. Seit jeher dominierten in Bayern die kleineren und mittleren Betriebe zwischen 5 und 20 Hektar. Kennzeichnend für diese Kleinbetriebe war die Übersetzung mit landwirtschaftlichen Arbeitskräften, deren Anteil zwischen 1939 und 1949 um 36 Prozent zugenommen hatte. Für einen vorübergehenden Ausgleich des gesteigerten Kräftebedarfs in der Landwirtschaft sorgten nach 1945 vor allem die arbeit-

[14] BayHStA, Regierung von Ober- und Mittelfranken, AZ 1-64, Bd. 5 vom 7.10.1947, S. 15.

[15] NA, RG 260, 10/85-1/28 vom 13. 8. 1947.

[16] Zum Agrarpreisproblem sowie zur Rentabilität in der Landwirtschaft vor und nach der Währungsreform vgl. Justus Rohrbach, Im Schatten des Hungers. Dokumentarisches zur Ernährungspolitik und Ernährungswirtschaft in den Jahren 1945–1949, hrsg. von Hans Schlange-Schöningen, Hamburg 1955 sowie Karl Werba, Die Preisschere in der Landwirtschaft, München 1948.

[17] BayLWM, Registratur-Akt 6049e, Berichte der Landwirtschaftsämter vom August 1948.

suchenden Flüchtlinge. Waren 1939 bei insgesamt 1,2 Millionen Beschäftigten in der Landwirtschaft nur 16 Prozent der landwirtschaftlichen Arbeitskräfte familienfremd, so stieg dieser Anteil 1946 bei 1,6 Millionen Beschäftigten auf 25 Prozent, bis 1949 (1,38 Millionen landwirtschaftliche Erwerbspersonen) sank er aber wieder auf 17 Prozent ab[18].

Seit der Währungsreform machte sich ein zunehmender Ausfall landwirtschaftlicher Arbeitskräfte infolge der Abwanderungen der Flüchtlinge bemerkbar. Da zugleich die traditionelle Gesindearbeitsverfassung ihre Geltung verlor, stand die Landwirtschaft vor der schwierigen Aufgabe, mit landwirtschaftlichen Maschinen sowie familieneigenen Arbeitskräften den Arbeitskräfteausfall aufzufangen. Die Scheinliquidität der Schwarzmarktzeit sowie die billige Arbeitskräftereserve durch die Flüchtlinge verschafften der Landwirtschaft zwischen Kriegsende und Währungsreform gleichsam eine Atempause, die sie aber nicht nutzen konnte; im Gegenteil: Die längst fälligen Anpassungs- und Veränderungsprozesse in der landwirtschaftlichen Arbeitsverfassung unterblieben oder wurden verzögert. Die Folge war, daß die Strukturkrise der Landwirtschaft und der aufgestaute Modernisierungsbedarf in den fünfziger Jahren um so schärfer spürbar wurden.

Dabei waren die vielfach noch aus der Krise der zwanziger und dreißiger Jahre resultierenden Strukturprobleme und Mechanisierungsdefizite bereits von den Nationalsozialisten erkannt worden, die unter dem Stichwort „Aufrüstung des Dorfes" Pläne für ihre Beseitigung entwickelten. Die Rückständigkeit der bäuerlichen Wirtschaftsweise stand nämlich den agrarpolitischen Zielen von Autarkie und landwirtschaftlicher Produktionssteigerung entgegen[19]. Einige Erfolge waren durchaus zu verzeichnen: Der Schlepper gewann seit 1933 in der Landwirtschaft zunehmend an Bedeutung und seit 1937 setzte eine erste Mechanisierungswelle auf dem Dorf ein. Zwischen 1933 und 1949 vervierfachte sich die Anzahl der Schlepper in Bayern und die Zahl der anderen landwirtschaftlichen Maschinen erhöhte sich ebenfalls beträchtlich. Auch der Einsatz künstlicher Düngemittel nahm rasch zu[20]. Die mit höchster Priorität durchgeführten „Erzeugungsschlachten" wirkten jedoch eher den angestrebten Modernisierungsabsichten entgegen; im Krieg gerieten die reformerischen Bemühungen der Nazis ganz in Vergessenheit und die beginnende Motorisierung im Dorf wurde unterbrochen.

Bis 1948 hatte sich daher im ländlichen Bereich ein gewaltiger technisch-industrieller Modernisierungsstau ergeben. Erst ab 1949 stieg die Schlepperzahl in der bayerischen Landwirtschaft innerhalb von nur 5 Jahren von rund 24 300 Maschinen um das Fünffache auf 121 500 Maschinen an[21]. Insgesamt befürworteten die Bauern die Technisierung und Mechanisierung, wenn es auch da und dort Beharrungstendenzen gab. So werden in einer amerikanischen Untersuchung vom August und September 1949 regionale, generationelle und betriebsstrukturelle Unterschiede in der Einschätzung

[18] Vgl. Schreyer, Bayern, S. 298 sowie die Ergebnisse der Landwirtschaftlichen Betriebszählung von 1949, in: Bayern in Zahlen 4 (1950), S. 153.

[19] Vgl. dazu Ludolf Haase, Die bäuerliche Revolution des Nationalsozialismus, Königsberg o.J. (1944) sowie Wunderlich, Farm Labor, S. 184ff.

[20] Vgl. von Saldern, Mittelstand, S. 84f.

[21] Bis 1958 stieg diese Zahl noch einmal um das Doppelte. Vgl. Die Schlepperverwendung in der bayerischen Landwirtschaft, in: Bayern in Zahlen 7 (1953), S. 372ff. sowie Die Motorisierung der bayerischen Landwirtschaft, in: Bayern in Zahlen 9 (1955), S. 307ff. Vgl. auch Bayern in Zahlen 4 (1950), S. 592ff.

der Technik deutlich[22]. Vor allem ältere Bauern wollten nicht auf ihre traditionellen Bewirtschaftungsmethoden verzichten. „An inertia to change exists among German farmers", berichtete der Besatzungsoffizier aus dem Landkreis Oberviechtach. „They seem to be contented with the primitive farming methods of their ancestors."[23] Neben den jüngeren Bauern plädierten besonders aus der Kriegsgefangenschaft heimkehrende Bauern, die in den USA und Kanada mit dem Technisierungsstand der dortigen Landwirtschaft vertraut gemacht worden waren, für eine stärkere Modernisierung der Landwirtschaft. Im Landkreis Weissendorf waren es die wenigen Flüchtlingsbauern, die dem Einsatz von landwirtschaftlichen Maschinen aufgeschlossen gegenüberstanden, während die alteingesessenen Bauern auch hier eher skeptisch blieben[24]. Auch die amerikanischen Vorschläge zur Bildung von Maschinengenossenschaften für die kleinbäuerlichen Betriebe stießen immer wieder auf Ablehnung, aber weniger aus allgemeiner Technikfeindlichkeit als wegen der Befürchtung, in der Hofbewirtschaftung nicht mehr eigener Herr zu sein. Die kooperationsfeindliche Haltung der Bauern wurde – wie etwa im Landkreis Rehau – zum Teil noch vom Landrat gefördert: „Our farmers are self-sufficient and independend and need no machines, because in cooperative use it would tend to bickering unrest."[25]

Die Ablehnung von Maschinengenossenschaften und die von der Militärregierung ausgehenden Impulse und Anregungen zur Mechanisierung in der Landwirtschaft lösten vor allem auf den in die Krise geratenen kleinbetrieblichen Höfen geradezu eine Mechanisierungswelle aus. Trotz Kapitalmangels und des offensichtlich unrentablen Einsatzes kauften viele Kleinbauern einen eigenen Traktor. „Many farmers are spending farm profits for tractors and new machinery where horse or oxen tradition would serve the purpose, particularly on small farms", beobachtete die Militärregierung im August 1949. „Instead of saving their money... the farmer's lack of confidence in the currency is evidenced by such type of investment."[26]

Insgesamt bahnte sich durch die Mechanisierung seit Anfang der fünfziger Jahre ein Wandel der bäuerlichen Berufsnormen und der beruflichen Sozialisation an. Die traditionellen Normen, die Bedeutung von Besitz und Boden bei Aufrechterhaltung überkommener Bewirtschaftungsmethoden wurden nun bei den Bauern der mechanisierten oder nur noch im Nebenerwerb bewirtschafteten Höfe zunehmend durch industriell-gewerbliches Denken, wie z.B. dem Streben nach Marktanpassung und der Erwirtschaftung von Gewinnen durch Veränderung und Ausweitung des Anbaus, abgeschwächt oder überlagert[27]. Mehr und mehr Betriebe nahmen seit der Währungsreform die Beratungsdienste der Landwirtschaftsämter in Anspruch, und die landwirtschaftliche Buchführung begann sich durchzusetzen. Auch das Qualifikationsprofil der landwirtschaftlichen Arbeitskräfte veränderte sich dabei entscheidend; die Bewältigung moderner Techniken wurde für den Bauern zunehmend ein wichtiger Aspekt seines Selbstverständnisses. Der „Appellcharakter" der Technisierung zwang die

[22] Vgl. zum folgenden NA, RG 260, 10/69-3/8-9.
[23] Ebd.
[24] Ebd.
[25] Ebd.
[26] NA, RG 260, 7/36-1/1-4 vom 26. 8. 1949.
[27] Vgl. Herbert Kötter, Landbevölkerung im sozialen Wandel. Ein Beitrag zur ländlichen Soziologie, Düsseldorf 1958, S. 132 und Hermann Schorr, Gerhardshofen. Eine sozialökonomische und soziologische Strukturanalyse einer bäuerlichen Gemeinde in Mittelfranken, Diss. Erlangen 1954, S. 338ff.

bäuerliche Bevölkerung zu prüfen, wie weit alte Strukturen, Arbeitsverfassungen und Gewohnheiten sich noch mit der modernen Entwicklung in Einklang befanden[28]. Mit diesen Erfordernissen war die bäuerliche Bevölkerung um so mehr konfrontiert, als Anfang der fünfziger Jahre die Landwirtschaft im Zusammenhang mit der Anbindung an den Weltmarkt verstärkt unter einen Anpassungsdruck geriet.

Mechanisierungserfordernisse und veränderte Marktbedingungen warfen vor allem bei den Betrieben bis 5 ha erhebliche Rentabilitätsprobleme auf. Gegenüber dem zum Teil beträchtlichen Einkommenszuwachs im industriell-gewerblichen Sektor kennzeichnen in den fünfziger Jahren „relative Armut" der Kleinbauern und Landflucht der bäuerlichen Nachfolgegeneration die Situation im dörflichen Bereich. Bereits 1955, deutlicher aber in den Folgejahren, zeigte sich daher eine Abnahme der kleinbäuerlichen Betriebe: 1958 hatte sich gegenüber 1949 die Zahl der kleinbäuerlichen Betriebe um 17,5 Prozent verringert[29]. Die Landwirtschaftskrise konfrontierte damit die Wirtschafts- und Sozialpolitik mit der Aufgabe, nicht nur die Masse der zugewanderten Vertriebenen, sondern auch Hunderttausende einheimische Kleinbauern „einzugliedern".

Die Angst vor dem sozialen Absinken und das Gefühl der drohenden sozialen Deklassierung waren daher Kennzeichen der sozialpsychologischen Situation vieler Kleinbauern spätestens seit Mitte der fünfziger Jahre. Kein Wunder, daß auch auf dem Lande ein allgemeines Streben nach Sicherheit deutlich wurde. Die bäuerlichen Schichten versuchten nun verstärkt an den sozialreformerischen und sozialpolitischen Neuansätzen der Nachkriegszeit zu partizipieren, da zunehmend traditionelle Sicherungsformen auf dem Lande zerfielen. So verlor etwa die Vorstellung von der sozialen Sicherungsfunktion des Bodens zunehmend an Bedeutung, während Sicherungsformen der industriellen Gesellschaft (Sozialversicherung und Privatversicherung) im Vordringen waren. Durch Zugehörigkeit zu Krankenkassen und Altersversicherungen wurde nach 1945 in der Landwirtschaft zunehmend die Abdeckung der individuellen Lebensrisiken angestrebt. Zeitweise sprach man sogar von einer „Rentenpsychose" auf dem Lande, die vor allem in kleinbäuerlichen Dörfern herrschte. Gemeint war damit das Bestreben, sich wenigstens durch kurzzeitige Tätigkeit außerhalb der Landwirtschaft einen Rentenanspruch zu erwerben[30]. Die Erfahrung von zwei Geldentwertungen führte darüber hinaus zu Veränderungen in Inhalt und Form der Hofübergabe. In vielen Übergabeverträgen wurden nun Klauseln aufgenommen, die den Austragsbauer vor Währungsschwankungen schützen sollten. So heißt es in einigen Fällen, daß sämtliche Zahlungen in „gutem Geld" zu leisten seien[31]. Die gleichen Motive führten zur Wiederbelebung der alten Sitte, wonach der Bauer seinem Sohn nur einen Teil des Hofes übergab und sich selbst Land, Wald oder Weiden zur Absicherung vorbehielt. Diese geteilte Hofübergabe kennzeichnete einen entscheidenden Wandel im traditionellen Hofdenken der Bauern. Die Auffassung, daß der Hof nicht Eigentum des jeweiligen Betriebsinhabers, sondern altes unteilbares Familiengut sei, wurde nun vielfach durchbrochen[32].

[28] Vgl. Kötter, Landbevölkerung, S. 26 f.

[29] Vgl. Hellmeier, Abwanderung, S. 246.

[30] Vgl. dazu insbesondere Herbert Kötter, Das Bedürfnis nach sozialer Sicherheit in der Landwirtschaft, in: Soziale Sicherheit für das Landvolk, Hannover 1956, S. 5 ff.

[31] Vgl. ebd., S. 134 f.

[32] Vgl. ebd., S. 133.

Vor dem Hintergrund der sozialen Statusunsicherheit und des relativen Einkommensverlustes der Bauern rückten nun Sicherheitsdenken und Paritätsforderungen auch als interessenpolitische bzw. agrarpolitische Postulate in den Vordergrund. Hier war vor allem der Staat gefordert. Zum Teil schlug sich das Streben nach einer staatlich garantierten Bestandssicherung bereits im Landwirtschaftsgesetz von 1955 nieder, das den Bauern staatliche Hilfen bei der Deckung der wachsenden Defizite einräumte, die sich aus dem Mißverhältnis von landwirtschaftlichem Ertrag und Arbeitsaufwand ergaben[33]. Für die weitere Entwicklung der Landwirtschaft innerhalb des gesamtwirtschaftlichen und gesamtgesellschaftlichen Gefüges war kennzeichnend, daß die Einkommenserwartungen der Bauern stark an den industriellen Einkommen orientiert blieben. Die Erfahrung einer wirtschaftlichen und sozialen Positionsverschlechterung veränderte aber nachhaltig auch die berufliche und soziale Orientierung der Bauern. Während sie früher eher verächtlich auf die Arbeiter geblickt hatten, wurden deren Einkommens- und Lebensverhältnisse nun für viele Kleinbauern mehr und mehr erstrebenswert. Viele gingen als Pendler in die Stadt oder bewirtschafteten ihren Hof nur noch nebenher. Die Anpassungskrise in der Landwirtschaft bewirkte also innerhalb der bäuerlichen Schichten einen Mobilisierungsprozeß, der zum Teil heftige Auf- und Abstiegsbewegungen auslöste. Der radikale Umbruch vom kleinbäuerlichen Kümmerbetrieb zum pendelnden Arbeiterbauern mit zunehmend an Bedeutung verlierender Nebenerwerbslandwirtschaft oder aber – im Glücksfall – zum rationalisierten und technisierten Vollerwerbsbetrieb kennzeichnet diesen Prozeß.

Ein spezifisches Merkmal dieser Umschichtung war das Auftreten der Sozialbrache[34]. In zunehmendem Maße verzichteten die Kleinbauern und bodenbesitzenden Arbeiter auf die Bebauung ihrer Felder; die paar Mark, die dabei heraussprangen, waren meist die Mühe nicht wert. Zugleich setzte ein Rückzug aus der landwirtschaftlichen Nebenerwerbswirtschaft ein. Als Folge dieser entscheidenden Veränderungen in den Erwerbsgrundlagen eines Teils der bäuerlichen Schichten nach 1945 gewann der Anteil außerlandwirtschaftlicher Einkommen am Gesamteinkommen in den Dörfern und Kleinstädten wesentlich an Bedeutung[35]. Das Nebeneinander von kleinbäuerlicher Kümmerwirtschaft, Arbeiterbauerntum, Vollbauernstelle und Sozialbrache nach 1945 sowie die rasche Verschiebung innerhalb der dörflichen Erwerbsformen ist dabei auch ein Indiz für die eminente Geschwindigkeit der Nachkriegsentwicklung im Agrarsektor. Im Zuge einer Defensivanpassung formierten sich die Bauern als Sozialgruppe nach 1945 gleichsam neu: Viele mußten ihre Höfe aufgeben und sich anderweitig umsehen; anderen gelang die Umstellung auf die Erfordernisse der neuen Zeit; nicht wenige, einst angesehene Bauern, die vor den nötigen Investitionen zurückschreckten, verloren den Anschluß.

[33] Vgl. Kötter, Landbevölkerung, S. 114 und allgemein dazu Christoph Weisz, Versuch zur Standortbestimmung der Landwirtschaft, in: Ludolf Herbst (Hrsg.), Westdeutschland 1945–1955. Unterwerfung, Kontrolle, Integration, München 1986, S. 117 ff.

[34] Vgl. Kötter, Landbevölkerung, S. 23 ff.

[35] Vgl. Constantin von Dietze, Max Rolfes und Georg Weippert (Hrsg.), Lebensverhältnisse in kleinbäuerlichen Dörfern. Ergebnisse einer Untersuchung in der Bundesrepublik 1952, Hamburg 1953, S. 63 und Dorfuntersuchungen. Vorträge und Verhandlungen der Arbeitstagung der Forschungsgesellschaft für Agrarpolitik und Agrarsoziologie e. V., Bonn vom 21.–22. 1. 1955, Hamburg 1955, S. 135.

2. „Fremde" im Dorf

a) Die letzten Kriegsjahre: Fremdarbeiter und Evakuierte auf dem Lande

Bereits in den letzten Kriegsjahren waren die ländlichen Gebiete Bayerns mit einem wachsenden Bevölkerungszustrom konfrontiert worden[36]. Militärische Einrichtungen, städtische Industrie- und Handwerksbetriebe waren auf das Land verlagert worden. Evakuierte aus westlichen Grenzgebieten und aus bombenzerstörten Städten, Kriegsgefangene und Zwangsarbeiter vor allem aus Frankreich, Rußland und Polen (1944: 500 000) füllten die Dörfer. Seit 1943 verstärkten sich die Zwangsevakuierungen besonders aus nordwestdeutschen Gebieten, aus denen bis Ende 1944 160 000 Evakuierte nach Bayern kamen. Nur vereinzelt befanden sich bis zu diesem Zeitpunkt auch erste Flüchtlinge aus den Gebieten westlich von Oder und Neiße in Bayern. Mit dem Zusammenbruch der Ostfront stieg jedoch die Zahl der Evakuierten aus dem Osten sprunghaft an. Zwischen Februar und Juni 1945 strömten als Folge der Zwangsevakuierungen 430 000 Schlesier und andere Ostdeutsche nach Bayern ein, sie fanden vor allem in den grenznahen Gebieten Ostbayerns (Oberfranken, Unterfranken, Niederbayern und der Oberpfalz) Quartier[37]. Gleichzeitig befanden sich im Februar 1945 210 000 Evakuierte aus Südwestdeutschland in Bayern, deren Zahl mit dem Zusammenbruch der Westfront auf 253 000 anstieg. Mit zunehmender Verschlechterung der Ernähungslage sahen sich viele bayerische Gemeinden darüber hinaus seit Mitte 1944 einer Flut von städtischen Zuwanderungen ausgesetzt. Gegen Kriegsende war beispielsweise der Einwohnerstand Münchens gegenüber 1939 (ca. 800 000) nahezu um die Hälfte gesunken, in Nürnberg hatten gegenüber der Vorkriegszeit inzwischen 58 Prozent aller Bewohner die Stadt verlassen.

Allein dadurch ergab sich in den umliegenden Landkreisen ein Bevölkerungszuwachs zwischen 25 und 30 Prozent[38]. Ein extremes Beispiel für die Bevölkerungsverschiebungen: Während z.B. Würzburgs Bevölkerungszahl von 101 345 (1939) bis Ende 1945 auf 56 380 gesunken war, hatte sich im Landkreis Sonthofen nach Kriegsende die Einwohnerzahl von 40 000 (1939) auf 160 000 erhöht. Neben den behördlich evakuierten Städtern traten sogar noch gegen Kriegsende saisonal „Urlauber" auf, die sich oft auch in Ortschaften niederließen, wo Fremdenverkehr bislang unbekannt war. Daneben suchten auch viele „wilde" Evakuierte aus den bombenbedrohten umliegenden Städten auf eigene Faust in den Dörfern Unterschlupf. Angesichts der Überlastung der ländlichen Regionen war es kein Wunder, daß die Regierungspräsidenten immer häufiger von Schwierigkeiten und Auseinandersetzungen bei der Unterbringung von Evakuierten, von Konflikten um Arbeitsmoral und Verhalten der Fremdarbeiter sowie von wachsender Durchlöcherung der Preismoral und der geregelten Versorgung angesichts des sich ausbreitenden Schwarzmarktes und Tauschhandels berichteten. „Ein großer Teil der einheimischen Frauen steht im Arbeitseinsatz, während die zugewiesenen Frauen versuchen, sich das Leben so angenehm wie möglich zu ge-

[36] Zwar waren bereits Ende 1939 vorübergehend evakuierte Saarländer aufgenommen worden, die jedoch zum großen Teil bereits 1940 zurückkehrten. Zwischen 1940 und 1942 kamen vorwiegend KLV-Transporte nach Bayern. Vgl. Bayernatlas, S. 48 f.

[37] Vgl. zum folgenden Bayernatlas, S. 45 ff.

[38] Vgl. ebd., S. 45 und Mitteilungen des Bayerischen Statistischen Landesamtes 1 (1945), S. 4 ff.

stalten. Sie haben Zeit, die Geschäfte abzuschnurren und stundenlang Schlange zu stehen und die arbeitende Bevölkerung kann nach der Arbeit zusehen, wie und wo sie ihren Bedarf decken kann", notierte beispielsweise der Regierungspräsident von Oberbayern im August 1943[39]. Unmut machte sich in der Landbevölkerung auch über die mangelnde Arbeitsbereitschaft der evakuierten Frauen breit, die es sich leisten konnten, ihren Lebensunterhalt mit der ausreichenden Familienunterstützung zu bestreiten[40]. Als Reaktion auf den anderen Lebensstil und die ungewohnten Verhaltensweisen der städtischen Evakuierten wurde nicht selten der Vorwurf des unsittlichen und unmoralischen Verhaltens erhoben. Im Juli 1944 berichtete der Landrat von Sonthofen, daß viele umquartierte Frauen durch „ehebrecherischen Lebenswandel, Müßiggang, regen Wirtshausbesuch und leidenschaftliches Zigarettenrauchen" ungut aufgefallen seien. Dem Ernteeinsatz entzögen sie sich durch vorübergehende Rückfahrt in die Heimat[41]. „Arge Mißstimmung" erregte es nach einem Bericht des Regierungspräsidenten von Niederbayern im Oktober 1943 schließlich, daß unter Hamburger Evakuierten „auch Freudenmädchen waren, die durch ihr Verhalten besonders auffielen"[42].

Unzufrieden waren auch die Evakuierten und Flüchtlinge. Die „Fremden " kamen mit dem Leben auf dem Lande nicht zurecht. Evakuierte mokierten sich über die bäuerlichen Eßgewohnheiten, „sie fanden die Aufnahmeorte zu still und langweilig und vermißten Theater, Kino, Cafés, Konzerte, die Frauen insbesondere den Friseur. Viele konnten es daher an ihrem Unterbringungsort nicht aushalten und sind wieder abgereist ... Auch die Wohnverhältnisse auf dem Lande sind ihnen – zum Teil erklärlicherweise – zu primitiv."[43] Verächtliche Bemerkungen fielen auch über die Situation der Bäuerinnen, die als „unbezahlte Mägde ihrer Männer" im Haushalt oder auf dem Felde mitarbeiteten[44]. Durch den massiven Evakuiertenzustrom ergaben sich darüber hinaus erhebliche Überlastungen der Infrastruktur. Der Wasser- und Strombedarf stieg an manchen Orten um 30 bis 40 Prozent. Durch Probleme bei der Umlenkung der Versorgungsgüterströme angesichts des angewachsenen Bedarfs auf dem Lande kam es immer wieder zu Versorgungsengpässen[45].

Konflikte gab es auch wegen der bei Kriegsbeginn in erheblichem Umfang aufs Land gebrachten Fremdarbeiter. Als Arbeitskräfte waren sie zunächst hochwillkommen gewesen, doch bald häuften sich Arbeitsverweigerungen und ungenehmigter Ar-

[39] Zum folgenden vgl. vor allem die verschiedenen Regierungspräsidentenberichte seit 1942/43 (BayHStA, MA 106674, 106679, 106695, 106696) und Martin Broszat, Elke Fröhlich und Falk Wiesemann (Hrsg.), Bayern in der NS-Zeit. Bd. I: Soziale Lage und politisches Verhalten der Bevölkerung im Spiegel vertraulicher Berichte, München 1977 sowie Kershaw, Popular Opinion.

[40] Unterhaltszahlungen wurden entweder für die Räumung bzw. Kriegsbeschädigung der städtischen Wohnung oder an Angehörigen von zur Wehrmacht Eingezogenen geleistet. Kritik wurde auch deshalb laut, da die Frauen aufgrund ihrer Geldflüssigkeit den bäuerlichen Sparwillen untergraben würden. Auch ein Erlaß des RMI vom 6. 6. 1944 betr. Arbeitseinsatz der Familienunterstützungsempfänger in der Landwirtschaft zeitigte keinen Erfolg, da sich die betroffenen Frauen oft über ärztliche Atteste oder die als notwendig reklamierte Fürsorge für ihr Kind von der Arbeit befreien ließen.

[41] BayHStA, MA 106695, Bericht des Regierungspräsidenten von Schwaben vom Juli 1944.

[42] Vgl. auch die eingehenden Ausführungen des Regierungspräsidenten von Niederbayern/Oberpfalz vom Oktober 1943; BayHStA, MA 106674, S. 12ff.

[43] BayHStA, MA 106674, S. 9, Bericht des Regierungspräsidenten von Niederbayern/Oberpfalz vom September 1943.

[44] BayHStA, MA 106674, Bericht des Regierungspräsidenten von Niederbayern/Oberpfalz vom September 1943.

[45] Vgl. BayHStA, MA 106696, Bericht des Regierungspräsidenten von Oberbayern vom Mai 1944.

beitsplatzwechsel. Legion sind die Fälle von nicht folgenlos gebliebenen intimen Beziehungen zwischen den am Hof arbeitenden Fremdarbeitern und Bauerntöchtern, die natürlich oft ebenfalls viel böses Blut machten. Durch die verstärkte Einberufung der Bauern – im Landkreis Kaufbeuren waren z.B. Ende 1944 57,4 Prozent der Bauern eingezogen – sowie durch die geradezu amtlich geförderte Landflucht der weiblichen Landjugend, die bereitwillig den Angeboten der Wehrmacht und den aufs Land verlagerten Industriebetrieben folgte, stieg der Anteil der Fremdarbeiter noch weiter an. In einigen Landkreisen waren über 40 Prozent der in der Landwirtschaft Tätigen Fremdarbeiter, die oftmals schon drei bis vier Jahre auf dem Hof beschäftigt waren und zusammen mit der Bäuerin den Betrieb führten[46]. Viele Fremdarbeiter gehörten, trotz der Warnungen von NS-Seite, bald dazu; sie wohnten oft auf dem Hof, aßen entsprechend der bäuerlichen Sitte am selben Tisch und nicht selten wuchsen die Kinder der Fremdarbeiterinnen zusammen mit den Bauernkindern auf. Vor allem bei den vielfach praktizierenden katholischen Polen ergaben sich schließlich auch Berührungen im gemeinsamen Glauben.

Durch Evakuierte und Fremdarbeiter haben sich schon in den letzten Kriegsjahren vielfältige Einbrüche in das dörfliche Milieu ergeben. Die Präsenz neuer sozialer Schichten, die Einschränkungen im Wohnungsbereich sowie die Konfrontation mit vielfach urbanen Verhaltensweisen und Bedürfnissen haben das Gefühl der „Überfremdung" genährt und oft alte, antiurbane Ressentiments stimuliert, die sich mit Kriegsende nun auch gegen die einströmenden Flüchtlinge richteten. Gleichzeitig dürfte sich jedoch auch ein gewisser Gewöhnungseffekt an die „Fremden" ergeben haben. Als die Flüchtlinge ins Dorf kamen, stellten sie für die ländliche Bevölkerung keine Neuigkeit, sondern nur eine weitere Gruppe unter den bereits anwesenden Fremden dar.

b) Flüchtlingszustrom und Dorfgesellschaft

Der eigentliche Flüchtlingsstrom ergoß sich innerhalb der kurzen Zeitspanne von Juni 1945 bis Ende 1946 in die ländlichen Gebiete Bayerns. Die knapp 1,7 Millionen Flüchtlinge[47] erhöhten zusammen mit den Evakuierten und Fremdarbeitern den Anteil der Ortsfremden an der einheimischen Bevölkerung auf ca. 30 Prozent, in einigen schwäbischen und niederbayerischen Landkreisen auch auf über 40 Prozent. Für viele Dörfer bedeutete die massive Zuweisung von Flüchtlingen sogar, daß nun jeder zweite im Ort ein Flüchtling war[48]. Die Flüchtlingszuwanderung verstärkte den Einfluß urbaner Einstellungen und Verhaltensweisen auf das Land noch weiter. Vor allem bei den

[46] Vgl. dazu vor allem Anton Großmann, Fremd- und Zwangsarbeiter in Bayern 1939–1945, in: Klaus J. Bade (Hrsg.), Auswanderer. Wanderarbeiter. Gastarbeiter. Bevölkerung, Arbeitsmarkt und Wanderung in Deutschland seit der Mitte des 19. Jahrhunderts, Bd. 1, Ostfildern 1984, S. 584ff. sowie Wolfgang Jacobmeyer, Vom Zwangsarbeiter zum heimatlosen Ausländer. Die Displaced Persons in Westdeutschland 1945–1951, Göttingen 1985 und Kershaw, Popular Opinion, S. 287f. Über Umfang und regionale Verteilung der Fremdarbeiter in Bayern liegen keine genauen Zahlen vor. Nach Großmann, Fremdarbeiter, S. 619, erfolgten vor allem seit 1942 verstärkte Zwangsverpflichtungen. 1943 waren beispielsweise im Landkreis Mühldorf 4000 ausländische Arbeitskräfte eingesetzt.

[47] Die Begriffe „Flüchtling" und „Heimatvertriebener" werden im folgenden synonym verwendet und nur dort, wo es hinsichtlich ihrer sozialen und materiellen Stellung als „Fremde" im Dorf von Bedeutung ist, differenziert gebraucht.

[48] Vgl. dazu etwa Bayernatlas, S. 51.

Sudetendeutschen und Schlesiern dominierte der Anteil derjenigen, die früher „urban-industrielle" Tätigkeiten in Industrie, Handwerk oder öffentlichem Dienst ausgeübt hatten; nur ein gutes Drittel der Flüchtlinge stammte aus einem kleinstädtisch-dörflichen Berufsumfeld[49]. Über 40 Prozent der Vertriebenen, die Ende 1949 in kleinen Landgemeinden unter 2000 Einwohnern lebten, kamen aus Groß- und Mittelstädten – auch dies ein Hinweis für die Intensivierung urban-industrieller Einflüsse auf dem Lande.

Wohngemeinden von Vertriebenen vor und nach der Vertreibung

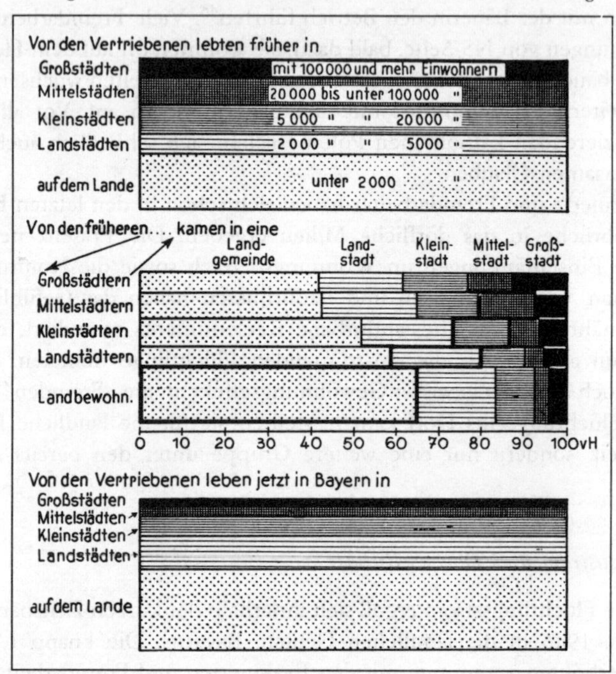

Repräsentativerhebung des Bayerischen Statistischen Landesamtes

Quelle: Bayern in Zahlen 4 (1950), S. 1.

Bezieht man die Landstädte mit ein, so war ein beachtlicher Teil von Großstädter und Städter (60 Prozent) in ein agrarisch-ländliches Umfeld verschlagen worden. Wie stark die Flüchtlinge die dörfliche Sozialstruktur veränderten, zeigt das Beispiel eines kleinen schwäbischen Dorfes.

[49] Vgl. Klaus Mehnert und Heinrich Schulte (Hrsg.), Deutschland-Jahrbuch 1949, Essen 1949, S. 257.

Anteil der Erwerbspersonen nach Erwerbsgruppen und Stellung im Beruf 1949 in einem schwäbischen Dorf (457 Einheimische, 363 Flüchtlinge)

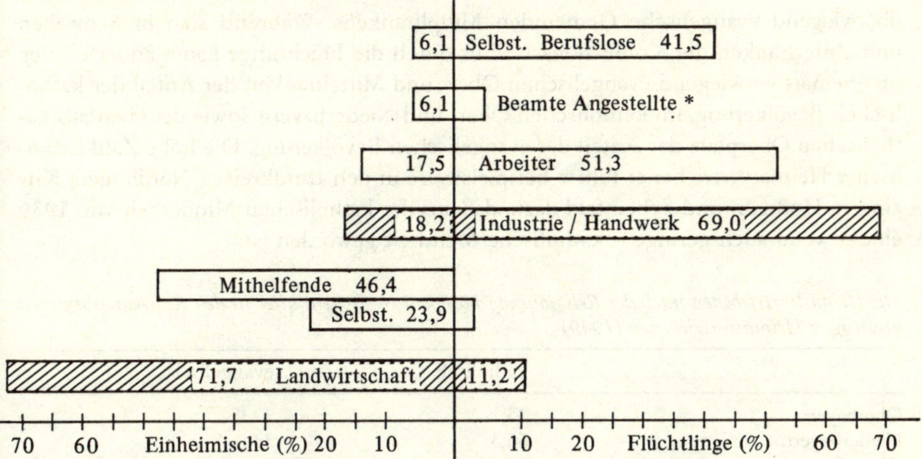

* (Beamte/Angestellte und Selbständige bei den Flüchtlingen wurden nicht getrennt gezählt und stellen mit insg. 26 Personen 7,2% der Flüchtlinge.)

Zusammengestellt nach: Gerhard Heß, Wandlungen im Leben eines bayerischen Dorfes durch Kriegs- und Nachkriegszeit, in: Archiv der Deutschen Landwirtschafts-Gesellschaft 4 (1949), S. 45f.

Neben dem Anstieg der Arbeiter – in anderen Dörfern auch der Angestellten – ist vor allem die Zunahme der selbständigen Berufslosen bemerkenswert, d.h. von Rentnern und Sozialhilfeempfängern[50].

Die zeitliche Verschiebung der Evakuierungs- und Ausweisungswellen aus den Gebieten östlich von Oder und Neiße sowie dem Sudetenland führte zu einer überproportionalen Belegung von Niederbayern, Oberpfalz und Oberfranken durch Schlesier, während die später eintreffenden Sudetendeutschen vor allem in den südwestlichen Teilen Bayerns untergebracht wurden.

Flüchtlinge nach Herkunft und Aufnahmeregionen in Prozent aller Flüchtlinge

(1949)	Obb.	Niederb.	Oberpf.	Oberfr.	Mfr.	Ufr.	Schwaben
Schlesier	18,6	37,7	34,3	42,2	21,2	19,8	12,6
Sudetendeutsche	54,5	38,5	49,1	39,1	56,4	58,6	71,5

Quelle: Die Flüchtlinge in Bayern, in: Beiträge zur Statistik Bayerns, Heft 142, 1948, S. 7.

50 Vgl. dazu auch entsprechende Untersuchungen für hessische Dörfer in: Eugen Lemberg und Ludwig Krekker (Hrsg.), Die Entstehung eines neuen Volkes aus Binnendeutschen und Ostvertriebenen. Untersuchungen zum Strukturwandel von Land und Leuten unter dem Einfluß des Vertriebenen-Zustroms, Marburg 1950, S. 20f.

Damit veränderte sich auch die Konfessionsstruktur der ländlichen Gebiete Bayerns zum Teil erheblich. Evangelische Schlesier kamen beispielsweise in vormals rein katholische Dörfer Niederbayerns, katholische Sudetendeutsche verteilten sich auf überwiegend evangelische Gemeinden Mittelfrankens. Während sich in Schwaben und Unterfranken die Konfessionsstruktur durch die Flüchtlinge kaum änderte, stieg im ehemals vorwiegend evangelischen Ober- und Mittelfranken der Anteil der katholischen Bevölkerung, im katholischen Ober- und Niederbayern sowie der ebenfalls katholischen Oberpfalz der Anteil der evangelischen Bevölkerung. Die hohe Zahl katholischer Heimatvertriebener führte beispielsweise in den Landkreisen Nördlingen, Kitzingen, Hofheim und Scheinfeld dazu, daß aus der katholischen Minderheit von 1939 eine – wenn auch geringe – katholische Mehrheit geworden ist.

Die Heimatvertriebenen nach der Religionszugehörigkeit in Prozent aller in den Regierungsbezirken ansässigen Heimatvertriebenen (1949)

	katholisch	evangelisch
Oberbayern	75,1	22,9
Niederbayern	66,3	33,0
Oberpfalz	70,8	28,2
Oberfranken	56,4	42,3
Mittelfranken	66,5	32,1
Unterfranken	74,5	24,7
Schwaben	80,7	17,7
Bayern	70,8	27,9

Quelle: Bayern in Zahlen 5 (1951), S. 485.

Allenthalben ist daher durch das Einströmen der Flüchtlinge in den bayerischen Landkreisen eine Zunahme der konfessionellen Minderheiten zu verzeichnen. Vor allem ein Großteil der evangelischen Flüchtlinge kam in Diasporagemeinden oder hat diese sogar erst gebildet.

Die Verteilung der katholischen und evangelischen Gesamtbevölkerung und Vertriebenen auf Konfessionszonen in Bayern 1950 in Prozent

	Katholische Gesamtbev.	Katholische Vertriebene	Evangelische Gesamtbev.	Evangelische Vertriebene
Evangelische Kreise (66 und mehr v. H. Evangelische)	3,3	8,6	27,3	16,9
Gemischte Kreise (33 bis zu 66 v. H. Evangelische)	9,7	12,9	33,5	15,8
Katholische Kreise (66 und mehr v. H. Katholische)	87,0	78,5	39,2	67,3
	100	100	100	100

Quelle: Zusammengestellt nach: Peter Paul Nahm, Der kirchliche Mensch in der Vertreibung. Die sozialen, wirtschaftlichen, politischen und kulturellen Wirkungen des Eingliederungsauftrags unter besonderer Berücksichtigung des kirchlichen und konfessionellen Bereichs, Bonn 1961, S. 99.

Insgesamt bedeutete der Flüchtlingszustrom eine rasche Auflösung der konfessionshomogenen Gebiete in Bayern. Von 1424 rein katholischen Gemeinden (1939) blieben 1946 nur noch neun, während von den 140 rein evangelischen Gemeinden in der Vorkriegszeit nach 1945 keine mehr bestand.

*Konfessionell einheitliche Gemeinden in den bayerischen Regierungsbezirken 1939, 1946 und 1950**

Regierungsbezirk	Zahl der Gemeinden mit nur katholischer Bevölkerung			nur evangelischer Bevölkerung		
	1939	1946	1950	1939	1946	1950
Oberbayern	233	2	3	–	–	–
Niederbayern	368	–	1	–	–	–
Oberpfalz	311	–	7	–	–	–
Oberfranken	111	11	2	48	–	–
Mittelfranken	63	2	2	86	–	–
Unterfranken	127	2	6	4	–	–
Schwaben	181	2	6	2	–	–
Bayern	1424	9	27	140	–	–

* Die Zahlen wurden vom Bayerischen Statistischen Landesamt mitgeteilt.

Quelle: Walter Menges, Wandel und Auflösung von Konfessionszonen, in: Eugen Lemberg und Friedrich Edding (Hrsg.), Die Vertriebenen in Westdeutschland, Bd. 3, Kiel 1959, S. 13.

Allein die angedeuteten sozialen und konfessionellen Unterschiede zwischen Flüchtlingen und Einheimischen machen deutlich, wie stark und auch wie plötzlich die ländliche Gesellschaft mit Kriegsende in Bewegung geriet; die Homogenität des bis dahin noch relativ intakten dörflichen Sozialgefüges wurde zunehmend aufgelöst. Aber auch die Gruppe der „Fremden" im Dorf war in sich sehr heterogen. Noch reichlich mit Geld versorgte städtische Evakuierte aus den Rheinprovinzen wohnten neben evakuierten Fliegergeschädigten aus Bayern, die kaum mehr einen Pfennig in der Tasche und bei ländlichen Verwandten Unterkunft gefunden hatten. Die Sudetendeutschen hatten oft noch Hausrat und Gepäck mitgebracht, viele Schlesier waren dagegen völlig mittellos, da sie vor der herannahenden Roten Armee überstürzt evakuiert worden waren. Neben unterschiedlicher Konfession, Berufsstruktur und Herkunft unterschieden sich die Fremden daher auch in ihren Besitzverhältnissen.

Selbstverständlich bestanden auch innerhalb der „Dörfler" erhebliche soziale Unterschiede. Nach wie vor gaben in vielen Gemeinden die wohlhabenden Bauern mit stattlichen Höfen den Ton an. Roßbauern, Ochsenbauern und Häusler – sozial jeweils niedriger angesiedelt – bildeten je eine Gruppe für sich. Diese Standesunterschiede waren zwar verdeckt, wurden nach außenhin nicht mehr betont, bestanden aber noch immer[51]. Sie äußerten sich noch augenfällig in der althergebrachten Sitzordung in der Kirche sowie der Stammtisch-Hierarchie im Wirtshaus, wo sich die Bauern nach ihrer Gruppenzugehörigkeit an die Tische setzten. Daneben bestand die Gruppe der Händler, Handwerker und Landarbeiter, die ein nur „halbbäuerliches" Leben führten, aber

[51] Vgl. Heinrich Scharnagl, Straußdorf. Eine sozialökonomische und soziologische Untersuchung einer oberbayerischen Landgemeinde mit starkem Flüchtlingsanteil, Diss. Erlangen 1952, S. 165ff.

dennoch „zum Dorf gehörten". Im Krieg geriet vieles durcheinander. Die alte Sozialstruktur im Dorf wurde durch die kriegsbedingten „Schicksalskategorien" weitgehend verdeckt. Die Einheimischen, ganz gleich welcher Schicht sie angehörten, unterschieden sich aber durch Verfügbarkeit über Lebensmittel, andere Versorgungsgüter und Grund und Boden scharf von Flüchtlingen, Evakuierten und Kriegsbeschädigten, die durch Bombenkrieg und Vertreibung meist Hab und Gut verloren hatten. Insbesondere auf dem Lande „wurde denn auch aus der Schicksalskategorie der Flüchtlinge eine soziale Kategorie der Besitzlosen, Andersartigen und Eindringlinge"[52].

Die Unterscheidung und der Gegensatz Einheimische/Flüchtlinge, Besitzende und „Habenichtse" wurde für Jahre zum dominierenden Merkmal dörflicher Gesellschaft. Lange Zeit nahmen die Flüchtlinge ungeachtet ihres früheren sozialen Status gleichsam als neues dörfliches „Proletariat" die unterste soziale Stufe in der dörflichen Rangordnung ein. „Weil wir Heimatvertriebenen nicht viel Besitz haben", klagte noch Anfang 1950 eine Flüchtlingsfrau, „sind wir nicht hoch angesehen. Wir stehen mit leeren Händen da. Die Leute hier glauben uns nicht, daß wir zu Hause einen Bauernhof hatten. Nach der Meinung der Einheimischen haben die Heimatvertriebenen gar nichts besessen."[53] Vielen Einheimischen erschienen sie als „Fremde", „Besitzlose", „Zigeuner", als „Nullpunktexistenzen" und „Habenichtse". Wo die Neubürger kollektiv auftraten, sei es als Bezugsscheinanwärter, Gemeinderatsmitglieder, Siedlungsanwärter oder über die Flüchtlingsvertrauensleute, schlug ihnen oft heftige Ablehnung entgegen[54]. Wie stark der Gegensatz zwischen Einheimischen und Flüchtlingen insbesondere von der Militärregierung empfunden wurde, geht auch aus einer Notiz eines Detachment-Offiziers hervor: „In Bavaria or perhaps the whole of Germany there is no difference between a Nazi and Antinazi, Black and Red, Catholic or Protestant. The only difference is between natives and refugees ..."[55]

Diese Einschätzung ist sicherlich übertrieben, zumal die Flüchtlinge zunächst als landwirtschaftlicher Arbeitskräfteersatz für die repatriierten Fremdarbeiter angesehen und lieber akzeptiert wurden als die als anmaßend empfundenen nordwestdeutschen Evakuierten. Häufig prallten jedoch im Gefolge der vielfach ungeordneten Einquartierungsmaßnahmen die politischen, konfessionellen und kulturellen Gegensätze zwischen Flüchtlingen und Einheimischen hart aufeinander. Als etwa im Dezember 1946 ein erneuter Transport von 300 schlesischen Industriearbeitern in den Landkreis Coburg geschleust werden sollte, machte sich unter den Dorfbürgermeistern geradezu Entsetzen breit und der Kreisobmann des Bayerischen Bauernverbandes drohte mit dem Rücktritt[56]. Gerade in reinen Bauerngemeinden war die Angst vor einer „Proletarisierung" und „politischen Radikalisierung" durch die Fremden stets groß.

Hinzu kamen die Verteilungskonflikte angesichts von Ernährungs- und Wohnungskrise. Die ungleichen Ausgangspositionen von Flüchtlingen und Einheimischen, von

[52] Friedrich H. Tenbruck, Alltagsnormen und Lebensgefühle in der Bundesrepublik, in: Richard Löwenthal und Hans-Peter Schwarz (Hrsg.), Die Zweite Republik. 25 Jahre Bundesrepublik Deutschland – eine Bilanz, Stuttgart 1974, S. 291.

[53] Zit. nach Martin Egger, Einflüsse moderner Zivilisation im Dorfe. Dargestellt am Dorfe Hüttenthal im Odenwald, Bonn 1957, S. 81.

[54] Vgl. dazu auch Hanna Betz, Flüchtlingsschicksal auf dem Lande. Untersuchungen über die Situation der Heimatvertriebenen in der Gemeinde Holzhausen am Starnberger See, Frankfurt 1949, S. 19f.

[55] NA, RG 260, 10/85-2/1 vom 26. 3. 1947.

[56] Vgl. Bayerischer Bauernverband, Akt „Flüchtlingswesen" vom Dezember 1946.

Selbstversorgern und Normalverbrauchern verschärften die Spannungen noch. Vielleicht war das Gefühl vieler Bauern, in ihren Orten nicht nur zahlenmäßig, sondern auch politisch und sozial in die Defensive gedrängt zu werden mit ein Grund dafür, daß sie an ihren Positionen im Dorf um so nachdrücklicher festhielten. Die Bereitschaft, die Flüchtlinge in das dörfliche Sozialgefüge aufzunehmen, war zu diesem Zeitpunkt jedenfalls gering.

Ein wichtiger Grund dafür lag auch in der hohen Mobilität der Flüchtlinge. Auf der Suche nach Angehörigen oder Arbeitsplätzen verließen viele Flüchtlinge die ländlichen Aufnahmeorte bald wieder und suchten trotz Wohnraumbewirtschaftung und Zuzugszwang anderswo ein Unterkommen. Neue Flüchtlinge rückten für sie in den Dörfern nach oder nahmen die Plätze der abgewanderten Evakuierten ein. In der oberbayerischen Gemeinde Holzhausen (Landkreis Starnberg) war die Fluktuation besonders groß[57]: Zwischen Oktober 1946 und Februar 1949 wanderten 208 Evakuierte und Flüchtlinge ab, während 199 Flüchtlinge neu zuzogen. Viele Einheimische erlebten wiederholt die Ankunft von Vertriebenen und nahmen diese daher „häufig nur als Repräsentanten eines im Kommen und Gehen begriffenen Kollektivs von Fremden" wahr[58]. Die seit 1949/50 massiv als Land-Stadt-Wanderungen einsetzende Binnenmobilität bedeutete jedoch eine zunehmende Entspannung und „Normalisierung" der Sozialverhältnisse auf dem Lande.

Stockau (Lkr. Bayreuth): Flüchtlingsanteil an der Gesamtbevölkerung

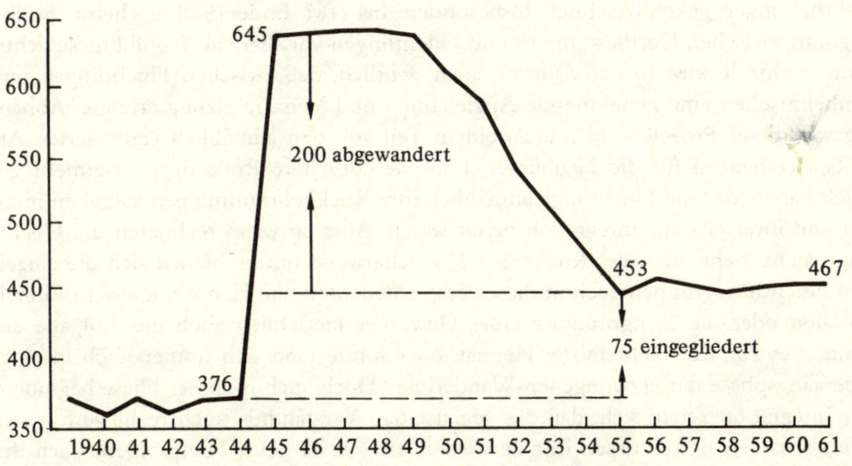

Quelle: Werner Emmerich, Der Strukturwandel unserer Dörfer im Spiegel der Fragestellungen moderner Volkskunde, Bayreuth 1964, S. 7.

[57] Vgl. Betz, Flüchtlingsschicksal, S. 14.

[58] Vgl. Hans Braun und Stephan Articus, Sozialwissenschaftliche Forschung im Rahmen der amerikanischen Besatzungspolitik 1945–1949, in: Kölner Zeitschrift für Soziologie und Sozialpsychologie 36 (1984), S. 710.

Freie und gelenkte Mobilität wirkten zusammen, um die provisorische Verteilung der Flüchtlinge unmittelbar nach Kriegsende zu korrigieren. Allein die Landkreise – und hier insbesondere die Gemeinden unter 5000 Einwohnern – verzeichneten zwischen 1947 und 1950 einen Wanderungsverlust von 254500 Personen. Zwischen 1950 und 1956 gab Bayern weitere knapp 400000 Flüchtlinge an Nordrhein-Westfalen und andere Industrieregionen ab[59]. Spätestens Mitte der fünfziger Jahre waren viele erwerbsfähige Flüchtlinge wieder in städtische Regionen abgewandert[60]. Eine Wiederherstellung der vormaligen, fast ausschließlich von der Landwirtschaft bestimmten Erwerbsstruktur in den Dörfern dürfte sich jedoch nur in wenigen Landgemeinden ergeben haben. Ein großer Teil der Flüchtlinge wurde nämlich im Dorf ansässig und pendelte zwischen ländlichem Wohnsitz und industriell-städtischem Arbeitsplatz. Zurück blieben im ländlichen Bereich auch viele Flüchtlinge, die als selbständige Berufslose, Rentner und Fürsorgeempfänger ihren Lebensunterhalt bestritten. Schließlich setzte durch die Strukturkrise der Landwirtschaft auch eine Umbildung der bäuerlichen Schichten ein. Vor allem die klein- und mittelbetrieblichen Bauern gingen verstärkt zur Nebenerwerbslandwirtschaft über oder wanderten ebenfalls als Pendler ganz in den gewerblich-industriellen Sektor ab. Nach 1948, angesichts von Wirtschaftsaufschwung und Landwirtschaftskrise verringerte sich daher der Prestigeabstand zwischen Bauern und Flüchtlingen, in Kleinbauerngebieten verkehrte er sich sogar ins Gegenteil. Flüchtlinge in Industriearbeiterstellung hatten die Bauern gleichsam auf der dörflichen Sozialleiter überholt.

Obwohl es an Beispielen für selbstlose Hilfe nicht fehlte, war der Eingliederungsprozeß der Flüchtlinge auf dem Lande anfangs vor allem von Konfrontation und Abwehrhaltungen gekennzeichnet. Insbesondere bis etwa Ende 1948 erscheint die Begegnung zwischen Dorfbewohnern und Flüchtlingen vor allem als Konfliktgeschichte. Nur vereinzelt wird in den Quellen auch deutlich, daß zwischen Flüchtlingen und Einheimischen eine zunehmende Angleichung und Verschmelzung erfolgte. Abhängig war dieser Prozeß wohl nur zu einem Teil von den allmählich verbesserten Arbeitsplatzchancen für die Neubürger. Eine wesentlichere Rolle dürfte vielmehr gespielt haben, daß die Flüchtlinge allmählich ihre Rückkehrhoffnungen aufgeben mußten und ihrerseits zur Integration bereit waren. Aber ab wann rechneten die Flüchtlinge nicht mehr mit einer Rückkehr? Möglicherweise unterschieden sich die einzelnen Flüchtlingsgruppen auch in dieser Frage. Bedeutete die Heirat mit einem Einheimischen oder die Neugründung eines Gewerbes tatsächlich auch die Aufgabe des Wunsches zur Rückkehr in die Heimat, oder fühlte man sich immer noch in einer Übergangsphase der erzwungenen Wanderung? Doch auch in dieser Phase beginnender Integration zeigte sich, daß das gegenseitige Verständnis noch recht gering war. Die alten Gegensätze rissen immer wieder auf – etwa beim Mietproblem nach der Währungsreform oder der Lastenausgleichsregelung.

[59] Vgl. Die Binnenwanderung in Bayern, in: Bayern in Zahlen 5 (1951), S. 165ff. und Eugen Lemberg und Friedrich Edding (Hrsg.), Die Vertriebenen in Westdeutschland. Ihre Eingliederung und ihr Einfluß auf Gesellschaft, Wirtschaft, Politik und Geistesleben, Bd. 2, Kiel 1959, S. 44.

[60] Als Folge dieser Rückwanderungen ergab sich unter anderem wieder eine zunehmende Entflechtung der konfessionellen Verhältnisse, obwohl 1950 die Zahl der Gemeinden mit rein katholischer Bevölkerung gegenüber 1946 nur von 9 auf 27 anstieg, während im evangelischen Bereich keine konfessionell einheitlichen Gemeinden mehr entstanden.

Die Gegensätze machen es auch schwer, Veränderungen und Neuerungen aufzuspüren, die die „Fremden" im Bereich der kollektiven Mentalitäten, Normen und Verhaltensweisen des ländlichen Milieus bewirkt oder verstärkt haben. Aber allein die Massivität der durch NS-Zeit und Krieg in Gang gesetzten sozialen Mobilisierung im Dorf, des Aufbrechens alter Autoritäts- und Kommunikationsstrukturen, der so noch nie dagewesenen Konfrontation mit „Neuen", schuf günstige Bedingungen für – allerdings nur schwer faßbare – Veränderungen durch die Flüchtlinge[61].

c) *Konflikte im Wohnungs- und Arbeitsbereich*

Das wohl massivste Konfliktpotential auf dem Lande sammelte sich durch Wohnungsnot und Zwangseinweisungen an. Waren zunächst nur die häufig leerstehenden Dienstbotenkammern beschlagnahmt worden, so bedeuteten die weiteren Einweisungen oft einen Eingriff in die eigentlichen Wohnräume der Hoffamilie[62]. Nicht nur die nach städtischem Muster zu Repräsentationszwecken eingerichtete „gute Stube" wurde nun belegt, sondern auch im Austragshäusl und in den für die Kriegsheimkehrer freigehaltenen Zimmern wohnten nun Fremde. Außerdem mußten Gebrauchsgegenstände an die „Eindringlinge" ausgeliehen, ja selbst Teile der traditionellen Aussteuer abgetreten werden. Die räumliche Struktur der Bauernhöfe erlaubte zudem angesichts von Durchgangszimmern und der gemeinsamen Benützung der Küche keine Abgrenzung der Lebensbereiche. Überschneidungen der Lebenssphären waren daher im kleinbäuerlichen Milieu unvermeidlich und ständig Anlaß zu Konflikten[63]. Die Einbuße an Bewegungs- und Entscheidungsspielraum im eigenen Haus, die sich für die bäuerliche Familie mit der zwangsweisen Einquartierung von Flüchtlingen fast immer ergab, und die beunruhigende Einsicht, daß auch Bürgermeister und Landrat dagegen machtlos waren, erzeugten bei den Einheimischen oft ein kollektives Gefühl der Überfremdung und Bedrohung. Im Januar 1948 berichtete der Bürgermeister von Karlstein (Landkreis Berchtesgaden): „Im Zusammenhang mit den Wohnraumbeschlagnahmen wird an die Wohnungsbehörde oft die Frage gestellt, ob das Eigentum des Einzelnen überhaupt nicht mehr anerkannt wird; in diesem Bezug sei wenig Unterschied zwischen der Demokratie und der Diktatur festzustellen ..."[64] In vielen Dörfern herrschte ein Klima der Spannung und Nervosität, das sich zuweilen heftig entlud[65]. In der Gemeinde Egmating (Landkreis Ebersberg) etwa war im März 1947 folgender Anschlag zu lesen: „Hinaus mit den Flüchtlingen aus unserem Dorf! Gebt ihnen die Peitsche statt Unterkunft – dem Sudetengesindel. Es lebe unser Bayernland!"[66]

[61] Vgl. allgemein dazu Utz Jeggle, Fremdheit und Initiative. Vorbemerkungen zu einer Variante des soziokulturellen Wandels, in: Zeitschrift für Volkskunde 68 (1972), S. 42ff., sowie Albert Ilien und Utz Jeggle, Leben auf dem Dorf. Zur Sozialgeschichte des Dorfes und zur Sozialpsychologie seiner Bewohner, Opladen 1978.

[62] Zu den Wohnungskonflikten auf dem Lande vgl. auch Bauer, Flüchtlinge, S. 364ff.

[63] Vgl. ebd., S. 366f.

[64] StAM, LRA Berchtesgaden 30751.

[65] Zu gewaltsamen Zusammenstößen zwischen Einheimischen und Flüchtlingen aufgrund von Wohnungsstreitigkeiten vgl. NA, RG 260, 7/36-2/4 vom 21. 4. 1948 und NA, RG 260, 9/76-1/11 vom 12. 5. 1948.

[66] NA, RG 260, 10/85-2/1 vom 26. 3. 1947 und Süddeutsche Zeitung vom 20. 3. 1947.

Zu den sozialen Konfliktursachen kamen auch noch politische Motive im Rahmen der „Entnazifizierung des Wohnraumes“, die das Problem der Wohnungsbeschlagnahmen verschärften. Der Unmut der Bevölkerung über die Haltung von sogenannten „antifaschistischen Wohnungsbeauftragten“ war beträchtlich[67]. Beschwerden über Einweisungen bei Nicht-Parteigenossen, während die „wirklichen Nazis“ angeblich noch über beträchtlichen Wohnraum verfügten, waren an der Tagesordnung. In der Gemeinde Ried (Landkreis Neuburg a. d. Donau) wetterte der Bürgermeister über das Vorgehen der Wohnungskommission, die jegliche Einwände mit der Drohung von Polizei und Gerichtsverfahren beantwortet hatte, und hob sämtliche Flüchtlingseinweisungen einfach auf. „Die Gemeinde Ried hat es satt, diese flegelhaften Nazi- und Gestapomanieren sich weiterhin bieten zu lassen. Ich habe der gebildeten Ortspolizeigruppe der Gemeinde befohlen, diese lümmelhaften Personen mit Prügel aus der Gemeinde Ried hinauszuhauen.“[68] Nicht selten verweigerten Hofbesitzer den einquartierten Flüchtlingen Wasser und Strom, auftretende Konflikte mußten immer häufiger auf gerichtlichem Wege gelöst werden[69]. Hinter den Widerständen der Bauern steckten aber auch andere Befürchtungen. „Die Bauernhäuser dürfen nicht Mietskasernen werden“, war eine in diesem Zusammenhang gebrauchte Äußerung, die darauf hinweist, daß man auch die traditionelle ländliche Wohnweise bedroht sah[70]. Tatsächlich griffen die vormals spezifisch städtischen Mietkonflikte, die Auseinandersetzungen zwischen Hausbesitzern und Mietern, nun auch auf das Dorf über.

Die Einquartierung der Flüchtlinge auf dem Lande bedeutete eine beträchtliche Fehlleitung von Arbeitskräften, die in ihrer Berufsstruktur primär an städtisch-industrielle Verhältnisse angepaßt waren. Von den 726 105 Erwerbspersonen unter den Flüchtlingen kamen Ende 1946 nur 26,9 Prozent aus landwirtschaftlichen Berufen, dagegen 41,6 Prozent aus dem Bereich Industrie und Handwerk[71]. Außerdem waren die Flüchtlinge jedoch mit den knappen und meist berufsfremden Beschäftigungsmöglichkeiten im Dorf konfrontiert. Seit dem Abzug der Fremdarbeiter und wegen der extensiven Anbauweise herrschte zwar in der Landwirtschaft ein chronischer Arbeitskräftebedarf. Die Flüchtlinge konnten sich dem berufsfremden Arbeitsmarkt aber nur schwer anpassen und nahmen zu neuen, bisher im Dorf wenig praktizierten Formen der Unterhaltssicherung Zuflucht. Der Bezug von Fürsorgeleistungen, Schwarzarbeit und gelegentliche Tauschhandelsgeschäfte durch Flüchtlinge zogen aber rasch eine allgemeine Kritik an der Arbeitsmoral der Fremden nach sich. Obwohl sich auch

[67] Vgl. StAM, LRA Rosenheim 57 249 vom Juli 1946.

[68] Bayerischer Bauernverband, Akt „Flüchtlingswesen“ vom 30. 10. 1946.

[69] Vgl. NA, RG 260, 9/76-1/11 vom 29. 10. 1947. Eine vielfach von den amerikanischen Gerichten verhängte Strafe gegen die Bauern war dabei in pädagogischer Absicht die zeitweise Einlieferung in ein Flüchtlingslager.

[70] Vgl. Bayerischer Bauernverband, Akt „Flüchtlingswesen“ vom Juni 1946.

[71] Vgl. Die Flüchtlinge in Bayern, in: Beiträge zur Statistik Bayerns, Heft 142, 1948, S. 16. Wie stark die berufliche Umschichtung der Vertriebenen 1946 gegenüber der Zeit vor der Ausweisung war, zeigt folgende Aufstellung:

	vor der Ausweisung	1946
Selbständig	30,7%	6,5%
Beamte/Angestellte	29,0%	15,0%
Arbeiter	40,3%	79,4%

Quelle: Bayern in Zahlen 3 (1950), S. 311 ff.

– wie im folgenden noch gezeigt wird – bei der bäuerlichen Bevölkerung vielfältige Abweichungen vom einst verbindlichen ländlich-bäuerlichen Arbeitsethos feststellen ließen, wurde gegenüber den Flüchtlingen versucht, die traditionelle Arbeitsmoral durchzusetzen. Nur wer sich entsprechend den bäuerlichen Arbeitszeiten und Arbeitsbelastungen als tüchtige Arbeitskraft bewährte, konnte mit Anerkennung rechnen. Das Schlagwort vom „faulen Flüchtling", der ein bequemeres Leben führen wolle und seine Dienste nur gegen Naturalentlohnung anbot, war daher ein wesentliches Element der bäuerlichen Kritik an den Flüchtlingen[72]. Ungeachtet der Tatsache, daß viele Flüchtlinge aus gewerblich-industriellen Berufen stammten, sahen die Bauern in den Neubürgern zunächst nur einen Arbeitskräfteersatz für die abgezogenen Fremdarbeiter. Tatsächlich konnten die Bauern in den ersten Nachkriegsmonaten vor allem auch als Folge der schlechten Ernährungslage ihr Arbeitskräfteproblem weitgehend lösen. Nicht nur mittellose Flüchtlinge und entlassene Kriegsgefangene fanden sich gegen Naturalentlohnung bereit, zumindest vorübergehend in der Landwirtschaft zu arbeiten; auch für viele Städter bot die saisonale Erntearbeit ein willkommenes Zubrot. Die Fluktuation im landwirtschaftlichen Arbeitsbereich war daher beträchtlich. Insgesamt waren Ende 1946 jedoch nur etwa 10 Prozent aller Erwerbstätigen in der Landwirtschaft Flüchtlinge, und die anfängliche Erwartung einer ständigen und vor allem auch billigen Mitarbeit der einquartierten Flüchtlinge am Hof schlug rasch in Enttäuschung um. „Es ist wohl begreiflich", notierte dazu der Regierungspräsident von Oberbayern im März 1947, „daß die Bauern es als schwere Belastung empfinden, wenn sie von früh bis spät hart arbeiten ... und ihnen vielfach die Flüchtlinge mit den Händen in der Tasche zuschauen, ihr Brennholz verbrauchen und ihre Kühe ausmelken ..."[73] Über den Bayerischen Bauernverband forderten die Bauern deshalb die Wiedereinführung der Zwangsverpflichtungen zum Arbeitseinsatz auf dem Lande sowie einen Austausch der städtischen Flüchtlinge gegen solche ländlicher Herkunft[74].

Der Vorwurf vom „Faulenzertum" der Flüchtlinge verdeckte aber oft nur die Tatsache, daß es mit dem bäuerlichen Arbeitsethos nicht mehr weit her war. Im Frühjahr 1946 berichtete der Regierungspräsident von Mittel- und Oberfranken, daß die Arbeitsämter „stark überhöhte Bedarfsanforderungen von Seiten der Landwirtschaft" erhalten hatten[75]. Auch das Arbeitsministerium kam in seinem Monatsbericht vom Mai 1946 zu dem Schluß, „daß die Bauern mit Papiergeld reichlich versehen sind [und] infolgedessen auch mehr als früher dazu neigen, Arbeitskräfte einzustellen"[76]. Zum Teil entließen die Bauern auch wieder Dauerarbeitskräfte, um sie nicht den Winter über bezahlen zu müssen, zumal sich zu den Erntezeiten noch genügend Städter und Flüchtlinge als freiwillige Arbeitskräfte meldeten. Sehr oft traten Fälle auf, daß beson-

72 Vgl. dazu auch Bauer, Flüchtlinge, S. 365 f.

73 Monatsbericht der Regierung von Oberbayern für März 1947, S. 9; BayHStA, MWi 11713. Im Mittelpunkt der Kritik standen aber auch die Evakuierten. Im Mai 1947 berichtete etwa die Landpolizei Rosenheim über den steigenden Unmut der Bauern, „da sie ihre schwere Arbeit verrichten, während sich viele Faulenzer von der Sonne bräunen lassen und die schönen Damen angemalt und gepudert so erst ab Mittag in den Dörfern herumtreiben. Die meisten dieser Personen leben vom Schwarzmarkt oder lassen sich von US-Soldaten unterhalten." Vgl. StAM, LRA Rosenheim 57248.

74 Vgl. Landwirtschaftliches Wochenblatt vom 23. 2. 1946 und die Rede Alois Schlögls vor dem Bayerischen Landtag vom 30. 1. 1947.

75 BayHStA, Regierung von Ober- und Mittelfranken, AZ 1-64, Bd. 6, vom 19. 5. 1946, S. 15.

76 Arbeit und Wirtschaft in Bayern. Monatsbericht des Bayerischen Arbeitsministeriums vom Mai 1946; vgl. auch dass. vom August 1946.

ders schlaue Bauern eine landwirtschaftliche Kraft angefordert hatten, selbst aber zum Holzfällen gingen, weil sie dabei mehr verdienten, als sie der Hilfskraft bezahlen mußten; „berufsfremde Arbeitskräfte (Flüchtlinge) wurden in sehr vielen Fällen kurzerhand abgewiesen, weil die nötige Geduld zur Einarbeitung nicht aufgebracht werden wollte"[77]. Dazu kam die oft schlechte und erniedrigende Behandlung durch die Bauern sowie „in sehr vielen Fällen die Verweigerung des Arbeitslohnes"[78]. Nicht zuletzt wurden jedoch auch die Bauern durch Kompensationshandel und Schwarzschlachtungen in den Schwarzmarkt verwickelt und dürften sich dort nicht unbeträchtliche materielle Vorteile verschafft haben.

Die Kritik an den Flüchtlingen verstummte auch nach der Währungsreform nicht, als sich die Arbeitsmoral allgemein wieder besserte. Es rief bei den Einheimischen helle Empörung hervor, daß sich die Flüchtlinge durch Fürsorgeunterstützung und Arbeitslosengeld „vom Staate unterhalten" ließen, obwohl es nach ihrer Meinung im Dorf genügend Verdienstmöglichkeiten im landwirtschaftlichen Sektor gab[79]. Hinter der Kritik an der „Staatsrentnermentalität" der Flüchtlinge stand oft auch der Unmut über die Unterstützungsgelder aus Soforthilfe und Lastenausgleich. Angesichts des anhaltenden Mangels an Arbeitskräften in der Landwirtschaft verhärtete sich die Ablehnung der Flüchtlinge durch die Bauern daher seit 1949/50 weiter. Besonderen Anstoß erregte, daß viele Flüchtlinge nach Erhalt der Unterstützungen alles liegen und stehen ließen und die schlecht bezahlte Bauernarbeit aufgaben[80]. Tatsächlich arbeiteten 1949 nur noch 15 Prozent der Flüchtlinge in den Betrieben mit, in denen sie Unterkunft gefunden hatten. 85 Prozent der Heimatvertriebenen waren jedoch in anderen Bereichen tätig oder arbeitslos[81]. Unmut rief auch die vermeintlich sinnlose Verwendung der Unterstützungsgelder hervor. Im Gefühl der ungerechtfertigten Belastung ihrer Höfe durch die Abgaben nach dem Sozialhilfe- und Lastenausgleichsgesetz beobachteten die Bauern die Verwendung „ihrer Gelder" sehr kritisch. Im Februar 1951 berichtete der Bürgermeister von Piding (Landkreis Berchtesgaden) über „vielfache Klagen bezüglich der Kreditgewährung für Flüchtlingsbetriebe. Es wird als ungerecht empfunden, daß einige Personen das Geld für persönliche Belange verwenden oder in Alkohol umsetzen. Es besteht kein Zweifel, daß gerade der Kleinbesitz die Soforthilfeabgaben kaum oder nur mit großem Opfer aufbringen kann. Es macht natürlich böses Blut, wenn die Abgabepflichtigen mit eigenen Augen ansehen müssen, wie diese Gelder teilweise verwendet werden."[82]

Wegen des niedrigen Lohnniveaus und der nach der Währungsreform immer spürbareren Strukturprobleme in der Landwirtschaft paßten sich auch viele Kleinbauern den neuen Verhältnissen an. Bauernsöhne drängten nun verstärkt etwa als Postfachar-

[77] Vgl. BayHStA, Regierung von Ober- und Mittelfranken, AZ 1-64, Bd. 6 vom 19. 5. 1946.

[78] Viele Flüchtlinge wurden gegen eine Brotzeit oder Mietbefreiung zu landwirtschaftlichen Arbeiten herangezogen. Ebd. vom 22. 7. 1946.

[79] Die Kritik an der hohen Wohlfahrtsunterstützung lag auch darin begründet, daß dadurch die Gemeinden selbst immer stärker belastet wurden und z. T. über 30% der Gesamteinnahmen für Fürsorgegelder aufgewendet werden mußten. Nach Ansicht der einheimischen Bevölkerung könnte auch ein Teil der über 65 Jahre alten Flüchtlinge noch arbeiten, wie es bei den einheimischen Bauern selbstverständlich war, da es für diese keine Altersgrenze gab.

[80] Vgl. StAM, LRA Tölz 134070 vom Oktober 1949 und März 1950.

[81] Vgl. Heimatvertriebene, Evakuierte und sonstige aus kriegsbedingten Gründen Zugewanderte in der Land- und Forstwirtschaft, in: Bayern in Zahlen 4 (1950), S. 313 ff.

[82] StAM, LRA Berchtesgaden 155758 vom Februar 1951.

beiter in staatliche Stellen oder gingen kurzfristig Scheinarbeitsverhältnisse im gewerblichen Bereich ein. Im März 1951 berichtete der Bürgermeister von Piding: „Mit Wegfall der Zustimmung zur Einstellung von Arbeitskräften nehmen immer mehr Bauern und Bauernsöhne, die sich auf ihren oft gar nicht so kleinen landwirtschaftlichen Besitzen den Lebensunterhalt erwerben könnten, eine Arbeitnehmertätigkeit auf und beanspruchen im Falle der ‚Arbeitslosigkeit' Arbeitslosenunterstützung, die ihnen auch gewährt werden muß ... Die Abneigung gegen landwirtschaftliche Arbeit ist am stärksten bei den einheimischen Bauernsöhnen, die sich in einem Gewerbebetrieb eine Anwartschaft auf Unterstützung erworben haben."[83] Anfang 1950 häuften sich daher die Fälle von Arbeitsverweigerung in der Landwirtschaft, da „die Arbeitslosen nicht einsehen, daß sie für einen geringen Lohn arbeiten sollen, während die Bauernsöhne und Töchter in die Stadt abwandern und den wirtschaftlich schlechter gestellten Menschen die Arbeitsplätze wegnehmen"[84].

Anders als im landwirtschaftlichen Arbeitsbereich boten sich den Flüchtlingen im gewerblichen Sektor vielfach bessere und längerfristige Möglichkeiten, die auch eher den früher ausgeübten Berufen entsprachen. Viele Flüchtlinge entfalteten eine beträchtliche unternehmerische Dynamik, die sich auch in einem „Gründerboom" in Handwerk, Handel und Kleingewerbe äußerte[85]. Den ansässigen Einzelhändlern oder Gewerbetreibenden, die sich dadurch unter Druck gesetzt fühlten, gelang es nicht immer, die Konzessionsanträge von Flüchtlingen auf dörflicher Ebene abzuwehren. In Einzelfällen scheinen Flüchtlinge dabei sogar ortsfremden Bayern vorgezogen worden zu sein[86]. Befürchtungen, daß das „bodenständige Gewerbe und der Handel geschädigt würden", erwiesen sich dabei nicht immer als begründet[87]. Unmut machte sich vor allem dann breit, wenn Flüchtlinge die (vorübergehende) Geschäftsstillegung einheimischer Handwerker und Händler aufgrund des Entnazifizierungsverfahrens (Gesetz Nr. 8) zu nützen suchten[88]. Ausschlaggebend für die Genehmigung war vor allem die Tatsache, daß sich in den meisten Dörfern durch Krieg und Flüchtlingszustrom die Versorgung gegenüber der Vorkriegszeit rapide verschlechtert hatte[89]. Viele dörfli-

[83] Ebd. vom März 1951.

[84] StAM, LRA Berchtesgaden 155757 vom Juni 1950.

[85] Im Juni 1947 berichtete dazu der Landrat von Rosenheim: „Einen sehr erheblichen Teil des Aufgabenkreises bilden die zahlreichen Lizenzgesuche und Anträge auf Genehmigungen von Gewerben aller erdenklicher Art ... Die Zahl derer, die Großhändler, Exporteure und Handelsvertreter werden wollen, ist Legion. Auch die Bestrebungen, Industrien auf das flache Land zu verlagern, sind sehr zahlreich. Wenn irgendwo eine Baracke steht, taucht sofort ein Gründer auf, um darin eine Industrie aufzuziehen"; StAM, LRA Rosenheim 57249 vom 25. 6. 1947. Bis 25. 10. 1946 waren z. B. im Landkreis Rosenheim insgesamt ca. 2700 Gewerbegenehmigungen erteilt worden, wobei es sich vor allem um Lebensmittelgeschäfte, Gastwirtschaften, Transportunternehmen, Schneidereien, Reparaturhandwerk, Schreiner und Schuhmacher handelte.

[86] Vgl. zum Beispiel StAM, LRA Berchtesgaden 30751 vom Juli 1948 sowie NA, RG 260, 9/40-1/18-20. Nicht zuletzt nach entsprechenden Forderungen der Militärregierung mußten die Lizenzanträge der Flüchtlinge auf Erlaß des Wirtschaftsministeriums bevorzugt behandelt werden. Vgl. Ilse Unger, Die Bayernpartei. Geschichte und Struktur 1945–1957, Stuttgart 1979, S. 17.

[87] StAM, LRA Rosenheim 57249 vom Juni 1945.

[88] Vgl. StAM, LRA Rosenheim 56632 vom Oktober 1945.

[89] Im Landkreis Augsburg etwa war Ende 1944 der Anteil der einzelnen Handwerksbetriebe gegenüber 1939 wie folgt zurückgegangen:

Bäcker	25,4%	Schuhmacher	50,8%
Friseur	72 %	Elektriker	71,4%
Schreiner	43,8%		

Quelle: BayHStA, MA 106695 vom August 1944.

che Handwerksbetriebe waren wegen der Einberufungen von Meistern und Gesellen geschlossen worden, während mit den Flüchtlingen eine Verdoppelung der örtlichen Verbraucherschaft sowie eine Ausweitung der Konsumansprüche erfolgt war[90]. Vor allem im Schuster- und Schneidergewerbe, zum Teil auch im Einzelhandel erfolgte in vielen Dörfern der Aufbau von Flüchtlingsbetrieben, zumal in diesem Bereich nur ein geringes Startkapital erforderlich war. Insgesamt boten die gewerblichen Neugründungen im Dorf damit auch die Chance zur Verbesserung der vielfach noch unterentwikkelten versorgungsmäßigen Infrastruktur, wobei die Flüchtlinge etwa mit Friseur und Damenschneiderei verstärkt nun auch Dienstleistungsberufe ins Dorf brachten[91]. War man daher wohl auf der einen Seite froh, daß sich mit der verstärkten Niederlassung auch von Flüchtlingsärzten die medizinische Versorgung auf dem Lande verbessert hatte, so zeigten sich auf der anderen Seite immer wieder Ressentiments gegen das „dorffremde Gewerbe". „Although the licensing of a doctor in a district is entirely up to the Ministry of Interior, many local Burgermeister and Landräte simply state that there is no need for a physician in their area", berichtete im Dezember 1948 ein Detachment-Offizier. „In one case the Burgermeister said that the people had been going to town by train to see a doctor and they could continue doing so in the future."[92]

d) Kriminalität und Schwarzmarkt auf dem Lande

Vielen Flüchtlingen boten sich auf dem Lande nur vorübergehend Verdienstmöglichkeiten. Die Notgroschen aus der Fürsorge reichten im Falle der erzwungenen Erwerbslosigkeit für eine Erhaltung des Existenzminimums nicht aus. Sparkonten und den größten Teil des Besitzes hatte man bei Flucht oder Vertreibung zurücklassen müssen, die Regelung eventueller Rentenansprüche war noch ungeklärt. Vielfach mittellos, war daher ein großer Teil der Flüchtlinge auf zusätzliche Wege zur Sicherung des Lebensunterhalts angewiesen. So versuchten auf dem Hof mithelfende Flüchtlinge die geringen Naturallöhne auf dem Schwarzmarkt zu Geld zu machen oder aber gegen andere dringend benötigte Bedarfsgegenstände einzutauschen. Die Grenze zum Verstoß gegen bestehende Gesetze war dabei schnell überschritten. Die Zahl der Bandenüberfälle, Garten- und Felddiebstähle und Holzdelikte war nach 1945 auf dem Lande erheblich. „An diesen Delikten sind Flüchtlinge in erheblichem Maße beteiligt", berichtete im September 1946 der Regierungspräsident von Ober- und Mittelfranken. Verständnisvoll fügte er hinzu: „Es muß aber zugleich festgestellt werden, daß die auf dem Lande untergebrachten Teile dieser Kreise sich in denkbar ungünstiger Lage befinden. Während die Stadtbevölkerung Gemüse und dergleichen im Laden kaufen kann, ist an eine solche Versorgung in den Dörfern meist nicht gedacht. Die Landbe-

[90] In Gerhardshofen beispielsweise hatte sich allein durch die Flüchtlinge die Zahl der Dorfhandwerksbetriebe zwischen 1939 und 1950 von 34 auf 41 erhöht, wobei jedoch die Zahl der Beschäftigten nahezu konstant geblieben ist. Deutlich zeigt sich darin die Tendenz zum krisenanfälligen Ein-Mann-Betrieb. Vgl. Schorr, Gerhardshofen, S. 48f. Vielfach wurde auch eine Reihe von „Not- und Ausweichberufen" in Wandergewerbe und Heimindustrie ausgeübt. Charakteristisch ist beispielsweise das verstärkte Auftreten von „fliegenden Händlern" im Dorf.

[91] Vgl. Scharnagl, Straußdorf, S. 103 und Hans Pausinger, Struktur und Lebensverhältnisse von Gemeinden des südlichen Bayerns unter besonderer Berücksichtigung des Fremdenverkehrs (Schönberg, Unterwössen), Bonn 1954, S. 126.

[92] NA, RG 260, 7/36-2/4 vom 3. 12. 1948.

völkerung ohne Grundbesitz ist auf Gefälligkeit allein angewiesen; wenn diese aussetzt, greifen sie eben zu dem scheinbaren Überfluß vor ihren Augen."[93] Konfrontiert mit dem raschen Anstieg der Eigentumsdelikte auf dem Lande griffen die Bauern zu Selbsthilfemaßnahmen. Flurwachen wurden aufgestellt und ein zwischendörfliches Alarmsystem bei drohenden Überfällen eingerichtet.

Geradezu chaotisch wurden die Verhältnisse auf dem Lande mit der Verschärfung der Ernährungskrise 1946/47, und gelegentlich schlug bäuerlicher Selbstschutz in Selbstjustiz um. Im September 1947 berichtete das Landwirtschaftsamt Staffelstein: „Die Diebstähle nehmen an Umfang zu. In einem Fall wurden 15 Ortsfremde an einem Apfelbaum getroffen, den sie gerade ableerten. Die Gemeinden, wie z.B. Romanstal, richteten eine Art Überfallkommando ein, um größere Plünderungen an Obst zu verhüten. Dabei kam es auch zu Schlägereien ... Die Diebstähle werden aber nicht nur von Ortsfremden ausgeführt; es kam sogar vor, daß der Flurwächter selbst gestohlen hat und daß sich Bauern gegenseitig das Futter stehlen. Vielfach drohen Ortsfremde mit Gewaltmaßnahmen. Die Bauern befürchten, daß bei weiterer Verschlechterung der Ernährungslage in den Städten mit Brandstiftungen gerechnet werden muß ..."[94] Dazu kam der steigende Unmut über die Verbrechen plündernder und den Schwarzmarkt kontrollierender ehemaliger Fremdarbeiter. Da jüdische DP's eine führende Rolle spielten, verzeichneten die amerikanischen und deutschen Stellen eine kräftige Zunahme des Antisemitismus. Unverkennbar dienten dabei die DP's als Sündenböcke für die Unordnung durch Schwarzmarkt und Schiebertum, wobei jedoch in diesen „schwarzmarktbedingten" Antisemitismus ebenso deutlich auch Stereotypen des traditionellen Antisemitismus einflossen[95].

Da das offizielle Bewirtschaftungssystem die Bedarfsdeckung nicht mehr hinreichend regulieren konnte, hatte sich mit dem Schwarzmarkt eine „zweite Ökonomie" herausgebildet, die mit ihren ungleichen Verteilungsmechanismen eigene Normen und Verhaltensweisen erforderte[96]. Bäuerlicher Ablieferungsboykott, Schwarzhandel und Widersetzlichkeiten bei Hofbegehungen verweisen dabei darauf, daß auch auf seiten der Bauern die offizielle Durchsetzung des Bewirtschaftungssystems als Unrecht erfahren wurde und die neuen Regeln der zweiten Ökonomie das Verhalten bereits entscheidend prägten. „In der Nacht stehlen die Verbrecher, denen wir ohne Waffen nicht entgegentreten können, das Vieh aus den Stallungen, und am Tage beschlagnahmt die Polizei unsere Tiere", zitierte der Rosenheimer Landrat Anfang 1948 Äußerungen der Bauern[97]. Massenhaft kamen nun auch die Bauern mit den bestehenden Gesetzen und staatlichen Normen in Konflikt. Im Landkreis München etwa wurden 1946 120 Bauern zu Geldstrafen von insgesamt 50000 Reichsmark verurteilt, 150 Bauern entzog man die Schlachterlaubnis, 400 Bauern wurden auf die Teil-Selbstver-

[93] BayHStA, Regierung von Ober- und Mittelfranken, AZ 1-64, Bd. 6 vom 17. 9. 1946.

[94] BayLWM, Registratur-Akt 6049e, Berichte der Landwirtschaftsämter vom September 1947. Im Landkreis Deggendorf bewegte beispielsweise wochenlang der Totschlag an einem Flüchtling, der von einem Einheimischen beim Obstdiebstahl erwischt worden war, die Gemüter; StAM, LRA Rosenheim 57248 vom August 1947 und Süddeutsche Zeitung vom 4. 8. 1947.

[95] Vgl. NA, RG 260, 10/85-1/26 vom 27. 8. 1947. Vgl. auch die ausführliche Studie der Intelligence Division vom 14. 10. 1949; NA, RG 260, 7/36-1/1-4, zu „current notes on anti-semitism in Bavaria".

[96] Vgl. dazu insbesondere Lutz Niethammer (Hrsg.), „Hinterher merkt man, daß es richtig war, daß es schief gegangen ist". Nachkriegs-Erfahrungen im Ruhrgebiet. Lebensgeschichte und Sozialkultur im Ruhrgebiet 1930 bis 1960, Bd. 2, Bonn 1983, S. 60ff.

[97] StAM, LRA Rosenheim 57249 vom März 1948.

sorgerration herabgestuft[98]. Diese staatlichen Sanktionen blieben jedoch meist ohne Wirkung und immer öfter mußten gerichtliche und polizeiliche Zwangsmaßnahmen ergriffen werden. Auch die Militärregierung griff zunehmend ein, und zum Teil wurden Landwirte, die der Schwarzschlachtung überführt worden waren, vor das Militärgericht gestellt und bestraft. Im Mai 1946 berichtete das Landwirtschaftsamt von Neuburg vorm Wald: „... Auf Anordnung der örtlichen Militärregierung wurden die 8 schlechtesten Milchlieferer in Haft genommen und verurteilt. Die Urteile, welche von der örtlichen Militärregierung selbst ausgesprochen wurden, lauteten auf 10, 30, 40 und 60 Tage Freiheitsstrafe. 3 Tage nach der Verhandlung wurde der Leiter der Landwirtschaftsstelle telefonisch zur Militärregierung gerufen und über die Verhältnisse der Milch- und Fetterfassung befragt. Nach fast dreistündiger Verhandlung wurden die Bauern aus ihrer Haft entlassen ...“[99] Das Reaktionsspektrum der Bauern reichte dabei von Kooperation über passiven Widerstand bis zu gewaltsamen Ausschreitungen. „Die Anordnungen z. B. der Anbauplanung aber auch andere begegnen nicht selten einem Widerstand, der zwar nicht ausgesprochen wird, sich aber als passive Resistenz erweist“, berichtete beispielsweise der Leiter des Landwirtschaftsamts Landshut im Juli 1947. „Es wurde mir von einem Ortsobmann erklärt, daß in seiner Gemeinde die Ölfrüchte einfach zum größten Teil nicht angebaut wurden; nicht einmal der Versuch wurde dazu gemacht, sondern die Angelegenheit mit der Bemerkung abgelehnt, ‚die können sagen was sie wollen‘. Er wisse sich nicht mehr zu helfen.“[100] Immer wieder verwehrten mit Stöcken bewaffnete Einwohner den Beamten des Ernährungsamtes unter Beschimpfungen den Zutritt zu ihren Höfen. Im Landkreis Pegnitz bedrohten 35 Bauern die Beamten, die mehrere „schwarze“ Milchzentrifugen beschlagnahmen wollten. Erst mit Hilfe der Polizei konnte die Erfassung durchgeführt werden[101]. Man sprach von „Gestapomanieren“, klagte über Übergriffe und bezeichnete die Beschlagnahmeaktionen als „nichts anderes als kommunistische Zustände“, wobei gerade das Einschalten der Polizei als Kriminalisierung des bäuerlichen Verhaltens empfunden wurde[102].

Die zunehmende Beteiligung der Bauern an Schwarzmarktgeschäften war jedoch – angesichts der Bekleidungs- und Betriebsmittelknappheit auf dem Lande – zum Teil auch tatsächlich Ausdruck einer äußerst präkeren Lage. Bei den Bauern zeigte sich besonders deutlich das ambivalente Rechtsbewußtsein und die doppelte Moral hinter den Verhaltensweisen, die gleichsam voneinander abgekoppelt je nach Betroffenheit bzw. Einbezogenheit in die jeweilige Marktsphäre aktiviert wurden. Die eigenen Verstöße gegen geltende Gesetze wurden keineswegs als kriminell angesehen, da immer das Motiv der individuellen Notlage geltend gemacht wurde. Diejenigen aber, die man für die eigene materielle Misere verantwortlich machen zu können glaubte, konnten in den Augen der Bauern gar nicht hart genug bestraft werden. Im Dorf wurde dabei deutlich zwischen der Motivation abweichenden Verhaltens von seiten der Flüchtlinge und der Bauern unterschieden. Die Gesetzesverstöße der Bauern betrafen nicht das

[98] Vgl. auch NA, RG 260, 10/85-3/6 vom 14. 3. 1946.

[99] BayLWM, Registratur-Akt 6049e vom Mai 1946. Vgl. auch BayHStA, MArb 7762, Bericht des Regierungspräsidenten von Unterfranken vom Dezember 1947.

[100] BayLWM, Registratur-Akt 6049e vom Juli 1947.

[101] Vgl. dazu und zu weiteren Vorfällen bei der Kartoffelerfassung Süddeutsche Zeitung vom 8. 11. und 20. 12. 1947.

[102] StAM, Polizeipräsidium Oberbayern, Nr. 607, Bericht vom November 1947.

Gefüge der Dorfgemeinschaft, da sie kollektiv vollzogen, gebilligt oder mitgetragen wurden. Dies war um so eher möglich, als Tausch- und Schwarzhandel an traditionelle Verhaltensweisen anknüpften. Bei den Bauern war es seit jeher üblich gewesen, etwa Leistungen der Handwerker durch Naturalien zu entgelten. Der Schritt zum Verstoß gegen die Bewirtschaftungsvorschriften war daher klein. Die Bauern waren darüber hinaus über die Systembrüche hinweg mit der Kontinuität des verhaßten Erfassungssystems konfrontiert. Für sie machte es wohl kaum einen qualitativen Unterschied, ob Zwangsmaßnahmen und Erfassungsaktionen im Nationalsozialismus oder unter dem Besatzungsregime erfolgten; die Kuh war weg, die Milch mußte abgeliefert werden – das war es, was vor allem zählte. Obwohl diese praktizierte Unehrlichkeit die Dorfbewohner bis zu einem gewissen Grad solidarisierte, konnten jedoch die ungleichen Verdienstmöglichkeiten der größeren und kleineren Bauern auf dem Schwarzen Markt immer wieder auch zu Spannungen und Konflikten führen[103]. Je heimlicher Schwarzmarkt und Lebensmittelhorten abgewickelt wurden, desto mehr Mißtrauen wurde im Dorf zwischen den einzelnen Gruppen gesät. War man bei einer Hofbegehung „aufgeflogen", so wurden manchmal auch die Verstecke des Nachbarn angegeben. Die Versorgungskrise hat also nicht nur Flüchtlinge, sondern auch Einheimische an den Rand der Illegalität getrieben.

Lebensmitteldiebstahl, Schwarzmarktvergehen und Schleichhandel wurden nun zu Massenphänomenen, durch die auch auf dem Lande eine weitere Konfliktlage geschaffen wurde: der Konflikt breiter Schichten mit dem Gesetz. „Gelingt es nicht, der Not einigermaßen Herr zu werden", bemerkte dazu der Tölzer Landrat im November 1946, „dann gehen wir anarchischen Zuständen entgegen. Anzeichen dafür sind schon genügend vorhanden. Unter der derzeitigen Not werden die ruhigsten Menschen zu Radikalisten, die ordentlichsten Bürger zu Dieben. Eine Rückkehr zu Recht und Ordnung ist erst dann wieder möglich, wenn die Not einigermaßen gelindert werden kann."[104] Auch auf dem Dorf drohten daher die gültigen Ordnungs- und Wertvorstellungen von einer „neuen Moral" abgelöst zu werden[105]. Aus der schnellen Auflockerung kollektiv verbindlicher Normen und dem Übergang zu individueller Selbsthilfe entstand gleichsam eine „Grenzmoral", das heißt eine Verhaltensorientierung bis an die Grenzen, bis zu denen man die zwangswirtschaftlichen Anordnungen auch übertreten konnte, ohne in größere Unannehmlichkeiten zu geraten[106].

e) Dörfliche Religiosität im Wandel

Die Erfahrungen von Nationalsozialismus und Krieg hatten vielfach widersprüchliche Veränderungen im katholischen wie im evangelischen Milieu auf dem Lande bewirkt. Einerseits waren die Pfarrgemeinden unversehrt geblieben oder gar gestärkt worden. Andererseits ließen sich die säkularisierenden Einflüsse des Nationalsozialismus, der

[103] Vgl. auch Kurt Wagner und Gerhard Wilke, Dorfleben im Dritten Reich: Körle in Hessen, in: Detlef Peukert und Jürgen Reulecke (Hrsg.), Die Reihen fast geschlossen. Beiträge zur Geschichte des Alltags unterm Nationalsozialismus, Wuppertal 1981, S. 102.

[104] StAM, LRA Tölz 134066 vom November 1946.

[105] Vgl. ausführlich zu diesem Aspekt auch Niethammer, Hinterher merkt man, S. 60f.

[106] Der Begriff der Grenzmoral geht zurück auf Werner Schöllgen, Der Mensch und seine sozialen Gebundenheiten, Essen 1946. Vgl. dazu auch Heinrich Niehaus, Der Bauer in der Wirtschafts- und Gesellschaftsordnung. Versuch einer agrarpolitischen Orientierung, Köln 1948, S. 42.

Truppeneinquartierungen, Fremdarbeiter und städtischen Evakuierten nicht übersehen. Dieses uneinheitliche Bild schlägt sich auch in den Visitationsberichten der letzten Kriegsjahre nieder. Wenn auf der einen Seite immer wieder von einem Sinken der Abendmahlsziffern, Kirchenaustritten oder davon berichtet wird, daß „die Berührung der Gemeinde während des Krieges mit Elementen, die der Kirche fremd gegenüber stehen, der Gemeinde auch auf sittlichem Gebiet geschadet hat“[107], zeigte sich auf der anderen Seite ein weitgehend intaktes Gemeindeleben, in dem gerade in den letzten Kriegsjahren die Kirchlichkeit zugenommen hatte und ein Anstieg des Gottesdienstbesuchs und der Bibelstunden zu verzeichnen war. Dabei machte sich auch eine spezifische „Kriegsfrömmigkeit“ bemerkbar, die mit zunehmender Verschlechterung der allgemeinen Lage auch bestehende Unterschiede in Konfession und religiöser Mentalität zwischen Einheimischen und städtischen Evakuierten verdeckte[108].

Nachdem die Pfarrer in den Visitationsberichten der letzten Kriegsjahre geradezu erleichtert festgestellt hatten, daß der Nationalsozialismus der Religiosität auf dem Lande relativ wenig anhaben konnte, versuchten sie nach Kriegsende gerade im dörflichen Bereich „das kirchliche Leben sofort in altem Umfang wieder aufzunehmen“[109]. Gottesdienste, Bibelstunden und der Aufbau von kirchlichen Jugendgruppen sollten dazu dienen, die „Jugend neu zu sammeln“, aber auch dem allgemein gesteigerten Bedürfnis nach religiös-kirchlichen Orientierungshilfen entgegenkommen[110]. Auch der Erfolg seelsorgerischer Bemühungen bei Kriegsgefangenen und Heimkehrern zeigte nach Meinung der Pfarrer, „daß sie durchaus wieder erfaßbar sind“[111]. Die überall bemerkbaren Tendenzen einer „neuen Frömmigkeit“ schwächten sich jedoch schnell wieder ab. Geradezu schockiert mußten die Ortspfarrer bald feststellen, daß die allgemeine „Lauheit und Gleichgültigkeit in kirchlichen Dingen“ hinter der Fassade von Kriegsfrömmigkeit und neuer Religiosität auch auf dem Lande erheblich fortgeschritten waren[112]. Mancher Pfarrer schien sich gerade den antikirchlichen Druck der NS-Zeit zurückzuwünschen, da „manches Gute mehr erwachsen [würde], wenn der christliche Glaube in den Gemeinden selbst stärker angegriffen [würde]“[113]. Viele Pfarrer beurteilten darüber hinaus die plötzlich wieder gefüllten Kirchen sowie die häufigen Wiedereintritte durchaus kritisch. „Viele wollen ... durch den Besuch des Gottesdienstes bekunden, daß sie keine Nationalsozialisten seien, man fürchtet vielleicht da und dort, der Pfarrer könne durch seinen Einfluß bei den Amerikanern ungünstige Aussagen über diesen und jenen machen.“[114] Anstatt von „reuigen“ Rückkehrern wurde sogar von „Konjunkturrückkehrern“ gesprochen, die aus Opportunitätsgründen von der weitgehend integren Position der Kirchen in der Nachkriegszeit profitieren wollten[115].

107 LKAN, Dekanat Bayreuth Nr. 184. Vgl. auch Dekanat Münchberg Nr. 172.

108 Vgl. LKAN, Dekanat Pappenheim Nr. 138.

109 LKAN, Dekanat Neustadt/Aisch Nr. 37 vom Mai 1945.

110 Ebd.

111 Ivo Zeiger, Kirchliche Zwischenbilanz 1945, in: Stimmen der Zeit 100 (1975), S. 303. Darüber hinaus wurden auch Schulungskurse für BDM-Führerinnen durch Ordensfrauen „mit gutem Erfolg“ gehalten.

112 Vgl. etwa den Visitationsbericht vom Januar 1947; LKAN, Dekanat Bayreuth Nr. 184.

113 LKAN, Dekanat Kulmbach Nr. 164.

114 LKAN, Dekanat Neustadt/Aisch Nr. 37 vom Sommer 1945.

115 Vgl. auch Der Landkreis Miesbach. Ein Zeitbuch der Nachkriegsjahre, hrsg. vom Landratsamt Miesbach, Miesbach 1952, S. 74. Genauere Zahlen zur Kirchenzugehörigkeitsbewegung – zumal nach Stadt und Land differenziert – fehlen weitgehend. Vgl. einige Hinweise in: Statistisches Jahrbuch für Bayern 1952, S. 412.

In dieser Situation, in der die Kirche auch auf dem Lande mit einer schon ‚gebrochenen' Religiosität zu tun hatte, brachte der Flüchtlingszustrom neue, oft ambivalente Veränderungen. Die Einheimischen wurden nun mit einer gleichsam säkularisierten Religiosität konfrontiert, in der sich die Verbindlichkeit kirchlicher Normen abgeschwächt hatte und die im Unterschied zur oft starren Kirchenfrömmigkeit auf dem Lande das tatsächliche Verhalten weit weniger bestimmte[116]. Immer wieder tauchte in den Visitationsberichten der Pfarrer Kritik über die „unkirchliche Haltung" der Flüchtlinge sowie das „häufige Fernbleiben vom Kirchgang" auf, so daß sich „gewisse Animositäten gegen die Flüchtlinge breit [machten], da diese zum großen Teil ebenso laue Christen wie Arbeiter zu sein scheinen"[117]. Viele Pfarrer glaubten daher, die sich allgemein abschwächende Kirchlichkeit auf dem Lande auf die Anwesenheit der Fremden und deren „verderblichen Einfluß" zurückführen zu können. Im März 1947 klagte etwa ein Dorfpfarrer im Landkreis Friedberg gegenüber der Militärregierung, „that the expellees from the Sudetenland lost their faith because they were expelled with little or no belongings, and they brought religious bolshevism to Bavaria. Expellees ruin the good customs of the natives, and the Church cannot make any concessions to the liberal Catholicism of the refugees because this would disturb the orthodox faith of the natives. On the other side, the Sudetenland expellees feel that the Bavarian way is too strict, and they will never bow down to this form of discipline. This, naturally, does not help the social integration of the two classes."[118]

Zu Reibereien im Dorf führten darüber hinaus Unterschiede im religiösen Brauchtum sowie abweichende Formen des Gebetes, der Liturgie oder des Liedguts. Im katholischen Bereich kamen vor allem sogenannte Flüchtlingswallfahrten oder neue Formen der Heiligenverehrung auf, aber auch die Volkssingmesse und der Umgang um den Altar bei der Trauung. Im protestantischen Bereich tauchten die österliche Morgenandacht auf dem Friedhof auf, die bis dahin nur im Osten üblich gewesen war; manchmal wurde auch auf die altlutherische Liturgie zurückgegriffen[119]. „Die Vertriebenen wollen ihren heimatlichen Gewohnheiten mit unzähligen Seelenämtern, Prozessionen usw. treubleiben, wollen am liebsten nur ihre Lieder singen", so lautete die häufige Klage vieler Einheimischen. „Wer hat hier die älteren Rechte? Wir haben die Fremden nicht gerufen. Sie dürfen nicht vergessen, daß sie schließlich nur Gäste sind. Zu Beginn des Advents hat das der Herr Vikar einmal offen gesagt. Seitdem bleiben viele weg ..."[120]

[116] Allgemein zu den Veränderungen, die sich durch die Flüchtlinge im religiösen Bereich vor allem auf dem Lande ergeben haben, vgl. Franz Spiegel-Schmidt, Religiöse Wandlungen und Probleme im evangelischen Bereich, in: Eugen Lemberg und Friedrich Edding (Hrsg.), Die Vertriebenen in Westdeutschland, Bd. 3, Kiel 1959, S. 23 ff. und Alfred Kindermann, Religiöse Wandlungen und Probleme im katholischen Bereich, in: ebd., S. 92 ff.

[117] Vgl. LKAN, Dekanat Weiden Nr. 276 sowie Ernst T. Mader, Braune Flecken auf der schwarzen Seele. Ein Allgäuer Dorf von den zwanziger Jahren in die Fünfziger, Blöcktach 1983, S. 132. Zumindest bei den jugendlichen Flüchtlingen im Dorf scheint sich nach den Untersuchungen von Ulrich Planck und Herbert Wollenweber (Hrsg.), Die Lebenslage der westdeutschen Landjugend, München 1956, S. 213, tatsächlich ein erheblicher Unterschied beim sonntäglichen Kirchgang ergeben zu haben.

[118] NA, RG 260, 10/85-2/1 vom 12. 3. 1947.

[119] Vgl. Alfred Karasek-Langer, Brauchtumswandel in Bayern durch den Zustrom an Heimatvertriebenen, in: Bayerisches Jahrbuch für Volkskunde 1953, S. 127 und Alfred Karasek-Langer, Volkskundliche Erkenntnisse aus der Vertreibung und Eingliederung der Ostdeutschen, in: Jahrbuch für Volkskunde der Heimatvertriebenen 1 (1955), S. 54 f.

[120] Das Zitat bei Kindermann, Religiöse Wandlungen, S. 146.

Auf traditionelle Frömmigkeitsformen berief man sich wohl auch deshalb, um sich von der „anderen Frömmigkeit" der Flüchtlinge zu unterscheiden und diese dadurch auch im religiös-kirchlichen Verhalten als Fremde zu kennzeichnen. „Es wurde festgestellt, daß trotz Opposition von Seiten mancher Flüchtlinge an der alten Sitte der Anmeldung zum Abendmahl festgehalten werden muß", hieß es beispielsweise in einem Bericht aus dem Dekanat Erlangen. „Der Dekan schlägt vor, eventuell durch geeignete Flugschriften auch die Flüchtlinge zum neuen Verständnis für Beichte und Abendmahl zu bringen und über gebräuchliche Sitten aufzuklären."[121] Die bestehenden Unterschiede im religiösen Verhalten beschrieb im März 1947 auch der Detachment-Offizier aus dem schwäbischen Landkreis Friedberg: „There is a wide difference of opinion and habits between Bavarians and refugees, especially in the field of religion. Bavarian priest state that the Sudetengau Catholics lack the piety and general religious demeaner of the accepted Bavarian Catholicism: Many Sudetengau Catholic refugees have already complained that they will never allow their children to get under the influence of the Bavarian Catholic priests. This condition exists through the Kreis: however, it is more prominent in the rural districts. This conflict will prove to be one of the major obstacles to any plan for absorption of the refugees into the community."[122] Zu Reibereien und Konflikten führte es etwa auch, wenn die Flüchtlinge in Unkenntnis des dörflichen Brauchtums die traditionellen, nach sozialer Stellung und Geschlecht festgelegte Sitzordnung in der Kirche verletzten[123]. Wie in der Gemeinde Piding (Landkreis Berchtesgaden), so kam es auch in einer Reihe anderer Dörfer sogar zur Verweigerung der Beerdigung von Flüchtlingen auf dem dörflichen Friedhof, so daß die Flüchtlingsgräber außerhalb der Friedhofsmauern lagen. Oftmals waren die Dorffriedhöfe einfach auch zu klein geworden.[124]

Hinter vielen Abwehrhaltungen gegenüber kirchlichem Brauchtum und religiösem Verhalten der Flüchtlinge stand die Erfahrung des nun auch im Umbruch begriffenen Gefüges der Pfarrgemeinden. Überall entstanden durch den Flüchtlingszustrom Diasporagemeinden und viele Gemeinden wurden im Gefolge der zunehmenden Mobilität auf dem Lande zu sogenannten „Flugsandgemeinden", die „kein festfundiertes Gepräge mehr tragen, keine althergebrachten Traditionen besitzen, kein einheitliches Gebilde, sondern eher ein Konglomerat darstellen, wo die verschiedenen Sitten und Gebräuche zuweilen unliebsam einander begegnen und zu Mißverständnissen führen"[125]. Vor allem in den evangelischen Regionen Frankens wurde der örtliche Aufbau einer – meist aus Flüchtlingen bestehenden – katholischen Nachbarpfarrei als Einbruch in den traditionellen Besitzstand und das kirchliche Milieu auf dem Dorf verstanden. Der Pfarrer der Gemeinde Bürglein (Dekanat Windsbach) bemerkte etwa dazu: „Es geht nicht an, daß die Konfession, die heute noch in unserem evangelischen Franken zu Gast ist, in überfallartiger Weise in unsere kirchlichen Gebäude und Belange einzudringen versucht ... Der Kirchenvorstand hat volles Verständnis gezeigt für die Abwehrmaßnahmen, die diesen Versuchen gegenüber von der Kirchenleitung unternommen worden sind ..."[126] Anlaß zur Klage gaben auch die im ländlichen Be-

[121] LKAN, Dekanat Erlangen Nr. 114 vom August 1948.
[122] NA, RG 260, 10/85-2/1 vom 12. 3. 1947.
[123] Vgl. Pausinger, Lebensverhältnisse, S. 34.
[124] Vgl. Klerusblatt 10 (1949), S. 97 und StAM, LRA Berchtesgaden 30751 vom Juli 1948.
[125] LKAN, Dekanat Muggendorf Nr. 34. Vgl. auch LKAN, Dekanat Kempten Nr. 40.
[126] LKAN, Dekanat Windsbach Nr. 103 vom Juni 1946.

reich nun immer zahlreicheren Mischehen. In einigen Gemeinden war nahezu die Hälfte der Ehen konfessionsverschieden, wobei der überwiegende Teil der Ehen im katholischen Ritus geschlossen wurde[127].

Die anfängliche Abwehrhaltung der Einheimischen wich allerdings schnell einer gewissen Aufgeschlossenheit gegenüber den neuen Frömmigkeitsformen der Fremden, die dem manchmal etwas verkrustet langweiligen Gemeindeleben auch neue Anstöße erteilen konnten. Im evangelischen Bereich kamen z.B. maiandachtsähnliche Abendfeiern, wochentags offene Kirchen und neue Formen der Messe auf, während sich in den katholischen Gemeinden vielerlei Anknüpfungspunkte beim Wallfahrtswesen und der Heiligenverehrung ergaben[128]. Je länger die Flüchtlinge im Dorf waren, um so häufiger mußten viele Pfarrer nun feststellen, daß das langsame Abbröckeln der kirchlichen Sitten nicht nur eine Folge des Flüchtlingszustrom war, „sondern auch der deutlich erkennbaren Verweltlichung auf dem Dorf“[129]. Andere Pfarrer konstatierten geradezu eine „Verlebendigung des kirchlichen Gemeindelebens“ und eine „Bereicherung der Pfarrei durch die Flüchtlinge“[130]. Im April 1948 berichtete der Dekan des Bezirks Weiden: „Manche neue und frische Impulse empfingen dabei unsere eingesessenen Gemeinden durch die aus dem Osten unseres Vaterlandes vertriebenen Glaubensbrüder, die in den katholischen Gebieten der Oberpfalz lebendige neue Mittelpunkte evangelischen Lebens schufen; in anderen Gemeinden lebten sie sich gut in die einheimische Stammgemeinde ein und trugen oftmals auch dort zu neuem, regen Leben bei ... Die vielen Flüchtlinge haben das Bild der Gemeinde und auch der Gottesdienste verändert ... Ein Geistlicher berichtet, daß in der Bibelwoche die Teilnehmer bisher geschwiegen haben, jetzt aber durch die redseligen Schlesier lebendiger geworden seien.“[131]

Darüber hinaus scheinen die Flüchtlinge auch zu einer gewissen Verständigung zwischen den beiden, früher streng getrennten Konfessionen beigetragen zu haben. Evangelische Gemeinden überließen ihre Kirchen zeitweise der katholischen Diasporagemeinde, und katholische Gemeinden öffneten ihre Friedhöfe für evangelische Begräbnisse. „Manche evangelische Gemeindemitglieder, die als Flüchtlinge in die katholischen Dörfer geraten sind, sorgen zur Freude unserer Gemeinde dafür, daß wenigstens ganz dumme und altüberlieferte Ansichten über die evangelischen Christen ihr Daseinsrecht verlieren“, berichtete ein Pfarrer aus dem Dekanat Muggendorf[132].

Während den Flüchtlingen in den Anfangsjahren auch im religiös-kirchlichen Bereich vielfach Ablehnung entgegenschlug und sie oft für den Rückgang der Religiosität auf dem Lande verantwortlich gemacht worden waren, wurde ihr Einfluß auf das

[127] Vgl. LKAN, Dekanat Bayreuth Nr. 184 und LKAN, Dekanat Windsbach Nr. 320. Vgl. auch Statistisches Jahrbuch für Bayern 1952, S. 40.

[128] Vgl. Karasek-Langer, Brauchtumswandel, S. 127.

[129] LKAN, Dekanat Bayreuth Nr. 184. Vgl. auch LKAN, Dekanat Erlangen Nr. 114. Im Dekanat Pappenheim etwa war der Anteil der konfessionsverschiedenen Ehen bereits von 1943 bis 1945 um ca. 15% gestiegen. Spiegel-Schmidt, Wandlungen, S. 76f., hat für die evangelische Kirche „äußere und innere“ Frömmigkeitsindikatoren für verschiedene Gemeindetypen im Zeitvergleich der Vor- und Nachkriegszeit statistisch zu erfassen versucht. Für die dörfliche Repräsentativgemeinde ergab sich dabei ein Rückgang der Tischgebetsitte um nahezu 30%, ebenso beim Abendgebet mit den Kindern.

[130] Vgl. LKAN, Dekanat Weiden Nr. 276.

[131] Ebd.

[132] LKAN, Dekanat Muggendorf Nr. 34, Bericht aus der Gemeinde Kirchahorn über die Entwicklungen seit 1948.

kirchliche Leben im Dorf seit 1948 zunehmend positiver beurteilt. Deutlich zeigten sich dabei neben den spezifischen Veränderungen durch den Zustrom der Flüchtlinge auch langfristige Tendenzen der Säkularisierung im kirchlich-religiösen Verhalten. Einerseits wurde die zunehmende Auflösung der Einheit von Religion und Lebensverhältnissen sowie die Individualisierung in der Praktizierung des Glaubens durch den Flüchtlingszustrom verstärkt. Andererseits jedoch bereicherten die Flüchtlinge durch neue Frömmigkeitsformen das religiöse Brauchtum der Einheimischen und bewirkten eine Vertiefung und Verlebendigung der kirchlich-religiösen Verhältnisse. Starrer Traditionalismus im kirchlichen Bereich wurde vielfach aufgelöst, gleichzeitig aber auch konfessionelle Abgrenzungen aufgelockert und verwischt.

f) Das Heiratsverhalten

Hinter den Vorurteilen gegenüber der Religiosität der Fremden stand meist auch der Vorwurf moralischen Fehlverhaltens; er richtete sich aber weniger an die Flüchtlinge. Natürlich nahmen viele Anstoß an den „wilden Ehen" der Flüchtlinge im Dorf, die aber oft nur auf die beengten Wohnverhältnisse zurückzuführen waren. Im Mittelpunkt der Kritik an den „verheerenden sittlichen Zuständen" auf dem Lande standen jedoch die städtischen Evakuierten[133]. Aus der Gemeinde Blöcktach (Landkreis Kaufbeuren) berichtete 1948 der Pfarrer: „Unwürdig benehmen sich ehrlose Weiber, meist Evakuierte, die mit Amerikanern tanzen, schmausen und Liebeshändel anknüpfen. Die einheimischen Mädchen halten sich löblicherweise von solchem Tun zurück."[134] Konkubinat, Prostitution und Vergnügungssucht schienen durch die Fremden aufs Land gekommen zu sein und drohten nach Meinung vieler Einheimischer die „Moral des Dorfes" zu verderben. Berühmtberüchtigt wurde in diesem Zusammenhang die Äußerung des Rosenheimer BBV-Vorsitzenden Fischbacher, die Ehe zwischen bayerischen Bauernburschen und evakuierten „geschminkten Weibsen mit lackierten Fingernägeln" sei ein „Verrat am Bauernstand" und eine „Blutschande"[135].

Was aber von vielen Einheimischen als verderblicher Einfluß durch die Fremden gebrandmarkt wurde, war vielfach nur Ausdruck nachkriegsspezifischer Entwicklungen, die auch die ländlichen Regionen erfaßten. So stiegen auch auf dem Lande Geschlechtskrankheiten, uneheliche Geburten und Scheidungsraten. 1946 wurden in Bayern beispielsweise 39,3 Prozent aller unehelich Geborenen in Gemeinden unter 2000 Einwohner registriert; 1950 sogar 43,9 Prozent[136]. Ein sprunghafter Anstieg um das Vierfache ist auch zwischen 1946 und 1947 bei den Scheidungen festzustellen, wobei gegenüber 1938 auch die primär agrarisch geprägten Gerichtsbezirke einen hohen Zuwachs zu verzeichnen hatten. „This means", so eine Studie der Intelligence-Division, „that even areas which are almost entirely rural have been seized by the divorce

[133] NA, RG 260, 10/85-2/1 vom 12. 3. 1947.

[134] Mader, Flecken, S. 132.

[135] Jakob Fischbacher in einer Rede Anfang 1947 in Wasserburg, zit. nach Unger, Bayernpartei, S. 27. Ähnliche Bemerkungen soll auch der Pfarrer von Wiesentheid (Lkr. Würzburg) gemacht haben. Vgl. Klerusblatt 4 (1946), Beilage S. 7.

[136] Absolut ist die Zahl der unehelich Geborenen in den Dörfern jedoch bis 1950 gesunken, wobei bis 1949 das höhere Niveau gegenüber 1938 erhalten blieb. Vgl. Statistisches Jahrbuch für Bayern 1952, S. 105.

wave, probably due to the resettlement of population and the influx of expellees and evacuees."[137]

Mit der Rückkehr der Evakuierten und der zunehmenden Seßhaftwerdung der Flüchtlinge auf dem Lande verloren die Vorwürfe wegen moralisch-sittlichen Fehlverhaltens jedoch an Bedeutung und mehr und mehr waren nun auch Heiraten zwischen Flüchtlingen und Einheimischen zu verzeichnen. 1948 schlossen insgesamt 16344 Flüchtlinge eine Ehe mit einem Einheimischen. Bezogen auf die Gesamtzahl der Eheschließenden in Bayern betrug der Anteil der in „Mischehen" Verheirateten damit knapp 17,2 Prozent[138]. Das Heiratsverhalten, Indikator für den Grad der Integration der Flüchtlinge und damit auch für die Chancen des innerdörflichen sozialen Aufstiegs der Dorffremden, wies erhebliche regionale Unterschiede auf[139]. Da die Flüchtlinge in den Städten weit eher eine Beschäftigung und damit eine Existenzgrundlage finden konnten, war hier naturgemäß die Quote der Eheschließungen höher als auf dem Lande, wo sich Flüchtlinge häufig schwer taten, eine einträgliche Arbeit zu finden. Von 1000 Flüchtlingen heirateten auf dem Lande fast nur halb so viele wie in der Großstadt. Immerhin suchte sich von den Heimatvertriebenen, die 1948 eine Ehe schlossen, jeder zweite einen in Bayern einheimischen Ehepartner. Erneut war dabei der Anteil der Ehen auf dem Lande mit 47,4 Prozent bedeutend niedriger als in der Großstadt (63,9 Prozent). Ein Vergleich innerhalb der Flüchtlingsgruppen zeigt dabei, daß für die Sudetendeutschen die Heiratsmöglichkeiten am geringsten waren.

Bedingt durch die enormen Kriegsverluste, die den Anteil der heiratsfähigen Männer drastisch reduziert hatten, war der Anteil der Männer unter den Flüchtlingen, die eine „Mischehe" eingingen, mit 62 Prozent wesentlich höher als bei den Frauen (38 Prozent). Die männlichen Flüchtlinge besaßen aufgrund des kriegsbedingten Frauenüberschusses, der gerade auf dem Lande durch den Flüchtlingszustrom noch verstärkt worden zu sein scheint, eine erheblich bessere Chance zu einer Familiengründung[140]. Dieser gravierende Unterschied zwischen den Heiratschancen der männlichen und weiblichen Flüchtlinge erklärt sich unter anderem auch daraus, daß vielfach die in Bayern heimischen Frauen ein gewisses Vermögen in die Ehe mitbrachten. Eine Folge davon war, daß einerseits eine Reihe sonst zur Ehelosigkeit bestimmter einheimischer Bauerntöchter einen Ehepartner finden konnte, während andererseits die Ehelosigkeit der weiblichen Flüchtlingsbevölkerung zusätzlich erhöht wurde. Gleichsam in der

[137] Vgl. NA, RG 260, 7/36-2/4 vom 17. 12. 1948: „Divorce in Bavaria". Vgl. ebd. etwa die Anzahl der Scheidungen auf 10000 der Bevölkerung in den Gerichtsbezirken Traunstein (1938: 4,4 – 1947: 16,9), Deggendorf (0,8 / 13,7), Landshut (2,1 / 11,6) und Regensburg (1,9 / 8,1).

[138] Zum folgenden vgl. Die Eheschließungen der Heimatvertriebenen in Bayern 1948, in: Bayern in Zahlen 3 (1949), S. 196f. und Die Heiratsfreudigkeit bei Einheimischen und Vertriebenen, in: Bayern in Zahlen 7 (1953), S. 422. Insgesamt heirateten 1948 von den ca. 1,5 Mio. auf dem Lande lebenden Flüchtlingen 25399 (= 16,1‰), von denen in 7420 Fällen nur der Mann, in 4629 Fällen nur die Frau und in 6675 Fällen beide Ehepartner Heimatvertriebene waren.

[139] Dabei heirateten die Flüchtlinge im Vergleich zu den Einheimischen insgesamt weniger. Nicht zuletzt als Folge der schlechten wirtschaftlichen Lage wiesen die Flüchtlinge mit 17,6‰ eine um 2,9‰ niedrigere Eheschließungsziffer auf. Die demographischen Gegebenheiten spielten dabei weniger eine Rolle, da Einheimische und Flüchtlinge eine nahezu gleiche Altersstruktur aufwiesen.

[140] Ende 1946 betrug der Anteil der Frauen bezogen auf 100 Männer 120, während bei den Flüchtlingen 122 Frauen auf 100 Männer trafen. Regional und lokal ergaben sich jedoch zum Teil weit höhere Unterschiede wie etwa im Regierungsbezirk Schwaben: Einheimische 100:123, Flüchtlinge 100:130 oder in einem schwäbischen Dorf mit 100:107 bei den Einheimischen und 100:127 bei den Flüchtlingen. Vgl. Statistisches Jahrbuch für Bayern 1947, S. 26 und Gerhard Heß, Wandlungen im Leben eines bayerischen Dorfes durch Kriegs- und Nachkriegszeit, in: Archiv der Deutschen Landwirtschafts-Gesellschaft 4 (1949), S. 39.

Konkurrenz um die heiratsfähigen Männer zogen die weiblichen Flüchtlinge, „Habenichtse" wie ihre männlichen Schicksalsgenossen, gegenüber den einheimischen Frauen zunächst häufig den kürzeren. Bis 1952 lassen sich jedoch auch hier erhebliche Verschiebungen feststellen. Nicht nur, daß im Gefolge des wirtschaftlichen Aufschwungs nun die Flüchtlinge insgesamt häufiger heirateten, auch die Zahl der Ehen, in denen beide Ehepartner Vertriebene waren, nahm zugunsten der „Mischehen" ab. 1950 gingen insgesamt 21 228 Flüchtlinge eine Ehe mit einem einheimischen Partner ein. Bezogen auf die Gesamtzahl der Eheschließenden betrug der Anteil der in „Mischehen" Verheirateten damit 23,1 Prozent, 1952 sogar 24,8 Prozent[141]. Den Hauptanteil dieser Zunahme der Ehen zwischen Einheimischen und Vertriebenen stellten die weiblichen Flüchtlinge; die Zahl der Heiraten von Flüchtlingsfrauen erhöhte sich gegenüber 1948 um über 40 Prozent. Die Heiratschancen der einheimischen und vertriebenen Frauen hatten sich damit angeglichen[142]. Der Anstieg der „Mischehen" seit 1948 betraf zunehmend auch die ländlichen Gebiete, wobei sich aber die Eingliederung der Flüchtlinge über die Heirat nach wie vor am schnellsten in industriell-gewerblich geprägten Landregionen vollzog, während sie am schwächsten in ausgesprochenen Fremdenverkehrsgebieten und traditionellen, monostrukturierten Landgemeinden verlief[143].

Ein wesentlicher Grund für die geringe Zahl der „Mischehen" auf dem Lande war die Konfession. Vor allem in relativ konfessionshomogenen Regionen bedeutete die Wahl eines konfessionsfremden Partners ein Abweichen vom traditionellen Heiratsverhalten[144]. Die Klagen der Pfarrer in den Visitationsberichten über die Zunahme der „Mischehen" weisen darauf hin. Aber auch von Seiten der Flüchtlinge gab es zunächst Hinderungsgründe gegen die Heirat mit einem Einheimischen, denn die Heimatvertriebenen rechneten zumindest in den ersten Nachkriegsjahren mit einer Rückkehr in ihre Heimat. Sie erwarteten daher von einem möglichen einheimischen Ehepartner, daß dieser mit zurückginge. Dazu wäre aber wohl kaum ein Ortsansässiger bereit gewesen[145]. Ein weiterer Grund, der eine stärkere Integration zwischen Einhei-

[141] *Die Eheschließenden nach Bevölkerungsgruppen 1948 bis 1952*

Eheschließende	Zahl der Eheschließungen in den Jahren				
	1948	1949	1950	1951	1952
Insgesamt	190 504	180 120	183 646	176 366	165 858
darunter					
Einheimische (ohne Ausländer)	138 597	130 462	135 659	130 937	123 551
Vertriebene	32 826	35 690	40 036	39 790	36 570
davon					
Beide Vertriebene	16 482	17 308	19 352	18 344	15 982
Mann Vertriebener, Frau Einheimische	10 091	10 453	11 422	11 640	10 876
Frau Vertriebene, Mann Einheimischer	6 253	7 929	9 262	9 806	9 712

Quelle: Bayern in Zahlen 7 (1953), S. 422.

[142] Vgl. auch Bayern in Zahlen 9 (1955), S. 1.

[143] Vgl. dazu auch Alfred Karasek-Langer, Volkstum im Umbruch, in: Eugen Lemberg und Friedrich Edding (Hrsg.), Die Vertriebenen in Westdeutschland, Bd. 1, Kiel 1959, S. 683 sowie Karl Valentin Müller, Die Verschwägerung (Konnubium) als soziologischer Maßstab für die Einwurzelung der heimatvertriebenen Bevölkerungsgruppen, in: Raum und Gesellschaft, Bd. 1 (1950), Bremen 1952, S. 117 ff.

[144] Vgl. auch Fritz Rudolph, Strukturwandel eines Dorfes, Berlin 1955, S. 71 f.

[145] Vgl. ebd.

mischen und Flüchtlingen über die Heirat zunächst wohl hemmte, war die soziale Stellung des Flüchtlingsehemannes, der in rund drei Viertel der „Mischehen" als Arbeiter im Wirtschaftsbereich Industrie und Handwerk sein Auskommen fand[146]. Zum einen wurde dadurch die gleichsam standesgemäße Heirat innerhalb der bäuerlichen Bevölkerungsschicht durchbrochen, zum anderen bedeutete dies nicht nur das „Wegheiraten" der Bauerntochter in eine andere Berufsschicht, sondern häufig den Weggang in städtische Regionen[147]. Leider fehlen genaue Zahlen, um die Bedeutung dieser Entwicklung für die ländliche Region einschätzen zu können.

Für die Flüchtlinge bot sich über die Ehe mit einer Einheimischen die Möglichkeit der Einheirat vor allem in wenig attraktive kleinbäuerliche Betriebe oder dort, wo durch den Krieg der männliche Erbe fehlte. In Gerhardshofen (Landkreis Neustadt a. d. Aisch) beispielsweise handelte es sich in den Fällen, in denen Angehörige der einheimischen landwirtschaftlichen Bevölkerung eine Ehe mit Flüchtlingen eingingen, primär um Familien mit Betrieben unter 5 ha, zum Teil mit Nebenerwerb, d.h. um dörfliche „Kümmerwirtschaften". Als nach 1948 über günstige Flüchtlingskredite und Steuervorteile die Integration der Flüchtlinge staatlicherseits gefördert wurde, verbesserte sich die Position der Neubürger auf dem Heiratsmarkt insgesamt. Jetzt stiegen auch die Chancen der Einheirat etwas, wenngleich in Bayern zwischen 1949 und 1957 nur rund 18,5 Prozent der 12409 von Flüchtlingen geleiteten landwirtschaftlichen Betriebe durch Einheirat übernommen worden waren[148].

g) „*Kultur*" *auf dem Lande*

Schon bei der Untersuchung dörflicher Religiosität und der Konflikte um das Eindringen neuer Frömmigkeitsformen hat sich gezeigt, daß mit dem Flüchtlingszustrom eine teilweise Erweiterung der alten kulturellen Traditionen auf dem Lande erfolgte. Dabei konnten die verschiedenen Flüchtlingsgruppen auf zum Teil ganz unterschiedliche Traditionen im Brauchtum, bei Festen, aber auch im Vereinswesen zurückblikken[149]. Diese kulturelle Heterogenität traf nun in den bayerischen Dörfern auf reichhaltige, durch NS- und Kriegszeit sowie durch den Industrialisierungsschub allerdings vielfach im Umbruch begriffene Kulturformen. Tradition und Brauchtum hatten in den Krisenjahren für die Flüchtlinge oft einen hohen Stellenwert. Lieder und Erzählungen hielten die Erinnerung an die Heimat wach, andererseits zogen sich die Einheimischen auf mehr traditionelle Regelungen des dörflichen Zusammenlebens zurück[150]. Deutlich wird dies bei den Autarkiebestrebungen in der Lebensmittelversorgung, der Einrichtung von Selbstverwaltungsgremien unmittelbar nach Kriegsende sowie in den dörflichen Selbstschutzorganisationen gegen die Bandenüberfälle der DP's. Die Unterschiede in Brauchtum und Kultur führten auch hier vorübergehend

[146] Vgl. Bayern in Zahlen 3 (1949), S. 197.

[147] Vgl. dazu etwa Pausinger, Lebensverhältnisse, S. 35.

[148] Vgl. Hans-Heinrich Herlemann, Vertriebene Bauern im Strukturwandel der Landwirtschaft, in: Eugen Lemberg und Friedrich Edding (Hrsg.), Die Vertriebenen in Westdeutschland, Bd. 2, Kiel 1959, S. 79. Vgl. Soziale Sicherung auf dem Lande. Ihre Grundlagen und Erscheinungsformen in der Landwirtschaft. Dargestellt an acht Landgemeinden Nordbayerns, bearbeitet von Helmut Schorr und Walter Dirks, Bonn 1956, S. 145f.

[149] Vgl. dazu Karasek-Langer, Volkskundliche Erkenntnisse, S. 33f.

[150] Vereinzelt wurden auch sogenannte „Exilgemeinden" aufgebaut, die sowohl als Traditionsgemeinschaften wie auch z.T. mit repräsentativähnlichen Gremien konzipiert wurden. Vgl. ebd., S. 32f.

zur Abschottung der eigenen Kultur; zunehmend ergaben sich jedoch auch Anknüpfungspunkte und Vermischungen.

Auffallend ist zunächst eine allgemeine Wiederbelebung dörflicher Traditionen nach dem Krieg. Viele Bräuche hatten ihre ursprünglichen Funktionen verloren oder wurden kaum mehr gepflegt, wobei ein Großteil vor allem der religiösen Bräuche in der NS-Zeit verboten worden war. Einige alte Bräuche – wie etwa der Leonhardiritt, der seit 1938 untersagt worden war – lebten jedoch sogleich nach Kriegsende wieder auf. Daneben wurden die Einheimischen nun aber mit neuen Bräuchen und Traditionen konfrontiert, denen sie zunächst vielfach ablehnend gegenüber standen. Ein Beispiel ist das sogenannte Schmeck-Ostern. Das Bespritzen der Mädchen mit Wasser durch die Burschen am Ostermontag war im Sudetenland und Oberschlesien bis 1945 weithin gültiger Brauch. Bei den Einheimischen stieß diese Sitte auf Unverständnis und da die Ausübung dieses Brauchs auf die Flüchtlinge beschränkt blieb, konnte sich das Schmeck-Ostern in den Dörfern langfristig nicht durchsetzen[151]. Bei den Flüchtlingen gerieten deshalb viele Bräuche in Vergessenheit. Sitten, die in der Heimat für ein ganzes Dorf verbindlich gewesen waren, verloren zum Teil als Folge der Verstreuung, zum Teil aber auch mit dem Übergang von der bäuerlichen zur industriellen Lebensform an Bedeutung oder galten nur noch im Kreis der Familie. Das tiefe Unverständnis für die fremden Traditionen zeigte sich allein schon in dem abschätzigen Ausdruck „Flüchtlingsbrauch". Andererseits blieb aber den Einheimischen nicht verborgen, daß die Flüchtlinge gerade aus ihrem „Kulturreichtum" nicht selten gegenüber den als „brauchtumsarm" bezeichneten Einheimischen einen spezifischen Prestigeanspruch herleiteten. Brauchtum und Kultur waren zunächst das einzige „Kapital", das die Flüchtlinge gegenüber den Einheimischen in die Waagschale werfen konnten[152].

Auch gegenseitige Abneigungen von Flüchtlingen und Einheimischen wurden manchmal über Brauchtumsformen zum Ausdruck gebracht. Es gab angesägte Maibäume, verhinderte Johannisfeuer und flüchtlingsfeindliches Haberfeldtreiben[153]. Die Konflikte, die sich aus den gesellschaftlichen Bedingungen ergaben, wurden innerdörflich und nach traditionellen Regeln ausgetragen: meist individuell, unorganisiert, eher halböffentlich und zum Teil im Rückgriff auf alte Formen des sozialen Protests. Dörfliche Sitten und Traditionen dienten als konfliktregelnde Elemente. Mit dem Einfließen der vielen Flüchtlingsbräuche und deren bewußter Praktizierung durch die Heimatvertriebenen ergab sich oft ein wesentlicher Anstoß zur Wiederbelebung vieler Gewohnheiten, die oft bereits Reliktcharakter angenommen hatten: Die sudetendeutsche Form des Maibaumbrauchtums bewog viele kleine Gemeinden, selbst wieder einen Maibaum aufzustellen. Die Beliebtheit von Kirchweihfesten in Flüchtlingskreisen führte zu einer Renaissance von Volksfesten und Kirchweihfeiern. In Ober- und Niederbayern konnte sich das Sonnwendfeuer sogar gegenüber dem vorher üblichen Johannisfeuer durchsetzen[154].

Vor allem die dörflichen Feste wandelten sich unter dem Einfluß der Flüchtlinge und trugen zur Ausprägung einer spezifischen, nachkriegsbedingten „Vergnügungs-

[151] Vgl. Karasek-Langer, Volkskundliche Erkenntnisse, S. 38.
[152] Vgl. auch Pausinger, Lebensverhältnisse, S. 35.
[153] Vgl. Karasek-Langer, Volkskundliche Erkenntnisse, S. 37.
[154] Vgl. ebd., S. 39 und Karasek-Langer, Brauchtumswandel, S. 119f.

kultur" bei. Zuhauf entstanden vor allem auf Initiative der Flüchtlinge Laienbühnen und Singkreise im Dorf; mit den Flüchtlingen kamen Kino, Tanzkurs und Sportverein aufs Land[155]. Zum Teil wirkten hier wohl auch urbane Kulturbedürfnisse der vielfach aus Kleinstädten stammenden Flüchtlinge; das führte fast zu einer kurzzeitigen „Kulturblüte" im Dorf[156]. Die Flüchtlinge organisierten Wohltätigkeitsbälle und Dorfkulturabende, deren Erlöse nicht zuletzt zur Linderung von Flüchtlingselend und der Verluste durch die Währungsreform dienen sollten und die bei der einheimischen Bevölkerung großen Anklang fanden[157]. Anfang der fünfziger Jahre hatten sich die unterschiedlichen Traditionen und Brauchtumsformen zwischen Flüchtlingen und Einheimischen auf dörflicher Ebene weitgehend vermischt. In einem Bericht des Landratsamtes Lauf a. d. Pegnitz von 1952 hieß es dazu: „Nachdem an den Veranstaltungen der Heimatvertriebenen auch die einheimische Bevölkerung teilnimmt und umgekehrt, werden die Feste und Programmgestaltungen mehr und mehr für die Allgemeinheit zugeschnitten. Reines Brauchtum der einen oder anderen Gruppe ist nur noch vereinzelt festzustellen."[158]

Aber nicht nur die Flüchtlinge veränderten die dörfliche Kultur. Daneben wurden auch Einflüsse der Militärregierung sowie Veränderungen im Gefolge der Technisierung in der Landwirtschaft spürbar. Besonders deutlich wird das am dörflichen Vereinswesen, das nach 1945 einen erheblichen Aufschwung nahm. Im Juli 1946 antwortete der Tölzer Landrat auf die Frage der Militärregierung, „womit die Bevölkerung wirklich und aufrichtig zufrieden sei", unter anderem, „daß zahlreiche Vereine ohne besondere Schwierigkeiten ihre Vereinstätigkeit aufnehmen durften"[159]. Während die Einheimischen gerade in überwiegend bäuerlich strukturierten Gemeinden vor allem die landwirtschaftlichen Interessenvereinigungen als spezifisch ökonomische Zweckverbände wieder ins Leben riefen (Obstbauernverein, Molkereigenossenschaft etc.), wurden Flüchtlinge und Militärregierung vielerorts innovativ tätig. So organisierte die Militärregierung im Zusammenhang mit ihrem Youth-Program vielfach erstmals Sportvereine, Flüchtlinge gründeten Gesangsvereine und Blaskapellen. Das gesellige Leben im Dorf wurde dadurch beträchtlich ausgeweitet. Gerade die neuen, nichtreligiösen Freizeitangebote stießen auch auf Ablehnung. Vor allem die Dorfpfarrer beklagten eine Schwächung des kirchlichen Einflusses durch die Sportvereine[160].

Die Flüchtlinge wollten oft zunächst im Verein unter sich bleiben. Aus dem Gefühl einer sozialen Deklassierung heraus gründeten sie Selbsthilfegruppen, Flüchtlingssuchdienste und „Notgemeinschaften", die häufig das Mißtrauen der Einheimischen erregten. Im Dezember 1948 berichtete etwa das Landratsamt Wunsiedel, „daß in den Kreisen der Neubürger in der letzten Zeit sich eine lebhafte Aktivität und Opposition durch Gründung von sogenannten Hilfs- und Kulturvereinen bemerkbar gemacht [hat], die von der einheimischen Bevölkerung mit Mißtrauen beobachtet [wird]. Bedauerlich ist, daß es die Heimatvertriebenen ablehnen, sich als Neubürger zu bezeichnen

155 Vgl. dazu auch Spiegel-Schmidt, Wandlungen, S. 82.

156 Vor allem die Pfarrer wandten sich gegen die „gefährlichen neuen Sitten" der Flüchtlinge, wobei vielfach ein „Herr-im-Haus"-Standpunkt vertreten wurde.

157 Vgl. StAM, LRA Berchtesgaden 30751 vom November 1948 und Rudolph, Strukturwandel, S. 67.

158 Karasek-Langer, Brauchtumswandel, S. 125.

159 StAM, LRA Tölz 134062 vom Juli 1946. Zum Vereinswesen auf dem Lande vgl. auch Werner Roth, Dorf im Wandel. Struktur und Funktionssysteme einer hessischen Zonenrandgemeinde im sozial-kulturellen Wandel. Eine empirische Untersuchung, Frankfurt 1968.

160 Vgl. NA, RG 260, 10/35-2/1 vom 1. 1. 1947.

und einzugliedern, sondern auf ihre ‚Flüchtlingsstellung' Wert legen."[161] Aber auch hier kam es bald zu Vermischungen. Die Zahl der gemeinsam aus Flüchtlingen und Einheimischen zusammengesetzten Musikgruppen etwa stieg bis Anfang/Mitte der fünfziger Jahre deutlich an und vor allem im Bereich der Heimat- und Trachtenvereine kam es zur engen Zusammenarbeit[162].

Einem Bedeutungswandel war schließlich auch die Nachbarschaft im Dorf unterworfen, jenes soziale Phänomen, das sowohl im Bereich der gegenseitigen ökonomisch-materiellen Hilfe als auch in der Sphäre der familiär-persönlichen Beziehungen eine Versorgungs-, Schutz- und Fürsorgefunktion erfüllte und lange Zeit die Grundlage dörflichen Gemeinschaftslebens dargestellt hatte. Bereits in der NS-Zeit hatten Parteiorganisationen wie NS-Frauenschaft oder die NS-Volkswohlfahrt zum Teil traditionelle Aufgaben der alten Nachbarschaft übernommen. Nach Kriegsende wurde nachbarschaftliche Solidarität beim gemeinsamen Schutz gegen Überfälle der DP's und Felddiebstähle wirksam. Angesichts der akuten Betriebsmittelnot, der Bewirtschaftungszwänge und des Arbeitskräftemangels jedoch war die Bereitschaft zur gegenseitigen Hilfe eher geringer als früher. Wie stark der bäuerliche Betriebs-Egoismus im Laufe der Versorgungskrise werden konnte, geht aus einem Bericht des Landwirtschaftsamtes Marktheidenfeld vom Februar 1948 hervor: „Die Verschärfung der allgemeinen Lage nimmt von Tag zu Tag zu. Diebstähle und Einbrüche haben stark zugenommen. In einzelnen Fällen haben sogar familieneigene Leute sich gegenseitig bestohlen, oder in unmittelbarer Nachbarschaft eingebrochen. Die gegenseitige Hilfe und das gegenseitige Vertrauen ist völlig untergraben ..."[163] Inwieweit dabei auch die Flüchtlinge eine Rolle spielten, läßt sich im einzelnen nicht klären. Zumindest indirekt bedeutete ihre Einquartierung in die Höfe wohl auch eine Behinderung nachbarschaftlicher Kontakte. Nicht zuletzt achtete man im Dorf genau darauf, daß auch der Nachbarhof mit der Einquartierung von Flüchtlingen „bestraft" wurde.

Entscheidend für den seit der Währungsreform und insbesondere in den frühen fünfziger Jahren langsam fortschreitenden Bedeutungsverlust der stark ökonomisch ausgerichteten dörflichen Nachbarschaftsbeziehungen war aber die Technisierung. Agrarsoziologische Studien wiesen Anfang der fünfziger Jahre darauf hin, daß vor allem die zunehmende Mechanisierung und Rationalisierung die wechselseitige Arbeitshilfe zurückdrängten[164]. Zwar hatten sich bis Anfang der fünfziger Jahre auch nachbarschaftliche Maschinengemeinschaften gebildet, diese Genossenschaften zerfielen aber rasch wieder. Nur unkomplizierte und hinsichtlich des Einsatzes wenig fristgebundene Maschinen wurden noch nachbarschaftlich gehalten. Mit zunehmender Kompliziertheit der Maschinen und steigender Fristgebundenheit beim Einsatz ging der Prozentsatz nachbarschaftlicher Teilhaber zurück, während der Anteil verwandter Betriebsinhaber zunahm. Es scheint, als ob dieser tendenzielle Funktionsverlust der Nachbarschaft mit einem Bedeutungsgewinn des dörflichen Verwandtschaftsprinzips verbunden gewesen wäre. In dem Maße, wie die sozialen Beziehungen im Dorf ratio-

[161] NA, RG 260, 9/134-1/9. Im selben Landkreis war von der Militärregierung im Mai 1946 die Gründung eines „Flüchtlingsvereins" unter dem Verweis auf bestehende Organisationsmöglichkeiten in Caritas oder DRK verboten worden.

[162] Vgl. Karasek-Langer, Brauchtumswandel, S. 119.

[163] BayLWM, Registratur-Akt 6049e, Berichte der Landwirtschaftsämter vom Februar 1948.

[164] Vgl. von Dietze, Rolfes, Weippert, Lebensverhältnisse, S. 163 f.

nalisiert und kommerzialisiert wurden, haben wohl die Verwandtschaften vorher nachbarschaftliche Funktionen übernommen. Zunehmende Kreditnahmen bei Geldinstituten statt Geldleihe beim Nachbarn sowie die verstärkte Reduzierung des Maschinenverbundes auf nachbarschaftlicher Basis waren deutliche Zeichen dafür[165]. Nach wie vor bestanden Nachbarschaftsbeziehungen im Dorf, die jedoch vor allem auf wirtschaftlicher Ebene zunehmend formalisiert und versachlicht wurden. Vereine, Genossenschaften und Parteien im Dorf sowie die Funktionsminderung der Nachbarschaft bei der Daseinsvorsorge bedeuteten darüber hinaus auch eine Zunahme außernachbarschaftlicher Kontakte und daher seit Anfang/Mitte der fünfziger Jahre tendenziell ein Aufbrechen des traditionell-nachbarschaftlichen Beziehungsgefüges: dörfliche Nachbarschaft wurde offener[166].

h) Dorfjugend und dörfliche Sozialisation

Die Klagen über eine zunehmende „Verwahrlosung" der Jugend, über Jugendkriminalität, Prostitution und „soziale Vagabundage" der Jugendlichen, über „Kinofieber, Tanzwut, Sportbesessenheit und Motorradfimmel" sind gerade auch auf dem Lande nach 1945 Legion. Hinter diesen Vorwürfen stand eine Reihe von Entwicklungen, die – geprägt von HJ-, BDM- und NS-Erziehungsnormen sowie der Notzeit der Kriegs- und Nachkriegsverhältnisse – veränderte Bedingungen für das Heranwachsen der jüngeren Generation auf dem Lande geschaffen hatten[167]. Schule, Kirche, Elternhaus und Dorfmilieu waren in der Umbruchphase Veränderungen unterworfen, die sie auch in ihrer Bedeutung als ländliche Sozialisationsinstanzen berührten. Auffallend ist zunächst ein demographisches Phänomen: Hinsichtlich der Altersgruppierung ergaben sich bis 1950 beachtliche Unterschiede zwischen Stadt und Land. Die Altersgruppen der Heranwachsenden waren auf dem Land vergleichsweise stärker vertreten als in der Stadt. Etwas überspitzt könnte man daher von einer gewissen „Jugendlichkeit" der Dörfer sprechen, die sich jedoch mit der verstärkten Abwanderung in den fünfziger Jahren eher ins Gegenteil verkehrte[168].

In der Familie hatte sich auch auf dem Land durch Krieg und Gefangenschaft vor allem ein Fehlen erwachsener Erzieher bemerkbar gemacht – ein Umstand, der bereits in der NS-Zeit beklagt worden war. Viele Frauen mußten nun die Höfe allein bewirtschaften und konnten daher entsprechend weniger Zeit für die Erziehung aufwenden[169]. Auch Schule und Kirche konnten die Erziehungslücken nicht schließen. Allein durch die desolaten ländlichen Schulverhältnisse, durch Zerstörung, Brennstoff-

[165] Vgl. Schorr, Gerhardshofen, S. 384, S. 416 sowie Scharnagl, Straußdorf, S. 160.

[166] Vgl. Gerhard Wurzbacher (Hrsg.), Das Dorf im Spannungsfeld industrieller Entwicklung. Untersuchung an den 45 Dörfern und Weilern einer westdeutschen ländlichen Gemeinde, Stuttgart 1954, S. 112 ff.

[167] Vgl. dazu Kaschuba, Lipp, Überleben, S. 254 f. und Arno Klönne, Jugendprotest und Jugendopposition. Von der HJ-Erziehung zum Cliquenwesen der Kriegszeit, in: Martin Broszat, Elke Fröhlich und Anton Grossmann (Hrsg.), Bayern in der NS-Zeit, Bd. IV: Herrschaft und Gesellschaft im Konflikt, München 1981, S. 545 ff. sowie Hans-Dieter Schäfer, Das gespaltene Bewußtsein. Über deutsche Kultur und Lebenswirklichkeit 1933–1945, München 1981, S. 124, S. 139 f.

[168] Vgl. dazu Planck, Wollenweber, Lebenslage, S. 52.

[169] Gegenüber 1939 wies der Anteil der Selbständigen in der Landwirtschaft 1947 eine Steigerung von 11% auf, was nahezu ausschließlich auf die Zunahme weiblicher Betriebsinhaber zurückzuführen war. Vgl. Die Volks- und Berufszählung am 29. Oktober 1946 in Bayern, in: Beiträge zur Statistik Bayerns, Heft 146, 1949, S. 26.

knappheit und Lehrermangel ergaben sich eine Reihe von Schwierigkeiten. Die traditionelle unkoordinierte, aber enge Zusammenarbeit von Elternhaus, Kirche und Schule auf dem Lande hatte sich vielerorts nachhaltig verändert. Im Mai 1947 notierte der Bürgermeister von Piding dazu: „Es ist eine besondere Schwierigkeit, die Jugend, welche im wahrsten Sinne des Wortes als ‚haltlos' bezeichnet werden muß, auf Ideale vorzubereiten. Mit Bedauern muß festgestellt werden, daß das Elternhaus auf diesem Gebiet nicht immer die erforderliche Arbeit leistet und von dieser Seite auch die Zusammenarbeit mit der Schule sehr zu wünschen übrig läßt. Die Schule versucht mit allen zu Gebote stehenden Mitteln, die Kinder und heranwachsende Jugend zu brauchbaren Menschen heranzubilden und ihnen das nötige Rüstzeug fürs Leben mitzugeben. Der Erfolg dieser Arbeit ist leider noch nicht eingetreten ..."[170]

Die Kirche ergriff bald Maßnahmen, um einer weiteren „Verwahrlosung" vorzubeugen. Sie befürchtete, daß sie auch hier weiter an Einfluß verlieren würde, und begann deshalb mit dem raschen Wiederaufbau kirchlicher Jugendarbeit im Dorf, um Jugendlichen „anstelle der verflachenden Vergnügungen (Exzesse auf Tanzböden und Sportfeld)" die christlichen Werte zu vermitteln[171]. Gerade in der Konfrontation mit der „Vergnügungskultur" der Nachkriegszeit zeigten sich aber rasch die Grenzen kirchlicher Jugendarbeit. Im Bericht eines Dekanatsjugendpfarrers von 1947 hieß es dazu: „Nicht geringe Beeinträchtigung hat die allenthalben auftretende Tanzwut der Jugend für unsere Arbeit gebracht. Es gibt Pfarrer, die von der Jugend abgelehnt werden, da sie ein Wort gegen das Übermaß des Tanzes gesprochen haben ..."[172] In knappen Worten kennzeichnete ein Pfarrer in seinem Visitationsbericht vom April 1946 die Situation in der Gemeinde Reichenschwand (Landkreis Hersbruck): „Gemeindejugend ist hier ein Kreuz, zwischen zwei Städtchen, nur mehr für Fußball, durch die NS-Zeit gegen die Kirche eingestellt, größtenteils Proletarierjugend, schon im Kindergottesdienst ist die unkirchliche Seite der meisten Eltern zu bemerken ... Weltliche Behörden nicht unkirchlich, aber auch nicht kirchlich sehr interessiert ... Besondere Verhältnisse: nun eine bunt zusammengewürfelte Gemeinde. Die Geschlossenheit der früheren Gemeinde gestört. Die nichtkirchliche Gemeinde noch unkirchlicher. Krieg durchaus nicht prokirchlich gewirkt."[173]

Viele Dorfpfarrer protestierten heftig gegen die zunehmenden Einflüsse der Militärregierung, die im Rahmen ihres Youth-Programs durch Sportveranstaltungen und Zeltlager aktiv wurde und sich in die – bisher als kirchliche Domäne verstandene – Jugendarbeit im Dorf „einmischte". Die Amerikaner würden die Landjugendgruppen nach „städtischen Mustern" organisieren, so klagte ein Pfarrer, und ein anderer Pfarrer verbot den Jugendlichen im Dorf, an den Sportangeboten der Amerikaner teilzunehmen[174]. Die verstärkten Bemühungen von Kirche und Schule im Dorf, ihre frühere Stellung wieder zu erlangen, scheiterten, wie bereits erwähnt, oftmals an der mangelnden Unterstützung durch die Eltern[175]. Die Dorfjugendlichen konnten sich auch deshalb nach der Entlassung aus der Volksschule dem Einfluß des Lehrers und des Orts-

[170] StAM, LRA Berchtesgaden 30750 vom 24. 5. 1947.
[171] Vgl. LKAN, Dekanat Weiden Nr. 267 vom 19. 4. 1948.
[172] LKAN, Dekanat Hersbruck Nr. 266.
[173] Ebd., Nr. 64.
[174] Vgl. NA, RG 260, 10/35-2/1 vom 1. 1. 1947 und NA, RG 260, 10/85-3/2 vom 13. 11. 1946.
[175] Vgl. auch Scharnagl, Straußdorf, S. 183.

geistlichen entziehen, da die Eltern dies vielfach nicht zu verhindern suchten, sondern im Gegenteil begünstigten[176]. Zudem gewannen in den fünfziger Jahren mit Motorrad und Kino außerdörfliche Einflüsse zunehmend an Bedeutung[177]. Das dörfliche Sozialmilieu hatte sich aber auch durch die Flüchtlinge und Evakuierten verändert. Neue Einstellungen und Verhaltensweisen der Fremden wurden am schnellsten von den Jugendlichen im Dorf übernommen, während die neu zugezogenen jugendlichen Flüchtlinge ihrerseits durch die Aneignung des Dialekts oder die Anpassung an die ortsüblichen Lebensgewohnheiten rascher als etwa die Älteren integriert wurden. Vor allem über die vielen „Urlauber" und Evakuierten, die sich wegen der Ernährungskrise bis zur Währungsreform in den Dörfern einquartiert hatten, gewannen städtische Gewohnheiten auf dem Lande an Einfluß; die Verwendung von Lippenstift, Dauerwelle und Nylonstrümpfen nahm z.B. ab Anfang der fünfziger Jahre deutlich zu, die Kleidung gewann an städtischem Zuschnitt[178].

Auffallend ist schließlich, daß sich die Dorfjugend immer häufiger nach nicht-landwirtschaftlicher Arbeit umsah. Als Folge von Landwirtschaftskrise und verspäteter Hofübergabe, aber zum Teil wohl auch angesichts der Konsum- und Freizeitmöglichkeiten der vielen in industriell-gewerblichen Berufen tätigen jugendlichen Flüchtlinge, auf die die Dorfjugend mit Neid blickte, läßt sich seit Anfang der fünfziger Jahre eine merkliche Verschiebung der Berufswünsche feststellen[179]. Wie groß dabei bereits damals der Einfluß von Vergewerblichung und Industrialisierung in Bayern eingeschätzt wurde, zeigte der Bericht eines amerikanischen Offiziers, aus dem darüber hinaus auch die manchmal recht industrialisierungsfeindliche Haltung kirchlicher Kreise hervorgeht: „... Genauso bezeichnend fand ich eine Unterredung mit einem Bischof. Wir fuhren durch eine liebliche Landschaft, als wir plötzlich auf eine kleine, funkelnagelneue Fabrik stießen. Mein Begleiter bekreuzigte sich, als stünde der Leibhaftige vor ihm. Die Fabrik, so erklärte er mir, würde nicht nur die jungen Mädchen von den Bauernhöfen holen und sie schweren Versuchungen aussetzen, sondern, weil sie Perlonstrümpfe herstellte, werde bald die ganze Gegend einen kulturellen Verfall erleben. Ich folgerte daraus, daß die Vorstellung, Bauernmädchen könnten solche Strümpfe anziehen, für ihn mehr moralischen Verfall erwarten ließ, als er mit Gleichmut hinnehmen konnte. Und es gab in der Tat Prälaten, die sich tapfer und triumphierend der Invasion von Fabriken in ihre Diözese widersetzten."[180]

3. Machtverschiebung im Dorf

a) Flüchtlinge und dörfliche Politik

Die amerikanische Militärregierung hatte durch die zunächst erfolgte Einsetzung neuer kommissarischer Bürgermeister einen personellen Umbruch innerhalb der alten Dorfeliten bewirkt. Dennoch war die Homogenität des Geflechts von sozialen und

176 Vgl. Schorr, Gerhardshofen, S. 408.
177 Zum Einfluß des Kinos auf dem Lande vgl. Planck, Wollenweber, Lebenslage, S. 310ff.
178 Vgl. dazu die Ergebnisse der Studie „Dorfuntersuchungen", S. 14ff.; vgl. Anm. 35.
179 Vgl. dazu Planck, Wollenweber, Lebenslage, S. 309ff.
180 George N. Shuster, In Amerika und Deutschland. Erinnerungen eines amerikanischen College-Präsidenten, Frankfurt 1965, S. 223. Es dürfte sich um die Arwa-Fabrik in Bischofswiesen handeln.

politischen Beziehungen im Dorf einigermaßen gewahrt geblieben, denn die neuen, von den Amerikanern berufenen Amtsträger stammten aus dem Milieu und genossen dort meist großes Ansehen. Die Mehrzahl der kommissarischen Bürgermeister war daher durch die ersten Kommunalwahlen vom 27. Januar 1946 im Amt bestätigt worden[181]. Trotzdem war es vielerorts im Vorfeld der Wahlen zu heftigen Auseinandersetzungen gekommen. Im Gegensatz zu den Flüchtlingen waren nämlich die Evakuierten, die bereits länger im Dorf wohnten, wahlberechtigt; viele Einheimische befürchteten deshalb einen allzu großen Einfluß der politisch anders denkenden Fremden[182]. Schon wegen der sich abzeichnenden Spannungen zwischen Einheimischen und Fremden im Dorf hatten die neu ins Amt gekommenen Bürgermeister oft einen schweren Stand. Mußten sie doch gegen die eigene Bevölkerung bei der Zwangseinweisung von Flüchtlingen vorgehen oder aber bei der Erfassung und Beschlagnahme von Lebensmitteln zugunsten der nichtbäuerlichen Normalverbraucher mehr oder weniger hart durchgreifen. „Man hat sich zahlreiche und bleibende Feinde geschaffen, anstatt wie früher Ansehen und Achtung", klagte Ende 1947 der Bürgermeister von Piding[183]. Ablehnung schlug vielen Bürgermeistern auch wegen ihrer Mitwirkung im Entnazifizierungsverfahren entgegen. Oft waren sie die einzigen im Dorf, die von Amts wegen auf der Anklageseite gegen frühere NS-Funktionäre aussagen mußten. Immer schwang dabei auch der Vorwurf einer allzu willfährigen „Kollaboration" mit der Besatzungsmacht mit[184]. Schon lange vor der zweiten Gemeinderatswahl im Frühjahr 1948 häuften sich daher alarmierende Anzeichen von Resignation bei den Bürgermeistern.

Die Militärregierung befürchtete angesichts dieser Haltung die baldige Rückkehr der alten NS-Bürgermeister in ihre Ämter[185]. Tatsächlich war das politische und soziale Prestige der kleinen NS-Amtsträger und ihre dörfliche Einflußposition oft ungebrochen; denn politische Macht im Dorf war nie allein durch Wahl begründet, sondern basierte auch auf wirtschaftlichem und sozialem Ansehen sowie einem dicht geknüpften Netz aus nachbarschaftlichen und geschäftlichen Bindungen und Abhängigkeiten. Die politische Elite im Dorf war meist auch die soziale Elite, verankert im dörflichen Vereins- und Verwandtschaftsgefüge, in der Regel legitimiert durch Besitz und Kirchentreue. Es war offensichtlich, daß das Einleben in die Gemeinde nach der Rückkehr aus dem Internierungslager oder nach Abschluß des Entnazifizierungsverfahrens für politisch Belastete auf dem Lande leichter war, wie die Militärregierung schon im August 1946 als Ergebnis einer Befragung von 116 kleinen Amtsträgern festgestellt hatte[186]. Auf dem Lande sei es problemloser, wieder in die Dorfgemeinschaft aufgenommen zu werden, „weil man dort", wie es hieß, „einen DAF-Ortsobmann, einen Ortsgruppenkassenleiter oder einen Ortsbauernführer nicht als Aktivi-

[181] Vgl. Die Wahlen zu den Gemeinde- und Kreisvertretungen in Bayern 1946 und 1948, in: Beiträge zur Statistik Bayerns, Heft 147, 1949, S. 40f. und NA, RG 260, 10/85-3/6 vom 7. 2. 1946 sowie Hans Woller, Politik und Gesellschaft in der amerikanischen Besatzungszone. Die Region Ansbach und Fürth, München 1986, S. 198ff.

[182] Vgl. NA, RG 260, 10/85-3/1.

[183] StAM, LRA Berchtesgaden 30751 vom Dezember 1947.

[184] Vgl. dazu StAM, LRA Rosenheim 56632 vom Oktober 1945.

[185] Vgl. dazu NA, RG 260, 7/36-2/4 vom 28. 4. 1948 und vom 6. 8. 1948 sowie NA, RG 260, 7/36-3/1-4 vom 17. 6. 1949: Special reports zu „Ex-Nazis in positions of influence" und „The Nazi Kreisleiter some years later".

[186] Vgl. NA, RG 260, 10/71-1/21: „The return of nazi-internees from camps to their communities".

sten ansieht, da sich diese Leute offenbar nur in Einzelfällen politisch betätigt haben. Da die Stadtbewohner meist nicht mehr in ihre alten Stellen zurückkehren, sondern als Hilfsarbeiter etc. eingesetzt werden und mit neuen Leuten zusammentreffen, bei welchen sie auf Mißtrauen stoßen, liegt die Sache bei ihnen anders. Die Dorfbewohner nehmen ihre alte Arbeit wieder auf, Stadtbewohner sinken meist sozial ab."[187]

In diesem Klima, als sich in vielen Dörfern die Altbürgermeister anschickten, wieder politisch aktiv zu werden, fanden am 25. April 1948 die zweiten Kommunalwahlen statt. Jetzt durften auch die Flüchtlinge wählen, und vielerorts verdrängte deswegen bald die Angst vor einer politischen Überfremdung das Entnazifizierungsproblem und das daraus resultierende Gerangel zwischen Alt- und Neubürgermeistern[188].

Die Wahlbeteiligung der Flüchtlinge bewirkte in vielen Landgemeinden eine zum Teil massive Mobilisierung der Einheimischen bei der Stimmabgabe. Jahrzehntelang und traditionell im Dorf festgelegte und klar prognostizierbare Wahlaussagen wurden nun unsicher. Aus mehreren Gemeinden wurde daher geradezu von einem „Wahlfieber" berichtet[189]. Mit Spannung verfolgte man, ob der einheimische Ortsbürgermeister wiedergewählt würde, wie wohl die Fremden wählen würden und wie viele Stimmen die KPD angesichts der Not und Radikalisierungstendenzen im Dorf erhielte[190]. Beunruhigt mußte etwa der Pfarrer von Blöcktach (Landkreis Kaufbeuren) feststellen, daß man politisch jetzt nicht mehr unter sich war: „Die 82 antichristlichen Stimmen gehen wohl auf die Flüchtlinge zurück, die damit ihrem Unwillen über ihr trauriges Los Ausdruck geben wollen."[191] Das Gespenst einer politischen Überwältigung durch die Fremden ging um, zumal diese manchmal recht offen auf eine Änderung der dörflichen Mehrheitsverhältnisse aus waren[192]. Die seit 1946 bestehenden lokalen Selbsthilfegruppen der Flüchtlinge und Evakuierten, die sogenannten „Notgemeinschaften", bekamen mit Herannahen der Kommunalwahlen von 1948 zunehmend politischen Charakter. „Neubürger, Evakuierte und Bombengeschädigte haben sich in vielen Orten zu unpolitischen Wahlgemeinschaften zusammengeschlossen", berichtete Anfang April 1948 der Regierungspräsident von Ober- und Mittelfranken[193]. Die Einheimischen sahen die politische Organisierung der Fremden mit gemischten Gefühlen. So schrieb im September 1946 der Bürgermeister der Gemeinde Ried (Landkreis Neuburg a. d. Donau): „Die Gefahr einer politischen Katastrophe für Bayern wird durch die Aussagen von Flüchtlingen gekennzeichnet: ‚Wir werden durch Blockbildung bei den nächsten Wahlen in den Gemeinden Flüchtlingsbürgermeister erhalten.' Bei der Uneinigkeit innerhalb der Parteien und der geschlossenen Mehrheit der Flüchtlinge

[187] Ebd.

[188] Vgl. dazu die verschiedenen Analysen und Beobachtungen der Militärregierung; NA, RG 260, 7/36-2/4 vom 21. 4. 1948 und NA, RG 260, 7/36-3/1-4 vom 8.7. und 26. 8. 1949.

[189] Vgl. StAM, LRA Berchtesgaden 30751 vom März 1948. Zu den örtlichen, z. T. erbitterten Wahlkampfauseinandersetzungen vgl. auch die Berichte in: NA, RG 260, 7/36-2/4 vom 4. 4. 1948. Zur Reduzierung der Wahlpropaganda waren von der Militärregierung nur 1 Plakat pro 100 Einwohner und 10mal so viele Flugblätter zugelassen worden.

[190] Vgl. StAM, LRA Berchtesgaden 30751 vom März 1948.

[191] Mader, Flecken, S. 145.

[192] Von allen 50336 Gemeinderatssitzen, die bei den Wahlen von 1948 in den Gemeinden bis 3000 Einwohner zu vergeben waren, errangen die Flüchtlingsgruppen aber nur ca. 11%. Vgl. Die Wahlen zu den Gemeinde- und Kreisvertretungen in Bayern 1946 und 1948, in: Beiträge zur Statistik Bayerns, Heft 147, 1949, S. 18f.

[193] BayHStA, Regierung von Ober- und Mittelfranken, Berichterstattung 1948–1952, AZ 1-64, vom 8. 4. 1948, S. 3.

liegt diese Wandlung im Rahmen der Möglichkeit. Der nächste Ministerpräsident in Bayern wird dann vielleicht Strnazininsky heißen. Guten Appetit! Nachdem eine politische Nachprüfung für die Tschechei etc. nicht stattfindet und kein einziger Flüchtling angeblich Nazi war, unsere einheimischen Parteigenossen dagegen zur Rechenschaft gezogen werden, steht den Flüchtlingen bei Gleichberechtigung jede wirtschaftliche und politische Bahn offen."[194]

Trotz einiger Verbal-Radikalitäten auch auf ihrer Seite war das politische Verhalten der Flüchtlinge im allgemeinen aber viel besonnener, als mancher Einheimische befürchtete. Zum Ausgang der April-Wahl 1948 berichtete der Regierungspräsident von Schwaben: „Einige wenige Gemeinderäte sind im Wege der Mehrheitswahl wegen der Zersplitterung der übrigen Stimmen ausschließlich mit Flüchtlingen besetzt worden. Die erwählten Flüchtlinge – von diesem Ergebnis selbst überrascht – beabsichtigen durch ihren Rücktritt eine angemessene Zahl von Sitzen im Gemeinderat für die Alteingesessenen freizumachen."[195] Um nicht weiter Öl ins Feuer zu gießen, verzichteten die Flüchtlinge oft bewußt auf einen Gegenkandidaten für das Bürgermeisteramt oder kandidierten auf örtlichen Parteilisten und suchten so den Weg über die etablierten Parteien.

Welche Formen die politischen Befürchtungen der Einheimischen annehmen konnten, zeigte sich besonders deutlich in der Gemeinde Wiesentbruck im Landkreis Feuchtwangen, in der die 195 Einheimischen vergeblich gegen ein Wahlrecht für die 500 Flüchtlinge im nahegelegenen Lager Voggendorf kämpften. Als alle Bemühungen scheiterten, boykottierten die Einheimischen nahezu einmütig die Wahl. Die Folge war, daß Bürgermeister und Gemeinderat sämtlich von Flüchtlingen gestellt wurden[196]. Ein anderes Beispiel für die politische Polarisierung zwischen Einheimischen und Fremden gibt der Bericht über die Bürgermeisterwahl in der Gemeinde Hiltenfingen (Landkreis Schwabmünchen)[197]. Zur Wahl stand hier auf der Parteilosen-Liste Bürgermeister S., der dieses Amt von 1929 bis 1937 und seit 1945 ausübte; sein Gegenkandidat auf der Liste der Neubürger war der Flüchtling J. Dessen Anhänger hatten während des Wahlkampfes ein Flugblatt verteilt, das zu „Frieden in der Gemeinde durch neue Männer in der Gemeindeverwaltung und besonders durch einen neuen Bürgermeister" aufrief. Dieses Flugblatt veranlaßte die Männer um Bürgermeister S. ihrerseits zu einem Flugblatt, in dem die angeblich unkirchliche und linksradikale Haltung des Flüchtlings angeprangert wurde.

Solche Auseinandersetzungen kennzeichneten in vielen Dörfern die Wahlkämpfe. Flugblätter und Spottgedichte, offen verteilt oder nachts anonym im Dorf angeschlagen, bestimmten nach 1945 auf dem Lande die politische Meinungsbildung und entbehrten oftmals nicht gewisser bajuwarisch-burlesker Züge[198]. Durch die Fremden kam das politische Leben der Dörfer und Marktflecken in Bewegung. Der bis dahin

[194] Bayerischer Bauernverband, Akt „Flüchtlingswesen" vom 9. 9. 1946.
[195] BayHStA, MArb 7771 vom April 1948.
[196] Vgl. Der Allgäuer vom 28. 4. 1948.
[197] Vgl. dazu NA, RG 260, 10/109-1/17 vom 6. 5. 1948.
[198] In der Gemeinde Irschenberg z. B. waren im Mai 1948 durch nächtliche Plakatanschläge öffentliche Angriffe gegen den flüchtlingsfreundlichen Bürgermeister erfolgt, wobei dieser den Ursprung dieser Haltung darin sah, daß der größte Teil der Bevölkerung in einem Verwandtschaftsverhältnis stand; StAM, LRA Miesbach 153153.

vielfach abgeschlossene und gleichzeitig auch eindeutige Rahmen politischer Meinungsbildung und politischen Handelns im Dorf wurde nun zunehmend gesprengt. In der häufigen Kritik an den „geschwätzigen“ und „redseligen“ Flüchtlingen spiegelte sich oft ein gewisses Gefühl der Unterlegenheit der Einheimischen gegenüber den gewandteren Flüchtlingen, die den Alteingesessenen die Dinge aus der Hand zu nehmen drohten. Die traditionelle, vielfach unausgesprochene Einigkeit im politischen Handeln der Einheimischen zerbrach spätestens in den besonders von Flüchtlingen rege besuchten Wahl- und Gemeindeversammlungen; wo man früher nicht lange diskutiert hatte, wurde jetzt palavert, Forderungen und Interessen vertreten, was viele Einheimische unausgesprochen auch als Herausforderung betrachteten.

Die Flüchtlinge konnten in der Kommunalwahl von 1948 von den 50 336 Gemeinderatssitzen, die in den Gemeinden bis 3000 Einwohner zu vergeben waren, ca. 11 Prozent erringen; nur in 2 Gemeinden stellten die Flüchtlingsgruppen auch den Bürgermeister[199]. Gleichzeitig ergaben sich jedoch über Listenverbindungen mit anderen Parteien auch neue Chancen politischer Partizipation im Dorf, die da und dort sogar zu einem Umschwung der politischen Mehrheitsverhältnisse führten. Ein Beispiel dafür ist die Gemeinde Karlstein (Landkreis Berchtesgaden), in der über einen verbundenen Wahlvorschlag von KPD, SPD und Flüchtlingsgruppe der gemeinsame Bürgermeisterkandidat den bisherigen CSU-Bürgermeister überrunden konnte[200].

Daneben drangen Flüchtlinge nunmehr zunehmend auch in dörfliche Prestige-Positionen ein. 1945 waren mit den Bürgermeistern meist gleichzeitig auch die Gemeindeschreiber ausgewechselt worden. Hier rückten nun oft Flüchtlinge oder Evakuierte mit entsprechenden Fähigkeiten nach und gaben den Einheimischen Anlaß zu der immer wieder geäußerten Klage über zu viele Preußen in den Ämtern. Tatsächlich waren im April 1948 im Regierungsbezirk Ober- und Mittelfranken durchschnittlich 24,6 Prozent Flüchtlinge bei den Landratsämtern beschäftigt[201]. Mit dem Flüchtlingsobmann war schließlich auch eine ganz neue „Elite“ ins Dorf gekommen, die für die alte Elite eine Herausforderung darstellte. Vom Flüchtlingsobmann wurde die angemessene Beteiligung der Flüchtlinge an der Lebensmittel- und Sachgüterverteilung geregelt, und er hatte erhebliches Mitspracherecht bei der Frage der Wohnungsbelegung. Wo die Bürgermeister, Gemeinderäte und Pfarrer jedoch nicht von sich aus den Flüchtlingsobleuten ausreichenden Einfluß zugestanden, mußten diese sich oft an die nächsthöheren Instanzen wie Flüchtlingskommissar, Landrat oder Militärregierung wenden. Die Prestigeposition dieser neuen Elite war daher nur schwach im traditionellen dörflichen Sozialgefüge verankert und verlor schon ab 1946/47 wieder an Bedeutung. Gerade in der Frage der Beschlagnahme von Wohnraum kam es zu Kompetenzüberschneidungen und damit zu Konflikten zwischen Flüchtlingsobmann und Dorfbürgermeister. In vielen Gemeinden versuchte man jedoch, diese Konflikte einvernehmlich zu lösen. Im Oktober 1947 berichtete dazu der Landrat von Parsberg dem Regierungspräsidenten von Niederbayern/Oberpfalz: „In manchen Gemeinden ergeben sich Kollisionen zwischen der Arbeit der Bürgermeister und der Flüchtlingsobmänner, die teilweise sicher dadurch ausgeschaltet werden könnten, daß die Flücht-

199 Vgl. Die Wahlen zu den Gemeinde- und Kreisvertretungen in Bayern 1946 und 1948, in: Beiträge zur Statistik Bayerns, Heft 147, 1949, S. 18 f.

200 Vgl. StAM, LRA Berchtesgaden 30 571 vom April 1948.

201 Vgl. BayHStA, Regierung von Ober- und Mittelfranken AZ 1-64, Bd. 5 vom 3. 2. 1947 und vom 8. 4. 1948.

lingsobleute durch Hinzuziehung zu den Gemeinderatssitzungen die Schwierigkeiten der Gemeinde, wie z. B. in der Holzbeschaffung, selbst kennenlernen könnten. In einer Bürgermeisterbesprechung wurde deshalb den Bürgermeistern die Möglichkeit dargelegt, geeignete Flüchtlinge (Flüchtlingsobleute) zu den Sitzungen des Gemeinderats mit beratender Stimme beizuziehen ... Diese Regelung kann als ein Vorgriff auf die künftige Hereinnahme von Flüchtlingen in die Gemeinderäte gelten und wird von den Flüchtlingen sicher dankbar angenommen."[202]

Gleichsam als Bürgermeister der Flüchtlinge stellte der Flüchtlingsobmann zeitweise ein Nebenzentrum dörflicher Macht dar und begrenzte damit den Einfluß des Dorfbürgermeisters. Bald sank aber das Interesse an den Wahlen der Flüchtlingsvertrauensleute. Im Juli 1950 beteiligten sich im Landkreis Roding nur noch knapp 40 Prozent der Flüchtlinge an den Neuwahlen. Nach Meinung des Landrats konnte daher „der Zweck der Flüchtlingsobleute nun in weitaus besserem Maße von den nun allerorts gebildeten Landsmannschaften erfüllt [werden]."[203] Wegen der zunehmenden Integration der Flüchtlinge war das Amt des Flüchtlingsvertrauensmannes weitgehend überflüssig geworden.

Die Mitarbeit der Flüchtlinge an der gemeindlichen Selbstverwaltung veränderte auch Niveau und Stil der Gemeinderatsarbeit. Die Gepflogenheiten der Einheimischen bei der Beratung und Verwirklichung gemeindlicher Beschlüsse waren seit Jahrzehnten unverändert beibehalten worden. Die Gemeinderäte wurden in der Regel aus den Reihen der größeren Bauern gewählt und die von ihnen im Gemeinderat getroffenen Regelungen oft nur wenig beachtet. Mit der Mitarbeit der Vertriebenen änderte sich dies. In den schlesischen Städten, aber auch in den böhmischen Landkreisen, aus denen die Mehrzahl der Vertriebenen stammte, konnte man auf eine gut entwickelte traditionsreiche Selbstverwaltung zurückblicken[204]. Gestützt auf eigene kommunalpolitische Erfahrung sowie mißtrauisch und unzufrieden mit der Behandlung ihrer Interessen im Gemeinderat, standen viele Vertriebene der Arbeit der Gemeindeverwaltung kritisch gegenüber und stellten andere Anforderungen an die Selbstverwaltung der Gemeinde als die eingesessene Bevölkerung. Forderungen nach einer gerechteren Wohnungsverteilung, einer umfassenderen Bekanntgabe der Gemeinderatsbeschlüsse sowie nach genauerer Einhaltung der Gesetze statt der bisher oft geübten informellen Absprachen wurden nun immer wieder erhoben[205].

Ein neuer Reibungspunkt zwischen Einheimischen und Flüchtlingen ergab sich seit 1949 durch die von den Amerikanern als Demokratisierungsmaßnahme gedachten regelmäßigen Bürgerversammlungen, die sogenannten townhall-meetings, in denen sich die Bürgermeister bzw. die Lokalverwaltung vor allem der Kritik der Dorfbevölkerung stellen mußten[206]. Eigentlich waren diese Reorientation-Maßnahmen der Militärregierung keine Neuerung im politischen Leben des Dorfes, sondern standen in der Kontinuität der in der Weimarer Zeit in der bayerischen Gemeindeordnung verankerten Gemeindeversammlungen. Die townhall-meetings konnten daher vielfach an traditionelle Formen politischer Meinungsbildung im Dorf anknüpfen; darauf verwie-

[202] BayHStA, MArb 7744 vom Oktober 1947.
[203] BayHStA, MInn 82313, Bericht der Regierung von Niederbayern/Oberpfalz vom Juni 1950.
[204] Vgl. dazu auch Scharnagl, Straußdorf, S. 191 f.
[205] Vgl. Scharnagl, Straußdorf, S. 192 und NA, RG 260, 9/40-1/18-20 vom 9. 11. 1947.
[206] Ähnliche Einrichtungen waren die 1949 in einigen Dörfern auch gebildeten Demokratisierungsausschüsse; NA, RG 260, 9/40-1/18-20.

sen etwa die Äußerungen von Bauern, daß man sich ja schon immer – selbst in der NS-Zeit – nach der Kirche im Wirtshaus zur gemeinsamen Besprechung der anstehenden Probleme getroffen habe[207]. Neu war jedoch, daß die Fremden, Flüchtlinge und Evakuierten unabhängig von der Dauer ihrer Ortsansässigkeit von Anfang an gleiches Stimm- und Rederecht in den Bürgerversammlungen besaßen. Berichte über solche Bürgerversammlungen zeigen die beträchtlichen Vorbehalte und Schwierigkeiten nicht nur der Dorfbürgermeister, sondern auch der Bauern gegenüber dieser Neuerung[208]. Immer wieder wurde Kritik an den Versammlungen laut, da sich die Flüchtlinge rege an den townhall-meetings beteiligten und dort ihre Forderungen und ihren Unmut äußerten. Die Anwesenheit zahlreicher Flüchtlinge wirkte ihrerseits jedoch geradezu mobilisierend auf die Einheimischen. Auf amerikanischer Seite tauchten ebenfalls Bedenken auf, da „the thousand of refugees from the east being trained in political struggle are ahead of the native population. The majority of participants consisting of refugees think that they can use the meeting to criticize the Buergermeister and governmental agencies. The reaction of the latter naturally is that they say 'why should we let these asocial elements offend us? We don't need townmeetings for that!'"[209] Dennoch wirkten diese Bürgerversammlungen in vielen Dörfern fruchtbar, denn sie waren oftmals Ausgangspunkt einer Reihe von innerdörflichen Selbsthilfeaktionen. So wurden beispielsweise gemeinsame Maßnahmen zur Erweiterung des Schulhauses, der Straßenausbesserung oder des öffentlichen Wohnungsbaus auf den Weg gebracht[210].

Die dritten Kommunalwahlen nach dem Krieg am 30. März 1952 brachten insgesamt eine Verstärkung der sich seit 1948 abzeichnenden Tendenz. Die CSU erhielt 14,3 Prozent der Stimmen, die SPD 17,6 Prozent und die Bayernpartei 2,8 Prozent. War früher von manchem Bürgermeister noch geklagt worden, daß die „Ortsfremden und Nichtstuer den politischen Burgfrieden der Gemeinde stören würden"[211], so schwächten sich nun bei Dorfpolitik und Wahlkampf die Gegensätze zwischen Flüchtlingen und Einheimischen ab. Zwar war das erstmalige Auftreten des Blocks der Heimatvertriebenen und Entrechteten (BHE) auf kommunalpolitischer Ebene mit 6,0 Prozent der Stimmen relativ erfolgreich – gegenüber 1948 verbesserte sich der gesamte Stimmenanteil der Flüchtlingsgruppen (BHE und überparteiliche Flüchtlingsgruppen) geringfügig um 1,9 Prozent –, aber allein die erneuten erheblichen Stimmengewinne für die nun vielfach gemischt besetzten überparteilichen Wählerlisten von 41,7 Prozent auf 57,3 Prozent verweisen auf die gefestigte Stellung der Flüchtlinge im politischen Leben des Dorfes[212]. Am auffälligsten zeigten sich die Assimilationstendenzen bei den über Flüchtlingslisten gewählten ersten Bürgermeistern. Von den auf den Wahlvorschlägen des BHE gewählten 35 Dorfbürgermeistern waren alle Einheimische, und von den auf den sonstigen Flüchtlingswahlvorschlägen gewählten 47 Bürgermeistern waren 46 Bayern. Es wurde also deutlich, daß 1952 auf den Wahl-

[207] Vgl. dazu Peter Christen, From Military Government to State Department. How a German employee sees the work of US Military Government and the State Department in a small Bavarian town, its success and its handicaps, München 1950, S. 125 f.

[208] Vgl. dazu NA, RG 260, 7/36-3/1-4 vom 28. 1., 27. 5. und 24. 6. 1949.

[209] Ebd. vom 27. 5. 1949.

[210] Vgl. dazu NA, RG 260, 9/49-1/18-20 und NA, RG 260, 7/36-3/1-4 vom 24. 6. 1949. In den folgenden Jahren verloren die Bürgerversammlungen wieder an Bedeutung.

[211] StAM, LRA Rosenheim 57 249 vom April 1947.

[212] Vgl. Kommunalwahlen in Bayern am 30. März 1952, in: Beiträge zur Statistik Bayerns, Heft 182, 1953, S. 24, S. 29.

vorschlägen der Flüchtlinge überwiegend einheimische Bürgermeister-Kandidaten aufgestellt wurden[213].

Während sich so auf kommunalpolitischer Ebene die Konfrontation zwischen Einheimischen und Flüchtlingen entschärfte, blieben hinsichtlich der landes- und bundespolitischen Orientierung Polarisierungen bestehen. Bei der Landtagswahl 1950 beispielsweise lassen sich in einzelnen Dörfern die politischen und kulturellen Gegensätze geradezu handgreiflich fassen. So zeigte sich, daß die Bayernpartei als „Partei der Einheimischen" gerade auch in den Gemeinden große Stimmenanteile erreichen konnte, in denen überdurchschnittlich viele Flüchtlinge ansässig waren. Die Bayernpartei war überwiegend eine Protest-Partei, in deren Wahlergebnissen sich bäuerlicher Unmut manifestierte[214]. Auf kommunaler Ebene blieb die Bayernpartei jedoch eher unbedeutend, wenn auch ihre flüchtlingsfeindliche Propaganda nicht ohne Einfluß auf das soziale Klima im Dorf geblieben sein dürfte[215].

Flüchtlinge und Evakuierte haben das politische Leben im Dorf nach 1945 verändert. Durch sie stieg die Zahl der Wahlberechtigten auf dem Lande um durchschnittlich 50 Prozent. Allein dadurch ergaben sich Verschiebungen im Wahlverhalten und in den politischen Orientierungen. Das zeigt sich nicht nur allgemein in der Abschwächung konfessionell geprägten Wahlverhaltens durch die Verwischung der konfessionshomogenen Gebiete in Bayern, sondern auch im feststellbaren Wandel der dörflichen Parteibindungen. „Flüchtlingszustrom und wirtschaftliche und soziale Not haben auch auf dem Lande eine Vermischung der politischen Einstellungen hervorgerufen und eine Verstärkung der Einstellungen nach links bewirkt", notierte Mitte 1947 der Rosenheimer Landrat[216]. Tatsächlich wählten zum Teil bis 1952 viele Dörfer „linker" als früher. Bis 1948 bildeten die Flüchtlinge zudem oft eine eigene politische und soziale Gruppierung im Dorf, deutlich sichtbar in einem getrennten Vereinswesen oder auch in der getrennten Nutzung von Kirche und Wirtshaus als traditionelle Orte dörflichen Zusammenkommens und Meinungsaustausches. Flüchtlingszustrom und politische Umbruchkrise brachten aber alles in allem nur eine kurzfristige Instabilität politischer Ordnung im Dorf. Die oft heftigen Wahlkampfauseinandersetzungen zwischen Flüchtlingen und Einheimischen und die Wahlmobilisierung der Einheimischen durch die Flüchtlinge bewirkten nach 1945 vielfach eine Stimulierung politischer Aktivität, die zu der so häufig, fast gedankenlos wiederholten These von der politischen

[213] Vgl. ebd., S. 19.

[214] Vgl. dazu im einzelnen Unger, Bayernpartei, S. 54. 1948 hatte es in Gemeinden bis 1000 Einwohner nur 11 Bürgermeister der Bayernpartei und 7 WAV-Bürgermeister gegeben. Im März 1952 konnte die Bayernpartei immerhin bereits 29 Bürgermeister stellen. Daß die Vorliebe für die Bayernpartei jedoch nicht das Interesse für die persönlich-materiellen Vorteile überstieg, zeigt das Wählerverhalten in der Gemeinde Bayrischzell im April 1948. „By vigorous campaigning, the BP managed to enlist three members in Bayrischzell, but the party's stock declined when the story became current that a woman in Düsseldorf had cancelled her rooms booked for the winter season because she heard the BP had founded a Bayrischzell chapter." NA, RG 260, 7/36-3/1-4 vom 15. 4. 1949.

[215] In einer lokalen Umfrage der Militärregierung in Bad Aibling zur Haltung der Einheimischen gegenüber den Flüchtlingen werden als die am häufigsten genannten Gründe der Ablehnung folgende Punkte aufgeführt:

„1) The outsider is a parasite on the Bavarian economy

2) The outsider has a quicker mentality and is rapidly easing the native out of good positions in politics and business

3) The propaganda of the Bayernpartei is building hate against the outsider."

NA, RG 260, 7/36-2/4 vom 21. 4. 1948.

[216] StAM, LRA Rosenheim 57218 vom Juli 1947.

Apathie der deutschen Bevölkerung nach dem Zweiten Weltkrieg nicht passen will. Das politische Leben im Dorf war in dieser scheinbar „unpolitischen" Phase nach dem Krieg einem regen Wandel unterworfen; und obwohl im Gefolge der Gemeindewahl 1948 ehemalige Bürgermeister aus der NS-Zeit in ihre Ämter zurückkehrten, konnte die Militärregierung in einer Studie beruhigt feststellen, daß letztlich nur etwa zehn Prozent aller Bürgermeister durch ein Amt vor 1945 politisch belastet waren[217]. Zumindest bei den politischen Dorfeliten war tatsächlich ein tiefgreifender Umbruch erfolgt.

Infolge des Flüchtlingszustroms wurden Dorfgemeinderäte und Dorfbürgermeister zudem auch nach 1950 mit Fragen der Infrastrukturverbesserung, der Fürsorgelasten oder etwa des Wohnungsbaus massiv konfrontiert. Mit dem Einströmen der Flüchtlinge ergaben sich daher neue Anforderungen an die Selbstverwaltung der Landgemeinden, was einen nicht zu unterschätzenden Wandel in Ablauf und Inhalt dörflicher Politik mit sich brachte. Dabei unterlagen die Dorfbürgermeister dem Zwang zu zunehmender Professionalisierung. Spätestens ab 1950 war ein deutlicher Bürokratisierungsschub auf dem Lande spürbar, durch den ein neuer Typ von Dorfbürgermeister aufkam[218]. Als ausschlaggebendes Kriterium bei der Besetzung kommunaler Ämter rangierte nun Qualifikation immer mehr vor sozialem Ansehen. Bürokratisierung und Professionalisierung erfaßten dabei die gesamte Gemeindeverwaltung[219]. War beispielsweise bis 1948 das Amt des Gemeindeschreibers oft noch nebenberuflich ausgeübt worden, so wurde in den fünfziger Jahren dieses Amt nun zunehmend hauptberuflich besetzt. Gleichzeitig wurden die dörflichen Machtstrukturen pluralistischer. Nach wie vor dominierten zwar die Bauern in den Gemeinderäten, aber vor allem 1946 war der Anteil der Arbeitnehmer mit 30,5 Prozent auffallend groß gewesen. In der Gemeinde Bayerisch Gmain beispielsweise standen den drei Bauern (CSU) nun plötzlich vier Arbeitnehmer (SPD) und zwei Gewerbetreibende (einer KPD, einer parteilos) gegenüber[220]. Auch als bei den Wahlen von 1948 der Anteil der Arbeitnehmer unter den Gemeinderäten wieder zugunsten der Bauern deutlich zurückging, waren Arbeiter, Angestellte und Beamte dennoch auch weiterhin in vielen Gemeinden deutlicher als etwa vor dem Krieg an der dörflichen Politik mitbeteiligt[221].

[217] Vgl. dazu NA, RG 260, 7/36-2/4 vom 6. 8. 1948 und vom 1. 10. 1948.

[218] Vgl. von Dietze, Rolfes, Weippert, Lebensverhältnisse, S. 170. Vgl. auch Lebensverhältnisse in kleinbäuerlichen Dörfern. Vorträge und Verhandlungen der Arbeitstagung der Forschungsgesellschaft für Agrarpolitik und Agrarsoziologie e. V. in Bad Ems vom 14.–16. 10. 1953, Bonn 1954.

[219] Vgl. allgemein dazu Franz Kromka, Soziokulturelle Integration und Machtverhältnisse in ehemals kleinbäuerlichen Dörfern, Bonn 1975, S. 86f.

[220] Im Kreistag des Landkreises Regen z.B. hatte sich 1948 unter anderem durch das Häufeln die Sitzverteilung entscheidend geändert: 15 der 30 Sitze wurden von Mandatsträgern aus Industrie, Handwerk und Handel besetzt, während nur noch 3 Sitze von Bauern eingenommen wurden.

[221] *Soziale Stellung der Gemeinderäte in den bayerischen Landkreisen 1946–1952*

	1946	1948	1952
Selbständige (Bauern)	65,0%	75,3%	74,1%
Arbeitnehmer	30,5%	15,6%	14,3%
Angest./ öffentl. Dienst	3,6%	8,8%	10,1%
Andere	0,9%	0,3%	1,6%

Quelle: Die Wahlen zu den Gemeinde- und Kreisvertretungen in Bayern 1946 und 1948, in: Beiträge zur Statistik Bayerns, Heft 147, 1949, und Die Flüchtlinge in Bayern, in: Beiträge zur Statistik Bayerns, Heft 182, 1953, S. 12.

b) Die Dorfpfarrer

Neben den Bürgermeistern rückten in der Umbruchphase vor allem die Dorfpfarrer in den Mittelpunkt des Gemeindelebens. Auch ihr Einfluß war dabei vielfach einem Wandel unterworfen. Hatten die Pfarrer in der NS-Zeit zunächst eine beträchtliche Eingrenzung ihrer Autorität erfahren, so gewannen Kirche und Ortsgeistliche gegen Kriegsende wieder in dem Maße an Einfluß, wie NSDAP und damit auch Ortsbürgermeister und Ortsbauernführer an Gewicht verloren[222]. Die Dorfpfarrer schienen das Kriegsende zudem oft unkompromittiert überstanden zu haben. Die Geistlichen führten daher vielerorts Übergabeverhandlungen mit den US-Truppen und gewannen häufig auch erheblichen Einfluß auf die Neubesetzung der Bürgermeisterämter[223]. In den evangelischen Dörfern Frankens waren viele Pfarrer jedoch zur Wehrmacht eingezogen worden, die Pfarreien manchmal verwaist. Deshalb, aber auch wegen der teilweisen Verstrickung in das NS-Regime, taten sich hier die Ortsgeistlichen nach der Rückkehr zunächst vielfach schwer, Ansehen und Anerkennung bei der Bevölkerung wiederzuerlangen. In vielen katholischen Gemeinden wuchs jedoch zunächst der Einfluß der Dorfpfarrer[224]. Mit ihrer Haltung zum Flüchtlingsproblem, zu Entnazifizierung und Militärregierung und ihren Empfehlungen bei den Wahlen beeinflußten sie die Einstellungen der Bevölkerung im Dorf bald mehr als Bürgermeister und Gemeinderäte. Die Militärregierung stand dem oft erheblichen Einfluß der Pfarrer nicht ohne Skepsis gegenüber. In Unkenntnis der örtlichen Verhältnisse hatten sich die Detachment-Offiziere beim Aufbau geordneter Lokalverwaltungen zunächst weitgehend auf den Rat und die Mitarbeit der Dorfgeistlichen gestützt. Allmählich machte sich aber eine kritischere Einstellung breit. Anlaß war dabei die ablehnende Haltung vieler Pfarrer gegenüber den Neubürgern.

Die Anwesenheit der häufig konfessionsfremden Flüchtlinge war auch für die Kirche eine große Herausforderung. Wegen des Flüchtlingsproblems kam es daher in einigen Gemeinden des öfteren zu Machtproben zwischen dem Pfarrer auf der einen Seite, dem Bürgermeister und dem Gemeinderat auf der anderen Seite. Im Juli 1947 berichtete beispielsweise der Detachment-Offizier aus dem Landkreis Marktoberdorf über anhaltende Schwierigkeiten, die in einigen Gemeinden durch die flüchtlingsfeindliche Haltung kirchlicher Kreise entstanden waren. In einem kleinen schwäbischen Dorf verschärfte der Pfarrer die Gegensätze in seiner Gemeinde noch durch eine Sonntagspredigt, in der er heftige Angriffe gegen die Flüchtlinge richtete. „The priest is too influential a personnage in the community for the Buergermeister, who is otherwise fair and helpful to the refugees, to offer an opinion contrary to the church stand", kommentierte daraufhin der Besatzungsoffizier den Vorfall. „This typical situation exists in many communities where aged clergymen hold sway."[225] In der Gemeinde Schweitenkirchen (Landkreis Pfaffenhofen an der Ilm) hatte der Dorfpfarrer die Belegung eines Nebengebäudes des Pfarrhofs mit Flüchtlingen dadurch zu verhin-

[222] Vgl. dazu auch die Berichte bei Broszat, Fröhlich, Wiesemann, Bayern, Bd. I, S. 580.

[223] Vgl. dazu die eindrucksvollen Berichte von Ortsgeistlichen in fränkischen Dörfern über die Ergebnisse beim Einmarsch bzw. Durchmarsch der Amerikaner; LKAN, Dekanat Neustadt/Aisch Nr. 37.

[224] Eine wichtige Rolle spielte dabei die spezifische Kriegs- und Nachkriegsfrömmigkeit, zumal Religiosität auf dem Lande stark von der Person des Pfarrers abhängig war.

[225] NA, RG 260, 10/85-2/14 vom 23. 7. 1947.

dern versucht, daß er die Räume als zusätzlich benötigte Klassenzimmer der Dorfschule auswies. Nachdem jedoch Gemeinderat und Bürgermeister bereits ein anderes Gebäude für die Schulräume bestimmt hatten, verweigerte der Pfarrer dort zunächst jeglichen Religionsunterricht. Schließlich organisierte er mehrere Gemeindeversammlungen, in denen er heftige Angriffe gegen den Dorfbürgermeister richtete. Er machte ihn für die zur Unzufriedenheit vieler Einheimischer durchgeführte Flurbereinigung verantwortlich und erhob auch Vorwürfe wegen des guten Abschneidens der Flüchtlinge bei den Gemeinderatswahlen. Tatsächlich veranlaßten nach Einschätzung der örtlichen Militärregierung „constant pressure und dictatorial tactics employed by the priest" den Bürgermeister Ende 1948 zum Rücktritt. „In contrast to other Gemeinden where some measures of cooperation and understanding has been attained, the indigenous population of Schweitenkirchen aroused by the demagogic attacks of the priest has been taken to the point where they are ready to take violent actions against the refugees", schilderte der Detachment-Offizier die Stimmung im Dorf[226].

Natürlich taten die Dorfpfarrer in vielen anderen Gemeinden eine Menge zur Verbesserung der Lage der Flüchtlinge. Ein Klima der Zusammenarbeit und des gegenseitigen Verständnisses zu schaffen, war vor allem erklärtes Ziel der Kirchenleitungen, die ihre Ortspfarrer in diesem Sinne zu beeinflussen versuchten[227]. Es zeigte sich aber, daß die Dorfgeistlichen oft beträchtlich von diesem Standpunkt abwichen. Viele Pfarrer stellten sich auf die Seite ihrer Gemeinde: „In vielen Fällen waren die Einheimischen nur noch die Geduldeten, während die Flüchtlinge mehr und besseren Raum und auch mehr Rechte als die Bauern beanspruchten", rechtfertigte sich Anfang 1949 ein Pfarrer. Unter solchen Umständen allerdings erklärten viele Geistliche: „Wir sind jetzt so weit, daß wir uns für unsere Einheimischen gegenüber den Anmaßungen der Flüchtlinge einsetzen müssen. Das kann doch nicht als Versagen der Bauern und Pfarrer gewertet werden ..."[228]

Besorgt mußte die Militärregierung darüber hinaus eine zunehmend offene Kritik vieler Ortspfarrer gegenüber Entnazifizierung und Besatzungsmacht registrieren. Wenn etwa ein Dorfpfarrer im Landkreis Krumbach zum Zeugenstreik beim Spruchkammerverfahren aufrief, indem er verkündete, daß es nur schwer mit der christlichen Anschauung in Einklang zu bringen sei, Mitbürger bei der Spruchkammer zu denunzieren, dann bestätigte sich der Eindruck der Militärregierung von der wenig entnazifizierungsfreundlichen Einstellung der Ortspfarrer[229]. Einige Detachment-Offiziere versuchten den Motiven für diese Haltung bei manchen Geistlichen auf die Spur zu kommen. „Recently I tried to find out why former nazis enjoyed so much favor by the church", berichtete Anfang 1948 ein Offizier im Landkreis Marktoberdorf über seine Nachforschungen. „The clergyman replied: 'Selfdefense is now necessary since the American and German authorities will not listen to petitions forwarded by church authorities requesting the release of prisoners of war who have been held for two years in

[226] NA, RG 260, 13/100-2/8 vom November 1948.

[227] Vgl. dazu Ian Connor, The Churches and the Refugee Problem in Bavaria 1945–49, in: Journal of Contemporary History 20 (1985), S. 399 ff.

[228] Frankfurter Hefte 2 (1947), S. 201. Zu dieser Frage war auch innerkirchlich eine heftige Diskussion entbrannt. Vgl. etwa Otto B. Roegele, Der deutsche Katholizismus im sozialen Chaos. Eine nüchterne Bestandsaufnahme, in: Hochland 41 (1949), S. 205 ff. sowie Klerusblatt 1947 ff.

[229] Vgl. dazu die Berichte in NA, RG 260, 10/85-3/1 vom 1. 5. 1946 und NA, RG 260, 10/85-3/2 vom 14. 12. 1946.

internment camps. These men could be sent back to useful work. We know that the Americans agree with the Bolshevists, who are even worse than the nazis, so there is no use of talking about rights. We do not want to hold people in camps who did not participate in crimes and whose families live in distress ...'"[230] Ressentiments gegen Maßnahmen der Militärregierung, Antikommunismus und christliche Fürsorge und Nächstenliebe verbanden sich in den Worten dieses Pfarrers zu einer wirksamen Argumentation. Nicht nur wegen der Entnazifizierungs- und Internierungspolitik wurde die Militärregierung kritisiert, sondern darüber hinaus wurden sogar massive Vorwürfe wegen vermeintlicher Einschränkungen der Religionsfreiheit sowie wegen Einmischungen in die katholische Jugendarbeit erhoben[231].

Da Bürgermeister und Gemeinderat in der Umbruchphase kurzfristig an Einfluß verloren hatten und die Militärregierung vorübergehend auf die Mithilfe der Dorfpfarrer angewiesen war, übernahmen die Pfarrer vielfach auch Aufgaben, die über ihre seelsorgerische Funktion hinausgingen und politischer Natur waren. Nicht nur bei der Bewältigung der täglichen Ernährungs-, Wohnungs- und Flüchtlingsnot hatten sie ein gewichtiges Wort mitzusprechen, auch bei den Wahlen mischten sich viele Dorfgeistliche nun wieder kräftig ein. Obwohl die Kirchenleitung schon früh eine klare Haltung einnahm, politisierende Geistliche nicht gerne sah und auch die Kandidatur von Ortspfarrern auf Wahllisten verbot, fühlten sich keineswegs alle Pfarrer zur politischen Neutralität verpflichtet. So war bei der Kommunalwahl 1948 in Hohenbrunn (Landkreis München) nach Untersuchungen der Militärregierung der Bürgermeisterkandidat der CSU trotz politischer Vorbelastung auf Veranlassung des Ortspfarrers als „der einzig richtige Mann" propagiert worden[232]. Mehr oder weniger offene Stellungnahme gegen KPD und SPD und für die „christlichen Parteien" waren, so auch bei der Bundestagswahl von 1949, nicht selten; in der Gemeinde Postmünster (Landkreis Pfarrkirchen) etwa war vom Pfarrer während der SPD-Wahlversammlung ganz bewußt ein Gottesdienst angesetzt worden[233]. Insgesamt ging jedoch der Einfluß der Dorfgeistlichen schon wenige Jahre nach dem Krieg wieder spürbar zurück. Es war unvermeidbar, daß mit der beginnenden Entkonfessionalisierung breiter Schichten auch die Position der Pfarrer schwächer wurde. Der Dorfgeistliche verlor zunehmend an Einfluß und fand sein Betätigungsfeld mehr und mehr in rein religiös-kirchlichen Angelegenheiten.

c) Die Dorflehrer

Zu zahlreichen Konflikten in den ländlichen Gemeinden gaben schließlich auch die häufigen Neubesetzungen der Dorflehrerstellen im Zuge der Entnazifizierung Anlaß. Durch die vor 1939 oft zu beobachtende Personalunion von Dorflehrer und NS-Ortsgruppenleiter hatte sich während der NS-Zeit vielerorts eine Trennung von Schule und Kirche, von Pfarrer und Lehrer vollzogen. „Dort wo bisher eine Einheit der Autorität und geistigen Führung von Kirche und Schule geherrscht hatte, entstand jetzt die

[230] NA, RG 260, 7/36-2/4 vom 11. 2. 1948.

[231] Vgl. dazu auch Edward N. Peterson, The American Occupation of Germany. Retreat to Victory, Detroit 1978, S. 225.

[232] Vgl. NA, RG 260, 10/109-1/17.

[233] Vgl. NA, RG 260, 10/109-1/16: „Election sidelights".

weltanschauliche und politische Polarisierung und die damit herbeigeführte Isolierung des Ortspfarrers."[234] Schon damals waren jedoch viele Dorflehrer, zumal sie in ihrer Funktion als Ortsgruppenleiter der NSDAP nicht im Gemeinderat vertreten und darüber hinaus oft auch ortsfremd waren, nicht in das Sozialgefüge des Dorfes eingebunden gewesen. Um so mehr stellt sich die Frage, wie sich nach der Entnazifizierung der Dorflehrer das Verhältnis zwischen Kirche und Schule auf dem Lande entwickelt hat. In den Jahren nach 1945 klagten viele Pfarrer, daß die neu eingesetzten Lehrer der Kirche ziemlich gleichgültig gegenüberstünden. In den Bekenntnisschulen unterrichteten nun oft konfessionsfremde Lehrer, die zudem noch zu einem beträchtlichen Anteil von Flüchtlingen gestellt wurden[235]. In der Gemeinde Marzoll (Landkreis Berchtesgaden) machte sich nach einem Bericht des Bürgermeisters im März 1947 beträchtlicher Unmut darüber breit, „daß der Schulleiter des Dorfes es ablehnt, das Schulgebet wieder einzuführen. Die ganze Nazizeit war es den Kindern vorenthalten worden, und allgemein machte sich der Wunsch breit, nun endlich wieder den alten Brauch einzuführen. Aber leider ist an den Herrn nicht heranzukommen, denn er nannte sich persönlichen Freund von Gouverneur Mawrence; inwieweit das wahr ist, weiß man nicht, aber auf alle Fälle will sich da in Sachen Schulgebet niemand den Mund verbrennen."[236]

Vor allem die Auseinandersetzungen um die Flüchtlingslehrer in den Konfessionsschulen waren ein ständiger Konfliktherd. Kein Wunder, denn viele Dorflehrer waren durch die Entnazifizierung aus ihren Ämtern entfernt worden. Im Regierungsbezirk Mittelfranken waren es zum Beispiel 60 Prozent aller Lehrer, und andernorts mag diese Rate wohl noch höher gelegen haben[237]. Im Januar 1947 waren in Bayern insgesamt 2272 Flüchtlinge und Evakuierte als Lehrer angestellt, womit der Lehrermangel aber auch nicht völlig beseitigt werden konnte, denn in vielen Dörfern waren durch die schulpflichtigen Flüchtlingskinder die Schülerzahlen um das Doppelte gestiegen. In einigen Schulbezirken erreichten die ortsfremden Schüler zwischen 40 Prozent und 50 Prozent der ortsansässigen Schüler. Angesichts dieses Zustroms oft konfessionsfremder Flüchtlingskinder erwiesen sich die Bekenntnisschulen einfach auch als überholt. „All schools in the Landkreis Riedenburg are catholic in total disregard of the fact that the present population consists of ⅓ refugees and evacuees, many of whom are protestant", berichtete ein Detachment-Offizier aus der Oberpfalz[238]. Bestärkt durch den Zustrom konfessionsfremder Flüchtlinge zeigte sich daher im September 1948 in den fränkischen Regionen „allenthalben das Bestreben zur Errichtung von Gemeinschaftsschulen."[239] Doch immer wieder kritisierten Einheimische, daß sie ihre Kinder von „konfessionsfremden Preußen" unterrichten lassen müßten. Die Eltern forderten deswegen oft eine zügige Entnazifizierung und damit die Wiedereinsetzung der alten Dorflehrer. Vereinzelt erschienen sogar Schülerdelegationen bei der

234 Broszat, Fröhlich, Wiesemann, Bayern, Bd. I, S. 404.

235 LKAN, Dekanat Bayreuth Nr. 184, Visitationen in der Gemeinde Heimersreuth vom 14. 12. 1947 und Dekanat Weiden Nr. 276.

236 StAM, LRA Berchtesgaden 30750 vom März 1947.

237 Im Schulbezirk Scheinfeld etwa setzten sich die 82 Lehrkräfte zu 54% aus Flüchtlingslehrern und zu 46% aus bayerischen Lehrern zusammen.

238 NA, RG 260, 7/36-2/4 vom 4. 2. 1948.

239 Vgl. BayHStA, Regierung von Ober- und Mittelfranken, Berichterstattung 1948–1952, AZ 1-64, vom 9. 9. 1948.

örtlichen Militärregierung und baten um die Rückkehr ihrer früheren Lehrer. In der oberpfälzischen Gemeinde Neuenhammer (Landkreis Vohenstrauß) drohten die Eltern sogar mit einem Schulstreik, um diesen Forderungen Nachdruck zu verleihen[240].

Nicht überall besaßen die alten Dorflehrer jedoch so viel Rückhalt in der Bevölkerung. Ein Licht auf das gewandelte Verhältnis von kirchlicher Gemeinde und Schule auf dem Lande wirft etwa der ausführliche Bericht des evangelischen Pfarrers von Eschenbach (Dekanat Hersbruck): „Der frühere Schulleiter ist nach Entlassung aus dem Hersbrucker Lager noch in Eschenbach ansässig und wohnt im Schulhaus. Der frühere 2. Lehrer war Ortsgruppenleiter, Kreisredner und eine Zeit lang DC. Er soll während meiner Wehrdienstzeit ... zum Kirchenaustritt aufgefordert haben. Beide waren sonst freundlich gegen mich, versahen auch den Organistendienst, jedoch kam es zu einer Auseinandersetzung mit dem alten Schulleiter bei der Beschlagnahme des neuen Pfarrhauses und der Belegung durch bombengeschädigte Verwandte des Schulleiters. Auch bei der Trennung von Kirche und Schule unter meinem Vorgänger war es zu Auseinandersetzungen gekommen ... Die Stellung der Gemeinde zum alten Schulleiter war zuerst ablehnend infolge der Auseinandersetzungen mit der Kirche, wurde dann aber freundlicher ... Inzwischen hat von Seite der Gemeinde ein Gefühl des Mitleids Platz gegriffen mit dem alten Schulleiter, der in seinem Alter von über 60 Jahren noch einige Monate im Internierungslager zubringen mußte. Seine Haltung gegenüber dem Pfarrhaus schien versöhnlicher geworden zu sein nach seiner Entlassung ... Falls sich nicht der Einfluß des alten Lehrers geltend macht, glaube ich sagen zu dürfen, daß das Verhältnis zwischen Schule und Kirche besser wird als vorher ... In der Filiale Hirschbach wurde dem früheren Schulleiter von der Gemeinde verweigert, wieder zuzuziehen; er war, obwohl zeitweise Kirchenvorstandsmitglied, bewußt kirchenfeindlich eingestellt, doch zu schlau, um auszutreten und sein Kind nicht taufen zu lassen ... Der neue Schulleiter dort ist Schlesier, evakuiert. Auffallend ist, daß in dem rein evangelischen Ort der Oberpfalz ein Katholik Schulleiter ist ...“[241]

Ab etwa Mitte 1948 strömten viele entnazifizierte Altlehrer in ihre Stellungen zurück. Bereits im August 1948 registrierte die Militärregierung, daß in den meisten der von ihr untersuchten 114 bayerischen Landkreise zwischen 50 Prozent und 60 Prozent der Lehrerämter wieder mit ehemaligen NSDAP-Mitgliedern besetzt waren[242]. Tatsächlich läßt sich aber gleichzeitig feststellen, daß dabei vielerorts auch das traditionell einvernehmliche Verhältnis zwischen Pfarrer und Lehrer aus der Zeit vor 1933 wieder hergestellt werden konnte, das durch die politische Polarisierung empfindlich gestört worden war. Aus der kleinen Gemeinde Marzoll (Landkreis Berchtesgaden) jedenfalls konnte der Bürgermeister Anfang 1948 berichten, daß „die Situation so beschaffen ist, daß wieder Kirche, Schule und politische Gemeinde in schönem Einklang stehen, im gegenseitigen Vertrauen ein ersprießliches Zusammenarbeiten ermöglicht und der Burgfrieden der Gemeinde wieder hergestellt [ist]“[243]. Das lag auch daran, daß nun ein beträchtlicher Teil der Flüchtlingslehrer oft auf örtlichen Druck die Tätigkeit wieder aufgeben mußte. Ein Bericht der Intelligence-Division vom 3. März 1948 vermerkte dazu: „Detachments report that Protestant teachers in the Kreise who are re-

[240] Vgl. NA, RG 260, 9/77-2/20.
[241] LKAN, Dekanat Hersbruck Nr. 67 vom April 1947.
[242] Vgl. NA, RG 260, 7/36-2/4 vom 6. 8. 1948 und LKAN, Dekanat Hersbruck Nr. 67.
[243] StAM, LRA Berchtesgaden 30751 vom 5. 2. 1948.

fugees face uncertain teaching futures since the trend of local administrators is to dismiss these teachers on unfounded accusations and replace them with an all-Catholic staff even though a large percentage of Protestant pupils reside in the locality. Many detachment reports indicate that there has also been a definite tendency to hold open teaching positions for former nazi teachers until such time as they have been cleared through the Spruchkammer instead of actively, recruiting new teachers to fill these vacancies."[244]

Allerdings hatten die örtlichen Besatzungsoffiziere oft alle Mühe, in diesen Auseinandersetzungen die Übersicht zu behalten. In Unkenntnis der örtlichen Verhältnisse beurteilten sie auch persönliche Querelen zwischen Lehrer, Ortspfarrer und Bürgermeister oft ganz unter dem politischen Aspekt der Entnazifizierung. Geradezu reißerisch hatte etwa ein Detachment-Offizier seinen Bericht über die Verhältnisse in der kleinen Gemeinde Ruderatshofen im Landkreis Marktoberdorf mit der Überschrift „A small community revolts against its nazis" versehen[245]. In Wirklichkeit war es hier anläßlich einer Gemeindeversammlung lediglich zu heftigen Auseinandersetzungen zwischen dem Dorfpfarrer und seinen Anhängern einerseits und dem Ortsbürgermeister und einem Teil der Dorfbewohner andererseits um die Wiedereinstellung des früheren Dorfschullehrers gekommen. Offensichtlich hatte der örtliche Besatzungsoffizier eine ziemlich schiefe Darstellung der Vorkommnisse gegeben. Die Konflikte, Spannungen und gegenseitigen Anschuldigungen in einem Dorfe waren meist derart verwirrend, daß die örtliche Militärregierung kaum noch erkennen konnte, welche Hintergründe die Auseinandersetzungen eigentlich hatten. Vor Ort war die Militärregierung meist überfordert. Vieles entzog sich der Kenntnis der Besatzungsoffiziere, und immer wieder mußten sie feststellen, daß die Besatzungsmacht in den lokalen Milieus an die Grenze ihrer Durchsetzungsmöglichkeiten stieß[246]. Dennoch waren von den Amerikanern vielfältige Impulse zur Veränderung der sozialen, politischen und wirtschaftlichen Verhältnisse auf dem Lande ausgegangen, sei es hinsichtlich eines politischen Neuanfanges oder ihrer Bemühungen zur Modernisierung der Landwirtschaft.

4. Zusammenfassung

Auch wenn sich während der NS- und Kriegszeit in der Landwirtschaft bei Anbauweise, Produktivität und Mechanisierung bereits erste strukturelle Veränderungen und Verschiebungen gezeigt hatten und die ländliche Bevölkerung schon vor Kriegsende von Politisierungs- und Militarisierungstendenzen betroffen wurde, die eigentlichen Krisenerfahrungen im Dorf setzten massiv erst nach 1945 ein. Vor dem Hintergrund des nun rasch fortschreitenden Anpassungs- und Modernisierungsprozesses in der Landwirtschaft wirkte der Flüchtlingszustrom in der Umbruchphase vielfach beschleunigend. Mit der Aufnahme einer großen Zahl Vertriebener verloren viele Dörfer

[244] NA, RG 260, 7/36-2/4 vom 3. 3. 1948.
[245] Vgl. NA, RG 260, 7/36-3/1-4 vom 9. 10. 1949.
[246] Vgl. dazu Hans Woller, Die Militärregierung vor Ort – Einfluß und Grenzen amerikanischer Politik während der Besatzungszeit, in: Dieter Galinski und Wolf Schmidt (Hrsg.), Jugendliche erforschen die Nachkriegszeit. Materialien zum Schülerwettbewerb Deutsche Geschichte 1984/85, Hamburg 1984, S. 109.

endgültig ihr ursprünglich ländliches Gepräge, das Aufeinanderprallen unterschiedlicher Konfessionen schwächte die Prägekraft konfessionshomogener Gebiete. Mit der Auflösung der ländlichen Abgeschlossenheit wurde das Land nun stärker in den Prozeß der Verstädterung einbezogen. Der soziale Wandel bedrohte in den Dörfern tradierte Verhaltensweisen, er stellte aber auch materielle und immaterielle Vorrechte in Frage. Die Umbruchphase war daher auf dem Lande hochgradig mit Konflikten und Spannungen verbunden. Gerade hier wirkten das Verhalten und die Gewohnheiten der Flüchtlinge im wirtschaftlichen, politischen und religiös-kulturellen Bereich progressiv, ja oft „revolutionär". Diese Modernisierungsanstöße ergaben sich gerade auch deshalb, weil sich die Flüchtlinge an Leitbildern und Verhaltensweisen orientierten, die der ländlichen Bevölkerung fremd waren[247].

Die anfänglichen Solidarisierungs- bzw. Abwehrtendenzen gegenüber den Fremden im Dorf wurden jedoch bald von Assimilationsprozessen abgelöst. Individuelle Erfahrungen, kollektive Verhaltensweisen und strukturelle Wandlungstendenzen verliefen in dieser Umbruchphase natürlich häufig widersprüchlich, was auch an der Heterogenität der „Fremden" lag. Flüchtlinge und Evakuierte bildeten zahlreiche, nach Herkunft sowie sozialen, konfessionellen und anderen Merkmalen differenzierte Untergruppen, für die sich innerhalb der einheimischen Landbevölkerung jeweils unterschiedlich starke Anknüpfungschancen ergaben. Durch die Flüchtlinge wurden die Einheimischen mit neuen Werten, Normen und Verhaltensweisen konfrontiert. Das erhöhte zwar auf der einen Seite die Aufgeschlossenheit für urbane Einflüsse und Haltungen im dörflichen Milieu, auf der anderen Seite waren diese Wandlungstendenzen aber doch wegen der schnellen Integration, der bald einsetzenden Abwanderung und dem Wirtschaftsaufschwung in den fünfziger Jahren nur mehr oder weniger kurzfristig wirksam.

Die nach der Währungsreform und vor allem in den fünfziger Jahren rapide einsetzenden Modernisierungsprozesse in der Landwirtschaft und die sich mit der landwirtschaftlichen Strukturkrise ergebenden Anpassungszwänge wurden erstaunlich schnell und relativ reibungslos bewältigt. Das lag wohl auch an dem Umstand, daß durch den Flüchtlingszustrom nach 1945, was die Normen und das Verhalten der Landbevölkerung angeht, schon präformierende und letztlich kaum reversible Veränderungstendenzen in Gang gesetzt worden waren. Da die Bauern obendrein als relative Verlierer des Wirtschaftsaufschwungs absolut gesehen noch viel gewinnen konnten, erfolgten die gleichzeitigen tiefgreifenden Veränderungen der sozialen Stellung der Bauern ohne allzu scharfe Verteilungskämpfe und gefährliche Radikalisierungstendenzen. Auch die Abwanderung in gewerbliche und industrielle Berufe hat in dieser Zeit neue und oftmals verbesserte Einkommens- und Existenzchancen geboten, die auch genützt wurden. Während in den Paritätsforderungen der Bauernverbände Anfang der fünfziger Jahre noch vielfach bäuerlich-traditionelle Leitbilder bestimmend waren, vollzog sich auf dem Lande gleichzeitig auch eine relativ bruchlose, allmähliche Aus-

[247] Vgl. dazu Peter Waldmann, Die Eingliederung der ostdeutschen Vertriebenen in die westdeutsche Gesellschaft, in: Josef Becker, Theo Stammen und Peter Waldmann (Hrsg.), Vorgeschichte der Bundesrepublik Deutschland. Zwischen Kapitulation und Grundgesetz, München 1979, S. 188f., der hinsichtlich der gesamtgesellschaftlichen Wirkung der Flüchtlinge die These von der „Modernisierung unter konservativem Vorzeichen" geprägt hat.

richtung der Verhaltens- und Wertorientierungen an industrielle und gewerbliche Normen.

Durch Krieg, Flüchtlingszustrom, Schwarzmarkt und Landwirtschaftskrise wurden Landwirtschaft und ländliche Gesellschaft einem Wandel unterworfen, auf den zunächst mit dem Rückzug auf traditionelle Verhaltensweisen wie Selbstversorgermentalität, Fremdenfeindlichkeit sowie überkommene, arbeitsintensivere Bewirtschaftungsmethoden reagiert wurde. Tatsächlich waren – gesamtgesellschaftlich gesehen – wohl viele Verhaltensmuster der zwanziger und dreißiger Jahre, soweit sie die Lebensformen und sozialen Wertsysteme betrafen, noch bis weit in die fünfziger Jahre hinein maßgebend[248]. Während in den fünfziger Jahren wirtschaftlich und politisch eine rasche Restabilisierung erfolgte, die vielfach als eine den dreißiger Jahren nicht unähnliche „neue Normalität" erfahren wurde, lösten auf dem Lande die Modernisierungs- und Mobilisierungsschübe der vierziger Jahre die traditionellen Orientierungen jedoch langsam ab[249]. Die wachsende wirtschaftliche und soziale Anpassung an die veränderten Wirtschaftsbedingungen bewirkte eine zunehmende Modifizierung und „Modernisierung" der Normen und Werte in Richtung auf die mobilisierte, dynamische Industriegesellschaft im Nachkriegsdeutschland. In den fünfziger Jahren erfolgte daher eine tiefgreifende Zäsur in der Wertorientierung der deutschen Nachkriegsgesellschaft, die gerade auch den ländlichen Bereich erfaßte. Die massive Umbruchsituation, in der sich dörfliches Sozialmilieu und ländliche Bevölkerung durch Flüchtlingszustrom und Strukturkrise der Landwirtschaft Ende der vierziger Jahre befanden, ist Teil dieses nach Kriegsende umfassend einsetzenden Modernisierungsprozesses in Deutschland. In seinem Gefolge verstärkte sich die Entprovinzialisierung dörflichen Lebens, wurden die älteren Autoritäten, Bindungen und die dörfliche Gruppenabhängigkeit zunehmend geschwächt, setzte sich individuelle Leistungsorientierung mehr und mehr durch und verbreiteten sich die überlokalen Einflüsse bei Politik, Wirtschaft, Freizeit und Konsum.

[248] Hans-Peter Schwarz, Modernisierung oder Restauration? Einige Vorfragen zur künftigen Sozialgeschichtsforschung über die Ära Adenauer, in: Kurt Düwell und Wolfgang Köllmann (Hrsg.), Rheinland-Westfalen im Industriezeitalter, Bd. 3: Vom Ende der Weimarer Republik bis zum Land Nordrhein-Westfalen, Wuppertal 1984, S. 280.

[249] Vgl. dazu insbesondere Lutz Niethammers Hinweis auf die „Normalitätsparallele" zwischen den 1930er und 1950er Jahren in lebensgeschichtlicher Perspektive, in: Lutz Niethammer (Hrsg.): „Die Jahre weiß man nicht, wo man die heute hinsetzen soll". Faschismus-Erfahrungen im Ruhrgebiet. Lebensgeschichte und Sozialkultur im Ruhrgebiet 1930 bis 1960, Bd. 1, Bonn 1983, S. 91 f. sowie die Ergebnisse der Meinungsumfragen in: Elisabeth Noelle und Erich Peter Neumann (Hrsg.), Jahrbuch der öffentlichen Meinung 1947–1955, Allensbach 1956, S. 126.

Christoph Boyer

„Deutsche Handwerksordnung" oder „zügellose Gewerbefreiheit"

Das Handwerk zwischen Kriegswirtschaft und Wirtschaftswunder

Die scharfen politischen Brüche der jüngeren deutschen Vergangenheit verstellen leicht den Blick auf eine tiefer liegende Schicht von Kontinuitäten und längerfristigen, relativ stabilen Entwicklungstrends in Wirtschaft und Gesellschaft. Beide Bereiche sind gegen politisch induzierte Veränderungen natürlich nicht immun; der Spielraum für Eingriffe ist jedoch durch Sachzwänge, Tradition und Mentalität eingeengt. Die Mischung von Kontinuität und Wandel, die sich so ergibt, läßt sich exemplarisch an der Geschichte der Berufsordnung des Handwerks vom Dritten Reich bis zur Bundesrepublik, insbesondere am Problem der Regelung des Zugangs zur selbständigen Handwerksausübung, verdeutlichen.

Die Geschichte der handwerklichen Berufsordnung hängt eng mit der wirtschaftlichen Entwicklung des Handwerks zusammen; dieses war seit Beginn der Industrialisierung einem permanenten Konkurrenzdruck seitens der Industrie ausgesetzt, in dessen Folge es nicht mehr konkurrenzfähige Sektoren der Produktion aufgeben mußte, zugleich sich aber neu entstandene Fertigungsaufgaben erschließen konnte; seine Tätigkeit verschob sich außerdem mehr und mehr zum Dienstleistungsbereich. Entgegen allen, vor allem im 19. Jahrhundert laut werdenden Untergangsprophetien hat das Handwerk, aufs Ganze gesehen, den Umstellungs- und Anpassungsprozeß erfolgreich bewältigt. Hierzu trug nicht zuletzt der Konzentrationsprozeß – Zunahme der durchschnittlichen Beschäftigtenzahl pro Betrieb und Rückgang der Handwerksdichte, d.h. der Betriebszahl in Relation zur Einwohnerzahl – bei, der die wirtschaftliche Leistungsfähigkeit des Handwerks steigerte[1].

Der organisatorische und rechtliche Rahmen der Handwerkswirtschaft war in diesem Zusammenhang von großer Bedeutung: Berufsständische Selbstverwaltung und Großer Befähigungsnachweis (Meisterprüfung) sind die Kernelemente der „gebundenen Handwerkswirtschaft" und wurden, einmal abgesehen von älteren Wurzeln in der zünftigen Tradition, vom deutschen Handwerk seit dem Vormärz gefordert[2]. Den

[1] Die Ausführungen zu den Grundzügen der Handwerksgeschichte müssen hier nicht im einzelnen belegt werden. Statistische Angaben zur Entwicklung der Beschäftigtenzahlen pro Betrieb und zur Handwerksdichte bei Theo Beckermann, Das Handwerk in der Bundesrepublik Deutschland, Berlin 1980, S. 20.

[2] Zur Handwerkerbewegung seit der ersten Hälfte des 19. Jahrhunderts knapp zusammenfassend: Bernhard Walle, Die Handwerkskammer als Körperschaft des öffentlichen Rechts, Diss. Würzburg 1953, S. 6ff.

fachlichen und bezirklichen Organen der handwerklichen Selbstverwaltung (Innungen bzw. Handwerkskammern) oblag die Aufgabe der Gewerbeförderung, womit die wirtschaftliche Leistungskraft des Handwerks gestärkt werden sollte. Sie hatten außerdem den berufsständischen Zusammenhalt zu sichern und, zumindest was die Kammern anbetrifft, den politischen Interessen des Handwerks Geltung zu verschaffen. Der geregelte berufliche Ausbildungsgang vom Lehrling bis zum Meister sollte ein gleichbleibend hohes Niveau handwerklicher Qualitätsarbeit sichern.

Die Funktion der Meisterprüfung war allerdings ambivalent: Sie diente zur Hebung der wirtschaftlichen Leistungskraft, konnte jedoch auch als Instrument des Handwerksprotektionismus eingesetzt werden. Zwar ist in der nationalökonomischen Theorie strittig, ob der Befähigungsnachweis eher als eine marktkonforme, also wettbewerbsfördernde Anpassungsintervention oder als eine mittelstandsprotektionistische Erhaltungsintervention anzusehen ist[3]: Eindeutig ist jedoch, daß die Meisterprüfung zumindest in wirtschaftlichen Krisenzeiten, die die Flucht abhängig Beschäftigter in die „Notselbständigkeit" fördert, dazu beiträgt, das Handwerk nach außen abzuschirmen[4].

Leitmotiv der Geschichte des deutschen Handwerks seit der Einführung der Gewerbefreiheit im Zuge des Wirtschaftsliberalismus im 19. Jahrhundert sind die Bestrebungen, Meisterprüfung und handwerkliche Pflichtorganisation wieder einzuführen: 1868 war in Bayern, 1869 im Norddeutschen Bund, 1871 mit der Reichsgewerbeordnung im ganzen Deutschen Reich die Gewerbefreiheit proklamiert worden[5]. Die vom Zunftwesen garantierte öffentlich-rechtliche Stellung der Innungen und die Meisterprüfungspflicht wurden damit hinfällig. Schon das Handwerkskammergesetz von 1897 verfügte aber die Einrichtung von Handwerkskammern und ließ die fakultative Pflichtinnung zu[6]. Mit dem kleinen Befähigungsnachweis (1908), der die Meisterprüfung für diejenigen Handwerker, die Lehrlinge ausbildeten, vorschrieb und mit der Einrichtung der Handwerksrolle, d.h. dem Verzeichnis der selbständigen Handwerker eines Kammerbezirks (1929), waren bis zum Ende der Weimarer Republik wichtige Bestandteile der gebundenen Handwerkswirtschaft wiederhergestellt[7]. Die Kammern waren Körperschaften des öffentlichen Rechts und nahmen neben der handwerklichen Selbstverwaltung wichtige, an sich hoheitliche Aufgaben wahr. Mit der Übertragung behördlicher Funktionen auf die Handwerksorganisation war ein korporatistisches ordnungspolitisches Modell vorgebildet, in dem sich der Dualismus von Staat

[3] Egon Tuchtfeldt, Gewerbefreiheit als wirtschaftspolitisches Problem, Berlin 1955, S. 134ff., interpretiert den Befähigungsnachweis grundsätzlich als eine leistungsorientierte Anpassungsintervention, empfiehlt ihn aber wegen möglicher negativer „Nebenwirkungen" – restriktive Handhabung in der Praxis, vor allem in der Folge der Einschaltung der Kammern in die Prüfungen – nur zurückhaltend. Christian Watrin, Der Befähigungsnachweis in Handwerk und Einzelhandel. (Unter besonderer Berücksichtigung der Entwicklung in der Bundesrepublik), Diss. Köln 1958, S. 211ff., S. 252ff., bezeichnet ihn als marktinkonforme, mittelstandsprotektionistische Erhaltungsintervention und betont die Effekte der Marktsperrung, der Stabilisierung von Monopolrenten, der Minderung des Unternehmerrisikos und der suboptimalen Faktorallokation.

[4] So Beckermann, Handwerk in der Bundesrepublik Deutschland, S. 146ff.

[5] Juristische und politische Details für Bayern bei August Popp, Die Entstehung der Gewerbefreiheit in Bayern, Leipzig 1928, passim.

[6] Bernhard Keller, Das Handwerk im faschistischen Deutschland. Zum Problem der Massenbasis, Köln 1980, S. 58. Fakultative Pflichtinnung heißt, daß die Organisationspflicht nur dann eintritt, wenn sie in einem Mehrheitsentscheid der selbständigen Handwerker eines Innungsbezirks gewünscht wird.

[7] Keller, Handwerk im faschistischen Deutschland, S. 59f.

und Gesellschaft tendenziell auflöste[8]. Zur voll durchgebildeten handwerklichen Berufsordnung fehlte damals nur noch der Schlußstein: der Große Befähigungsnachweis.

Das Modell der gebundenen Handwerkswirtschaft hat mithin eine lange und relativ festverwurzelte Tradition. Die Zählebigkeit der „deutschen Handwerksordnung" zeigt sich auch in den folgenden Abschnitten der Handwerksgeschichte vom Dritten Reich bis zur Bundesrepublik: Die Handwerksordnung war in diesem Zeitraum im Zusammenhang mit der politischen Großwetterlage Eingriffen und Überformungen ausgesetzt, die aber alle letztlich nicht von Dauer waren – die einzige Ausnahme ist der Große Befähigungsnachweis, der zwar im Nationalsozialismus eingeführt wurde, aber sowieso auf der Linie des Ausbaus der Berufsordnung lag und deswegen keinesfalls als genuin nationalsozialistische „Errungenschaft" gelten kann. Ein echtes, allerdings auch nur kurzlebiges Ergebnis politischer Eingriffe des NS-Regimes war, daß die handwerkliche Selbstverwaltung zu einem Instrument der staatlichen Kommandowirtschaft umfunktioniert wurde. Sie wurde dem Führerprinzip unterworfen, außerdem ersetzte die Zwangsinnung die bisherige fakultative Pflichtinnung[9]. Im Krieg wurde zudem die Bedürfnisprüfung eingeführt, d.h. ein neuer Betrieb konnte nur dann gegründet werden, wenn seine „volkswirtschaftliche Notwendigkeit" – ein vieldeutiger Begriff, der maßnahmenstaatlichen Praktiken Vorschub leistete – im Rahmen der Kriegswirtschaft bewiesen war. Die gebundene Handwerkswirtschaft wandelte sich damit zur bürokratisch verwalteten Zwangswirtschaft.

In der Besatzungszeit änderte sich daran in dieser Hinsicht zunächst nichts. Zwar wurden nun in größerem Umfang als während der vorangegangenen Jahre Handwerker zur selbständigen Berufsausübung zugelassen, die Bedürfnisprüfung blieb aber angesichts der großen Rohstoffknappheit bestehen, was ein beträchtliches Hemmnis für die Neugründung von Betrieben darstellte. Unter dem Gesichtspunkt der Bedürfnisprüfung läßt sich somit der Zeitraum von 1939 bis 1949 für die Handwerkszulassung als eine einheitliche Epoche betrachten.

Mit der Jahreswende 1948/49 schlug in der amerikanischen Besatzungszone das Pendel zum anderen Extrem aus: Damals schaffte die amerikanische Militärregierung die Bedürfnisprüfung, darüber hinaus aber auch alle anderen Zulassungsvoraussetzungen, ab; auch der Große Befähigungsnachweis durfte nun nicht mehr gefordert werden. Der Zugang zum Handwerk war damit fast völlig frei, eine auf liberalkapitalistischen Vorstellungen fußende Ordnung hatte die gebundene Handwerkswirtschaft ersetzt. Diese Schleifung der Fundamente der Handwerksverfassung hatte aber genausowenig wie die autoritäre, zwangswirtschaftliche Überformung der Handwerksordnung durch den Nationalsozialismus Bestand: Das Führerprinzip in der Handwerksorganisation war mit dem Ende des Dritten Reiches politisch nicht mehr tragbar, die Bedürfnisprüfung wurde mit dem Ende der Mangelwirtschaft obsolet und wäre auch ohne den amerikanischen Eingriff abgeschafft worden, weil sie im Widerspruch zu den Prinzipien der Marktwirtschaft und zur grundgesetzlich verbürgten Berufsfreiheit stand. Die Abschaffung des Befähigungsnachweises durch die Militärregierung hingegen war eine zu starke Abweichung von der deutschen Handwerkstradition – und

[8] Heinrich August Winkler, Mittelstand, Demokratie und Nationalsozialismus. Die politische Entwicklung von Handwerk und Kleinhandel in der Weimarer Republik, Köln 1972, S. 58ff.

[9] Keller, Handwerk im faschistischen Deutschland, S. 60ff.

hatte wohl auch zu gewichtige wirtschaftliche Argumente gegen sich –, als daß sie auf die Dauer haltbar gewesen wäre. Die Besatzungsmacht konnte ihre Reformvorstellungen letzten Endes nicht durchsetzen, sondern mußte sich gegen hartnäckigen hinhaltenden Widerstand auf deutscher Seite mit einem Kompromiß in Form der Bundeshandwerksordnung von 1953 zufriedengeben, mit der der Befähigungsnachweis als Voraussetzung für die selbständige Handwerksausübung wieder eingeführt wurde.

Die „Ausschläge des Pendels" in der Entwicklung der Zulassungsordnung sind Thema der folgenden Untersuchung, die sich vor allem auf bayerische Beispiele stützt. Wichtige Zäsuren sind dabei die Einführung des Großen Befähigungsnachweises (1935) und seine Wiederherstellung nach der kurzen Phase der Gewerbefreiheit (1953). Im Zentrum des Interesses stehen die bürokratisch verwaltete Handwerkszulassung in der Kriegs-, vor allem aber in der Nachkriegszeit (bis Ende 1948) und die „zügellose Gewerbefreiheit" (ab Anfang 1949) – zwei „extreme Modelle", die hier auf dem Hintergrund der wirtschaftlichen Bedingungen und der politischen Großwetterlage analysiert werden.

1. Handwerk und Handwerksordnung in der NS-Zeit

Der Nationalsozialismus fügte in seiner ersten, noch mittelstandsfreundlichen Phase[10] mit der Zwangsinnung (obligatorische Pflichtinnung) und dem Großen Befähigungsnachweis die noch fehlenden Elemente zur gebundenen Handwerkswirtschaft hinzu. Mit der Dritten Verordnung über den vorläufigen Aufbau des deutschen Handwerks vom 18. Januar 1935 wurde die Eintragung in die Handwerksrolle zur Voraussetzung für den selbständigen Betrieb eines Handwerks erklärt; sie war im Regelfall an die erfolgreich abgelegte Meisterprüfung gebunden. In besonderen Fällen waren Ausnahmen möglich, insbesondere für Facharbeiter mit mindestens fünfjähriger Berufspraxis. Ausnahme- und Übergangsbestimmungen gab es auch für bereits selbständige Althandwerker[11].

Mit der Einführung des Großen Befähigungsnachweises proklamierte der Nationalsozialismus die „Handwerkswirtschaft der Meister" als Ziel seiner Handwerkspolitik. Der staatlichen Wirtschaftspolitik ging es dabei vor allem um Leistungssicherung als wesentlicher Voraussetzung für den oft propagierten „Wettbewerb der Besten"[12]. Daß man damit aber auch mehr oder weniger manifesten protektionistischen Neigungen im Handwerk entgegenkam, liegt auf der Hand[13]. Eindeutig ist auch, daß man mit der Einführung der Meisterprüfung das Selbstbewußtsein des Handwerks stärken wollte. Die nationalsozialistische Propaganda griff bei ihren Bemühungen um die Aufwertung des Handwerksstandes Topoi der traditionellen Handwerksrhetorik auf und wandelte sie für ihre Zwecke in spezifischer Weise ab: Nur der geprüfte Meister war „ehrbarer

[10] Daß der Nationalsozialismus nicht durchgehend mittelstandsfreundlich war, ist communis opinio der Forschung. Vgl. etwa Martin Broszat, Der Staat Hitlers, München [7]1978, S. 208 ff. Zu den Phasen der Mittelstandspolitik vgl. Heinrich August Winkler, Der entbehrliche Stand: Zur Mittelstandspolitik im „Dritten Reich", in: Heinrich August Winkler, Liberalismus und Antiliberalismus. Studien zur politischen Sozialgeschichte des 19. und 20. Jahrhunderts, Göttingen 1979, S. 110 ff.

[11] RGBl. 1935/I, S. 15 ff.

[12] So das Motiv Hjalmar Schachts; zit. nach Winkler, Stand, S. 116.

[13] Keller, Handwerk im faschistischen Deutschland, S. 76.

Handwerker" mit Anspruch auf Zugehörigkeit zur handwerklichen Standesgemeinschaft[14]. Diese wurde nun bezeichnenderweise als Teil der Volksgemeinschaft interpretiert. Befähigungsnachweis und Meisterlehre galten als Errungenschaften der „traditionsgebundenen" mitteleuropäischen Länder, ja als eine „typisch deutsche Angelegenheit", was verbunden war mit einer Spitze gegen Liberalismus und Kommunismus, die zu Totengräbern echter Handwerkskultur stilisiert wurden[15]. Solche Redefiguren bewiesen große Zählebigkeit, selbst in der Polemik des Handwerks gegen die Einführung der Gewerbefreiheit 1948/49 tauchen sie, gereinigt von den schlimmsten Auswüchsen nationalsozialistischer Ideologie, wieder auf.

Auch die Ausnahmebewilligung war eine Einrichtung, die über das Jahr 1945 hinaus fortbestand. Allerdings wandelte sich in der Besatzungszeit der Kreis der Antragsteller: Er setzte sich jetzt vor allem aus Personen zusammen, die durch den Krieg aus der Bahn geworfen bzw. an einer abgeschlossenen Handwerksausbildung gehindert worden waren. Die Kontinuität liegt im Verfahren: Hatte zunächst die höhere Verwaltungsbehörde Ausnahmen bewilligt, so ging die Befugnis dazu mit der Verordnung vom 17. Oktober 1939 auf die Handwerkskammer über[16]. Diese hatte jedoch schon vorher maßgeblichen Einfluß, da sie als Gutachter eingeschaltet war[17]. Dieser wichtige Strukturzug des Zulassungsverfahrens ist auch nach 1945 wieder zu finden: Die Behörde war generell auf die Gutachten, insbesondere die Sachverhaltsfeststellungen der Kammer, angewiesen, weil nur diese die erforderlichen Detailkenntnisse der Handwerkswirtschaft besaß.

Die Bereinigung der Handwerkswirtschaft, d.h. vor allem die Ausschaltung von Kümmerbetrieben „Notselbständiger" aus der Zeit der Weltwirtschaftskrise, die sich die nationalsozialistische Handwerkspolitik zum Ziel gesetzt hatte, um eine Kräftigung des Handwerks zu erreichen, gelang bis Kriegsbeginn allerdings nur begrenzt. Sie war auch schwer zu beschleunigen, denn 1935 betrug der Anteil der Nicht-Meister an den selbständigen Handwerkern um die siebzig Prozent[18]. Trotzdem sind Erfolge nicht zu verkennen: So war etwa im Bezirk der Handwerkskammer von Oberbayern, wo die Betriebszahl infolge der Weltwirtschaftskrise bis 1936 auf 55593 gestiegen war, bis zum 1. Mai 1939 per saldo ein Abgang von 4810 Betrieben zu verzeichnen, was eine Gesamtzahl von 50783 Handwerksbetrieben ergibt[19]. Dazu hat außer der Zulassungsbarriere des Großen Befähigungsnachweises beigetragen, daß die Industrie im Zuge der Aufrüstung vielen „Notselbständigen" wieder attraktive Arbeitsplätze bieten konnte[20].

[14] Vgl. Hans Müller, Der handwerkliche Große Befähigungsnachweis und seine volkswirtschaftliche Bedeutung, Berlin 1939, S. 79f.

[15] Über die Meisterlehre im Handwerk, hrsg. vom Reichsstand des deutschen Handwerks, Berlin 1937, S. 95.

[16] Verordnung über Maßnahmen auf dem Gebiet des Handwerksrechts vom 17. 10. 1939; RGBl. 1939/I, S. 2046ff.

[17] Die höhere Verwaltungsbehörde hielt sich in der Regel an die Vorgaben der Kammer. So übereinstimmend z.B. HWK Augsburg, Jahresbericht 1938/39, Augsburg o.J., S. 34, und HWK München, Jahresbericht 1937/38, o.O. o.J., S. 52.

[18] Das bayerische Handwerk vom 1. 10. 1935.

[19] HWK München, Jahresbericht 1938/39, o.O. o.J., S. 52.

[20] Kümmerbetriebe gaben zum Teil freiwillig auf, was für die Inhaber kein Problem war: Bei dem bereits herrschenden Facharbeitermangel waren die Unterkunftsmöglichkeiten in der Industrie gut. Vgl. HWK Augsburg, Jahresbericht 1938/39, Augsburg o.J., S. 108.

Dieser Rückgang der Betriebszahl war zweifellos mit einer Stärkung der Leistungskraft und einer Verbesserung der Ertragslage des Handwerks verbunden. Dies wurde maßgeblich dem Einfluß des Großen Befähigungsnachweises zugeschrieben, der dadurch zusätzlich an Prestige bei den Handwerkern gewann. Daß sich die Lage in den Jahren bis Kriegsbeginn besserte, hing aber vor allem mit dem allgemeinen Wirtschaftsaufschwung im Zeichen der Aufrüstung zusammen. Zwar profitierten davon nicht alle Handwerke in gleichem Ausmaß. Massenhandwerken wie Schustern, Schneidern und Friseuren ging es nach wie vor nicht besonders gut, enger mit der Rüstungswirtschaft verbundene Handwerkszweige wie die Metallverarbeitung zogen aus der konjunkturellen Erholung eher und zum Teil beträchtlichen Nutzen[21].

Mit Kriegsbeginn änderte sich die Lage. Das Ziel der „Handwerkswirtschaft der Meister" rückte jetzt wieder in weitere Ferne. Ursache dafür waren zunächst kriegsbedingte Schwierigkeiten im Ausbildungswesen[22]. Außerdem erhielten aus sozialen Gründen kriegsbeschädigte, nicht mehr voll leistungsfähige Handwerker die Chance zur Existenzgründung. Vor allem aber mußten jetzt, nachdem durch Einberufungen und Betriebsstillegungen gravierende Versorgungsengpässe entstanden waren, „Listenhandwerker", d.h. Behelfshandwerker, die in einer eigenen Liste bei der Kammer verzeichnet waren, zugelassen werden, damit zumindest die dringendsten Reparaturarbeiten bewältigt werden konnten[23]. Auch das Verbot der Schwarzarbeit wurde gelokkert[24]. Allerdings handelte es sich in diesen Fällen um kriegsbedingte Ausnahmemaßnahmen. Zur Beruhigung der Handwerkerschaft versicherte das Regime immer wieder, daß der Befähigungsnachweis in der Substanz nicht angetastet werden sollte[25].

Ist somit, was die Qualifikationsvoraussetzungen anbetrifft, im Krieg eine Lockerung der geltenden Bestimmungen zu verzeichnen, so wurde in anderer Hinsicht die Zulassung rigider gehandhabt. Im Zuge der Konzentration aller Kräfte auf die Kriegswirtschaft wurde für die Neuerrichtung eines Handwerksbetriebs die Bedürfnisprüfung eingeführt. Schon vor dem Krieg hatte es in den Handwerkskammern Überlegungen gegeben, das Übersetzungsproblem – d.h. das Problem der Überzahl kleiner, wenig leistungsfähiger Betriebe – durch eine langfristige Standortplanung und die gelenkte „Ansetzung" von Handwerksbetrieben zu lösen. Mit der Ausarbeitung von Standortkarten, die als Grundlage einer solchen bedarfsorientierten „Ansiedlung" dienen sollten, hatte man bereits begonnen[26]. Die Idee einer regulierten Zulassung nach Maßgabe des „volkswirtschaftlichen Bedürfnisses" war, als sie im Kontext der Kriegswirtschaft aufgegriffen wurde, somit nichts grundsätzlich Neues.

In der Begründung der Bedürfnisprüfung wurden die Akzente jetzt jedoch anders gesetzt: Wichtigster Gesichtspunkt war, Arbeitskräfte und Material so sinnvoll wie möglich für die Zwecke der Kriegswirtschaft einzusetzen. Die Bedürfnisprüfung galt

[21] Zuerst natürlich war dies der Fall in den Handwerkszweigen, die unmittelbar von öffentlichen Aufträgen profitierten; die Beseitigung der Arbeitslosigkeit und die allgemeine Kaufkraftanhebung machte sich aber dann auch bei Problemhandwerken wie den Schneidern, Schustern und Friseuren bemerkbar. Vgl. HWK München, Bericht über die Wirtschaftslage, Handwerkskammerbezirk München, Juni–September 1938; BayHStA, MWi 3093.

[22] Über Lehrzeitverkürzung und Prüfungsprobleme vgl. Deutsches Handwerk vom 7. 5. 1943.

[23] Runderlaß des RWM vom 12. 3. 1943; RWMBl. (Ausgabe A), Nr. 9 vom 30. 3. 1943, S. 331 f.

[24] Ebd., S. 332 f.

[25] Vgl. etwa Deutsches Handwerk vom 23. 3. 1943.

[26] Vgl. Der Standort der Handwerkszweige am 1. April 1937, hrsg. vom Reichsstand des deutschen Handwerks, o.O. o.J.

ab Februar 1939 zunächst für einige besonders stark übersetzte Handwerke. Sie war verbunden mit der Löschung von Kümmerbetrieben, die der Industrie Arbeitskräfte zuführen sollte; gleichzeitig wollte man in Zukunft einen als volkswirtschaftlich unproduktiv angesehenen Zustrom verhindern[27]. Im Februar 1942 wurde die Bedürfnisprüfung dann auf das ganze Handwerk ausgedehnt. Nun war, neben den Belangen der Kriegswirtschaft, die Erwägung maßgebend, einberufene Handwerker bzw. für die Dauer des Krieges stillgelegte Betriebe vor neuer Konkurrenz zu schützen[28].

Eine wichtige Rolle spielte die Bedürfnisprüfung auch bei der Stillegungsaktion des Jahres 1943. Der Erlaß des Reichswirtschaftsministers vom 30. Januar[29], der die Durchführung dieser Aktion im Handwerk regelte, bezweckte vor allem die Freimachung von Arbeitskräften und die Einsparung von Kohle, Energie und Raum. Im Zuge der Orientierung der Wirtschaft auf den totalen Krieg waren alle kriegswichtigen bzw. für die Bevölkerung nicht lebenswichtigen Handwerksbetriebe einzustellen. Die Entscheidung über die Stillegung lag bei den Gauleitern in ihrer Funktion als Reichsverteidigungskommissare, die sich bei der Durchführung des Erlasses der regionalen Behörden der Wirtschaftsverwaltung bedienten[30]. Die Handwerksabteilungen der Gauwirtschaftskammern – in die die Handwerkskammern inzwischen überführt worden waren – hatten die stillzulegenden Betriebe vorzuschlagen[31]. Die Einzelheiten dieser Aktion interessieren hier nicht näher. Wichtig ist in diesem Zusammenhang nur, daß die „negative Bedürfnisprüfung", d.h. die Prüfung der Frage, ob ein existierender Betrieb stillgelegt werden sollte oder weiterarbeiten konnte, zu zahlreichen Unzuträglichkeiten führte: Im Handwerk wurden bald Klagen laut, daß bei dem recht großen Ermessensspielraum der beteiligten Instanzen der Einfluß von Konkurrenten und Neidern auf die Erstellung der Vorschlagslisten bzw. die Entscheidung über die Stillegung nicht ausgeschaltet werden könne. Vor allem aber war im Handwerk, wie im gewerblichen Mittelstand überhaupt, die Meinung verbreitet, die Aktion richte sich hauptsächlich gegen die Kleinbetriebe. Man fürchtete, unter dem Deckmantel der zeitweiligen, kriegsbedingten Stillegung solle eine großangelegte Branchenbereinigung durchgeführt werden. Beide Gesichtspunkte faßte etwa der Regierungspräsident von Unterfranken im Februar 1943 zusammen: „Die gegenwärtige Stillegungsaktion hält die Gewerbetreibenden in verständlicher Erregung. Sie beanstanden, daß die Vorschläge der Gliederungen der gewerblichen Wirtschaft von ihren Konkurrenten gemacht werden, daß weniger auf die Freimachung von Arbeitskräften als auf eine Branchenbereinigung hingewirkt werde."[32]

Tatsächlich ging in der Kriegszeit die Zahl der arbeitenden Betriebe im Handwerk beträchtlich zurück, wobei die Auswirkungen von verordneten Stillegungen, Einberufungen und freiwilligen Schließungen infolge Rohstoff- und Arbeitskräftemangels allerdings nicht voneinander zu trennen sind: Von den 169343 bayerischen Hand-

[27] RGBl. 1939/I, S. 327ff.

[28] 4. Anordnung zu der Verordnung über die Durchführung des Vierjahresplans auf dem Gebiet der Handwerkswirtschaft vom 9. 2. 1942; RGBl. 1942/I, S. 70.

[29] „Handwerkserlaß" des Reichswirtschaftsministers vom 30. 1. 1943; BayHStA, MWi 9355.

[30] Zu der Aktion insgesamt vgl. Ludolf Herbst, Der totale Krieg und die Ordnung der Wirtschaft. Die Kriegswirtschaft im Spannungsfeld von Politik, Ideologie und Propaganda 1939–1945, Stuttgart 1982, S. 207ff.

[31] Ebd., S. 216f.

[32] Regierungspräsident von Unterfranken, Monatsbericht für Februar 1943, S. 5; BayHStA, MA 106681.

werksbetrieben, die 1939 bestanden, arbeiteten im Jahre 1944 nur 112854[33], also fast genau zwei Drittel. Blieb der befürchtete Effekt der gleichsam totalen Branchenbereinigung letztlich auch aus, so hat die Stillegungsaktion doch bewirkt, daß die Loyalität des gewerblichen Mittelstands gegenüber dem Nationalsozialismus merklich abzubröckeln begann. Bereits im Dritten Reich zeigte sich in voller Deutlichkeit die Problematik der Bedürfnisprüfung, die zu maßnahmenstaatlichen Verzerrungen geradezu einlud und damit zwangsläufig Protestpotentiale schuf. Hier bildete sich zudem im selbständigen Mittelstand ein „Stillegungstrauma" aus, ein Gefühl der Existenzbedrohung, das die defensive Einstellung gegenüber Betriebsneugründern in der Nachkriegszeit wesentlich mitbestimmte.

2. Selbständige Handwerksausübung zwischen Kriegsende und Einführung der Gewerbefreiheit 1948/49

Wichtige Rahmenbedingungen der Handwerkswirtschaft, wie sie sich in der NS-Zeit herausgebildet hatten, blieben nach Kriegsende zunächst unverändert. Die Nachfrage nach Handwerksleistungen war gleichbleibend groß. Sie stieg in der Folge des Flüchtlingszustroms sogar noch weiter an. Angesichts der Rohstoffknappheit, die in der fortbestehenden, administrativ gelenkten Zwangs- und Mangelwirtschaft mehr schlecht als recht verwaltet wurde, konnte der Bedarf weiterhin nur zu einem geringen Teil befriedigt werden. Trotzdem entstand nun eine ganz neue Lage. Sofort nach der Kapitulation begann nämlich ein starker Zustrom zur selbständigen Handwerksausübung. Die folgenden Hauptgruppen waren daran beteiligt:

- Handwerksmeister, die sich wegen des Krieges bzw. der restriktiven Regelung der Zulassung in der Kriegswirtschaft bisher nicht hatten selbständig machen können. Hierher gehörten auch die Flüchtlingsmeister, die bereits selbständig gewesen waren und sich nun gezwungen sahen, eine neue Existenz aufzubauen.
- „Notselbständige", d.h. Handwerker, die ihre Ausbildung wegen des Krieges oder der schwierigen Bedingungen der Nachkriegszeit nicht hatten abschließen können. In vielen Fällen hatten sie allerdings noch die Gesellenprüfung abgelegt. Wirtschaftliche oder soziale Gründe – bei Flüchtlingen der Verlust der bisherigen Verdienstmöglichkeit, bei bisher in der Industrie beschäftigten Gesellen die Stillegung ihres Betriebes, bei Frauen oft der Tod des Ehemannes – zwangen sie, sich ohne Meisterprüfung selbständig zu machen.
- Facharbeiter und Ingenieure, die durch die Einschränkung der Industrieproduktion, vor allem durch die Stillegung der Rüstungsfertigung ihren Arbeitsplatz verloren hatten.
- Antragsteller ohne eigentliche handwerkliche Ausbildung, die sich jedoch – oft durch einschlägige Tätigkeit bei der Wehrmacht – handwerkliche Kenntnisse angeeignet hatten, die sie nun zu verwerten suchten[34].

[33] Das Handwerk in Bayern, in: Bayern in Zahlen 2 (1948), S. 206.

[34] Einen Überblick über diese Gruppen bieten die Zulassungsanträge im Staatsarchiv München; man vergleiche etwa die einschlägigen Akten im Bestand des LRA Freising, Nr. 156657ff., oder des LRA Berchtesgaden, Nr. 156175ff. Zu den „Notselbständigen" sind instruktiv die einschlägigen Akten der Regierung von Oberbayern, in denen Beschwerden gegen die Versagung der Ausnahmebewilligung ihren Niederschlag fin-

Häufig hatten die Gewerbeämter es mit „Pseudoanträgen" zu tun; diese Antragsteller hatten keinen ernsthaften Willen, einen Betrieb zu gründen, sondern versuchten, über die Betriebszulassung – die als Arbeitsnachweis galt – eine Zuzugsgenehmigung zu erhalten bzw. dem damals kaum lohnenden Einsatz in abhängiger Arbeit zu entgehen. Rein spekulative Gründungen bzw. „Deckmäntel" für Schwarzmarktgeschäfte waren, anders als im Handel, sicherlich eine Randerscheinung[35]. Bei vielen Antragstellern hat aber als Motiv mitgespielt, daß man als selbständiger Handwerker einen relativ günstigen Zugang zur Kompensationswirtschaft hatte[36].

Die ganze Flut der Neugründungsanträge zuzulassen, war allerdings nicht ohne weiteres möglich, denn widersprüchliche Tendenzen kennzeichneten die Beschäftigungsmöglichkeiten im Handwerk: Im Krieg hatte sich ein gewaltiger Reparaturbedarf angestaut[37]. Flüchtlinge, Evakuierte und Totalfliegergeschädigte mußten in vielen Fällen mit den nötigsten Gütern des täglichen Bedarfs versorgt werden. Da die Leistungsfähigkeit der Industrie vorerst beeinträchtigt war, kamen auf das Handwerk viele neue Aufgaben zu. So gewannen z. B. die Schmiede und die Mechaniker beachtliche Bereiche der Metallverarbeitung zurück[38]. Handwerksbetriebe wurden außerdem von der Industrie als Zulieferer für Halbfertigprodukte herangezogen, die sie vorübergehend selbst nicht herstellen konnte[39]. Außerdem war die Bevölkerung durch die Flüchtlingszuwanderung so sehr gewachsen, daß auch längerfristig einer Vermehrung der Betriebszahl nichts im Wege gestanden hätte. Wegen des gravierenden Mangels an Rohstoffen, Betriebsmitteln und Werkzeugen ließ sich die stark angestiegene Nachfrage jedoch kaum befriedigen; schon die bestehenden Betriebe – von denen ein größerer Teil zunächst noch geschlossen war – waren nur zu einem geringen Prozentsatz ihrer Kapazität ausgelastet. So berichtete etwa die Handwerkskammer von Niederbayern Anfang 1947, daß zur Arbeit so gut wie alle Voraussetzungen fehlten. Den 70 Betrieben der Zimmererinnung Straubing seien im ersten Quartal 1947 nur fünfzig Prozent des Mindestbedarfs an Holz zugeteilt worden[40]. Die Handwerkskammer für Unterfranken klagte über den Mangel an Malerpinseln: Die Dinge lägen so, „daß ein Teil der Gefolgschaftsmitglieder wartet, bis einer die Deckenbürste aus der Hand legt"[41]. Versuchen, der desolaten Situation mit Improvisation, „Recycling" oder durch die Verwendung vom Kunden gestellten Materials beizukommen, war kein durchschlagender Erfolg beschieden. Die Aberthamer Handschuhmacher aus dem Sudetenland

den; StAM, RA 77956 ff. Anträge auf Zulassung zum Elektrohandwerk von Ingenieuren, Autodidakten und „Bastlern" siehe StAM, RA 77951–955. Anträge von Industriearbeitern sind natürlich besonders häufig in industriellen Zentren bzw. relativ stark industrialisierten Gebieten wie Schwaben und dem Nürnberger Raum. Vgl. dazu Stadtarchiv Nürnberg, Akten des OB, VII, Nr. 1, und Regierungspräsident von Schwaben, Monatsbericht für Oktober 1946, S. 12; BayHStA, MWi 9625.

35 Zumindest enthalten die Quellen meines Wissens hierauf keinen Hinweis.

36 Nicht erstaunlich, daß die Handwerksorganisation dies bei den „handwerksfremden Elementen" generell als das ausschlaggebende Motiv unterstellt; Handwerkskammer für Oberbayern (Hrsg.), 50 Jahre Handwerkskammer für Oberbayern – eine Jubiläumsschrift, München 1950, S. 69.

37 Die Angaben hierzu in den Quellen sind spärlich, wohl auch, weil der Sachverhalt schlecht quantifizierbar ist. Die Reparaturen hatten im Vergleich zur Vorkriegszeit einen „recht bedeutenden Umfang" erreicht. In: Bayern in Zahlen 1 (1947), S. 205.

38 Karl Rößle, Das Bayerische Handwerk, München 1950, S. 16.

39 Ebd., S. 17.

40 Wirtschaftlicher Lagebericht der HWK für Niederbayern (Passau) für die Zeit vom 15. 9. 1946 bis 15. 3. 1947; BayHStA, MWi 9614.

41 HWK für Unterfranken, Abteilung Aschaffenburg, Bericht über die Lage des Handwerks am Untermain vom 1. 11. 1946; BayHStA, MWi 9614.

etwa gaben als Gegenwert für zehn abgelieferte Kaninchenfelle einen Gutschein für ein Paar Handschuhe aus[42]. Weit verbreitet waren solche Methoden vor allem bei den Schneidern, aber auch in Handwerkszweigen, wo dies normalerweise völlig unüblich war, wie etwa bei den Konditoren[43]. Ein gravierender Nachteil dieses Verfahrens war allerdings, daß die Bevorzugung von Kunden, die ein günstiges Angebot machten, das Handwerk in ein schiefes Licht setzte, auch wenn es sich sicherlich oft um eine Zwangslage handelte, wenn ein Handwerker die Aufträge nicht nach Eingangsdatum oder Dringlichkeit erledigte[44].

Der Materialmangel führte – bezeichnend für die angespannte Lage – bereits unter den bestehenden Betrieben zu Eifersüchteleien, Intrigen und „fühlbaren Reibflächen unter den Handwerkskollegen"[45]. Kein Wunder, denn bei dem mangelnden Funktionieren der Bewirtschaftung waren fragwürdige Zuteilungspraktiken nicht ausgeschlossen. Das Landeswirtschaftsamt äußerte Bedenken dagegen, daß die Endverteilung der Handwerkskontingente von den Innungen vorgenommen wurde. Die Erfahrung habe nämlich gezeigt, daß „die Art der Verteilung durch die Innungen leider zu stark von persönlichen Gesichtspunkten bestimmt" sei[46]. Mauscheleien und Schiebungen, die man mit Recht hinter dieser zurückhaltenden Formulierung vermuten darf, gingen natürlich besonders zu Lasten der neuen Betriebe. Bezeichnend war etwa der Fall des Obermeisters einer schwäbischen Spenglerinnung, der Material an eine Spenglerei zugeteilt hatte, die seit dem Tod des Inhabers ruhte. Die Witwe des Handwerkers hortete dieses für ihren Sohn, der noch in Gefangenschaft war – ein klarer Verstoß gegen die Bewirtschaftungsvorschriften und insbesondere eine Ungerechtigkeit gegen die neu sich niederlassenden Flüchtlingshandwerker[47].

Die gereizte Stimmung, die die Mangelwirtschaft unter den Handwerkern aufkommen ließ, richtete sich vor allem gegen die Bewirtschaftung. Darüber hinaus sind aber Untertöne einer sich anbahnenden Staats- und Demokratieverdrossenheit unüberhörbar: Das Fehlen der notwendigen Berufskleidung, so die Handwerkskammer für Unterfranken, fördere „bestimmt nicht das Vertrauen zum Staat und seiner Führung und haben unsere Handwerker mit den im Handwerk Beschäftigten nicht Lust, sich nur bei der Stimmabgabe und als Steuerzahler ausnutzen zu lassen"[48]. Weit verbreitet war im Handwerk auch die Ansicht, daß die Industrie bei der Rohstoffverteilung, wie schon in der Rüstungs- und Kriegswirtschaft, auch jetzt wieder bevorzugt bedacht werde. Anders als vor 1945, als allzu kritische Töne schnell staatliche Sanktionen nach sich zogen, konnte sich die Unzufriedenheit nun allerdings deutlicher artikulieren. Dies illustriert die polemische Anfrage der Handwerkskammer für Unterfranken bei Wirtschaftsminister Ludwig Erhard, ob es zu den Aufgaben der Landesstelle Eisen und Metall gehöre, dem „Handwerker die Verdienstmöglichkeit zu nehmen, damit die Großverdiener des Dritten Reiches nun auch die Nutznießer des Wiederaufbaus" wür-

[42] Mitteilungsblatt der HWK für Schwaben, Nr. 14, Juli 1947, S. 75.

[43] Wirtschaftlicher Lagebericht der HWK für Niederbayern (Passau) für die Zeit vom 15. 9. 1946 bis 15. 3. 1947; BayHStA, MWi 9614.

[44] Vgl. dazu Mitteilungsblatt des Landesverbandes Bayerischer Schreinermeister, Nr. 6 vom 15. 6. 1948, S. 21.

[45] HWK Regensburg, Mitteilungsblatt für das oberpfälzische Handwerk vom 1. 10. 1946, S. 8.

[46] BayLWA an BayStMfW vom 20. 1. 1947; BayHStA, MWi 9660.

[47] Der umfangreiche Gesamtvorgang in: RWA Schwaben an BayStMfW vom 22. 7. 1947; BayHStA, MWi 9614.

[48] HWK für Unterfranken, Abteilung Aschaffenburg, Bericht über die Lage des Handwerks am Untermain vom 1. 11. 1946; BayHStA, MWi 9614.

den[49]. Tiefere Ursache dieser Mißstimmung war die im Krieg entstandene Befürchtung, eine staatliche Flurbereinigungsaktion solle die mittleren und kleinen Gewerbebetriebe längerfristig überhaupt zum Verschwinden bringen. Der Zusammenhang mit diesem schon angedeuteten „Stillegungstrauma“ zeigte sich deutlich bei dem Anfang 1947 von der bizonalen Verwaltung für Wirtschaft erwogenen Vorhaben, in einer Aktion „Konzentration der Kräfte“ die raren Rohstoffe den leistungsfähigsten Betrieben vorzubehalten. Dieser Plan führte nach einem Bericht der Handwerkskammer für Niederbayern zu einer „erheblichen Beunruhigung“ im selbständigen Handwerk, die Meister fühlten sich „an die berüchtigte Stillegungsaktion“ während des Krieges erinnert[50].

Angesichts des herrschenden Gefühls der Gereiztheit, ja sogar der Existenzbedrohung mußte schon der Versuch einer Öffnung des Handwerks gegenüber der Flut von Existenzgründern auf den Widerstand des etablierten Gewerbes stoßen. Es konnte sich aber zunächst noch sicher fühlen, denn der politische Umbruch des Jahres 1945 war für das Gewerbezulassungsrecht keine größere Zäsur. Die Bedürfnisprüfung, die sich an der Verfügbarkeit von Rohstoffen für neue Betriebe orientieren sollte, blieb weiterhin in Kraft, eine „Gleichverteilung des Mangels“, also eine relativ großzügige Zulassungsregelung, die den Neuhandwerkern mehr entgegengekommen wäre, kam nicht zustande. Ebenso sollte – dies war Konsens aller maßgeblichen Parteien und der Kammerorganisation – der Befähigungsnachweis im Grundsatz erhalten bleiben, wobei jedoch, wie sich bald zeigte, angesichts der „Notselbständigen“ die Ausnahmebewilligungen relativ liberal gehandhabt werden mußten. Die Besatzungsmacht störte sich nicht daran, daß die bisherigen Zulassungsvoraussetzungen beibehalten wurden. Sie verbot nur die Diskriminierung von Antragstellern aus rassischen, politischen und religiösen Gründen. Ansonsten schaltete sie sich anfangs zwar im Zusammenhang mit der Entnazifizierung in das Zulassungsverfahren ein, erklärte sich aber damit einverstanden, daß der „unpolitische“, d.h. im eigentlichen Sinn gewerberechtliche Teil des Verfahrens nach geltendem deutschen Recht abgewickelt wurde[51].

Nach einer längeren Übergangsphase hat die bayerische Regierung mit dem Gesetz Nr. 42 vom 23. September 1946 die für die kommenden Jahre maßgebliche Regelung des Gewerbezulassungsproblems in Bayern getroffen[52]. Das Lizenzierungsgesetz – der Begriff, dem deutschen Gewerbezulassungsrecht an sich fremd, bürgerte sich als Übersetzung des amerikanischen „licensing“ bald ein – schuf keinen völlig neuen Rechtszustand, sondern vereinheitlichte die bisher ad hoc erlassenen vielfältigen und verstreuten Regelungen: Bis Ende 1949 – d.h. bis zum angenommenen Ende der kon-

[49] Ebd.

[50] Zum Gesamtvorgang und den Planungen der VfW vgl. Aktenvermerk der Landesstelle 3 für Minister Zorn vom 21. 2. 1947; BayHStA, MWi 14650. Zur Reaktion im Handwerk vgl. Anm. 40.

[51] Der Bayerische Staatsminister für Wirtschaft an die Regierungspräsidenten und die Landeswirtschaftsämter am 4. 9. 1945; BayHStA, MWi 12556. (Eine von der Militärregierung gebilligte Verfügung, in der das Diskriminierungsverbot und die Weitergeltung des deutschen Gewerberechts den nachgeordneten Behörden mitgeteilt wurde.)

[52] BGVBl. Nr. 20, 1946, S. 229f. Das Gesetz galt nicht für das nahrungsmittelverarbeitende Gewerbe. Hier wurde die Materie durch die Anordnung des Bayerischen Staatsministeriums für Ernährung, Landwirtschaft und Forsten vom 14. 1. 1947 geregelt, das allerdings die Zulassungskriterien des Lizenzierungsgesetzes fast wörtlich übernahm. Bayerischer Staatsanzeiger, Nr. 4 vom 25. 1. 1947. Zur Interpretation: Robert Adam und Freimut Springe, Gesetz über die Errichtung gewerblicher Unternehmen (Lizenzierungsgesetz), München 1947, passim.

trollierten Mangelwirtschaft – sollte nun die Neuerrichtung, Erweiterung und Verlegung gewerblicher Unternehmen einem generellen Erlaubnisvorbehalt unterworfen sein. Die wenigen Lücken in dem bisher schon engmaschigen Netz der Zulassungspflicht waren damit geschlossen. Die Erlaubnis für eine Betriebsneugründung war zu versagen, wenn ein volkswirtschaftliches Bedürfnis, die regelmäßige Kontingentierung, die für den Betrieb erforderlichen Mittel bzw. die sachliche und persönliche Eignung des Antragstellers nicht nachgewiesen werden konnten. Die Crux des Gesetzes, dessen grundsätzliche Berechtigung als eine Not- und Übergangsmaßnahme kaum jemand bestritt, lag in der vagen Formulierung der zentralen Rechtsbegriffe: Vor allem die Bedürfnisklausel räumte dem Ermessen der Zulassungsbehörde ungebührlich großen Spielraum ein. War die Rechtsnatur der Gewerbezulassung als subjektiv-öffentliches Recht nach dem Ende des Dritten Reiches in der Jurisprudenz auch wieder anerkannt, so machte der vage und dehnbare Bedürfnisbegriff diesen theoretischen Zugewinn an Rechtsstaatlichkeit praktisch wieder zunichte und öffnete ein Einfallstor für maßnahmenstaatliche Praktiken. Der Gefahr des Numerus clausus, der Erstarrung der Verhältnisse durch Privilegierung der gerade vorhandenen Betriebe, die vor dem Großwerden neuer Konkurrenz geschützt werden konnten, leistete dies Vorschub[53]. Nur in einer einzigen Hinsicht wurde der Bedürfnisbegriff präzisiert: Nach dem Erlaß des Bayerischen Wirtschaftsministeriums vom 18. April 1947[54] sollte sich die Neugründung von Flüchtlingsbetrieben am Bevölkerungszuwachs orientieren. Für jeden Handwerkszweig – ähnliches galt für den Handel – wurde deshalb eine Quote von Flüchtlingen festgelegt, für die je ein Betrieb neu gegründet werden durfte. In diesem Rahmen galt das Bedürfnis ohne weitere Prüfung als gegeben. Die Ausführungsbestimmungen zum Flüchtlingsgesetz vom Juli desselben Jahres modifizierten diese Regelung dahingehend, daß der Anteil der Flüchtlingsbetriebe an der Gesamtzahl der Neugründungen nun dem Anteil der Flüchtlinge an der Gesamtbevölkerung entsprechen sollte, der pauschal mit zwanzig Prozent festgesetzt wurde[55]. Hatte die ursprüngliche Regelung bezweckt, die gesamte durch die Flüchtlinge neu entstandene Nachfrage auf Flüchtlingsbetriebe zu lenken, so sollten die Neubürger nun nur mehr an den Neugründungen proportional beteiligt werden – eine deutliche Schlechterstellung, die sich in die insgesamt wenig flüchtlingsfreundliche bayerische Politik nahtlos einfügte.

Das Gesetz Nr. 42 beließ Vorschriften aus der NS-Zeit, die die Zulassung von zusätzlichen sachlichen oder persönlichen Voraussetzungen abhängig machten, in Kraft. Dies bedeutete für das Handwerk, daß die Eignung nach den Bestimmungen der Dritten Handwerksverordnung von 1935, also anhand der Meisterprüfung, nachgewiesen werden mußte. Auch für die Ausnahmepraxis, die in der Folgezeit große Bedeutung erlangen sollte, blieb diese Verordnung die Rechtsgrundlage[56].

[53] Allgemeine Genehmigungspflicht für Unternehmen. Gutachten zum Lizenzierungsgesetz, in: Der Betriebsberater vom 31. 12. 1946.

[54] BayStMfW, Ministerialerlaß vom 18. 4. 1947; BayHStA, MWi 9616.

[55] Ausführungsbestimmungen zum Flüchtlingsgesetz vom 8. 7. 1947; BGVBl. Nr. 12, 1947, S. 153 ff., bes. S. 155.

[56] Nach Art. 11 des Zulassungsgesetzes wurden von den Zulassungsbestimmungen aus der Zeit des Dritten Reiches nur diejenigen aufgehoben, die auf dem Zwangskartellgesetz von 1933 – d.h. der „Magna Charta des nationalsozialistischen Kartellwesens“, die der amerikanischen Dekartellisierungspolitik ein Dorn im Auge war – basierten. Sonstige Bestimmungen konnten im Durchgriff weiter angewandt werden, was auch für die Dritte Handwerksverordnung zutraf.

Nach der Ersten Durchführungsverordnung zum Lizenzierungsgesetz (VO Nr. 123 vom 7. Juni 1947) war die untere Verwaltungsbehörde, d.h. das Landratsamt bzw. – in kreisfreien Städten – das Gewerbeamt oder der Stadtrat, für die Erteilung von Handwerkslizenzen zuständig[57]. Die Behörde holte in der Regel ein Gutachten der Gemeinde zur Bedürfnisfrage ein; ebenso sollte sich die Handwerkskammer zu allen Aspekten des Antrags äußern, die damit wieder eine zentrale Rolle im Zulassungsverfahren erhielt. Gesteigert wurde die Bedeutung der berufsständischen Organisation noch dadurch, daß sie zunächst auch über die Zulässigkeit von Ausnahmeanträgen ganz in eigener Regie entscheiden konnte[58]. Hoheitliche Befugnisse wurden damit an eine öffentlich-rechtliche Organisation delegiert, die sich zusätzlich jedoch auch als Interessenvertretung des etablierten Handwerks verstand. In der Praxis wirkte sich dies so aus, daß die Kammern in der Wahrnehmung der ihnen übertragenen behördlichen Funktionen den Gesichtspunkt der Konkurrenzabwehr in nicht zu übersehender Weise zur Geltung brachten. Diese Vermischung von quasi-staatlichem Verwaltungshandeln und privater Interessenwahrnehmung war jedoch der amerikanischen Besatzungsmacht ein Ärgernis: Im April 1947 verfügte OMGUS deshalb, daß die sogenannten nichtbehördlichen Wirtschaftsorganisationen keine öffentlich-rechtlichen Aufgaben übernehmen durften und sich strikt auf eine beratende Funktion zu beschränken hatten[59]. Doch erst mit dem Erlaß vom 28. November 1947 übertrug das Bayerische Wirtschaftsministerium die Befugnis zur Entscheidung von Ausnahmeanträgen auf die untere Verwaltungsbehörde und beschränkte auch hier die Kammer auf ihre Gutachterrolle[60]. Trotz dieser Änderung der formalrechtlichen Kompetenzverteilung behielt die Kammer auch weiterhin maßgeblichen Einfluß auf das Verfahren, wie in der folgenden Betrachtung der Zulassungspraxis gezeigt wird:

Die Handwerkskammern befanden sich in „Immediatstellung“[61] zur Behörde. In Anbetracht der starken Abhängigkeit der behördlichen Entscheidungen von den Gutachten der Kammern kann man sogar von einem „handwerklich-bürokratischen Komplex“ sprechen. Die Kammergutachten waren ihrerseits wieder stark von den Stellungnahmen der Innungen bestimmt. Über diese horizontale und vertikale Verflechtung konnte sich das Interesse der eingesessenen Handwerkerschaft maßgeblich, wenn auch, wie die Statistik zeigen wird, nicht ungebrochen, in die Entscheidungen über Zulassungsanträge übersetzen.

Die defensive Einstellung der Handwerksorganisation ist unübersehbar. Die Vorgaben des Lizenzierungsgesetzes – Bedürfnisprüfung, Befähigungsnachweis – wurden bereitwillig genutzt; dafür war einerseits sicherlich die desolate wirtschaftliche Lage verantwortlich, daneben spielte aber die zünftlerisch-sozialprotektionistische Einstellung des „alten Mittelstandes“ eine nicht zu unterschätzende Rolle. Die Kammern versuchten deshalb, die Grenzen der Ausnahmepraxis so eng wie möglich zu ziehen:

[57] BGVBl. Nr. 11, 1947, S. 134ff.

[58] Dies nach der erwähnten Verordnung vom 17. 10. 1939; RGBl. 1939/I, S. 2046ff., die bis zur Intervention der Militärregierung in Kraft blieb.

[59] Bekanntmachung der Direktive, die am 8. April 1947 von der Militärregierung übermittelt worden war; Bayerischer Staatsanzeiger, Nr. 18 vom 3. 5. 1947, S. 3.

[60] BayStMfW, Ministerialerlaß vom 28. 11. 1947; BayHStA, MWi 12557.

[61] Heinrich August Winkler, Stabilisierung durch Schrumpfung: Der gewerbliche Mittelstand in der Bundesrepublik, in: Werner Conze und M. Rainer Lepsius (Hrsg.), Sozialgeschichte der Bundesrepublik Deutschland, Stuttgart 1983, S. 195.

Ausnahmen sollten nur in besonderen Fällen, z.B. bei politisch Verfolgten und bei Kriegsversehrten, zugelassen werden, „aber auch da nur im allgemeinen gegen die Verpflichtung zur Nachholung der Meisterprüfung und, wenn es überhaupt fachlich nicht zu weit fehlt"[62]. Die Bedürfnisprüfung hingegen wurde mit Vorliebe zur Konkurrenzabwehr benutzt. Dabei schreckte man auch vor einer eigenwilligen Interpretation der gesetzlichen Bestimmungen nicht zurück, die mit den Absichten der Gesetzesväter kaum in Einklang stand. Prüfung des Bedürfnisses müsse heißen, festzustellen – so die Handwerkskammer Regensburg –, ob „vom Standpunkt der bestehenden Betriebe aus ein Bedürfnis nach Neueröffnung eines Betriebes besteht"[63].

Der starke Einfluß der Handwerkskammer auf das Zulassungsverfahren rührte vor allem daher, daß die Behörde die nötigen Sachverhaltsfeststellungen nicht selbst treffen konnte und deshalb auf die Zuarbeit der berufsständischen Organisation angewiesen war. 1947 mußte das Bayerische Wirtschaftsministerium die nachgeordneten Behörden eigens darauf hinweisen, daß sie an die Stellungnahmen der Organisationen der gewerblichen Wirtschaft nicht gebunden seien. Die Klagen in der Bevölkerung seien weit verbreitet, daß Anträge gar nicht mehr selbständig geprüft würden, wenn die Kammer sie negativ begutachtet habe[64]. Die Landratsämter versuchten zwar, den Vorwurf der Abhängigkeit zurückzuweisen: Man ziehe nur den fachlichen Teil der Gutachten heran, so das Landratsamt Ebersberg, die Initiative verbleibe beim Landrat, der mit Rücksicht auf die wirtschaftliche und soziale Struktur des Kreises entscheide[65]. Gerade mit diesem „technischen Teil" der Antragsbeurteilung war jedoch die Entscheidung zum großen Teil präjudiziert. Das Landratsamt Berchtesgaden etwa gab freimütig zu, der zuständige Beamte wisse hier nicht Bescheid[66]. Sicherlich zutreffend ist deshalb das Resümee der Regierung von Mittel- und Oberfranken Mitte 1947, daß die bestehenden Bestimmungen den Kammern praktisch ein weitgehendes Mitbestimmungsrecht gewährten[67].

Dies heißt jedoch nicht, daß die Bindung der Verwaltung an die Gutachten der Handwerkskammern absolut war. Die Behörde hatte ein breites Spektrum von Gesichtspunkten, vor allem das Interesse der Verbraucher und die Notwendigkeit der Flüchtlingsintegration im Auge zu behalten. Sie tat das offenbar auch und geriet damit zwangsläufig in Konflikt mit den Kammern. Dies ließ die Regierung von Mittel- und Oberfranken in behutsamem Amtston anklingen: Die Kammern ließen „des öfteren erkennen, daß sie von dem Gedanken der Konkurrenzabwehr nicht frei sind"[68]. Überspannt war der Bogen offensichtlich, als auf der Konferenz der bayerischen Handwerkskammern am 13. Februar 1947 beschlossen wurde, „einige großzügige Beschwerdeentscheidungen der Regierung in letzter Zeit" noch einmal zu unterbreiten. Der Gewerbereferent der Regierung von Oberbayern, dem ein Bericht über die Konferenz vorlag, bemerkte dazu: „Zugegeben, daß in einzelnen Fällen vielleicht ‚großzügig' entschieden wurde, so muß auf der anderen Seite gesagt werden, daß die Entscheidungen bzw. Ablehnungen durch die Handwerkskammer Engherzigkeit bzw. Sturheit

[62] Merkblatt der HWK für Oberbayern über Handwerkszulassung; StAM, RA 77971.
[63] Mitteilungsblatt für das oberpfälzische Handwerk, Nr. 4 vom 1. 11. 1946, S. 6.
[64] BayStMfW an die Bezirksregierungen am 10. 6. 1947; StAM, RA 77725.
[65] LRA Ebersberg an die Regierung von Oberbayern am 18. 4. 1947; StAM, RA 77725.
[66] LRA Berchtesgaden an die Regierung von Oberbayern am 14. 7. 1947; StAM, RA 77725.
[67] Regierung von Mittel- und Oberfranken an BayStMfW am 16. 6. 1947; BayHStA, MWi 12557.
[68] Ebd.

verraten. Würde man alle Abweisungen bestätigen, so könnte die Allgemeinheit nur verstehen, daß man Leute, die arbeiten wollen, aus formalen Gründen daran hindert, d.h. es sich in den meisten Fällen um Leute handelt, die infolge körperlicher Gebrechen und dergl. als Arbeitnehmer nicht mehr voll einsatzfähig sind."[69]

Der Unmut entzündete sich dabei nicht nur am ablehnenden Inhalt der Gutachten. Kritisiert wurde auch, daß die Kammer Obstruktion übte, indem sie Antragsverfahren häufig verschleppte. So bemängelte der Landrat von Wasserburg im Juli 1947, daß Anträge oft länger als ein Jahr bei der Kammer lägen. Sie behalte die zur Genehmigung erforderlichen Unterlagen einfach zurück und übersende nur ein Formular mit ihrer Stellungnahme, um den Eindruck zu erwecken, diese sei maßgebend[70]. Der Landrat von Aichach beklagte, daß ihm die Kammer Anträge der Gemeinde, die diese bereits befürwortet hatte, mit der Bitte um nochmalige Stellungnahme zusende, obwohl die Bedürfnisfrage doch bereits geklärt sei; viele Anträge seien bei der Kammer auch „verlorengegangen"[71]. Sicherlich ist nicht von der Hand zu weisen, daß der Kammerapparat durch die Flut von Anträgen überfordert bzw. durch die Entnazifizierung zeitweise überhaupt handlungsunfähig war. So waren durch die Entlassungen im Zuge der Durchführung des Gesetzes Nr. 8 in der Handwerkskammer von Oberbayern einige langjährige Angestellte mit unentbehrlichem Wissen und großer Erfahrung auf dem Gebiet des Gewerberechts ausgefallen; die einschlägige Literatur war verbrannt, so daß neue Kräfte schlecht eingearbeitet werden konnten[72]. Der Verdacht der gezielten Obstruktion ist trotzdem schwer auszuräumen.

Die Kammern waren ihrerseits auf die Gutachten der Innungen angewiesen, die sich vor allem zur Bedürfnisfrage, bei Ausnahmeanträgen auch zur Qualifikation des Antragstellers äußerten. Damit konnte die eingesessene Handwerkerschaft über das Geschick eines prospektiven Konkurrenten mitbestimmen. Die Klagen über die abwehrende Haltung der Innungen sind, was nicht verwundert, Legion. Gängige, wenn auch rechtlich nicht unbedenkliche Praxis war es z.B., Antragsteller auf Ausnahmebewilligung oder Flüchtlinge, die keine Prüfungszeugnisse vorweisen konnten, Prüfungen zu unterwerfen, die die Innung veranstaltete. Ein abgewiesener Neuhandwerker äußerte sich hierzu: „Ein Comentar über die Art einer Befragung ist hier nicht angebracht, doch steht fest, daß mit diesem Urteil der Innung jedes Zeugnis über berufliche Tätigkeiten Lügen gestraft wird."[73] In einem anderen Fall forderte die Innung von einem Uhrmacher, der wegen seiner Einberufung zur Wehrmacht viele Jahre lang nicht mehr in seinem Handwerk gearbeitet hatte, die Anfertigung eines Spezialteils, das normalerweise industriegefertigt bezogen wurde[74]. Solche Praktiken sind nicht verwunderlich, schließlich standen die Beauftragten der Innung, die mit der Begutachtung der Anträge befaßt waren, unter dem Druck der Mitglieder. So heißt es bezeichnenderweise im Bericht der Hafnerinnung München für das Geschäftsjahr 1947/48,

[69] Mitteilung über die Aktivitäten der Kammern im Schreiben der HWK für Oberbayern an die Regierung von Oberbayern am 3. 3. 1947; StAM, RA 77725. Das Schreiben trägt den zitierten handschriftlichen Vermerk.

[70] LRA Wasserburg an die Regierung von Oberbayern am 23. 7. 1947; StAM, RA 77725.

[71] LRA Aichach an die Regierung von Oberbayern am 20. 7. 1947; StAM, RA 77725.

[72] BayStMfW an OMGBY am 29. 1. 1946; BayHStA, MWi 14969.

[73] NN an die Regierung von Oberbayern am 25. 7. 1946; StAM, RA 77951.

[74] So die Mitteilung des Betroffenen an den Staatssekretär für das Flüchtlingswesen, eingegangen am 11. 8. 1947; BayHStA, MArb, vorl. Nr. 210.

der Ausschuß zur Prüfung der Anträge habe „genau" arbeiten müssen, um der Innungsleitung Vorwürfe seitens der bestehenden Betriebe zu ersparen[75]. Deutlicher wird dies noch in dem Beschwerdebrief eines von der Innung abgewiesenen Schneiders an den Landrat von Weilheim: Er habe der Frau des zuständigen Obermeisters erklärt, „daß ein Kunde heute ja noch ein halbes Jahr und länger warten muß", und zur Antwort erhalten: „Das stimmt, aber man kann nicht wissen, was noch kommt, die Schneidermeister würden alle Sturm laufen, wenn ihr Mann eine günstige Begutachtung ausstellt."[76]

Charakteristisch ist in diesem Zusammenhang, daß die Innungen, ebenso wie die eingesessenen Handwerker, nicht selten unbefangen mit der Anciennität, der moralischen Verwerflichkeit „übermäßiger" Konkurrenz und dem Prinzip der Nahrung argumentierten, wonach jedem Handwerker ein sicheres Auskommen quasi als Rechtsanspruch zustehe. So wandten etwa die Fahrradmechaniker von Freising in einem gemeinsamen Schreiben an den Landrat gegen eine Flüchtlingsneugründung ein, die bestehenden Betriebe seien zum Teil schon von den „verstorbenen Vorfahren" gegründet worden[77]. Ein Neubetrieb gefährde, so ein Kreishandwerksmeister, „vier seit unzähligen Jahren bestehende Existenzen"[78]. In einem oberbayerischen Dorf protestierten die ansässigen fünf Schmiede gegen eine geplante Neugründung: „Die Anzahl der bestehenden Werkstätten sei ausreichend, und jeder Handwerker wolle ‚das tägliche Brot'."[79] Die sechs Friseure von Moosburg warfen einem Neuhandwerker vor, er habe bereits einen Schönheitssalon gepachtet und damit, „wie er selbst wiederholt zugab, eine ihm (!) und seiner Familie ausreichende Existenz gefunden"[80].

Auch die Gemeinden äußerten sich vorrangig zur Bedürfnisfrage. Die Interessenlagen sind hier, wenigstens zum Teil, systematisierbar: Die eingesessene Handwerkerschaft versuchte, soweit dies über den Gemeinderat möglich war, die Gründung neuer Betriebe zu verhindern. Im Widerspruch dazu stand das Bedürfnis der Bevölkerung nach ausreichender Versorgung mit Handwerksleistungen, die ja, vor allem in der Folge der Flüchtlingszuwanderung, keineswegs gesichert war. Welches Interesse sich im konkreten Fall durchsetzte, ist von zusätzlichen, situativen Faktoren abhängig. Generell gilt jedoch, daß die oft positiven Gutachten der Gemeinden ein wichtiges Gegengewicht zur restriktiven Gutachterpraxis der Kammern und Innungen darstellten. Wenn der Bedarf an Handwerkern besonders dringend war, ersuchte sogar manche Gemeinde selbst um die Genehmigung eines Neubetriebes. So war es etwa in Weizendorf (Landkreis Gunzenhausen), wo der Gemeinderat die Zulassung eines Schusters anregte: Dies sei „ein Bedürfnis und zugleich für die Landbevölkerung eine Erleichterung, daß sie nicht mehr 3, 4 oder 6 Monate auf ihre Schuhreparatur warten müsse ... da das Schuhwerk ohnehin in sehr schlechtem Zustand ist, ist der Gemeinde durch die Vermehrung dieses Schuhmacherbetriebes aus einer ihrer größten Nöte geholfen"[81].

[75] Bericht über die Jahreshauptversammlung der Hafnerinnung München-Oberbayern am 9. 4. 1948; Mitteilungsblatt des Landesinnungsverbands des bayerischen Hafnerhandwerks, Nr. 7 vom Juli 1948.
[76] NN an den Landrat von Weilheim am 28. 6. 1946; StAM, RA 77981.
[77] Fünf Fahrradmechaniker an den Landrat von Freising am 1. 1. 1947; StAM, LRA Freising 156657.
[78] Gutachten des Kreishandwerksmeisters zur Neuerrichtung einer Schmiede; StAM, RA 77997, im Zusammenhang mit dem weiter unten geschilderten Konflikt um die Prüfung des Bedürfnisses.
[79] Einspruch der Schmiede vom 27. 2. 1947; ebd.
[80] Sechs Moosburger Friseure an die Stadt Moosburg; StAM, LRA Freising 156658.
[81] Schreiben der Gemeinde Weizendorf vom 27. 3. 1946; StAN, LRA Gunzenhausen, Abgabe 1961, Nr. 3377.

In ländlichen Orten entwickelten sich um die Zulassungsfrage nicht selten scharfe Konflikte zwischen den bäuerlichen Handwerkskunden und den Dorfhandwerkern; verschiedene – typische – Varianten illustrieren die folgenden Beispiele:

In einem oberbayerischen Dorf hatte sich ein Schmied um die Zulassung beworben[82]. Der Gemeinderat, in dem Bauern und Handwerker ihre Vertreter sitzen hatten, verneinte jedoch im Einklang mit der örtlichen Schmiedeinnung das Bedürfnis, da im Ort schon fünf Schmiedebetriebe bestanden. Im Gegenzug legte der Antragsteller eine Liste von fünfzig Unterschriften von Bauern vor, die das dringende Bedürfnis nach einem weiteren Betrieb bestätigten. Der Gemeinderat behandelte daraufhin den Antrag nochmals und stellte ihn nun – offensichtlich Verzögerungstaktik – um ein Jahr zurück. Schlitzohrig wurde dabei behauptet, die Unterschriften bescheinigten nicht das Bedürfnis, sondern nur, daß der Antragsteller ein erstklassiger Handwerker sei. Dies veranlaßte die Bauern, die die Gründe für die Rückstellung des Antrags nicht einsehen wollten, zu einer weiteren Erklärung: „Es kann das nur an persönlichem Konkurrenzneid liegen, der seinen Einfluß im Gemeinderat geltend gemacht hat." Daß dieser Gesichtspunkt tatsächlich eine wichtige Rolle spielte, zeigte ein weiterer Gemeinderatsbeschluß in der Angelegenheit, der wiederum gegen den Antrag ausfiel: Die fünf ablehnenden Voten stammten unter anderem von dem Vertreter der Schmiede und zwei weiteren Gewerbetreibenden, die, so der Antragsteller in einer Beschwerde, „ihren Kollegen NN. in der Fernhaltung einer Konkurrenz unterstützen zu müssen glauben". Die vier befürwortenden Stimmen hingegen stammten sämtlich von Bauern.

Im folgenden Fall[83] hingegen spielte sich der Konflikt zwischen der Handwerksorganisation und den Bauern ab, die auch den Bürgermeister und den Landrat auf ihrer Seite hatten: Im oberpfälzischen Landkreis Neustadt an der Waldnaab hatte sich ein Flüchtlingswagner um die Zulassung bemüht. Die Handwerkskammer in Regensburg versagte ihm jedoch die Eintragung in die Handwerksrolle, obwohl der Bürgermeister und der Landrat den Antrag befürwortet hatten. Weil der Handwerker ständig gedrängt wurde, seinen Betrieb zu eröffnen, erneuerte er seinen Antrag – diesmal bekräftigt von 140 Bauern, die durch Unterschrift erklärten, sie seien bereit, alle anfallenden Arbeiten an den Flüchtling zu vergeben, denn nur so könnten sie ihrer Ablieferungspflicht nachkommen. Trotzdem verhielt sich die Kammer weiterhin ablehnend, begründete dies nun jedoch nicht mehr mit dem fehlenden Bedürfnis – was bei den vorliegenden Bestätigungen auch zu durchsichtig gewesen wäre –, sondern argumentierte, die Unsicherheit in der Materialbeschaffung verbiete es, den Antragsteller zuzulassen. Dies veranlaßte die Bauern, diesmal mit Flankenschutz durch den Bauernverband, zu einer weiteren energischen Protestresolution, die der Antragsteller beschwerdeführend der Bezirksregierung vorlegte. Der Ausgang des Konflikts ist aus den Akten nicht ersichtlich, in diesem Zusammenhang aber auch nicht von Interesse. Entscheidend ist, daß die Mobilisierung der Kunden einem Handwerker immerhin starken Rückhalt und ein gewichtiges Argument in der Auseinandersetzung um die Bedürfnisfrage verschaffen konnte.

[82] Aus der langen und überaus erbitterten Auseinandersetzung ist hier nur ein Ausschnitt wiedergegeben. Die umfangreichen Akten zum Gesamtvorgang in: StAM, RA 77 997.

[83] Fallakten in: BayHStA, MArb, vorl. Nr. 209.

Am Beispiel des Wagners wurde erneut deutlich, daß das Zulassungsverfahren, die Entscheidungspraxis, vor allem aber die defensive Einstellung der Handwerksorganisation von den Antragstellern nicht immer unbesehen hingenommen wurden. Nahmen aber Kritik und Widerstand der Betroffenen ein so großes Ausmaß an, daß daraus ein politischer Impuls zur Abschaffung des Lizenzsystems entstand? Immerhin war es ja ein „Skandal", daß auch jetzt, nach Wiedereinführung der politischen Demokratie, Praktiken fortbestanden, die ihre enge Verwandtschaft mit obrigkeitsstaatlichen Maßnahmen, wie sie im Dritten Reich gang und gäbe gewesen waren, kaum verleugnen konnten.

Vor allem in den Beschwerden, die Antragsteller wegen der Versagung der Handwerksrolleneintragung bei der Regierung einreichten[84], finden sich tatsächlich Topoi der Argumentation, die in diese Richtung weisen: Das Zulassungswesen wird mit dem Nationalsozialismus identifiziert, umgekehrt werden „Freiheit" und „Demokratie" ganz konkret für den Bereich der eigenen wirtschaftlichen Betätigung eingeklagt.

In der folgenden Stellungnahme brachte beispielsweise ein Schreiner das Zulassungswesen mit dem Nationalsozialismus in engen Zusammenhang: Auf Hitlers „Machthaberzeit" seien „diese ganzen Paragraphen zurückzuführen, die diese Schwierigkeiten verursachen"[85]. Die Dritte Handwerksverordnung, so ein Schneider, ebenso wie die übrigen Zulassungsbestimmungen „sind während der nationalsozialistischen Regierung entstanden und sollten nach dem nationalsozialistischen Deutschland unbrauchbar gemacht werden"[86]. Es sei an der Zeit, so ein Radioreparaturhandwerker, „daß diese Innung diese anscheinend vom Dritten Reich übernommene [restriktive] Einstellung im Interesse eines gesunden Wiederaufbaus unserer Wirtschaft revidiert"[87].

Im Gegenzug stellen Handwerker zwischen Demokratisierung und wirtschaftlichem Wiederaufbau, der die Mobilisierung der privaten Initiative voraussetzt, einen Zusammenhang her: „Um dies [den Aufbau der Demokratie] zu erreichen, muß das ganze Volk, insbesonders auch jede Behörde mitgehen. Hindernisse und Hemmungen, hervorgerufen durch Verschleppung und willkürliche, selbstherrliche Eigenmächtigkeiten sind durch aufgeschlossene Dynamik hinwegzuräumen. Persönliche Initiative und Unternehmung zur Wiederaufrichtung eines freien Wirtschaftslebens dürfen nicht durch Kurzsichtigkeit, Eigenwillen oder mangels Kenntnis und Anpassung des Wirtschafts- und Volksinteresses unterbunden werden. Eine gewisse, den Verhältnissen angepaßte weitsichtige und nicht zu engstirnige Planung und Führung – nicht diktatorische, meist fehlerhafte Bevormundung – der obersten Stellen ist angebracht, sie darf aber nicht zur Untergrabung der freien Wirtschaft und Eindämmung jedes persönlichen Aufbauwillens und Selbstbestimmungsrechts ausarten und das Volk in einen passiven, lethargischen Zustand versetzen."[88]

Eine andere Antragstellerin kritisierte, daß die Zulassungsbestimmungen sie dazu nötigten, den Normalfall – Selbständigkeit und eigenverantwortliche Leistung – als „Ausnahme" mit besonderen Gründen zu rechtfertigen: „Triftige persönliche und

[84] Vgl. vor allem die Serie der Beschwerdeakten in: StAM, RA 77956ff.
[85] NN an die Regierung von Oberbayern am 10. 2. 1947; StAM, RA 77997.
[86] NN an die Regierung von Oberbayern am 12. 3. 1947; StAM, RA 77977.
[87] NN an die Regierung von Oberbayern am 2. 6. 1946; StAM, RA 77951.
[88] NN, Beschwerde wegen Nichtzulassung durch die Stadt München vom 22. 4. 1948; StAM, RA 77969.

wirtschaftliche Gründe [wie für die Ausnahmebewilligung gefordert] sprechen zum Großteil oft bei der Selbständigmachung nicht mit, sondern vielmehr der Wille, etwas zu sein und zu leisten. Nach meinem Dafürhalten kann nach einem verlorenen Krieg dieser Wille keinem abgesprochen werden."[89]

In diesen Zusammenhang gehört auch die öfters geäußerte Kritik an der Legitimität des Verfahrens, dessen bürokratischer Formalismus den individuellen Leistungswillen bremse. Das folgende Argument einer Schneiderin liest sich ähnlich wie die Begründung, die die Besatzungsmacht später für die Einführung der Gewerbefreiheit gab: „Es ist doch kaum anzunehmen, daß nur Paragraphen und eine fünfjährige Gehilfenzeit das fachliche Können nachweist, es kommt doch schließlich und endlich auf das Können des einzelnen an."[90] Seine negativen Erfahrungen mit der Zulassungsbürokratie brachte ein anderer Beschwerdeführer mit einem Mangel an demokratischer Haltung in der Handwerksorganisation in Verbindung: Die Kammer benutze zur Ablehnung der Ausnahmeanträge ein vorgedrucktes Formular. „Ich kann mir nun nicht vorstellen, wie bei derartigen Verfahrensmethoden eine individuelle Behandlung eines jeden einzelnen Falles möglich sein soll. Ich glaube sicher, daß ich nicht der einzige Leidtragende dieser im höchsten Grade undemokratischen Haltung einer Behörde sein werde."[91]

Nicht in allen Fällen bezieht die Kritik explizit die politischen Implikationen des Zulassungswesens mit ein. Sie richtete sich dann vorzugsweise direkt gegen die etablierten „Handwerkskollegen", deren Erbhof-Mentalität in oft harschen Worten angeprangert wurde. Ein Beschwerdeführer meinte etwa, seine Probleme berührten „alle diejenigen Herrschaften nicht, die gut sitzen, bis vielleicht die Zeit auch noch über sie hinweggeht"[92]. Besonders den Flüchtlingen war der Kontrast ihrer desolaten Situation zum relativen Wohlergehen der Einheimischen ein Ärgernis. „Trotz des Hungers, dem man uns hier aussetzt", so ein Flüchtling in bereits fortgeschrittenem Alter, sei er fähig, seinen Betrieb noch einmal neu aufzubauen. „Was geht das aber die Innung an? Die Herrschaften sehen jedenfalls nicht so aus, als ob sie hungerten."[93]

Solche eher vordergründige Kritik am Filz des eingesessenen Handwerks konnte in der Konsequenz auch zu der Einsicht führen, daß nur die Gewerbefreiheit, die Zugluft der Konkurrenz, die Zustände ändern könne. So war eine Beschwerdeführerin davon überzeugt, daß „nur durch eine starke Konkurrenz diese alten verknöcherten Meister wachgerüttelt werden können, und nur dadurch kann ihnen gezeigt werden, daß der Handwerksmeister für das Volk da ist und nicht das Volk den Handwerksmeister bitten muß"[94].

Manifestiert sich in diesen Äußerungen auch eine gute Portion Widerspruchsgeist, so wird das Gewicht solcher Stellungnahmen dadurch relativiert, daß viele Antragsteller in einem Akt vorlaufender Anpassung darauf hinweisen, nichts liege ihnen ferner, als den etablierten Handwerkern Konkurrenz machen zu wollen. Die „Spielregeln" des Lizenzsystems werden in solchen Fällen also explizit akzeptiert. So schrieb eine

[89] NN, Beschwerde vom 12. 2. 1946; StAM, RA 77967.
[90] NN, Beschwerde vom 7. 12. 1947; StAM, RA 77969.
[91] NN an Regierung von Oberbayern am 20. 5. 1947; StAM, RA 77970.
[92] NN an „Kreisregierung München" am 7. 11. 1947; StAM, RA 77952.
[93] NN an Staatskommissariat für rassisch, politisch und religiös Verfolgte am 31. 1. 1948; BayHStA, MWi 9899.
[94] NN an BayStMfW am 9. 12. 1948; StAM, RA 77954.

Friseuse und Kosmetikerin, die einen eigenen Salon eröffnen wollte und deswegen von ihrer früheren Arbeitgeberin beschuldigt wurde, ihr die Kundschaft abspenstig machen zu wollen, sie habe es „von Anfang an peinlichst vermieden, die Kundschaft der Frau NN für mich zu beeinflussen ...“[95] Auch ein Metzger, der ein Fleischversandgeschäft aufbauen wollte und vom Viehwirtschaftsverband gewarnt worden war, nicht die „Metzger am Ort zu ruinieren“, argumentierte ganz im Sinne des handwerklichen Nahrungsprinzips: „Diese Warnung habe ich mir zur strengen Richtschnur genommen. Ich kann nachweisen, daß ich das Ladengeschäft nicht gesteigert habe und die Kollegen am Ort in keiner Weise geschädigt.“[96] Ein anderer Bewerber wies den Landrat von Gunzenhausen darauf hin, er wolle als Maler nur in der Umgebung der Stadt arbeiten und habe dort genügend Aufträge, „so daß ich durch meine Konkurrenz keine anderen Unternehmer gefährde“[97].

Zusammenfassend läßt sich sagen, daß das Protestpotential nur so groß war, daß es – wie anhand statistischen Materials der Handwerkskammer Oberbayern noch dokumentiert wird – in vielen Einzelfällen eine Lockerung des Zulassungssystems bewirkte. Der soziale Druck, der aus der Enttäuschung abgewiesener Antragsteller entstand, reichte aber zu einer generellen Abschaffung des restriktiven Zulassungswesens nicht aus. Daß der Protest gegen das Zulassungswesen keine „systemsprengenden“ Ausmaße annahm, hängt sicherlich auch damit zusammen, daß er sich oft nicht „lohnte“. Als Ultima ratio stand ja die Möglichkeit offen, aus der behördlich reglementierten Wirtschaft auszuscheren und in die Schattenwirtschaft abzutauchen; das zu verhindern waren die Sanktionen anscheinend zu schwach. Die Intensität polizeilicher und gerichtlicher Verfolgung entzieht sich zwar unserer Kenntnis – verstreute Hinweise begründen jedoch die Vermutung, daß sie nicht abschreckend wirkten. So berichtete die Handwerkskammer von Niederbayern, die Schwarzarbeit habe seit Kriegsende einen außerordentlichen Umfang angenommen; der Kreis der Schwarzarbeiter setze sich – neben bis dahin in abhängiger Beschäftigung stehenden Gesellen und Arbeitern, die sich wegen der Möglichkeit der Kompensation selbständig betätigten – vor allem aus nach dem Lizenzierungsgesetz abgelehnten Antragstellern zusammen[98]. Ähnliches klingt in einem Bericht der Regierung von Oberbayern an, in dem darauf hingewiesen wurde, daß die schleppende Arbeit der Kammern auch deswegen ein Ärgernis sei, weil sie die Entstehung von Schwarzbetrieben fördere, die später nur mehr mühsam zu beseitigen seien[99]. Ein Antragsteller drohte sogar ganz offen, daß er sich, sollte sein Antrag nochmals abgelehnt werden, „gezwungen sehe, schwarz zu arbeiten, wie es so und so viele auch tun“[100].

Ein auch politisch wirksames Protestpotential gegen das restriktive Zulassungswesen war also nur in Ansätzen vorhanden. Neben lautstarken Protesten waren auch vorlaufende Anpassung an die „Spielregeln“, Ausweichen und Abtauchen an der Tagesordnung. Von daher wird verständlich, daß auf deutscher Seite bis zur Einführung der

[95] NN an Stadtrat Moosburg am 16. 7. 1947; StAM, LRA Freising 156657.

[96] NN an das Staatssekretariat für das Flüchtlingswesen am 14. 4. 1948; BayHStA, MArb, vorl. Nr. 208.

[97] NN an den Landrat von Gunzenhausen am 31. 1. 1946; StAN, LRA Gunzenhausen, Abgabe 1961, Nr. 3377.

[98] HWK für Niederbayern (Passau), Jahresbericht 1948, S. 23.

[99] Regierung von Oberbayern, Monatsbericht für Dezember 1946, S. 28; BayHStA, MWi 9626.

[100] NN an „Handelskammer München“ (Oberbayern) vom 16. 10. 1947; StAM, RA 77967.

Gewerbefreiheit durch die Besatzungsmacht keine Initiative entstand, die von sich aus die Abschaffung des Lizenzzwanges gefordert hätte.

Einen guten Einblick in die quantitativen Auswirkungen der Lizenzierungspraxis in den Jahren 1945 bis 1948 vermittelt das reichhaltige statistische Material der Handwerkskammer für Oberbayern. Da im dortigen Kammerbezirk ca. ein Viertel aller Handwerksbetriebe Bayerns beheimatet war, können die hier gewonnenen Ergebnisse als repräsentativ für ganz Bayern gelten[101].

Die Entwicklung der Betriebszahlen

	ab 1946 Stand zum 1.1.	Zugang	Abgang	Saldo	Stand 31.12.
1945 (1.5.)	43 250	1 297	–	1 297	44 547
1946	44 547	2 601	540	2 061	46 608
1947	46 608	3 208	1 042	2 166	48 774
1948	48 774	4 868	1 023	3 845	52 619
Insgesamt		11 974	2 605	9 369	

Quelle: Eigene Berechnungen aus den Unterlagen der Handwerkskammer für Oberbayern; zu den Originalen vgl. Anm. 101.

Die Betriebszahl nahm von Kriegsende bis Ende 1948 trotz der defensiven Maßnahmen der eingesessenen Handwerker kontinuierlich zu; sie hatte aber im Dezember 1948 die Bestandszahl von 1939 (50 783) noch nicht wesentlich überschritten. Die Zahl der Zugänge stieg von 1945 bis 1948 auf fast das Vierfache (von 1297 auf 4868). Auch bei Berücksichtigung der wachsenden Zahl von Betriebsaufgaben war der Zuwachs an Neubetrieben per saldo 1948 fast dreimal so hoch wie 1945 (1297 gegenüber 3845). Von den zu Ende der Lizenzzeit bestehenden Betrieben (52 619) sind 9369, also mehr als ein Sechstel (17,8 Prozent), Neugründungen der Nachkriegszeit. Die Bedeutung der „Gründerzeit" 1945–1948 ist somit beträchtlich.

Gleichwohl kann von einer überstarken Vermehrung der Handwerksbetriebe im Verhältnis zur Bevölkerung in diesen Jahren nicht die Rede sein. Immerhin war ja mit dem Ende dieser Phase erst die Bestandszahl von 1939 wieder erreicht – und dies bei stark gewachsener Bevölkerung.

Die zunehmende Zahl von Lizenzen allein sagt nur wenig über die Rigidität der Bewilligungspraxis aus. Über das Verhältnis von gestellten zu bewilligten Anträgen lie-

[101] Für Gesamtbayern liegen aus der Zeit von 1945 bis 1948 nur Zahlen zum Betriebs*bestand* (Zahl der arbeitenden Betriebe) vor; diese geben keinen Aufschluß darüber, inwieweit Neueröffnungen bzw. in welchem Ausmaß Wiedereröffnungen für die Veränderung der Betriebszahlen verantwortlich sind. Nach den vorläufigen Ergebnissen der Erhebung über das Handwerk vom 1. 10. 1948 befand sich damals fast ein Viertel der Handwerksbetriebe in Oberbayern. In: Bayern in Zahlen 3 (1949), S. 122 f. Die im folgenden verwendeten Materialien (hand- bzw. maschinenschriftliche Aufstellungen) wurden dem Vf. von Herrn Dr. Fleißner von der HWK von Oberbayern zur Verfügung gestellt. Zum kleineren Teil sind sie auch veröffentlicht in: Handwerkskammer für Oberbayern (Hrsg.), 50 Jahre Handwerkskammer für Oberbayern – eine Jubiläumsschrift, München 1950, S. 72, und Tertulin Burkard, Das oberbayerische Handwerk und seine Kammer. Eine Denkschrift zur Einweihung des neuen Hauses, München 1956, S. 37 f. Die dort veröffentlichten Daten sind jedoch, wie aus den Originalunterlagen hervorgeht, teilweise fehlerhaft: Insbesondere wurden bei den Handwerksrolleneintragungen die Betriebsübernahmen in manchen Jahren mitgezählt, während dies in anderen unterblieb. Die hier mitgeteilten Daten stammen deshalb aus den Originalunterlagen bzw. aus eigenen Berechnungen, die auf diesen Originalen basieren.

gen jedoch leider nur spärliche Angaben vor. So wurden in den ersten Monaten nach Kriegsende – bis April 1946 inclusive – pro Monat ca. 1000 Anträge auf Neuerrichtung bzw. Übernahme, insgesamt also ca. 12 000 Anträge, gestellt, von denen nur 2700 (also wenig mehr als ein Fünftel) genehmigt wurden[102]. Da bei einem beträchtlichen Anteil der Anträge auf Ausnahmebewilligung die erforderlichen Minimalvoraussetzungen – in der Regel zumindest die Gesellenprüfung – nicht vorlagen und deshalb von vornherein keine Aussicht auf Zulassung bestand, wurden diese Gesuche zum großen Teil bereits mündlich abgelehnt[103].

Die globalen Zulassungszahlen verdecken schließlich auch charakteristische Unterschiede zwischen den sechs Hauptgruppen des Handwerks. Auf diese entfiel an Lizenzen:

Zahl der Zulassungen

Handwerks-Gruppe	absolut	in Prozent	Prozent-Anteil der Handwerks-Gruppe am Handwerks-Gesamtbestand 1939
Bau	1 957	16,3	16,5
Bekleidung	4 521	37,8	36,7
Holz	1 269	10,6	11,5
Metall	2 535	21,2	13,9
Nahrungs- und Genußmittel	476	4	13,9
Sonstige	1 216	10,1	7,5
Insgesamt	11 974	100	100

Quelle: Zu den Zahlen aus der Zeit nach 1945 vgl. eigene Berechnung aus den vorliegenden Einzelaufstellungen. Für die Zahlen von 1939 vgl. HWK München, Jahresbericht 1938/39, o.O., o.J., S. 44f.

Vergleicht man den Anteil der Zulassungen in den einzelnen Hauptgruppen mit den Prozentanteilen der jeweiligen Gruppen an der Gesamtzahl der Betriebe im letzten Vorkriegsjahr, so fallen charakteristische Unterschiede ins Auge: Die Proportionen innerhalb der Handwerkswirtschaft hatten sich seit 1939 verschoben. Besonders stark war z.B. der Zustrom zum metallverarbeitenden Handwerk; die Übernahme bisheriger Produktionsbereiche der Industrie und der Zustrom von Industriearbeitern dürften dabei zusammengewirkt haben[104]. Die stark unterproportionale Zunahme in den Nahrungsmittelhandwerken zeigt, daß die Bewirtschaftung bzw. die Lebensmittelknappheit als Barriere gewirkt haben müssen[105]. Leicht überproportional ist die Quote der Zulassungen in den Bekleidungshandwerken, die sowohl den größten Anteil am Bestand von 1939 als auch an den Zugängen stellen. Die Zugangsbarrieren waren hier

[102] Die Zahlen im Text stammen aus einer Aufstellung, die auf den 18. 9. 1946 datiert ist. Vgl. Anm. 101.

[103] Situationsbericht der Abteilung Handwerksrolle zum 30. 3. 1946; Materialien der HWK München; vgl. Anm. 101. Anfang Dezember 1945 bis Ende März 1946, also in vier Monaten, wurden 4000 Antragsformulare ausgegeben; nur ein geringer Prozentsatz der Ausnahmeanträge wurde bewilligt. Im April 1946 gab es fast 500 mündliche Ablehnungen.

[104] Vgl. dazu Das bayerische Handwerk. Betriebe und Beschäftigungszahlen im bayerischen Handwerk 1939 und 1947, in: Bayern in Zahlen 2 (1948), S. 17ff.

[105] Ebd., S. 20.

nicht besonders hoch, da die Errichtung etwa eines Schneiderbetriebes wenig Kapital erforderte, oft der Wohnraum als Gewerberaum mitgenutzt werden konnte und die nötigen Werkzeuge vielfach bereits vorhanden waren.

Wurden Ausnahmeanträge, vor allem wenn die erforderlichen Mindestvoraussetzungen nicht vorlagen, auch in großer Zahl abgelehnt, so war der Anteil der Nichtmeisterzulassungen doch signifikant. Er nahm außerdem von 1945/46 bis 1948 stark zu und erhöhte sich von weniger als der Hälfte auf fast zwei Drittel der Gesamtzahl der Zulassungen.

Meister- und Nichtmeister-Zulassungen im Vergleich

	Meister		Nichtmeister		Insgesamt
	absolut	in Prozent	absolut	in Prozent	
1945/46	2039	52,3	1859	47,7	3898
1947	1231	38,4	1977	61,6	3208
1948	1685	34,6	3183	65,4	4868
Insgesamt	4955	41,4	7019	58,6	11974

Quelle: Die Aufstellung basiert auf einer eigenen Berechnung, die zum Teil von den Zahlen in „50 Jahre Handwerkskammer" abweicht. Vgl. Anm. 101.

Damit liegt der Schluß auf der Hand, daß die Handwerksorganisation ihr Ziel, die „Handwerkswirtschaft der Meister" in der Lizenzzeit nicht im entferntesten erreichte[106]. Die defensive Einstellung der Handwerksorganisation gegen Neugründungen war stark; ihre Abwehrhaltung hat sicherlich dazu beigetragen, daß viele Antragsteller nicht zum Zuge kamen. Die differenzierte statistische Analyse der Entwicklung der Betriebszahlen und des Anteils der Ausnahmebewilligungen zeigt jedoch erneut, daß der Widerstand von Kammern, Innungen und „lokalem Handwerkerfilz" den Drang zur Selbständigkeit letztlich nur dämpfen, nicht aber ganz abblocken konnte: Zum einen kam die Handwerksorganisation selbst nicht darum herum, die bei Anträgen auf Ausnahmebewilligung vorgebrachten, oft gravierenden „sozialen" Gründe anzuerkennen; als Korrektiv wirkte außerdem die Entscheidungspraxis der Zulassungsbehörden, die gesamtwirtschaftliche und soziale Gesichtspunkte neben den Interessen des eingesessenen Handwerks zu berücksichtigen hatten.

3. Das Handwerk und die „zügellose Gewerbefreiheit" 1948/49 bis 1953

Mit der Direktive vom 29. November 1948 erklärte OMGUS die Gewerbelizenzierung in der amerikanischen Zone für weitgehend hinfällig und ordnete gleichzeitig eine Revision der deutschen Zulassungsgesetzgebung an. Dieses Oktroi der Militärregie-

[106] Einschränkend ist allerdings anzumerken, daß die Ausnahmebewilligungen häufig mit der Auflage, die Meisterprüfung nachzuholen, erteilt wurden. Inwieweit dies tatsächlich geschah, entzieht sich unserer Kenntnis; in vielen Fällen versuchten die Kandidaten jedoch, sich dieser Verpflichtung zu entwinden bzw. waren nach der Währungsreform aus finanziellen Gründen nicht mehr zur Ablegung der Prüfung imstande.

rung führte zu einer vehementen Diskussion in der deutschen Öffentlichkeit, in der das Gewerbefreiheitsgebot der Amerikaner von einer starken Phalanx von Gegnern als überstürzter, zu radikaler und nicht zuletzt wirtschaftlich schädlicher Eingriff in gewachsene und bewährte Strukturen der deutschen Gewerbeordnung angeprangert wurde.

Allerdings wurde in dieser Auseinandersetzung nicht das Zulassungssystem in seiner „extremen", kriegs- und mangelwirtschaftlich bedingten Form, wie es etwa im bayerischen Lizenzierungsgesetz von 1946 festgeschrieben worden war, verteidigt. Zumindest die Bedürfnisprüfung, die nach der Lockerung der Wirtschaftskontrollen im Zusammenhang mit der Währungsreform allzu offensichtlich nicht mehr in die ordnungspolitische Landschaft paßte und nach dem Inkrafttreten des Grundgesetzes auch gegen die dort verbürgte Berufsfreiheit verstieß, stand nicht mehr zur Debatte. Der Nachweis der regelmäßigen Kontingentierung, wie ihn das Lizenzierungsgesetz vorsah, war mit der weitgehenden Aufhebung der Bewirtschaftung sowieso obsolet geworden. Auch im Handwerk dachte niemand ernstlich daran, die kriegs- und zwangswirtschaftlich bedingte Überspitzung des Lizenzsystems – wenn vielen Betrieben auch die Bedürfnisprüfung durchaus zupaß gekommen sein mochte – zu verteidigen. Man konzentrierte sich darauf, den in der NS-Zeit endlich gesetzlich verankerten Befähigungsnachweis als das Kernelement der „deutschen Handwerksordnung" gegen die Vorstellungen der Besatzungsmacht von „zügelloser Gewerbefreiheit" in Schutz zu nehmen.

Die Auseinandersetzung um den Befähigungsnachweis zog sich, beginnend mit dem Gewerbefreiheitsoktroi, bis zur Verabschiedung der Bundeshandwerksordnung im September 1953 hin. Hier interessiert vor allem die erste, „heiße" Phase des Konflikts unmittelbar im Anschluß an den Erlaß der Direktive, in der die berufsständische Organisation des Handwerks in einer lautstarken Protestkampagne eine Revision der amerikanischen Maßnahmen herbeizuzwingen suchte. Hier, im „gesellschaftlichen Vorfeld" des Konflikts, der dann zwischen den beteiligten politischen Instanzen auf deutscher und amerikanischer Seite ausgetragen wurde, manifestierten sich am deutlichsten die Motive der Resistenz im Handwerk, das sich mit der ihm fremden amerikanischen Wirtschafts- und Gesellschaftsphilosophie auseinanderzusetzen hatte.

Der Protest des Handwerks gegen die „zügellose Gewerbefreiheit" bezog seine Schubkraft zum großen Teil daraus, daß die „deutsche" Konzeption der gebundenen Handwerkswirtschaft mit den amerikanischen Vorstellungen von unternehmerischer Freiheit nicht vereinbar war. Die schrille, ja panische Reaktion auf die Abschaffung des Großen Befähigungsnachweises wird allerdings erst auf dem Hintergrund der prekären Wirtschaftslage des Handwerks nach der Währungsreform voll verständlich. Die Aufhebung der Wirtschaftskontrollen, das Ende des Kompensationswesens und die Wiederherstellung der Konsumentensouveränität versetzten das Handwerk schon in der zweiten Hälfte des Jahres 1948 recht abrupt in das rauhe Klima der Wettbewerbswirtschaft. Sich den neuen Rahmenbedingungen anzupassen, war nicht leicht. So stellte sich mit der Freigabe der Preise die Herausforderung, wieder kalkulieren lernen zu müssen[107]. Gerade für die jüngeren unter den selbständigen Handwerkern, die nur

[107] Mitteilungsblatt des Landesinnungsverbandes des bayerischen Hafnerhandwerks, Nr. 12 vom Dezember 1948: Aus dem Verbandsleben.

das System der Zwangswirtschaft kannten, waren die Probleme der Preisbildung nicht leicht zu bewältigen[108]. Die weit verbreitete Ratlosigkeit drückte sich in einer Flut von Zuschriften an die Handwerksorganisation aus, in denen um „Preisweisung" bzw. um Preisverzeichnisse gebeten wurde[109]. Die Umstellung auf den Käufermarkt machte Qualitätsarbeit und Kundendienst wieder gefragt, eine Herausforderung, der das Handwerk nicht ohne weiteres gewachsen war[110], denn die Jahre vor der Währungsreform, „in denen jeder Betrieb für das zufällig erzeugte Produkt ohne Schwierigkeit die Käufer vor der Tür fand"[111], hatten die Initiative gelähmt und die Bequemlichkeit gefördert: Handwerker, die Schund und kunstgewerblichen Tand hergestellt hatten, fanden nun keinen Absatz mehr und konnten sich auch deshalb nur schwer umorientieren, weil ihnen nun der Kundenkreis fehlte[112].

Die Umstellung auf den zunächst ungewohnten Wettbewerb war zwar nur ein Übergangsproblem, verunsicherte das Handwerk aber trotzdem in erheblichem Maße. Hinzu kam, daß zur selben Zeit wegen der niedrigen Realeinkommen die Nachfrage nach handwerklich produzierten Gütern und Leistungen im allgemeinen zurückging. Spätestens mit dem Beginn des Jahres 1949 konnte der an sich große Nachholbedarf der Verbraucher nur mehr beschränkt nachfragewirksam werden[113]. Das Handwerk, das hauptsächlich auf den Mittelstand und die Masse der kleinen Lohnempfänger als Kundschaft angewiesen war, wurde durch die nun erheblich nachlassende Kaufkraft dieser Schichten stark betroffen[114].

Zu diesem gleichsam konjunkturbedingten Einbruch kamen strukturelle Umschichtungen: Zum einen gewann nämlich die Industrie das Terrain zurück, das sie in den Jahren nach Kriegsende wegen der Demontagen, der Produktionsbeschränkungen und Betriebsstillegungen vorübergehend hatte aufgeben müssen[115]. Zum anderen setzte nun der nach 1945 vorübergehend sistierte gesamtwirtschaftliche Strukturwandel wieder ein; dieser gefährdete zwar nicht die Existenz des Handwerks als Ganzes, stürzte jedoch immerhin einige wichtige Handwerkszweige wie die Schneider und die Schuster, die der Konkurrenz der Industrie nicht mehr gewachsen waren, in eine schwere Krise. Andere Handwerke mußten sich, zum Teil in erheblichem Ausmaß,

[108] Mitteilungsblatt des Landesverbandes bayerischer Schreinermeister vom 1. 7. 1948 (Sondernummer zur Währungsreform), S. 25.

[109] Bezeichnend dafür, daß die Handwerker am Gängelband des Preisstops völlig unsicher im Kalkulieren geworden waren, ist etwa, daß das Straßen- und Flußbauamt Bayreuth für die ständig notwendigen Korrekturen überhöhter Handwerkerrechnungen bereits vorgedruckte Formulare besaß. Vgl. dazu Mitteilungsblatt des bayerischen Schmiedehandwerks, Nr. 8 vom 1. 8. 1949, S. 3f.

[110] „Qualitätsarbeit" und „Kundendienst" gehörten zu den „Forderungen der Zeit". Vgl. Mitteilungsblatt für das oberpfälzische Handwerk, Nr. 7 vom 1. 7. 1948, S. 3.

[111] Regierung von Ober- und Mittelfranken-RWA, Monatsbericht für April 1949, S. 9f.; BayHStA, MWi 12182.

[112] BayStMfW, Wirtschaftsbericht für Juli 1948, S. 12; BayHStA, MWi 9725. Die häufig anzutreffenden Aufrufe der Handwerkspresse, die Währungsreform zum Anlaß einer „Gesinnungsreform" zu nehmen, beziehen sich auf die Kompensationswirtschaft und das Kunstgewerbe-Unwesen. Vgl. etwa Josef Janz, Währungreform – Gesinnungsreform, in: Mitteilungsblatt für das oberpfälzische Handwerk, Nr. 8 vom 1. 8. 1948, S. 3f.

[113] VfW des VWG, 2. Handwerklicher Lagebericht. Die Lage der Handwerkswirtschaft im 1. Quartal 1949, S. 9; Deutsches Handwerksinstitut München, Lageberichte des Handwerks.

[114] Vgl. 1. Lagebericht, 4. Quartal 1948, S. 8.

[115] Vgl. 3. Lagebericht, 2. Quartal 1949, S. 6.

umstellen und neu orientieren[116]. Dieser sehr komplexe und differenzierte Prozeß war damals noch im Anfangsstadium, nichtsdestoweniger waren seine Auswirkungen bis zum Ende des Jahres 1948, als die Militärregierung die Gewerbefreiheit oktroyierte, bereits deutlich spürbar.

Die Verschärfung der Konkurrenz, die schon unmittelbar nach der Währungsreform eintrat und sich mit der Welle von Betriebsgründungen im Zeichen der Gewerbefreiheit fortsetzte, kam für das Handwerk also zu einem überaus ungünstigen Zeitpunkt; der Zustrom zur selbständigen Handwerksausübung war damals noch dazu stärker als in einer Phase wirtschaftlicher Prosperität, denn – das lehrte die Erfahrung der Weltwirtschaftskrise – in Krisenzeiten beschleunigt sich die Flucht in die „Notselbständigkeit".

Die Einführung der Gewerbefreiheit durch die amerikanische Besatzungsmacht um die Jahreswende 1948/49 war Teil einer umfassenderen politischen Initiative, mit der OMGUS zu einem Zeitpunkt, als das Ende der Besatzungsherrschaft bereits absehbar war, die Demokratisierung und Liberalisierung der deutschen Wirtschaft und Gesellschaft noch einmal einen Schritt voranzubringen hoffte. Neben der Reform des Schulwesens und des Beamtenrechts geriet hierbei auch die Gewerbezulassung, die den Zielen der Besatzungspolitik besonders eklatant widersprach, ins Visier der Militärregierung.

Der amerikanischen Philosophie des „free enterprise", die der individuellen Initiative und insbesondere der wirtschaftlichen Betätigungsfreiheit großen Wert beimißt, war der Lizenzzwang grundsätzlich ein Dorn im Auge[117]. Nach amerikanischer Auffassung berechtigten nur strikt gewerbepolizeiliche Gründe – Volksgesundheit, öffentliche Sicherheit und Ordnung – zur Einschränkung der Gewerbefreiheit. Zulassungskriterien wie das volkswirtschaftliche Bedürfnis oder formale berufliche Qualifikationsnachweise erschienen der Militärregierung als nicht akzeptable Einschränkung der individuellen Freiheit[118]. Als besonders anstößig empfand man es auf amerikani-

[116] Vgl. etwa zu Lage und Entwicklung des Schneiderhandwerks: 3. Lagebericht, S. 7, 4. Lagebericht, S. 6, 5. Lagebericht, S. 13, 6. Lagebericht, S. 13. Zu den Schustern vgl. 2. Lagebericht, S. 8, 3. Lagebericht, S. 7, und 7. Lagebericht, 2. Quartal 1950, S. 12. Regierung von Niederbayern und Oberpfalz, Wirtschaftlicher Lagebericht für Mai 1949, S. 10; BayHStA, MWi 12182. Ein gutes Beispiel für ein Handwerk, das sich durch Umstellung und Neuorientierung am Leben erhalten konnte, ist das Schmiedehandwerk. Längerfristig sicherte sich dieses durch die Aneignung neuer Techniken (Schweißen), die Umstellung auf neue Funktionen (Fahrzeugbau) und neue Bereiche der Dienstleistung (Landmaschinenreparatur) sein Überleben. Vgl. zur Geschichte dieser Anpassungskrise: Regierung von Niederbayern und Oberpfalz, Wirtschaftlicher Lagebericht für Mai 1949, S. 10; BayHStA, MWi 12182, 5. Lagebericht, 4. Quartal 1949, S. 10, und 7. Lagebericht, 2. Quartal 1950, S. 9f. HWK Schwaben, Lage des Handwerks im 4. Quartal 1950, S. 5; Deutsches Handwerksinstitut München, Lageberichte des Handwerks. Kreishandwerkerschaft Kronach an BayStMfW-Handwerksabteilung am 11. 11. 1952; BayHStA, MWi 12424. Mitteilungsblatt für das bayerische Schmiedehandwerk, Nr. 1 vom 1. 1. 1951, S. 2: Zur Lage unseres Handwerks. Mitteilungsblatt für das bayerische Schmiedehandwerk, Nr. 6 vom 1. 6. 1950, S. 5.

[117] Instruktiv zum Hintergrund die Untersuchung von Francis X. Sutton, Seymour E. Harris, Carl Kaysen und James Tobin, The American Business Creed, Cambridge/Mass. 1956, die anhand einer breit angelegten Inhaltsanalyse von Veröffentlichungen aus der business community, von Inseraten, Reden von Geschäftsleuten usw. nachweist, wie tief „freedom of enterprise" als „Glaubenshaltung" – die allerdings nicht unbedingt mit den Realitäten des amerikanischen Wirtschaftslebens im 20. Jh. übereinstimmt – verankert ist.

[118] Vgl. etwa die Ausführungen aus dem folgenden Militärregierungs-internen Dokument: „To an American, all these criteria [die Zulassungsvoraussetzungen des deutschen Gewerberechts] appear to be irrelevant. If a man wants to open up a new business, set up as a fishmonger or a house painter, shoe repair man or printer, risking his capital, convinced that he has the qualifications for success [he] should be encouraged. And it is anything but encouraging to read, as I do every day, that some paternalistic committee of businessmen

scher Seite, daß das Zulassungsverfahren den Organisationen der gewerblichen Wirtschaft, insbesondere den Kammern, de facto ein Mitentscheidungsrecht einräumte; dies lief einem wichtigen Ziel der Besatzungsmacht, nämlich dem Abbau von „privaten" wirtschaftlichen Machtstellungen, zuwider[119].

Diesen grundsätzlichen Standpunkt setzte OMGUS jedoch nicht sofort mit Beginn der Besatzungsherrschaft in politische Maßnahmen um. Die Militärregierung nahm die restriktiven Lizenzierungsregelungen zunächst – auch im Hinblick auf den Rohstoffmangel – als unabdingbare Notmaßnahme hin und räumte damit pragmatischen Gesichtspunkten den Vorrang vor prinzipiellen ordnungspolitischen Erwägungen ein. Praktisch griff die Militärregierung, die sich anfangs im Zusammenhang mit der Entnazifizierung an der Ausgabe von Lizenzen beteiligt hatte, schon seit Anfang 1946 nicht mehr in „normale" Zulassungsvorgänge ein[120]; wegen der personellen Ausdünnung auf unterer Ebene wäre sie dazu auch gar nicht mehr in der Lage gewesen. Die entscheidenden Konstruktionsmängel des deutschen Verfahrens blieben ihr gleichwohl nicht verborgen. Die Überwachung der deutschen Verwaltungspraxis führte den beteiligten Stellen plastisch vor Augen, daß vor allem der leidige Begriff des volkswirtschaftlichen Bedürfnisses zu einer restriktiven Auslegung geradezu einlud, was dazu beitrug, daß Bewerbergruppen wie die Flüchtlinge und die Verfolgten des NS-Regimes, deren wirtschaftliche Wiedereingliederung der Militärregierung besonders am Herzen lag, benachteiligt wurden. „It rarely happens that former nazi party members encounter such difficulties [bei der Zulassung], and certain government officials use the strongest interpretation of licensing regulations in order to justify rejection of applicants who are refugees or former persecutees"[121], hieß es in einem Bericht des CAD Field Teams Oberbayern. Resignierend setzte der Verfasser hinzu: „Often enough the letter of the law gives such rejections a semblance of legality." Die Militärregierung könne in „certain exceptional cases" intervenieren, in der überwiegenden Mehrheit der Fälle müsse sie jedoch darauf verweisen, daß es sich um eine deutsche Angelegenheit handele[122]. Die restriktiven, auch unter dem Gesichtspunkt der Rechtsstaatlichkeit fragwürdigen Praktiken von Behörden und Kammern ließen die Militärregierung allmählich zu der Auffassung gelangen, daß das Zulassungswesen revidiert, wenn nicht gar abgeschafft werden müsse. Zunächst begnügte sie sich allerdings mit dem Versuch, den ungebührlichen Einfluß der Kammern und Verbände auf die Lizenzierung zu beschneiden. Ein erster Schritt in diese Richtung war in Bayern die erwähnte Direktive über „nichtbehördliche Wirtschaftsorganisationen" vom April 1947[123], die diesen das Recht absprach, hoheitliche Befugnisse auszuüben. Für die Handwerkskammern hieß dies, daß sie nicht mehr in eigener Regie über Ausnahmebewilligungen

or bureaucrats has refused a license." Charles S. Baldwin an John Barron, Draft outline for statement by Richardson Bronson, 31. 10. 1947; NA, RG 260, 11/11-3/7. Entwurf einer Grundsatzerklärung für Bronson, der als Leiter der Dekartellisierungsabteilung in OMGUS damals eine der maßgeblichen treibenden Kräfte der Gewerbefreiheitspolitik war.

119 Vgl. die Militärregierungs-Direktive vom April 1947 im Zusammenhang mit der Auseinandersetzung um Rechtsstatus und Funktion der nichtbehördlichen Wirtschaftsorganisationen; Anm. 59.

120 OMGBY an Ministerpräsident Hoegner am 5. 1. 1946; BayHStA, ABStK, Abgabe 1976, MA 630/I.

121 OMGBY, Field Liaison Branch, CAD Field Team Nr. 1 (Oberbayern), Report on Bavarian Governmental Functions 1948/49, 1. 6. 1949, enthält einen Abschnitt: Food situation and licensing in Bavaria, 3. 11. 1948; NA, RG 260, 13/99-3/12.

122 Ebd.

123 Siehe Anm. 59.

entscheiden durften. Ihre Tätigkeit wurde gleichzeitig ausdrücklich auf die bloße Beratung der Verwaltung, d.h. auf die Abgabe von Gutachten, die keinesfalls bindend sein durften, beschränkt.

Um die Mitte des Jahres 1948 trat die amerikanische Gewerbefreiheitspolitik dann in ihr entscheidendes Stadium. Der Grund für die Wahl dieses Zeitpunktes war, daß man nun, nach der Währungsreform und der Aufhebung der Wirtschaftskontrollen, ohne weiteres auf die nicht mehr systemkonforme Bedürfnisprüfung verzichten konnte. Zeitlich fällt hiermit zusammen, daß die Militärregierung nach Mißerfolgen bei anderen wichtigen Vorhaben, vor allem der Entnazifizierung, nach neuen Betätigungsfeldern suchte, auf denen sich noch ein Minimum an liberalen Reformen durchsetzen ließ[124]. Ein weiteres Motiv war, daß sich nach der Währungsreform die wirtschaftliche Lage breiter Kreise der Bevölkerung verschlechtert hatte. Vor allem Flüchtlinge, die in der Regel keinen Rückhalt an Sachvermögen hatten, wurden von der Abwertung der Reichsmarkguthaben besonders empfindlich getroffen. Der Protest der Neubürger gegen die Verschlechterung ihrer Lage intensivierte sich in den Monaten nach der Währungsumstellung. In zahlreichen Resolutionen wurde dabei unter anderem auch harsche Kritik an der mangelhaften Durchführung der Eingliederungsmaßnahmen, die das Flüchtlingsgesetz vorsah, laut[125]. Da die Quotenregelung, die den Flüchtlingen einen angemessenen Anteil an den Betriebsneugründungen sichern sollte, nur sehr schleppend durchgeführt wurde, war das Soll fast nirgendwo erfüllt[126]. Die Militärregierung, der das natürlich nicht verborgen geblieben war, hoffte, durch die Abschaffung der Zulassungsbestimmungen auch die wirtschaftliche Integration der Flüchtlinge schneller vorantreiben zu können[127].

Kurz vor der Währungsreform hatte OMGUS noch einmal einen Vorstoß gegen den Einfluß der Kammern und Verbände auf das Zulassungsverfahren unternommen, da die Direktive vom April 1947 die Mißstände offensichtlich nicht hatte beseitigen können. Die Anweisung an die Ländermilitärregierungen vom 15. Juni 1948[128] verlangte erneut, die Rolle der nichtbehördlichen Wirtschaftsorganisationen nun endlich auf Beratung der Behörden einzuschränken. OMGUS faßte darüber hinaus nun aber die Beseitigung des Lizenzwesens ins Auge; hierzu sollten die Länder-Militärregierungen binnen drei Monaten Vorschläge vorlegen.

Das amerikanische Vorgehen kreuzte sich mit einer Initiative des Wirtschaftsrats im Zusammenhang mit der Aufhebung der Wirtschaftskontrollen nach der Währungsreform. Das Zulassungsgesetz, das der Wirtschaftsrat am 9. Juli 1948 verabschie-

[124] Walter L. Dorn, Inspektionsreisen in der US-Zone. Notizen, Denkschriften und Erinnerungen aus dem Nachlaß übersetzt und hrsg. von Lutz Niethammer, Stuttgart 1973, S. 124.

[125] Eine Sammlung solcher Resolutionen aus den ersten Monaten nach der Währungsreform in: BayHStA, MArb, vorl. Nr. 822 und 833.

[126] Das Flüchtlingsgesetz, so ein Stimmungsbericht des Flüchtlingsbeauftragten im Landkreis Eichstätt, sei „nahezu in keinem seiner Paragraphen auch nur zum Teil" verwirklicht. Entscheidend sei die „leidige Existenzfrage"; die Flüchtlingsquoten seien „nahezu in keiner Behörde, in den allerwenigsten Gewerbe- und Handwerksschichten erreicht". Stimmungsbericht des Flüchtlingsbeauftragten im Landkreis vom 7. 10. 1948; BayHStA, MArb, vorl. Nr. 822.

[127] So noch einmal explizit in einem zusammenfassenden Bericht von Vaughn Smartt, Staff Writer der Public Relations Division, Office of Public Affairs des US-Hochkommissars: Vaughn Smartt, Gewerbefreiheit, in: Information Bulletin, Office of the US High Commissioner for Germany, April 1951, S. 5ff.

[128] OMGUS an die Direktoren der Länder-Militärregierungen am 15. 6. 1948; NA, RG 260, 5/266-2/11.

dete[129], stellte den Grundsatz der Gewerbefreiheit wieder her und schaffte vor allem das Signum der Zwangswirtschaft, die Bedürfnisprüfung, ab; für das Handwerk sah das Gesetz aber weiterhin die Meisterprüfung als Zulassungsvoraussetzung vor. Die Militärregierung war jedoch nicht mehr bereit, formale Befähigungsnachweise als Voraussetzung für die selbständige Gewerbeausübung zu dulden, weswegen das Gesetz von BICO abgelehnt wurde[130]. Die Verhandlungen, die daraufhin im Herbst 1948 zwischen deutschen und amerikanischen Stellen in Gang kamen, zogen sich hin; ein Ergebnis war nicht absehbar. Aus diesem Grund oktroyierte OMGUS kurzerhand mit der Gewerbefreiheitsdirektive vom 29. November 1948[131] eine Regelung, die die amerikanischen Vorstellungen unverwässert realisierte. Der Lizenzzwang wurde in der amerikanischen Zone bis auf unerhebliche Reste abgeschafft, nur in „matters affecting public health, safety and welfare" sollten Zulassungsbeschränkungen weiter statthaft sein. Für diese im Interesse des Gemeinwohls unabdingbaren Ausnahmen verlangte die Direktive, daß der deutsche Gesetzgeber „specific objective standards ... with which all persons must comply" zu definieren habe. Auch dort, wo man aus gewerbepolizeilichen Gründen auf Einschränkungen der Gewerbefreiheit nicht verzichten konnte, sollte also immerhin die Ausschaltung behördlicher Ermessenswillkür gewährleistet sein.

Die amerikanische Direktive, die, abgesehen von einigen Ausnahmefällen, Befähigungsnachweise als Zulassungsvoraussetzung generell verbot, sollte durch deutsche Gesetze konkretisiert werden; die Revision des Zulassungsrechts, die vor allem den von OMGUS zugestandenen Bereich der Ausnahmen von der Gewerbefreiheit präziser umreißen hätte sollen, ließ jedoch auf sich warten. Der deutschen Seite – den bizonalen Organen, den Länderregierungen und -parlamenten – ging die Gewerbefreiheit nach amerikanischem Muster viel zu weit; insbesondere sah man den Großen Befähigungsnachweis für das Handwerk als unverzichtbar an. Niemand wollte deshalb die Verantwortung für seine Abschaffung durch ein deutsches Gesetz übernehmen. Die komplizierte und reichlich verworrene Debatte um die Fixierung der Gewerbefreiheit im deutschen Recht schleppte sich bis zum Herbst des Jahres 1949 hin. Mit dem Übergang der Gesetzgebungskompetenz auf den Bund mündete sie in die Auseinandersetzung um die Bundeshandwerksordnung, die erst vier Jahre später verabschiedet wurde.

129 Drucksache Nr. 406 des Wirtschaftsrats vom 7. 7. 1948, in: Christoph Weisz und Hans Woller (Bearb.), Wörtliche Berichte und Drucksachen des Wirtschaftsrats des Vereinigten Wirtschaftsgebietes 1947–1949, Drucksachen, Bd. 4, München 1977, S. 647 ff. Angenommen in der 19. Vollversammlung des Wirtschaftsrates vom 9. 7. 1948. Die ausgedehnte Debatte hierzu in: ebd., Bd. 2, S. 742 ff.

130 BICO/Sec (48)579 an den Präsidenten des Wirtschaftsrats; BA Z 4/570, Bl. 70. Vordergründig war die Ablehnung damit begründet, daß die Militärregierung einer Entscheidung des Parlamentarischen Rates bezüglich der Kompetenzverteilung zwischen den Länderregierungen und der Bundesregierung des kommenden Weststaates nicht vorgreifen wollte. Daß dies höchstwahrscheinlich nur ein Vorwand war, geht daraus hervor, daß sich die Haltung von BICO auch dann nicht änderte, als Walter Strauss, Leiter des Rechtsamtes der Verwaltung des VWG und stellvertretender Vorsitzender des Kompetenzausschusses des Parlamentarischen Rates, versicherte, bei der ersten Durchberatung der Zuständigkeitsabgrenzung zwischen Bund und Ländern auf Grund des Herrenchiemseer Entwurfes habe im Kompetenzausschuß kein Zweifel darüber bestanden, daß der Bund die Zuständigkeit zur konkurrierenden Gesetzgebung auf dem Gebiet des Gewerbezulassungsrechts erhalten solle. Der Leiter des Rechtsamtes der Verwaltung des VWG an den Vors. des Verwaltungsrats des VWG am 29. 9. 1948; BA Z 13/181, Bd. 2, Heft 1.

131 OMGUS an die Länder-Militärregierungen am 29. 11. 1948; NA, RG 260, 5/266–2/11.

Da die gesetzliche Grundlage der Gewerbefreiheit vorerst ungeklärt blieb, regelte in Bayern das Wirtschaftsministerium die Materie vorläufig durch die Ministerialerlasse vom 20. und 31. Januar bzw. – nach einer weiteren klärenden Direktive der Militärregierung vom 28. März – im Erlaß vom 13. April 1949[132]. Um die Anerkennung der amerikanischen Grundsätze kam man hier allerdings nicht herum: „Freedom from licensing" und die Abschaffung der Bedürfnisprüfung wurden noch einmal ausdrücklich bestätigt. Der Große Befähigungsnachweis konnte zwar weiterhin vor einem staatlichen Prüfungsausschuß abgelegt werden, durfte jedoch keinesfalls als Voraussetzung für die selbständige Ausübung eines Handwerks gefordert werden. Aus gewerbepolizeilichen Gründen blieben einige Handwerke, so etwa die Optiker und die Installateure, zulassungspflichtig. Der Nachweis der Sachkunde, der in diesen Handwerkszweigen weiterhin zulässig war, galt aber durch eine mehrjährige einschlägige Tätigkeit – ohne formelle Prüfung – als erbracht.

Sofort nach der Verkündung der Novemberdirektive setzte die berufsständische Organisation des Handwerks eine lautstarke Protestkampagne in Szene; bis zum Februar 1949 wurden allein in Bayern ca. 600 Protestversammlungen gezählt[133]. In Franken begannen die Veranstaltungen mit einem von mehr als 2000 Handwerken besuchten Treffen in Hof, sie endeten mit einer Kundgebung in Forchheim, auf der drei bayerische Handwerkskammerpräsidenten und Wirtschaftsminister Hanns Seidel sprachen[134], was den organisierten Charakter des Protests und die enge Kooperation der Handwerksorganisation mit der bayerischen Regierung illustriert. Der Andrang zu diesen Kundgebungen war groß und beweist, daß die Standesorganisation die Stimmungslage der Handwerkerschaft getroffen hatte. Nach Hof etwa kamen die Teilnehmer in drei- bis vierstündigen Fußmärschen[135]; in Mittelfranken, so die Kammer, besuchten Tausende von Handwerksmeistern aus allen Teilen des Regierungsbezirks die Versammlungen. „Viele konnten wegen der Überfüllung der Säle keinen Zutritt mehr erhalten. Die versammelten Handwerker nahmen die Ausführungen des Referenten über die Auswirkungen der geplanten Maßnahmen mit stürmischem Beifall auf."[136]

Die Resolutionen, die man auf diesen Kundgebungen verabschiedete, gingen an die bayerische Regierung; eine Protesterklärung wurde auch der Militärregierung, dem amerikanischen Präsidenten, dem Kongreß in Washington, der Internationalen Gewerbeunion als dem Dachverband europäischer Mittelstandsverbände, mehreren europäischen Gewerbeverbänden und dem belgischen Ministerpräsidenten Spaak in seiner Eigenschaft als Vorsitzender des Kongresses der europäischen mittelständischen Wirtschaft übermittelt[137]. Aufschlußreich ist hier der Versuch, transnationale Verbindun-

[132] Ministerialerlaß des BayStMfW vom 20. 1. 1949; Bayerischer Staatsanzeiger, Nr. 4 vom 28. 1. 1949. Ministerialerlaß des BayStMfW vom 31. 1. 1949; Ministerialerlaß des BayStMfW vom 13. 4. 1949; BayHStA, MWi 12544. Bayerischer Staatsanzeiger, Nr. 17 vom 29. 4. 1949. OMGUS an die Direktoren der Länder-Militärregierungen am 28. 3. 1939; BayHStA, MA 130502.

[133] Bayerische Handwerkerzeitung vom 1. 2. 1949.

[134] Mitteilungsblatt der HWK für Oberfranken, Nr. 1 vom Januar 1949, S. 1.

[135] Ebd.

[136] HWK für Mittelfranken an Ministerpräsident Ehard am 15. 12. 1948; BayHStA, ABStK, Abgabe 1976, MA 6310.

[137] Bayerischer Handwerkstag an Bayerische Staatskanzlei im Dezember 1948, Übermittlung der Resolution der bayerischen Handwerkskammerpräsidenten und Vorsitzenden der Landesinnungsverbände vom 3. 12. 1948; BayHStA, ABStK, Abgabe 1976, MA 6310. Im selben Schreiben Übermittlung der an OMGBY gerichteten Resolution. Auflistung der übrigen Adressaten; Mitteilungsblatt des Landesinnungsverbandes Bayerischer Schreinermeister, Nr. 12 vom 15. 12. 1948, S. 52.

gen zu mittelständischen Interessengruppierungen außerhalb Deutschlands nutzbar zu machen, ein Unternehmen, das nicht ohne Erfolg war: Insbesondere die Internationale Gewerbeunion mit Sitz in Bern, die eng mit dem Doyen der deutschen Handwerksforschung, dem Münchner Ordinarius für Betriebswirtschaftslehre und Leiter des deutschen Handwerksinstituts, Professor Karl Rößle, zusammenarbeitete, setzte sich in einem Appell an OMGUS für das Handwerk in der US-Zone ein: Die „brutale Aufhebung" des Großen Befähigungsnachweises wurde als ein „bedauerlicher Rückschritt zur wirtschaftlichen Anarchie"[138] angeprangert – eine reichlich dramatische Verlautbarung, die jedoch, wie alle anderen Protestresolutionen, an der Haltung der Militärregierung nichts zu ändern vermochte.

Anzeichen dafür, daß die Militärregierung an eine Rücknahme der Direktive dachte, gibt es nicht. Es hat im Gegenteil den Anschein, als habe der wütende Protest die Besatzungsmacht eher noch bestärkt. Besonders die Dekartellisierungsabteilung in OMGUS war sehr darauf bedacht, einer Erosion der amerikanischen Politik vorzubeugen, da sie befürchtete, dies könne einen Erdrutsch in Gang setzen. Angesichts etwa der „astonishingly strong lobby", die für die Kaminkehrer eine Ausnahmeregelung zu erreichen suchte, warnte Oberst Richardson Bronson, der Leiter der Dekartellisierung: „Anything less than a clear and outright explicit denial would result in a very substantial weakening of military government's licensing policy and would be interpreted by the Germans as the beginning of a withdrawal from that policy ..."[139]

Die Militärregierung bemühte sich jedoch, den Sinn der Maßnahme den Betroffenen einsichtig zu machen – dies ein Zeichen für den gewandelten Stil der Amerikaner in der Spätphase der Besatzungszeit. Zentrale Ziele der Besatzungspolitik wie die Demokratisierung der deutschen Wirtschaft standen auch hier nicht zur Debatte; die Besatzungsmacht versuchte aber zumindest, um Verständnis für die einmal getroffenen Beschlüsse zu werben. Im Januar 1949 z. B. fand in Altdorf bei Nürnberg eine Diskussionsveranstaltung des Handwerks mit dem Direktor der Nürnberger Militärregierung und dem Leiter der Dekartellisierungsabteilung im OMGBY, O'Connell, statt, auf der der Syndikus und der Präsident der Handwerkskammer für Mittelfranken, der Gewerbereferent des Landratsamtes Altdorf, aber auch „einfache" Handwerker Gelegenheit hatten, ihren Standpunkt vorzutragen[140]. Unter anderem ließen sich die Vertreter der Besatzungsmacht auf die Diskussion der Frage ein, ob der Große Befähigungsnachweis als ein „Nazi-Relikt" anzusehen sei – dies die Auffassung O'Connells – oder ob es sich um eine ältere deutsche Tradition handele; dies illustriert, daß man auf amerikanischer Seite durchaus bereit war, sich noch einmal Gedanken über die Hintergründe der strittigen Fragen zu machen. In einem Gespräch mit der Bayerischen Handwerkerzeitung[141] ging O'Connell sogar so weit, zu behaupten, die Militärregierung beabsichtige keinesfalls, „dem bayerischen Volke etwas zu diktieren, was es nicht will" – was allerdings nicht so auszulegen war, als habe die Besatzungsmacht hier letztlich doch die Bereitschaft nachzugeben bekundet, sondern eher eine – unrealistische – hohe Auffassung von der Überzeugungskraft der eigenen Argumente verrät.

[138] Internationale Gewerbeunion an General Clarence Huebner am 20. 5. 1949; BayHStA, MWi 12547.

[139] BICO-US Decartelization Element (Richardson Bronson) an den Militärgouverneur am 12. 7. 1949; NA, RG 260, 3/404-2/8.

[140] HWK von Mittelfranken an BayStMW, Übermittlung eines Berichts über die Veranstaltung am 13. 1. 1949; BayHStA, MWi 12544.

[141] Bayerische Handwerkerzeitung vom 22. 2. 1949.

Das Handwerk hingegen ließ sich durch den flexiblen Stil der Militärregierung offensichtlich irreleiten und glaubte an eine baldige Revision der Gewerbefreiheitsdirektive. Im Herbst 1949 forderte die Handwerkskammer für Unterfranken die deutschen Bundestagsabgeordneten auf, „durch eine einhellige Auffassung zugunsten des Handwerks die amerikanische Besatzungsmacht dazu zu zwingen, vor dem deutschen Volk und der Weltöffentlichkeit unmißverständlich zu bekennen, daß sie ihren oft gehörten Worten, das Wohl der deutschen Wirtschaft zu fördern, auch Taten folgen lassen kann, die unseren Verhältnissen entsprechen ..."[142] Einsichtige Köpfe, wie etwa der Präsident des Wirtschaftsrats, Erich Köhler (CDU), hatten angesichts solcher und ähnlicher kraftmeierischer Tiraden dem Handwerk schon früher nahegelegt, es dürfe seine berufsständischen Forderungen nur in den Grenzen der „tatsächlichen politischen Gesamtlage" vertreten[143] – zumindest im Jahr 1949 konnte dies nur bedeuten, daß das Handwerk sich mit dem amerikanischen Oktroi wohl oder übel abfinden mußte.

Auch Obstruktionsversuche vor Ort konnten die Gewerbefreiheit nicht unterlaufen. So gab es Bestrebungen, Nichtmeister in der Berufsausübung zu behindern, indem man sie von den Innungen fernhielt. Die Metzgerinnung München etwa kündigte an, keine „berufsfremden Elemente" aufnehmen zu wollen[144], was sicherlich kein Einzelfall war, da sich die oberbayerische Kammer zu der Erklärung veranlaßt sah, jeder selbständige Handwerker im Innungsbezirk – ob Meister oder nicht – habe einen Rechtsanspruch auf die Innungsmitgliedschaft[145]. Ebenso kam es vor, daß die „zuständigen Ämter" einfach mit den alten Formblättern weiterarbeiteten, Gebühren erhoben und – natürlich nichtige – Verwaltungsakte erließen. Andererseits unternahmen sie aber auch nichts gegen die „Wilden", in der Erwägung, nach der erhofften Wiedereinführung der Zulassungsbestimmungen könne man so der im Zeichen der Gewerbefreiheit entstandenen Betriebe sofort habhaft werden[146]. Im Gegenzug ermunterte die Besatzungsmacht die deutsche Bevölkerung, Klagen über die Gewerbeämter bei den amerikanischen Dekartellisierungsstellen vorzubringen[147]. Mit der Direktive vom 28. März 1949 wurde das bayerische Wirtschaftsministerium sogar angewiesen, eigene Beschwerdestellen einzurichten.

Umfang und Auswirkungen der Obstruktionsversuche auf deutscher Seite sind schwer präzise zu bestimmen, weil diese sich in einer quellenmäßig nur schwer faßbaren Grauzone abspielten. Mehr als eine „Politik der Nadelstiche" war jedoch mit Sicherheit nicht möglich; entscheidend war schließlich in diesem Zusammenhang, daß die Bedürfnisprüfung aus der Welt geschafft war und sich nach der Aufhebung der Bewirtschaftung die Rohstoffprobleme des Handwerks weitgehend erledigt hatten.[148]

142 HWK für Unterfranken an BayStMfW am 17. 10. 1949; BayHStA, MWi 12549.

143 Bayerische Handwerkerzeitung vom 1. 2. 1949.

144 So die Ankündigung des Innungsobermeisters; vgl. Süddeutsche Zeitung vom 27. 11. 1949.

145 Mitteilungsblatt der HWK für Oberbayern, Nr. 5 vom 3. 10. 1950, S. 3.

146 Wirtschaftszeitung vom 10. 8. 1949.

147 Die Opposition gegen die Gewerbefreiheit komme nicht spontan aus dem Volk, sondern von denjenigen Kreisen, die an der Aufrechterhaltung ihres Monopols interessiert seien. Vgl. Neue Zeitung vom 12. 2. 1949. Im selben Artikel wurde darauf hingewiesen, daß die Militärregierung Klagen aus der Bevölkerung ernst nehme, sie prüfe und bei Verfehlungen einen Rechenschaftsbericht von der Verwaltung fordere.

148 VfW, 1. Handwerklicher Lagebericht, Die Handwerkswirtschaft im 4. Quartal 1948, S. 4, berichtet noch von empfindlichem Rohstoff- und Materialmangel in fast allen Handwerkszweigen. Der 2. Lagebericht, S. 4, und 3. Lagebericht, S. 4, bezeichnen die Lage bereits als normal bzw. fast „friedensmäßig". Vgl. Anm. 113.

Damit war es kaum mehr möglich, unwillkommene, im Zeichen der Gewerbefreiheit neu gegründete Betriebe durch ungenügende Zuteilung von Rohstoffen zu behindern.

Den Großen Befähigungsnachweis als Kernstück der „deutschen Handwerksordnung" verteidigte das Handwerk mit allen denkbaren ordnungspolitischen und ökonomischen Argumenten. So wurde versucht, nachzuweisen, daß die geforderte Qualifikationsvoraussetzung nicht im Widerspruch zur Konzeption der Wettbewerbswirtschaft stehe, sondern im Gegenteil einen Wettbewerb auf hohem Niveau wesentlich fördere. Der Befähigungsnachweis, so hieß es etwa auf einer in Ansbach gefaßten Resolution, „räumt dem Handwerk weder eine Monopolstellung gegenüber der übrigen Wirtschaft ein, noch beschränkt er den volkswirtschaftlichen Wettbewerb in den eigenen Reihen und versperrt auch nicht dem Tüchtigen und Vorwärtsstrebenden den Aufstieg zur Selbständigkeit; er ebnet ihm vielmehr den Weg hierzu"[149]. Auf der anderen Seite befürchtete man nach der Abschaffung der Meisterprüfung ein Absinken des Niveaus handwerklicher Qualitätsarbeit und den verstärkten Zugang unzureichend ausgebildeter Betriebsgründer; die Zunahme von „Schmutz- und Schleuderkonkurrenz" wurde als Folge des Einströmens „unzuverlässiger Elemente" prognostiziert[150].

Mehr als diese durchaus gewichtigen Sachargumente interessiert hier jedoch die „ideologische" Ebene der Diskussion, auf der mit allgemeinpolitischen, ja kulturkritischen und philosophischen Argumenten nicht gespart wurde. Diese Topoi entstammen zumeist dem Fundus traditioneller Handwerksrhetorik, sind in ihrer zeitspezifischen Abwandlung für die damalige geistige Verfassung des Handwerks und darüber hinaus für den „Geist der Zeit" aufschlußreich.

In der Verteidigung des Befähigungsnachweises lassen sich mehrere Varianten der Argumentation unterscheiden: Zum einen wurde das „Handwerken" zu einem quasi allgemeingültigen, normsetzenden Modus der Existenz stilisiert; dies ordnet sich ein in eine umfassendere geistige Strömung der Nachkriegsjahre, die den Nationalsozialismus durch Rückbesinnung auf die Werte des „Allgemein-Menschlichen", eine neue Hochschätzung von „Heimat" und die Kritik an „Technik", „Vermassung" und „Kollektivismus" zu überwinden suchte[151]. Die positiven Gegen-Werte zur anonymen, technokratischen Gesellschaft wurden dabei in ein Idealbild vom Handwerk, wie es vermeintlich einmal bestanden habe, projiziert. Nun hatten solche Topoi zwar auch zur Handwerksrhetorik im Dritten Reich gehört; damals waren sie jedoch mit Versatzstücken nationalsozialistischer Ideologie überformt worden. So wurde z. B. die Idee handwerklicher Qualitätsarbeit als Ausfluß einer angeblich spezifisch nationalsozialistischen Leistungsidee interpretiert, während die gebundene Handwerkswirtschaft mit dem Kernstück der Pflichtorganisation als Konsequenz der vom Nationalsozialismus

[149] Die auf der Handwerkerversammlung in Ansbach am 14. 12. 1948 gefaßte Resolution findet sich in: BayHStA, ABStK, Abgabe 1976, MA 6310.

[150] Vgl. etwa die Stellungnahme des bayerischen Landtagsabgeordneten Karl Schmid (CSU), gleichzeitig Präsident der HWK München, in der 95. Sitzung des bayerischen Landtags am 15. 12. 1948; Verhandlungen des Bayerischen Landtags, III. Tag 1948/49, Stenographische Berichte Nr. 75–107, III. Bd., München o.J., S. 373.

[151] Zu diesem Hintergrund vgl. Hermann Glaser, Kulturgeschichte der Bundesrepublik Deutschland. Bd. 1: Zwischen Kapitulation und Währungsreform 1945–1948, München 1985, passim. Peter Jakob Kock, Bayerns Weg in die Bundesrepublik, Stuttgart 1983, S. 21 ff.

neu gefestigten „volksgenossenschaftlichen Bindungen" angesehen wurde[152]. Gereinigt von solchen typischen Elementen nationalsozialistischer Ideologie, erlangte dieser „Jargon der Eigentlichkeit" in der Nachkriegszeit große Bedeutung. Auch in der Argumentation des Handwerks gegen die Gewerbefreiheit, insbesondere aber in der Verteidigung des Befähigungsnachweises, tauchte er häufig auf. Die Stilisierung des Handwerksmeisters zu einer individuell-schöpferisch tätigen, von hohem Arbeitsethos und Kulturbewußtsein, nicht aber von Profitstreben geleiteten Persönlichkeit gehört in diesen Rahmen: 1950 schrieb Karl Rößle, der Leiter des Deutschen Handwerksinstituts, der Handwerker verselbständige sich „grundsätzlich nicht aus materiellen Gründen", sondern weil er seine kreativen Ideen verwirklichen wolle[153]. Wilhelm Röpke, einer der Väter der Marktwirtschaft, forderte zur selben Zeit die Belebung noch nicht der „Vermassung" anheimgefallener Lebens- und Erwerbsformen und plädierte für die Wiedererweckung des handwerklichen Berufsgefühls[154].

Die Affinität solcher Ideologeme mit handwerksoffiziösen Äußerungen ist nicht zu übersehen. So wurde der Befähigungsnachweis in Mitteilungsblättern der Handwerkskammern im Zusammenhang mit der angeblich erneuerten „kulturellen Bedeutung" des Handwerks – im Gegensatz zur Überbewertung der Technik im Nationalsozialismus – verteidigt[155]. Gegen das Oktroi der Besatzungsmacht wandte die Bayerische Handwerkerzeitung deshalb folgerichtig ein, die Meisterprüfung sei nur eine „unechte" Einschränkung der Gewerbefreiheit[156]. Die Meisterprüfung, so der Präsident der oberfränkischen Kammer, Wilhelm Glenk, bilde „die Quelle ... für jenen technischen und handwerklichen Geist, auf dem ein guter Teil unserer abendländischen Kultur beruht"[157].

Besser noch wird die „kulturphilosophisch" untermauerte Hochschätzung des Befähigungsnachweises dort faßbar, wo die „Außenseiter", d.h. die Nichtmeister, in stark polemischen und abwertenden Ausdrücken diffamiert werden. Verfechtern eines Denkens, das nur dem Meister Handwerksethos, Berufs- und Standesgefühl und seriöse Motive zubilligte, mußten die Neugründer im Zeichen der Gewerbefreiheit als „verantwortungsscheue Universalgenies" erscheinen, die sich zur „Selbständigkeit per Postkarte" (dies bezieht sich auf die fortbestehende Pflicht zur Anmeldung des Gewerbebetriebes) hindrängten[158]. Den Neugründern wurde pauschal „Pfuschertum" unterstellt; es dürfe nicht geschehen, so ein sicherlich lancierter Leserbrief in der Bayerischen Handwerkerzeitung, „daß den Elementen, die sich durch skrupellose und verwerfliche Ausbeutung der ehrlich arbeitenden Menschen den Geldbeutel füllen, mit einer absoluten Gewerbefreiheit der Boden für ihr unsauberes Tun geebnet" werde[159]. In besonders krassen Formulierungen exzellierte hier der Präsident der Handwerks-

[152] Friedrich Steuernagel, Die Gestaltung des Lebensraumes des deutschen Handwerks seit 1933, München 1939, S. 169f. Der weltanschauliche Umbruch durch den Nationalsozialismus habe ein neues Ethos der Arbeit – die nicht mehr bloß Ware wie im Liberalismus sei – hervorgebracht. Deutsches Handwerk vom 29. 1. 1937 (Sondernummer „Vier Jahre Aufbau").

[153] Rößle, Bayerisches Handwerk, S. 140f.

[154] Wilhelm Röpke, Die Gesellschaftskrisis der Gegenwart, Erlenbach-Zürich [5]1948, S. 343ff., S. 354.

[155] Z.B. Mitteilungsblatt für das oberpfälzische Handwerk, Nr. 1 vom 1. 1. 1948, S. 2ff., und Mitteilungsblatt der HWK für Schwaben, Nr. 10 vom März 1947, S. 49ff.

[156] Bayerische Handwerkerzeitung vom 9. 4. 1949.

[157] Fränkische Presse vom 16. 12. 1948.

[158] Bayerische Handwerkerzeitung vom 5. 2. 1949.

[159] Bayerische Handwerkerzeitung vom 7. 5. 1949.

kammer von Mittelfranken, Hans Dirscherl, der den Begriff des „ehrbaren Handwerkers" auf die Meister eingeschränkt wissen wollte – alle anderen, so Dirscherl, seien Gauner[160]. In ähnlich moralisch aufgeladenem Ton behauptete der Vizepräsident der Handwerkskammer von Schwaben, die „anständigen Betriebe" litten sehr unter der Gewerbefreiheit, „während die sog. neuerrichteten Geschäfte sich mit allerhand unfairen Mitteln ihren Unterhalt verschafften"[161].

Die „amerikanische Herausforderung" provozierte daneben aber auch eine stärker deutschtümelnde Variante der Handwerksrhetorik. Hier klingt an, daß der Befähigungsnachweis Ergebnis einer organisch gewachsenen deutschen Tradition sei, eine Verkörperung der Interessen und der Eigenart nicht nur der Handwerkerschaft, sondern des gesamten deutschen Volkes. Keine bayerische Regierung – so die Resolution des Bayerischen Handwerkstages vom Dezember 1948 – könne deshalb einer Gesetzgebung zustimmen, die „entgegen unserer wirtschaftlichen und sozialen Situation die natürlich gewachsene Gewerbeordnung in Frage stellt, welche dem Mehrheitswillen des Volkes entspricht"[162]. Gegen die amerikanische Kritik, Zulassungsbeschränkungen seien undemokratisch, wurde die Behauptung gesetzt, die deutsche Handwerksverfassung sei in einem spezifischen Sinn bereits freiheitlich. Dem „zügellosen" westlich-liberalen Freiheitsverständnis der Militärregierung hielt man hierbei einen „deutschen" Begriff von „Freiheit in der Gebundenheit" entgegen. So polemisierte etwa die Handwerkskammer Passau gegen diejenigen, die „unter dem Einfluß transozeanischer Freiheitsparolen" die „zum Nutzen des Handwerks fortentwickelte Ordnung ... zerstört haben und an deren Stelle die Zügellosigkeit und Zuchtlosigkeit zu setzen" beabsichtigen. Die Gegner der berufsständischen Ordnung könnten nur als „advocatus diaboli und Handlanger zersetzender Kräfte betrachtet werden ... diese Kräfte, die auch am Handwerk und seiner berufsständischen Organisation ihr teuflisches Werk der Zerstörung" verrichten wollten, müßten scheitern, denn nach „deutscher Auffassung" stehe die Ordnung innerhalb der Gemeinschaft höher als die zügellose Freiheit des Individuums[163].

Die historisierende Variante dieses Arguments hebt auf die lange Tradition des deutschen Handwerks ab[164], die etwas herablassend gegen die „Traditionslosigkeit" der Amerikaner ausgespielt wurde: Die Deutschen, so die Bayerische Handwerkerzeitung, seien in den Augen der Amerikaner Lehrlinge in Sachen Demokratie – wahr sei aber, daß, „als man noch nichts von dem großen Kontinent am anderen Ufer des atlantischen Ozeans wußte", es das deutsche Handwerk gewesen sei, „das gegenüber den autoritären Gewalten der Freiheit, Selbständigkeit und damit wahren Demokratie eine sichere Stätte schuf"[165]. Nationalistische Untertöne wurden vor allem dort laut, wo das Handwerk Kritik an der Einführung der Gewerbefreiheit per Oktroi äußerte. Tatsäch-

[160] ID-Interview mit Dirscherl; ID Research Branch Nürnberg vom 28. 12. 1948 (Munich Brief: Gewerbefreiheit), S. 5; NA, RG 260, 10/73-1/9.

[161] Vizepräsident Klotz an Ministerpräsident Ehard am 2. 2. 1950; BayHStA, ABStK, Abgabe 1976, MA 6300.

[162] Resolution des Bayerischen Handwerkstags im Dezember 1948; BayHStA, ABStK, Abgabe 1976, MA 6310.

[163] So ein spätes Nachtarocken der HWK Passau; HWK für Niederbayern (Passau), Jahresbericht 1951/52, o. O. o. J.

[164] Syndikus der HWK für Mittelfranken, Dr. Helm, auf der erwähnten Diskussionsveranstaltung in Altdorf; siehe Anm. 140.

[165] Bayerische Handwerkerzeitung vom 25. 2. 1949, 1. Beiblatt.

lich war es ja das Dilemma der Besatzungsmacht, Freiheit per Zwang verordnen zu müssen. Demokratie und Humanismus, so der oberfränkische Kammerpräsident, verlangten, daß das „Eigenleben anderer Völker" geachtet werde[166]. Der Bayerische Handwerkstag verband dies mit einem Appell an die „im amerikanischen Volk besonders ausgeprägte Rechtsidee, aus der heraus die Besatzungsmacht selber die Schranken ihrer Eingriffe auch in das Wirtschaftsgefüge Deutschlands erkennen müßte"[167]. Deutlicher wurde die nationalistische Rhetorik dort, wo die Kritik an der angeblich beabsichtigten „Demontage" des deutschen Handwerks sich mit der generellen Forderung nach Emanzipation aus den „Fesseln" des Besatzungsregimes verband. Besonders tat sich hier wiederum der mittelfränkische Kammerpräsident Dirscherl hervor: „Wir sind kein Kolonialvolk ... wir haben ein Recht darauf, leben und existieren zu können." Dirscherl wandte sich in diesem Zusammenhang auch gegen eine „gewisse Presse", die endlich einmal eine „deutsche Haltung" einnehmen solle[168]. Wie emotional aufgeladen dieses Thema war, zeigte die Stellungnahme eines anderen Kammerpräsidenten: Die Zeit seit Kriegsende „... dürfte genügt haben, um nicht nur die Besatzungsmächte, sondern die ganze Welt davon zu überzeugen, daß wir Deutsche keine Hörner und keine Schwänze haben, also keine Teufel sind, und daß es sich durchaus vertreten läßt, unserem Volk endlich einmal die Selbstbestimmung, wenigstens bei der Regelung seiner innenpolitischen Probleme, besonders auf wirtschaftlichem Gebiet zuzuerkennen"[169].

Meisterprüfung und gebundene Handwerkswirtschaft seien, so wurde im Verlauf der Auseinandersetzung um die Gewerbefreiheit von der berufsständischen Organisation des Handwerks immer wieder behauptet, von der breiten Mehrheit der Bevölkerung akzeptierte, quasi natürliche Strukturzüge einer „deutschen Handwerksordnung". Ein Blick auf die öffentliche Meinung läßt hieran jedoch zweifeln: Zwar wurde einem handwerklichen Qualifikationsnachweis in irgendeiner Form im allgemeinen die Berechtigung nicht abgesprochen. Die bürokratische Verwaltung der Zulassung, wie man sie aus der NS-Zeit und den ersten Jahren der Besatzungszeit kannte, das strikte Bestehen auf dem „Fetisch" Großer Befähigungsnachweis und die oft engherzige Ausnahmepraxis wurden aber vielfach als Versuch verstanden, einem Klüngel von Monopolinhabern ein durch seine Leistung nicht gerechtfertigtes Privileg zu erhalten. Vielfach waren für den Verbraucher hierbei die schlechten Erfahrungen mit dem Handwerk in der Zeit der Zwangswirtschaft maßgebend, als die starke Nachfrage das Kompensations(un)wesen und das Absinken der Arbeitsqualität begünstigt hatten. Durch die oft unverschämte Ausnutzung der Notlage der Kundschaft hatte das Prestige der „seriösen", eingesessenen Meister zweifellos gelitten. Das immer wieder vorgebrachte Argument, nur die handwerkliche Vollausbildung garantiere Gediegenheit,

[166] Fränkische Presse vom 16. 12. 1948.
[167] Presseinformation – Pressekonferenz des Bayerischen Handwerkstags am 17. 12. 1948; BayHStA, MWi 12572.
[168] Fränkische Landeszeitung vom 16. 12. 1948.
[169] So Robert Silber, Präsident der HWK Mannheim, auf der Kundgebung des württembergisch-badischen Handwerks am 13. 12. 1948, in: Arbeitsgemeinschaft der württembergisch-badischen Handwerkskammern (Hrsg.), Das Handwerk und der Große Befähigungsnachweis. Eine Publikation, die der Bayerische Handwerkstag im Rundschreiben Nr. 6 (BayHStA, ABStK, Abgabe 1976, MA 6310/II) als Argumentationshilfe an die Abgeordneten des bayerischen Landtags versandte.

Ehrlichkeit und Solidität hatte sich dadurch in den Augen weiter Kreise als ideologisch entlarvt[170].

Unmut und Entrüstung über die „Kompensationstyrannei" machten sich zuweilen kräftig Luft. Der Pfarrer des kleinen niederbayerischen Ortes, aus dessen Brief an das bayerische Wirtschaftsministerium dieser Begriff stammte, fuhr fort: „Die Gewerbefreiheit war das einzige, vom Volk begrüßte Mittel, um aus der Tyrannei der Gewerbetreibenden herauszukommen. Die Gewerbetreibenden haben ihr Gewerbe als Monopol aufgefaßt, durch das sie das Volk bis zur Bewußtlosigkeit ausbeuten konnten."[171] Ähnliche Töne wurden in einem heftigen Beschwerdebrief an das bayerische Wirtschaftsministerium angeschlagen: „Man belüge sich doch nicht über das hohe Können unseres Handwerks. Wer hat nicht mit unserem Handwerk schon traurige Erfahrungen gemacht, die Innungsgeschäftsführer, Obermeister, Prüfer und der gesamte Beamtenapparat der Handwerkskammer, Handwerksrolle etc. sind überflüssig. Freier Wettbewerb allein kann beweisen."[172]

Diese Stellungnahmen werden von einer Serie von Interviews abgerundet, die die Intelligence Division von OMGUS Ende 1948 und Anfang 1949 durchführte[173]. Die Befragung genügt nicht den Kriterien statistischer Repräsentativität; da jedoch vorzugsweise Persönlichkeiten zu Wort kamen, die in ihrem Kreis als „opinion leaders" fungierten bzw. zumindest einen guten Einblick in die öffentliche Meinung haben mußten – Funktionäre von Wirtschaftsverbänden und Kammern, höhere Beamte, ein Geistlicher mit großem Wirkungskreis, Bürgermeister, Landtagsabgeordnete –, ist die Aussagekraft der Antworten trotzdem beträchtlich. Insgesamt überwogen dabei die gewerbefreiheitsfreundlichen Stellungnahmen. So gab etwa der Polizeipräsident der Stadt Nürnberg seiner Verärgerung über die „Pfuscher" im Handwerk in drastischen Worten Ausdruck: Er freue sich, „daß endlich einmal ein frischerer Wind weht ... Ich kenne die Handwerker sehr gut, und ich kann nur sagen, alles Gerede über deutsche Qualitätsarbeit des Handwerks etc. ist kompletter Unsinn ... Wir wollen gar nicht an die Zeit denken, wo man nur gegen Lebensmittel irgendwelche Arbeitsleistung erhielt, wo man sich behandeln lassen mußte wie einen Hund, bis es einem Meister gefiel, eine Arbeit zu leisten."[174] Der Präses der katholischen Arbeiterschaft Nürnberg, der für sich in Anspruch nahm, die Stimmung in Arbeiter-, aber auch Handwerkerkreisen gut zu kennen, betonte, die Arbeiter sähen „den Vorteil der Gewerbefreiheit vor allem in der kommenden Konkurrenz, wodurch sich Preis und Qualität der Waren zum Wohl der Verbraucherschaft ändern werden". Auch viele Handwerker seien übrigens mit der Gewerbefreiheit einverstanden, allerdings mit der Einschränkung, daß eine Eignungsprüfung in irgendeiner Form notwendig sei: „Sie geben selbst zu, daß ihre Innungen eine zu große Macht hätten, daß eine Lockerung dringend notwendig sei."[175]

[170] Man vergleiche etwa den Kommentar von Bernhard Pollak in der Süddeutschen Zeitung vom 18. 12. 1948: „Die Handwerker könnten es vielleicht darauf ankommen lassen [mit der Gewerbefreiheit], denn wir gehen lieber zum Schmied als zum Schmiedel, wenn wir in der jüngsten Vergangenheit auch oft zum Schmiedel gehen mußten, weil der Schmied nur auf dem Kompensationsweg anzutreffen war."

[171] NN an BayStMfW am 14. 12. 1948; BayHStA, MWi 12570.

[172] NN an BayStMfW am 24. 12. 1948; BayHStA, ABStK, Abgabe 1976, MA 6310/I.

[173] OMGBY-ID, Reaction in Bavaria to General Clay's Proclamation of Gewerbefreiheit, Dezember 1948/Januar 1949; NA, RG 260, 10/73-1/9.

[174] Ebd.

[175] Ebd.

In der Frage, ob man nach Einführung der Gewerbefreiheit eine Zunahme der ungesunden „Schmutz- und Schleuderkonkurrenz“ zu befürchten habe, überwog die optimistische Auffassung, wie sie etwa der Nürnberger Polizeipräsident äußerte: Der „kritische Verbraucher“ werde solche Mißstände längerfristig nicht dulden. „Es kommt vielleicht eine gewisse Schmutzkonkurrenz auf, aber dafür kann der Kunde ja wählen und sich den ihm Genehmeren heraussuchen ... Im übrigen ist das nur vom Egoismus diktiertes Gerede. Die jetzige Handwerker- und Geschäftswelt ist auch nicht 100% sauber.“[176] Ein höherer Beamter, der bezeichnenderweise darum bat, seinen Namen nicht zu nennen, weil er sonst unangenehme berufliche Folgen zu befürchten habe, meinte: „Gesunde Konkurrenz war letzten Endes immer noch ein Weg zur Aufwärtsentwicklung für jeden Beruf. Konkurrenz ist daher nur nützlich, und wir haben ja gesehen, wohin die jetzigen Zustände geführt haben.“[177] Persönliche Erfahrungen bestimmten auch die gewerbefreiheitsfreundliche Einstellung einer Hausfrau. Ihr Glaser, dessen Launen und Schikanen sie ausgesetzt gewesen sei, um überhaupt nur die geringste Menge des dringend benötigten Fensterglases zu bekommen, gerate nun durch einen sudetendeutschen Konkurrenten in Bedrängnis: „Der alteingesessene Glasermeister ist natürlich dadurch gezwungen, sich ganz gehörig umzustellen, oder er geht nach und nach ein. So wird es in anderen Geschäften ebenfalls kommen, wenn erst einmal neben jedem Laden sich die Konkurrenz aufmacht. Wir müssen die Freiheit haben, kaufen zu können, wo es uns paßt und nicht von einzelnen Geschäftsleuten abhängig sein.“[178]

Die pauschale Gleichsetzung der Interessen von Handwerk und Bevölkerung blieb somit nicht unwidersprochen. Sicherlich ist Skepsis angebracht gegenüber allzu hymnischen Verlautbarungen der Militärregierung, die Deutschen seien „almost lyric in their excitement and gratitude inspired by the recent directives“[179]. Immerhin aber waren, den bei der Besatzungsmacht eingehenden Briefen zufolge, 80 Prozent der Bevölkerung für die Gewerbefreiheit[180]. Gegenüber dem Interesse des Handwerks, das eine schlagkräftige, eng mit der Politik verflochtene, berufsständische Vertretung bündelte und in politischen Einfluß umzusetzen wußte, konnte diese diffuse gewerbefreiheitsfreundliche Einstellung jedoch nicht wirksam werden. Vorherrschend blieb, wie Walter von Cube in einem harschen Rundfunkkommentar im Januar 1949 formulierte, der „Terror der Organisation“, d.h. ein Zustand, in dem die Lobby einer Minderheit „wie eine Armee in Feindesland über Wohl und Wehe aller nicht zu ihr Gehörigen verfügt“[181]. Angesichts dieser Kräftekonstellation, in der die Befürworter der Gewerbefreiheit hoffnungslos im Hintertreffen waren, wird verständlich, daß in den folgenden Jahren mit dem Nachlassen des amerikanischen Drucks die Weichen für eine Neuregelung des Handwerksrechts gestellt werden konnten, die den Befähigungsnachweis wieder verankerte.

[176] Ebd.

[177] Ebd.

[178] Ebd.

[179] Es handelt sich hierbei um ein Zitat aus einem Artikel der New York Times vom 21. 12. 1948, das von BICO-US Decartelization Element in einem Schreiben an Bipartite Secretariat vom 6. 1. 1949 als Beleg für den Erfolg der Initiative angeführt wurde; NA, RG 260, 3/404-2/8.

[180] OMGBY, Field Liaison Branch, CAD Field Team Nr. 1 – Oberbayern. Zusammenfassender Bericht über Bavarian Governmental Functions vom 1. 6. 1949; NA, RG 260, 13/99-3/12.

[181] Walter von Cube, Ich bitte um Widerspruch. Fünf Jahre Zeitgeschehen kommentiert, Frankfurt 1952, S. 239ff., hier S. 241; Sendedatum 15. 1. 1949.

4. Die „Verwässerung der Reform": Von der Gewerbefreiheit zur Bundeshandwerksordnung 1953

War die Einführung der Gewerbefreiheit nun wirklich ein Rückfall in die „wirtschaftliche Anarchie", wie das Handwerk es prophezeit hatte? Die statistische Analyse zeigt zunächst tatsächlich signifikante Veränderungen im Betriebsbestand und in der Qualifikationsstruktur – Veränderungen, die sich aber letztlich als nicht bedrohlich erweisen sollten. Im Bezirk der Handwerkskammer für Oberbayern entwickelten sich die Betriebszahlen ab 1949 wie folgt:

Die Entwicklung der Betriebszahlen

	Betriebszahl Stand 1.1.	Zugang	Abgang	Saldo	Betriebszahl Stand 31.12.
1949	52619	7505	1383	6122	58741
1950	58741	4497	2961	1536	60277
1951	60277	3112	4917	–1805	58472
1952	58472	3678	4864	–1186	57286
1953	57286	4548	5004	– 456	56830
1954	56830	4187	4385	– 198	56632
1955	56632	1832	5484	–3652	52980

Quelle: Das oberbayerische Handwerk und seine Kammer, S. 37.

Im Vergleich zu den vorangegangenen Jahren stieg die Betriebszahl noch einmal stark an. Im Jahr 1949 lag die Zahl der Neugründungen absolut (7505) wie auch in Prozent des vorhandenen Betriebsbestandes (14,3 Prozent) signifikant über den Vergleichsgrößen des Vorjahres (4868 bzw. 10 Prozent). Zunächst ist also eine massive Neugründungswelle zu beobachten, die sich durch den „Rückstau" von in der Lizenzzeit nicht zugelassenen Handwerkern, aber auch durch die angespannte gesamtwirtschaftliche Lage, die die Flucht in die Notselbständigkeit förderte, erklären läßt.

Die Welle der Neugründungen flaute jedoch sehr schnell ab. Die Zugänge stagnierten zunächst, und schon ab 1951 nahm gleichzeitig die Zahl der Betriebsschließungen deutlich zu. Das Maximum der Betriebszahl war Ende 1950 erreicht, danach ist ein kontinuierlicher Rückgang zu verzeichnen. Zwei Ursachen sind dafür verantwortlich: Zum einen fand nun eine Reinigungskrise statt, die unüberlegte und schlecht fundierte Neugründungen aus der Zeit der Gewerbefreiheit in besonderem Ausmaß traf. Daneben spielte der Strukturwandel, der „überlebte" Handwerke besonders hart bedrängte, eine Rolle: So gingen etwa im Schäfflerhandwerk die Bestandszahlen von 1950 bis 1955 um 42 Prozent zurück. In den Bekleidungshandwerken, wo beide Faktoren zusammenwirkten, verminderte sich die Zahl der Betriebe im gleichen Zeitraum um 21 Prozent[182]. Gleichzeitig stieg die durchschnittliche Betriebsgröße von 3,5 auf 4,3 Beschäftigte (allerdings mit erheblichen Unterschieden zwischen den einzelnen Handwerksgruppen)[183].

182 Burkard, Oberbayerisches Handwerk, S. 37.

183 Ebd. Die Zahl der Betriebe ging um 12% zurück, die Zahl der Beschäftigten stieg im selben Zeitraum um 22%.

Die Gewerbefreiheit produzierte also sicherlich viele „Eintagsfliegen". Andererseits ist aber nicht zu übersehen, daß das Experiment der Besatzungsmacht zu einer Zeit gestartet wurde, in der die gesamtwirtschaftlichen Rahmenbedingungen zur Flucht in die „Notselbständigkeit" geradezu einluden. Bezeichnenderweise begann die Bereinigung der Übersetzungserscheinungen ja auch schon vor der Wiedereinführung des Befähigungsnachweises; die Ursache für den Abbau des überhöhten Betriebsbestandes lag damit auch in einer Tendenz zur Selbstregulierung – unabhängig von strikteren formalen Zugangsvoraussetzungen.

Mit der Einführung der Gewerbefreiheit sank die Quote der Meistergründungen noch einmal stark ab. Die oberbayerische Kammer verzeichnete für 1949 einen Meisteranteil von nur mehr 14,4 Prozent der Neuzugänge; der tiefste Stand wurde in der Folge mit 9 Prozent erreicht[184]. Der Anteil der Meister an den Neugründungen in den verschiedenen Handwerksgruppen war nicht exakt zu ermitteln, hilfsweise können jedoch die Ergebnisse der Handwerkszählung vom September 1949 für den Kammerbezirk[185] herangezogen werden, in deren Resultate die Auswirkungen der ersten Gründungswelle nach Einführung der Gewerbefreiheit eingegangen sind. Diese Erhebung erfaßt nur die Meisterquote am Handwerksbestand (also nicht an den Neuzulassungen). Die Zahlen zeigen aber immerhin, daß der Zustrom von Nicht-Fachleuten zu den einzelnen Handwerkszweigen unterschiedlich stark war: Die Meisterquoten streuen von 25 bis 91 Prozent und sind am höchsten in den Nahrungsmittel-, Metall-, Bau- und holzverarbeitenden Handwerken. Das bedeutet, daß bei den hier relativ hohen Anforderungen an das praktisch-technische Können der Zustrom von „Dilettanten" sich in Grenzen gehalten haben muß. Entgegen den Befürchtungen der Handwerksorganisation, die eine durchgängige Erosion des Qualitätsniveaus vorausgesagt hatte, haben hier also „Sachzwänge" bzw. die Konkurrenz dahin gewirkt, daß wirkliche Außenseiter erst gar nicht zum Zuge kamen bzw. sich nicht lange halten konnten. Die höhere Qualifikation setzte sich hier also tatsächlich – im Sinne der amerikanischen Vorstellungen – über den Markt durch, der als Regulativ wirkte.

Die Angaben über die Ausbildungsvoraussetzungen der Nichtmeister sind spärlich, weil in Zulassungsanträgen die Berufsbiographien ja nicht mehr „aktenkundig" wurden. Verstreute Hinweise aus verschiedenen Kammerbezirken lassen aber darauf schließen, daß der Anteil von Betriebsgründern ganz ohne handwerkliche Ausbildung beträchtlich zunahm; das Prinzip, wonach Ausnahmebewilligungen nur solchen Antragstellern erteilt wurden, die zumindest die Gesellenprüfung und einige Jahre Berufspraxis vorweisen konnten, war ja jetzt nicht mehr wirksam. Die Handwerkskammer von Unterfranken z.B. beziffert den Anteil von Gründern „ohne genügende Ausbildung" an den Rolleneintragungen im 3. Quartal 1949 auf 47,3 Prozent, die Neuhandwerker „mit genügender Ausbildung" – vermutlich diejenigen Nichtmeister, die in der Lizenzzeit für Ausnahmebewilligungen in Frage gekommen wären – machten 35,6 Prozent und die Meister 17,1 Prozent aus[186]. In den Jahren bis zur Wiedereinführung des Befähigungsnachweises öffnete sich das Handwerk somit für Außenseiter,

[184] Ebd., S. 23, und Handwerkskammer für Oberbayern (Hrsg.), 50 Jahre Handwerkskammer – eine Jubiläumsschrift, München 1950, S. 72.

[185] Burkard, Oberbayerisches Handwerk, S. 25 f.

[186] Absolute Zahlen in: HWK für Unterfranken an BayStMfW am 17. 10. 1949; BayHStA, MWi 12 549. Die Prozentzahlen sind hiernach berechnet.

„Dilettanten“ und – in der Diktion der Kammern – „handwerksfremde Elemente“. Inwieweit gerade diese für den von der berufsständischen Organisation immer wieder beklagten Niveauverlust handwerklicher Arbeit und die Einbuße an Ansehen in der Öffentlichkeit verantwortlich waren, ist schwer festzustellen. Selbst wenn man annimmt, daß die Angaben der Kammern auf Wahrheit beruhen, ist es jedoch plausibel, daß solche negativen Folgen der „Schwemme“ von Existenzneugründungen durch den schon 1951 einsetzenden Reinigungsprozeß wesentlich abgemildert wurden.

Am Beispiel der Auseinandersetzung um die Gewerbefreiheit zeigt sich, was inzwischen zum gesicherten Bestand der Forschung gehört: War die alliierte Entwicklungsdiktatur aufs Ganze gesehen auch erfolgreich, hat sie die Wirtschafts- und Gesellschaftsstruktur der Bundesrepublik und ihre politische Kultur auch tief geprägt, so konnte sie doch in der Regel Reformvorhaben nicht einfach nach Belieben durchsetzen. Dort, wo Tradition und Beharrungsvermögen zu stark waren, kam es in der Konfrontation zwischen alliierter Reformpolitik und den Gegenkräften auf deutscher Seite zu einem Kompromiß. Die Auseinandersetzung um eine tragfähige Regelung begann unmittelbar nach der Einführung der Gewerbefreiheit und zog sich vom ersten Entwurf einer Bundeshandwerksordnung im Oktober 1950 bis zum Inkrafttreten dieses „Grundgesetzes“ des deutschen Handwerks im September 1953, also über fast drei Jahre hin[187]. Die amerikanische Seite hatte zunächst an den Grundsätzen, denen sie mit ihrem Oktroi Geltung verschafft hatte, festgehalten. Nach dem Inkrafttreten des Besatzungsstatus verpflichtete sie ihre Partner in der Hohen Kommission in der Grundsatzerklärung vom 18. Mai 1950 ausdrücklich auf ihre Prinzipien[188]. Auf der Gegenseite jedoch vertraten – abgesehen von der KPD – alle maßgeblichen Parteien den Standpunkt des Handwerks in der Frage des Befähigungsnachweises: Der Bundeskanzler setzte sich persönlich beim amerikanischen Hochkommissar dafür ein, und auch Bundeswirtschaftsminister Erhard betrachtete den handwerklichen Befähigungsnachweis als eine mit marktwirtschaftlichen Grundsätzen verträgliche, leistungsorientierte Anpassungsintervention[189]. Mit dem Nachlassen des alliierten Druckes im Zuge der Wiedererlangung der deutschen Souveränität gelang es der deutschen Politik, die Meisterprüfung wieder in der Bundeshandwerksordnung zu verankern. Obwohl die Gewerbefreiheitsdirektive also in einem wichtigen Punkt wieder zurückgenommen wurde, ist der Ertrag der amerikanischen Initiative doch nicht gering zu veranschlagen. Immerhin hat sie dazu beigetragen, ein wirtschaftpolitisches Klima zu schaffen, in dem Elemente des Protektionismus wie die Bedürfnisprüfung verpönt waren, das Leistungsprinzip galt und auch das Handwerk es sich nicht mehr erlauben konnte, vom Staat die Sicherung von Erbhöfen zu verlangen.

[187] Entwurf eines Gesetzes über die Handwerksordnung, Deutscher Bundestag, 1. Wahlperiode 1949, Drucksache 1428. Erste Beratung im Bundestag am 26. Oktober 1950; Deutscher Bundestag, 95. Sitzung, Protokolle S. 3498 ff. Angenommen im Bundestag in der 258. Sitzung am 26. 3. 1953, Protokolle S. 12538 ff. Verkündet im BGBl. 63/1953, S. 1411 ff.

[188] Alliierte Hohe Kommission für Deutschland, Allgemeiner Ausschuß, GEN/P(50)23, 18. 5. 1950: Erklärung über die Grundsätze hinsichtlich der Freiheit zur Ausübung eines Gewerbes, Geschäfts oder Berufes; BayHStA, MWi 12551.

[189] Vermerk BfW am 30. 6. 1950 über die Unterredung Adenauers mit General Hays in dieser Sache; BA B 102/43054. Erhard, der sonst Berufsordnungen generell ablehnte, bejahte die Handwerksordnung; Ludwig Erhard, Wohlstand für alle, Düsseldorf 1957, S. 146.

Michael Fichter

Aufbau und Neuordnung: Betriebsräte zwischen Klassensolidarität und Betriebsloyalität

Im Mai 1952, auf dem Höhepunkt seiner Kampagne gegen das von der Bundesregierung vorgelegte neue Betriebsverfassungsgesetz, rief der Deutsche Gewerkschaftsbund alle Arbeiter, Angestellten und Beamten „zum Kampf für ein fortschrittliches Betriebsverfassungsrecht als Grundlage der demokratischen Ordnung in Wirtschaft und Verwaltung" auf. Im Jahre 1945, so hieß es, „lag die deutsche Wirtschaft in Trümmern. Während Ihr in Fabriken, Kontoren und Verwaltungen am Wiederaufbau Deutschlands unter größten Entbehrungen gearbeitet habt, waren diejenigen, die den Zusammenbruch Deutschlands verschuldeten, von der Bildfläche verschwunden. Ihr allein habt das vollbracht, was andere als das ‚deutsche Wirtschaftswunder' bezeichnen." Nun, nach wenigen Jahren, seien all die Versprechen von damals vergessen, in denen man „sich einmütig zu einer neuen Wirtschaftsordnung auf der Grundlage der völligen Gleichberechtigung der Arbeitnehmer" bekannte. „Darüber hinaus nimmt der Entwurf des Betriebsverfassungsgesetzes Euch Rechte, die Ihr vor 1933 gehabt habt, die Euch nach 1945 durch Länderverfassungen, Ländergesetze oder betriebliche Vereinbarungen gesichert waren und in der schwierigen Zeit des Wiederaufbaues ihre Bewährungsprobe bestanden haben. Der Deutsche Gewerkschaftsbund vermag die Verantwortung für diese Entwicklung nicht mehr zu tragen!"[1]

Die starken Worte vermochten jedoch nicht, die Bundesregierung von ihrem Vorhaben abzubringen. Die Verabschiedung des neuen Betriebsverfassungsgesetzes am 19. Juli 1952 wurde vom DGB als böse Schlappe und „schwarzer Tag für die demokratische Entwicklung der Bundesrepublik" empfunden[2].

Auch in der einschlägigen Literatur über die Gewerkschaftsbewegung in Westdeutschland nach 1945 wird dieses Ereignis als eine besonders markante Niederlage angesehen[3]. Nach der 1951 erreichten Mitbestimmungsregelung in der Montanindu-

[1] Deutscher Gewerkschaftsbund, Bundesvorstand: Aufruf! Arbeiter, Angestellte und Beamte!, abgedruckt in: Die Quelle. Funktionärorgan des Deutschen Gewerkschaftsbundes 3 (1952), S. 283; Hervorhebung im Original.

[2] Deutscher Gewerkschaftsbund, Informationsdienst und Nachrichtendienst V (1952), S. 41.

[3] Hierzu seien nur einige, im einzelnen sehr unterschiedliche Studien genannt: Frank Deppe, Georg Fülberth und Jürgen Harrer (Hrsg.), Geschichte der deutschen Gewerkschaftsbewegung, Köln 1971; Wolfgang Hirsch-Weber, Gewerkschaften in der Politik. Von der Massenstreikdebatte zum Kampf um das Mitbestimmungsrecht, Köln 1959; Clark Kerr, The Trade Union Movement and the Redistribution of Power in Postwar Germany, in: Quarterly Journal of Economics 68 (1954), S. 535 ff.; Otto Kirchheimer, West German Trade Unions, in: World Politics VIII (1956), S. 484 ff.; Lutz Niethammer, Strukturreform und Wachstumspakt. Westeuropäische Bedingungen der einheitsgewerkschaftlichen Bewegung nach dem Zusammenbruch

strie machte sie vor allem deutlich, daß der DGB im Jahre 1952 von dem nach 1945 erstrebten und aussichtsreich erscheinenden Ziel einer umfassenden Demokratisierung der Wirtschaft als Ergänzung der politischen Demokratie weiter denn je entfernt war. Der gescheiterte Widerstand gegen das neue Betriebsverfassungsgesetz zeigte, wie sehr das programmatische gewerkschaftliche Neuordnungspostulat der Wirtschaftsdemokratie an praktisch-politischem Realitätsgehalt eingebüßt hatte.

Bei der These von der Zurückdrängung der Gewerkschaften wird in der Literatur unter anderem geltend gemacht, daß sich die Gewerkschaftsbewegung als antifaschistische und demokratische Kraft in den Jahren zwischen 1945 und 1947 in einer besonders günstigen Ausgangsposition befunden habe. Trotz des von den Alliierten verzögerten Organisationsaufbaus der Gewerkschaften und der damals noch sehr niedrigen Beschäftigungsraten wuchsen ihre Mitgliederzahlen rapide an. Programmatische Unterstützung fand man nicht nur bei SPD und KPD, sondern auch bei der CDU, deren Ahlener Programm von 1947 ein Zeichen ihrer damaligen Bereitschaft geblieben ist, für grundlegende Reformen des Wirtschaftssystems einzutreten. Hinzu kam der besondere politisch-moralische Kredit, den die sozialistische Arbeiterbewegung infolge ihrer Unterdrückung in der NS-Zeit für sich in Anspruch nehmen konnte, wogegen die Unternehmer vielfach mit dem Aufstieg der NS-Bewegung identifiziert und für die Folgen der nationalsozialistischen Herrschaft mitverantwortlich gemacht wurden. Mit der Zeit sei diese günstige Ausgangsposition der Gewerkschaften erodiert; erfolgreich hätten bestimmte Kräfte die Neuordnung verhindert (E. Schmidt) bzw. den kapitalistischen Wiederaufbau erzwungen (U. Schmidt/T. Fichter). Aus dieser Sicht erscheinen die Betriebsräte häufig als derjenige Teil der Arbeiterbewegung, der vergleichsweise militant und konsequent gegen diese Entwicklung und für eine Neuordnung gekämpft hätte; ihre Initiativen seien aber immer wieder von „oben“ vereitelt und abgeblockt worden[4].

Dagegen stehen andere Beurteilungen, beispielsweise bei Theo Pirker, die kritisch darauf hinweisen, daß die beachtlichen betrieblichen Wiederaufbauleistungen der Arbeiter sowie ihrer Gewerkschaften und Betriebsräte ohne gesellschaftspolitische Gegenleistung erbracht worden seien, daß die Machtfrage auf der betrieblichen Ebene

des Faschismus, in: Heinz Oskar Vetter (Hrsg.), Vom Sozialistengesetz zur Mitbestimmung. Zum 100. Geburtstag von Hans Böckler, Köln 1975, S. 303 ff.; Bernd Otto, Der Kampf um die Mitbestimmung, in: Ebd., S. 399 ff.; Theo Pirker, Die blinde Macht. Die Gewerkschaftsbewegung in Westdeutschland, München 1960; Eberhard Schmidt, Die verhinderte Neuordnung 1945–1952. Zur Auseinandersetzung um die Demokratisierung der Wirtschaft in den westlichen Besatzungszonen und in der Bundesrepublik Deutschland, Frankfurt 1970; Ute Schmidt und Tilman Fichter, Der erzwungene Kapitalismus. Klassenkämpfe in den Westzonen 1945–48, Berlin 1971; Christfried Seifert, Entstehung und Entwicklung des Gewerkschaftsbundes Württemberg-Baden bis zur Gründung des DGB, 1945 bis 1949, Marburg 1980; Herbert John Spiro, The Politics of German Codetermination, Cambridge/Mass. 1958; Horst Thum, Mitbestimmung in der Montanindustrie. Der Mythos vom Sieg der Gewerkschaften, Stuttgart 1982.

[4] Vgl. hierzu Ulrich Borsdorf und Hartmut Pietsch, Betriebsausschüsse im Ruhrgebiet, in: Lutz Niethammer, Ulrich Borsdorf und Peter Brandt (Hrsg.), Arbeiterinitiative 1945. Antifaschistische Ausschüsse und Reorganisation der Arbeiterbewegung in Deutschland, Wuppertal 1976, S. 281 ff.; Reinhard Krusche und Dagmar Pfeifer, Betriebliche Gewerkschaftsorgane und Interessenvertretung. Zur Betriebsräte- und Vertrauensleutepolitik der IG Metall, Berlin 1975; Schmidt, Neuordnung. Hinweise zur Problematik der Einschätzung, daß die „Basis“ und die Betriebsräte mit einer größeren Radikalität und Kampfentschlossenheit erfüllt waren, finden sich bei Christoph Kleßmann, Betriebsräte und Gewerkschaften in Deutschland 1945–1952, in: Heinrich August Winkler (Hrsg.), Politische Weichenstellungen im Nachkriegsdeutschland. 1945–1953, Göttingen 1979, S. 48, sowie bei Angelika Jacobi-Bettien, Metallgewerkschaft Hessen 1945 bis 1948. Zur Herausbildung des Prinzips autonomer Industriegewerkschaften, Marburg 1982, S. 311 ff.

nicht gestellt worden sei. Gewerkschaften und Betriebsräte hätten den Betrieb, in den sie „leicht einzudringen vermochten", machtpolitisch nicht für sich in Anspruch genommen, sondern hätten ihn sogar als „machtfreien" Raum „bis zu einem Zeitpunkt freigehalten, zu dem sich das Unternehmertum auf betrieblicher und überbetrieblicher Ebene neu formieren und diesen machtfreien Raum wieder besetzen konnte"[5]. Anstatt zu versuchen, ihren Anspruch auf eine Neuordnung unmittelbar in den Betrieben zu verwirklichen, hätten die Gewerkschaften und Betriebsräte die Erfüllung ihrer Forderungen den Parteien in den Parlamenten überlassen, auf den Weg einer gesetzlichen Regelung der Mitbestimmung vertraut.

Um die Startbedingungen, Verdienste und Unterlassungen der Betriebsräte zutreffend und gerecht beurteilen zu können, muß ihre Rolle zwischen 1945 und 1952 indes genauer studiert werden. In der bisherigen Forschung zur deutschen Arbeiter- und Gewerkschaftsbewegung und zu den Betriebsräten in der Nachkriegszeit sind die innerbetrieblichen Handlungsräume, Arbeitsmöglichkeiten und das tatsächliche Verhalten der Betriebsräte bislang weitgehend unberücksichtigt geblieben. Mit Ausnahme von wenigen Studien, etwa über die hessische Metallgewerkschaft, in der Angelika Jacobi-Bettien ihre Analyse mit Beispielen aus einigen Großbetrieben ergänzt, sowie die *oral history*-Arbeiten über Betriebsräte im Ruhrgebiet von Alexander von Plato und die ausgezeichnete Untersuchung von Peter Brandt über Bremen[6], geht die einschlägige Literatur kaum auf die Arbeit innerhalb des Betriebes ein, obwohl er das zentrale Betätigungsfeld der Betriebsräte ist[7]. Speziell im Raum Stuttgart sind wichtige Erkenntnisse über die Betriebsratsarbeit bei der Firma Bosch durch den ehemaligen Vorsitzenden des Gesamtbetriebsrats dieser Firma, Eugen Eberle, zusammen mit Tilman Fichter, zutage gefördert worden[8], sie müssen jedoch um weitere Beispiele ergänzt werden. Erst dann kann das Spannungsverhältnis, das die Arbeiterbewegung von An-

[5] Pirker, Macht, S. 116f.

[6] Vgl. Jacobi-Bettien, Metallgewerkschaft; Alexander von Plato, „Der Verlierer geht nicht leer aus". Betriebsräte geben zu Protokoll, Berlin 1984; Alexander von Plato, „Was wäre ohne uns?" Betriebsräte nach 1945, in: Gewerkschaftliche Monatshefte 36 (1985), S. 221 ff.; Peter Brandt, Betriebsräte, Neuordnungsdiskussion und betriebliche Mitbestimmung 1945–1948. Das Beispiel Bremen, in: Internationale wissenschaftliche Korrespondenz zur Geschichte der deutschen Arbeiterbewegung 20 (1984), S. 156 ff. Für die damalige sowjetische Besatzungszone sind zu erwähnen: Siegfried Suckut, Die Betriebsrätebewegung in der Sowjetisch Besetzten Zone Deutschlands (1945–1948). Zur Entwicklung und Bedeutung von Arbeiterinitiative, betrieblicher Mitbestimmung und Selbstbestimmung bis zur Revision des programmatischen Konzepts der KPD/SED vom „besonderen deutschen Weg zum Sozialismus", Frankfurt 1982; Fred Klinger, Betriebsräte und Neuordnung in der sowjetischen Besatzungszone. Zur Kritik eines politischen Mythos, in: Rolf Ebbighausen und Friedrich Tiemann (Hrsg.), Das Ende der Arbeiterbewegung in Deutschland? Ein Diskussionsband für Theo Pirker, Opladen 1984, S. 336 ff.

[7] Zu erwähnen sind außerdem: Christoph Kleßmann, Politisch-soziale Traditionen und betriebliches Verhalten von Industriearbeitern nach 1945. Umrisse am Beispiel zweier Werke, in: Mentalitäten und Lebensverhältnisse. Beispiele aus der Sozialgeschichte der Neuzeit. Rudolf Vierhaus zum 60. Geburtstag, hrsg. von Mitarbeitern und Schülern, Göttingen 1982, S. 365 ff., und eine kurz vor dem Abschluß stehende Dissertation von Martin Rüther über Betriebe in Köln, 1925–1950.

[8] Vgl. Tilman Fichter und Eugen Eberle, Kampf um Bosch, Berlin 1974; Eugen Eberle und Peter Grohmann, Die schlaflosen Nächte des Eugen E. Erinnerungen eines neuen schwäbischen Jacobiners, Stuttgart 1982. Das Buch von Fichter/Eberle fand nicht die von den Autoren erwartete Resonanz und wurde in der damaligen Diskussion um linke Betriebsarbeit weitgehend ignoriert. Dem Fall Bosch als mustergültiges Beispiel kommunistischer Betriebsarbeit widersprechen neuerdings die in Anm. 6 erwähnten Studien sowie Herbert Kuehl, Zur Betriebs- und Gewerkschaftspolitik der KPD nach 1945, in: Rolf Ebbighausen und Friedrich Tiemann (Hrsg.), Das Ende der Arbeiterbewegung in Deutschland? Ein Diskussionsband für Theo Pirker, Opladen 1984, S. 323 ff.

fang an begleitet hat – nämlich einerseits die alltägliche Betriebspraxis, bei der die unmittelbaren materiellen Probleme und Forderungen der Beschäftigten im Mittelpunkt stehen, und zum anderen die darüber hinausgehende gesellschaftspolitische Programmatik mit ihrer antikapitalistischen, systemüberwindenden Perspektive –, in seiner ganzen Bedeutung erfaßt werden.

Das bedeutet, daß z. B. auch die soziale Lage der Arbeitnehmerschaft, ihre materielle Notsituation während der Besatzungszeit, stärker in die Betrachtung einbezogen werden muß. Wieviel Raum ließen die massiven Probleme der Notbewältigung für gesellschaftspolitische Neuordnungsstrategien? Erforderte der für die unmittelbare Nachkriegszeit charakteristische Zwang zur Improvisation auf Betriebsebene nicht auch eine gewisse Zusammenarbeit zwischen Betriebsleitung, Betriebsrat und Belegschaft, in der Elemente der leistungsbezogenen NS-„Betriebsgemeinschaft“ fortwirkten? Stand unter solchen Rahmenbedingungen nicht gerade die alltägliche innerbetriebliche Arbeit der Betriebsräte quer zu der (im nachhinein vermißten) Intensität gesellschaftspolitischer Grundsatz-Programmatik und ihrer machtbewußten Verfolgung gerade auch innerhalb des Betriebes? Welche Handlungs- und Arbeitsmöglichkeiten gab es für die Betriebsräte als Vertreter der Beschäftigten und wie haben sie sie genutzt? Wie war es um das Vertreterverhältnis zwischen Betriebsräten und ihren Mandanten im Betrieb bestellt? Welche Anhaltspunkte findet man auf der betrieblichen Ebene für antifaschistisches Bewußtsein und Klassensolidarität, aber auch für die Akzeptanz nationalsozialistischen Gedankengutes, für politische Apathie, Desorientierung und Unerfahrenheit? Welche Ausgangsposition hatten die Betriebsräte in den Besatzungsjahren tatsächlich? Wie entwickelte sich die Entnazifizierung auf der betrieblichen Ebene? Welche Indizien von Konflikt oder Konsens sind in den Beziehungen zwischen Betriebsräten und Betriebsleitungen zu erkennen? Und welche Veränderungen wurden schließlich durch die Währungsreform eingeleitet?

Die folgende Untersuchung, die eine Reihe von Industriebetrieben im Raum Stuttgart zum Gegenstand hat, ist von solchen Fragen geleitet; einschränkend muß dazu angemerkt werden, daß sie auf einer uneinheitlichen und nicht in allen thematischen Aspekten zufriedenstellenden Quellenlage basiert. Nach einem Überblick über die betriebliche Situation in der NS-Zeit und bei Kriegsende sowie über die ersten Bemühungen, die Produktion wieder in Gang zu setzen, werden in den folgenden Abschnitten die Bildung und Legitimierung der Betriebsräte, Probleme der Entnazifizierung im Betrieb sowie die Entwicklung der Arbeitsbedingungen und die Versorgung der Beschäftigten behandelt. Schließlich wird die institutionelle und rechtliche Absicherung der Betriebsräte, ihr außerbetriebliches Protestverhalten sowie die Veränderung ihrer Arbeitssituation nach der Währungsreform untersucht.

Die Studie basiert auf Recherchen zur Betriebsentwicklung und zur Betriebsratsarbeit, die der Verfasser im Zusammenhang mit einer mehrjährigen Regionaluntersuchung über die Arbeiterbewegung in der unmittelbaren Nachkriegszeit im Raum Stuttgart durchführen konnte[9]. Im Mittelpunkt der Darstellung stehen vor allem die

[9] Mit Unterstützung der Stiftung Volkswagenwerk und unter der Leitung von Theo Pirker habe ich zusammen mit Ute Schmidt und Peter Müller im Jahre 1986 ein Forschungsprojekt zum Thema „Arbeiterbewegung in der US-Zone, 1945–1949. Eine Regionalstudie (Raum Stuttgart)“ am Zentralinstitut für sozialwissenschaftliche Forschung der FU Berlin abgeschlossen. Eine Buchveröffentlichung ist für das Jahr 1987 geplant.

Firmen Wilhelm Bleyle KG, Robert Bosch GmbH, Fortuna-Werke Maschinenfabrik GmbH und Werner & Pfleiderer in Stuttgart, die Werke Sindelfingen und Stuttgart-Untertürkheim der Daimler-Benz AG, die Firmen Salamander AG und A. Stotz AG Maschinenbau in Kornwestheim sowie die Firma Gebr. Boehringer GmbH in Göppingen[10]. Über die Firmen Bosch und Daimler-Benz liegen bereits andere, auch firmeneigene Veröffentlichungen vor[11]; das gilt auch für die Salamander Schuhfabrik[12]. Das 1889 gegründete Textilunternehmen Bleyle ist ein heute noch bekannter Hersteller von Strickwaren und Oberbekleidung. Fortuna wie Werner & Pfleiderer, Stotz und Boehringer gehören der Metallbranche an und sind für ihre Präzisions- und Qualitätserzeugnisse bekannt. In der ersten Nachkriegszeit waren sie mittelgroße Fabrikationsbetriebe (500–1000 Beschäftigte) für Maschinen und Werkzeuge: Fortuna baute vor allem Schleif- und Schärfmaschinen sowie Lederverarbeitungsmaschinen, Werner & Pfleiderer lieferte Einrichtungen für die Lebensmittelindustrie und die Gummiherstellung und -verarbeitung, Stotz hatte in erster Linie Aufträge für Gußteile, Ketten und Transportanlagen von der Reichsbahn sowie aus der Landwirtschaft und der Lebensmittelindustrie. Die Firma Boehringer, vorübergehend von einem Teil-Verbot ihrer traditionellen Produktion von Werkzeugmaschinen betroffen, konzentrierte ihre Fertigung in der Besatzungszeit auf Ölgetriebe, Strumpfwirkmaschinen, Öfen und Pressen.

[10] Quellen der Betriebe standen nur teilweise zur Verfügung. Bei Bosch erhielt ich keine Benutzungserlaubnis, und in dem Firmenarchiv von Daimler-Benz wurden mir nur unbedeutende Bestände gezeigt, mit der Begründung, daß die von der Firma beauftragte Gesellschaft für Unternehmensgeschichte ihre Ausarbeitungen erst abschließen müsse, bevor die Bestände der Öffentlichkeit freigegeben werden könnten. Erst vor kurzem ist dies für den Zeitraum 1933 bis 1945 erfolgt. Von daher ist es nur der Existenz anderer, firmenunabhängiger Quellen und Sammlungen zu verdanken, daß ich in diesem Beitrag auch auf die Betriebsentwicklung bei Bosch und Daimler-Benz eingehen kann. Dagegen haben mir die Firmen Bleyle, Boehringer, Fortuna, Stotz und Werner & Pfleiderer sowie die Industrie- und Handelskammer Stuttgart-Mittlerer Neckar sämtlich anstandslos die Genehmigung erteilt, ihre von der Stiftung Wirtschaftsarchiv Baden-Württemberg (Stuttgart-Hohenheim) verwalteten Altbestände zu benutzen. Auch wurde ich in meiner Arbeit durch die Betriebsräte der Fortuna-Werke, des Daimler-Werkes in Sindelfingen sowie der Salamander AG großzügig unterstützt, wofür ich mich insbesondere bei Frau Elisabeth Walter (Fortuna) und Herrn Hermann Pfeffer (Daimler) bedanken möchte. Ansonsten traf ich zumeist sowohl bei den Firmenleitungen als auch bei den Betriebsräten, die ich anschrieb, auf Desinteresse.

[11] Zu Bosch vgl. Theodor Heuss, Robert Bosch. Leben und Leistung, Stuttgart 1948; Fichter, Eberle, Kampf; Fünfzig Jahre Bosch, 1886–1936, hrsg. von der Robert Bosch GmbH, Stuttgart 1936; Uta Stolle, Arbeiterpolitik im Betrieb. Frauen und Männer, Reformisten und Radikale, Fach- und Massenarbeiter bei Bayer, BASF, Bosch und in Solingen (1900–1933), Frankfurt 1980. Zu Daimler-Benz vgl. Max Kruk und Gerold Lingnau, Daimler-Benz. Das Unternehmen, Mainz 1986; Jörg Mettke, Die Herren nahmen nur die Kräftigsten, in: Der Spiegel vom 14. 4. 1986; Richard Osswald, Lebendige Arbeitswelt. Die Sozialgeschichte der Daimler-Benz AG von 1945 bis 1985, Stuttgart 1986; Das Werk Untertürkheim. Ein historischer Überblick, hrsg. von der Daimler-Benz AG, Stuttgart 1983; Hans Pohl, Stephanie Habeth, Beate Brüninghaus, Die Daimler-Benz AG in den Jahren 1933 bis 1945. Eine Dokumentation, Stuttgart 1986; Das Daimler-Benz-Buch. Ein Rüstungskonzern im „Tausendjährigen Reich", hrsg. von der Hamburger Stiftung für Sozialgeschichte des 20. Jahrhunderts, Nördlingen 1987; Die Daimler-Benz AG 1926–1948. Schlüsseldokumente zur Konzerngeschichte, bearb. von Karl Heinz Roth und Michael Schmid, Nördlingen 1987. Die beiden letztgenannten Bände konnten vor dem Abschluß dieses Beitrages nicht mehr ausgewertet werden.

[12] Vgl. Gert von Klass, Salamander. Die Geschichte einer Marke, Wiesbaden o.J.

1. Der geschichtliche Hintergrund: NS-Betriebsgemeinschaft, Krieg und Rüstungswirtschaft

Die neuen Betriebsräte[13], die sich nach der alliierten Besetzung überall in Deutschland bildeten, gingen mit sehr viel Einsatzbereitschaft und Initiative an die Arbeit. Viele von ihnen teilten die Aufbruchstimmung, die damals in der politischen Linken verbreitet war, und sie wollten mit der Hinterlassenschaft der NS-Zeit aufräumen. Die Handlungsmöglichkeiten waren aber durch materielle Zerstörung, soziale Desintegration und Besatzungsherrschaft begrenzt. Nicht zuletzt waren die Betriebsräte auch durch die individuellen und kollektiven politischen Erfahrungen beeinflußt, die sie und die gesamte Arbeiterschaft in der Endphase der Weimarer Republik gemacht hatten. Damals war die Arbeiterbewegung politisch und organisatorisch zerrissen und von unentschlossenen und anpassungsbereiten Führungsgruppen repräsentiert, die die Auflösungserscheinungen an der Basis nicht zu verhindern vermochten. Deshalb machte es den Nationalsozialisten bei ihrer Machtübernahme keine besonderen Schwierigkeiten, die Arbeiterorganisationen aufzulösen und ihre Aktivisten zu verfolgen. Noch bevor die freigewerkschaftlichen Organisationen am 2. Mai 1933 zerschlagen wurden, befanden sich viele kommunistische und sozialdemokratische Betriebsräte bereits in Schutzhaft, die Aktivisten der SA und der Nationalsozialistischen Betriebszellenorganisation (NSBO) konnten in den Betrieben Fuß fassen bzw. ihren Einfluß verstärken[14]. Nach Berichten im NS-Kurier gelang es der Stuttgarter NSBO im März 1933, über 5000 neue Mitglieder (davon allein 200 bei den Straßenbahnen) aufzunehmen[15].

Schwerpunktmäßig war die NSBO in Stuttgart in der wirtschaftlich dominanten metallverarbeitenden Branche, in der Maschinenbauindustrie sowie in einigen großen Textilfirmen wie Bleyle vertreten[16]. Bei Bosch und Daimler-Benz sowie bei der Maschinenbau-Firma A. Stotz in Kornwestheim wurden die alten Betriebsräte ausgeschaltet[17], in anderen Firmen paßten sich die amtierenden Betriebsräte der Lage an. Mitunter konnten sie auch „einige Vergünstigungen rausholen, die bei vielen Kollegen durchaus positiv ankamen ...“[18] Aus dem Großbetrieb Salamander AG wurde spä-

[13] Bis zur Verkündung des Kontrollratsgesetzes Nr. 22 (Betriebsräte) vom 10. April 1946 wurde dieser Begriff nicht immer benutzt. Das Betriebsrätegesetz von 1920 war nicht wieder in Kraft gesetzt worden, und die US-Richtlinien, die nur „Arbeitnehmervertreter“ kannten, zielten teilweise auf eine ganz andere Bestimmung und organisatorische Ausgestaltung ihrer Stellung als bislang in der deutschen Gewerkschaftsbewegung üblich. Der Einfachheit halber wird gleichwohl im folgenden der Begriff durchgängig verwendet, mit Ausnahme der Fälle, in denen sich Betriebsräte ausdrücklich anders nannten.

[14] Vgl. Wolfgang Spohn, Betriebsgemeinschaft und innerbetriebliche Herrschaft, in: Carola Sachse, Tilla Siegel, Hasso Spode und Wolfgang Spohn, Angst, Belohnung, Zucht und Ordnung. Herrschaftsmechanismen im Nationalsozialismus, Opladen 1982, S. 172 f.; Gunther Mai, Die Nationalsozialistische Betriebszellen-Organisation. Zum Verhältnis von Arbeiterschaft und Nationalsozialismus, in: Vierteljahrshefte für Zeitgeschichte 31 (1983), S. 573 ff.; Gerhard Hetzer, Die Industriestadt Augsburg. Eine Sozialgeschichte der Arbeiteropposition, in: Martin Broszat, Elke Fröhlich und Anton Grossmann (Hrsg.), Bayern in der NS-Zeit. Bd. III: Herrschaft und Gesellschaft im Konflikt, München 1981, S. 93 ff.; Timothy Mason, Sozialpolitik im Dritten Reich. Arbeiterklasse und Volksgemeinschaft, Opladen [2]1978, S. 42 ff.

[15] Vgl. Mai, Betriebszellen-Organisation, S. 599.

[16] Ebd., S. 603.

[17] Zu Bosch und Daimler-Benz vgl. weiter unten. Zu Stotz vgl. Wirtschaftsarchiv Baden-Württemberg, Nr. 553 Arbeiterrat 1933, Vertrauensrat 1934, Bestand A. Stotz AG.

[18] Zit. nach: Arbeitskreis zur Erforschung der Geschichte der Stuttgarter Arbeiterbewegung beim DGB (Hrsg.), Arbeiterbewegung in Stuttgart 1933. Erinnerungen, Berichte, Dokumente, Tübingen 1984, S. 77.

ter berichtet, daß ein damaliger Betriebsrat „frühzeitig zu den Nazi überging". Beim Umschwung nahm er dann die anderen Betriebsräte „gegen Auswüchse aus dem Betrieb persönlich in Schutz ... und sorgte dafür, daß alles in ruhigeren Bahnen verlief. Auf der anderen Seite hat er aber die Gewerkschaften zerschlagen."[19]

Parallel zur Auflösung der freien Gewerkschaften und der Gründung der DAF im Mai 1933 wurden die meisten Betriebsratswahlen ausgesetzt. Kraft Verordnung konnten die Behörden einzelne Betriebsratsmitglieder zum Rücktritt zwingen und neue Mitglieder ernennen. Den Arbeitgebern wurde außerdem das Recht der Kündigung bei „Verdacht staatsfeindlicher Einstellung" eingeräumt, ohne daß der Betriebsrat gehört werden mußte[20]. Über ihre repressiven Maßnahmen hinaus leiteten die Nationalsozialisten auch bald „aufbauende" Schritte im Sinne ihrer Erneuerungsziele ein. Am 20. Januar 1934 wurde das Gesetz zur Ordnung der nationalen Arbeit (AOG) verkündet, das die „Betriebsgemeinschaft", bestehend aus dem „Betriebsführer" und der „Gefolgschaft" rechtlich festlegte. Ihr „Grundgesetz" war die Betriebsordnung, die vom Betriebsführer zu erlassen und vom Treuhänder der Arbeit zu genehmigen war. Anstelle des Betriebsrats, dessen Mitwirkungsbefugnisse und Stellung gegenüber der Betriebsleitung als unabhängige Interessenvertretung rechtlich gesichert gewesen waren[21], schrieb das AOG die Einrichtung eines Vertrauensrats vor, der sich aus dem Betriebsführer und wenigen ihm „beratend zur Seite" gestellten Gefolgschaftsmitgliedern zusammensetzte[22]. Im Einvernehmen mit dem NSBO- bzw. dem DAF-Obmann für den Betrieb legte der Betriebsführer die Kandidatenliste für den Vertrauensrat fest; anschließend wurde im Betrieb darüber abgestimmt.

Die Abstimmungsergebnisse der Jahre 1934 und 1935 offenbarten die Ablehnung und Mißachtung, die in der Arbeiterschaft gegenüber dem Vertrauensrat verbreitet war[23]. Aus Stuttgart meldete der Sopade-Dienst, daß in Großbetrieben wie Daimler-Benz etwa 25 Prozent der Stimmzettel abgeändert und 25 Prozent ungültig abgegeben wurden[24]. Bei Salamander war die Opposition ebenfalls beträchtlich: Von den 6300 Arbeitern und 619 Angestellten beteiligten sich lediglich 4124 (59,6 Prozent) an der Abstimmung des Jahres 1935. Davon gaben 3046 (73,9 Prozent) der Kandidatenliste ihre volle Zustimmung, während 1020 (24,8 Prozent) einzelne Kandidaten oder die gesamte Liste ablehnten[25].

Nach 1935 wurde nicht mehr über die Zusammensetzung der Vertrauensräte abgestimmt. Sie fanden insgesamt wenig Anerkennung und ihre Einflußmöglichkeiten, die von Anfang an begrenzt waren, reduzierten sich durch die Einführung der Betriebs-

[19] Stellungnahme des Betriebsrats zum Fall H.L. vom 15. 3. 1947; Archiv des Betriebsrats der Salamander AG, Kornwestheim.

[20] Amtliche Mitteilung aus der Zeitung „NS-Kurier" vom 10. 5. 1933, in: Arbeiterbewegung in Stuttgart 1933, S. 79; Reichsgesetzblatt I, 1933, S. 161 f. In Württemberg wurden die neuen Betriebsräte vom Oberamt ernannt. Vgl. Württ. Oberamt Ludwigsburg an die Firma Salamander AG am 12. 6. 1933; Archiv des Betriebsrats der Salamander AG, Kornwestheim.

[21] Vgl. Hans O. Hemmer, Betriebsrätegesetz und Betriebsrätepraxis in der Weimarer Republik, in: Ulrich Borsdorf, Hans O. Hemmer, Gerhard Leminsky und Heinz Markmann (Hrsg.), Gewerkschaftliche Politik: Reform aus Solidarität. Zum 60. Geburtstag von Heinz O. Vetter, Köln 1977, S. 241 ff.

[22] Spohn, Betriebsgemeinschaft, S. 163. Die Bezeichnung „Grundgesetz" stammt von dem Hauptverfasser des AOG, Werner Mansfeld.

[23] Ebd., S. 184 ff.; Hetzer, Industriestadt Augsburg, S. 111.

[24] Deutschland-Berichte der Sopade 2 (1935), S. 546.

[25] Bekanntmachung über das Abstimmungsergebnis vom 13. 4. 1935; Archiv des Betriebsrats der Salamander AG. Die restlichen 58 Stimmzettel waren ungültig.

ordnungen im Laufe der Jahre immer mehr. Zugleich konnte sich die DAF, deren Vertreter von außen kamen, in vielen Betrieben etablieren[26]. Für weitergehende Versuche von Vertrauensräten, in der Vorkriegszeit kollektive, fast gewerkschaftliche Interessenvertretungen der Belegschaft zu bilden[27], konnten im Raum Stuttgart keine Beispiele gefunden werden. In den Vertrauensratsprotokollen einer kleineren Maschinenbaufirma in Esslingen aus den Jahren 1934 bis 1944 spiegelt sich die Bittstellerrolle dieses Gremiums deutlich wider[28]. Das zeigt auch ein Vorfall bei Daimler-Benz im Jahre 1937, wo der Betriebsführer Dr. Kissel den Vertrauensrat im Werk Untertürkheim kurzerhand auflöste, um ihn dann mit neuen, kooperativen Personen zu besetzen[29].

Bei der Verwirklichung der „NS-Betriebsgemeinschaft" war der Betriebsordnung eine wichtige Rolle zugedacht. Sie wurde vom Betriebsführer erlassen und sollte die „Arbeitsverhältnisse auf der Grundlage betriebsökonomischer Erfordernisse" regeln[30]. Das zielte ebenso auf Disziplinierung wie auf Leistungssteigerung. Aus den Betriebsordnungen der Firmen Gebr. Boehringer, Göppingen (von 1934), Daimler-Benz (1940) und Wilh. Bleyle (1942) geht deutlich hervor, daß alle innerbetrieblichen Regelungen über Einstellung und Entlassung, Arbeitszeit und -entgelt, Fehlzeiten, Urlaub und Disziplin vom Betriebsführer festgelegt und nicht mehr, wie in der Weimarer Zeit, von der Belegschaftsvertretung beeinflußt oder ausgehandelt werden konnten. Die Betriebsgemeinschaft erfordere, so hieß es, „einheitliche, verantwortliche Führung und aufrichtige Gefolgschaft" (Gebr. Boehringer) sowie eine innere Ordnung, die „sich der Betrieb durch seinen Führer nach dem Willen des Gesetzes zur Ordnung der nationalen Arbeit selbst gibt" (Daimler-Benz)[31].

Im Rahmen dieser Studie ist es nicht möglich, näher darauf einzugehen, wie sich die Arbeiter und Angestellten in den hier untersuchten, von ihrer Struktur und Entwicklung her sehr unterschiedlichen Betrieben gegenüber dieser neuen Ordnung im einzelnen verhielten und welche Einstellung sie zum Nationalsozialismus insgesamt hatten. Bot z. B. eine Firma wie Gebr. Boehringer, in der sich die Firmenleitung seit Jahren sehr persönlich um „ihre Gefolgschaft" gekümmert hatte, oder eine Firma wie Bosch, die für ihre modernen sozialfürsorglichen Leistungen bekannt war, den nationalsozialistischen Bestrebungen eine günstige Ausgangsbasis? Welche Bedeutung hat es für die Verwirklichung der NS-Betriebsgemeinschaftsziele gehabt, ob eine Beleg-

[26] Vgl. Carola Sachse, Betriebe rationalisieren das „Privatleben". Betriebliche Sozialpolitik als Familienpolitik in der Weimarer Republik und im Nationalsozialismus. Mit einer Fallstudie der Firma Siemens, Diss. Berlin 1986, S. 166 ff.

[27] Vgl. Gunther Mai, „Warum steht der deutsche Arbeiter zu Hitler?" Zur Rolle der Deutschen Arbeitsfront im Herrschaftssystem des Dritten Reiches, in: Geschichte und Gesellschaft 12 (1986), S. 212 ff. Die Beispiele von Mai und anderen stammen alle aus der Vorkriegszeit. Für die Kriegsjahre vgl. Tilla Siegel, Leistung und Lohn. Zur Veränderung der Form der betrieblichen Herrschaft in der nationalsozialistischen Kriegswirtschaft, Habilitationsschrift, Freie Universität Berlin 1987.

[28] Vgl. die Protokolle der Sitzungen des Vertrauensrats 1934–1944; Wirtschaftsarchiv Baden-Württemberg, Bestand Maschinenfabrik Lorch AG, Esslingen.

[29] Vgl. Bernard P. Bellon, The Workers of Daimler-Untertürkheim 1903–1945. A Study in the History of German Labor, Diss. Columbia University 1987.

[30] Spohn, Betriebsgemeinschaft, S. 163.

[31] Daimler-Benz AG, Betriebsordnung, Ausgabe 1940, S. 4; Zentralarchiv der Daimler-Benz AG, Stuttgart-Untertürkheim, DBAG 23. Gebr. Boehringer GmbH, Betriebsordnung, September 1934; Wirtschaftsarchiv Baden-Württemberg, Bestand Gebr. Boehringer Nr. 263. Wilh. Bleyle KG, Betriebsordnung, Juli 1942; Wirtschaftsarchiv Baden-Württemberg, Bestand Bleyle.

schaft gewerkschaftlich stark (z. B. Bosch oder Daimler) oder schwach (z. B. Bleyle) geprägt gewesen war? Und inwieweit konnten sich Facharbeiter aufgrund ihrer hohen Qualifikationen und ihrer Bedeutung für den Betrieb eine gewisse politische Unabhängigkeit verschaffen bzw. erlauben? Auch muß die Frage hier offen bleiben, wie weitgehend und anhaltend die politische Akzeptanz des NS-Regimes in diesen Betrieben während der Kriegsjahre war. Dort regte sich jedenfalls kein breiter Widerstand, auch wurden keinerlei nennenswerte Sabotage-Akte bekannt. Als Gründe dafür mag man Angst vor Repressalien oder politische Apathie nennen; viele klammerten sich an ihren Arbeitsplatz, waren dankbar für eine u.k.-Stellung, erbrachten die von ihnen erwarteten Leistungen und hatten ebenso wie die Unternehmer ein Interesse an dem Erhalt des Betriebes. Aber gab es nicht auch ein Solidaritätsgefühl mit den Kameraden in der Wehrmacht? Wollten nicht auch viele Arbeiter und Angestellte bereitwillig ihren Beitrag zur Stärkung, Verteidigung und schließlich zur Rettung der deutschen Nation, nicht zuletzt vor dem Bolschewismus, leisten? Zu belegen ist jedenfalls eine sehr hohe Produktionsleistung, die von den Belegschaften unter immer härteren und schlechteren Arbeitsbedingungen erbracht wurde. Die Rationalisierung der Produktion wirkte dabei ebenso leistungsfördernd wie verschiedene Maßnahmen nationalsozialistischer Lohnpolitik. Schließlich trugen tatsächliche oder angedrohte Kontroll- und Strafmaßnahmen ebenfalls zur Aufrechterhaltung des Leistungsniveaus bei; das läßt sich etwa an den rigorosen Kontrollen von Fehlzeiten im Daimler-Werk Sindelfingen erkennen[32].

Schon bald nach Kriegsbeginn, im Dezember 1939, stellte die Daimler-Benz AG den Fahrzeugbau für den Zivilbedarf ein. Auch die Belieferung der Wehrmacht mit Personen- und Geländewagen wurde gedrosselt, bis sie 1943 ganz aufhörte. Statt dessen konzentrierte sich das Unternehmen in seinem Werk Untertürkheim auf den Bau von Großmotoren (Flugzeuge, Schiffe und Panzer)[33]. Im Werk Sindelfingen wurden „Teile für Kübelwagen, Rumpf und Tragflächen für Flugzeuge, Schlitten für den Winterkrieg im Osten, zum Schluß offenbar auch Düsen für die neuen Düsenjäger“[34] sowie Teile für die V-2-Rakete produziert. Die Firma Kodak/Dr. Nagel-Werke in Stuttgart-Wangen unterbrach ihre Produktion von Fotoapparaten und -materialien zugunsten der Herstellung von Zündern und Zielgeräten für Kanonen und Flakbatterien[35]. Andere Firmen der Metallindustrie, etwa der Elektrokonzern Bosch, die Maschinenfabriken Fortuna und Gebr. Boehringer sowie die Firma Stotz, die sämtlich ihre Produktion und Umsätze während des Krieges merklich steigern konnten, mußten keine

[32] Vgl. Daimler-Benz AG, Werk Sindelfingen (Hrsg.), Unser Werk in den Kriegsjahren 1939–1944, Sindelfingen 1944, S. 29.

[33] United States Strategic Bombing Survey, Daimler Benz AG, Untertürkheim, Final Report #79; NA, RG 243. Die Informationen in diesem Bericht konnten dank der kooperativen Unterstützung der anwesenden Geschäftsleitung während einer Untersuchung vom 8.–18. 5. 1945 im Werk gesammelt werden. Nach der firmeneigenen Schrift „Das Werk Untertürkheim“, S. 90, sah die Arbeitsteilung zu Beginn des Krieges folgendermaßen aus: „Das Werk 60 arbeitete an der Motorenentwicklung, baute die Versuchsmotoren und anfänglich die Null-Serien; große Teile des Werkes 10 stellten sich auf die Herstellung von Flugmotoren und Torpedoteilen um ... In den Wasenhallen wurde für 1,3 Million Reichsmark eine Flugmotoren-Reparaturwerkstatt eingerichtet.“ Vgl. Anm. 11.

[34] Sindelfinger Zeitung vom 16. 4. 1985.

[35] Vgl. Investigation Report of Target No. 557 vom 24. 4. 1945; NA, RG 331, Hq. 6th Army Group, General Staff, G-2, Box 6, Annex Stuttgart.

oder erst am Kriegsende nur partielle Produktionsumstellungen vornehmen, da ihre traditionellen Erzeugnisse (Präzisionsgeräte, -maschinen und -werkzeuge) gerade auch für die Kriegswirtschaft von großer Bedeutung waren. Dagegen mußten manche Firmen der Konsumgüterindustrien, wie etwa das Textilunternehmen Wilhelm Bleyle, das Uniformen und Fallschirme fertigte, auf branchenfremde Produkte (im Fall Bleyle auf Zünder, Spaltfilter und Reglerdosen) umsteigen, um ihre Produktion zu sichern und in vollem Maße als kriegswirtschaftlich wichtiger Betrieb zu gelten. In der Regel erfolgten solche Umstellungen, um dem Betrieb größere und sichere Aufträge zu verschaffen, um Auftragsverluste im zivilen Bereich auszugleichen, aber auch, um qualifizierte Fachkräfte im Betrieb zu behalten. Bei Bleyle scheint auch die nationalsozialistische Überzeugung der Geschäftsleitung eine Rolle gespielt zu haben, die dem Betrieb im Rahmen des NS-Leistungswettbewerbs der DAF mehrere Anerkennungen einbrachte[36].

Um die erweiterte Kriegsproduktion und das gesteigerte Fertigungstempo trotz der Einberufungen zur Wehrmacht aufrechtzuerhalten, wurden immer mehr ausländische Zivilarbeiter, Kriegsgefangene und deutsche Frauen in den Betrieben beschäftigt bzw. zum Arbeitsdienst verpflichtet. Schon 1941 war der Fraueneinsatz in Württemberg im Reichsvergleich überdurchschnittlich[37] groß, während der Anteil ausländischer Arbeitskräfte noch Mitte 1943 unter dem Reichsdurchschnitt lag. Zu diesem Zeitpunkt waren in Württemberg 16,1 Prozent der Beschäftigten Ausländer (Reich: 17,1 Prozent), 9,4 Prozent Kriegsgefangene (10,1 Prozent)[38]. Bei den rüstungsrelevanten Betrieben im Raum Stuttgart lag der Anteil ausländischer Zwangsarbeiter aber viel höher.

Im Daimler-Werk Untertürkheim stieg die Zahl der Beschäftigten von 12 700 im Jahre 1940 auf 15 700 im August 1944, was auf eine Zunahme der deutschen weiblichen Beschäftigten (von 1674 auf 2132), aber vor allem der ausländischen Arbeiter (von 1400 auf 5300, darunter 400 Kriegsgefangene) zurückging. Im Daimler-Werk Sindelfingen gab es im Herbst 1944 6963 Beschäftigte. Von den 4682 Deutschen waren 34 Prozent Frauen. Außerdem arbeiteten dort 2047 ausländische Arbeiterinnen und Arbeiter sowie 234 Kriegsgefangene. Bei den Fortuna-Werken waren von den im Herbst 1944 beschäftigten 760 Arbeitern 172 Zwangsarbeiter (davon 13 Kriegsgefangene). Das Spritzgußwerk der Firma Mahle in Fellbach bei Stuttgart beschäftigte unter insgesamt 1236 Arbeitskräften 451 Zwangsarbeiter. Ähnlich lagen die Verhältnisse auch bei Werner & Pfleiderer, Bosch und Bleyle[39].

[36] In der branchenfremden Produktion kooperierte Bleyle mit der Firma Kodak sowie mit dem Kolbenhersteller Mahle (Stuttgart-Bad Cannstatt). Vgl. Leistungsbericht 1944, Wirtschaftsarchiv Baden-Württemberg, Bestand Bleyle. Zu den NS-Aktivitäten im Betrieb, vgl. ebd. sowie NA, RG 260, 12/31-3/3; Stadtarchiv Stuttgart, 7030 Bleyle.

[37] Vgl. Lagebericht der Rüstungsinspektion des Wehrkreises V, Stuttgart vom 12. 4. 1941; BA/MA, RW 20-5/7.

[38] Bericht über die Arbeitstagung der Rüstungskommission Va in Stuttgart am 25. Juni 1943; BA/MA, Kriegstagebuch V, RW 20-5/1.

[39] Vgl. zu Daimler-Benz NA, RG 243, USSBS, Daimler-Benz AG Untertürkheim; vgl. Anm. 11, 33; Schülerarbeitsgruppe am Goldberg-Gymnasium, Krieg und Wiederaufbau in Sindelfingen, 1939–1949, Sindelfingen 1985. Zu Fortuna vgl. Fortuna-Werke, Auskunftsformular vom 28. 5. 1945; NA, RG 243, USSBS, Entry 6/5, 55a17. Zu Mahle vgl. Aktennotiz vom 29. 11. 1943; BA/MA, RW 20-5/2. Zu Werner & Pfleiderer vgl. Wirtschaftsarchiv Baden-Württemberg, Bestand W & P.

Infolge ihrer kriegswirtschaftlichen Bedeutung[40] waren die Industriebetriebe im Stuttgarter Raum ein wichtiges Ziel alliierter Luftangriffe. Ab 1943 begann man daher, Teile der Produktion in ländliche Gebiete zu verlagern. Zwischen März und Oktober 1943 wurden aus Stuttgart (Teil)Betriebe mit insgesamt 10802 Arbeitskräften verlagert[41]. Für die Firma Bosch, deren Anteil daran in diesem Zeitraum allein 2878 Arbeitskräfte betrug, war diese Dezentralisierung auch Teil einer Gesamtstrategie, die die Firma schon zu Beginn des Krieges eingeleitet hatte, um ihre Produktionskapazitäten beträchtlich zu vergrößern, aber zugleich eine „treibhausartige Ausweitung der eigenen Werke" zu vermeiden[42]. Bei Daimler-Benz (Werk Untertürkheim) wurden bis Oktober 1943 2257 Arbeitskräfte verlagert; bis Kriegsende hatte die Firma 20 solcher Verlagerungsbetriebe mit ca. 3700 Beschäftigten außerhalb des Stammwerkes errichtet[43]. Auch kleinere Firmen wie die Fortuna-Werke, deren Belegschaft im Jahre 1943 ca. 950 Mitarbeiter erreichte, nahmen an der Verlagerung teil[44].

Die anfänglichen Erfolge dieser Strategie wurden ab 1944 weitgehend zunichte gemacht. Die alliierten Luftangriffe beeinträchtigten jetzt nicht nur die Arbeit in den Stammwerken, sie unterbrachen, auch durch Zerstörungen der Verkehrswege und Transportmittel, die Verbindungen zu den verlagerten Betriebsteilen[45]; auch machte sich eine Verknappung der Rohstoffe in manchen Bereichen bemerkbar.

Infolge von Verlagerungen und Produktionsausfällen verringerte sich die Belegschaft in den Stammwerken in und um Stuttgart ab Herbst 1944 allmählich, zum Teil auch aufgrund ständig neuer Einberufungen, für die kein Ersatz mehr zu bekommen war. Die in den Stammwerken noch anwesenden Arbeiter und Angestellten litten nicht nur unter den Luftangriffen, die das Leben bedrohten, die Arbeitsbedingungen erschwerten und Verdienstausfälle mit sich brachten. Zugleich nahmen die Ernährungs-, Wohnungs- und Bekleidungsprobleme rapide zu. Die Stimmung der Mehrzahl der Arbeitnehmer wurde in wachsendem Maße von Ermüdung, Gleichgültigkeit und Widerwillen gegen den Fortgang des Krieges geprägt. Es kam zu einem sprunghaften Anstieg der Krankmeldungen und zu einer spürbaren Verschlechterung des Betriebsklimas. Weder die üblich gewordenen Leistungsanreize[46] noch die Durchhalte-Appelle der NS-Führung konnten das Absinken des Leistungsniveaus aufhalten[47].

[40] Vgl. Jutta Hanitsch, Aufschwung durch Rüstung. Auswirkungen nationalsozialistischer Wirtschaftspolitik für Stuttgart, in: Stuttgart im Dritten Reich. Anpassung, Widerstand, Verfolgung. Die Jahre von 1933 bis 1939. Eine Ausstellung des Projekts Zeitgeschichte im Kulturamt der Landeshauptstadt Stuttgart, Stuttgart 1984, S. 124ff.

[41] Bericht über die 10. Sitzung der Rüstungskommission Va am 15. 10. 1943, Anlage S. 3; BA/MA, RW 20-5/2.

[42] Zu dieser Strategie gehörte in erster Linie die Vergabe im In- und Ausland von Nachbaulizenzen sowie die Einrichtung und Kontrolle von „verlängerten Werkbänken", „d.h. Firmen der Metallindustrie oder umgestellte fremdartige Betriebe wie Textilfabriken, die für uns Teile, Teilgruppen oder auch ganze Geräte herstellen bzw. Lohnarbeiten im Zusammenbau durchführen". Robert Bosch GmbH, Betr.: Nutzbarmachung fremder Werkstätten durch Fertigungs-Verlagerung, 17. 7. 1943; BA/MA, RW 20-5/1.

[43] NA, RG 243, USSBS, Daimler-Benz AG Untertürkheim, S. 28ff.;

[44] Vgl. Wirtschaftsarchiv Baden-Württemberg, Bestand Fortuna, Ordner DS: KD-Li. Die Firma richtete sich neben ihrem noch teilweise arbeitsfähigen Stammwerk in Stuttgart auf vier verschiedene Zweigwerke in Donzdorf, Uhingen, Losheim und Markgröningen ein.

[45] Als Beispiel vgl.: NA, RG 243, USSBS, Daimler-Benz AG Untertürkheim, S. 26.

[46] Vgl. Tilla Siegel, Lohnpolitik im nationalsozialistischen Deutschland, in: Carola Sachse, Tilla Siegel, Hasso Spode und Wolfgang Spohn, Angst, Belohnung, Zucht und Ordnung. Herrschaftsmechanismen im Nationalsozialismus, Opladen 1982.

[47] Vgl. hierzu insgesamt Wolfgang Franz Werner, „Bleib übrig!" Deutsche Arbeiter in der nationalsozialistischen Kriegswirtschaft, Düsseldorf 1983, bes. S. 256ff.

Dennoch wurde in einer Art und Weise weitergearbeitet, die den gemeinsamen Wiederaufbau nach Kriegsende nicht unwesentlich vorprägte und den Bruch des Jahres 1945 innerbetrieblich manchmal als weniger scharf empfinden ließ, als er uns von heute aus erscheint. Zusammen haben Führungskräfte, Angestellte und Facharbeiter notgedrungen oder bereitwillig immer wieder improvisiert und Notlösungen für Produktions- und Versorgungsprobleme gefunden, so daß die meisten Betriebe eine zumindest rudimentäre Rüstungsproduktion bis unmittelbar vor dem Einmarsch alliierter Truppen aufrechterhalten konnten[48]. Im Daimler-Werk Untertürkheim betrug die Produktion im Februar 1945 freilich nur noch 24,5 Prozent der durchschnittlichen Leistung, die das Werk vor dem größten Luftangriff im September 1944 aufzuweisen hatte. Dennoch wurde der Betrieb erst am 20. April, einen Tag vor der Besetzung, stillgelegt. Auch das Daimler-Werk in Sindelfingen wurde im Herbst 1944 schwer getroffen, wobei ca. 85 Prozent der Gebäude und 50 Prozent der Maschinen ausfielen. Aber der wichtigste Teil des Werkes, das Preßwerk, überstand den Angriff, so daß man bis April 1945 fast ohne Einschränkung weiter produzieren konnte[49]. Erst die Abkommandierungen zum Volkssturm in den Wochen unmittelbar vor der Besetzung legten die Produktion lahm. Das Werksgelände wurde am 21. April widerstandslos von einem Meister an die einrückenden französischen Truppen „übergeben" und von diesen besetzt. Auch die Fortuna-Werke stellten ihre Produktion erst ein, als ihre überwiegend männliche Belegschaft zusammengeschrumpft war und die alliierten Truppen vor ihren aus Stuttgart verlagerten Betriebsteilen standen[50].

Ähnlich war die Lage bei der Firma Bleyle, wo der Betriebsführer am 10. April 1945 die Einstellung der Arbeit so ankündigte: „Infolge der Verkehrsstörungen, Einberufungen zum Volkssturm und weiteren kriegsbedingten Schwierigkeiten ist eine geordnete Weiterführung des Betriebs zur Zeit nicht möglich. Wir müssen die Arbeit daher am 10. April mit Betriebsschluß wieder einstellen. Wir werden für die einsatzbereiten GM [Gefolgschaftsmitglieder] von diesem Zeitpunkt ab Ausfallvergütung beantragen und die eingehenden Beträge später zur Auszahlung bringen."[51] Sobald die Wiedereröffnung des Betriebs möglich sei, sollte darüber eine Mitteilung „durch Anschlag am Schwarzen Brett" erfolgen. („Die GM haben Fühlung zu halten, um davon rechtzeitig Kenntnis zu bekommen."[52]) Tatsächlich wurde eine Woche später die Wiederaufnahme der Arbeit für den nächsten Tag (17. April) angekündigt, um der „Gefolgschaft wieder eine Arbeits- und Verdienstmöglichkeit zu gewähren"[53].

[48] Hierzu insgesamt Ludolf Herbst, Der Totale Krieg und die Ordnung der Wirtschaft. Die Kriegswirtschaft im Spannungsfeld von Politik, Ideologie und Propaganda 1939–1945, Stuttgart 1982, S. 345 ff.

[49] Vgl. Sindelfinger Zeitung vom 16. und 18. 4. 1985.

[50] Vgl. Entlohnungsfrage, 11. 5. 1945; Wirtschaftsarchiv Baden-Württemberg, Bestand Fortuna.

[51] Bekanntmachung 20/45 vom 10. 4. 1945; Wirtschaftsarchiv Baden-Württemberg, Bestand Bleyle, Ordner Korrespondenz 1941–1950.

[52] Ebd.

[53] Anschlag 21/45 vom 16. 4. 1945, Betr.: Wiederaufnahme der Arbeit; ebd. Bei der Besetzung wurde die Arbeit wieder eingestellt.

2. Von der Kriegswirtschaft zur Besatzungskontrolle: Die Betriebe stellen sich um

Mit der Besetzung Stuttgarts und seiner Umgebung, die um den 21. April 1945 gleichzeitig durch französische und amerikanische Truppen erfolgte, kamen zu den materiellen und strukturellen Bedingungen aus der Kriegszeit, die die Ausgangslage für die neuen Betriebsräte bestimmten, nunmehr auch die allgemeinen und insbesondere die wirtschaftspolitischen Maßnahmen der Besatzungsmächte hinzu. Zunächst stand das Stadtgebiet Stuttgarts unter der Kontrolle französischer Truppen, während die Amerikaner, die aufgrund der alliierten Planung Anspruch auf die Stadt hatten, einen Großteil des Stuttgarter Umlandes sowie anfangs auch noch einige Stadtbezirke (z. B. Untertürkheim und Bad Cannstatt) besetzt hielten. Beide Armeen schickten zum Zwecke der Bestandsaufnahme (und nur ausnahmsweise der Verhaftung) Spezialeinheiten in die Betriebe und quartierten Truppen auf dem Gelände von Firmen ein, um Materiallager zu schützen sowie die heimliche Produktion von Kriegsgütern, die Zerstörung von wertvollen Anlagen und die Vernichtung von wichtigen Dokumenten zu verhindern[54]. In einem Falle wurden mit Hilfe der neuen Betriebsräte Maschinen ermittelt, die während der deutschen Besatzung in Frankreich beschlagnahmt worden waren und nun zu ihren rechtmäßigen Besitzern zurückgeführt werden sollten[55]. Aus den nicht besetzten Betrieben kamen Klagen über Plünderungen durch befreite Zwangsarbeiter[56], aber auch durch mittellose Deutsche[57], sowie über die Requisitionen der französischen Truppen[58]. Die in Kornwestheim ansässige Firma Stotz, deren Gelände von US-Truppen besetzt war, mußte sich ähnlichen, anscheinend willkürlichen Requisitionsforderungen der Amerikaner fügen und Maschinenteile aus ihrem Lager abgeben, obwohl ohne diese die bereits genehmigte Produktion nicht wieder aufgenommen werden konnte[59].

Die Wiederaufnahme von Arbeit und Produktion in den einzelnen Betrieben war in jedem Fall genehmigungspflichtig. Unter französischer Regie durfte mit Ausnahme der Versorgungs- und Verkehrsbetriebe der Stadt und solcher, die im Auftrage der Besatzungstruppen produzierten, zunächst kein Betrieb wiedereröffnen. Ab 10. Mai 1945 erfolgten dann die ersten Arbeits- und Produktionsgenehmigungen in Stuttgart, allerdings nur für Betriebe mit höchstens zwölf Beschäftigten. Das änderte sich bald nach der Übernahme Stuttgarts durch die Amerikaner am 8. Juli 1945. Sie ignorierten den

[54] Zu den Aktivitäten der T-Force Einheiten in Stuttgart, die u. a. Berichte über ihre Überprüfungen der Firmen Kodak und Bosch anfertigten, siehe NA, RG 331, Hq. 6th Army Group, General Staff, G-2, Box 6, Annex Stuttgart. Verhaftungen, z. B. die von Direktor Heim in Sindelfingen, waren die seltene Ausnahme. Vgl. Schülerarbeitsgruppe am Goldberg-Gymnasium, Krieg und Wiederaufbau in Sindelfingen, 1939–1945, Sindelfingen 1985, S. 62.

[55] Vgl. Fritz Eberhard, Stuttgart im Mai 1945 [8. 6. 1945], in: Ulrich Borsdorf und Lutz Niethammer (Hrsg.), Zwischen Befreiung und Besatzung. Analysen des US-Geheimdienstes über Positionen und Strukturen deutscher Politik 1945, Wuppertal 1976, S. 67.

[56] Vgl. Das Werk Untertürkheim. Ein historischer Überblick, hrsg. von der Daimler-Benz AG, Stuttgart 1983, S. 102.

[57] Vgl. Otto Debatin, Der Vorläufige Württembergische Wirtschaftsrat des Jahres 1945. Eine Chronik, Stuttgart 1956, S. 62.

[58] Vgl. Kruk, Lingnau, Daimler-Benz, S. 163. Weitere Angaben zur Requisitionspraxis der Franzosen in: Debatin, Wirtschaftsrat, S. 61 ff.

[59] Vgl. Wirtschaftsarchiv Baden-Württemberg, Bestand Stotz, Nr. 601, Berichte über Besprechungen.

Vorschlag einiger führender Unternehmer, die noch vorhandene Geschäftsstelle der Industrie- und Handelskammer Stuttgart mit der Industriekontrolle zu beauftragen; statt dessen übertrugen sie diese dem städtischen Wirtschaftsamt[60]. Bereits am 30. Juli 1945 wurden alle Industrie- und Großhandelsunternehmen aufgefordert, sich unverzüglich anzumelden, damit über ihre Zulassung entschieden werden könne. Sofortige Genehmigungen sollten nach Anweisung der Militärregierung Betriebe der folgenden Wirtschaftsgruppen erhalten: Nahrungsmittel; medizinische und sanitäre Artikel; Seife; Textilwaren, Bekleidung und Schuhe; Kohle und sonstige Brennstoffe, flüssige Treibstoffe und Schmiermittel; Güter, die zum laufenden Betrieb der Gas- und Stromversorgung sowie der Eisenbahn-, Wasser- und Straßentransporte erforderlich sind; künstliche Faserstoffe; künstliche Düngemittel. Von den insgesamt 1740 Firmen, die Formulare einreichten, wurden 1423 bis Ende August zugelassen; bis Mitte November war diese Zahl auf 1566 gestiegen[61]. Während der Genehmigungsprozeß für die Industrie zu Beginn des Jahres 1946 weitgehend abgeschlossen war, wurden die Produktion und die Lagerbestände, der Rohstoff- und Energiebedarf sowie die Zahl der benötigten Arbeitskräfte vom Wirtschaftsamt, im Auftrage der amerikanischen Dienststellen, weiterhin laufend kontrolliert. Auf diese Weise sollte nicht nur die Umstellung von der Kriegs- zur Friedenswirtschaft garantiert, sondern auch der überall vorherrschende Mangel verwaltet werden.

Die Versuche der Unternehmer, bis in die letzten Tage des NS-Regimes hinein die Produktion aufrechtzuerhalten, folgten einerseits den Anforderungen der Kriegsmaschinerie, sie waren aber zugleich von dem handfesten Interesse geleitet, den Betrieb zusammenzuhalten und seinen Fortbestand zu sichern. Aus den gleichen betriebsegoistischen und ordnungspolitischen Motiven[62] heraus waren die Unternehmer auch jetzt wenig geneigt, dem neuen Behördenzwang zu folgen. Daß sich viele dieser Vorschriften als ineffektiv oder verfehlt erwiesen, verstärkte die Bereitschaft, auch unter den Arbeitnehmern, zur selbstverantwortlichen Improvisation noch erheblich[63].

Obwohl die Produktionsgenehmigungen wohl manchmal unter recht unkonventionellen Umständen erteilt wurden, wie die Fortuna-Werke in einer späteren Darstellung deutlich machten[64], wußten die Unternehmer den Wert des behördlichen Stempels doch zu schätzen. Gleichwohl warteten die wenigsten von ihnen dieses Plazet ab, bevor sie die dringendsten Aufräumungs-, Reparatur- und Bauarbeiten einleiteten und

[60] Zum Vorgehen der US-Besatzungsmacht insgesamt vgl. Michael Fichter, Arbeiterbewegung unter der Besatzung. Bedingungen ihrer Rekonstituierung am Beispiel Stuttgarts 1945–1946, in: Rolf Ebbighausen und Friedrich Tiemann (Hrsg.), Das Ende der Arbeiterbewegung in Deutschland? Ein Diskussionsband für Theo Pirker, Opladen 1984, S. 211 ff.; Harald Winkel, Geschichte der württembergischen Industrie- und Handelskammern Heilbronn, Reutlingen, Stuttgart-Mittlerer Neckar und Ulm 1933–1980. Zum 125jährigen Bestehen, Stuttgart 1981, S. 225 ff.; Kessner an den Oberbürgermeister am 24. 7. 1945; Stadtarchiv Stuttgart, 7140-0. Wirtschaftsamt Stuttgart, Verwaltungsbericht vom 20. 11. 1945; StAL, EL540, Bd. BA 90, 1945–47.

[61] Ebd.

[62] Vgl. Herbst, Krieg, S. 422 f.

[63] Vgl. die sehr plastische Darstellung von Kompensations- und Selbsthilfegeschäften bei Wolfgang Benz, Zwangswirtschaft und Industrie. Das Problem der Kompensationsgeschäfte am Beispiel des Kasseler Spinnfaser-Prozesses von 1947, in: Vierteljahrshefte für Zeitgeschichte 32 (1984), S. 422 ff.

[64] Vgl. Fritz Köber, Was wir nicht vergessen wollen, in: Wir bei Fortuna. Werkszeitschrift, Nr. 46, (1965). Hiernach mußten er und der Direktor Lilienfein die Arbeitsbewilligung „von einem US-Wirtschaftsoffizier geradezu erpressen ... Als wir ihn so weit hatten, begnügte er sich mit der handschriftlichen Niederschrift eines Diktats unseres kaufmännischen Chefs, und so primitiv diese Erlaubnis war, der Briefkopf und der dazugehörige Stempel bewirkten manches, was sonst unmöglich gewesen wäre."

eine zum Teil sehr erfinderische Notproduktion aufnahmen. Dabei beschränkten sich die Betriebe nicht nur auf die Herstellung der offiziell angemeldeten Erzeugnisse, sondern übernahmen auch Reparaturaufträge von anderen Firmen wie von den Besatzungsmächten und stellten ebenso Geräte und Bedarfsartikel her, die sich dafür eigneten, über die Belegschaft abgesetzt oder gegen andere Produkte, die der Hersteller selbst benötigte, eingetauscht zu werden. Auch wenn es kaum konkrete Belege dafür gibt, ist anzunehmen, daß manche dieser ersten Improvisationen, deren Ziel es war, den Produktionsstillstand zu überwinden, eine neue Rentabilitätsgrundlage zu schaffen und eine Weiterbeschäftigung vor allem der Arbeiter zu ermöglichen, von den anwesenden Belegschaftsangehörigen mitinitiiert wurden[65].

Das Interesse der Firmenleitungen, wie etwa bei Bosch, den „eigenen Arbeitskräften in der Übergangszeit Beschäftigung zu bieten"[66], war nicht uneigennützig und hielt sie nicht davon ab, nach der Besetzung umfangreiche Entlassungen und Beurlaubungen vorzunehmen. Vielfach wurden dabei die arbeitsrechtlichen Vorschriften nicht eingehalten. Erst die verbindlichen Richtlinien des Landesarbeitsamtes Württemberg vom 21. Juni 1945, deren ersten Entwurf die Unternehmer zu ihren Gunsten verändern konnten, band die Firmen an Regeln für die Entlassung bzw. Weiterbeschäftigung sowie für die Vergütung von Ausfallzeiten und Aufräumungsarbeiten, in denen die Interessen der Arbeitnehmer berücksichtigt waren[67]. Aber auch unter diesen Bedingungen konnten sich die Firmen zunächst darauf beschränken, nur eine ausgewählte Stamm-Mannschaft aus noch anwesenden oder zurückgekehrten deutschen Betriebsangehörigen zu behalten bzw. wiederzubeschäftigen. Auf diese Weise wollten sich die Unternehmer die nötigen Fachkräfte für den künftigen betrieblichen Wiederaufbau erhalten. Das mochte zugleich auch die Funktion haben, die Betriebe „‚als feste Ordnungsblocks'" zu erhalten und die Stammarbeiter dort zu binden, „damit sie als revolutionäres Potential nicht für die ‚Straße' freigesetzt würden"[68].

Bei der Firma Bleyle, deren Betriebsführer kurz vor der Besetzung noch so zuversichtlich Arbeits- und Verdienstmöglichkeiten anbieten wollte, waren in den ersten Wochen nach der Besetzung fast ausschließlich Männer beschäftigt, die das verbarrikadierte Betriebsgelände bewachten, Aufräumungsarbeiten verrichteten und Maschinen instandsetzten. Erst Mitte August erfolgte die Produktionsaufnahme, wobei die anhaltende Materialknappheit dazu führte, daß noch im Dezember 1945 lediglich 271 Mitarbeiter im Betrieb waren. Im ersten Halbjahr 1944 hatte Bleyle bei einer 60-Stunden-Woche – zum Vergleich – durchschnittlich 724 weibliche und 247 männliche Voll-

[65] Für Bremen vgl. hierzu Brandt, Betriebsräte, S. 166.

[66] Vgl. Rundschreiben der Firma Bosch vom 7. 5. 1945, in: Klaus-Jörg Ruhl, Die Besatzer und die Deutschen. Amerikanische Zone 1945–1948, Düsseldorf 1980, S. 84.

[67] Vgl. Richtlinien für die Lösung von Dienstverträgen vom 28. 5. 1945; Wirtschaftsarchiv Baden-Württemberg, Bestand IHK Stuttgart. Bericht über die 5. Sitzung des vorläufigen württembergischen Wirtschaftsrats am 12. 6. 1945; HStASt, EA 6/3, Bd. 259. Vgl. Richtlinien für die Lösung von Dienstverträgen vom 21. 6. 1945; Archiv des Deutschen Gewerkschaftsbundes, Landesbezirk Baden-Württemberg, Bundesvorstand. Haspel/Hoppe (Daimler-Benz) an den Präsidenten des Landesarbeitsamtes am 1. 6. 1945; Wirtschaftsarchiv Baden-Württemberg, Bestand Fortuna, Ordner Verschiedenes. Zu der Zustimmung der Gewerkschaftsführung vgl. Markus Schleicher, Vortrag: Gewerkschaftsprobleme, Radio Stuttgart am 18. 8. 1945; Zentralarchiv des Süddeutschen Rundfunks Stuttgart. Bericht der württembergischen und badischen Gewerkschaften, Mai 1945 bis August 1946, S. 7; Archiv des Deutschen Gewerkschaftsbundes, Landesbezirk Baden-Württemberg, Ordner Wü-Ba Bund, Mappe Satzungskommission.

[68] Herbst, Krieg, S. 407.

zeitbeschäftigte (darunter 90 Zwangsarbeiter) und 317 weibliche Teilzeitkräfte im Betrieb sowie 734 Heimarbeiterinnen[69].

Auch die Belegschaft der Fortuna-Werke, die unmittelbar vor der Betriebsstillegung im April noch 716 Mitarbeiter gezählt hatte, wurde zunächst auf 115 reduziert, bevor sie zum Jahresende 1945 etwa die Hälfte ihrer Stärke aus den letzten Kriegsmonaten wieder erreichte. Anstatt wie bisher hochwertige Schleif- und Schärfmaschinen sowie Meßgeräte herzustellen, führte die Belegschaft Reparaturarbeiten an Maschinen von landwirtschaftlichen Betrieben und von Firmen der Lebensmittel-, Textil-, Bekleidungs- und Lederindustrie aus. Darüber hinaus fabrizierte sie damals rare und sehr begehrte Feuerzeuge (die im Betrieb „nach Strich und Faden geklaut" wurden[70]), Messer und Kämme für Schafschurapparate sowie zusammenschraubbare Wischstöcke zur Gewehrreinigung für die Besatzungstruppen. Fortuna baute aber auch neue Maschinen, die eigens für den speziellen Bedarf in der Reifenherstellung (Cordmanschetten-Schärfmaschine) bzw. der optischen Industrie (Brillenglas-Facettierautomaten) konstruiert wurden[71].

Bei der Firma Gebr. Boehringer in Göppingen fanden im Mai 1945 lediglich 80 Angestellte und 230 Arbeiter eine Beschäftigung, obwohl die Betriebseinrichtungen vollständig intakt waren. Im März, als die Verkehrsverhältnisse und die mangelhafte Stromversorgung schon zu erheblichen Produktionseinschränkungen geführt hatten, hatte die Firma noch 678 Deutsche, 262 zivile Ausländer und 59 Kriegsgefangene beschäftigt. Nachdem man anfangs vor allem Reparaturaufträge übernommen hatte, wurde das Produktionsprogramm, das bis zum Kriegsende Werkzeugmaschinen und Ölgetriebe umfaßt hatte, bald verändert. Schon im Juni 1945 konnte die Firma Maschinen für WMF, die einen großen Auftrag für Bestecke von der US-Armee hatte, sowie Dosenschließmaschinen und Handwagen bauen. Außer der Herstellung von Prothesen für Beinamputierte bereitete sie auch die Produktion von Werkzeugmaschinen unter anderem für die Kraftfahrzeugindustrie vor. Bei einer 30-Stunden-Woche im Büro und einer 40-Stunden-Woche im Betrieb stieg die Beschäftigtenzahl bis Juli auf insgesamt 533 (davon 52 Frauen) an, während die Zahl der Entlassenen bei 472 (170 Frauen) und die der Beurlaubten bei 272 (75 Frauen) lag[72].

Für die Daimler-Benz AG dauerte es ein gutes Jahr, bis die umfangreichen Zerstörungen in ihren Untertürkheimer und Sindelfinger Werken soweit behoben waren, daß dort nicht mehr nur Kfz-Reparaturen durchgeführt und Haushaltsartikel angefertigt zu werden brauchten, sondern die eigentliche Produktion (Lieferwagen), die bereits am 11. Dezember 1945 genehmigt wurde, allmählich aufgenommen werden konnte[73]. Im Gegensatz zu vielen anderen Firmen verfügte Daimler-Benz über große

[69] Vgl. Aufstellung der Wirtschaftskontrolle Stuttgart vom 9. 1. 1946; StAL, EL 540, BA 90, 1945–47. Wilh. Bleyle K.G., Leistungsbericht 1944, S. 6f.; Wirtschaftsarchiv Baden-Württemberg, Bestand Bleyle. Vorläufige Regelung für die betrieblichen Arbeiten vom 30. 4. 1945; ebd.

[70] Interview mit den ehemaligen und noch amtierenden Fortuna-Betriebsräten Eugen Fürst, Willi Hetzel, Manfred Hertog und Walter Zeeb, Stuttgart am 4. 6. 1985.

[71] Vgl. Max Knorr, Was wir nicht vergessen wollen, in: Wir bei Fortuna. Werkszeitschrift, Nr. 44, (1964). Fünfzig Jahre Fortuna-Werke. Beitrag zur Geschichte eines schwäbischen Fabrikunternehmens, o.O., o.J., S. 139f.; Wirtschaftsarchiv Baden-Württemberg, Bestand Fortuna.

[72] Vgl. Berichte an das Landratsamt über die Monate Mai und Juni sowie Bericht an Military Government Germany vom 23. 7. 1945; Wirtschaftsarchiv Baden-Württemberg, Bestand Gebr. Boehringer, Nr. 329. WMF an Gebr. Boehringer am 23. 6. 1945; ebd., Nr. 334.

[73] Vgl. OMGWB an Daimler-Benz am 11. 12. 1945; Stadtarchiv Stuttgart, 700-3. Erst 240 Stück des Modells 170V liefen im Jahr 1946 vom Band, während ein Jahr später die Stückzahl 1100 erreichte.

Bargeldsummen (ca. 250 Millionen RM)[74], die so rasch wie möglich in Sachwerte für die Firma umgewandelt werden sollten. So vergab sie beispielsweise Anfang 1946 einen Bauauftrag für das Werk Sindelfingen in Höhe von 9,5 Millionen RM[75], womit etwa 500–600 Menschen eine Beschäftigung erhielten[76].

In diesem Werk hatten im April 1944 noch 7085 Menschen (davon rund ein Drittel Zwangsarbeiter) gearbeitet. Mitte Juni 1945 waren es gerade 500, bis zum Jahresende stieg die Zahl auf 2254 an[77]. Das Werk Untertürkheim hatte im März 1945 noch 13 183 Beschäftigte (darunter 3801 zivile Zwangsarbeiter und 257 Kriegsgefangene)[78]; Anfang Juni waren lediglich 600 Arbeiter und 400 Angestellte im Betrieb, die ausschließlich Aufräumungs- und Abrechnungsarbeiten ausführten[79]. Bis Dezember hatte die Firma wieder 3740 Mitarbeiter[80].

Wie die Firmen Fortuna und Boehringer stellte sich auch die Firmenleitung von Bosch rasch auf neue Produkte ein. Schon Anfang Mai gab sie bekannt, daß nunmehr „einfache Haushaltsgeräte wie stabile Kochtöpfe aus Leichtmetall, Bratpfannen aus dünnem, nicht brüchigem Stahlguß, Stielpfannen, feuerfeste Schalen aus Pyranit, Eß- und Trinkgeschirr sowie Vorlegbestecke aus Pollopas und Fleischhackmaschinen, sowie kleine und mittelgroße Installations-Bauelemente für Wasser, Gas, sanitäre Anlagen, Heizung, elektrische Anlagen in Haushalt und Gewerbe“ zu ihrem neuen Fertigungsprogramm gehörten[81]. Außerdem nahm sie mit dem vorhandenen Aluminium-Schrott die Herstellung von Spätzle-Maschinen auf[82].

Für diese Produktion konnte die Firma Bosch freilich nur einen geringen Teil der mehr als 16000 Arbeitnehmer, die sie zu Beginn des Jahres 1945 in Stuttgart, Feuerbach und den Verlagerungsstätten beschäftigt hatte, gebrauchen. Bis Ende 1945 hatte die Firma nicht nur die 5510 Zwangsarbeiter, sondern auch 8528 deutsche Betriebsangehörige entlassen, weitere 2412 Mitarbeiter waren beurlaubt[83]. „Entlassen wurden in erster Linie die Dienstverpflichteten, die Halbtagsbeschäftigten, Rentner, die während des Krieges eingetretenen Betriebsangehörigen und politisch belastete Personen. Außerdem wurden grundsätzlich Personen im Alter von 60 Jahren und mehr in die

[74] Vgl. Das Werk Untertürkheim. Ein historischer Überblick, hrsg. von der Daimler-Benz AG, Stuttgart 1983, S. 102f.; zu den Vorbereitungen des Konzerns für die Nachkriegszeit vgl. Das Daimler-Benz-Buch, S. 300f.

[75] Vgl. Schülerarbeitsgruppe am Goldberg-Gymnasium, Krieg und Wiederaufbau in Sindelfingen, 1939–1949, Sindelfingen 1985, S. 21.

[76] Vgl. Betriebsversammlung, Werk Sindelfingen am 22. 5. 1946; Archiv des Betriebsrats, Werk Sindelfingen, Daimler-Benz AG.

[77] Vgl. Schülerarbeitsgruppe am Goldberg-Gymnasium, Krieg und Wiederaufbau in Sindelfingen, 1939–1949, Sindelfingen 1985, S. 24 und S. 117. Betriebsversammlung, Werk Sindelfingen am 19. 9. 1947; Archiv des Betriebsrats, Werk Sindelfingen, Daimler-Benz AG. Zentralstatistik, Gesamt-Belegschaft der Daimler-Benz AG, 9. 1. 1984; Zentralarchiv der Daimler-Benz AG.

[78] Vgl. NA, RG 243, USSBS, Daimler Benz AG, Untertürkheim. Final Report, 18. August 1945/Januar 1947, Box 7, Entry 7.

[79] Vgl. Technisches Referat an Herrn Oberbürgermeister am 7. 6. 1945; Stadtarchiv Stuttgart, 700-3. Das Schreiben enthält auch Zahlenangaben für die Stuttgarter Firmen Bosch, Mahle und Norma.

[80] Vgl. Aufstellung der Wirtschaftskontrolle Stuttgart vom 9. 1. 1946; StAL, EL 540, BA 90, 1945–47.

[81] Rundschreiben der Firma Bosch vom 7. 5. 1945, in: Ruhl, Besatzer, S. 84.

[82] Vgl. Arbeiterbewegung und Wiederaufbau in Stuttgart 1945–1949. Materialsammlung und Katalog zur Ausstellung in der „Galerie im Lichthof“ des DGB-Hauses 28. 4.–3. 7. 1982, hrsg. vom Deutschen Gewerkschaftsbund Stuttgart, Stuttgart 1982, S. 208. Stuttgarter Zeitung vom 3. 11. 1945. Offenbar war dieses Produkt bei den ehemaligen Rüstungsfirmen als Tauschobjekt für Lebensmittel sehr beliebt.

[83] Vgl. Robert Bosch GmbH, Stuttgart, Geschäftsbericht für die Zeit vom 1. 1. 1945 bis 30. 6. 1946; Stadtarchiv Stuttgart, 7030 Bosch.

Bosch-Hilfe überführt. Für Frauen wurde das Pensionierungsalter auf 55 Jahre herabgesetzt."[84]

Drei Wochen nach der Besetzung nahm Bosch die notwendigen Aufräumungsarbeiten und die neue Produktion mit nur 817 Mitarbeitern auf, Anfang Juni 1945 waren insgesamt rund 600 Arbeiter und 600 Angestellte in den Werken Stuttgart und Feuerbach beschäftigt[85]. Ende August 1945 konnte das Arbeitsamt Stuttgart feststellen, daß im Werk Feuerbach bereits wieder 846 Personen mit Vollzeit- und 299 mit Teilzeitverträgen Batterien, Kühlschränke und Kfz-Ausrüstungen für die Besatzungsmächte herstellten[86]. Am Jahresende 1945 meldete die Wirtschaftskontrolle eine Gesamtbelegschaftsstärke von 4109 Mitarbeitern bei Bosch[87].

Mit der vorübergehenden Stillegung der Betriebe im April 1945 war gleichsam eine Abschlackungskur am Personalbestand verbunden. Die Unternehmer entledigten sich bestimmter Teile ihrer „Gefolgschaften": der Arbeitsverpflichteten, der weniger qualifizierten Männer, Frauen und Ausländer. Gehalten wurden in erster Linie die qualifizierten Männer, vor allem die Facharbeiter, die ihrerseits auch zum Betrieb hielten. Für die ehemaligen Kollegen der Stamm-Belegschaften, die zum Militärdienst eingezogen worden waren, wurden Arbeitsplätze freigehalten. Der Moment der Stillegung war also auch der Ausgangspunkt zur Konsolidierung und Neubildung der Belegschaften, deren Basis die vertrauenswürdigsten, erfahrensten und qualifiziertesten Mitarbeiter bildeten. Neben den offensichtlichen Vorteilen für den Betrieb schuf diese Entwicklung auch eine wichtige Voraussetzung dafür, daß sich rasch eigenständige Vertretungen der Arbeitnehmer mit gewerkschaftlichen und zum Teil dezidierten politischen Ansprüchen bilden konnten.

3. Entstehung und erste Maßnahmen der Betriebsräte im Frühjahr 1945

a) Die Aufbauphase

Schon in den ersten Tagen nach dem Einmarsch der alliierten Besatzungstruppen bildeten sich im Raum Stuttgart ebenso wie in allen anderen städtischen und industriellen Ballungsgebieten Deutschlands die ersten Betriebsräte[88]. Nach den Angaben des sozialdemokratischen Emigranten Fritz Eberhard, der als Berichterstatter für den US-Geheimdienst OSS aus England nach Stuttgart gekommen war, gab es bereits Anfang Juni 1945 Betriebsräte in allen Großbetrieben der Metallindustrie[89]. Als wichtigster Wirtschaftszweig im Raum Stuttgart hatte sich die Metallindustrie schon in der Weimarer Republik durch den relativ großen Anteil an männlichen Facharbeitern, den hohen gewerkschaftlichen Organisationsgrad und durch eine starke Resonanz der Arbeiterparteien unter den Beschäftigten ausgezeichnet. Aber auch aus anderen gewerb-

[84] Ebd., S. 10.

[85] Vgl. Technisches Referat an den Oberbürgermeister am 7. 6. 1945; Stadtarchiv Stuttgart, 700-3.

[86] Vgl. Aktenvermerk vom 31. 8. 1945, Betriebsüberprüfung in Feuerbach; StAL, K 326/II, Bd. 48. Schreiben Bosch an den Oberbürgermeister vom 10. 8. 1945; Stadtarchiv Stuttgart, 7030 Bosch II.

[87] Aufstellung der Wirtschaftskontrolle Stuttgart vom 9. 1. 1946; StAL, EL 540, BA 90, 1945–47.

[88] Vgl. die in den Anm. 4 und 6 genannten Studien.

[89] Vgl. Eberhard, Stuttgart, S. 66 f.

lichen Betrieben, aus Leder verarbeitenden Fabriken, Brauereien und aus den städtischen Versorgungsbetrieben wurden gleichlautende Aktivitäten gemeldet[90]. Die ehemaligen NS-Funktionsträger in den Belegschaften, DAF-Betriebsobleute und Vertrauensräte, waren nach Kriegsende teils nicht mehr in ihren Betrieben erschienen, teils vorsorglich und „klammheimlich" von der Betriebsleitung entlassen worden, teils unter Aufsicht zu Aufräumungsarbeiten eingeteilt. Sie traten jedenfalls lautlos von der betriebspolitischen Bühne ab. Anders als viele Unternehmer und höhere Angestellte versuchten sie erst gar nicht, sich vor der Belegschaft zu rechtfertigen, geschweige denn, bei der Zusammensetzung der neuen Betriebsräte zu intervenieren. Lediglich in einzelnen nicht namentlich gekennzeichneten Fällen, so Fritz Eberhard, versuchten Arbeitgeber „‚wilde' Arbeiter-Ausschüsse" zu bilden, zu denen sie auch ehemalige NS-Mitglieder heranzogen[91].

Die meisten Aktivisten, die mit oder ohne die förmliche Bezeichnung als „Betriebsräte" die ersten Initiativen ergriffen und sich in den Trümmern ihrer stillgelegten Arbeitsstätten versammelten, wurden nicht gewählt, sondern durch formlose Verständigung untereinander in Anknüpfung an die Zeit von vor 1933 als die rechtmäßigen Vertreter der Arbeiterschaft wieder herbeigerufen oder aufs neue anerkannt. Angesichts der zahlenmäßig stark reduzierten Belegschaften in den ersten Wochen nach Kriegsende fehlte ihnen gewiß eine genügende demokratische Mehrheitslegitimation. Andererseits erleichterte die Einschrumpfung auf den harten Kern von Facharbeitern der alten Stammbelegschaft die innerbetriebliche Verständigung und den Rückgriff auf noch gut bekannte und bewährte Personen, meist ehemalige SPD- oder KPD-bzw. KPO-Mitglieder. Diese Aktivisten waren zunächst hinreichend dadurch legitimiert, daß sie als langjährige Antifaschisten und vielfach auch als ehemalige Betriebsräte von vor 1933 ausgewiesen waren. Das wurde überall in den Belegschaften – zumindest stillschweigend – anerkannt. Wie Eberhard von der Maschinenfabrik Hesser berichtete, gab es auch Fälle, in denen die Betriebsangehörigen von sich aus solche Kollegen aufsuchten und sie mit der Wahrnehmung ihrer Interessen beauftragten. Bei Hesser schickten die Arbeiter „eine Abordnung nach Bad Cannstatt/Hallschlag, wo Wilhelm Luckscheider als Hilfspolizist tätig war. Er war ihnen als Kommunist und aktiver Gewerkschaftler bekannt, hatte bis Kriegsende bei Hesser gearbeitet, und sie baten ihn, den Vorsitz eines zu bildenden Betriebsrates zu übernehmen, was er auch machte."[92] Dem gleichen Bericht zufolge befanden sich Anfang Juni unter 150 Mitgliedern neugebildeter Betriebsräte in der Stuttgarter Metallindustrie ungefähr gleich viele ehemalige Sozialdemokraten und Kommunisten. 85 Prozent von ihnen waren über 40 Jahre alt. Zu diesem Zeitpunkt gab es, so fügte Eberhard hinzu, zwischen Kommunisten und Sozialdemokraten noch „keinerlei Parteistreit"[93].

[90] Vgl. u.a. Denkschrift über die Besetzung der Stadt Kornwestheim [bei Stuttgart] und die geleisteten Arbeiten des bisher bestandenen Aktions-Ausschusses vom 9. 7. 1945; IfZ-Archiv, München, Bestand Fritz Eberhard, ED 117/89. Schreiben Eberhard an Genossen vom 25. 6. 1945; Archiv des Deutschen Gewerkschaftsbundes, Düsseldorf, Nachlaß Hans Gottfurcht, Ordner 9. Zu den Entwicklungen um die Bildung einer Betriebsvertretung in den Technischen Werken Stuttgarts vgl. weiter unten.

[91] Eberhard, Stuttgart, S. 67.

[92] Fritz Hirschmann, Das Entstehen der Einheitsgewerkschaft nach Kriegsende 1945 in Stuttgart, Diplomarbeit, Universität Hohenheim 1980. Zit. nach Dieter Lachenmayer, Das Scheitern der Neuordnungsvorstellungen der Gewerkschaften am Beispiel des Betriebsrätegesetzes in Württemberg-Baden 1945–1949, Wissenschaftl. Arbeit für das Lehramt, Universität Stuttgart 1982, S. 66.

[93] Eberhard, Stuttgart, S. 67.

Viele Vertreter der Arbeiterbewegung waren infolge nationalsozialistischer Diskriminierung oder Verfolgung ausgeschieden. Nicht wenige hatten sich aber in den Betrieben gehalten oder wieder eingefunden. Auch viele von denen, die 1933 zunächst entlassen oder zeitweilig inhaftiert waren, wurden später wegen ihrer fachlichen Qualifikation wieder eingestellt. In der Regel waren es männliche Facharbeiter[94], die für die Kriegsproduktion dringend benötigt wurden und so – nach erfolgter Freilassung – wieder einen Arbeitsplatz finden konnten. Während des Krieges waren viele von ihnen dann u.k.-gestellt. Auch wenn sie sich in dieser Zeit politisch nicht betätigten[95], war ihre Vergangenheit und ihre Gegnerschaft zum Nationalsozialismus in der Belegschaft bekannt.

Ein in dieser Hinsicht nicht untypisches Beispiel lieferte die Firma Bosch. Anfang Mai 1945 trafen sich sozialdemokratisch und kommunistisch gesinnte Kollegen in den Werken Stuttgart und Feuerbach unabhängig voneinander, um provisorische Betriebsräte zu bilden. Im Stuttgarter Werk gehörten unter anderem Facharbeiter Eugen Eberle[96] (ehemals KPD), Gustav Flogaus (KPO), Hermann Weller (KPO), Robert Schanbacher (KPO), Paul Hofstetter (SPD), Erhard Schneckenburger (SPD) und Gustav Knoblich (parteilos) zu dieser Gruppe. Eberle war im Jahre 1933 Betriebsratsvorsitzender bei Kodak in Stuttgart-Wangen gewesen und nach der Machtübernahme der Nationalsozialisten verhaftet worden. Nach seiner Entlassung hatte er Anfang 1934 eine Stelle bei Bosch als Werkzeugmacher angetreten, wobei er seine politische Vergangenheit und seine Schutzhaftzeit freilich verschweigen mußte. Flogaus, Weller, Schanbacher und Hofstetter waren früher Betriebsräte bei Bosch gewesen; einige von ihnen waren ebenso wie Eberle 1933 zeitweise in Schutzhaft genommen worden[97]. Auch Otto Bofinger (SPD), der erste Betriebsratsvorsitzende nach 1945 in der Firma Fortuna-Werke (Stuttgart-Bad Cannstatt), wurde unter dem NS-Regime verfolgt. Nach

[94] In all den Dokumenten hierzu sowie in den Aussagen der von mir und anderen Befragten wurden keine Frauen unter diesen ersten Betriebsvertretern genannt. Vgl. hierzu auch von Plato, Verlierer, S. 23 ff.; Brandt, Betriebsräte, S. 160 f.; Suckut, Betriebsrätebewegung, S. 124.

[95] Mir ist nicht bekannt, daß es während des Krieges in einem Betrieb im Raum Stuttgart zu einem Fall aktiven Widerstandes gekommen ist, an dem ein späterer Betriebsrat beteiligt war. Im Daimler-Werk Sindelfingen flog 1942 eine Gruppe von Kommunisten auf, die Flugblätter verbreitet und Zwangsarbeiter mit Nahrungsmitteln versorgt hatte. Einer der Verhafteten, der Facharbeiter und spätere Obermeister Erwin Zimmermann, wurde 1945 befreit und arbeitete danach wieder bei Daimler. Er war dann in Sindelfingen für die KPD politisch tätig, aber nicht im Betriebsrat. Vgl. Schülerarbeitsgruppe am Goldberg-Gymnasium, Krieg und Wiederaufbau in Sindelfingen 1939–1949, Sindelfingen 1985, S. 42, S. 44 f. Dagegen die Schilderung einer Widerstandsaktivität, an die sich der Betriebsrat Fritz Zängerle, Opel-Rüsselsheim, erinnerte, in: Ulrich Schneider u. a. (Hrsg.), Als der Krieg zu Ende war. Hessen 1945: Berichte und Bilder vom demokratischen Neubeginn, Frankfurt 1980, S. 98 f.

[96] Eugen Eberle (Jg. 1908), Werkzeugmacher und Prüftechniker. 1927 trat er in den Deutschen Metallarbeiterverband ein, ein Jahr später wurde er als bereits aktives Mitglied des KJVD in die KPD aufgenommen. Er war Mitbegründer der Marxistischen Arbeiterschule MASCH. Von 1945 bis zu seiner Entlassung 1952 war er Vorsitzender des Gesamtbetriebsrates von Bosch. Von 1947 bis 1985 war er Mitglied des Stuttgarter Stadtrates, zunächst in der KPD-Fraktion und ab 1959 mit einer unabhängigen Liste. 1971 gründete er zusammen mit Fritz Lamm das „Parteifreie Bündnis". Nach fünf Jahren Arbeitslosigkeit machte sich Eberle 1957 mit einer Versicherungsagentur selbständig. Er lebt heute noch in Stuttgart.

[97] Vgl. die Erinnerungen von Franz Gremminger in: Arbeitskreis zur Erforschung der Geschichte der Stuttgarter Arbeiterbewegung beim DGB (Hrsg.), Arbeiterbewegung in Stuttgart 1933. Erinnerungen, Berichte, Dokumente. Zusammenstellung und Redaktion Helmut Fidler, Tübingen 1984, S. 76. Vgl. auch zur Betriebsrätepolitik bei Bosch vor 1933 Stolle, Arbeiterpolitik, S. 208 ff. Eberle, Grohmann, Nächte, S. 160. Eugen Eberle, Sieben Jahre offensiver Widerstand, in: Tilmann Fichter und Eugen Eberle, Kampf um Bosch, Berlin 1974, S. 140 f.

kurzer Schutzhaft 1933 ist der Fortuna-Mitarbeiter und ehemalige Betriebsrat wegen Vorbereitung zum Hochverrat im Jahre 1936 wieder verhaftet und zu einer mehrjährigen Haftstrafe verurteilt worden. Erst im Jahre 1939 hatte er wieder Arbeit als Werkzeugmacher bei Fortuna finden können[98].

Im Werk Sindelfingen der Daimler-Benz AG waren es die ehemaligen Betriebsratsmitglieder Josef Holzner (KPD), August Mayer (KPD), Emil Schübele (SPD), Friedrich Dettinger (KPD), Ernst Rudolf (KPD) und Otto Götz (KPD), die sich sofort nach der Wiedereröffnung des besetzten Werkes am 18. Mai 1945 zusammenfanden und der Werksleitung erklärten, daß sie die ihr „widerrechtlich genommenen Rechte wieder in die Hand nehmen" wollten. Alle waren Facharbeiter und langjährige Betriebsangehörige und, wie Holzner auf der ersten Betriebsversammlung im September 1945 in Erinnerung rief, in der NS-Zeit zeitweilig „eingekerkert", verfolgt und auch danach noch lange bespitzelt worden. „Das weiß ja jeder einzelne von uns. Hausdurchsuchungen, Durchsuchungen der Werkzeug- und Kleiderkästen, Verschleppung in die Konzentrationslager, das war das Los der Arbeiterräte und Funktionäre, ohne Gnade und ohne Recht, ehrlos nach einem Leben der Arbeit und Ehre."[99]

Parallel zu den selbständigen Initiativen in den Betrieben bemühte sich ein Gewerkschaftskreis darum, die Bildung von Betriebsräten unter seiner Obhut einzuleiten und abzusichern. Dieser Kreis setzte sich zunächst aus Altfunktionären und Vertrauenspersonen der 1933 gewaltsam aufgelösten Freien (sozialdemokratischen) Gewerkschaften zusammen, die schon vor dem Einmarsch der alliierten Truppen Kontakt miteinander aufgenommen hatten. Geleitet wurde der Kreis von dem 60jährigen Markus Schleicher, der bis 1933 als Generalsekretär und Leiter des Tarifvertragswesens im Deutschen Holzarbeiterverband des ADGB mit Fritz Tarnow eng zusammengearbeitet hatte[100]. Die anderen Altfunktionäre waren vor 1933 zumeist Bezirksleiter ihrer jeweiligen Gewerkschaft gewesen[101]. Aus ihren damaligen Stellungen, aus denen sie von den Nationalsozialisten verdrängt worden waren, leiteten sie ihren kollektiven Anspruch auf eine führende Rolle beim Gewerkschaftsaufbau im Stuttgarter Raum und auf Anerkennung durch die Besatzungsmacht ab[102]. Als ihre wichtigste erste Aufgabe betrachteten sie die Einrichtung von Vertretungsorganen in den Betrieben, weil diesen „von jeher die Aufgabe zufiel, Vereinbarungen zwischen den Gewerkschaften

98 Vgl. Zeugnis O. Bofinger vom 8. 11. 1945; Archiv des Betriebsrats der Fortuna-Werke, Stuttgart, Ordner Spruchkammer.

99 Protokoll der Betriebsversammlung am 4. 9. 1945, S. 2; Archiv des Betriebsrats, Werk Sindelfingen, Daimler-Benz AG. Vgl. auch Bericht zur Versammlung am 22. 5. 1946; ebd.

100 Von 1933 bis 1936 galt Schleicher als Staatsfeind und war arbeitslos. Danach verließ er Berlin und ging nach Württemberg zurück, wo er seine gewerkschaftliche Tätigkeit begonnen hatte. In Stuttgart konnte er bis 1940 in einem kleinen Betrieb arbeiten, dann wurde er zur Wehrkreisverwaltung dienstverpflichtet, wo er bis zum 1. 4. 1945 blieb. Vgl. Military Government of Germany, Fragebogen Markus Schleicher, o. J.; Archiv des Deutschen Gewerkschaftsbundes, Landesbezirk Baden-Württemberg, Ordner Markus Schleicher, Persönliches ab 1945.

101 Zur gewerkschaftlichen Organisation in Württemberg vor 1933 vgl. Württembergischer Gewerkschaftsbund, Übersicht über die Zahl der gewerkschaftlich organisierten Arbeitnehmer in Württemberg im April 1933, o. J.; ebd.

102 Vgl. Kurzbericht über die Gründung des Württembergischen Gewerkschaftsbundes am 31. 5. 1945; Archiv des Deutschen Gewerkschaftsbundes, Landesbezirk Baden-Württemberg, Ordner Gründungsprotokolle, Genehmigungen, Richtlinien.

und den Unternehmern in den Betrieben zu überwachen und durchzuführen"[103]. Durch das NS-Regime, so argumentierten die Gewerkschaftsaktivisten, seien die Arbeiter ihrer legitimierten Vertretungen und damit ihres sozialpolitischen Schutzes beraubt und einer gnadenlosen Kriegsmaschinerie ausgeliefert worden. Auf diese Weise sei es gelungen, „die freie Arbeiterschaft im Betrieb zur Gefolgschaft des Unternehmers zu stempeln"[104].

Um diesen Zustand zu beenden, trat der Gewerkschaftskreis schon am 2. Mai 1945 an die französische Militärregierung mit dem Wunsch heran, die nationalsozialistischen Vertrauensräte sofort zu beseitigen und durch „alte Gewerkschaftler" zu ersetzen. Obwohl die französische Militärregierung dem Funktionärskreis, der sich inzwischen „Stuttgarter Gewerkschaften" nannte, weder die Werbung von Mitgliedern noch die Herausgabe von Informationsmaterialien erlauben wollte, gab sie ihm die gewünschte Genehmigung, gewerkschaftliche Betriebsvertretungen zu ernennen und diese damit zu beauftragen, „Ruhe und Ordnung in den Betrieben aufrechtzuerhalten und für ein gutes Einvernehmen zwischen der Militärbehörde und der Zivilbevölkerung zu sorgen"[105].

Inwieweit es an dieser dem Gewerkschaftskreis verliehenen Autorität lag, daß sich die selbständig organisierten Betriebsräte von den selbst eben erst neu gebildeten Gewerkschaften ihre Arbeit bestätigen ließen, und inwieweit an ihrem Bedürfnis, dadurch ihre Legitimation zu verstärken, ließe sich schwer beantworten. Beides spielte sicher eine Rolle. Jedenfalls traten die Betriebsräte von vornherein auch als Vertreter der Gewerkschaften in den Betrieben auf. Die Gewerkschaften mußten nicht wie andernorts versuchen, Autonomiebestrebungen zu bändigen[106]. Bei Bosch fanden zunächst interne Vorbereitungstreffen statt, danach wurde der vorläufige Betriebsausschuß, bestehend aus Hofstetter, Eberle, Flogaus, Schanbacher und dem Dreher Samuel Lohfink, am 11. Mai 1945, wie es hieß, „nach Rücksprache mit der Gewerkschaftsführung" gebildet[107]. Auch in Sindelfingen wurde die erste Zusammenkunft alter Betriebsräte aufgrund deren eigener Initiative im Betrieb vorbereitet. Sie fand jedoch erst statt, nachdem die Gewerkschaften in Stuttgart die alten Betriebsräte aufgefordert hatten, ihre früheren Ämter wiederaufzunehmen. Im Daimler-Werk Untertürkheim sowie bei der Siemens-Schuckertwerke AG und der Siemens & Halske AG, wo die provisorischen Arbeiter- und Angestelltenvertretungen ebenso wie die vorher

[103] Bericht der provisorischen Gewerkschaftsleitungen über den Aufbau der Württembergischen und Badischen Gewerkschaften vom Mai 1945 bis August 1946, hrsg. vom Gewerkschaftsbund Württemberg-Baden, Bundesvorstand, Stuttgart 1946, S. 21; Archiv des Deutschen Gewerkschaftsbundes, Landesbezirk Baden-Württemberg, Ordner Württemberg-Baden, Organisationsaufbau, Mappe Satzungskommission.

[104] Ebd.

[105] Der provisorische Vorstand des Württembergischen Gewerkschaftsbundes, Informationsbericht über den Neuaufbau der Gewerkschaften in Württemberg am 12. 2. 1946; NA, RG 260, 12/8-1/10. Vgl. auch Kurzbericht; Anm. 102. Vgl. hierzu die anders gelaufene Entwicklung in Bremen bei Brandt, Betriebsräte, S. 163.

[106] Vgl. Gunther Mai, Die Geislinger Metallarbeiterbewegung zwischen Klassenkampf und Volksgemeinschaft 1931–1933/34. Mit einem Nachwort: Der Neubeginn 1945, Düsseldorf 1984, S. 94. Auf die weitere Entwicklung des Gewerkschaftsaufbaus kann im Rahmen dieses Aufsatzes nicht weiter eingegangen werden. Dies wird jedoch in der demnächst erscheinenden, in Anm. 9 genannten Studie ausführlich geschehen.

[107] Vgl. Meldung an die Leitung des Gewerkschaftsbundes, Herrn Schleicher, vom 12. 5. 1945; Archiv des Deutschen Gewerkschaftsbundes, Landesbezirk Baden-Württemberg, Ordner Metall/Musiker, Mappe IV Metall 1946–47.

genannten unter der Leitung ehemaliger Betriebsräte errichtet wurden, ließen sich die neuen Betriebsvertretungen ebenfalls von der Gewerkschaftsführung bestätigen[108].

Das entsprach ganz dem Interesse des Gewerkschaftskreises. Mit der französischen Genehmigung war seine Stellung auch bei möglichen Konflikten zwischen den alten, vom Gewerkschaftskreis unterstützten Betriebsräten und neuen, radikaleren Kräften gestärkt, wie sie beispielsweise in der Stuttgarter Brauerei Wulle anzutreffen waren[109]. Ohne eine gewerkschaftliche Kontrolle über die Betriebsräte, so betonte Schleicher auch der Militärregierung gegenüber, müsse man „Sabotage-Akte sowohl durch Kräfte der Nationalsozialisten, wie auch durch die Bildung wilder Komitees, für deren Arbeit wir als Gewerkschaften jetzt schon jegliche Verantwortung ablehnen“[110], befürchten.

Mit den „wilden Komitees“ waren die antifaschistischen Kampfkomitees (bzw. Arbeitsausschüsse, wie sie später genannt wurden) in Stuttgart gemeint, die ihrerseits die Bildung von Betriebsräten initiiert und auch sonst unterstützt hatten. In Kornwestheim etwa leitete das örtliche Antifa-Komitee in enger Zusammenarbeit mit den alten Betriebsräten der Firmen Stotz und Salamander sowie des Ausbesserungswerks der Reichsbahn die Bildung von neuen Betriebsräten ein. Als Vorsitzender des Salamander-Betriebsrats wurde der Facharbeiter Adolf Rau (SPD) eingesetzt, der zugleich im Kampfkomitee gegen den Nationalsozialismus in den Stuttgarter Außenbezirken Stammheim und Zuffenhausen aktiv war[111].

Gegen diese Kooperation in Kornwestheim unternahm die Gewerkschaftsführung ebensowenig wie gegen die Zusammenarbeit zwischen dem von ihr anerkannten Betriebsrat bei Daimler in Untertürkheim und dem dortigen Antifa-Ausschuß, in dem unter anderem die späteren Gewerkschaftsfunktionäre Willi Bleicher und Hans Stetter vorübergehend tätig waren[112]. Andererseits mischte sie sich auch nicht ein, als die Militärregierung und die deutsche Polizei gegen eine antifa-initiierte Betriebsratsgründung vorgingen. Ein besonders spektakulärer Fall hatte sich in den ersten Maitagen ereignet, nachdem die Zentrale der Kampfkomitees in Stuttgart den Kabelmonteur Karl Brehm, der vor 1933 KPD-Mitglied gewesen war[113], auf eigene Faust in die Technischen Werke der Stadt Stuttgart (TWS) mit dem Auftrag entsandt hatte, dort einen Betriebsrat zu organisieren. Brehm soll dabei auf drei verschiedenen Belegschaftsversammlungen unter Berufung auf die in Aachen gegründeten Freien Gewerkschaften sowie die Stuttgarter Kampfkomitees angeordnet haben, jeder solle auf seinem Posten bleiben, „auch wenn er als bisheriges Mitglied der NSDAP glaube, später

[108] Vgl. Meldungen vom 7. und 11. 5. 1945; ebd. Zu Sindelfingen vgl. Protokoll der Betriebsversammlung am 4. 9. 1945; Archiv des Betriebsrats, Werk Sindelfingen, Daimler-Benz AG.

[109] Vgl. Schreiben Kollmaier an den Württembergischen Gewerkschaftsbund Stuttgart vom 28. 6. 1945; Archiv des Deutschen Gewerkschaftsbundes, Landesbezirk Baden-Württemberg, Ordner Nahrung + Genuß/ Post + Fernmeldewesen, Mappe IV Nahrung und Genuß.

[110] Württembergischer Gewerkschaftsbund an Herrn Major Dureau am 15. 5. 1945; Archiv des Deutschen Gewerkschaftsbundes, Landesbezirk Baden-Württemberg, Ordner Gründungsakten und -protokolle des Württ. Gewerkschaftsbundes.

[111] Vgl. Denkschrift über die Besetzung der Stadt Kornwestheim; Anm. 90. Mitteilungsblatt für Stuttgart-Zuffenhausen, Zazenhausen, Stammheim vom 8. 5. 1945; Archiv des Deutschen Gewerkschaftsbundes, Düsseldorf, Nachlaß Gottfurcht, Ordner 9.

[112] Vgl. Arbeiterbewegung und Wiederaufbau, S. 33.

[113] Vgl. die Angabe bei Lutz Niethammer, Kampfkomitees und Arbeitsausschüsse in Stuttgart, in: Lutz Niethammer, Ulrich Borsdorf und Peter Brandt (Hrsg.), Arbeiterinitiative 1945. Antifaschistische Ausschüsse und Reorganisation der Arbeiterbewegung in Deutschland, Wuppertal 1976, S. 517. Brehm wurde später Vorsitzender des Gesamtbetriebsrats der Stuttgarter Stadtverwaltung.

kassiert zu werden". Davon nahm er allerdings den bisherigen NS-Betriebsobmann aus, den er sofort absetzte. Dieser Parteibonze, so Brehm, habe „Gefolgschaft und Betriebsleitung terrorisiert" und „werde die Arbeit zugewiesen bekommen, die er verdiene und wenn es Hofkehren sei". Anstelle des Betriebsobmanns und für die Zeit, in der es noch keine Richtlinien für Betriebsräte gab, suchte Brehm selbst einen vorläufigen Betriebsrat zu ernennen[114].

Brehms Aktivitäten wurden von der Betriebsleitung genau verfolgt und der Militärregierung sowie der deutschen Polizei sofort gemeldet. Er wurde festgenommen und dem französischen Kommandeur vorgeführt. Danach verhörte ihn die deutsche Polizei, bei der er angab, daß er „einen freien Gewerkschaftsbund, Sektion Stuttgart, ins Leben" rufen und zugleich verhindern wollte, daß Sabotageakte in den TWS-Betrieben verübt werden könnten[115]. Nach einer Nacht in der Zelle wurde er entlassen.

b) Gewerkschaftsführung und Unternehmerschaft

Dieser Vorfall und andere Fälle, in denen einzelne Unternehmer gegen die eigenmächtigen Aktivitäten zur Bildung von Betriebsräten vorgingen[116], gaben der Gewerkschaftsführung Anlaß, sich um eine grundsätzliche Regelung der Betriebsratsfrage mit den Unternehmern zu bemühen. Bei der bereits gebildeten Unternehmer-Organisation, dem Vorläufigen Württembergischen Wirtschaftsrat – auf den weiter unten noch einzugehen ist –, fand sie ein offenes Ohr für dieses Anliegen und erhielt bald die Zusage, „daß bis zur endgültigen Neuregelung des Betriebsrätewesens in den Betrieben nur die von den Gewerkschaften anerkannten Betriebsräte mitzuwirken haben". Nach Besprechungen mit Vertretern des Wirtschaftsrats konnte Schleicher Anfang August vermerken, sowohl die Unternehmer wie auch die Gewerkschaftsführung „lehnten ein Eingreifen der sogenannten Arbeitsausschüsse in Betriebsangelegenheiten ab. Diese Stellung soll den Gewerkschaften und den Arbeitgebern als einheitliche Richtlinien unterbreitet werden."[117]

Auf diese Weise wollte die Gewerkschaftsführung die Einmischung der Antifas in die betriebliche Gewerkschaftsarbeit unterbinden und sich gegen den antigewerkschaftlichen „Herr-im-Haus"-Standpunkt mancher Unternehmer durchsetzen. Eine solche Vereinbarung konnte natürlich nicht verhindern, daß sich einzelne Unternehmer um die Beeinflussung „ihres" Betriebsrats bemühten. Nicht nur bei Bosch, wo die Geschäftsleitung maßgeblich an den vorgenannten Verhandlungen mit der Gewerk-

[114] Schreiben Hottmann an Direktor Stöcklein vom 4. 5. 1945; Stadtarchiv Stuttgart, 0051-1. Der Name des Betriebsobmanns ist im Dokument enthalten, er ist aber im Kontext dieser Ausführungen ohne Belang. Was das Wort „Gefolgschaft" betrifft, so ist es nicht klar, ob Brehm es benutzte oder ob es die Ausdrucksform des Direktors Hottmann war.

[115] Chef der deutschen Polizei der Stadt Stuttgart, Betr.: Karl Brehm, 4. 5. 1945; ebd. Nach dieser Schrift sprach Brehm während des Verhörs von „Volksgenossen" und „Gefolgschaftsmitgliedern".

[116] Vgl. die Proteste der Firmen Hesser und Zeiss-Ikon, die Vorhaltungen der US-Militärregierung (u.a. der Property Control-Abteilung, die Betriebe unter Vermögenskontrolle verwaltete) sowie die Reaktionen der Gewerkschaftsleitung darauf; Archiv des Deutschen Gewerkschaftsbundes, Landesbezirk Baden-Württemberg, Ordner Metall/Musiker, Ordner Holz, Land & Forst und Metall.

[117] Aktenvermerk Schleicher vom 6./8. 8. 1945; Archiv des Deutschen Gewerkschaftsbundes, Landesbezirk Baden-Württemberg, Ordner Gründungsakten und -protokolle des Württ. Gewerkschaftsbundes. Vgl. hierzu die Aussage von Erwin Holzwarth aus der Sicht eines Aktivisten der Arbeitsausschüsse, in: Arbeiterbewegung und Wiederaufbau, S. 41.

schaftsführung in der Betriebsratsfrage beteiligt war, versuchte der leitende Direktor auf die Zusammensetzung des Betriebsrats einzuwirken[118]. Auch die Firma Gebr. Boehringer in Göppingen, die kaum zerstört war und schon im Sommer 1945 die Produktion mit knapp 475 Beschäftigten aufnehmen konnte, bot dafür ein Beispiel. Am 26. Juni setzte hier die Werksleitung selbst einen vorläufigen Betriebsrat unter der Leitung eines sozialdemokratischen Werkmeisters ein, weil es ihr „dringend notwendig" erschien, daß – ganz im Wortlaut des AOG der NS-Zeit – „der Geschäftsführung Mitglieder der Gefolgschaft zur Beratung zur Seite stehen". In einem entsprechenden Aufruf, der am 27. Juni 1945 im Werk ausgehängt wurde, bat sie „alle Gefolgschaftsmitglieder, die irgendwelche Wünsche bei der Geschäftsführung vorzubringen haben, sich zuerst mit einem Mitglied des Betriebsrates ins Benehmen zu setzen, und nur für den Fall, daß dieser die Angelegenheit nicht selbst erledigen kann, bei der Geschäftsführung vorzusprechen"[119]. Das war die ungebrochene Fortsetzung des Stils der Nazi-Zeit, als die „Betriebsführungen" oft die Möglichkeit erlangt hatten, sich einen „Vertrauensrat" nach ihrem Gutdünken zu halten.

Im Raum Stuttgart wurde zwar kein weiteres Beispiel dafür gefunden, daß sich Betriebsräte in eine derartige Rolle bringen ließen, gleichwohl war allen Betriebsräten hier aber eine ausgeprägte Betriebsbezogenheit gemeinsam. Dieser Ansatz, in dem kein revolutionärer gesellschaftspolitischer Anspruch enthalten war, knüpfte an die Entwicklung der Betriebsräte in den späteren Jahren der Weimarer Republik an. Sie verstanden sich als Organe, die die unmittelbaren Arbeits- und Lebensinteressen der Beschäftigten vor allem im Betrieb zu wahren hatten[120]. So gab es anfangs auch keinen Versuch der Betriebsräte, zu einer überbetrieblichen Kooperation außerhalb des organisatorischen Rahmens zu kommen, den ihnen die sich neu konstituierenden Gewerkschaften boten. Ebensowenig entwickelte sich ein prinzipieller Dissens zwischen den Betriebsräten und den Kräften in der Gewerkschaftsführung, die ihre Bereitschaft zur konstruktiven Mitarbeit demonstrieren wollten, von daher eine sachliche Zusammenarbeit mit den demokratisch gesinnten bürgerlichen Kräften anstrebten und eine radikale klassenorientierte Interessenvertretung der Arbeiter ablehnten[121].

Ein typisches Beispiel für das Selbstverständnis der neuen Betriebsräte liefert ein Aufruf an die Arbeitskolleginnen und -kollegen, der Ende April vom Vorsitzenden des Betriebsausschusses bei der AEG in Stuttgart-Bad Cannstatt verfaßt wurde und als Vorbild für Aufrufe in anderen Betrieben diente. In der Einleitung wurde die antifaschistische Legitimation der Arbeiterbewegung beschworen, in dem das erzwungene Schweigen der demokratischen Kräfte, die Abschaffung der Rechte der Arbeiter sowie die brutale Unterdrückung und die menschenverachtende Kriegstreiberei unter der NS-Herrschaft beklagt wurden. „Übernommen haben die Nazis einst ein schönes, sauberes Reich und hinterlassen haben sie Schutt und Asche, Elend und Not." Aus die-

118 Vgl. Eberle, Sieben Jahre, S. 141.

119 Anschlag vom 27. 6. 1945; Wirtschaftsarchiv Baden-Württemberg, Bestand Gebr. Boehringer, B10, Nr. 265. Dem Gremium gehörten neben dem Werksmeister fünf weitere männliche Facharbeiter an. Bis in den Herbst 1945 hinein war der „Betriebsführer" nebst Werksdirektor bei den Sitzungen des Gremiums ständig anwesend.

120 Vgl. die Ausführungen des damaligen Vorsitzenden des Gesamtbetriebsrates der Siemens-Schuckert-Werke, Berlin, Ernst Lübbe, Betriebsrat und soziale Betriebspolitik, in: Goetz Briefs (Hrsg.), Probleme der sozialen Betriebspolitik, Berlin 1930, S. 79ff.

121 Vgl. hierzu auch die Einschätzungen von Niethammer, Kampfkomitees, S. 544f., und Seifert, Entstehung.

sem „schweren Erbe“ ergebe sich für die Betriebsvertretung die Hauptaufgabe, das „von den Nazis hinterlassene Wirtschaftschaos“ zu beseitigen und „alle jene unsauberen Elemente, welche an dem fürchterlichen Elend unseres Volkes mit Schuld tragen, aus dem Betrieb“ zu entfernen. Es folgte dann ein Appell an die Belegschaft, der allerdings in Wortwahl und Tenor verriet, wie sehr man in Wahrheit dem in der NS-Zeit kultivierten Pathos sozialharmonischer Gemeinschaftsethik verhaftet blieb:

„Wir als schaffendes Volk müssen nun alles daran setzen, unsere ganze Kraft und unseren ganzen Willen dazu aufzuwenden, daß wir bald wieder geordnete Verhältnisse und ein geregeltes Wirtschaftsleben bekommen. Wir appellieren daher an alle Arbeitskolleginnen und -kollegen, ob Hand- oder Kopfarbeiter, alle zusammen als wirkliche, ehrliche Kameraden mitzuhelfen an der Beseitigung dieses Chaos, an dem Aufbau und der Weiterentwicklung unseres hiesigen AEG-Betriebes ... Wir müssen unser Schicksal alle selbst meistern, denn nach all dem Vergangenen können wir auf keine fremde Hilfe hoffen. Nur in einer wirklichen, wahren Schicksalsgemeinschaft können wir all die großen Probleme des Wiederaufbaus meistern, und aus dieser Schicksalsgemeinschaft heraus wollen wir zu einer wirklichen Betriebskameradschaft kommen, uns gegenseitig achten und in wahrer Kameradschaft kennenlernen, mit dem einen großen Ziel: Aufbau unserer Arbeitsstätte!“[122]

Die betonte Orientierung der eigenen Handlungsperspektive am unmittelbaren betrieblichen Raum, ein dominantes Merkmal bereits der Weimarer Betriebsratsarbeit, wurde aufgrund der Erfahrungen seit 1933 noch ausgeprägter. In der Endphase der Weimarer Republik, so das gewerkschaftliche Urteil nach 1945, hätten große Teile der Arbeiter den Gewerkschaften den Rücken zugekehrt. Diese „Schwächung der Gewerkschaften durch die Arbeiter selbst“[123] war wohl die bitterste Erfahrung. Auch Betriebsräte wie Josef Holzner konnten sich gut daran erinnern, daß die Betriebe und ihre sozialen Einrichtungen „vollständig in Ordnung“ gewesen waren. „Nicht in Ordnung war die Haltung unserer Betriebsangehörigen.“ Nach der NS-Machtübernahme glaubte ein großer Teil der Arbeiter und Angestellten, sich „durch Angeberei und Bespitzelung der alten Funktionäre einen besonderen Verdienst zu erwerben, besonders guten Anklang zu finden, oder einen besonders guten Posten zu ergattern.“[124]

Den alten und neuen Betriebsräten war es auch bewußt, daß die NS-Herrschaft und der Krieg verheerende Auswirkungen auf die materielle Lage und psychische Verfassung der Arbeiterschaft hatten und ihr eigenes Durchsetzungsvermögen auch deswegen geschwächt war. Wie der Metallfunktionär Karl Mössner von der Ortsverwaltung Stuttgart betonte, „waren wir schwach und konnten nicht verhindern, daß Hitler an die Macht kam. Heute aber, nach dem Krieg, sind wir noch schwächer. Wir haben nicht die Kraft aufgebracht, als deutsches Volk den Nationalsozialismus und die Anstifter dieses Weltkriegs zu beseitigen, sondern es mußten die alliierten Truppen in Deutschland, in Württemberg, in Stuttgart einmarschieren, um uns, um das deutsche Volk vom Nationalsozialismus zu befreien.“[125] Aus dieser Sicht zogen viele Betriebs-

[122] Abschrift eines Anschlags am Schwarzen Brett der A.E.G., Werk Cannstatt, angeschlagen etwa am 28. 4. 1945; Archiv des Deutschen Gewerkschaftsbundes, Düsseldorf, Nachlaß Gottfurcht, Ordner 9. Hervorhebung im Original.

[123] Zur Wahl der Betriebsräte vgl. Württembergisch-Badische Gewerkschafts-Zeitung vom 1. 4. 1947.

[124] Protokoll der Betriebsversammlung am 4. 9. 1945; Archiv des Betriebsrats, Werk Sindelfingen, Daimler-Benz AG.

[125] Ebd.

räte die Konsequenz, ihre traditionelle Rolle als handelnde Stellvertreter der Arbeiterschaft auszubauen. Zusammen mit einigen Gewerkschaftsführern glaubten sie, dazu auf manche von der nationalsozialistischen DAF angewandte Mittel wie die Zwangsmitgliedschaft und die Erhebung von Zwangsbeiträgen zurückgreifen zu können, um eine ausreichende Basis für ihre Arbeit zu erlangen[126]. Diesen Aktivisten stand es offenbar klar vor Augen, daß sie sich nicht allein auf ihre Basis in der Arbeiterschaft stützen konnten. Deshalb suchten sie z. B. die Anerkennung ihrer Vertreterrolle durch die Besatzungsmächte. Und sie glaubten ein gewisses Einvernehmen mit den Betriebsleitungen erreichen zu müssen, wenn sie die materielle Lage der Beschäftigten spürbar verbessern wollten.

Gegenüber einer „völlig desorganisierten, in alle Winde zerstreuten" Arbeiterschaft, so die Einschätzung des Bosch-Betriebsrats, stand im Mai 1945 „eine im wesentlichen kompakt gebliebene Unternehmerschaft, deren Organisationen sich nur neue Namen zu geben brauchten"[127]. Im Gegensatz zu den Verhältnissen in anderen Teilen Deutschlands, vor allem im Osten, wo die Unternehmer meist vor den heranrückenden Besatzungstruppen flohen, waren die Stuttgarter Unternehmer bzw. die leitenden Angestellten in aller Regel in ihren Betrieben geblieben und nach der Besetzung weiter tätig. Zwar war in weiten Teilen der Bevölkerung das Gefühl verbreitet, daß sich die Unternehmer aufgrund ihrer Verstrickung in die NS-Kriegswirtschaft diskreditiert hätten, und auch in Unternehmer- und Geschäftsleitungskreisen selbst gab es angesichts der verheerenden Niederlage Anzeichen für eine gewisse Demoralisierung. Alles in allem sind die meisten Unternehmer aber mit ungebrochenem Selbstbewußtsein aus der Niederlage hervorgegangen. Jahrelang hatten die Geschäftsleitungen etwa der Firmen Stotz, Fortuna, Boehringer, Bosch, Werner & Pfleiderer sowie Daimler-Benz wichtige Rüstungs- und Wehrmachtsaufträge durchgeführt, der NS-Kriegsmaschinerie effektvoll gedient und in vielen Fällen durch ihren persönlichen Einsatz der NS-Führung zum Sieg verhelfen wollen. Als sich der Mißerfolg des deutschen Weltmachtstrebens abzeichnete, haben diese Unternehmer aber auch ein hohes Maß an Spürsinn und Umsicht entfaltet, um ihren unternehmerischen Status und die Zukunft ihrer Firmen zu schützen. Sie versuchten, sich als unentbehrlich für den wirtschaftlichen Wiederaufbau zu behaupten und darüber hinaus ihrer Relevanz als Gruppe für die Kontinuität und Stabilisierung der bürgerlichen Gesellschaft wieder Geltung zu verschaffen.

Ein besonders ausgeprägtes Beispiel dieses Agierens vor und nach der deutschen Niederlage verkörperte der „Betriebsführer" und Teilhaber der Firma Werner & Pfleiderer in Stuttgart, Dr. Otto Fahr. Ohne sich zu sehr mit der Partei einzulassen (Fahr begnügte sich mit dem 1938 erlangten Status eines NSDAP-Anwärters[128]), bekleidete er eine Reihe wichtiger Ämter und Funktionen, so unter anderem Obmann der Rü-

[126] Vgl. Der Betriebsrat der Firma W. Grupp Eisengießerei, Anschlag 1/45 vom 24. 8. 1945; Archiv des Deutschen Gewerkschaftsbundes, Landesbezirk Baden-Württemberg, Ordner 1946 Vorstandssitzungen, Besprechungen, Protokoll der Vorstandssitzung am 19. 9. 1945.

[127] Denkschrift des Betriebsrates der Robert Bosch-Werke Stuttgart an die Delegation des Weltgewerkschaftsbundes, Februar 1946; Privatarchiv Eugen Eberle.

[128] Vgl. Zentralkartei der NSDAP; Document Center Berlin. Die drei weiteren Mitglieder der Geschäftsleitung von W & P waren alle Parteimitglieder.

stungsindustrie in der für den Stuttgarter Raum zuständigen Rüstungskommission Va des Reichsministeriums für Bewaffnung und Munition[129]. Unmittelbar vor Kriegsende hatte Fahr auch engen Kontakt mit dem NS-Oberbürgermeister Strölin und anderen Wirtschaftsführern, die zu verhindern suchten, daß der NS-Befehl „Schwabentreue", der die Zerstörung der Betriebe anordnete, zur Durchführung kam. So konnte sich Fahr neben seinem energischen Einsatz für die NS-Rüstungsindustrie auch den Verdienst zugute halten, mit dazu beigetragen zu haben, daß der Industrie im Stuttgarter Raum weitere Wert- und Substanzverluste erspart und der Wirtschaft eine wichtige materielle Grundlage über die Niederlage hinaus erhalten blieb[130].

Gestützt auf solchen Nimbus bemühte sich Fahr sofort nach dem Einmarsch der französischen Truppen erfolgreich um eine Betriebserlaubnis für seine Firma (deren Fabrikanlagen nur zu etwa 15 Prozent zerstört waren), um für die Lebensmittelindustrie Reparaturen durchführen und Ersatzteile liefern zu können. In dem Genehmigungsgesuch versprach die Firma Kochherde, Backöfen und Bäckereimaschinen herzustellen und außerdem, „soweit bei der französischen Armee Bedarf vorhanden ist und fehlende Engpaßteile beschafft werden können", ihre Kriegsfertigung fortzusetzen[131]. Am 25. Mai 1945 konnte Fahr eine vorläufige Produktionserlaubnis für die genannten zivilen Erzeugnisse sowie für Arbeiten im Auftrage des Stuttgarter Gaswerks erreichen, die einen Monat später auch noch um die Fertigstellung von Maschinen für die Gummi-Industrie erweitert wurde[132].

Auch die schnelle Bildung einer organisierten Vertretung der Stuttgarter Unternehmen schon unmittelbar nach der Besetzung ist über den Einzelfall hinaus ein Beleg für die rasche Präsenz der Unternehmer und für den Betätigungsraum, den ihnen die französische Besatzungsmacht zugestand. Auf Anregung des neuen Oberbürgermeisters, Dr. Arnulf Klett, ergriff der Bosch-Direktor Hans Walz die Initiative zum Aufbau des Vorläufigen Württembergischen Wirtschaftsrats. Walz war seit 1919 in der Bosch-Geschäftsleitung tätig und stand ihr ab 1942 nach dem Tode von Robert Bosch als Generaldirektor und Betriebsführer vor. Obwohl er seit 1933 der NSDAP angehörte[133] und einige kriegswichtige Wirtschaftsposten – unter anderem als Wehrwirtschaftsführer – innehatte, konnte er nach Kriegsende vor allem auf die engen Verbindungen hinweisen, die er und andere leitende Männer bei Bosch während der NS-Zeit zu Dr. Carl Goerdeler gehabt hatten, um seine Ablehnung des Nationalsozialismus unter Beweis zu stellen[134]. Die Aufgabe des von Walz zu organisierenden Wirtschaftsrats erblickte Oberbürgermeister Klett in erster Linie darin, „die Wirtschaftstreibenden über die derzeitigen Möglichkeiten und die beabsichtigten Maßnahmen zu unterrichten" sowie als unabhängige Vertretung der Wirtschaft die Vorschläge und Anre-

[129] Vgl. Berichte der Rüstungskommission Va; BA/MA, RW 20-5/1.

[130] Vgl. Hermann Vietzen, Chronik der Stadt Stuttgart 1945–1948, Stuttgart 1972, S. 15ff.

[131] Fragen zwecks Wiederaufnahme der Fabrikation vom 4. 5. 1945; Wirtschaftsarchiv Baden-Württemberg, Bestand W & P, Nr. 314.

[132] Vgl. Betr.: Arbeitsgenehmigung für das Werk vom 28. 6. 1945; ebd.

[133] Vgl. Document Center Berlin, Akte Bosch, Akte Kiehn. Walz an Minister Kamm am 2. 10. 1947; HStASt, EA 11/1 Bü 200.

[134] Vgl. ebd. und Otto Kopp (Hrsg.), Widerstand und Erneuerung. Neue Berichte und Dokumente vom inneren Kampf gegen das Hitler-Regime, Stuttgart 1966.

gungen der Unternehmer aufzugreifen und diese, um „das Wirtschaftsleben wieder in Gang zu bringen“[135], der Militärregierung und den deutschen Behörden zu übermitteln.

Schon am 30. April 1945 trat der Wirtschaftsrat zusammen und stellte unter anderem folgende Forderungen an die Stadtverwaltung: Beseitigung der Unsicherheit auf der Straße, die durch Festnahmen und Arbeitsverpflichtungen entstanden sei; Einweisung der ausländischen Arbeiter in Lager unter Aufsicht der Besatzungsmacht, denn eine Fortsetzung ihrer „Beschäftigung in den Betrieben [sei] im Hinblick auf die völlig geschwundene Disziplin nicht möglich“; Bereitstellung von staatlichen Geldern für die Firmen, damit sie den „Gefolgschaftsangehörigen“ die ihnen zufallende Kurzarbeiterunterstützung und Ausfallvergütung ausbezahlen könnten; die Wiedereröffnung von Betrieben in Handel und Industrie unter der Voraussetzung, daß sie „nicht befürchten müssen, ausgeplündert zu werden“[136].

Aus einer Aufstellung über die Mitglieder des Wirtschaftsrats, die nach einer scharfen Kritik seitens des Bosch-Betriebsrats zustandekam, geht die formale Beteiligung seiner Mitglieder am NS-System hervor. Danach waren 9 der 22 Unternehmer, die auf der ersten Sitzung am 30. April anwesend waren, NSDAP-Mitglieder gewesen. Obwohl die Auswahl der Mitglieder im Hinblick auf ihre NS-Vergangenheit zwar „von Anfang an vorsichtig vorgenommen“ wurde, waren in der zum 1. Juni auf 50 Personen angewachsenen Mitgliedschaft nicht weniger als 48 Prozent ehemalige Pgs. Ohne das vorsichtige Vorgehen wären, so der Geschäftsführer, „zweifellos weit mehr als die Hälfte der Mitglieder Parteigenossen gewesen“[137]. Die französische Militärregierung ihrerseits war nicht sonderlich besorgt über diese Anzahl der Pgs in der Mitgliedschaft des Wirtschaftsrats. So hatte sie dem Wirtschaftsrat Ende Mai mitgeteilt, daß es genügen würde, bei den „leitenden Persönlichkeiten“ anzumerken, ob es sich um einen aktiven Nationalsozialisten handele[138].

Für die Unternehmer war ihre vorangegangene Beteiligung am NS-System aber zumindest insofern von Bedeutung, als dieser Makel einen möglichen Angriffspunkt aus den Reihen antifaschistischer Aktivisten der Arbeiterschaft bilden konnte. Diese Verletzlichkeit trug sicher dazu bei, daß der Stuttgarter Wirtschaftsrat schnell bereit war, seine weitergehende Perspektive von Wirtschaftsfreiheit[139] partiell zurückzustellen und sich um eine Zusammenarbeit mit der Gewerkschaftsführung zu bemühen. Schon Mitte Mai kamen die ersten Kontaktgespräche zustande, und als erstes wurde vereinbart, Vertreter zu den Sitzungen der jeweils anderen Organisation zu entsenden. Wie es im Bericht über die 2. Sitzung am 3. Mai 1945 heißt, hielt es der Wirtschaftsrat „für unbedingt notwendig, daß Arbeitnehmer an den Besprechungen des Vorläufigen Württembergischen Wirtschaftsrats teilnehmen, um von vornherein dem Mißtrauen vorzubeugen und Gegensätze zu verhindern. Arbeitnehmer der Firma Bosch sind bereits hinzugezogen worden, und auch andere Firmen werden aus dem Kreis ihrer Ar-

[135] Bekanntmachung des Oberbürgermeisters vom 28. 5. 1945, zit. in: Winkel, Geschichte, S. 192 f. Vgl. auch Debatin, Wirtschaftsrat.

[136] Bericht über die 1. Sitzung des Vorläufigen Württembergischen Wirtschaftsrates am 30. 4. 1945; HStASt, EA 6/3, Bd. 259.

[137] Zit. in Eberle, Grohmann, Nächte, S. 171.

[138] Vgl. Schreiben vom 31. 5. 1945; Wirtschaftsarchiv Baden-Württemberg, Bestand IHK Stuttgart, Aus den Akten des Wirtschaftsrats.

[139] Vgl. Herbst, Krieg, S. 458.

beiterschaft solche Vertreter, die das Vertrauen der Gefolgschaft genießen, zur Teilnahme auffordern."[140]

So lag es nicht allein an dem Verhalten der Besatzungsmacht, daß es den Unternehmern als soziale Klasse und Wirtschaftsfaktor zunächst gut gelang, den Übergang vom NS-Kriegswirtschafts- zum Wiederaufbau-Einsatz relativ reibungslos zu bewerkstelligen. Weder der emphatische Antikapitalismus in der Bevölkerung noch die wirtschaftspolitischen Neuordnungsziele der aktiven Betriebsräte (mit Ausnahme der Mehrheit des Bosch-Betriebsrats) beinhaltete die Forderung nach einer sofortigen Entlassung aller am Krieg beteiligten Unternehmer, die von der Kriegswirtschaft profitiert hatten. Ein Mann wie Wilhelm Haspel, Vorstandsvorsitzender der Daimler-Benz AG und in der NS-Zeit Leiter des Sonderausschusses T-2 (Flugmotoren) im Reichsministerium für Bewaffnung und Munition, wurde vielmehr auf der ersten Betriebsversammlung der Firma anerkennend begrüßt und konnte noch im Oktober 1945 vor dem Wirtschaftsausschuß der Stuttgarter Antifa-Komitees eine Rede über die deutsche Wirtschaftslage und die Rolle von Daimler-Benz beim Wiederaufbau halten[141].

4. Der Kampf um parteipolitischen Einfluß in den Betriebsräten

Während der französischen Besatzung in Stuttgart sind außer der Vollmacht, die die Gewerkschaftsführung Anfang Mai zur Bildung von Betriebsräten erhielt, keine weiteren Bestimmungen erlassen worden, die die Kompetenzen dieser Organe festgelegt hätten. Auch die Erklärung „Arbeiterrechte in der amerikanisch besetzten Zone Württembergs", die im Juli nach der Übernahme Stuttgarts durch die Amerikaner verbreitet wurde, enthielt keine diesbezüglichen Angaben. Sie bezeichnete die Betriebsräte lediglich als „erlaubte Vereinigungen"[142]. Erst nach dem Potsdamer Abkommen erließ die amerikanische Militärregierung neue Direktiven, die einmal die Bildung von Gewerkschaften erleichtern sollten und zum anderen die Gründung und die Aufgaben von „Arbeitnehmervertretungen" regelten. Danach war es erlaubt, in geheimer Wahl für drei Monate Vertreter zu bestimmen, die die Verhandlungen mit dem Arbeitgeber führen sollten. Wahlberechtigt waren alle Beschäftigten einschließlich derer, die unter den Nationalsozialisten wegen politischer und gewerkschaftlicher Aktivitäten entlassen worden waren und wiedereingestellt werden wollten. Gleichzeitig wies die Militärregierung darauf hin, sie werde jeden früheren DAF-Funktionär oder Pg, der gewählt werde, aus dem Amt entfernen. Betriebsausschüsse, die schon genehmigt seien, müß-

[140] Bericht über die 2. Sitzung des Vorläufigen Württembergischen Wirtschaftsrates am 3. 5. 1945; HStASt, EA 6/3, Bd. 259. Von Bosch waren die Betriebsräte Schanbacher und Lohfink anwesend. Soweit aus den Akten ersichtlich, nahmen ab Mitte Mai keine Vertreter der „Gefolgschaften" – auch nicht von Bosch – mehr an den Sitzungen teil.

[141] Vgl. Vortrag von Direktor Dr. Haspel im Wirtschaftsausschuß am 15. 10. 1945; Privatarchiv Eugen Eberle; Zur Rolle Haspels bei Daimler während des Krieges vgl. Das Daimler-Benz-Buch, S. 302 f.

[142] Arbeiterrechte in der amerikanisch besetzten Zone Württembergs, Radio Stuttgart am 18. 7. 1945; Zentralarchiv des Süddeutschen Rundfunks, Stuttgart. Auch im Nachrichtenblatt der Militärregierung für den Stadtkreis Stuttgart vom 26. 7. 1945 abgedruckt.

ten nicht neu gewählt werden, falls dies die betroffenen Arbeiter nicht ausdrücklich forderten[143].

In Stuttgart nahmen die Gewerkschaftsgremien diese Bestimmungen nach ihrer Veröffentlichung am 29. August 1945 zurückhaltend zur Kenntnis. Der Ortskartellvorstand war grundsätzlich der Auffassung, „daß von unserer Seite eine besondere Propaganda für die Durchführung dieser Wahlen nicht vorgenommen werden soll"[144]. Zu einer ähnlichen Stellungnahme kamen der Bundesvorstand und die Bezirksleiter des Württembergischen Gewerkschaftsbundes in einer Sitzung am 6. September. Man würde zwar ein Merkblatt herausgeben, aber es sollte so verfahren werden, „daß dort, wo es nicht unbedingt notwendig ist, keine Wahlen durchgeführt werden brauchen"[145].

Für diese Entscheidung gab es im wesentlichen zwei Gründe: Gewerkschafter und Betriebsaktivisten hatten es in eigener Initiative seit April geschafft, provisorische Betriebsräte in einer großen Anzahl von Betrieben zu verankern. Diese Gremien, so ihre Argumentation, seien zwar nicht formal gewählt, erfüllten ihre Aufgaben jedoch durchaus im antinationalsozialistischen Sinne. Dafür hätten sie zweifellos die Unterstützung der Beschäftigten. Wahlen zu diesem Zeitpunkt, zumal sie für eine Amtszeit von lediglich drei Monaten gelten sollten, würden ihre Arbeit eher stören als fördern. Zudem könne man in vielen Fällen davon ausgehen, daß die Wahlen letzten Endes nur die Bestätigung der amtierenden Räte bringen würden. Von daher, so das Stuttgarter Ortskartell in seinem Monatsbericht an die Militärregierung, habe man „bis jetzt weiter nichts unternommen, um die Arbeitnehmer in den einzelnen Betrieben besonders aufzufordern, die Wahlen durchzuführen. Wir haben jedoch in allen Betrieben ein Flugblatt verbreiten lassen, das die Arbeitnehmer auf die Wichtigkeit der Vertreterwahlen hinweist."[146]

Zum anderen begründeten die Gewerkschafter ihre Zurückhaltung gegenüber den Wahlen damit, diese könnten von Nazis und ihren Helfern in den Betrieben mißbraucht werden, um die Arbeit der provisorischen Betriebsräte im allgemeinen und die Entnazifizierung insbesondere zu torpedieren. Das hätte man z. B. bei den Firmen Siemens-Schuckert-Werke AG und Siemens & Halske AG feststellen müssen[147]. „Es wäre deshalb zweckmäßig gewesen", so resümierte das Stuttgarter Ortskartell im Oktober 1945, „die Wahl von Betriebsvertretungen so lange hinauszuschieben, bis der Reinigungsprozeß in den Betrieben durchgeführt gewesen sei. Letzterer Umstand ist

[143] USFET G-5, Amendment No. 1 to SHAEF, Military Government Technical Manual for Labor Officers – Covering Election of Stewards and Formation of Trade Unions, 1. and 18. 8. 1945; NA, RG 260, AG 45–46/7/6.

[144] Protokoll der 1. Sitzung des Ortskartellvorstandes Stuttgart am 25.8.1945; Archiv des Deutschen Gewerkschaftsbundes, Landesbezirk Baden-Württemberg, Ordner DGB-Kreis Vorstand Delegierte, Protokolle 1948–1963.

[145] Niederschrift über die Sitzung des Bundesvorstandes und der Bezirksleiter des Württembergischen Gewerkschaftsbundes am 6. 9. 1945; Archiv des Deutschen Gewerkschaftsbundes, Landesbezirk Baden-Württemberg, Akte 1946 Vorstandssitzungen, Besprechungen, Mappe Vorstands- und Bezirksleitersitzungen 19. 8. 45–21. 10. 46. Zum Merkblatt vgl. Württembergischer Gewerkschaftsbund, Ortskartell Stuttgart: Anleitung für die Wahl von Arbeitnehmer-Vertretern, Stuttgart, September 1945; Archiv des Deutschen Gewerkschaftsbundes, Düsseldorf, Nachlaß Gottfurcht, Ordner 9.

[146] Württembergischer Gewerkschaftsbund, Ortskartell Stuttgart, Bericht des Ortskartell-Vorstandes vom 17. 10. 1945; Archiv des Deutschen Gewerkschaftsbundes, Landesbezirk Baden-Württemberg, Grüne Mappe.

[147] Württembergischer Gewerkschaftsbund, Ortskartell Stuttgart an die Militärregierung am 7. 9. 1945; ebd.

auch heute der Grund dafür, daß eine große Gegenliebe für die Durchführung von Betriebsvertreterwahlen in den einzelnen Betrieben nicht vorhanden ist."[148]

Schließlich ließen die Gewerkschaften aber doch eine positivere Einstellung zu den von der Besatzungsmacht geforderten Betriebsratswahlen erkennen. In einem Ende November 1945 verfaßten Bericht an die Militärregierung stellte das Ortskartell fest, seine „Haupttätigkeit" bestehe in der Vorbereitung und Durchführung von Betriebsvertreterwahlen, und es sei „auf diesem Gebiet eine lebhafte Tätigkeit in den Betrieben" in Gang gekommen[149]. Mitunter ging die Initiative zu den Wahlen auch von den provisorischen Betriebsräten aus, die ihre Handlungsvollmachten demokratisch legitimiert haben wollten. Im Daimler-Werk Untertürkheim fanden Wahlen statt, weil der provisorische Arbeiter- und Angestelltenrat ein Vertrauensvotum der Belegschaft wünschte. Bei seiner Bildung im Mai seien lediglich sechs- bis siebenhundert Beschäftigte im Betrieb gewesen, inzwischen gebe es rund 3600 Mitarbeiter[150]. Auch bei Bosch wollten die Betriebsräte einen Vertrauensbeweis durch geheime Abstimmung erhalten. So wurde in den beiden Werken Stuttgart und Feuerbach je eine antifaschistische Einheitsliste „Gewerkschaftsbund" zur Wahl gestellt, die, wie die Betriebsräte der Militärregierung erklärten, durch die gewählten gewerkschaftlichen Vertrauensleute in den einzelnen Abteilungen zusammengesetzt war. Über den Rundfunk forderte man alle Betriebsangehörigen – insbesondere die „mit oder ohne Entgelt Beurlaubten und Kranken, auch wenn sie seit der Besetzung noch nicht wieder in Arbeit standen" – zur Stimmabgabe auf. Das Ergebnis war eine überwältigende Bestätigung der bestehenden Betriebsräte: 4574 Wähler (93,1 Prozent) votierten mit Ja, 219 (4,4 Prozent) mit Nein und 123 Stimmen (2,4 Prozent) waren ungültig[151].

Gerade aber diese Abstimmung – auf der Basis einer Einheitsliste – wurde im Hauptquartier der amerikanischen Militärregierung in Berlin als Beweis dafür herangezogen, wie „shockingly undemocratic" der Württembergische Gewerkschaftsbund unter der Leitung von Markus Schleicher sei. Der Konflikt um diesen Fall führte dazu, daß neue Richtlinien für das Organisationsverfahren und für die Betriebswahlen herausgegeben wurden[152]. Die Wahlen von Arbeitnehmervertretern, die bis dahin als Grundschritt „zur Wiederherstellung von freien und demokratischen Gewerkschaften" galten und deshalb unter gewerkschaftlicher Regie abgehalten worden waren[153],

[148] Bericht des Ortskartell-Vorstandes vom 17. 10. 1945; ebd.

[149] Württembergischer Gewerkschaftsbund, Ortskartell Stuttgart an die örtliche Militärregierung am 30. 11. 1945; ebd.

[150] Württembergischer Gewerkschaftsbund, Ortskartell Stuttgart an die örtliche Militärregierung am 30. 10. 1945; ebd.

[151] Bekanntmachung für alle Betriebsangehörigen der Firma Robert Bosch, Stuttgart vom 2. 11. 1945; Zentralarchiv des Süddeutschen Rundfunks, Stuttgart. „Betriebsratswahlen bei Bosch", in: Stuttgarter Zeitung vom 14. 11. 1945. War Diary E1C3 vom 23. 10. 1945; NA, RG 260, 3/413-2/1-14.

[152] Vgl. Michael Fichter, Besatzungsmacht und Gewerkschaften. Zur Entwicklung und Anwendung der US-Gewerkschaftspolitik in Deutschland 1944–1948, Opladen 1982, S. 159ff. War Diary E1C3 vom 5. 12. 1945; NA, RG 260, 3/413-2/1-14. Vgl. Maxon to Cassidy am 26. 1. 1946; NA, RG 260, AG 45-46/8/1. Bingham an Arbeitsminister am 11. 2. 1946; Hamburger Bibliothek für Sozialgeschichte und Arbeiterbewegung, 551-3-83.

[153] Vgl. Wahl von Arbeitnehmervertretern. Eine vorläufige Anordnung von Oberbürgermeister Dr. Klett, Nachrichtenblatt, Nr. 13 vom 29. 8. 1945; vgl. Anm. 142. Rundfunksendung „Gespräche über Gewerkschaftsprobleme" am 5. 11. 1945; Zentralarchiv des Süddeutschen Rundfunks, Stuttgart. Vgl. auch die Ausführungen Schleichers, Sitzung des Bundesvorstands am 7. 1. 1946; Archiv des Deutschen Gewerkschaftsbundes, Landesbezirk Baden-Württemberg, Ordner 1946 Vorstandssitzungen, Besprechungen.

mußten künftig unter Aufsicht des Arbeitsamtes stattfinden. Auf diese Weise verloren sie ihren primären Charakter als Gewerkschaftswahlen, die Rückkehr zum dualistischen System: Gewerkschaft – Betriebsrat war vorgezeichnet. Darüber hinaus machten die neuen Richtlinien die Bemühungen der Gewerkschaftsführung hinfällig, die Amtsdauer über die geltende Drei-Monats-Grenze hinaus zu verlängern. Die gerade erst gewählten Betriebsräte wurden gezwungen, sich spätestens im März 1946 wieder zur Wahl zu stellen[154].

Die neuen Richtlinien lösten auch die ersten gewerkschaftspolitischen Scharmützel um die Stuttgarter Betriebsräte aus. Bereits im September 1945 waren Meinungsverschiedenheiten im Vorstand des Gewerkschaftsbundes wegen des Verhältnisses der Gewerkschaften zu den politischen Parteien aufgetreten, veranlaßt durch eine Entschließung der Betriebsrats- und Bezirksvorsitzenden des Industrieverbandes Metall zur Vereinigung von SPD und KPD. Während der Vorsitzende der Industriegewerkschaft Metall in Württemberg, Hans Brümmer (SPD), die Meinung vertrat, die „Gewerkschaften müssen sich mit politischen Fragen beschäftigen, denn davon hängt die Frage ab, ob planlose Wirtschaft oder gelenkte Wirtschaft“, argumentierte der Vorsitzende des Württembergischen Gewerkschaftsbundes Schleicher (SPD), „daß die Militärregierung den Gewerkschaften jede politische Tätigkeit verboten hat, und solche Entschließungen verbieten sich aus taktischer Klugkeit von selbst. Die Betriebsfunktionäre der Gewerkschaften sollen nur eine gewerkschaftliche Tätigkeit ausüben.“[155]

Im gleichen Sinne kritisierte Schleicher, daß die KPD am 15. Oktober 1945 dazu aufgerufen hatte, Betriebsgruppen der Partei zu bilden, um die Betriebsräte zu unterstützen, die Interessen aller Aufbauwilligen wahrzunehmen, die politische Säuberung durchzuführen sowie durch die Zusammenarbeit aller Schaffenden das Ziel der Einheitspartei zu erreichen. Für ihn war dieser Schritt angesichts der Einheitsgewerkschaft nicht nur überflüssig, sondern auch „störend“, „denn was der Kommunistischen Partei recht ist, muß den übrigen politischen Parteien schon aus Gründen der Demokratie billig sein ... Die Aufteilung der Belegschaft in Parteigruppen dient weder der Arbeiterschaft noch den Gesamtinteressen des Betriebes.“[156]

Zu einer erneuten Diskussion dieser Frage kam es Anfang Januar 1946 in zwei Vorstandssitzungen. Mehrere Anwesende (u.a. auch der christliche Gewerkschafter Rödlach) zeigten dabei Verständnis für das Vorgehen der KPD. Man könne wohl keiner Partei verbieten, ihre Vertrauensleute im Betrieb zu organisieren. Das gelte insbesondere für die KPD, deren Parteistruktur gerade auf dieser Grundlage beruhe. Dagegen hob Schleicher hervor, daß gerade angesichts der neuen US-Richtlinien, die es ermög-

[154] Vgl. die Ausführungen des Gewerkschaftsfunktionärs Mössner auf der Betriebsversammlung der Fortuna-Werke am 13. 2. 1946; Archiv des Betriebsrats der Fortuna-Werke, Stuttgart. Der dortige Betriebsrat ist zum ersten Male Ende Oktober 1945 gewählt worden, die Neuwahlen fanden dann am 12. 3. 1946 statt. Bei Daimler-Benz in Sindelfingen hatte sich der erste gewählte Betriebsrat am 14. 12. 1945 konstituiert; am 28. 2. 1946 wurde er dann erneut gewählt. Vgl. Disposition für Versammlung am 27. 2. 1946; Archiv des Betriebsrats, Werk Sindelfingen, Daimler-Benz AG.

[155] Protokoll der Vorstandssitzung am 19. 9. 1945; Archiv des Deutschen Gewerkschaftsbundes, Landesbezirk Baden-Württemberg, Ordner 1946 Vorstandssitzungen, Besprechungen. Nach den Richtlinien der US-Militärregierung vom 18. 8. 1945 hieß es, „die Gewerkschaft darf keine verbotene politische Aktivität entfalten“.

[156] Württembergischer Gewerkschaftsbund an die KPD Ortsleitung Stuttgart am 13. 11. 1945 und KPD Ortsgruppe Prag, Aufruf zur Bildung einer Betriebsgruppe am 15. 10. 1945; Archiv des Deutschen Gewerkschaftsbundes, Landesbezirk Baden-Württemberg, Ordner KPD und Tarnorganisationen.

lichten, separate Wahllisten aufzustellen, wenn lediglich 5 Prozent der Wahlberechtigten in einem Betrieb dafür plädierten, eine offene parteipolitische Betätigung der KPD im Betrieb gefährlich sei. „Damit kommen wieder alle Parteien mit Wahllisten und wir geraten in einen Zustand, wie er 1933 zum Untergang geführt hat." Von dem anwesenden amerikanischen Arbeitsoffizier Bingham mußte sich Schleicher jedoch sagen lassen: „Wenn es nur eine Gewerkschaft gibt und diese eine Liste vorschlägt, gibt es keine freie Wahl. Deshalb haben wir gesagt, daß 5 Prozent der Wahlberechtigten selbständige Kandidaten vorschlagen können ... Sie fürchten neue politische Streitigkeiten in den Betrieben. Das sind die Gefahren der Demokratie, aber der Streit ist erlaubt. Die Gewerkschaftler können ja ihre Listen empfehlen, aber eine Minderheit soll auch das Recht haben zu wählen. Es ist Ihre Verantwortung, in den Gewerkschaften dafür zu sorgen, daß nicht wieder politische Streitigkeiten entstehen."[157]

Die Befürchtungen Schleichers, die Demokratisierungsgrundsätze der Militärregierung könnten von der KPD für parteipolitische Zwecke mißbraucht werden, erwiesen sich tatsächlich als grundlos. In den meisten Betrieben waren es gerade die kommunistischen Gewerkschafter, die sich durch ein besonders starkes Engagement für die Einheitsgewerkschaft auszeichneten. Aus der verheerenden RGO-Politik vor 1933, die ein Großteil der Kommunisten in den Stuttgarter Betrieben abgelehnt hatte, hatten sie ihre Lehre gezogen[158]. Die Betriebsratswahlen 1946 verliefen ohne parteipolitische Auseinandersetzungen. Gerade weil die Parteizugehörigkeit der Kandidaten keine herausragende Rolle spielte, konnten sich zahlreiche sehr aktive KPD-Mitglieder bei der Wahl durchsetzen.

Für die Stuttgarter SPD war dieses Ergebnis Grund genug, den Aufbau von Betriebsgruppen zu einem Schwerpunkt ihrer Arbeit zu machen[159]. Auf diesem Gebiet sei ihr die KPD voraus, die SPD müsse sich der Arbeit in den Betrieben auch deshalb verstärkt zuwenden, weil der „Betriebszellenaufbau der KP ... zwangsläufig zu Fraktionsarbeit und zur Sprengung der Gewerkschaften" führe[160]. Der Anfang gestaltete sich für die Partei jedoch mühevoll, denn auch in den Betrieben, in denen SPD-Betriebszellen bereits arbeiteten (z.B. bei Bosch), wurde es beklagt, daß den Genossen im Vergleich zu den Kommunisten „ein gewisses Rückgrat" gegenüber der Firmenleitung fehle; ihnen müßte deshalb, so der sozialdemokratische Betriebsrat Stehle, „einmal von oberster Stelle unbedingt etwas mehr Zivilcourage beigebracht werden"[161].

Erst im März 1947 konnte die SPD die Stelle eines Betriebsgruppensekretärs besetzen und ein besonderes Aufgabengebiet „Gewerkschaften/Betriebsgruppen" in der

[157] Niederschrift über die Sitzung des erweiterten Vorstandes und der Bezirksleitungen am 7. 1. 1946; Archiv des Deutschen Gewerkschaftsbundes, Landesbezirk Baden-Württemberg, Ordner 1946 Vorstandssitzungen, Besprechungen, Mappe Vorstands- und Bezirksleitersitzungen. Vgl. auch Sitzung des Bundesvorstandes am 3. 1. 1946; ebd., Mappe Vorstandssitzungen.

[158] Vgl. Tilman Fichter, Die Betriebspolitik der KPD nach 1945 – Am Beispiel der Firma Bosch GmbH, in: Tilman Fichter und Eugen Eberle, Kampf um Bosch, Berlin 1974, S. 23. Brandt, Betriebsräte, S. 177.

[159] Diese reaktive Haltung war auch für die SPD in Berlin, im Bezirk Niederrhein sowie in Bremen kennzeichnend. Vgl. ebd., S. 176f. Ferner: Christoph Kleßmann, Betriebsparteigruppen und Einheitsgewerkschaft. Zur betrieblichen Arbeit der politischen Parteien in der Frühphase der westdeutschen Arbeiterbewegung 1945–1952, in: Vierteljahrshefte für Zeitgeschichte 31 (1983), S. 278 ff.

[160] Protokoll über die Sitzung der erweiterten Parteileitung der SPD Stuttgart am 6. 8. 1946; Archiv der sozialen Demokratie, Nachlaß Erwin Schoettle, 1947–1948 Rundschreiben Kreis, Land, Denkschriften, Protokolle.

[161] Stehle an den Vorsitzenden der SPD Stuttgart am 27. 1. 1947; ebd.

örtlichen Parteileitung einrichten; es wurde von Hans Stetter (Vorsitzender des Ortskartells der Stuttgarter Gewerkschaften), Steffi Restle (Betriebsrätin) und Clara Döhring (Gewerkschaftsfunktionärin) betreut. Rechtzeitig zu den Betriebsratswahlen im Mai 1947 meldete sich die SPD mit einem Aufruf, der die traditionell engen Beziehungen zwischen SPD und Gewerkschaften sowie die Notwendigkeit hervorhob, „mit den Rechten der Verfassung ... dem Willen des schaffenden Volkes zum Durchbruch zu verhelfen", und zugleich vor denen warnte, „die von einer verschwommenen Einheit und Demokratie reden und die Diktatur der Bajonette des Ostens meinen. Das zu erkennen ist mit eine Verpflichtung und Verantwortung der Betriebsratswahlen."[162]

Nach den Angaben, die die SPD errechnete und an die Militärregierung weitergab, konnte die Partei bei diesen Wahlen keine nennenswerte Verbesserung ihrer Position gegenüber der KPD erzielen. Aus 20 Betrieben (11 davon in der Metallverarbeitung) meldete sie die Wahl von 69 Sozialdemokraten (1946: 32), 69 Kommunisten (1946: 36) und 43 Parteilosen (15). In 12 Großbetrieben standen 44 Sozialdemokraten (29) insgesamt 55 Kommunisten (35) und 25 Parteilosen (13) gegenüber. So kam die Erhöhung der Anzahl der Betriebsräte, eine Folge der gestiegenen Beschäftigtenzahlen, in erster Linie den Parteilosen zugute[163]. Nach den aus einzelnen Betrieben bekannt gewordenen Ergebnissen konnte die SPD ihre Position lediglich bei der Firma Mahle sowie bei Salamander in Kornwestheim und bei Daimler-Benz in Sindelfingen deutlich verbessern. In Sindelfingen kam die Erweiterung des Betriebsrats von 11 auf 16 Mitglieder der SPD und den Parteilosen zugute. Zwar konnte die KPD mit 7 Sitzen (1946: 7) ihre Position als stärkste Gruppierung behaupten, aber die SPD hatte nunmehr 6 Sitze (1946: 3). Zugleich übernahm der Sozialdemokrat Ernst Schäfer den Vorsitz im Betriebsrat von dem KPD-Mitglied Josef Holzner. Im Daimler-Werk Untertürkheim hatte die SPD 1946 6 der 9 Betriebsräte und die KPD 2 gestellt. Im Jahre 1947 erhöhte sich die Gesamtzahl auf 19, wovon auf die SPD 7 und auf die KPD 8 Mandate entfielen. Während sich in der Zusammensetzung des Fortuna-Betriebsrats in dieser Hinsicht nichts änderte, verbesserte sich die Position der KPD gegenüber der SPD bei Kodak, Werner & Pfleiderer und Bosch. Bei Bosch waren die kommunistischen Zugewinne sogar erheblich: Im Werk Stuttgart erzielte die KPD 66 Prozent (1946: 36 Prozent) und im Werk Feuerbach 75 Prozent (66 Prozent) der Stimmen[164].

Dennoch war die Stuttgarter SPD nicht ganz unzufrieden mit dem Wahlausgang, weil dieser die Hoffnung auf größere Erfolge ließ, falls die Partei ihre Betriebsarbeit noch weiter verbesserte. Gegen die Aktivitäten der KPD in den Betrieben müsse die SPD vorgehen, meinte ihr Vorsitzender Helmstädter, denn die Kommunisten redeten bereits von einem möglichen Verbot ihrer Partei und davon, daß sie sich in diesem Falle der Gewerkschaften und Betriebsräte als Werkzeuge illegaler politischer Arbeit bedienen wollten[165]. So kam es im Vorfeld der Betriebsratswahlen von 1948 zusammen mit der Verschärfung der gesamtpolitischen Lage zu offenen parteipolitischen Gegensätzen zwischen SPD und KPD. Im Werk Stuttgart der Firma Bosch sprach die

[162] Heraus zur Betriebsratswahl!, in: Volkswille. Wochenblatt der SPD Württemberg-Baden 2 (1947), Nr. 18. Vgl. auch Niederschrift über die Kreis-Generalversammlung der SPD Stuttgart vom 1. 3. 1947 und Rundschreiben Nr. 6/47, SPD Stuttgart vom 27. 3. 1947; Archiv der sozialen Demokratie, Nachlaß Erwin Schoettle.

[163] Vgl. OMGWB, ICD, Weekly Political Intelligence Report vom 4. 6. 1947; NA, RG 260, 12/8-1/2.

[164] Vgl. ebd. vom 11. 6. 1947.

[165] Vgl. ebd. vom 26. 5. 1947.

Betriebsratsmehrheit ihre Mißbilligung gegenüber den Betriebsräten Grieshaber und Leistner (beide SPD) aus, die beschuldigt wurden, vertrauliches politisches Material des Vorsitzenden Eberle ohne dessen Kenntnis an den Vorstand des Gewerkschaftsbundes weitergegeben zu haben[166]. Während die Zusammenarbeit von Sozialdemokraten und Kommunisten im Betriebsrat des Daimler-Werkes in Sindelfingen auch im Jahre 1948 vom Vorsitzenden Schäfer (SPD) gewürdigt und durch die Wiederwahl aller bisherigen Betriebsräte belegt wurde, kam es im Werk Untertürkheim infolge einer offenen politischen Wahlkampagne der SPD zu einer massiven Mandatsverschiebung zuungunsten der KPD. Sie verlor 9 ihrer 10 Sitze, während die Sozialdemokraten nunmehr 17 von insgesamt 19 Betriebsrats-Mitgliedern stellten. Dieses Ergebnis bildete die Spitze eines Trends, der auch im Jahre 1949 anhielt und der es mit sich brachte, daß sich der Mandatsanteil der SPD (wie auch der der Parteilosen) nicht nur in der Metallindustrie Stuttgarts in der Folgezeit beträchtlich erhöhte[167].

Alles in allem waren die parteipolitischen Auseinandersetzungen bei den Betriebsratswahlen in Stuttgart insofern von Bedeutung, als sie sonst nur latent vorhandene Konflikte ans Licht brachten und die Zusammenarbeit zwischen Kommunisten und Sozialdemokraten beeinträchtigten; doch das wurde nicht – wie in anderen Regionen und Betrieben – zum vorherrschenden Merkmal der Betriebsratsarbeit. Für die SPD erwies sich ihre Strategie der Politisierung der Betriebsratswahlen in vielen Betrieben des Stuttgarter Raums als erfolgreich. Sie konnte ihre Anhänger motivieren, die Parteimitgliedschaft als wichtiges Entscheidungskriterium zu beachten. Für die KPD hatte diese Strategie zur Folge, daß ihre zunehmende Isolierung auf der politischen Ebene auch in den Betrieben spürbar wurde. Die aktiven Kommunisten gerieten immer mehr in die Defensive, wenn sie ihre Arbeitskollegen für Aktionen oder Forderungen ihrer Partei gewinnen wollten. Allerdings verloren kommunistische Gewerkschafter und Betriebsräte wie Eugen Eberle (Bosch), Josef Holzner (Daimler) oder Hermann Klenk (Fortuna) in den Jahren 1946–1948 keineswegs jeglichen Einfluß. Von Anfang an hatten sie sich (in vollem Einklang mit ihrer Partei) in erster Linie als Gewerkschafter im Betrieb und nicht als parteipolitische Vertreter verstanden. So wird beispielsweise bei der Entnazifizierung oder in der Versorgungsfrage im Betrieb die parteipolitische Zugehörigkeit der einzelnen Betriebsräte nur in Ausnahmefällen deutlich.

5. Die Entnazifizierung

a) Die ersten Schritte zur politischen Säuberung der Betriebe

Parallel zu den Initiativen der Antifa-Ausschüsse in den Stadtteilen und lokalen Verwaltungen, ehemalige aktive Nationalsozialisten aufzuspüren und zur Rechenschaft zu ziehen[168], machten es sich auch die neuen Betriebsräte zur Aufgabe, ihre Arbeitsstät-

[166] Vgl. Betriebsrat-Bosch, Stuttgart, an den IV Metall am 12. 11. 1947; Privatarchiv Eugen Eberle. Nach einer Untersuchung verlangte der Angestelltenverband einen schriftlichen Widerruf der Vorwürfe seitens des Betriebsratsmitglieds Knoblich (KPD). Vgl. ebd. am 4. 12. 1947.

[167] Vgl. OMGWB, Stuttgart, Weekly Intelligence Report vom 2. 6. 1948 und 16. 6. 1948; NA, RG 260, 12/221-1/10-11. Für Ergebnisse aus anderen Gebieten vgl. Arbeit und Freiheit. Informationsblätter der SPD, Nr. 1 (Juli 1949), Nr. 8 (August 1950). Kleßmann, Betriebsräte, S. 65.

[168] Vgl. hierzu Niethammer, Kampfkomitees.

ten zu entnazifizieren. In den ersten Monaten der Besatzung, als es noch keine gesetzliche Regelung dafür gab[169], wurde, so die Gewerkschaftsführung in einem späteren Bericht, „die politische Säuberung der Betriebe und des öffentlichen Lebens von dem Einfluß nationalsozialistischer Elemente von den Gewerkschafts- und Betriebsvertretern der Arbeiter und Angestellten aktiv in Angriff genommen". Ihre Leitlinie bei dieser Aufgabe war es, „die nachweisbar *aktiven* Nationalsozialisten aus ihrem bisherigen Einflußkreis zu entfernen und die *Mitläufer* der Bewegung unter gerechter Würdigung ihres persönlichen Verhaltens zu behandeln"[170]. Für die Gewerkschafter war diese Unterscheidung grundlegend, um ein rein schematisches Vorgehen nach formalen Kriterien zu vermeiden. In der Praxis erwies es sich jedoch als kaum möglich, im Einzelfall – und darauf kam es ihnen an – genau zu bestimmen, wer zu den aktiven und wer zu den nur nominellen Nationalsozialisten gehörte. Zudem wurde die konsequente Durchführung der Säuberungsarbeit durch andere Sorgen, Notwendigkeiten und Vorhaben im Betrieb ebenso wie durch die Vorgaben und Handlungen der Besatzungsmächte und der Spruchkammern erheblich beeinflußt.

Selbst in den ersten Wochen und Monaten der Besetzung konnten die Betriebsräte die Entnazifizierung nicht allein durchführen[171]. Die Unternehmer und Geschäftsleitungen wehrten sich erfolgreich dagegen, Personalentscheidungen ganz aus der Hand zu geben. Es war schon ein günstiger Fall, wenn der Betriebsrat die ersten Entnazifizierungsmaßnahmen einvernehmlich mit der Betriebsleitung vereinbaren konnte, wie etwa in den Firmen Norma (Kugellager) und Salamander[172]. Bei der Daimler-Benz AG in Untertürkheim stellte sich der neunköpfige Arbeiterrat unter dem Vorsitz des Sozialdemokraten Hermann Häßler gegen Rufe aus der Belegschaft wie: „Die Nazis gehören aufgehängt!", weil er das als reinen Verbalradikalismus betrachtete. An die Geschäftsleitung gewandt, forderte der Arbeiterrat, daß „für jeden der zu entlassenden Nationalsozialisten ein anderer Arbeiter eingestellt werden soll"[173]. Die Geschäftsleitung ihrerseits wollte zwar Entlassungen in größerem Umfang vornehmen, diese jedoch nicht durch die Neueinstellung von Nicht-Belasteten ausgleichen, solange die Produktions- und Finanzbedingungen dies nicht zu rechtfertigen vermochten. Um Konflikte zu vermeiden und doch beeindruckende Ergebnisse zu erreichen, suchte sie in erster Linie die vielen abwesenden Mitarbeiter zu „entnazifizieren". Verhandlungen mit dem Arbeiterrat ergaben nach den Worten des Vorstandsvorsitzenden Dr. Haspel, daß „alles" zu entlassen war, „was alte Parteigenossen waren oder als aktive Nationalso-

[169] Für den Bereich der privaten Wirtschaft gab es bereits entsprechende Entnazifizierungs-Vorschriften der US-Militärregierung. Ihre Bedeutung blieb jedoch im Vergleich zu der Auswirkung der Maßnahmen im öffentlichen Dienst minimal. Vgl. USFET, Removal of Nazis and Militarists, vom 15. 8. 1945; NA, RG 260, 5/9-3/16.

[170] Bericht der provisorischen Gewerkschaftsleitungen; vgl. Anm. 103.

[171] Nach Fritz Eberhard hat der Betriebsausschuß der Straßenbahn AG die Durchführung wohl alleine in der Hand gehabt. Als Pg wußte der Direktor, „daß er nur noch auf Abruf seine Stelle hat (bis er als Techniker ersetzt werden kann) und daß sein Benehmen heute bzw. das Leumundszeugnis des Betriebsrats für ihn später von Wichtigkeit ist". Bericht Fritz Eberhard vom 25. 6. 1945; Archiv des Deutschen Gewerkschaftsbundes, Düsseldorf, Nachlaß Gottfurcht, Ordner 9.

[172] Zu Salamander: DISCC Stuttgart, Intelligence Report No. 133 vom 2. 8. 1945; NA, RG 260, 12/8-3/6. Zu Norma: Eberhard, Stuttgart, S. 67.

[173] Ebd.

zialisten zu bewerten sind. Wer nach 1937 eingetreten ist, wurde vorläufig toleriert. Etwa 630 Nationalsozialisten haben wir überhaupt nicht mehr eingestellt."[174]

In anderen Betrieben stießen die Betriebsräte auf erheblichen Widerstand seitens der Geschäftsleitungen. Der erste Vorsitzende des Betriebsrats in der Brauerei Wulle „roch lauter Nazi im Betrieb". Die Firmenleitung widersetzte sich seinen rigorosen Forderungen und verstand es, die anderen Mitglieder des Betriebsrats sowie die zuständige Gewerkschaft (obwohl sie der Beurteilung des Betriebsratsvorsitzenden zustimmte) für eine moderatere Entnazifizierung zu gewinnen[175]. Aus der Stuttgarter Bezirksstelle der Reichsbahn meldete der Betriebsrat, daß die amerikanische Militärregierung den leitenden Beamten Dr. Brandle, NSDAP-Mitglied seit dem 1. Mai 1933 und SS-Unterscharführer, am 27. Juli 1945 suspendiert hatte. Am Tag darauf war Brandle wieder im Dienst und „erklärte ironisch", so der Betriebsrat, „er sei wieder im Amt und die Freude des neuen Präsidenten und die unsere seien nur von kurzer Dauer gewesen!" Protestaktionen im Betrieb gab es dagegen nicht, sondern lediglich die Meldung des Falles an den Gewerkschaftsbund und an den Chef der württembergischen Innenverwaltung, Fritz Ulrich (SPD), mit der Bitte des Betriebsrats um Stellungnahme zu dem Fall[176].

Dieses Verhalten war in Stuttgart weit verbreitet. Unter Bezugnahme auf Meldungen der Betriebsräte beschwerte sich das Ortskartell des Württembergischen Gewerkschaftsbundes Ende September 1945 bei der amerikanischen Militärregierung, daß in mehreren Betrieben aktive Nationalsozialisten beschäftigt seien; unter ihnen befänden sich auch solche, die zuvor bereits anderswo entlassen worden seien. „Es handelt sich hier meistens darum, daß der Betriebsinhaber selbst ein belasteter Nazi ist und nun so versucht, seine früheren PG wieder unterzubringen." Eigene Gegenmaßnahmen wurden weder gemeldet noch angekündigt. Es wurde lediglich um die „Abstellung dieser Dinge" gebeten[177].

Im Vergleich zu der Hilflosigkeit, die viele Betriebsräte wie auch das Ortskartell in dieser Phase der Entnazifizierung zeigten, ist das Verhalten des Bosch-Betriebsrats als Beispiel eines zähen und kämpferischen Versuchs zu werten, die Grundforderung der Arbeiterbewegung nach Entnazifizierung und Demokratisierung der Wirtschaft durchzusetzen. Schon am 18. Mai 1945 wandte sich der Betriebsrat gegen eine alleinige Entscheidungsbefugnis der Bosch-Betriebs- und Personalleitungen bei Entlassungen. Er schlug der französischen Militärregierung vor, alle ehemaligen Pgs zu entlassen und die frei gewordenen Leitungsposten mit Kandidaten zu besetzen, die von dem Betriebsrat oder der Stuttgarter Gewerkschaftsleitung benannt würden. Anschließend sollte der Betriebsrat „unter Hinzuziehung der von der Militärregierung bestätigten Geschäftsleitung den Kreis derjenigen gekündigten Nationalsozialisten bestimmen,

[174] Vortrag vom 15. 10. 1945 vor dem Wirtschaftsausschuß der Zentrale der Arbeitsausschüsse; Privatarchiv Eugen Eberle. Vgl. auch: Das Werk Untertürkheim, S. 103 ff., S. 108. Insgesamt wurden mehrere tausend Mitarbeiter entlassen.

[175] Kollmaier an den Württembergischen Gewerkschaftsbund am 28. 6. 1945; vgl. Anm. 109.

[176] Henninger an Ulrich, Götz und Schleicher am 28. 7. 1945; Archiv des Deutschen Gewerkschaftsbundes, Landesbezirk Baden-Württemberg, Ordner Eisenbahn + Gesamtverband bis März 1948.

[177] Württembergischer Gewerkschaftsbund, Ortskartell Stuttgart, an die örtliche Militärregierung am 28. 9. 1945; Archiv des Deutschen Gewerkschaftsbundes, Landesbezirk Baden-Württemberg, Grüne Mappe.

welche unter Berücksichtigung aller politischen, sozialen und wirtschaftlichen Gründe unter Anlegung des schärfsten Maßstabes wieder eingestellt werden können"[178].

Zwei Wochen später erklärte sich die französische Militärregierung mit diesem Vorschlag einverstanden. Dennoch reichte diese wichtige (und erforderliche) Zustimmung nicht aus, um die vom Betriebsrat beabsichtigte Säuberung tatsächlich durchzuführen. Gegen die Geschäftsleitung von Bosch erhob der Betriebsrat schwerwiegende politische Beschuldigungen; die Beziehungen zwischen Dr. Carl Goerdeler und der Firmenleitung während der NS-Zeit beurteilte er als rein geschäftlicher Natur. Die angegriffene Bosch-Direktion ihrerseits stellte gerade die Bedeutung heraus, die die Zusammenarbeit mit Goerdeler für den Widerstand im Lande gehabt habe. Zudem wehrte sie sich „aus fachlichen Gründen" gegen die politisch bedingte Entlassung von Führungskräften. Durch die Kündigung von Mitarbeitern aus mittleren und unteren Stellen baute sie sich ein statistisches Vorzeige-Ergebnis auf. Darüber hinaus nahm sie ihre ausgezeichneten Verbindungen zur amerikanischen Militärregierung in Anspruch, um die politischen Säuberungsforderungen des Betriebsrats abzuwehren[179].

Damit hatte die Bosch-Leitung Erfolg. In bezug auf Einstellungen und Entlassungen wurden dem Betriebsrat klare Grenzen gesetzt. Die Militärregierung wies auf die Kompetenzen des Arbeitsamtes hin und forderte den Betriebsrat auf, Zweifelsfragen „im Benehmen mit den Gewerkschaften und dem Arbeitsamt" zu regeln[180]. Außerdem nahm sie die Ereignisse bei Bosch zum Anlaß, eine Schlichtungskammer einzurichten, die bei betriebsinternen Streitigkeiten wegen gewöhnlicher Entlassungen, aber auch in solchen Fällen entscheiden sollte, in denen Betriebsräte bei Bosch und anderswo versuchten, „die Entlassung von NS-Belasteten zu erzwingen". Dabei machte der zuständige Offizier deutlich, daß „das endgültige Entscheidungsrecht in der Entnazifizierung bei der Militärregierung liege"[181].

Trotz solcher Rückschläge versuchte der Bosch-Betriebsrat weiter, die Militärregierung für seine Entnazifizierungsziele zu gewinnen. Aus einer statistischen Erhebung über die Nationalsozialisten im Betrieb, die er durchführte und an die Militärregierung weiterleitete, ging hervor, daß von den 6855 durch Fragebogen erfaßten Arbeitern (4562) und Angestellten (2293) 20,7 Prozent (1421) ehemalige Pgs, SA- oder SS-Mitglieder waren. Darunter befanden sich 562 Arbeiter und 859 Angestellte. Eine weitere Differenzierung unter den Angestellten ergab, daß 48,2 Prozent der Männer und 72,4 Prozent der Vorgesetzten in dieser Weise belastet waren. Daraus zog der Betriebsrat den Schluß, „daß die gegenwärtige Direktion der Firma Bosch noch willens oder fähig ist, die Aufgaben der neuen Zeit mit Erfolg zu meistern". Diese erforderten seiner Ansicht nach auch eine zeitlich begrenzte politische Kontrolle, um einen „demokratischen Geist" im Betrieb zu gewährleisten. Das hierfür notwendige Vertrauen sowohl der Militärregierung als auch des Betriebsrats – und damit der Belegschaft – besaß die alte Geschäftsleitung nach Meinung des Betriebsrats nicht[182].

[178] Betriebsrat an die US-Militärregierung am 4. 6. 1945; Privatarchiv Eugen Eberle.

[179] Schleicher an Hofstetter am 25. 7. 1945; Archiv des Deutschen Gewerkschaftsbundes, Landesbezirk Baden-Württemberg, Ordner Metall. Vgl. auch die Ausführungen von Direktor Ernst Rogowski zu den Verbindungen der Firma zur US-Militärregierung; Stadtarchiv Stuttgart, 7030 Bosch.

[180] US-Militärregierung an den Betriebsrat am 29. 8. 1945, abgedruckt in: Arbeiterbewegung und Wiederaufbau, S. 242.

[181] War Diary vom 2. 8. 1945; NA, RG 260, 3/413-2/1-14.

[182] Eberle, Grohmann, Nächte, S. 163. Dort sind auch die statistischen Ergebnisse vollständig wiedergegeben.

Die Beispiele deuten die Probleme schon an, vor die sich die Stuttgarter Betriebsräte in den ersten Monaten nach der alliierten Besetzung gestellt sahen, wenn sie ihre Entnazifizierungsziele durchzusetzen versuchten. In der Regel hatten sie nur dann Erfolge zu verzeichnen, wenn sie die erforderlichen Maßnahmen im Einvernehmen mit der Betriebsleitung festlegen konnten. In Konfliktfällen gelang es meist auch nicht, die Belegschaften zu mobilisieren. Unmittelbare Aktionen in den Betrieben gegenüber Führungskräften, die sich in der NS-Zeit angeblich oder tatsächlich kompromittiert hatten, waren schon deswegen kaum durchzusetzen, weil ihr Erfolg nicht absehbar war und die Belegschaftsmitglieder damit rechnen mußten, die beschuldigten Führungskräfte weiterhin als ihre Vorgesetzten anerkennen zu müssen. Auch waren manche Gewerkschafter und Betriebsräte an der Weiterbeschäftigung bestimmter belasteter Fach- und Führungskräfte selbst interessiert, weil sie sie beim betrieblichen Wiederaufbau für unentbehrlich hielten[183]. Vor allem wurden NS-Belastete dann bewußt geschont, wenn sie während der NS-Zeit einen guten Leumund in der Belegschaft gehabt hatten.

Wenn sich die Betriebsräte in Streitfällen an die Besatzungsmächte wandten, weil sie in den alliierten Verlautbarungen eine Übereinstimmung mit ihren eigenen Entnazifizierungszielen zu sehen meinten, dann wurden ihre Forderungen regelmäßig übergangen, wie entschieden auch immer sie, beispielsweise aus der Firma Bosch, vorgetragen wurden. In dieser Haltung zeigte sich, daß die Alliierten ihre Entscheidungsgewalt in Entnazifizierungsfragen noch nicht teilen und den Befugnissen der Betriebsräte unbedingt Grenzen ziehen wollten. Dabei wurde aber auch deutlich, daß innerhalb der Militärregierung die Protagonisten einer umfassenden politischen Säuberung und Demokratisierung in der Praxis oft von denjenigen überfahren wurden, die für eine effiziente und rasche Ingangsetzung von Verwaltung und Wirtschaft plädierten. Auf die Verwaltung bezogen, gab es zwischen Franzosen und Amerikanern erhebliche Unterschiede. Verglichen mit der nachsichtigen Entnazifizierungspolitik der Franzosen führte die amerikanische Militärregierung nach ihrem Einzug in Stuttgart eine rigorose Entfernung von NS-Belasteten unter den städtischen Beschäftigten durch. Bereits am 22. September 1945 konnte der amerikanische Stadtkommandant feststellen, daß die Entnazifizierung der Stadtverwaltung weitgehend abgeschlossen sei. Er betonte zudem, daß die Säuberungsaktion jetzt auch auf andere gesellschaftliche Bereiche, insbesondere den Handel und die Industrie, ausgedehnt werden würde[184].

Bereits vier Tage später, am 26. September 1945, wurde diese Ankündigung durch den Erlaß des Gesetzes Nr. 8 realisiert. Darin wurde jedem geschäftlichen Unternehmen untersagt, Mitglieder der NSDAP „oder einer der ihr angeschlossenen Organisa-

[183] Vgl. Fritz Eberhard an Genossen am 25. 6. 1945; Archiv des Deutschen Gewerkschaftsbundes, Nachlaß Gottfurcht, Ordner 9; Ortskartell Stuttgart-WGB und Gesamtbetriebsrat der Stadt Stuttgart an die Militärregierung am 8. 11. 1945; Archiv des Deutschen Gewerkschaftsbundes, Landesbezirk Baden-Württemberg, Grüne Mappe.

[184] Vgl. Ansprache Jackson, Radio Stuttgart vom 22. 9. 1945; Zentralarchiv des Süddeutschen Rundfunks, Stuttgart. Vietzen, Chronik, S. 46 f., S. 87 ff.; Eberhard, Stuttgart, S. 61. Insgesamt zur kommunalen Entwicklung in Stuttgart vgl. Rebecca Boehling, German Municipal Self-Government and the Personnel Policies of the Local U.S. Military Government in Three Major Cities of the Zone of Occupation: Frankfurt, Munich und Stuttgart, in: Archiv für Sozialgeschichte 25 (1985), S. 333 ff.

tionen ... in einer beaufsichtigenden oder leitenden Stellung oder in irgendeiner anderen Stellung als der eines gewöhnlichen Arbeiters" zu beschäftigen. Anfang Februar 1946 wurde der Kreis der Betroffenen auf Anhänger von Nationalsozialismus und Militarismus ausgedehnt. Gegen die Entlassung bzw. die Ablehnung einer Anstellung konnten Betroffene ein Vorstellungsverfahren beantragen, falls sie „sich nicht für irgendeine Tätigkeit der NSDAP oder einer der ihr angeschlossenen Organisationen aktiv eingesetzt" hatten[185].

Für das Entlassungsverfahren wurden in Stuttgart in jedem Stadtbezirk erstinstanzliche Entnazifizierungskomitees eingerichtet. Betriebe mit mindestens 150 Beschäftigten mußten ihr eigenes Entnazifizierungskomitee bilden. Die Entnazifizierungskomitees setzten sich paritätisch aus Vertretern der Arbeitgeber und der Arbeitnehmer zusammen, die „an ihrem Ort durch moralische und politische Rechtschaffenheit und guten Ruf" bekannt sein und ihre antinazistische Einstellung „durch aktive Opposition" unter Beweis gestellt haben mußten[186]. Die Komitees waren damit beauftragt, Entlassungen vorzuschlagen, die von der Geschäftsleitung dann ausgesprochen werden mußten. Anderenfalls war das Komitee dazu verpflichtet, der Militärregierung davon Kenntnis zu geben. Darüber hinaus hatten die Komitees die Aufgabe, über entlassene Pgs, die ein Vorstellungsverfahren beantragten, ein Gutachten anzufertigen. Schließlich prüften die betrieblichen Entnazifizierungskomitees, ob ein entlassener Pg gegebenenfalls in gewöhnlicher Arbeit beschäftigt werden könne.

Zur Behandlung der Vorstellungsanträge wurden in den einzelnen Stadtbezirken als Erstberufungsinstanzen Prüfungsausschüsse eingerichtet, deren Mitglieder aufgrund einer einvernehmlich getroffenen politischen Entscheidung in Stuttgart zu jeweils einem Drittel von den Gewerkschaften bzw. Antifa-Ausschüssen, von den Kirchen und von der Polizei entsandt wurden. Den Prüfungsausschüssen war ein Hauptprüfungsausschuß beim Oberbürgermeister vorgeordnet, in dem die Arbeiterparteien, die Antifa-Ausschüsse und die Gewerkschaften etwa die Hälfte der Mitglieder stellten[187].

Das Gesetz löste in den Firmenleitungen, bei den Hauptbetroffenen, erhebliche Unruhe aus. Anstatt des erhofften „amerikanischen Tempos" beim Wiederaufbau, so deren Kritik, müsse man nun mit einer Lähmung von Industrie und Handel rechnen. Auch fehlte der Hinweis nicht, daß es zu einer „Radikalisierung nach rechts oder links" kommen würde, wenn die Maßnahmen gegen die Pgs nicht aufgehoben würden[188]. Bestärkt wurde die Kritik sicherlich auch durch inoffizielle Äußerungen von

[185] Militärregierung-Deutschland, Amerikanische Zone, Gesetz Nr. 8 vom 26. 9. 1945, in: Felix Brandl (Hrsg.), Das Recht der Besatzungsmacht. Proklamationen, Deklarationen, Verordnungen, Gesetze und Bekanntmachungen der Militärregierung Deutschland (Kontrollgebiet des Obersten Befehlshabers bzw. Amerikanische Zone) und des Kontrollrates, München 1947, S. 375. Wirtschaftsministerium Württemberg-Baden, Runderlaß II W 6/66 vom 11. 2. 1946; Stadtarchiv Stuttgart, 0052-1 Bü 3. Zur Entnazifizierung in einer anderen Region vgl. Hans Woller, Gesellschaft und Politik in der amerikanischen Besatzungszone. Die Region Ansbach und Fürth, München 1986.

[186] OMGWB an Ministerpräsident Maier am 22. 10. 1945; Stadtarchiv Stuttgart, 0052-1.

[187] Vgl. die Unterlagen zur Organisation des Verfahrens; ebd.

[188] Fischer an Innenminister Ulrich, OB Klett, Prälat Dr. Hartenstein, Caritas-Direktor Baumgärtner am 29. 10. 1945; ebd. Vgl. Wochenbericht vom 2. 11. 1945; Stadtarchiv Stuttgart, 000-8/7.

amerikanischen Offizieren, die aus ihrer negativen Einstellung zum Gesetz keinen Hehl machten[189].

Zustimmend zum Gesetz äußerte sich der überwiegende Teil der Hörer von Radio Stuttgart, deren Zuschriften in der Sendung „Die öffentliche Meinung" vorgelesen wurden. Nun könne man, so eine Stimme, diejenigen „Elemente" entfernen, die „im Laufe ihrer Tätigkeit zu viele Berührungspunkte mit dem Nationalsozialismus hatten, mehr oder minder von jenem Geist vergiftet sind und die vor allem aufgrund ihrer Stellung und Beziehungen zu höchsten Nazistellen ihre Vorteile zogen"[190]. Auch die politischen Parteien in Stuttgart begrüßten das Gesetz und forderten die Militärregierung in einer gemeinsamen Entschließung ihrer Vertreter im Gemeindebeirat dazu auf, ein ähnliches Verfahren für den öffentlichen Dienst festzulegen. Dagegen registrierte die Militärregierung für Württemberg-Baden in ihrem Monatsbericht für Oktober 1945, daß das Gesetz einen Schock ausgelöst hätte. „The large mass of the population … could understand neither its intent nor its purpose."[191]

Verständlicherweise bejahten die Gewerkschaften das Gesetz, weil es erstmals die Entnazifizierung in deutsche Hände legte und die Möglichkeit dafür bot, ehemalige Nationalsozialisten in leitenden Positionen der Privatwirtschaft und Wirtschaftsführer zu belangen, die den Nationalsozialismus wirksam gefördert hatten, auch wenn sie nie eine formale NSDAP-Mitgliedschaft eingegangen waren. Die Gewerkschaften nahmen positiv zur Kenntnis, daß nach dem Gesetz vor allem die individuelle Haltung des Beschuldigten gegenüber dem Nationalsozialismus berücksichtigt werden sollte. Dafür hatten Gewerkschaften und Betriebsräte von Anfang an plädiert, sie verbanden deshalb mit dem Gesetz große Hoffnungen, denen Hans Stetter, Leiter des Stuttgarter Ortskartells, Ende Oktober in einem Schreiben an die Militärregierung Ausdruck gab: In den vorangegangenen Monaten habe man immer wieder die Erfahrung machen müssen, daß die Versuche der Betriebsräte, „die leitenden Personen zu entfernen, die ihnen als aktive Nazi bekannt waren", fehlschlugen. „Es wurde eingewendet, daß die Betriebsräte überhaupt kein Recht hätten, die Entlassung eines Inhabers oder Unternehmers, eines Prokuristen usw. zu fordern." Für Stetter gab es keinen Zweifel: „Wenn dieses Gesetz nicht gekommen wäre, dann wäre es wieder so gekommen, daß man die kleinen Nazi entlassen hätte und die großen Nazi im Betrieb verblieben wären."[192]

[189] Laut Aktenvermerk vom 5. 10. 1945 machte Oberleutnant Keaton während einer Besprechung im Wirtschaftsministerium die Bemerkung, daß das Gesetz Nr. 8 und die damit zusammenhängenden Verordnungen „insofern als töricht (stupid) bezeichnet werden müßten, als dadurch Nahrungsmittel- und Bekleidungsbetriebe zum Erliegen kommen und für den Ausfall nachher von Amerika Zulieferungen geleistet werden müssen". HStASt, EA 6/3, Bd. 734. In einer weiteren Besprechung am 19. 10. 1945 berichtete Markus Schleicher im Zusammenhang mit der Frage, welche Betriebe als lebenswichtig einzustufen sind, daß der für Arbeitsfragen zuständige Major Bingham der Meinung sei, „es ist alles ungerecht, aber Befehl". Protokoll über die Sitzung am 19. 10. 1945 betr. Säuberungsaktion; Stadtarchiv Stuttgart, 0052-1 Bü 2.

[190] Radio Stuttgart, Die Öffentliche Meinung, Sendung vom 26. 9. 1945. Vgl. auch die gleichen Sendungen vom 19. 10. 1945 und 17. 11. 1945; Zentralarchiv des Süddeutschen Rundfunks, Stuttgart.

[191] OMGWB, Monthly Historical Report for October 1945 vom 15. 11. 1945; NA, RG 260, 3/410-2/7; OMG SK Stuttgart, Monthly Narrative Historical Report vom 15. 12. 1945; NA, RG 260, 5/10-1/12.

[192] Württembergischer Gewerkschaftsbund, Ortskartell Stuttgart, an die örtliche Militärregierung am 31. 10. 1945; Archiv des Deutschen Gewerkschaftsbundes, Landesbezirk Baden-Württemberg, Grüne Mappe.

So einfach und unbürokratisch, wie Stetter und seine Kollegen es sich wünschten, gestaltete sich die Entnazifizierung aber nicht. Die Einrichtung der Ausschüsse und Komitees und die Klärung von Verfahrensfragen zog sich wochenlang hin. Dazu wurde sie von einem Tauziehen zwischen deutschen und amerikanischen Dienststellen sowie von widersprüchlichen juristischen Interpretationen des Gesetzes begleitet. Das stiftete Verwirrung und ließ unter den designierten Betriebsvertretern für die Entnazifizierungsausschüsse die Befürchtung aufkommen, daß es den Behörden an der Bereitschaft, für eine effektive Anwendung des Gesetzes zu sorgen, mangele. Bestätigt sah sich ein Teil der Betriebs- und Gewerkschaftsfunktionäre in dieser Ansicht durch eine Bemerkung des liberalen Ministerpräsidenten Reinhold Maier (DVP). In einer Rundfunkrede am 7. November 1945 hatte Maier in Zusammenhang mit der Frage, wer den Nationalsozialismus unterstützt habe, auffallend von der nach Gesetz Nr. 8 betroffenen Wirtschaftselite abgelenkt. Er bescheinigte nämlich den Bauern, sie seien mit ihrem „realen Sinn" frühzeitig gegen den Nationalsozialismus „mißtrauisch geworden"; dagegen seien „die qualifizierten Arbeiter und Angestellten besonders stark beteiligt" gewesen. „Die deutschen Arbeiterführer waren im Dritten Reich mit am härtesten verfolgt. Die Arbeiterschaft selbst jedoch wurde mit Samthandschuhen angefaßt und so konnte Adolf Hitler das Gros der Arbeiterschaft ebensosehr umgarnen, wie die übrigen Stände. In der Arbeiterschaft war er vielleicht am längsten, bis in die letzten Kriegsjahre hinein, verankert."[193]

Das widersprach dem antifaschistischen Konsens der Linken diametral und war geeignet, das besonders schmähliche Versagen der deutschen Eliten gegenüber Hitler zu bagatellisieren. Herausgefordert fühlte sich jedoch nur ein Teil der Betriebsräte und Gewerkschaftsfunktionäre. In einer Entschließung des Industrieverbands Metall wurde kritisiert, daß Maier mit seinen Äußerungen die anlaufende Entnazifizierungsarbeit geradezu sabotiere, weil er denjenigen den Rücken stärke, die das Gesetz unterlaufen wollten. Mit dem Hinweis darauf, daß Maier als Reichstagsabgeordneter im Jahre 1933 dem Ermächtigungsgesetz zugestimmt habe, forderte man sogar den sofortigen Rücktritt des Ministerpräsidenten. Aber weder die Gewerkschaftsführung in Stuttgart noch SPD und KPD, die die Allparteien-Koalition auf Stadt- und Landesebene nicht sprengen wollten, schlossen sich dieser Forderung an[194].

Bis zum 20. November 1945, also fast zwei Monate nach Erlaß des Gesetzes, waren von den Betrieben erst 175 Personen entlassen worden. Am 10. Dezember lag die Zahl der Entlassungen schon bei 1119, wobei 360 Personen nach erfolgreichem Vorstellungsverfahren bereits als Nicht-Aktivisten klassifiziert und wieder eingestellt worden waren. Aus der Statistik geht hervor, daß ca. 25 Prozent aller Stelleninhaber in den 778 Industriebetrieben, die ihrer Meldepflicht zu diesem Zeitpunkt nachgekom-

193 Rede des Ministerpräsidenten Maier „Die Rückkehr zum Rechtsstaat" vom 7. 11. 1945; Zentralarchiv des Süddeutschen Rundfunks, Stuttgart.

194 Vgl. Entschließung vom 13. 11. 1945, in: Arbeiterbewegung und Wiederaufbau, S. 245. Dazu auch die polizeilichen Wochenberichte vom 16. und 23. 11. 1945; Stadtarchiv Stuttgart, 000-8/7. Vgl. auch die Ausführungen von Karl Hammer aus Zuffenhausen, Sitzung der Entnazifizierungsausschüsse am 20. 11. 1945; Stadtarchiv Stuttgart, 0052-1. Die Rede von Maier zum Ermächtigungsgesetz ist in der Stuttgarter Zeitung vom 29. 1. 1947 abgedruckt. Zur Haltung der Gewerkschaftsführung vgl. Haußmann an Oberleutnant Elbot am 21. 11. 1945; Stadtarchiv Stuttgart, 0052-1, Bl. 56. Zur KPD in diesem Fall vgl. Eberle, Grohmann, Nächte, S. 174.

men waren, NS-Belastete im Sinne des Gesetzes waren[195]. Allerdings verteilten sich die Entlassungen keineswegs gleichmäßig auf die Betriebe. Bei manchen Firmen wie Bosch, Fortuna und Boehringer mußte die gesamte Geschäftsleitung zurücktreten. Das war auch bei Bleyle der Fall, worauf das Landeswirtschaftsamt mit der Feststellung reagierte, das Fehlen dieser Männer würde die Produktion gefährden[196].

Ein Zeichen politischen Selbstbewußtseins und programmatischen Selbstverständnisses der Arbeiterbewegung war es, ob und in welcher Form sie sich zur Frage der Ersetzung der entlassenen wirtschaftlichen Eliten äußerte. Wie stellte man sich für diesen Fall beispielsweise die betriebliche Mitbestimmung vor? Auffallend ist, wie zurückhaltend die Repräsentanten der Arbeiterbewegung (einschließlich die Betriebsräte) sich hierzu verhielten. Nur die Stuttgarter Arbeitsausschüsse und der Bosch-Betriebsrat machten eine Ausnahme. Die Arbeitsausschüsse schlugen der Landesregierung vor, daß die Betriebsräte die frei gewordenen Leitungsposten mit Unterstützung der Arbeitsausschüsse, der Gewerkschaften und der demokratischen Parteien neu besetzen sollten. Dies wurde mit der Begründung abgelehnt, daß nach dem Gesetz Nr. 8 die Oberbürgermeister und Landräte dafür verantwortlich seien. „Eine Mitwirkung der Arbeitsausschüsse und der Betriebsräte bei dieser Tätigkeit hat das Gesetz nicht in Aussicht genommen."[197] Auch der an die Militärregierung gerichtete Vorschlag des Bosch-Betriebsrats zur Neubesetzung der Geschäftsleitung wurde abgelehnt. Obwohl die Militärregierung dem Betriebsrat eine gewisse Anerkennung für sein Engagement in der Entnazifizierungsfrage aussprechen mußte, erteilte sie den Vorschlägen eine klare Absage: „However it should be made clear that Military Government does not recognize the right of a works council to determine personnel in managerial positions, but only its right to advise and recommend." Anstatt die Geschäftsleitung zu bekämpfen, solle der Betriebsrat mit der Betriebsleitung kooperieren, um „unerwünschte Elemente in der Firma" zu entfernen. Auf diese Weise könne der Betriebsrat der Militärregierung bei ihrer Arbeit wertvolle Unterstützung geben[198].

Auch die Stuttgarter Gewerkschaftsführung unterstützte den Bosch-Betriebsrat nicht. Sie ging davon aus, daß die Entnazifizierung nach dem Gesetz Nr. 8 eine notwendige Pflichterfüllung und keine Aufgabe sei, um „den Gegensatz zwischen Arbeitgeber und Arbeitnehmer zum Ausdruck" zu bringen[199]. Damit verfehlten die Gewerkschaften nicht nur die Konfliktsituation bei Bosch, sie vermochten auch anderen Betriebsräten nicht zu helfen. Die Betriebsvertreter erfuhren sehr bald auch den Widerstand der Unternehmer, und zwar nicht nur gegen eine extensive Auslegung des Begriffs „aktiv", sondern einen ganz allgemeinen Widerstand gegen das Gesetz und seine strikte Anwendung – gab es doch eine Vielzahl von Möglichkeiten, das Gesetz zu umgehen und belastete Führungskräfte in den Betrieben zu rehabilitieren. Auch wenn die Betriebsräte, wie bei den Salamander-Werken in Kornwestheim, vor der Verkündung

[195] Vgl. Wirtschaftsamt Stuttgart, Verwaltungsbericht vom 20. 11. 1945, S. 17b; StAL, EL 540 BA 90 1945–47. Arbeitsamt Stuttgart, Gesamtstatistik zum 10. 12. 1945 und 15. 1. 1946; Archiv des Arbeitsamts Stuttgart. Nach den Ergebnissen der erwähnten Bosch-Umfrage waren dort 73% der Angestellten in Vorgesetztenstellungen NS-Belastete. Vgl. Eberle, Grohmann, Nächte, S. 163.

[196] Vgl. Landwirtschaftsamt, Aktennotiz vom 8. 10. 1945; StAL, EL 540 BE 1001.

[197] Schreiben an die Zentrale der Arbeitsausschüsse vom 21. 11. 1945; HStASt, EA 6/3, Bd. 734.

[198] US-Militärregierung an Betriebsrat Bosch am 6. 10. 1945; Privatarchiv Eugen Eberle.

[199] Stellungnahme von Markus Schleicher, Protokoll über die Sitzung zur Ausarbeitung von Richtlinien für die Säuberungsaktion am 19. 10. 1945, S. 10; Stadtarchiv Stuttgart, 0052-1.

des Gesetzes mit der Betriebsleitung weitgehend darüber einig war, wer zu entlassen sei, schaffte das Gesetz vielfach eine neue Konfliktlage[200].

Eine der einfachsten Möglichkeiten zur Vermeidung von politischen Entlassungen war die Versetzung oder Rückstufung von leitenden Kräften auf Stellen, die als „gewöhnliche Arbeit" im Sinne des Gesetzes galten. Obwohl dies nur wirksam sein sollte, wenn es bereits vor Erlaß des Gesetzes geschehen war, ist des öfteren versucht worden – wie etwa der Betriebsrat bei Bosch der Geschäftsleitung vorwarf –, solche Versetzungen rückwirkend durchzuführen, um die Betroffenen im nachhinein doch noch weiterbeschäftigen zu können[201]. Bei den Fortuna-Werken war nicht nur die gesamte Geschäftsleitung vom Gesetz betroffen, auch ein beträchtlicher Teil der leitenden Angestellten fiel unter die Entlassungsbestimmungen. Um die inzwischen wieder angelaufene Produktion des Werkes nicht zu gefährden, bestimmte der Vorstand noch vor seinem Rücktritt die neue Leitung und stellte sich und die übrigen vom Gesetz Betroffenen der neuen Firmenleitung als gewöhnliche Arbeiter mit Höchstgehältern von RM 300 monatlich „für Arbeiten innerhalb ihres bisherigen Arbeitsgebiets" zur Verfügung[202].

Obwohl die Ausführungsbestimmungen des Gesetzes die Möglichkeit einer derartigen Weiterbeschäftigung enthielten, wurde diesem Schritt der Fortuna-Geschäftsleitung zunächst seitens des Betriebsrats widersprochen, und anschließend wurde er von dem kurz darauf gebildeten Entnazifizierungskomitee revidiert. Mit Ausnahme von zwei Führungskräften, die auf Stellen mit gewöhnlicher Arbeit versetzt wurden, mußten die vom Gesetz betroffenen drei Vorstandsmitglieder sowie sechs leitende Angestellte vorübergehend aus der Firma ausscheiden[203]. Im Vergleich dazu gelang es der Geschäftsleitung des Karosseriewerks Reutter in Stuttgart, die NS-Belasteten formal als einfache Arbeiter bis zum Sommer 1946 zu beschäftigen, wodurch sie, wie es hieß, in Wirklichkeit „hintenherum ihre alten Befugnisse" behalten hätten[204].

Für den Betriebsrat der Daimler-Benz AG in Sindelfingen stellte sich das Problem der Weiterbeschäftigung von ehemaligen Nationalsozialisten in gewöhnlicher Arbeit auch im Hinblick auf ihre Gehälter, deren Kürzung genauso wie die Tätigkeit der Betroffenen vom Entnazifizierungskomitee überwacht werden mußte. Der Betriebsrat forderte die Einsichtnahme in die Gehaltslisten, doch das wurde von der Werksleitung sofort abgelehnt. Für den Betriebsrat lag diese Forderung, „die größte moralische und politische Berechtigung hat, ganz in der Linie der Gleichberechtigung der Arbeiter beim Wiederaufbau einer demokratischen und damit nicht einseitigen kapitalistischen Wirtschaft. Eine Ablehnung einer solchen Forderung zeigt uns eindeutig, in welche

200 Vgl. DISCC Stuttgart, Intelligence Report No. 133 vom 2. 8. 1945; NA, RG 260, 12/8-3/6. Protokolle des Betriebsrats der Salamander AG, Kornwestheim; Archiv des Betriebsrats der Salamander AG.

201 Vgl. Mündliche Fragen an die Militärregierung, o.J. (1945); Privatarchiv Eugen Eberle.

202 Maßnahmen und Bekanntmachungen vom 12. und 15. 10. 1945; Wirtschaftsarchiv Baden-Württemberg, Bestand Fortuna, Ordner Vorstandsangelegenheiten.

203 Ebd. Übersicht über den Stand der Beschäftigten Ende Mai 1946 vom 25. 6. 1946; Archiv des Betriebsrats der Fortuna-Werke, Stuttgart, Ordner Spruchkammer. Notizen über die Betriebsversammlung der Fortuna-Werke am 13. 2. 1946; ebd., Ordner Betriebsversammlungen. Später bezeichnete der Arbeitnehmervertreter im Entnazifizierungskomitee und Vorsitzende des Betriebsrats, Klenk, die Entscheidung, den kaufmännischen Direktor nicht zu entlassen, sondern mit gewöhnlichen Arbeiten zu beschäftigen, als „unglücklich". Vgl. Stellungnahme vom 10. 1. 1947; ebd., Ordner Spruchkammer.

204 Aussage Grundei vom 3. 4. 1946; Stadtarchiv Stuttgart, 0052-1, Bü 4 (6).

Richtung die sogenannten rein demokratischen Wiederaufbauer marschieren wollen."[205]

Ein weiteres Problem ergab sich daraus, daß manche Geschäftsleitungen nicht nur die Einrichtung von Entnazifizierungskomitees hinauszögerten[206], sondern auch versuchten, die nach dem Gesetz unvermeidbaren Entlassungen so lange wie möglich zu umgehen. Wie bei dem Kolbenhersteller Mahle lehnten viele Geschäftsführungen auch die völlig gesetzeskonformen Entlassungsvorschläge der Entnazifizierungskomitees ab, insbesonders dann, wenn sie von den Arbeitnehmern im Komitee gegen den Willen der Arbeitgebervertreter gemacht worden waren. In solchen Fällen war das Komitee so gut wie handlungsunfähig, und es kam auf die Kooperation zwischen seinen Arbeitnehmervertretern und dem Betriebsrat an, um durch Berichterstattung an die Militärregierung die Geschäftsleitung zur Einhaltung der Gesetzesbestimmungen zu zwingen[207].

Als noch schwieriger erwies es sich für die Entnazifizierungspraxis der Arbeitnehmervertreter, wenn der Betrieb für die Militärregierung arbeitete oder aufgrund seiner Produktion als lebenswichtig eingestuft war. Obwohl das Gesetz Nr. 8 keine Sonderbehandlung für Firmen vorsah, deren Produktion unter Besatzungsregie stand, hatten die dort beschäftigten Pgs gute Aussichten, nicht entlassen zu werden. So verhielt es sich etwa bei der Firma Kodak, wo der zuständige amerikanische Kontrolloffizier dafür sorgte, daß Ausnahmegenehmigungen zur Weiterbeschäftigung von 20 NS-Belasteten erteilt wurden[208].

Schließlich bot sich für einige Unternehmer, deren NS-Vergangenheit sich nicht weit genug bagatellisieren ließ, auch die Möglichkeit, sich als „Privatpersonen" in die französische Zone abzusetzen und von dort aus Anweisungen an ihre „Gefolgschaft" zu erteilen. Dies geschah z.B. bei der Süddeutschen Zucker AG. Der dortige Betriebsrat konnte gegen den nach wie vor vorhandenen Einfluß des fernsteuernden Unternehmers nur die amerikanische Militärregierung um Unterstützung bitten. Bei anderen Firmen kam es zu ganz ähnlichen Situationen sogar noch nach der Verhaftung bzw. Entlassung des Unternehmers oder Geschäftsführers[209].

Für jeden, der nach dem Gesetz Nr. 8 entlassen wurde, gab es die Möglichkeit, ein Vorstellungs- (d.h.: Berufungs-)verfahren zu beantragen, sofern er glaubte, kein „aktiver" Nationalsozialist gewesen zu sein. Mit der Verkündung des Gesetzes Nr. 104 zur Befreiung von Nationalsozialismus und Militarismus am 5. März 1946, das das Gesetz Nr. 8 ablöste, wurde diese Möglichkeit zur Verfahrensgrundlage insgesamt erhoben. Im Falle einer Berufung nach dem Gesetz Nr. 8 mußte das Entnazifizierungskomitee eine Stellungnahme darüber anfertigen, ob der Entlassene als aktiver Nationalsozialist im Sinne des Gesetzes anzusehen sei. Später ging diese Aufgabe in etwas abgewandelter Form auf die Betriebsräte über, die angehalten waren, die sogenannten Arbeitsblät-

[205] Protokoll der Arbeiterratssitzung am 1. 2. 1946; Archiv des Betriebsrats, Werk Sindelfingen, Daimler-Benz AG.

[206] Vgl. Unterlagen Süddeutsche Zucker AG vom Oktober 1945; Archiv des Deutschen Gewerkschaftsbundes, Landesbezirk Baden-Württemberg, Grüne Mappe.

[207] Vgl. Besprechung bei der Militärregierung – Stadt am 6. 12. 1945; Stadtarchiv Stuttgart, 0052-1, Teilakte 2.

[208] Ebd. Vgl. auch Oberbürgermeister von Stuttgart an die US-Militärregierung am 8. 11. 1945; ebd.

[209] Vgl. Stetter an die Militärregierung am 31. 10. 1945; ebd. Betriebsrat der Süddeutschen Maschinen- und Metallwarenfabrik an den Minister für politische Säuberung am 28. 10. 1946; HStASt, EA 11/1, Bü 498. Schreiben des Betriebsrats der Firma Stihl an das Ministerium für politische Befreiung vom 8. 11. 1946; ebd., Bü 198.

ter für die Spruchkammern auszufüllen, in denen Informationen und Stellungnahmen zu den Betroffenen einzutragen waren.

Wenn es schon bei der Entlassung, die nach dem Gesetz Nr. 8 eindeutig geregelt war, zu vielen Konflikten und Umgehungsversuchen kommen konnte, so war die Erstellung einer politischen und charakterlichen Beurteilung, die für die künftigen Arbeitsmöglichkeiten des Betroffenen von großer Bedeutung war, eine noch problematischere Sache. Bei Fortuna und Bosch kam es zu handfesten Konflikten – die Eugen Eberle als unvermeidlich bezeichnete –, „weil die Firma ein ganz anderes Interesse an den betreffenden Persönlichkeiten als die Arbeiterschaft hat ..." Eberle und seine Kollegen stellten aufgrund ihrer Erfahrung im Entnazifizierungskomitee fest, „daß jeder eine ganze Reihe von Zeugen anführen kann, die für ihn sprechen. Zu entscheiden, wer mehr oder weniger aktiv ist, ist praktisch gar nicht möglich. Das ist eine vollständige Unmöglichkeit, um nicht einem anderen Menschen wehe zu tun ... . Die menschliche Seite zu bewerten ist gar nicht möglich." Daraus zog Eberle die weitestgehende Konsequenz, nämlich, daß jeder Pg, einschließlich der „Konjunkturreiter" und „ewigen Staatsbejaher", als Aktivist betrachtet werden müsse, weil sonst das gesetzliche Verfahren nicht dem Ziel der umfassenden Demokratisierung diene, dem sich die Arbeiterbewegung verpflichtet habe[210]. Damit konnte sich Eberle jedoch nicht durchsetzen. Viele Mitarbeiter, die aufgrund des Gesetzes entlassen worden waren, konnten ihre Vorstellungsverfahren erfolgreich abschließen und wieder eine Anstellung bei Bosch finden, weil das Entnazifizierungskomitee nicht in der Lage gewesen war, verwertbares Belastungsmaterial gegen sie vorzubringen.

Zum anderen gestaltete sich das Zusammentragen von Beweisen gegen Belastete für Eberle und seine Betriebsrats-Kollegen als zunehmend schwieriger, auch wenn er, wie die Betriebsleitung meinte, „ein hervorragend funktionierendes Vertrauensmännernetz" zur Verfügung hatte, „über das er praktisch mindestens jede Belastung erfahren" könne[211]. Anfang 1947 hatte der Betriebsrat auch dagegen anzukämpfen, daß die Betriebsleitung ihm nicht länger erlauben wollte, Einsicht in die Personalakten der Beschuldigten zu nehmen. Sowohl der Entnazifizierungsausschuß des Länderrats der US-Zone und die dort tätigen Rechtsreferenten der Militärregierung, als auch das Arbeitsministerium in Württemberg-Baden, dem Meldungen über solche Einsichtsverweigerungen aus vielen anderen Betrieben vorlagen, stellten sich auf den Standpunkt, daß das Kontrollratsgesetz Nr. 22 (Betriebsräte) in Verbindung mit dem Gesetz Nr. 104 eine einwandfreie rechtliche Grundlage für die Einsichtnahme bot. Aber die Versuche des Arbeitsministeriums, den Betriebsräten eine präzisere rechtliche Grundlage für die Einsichtnahme zu geben, ließen sich in der Allparteienkoalition der Landesregierung nicht verwirklichen[212].

Auch für den Betriebsrat der Fortuna-Werke ergaben sich Probleme, wenn er im Werk Beurteilungen anfertigen mußte. Anfang des Jahres 1947 wurde der Betriebsrat von der zuständigen Spruchkammer aufgefordert, zu den Verfahren gegen einzelne

[210] Sitzung der Ausschüsse vom 20. 11. 1945; Stadtarchiv Stuttgart, 0052-1, Entnazifizierung der freien Wirtschaft. Mit demselben Hinweis auf die Unzulänglichkeit der Zeugenaussagen wollte das Bosch-Entnazifizierungskomitee seine Arbeit einstellen und die Überprüfung der eingereichten Fragebögen durch die US-Militärregierung abwarten. Vgl. Entnazifizierungs-Komitee an den Oberbürgermeister am 4. 12. 1945; Stadtarchiv Stuttgart, 0052-1.

[211] Schreiben an die Geschäftsstelle der Spruchkammer Stuttgart vom 9. 1. 1947; HStASt, EA 11/1, Bü 496.

[212] Vgl. die Akten zu diesem Vorgang; ebd. sowie EA 6/10, Bü 4017.

Direktoren, aber auch gegen zwei Arbeiter, die NS-Betriebsobmann bzw. NS-Hauptgefolgschaftsführer gewesen waren, Stellung zu nehmen. Einen der technischen Direktoren konnte der Betriebsratsvorsitzende und langjährige Fortuna-Mitarbeiter, Hermann Klenk (KPD), unter anderem aufgrund seiner engen Zusammenarbeit mit ihm entlasten und ihm das volle Vertrauen – auch seitens der gesamten Belegschaft – aussprechen. Ebenso exakt vermochte der Betriebsrat das Auftreten des früheren NS-Betriebsobmannes sowie des NS-Hauptgefolgschaftsführers gegen einzelne Kollegen zu rekonstruieren. Im Verfahren gegen den ehemaligen kaufmännischen Direktor, den er „einen typischen Pfennigfuchser" nannte, mußte er aber bekennen, daß er „eine konsequente Stellungnahme, wie es an sich eine politische Beurteilung verlangt", nicht abgeben könne. Seiner Meinung nach habe es der Betroffene nicht nötig gehabt, seine Unterstützung für den Nationalsozialismus an die große Glocke zu hängen; er habe vielmehr „im Verborgenen" gewirkt. „Leider", so die Schlußfolgerung von Klenk, sei er nicht in der Lage, „die Zuwendungen an die Partei durch Zeugen oder schriftlich nachzuweisen."[213]

In einem weiteren Verfahren, geführt gegen einen technischen Direktor, der seine nationalsozialistische Überzeugung erst während des Krieges kundgetan hatte, als er bedeutende Ämter in der NS-Wirtschaftsverwaltung übernahm, fiel es dem Betriebsrat nicht schwer, Beispiele aus dem Betrieb für dessen „aktives Eintreten" für den Nationalsozialismus zu erbringen. Ihm konnten jedoch keine schwerwiegenden Verfehlungen oder unmenschlichen Taten gegen Personen im Betrieb angelastet werden. Auch aus der Belegschaft kam kein Belastungsmaterial, nach Meinung des Betriebsrats nicht zuletzt deswegen, weil „das Zutrauen zur Entnazifizierung als solche nicht besonders groß" sei. Schon deshalb würden die meisten Kollegen „die Vorladung und das öffentliche Auftreten als Zeuge bei der Spruchkammer" fürchten. Schließlich schrieb der Betriebsrat, daß „schon aus Angst vor der Rückkehr des Direktors in den Betrieb niemand etwas Belastendes" vorbringe[214].

Wenn schon die Chancen der Betriebsräte immer geringer wurden, Einfluß auf die Entscheidungsfindung der Prüfungsausschüsse bzw. Spruchkammern zu nehmen, so blieb ihnen aber doch die Möglichkeit, ihre eigenen, auf die betriebliche Situation bezogenen und im Sinne der Entnazifizierung zumeist strengeren Kriterien und Beurteilungen dann anzuwenden, wenn sich ehemalige Pgs und sonstige Befürworter des nationalsozialistischen Systems zur Wieder- bzw. Neueinstellung meldeten. In aller Regel waren die Betriebsräte eher bereit, einen politisch belasteten ehemaligen Mitarbeiter wiedereinzustellen, als einem belasteten Unbekannten eine Arbeitsmöglichkeit zu geben[215]. Daran schloß sich dann die Frage an, ob „ein Parteimitglied nach erfolgreich durchgeführtem Vorstellungsverfahren als unbelastet einem Nicht-Parteimitglied gleichgestellt werden kann"[216]. Eine solche Gleichstellung, die insbesondere dann von Bedeutung war, wenn die Beschäftigungslage im Betrieb nur wenige Einstellungen zu-

[213] Vgl. zum Technischen Direktor H.D. die Stellungnahme vom 10. 1. 1947; Archiv des Betriebsrats der Fortuna-Werke, Stuttgart, Ordner Spruchkammer. Stellungnahme zum Kaufmännischen Direktor T.L. vom 10. 1. 1947; ebd.

[214] Der Betriebsrat, Anlage zum Arbeitsblatt vom 28. 5. 1947; ebd.

[215] Es sind hierzu in den Betriebsratsprotokollen von Fortuna und Daimler-Sindelfingen mehrere Beispiele zu finden.

[216] Entnazifizierungskomitee der Fa. Bleyle an den Oberbürgermeister am 17. 12. 1945; Stadtarchiv Stuttgart, 0052-1, Entnazifizierung der freien Wirtschaft.

ließ, lehnten die Betriebsräte zumindest anfangs ab. Das geht z. B. aus einer Stellungnahme hervor, die der Betriebsrat der Firma Boehringer im Februar 1946 verabschiedete, in dem der Antrag eines ehemaligen Vorarbeiters auf Wiederbeschäftigung als „nicht diskutabel" bezeichnet wurde, „da ja Pg zur Zeit grundsätzlich nicht eingestellt würden und andererseits bei L. eine Dringlichkeit seitens des Betriebs nicht vorliegt"[217]. Wie die Behandlung dieser Frage in anderen Betrieben zeigt, konnten die Betriebsräte ihren Widerstand gegen eine solche Gleichstellung aber nicht lange aufrechterhalten, wenn die Geschäftsleitung zur Einstellung entschlossen war, es sei denn, es gab gesetzliche Hindernisse gegen die vorgesehene Arbeitsaufnahme und Aufgabenstellung. Als die Werksleitung der Daimler-Benz AG in Sindelfingen im April 1946 bekanntgab, daß sie die Zahl der Einstellungen drastisch reduzieren würde, war im Betriebsrat zunächst die Ansicht verbreitet, daß man auf keinen Fall ehemalige Pgs einstellen und die bereits im Betrieb vorhandenen Pgs gegen nicht belastete Bewerber – die allerdings frühere Werksmitarbeiter sein müßten – austauschen solle. Im Ergebnis ließ sich der Betriebsrat jedoch darauf ein, Einstellungskriterien zu erarbeiten und mit der Werksleitung abzustimmen, die sich nicht auf die politische Belastung des Einzelnen bezogen[218].

Zumeist stellten die Betriebsräte Bedingungen, wenn sie sich bereit erklärten, der Einstellung von NS-Belasteten zuzustimmen. In Sindelfingen wurden die ehemaligen Pgs zunächst den Baukolonnen zugeteilt, bevor sie in die Produktion übernommen wurden. Außerdem durften sie gewöhnlich nicht sofort eine Vorgesetztenstellung, etwa als Vorarbeiter oder Meister, übernehmen, sondern, wenn überhaupt, erst nach einer Probezeit und nach ausdrücklicher Zustimmung des Betriebsrats[219]. Andererseits gibt es auch Beispiele dafür, daß Betriebsräte die Wiedereingliederung von Belasteten bedingungslos unterstützten. In einem Fall bei Salamander, in dem ein junger Mitarbeiter, der in der NS-Bewegung aktiv gewesen war, als Meister eingestellt werden sollte, zeigte der Betriebsrat Entgegenkommen. Er wollte jüngeren Leuten generell ihre berufliche Zukunft nicht verbauen, und in diesem konkreten Fall war der Betriebsrat „schon aus dem Grunde" nicht gegen die beantragte Einstellung, „weil ein großer Mangel an Meister-Nachwuchs vorhanden sei". Auch in Härtefällen, wie bei Körperverletzung oder Kriegsbeschädigung, erklärte sich der Betriebsrat bei Salamander – trotz negativer politischer Zeugnisse – meist mit einer Einstellung einverstanden[220].

Zwar wurde die Frage, wer als NS-Aktivist zu betrachten sei, schon durch den individuellen Spruchkammerbescheid beantwortet, aber das Ergebnis gefiel den Betriebsräten und Belegschaftsangehörigen, die sich eine weitergehende Entnazifizierung wünschten, nicht immer. So wurden gelegentlich auch Bewerber mit entlastenden Bescheiden abgelehnt, wenn der Betriebsrat sie als NS-Aktivisten betrachtete oder dessen nächste Arbeitskollegen aus politischen Gründen einhellig dagegen waren[221]. Im

217 Protokoll der Betriebsratssitzung am 12. 2. 1946; Wirtschaftsarchiv Baden-Württemberg, Bestand Gebr. Boehringer, Nr. 319.

218 Vgl. Protokolle des Betriebsrats, April–Mai 1946 sowie den Bericht zur Versammlung am 22. 5. 1946; Archiv des Betriebsrats, Werk Sindelfingen, Daimler-Benz AG.

219 Vgl. ebd. Gespräch mit Ernst Schäfer am 17. 7. 1986, Sindelfingen.

220 Protokoll der Betriebsratssitzung am 18. 11. 1946; Archiv des Betriebsrats der Salamander AG.

221 Vgl. z. B. die Sitzung des Betriebsrats, Daimler-Sindelfingen vom 30. 12. 1948; Archiv des Betriebsrats, Werk Sindelfingen, Daimler-Benz AG.

allgemeinen wurden diese Entscheidungen von den Geschäftsleitungen akzeptiert – sofern es um Stellen für „gewöhnliche Arbeit" ging. Bei der Wiedereinstellung von leitenden Personen kam es des öfteren zu Konflikten, zumal sich die Geschäftsführungen häufig über den Tatbestand „aktiven Eintretens" für den Nationalsozialismus hinwegsetzten und hartnäckig an der Unentbehrlichkeit dieses oder jenes Bewerbers für das Wohlergehen der Firma festhielten. Wie Betriebsräte darauf reagierten und wie solche Konflikte beigelegt wurden, soll anhand von drei Beispielen dargestellt werden.

b) Drei Konflikte um die Wiedereinstellung von NS-Belasteten: Boehringer, Fortuna und Bosch

Bei der Firma Gebr. Boehringer ging es in einem Fall um den langjährigen Betriebsdirektor, der von 1933 bis 1935 SA-Mitglied gewesen, noch 1943 in die NSDAP eingetreten und überdies im November 1944 mit dem Kriegsverdienstkreuz I. Klasse ausgezeichnet worden war. Der Betriebsrat legte dem betrieblichen Entnazifizierungskomitee am 7. Dezember 1945 die Entlassung des Betriebsdirektors nahe, weil er ihn in dieser Stellung für nicht tragbar hielt; er trat aber dafür ein, dem bisherigen technischen Direktor, ebenfalls ein ehemaliger Pg, die Betriebsleitung zu übertragen, nachdem dieser die Arbeitserlaubnis vom zuständigen Prüfungsausschuß erhalten hatte. Die Firmenleitung wollte diese Entscheidung unterlaufen, in dem sie den alten Betriebsdirektor als Planungschef mit Prokura einzustellen suchte. Das lehnte der Betriebsrat zwar ab, doch er hielt seinen ursprünglichen Entlassungsbeschluß nicht aufrecht. Nach einer kontroversen internen Debatte teilte der Betriebsrat der Firmenleitung mit, der alte Betriebsdirektor dürfe nunmehr beschäftigt werden, doch nur in gewöhnlicher Arbeit. Eine Woche später gab der Betriebsrat erneut nach und stimmte dem Vorhaben der Firmenleitung zu, den Betroffenen als Berater des neuen Betriebsdirektors einzustellen[222]. Offensichtlich hatte der Betriebsrat für seine Ablehnung zu wenig Unterstützung in der Belegschaft gefunden, möglicherweise, weil man Vertrauen in den Geschäftssinn des Betroffenen bzw. Angst vor den Folgen hatte, die sein Ausscheiden mit sich bringen könnte. Vielleicht bestand auch eine gewisse persönliche Verbundenheit mit dem Betroffenen.

Auch in dem zweiten Beispiel, bei der Firma Fortuna, ging es um den Betriebsleiter. Im Oktober 1945 wurde der Stelleninhaber, der diesen Posten seit 1938 innegehabt hatte und seit 1940 Pg gewesen war, aufgrund des Gesetzes Nr. 8 entlassen. Bei seinem Vorstellungsverfahren kam es zu einem Konflikt zwischen den Arbeitnehmer- und den Arbeitgebervertretern im betrieblichen Entnazifizierungskomitee, so daß zwei getrennte Gutachten abgegeben wurden. Der Prüfungsausschuß entschied, daß der Betroffene seine Stellung als Betriebsleiter wieder einnehmen durfte, „wobei ihm einerseits ausdrücklich bestätigt wurde, daß er nicht als Nazi-Aktivist anzusprechen ist, während ihm andererseits wegen seiner Tätigkeit im Werkschutz und wegen seiner Bemühungen um Leistungssteigerung eine dreijährige Bewährungsfrist in politischer Hinsicht auferlegt wurde"[223]. Während der Abwesenheit des Betroffenen vom Betrieb

[222] Vgl. Protokolle der Betriebsratssitzungen am 18. 9. 1945 bis 1. 3. 1946; Wirtschaftsarchiv Baden-Württemberg, Bestand Gebr. Boehringer, Nr. 319.

[223] Mitteilung Bleicher/Jaissle an Betriebsrat vom 18. 2. 1946; Archiv des Betriebsrats der Fortuna-Werke, Stuttgart, Ordner Bekanntmachungen BD u. BL 1946–.

wurde ein anderer Mitarbeiter der Firma als Betriebsleiter eingesetzt, der freilich auch Pg war und am 23. Januar 1946 schließlich auf Anordnung der Militärregierung ausscheiden mußte. Die Firmenleitung bestand nun auf der Wiedereinsetzung des alten Betriebsleiters, den sie als rehabilitiert betrachtete, und löste damit Unruhe in der Belegschaft aus. Auf einer eiligst einberufenen Betriebsversammlung machte sich der Betriebsrat Elser zum Wortführer der Opposition. Für ihn durfte es „nicht mehr in Frage kommen, daß R. wieder Betriebsleiter wird. Sämtliche Anordnungen von Speer wurden von ihm korrekt oder noch schärfer durchgeführt. Keiner konnte den Betrieb verlassen ohne Auslaßschein. Kam er zu spät, wurde er verwarnt. R. führte jede Anordnung des Speer strikte durch, folglich war er Aktivist!"[224]

Elser wußte, daß diese Beurteilung von der Belegschaft nicht voll geteilt wurde. So schlug er eine geheime Abstimmung vor. Das wurde auch von der Geschäftsleitung akzeptiert, weil sie und der Betroffene die tatsächliche Stimmung in der Belegschaft erfahren wollten. Die Geschäftsleitung ließ aber wissen, daß die Abstimmung jeglicher rechtlichen Grundlage entbehre und „bei der Besetzung von leitenden Posten aus grundsätzlichen Erwägungen heraus abzulehnen" sei[225]. An der Abstimmung beteiligten sich 83 Prozent der Belegschaft, mit dem Ergebnis, daß mit fast 70 Prozent der gültigen Stimmen die Wiedereinstellung des Betriebsleiters befürwortet wurde. Vor allem die Angestellten (60 von 63) votierten dafür, von 180 Arbeitern waren es 107; von den im Betrieb beschäftigten Pgs nahmen 22 an der Wahl teil, zugestimmt haben 16 von ihnen[226]. Ob die Gründe für diese Mehrheit in der Person des alten Betriebsleiters lagen oder in der Bedeutung, die die meisten Fortuna-Mitarbeiter der qualifizierten Besetzung dieses Postens beimaßen, oder gar aus einer Angst vor den Folgen einer Ablehnung zu erklären sind – zumal die Geschäftsleitung sich an das Ergebnis der Abstimmung nicht gebunden fühlte –, läßt sich nicht mehr rekonstruieren. Jedenfalls wertete der Betroffene das Ergebnis als Vertrauensbeweis und nahm die Arbeit in seiner alten Stellung unmittelbar danach wieder auf.

Ein letztes Beispiel aus der Firma Bosch zeigt schließlich, daß die Möglichkeiten der Betriebsräte, die Wiedereinstellung von NS-Belasteten zu verhindern, begrenzt waren, selbst wenn sie die Belegschaft mehrheitlich hinter sich hatten. Nach dem Konflikt um die Frage, ob der Betriebsrat zur Bearbeitung von Arbeitsblättern der Spruchkammer das Recht habe, Einsicht in die Personalakten zu nehmen, ließ die Firmenleitung erkennen, daß sie auch ohne eine Einigung mit dem Betriebsrat gewillt war, ehemalige Pgs „im Interesse der Firma und ihrer Belegschaft" wieder als Vorgesetzte einzustellen. Zugleich warf sie dem Betriebsrat vor, in unverantwortlicher Weise die Wiedereinstellung von fähigen Mitarbeitern zu blockieren, die sich dann anderswo Arbeit suchen müßten und „dem Hause Bosch verlorengingen"[227]. Umgekehrt legte der Betriebsrat der Militärregierung Ende April 1947 ausführlich dar, daß die Firmenleitung Führungskräfte wiedereinstelle, die nach dem Spruchkammerbescheid zwar nicht

[224] Notizen über die Betriebsversammlung der Fortuna-Werke vom 13. 2. 1946; ebd., Ordner Betriebsversammlungen.

[225] Bleicher/Jaissle an den Betriebsrat am 18. 2. 1946; ebd., Ordner Bekanntmachungen BD u. BL 1946–.

[226] Vgl. Wahlergebnis vom 19. 2. 1946; ebd. Für den Monat Februar findet sich keine Statistik über die im Betrieb beschäftigten Pgs; jedoch waren im Mai 1946 bei einer Belegschaft von 360 insgesamt 50 Pgs im Betrieb, 5 Pgs waren unter den 16 Beschäftigten in nicht gewöhnlicher Arbeit. Vgl. die statistischen Unterlagen; Archiv des Betriebsrats der Fortuna-Werke, Stuttgart, Ordner Spruchkammer.

[227] Fischer/Lippart an den Betriebsrat am 21. 2. 1947; Privatarchiv Eugen Eberle.

schwer belastet seien, aber keinen guten Leumund in der Belegschaft hätten, daß sie ferner ehemalige Nationalsozialisten gegenüber politisch unbelasteten Bewerbern bevorzuge, und daß sie entlassene Pgs, die in ihren alten Stellungen aus gesetzlichen oder sonstigen Gründen nicht beschäftigt werden konnten, in Tochtergesellschaften unterbringe. Auch habe die Firma hohe Abfindungen an belastete Mitarbeiter gezahlt, die zum Teil aus rein wirtschaftlichen Gründen entlassen werden mußten[228].

Anfang September 1947 kam es zu einem offenen Konflikt, weil die Firmenleitung sechs ehemalige Mitarbeiter wieder in führende Positionen einstellen wollte. Sie waren offiziell als „Mitläufer" eingestuft und durften deshalb ohne Einschränkungen beschäftigt werden. Dennoch lehnten Betriebsrat und Belegschaft ihre Rückkehr zu Bosch ab. Insbesondere die Wiederbeschäftigung des ehemaligen Kantinenleiters, dessen Verhalten in der NS-Zeit die meisten Arbeiter und Angestellten besser beurteilen konnten als das eines leitenden Mitarbeiters in der Rechtsabteilung der Firma, löste Proteste aus. Außer seiner politischen Belastung wurde ihm vorgeworfen, daß er Lebensmittel beiseite geschafft und dadurch eine wesentliche Verschlechterung des Kantinenessens herbeigeführt habe. Obwohl der Betriebsrat die Geschäftsleitung darauf hinwies, daß die vorgenommenen Wiedereinstellungen, und vor allem die des Kantinenleiters, erhebliche Unruhe in der Belegschaft verursachen würde, ließ sie sich von ihrer Entscheidung nicht abbringen. Eine daraufhin einberufene Betriebsversammlung am Freitag, dem 5. September 1947, beschloß mit überwältigender Mehrheit, die Arbeit sofort niederzulegen, um der Geschäftsleitung zu zeigen, daß die gesamte Belegschaft hinter dem Betriebsrat stehe und „mit derart belasteten Leuten ... nicht gewillt ist, zusammenzuarbeiten"[229].

Am nächsten Tag kam es zu Verhandlungen zwischen dem Betriebsrat und einem Gewerkschaftsvertreter, Karl Mössner, einerseits und der Geschäftsleitung andererseits. Diese wollte es nicht verstehen, „daß in dieser ernsten, sorgenvollen Zeit wegen einer Meinungsverschiedenheit über einzelne Einstellungen ein Streik den mühsam erreichten Aufbaufortschritt gefährden" solle[230]. Obwohl die Militärregierung auf den Streik sofort mit einer schriftlichen Ermahnung des Betriebsrats reagiert hatte, gab der zuständige Arbeitsoffizier in einem Gespräch mit Mössner und Betriebsrat Eberle zu erkennen, daß er ihre „eingeschlagene Taktik" billige, aber den scharfen Ton seines offiziellen Schreibens nicht zurücknehme[231]. Diese vertrauliche Auskunft stärkte die Verhandlungsposition von Eberle und Mössner. Sie erreichten, daß sich die Geschäftsleitung bereit erklärte, „in den vorliegenden Fällen sich auch einem Schiedsspruch zu unterwerfen, sofern das Schiedsgericht sich paritätisch zusammensetzt und der Betriebsrat ebenfalls den Schiedsspruch von vornherein anerkennt"[232].

Dieses Ergebnis trug Mössner der Belegschaft am darauffolgenden Montag in einer neuerlichen Betriebsversammlung vor. Trotz seiner Empfehlung, den Kompromiß anzunehmen, beschloß die Belegschaft, im Falle des Kantinenleiters auf Entlassung zu bestehen, während die anderen beanstandeten Fälle vor das Schiedsgericht kommen sollten. Nach weiteren Verhandlungen gab die Geschäftsleitung nach und erklärte, daß

[228] Vgl. Betriebsrat an die US-Militärregierung am 24. 4. 1947; ebd.
[229] Schreiben an den Industrieverband Metall vom 16. 9. 1947; Archiv des Deutschen Gewerkschaftsbundes, Landesbezirk Baden-Württemberg, Ordner Metall/Musiker, Mappe Metall.
[230] Aushang der Geschäftsführung am 6. 9. 1947; Privatarchiv Eugen Eberle.
[231] Schreiben an den Industrieverband Metall; vgl. Anm. 229.
[232] Aushang der Geschäftsführung; vgl. Anm. 230.

sie aufgrund „des uns heute vorgelegten neuen Belastungsmaterials ... die Wiedereinstellung des Herrn R. [als Kantinenleiter]" zurücknehme. „Im übrigen hat Herr R. erklärt, daß er auf Wiederverwendung bei der Firma verzichte."[233] Damit war die Mehrheit der versammelten Belegschaft einverstanden, während eine Minderheit den Streik fortsetzen wollte, um eine betriebliche Mitbestimmungsvereinbarung durchzusetzen[234]. Zur Behandlung der anderen fünf Fälle wurde ein paritätisch besetztes Schiedsgericht gebildet, das entscheiden sollte, ob eine Wiederaufnahme der Spruchkammerverfahren aufgrund neuen belastenden Materials zu beantragen sei[235]. In der am 4. Dezember 1947 ergangenen Entscheidung stellte das Schiedsgericht mehrheitlich fest, daß der Einspruch des Betriebsrats in drei Fällen unberechtigt sei, weil die Firma bei ihrer Einstellung nach dem Gesetz gehandelt habe und der Betriebsrat kein neues Belastungsmaterial habe vorbringen können. In den zwei anderen Fällen konnte nach Meinung des Schiedsgerichts eine Entscheidung erst nach rechtskräftiger Beendigung der noch bzw. wieder anhängigen Verfahren vor der Spruchkammer ergehen[236].

Aus dem Spektrum von Fällen, die dieser Studie zugrunde lagen, läßt sich kein Gesamturteil über Tätigkeit und Bedeutung der Betriebsräte bei der Entnazifizierung fällen. Gleichwohl sind einige Anhaltspunkte dafür zu erkennen, warum die Entnazifizierung auf der betrieblichen Ebene kein Vehikel sein konnte, um das Ziel einer demokratischen Neuordnung der Wirtschaft zu verwirklichen. Die Betriebsräte mußten sich bei ihren Entnazifizierungsbestrebungen an Vorgaben der Besatzungsmächte und gesetzliche Vorschriften halten, auf deren Abfassung sie keinen Einfluß hatten. In manchen Fällen konnten sie die erforderlichen Beweise gegen einen Beschuldigten nicht erbringen, manchmal wurde trotz ihrer gegenteiligen Argumentation entschieden, daß das vorliegende Belastungsmaterial keine hohen oder über Jahre hin wirksamen Strafen rechtfertige. Auf betrieblicher Ebene wurden die Betriebsräte wiederholt damit konfrontiert, daß ihre Bemühungen, die Entlassung von aktiven Förderern des Nationalsozialismus durchzusetzen, an dem Widerstand der nicht selten selbst betroffenen Unternehmer scheiterten. Gegenüber den Betriebsräten wurde nicht nur versucht, belastende Momente im Verhalten Betroffener zu bagatellisieren; viel wirksamer war das Argument, daß diese Personen als bewährte Fach- oder Führungskräfte für den Wiederaufbau und die Zukunft des Betriebs unersetzlich seien. Das wurde von den Betriebsräten letzten Endes meist akzeptiert, zum Teil aus Gründen der Betriebsloyalität und aus eigener Einsicht heraus, aber nicht zuletzt auch deswegen, weil sie die Belegschaft nur in Ausnahmefällen zum Kampf für eine durchgreifende Entnazifizierung mobilisieren konnten. Zwar warnten die Betriebsräte, daß „die Geduld der Arbeiter in den Betrieben zu Ende ist und ein weiteres Beharren auf dieser reaktionären Linie zu gewaltigen sozialen Kämpfen führen" müsse[237], doch in Wirklichkeit fehlte ihnen dazu die starke Machtbasis in den Betrieben. Die Gewerkschaftsführung in

[233] Schreiben an den Industrieverband Metall; vgl. Anm. 229.

[234] Vgl. OMGWB, LSO Stuttgart, Weekly Intelligence Report, No. 35 vom 7. 9. 1947; NA, RG 260, 12/15-2/1.

[235] Vgl. Landesarbeitsgerichtspräsident an den Minister für politische Befreiung am 5. 11. 1947; HStASt, EA 11/1, Bü 391.

[236] Vgl. Schiedsspruch vom 4. 12. 1947; ebd. Vgl. auch Eberle, Sieben Jahre, S. 153.

[237] Vgl. Resolution der Vollversammlung der Betriebsräte Groß-Stuttgarts vom 14. 10. 1946, abgedruckt in: Seifert, Entstehung, S. 96.

Württemberg nahm ebenfalls eine zurückhaltende Position ein. Sie tendierte dazu, die Verantwortung von Gewerkschaftern und Betriebsräten für die Entnazifizierung zu begrenzen, und lehnte eigene Protestaktionen deshalb ab.

Die Rolle der überwiegend aus glaubwürdigen Antifaschisten der Arbeiterbewegung zusammengesetzten Betriebsräte bei der Entnazifizierung war aber trotz vieler Rückschläge und Kompromisse nicht rundum erfolglos. Ihre Anwesenheit und Einsatzbereitschaft bereits unmittelbar nach der Besetzung war sicherlich auch ein Grund dafür, weshalb die nationalsozialistischen Betriebsobleute und Vertrauensmänner entweder isoliert waren oder gar nicht wieder im Betrieb erschienen sind. In bezug auf die Mitverantwortung, die die Unternehmer und leitenden Angestellten für die NS-Kriegspolitik trugen, bildeten die Entnazifizierungsmaximen antifaschistischer Betriebsräte immerhin eine Art Säurebad des Rechtfertigungszwangs, der die Atmosphäre des Neubeginns in den Betrieben wesentlich beeinflußte. Auch wenn sich die Betriebsräte mit ihren Entlassungsforderungen nicht durchzusetzen vermochten, so wußten die durch ihre Haltung während der NS-Zeit Belasteten, daß sie unter ständiger Beobachtung standen. Selten kam es dabei zu so scharfen Konfrontationen wie bei Bosch, wo dank einer eher zufälligen Konstellation eine in bezug auf ihre Integrität allzu selbstgefällige Firmenleitung mit einem untypisch machtbewußten, auf wirtschaftsdemokratische Veränderung setzenden Betriebsrat zusammenstieß. In den meisten Firmen dagegen wurde versucht, die Entnazifizierung eher als Teil einer übergeordneten Aufgabe zu behandeln, nämlich der Suche nach einer Kompromiß- und Konsensgrundlage zwischen Betriebsräten und Betriebsleitungen, auf der die wirtschaftliche Notlage überwunden und der Betrieb wieder aufgebaut werden konnte.

6. Der betriebliche Wiederaufbau: Arbeitsbedingungen – Leistungswille – Versorgungsprobleme

In einer Situation extremer Schrumpfung von Produktion und Beschäftigung, die die schiere Existenz der Betriebe gefährdete, mußten auch die Betriebsräte davon ausgehen, daß die rasche Wiederingangsetzung einer absatzfähigen Produktion absolute Priorität hatte als Voraussetzung auch dafür, daß die Lebens- und Arbeitsbedingungen der Beschäftigten wieder menschlich gestaltet werden konnten. Viele von ihnen waren davon überzeugt, daß sich der Kapitalismus in seiner alten Form nicht mehr etablieren könne und deshalb auch die Befürchtung gegenstandslos sei, der wirtschaftliche Wiederaufbau diene nur der Restauration dieses Systems[238]. Auf jeden Fall wollten die Betriebsräte in der Krise dazu beitragen, das Wachstum zu fördern, um Arbeitsplätze zu sichern und die Versorgung der Bevölkerung mit Lebensgütern zu verbessern[239]. Dafür war es allerdings erforderlich, daß die Betriebsräte nicht nur ihre traditionelle Funktion, die Arbeitskraft der Belegschaftsangehörigen zu schützen, sorgfältig wahrnahmen, sondern darüber hinaus darauf hinwirkten, daß ein positives, für den Aufbau

[238] Vgl. die Rededisposition des Betriebsratsvorsitzenden Holzner für die Betriebsversammlung am 6. 5. 1947; Archiv des Betriebsrats, Werk Sindelfingen, Daimler-Benz AG. Vgl. auch die abweichende Position von Eberle, der die Frage „Für wen bauen wir auf?" in den Vordergrund stellte. Eberle, Sieben Jahre, S. 143.

[239] Vgl. Niethammer, Strukturreform, S. 303 ff.

der Wirtschaft günstiges innerbetriebliches Arbeitsklima geschaffen und aufrechterhalten wurde. Dementsprechend wandten sie sich schon frühzeitig mit Appellen an die Belegschaften und warben um Verständnis dafür, daß ein solches positives Arbeitsklima nicht nur von der Erlangung von Mitbestimmungsrechten abhängig sei, sondern auch davon, daß jeder einzelne sich mit genügender Arbeitsdisziplin und -moral für den Wiederaufbau des Betriebs und für die Gewährleistung der Produktion einsetzte. Aus Gründen sozialpolitisch vorrangiger Existenzsicherung wurden die Betriebsräte schon gleich nach 1945 nolens volens zu energischen Protagonisten betrieblichen Produktionswachstums, ohne daß sie den Prozeß wirtschaftlichen Wiederaufbaus im Sinne wirtschaftsdemokratischer Neuordnungsziele intensiv zu beeinflussen suchten.

Eine besonders wichtige Aufgabe sahen die Betriebsräte in dieser Phase darin, den schwierigen Problemkomplex der Entlassungen und Wiedereinstellungen im Sinne sozialpolitischer Gerechtigkeit zu beeinflussen, ohne die Zahlungsfähigkeit der Firmenleitungen unrealistisch zu überfordern. Das begann damit, daß die Betriebsräte darauf achteten, daß die ohne ihre Mitwirkung herausgegebenen Richtlinien des württembergischen Landesarbeitsamtes vom 21. Juni 1945 über die Entlassung und Weiterbeschäftigung von Arbeitnehmern auch tatsächlich eingehalten wurden. Sie intervenierten z. B., wenn Unternehmer ihren Zahlungsverpflichtungen für Aufräumarbeiten und Ausfallzeiten nicht nachkamen.

Das war beispielsweise der Fall bei Fortuna. Wie viele andere Firmen befand sich das Unternehmen in einer prekären finanziellen Lage. Auch der Betriebsratsvorsitzende Bofinger hatte Verständnis dafür, daß die Firma die staatlich festgelegten Mindestlöhne nicht sofort zahlen konnte. Er regte deshalb an, daß die Geschäftsleitung den Belegschaftsmitgliedern unter diesen Umständen wenigstens mitteilte, welche Lohn- und Gehaltsbeträge ihnen noch zustünden. „Schon das Wissen über die Höhe des Betrags und das Wissen über den guten Willen der Firma, das Geld zur Auszahlung bringen zu wollen, dürfte jeder weiteren Diskussion die Spitze nehmen."[240] Noch im Februar 1946 beteuerte der neue Betriebsratsvorsitzende Klenk gegenüber der Belegschaft, daß die Firmenleitung die Rechtsgültigkeit der Richtlinien nicht bestreite, sondern nur „noch etwas Geduld" von den Kollegen erwarte, „bis die Firma das erforderliche Bargeld [ca. RM 200 000] beisammen" habe. Dies aber lasse sich am schnellsten erreichen, so betonte er, wenn die Mitarbeiter „Aufträge herausbringen und fertige Arbeit abliefern"[241]. Der Betriebsrat mußte aber schließlich doch noch bei der Firmenleitung vorstellig werden, um zu erreichen, daß die Auszahlung der vollen Lohnansprüche im September 1946 endlich erfolgte[242].

In ihrem Bestreben, die Betriebe flottzumachen, maßen die Betriebsräte der Zusammensetzung und dem Zusammenhalt der Belegschaft große Bedeutung bei. Deshalb machten sie sich für eine gewisse „Normalisierung" durch die bevorzugte baldige Wiedereinstellung ehemaliger Belegschaftsmitglieder stark[243]. Bei den Beurlaubten mußten sie damit rechnen, daß ein großer Teil von ihnen diesen Status gern noch eine Zeitlang behalten wollte, um sich ganz den Problemen privater Existenzsicherung

[240] Bofinger an die Betriebsführung am 29. 8. 1945; Wirtschaftsarchiv Baden-Württemberg, Bestand Fortuna, Ordner Verschiedenes.

[241] Notizen über die Betriebsversammlung der Fortuna-Werke vom 13. 2. 1946; Archiv des Betriebsrats der Fortuna-Werke, Stuttgart.

[242] Vgl. Protokolle der Betriebsratssitzungen am 6. 8., 3. 9., 10. 9., 24. 9. 1946; ebd.

[243] Über die Zwangsarbeiter und ihre Behandlung im Betrieb wurde weitgehend Stillschweigen bewahrt.

widmen zu können, waren doch Geld und Lohn in dieser Phase vor der Währungsreform nur geringe Anreize, das regelmäßige Erscheinen im Betrieb mit erheblichen Verkehrsproblemen verbunden. Der Stuttgarter Arbeitsmarkt war traditionell durch einen starken Pendelverkehr geprägt, nun kamen viele zu dieser Gruppe hinzu, die wegen der Zerstörung ihrer städtischen Wohnungen draußen auf dem Land, weit entfernt vom Betrieb untergebracht waren.

Anders verhielt es sich bei den zurückkehrenden Wehrmachtsangehörigen, die in großer Zahl nach Arbeitsplätzen suchten. Bei Bosch z. B. wurden von den insgesamt 6143 Einberufenen ca. 4800 zurückerwartet[244]. Die Betriebsräte drängten die Firmenleitungen, in ihrer Einstellungspraxis großzügig gegenüber diesen Personen zu verfahren; im Gegenzug, so argumentierten sie, könne Platz durch die Entlassung von Personen geschaffen werden, die durch ihr politisches und menschliches Verhalten während der NS-Zeit belastet seien.

In Sindelfingen kam es in eben diesem Punkt zum Konflikt. Auf Drängen des Betriebsrates hatte die dortige Werksleitung von Daimler-Benz zugestanden, den Stand der Belegschaft durch Wiedereinstellungen auf 2500 Personen zu erhöhen, obwohl sie 1600 Beschäftigte (ohne die zusätzlich notwendigen 5–600 Bauarbeiter) bei dem gegebenen Produktionsstand für ausreichend hielt. Im Frühjahr 1946 sah sich die Werksleitung aber veranlaßt, einen absoluten Einstellungsstopp zu verfügen. Im Betriebsrat des Werkes kam es aus diesem Anlaß zu kontroversen Forderungen und Haltungen, die die damalige Konfliktlage exemplarisch beleuchten. Einige Betriebsräte erhoben die Forderung, „PG und andere politisch Belastete müßten das Werk verlassen oder ... auf dem Bau arbeiten, sofern das noch nicht der Fall ist, damit Zurückkehrende eingestellt werden" könnten. Für diesen rigorosen Vorschlag war jedoch die Mehrheit nicht zu gewinnen, die Verantwortung für eine solche „unpopuläre" Maßnahme wollten sie offenbar nicht übernehmen. Auch der Vorschlag, die Arbeitszeit generell zu kürzen und dafür mehr Einstellungen vorzunehmen, fand keine allgemeine Zustimmung, zumal dies für viele den Wegfall ihrer Lebensmittel-Zulagenkarte bedeutet hätte. Schließlich einigten sich die Betriebsräte auf folgende Vorschläge: 1. Die auf dem Betriebsgelände tätige Baufirma solle nur noch ehemalige Daimler-Mitarbeiter einstellen; 2. Die „wirtschaftlich Starken" sollten aufgefordert werden, nach Rücksprache mit dem Betriebsrat „ihren Arbeitsplatz vorübergehend den zurückkehrenden Kriegsgefangenen zur Verfügung zu stellen". Dafür hätte die Werksleitung ihre Zusage zu geben, solche Kollegen bevorzugt und mit alten Rechten wiedereinzustellen, sobald sich die Arbeitslage verbessern würde; 3. „Doppelverdiener" dürfe es „keine mehr geben"; 4. Eine allgemeine Arbeitszeitverkürzung bzw. Schichtarbeit solle in Erwägung gezogen werden; 5. Diejenigen Kollegen sollten gegen Heimkehrer ausgetauscht werden, die „über die ganze Zeit des Krieges arbeiten konnten"[245].

[244] Vgl. Robert Bosch GmbH Stuttgart, Geschäftsbericht für die Zeit vom 1. 1. 1945 bis 30. 6. 1946; Stadtarchiv Stuttgart, 7030 Bosch.

[245] Protokoll der Sitzung des Arbeiterrats am 1. 4. 1946, Protokolle der Sitzungen des Arbeiterrats am 13. und 22. 5. 1946, Bericht zur Versammlung vom 22. 5. 1946; Archiv des Betriebsrats, Werk Sindelfingen, Daimler-Benz AG. Der Betriebsrat wollte sein Ziel im Punkt 2 mit Appellen erreichen, dagegen sollte man die „Doppelverdiener" „feststellen" und ihnen gegenüber den Beschluß „durchführen". Vgl. auch zur Bevorzugung von Kriegsgefangenen Gebr. Boehringer, Bericht an das Landratsamt über den Monat Juni vom 4. 7. 1945; Wirtschaftsarchiv Baden-Württemberg, Bestand Gebr. Boehringer, Nr. 329.

Das Vorgehen des Sindelfinger Betriebsrats zeigt, in welchem Dilemma er und die Betriebsräte in anderen Firmen sich bei der Einstellungs- und Entlassungsfrage befanden. Der Betriebsrat beharrte nicht auf der Durchsetzung einer prinzipiellen Forderung („Nazis raus"), sondern war, auch im Interesse des eigenen Prestiges, um ein der Belegschaft sozial zumutbares, ihr gegenüber vertretbares Ergebnis bemüht. Dabei zeigten sich auch die engen Grenzen seiner Handlungsfähigkeit zwischen den Zielsetzungen, die Zahl der Beschäftigten zu erhöhen, den sozialen Lebensstandard der schon Beschäftigten zu schützen und gleichzeitig im Interesse des wirtschaftlichen Wiederaufbaus die Ressourcen der Firma nicht zu überbeanspruchen.

Am Komplex Arbeitszeit und Entlohnung wurde das Problem besonders deutlich. Obwohl die Alliierten die Wochenarbeitszeit auf 48 Stunden festlegten[246], wurde diese Anordnung in kaum einem Betrieb eingehalten. Nach offiziellen Angaben für September 1946 lag die durchschnittliche Arbeitszeit in den Industriebetrieben Württemberg-Badens bei 40 Wochenstunden; dabei wurden Arbeitszeiten von über 45 Stunden lediglich in der eisenschaffenden Industrie und im Brauerei-Gewerbe registriert, während in Textil- und der Bekleidungsindustrie in der Woche lediglich 36 bzw. 34 Stunden gearbeitet wurde[247]. Auch von Betrieb zu Betrieb und je nach Jahreszeit schwankten die Arbeitszeiten erheblich. Die Ursache dafür lag vor allem in Energie- und Materialengpässen sowie in Verkehrs- und Transportschwierigkeiten. Bei Bosch wurde im Dezember 1945 nur 130 Stunden im Monat gearbeitet, und im März 1946 gab es eine 36-Stunden-Woche, weil die Firma die Arbeitszeit an den Fahrplan für den Pendlerverkehr anpassen mußte. Ab Juni 1946 wurden 175 Stunden im Monat gearbeitet, und ab März 1947 konnte, wie die Firma berichtete, die Arbeitszeit bei 44 Wochenstunden im Betrieb und 41½ Wochenstunden in der Verwaltung „verhältnismäßig stabil gehalten werden"[248].

Die Verkürzung der Arbeitszeit in einem gegenüber den Kriegsjahren erheblichen Umfang bedeutete für viele empfindliche Einkommensverluste, die nicht durch Tarifverbesserungen ausgeglichen werden konnten, weil nach den alliierten Bestimmungen die Tarifordnungen aus der NS-Zeit beizubehalten waren[249]. Desweiteren mußten die Beschäftigten, besonders während der wiederholten Stromsperren, häufig Aufräum- und Bauarbeiten leisten, für die durchweg niedrigere Lohnsätze galten[250]. Schwarzmarkt und Kompensationsgeschäfte verringerten ganz allgemein den Wert und die Bedeutung des Lohnes. Jedoch hatten die meisten Arbeiter und Angestellten, die

[246] Vgl. Landesarbeitsamt Württemberg, Das Weiterbestehen arbeitsrechtlicher Bestimmungen vom 3. 8. 1945; Nachrichtenblatt, Nr. 11 vom 15. 8. 1945. Alliierter Kontrollrat, Direktive Nr. 26, Regelung der Arbeitszeit vom 26. 1. 1946; Amtsblatt des Kontrollrats, Nr. 5 vom 31. 3. 1946, S. 115f.

[247] Vgl. Die Arbeitsverdienste und Arbeitszeiten in der Industrie Württemberg-Badens, in: Statistische Monatshefte Württemberg-Baden 1 (1947), S. 110.

[248] Robert Bosch GmbH Stuttgart, Geschäftsbericht vom 1. 7. 1946 bis 31. 12. 1947, S. 12; Stadtarchiv Stuttgart, 7030 Bosch. Vgl. auch Arbeitsamt Stuttgart an das Landesarbeitsamt, Lage des Arbeitseinsatzes im Monat März 1946; StAL, K 326/II, Bd. 14.

[249] Alliierter Kontrollrat, Direktive Nr. 14, Grundsätze für die Bestimmungen betreffs der Arbeitslöhne vom 12. 10. 1945; Amtsblatt des Kontrollrats, Nr. 3 vom 31. 1. 1946, S. 16f. Vgl. auch die hierzu erlassenen Richtlinien der US-Militärregierung, Löhne, Arbeitszeit und Arbeitsbedingungen vom 1. 11. 1945, in: Das Arbeitsrecht in Württemberg-Baden, zusammengestellt von Robert Heinrichs, Bd. I, Stuttgart 1948, S. 48ff. Zur Lohnpolitik insgesamt vgl. Dietrich Müller, Die Lohnpolitik in Deutschland in den Jahren 1945 bis zur Währungsreform (20. 6. 48), Diss. Frankfurt 1951.

[250] Vgl. z. B. die Bekanntmachung der Fa. Fortuna hierzu vom Juni 1945; Wirtschaftsarchiv Baden-Württemberg, Bestand Fortuna, Ordner Vorstandsangelegenheiten.

nicht wie die Bauern über begehrte Lebensmittel oder wie viele gutbürgerliche Familien über wertvolle, im Tauschhandel begehrte Schmuckstücke oder sonstige „Schätze“ verfügten, keine attraktive Alternative zum „normalen Geldverdienen“. Aus diesen Unterschieden resultierten damals nicht geringe Animositäten bei den regelmäßig arbeitenden und auf ihren Lohn angewiesenen Beschäftigten gegenüber den windigen Geschäftemachern des Schwarzmarktes[251].

Um auf einen halbwegs passablen Verdienst zu kommen und die dringend gebrauchten Zulagekarten für Lebensmittel zu erhalten, mußten die Arbeitszeiten soweit wie möglich eingehalten werden. Andererseits mußten die Betriebsräte darauf achten, daß die häufigen Erschöpfungszustände und Krankheiten in der Arbeitnehmerschaft, verursacht vor allem von der unzureichenden Ernährung[252], nicht noch gefördert wurden durch Überbeanspruchung der Kräfte bei der Ableistung einer vollen Tages- bzw. Wochenarbeitszeit. Dennoch „ackerten“ viele wie noch zu Kriegszeiten, um ihren Verdienst als Stundenlöhner nicht noch weiter zu schmälern. Ohnehin hatten Preis- und Steuererhöhungen in Verbindung mit der Reduzierung der Arbeitszeit dazu geführt, daß die lebensnotwendigen Ausgaben den Verdienst merklich überstiegen. Nach den Berechnungen des Statistischen Amtes Württemberg-Baden war bei dieser Diskrepanz zwischen Einkommen und Ausgaben die Lebenshaltung für Arbeiterfamilien nur durch „Flüssigmachung, Veräußerung und Tausch“ möglich[253]. Und das, so resümierte eine Studie der Militärregierung in Stuttgart, sei „one of the many causes of relative labor inefficiency and of the general popular discontent“[254].

Angesichts dieser Entwicklung, die sich in allen Besatzungszonen bemerkbar machte, kam der Alliierte Kontrollrat nicht umhin, Korrekturen an der aus der Rüstungswirtschaft herrührenden Lohnstruktur vorzunehmen[255]. Durch Kontrollratsbeschluß vom 13. September 1946 wurden die Löhne von Frauen und Jugendlichen ganz allgemein sowie die Löhne von Beschäftigten in bestimmten „Problemindustrien“ (z. B. dem Kohlebergbau, dem Baugewerbe sowie der Textil- und Bekleidungsindustrie), deren vergleichsweise niedrige Lohnsätze nachteilig für den Wiederaufbau waren, erhöht[256]. Zugleich gingen Betriebsräte, beispielsweise in der Metallindustrie, auf eigene Faust vor, um für die Beschäftigten materielle Verbesserungen über betriebliche Lohn- und Gehaltserhöhungen zu erzielen. Bei Fortuna suchte der Betriebsrat im Jahre 1946 zunächst einmal den alten Tarifen wieder Geltung zu verschaffen, denn er hatte unmittelbar nach der Besetzung einer empfindlichen Kürzung der Tarife zu-

[251] Wie der Betriebsratsvorsitzende Holzner seinen Kollegen die Situation in der noch typischen Diktion jener Zeit plastisch schilderte, konnte „jeder schmierige Lausejunge, der skrupellos genug ist, sich am Volkskörper zu versündigen, in wenigen Stunden mehr als ein Familienvater den ganzen Monat verdienen“. Protokoll der Sitzung am 8. 10. 1946; Archiv des Betriebsrats, Werk Sindelfingen, Daimler-Benz AG.

[252] Vgl. Statistisches Handbuch der Stadt Stuttgart 1900–1957, Stuttgart 1959, S. 254ff. Im Jahre 1945 ist die Kalorienzahl in denselben Monaten von 1400 auf 850, im Jahre 1946 von 1600 auf 1240 zurückgegangen. Vgl. Vietzen, Chronik, S. 269.

[253] Die Lebenshaltung von 405 Haushaltungen Württemberg-Badens (II), in: Statistische Monatshefte Württemberg-Baden 2 (1948), S. 38ff.

[254] Military Government for Germany (US), Income and Expenditures of Workers' Families in Urban Areas of American-Occupied Germany vom 1. 9. 1946; NA, RG 59, 862.504/9-1446, Nr. 6874. Vgl. auch Stuttgarter Zeitung vom 21. 8. 1946; Rainer Wittlinger, Preise und Löhne, in: Das Neue Wort 2 (1947), H. 1; Müller, Lohnpolitik in Deutschland, S. 38, S. 50f.

[255] Zur NS-Lohnpolitik vgl. Siegel, Lohnpolitik; Müller, Lohnpolitik in Deutschland, S. 31ff.

[256] Alliierter Kontrollrat, Direktive Nr. 14 in der Fassung vom 13. 9. 1946, in: Das Arbeitsrecht in Württemberg-Baden, zusammengestellt von Robert Heinrichs, Bd. I, Stuttgart 1948, S. 45ff. Vgl. Fichter, Besatzungsmacht, S. 253; Müller, Lohnpolitik in Deutschland, S. 33ff.

gestimmt. Die Firma, so der Betriebsratsvorsitzende, habe „verdammt wenig Geld". Gegenüber der Belegschaft erklärte er, daß man der angeschlagenen Finanzlage der Firma Rechnung tragen und auf weitergehende Forderungen zunächst verzichten müsse. „Mit einem Stundenlohn von einer Mark stehe ich auf alle Fälle im Betrieb. Mit einem geforderten Lohn von 1,50 RM [Facharbeiter] stehe ich vor dem Betrieb und in Wirklichkeit vor einem Schutthaufen, vielleicht mit einem täglichen Verdienst von 5 RM."[257]

Zum 1. Juni 1946 erklärte sich die Firmenleitung bereit, die Stundenlöhne auf einen Stand wie vor dem 20. April 1945 zu bringen. Zudem konnte in der Produktion wieder nach Akkord gearbeitet werden. Die Akkordarbeiter, durchweg männliche Facharbeiter mit langjähriger Betriebszugehörigkeit, konnten ihren Stundenlohn, der zwischen RM 1,18 und 1,32 lag, oft um 10 bis 15 Pfennig aufbessern. Im letzten Vierteljahr 1947 reichten die Akkordsätze von RM 1,21 bis 1,53 pro Stunde. Das änderte sich bis zur Währungsreform nicht mehr, wobei berücksichtigt werden muß, daß es immer noch keine volle 48-Stunden-Woche gab. Im Vergleich dazu waren die Löhne vor allem der weiblichen Hilfsarbeiter bei Fortuna noch sehr niedrig, obwohl sie mit ihrem Stundensatz von RM –,69 (RM –,78 ab April 1948) in der Bezahlung besser gestellt waren als die Frauen in anderen Branchen, die mitunter einen Stundenverdienst von weniger als RM –,50 hatten.

Auch bei Daimler-Benz in Sindelfingen konzentrierte sich der Betriebsrat darauf, „die engstirnige, kleinliche Lohnpolitik" der Werksleitung durch die Wiedereinführung von Akkordarbeit in den produktiven Abteilungen zu überwinden. Es sollte dem Facharbeiter dadurch ermöglicht werden, mindestens RM 1,30 pro Stunde zu verdienen. Nach dem Lohnschlüssel des Betriebsrats würde dann der angelernte Arbeiter den Satz von RM 1,23, der Hilfsarbeiter sowie die angelernte Arbeiterin RM 1,17 und die ungelernte Arbeiterin RM 1,04 erreichen[258]. Damit war die Werksleitung allerdings nicht einverstanden und versuchte eine Entscheidung hinauszuzögern. Erst nachdem der Betriebsrat in seiner Sitzung vom 14. Januar 1947 nachdrückliche Maßnahmen androhte, um seine Forderungen durchzusetzen, wurden die Löhne der produktiven Abteilungen entsprechend „bereinigt"[259].

Diese Beispiele stammen aus der Stuttgarter Metallindustrie, deren Löhne an der Spitze der Stuttgarter Wirtschaft standen[260]. Aus Unterlagen der Militärregierung und der Arbeitsbehörden in Württemberg-Baden geht deutlich hervor, daß der überwiegende Teil der Stuttgarter Arbeiterschaft mit einem viel niedrigeren Stundenverdienst auskommen mußte[261], was aufgrund der reduzierten Arbeitszeit ein noch geringeres Einkommen bedeutete. Auch die Angestellten gerieten in eine prekäre Lage, weil gemäß den alliierten Anordnungen ihre Gehälter infolge der Arbeitszeitveränderung gekürzt werden konnten. Den Versuch der Firmenleitung bei Bosch, eine noch darüber

[257] Rededisposition, Betriebsversammlung der Fortuna-Werke vom 13. 2. 1946; Archiv des Betriebsrats der Fortuna-Werke, Stuttgart.

[258] Vgl. Protokoll am 8. 10. 1946; Archiv des Betriebsrats, Werk Sindelfingen, Daimler-Benz AG.

[259] Vgl. Sitzung am 21. 1. 1947; ebd.

[260] Vgl. Arbeitseinsatz und Lohnliste vom 28. 9. 1945; Wirtschaftsarchiv Baden-Württemberg, Bestand Werner & Pfleiderer, Nr. 8. Tagung der Bosch-Betriebsräte am 22./23. 7. 1946 sowie Industrieverband Metall, Ortsverwaltung Stuttgart, Bericht vom Juli 1946; Privatarchiv Eugen Eberle.

[261] Vgl. hierzu die statistischen Erhebungen in den Statistischen Monatsheften Württemberg-Baden für die Jahre 1946–1948. Siehe auch die Tarifunterlagen und Statistiken in: NA, RG 260, 12/71-2/1.

hinausgehende Kürzung der Gehälter durchzuführen, konnte der Betriebsrat nach monatelangen Auseinandersetzungen weitgehend abwehren[262].

Daß der Wertverlust des Geldes in Verbindung mit den durch Arbeitszeitverkürzungen verursachten Verdienstminderungen keine nennenswerte Lohnbewegung in den Betrieben zur Folge hatte, lag nur zum Teil am alliierten Verbot allgemeiner und freier Tarifverhandlungen. Wichtiger war, daß die meisten Betriebe ihren Arbeitnehmern damals außer Lohn noch „andere Zuwendungen" machen konnten, in Gestalt vor allem von Lebensmitteln, Kleidungsstücken, Haushaltswaren, der Verabreichung einer warmen Mahlzeit in der Kantine, der Gewährung von Gratifikationen, Beihilfen und Zuschüssen sowie Bonuszuschlägen und Punktsystemen. Darin, und nicht in erster Linie im Lohn, bestand die Attraktivität eines Arbeitsplatzes. Für die Arbeiter und Angestellten machten diese besonderen Zuwendungen oft den entscheidenden Unterschied zwischen einem sehr schlechten und einem erträglichen Ernährungs- und Gesundheitszustand aus. Insgesamt war bis zur Währungsreform ein sehr hoher, mindestens 15–20 Prozent betragender Krankenstand in den Betrieben zu verzeichnen[263]. Darüber hinaus meldeten die Betriebe auch eine hohe Anzahl von unentschuldigten Fehlzeiten. Bei Daimler-Benz in Sindelfingen etwa waren Ende 1946 bei einer Belegschaft von ca. 2000 Arbeitnehmern täglich bis zu 1000 Mitarbeiter abwesend, davon 5–600 unentschuldigt[264]. Und als es im Herbst Bucheckern zu sammeln gab, berichtete das Arbeitsamt in Stuttgart, daß „zahlreiche" weibliche Betriebsangehörige „teils mit, teils ohne Urlaub tage- und wochenlang der Arbeit fern" blieben. Das sei „kein Wunder", erklärte das Amt dazu, denn die Bucheckern „sind ... ein sehr begehrter Handelsartikel des schwarzen Marktes", pro Zentner biete man für sie bis zu RM 2000[265].

Die mit der Schwarzmarkt- und Kompensationswirtschaft assoziierte, oft rücksichtslose Help-yourself-Mentalität fand nicht nur Ausdruck im Rückgang der Arbeitsdisziplin, sondern auch in der Häufung von Diebstählen. Ihre Massierung läßt sich freilich nicht mehr nur unter moralischen Gesichtspunkten verstehen, vielmehr handelte es sich vielfach um desperate Akte der „Notwehr" gegen extreme Ungerechtigkeiten der Wirtschaftsverfassung und in sehr vielen Fällen um Handlungen infolge physischer Erschöpfung[266]. Für die Betriebsräte konnten die Diebstähle im Betrieb jedoch zu einem großen Problem werden, weil sie in der damaligen Lage die betriebliche Produktivität schnell beeinträchtigen konnten. Bei Fortuna ermahnte der Betriebsratsvorsitzende die Belegschaft gleich in der ersten Betriebsversammlung 1946, daß er bei Diebstählen, vor allem von Werkzeugen und Glühbirnen, die Einschaltung der Kriminalpolizei nicht verhindern könne, wenn dieser „Sport" nicht aufhöre[267]. Als notwendig erwies es sich in diesem Zusammenhang auch, die jetzt häufig vorkom-

[262] Vgl. HStASt, EA 8/2 Bü 643.
[263] Vgl. z. B. Betriebsratsprotokolle am 15. 2. 1946 und 12. 3. 1946; Archiv des Betriebsrats der Salamander AG. Berichte der Fa. Boehringer, 1946–1948; Wirtschaftsarchiv Baden-Württemberg, B 10, Nr. 86, 329.
[264] Vgl. Betriebsversammlung am 29. 11. 1946; Archiv des Betriebsrats, Werk Sindelfingen, Daimler-Benz AG.
[265] Bericht über die Lage des Arbeitseinsatzes im Monat Oktober 1946 vom 5. 11. 1946; StAL, K326/II, Bd. 14.
[266] Müller, Lohnpolitik in Deutschland, S. 14.
[267] Vgl. Betriebsversammlung der Fortuna-Werke am 13. 2. 1946; Archiv des Betriebsrats der Fortuna-Werke, Stuttgart.

mende Pfuscharbeit zu tadeln. Der Betriebsratsvorsitzende von Daimler-Benz in Sindelfingen erklärte in verschiedenen Betriebsversammlungen den Kollegen, das Werk habe einen guten Ruf für Qualitätsleistung und deswegen solle „jeder Einzelne an seinem Platz" dazu beitragen, „daß eine saubere und anständige Arbeit" herauskomme[268]. In bezug auf Diebstähle im Werk stellte sich der Betriebsrat auf den Standpunkt, daß er bei „kleinen Anlässen immer für den Kollegen eintreten" könne, wenn es jedoch darum gehe, daß Fahrräder, Treibriemen, Reifen, Lampen und Werkzeuge verschwänden, müsse man „rücksichtslos durchgreifen"[269]. Für die Jahre 1947 und 1948 bis zur Währungsreform läßt sich in allen Betrieben ein Verfall der Arbeitsmoral und ein Anstieg der Diebstähle belegen. Um die Diebstähle zu verfolgen, wurde der Einsatz des Werkschutzes verstärkt. Einzelne Betriebsangehörige wurden überführt und mit Zustimmung des zuständigen Betriebsrats entlassen. In den meisten Diebstahl-Fällen konnten die Betriebsräte jedoch eine Entlassung verhindern, indem sie den Einsatz des Werkschutzes kontrollierten oder wegen der allgemeinen Notlage dafür plädierten, den Sündern eine Bewährungschance zu geben.

Um Arbeitsmoral und Betriebsloyalität zu stärken, begnügten sich die Betriebsräte aber keineswegs nur mit Appellen. Sie beteiligten sich vielmehr aktiv an den ausgedehnten Kompensationsgeschäften, auf die die meisten Industriebetriebe zur Sicherung ihrer Rohstoffzufuhren ebenso wie zur Erhaltung ihrer besten Facharbeiter angewiesen waren. Das wiedererrichtete Versorgungssystem der Wirtschaftsämter erfüllte seine Funktion in bezug auf die Rohstoffversorgung der Industrie nur zum Teil[270]. Berichte aus der Ledererzeugung geben an, daß der Materialbedarf durch das Landeswirtschaftsamt lediglich zu ca. 15 Prozent gedeckt wurde, während 50–60 Prozent der Rohhäute über Kompensationsgeschäfte liefen. Ferner schätzten die Industrie- und Handelskammern Württemberg-Badens, daß sich die Wareneingänge in einem als typisch bezeichneten Metallverarbeitungsbetrieb auf normale Zuweisung (15 Prozent), Entnahme aus Lagerbeständen (20 Prozent) sowie Kundenlieferungen (50 Prozent) und andere Kompensationseingänge (15 Prozent) verteilten[271]. Für die Fortuna-Werke, die vom Wirtschaftsamt Stuttgart „nur ein einziges Mal einen Schein für 60 qm Glas" erhielten, verlief die „Selbsthilfe", die sie mit Schärfmaschinen betrieben, so erfolgreich, daß die Firma nie in ernste Materialschwierigkeiten geriet[272]. Auch bei der Firma Stotz Maschinenbau in Kornwestheim war die „Selbstversorgung" ein Teil des normalen Geschäfts[273]. Dazu gehörte nicht nur der Austausch von Produktionsmaterialien, sondern es wurde mit allen möglichen Gütern gehandelt, die für die Verbesserung der eigenen Versorgungslage eingesetzt werden konnten. Wie der Gewerkschaftsbund Württemberg-Baden von Betriebsräten aus sehr verschiedenen Firmen erfuhr, lieferten diese alle Haushaltswaren und Gegenstände des persönlichen Bedarfs an

[268] Betriebsversammlung, Daimler-Benz, Werk Sindelfingen vom 4. 9. 1945; Archiv des Betriebsrats, Werk Sindelfingen, Daimler-Benz AG.

[269] Ebd. vom 29. 11. 1946.

[270] Vgl. die Begründung dafür, die der zeitweilige hessische Wirtschaftsminister, Dr. Rudolf Mueller, als Zeuge im Kasseler Spinnfaser-Prozeß gab, bei Benz, Zwangswirtschaft. S. 433.

[271] Schreiben Preiskontrollstelle Baden vom 25. 11. 1947; HStASt, EA 6/3, Bü 393.

[272] Vgl. Wir bei Fortuna. Werkszeitschrift, Nr. 46, (1965).

[273] Vgl. Kentner an Holch am 11. 8. 1948; Wirtschaftsarchiv Baden-Württemberg, Bestand Firma Stotz Maschinenbau, Nr. 122.

die Einkaufsstelle der französischen Besatzungsmacht in Landau und erhielten dafür Wein, Spirituosen und Tabak[274].

Viele Firmen setzten diese Güter von vornherein dafür ein, um die Arbeitsleistung zu erhöhen und zu verhindern, daß ihre erfahrensten Belegschaftsangehörigen zu anderen Firmen abwanderten. Ein Produzent der damals ganz besonderen Mangelware Glühlampen, so wurde berichtet, verteilte diese an die Betriebsangehörigen nach folgendem Punktesystem: „bei 95prozentiger Erfüllung der Arbeitszeit 1 Glühlampe zu 25 Watt im Monat, bei 100prozentiger Erfüllung der Arbeitszeit 2 Glühlampen (1 Stück 25 Watt, 1 Stück 40 Watt) im Monat". Lederfirmen gaben an ihre Betriebsangehörigen Schuhsohlen weit über den persönlichen Bedarf hinaus ab. Eine Brotfirma bedachte jeden Betriebsangehörigen mit 500 g Knäcke-Brot je Tag, bei anderen namhaften Firmen der württembergischen Industrie konnte jeder Betriebsangehörige monatlich eine Armbanduhr kaufen[275].

Besonders laut wurden die Klagen aus der Metallbranche, als das Punktsystem, eine legalisierte Variante des Kompensierens, in der Textilindustrie offiziell eingeführt wurde. Die Metallunternehmer befürchteten, daß sie infolge dieser Maßnahme zu viele weibliche Arbeitskräfte verlieren würden. Wie die Firma Bosch an das Wirtschaftsministerium schrieb, ermöglichte eine Stuttgarter Firma den Betriebsangehörigen, „auf Grund von Punkten bis zu 15 Paar Strümpfe im Jahr zu kaufen. Andere Textilfabriken liefern ihren Betriebsangehörigen neben Textilien gegen 5 Textilpunkte im Monat einen Zentner Kohlen. Von der Firma Heinrich Otto Söhne, Wendlingen, liegt uns ein Aufruf vor ... Darnach kann z. B. ein Betriebsangehöriger bis zu 54 Paar Strümpfe im Jahr erwerben!"[276]

Angesichts dieser Tatsachen begnügten sich die Metallunternehmer nicht nur mit Kritik an solchen Zuständen, sie zogen auch nach. Bei der Firma Boehringer z. B. waren 20 Prozent der hergestellten Dosenschließmaschinen für die Belegschaft bestimmt[277]. Andere Metallfirmen, z. B. die Kodak AG, versuchten, die bereits erbrachten Kompensationsleistungen für die Belegschaft durch behördliche Genehmigung noch zu verbessern[278]. Und wenn die Firmenleitung nicht entsprechend verfuhr, übte der Betriebsrat Druck aus[279] oder wurde selbst initiativ, wie im Falle der Firma Auto-Staiger in Stuttgart. Dort wollte der Betriebsrat Kfz-Ersatzteile an die Belegschaft im Betrieb verteilen, „damit diese ihren Bekannten helfen" und mit diesen gegenseitig Geschäfte machen konnten[280].

In der Regel wurde die Verteilung der für die Belegschaft bestimmten Güter vom Betriebsrat übernommen. Nicht selten nahm diese Aufgabe, wie auch Alexander von

[274] Vgl. Gewerkschaftsbund Württemberg-Baden an das Wirtschaftsministerium am 9. 6. 1947; HStASt, EA 6/3, Bü 393.

[275] Fa. Bosch an das Wirtschaftsministerium am 20. 5. 1947; ebd., Bü 392.

[276] Ebd. Zur Rechtfertigung dieses Prämiensystems aus der Sicht der Landesregierung bzw. der Textilindustrie vgl. Landeswirtschaftsamt an die IHK Eßlingen am 23. 6. 1947; ebd. Vgl. auch Arbeitsministerium an das Landesarbeitsamt am 16. 7. 1947; HStASt, EA 8/2, Bü 329.

[277] Vgl. Bekanntmachung vom 22. 1. 1948; Wirtschaftsarchiv Baden-Württemberg, Bestand Gebr. Boehringer, Nr. 269.

[278] Vgl. Kodak AG an das Landeswirtschaftsamt am 25. 4. 1947; HStASt, EA 6/3, Bü 392.

[279] Vgl. die Aussage des Präsidenten des Landeswirtschaftsamtes Hessen, die sicherlich auch für Stuttgart übernommen werden kann, bei Benz, Zwangswirtschaft, S. 431.

[280] Vgl. Innung des Kraftfahrzeughandwerks Stuttgart an das Wirtschaftsministerium am 10. 9. 1947; HStASt, EA 6/3, Bü 392. Vgl. auch das Protokoll der Betriebsratssitzung am 18. 11. 1946; Archiv des Betriebsrats der Salamander AG.

Plato und Angelika Jacobi-Bettien in ihren Regionalstudien feststellen[281], sehr viel Zeit in Anspruch. Der Betriebsratsvorsitzende Klenk von den Fortuna-Werken klagte, daß es für den Betriebsrat „unmöglich" sei, die Warenverteilung „zu bewältigen, wenn nicht die andere Arbeit liegen bleiben sollte". Er stellte auch die Frage, ob der Betriebsrat die Verteilung weiterführen solle, denn „es gäbe nur Ärger und Verdruß. Andererseits wolle man den Kollegen bei der Arbeit doch auch behilflich sein."[282]

Auch wenn sich der Fortuna-Betriebsrat offiziell gegen Kompensations- und Tauschgeschäfte aussprach und die Gewerkschaft dazu aufforderte, sich nachdrücklich für eine bessere Erfassung und Kontrolle von Mangelwaren einzusetzen, sah er sich nicht in der Lage, Kompensationsangebote (z. B. an Arbeitskleidern) beim Verkauf von Werkzeugmaschinen abzulehnen, solange das Wirtschaftsamt „nicht in der Lage ist, unseren Kollegen auch nur ein Minimum der so dringend benötigten Arbeitskleider zu beschaffen". „Unsere Kunden", schrieb der Betriebsrat an das Stuttgarter Ortskartell, „die dringend die Maschinen des Werkes benötigen, sind natürlich gerne bereit, wenn sie durch Anlieferung von Mangelwaren, die nur einen ganz geringen Prozentsatz am Wert der Maschinen ausmachen, eine Reduzierung der Lieferzeit von oft nur 1–2 Monaten erreichen können. Der Gang der Dinge wäre der denkbar einfachste. Die Arbeiter verlangen Arbeitsanzüge vom Betriebsrat, der Betriebsrat verlangt sie von der Firma, die Firma liefert an den Kunden, der in diesem Fall Arbeitsanzüge dagegen liefert. Der Kettenhandel ist damit vollständig und die Wirtschaft würde natürlich damit immer noch schwieriger und verworrener."[283]

Mit seiner Aufforderung an die Gewerkschaft kam der Fortuna-Betriebsrat einer Gesamtlösung des Problems nicht näher. Ebenso ging es anderen Betriebsräten, und obwohl es immer wieder gewerkschaftliche Resolutionen und Stellungnahmen gegen Kompensationsgeschäfte gab, wurden sie von den Gewerkschaften stillschweigend geduldet[284]. So kam es auch bei Fortuna dazu, daß der Betriebsrat seine anfängliche Zurückhaltung gegenüber solchen Geschäften im Jahre 1947 aufgab, er konnte für die Mitarbeiter sogar einen wohl seltenen Wertsicherungsvertrag unmittelbar vor der Währungsreform mit der Geschäftsleitung abschließen. Danach übereignete die Firma der Belegschaft eine Schleifmaschine im Wert von RM 25 000, die „zu einem der Geschäftsleitung und dem Betriebsrat geeignet erscheinenden Zeitpunkt nach der Währungsregelung ... durch oder an die Firma verkauft werden" sollte. Der Erlös sollte „in ähnlicher Weise wie in früheren Jahren die Erfolgsprämien ... an alle Belegschaftsmitglieder [verteilt werden], soweit sie vor dem 1. 1. 48 in die Firma eingetreten waren oder aufgrund früherer Tätigkeit im Werk einen Anspruch auf mindestens halbjährige Werkszugehörigkeit haben"[285].

Im Sindelfinger Werk von Daimler-Benz arbeitete der Betriebsrat, dessen erster Vorsitzender Holzner heute noch als „ein seltenes Beschaffungstalent" in der Erinne-

[281] Vgl. von Plato, Was wäre; von Plato, Verlierer, S. 101; Jacobi-Bettien, Metallgewerkschaft, S. 333 ff.
[282] Betriebsratssitzung am 20. 11. 1946; Archiv des Betriebsrats der Fortuna-Werke, Stuttgart.
[283] Betriebsrat an das Ortskartell des Württembergischen Gewerkschaftsbundes am 6. 2. 1947; ebd.
[284] Vgl. Betriebsratssitzung vom 2. 12. 1947; ebd. Auch bei Benz wird diese Problematik ausführlich dargelegt. Während die KPD und der hessische Gewerkschaftsbund ein rigoroses Vorgehen gegen Kompensationsgeschäfte verlangten, erklärte sich der mehrheitlich aus KPD-Mitgliedern zusammengesetzte Betriebsrat der Spinnfaser AG mit der angeklagten Betriebsleitung solidarisch. Vgl. Benz, Zwangswirtschaft, S. 430.
[285] Vereinbarung vom 16. 6. 1948; Archiv des Betriebsrats der Fortuna-Werke, Stuttgart. Die Auszahlung erfolgte Ende 1948.

rung lebt, mit der Werksleitung in der Besorgung und Verteilung von Waren eng zusammen. Offiziell wurden Kompensationsgeschäfte nur „im Einvernehmen mit der Zentrale in Untertürkheim" sowie „im Rahmen des vordringlichsten Materialbedarfs" von der Werksleitung getätigt[286]. Daher, so erklärte Werksdirektor Heilig dem Betriebsrat, sei die Beschaffung von Arbeitskleidern „verboten und bei Bekanntwerden strafbar". Er versicherte aber seine Bereitschaft, über Reparaturaufträge zu „tun, was möglich ist"[287]. Damit stieß er offensichtlich auf keine großen Schwierigkeiten. In den Jahren 1945–1948 wurden in diesem Werk nicht nur Arbeitsanzüge und -schuhe, sondern auch viele andere Gebrauchsgegenstände und Lebensmittel verteilt. Das war allerdings nicht immer einfach, denn die vorhandene Warenmenge reichte meist nicht für alle Bedürftigen. Als dem Betriebsrat Anfang 1948 Fahrräder geliefert wurden, wollte der Betriebsratsvorsitzende Schäfer die Verteilung nicht allein verantworten. Er wandte sich deshalb an die Geschäftsleitung, die dann zusammen mit dem Betriebsrat Richtlinien für die Vergabe ausarbeitete. Für Schäfer war dies eine notwendige und unter den vorherrschenden Bedingungen positive Leistung, auch wenn er sie gesamtwirtschaftlich als durchaus problematisch betrachtete. Schäfer bemerkte dazu: Die Kompensationen seien „jenes Problem, von dem alle anständigen Menschen behaupten, es sei schuld am wirtschaftlichen, politischen und moralischen Niedergang unseres Volkes und doch sind wir alle damit so verquickt, daß ich mich bald selbst nicht mehr auskenne und man verliert selbst so langsam den Maßstab für Recht und Gerechtigkeit. Auf der anderen Seite ist aber die Not und das Elend unserer Kolleginnen und Kollegen so groß, daß man eben beim kleinsten Lichtblick auch mit zugreift, aber eines kann ich Ihnen sagen, Freude bereiten mir diese Dinge nicht und ich habe schon manche schlaflose Stunde in Gewissenskonflikten zugebracht. Kurz zusammengefaßt, auch wir haben schon Einiges für unsere Kollegen getan und haben die Absicht, es weiterhin zu tun."[288]

Außer bei Kompensationsgeschäften arbeiteten viele Betriebsräte mit den Betriebsleitungen auch bei der Kantinenverwaltung zusammen, um auch auf diese Weise die Ernährungslage der Beschäftigten zu verbessern. In einem bekannt gewordenen Fall griff ein Betriebsratsvorsitzender zur Selbsthilfe und führte in seiner Firma eine Schwarzschlachtung für die Werksküche durch[289]. Darüber hinaus wurden (wieder) Unterstützungsfonds eingerichtet und mit den Geschäftsleitungen Gratifikationszahlungen, Beihilfesätze und Prämien ausgehandelt, die die Beschäftigten zu bestimmten Anlässen meist jährlich erhielten. Zwar waren diese Geldbeträge nicht besonders groß, sie trugen aber zweifellos zur Förderung der Betriebsverbundenheit bei. Das vielfach enge partnerschaftliche Zusammenwirken zwischen Betriebsleitung und Betriebsrat, das sich bei solchen Kompensationsgeschäften und Sozialleistungen entwickelte, erschwerte es den Betriebsräten naturgemäß schon psychologisch, gegen dieselben Firmenleitungen in anderen Fragen eine besonders radikale oder hartnäckige, geschweige denn klassenkämpferische Gegenposition einzunehmen. Das wird auch bestätigt

[286] Betr.: Allgemeine Unterlagen für die Betriebsversammlung am 22. 9. 1947; Archiv des Betriebsrats, Werk Sindelfingen, Daimler-Benz AG.

[287] Protokoll der Betriebsratssitzung am 19. 11. 1947; ebd.

[288] Rede Schäfer, Betriebsversammlung im März 1948; ebd. Vgl. hierzu für Hessen: Jacobi-Bettien, Metallgewerkschaft, S. 333ff.; für das Ruhrgebiet: von Plato, Verlierer, S. 101.

[289] Vgl. Unterlagen vom April und Mai 1948; Archiv des Deutschen Gewerkschaftsbundes, Landesbezirk Baden-Württemberg, Ordner Nahrung & Genuß.

durch das Ausnahme-Gegenbeispiel der Firma Bosch, wo zwischen Betriebsleitung und Betriebsrat durchgängig ein gespanntes, antagonistisches Verhältnis bestand. Bezeichnenderweise war es auch die Firma Bosch, in der sich die Geschäftsleitung strikt weigerte, an Kompensationsgeschäften teilzunehmen[290], wo sich aber auch der Betriebsrat nicht in eine solche Tätigkeit verstricken ließ. Er lehnte hier auch konsequent das Angebot der Geschäftsleitung ab, die Verwaltung der Kantine in eigener Regie zu übernehmen, denn damit, so der Betriebsratsvorsitzende Eberle, wolle die Geschäftsleitung „diese unbequeme Aufgabe auf den Betriebsrat abwälzen"[291]. Auf diese Weise konnte der Bosch-Betriebsrat bei Konflikten mit der Firmenleitung seine prinzipiellen Forderungen unabhängiger und glaubwürdiger vertreten.

7. Die rechtlichen und institutionellen Rahmenbedingungen der Betriebsratsarbeit

Die Betriebsräte und Gewerkschafter in Stuttgart waren an einer gesetzlichen Absicherung ihrer Rechte in Betrieb und Wirtschaft sehr interessiert. Zum einen hatten sie die Erfahrungen der NS-Zeit vor Augen, wo die NS-Vertrauensräte ohne verbriefte Rechte machtlos geblieben und vielfach überflüssig gewesen waren. Zum anderen wollten sie ihre Neuordnungsziele für die Wirtschaft durch eine rechtliche Verankerung verwirklichen. Dabei vertrauten sie auf die antikapitalistische Stimmung in der Arbeitnehmerschaft.

a) Das Kontrollratsgesetz Nr. 22: Betriebsräte

Bis in die ersten Monate des Jahres 1946 hinein hatte die amerikanische Militärregierung lediglich festgelegt, daß die Betriebsvertretungen mit Ausnahme der Löhne und der Anzahl der Arbeitsstunden alle Fragen der Arbeitsbedingungen sowie bestimmte Aspekte der Entnazifizierung in Verhandlungen mit den Arbeitgebern regeln durften. Um ihre Position dabei zu untermauern und gegebenenfalls zu verbessern, drängten viele Gewerkschaftsfunktionäre und Betriebsräte darauf, ihre Rechte bald gesetzlich zu fixieren. Auch gab es in den verschiedenen Ministerialverwaltungen auf Landes- und Zonenebene und im Sozialpolitischen Ausschuß des Länderrats entsprechende Initiativen, an denen die Gewerkschaftsvertreter beteiligt waren[292]. Anläßlich des Besuches einer Delegation von Arbeitsoffizieren des amerikanischen Hauptquartiers in Berlin hatten die Stuttgarter Gewerkschafter Gelegenheit, ihre Vorstellungen von einem neuen Betriebsratsgesetz zu unterbreiten. Dabei erläuterte Schleicher, was in einem neuen Gesetz als Aufgabe der Betriebsräte festgelegt werden müßte: „die Durchführung und Überwachung der Lohn- und Arbeitsbedingungen nach den Tarifverträgen, Überwachung der Vorschriften über Unfallverhütung, Mitwirkung bei Einstellungen

[290] Vgl. Robert Bosch GmbH, Geschäftsbericht vom 1. 7. 1946 bis 31. 12. 1947, S. 4; Stadtarchiv Stuttgart, 7030 Bosch.

[291] Protokoll am 8. 1. 1948; HStASt, EA 8/2, Bü 741. Diesen Versuch startete die Geschäftsleitung kurz nachdem sie der Widerstand in der Belegschaft daran gehindert hatte, den ehemaligen Kantinenführer wieder einzustellen. Vgl. weiter oben in diesem Aufsatz.

[292] Vgl. Protokoll der Verhandlungen des 1. Kongresses des Gewerkschaftsbundes Württemberg-Baden am 29. 8.–1. 9. 1946, S. 24.

und Entlassungen“ sowie bei „der Säuberung des Betriebs von Nazis und Militaristen ... Außerdem soll der Betriebsrat bei der Umstellung von Kriegs- in die Friedenswirtschaft mitwirken.“[293]

Diese Angaben Schleichers, die weder den Erwartungen der meisten Betriebsräte noch dem Umfang der offiziellen Mitbestimmungsforderungen der Gewerkschaften entsprachen, wurden von den Amerikanern offenbar mit Billigung aufgenommen. Jedenfalls kamen sie beim Gesetz Nr. 22 (Betriebsräte) des Alliierten Kontrollrats vom 10. April 1946 wieder zum Vorschein[294]. Im Gegensatz zu der Ausführlichkeit des Weimarer Betriebsrätegesetzes enthielt dieses Gesetz nur dreizehn kurze und allgemein gehaltene Artikel. Im Artikel V wurde der Betätigungsrahmen gezogen, innerhalb dessen die Betriebsräte „selbst ihre Aufgaben im einzelnen und die dabei zu befolgenden Verfahren“ bestimmen sollten. Anstatt ihre Kompetenzen festzulegen, überließ es das Gesetz den Betriebsräten, Verhandlungen mit den Arbeitgebern über interne Betriebsordnungen und die Anwendung von Tarifverträgen sowie über Arbeitsbedingungen und die Regelung von Einstellungen und Entlassungen zu führen, Vorschläge zur Verbesserung von Arbeits- und Produktionsmethoden zu machen, Beschwerden zu untersuchen und mit dem Arbeitgeber zu erörtern und auch „mit den Behörden bei der Verhinderung aller Rüstungsproduktion und bei der Entnazifizierung von öffentlichen und privaten Betrieben“ zusammenzuarbeiten. Schließlich sollten die Betriebsräte „an der Schaffung und Leitung von sozialen Einrichtungen, die der Wohlfahrt der Arbeiter eines Betriebes dienen sollten, unter Einschluß von Kinderheimen, ärztlicher Fürsorge, Sport und ähnlichen Einrichtungen“ mitwirken[295].

Nach dem Gesetz sollte der Betriebsrat ferner vor Eingriffen, Behinderungen oder Diskriminierungen seitens des Arbeitgebers geschützt werden (Art. IX)[296]. Das Gesetz verpflichtete den Arbeitgeber, sich mit dem Betriebsrat zusammenzusetzen und ihm die zur Ausübung seiner Tätigkeiten notwendigen Informationen zu liefern (Art. VI); Inhalt und Häufigkeit dieser Informationen aber waren im Gesetz nicht genauer festgelegt und blieben einer Übereinkunft zwischen Arbeitgeber und Betriebsrat überlassen. Ebenso wenig wurde die Beteiligung des Betriebsrats an Sitzungen der betrieblichen Leitungsorgane aus Informationsgründen verbindlich geregelt; auch dies war nur möglich, wenn sich Arbeitgeber und Betriebsrat darauf geeinigt hatten. Schließlich erlaubte das Gesetz den Gewerkschaften, sich an den Vorbereitungen zu den Betriebsratswahlen zu beteiligen und aus der Belegschaft des jeweiligen Betriebes Kandidaten vorzuschlagen (Art. IV). Ganz generell hieß es in dem Gesetz, die Betriebsräte hätten „ihre Aufgaben in Zusammenarbeit mit den anerkannten Gewerkschaften“ auszuführen (Art. VII)[297].

[293] Sitzung des Bundesvorstandes am 11. 3. 1946; Archiv des Deutschen Gewerkschaftsbundes, Landesbezirk Baden-Württemberg, Ordner 1946 Vorstandssitzungen, Besprechungen.

[294] Vgl. Gesetz Nr. 22 (Betriebsräte); Amtsblatt des Kontrollrats in Deutschland, Nr. 6 vom 30. 4. 1946, S. 133 ff. Vgl. zur Entstehung dieses Gesetzes, Fichter, Besatzungsmacht, S. 176 ff.

[295] Ebd.

[296] Ein Hinweis auf die Beeinflussungsversuche der Arbeitgeber in Württemberg-Baden, die es trotz der Gesetzesbestimmungen gab, ist in dem Artikel „Keine Beeinflussung der Betriebsräte“, in: Württembergisch-Badische Gewerkschafts-Zeitung vom 15. 9. 1945, zu finden.

[297] Zur Einschätzung der Betriebsräte sowie zum Verhältnis Gewerkschaft–Betriebsräte aus amerikanischer Sicht vgl. Paul Fisher, Works Councils in Germany (Visiting Expert Series, Nr. 18.), HICOG Office of Labor Affairs, Frankfurt 1951; John Meskimen, Militärregierung, Betriebsräte, Gewerkschaften, in: Württembergisch-Badische Gewerkschafts-Zeitung vom 1. 6. 1948.

So schuf das Kontrollratsgesetz (KRG) im Grunde nur einen Rahmen, innerhalb dessen die Betriebsräte erst in Verhandlungen mit dem jeweiligen Arbeitgeber ihre Mitbestimmungs- und Mitwirkungsforderungen konkretisieren und verwirklichen mußten. Inhaltlich ging das Gesetz nicht über die bereits geltenden amerikanischen Anordnungen hinaus; für die meisten Gewerkschafter und Betriebsräte stellte das Kontrollratsgesetz eine Enttäuschung dar, weil sich ihre Vorstellungen am Betriebsrätegesetz von 1920 orientierten. Sie hatten erwartet, daß „Aufgabenstellung und Festsetzung der Rechte der Betriebsräte in genau detaillierten Bestimmungen und Gesetzesparagraphen" geregelt werden würden. Mit dem Kontrollratsgesetz verbanden sie nur die Hoffnung, daß der darin gezogene Rahmen eine genaue Absicherung einzelner Mitbestimmungsrechte durch deutsche Gesetze oder Verfassungsgebote erlauben werde. Bestärkt wurden die Stuttgarter Gewerkschafter und Betriebsräte in dieser Hoffnung dadurch, daß die Militärregierung Ende 1946 die neue Landesverfassung für Württemberg-Baden genehmigte, die bestimmte, daß Vertreter der Arbeitnehmer „an der Verwaltung und Gestaltung der Betriebe zu beteiligen" seien. Die genauen Regelungen sollten gesetzlich fixiert werden[298]. Auch der Länderrat der US-Zone befaßte sich mit dem Entwurf eines Gesetzes für die Durchführung und Ergänzung des KRG Nr. 22, das, so glaubten die Stuttgarter Gewerkschafter, „den Betriebsräten einen gesicherten Boden für ihre Tätigkeit" geben würde. Sehr bald mußten sie jedoch zur Kenntnis nehmen, daß die Amerikaner alle Versuche ablehnten, mit einem neuen Gesetz über den Rahmen des KRG Nr. 22 hinauszugehen. So blieb das vom Direktorium des Länderrats dennoch verabschiedete Ausführungsgesetz weit hinter den Vorstellungen aller Parteienvertreter im Sozialpolitischen Ausschuß des Landtags von Württemberg-Baden zurück. Das war dann auch ein wesentlicher Grund dafür, daß der Landtag dieses Gesetz weder verabschiedete noch abänderte, sondern lediglich einstimmig zur Kenntnis nahm und zugleich die Landesregierung beauftragte, einen neuen Entwurf eines Betriebsrätegesetzes vorzulegen, „der den Bestimmungen des Art. 22 der württ.-bad. Verfassung gerecht wird"[299].

Trotz der Enttäuschung, die über das KRG Nr. 22 in den Gewerkschaften vorherrschte, wurde das Gesetz nicht rundum abgelehnt. Manche Gewerkschafter vertraten auch die Ansicht, daß das Gesetz der Gewerkschaftsarbeit „ihren eigentlichen Sinn" wiedergebe, der doch darin bestehe, nicht auf die Hilfe des Gesetzgebers zu setzen, sondern selbst „zu ringen um die Rechte der Arbeiterschaft in stetem Kampf mit dem Unternehmertum"[300]. In bezug auf die Betriebsratswahlen 1947 argumentierte auch der Gewerkschaftsbund Württemberg-Baden, daß das beste Gesetz „nur ein Fetzen Papier" sei, „wenn die Arbeiter nicht verstehen, dem Wortlaut des Gesetzes blutvolles Leben einzuhauchen". Wohl könne man dem KRG Nr. 22 „den Vorwurf machen, daß es dem denkfaulen und arbeitsunlustigen Betriebsrat seine Rechte nicht so auf dem Präsentierteller serviert, wie er es wünscht. Aber glaubt jemand ehrlich, daß

[298] Verfassung des Landes Württemberg-Baden, Art. 22, beschlossen von der Verfassunggebenden Landesversammlung in ihrer 14. Sitzung am 24. 10. 1946, abgedruckt in: Stuttgarter Zeitung vom 30. 10. 1946.

[299] Verhandlungen des Württ.-Bad. Landtags, 1. Wahlperiode, 6. Sitzung am 7. 2. 1947, S. 86ff. Entwurf eines Gesetzes zur Durchführung und Ergänzung des Kontrollratsgesetzes Nr. 22 in der Fassung des Sozialpolitischen Ausschusses vom 22. 11. 1946; Württ.-Bad. Landtag, 1. Wahlperiode, Beilage 7 vom 15. 1. 1947.

[300] Erich Bührig, Das Betriebsrätegesetz. Schulungs- und Referentenmaterial des FDGB, Nr. 16 vom Mai 1946, S. 5f. Auch Willi Richter in Hessen vertrat eine ähnliche Position.

dieser Betriebsrat mit einem anderen im Wortlaut besseren Gesetz mehr anfangen könnte als mit dem, das wir jetzt haben?“[301]

b) Die Betriebsvereinbarungen

Daß die Gewerkschaftsführung im Frühjahr 1947 versuchte, den Betriebsräten das Kontrollratsgesetz schmackhaft zu machen und sie zur Wahrnehmung der darin gegebenen Möglichkeiten zu ermuntern, hat seinen Grund wohl darin, daß sie die baldige Verabschiedung eines besseren Gesetzes nicht erwartete. Als einen praktischen Schritt zur Ausfüllung des Gesetzes entwarf sie eine Muster-Betriebsvereinbarung. Damit sollte wohl auch demonstriert werden, daß die Gewerkschafter nicht „auf ihr verfassungsmäßiges Mitbestimmungsrecht in den Betrieben“ verzichten wollten, „bis ein neues Gesetz dieses Recht in allen Einzelheiten festlegt“. Für das damals noch relativ große Selbstbewußtsein der Gewerkschaften spricht auch ein Artikel in der Mitgliederzeitung (15. Juli 1947), in dem ausgeführt wurde, die Gewerkschafter fühlten sich in den Betrieben stark genug, um „ihre Rechte auch ohne die längst fälligen Landtagsgesetze und selbst im offenen Kampfe gegen die soziale Reaktion durchzusetzen“[302].

Diese Muster-Betriebsvereinbarung basierte sowohl auf dem KRG Nr. 22 als auch auf dem Artikel 22 der württembergisch-badischen Landesverfassung. Sie ging von dem Gedanken einer gleichberechtigten Mitwirkung von Betriebsleitung und Betriebsrat aus, um den „Aufbau und die Erhaltung einer gesunden deutschen Wirtschaft“ zu gewährleisten. Zu diesem Zweck sollte der Betriebsrat Sitz und Stimme in allen Leitungsgremien (Aufsichtsrat, Vorstand) erhalten und an der Durchführung aller geltenden gesetzlichen Vorschriften, der Tarifverträge, der Betriebsvereinbarungen und an der Gestaltung einer Arbeitsordnung beteiligt werden. Bei allen Personalveränderungen, Einstellungen, Entlassungen, Versetzungen und Beförderungen, Lohn- und Gehaltsfestsetzungen sowie Lohn- und Gehaltsveränderungen sollte seine Zustimmung erforderlich sein. Mitwirkungsrechte des Betriebsrats waren nach der Muster-Vereinbarung bei der Einstellung und Ausbildung von Lehrlingen, bei der Fürsorge für Körperbeschädigte, Frauen und Jugendliche, bei der Gestaltung der Akkorde, bei der Verbesserung der Arbeitssicherheit sowie bei der Betreuung und Leitung aller betrieblichen Wohlfahrtseinrichtungen vorgesehen. Die Betriebsleitung sollte ferner zu regelmäßiger Berichterstattung, zur Prüfung und Beseitigung von Beschwerden in Zusammenarbeit mit dem Betriebsrat und zur Einrichtung einer Schiedsstelle mit bindenden Entscheidungsbefugnissen verpflichtet werden[303].

Mit diesem Entwurf wurde den Betriebsräten empfohlen, sich für die volle Mitbestimmung in Personalfragen und für Mitwirkungsrechte in wirtschaftlichen und sozialen Angelegenheiten einzusetzen. Wie sie diese bzw. weitergehende Ziele erreichen sollten, erläuterte die Gewerkschaftsführung freilich nicht. Sie leitete auch keine betriebsübergreifenden Maßnahmen zur Durchsetzung dieser Mitbestimmungs-Zielsetzungen ein. Ergebnis dieser Nicht-Strategie war, daß es in Stuttgart nur zu wenigen

[301] Arbeiter – Betriebsräte – Gewerkschaften. Überlegungen zur Betriebsrätewahl, in: Württembergisch-Badische Gewerkschafts-Zeitung vom 15. 4. 1947.

[302] Mit der Arbeiterschaft oder gegen sie?, ebd. vom 15. 7. 1947.

[303] Entwurf einer Betriebsvereinbarung, ebd. Zusammen mit diesem Entwurf wurde außerdem ein Entwurf einer Arbeitsordnung vom Gewerkschaftsbund veröffentlicht und verteilt.

Abschlüssen von Betriebsvereinbarungen kam; auch Versuche, zu brancheneinheitlichen Betriebsvereinbarungen mit den Unternehmern zu gelangen, sind in den Jahren 1946/1947 nicht über das Diskussions-Stadium hinausgelangt[304]. Es zeigte sich außerdem: Die wenigen Betriebsvereinbarungen waren in entscheidenden Punkten bedeutend schlechter als die gewerkschaftliche Muster-Vereinbarung. Die einzige Ausnahme scheint die Vereinbarung gewesen zu sein, die der Betriebsrat der Stotz AG im Mai 1947 abschließen konnte. Dieser Vereinbarung zufolge erhielt der Betriebsrat Sitz und Stimme im Vorstand, in allen Personalangelegenheiten war seine Zustimmung erforderlich. „Um jede etwaige Rüstungsproduktion zu unterbinden", war „das Produktionsprogramm im Einvernehmen mit dem Betriebsrat festzulegen". Bei Betriebserweiterungen, Betriebseinschränkungen oder -stillegungen „bedurfte es" ebenso der Zustimmung des Betriebsrates wie bei der Aufgabe bisheriger und der Aufnahme neuer Produktionszweige. Darüber hinaus war die Mitwirkung des Betriebsrats in allen sozialen Angelegenheiten vereinbart[305].

Im Vergleich dazu kam man z. B. bei der Brauerei Leicht Ende 1946 überein, daß der Betriebsrat lediglich „die Auswahl der Einzustellenden", im Einvernehmen mit der Betriebsleitung, vornehmen dürfe[306]. In der Elektrofirma J. C. Eckardt (440 Beschäftigte) gab sich der Betriebsrat damit zufrieden, daß seine Forderung nach Mitwirkung bei Einstellungen und Entlassungen insofern von der Betriebsleitung anerkannt wurde, als „dieses Mitwirkungsrecht sich ausschließlich auf die politische Prüfung des jeweiligen Kandidaten zu beschränken hat. Einblick in Personalakten wird nur in Sonderfällen und bei Vorliegen zwingender Gründe gestattet." Alle weitergehenden Forderungen des Betriebsrats nach Mitbestimmung wurden rundweg abgelehnt, um nicht „radikale Tendenzen" heraufzubeschwören[307]. Bei den Stuttgarter Firmen Concordia Maschinen- und Elektrizitätsgesellschaft und Maschinenfabrik Georg Kiefer waren die Betriebsleitungen davon überzeugt, daß die Forderung der Betriebsräte nach einer Betriebsvereinbarung mit weitgehenden Mitbestimmungsrechten kommunistischen Zielsetzungen diente. In beiden Fällen lehnten sie direkte Verhandlungen mit dem Hinweis auf künftige, für die gesamte Branche zu führende Gespräche ab[308]. Dagegen gelang es dem Betriebsräteausschuß der Stadtverwaltung Stuttgarts, Ende September 1947 eine Betriebsvereinbarung für alle städtischen Dienststellen einschließlich der Eigenbetriebe abzuschließen. Darin wurden die arbeitsrechtlichen Aufgaben der städtischen Betriebsräte weit gefaßt, einschließlich ihrer Mitwirkung „bei der Einstellung, Eingruppierung, Beförderung, Lohn- und Gehaltsveränderung, Versetzung, Entlassung und Zurruhesetzung von Arbeitern, Angestellten und Beamten". Wenn der Be-

304 Vgl. Württembergischer Gewerkschaftsbund, IG Textil und Bekleidung, Rundschreiben vom 1. 11. 1946; Archiv des Deutschen Gewerkschaftsbundes, Landesbezirk Baden-Württemberg, Ordner Textil + Bekleidung. Bezirksbetriebsrat der Oberpostdirektion Stuttgart an den Württembergisch-Badischen Gewerkschaftsbund am 23. 4. 1947 und Schleicher an den Verband des Post- und Fernmeldewesens am 30. 4. 1947; ebd., Ordner Nahrung + Genuß/Post + Fernmeldewesen. Nach Lachenmayer, Scheitern, wurde die Betriebsvereinbarung der AEG-Berlin vom Oktober 1946 für viele dieser Verhandlungen zugrunde gelegt. Vgl. AEG-Betriebsvereinbarung; NA, RG 260, 12/21-3/7.

305 A. Stotz AG – Betriebsvereinbarung vom 23. 5. 1947; Wirtschaftsarchiv Baden-Württemberg, Bestand Stotz AG, Nr. 511.

306 Vgl. Lachenmayer, Scheitern, S. 109.

307 J. C. Eckardt an die IHK Stuttgart am 26. 8. 1947; Wirtschaftsarchiv Baden-Württemberg, Bestand IHK Stuttgart.

308 Vgl. die jeweiligen Berichte der Betriebsleitungen an die US-Militärregierung; NA, RG 260, 12/21-3/6.

triebsrat einer geplanten Maßnahme nicht zustimmte, war eine Einigungsprozedur vorgeschrieben, die letztlich die Schlichtung durch den Gemeinderat vorsah. Allerdings galt dies nicht für Kündigungen, gegen die nur über eine Klage beim Arbeitsgericht angegangen werden konnte. Während die Betriebsräte an den sozialen Aufgaben in der Stadtverwaltung umfassend beteiligt werden sollten, waren ihre Rechte in wirtschaftlichen Fragen enger gefaßt als in der Muster-Betriebsvereinbarung vorgesehen. Lediglich im Fall solcher Betriebe, bei denen ein Wirtschaftsausschuß zu bilden war, sollte auch der Betriebsratsvorsitzende als Mitglied beteiligt sein[309].

Die typischen Schwierigkeiten der Betriebsräte in dieser Frage lassen sich am Beispiel der Verhandlungen bei Bosch verdeutlichen, wo es zu keiner Vereinbarung kam, sowie bei der Daimler-Benz AG, wo in den einzelnen Werken unterschiedliche Ergebnisse erzielt wurden. Bei Bosch fand, wie bereits im Zusammenhang mit der Entnazifizierung erwähnt, im September 1947 eine Arbeitsniederlegung statt, bei der eine Minderheit gegen den Abbruch der Aktion war, weil sie sich Chancen ausrechnete, die Geschäftsleitung zu konkreten Zugeständnissen hinsichtlich einer Betriebsvereinbarung zu bewegen. Ein erster Entwurf des Betriebsrats von Ende 1946, der eine paritätische Leitung der Firma vorsah, war von der Geschäftsleitung als unzumutbares Ansinnen rundweg abgelehnt worden. Sie vertröstete den Betriebsrat statt dessen auf die zu erwartende Regelung in der Landesverfassung. Im Juni 1947 suchte der Betriebsrat erneut über seinen Entwurf einer Betriebsvereinbarung zu verhandeln, der weitgehend identisch mit einer Betriebsvereinbarung war, die die Stuttgarter Geschäftsleitung in einer Bosch-Tochtergesellschaft (Trillke) in Hildesheim (Britische Zone) bereits abgeschlossen hatte.

In dem als Auslegung des KRG Nr. 22 deklarierten Entwurf wurde die wirtschaftliche Mitbestimmung ganz ausgeklammert. In Personalfragen sollten Einstellungen und Entlassungen „im Einverständnis mit dem Betriebsrat", Dauerversetzungen und Beförderungen erst nach Informierung des Betriebsrats erfolgen. Das Einspruchsrecht des Betriebsrats sollte auf im Charakter des Betroffenen liegende Gründe begrenzt werden. Die Geschäftsleitung sollte verpflichtet sein, dem Betriebsratsvorsitzenden auf Verlangen Lohnbücher und Personalakten vorzulegen. Der Entwurf sah weiter vor, daß Geschäftsleitung und Betriebsrat über Arbeitszeit, Urlaub und Berufsausbildung Übereinstimmungen erzielen mußten; die Mitwirkung des Betriebsrats war ferner in Sicherheits- und Gesundheitsfragen sowie bei der sozialen Betreuung der Beschäftigten vorgesehen. Ferner waren bei unüberbrückbaren Meinungsverschiedenheiten zwischen Geschäftsleitung und Betriebsrat auf Wunsch einer Partei die Vertreter der Gewerkschaft und der Unternehmervereinigung als Schlichter heranzuziehen[310].

Auch diesen Vorschlag des Betriebsrats lehnte die Geschäftsleitung ab. Zunächst schob sie die Erledigung dringenderer Arbeiten (Vorlagen für die Entkartellisierung) vor, später wich sie Verhandlungen mit dem Hinweis aus, daß zwischen den Gewerkschaften und den Arbeitgeberverbänden bereits Gespräche angelaufen bzw. geplant seien. Insgesamt hielt die Firmenleitung an der Absicht fest, auf die Verabschiedung

[309] Betriebsvereinbarung vom 19. 9. 1947; Mitteilungen des Bürgermeisteramts Stuttgart, Nr. 3 vom 27. 9. 1947. Diese Vereinbarung galt nicht für die Stuttgarter Straßenbahnen, bei denen eine Betriebsvereinbarung erst am 5. 2. 1948 nach langen Verhandlungen abgeschlossen werden konnte.

[310] Betriebsvereinbarung, Industrieverband Metall – Ortsverwaltung Stuttgart, Erklärung zum Saarprojekt und zur Betriebsvereinbarung der Firma Robert Bosch, o.J.; Privatarchiv Eugen Eberle.

eines entsprechenden Gesetzes im Parlament zu warten und sich auf keine betriebsspezifische Vereinbarung – auch wenn dies im KRG Nr. 22 vorgesehen war – einzulassen. Die Geschäftsleitung hatte damit schließlich auch Erfolg, nicht zuletzt, weil der Betriebsrat zur Durchsetzung seiner Vorlage keine Konfliktstrategie verfolgte, vielmehr ebenfalls die Erwartung hegte, das Parlament werde die Mitbestimmungsforderungen der Arbeiterbewegung gesetzlich verankern[311].

Auch bei Daimler-Benz standen die Betriebsräte vor einer ablehnenden Haltung der Firmenleitung zur uneingeschränkten Mitbestimmung, dennoch kam es im Werk Untertürkheim zu einem Abschluß. Der Betriebsrat arbeitete hier zusammen mit der Werks- und Firmenleitung eine Vorlage aus, die der Betriebsräte-Konferenz aller Daimler-Benz-Werke im April 1947 vorgelegt wurde. Trotz der Kritik, die Betriebsratsvertreter aus Sindelfingen und Mannheim an manchen Bestimmungen übten, entschied sich der Untertürkheimer Betriebsrat im Alleingang für die Annahme. Die Unterzeichnung fand am 6. Mai 1947 statt[312]. Die wichtigste und unter den Betriebsräten umstrittenste Bestimmung stand im § 3 der Vereinbarung, in dem es hieß, Einstellungen und Entlassungen müßten „im Einvernehmen mit dem Betriebsrat" erfolgen. Insoweit entsprach die Vereinbarung der in dem Entwurf des Bosch-Betriebsrats vorgesehenen Regelung. Aber die folgenden Sätze des Paragraphen grenzten die Mitbestimmungskompetenzen insofern ein, als sie festlegten, daß über einen Einspruch des Betriebsrats das Arbeitsamt zu entscheiden habe. Außerdem hatte der Betriebsrat bei Versetzungen, Beförderungen sowie Ein- und Umgruppierungen lediglich die „Gelegenheit zur Stellungnahme"[313].

Nach der Zustimmung des Untertürkheimer Betriebsrats zu dieser Vereinbarung bemühte sich die Firmenleitung um ihre Übernahme auch in den anderen Werken. Während sich der Betriebsrat im Werk Mannheim mit der Vorlage nicht weiter beschäftigen mußte, weil er auf eine bereits 1946 abgeschlossene, viel weitergehende Werksvereinbarung zurückgreifen konnte[314], versuchte der Betriebsrat im Werk Sindelfingen bessere Regelungen auszuhandeln. Auf einer Betriebsversammlung im September 1947 erklärte der Betriebsratsvorsitzende Ernst Schäfer, daß man viele Bestimmungen der Untertürkheimer Vereinbarung akzeptieren könne, aber „in einem Punkt,

[311] Vgl. Der Betriebsrat der Firma Robert Bosch GmbH: Zu den Bemühungen des Betriebsrates von Bosch um den Abschluß einer Betriebsvereinbarung vom 25. 6. 1947; NA, RG 260, 12/7-3/11. Vgl. auch Kuehl, Betriebspolitik, S. 330.

[312] Vgl. Betriebsvereinbarung, Zentralarchiv der Daimler-Benz AG, Stuttgart-Untertürkheim. Protokoll der Betriebsratssitzung am 21. 4. 1947 und 13. 6. 1947; Archiv des Betriebsrats, Werk Sindelfingen, Daimler-Benz AG.

[313] Insgesamt sollten regelmäßige Besprechungen zwischen Geschäftsleitung und Betriebsrat über alle „den Betrieb und die Arbeitnehmerschaft betreffenden Angelegenheiten" stattfinden, und die Geschäftsleitung erklärte sich „grundsätzlich bereit", Betriebsratsmitgliedern die Teilnahme an Aufsichtsratssitzungen zu gestatten. Darüber hinaus sollte die Urlaubseinteilung und die Beschäftigung von Kriegs- und Unfallversehrten „im Einvernehmen", die Lehrlingsausbildung sowie die soziale Fürsorge und die Verpflegung der Belegschaft „unter Mitwirkung" des Betriebsrats erfolgen. „Soweit Ackerland für die Betriebe bewirtschaftet wird, hat der Betriebsrat das Mitbestimmungsrecht über die Art und Umfang der Bestellung sowie über den Verbleib und den Verbrauch der Ernteerträge. Ebenso wirkt er bei der Verpachtung werkseigener Kleingärten mit." (§ 7) Auch bei der Vergabe und Verwaltung von Werks- und Dienstwohnungen war die Mitbestimmung des Betriebsrats ausdrücklich festgelegt. Dagegen sollte er „bei der Festlegung des Fabrikationsprogramms, der Behebung von Schwierigkeiten bei der Materialbeschaffung, dem betrieblichen Wiederaufbau und der Schaffung neuer Arbeitsmethoden" nur „eingeschaltet" werden (§ 9). Ebd.

[314] Vgl. Protokoll der Betriebsratssitzung am 13. 6. 1947; Archiv des Betriebsrats, Werk Sindelfingen, Daimler-Benz AG. Osswald, Arbeitswelt, S. 48.

dem vielleicht wesentlichsten, nämlich dem Paragraphen 3, sind wir uns [mit der Geschäftsleitung] nicht einig geworden". In diesem Paragraphen, so Schäfer, stehe „am Anfang eine klare, eindeutige Formulierung ... aber in den nachfolgenden Bestimmungen werde die anfängliche Klarheit verwässert und getrübt. Und wir als Betriebsräte wissen nur zu gut aus den Erfahrungen und Erkenntnissen heraus, einer sich bereits wieder zuspitzenden politischen und wirtschaftlichen Situation, eines zum Teil wieder auftrumpfenden Unternehmertums, das aus der Vergangenheit nichts gelernt hat und so rasch als möglich wieder den Herr-im-Hause-Standpunkt einnehmen möchte (die Vorkommnisse bei Bosch, Kiefer und Haaga[315] haben uns das mit aller Deutlichkeit demonstriert), daß nur klare und eindeutige Formulierungen eine gute Zusammenarbeit und einen soliden Werksfrieden garantieren." Bis dahin, so Schäfer, habe man zwar „die Dinge ohne Vereinbarung halbwegs zufriedenstellend gelöst", weil man derzeit mit einer Geschäftsleitung zu tun habe, „deren ehrlichen Willen und Absicht, mit dem Betriebsrat in einem guten Verhältnis zu stehen", keineswegs strittig sei. Dies sei jedoch keine verläßliche Grundlage für die zukünftige Entwicklung und auch langfristig kein Ersatz für eine schriftliche Vereinbarung. Deshalb habe der Betriebsrat der Geschäftsleitung eine neue Formulierung des § 3 vorgelegt: „Der Betriebsrat hat bei allen Einstellungen, Entlassungen, Versetzungen und Beförderungen von Arbeitnehmern, sowie bei sonstigen Veränderungen in der arbeitsvertraglichen Stellung derselben mitzubestimmen. Alle Eingruppierungen einzelner Arbeitnehmer in die tariflichen Lohn- und Gehaltsgruppen, sowie tarifliche Umgruppierungen können nur mit Zustimmung des Betriebsrates vorgenommen werden. Die jährliche Urlaubseinteilung erfolgt im Einvernehmen mit dem Betriebsrat."

Auf dieser Grundlage wollte der Betriebsrat mit der Geschäftsleitung eine Einigung versuchen, kalkulierte ein mögliches Scheitern aber ein, wobei es dann auf die „endgültige Klärung" der Mitbestimmungsfrage im Landtag ankommen werde. Schäfer schloß seine Ausführungen mit der skeptischen Bemerkung, daß „bei der gegenwärtigen politischen Zusammenstellung unseres Landtages diese äußerst wichtige Frage des Mitbestimmungsrechts auch nicht unter allen Umständen ein positives Ergebnis im Sinne der Gewerkschaft und der Arbeiterbewegung zeitigen muß"[316].

Die Verhandlungen mit der Geschäftsleitung brachten tatsächlich keine Einigung, nicht zuletzt deswegen, weil sie von den Vorbereitungen zum Mitbestimmungsgesetz und von den allerdings nur schleppend geführten Verhandlungen zwischen dem Gewerkschaftsbund und den Arbeitgebern über eine allgemeine Betriebsvereinbarung überschattet wurden. So blieb es im Werk zunächst bei der von Schäfer angesprochenen Ad-hoc-Regelung von Einzelfragen. Zum Beispiel hatte der Betriebsrat seit langem die Einsicht in die Gehaltslisten gefordert, aber nie erhalten. Erst Anfang 1948,

[315] So die Einstellung Schäfers zu den hier dargestellten Konflikten zwischen der Betriebsleitung und dem Betriebsrat bei Bosch. In der Maschinenfabrik Kiefer und der Rundwirkmaschinenfabrik Gebr. Haaga kam es im September 1947 zu Arbeitsniederlegungen, nachdem in beiden Firmen der Betriebsratsvorsitzende fristlos entlassen wurde. Die Entlassenen wurden nach diesen Protesten wieder eingestellt. Bei Kiefer hat die Betriebsleitung sogar ihren Fehler zugegeben und den Beschäftigten die ausgefallene Arbeitszeit auch noch vergütet. Vgl. Meldung von Streiks vom 9. 9. 1947; StAL, K 326/II, Bd. 44 sowie NA, RG 260, 12/21-3/6+7.

[316] Betriebsversammlung am 1. 9. 1947; Archiv des Betriebsrats, Werk Sindelfingen, Daimler-Benz AG. Vgl. auch Schäfers Ausführungen auf der Betriebsversammlung vom März 1948, in denen er die Verantwortung der US-Besatzungsmacht dafür hervorhob, daß die Behandlung und Verabschiedung des Gesetzes zur betrieblichen Mitbestimmung blockiert wird.

nach erneuten und zähen Verhandlungen, konnte er der Werksleitung das Zugeständnis abringen, dem Betriebsratsvorsitzenden und seinem Stellvertreter den verlangten Einblick zu gewähren. Diese Zusage war allerdings personengebunden, und der Werksdirektor behielt sich vor, sie im Falle einer personellen Veränderung im Betriebsrat zurückzunehmen. Solange es keine gesetzliche Regelung dieser Frage gab, fand diese Lösung auch ohne schriftliche Festlegung die Zustimmung des Betriebsrats[317].

Auf einer anderen Ebene kam es bei Daimler-Benz Mitte 1948 zu einer grundsätzlichen Abmachung zwischen der Firmenleitung und den Betriebsräten aller Werke. Im April hatte die Generaldirektion den Betriebsräten den Entwurf einer vorläufigen Betriebsordnung vorgelegt, in dem die Rechte und Pflichten der Beschäftigten aufgeführt wurden. In den anschließenden Verhandlungen darüber wurde der § 1, der die Mitbestimmungsrechte des Betriebsrats bei Einstellungen, Entlassungen und Versetzungen regelte, zum Hauptstreitpunkt, der abschließend in einer Sitzung am 2. Juli 1948 beraten wurde. Nach dem Wortlaut dieses Paragraphen sollten Einstellungen, Entlassungen und Versetzungen „im Einvernehmen mit dem Betriebsrat im Rahmen der bestehenden Betriebsvereinbarungen und nach Maßgabe der gesetzlichen und tariflichen Bestimmungen" erfolgen[318]. Nicht zuletzt wegen Differenzen unter den Betriebsräten der verschiedenen Werke selbst mußte er, wie Schäfer seinen Sindelfinger Betriebsratskollegen berichtete, dieser Formulierung zustimmen, obwohl sie ihn nicht ganz befriedigte. Nach seiner Ausführung kam man im Betriebsrat zu dem Ergebnis, daß man von einem Gesetz keine bessere Regelung erwarten könne und daß es „letzten Endes" auf „die Stärke der Arbeiterschaft ... bei der Durchführung solcher Bestimmungen" ankomme[319].

Der Abschluß von Betriebsvereinbarungen war in den Jahren 1947/1948 wohl nicht nur im Raum Stuttgart eher die Ausnahme[320]. Die Unternehmer lehnten die geforderte Mitbestimmung der Betriebsräte grundsätzlich ab und wollten überhaupt eine schriftliche Fixierung von Mitwirkungs- und Beteiligungsrechten, die sie den Betriebsräten in Personalfragen unter den besonderen Bedingungen der ersten Besatzungsjahre oft hatten zugestehen müssen, möglichst vermeiden. Sie zögerten die Verhandlungen auf der betrieblichen Ebene hinaus mit dem Hinweis, daß man weder den übergreifenden Verhandlungsansätzen noch der Gesetzgebung vorgreifen dürfe. Erst nachdem der Landtag im August 1948 das Gesetz Nr. 726, das die betriebliche Mitbestimmung regelte[321], verabschiedet hatte, kam es in der Metallindustrie zum Abschluß

[317] Vgl. Protokoll der Betriebsratssitzung am 11 . 2. 1948; ebd.

[318] Daimler-Benz AG, Vorläufige Betriebsordnung vom 2. 7. 1948; Zentralarchiv der Daimler-Benz AG, DBAG 37. Die Betriebsordnung enthielt auch Pflichten des Beschäftigten, die sich nach Schäfer „zwangsläufig aus einem geordneten Arbeitsverhältnis ergeben". Vgl. Betriebsversammlung am 24. 9. 1948; Archiv des Betriebsrats, Werk Sindelfingen, Daimler-Benz AG.

[319] Vgl. Betriebsratssitzung am 5. 7. 1948; ebd.

[320] Vgl. Die Gewerkschaftsbewegung in der britischen Besatzungszone. Geschäftsbericht des Deutschen Gewerkschaftsbundes (britische Besatzungszone) 1947–1949, Köln o.J., S. 304ff.

[321] Vgl. Württ.-Bad. Landtag, Beilage 756 vom 17. 8. 1948. Verhandlungen des Württ.-Bad. Landtags, 1. Wahlperiode, 88. Sitzung am 13. 8. 1948. Zum Zustandekommen und zur Verabschiedung und Suspendierung von Teilen dieses Gesetzes vgl. Seifert, Entstehung, S. 275ff. sowie Carl Böhret, Probleme politischer Entscheidung am Beispiel der Auseinandersetzungen um ein Mitbestimmungsgesetz in Württemberg-Baden 1945/1949, in: Politische Vierteljahresschrift 8 (1967), S. 608ff.

einer Betriebsvereinbarung für die gesamte Branche[322]. Die Unternehmer konnten sich in dieser Frage gegenüber den Gewerkschaften und Betriebsräten auch deswegen meist durchsetzen, weil die Stuttgarter Gewerkschaftsbewegung insgesamt eine gesetzliche Regelung bevorzugte und sich deshalb zu keiner Zeit nachdrücklich für eine vertragliche Durchsetzung ihrer Mitbestimmungsforderungen einsetzte. Auch ihre Interessen hinsichtlich des bevorstehenden Gesetzes vertraten die Gewerkschaften nicht besonders konsequent. Während der langwierigen Verhandlungen mit den Regierungsstellen und den Gewerkschaftsvertretern um einen durchsetzungsfähigen Gesetzentwurf wurde zwar die Notwendigkeit der Mitbestimmung in überbetrieblichen und betrieblichen Versammlungsresolutionen mehrfach betont. Aktionen zur Beschleunigung des behördlichen und legislativen Gesetzgebungsverfahrens und zur Demonstration des gewerkschaftlichen Standpunktes kamen in Stuttgart jedoch nicht zustande. Weder die Verabschiedung des Gesetzes Nr. 726 im Sommer 1948 noch die Suspendierung seiner Mitwirkungsklauseln in Wirtschaftsfragen, die unmittelbar nach Inkrafttreten des Gesetzes Anfang Oktober von der amerikanischen Militärregierung verfügt wurde, lösten eine Protestbewegung aus.

c) Überbetriebliche Protestaktionen

Die Betriebsräte waren nun nicht derart von alltäglichen Problemen der materiellen Versorgung der Belegschaft und anderen betriebsinternen Problemen absorbiert, daß sie gar nicht mehr im Stande gewesen wären, auch außerhalb des Betriebes Einfluß zu gewinnen und zu gesellschaftspolitischen Fragen Stellung zu nehmen. Das pragmatische Handeln der meisten Betriebsräte brachte den Arbeitnehmern Verbesserungen in ihren Lebens- und Arbeitsbedingungen, und es war auch geeignet, einer Ausbreitung von politischer Gleichgültigkeit und Resignation entgegenzuwirken. Aufgrund seiner Interviews im Ruhrgebiet kam Alexander von Plato zu dem Ergebnis, daß gerade auch die Versorgungsaktivitäten der „Kartoffelbetriebsräte" unter den Kollegen Vertrauen erzeugten[323]. Die am meisten engagierten Betriebsräte haben sich immer wieder auch außerhalb und oberhalb der betrieblichen Ebene betätigt. Zusammen mit lokalen und betrieblichen Gewerkschaftsfunktionären wandten sie sich in Versammlungen an die Öffentlichkeit, um gegen Verschlechterungen in der Lebensmittelversorgung oder gegen die Erhöhung der Lebenshaltungskosten zu protestieren. Sie forderten sofortige Hilfeleistungen für die Notleidenden und ein rigoroses Vorgehen gegen Schieber und andere Nutznießer, aber auch Strukturveränderungen im Sinne der wirtschaftsdemokratischen Ziele der Arbeiterbewegung.

Bereits im Juni 1946 fand die erste Protestversammlung der Betriebsräte in Stuttgart statt. In einer Entschließung kritisierte man die Preiserhöhungen für lebenswichtige Bedarfsartikel und für öffentliche Verkehrsmittel und forderte, daß die Löhne und Sozialrenten dieser Entwicklung angeglichen und die Wirtschaftskontrollen unter Einschaltung der Gewerkschaften verschärft werden müßten[324]. Als sich die Ernäh-

[322] Vgl. Vereinbarung zu Gesetz Nr. 726 vom 9. 5. 1949; Wirtschaftsarchiv Baden-Württemberg, Bestand IHK Stuttgart, Betriebsräte-Gesetz Allgemeines 12/3. Industrieverband Metall an sämtliche Ortsverwaltungen, Rundschreiben Nr. 71/49 vom 25. 5. 1949 sowie Brümmer an Eberle vom 28. 10. 1949; Privatarchiv Eugen Eberle.

[323] Vgl. von Plato, Was wäre.

[324] Vgl. Ortskartell Stuttgart, Entschließung vom 19. 6. 1946; HStASt, EA 8/2, Bü 783.

rungslage im Frühjahr 1947 weiter verschlechterte, kam es in verschiedenen Stuttgarter Betrieben zu Arbeitsniederlegungen und zusätzlichen Gewerkschafts- und Betriebsräte-Versammlungen. Nachdem die Bosch-Belegschaft durch einen eintägigen Proteststreik erhöhte Zulagen erreichen konnte, faßten die Betriebsräte der Stuttgarter Metallbetriebe die Forderungen zusammen, die auch für die Aktion bei Bosch maßgeblich gewesen waren. Sie verlangten die „konsequente Säuberung der Verwaltung von Nazis und undemokratischen Kräften" sowie die Verwirklichung der Mitbestimmungs- und Sozialisierungsgebote der Landesverfassung, um die „schärfste Bekämpfung des Schwarzhandels und der unkontrollierten Kompensationsgeschäfte und strengste Erfassung der Produkte in Landwirtschaft und Industrie" zu ermöglichen. Sie warnten: Wenn „diese Forderungen nicht bald erfüllt werden, so müßten die Betriebsräte die Verantwortung für die Arbeitsdisziplin ihrer Belegschaften ablehnen und sie denen überlassen, die alle fortschrittlichen Regungen des Volkes entgegen den demokratischen Prinzipien sabotieren"[325].

Die Proteste hielten über die folgenden Wochen an, die Gewerkschaftsführung wollte mit den Protesten aber nicht den „starken Arm" der Arbeiterschaft demonstrieren[326]. Trotz des Erfolgs der Bosch-Aktion hielt sie Streiks zur Besserung der Ernährungslage für ein ungeeignetes Mittel und lehnte jede Verantwortung für die Folgen von „wilden" Arbeitsniederlegungen ab. Zudem wurde sie im Mai 1947 seitens der amerikanischen Besatzungsmacht unter Druck gesetzt, „alles zu tun, damit künftig Streikbewegungen aus Ernährungsgründen unbedingt unterbleiben"; ansonsten müsse die Militärregierung „schärfere Maßnahmen gegen die Arbeiterschaft anwenden"[327].

Infolge dieser politischen Konstellation sowie der graduellen Entspannung der Ernährungskrise flauten die kollektiven Proteste vorübergehend wieder ab, während die Kompensationsgeschäfte und die individuellen Versorgungsaktivitäten weitergingen. Dadurch wurde die Unzufriedenheit in der Arbeiterschaft nur teilweise abgefangen, und mit Winterbeginn Ende 1947 kam es in noch größerem Ausmaß als vorher zu betrieblichen und überbetrieblichen Protestversammlungen, in deren Mittelpunkt wiederum die Ernährungslage und die Mitbestimmungsforderungen der Gewerkschaften standen. In einer Entschließung vom 11. November 1947 stellten die Stuttgarter Betriebsräte fest, daß die Not, unter der vor allem die Arbeiter zu leiden hätten, erst dann überwunden werden könnte, „wenn sowohl die Erzeugnisse der Landwirtschaft als auch die der gewerblichen Wirtschaft restlos erfaßt und gerecht verteilt werden". Da die Behörden bislang in dieser Hinsicht versagt hätten, forderten die Betriebsräte, „daß die Gewerkschaften auch in die Kontrolle der gewerblichen Wirtschaft eingeschaltet werden". Darüber hinaus richteten sie „die dringende Aufforderung" an die Regierung und an die Landtagsfraktionen, „die wiederholt aufgestellten Forderungen der Gewerkschaften" nun endlich zu erfüllen: „Viele Vorgänge in Wirtschaft und Staat stärken die Betriebsräte in der Überzeugung, daß große Teile der Besitzenden den Wiederaufbau bewußt sabotieren, weil sie keinerlei Einfluß der arbeitenden Bevölkerung auf die Neuordnung der staatlichen und wirtschaftlichen Verhältnisse wünschen. Demgegenüber erklären die Betriebsräte als die berufenen Vertreter der Arbeitneh-

[325] Zit. nach Arbeiterbewegung und Wiederaufbau, S. 220; Seifert, Entstehung, S. 225.

[326] Vgl. Wenn dein starker Arm es will!, in: Württembergisch-Badische Gewerkschafts-Zeitung vom 1. 3. 1947.

[327] Gewerkschaftsbund Württemberg-Baden, Rundschreiben, Nr. 31/47 vom 19. 5. 1947; Archiv des Deutschen Gewerkschaftsbundes, Landesbezirk Baden-Württemberg, Ordner Rundschreiben.

merschaft, daß von dieser eine tatfrohe Mitarbeit nur verlangt werden kann, wenn sie in Wirtschaft und Staat einen entscheidenden Einfluß hat. An die Staatsregierung und an den Landtag stellen die Betriebsräte erneut die Forderung, die Artikel 22, 23, 25 und 28 der Verfassung nun endlich durchzuführen. Die Arbeitnehmerschaft empfindet die Tatsache, daß die in der Verfassung vorgesehenen Gesetze, die das Recht der gleichberechtigten Mitwirkung in den Betrieben und in der Gesamtwirtschaft anerkennen, noch nicht in Kraft sind, als eine Brüskierung."[328]

In den Betrieben breitete sich in den darauffolgenden Wochen eine Protestwelle aus, die durch Versammlungen und Arbeitsniederlegungen gekennzeichnet war. Ende Januar 1948 fand eine Vollversammlung der Stuttgarter Betriebsräte statt, auf der nicht nur Forderungen an die verantwortlichen staatlichen Behörden gestellt wurden. Dieses Mal verlangten die Betriebsräte von der Gewerkschaftsführung ausdrücklich die Einleitung von Kampfmaßnahmen[329]. Dazu konnte sie sich aber erst nach ausführlichen und kontroversen internen Beratungen entschließen. Für den 3. Februar 1948 wurde ein eintägiger Proteststreik in ganz Württemberg-Baden geplant, der sich nicht nur gegen angekündigte Kürzungen der Lebensmittelrationen richtete, sondern auch „gegen den ungleich gedeckten Tisch"[330]. Obgleich diese Aktion die volle Unterstützung der Arbeitnehmer fand, wurde sie von der Mehrheit der Gewerkschaftsführung weder als eine Handlung mit politischer Stoßrichtung noch als Ausgangspunkt für eine Strategie der Mobilisierung verstanden. Der Ministerpräsident von Württemberg-Baden, Reinhold Maier, lag völlig richtig, als er die Bedeutung der 24stündigen Arbeitsruhe darin sah, daß damit ein Ventil zum Dampfablassen geöffnet worden sei[331].

8. Neue Anforderungen nach der Währungsreform

Mit dem 20. Juni 1948 ging die Phase zu Ende, in der die Betriebsräte als „Kartoffelversorger" tätig gewesen waren. Die Versorgungsaktivitäten der Betriebsräte hörten zwar nicht sofort auf, aber sie verloren wegen der neuen Geldverhältnisse schnell an Bedeutung. Demgegenüber rückten das Lohn-Preis-Verhältnis und das Problem der Arbeitslosigkeit in den Vordergrund, die Fragen von Lohngestaltung und Arbeitsleistung gewannen ihre traditionelle Bedeutung wieder zurück.

Nach der Währungsreform zogen die Preise stark an, während der Lohnstopp offiziell bis Anfang November 1948 aufrechterhalten wurde. Die Diskrepanz von Preisen und Löhnen wurde psychologisch noch durch die nun wieder gefüllten Schaufenster verstärkt. Bereits im August 1948 kam es zu den ersten öffentlichen Protesten, die ihren Ausdruck in Aktionen der Betriebsräte zur Preiskontrolle fanden. Auf Veranstaltungen sprachen auch führende Gewerkschaftsfunktionäre von der Notwendigkeit, den „sozialen Kampf" vorzubereiten. Zum ersten Mal seit 1945 wurde über die Bildung eines ständigen Betriebsratsausschusses aller Stuttgarter Betriebe beraten. Nach vorhergehenden kleineren Demonstrationen etwa der Bosch-Arbeiter gegen den

[328] Entschließung vom 11. 11. 1947; HStASt, EA 8/2, Bü 1059.
[329] Vgl. Arbeiterbewegung und Wiederaufbau, S. 222; Seifert, Entstehung, S. 247 f.
[330] Flugschrift Protestaktion vom 3. 2. 1948, in: Arbeiterbewegung und Wiederaufbau, S. 223.
[331] Vgl. Verhandlungen des Württ.-Bad. Landtags, 1. Wahlperiode, 61. Sitzung am 30. 1. 1948, S. 1486.

Preiswucher[332] fand am 28. Oktober 1948 eine gut besuchte zentrale Kundgebung des Ortsausschusses der Stuttgarter Gewerkschaften statt, auf der ihr Vorsitzender Hans Stetter die Hauptrede hielt. Für seine kämpferischen Forderungen nach einer anderen Wirtschaftspolitik fand er viel Zustimmung. Im Anschluß an die Kundgebung kam es zu Handgreiflichkeiten mit amerikanischer Militärpolizei und mit deutschen Polizisten. Die Militärregierung, die die Gewerkschaften dafür verantwortlich machte, reagierte mit einem Versammlungsverbot für Stuttgart und Umgebung und einer Ausgangssperre für die Zeit zwischen 9 Uhr abends und 4 Uhr morgens[333]. Während die Ausgangssperre schon nach einer Woche aufgehoben wurde, galt das Versammlungsverbot bis Dezember 1948. Aus diesem Grunde gab es am 12. November 1948, als die Gewerkschaften im gesamten Vereinigten Wirtschaftsgebiet zum Demonstrationsstreik aufgerufen hatten, in Stuttgart keine öffentliche Kundgebung.

Derartige Restriktionen schwächten zwar das Protestpotential, doch noch mehr geschah das infolge der neuen monetären Leistungsanreize und der aufkeimenden Konsumhoffnungen. Eine wesentliche Rolle spielte auch die Furcht vor der Arbeitslosigkeit. In den Betrieben kündigte sich diese Entwicklung schon frühzeitig an. Trotz der noch keineswegs zufriedenstellenden Ernährungslage und des in Erwartung der Währungsreform schon erhöhten Produktionstempos gingen die Fehlzeiten unmittelbar nach dem 20. Juni 1948 drastisch zurück. Dies trug wesentlich zu einer Steigerung der Produktionsleistung, damit zu einer Verringerung des Kräftebedarfs und zu Entlassungen bei. Davon wurden vor allem Angestellte und Heimarbeiter, in der Regel also Frauen betroffen; zugleich registrierten die Arbeitsämter „eine steigende Nachfrage von Frauen nach Erwerbsmöglichkeiten“[334].

Die Unternehmer drängten jetzt auch auf Wiedereinführung bzw. auf Einhaltung der 48-Stunden-Woche. In der Metallindustrie, in der die 48-Stunden-Woche geltendes Tarifrecht geblieben war, arbeiteten im Februar 1949 bereits ein Drittel der Arbeitnehmer über 45 Stunden[335]. Obwohl eine geheime Abstimmung im Januar 1949 in den Bosch-Werken eine deutliche Mehrheit gegen die 48-Stunden-Woche brachte, wurde die Entscheidung der Geschäftsleitung widerstandslos hingenommen, daß „überall, wo Lieferlage und Rohstoffversorgung die Einführung der tariflichen Normalarbeitszeit von 48 Stunden notwendig macht bzw. gestattet (Engpässe), auch in Zukunft 48 Stunden auf 6 Tage verteilt“ gearbeitet werden müsse[336]. Bei Fortuna war der Betriebsrat im September 1948 mit einer Produktionssteigerung grundsätzlich einverstanden, wollte jedoch verhindern, daß diese allein durch die Erhöhung der Arbeitszeit von 45 auf 48 Stunden angestrebt werde. Seiner Auffassung nach erlaubte die Ernährungslage noch keine „normalen Lebensbedingungen“, wie es der Tarifvertrag für die Einhaltung der 48-Stunden-Regelung vorschrieb. Im Gegensatz zum Bosch-Betriebsrat war der Fortuna-Betriebsrat jedoch ein halbes Jahr später trotz einiger noch bestehender Bedenken bereit, einer schrittweisen Einführung der Samstagsarbeit

332 Vgl. hierzu OMGWB, LSO Stuttgart, Weekly Intelligence Report, No. 33 vom 18. 8. 1948; NA, RG 260, 12/221-2/3.

333 Vgl. hierzu Arbeiterbewegung und Wiederaufbau, S. 270ff.

334 Vgl. Landesarbeitsamt Württemberg-Baden, Monatsbericht zur Arbeitsmarktlage, Juli 1948 vom 18. 8. 1948; HStASt, EA 6/3, Bd. 251/II. Siehe auch die Statistik der Firma Gebr. Boehringer zur Arbeitszeit; Wirtschaftsarchiv Baden-Württemberg, Bestand Gebr. Boehringer, Nr. 329.

335 Vgl. Der Stuttgarter Metallarbeiter, Sonderdruck 1949; Privatarchiv Eugen Eberle.

336 Aushang vom 28. 1. 1949; ebd.

und damit der 48-Stunden-Woche zuzustimmen[337]. Der Betriebsrat begründete dies damit, daß sich die Lebensmittelversorgung verbessert habe, die durchschnittlichen Akkordverdienste der Facharbeiter merklich angestiegen seien und sich auch die Stundensätze der Zeitlöhner aufgrund einer neuen Tarifvereinbarung[338] erhöht hätten. Dennoch war der Betriebsrat mit der Lohn-Preis-Entwicklung insgesamt keineswegs zufrieden, sondern rechnete der Betriebsleitung in den nächsten Jahren immer wieder vor, welche Vorleistungen die Arbeitnehmerschaft für die Firma erbracht hatte, um den Wiederaufbau zu ermöglichen. Die Fortuna-Arbeitnehmer hätten bewiesen, daß sie gewillt gewesen seien, den in den Dreck gefahrenen Karren wieder herauszuziehen. „Auch in schwieriger Zeit sind sie zum Werk gestanden und haben unter den gegebenen Umständen ihre gerechten Ansprüche reduziert ... Der Krieg ist gemeinsam verloren – das Tragen der Lasten ist aber nicht gemeinsam."[339]

Dieses Thema beherrschte auch die Betriebsversammlungen der Daimler-Belegschaft in Sindelfingen nach der Währungsreform, die der Betriebsratsvorsitzende Ernst Schäfer schon im voraus als „die letzte und entscheidende Rechnung einer 12jährigen Hitlerherrschaft" bezeichnet hatte[340]. Während er die für die Arbeiter katastrophalen Preissteigerungen anprangerte und seine Kollegen und Kolleginnen dazu aufforderte, „mit dem Stimmzettel in der Hand" das Richtige dagegen zu tun, stellte er die im Werk erreichten Lohnvereinbarungen als insgesamt gelungen dar. Bei der Akkordarbeit, die für den Betriebsrat als beste Entlohnung galt, wenn sie „unter anständigen Bedingungen" durchzuführen sei, sah er noch Schwierigkeiten. „Solange wir in Akkord arbeiten, werden wir immer kämpfen und ordnen müssen."[341]

Wie auch bei Bosch und Fortuna wurde der Betriebsrat im Sindelfinger Werk mit dem Problem der Entlassungen überhaupt nicht konfrontiert. Im Gegenteil, der Belegschaftsstand von 3147 Beschäftigten zum Zeitpunkt der Währungsreform stieg bis Februar 1949 auf ca. 5000. Davon waren lediglich 10 Prozent Frauen. Der Beschluß des Betriebsrats aus dem Jahre 1946, keine „Doppelverdiener" – sprich Frauen – zu beschäftigen, deren Männer im Werk arbeiteten, hatte noch Gültigkeit[342]. Während des Jahres 1949 nahm die Zahl der Neueinstellungen weiter rasant zu. Bei Jahresende gab es rund 7500 Beschäftigte im Werk. Schon allein darin kommt die enorme Produktionssteigerung zum Ausdruck, in deren Rahmen es auch zu einer Arbeitszeitverlängerung kam. Der Sindelfinger Betriebsrat hatte sich bereits Ende Juli 1948 einstimmig für die 48-Stunden-Woche ausgesprochen: „Die Geldknappheit als Auswirkung der Währungsreform veranlaßt die Kollegen, ihren bisherigen Widerstand gegen die

[337] Vgl. Betriebsrat an die Geschäftsleitung am 27. 9. 1948; Archiv des Betriebsrats der Fortuna-Werke, Stuttgart, Ordner Bekanntmachung BD und BL 1946– sowie Sitzungsprotokolle des Betriebsrats der Fortuna-Werke, September–Oktober 1948, Februar 1949; ebd.

[338] Zum 26. 10. 1948 wurde eine Zusatzvereinbarung abgeschlossen, die eine Teuerungsbeihilfe auf den Stundenlohn von Männern (10%) und Frauen (8%) enthielt.

[339] Notizen zur Betriebsversammlung am 18. 4. 1950; Wirtschaftsarchiv Baden-Württemberg, Bestand Fortuna, Ordner Betriebsrat I. Vgl. auch Notiz Besprechung bei Betriebs-Rat-Sitzung am 24. 8. 1949; ebd.

[340] Betriebsversammlung im Mai 1948; Archiv des Betriebsrats, Werk Sindelfingen, Daimler-Benz AG.

[341] Betriebsversammlung am 24. 9. 1948; ebd. Vgl. auch zur Akkordarbeit Sitzung des Betriebsrats am 29. 4. 1948; ebd.

[342] Vgl. Betriebsversammlung im März 1949; ebd. Laut Betriebsrat rührte die niedrige Zahl der weiblichen Beschäftigten von der Art des Betriebes her. In der Betriebsversammlung im Mai 1949 behandelte Schäfer die Situation der Frauen im Betrieb ausführlich, nachdem er auf das schlechte Klima zwischen Männern und Frauen aufmerksam geworden war. Vgl. Betriebsversammlung im Mai 1949; ebd.

Samstagsarbeit aufzugeben."[343] Das reichte der Werksleitung jedoch nicht, kurz danach wurde mit Zustimmung des Betriebsrats Schichtarbeit eingeführt. Darüber hinaus verlangte die Werksleitung Überstunden- und Sonntagsarbeit und schließlich, im September 1949, die Einführung der 54-Stunden-Woche[344]. Der Betriebsrat war aber nur in Ausnahmefällen bereit, Überstunden zu akzeptieren, und setzte in Verhandlungen durch, daß die wachsende Produktion durch eine Ausdehnung der Schichtarbeit bei 48 Stunden bewältigt werden müßte[345]. Der Betriebsrat versprach sich davon weitere Einstellungen und ein Anwachsen der Akkordarbeit. Wie der Vorsitzende Schäfer während einer Betriebsratssitzung im August 1950 sagte, sei die Arbeit im Akkord besonders geeignet, den Produktionsdruck der Firma auszunutzen, um „den Anteil am Mehrwert bei den Arbeitern größer werden zu lassen"[346].

Die Beispiele zeigen, daß wegen des Nachholbedarfs der Arbeitnehmer nach der Währungsreform die Lohnfrage schnell zum wichtigsten Thema der Betriebsratsarbeit wurde. Bald standen die Versorgungsaktivitäten nicht mehr im Mittelpunkt, Probleme mit Arbeitsdisziplin und Fehlzeiten gab es bald kaum noch. Das waren markante Veränderungen gegenüber den vorangegangenen drei Jahren. Dennoch blieb die Leitlinie der Betriebsarbeit im wesentlichen unverändert, nämlich bei der Vertretung der materiellen Interessen der Beschäftigten eine konsensuelle Problemlösung anzusteuern und Konflikte mit den Unternehmern zum Wohle aller im Betrieb zu lösen. Besonders erfolgreich war diese Politik natürlich in Betrieben, in denen das Auftragsvolumen hohe Leistungsanforderungen an die Beschäftigten und gute Verdienstmöglichkeiten für die Firma erwarten ließ. Doch dieser Kurs wurde überall und unabhängig davon verfolgt, ob in einem Betrieb zufriedenstellende Lohnverbesserungen erreicht werden konnten. Aufgrund ihrer betriebsfixierten Praxis neigten die Betriebsräte wenig zu außerbetrieblichem, gesellschaftspolitischem Protestverhalten, das notwendig gewesen wäre, um eine Entwicklung aufzuhalten, die sich zunehmend gegen wirtschaftsdemokratische Neuordnungsvorstellungen richtete.

9. Schlußbemerkung

Vergleicht man die tägliche Praxis und das Vorgehen der Betriebsräte in ihren Arbeitsstätten mit dem öffentlichen Auftreten und den proklamierten Forderungen, die – folgt man der bisherigen Literatur – von „den Betriebsräten" als ein Teil der Arbeiter- und Gewerkschaftsbewegung in den Jahren zwischen 1945 und 1952 mitgetragen wurden, so müßte insgesamt eine Bilanz des Scheiterns gezogen werden. Die Betriebsräte haben es nicht vermocht, die propagierten Neuordnungsziele in der Wirtschaft zu verwirklichen, sie sind nicht in den „machtfreien Raum" des Betriebes (Pirker) eingedrungen. Aber mehr noch: Das Verfehlen des selbstgesteckten Ziels kann nicht allein darauf zurückgeführt werden, daß den Betriebsräten durch die Besatzungsherrschaft klare Grenzen gesetzt waren und daß sie „von oben" abgeblockt wurden. Die vorliegende Studie zeigt, daß diese Sicht zu vordergründig wäre, ungeeignet als Maßstab, um

343 Protokoll der Betriebsratssitzung am 30. 7. 1948; ebd.
344 Vgl. Protokoll der Betriebsratssitzung am 21. 9. 1949; ebd.
345 Vgl. Protokoll der Betriebsratssitzung am 29. 9. 1949; ebd.
346 Protokoll der Betriebsratssitzung am 4. 8. 1950; ebd.

Rolle, Bedeutung und Erfolg der Betriebsräte nach 1945 angemessen zu beurteilen. Vielmehr müssen die Erfahrungen, Entwicklungen und Nachwirkungen der Jahre vor 1945 miteinbezogen werden, müssen ökonomische und materielle Faktoren, die den Alltag der Betriebsräte bestimmten, stärker berücksichtigt werden, etwa die Beschaffungs- und Versorgungsprobleme vor der Währungsreform, Einstellungen und Entlassungen, die Arbeitsbedingungen oder die Regelung von Lohn- und Gehaltsfragen. Auch die innerbetrieblichen Formen der Problemlösung während der Phase des Aufbaus sind bisher zu wenig beachtet worden.

Mit dem Zusammenbruch des NS-Regimes hatten sich die Arbeitsbedingungen für die Vertreter der Arbeiterschaft natürlich radikal verändert. Die Betriebsräte konnten mit vollem Recht für sich in Anspruch nehmen, eine echte Interessenvertretung der Belegschaft zu sein. Auch wenn sie in den Auseinandersetzungen um die Mitbestimmung Rückschläge hinnehmen mußten, so dokumentieren die nach 1945 abgeschlossenen Betriebsvereinbarungen, ja selbst das Betriebsverfassungsgesetz von 1952, doch, daß ihre Arbeit nicht vergebens war. Die Betriebsräte konnten auch bei der Entnazifizierung einiges erreichen, zumindest verhindern, daß in den Geschäftsleitungen nach dem Zusammenbruch des NS-Regimes einfach zur Tagesordnung übergegangen wurde; ihr Talent zum „Organisieren" brachte den Beschäftigten wesentliche materielle Verbesserungen. Ihre Anerkennung und feste Verankerung in den Belegschaften, ihr Auftreten im Betrieb, aber auch der Respekt, den sie sich bei den meisten Betriebsleitungen erworben hatten, trug dazu bei, daß sie in den Boomjahren nach 1948 wesentliche Verbesserungen für die Arbeiter aushandeln konnten.

Das alles wurde möglich, weil von Anfang an die Bereitschaft zur Kooperation den Kurs der Betriebsräte bestimmte. Ebenso wie die gesamte Arbeiterbewegung im Raum Stuttgart haben sich die Betriebsräte nach 1945 dadurch ausgezeichnet, daß sie dem Gedanken der Partizipation und dem Streben nach konsenshaften Lösungen den deutlichen Vorrang vor einer, in programmatischen Schriften mitunter aufblitzenden, klassenkämpferischen Konfrontation gaben. Einige Betriebsräte forderten freilich hin und wieder eine schärfere Gangart der Gewerkschaften und der Arbeiterparteien. Der Bosch-Betriebsrat um Eugen Eberle und seine Mitstreiter, ein Stuttgarter Ausnahmefall, wollte und bejahte den Kampf gegen eine starke Geschäftsleitung, gegen mehrheitlich bürgerliche Regierungskoalitionen und gegen die Sicherung kapitalistischer Interessen durch die amerikanische Besatzungsmacht. Die große Mehrzahl der Betriebsräte neigte auf der von ihnen direkt beeinflußbaren betrieblichen Ebene, wie gesagt, aber zur Kooperation mit den Betriebsleitungen. Die konsenshafte Ausrichtung ihrer Politik stand nicht etwa im Gegensatz zu radikaleren Tendenzen in der Belegschaft. Angesichts der Alltagsnot war „die Basis" vielmehr selbst auf pragmatisches Handeln ausgerichtet und von prinzipiell-politischen Forderungen viel weiter entfernt als nach dem Ersten Weltkrieg. Das war wohl eine der wichtigsten Nachwirkungen der Endphase Weimars und von zwölf Jahren nationalsozialistischer Herrschaft.

Die von Kooperation und Konsens geprägte Haltung der Betriebsräte war auch darauf zurückzuführen, daß sie politische Grundsatzfragen wie etwa die Regelung von Mitbestimmung und Betriebsverfassung, aus einem traditionellen Politikverständnis heraus, an die „große Politik" delegierte. Die war denn auch meist der Adressat der aus den Betrieben kommenden Proteste, Gegner war meist die nicht näher spezifizierte „Reaktion", während sich gegen den unmittelbaren Kontrahenten, die Betriebsleitung oder den örtlichen Unternehmerverband, nur selten prinzipielle Forderungen richteten.

Wegen der massiven Probleme elementarer Notbewältigung in der unmittelbaren Nachkriegszeit entstand auf beiden Seiten, bei Betriebsleitung und Betriebsrat, nicht selten das Gefühl, beim Wiederaufbau aufeinander angewiesen zu sein. Nach 1945 glaubten die Betriebsräte, die sich zumeist aus den erfahrenen Facharbeitern des Betriebes rekrutierten, nicht auf die Sachkenntnis der alten Betriebsleitungen verzichten zu können – selbst dann, wenn sie politisch belastet waren. Die Betriebsleitungen ihrerseits brauchten die Gewerkschaften und Betriebsräte als Rufspender und Ordnungsfaktor und waren deshalb zu Konzessionen bereit. Dieses wechselseitige Abhängigkeitsverhältnis stärkte die in Stuttgart ohnehin hohe Identifikation der langjährigen Stammbelegschaften mit dem Betrieb. Sie hatte tiefere Wurzeln als die Versuche der Nationalsozialisten, die „Betriebsgemeinschaft" zu verwirklichen. Diese Identifikation mit dem Betrieb war eine wesentliche Voraussetzung für jenen Wiederaufbaupakt, den Facharbeiter und Betriebsleitungen miteinander schlossen.

Gerhard Hetzer

Unternehmer und leitende Angestellte zwischen Rüstungseinsatz und politischer Säuberung

Wirkung und Bedeutung der von den Besatzungsmächten nach dem Zweiten Weltkrieg über Deutschland verhängten Entnazifizierung werden wir erst dann richtig und gerecht beurteilen können, wenn über die allgemeine Verlaufsgeschichte und quantifizierende Analyse hinaus genügend Untersuchungen über verschiedene Fallgruppen vorliegen. Unter dem Gesichtspunkt von Kontinuität oder Diskontinuität gesellschaftlicher Verhältnisse vor und nach 1945 kommt der Klärung des Entnazifizierungsschicksals der traditionellen Eliten besondere Bedeutung zu. Diesem Erkenntnisziel dient der folgende Beitrag über die politische Säuberung bei Unternehmern und leitenden Angestellten in der Augsburger Industrie. Über Strenge oder Milde der Säuberungsmaßnahmen in der industriellen Wirtschaft liegen bisher mangels ausführlicher Untersuchungen sehr viel weniger gesicherte Kenntnisse vor als über die „denazification" im öffentlichen Dienst und speziell im Bereich der Führungseliten des Beamtentums. Unsere Fragestellung kompliziert sich dadurch, daß es im Falle der Industrie den Besatzungsmächten nicht nur um die politische Säuberung, sondern auch um das Ziel ging, übermächtige Konzerne zu zerschlagen und jene Betriebe und Produktionskapazitäten stillzulegen oder zu reduzieren, die wichtige Träger der deutschen Rüstungsindustrie gewesen waren bzw. unter Umständen als solche wiedererstehen konnten. Das galt in Augsburg vor allem für die MAN, die Dieselmotoren für die Marine und speziell für U-Boote gefertigt hatte, und für die Messerschmitt-Flugzeugwerke mit ihren wichtigsten Zuliefererbetrieben. Neben der Entnazifizierung muß die vorliegende Studie also auch ein Stück Industriegeschichte streifen, dessen Bedeutung für die deutsche industrielle Struktur der Nachkriegszeit ebenfalls noch der systematischen Klärung harrt.

Im Falle industrieller Unternehmer und führender Manager beruhte „Belastung" aus der NS-Zeit nicht nur, jedenfalls nicht in erster Linie, auf der Mitgliedschaft oder der Aktivität in der NSDAP oder anderen NS-Organisationen, sondern wesentlich darauf, ob ein Betriebseigentümer – mit oder ohne Parteibuch – sich allzu engagiert in den Dienst nationalsozialistischer Wirtschaftslenkungsmaßnahmen und der autarkie – wie rüstungswirtschaftlichen Zielsetzungen der NS-Führung gestellt hatte. Die folgende Darstellung versucht deshalb, das Entnazifizierungsschicksal einzelner in Augsburger Großbetrieben an führender Stelle tätig gewesener Unternehmer mit einer Skizze ihrer Stellung während der NS-Zeit zu verbinden. Nur so läßt sich halbwegs deutlich machen, wie angemessen oder unangemessen politische Bestrafung und Rehabilitierung nach 1945 gewesen sind, welche Faktoren außerhalb des Motivs der Entnazifizierung und Entmilitarisierung dabei noch mitwirkten.

Auswahl und Ausführlichkeit der dargestellten Fallbeispiele hängen stark von der im großen und ganzen mehr zufälligen als dichten Quellenüberlieferung in den Akten der Militärregierung, in den Unterlagen der Spruchkammern sowie in einzelnen Augsburger Industriearchiven und Industriellen-Nachlässen ab. Entsprechend der Hauptzielsetzung der amerikanischen Entnazifizierungs- und Entmilitarisierungspolitik auf dem Gebiet der industriellen Wirtschaft beziehen sich die im zweiten, dritten und vierten Abschnitt unserer Darstellung exemplarisch abgehandelten Fälle vor allem auf die vorgenannten Bereiche der metallverarbeitenden Rüstungsindustrie. Eine andere Ausgangslage hatte die Augsburger Textilindustrie, gerade weil sie in der NS-Zeit vernachlässigt bzw. von kriegsbedingten Stillegungsaktionen heimgesucht worden war. In dem einleitenden kursorischen Überblick über die von der Besatzungsmacht im Bereich der industriellen Wirtschaft verhängten Säuberungs- und Kontrollmaßnahmen soll deshalb zur Kontrastierung der Verhältnisse bei MAN und beim Messerschmitt-Konzern wenigstens an einigen Beispielen die Situation der Augsburger Textilindustrie geschildert werden. Ein anschließender Exkurs über im Bodensee-Gebiet angesiedelte Flugzeugwerke versucht Haltung und Maßnahmen von Dienststellen der französischen Besatzungsmacht anzudeuten.

Jeder der im folgenden geschilderten Fälle spricht streng genommen nur für sich selbst, die Summe dieser Fallbeispiele führt aber doch, so scheint uns, zu allgemeineren Erkenntnissen. Gleichwohl soll nicht verhehlt werden, daß, wie stets bei solchen exemplarischen Studien, die Reichweite der Verallgemeinerungsfähigkeit methodisch kaum exakt bestimmbar ist.

1. Überblick 1943–1948

In der Spätphase des Krieges, nach Stalingrad, wurden unter der Maxime totaler Kriegführung Aktionen zur Stillegung kriegswirtschaftlich entbehrlich erscheinender Betriebe und Produktionszweige in Gang gesetzt. Dagegen wehrten sich nicht nur die davon betroffenen Unternehmer, sondern auch die Gauwirtschaftskammern bzw. die Gauleitungen und Kreisleitungen der NSDAP, die in ihrem Bereich von der Existenzberechtigung und Bedeutung solcher Industriezweige nicht absehen wollten. In Augsburg zeigte sich dies vor allem im Bereich der hier einflußreichen Textilindustrie, die sich immerhin auf bis in das mittelalterliche Weberhandwerk zurückreichende Traditionen berufen konnte.

Zu einer Welle von Stillegungen in der schwäbischen Textilindustrie und ihrem Augsburger Zentrum, basierend auf kriegswirtschaftlichen Verordnungen vom November 1942 und Januar 1943, war es schon in den ersten Monaten des Jahres 1943 gekommen. Weitere Schließungen wurden um die Jahreswende 1943/44 vorgenommen, vor allem mit dem Ziel, den Fabrikhallen-Bedarf verlagerter und expandierender Rüstungsbetriebe zu befriedigen. Vordergründig betrachtet, handelte es sich bei diesen Stillegungen nur um Maßnahmen der Kriegsmobilisierung, wie sie auch im Ersten Weltkrieg ergriffen worden waren. Vor Ort aber war nicht zu übersehen, daß dahinter auch langfristige Intentionen der Raumordnungsplaner im Reichswirtschaftsministerium und im Ministerium Speer standen, die auf die dauerhafte Beseitigung oder Ausdünnung strukturell schwacher Zweige der Industrie gerichtet waren. Nicht zuletzt deshalb wurde den Stillegungsmaßnahmen auf lokaler Ebene zäher Widerstand entgegengesetzt, vor allem seitens der Industrieabteilung der Augsburger Gauwirtschaftskammer, in der der Einfluß der „alten" Textilindustrie traditionell dominant war. Die Gegenwehr fand auch durch Gauleiter Karl Wahl und die DAF-Gauwaltung Unterstützung, die den Forderungen des Speer-Ministeriums zumindest verhaltene Resistenz entgegensetzten. Das hatte den Erfolg, daß einige Hochleistungsbetriebe der Augsburger Textilindustrie, wenngleich sie durch den Bombenkrieg stärker betroffen waren als MAN und Messerschmitt, doch bis Kriegsende weiterproduzieren konnten.

„Daß man auch im Krieg den Frieden nicht vergessen darf", war auch andernorts, so etwa in der Tiroler und Vorarlberger Konsumgüter-Industrie, die entschiedene Meinung – dort ebenfalls unterstützt von der Gauwirtschaftskammer und dem als Reichsverteidigungskommissar amtierenden Gauleiter, wenn es in der letzten Kriegsphase darum ging, drohende Stillegungen abzuwehren[1]. Neuere Untersuchungen, vor allem die Studie von Ludolf Herbst über die deutsche Kriegswirtschaft im Zweiten Weltkrieg, haben deutlich gemacht, daß in den letzten Jahren des Krieges nicht nur in den Leitungen von Stahl- und Chemie-Konzernen und den Vorstandsetagen großer Banken, sondern auch im Reichswirtschaftsministerium – selbst unter dem Patronat eines so prominenten nationalsozialistischen Wirtschaftspolitikers wie Otto Ohlendorff – systematische Überlegungen und Planungen über die Rahmenbedingungen einer deutschen Friedenswirtschaft angestellt wurden[2]. Zur selben Zeit, als Speer die staatliche Lenkung der deutschen Rüstungswirtschaft 1943/44 zu höchster Effizienz zu steigern bemüht war, entstand im Auftrag des von der Reichsgruppe Industrie finanzierten Instituts für Industrieforschung Ludwig Erhards Denkschrift über eine Nachkriegsordnung der Wirtschaft, die für eine Wiederherstellung neoliberaler Prinzipien der Marktwirtschaft plädierte.

Die über das Kriegsende hinaus zielenden Überlebensstrategien der im Kriegseinsatz stehenden Industrien haben selbst in solchen Betrieben eine Rolle gespielt, die, wie die Augsburger Messerschmitt-Werke, ihre Bedeutung weitgehend der forcierten Rüstungspolitik des NS-Regimes zu danken hatten. Obwohl es dabei letzten Endes vor allem um Interessenwahrung ging, begründeten diese von der Maxime rigorosen Kriegseinsatzes abweichenden Haltungen ein Gutteil des positiven politischen Leumundes bei der anschließenden Entnazifizierungsbeurteilung durch die Besatzungsmächte bzw. die deutschen Spruchkammern.

Ein bemerkenswertes Beispiel für auf Rekonstruktion der Wirtschaftsverfassung der Vorkriegszeit abzielende Überlegungen gab Otto Vogel, der Vorstandsvorsitzende der Julius Schürer AG, eines in Abhängigkeit von der benachbarten Zwirn- und Nähfadenfabrik Göggingen stehenden Augsburger Nähmittelunternehmens. In Kontakt mit dem Hauptgeschäftsführer der Gauwirtschaftskammer hatte sich Vogel schon in den letzten Kriegsmonaten offenbar planmäßig auf die Übernahme von Leitungsfunktionen in der Nachkriegswirtschaft vorbereitet. Unmittelbar nach dem Einmarsch der Amerikaner stellte er sich der örtlichen Militärregierung als politisch unbelastet vor

[1] Norbert Schausberger, Rüstung in Österreich 1938–1945. Eine Studie über die Wechselwirkung von Wirtschaft, Politik und Kriegsführung, Wien 1970, S. 184.

[2] Ludolf Herbst, Der Totale Krieg und die Ordnung der Wirtschaft. Die Kriegswirtschaft im Spannungsfeld von Politik, Ideologie und Propaganda 1939–1945, Stuttgart 1982, S. 383ff.

und erlangte bereits am 2. Mai 1945 eine provisorische Legitimation „to represent all the industries in Schwaben Area“[3]. 1947 wurde Vogel Vorsitzender des Vereins der südbayerischen Textilindustrie, 1948 Präsident von Gesamttextil in der Bizone, 1950 schließlich Vizepräsident des neugegründeten BDI. Er galt als einer der Vertrauensleute Erhards in der Textilwirtschaft, schon als jener noch bayerischer Wirtschaftsminister war, und sorgte geschickt dafür, daß seine Branche in der Besetzung der Selbstverwaltungsorgane der Wirtschaft und im Kontakt mit den Besatzungsbehörden einen erheblichen Startvorteil gegenüber der noch unter trüben Auspizien stehenden Metallindustrie erlangte.

Erste Verhaftungen besonders prominenter Repräsentanten der deutschen Rüstungsindustrie erfolgten unmittelbar nach der Besetzung im Mai 1945, so die Festnahme von Willy Messerschmitt durch die Amerikaner in Murnau und von Claude Dornier in Lindau durch die Franzosen. Ende Juni setzte in der US-Zone eine zweite systematische Verhaftungswelle ein. Sie richtete sich gegen bestimmte Kategorien von Wirtschaftsführern, unabhängig von ihrer Mitgliedschaft oder Aktivität in der NSDAP: Vorstands- und Aufsichtsratsmitglieder größerer Banken, Direktoren und Besitzer bedeutenderer Industriebetriebe, Gauwirtschaftsberater, Wehrwirtschaftsführer etc. Grundlage waren offenbar bereits 1942/43 in den alliierten Stäben aufgestellte Listen von Hauptverantwortlichen in der Wirtschaft. Die Aktion wurde vom US-Hauptquartier in Frankfurt am Main angeordnet. Sie betraf in Bayern und in den bis Anfang Juli von den Amerikanern besetzt gehaltenen Teilen Württembergs insgesamt 130 leitende Männer der Wirtschaft. Zu den in Augsburg im Rahmen dieser Aktion Festgenommenen zählte Georg Haindl sen., der geschäftsführende Gesellschafter der Augsburger Papierfabrik gleichen Namens, des größten süddeutschen Zeitungspapier-Produzenten. Haindl, der bis 1933 wirtschaftspolitischer Berater der BVP gewesen war, hatte sich in den folgenden Jahren mit der NSDAP arrangiert und war der Partei beigetreten, ohne in ihr oder im Rahmen des wirtschaftspolitischen Lenkungsapparats des Regimes eine aktive Rolle zu übernehmen. Stärker exponiert hatten sich andere in Augsburg verhaftete Industrieführer, darunter der ehemalige Präsident der Gauwirtschaftskammer, Robert Eisenmeier, Direktor des Augsburger Zweigwerks der Kunstseide produzierenden Bemberg AG (Hauptsitz Wuppertal). Eisenmeier und sein Stellvertreter in der Kammer, Clemens Martini, gehörten zu der nicht kleinen Gruppe von Textilindustriellen, die sich nach 1933 von der Wirtschaftspolitik des NS-Regimes eine grundsätzliche Verbesserung für ihre strukturschwache Branche versprachen und schon deswegen sich und ihren guten Namen zur Verfügung stellten. Eisenmeier (geb. 1875) tat dies in Augsburg seit 1933 zunächst als Stadtrat der NSDAP und stellvertretender Gauwirtschaftsberater, ehe er 1937 auch Präsident der Industrie- und Handelskammer (ab 1943 der Gauwirtschaftskammer) wurde. Er konnte als regionaler Hauptvertreter der autarkiewirtschaftlichen Equipe innerhalb der Textilindustrie gelten, die darauf setzte, unter Abkoppelung von den Schwankungen des internationalen Rohstoffmarktes Kunstseide und Zellwolle im Rahmen eines staatlich gesicherten Absatzgebietes zu verarbeiten.

[3] Siehe die Erinnerungen Vogels in Wolfgang Zorn und Leonhard Hillenbrand, Sechs Jahrhunderte schwäbische Wirtschaft (125 Jahre IHK Augsburg), Augsburg 1969, S. 280ff.

Zu den Anfang Juli 1945 in Augsburg verhafteten Unternehmern und Managern gehörten auch die MAN-Direktoren Otto Meyer und Heinrich Riehm sowie Walter Knappich, Direktor und Anteilseigner der Maschinenfabrik Keller & Knappich GmbH. Werdegang und Entnazifizierungsschicksal dieser Industriellen werden in den folgenden Kapiteln genauer geschildert.

Anders als die Anwendung des automatischen Arrests gegenüber Hoheitsträgern der NSDAP, Angehörigen der SS oder der Gestapo war die Aktion zur Festnahme der Industrieführer in mancher Hinsicht schonender. Die Inhaftierten, meist bejahrte Herren, wurden überwiegend nicht in die Internierungs-Massenlager, sondern in die lokalen Gefängnisse eingewiesen. Die Verhaftung, die mit der vorläufigen Beschlagnahme des Privatbesitzes samt der Bankkonten verbunden war, sollte erklärtermaßen auf 30 Tage befristet sein. Innerhalb dieser Zeit sollte geprüft und entschieden werden, ob der Arrest genügend begründet war oder nicht. Zu den bald wieder Entlassenen gehörte in Augsburg der genannte Georg Haindl. In anderen Fällen nützte aber auch höchste Fürsprache wenig, so im Falle des MAN-Direktors Meyer, für dessen Entlassung sich unter anderem sofort die MAN-Vorstandsmitglied der Hans Wellhausen (Nürnberg) und Emil Sörensen (Augsburg) einsetzten. Beide wandten sich mit entsprechenden Gesuchen an die bayerische Staatskanzlei, in der der ehemalige Reichswehrminister Otto Geßler als Amtschef des Ministerpräsidenten Fritz Schäffer tätig war, außerdem auch an den evangelisch-lutherischen Landeskirchenrat in München[4]. Gerade aber der regierungsoffizielle Weg schlug offensichtlich nicht zum Vorteil Meyers aus, da Schäffer bei der Militärregierung wegen seiner unter dem 1. August 1945 in einer Denkschrift vorgetragenen Kritik an der amerikanischen Entnazifizierungspraxis persona non grata wurde und den Posten des Ministerpräsidenten im September verlassen mußte. Tatsächlich blieb Meyer, obwohl von den deutschen Fürsprechern den Amerikanern als Härtefall geschildert, bis Ende Oktober 1945 im Gefängnis. In bezug auf diesen Fall erklärte Sörensen amerikanischen Gesprächspartnern, „that talk of American justice, fair play and common sense is all the bunk“[5].

Nächste Etappe der von der amerikanischen Besatzungsmacht oktroyierten Maßnahmen zur Entnazifizierung der Wirtschaft bildete die USFET-Direktive vom 7. Juli

[4] Wellhausen an Kellermann am 21. 7. 1945; MAN, 1.3.3.5./51. Zu den Verhaftungen siehe Mitschrift der Meldungen von Radio München und Radio Luxemburg vom 10./11. 7. 1945; Mechanische Baumwollspinnerei und Weberei Augsburg (SWA). Augsburger Anzeiger vom 13. 7. 1945.

[5] Bericht eines ungenannten CIC-Bediensteten vom 27. 10. 1945; NA, RG 260, AG 45/46/15/2. Zu der Kritik an den Verhaftungen von Industriellen durch Kardinal Faulhaber und Landesbischof Meiser in einer Stellungnahme an die Militärregierung vom 20. 7. 1945 siehe Lutz Niethammer, Die Mitläuferfabrik. Die Entnazifizierung am Beispiel Bayerns, Berlin 1982, S. 171. Niethammer mißt der Verhaftungsaktion nicht genügend Bedeutung bei. Vgl. ebd., S. 175. Auszug aus dem Schreiben Wellhausens an Kellermann mit Hinweis auf die Schwierigkeiten der Bemühungen bei der Staatsregierung (vermutlich im Wirtschaftsministerium): „Ich muß leider sagen, daß wir ... eine Mauer, angefüllt mit Müdigkeit, Unlust, Furcht, Hemmungen und zum Teil auch Gleichgültigkeit vorgefunden haben ... Als Gegenargument [zu einer Vorsprache bei OMGBY] wurde uns hauptsächlich entgegengehalten, es handle sich immerhin um Vertreter des Kapitalismus, die nicht allein litten. Man dürfe die Amerikaner in keiner Weise verstimmen, sonst kämen die Russen, die Polen oder die Tschechen.“ MAN, 1.3.3.5./51; vgl. Anm. 4.

1945. Mit ihren Vorschriften zur Fragebogen-Erfassung aller Personen, die in der gewerblichen Wirtschaft Leitungsfunktionen innehatten, war sie ein Vorzeichen des Gesetzes Nr. 8 vom 26. September 1945 und bildete die Grundlage der dann im Oktober/November 1945 in der Industrie einsetzenden umfangreichen Entlassungen. Zusammen mit Gesetz Nr. 52, das die Einsetzung von Treuhändern in solchen gewerblichen Unternehmen, deren Leiter oder Eigentümer durch ihre NS-Vergangenheit belastet waren, vorsah, wurde es zum Fundament der Säuberungsmaßnahmen in der Wirtschaft. Der Vollzug dieser Militärregierungsgesetze verlief in Augsburg ähnlich wie er für den mittelständischen Industrieraum Ansbach/Fürth und für einige Stuttgarter Großbetriebe bereits nachgewiesen wurde[6].

Daß die durch die Entnazifizierungsgesetze ermöglichten Eingriffe in innerbetriebliche Hierarchien nicht ohne Gegenreaktionen blieben, daß die gesetzlich gebotenen Rehabilitierungsmöglichkeiten restlos ausgeschöpft und auch verschiedene Formen der Umgehung der Gesetze praktiziert wurden, lag in der Natur der Sache. Soziales Prestige und eingeübte Unterordnung wirkten auch dann weiter, wenn ehemalige Vorgesetzte, in „ordinary labour" versetzt, beim Schutträumen im Betrieb mit Hand anlegen mußten. Bis Anfang März 1946 stieg die Zahl der in der Augsburger Privatindustrie Entlassenen auf annähernd 1800[7], neue Ausstellungen folgten während des Frühjahrs 1946, und zum 31. Juli 1946 stand die Aufkündigung weiterer vorläufiger Beschäftigungsverhältnisse an, die nach Stellungnahme des örtlichen Prüfungsausschusses seit November 1945 von der Trade and Industry-Abteilung der Militärregierung genehmigt worden waren.

Auch in Augsburg wurden den seit Oktober 1945 erstmals gewählten Betriebsvertretungen der Arbeitnehmerschaft Kontrollfunktionen beim Vollzug der Entnazifizierung in der Industrie übertragen. Von der Mehrheit der Betriebsräte wurde das als eine undankbare, nur Feinde schaffende Aufgabe empfunden. Mit Überraschung registrierte das amerikanische Hauptquartier in Frankfurt in einem zusammenfassenden Bericht über die Tätigkeit der Augsburger Militärregierung die fehlende Kooperation von „anti-fascists" unter den Arbeitern bei der Verhaftungsaktion gegen Industrielle im Juli 1945[8]. Die ersten Betriebsratswahlen hatten in Augsburg ein Stärkeverhältnis von 3:1 im Verhältnis von Sozialdemokraten und Kommunisten ergeben. Letztere hatten freilich in einigen Betrieben, etwa der Schuhfabrik Wessels und der Zahnräderfabrik Renk, ansehnliche Erfolge erzielen können[9]. In der MAN erlitten die Kommunisten bei diesem ersten Anlauf jedoch eine vernichtende Niederlage – im Gegensatz

[6] Siehe Hans Woller, Gesellschaft und Politik in der amerikanischen Besatzungszone. Die Region Ansbach und Fürth, München 1986, S. 245 ff., und den Beitrag von Michael Fichter in diesem Band.

[7] Monatsbericht der Militärregierung Augsburg-Stadt vom 10. 4. 1946; NA, RG 260, 10/83–2/1.

[8] Bericht USFET vom 31. 7. 1946, zit. bei Edward N. Peterson, The American Occupation of Germany. Retreat to Victory, Detroit 1978, S. 325, Anm. 31. Zu den Ansätzen für eine Rekonstruktion des Parteienspektrums und eine Aktionseinheit von SPD und KPD siehe Eberhard Riegele, Parteienentwicklung und Wiederaufbau. Die lokale Neugründung und Politik der SPD in den Jahren 1945 bis 1949 am Beispiel der Stadt Augsburg, Diss. Augsburg 1977, S. 141 ff.

[9] Ulrich Borsdorf und Lutz Niethammer (Hrsg.), Zwischen Befreiung und Besatzung. Analysen des US-Geheimdienstes über Positionen und Strukturen deutscher Politik 1945, Wuppertal 1976, S. 243.

etwa zum BMW-Werk München-Allach, wo sie vermutlich von den noch ausgeprägten Volksfront-Tendenzen in der politischen Szenerie der Münchener Arbeiterparteien profitierten[10]: Von den zehn im Werk Augsburg der MAN gewählten Angestellten- und Arbeitervertretern stammten neun von der sozialdemokratischen und einer von der christlichen Liste[11].

Das Wahlresultat ließ sich auch dahingehend deuten, daß ein überwiegender Teil der Belegschaft mit Radikallösungen der politischen Säuberung, der Entlassung sämtlicher ehemaliger Parteigenossen etwa, die tief in den in die Nachkriegszeit hinübergeretteten Facharbeiterstamm der Firma eingegriffen hätte, nicht einverstanden war. Allerdings drängte der Betriebsrat, in dem Funktionsträger des alten freigewerkschaftlichen Metallarbeiterverbandes das Wort führten, im Auftrag Karl Wernthalers, des nunmehr als zuständiger Sachbearbeiter am Arbeitsamt tätigen ehemaligen Sekretärs des Deutschen Metallarbeiterverbandes, gegenüber der hinhaltend taktierenden MAN-Direktion auf konkrete Schritte in der Entnazifizierung[12]. Die Entlassung von 68 als „leitend" eingestuften Belegschaftsangehörigen im Oktober und November 1945 riß bei den qualifizierten technischen Angestellten eine momentan nur durch das Darniederliegen der traditionellen Produktionsbereiche akzeptable, längerfristig schwer verschmerzbare Lücke.

Nachdem die übrigen Vorstandsmitglieder entweder in Haft oder als Parteigenossen entlassen waren, befand sich im Spätherbst 1945 bei MAN nur noch Emil Sörensen in der alten Funktion. Vermutlich wurde ihm von der Augsburger Militärregierung neben seiner Zugehörigkeit zum bisherigen Management seine Dickfelligkeit in Sachen „Säuberung" negativ angerechnet, denn bei der anstehenden Berufung eines Generaltreuhänders für die drei MAN-Werke (Nürnberg, Augsburg,Gustavsburg) brachte man laufend neue Einwände gegen seine Person vor, die zum Teil aus trüben Quellen von Special Branch stammten. Im Januar 1946 wurde endlich in der Person des altgedienten MAN-Ingenieurs Georg Fink ein den verschiedenen Ebenen der Militärregierung akzeptabler Treuhänder benannt, der sich durch Beauftragte in den einzelnen Werken vertreten ließ.

Die Durchführung des Militärregierungs-Gesetzes Nr. 8 in den einzelnen Betrieben zeigte, daß die politische Belastung häufig auch als Hebel zur Entfernung von angefeindeten Vorgesetzten oder beruflichen Konkurrenten diente. In Fällen, in denen sich die Firmenleitung auf die Seite eines Belasteten stellte, konnte es zu Kraftproben mit Teilen der Belegschaft kommen, die 1945/46 in der Regel eher zuungunsten der Unternehmerseite ausgingen. Diese Situation wurde erst infolge der beschleunigten Durchführung von Spruchkammerverfahren seit Ende 1946 bereinigt. Daß innerbetriebliche Druckmittel eine Rolle spielten, geht aus einer Erklärung des Arbeitsamtes Augsburg von Ende November 1945 hervor, durch die den Betriebsobleuten mitgeteilt wurde, jede Beeinflussung der Betriebsangehörigen, etwa beim Sammeln von Unterschriften zugunsten von Personen, die im Rahmen der Überprüfungsverfahren vorgeladen würden, sei strafbar[13]. Daß eine gleichsam plebiszitäre Befürwortung der Er-

[10] Zur politischen Orientierung der BMW-Betriebsräte (3 KPD, 2 SPD, 1 Christlich-Sozialer) siehe Schwäbische Landeszeitung vom 13. 11. 1945.

[11] Bericht Fetzer vom 1. 10. 1953 mit detaillierten Zahlen zum Wahlergebnis; MAN, 1.1.7.1.

[12] CIC-Bericht vom 27. 10. 1945; NA, RG 260, AG 45/46/15/2.

[13] Amtsblatt Stadt Augsburg vom 28. 11. 1945.

haltung bisheriger Leitungsstrukturen bei dem zuständigen Prüfungsausschuß seine Wirkung nicht verfehlte, wenn sie mit dem geläufigen Argument der Aufrechterhaltung der wirtschaftlichen Leistungsfähigkeit eines Betriebes gekoppelt war, läßt sich am Beispiel der Maschinenfabrik Asbern in Göggingen zeigen. Der Inhaber und Direktor der Firma, selbst vom Gesetz nicht betroffen, präsentierte dem Prüfungsausschuß mit Erfolg eine Petition seiner 33köpfigen Fabrikationsabteilung zugunsten der Wiedereinsetzung eines Buchhalters und eines Betriebsleiters in ihre alten Funktionen[14].

Eine Rehabilitierung und Rückkehr von Entlassenen unterblieb auf Dauer in der Regel nur, wenn der Treuhänder oder die verbliebene leitende Angestelltenschaft die Entlassenen vor der Tür zu halten wünschten. Dies galt etwa für den von CIC Ende November 1945 festgenommenen Karl Pfannenschmidt, den Leiter der MAN-Gießerei, der auch dann keine Möglichkeit zur Wiederaufnahme seiner Tätigkeit bekam, als er im Vorstellungsverfahren durch den Prüfungsausschuß bis auf weiteres zugelassen wurde[15]. Als die MAN-Direktion im Februar 1946 die Wiedereinstellung eines Meisters der Gießerei, dem außer Zuträgerdiensten für Pfannenschmidt auch Drückung von Akkordlöhnen und persönliche Willkür gegen andere Vorarbeiter anhingen, durchzusetzen versuchte, sprach sich die dortige Belegschaft in zweimaliger Abstimmung mit überwältigender Mehrheit gegen die Rückkehr des in eifriger Loyalität zur Betriebsleitung Ergrauten aus. Der Betriebsrat, der bei anstehenden Neuwahlen das fortlebende Odium „gelber" Gesinnung zu vermeiden trachtete, riet der Geschäftsleitung zum Nachgeben. Der Vorfall gab Anlaß, den bayerischen Wirtschaftsminister Erhard und die IHK mit Bitte um Forcierung einer grundsätzlichen Klärung einzuschalten[16]. Ein vergleichbarer Fall trug sich in dem Augsburger Textilveredelungsbetrieb Martini u. Cie. zu, wo noch im Juli 1946 der vom Betriebsratsvorsitzenden flankierte Treuhänder Nikolaus Müller, früher stellvertretender Direktor der nun verwüsteten Augsburger Kammgarnspinnerei, den Antrag auf beschleunigte Entnazifizierung der entlassenen technischen und kaufmännischen Betriebsleiter „aufgrund entstandener Mißstimmungen im Betrieb" zurückzog. Aus ähnlichen Gründen wurde die im Februar 1946 von Special Branch genehmigte Weiterbeschäftigung eines Kämmereimeisters der Kammgarnspinnerei Mitte Juli 1946 widerrufen, vier Tage später erneut bestätigt und Ende Juli wiederum aufgehoben, nachdem man den Betreffenden (einen in die SA übergetretenen Stahlhelmer, der kein Pg war) als NS-Aktivist bezeichnet und zu sofortiger Meldung beim Arbeitsamt aufgefordert hatte[17].

Die Prüfungskommission, die im MAN-Werk Gustavsburg neben dem Betriebsrat Entnazifizierungsfragen bearbeitete, warf einem nach Amtsenthebung im Werk Augsburg untergeschlüpften Betriebsdirektor vor, sich entlastende eidesstattliche Erklärungen unter innerbetrieblichem Druck beschafft zu haben und erklärte dessen Rückkehr in den alten Betrieb für unerwünscht. Der Beschuldigte verteidigte sich damit, daß er – „wie die meisten der in der Industrie Führenden" – zu den „Auch-Parteigenossen"

[14] Siehe StAND, GWK, Gesetz Nr. 8, 24, Augsburg und auswärts.

[15] Bericht Pfannenschmidt vom 2. 4. 1976; MAN, 1.1.7.1. Zur Spruchkammerverhandlung gegen Pfannenschmidt siehe Schwäbische Landeszeitung vom 29. 8. 1947.

[16] Aktenvermerk Petersen vom 23. 2. 1946 und MAN-Direktion an das bayerische Wirtschaftsministerium am 25. 2. 1946; IHK Augsburg, Firmenakt MAN.

[17] Siehe StAND, GWK, Spruchkammer Augsburg.

gehört habe, die man in der Partei selbst nicht für voll genommen habe. Nicht dem Betriebsrat, sondern Feinden unter den leitenden Angestellten schrieb er die Absicht zu, ihm den Weg zurück zu verbauen[18].

Die Problematik der grundsätzlich naheliegenden Einschaltung der betrieblichen Arbeitnehmervertretungen in die Entnazifizierung der Wirtschaft lag auf der Hand. Sie zeigte sich in Augsburg ebenso wie in Stuttgart. Jeder wußte: Die angeschuldigten Abteilungsleiter und Prokuristen konnten eines baldigen Tages zurückkehren und Vergeltung üben. Wo blieb dann der Rückhalt von Gewerkschafts- und Parteifunktionären, die radikale Säuberungen forderten, ohne daß sie gleichzeitig imstande waren, sozialistische Wirtschaftsformen durchzusetzen? Vergleichbare Vorgänge in den Zeiten von Revolution und Räterepublik 1918/19 und während der Sturm- und Drang-Phase der NSBO 1933/34 waren noch in farbiger Erinnerung – zumal bei einer Arbeiterschaft, deren Rückgrat in der MAN, bei Renk oder in den Augsburger Textilfabriken die u.k.-Gestellten der Jahrgänge 1884 bis 1905 und Frauen bildeten, die nach Jahrzehnten an Drehbank und Webstuhl zu viel um reale Machtverteilung wußten, um flüchtigen Konjunkturen zu folgen.

In den meisten Großbetrieben der Textilindustrie schloß sich spätestens 1948 der Kreis von Maßregelung und folgender Rehabilitierung. Bis zum Herbst dieses Jahres kehrten die letzten der verdrängten Unternehmer, die auf die nationalsozialistische Autarkiepolitik gesetzt hatten und in ihrer Loyalität entsprechend lange geprüft worden waren, in ihre Fabriken zurück, darunter auch der schon genannte Robert Eisenmeier. Einige Monate danach erhielt der nunmehr 73jährige im Januar 1949 den ehrenvollen Abschied aus dem Aufsichtsrat der J. P. Bemberg AG. In Verbitterung über seinen geschäftigen Nachfolger auf dem Präsidentensessel der IHK und über den insgesamt nur verhaltenen Dank aus der Textilwirtschaft trat er in den Ruhestand.

Als Beispiel für die Augsburger Textilbranche nehmen wir den einst größten schwäbischen Spinnstoffbetrieb, die „Mechanische Baumwollspinnerei und Weberei Augsburg" (SWA). Nach Totalzerstörung oder schwerer Beschädigung dreier Teilwerke hatte die Firma bis Ende April 1945 mit Rohstoff-Restbeständen eigene oder in Fremdräumen angemietete Maschinen weiterbetrieben und am 24. Mai 1945 eine vorläufige Produktionsgenehmigung der Augsburger Militärregierung für Verbandsstoffe und Lazarettwäsche erhalten. Anfang April 1945 waren noch Großaufträge verbucht worden, die an sich den Weiterbetrieb des Unternehmens, das während des Krieges nahezu ausschließlich für öffentliche Auftraggeber gearbeitet hatte, über den „Tag X" hinaus gesichert hätten. Für den hierzu wegen Mangels an liquiden Mitteln notwendigen Wertpapierverkauf hatten die zuständigen Banken aus Berlin keine abschließende Genehmigung mehr erhalten können oder wollen. Der SWA-Vorstand entschied sich daher für eine zugunsten von Instandsetzungsarbeiten gedrosselte Produktion, zumal eine Beschlagnahme von bei dem aktuellen Ausfall der Zellwollbelieferung schwierig zu ersetzenden Vorräten an Rohstoffen, Halb- und Fertigerzeugnissen befürchtet werden mußte. Für die auf unter 700 Personen (gegenüber 3050 Ende 1938) geschrumpfte Belegschaft wurden, an die Werkstreue dieser überwiegend in vorgerück-

[18] Stellungnahme K. H. zu einem Schreiben der Gustavsburger Prüfungskommission an den Betriebsrat Werk Augsburg vom 17. 11. 1945 (30. 12. 1945); ACSP, Nachlaß O. Weinkamm 5. 1. 1.

tem Lebensalter stehenden Arbeiterinnen und Arbeiter appellierend, Lohn- und Gehaltskürzungen festgesetzt, eine Maßnahme, die von dem Mitte Oktober 1945 offiziell bestallten Treuhänder der Firma wieder aufgehoben wurde.

Am 9. Oktober 1945 verhängte die Militärregierung gegen die Firma überraschend „property control". Grund dafür war wohl weniger das nach personellen Veränderungen unter den Anteilseignern nicht mehr stichhaltige Argument, daß die Aktienmajorität von ehemaligen NSDAP-Mitgliedern gehalten werde. Wichtiger war die langjährige Tätigkeit des verstorbenen Vorstandsvorsitzenden Otto Lindenmeyer als Kreiswirtschaftsberater der NSDAP. Der eingesetzte Treuhänder versuchte zunächst, gemeinsam mit einem nun als technischem Direktor fungierenden Bekannten ein Paket von Anteilen aus dem Nachlaß des Hauptaktionärs und früheren Aufsichtsratsvorsitzenden, des alldeutschen Bankiers Emil Georg von Stauß, zu übernehmen. Parallel zu dem Versuch, eine der bisherigen Geschäftsleitung seit den letzten Kriegsjahren kritisch und zum Teil feindselig gegenüberstehende Belegschaft für sich einzunehmen und durch Prokura-Verleihungen unter den leitenden Angestellten neue Loyalitäten zu schaffen, machten sich der Treuhänder und sein Kompagnon, ein polnischer Assistenzarzt, erbötig, auch die finanziellen Probleme der Firma auf ungewöhnliche Weise zu lösen: Sie stellten einen Kredit von einer Million englischer Pfund in Aussicht – eine Offerte, die der kommissarische Aufsichtsrat wohlweislich mit Vorbehalten aufnahm. Auch drei Vorstandsmitglieder waren aufgrund des Gesetzes Nr. 8 ihrer Posten enthoben worden[19]. Zu ihnen gehörte der zunächst in der herabgestuften Funktion eines Ingenieurs in der Firma weiterbeschäftigte Vorstandsvorsitzende und technische Direktor Hermann Kluftinger, ein seit 1919 in der Leitung von Textilbetrieben erfahrener Dirigent von Macht und Maschinen, der besondere Verdienste bei der Überwindung der Rationalisierungsrückstände bis 1933 und bei der Rohstoffkrise seit 1934 für sich in Anspruch nahm. Noch Jahre später reagierte Kluftinger empört über die ihm zuteil gewordene Behandlung: Anläßlich der Aufhebung der Treuhänderschaft im Herbst 1948 stellte er, seit Mai des gleichen Jahres wieder in alter Funktion, vor Vertretern des Landesamtes für Vermögensverwaltung und Wiedergutmachung (BLVW) die Vermögenskontrolle schlechterdings als Rechtsbruch dar, die in jener „turbulenten Zeit" nur mühsam legalisiert worden sei. Zum Glück habe man später einen Treuhänder besessen, der nichts „vertreuhändert" habe[20]. Vom Aufsichtsrat forderte er die Wiederherstellung des alten Vorstandes, der im Herbst 1945 von Konjunkturrittern ausgeschaltet worden sei. Mit der Rehabilitierung, dafür ist dieser Fall ein Beispiel, war bei manchen mehr als nur ihr altes unternehmerisches Selbstbewußtsein restauriert worden.

[19] SWA-Direktion an IHK Augsburg am 20. 10. 1945; IHK Augsburg, Firmenakt SWA. Siehe auch Aktenvermerk Regierungswirtschaftsamt Augsburg vom 18. 2. 1946; StAND, RWA 31.

[20] Zur Entlassung Kluftingers siehe das Schreiben Poeschl an Oberbürgermeister Dreyfuss vom 16. 5. 1946; Stadtarchiv Augsburg, 42/96. Aktenvermerk zur Aufhebung der Treuhänderschaft vom 17. 9. 1948; SWA.

2. MAN – Der Traditionsbetrieb des Maschinenbaus

Die Einbindung der seit 1920 in mehrheitlichem Aktienbesitz der Gutehoffnungshütte (GHH) stehenden MAN in breitere Rüstungsprogramme war – nach Konflikten der Augsburger Werksleitung mit dem Verbindungsstab beim Führer-Stellvertreter und der Reichsorganisationsleitung der DAF sowie dem Rücktritt des Vorstandsvorsitzenden Lauster im Jahre 1934 – mit dem Aufbau einer neuen Führungsmannschaft einhergegangen. Dabei avancierte schließlich 1938 der aus einer Handwerkerfamilie stammende Oberingenieur Heinrich Riehm nach einer Blitzkarriere in der wehrwirtschaftlich zentralen Dieselmotoren-Abteilung als 40jähriger zum Betriebsführer des Augsburger Werks. Mit dem Titel des Wehrwirtschaftsführers versehen, sollte er in den folgenden Jahren als Rüstungsobmann und stellvertretender Rüstungs-Beauftragter im Wehrkreis VII (München) sowie Träger verschiedener Funktionen in Wirtschaftsgruppen und Parteigliederungen zu einer regionalen Schlüsselfigur der Kriegsindustrie werden. Seine Macht fand freilich mit dem allmählichen Bedeutungsschwund der Marine-Fertigung gegenüber den Luftwaffen-Betrieben ihre Grenzen. Riehm, wie der 1936 bei MAN eingetretene Gießereileiter und Bezirksbeauftragte im Hauptring Eisenverarbeitung des Wehrkreises VII, Karl Pfannenschmidt, wurden nach 1945 Beispiele für die in anderen Großunternehmen, etwa der Stahlindustrie an der Ruhr[21], ebenfalls feststellbare Erscheinung, daß manchen der Aktivisten der Rüstungswirtschaft, die sich in der NS-Zeit gegenüber den Areopagen des alten Managements und der Anteilseigner durchgesetzt hatten, der berufliche Wiedereinstieg verwehrt blieb oder zumindest erschwert wurde. Es war Riehm bezeichnenderweise auch während der NS-Zeit nicht gelungen, in den MAN-Vorstand vorzudringen. Dieser hatte gleichsam als Wachposten vielmehr 1937 den 16 Jahre älteren technischen Direktor Otto Meyer als Werksbeauftragten von Nürnberg nach Augsburg entsandt, wo Meyer, damals selbst ein „newcomer", von 1916 bis 1920 in der Leitung der Rumpler-Flugzeugwerke tätig gewesen war.

Mit einer Frau jüdischer Herkunft verheiratet, wurde er in der, im Vergleich zu Nürnberg, von antisemitischem Radikalismus weniger belasteten Atmosphäre Augsburgs zwar eher in Ruhe gelassen – seine Familie bezog einen Wohnsitz in der Schweiz –, die offizielle Berufung zum Betriebsführer gemäß nationalsozialistischem Arbeitsordnungsgesetz und zum Wehrwirtschaftsführer war freilich auch in Augsburg nicht möglich. Gleichwohl wuchs Meyer schon in den Kriegsjahren in jene Rolle des sehr eigenwilligen Patriarchen hinein, in der er, legendenumrankt und mit obligatorischer Freimaurer-Nelke im Knopfloch, in die Erinnerung der Stammbelegschaft einging. Man sah in ihm ein Element der Kontinuität gegenüber Dynamikern der Kriegswirtschaft wie Riehm.

In Zusammenhang mit den Verhandlungen um einen Wechsel im Vorstandsvorsitz der Gutehoffnungshütte, die im Februar 1942 mit dem Rücktritt von Paul Reusch endeten, rechnete auch Meyer damit, auf Drängen der Partei als Vorstandsmitglied abgelöst zu werden. Er war geneigt, dem durch die Entscheidung, selbst zu gehen, zuvorzukommen („Ist es nicht besser, ich bestimme mein Schicksal, bevor andere es

[21] Volker Berghahn, Unternehmer und Politik in der Bundesrepublik, Frankfurt 1985, S. 50ff.

tun?"[22]). Aber schließlich hielten ihn nicht nur die auf Bewahrung personeller Kontinuität ausgerichteten Argumente des alten Reusch und des neuen Vorsitzers Hermann Kellermann, der sowohl von Hermann Reusch wie von den im Aufsichtsrat sitzenden Vertretern der Familie Haniel als Interimslösung angesehen wurde, im Amt. Dazu kam auch das Bewußtsein, im Kriege keine seinem Selbstverständnis und Werdegang angemessene Alternative zu haben.

Obwohl die Anstrengungen für die Kriegswirtschaft ohne Zäsur weiterliefen – im Januar 1945 erreichte das Werk Augsburg wieder 85 Prozent der Ausstoßkapazität vor dem Luftangriff vom Februar 1944, der Rest wurde durch Unterlieferanten ausgeglichen –, kam es auch bei MAN zu vorsichtigen Weichenstellungen für eine im Zeichen der Niederlage des Nationalsozialismus stehende Nachkriegszeit. Neben der Pflege von Kontakten zur Schweizer Maschinenindustrie, vor allem zu der mit Betrieben in Ravensburg und Lindau vertretenen Escher, Wyss u. Cie. in Zürich[23] und zu schwedischen Reedereiunternehmen (Handelsschiffsmotoren) sowie der Erörterung von Möglichkeiten, ausländische Staatsangehörige in den Aufsichtsrat zu berufen, ist auch die Delegierung des Geheimrates Ludwig Kastl, eines Nicht-Pg, durch den Aufsichtsrat in den MAN-Vorstand im Jahre 1944 in diesem Zusammenhang zu sehen. Die bei zahlreichen, überwiegend mit Rüstungsaufträgen versehenen Betrieben feststellbare Reserve, voll auf die Kriegskarte zu setzen, und das Bestreben, zumindest Teile der Friedensproduktion zu erhalten, waren nach der Erfahrung der Schwierigkeiten beim Übergang zur Friedenswirtschaft in den Jahren 1919/20 während des gesamten Krieges erkennbar. Im Zeichen der „totalen Kriegführung" gewannen diese Kautelen freilich eine besondere Qualität. So, wie sie gegenüber Rüstungsinspektionen und -kommandos als Beitrag zum Erhalt eines Minimums an Versorgung des zivilen Sektors interpretiert werden konnten, dienten sie nach dem Umsturz als beliebtes Entlastungsargument gegenüber dem Vorwurf der Förderung der Kriegswirtschaft und des Nutznießertums. Im MAN-Werk Nürnberg blieb die Abteilung für Heizungs- und Luftführungsanlagenbau in Beschäftigung, in Augsburg in geringem Umfang der Druckmaschinenbau, während die abseits der Rüstungsgroßaufträge tätigen kleinen Werksbereiche für allgemeinen Maschinenbau sorgsam erhalten wurden. Ihnen sollte für die Ersatzfertigungsprogramme der frühen Nachkriegszeit (in Augsburg etwa Kreissägen, Holzhobelmaschinen, Wurstfüllanlagen oder Herde) besondere Bedeutung zukommen[24].

Unter dem 9. März 1945 teilte Meyer dem GHH-Vorstandsvorsitzenden Kellermann mit, daß sich die Zentren des U-Boot-Diesel-Baus der MAN, nämlich das Werk Augsburg und das erst 1942 in Betrieb genommene Motorenwerk im Hamburger Freihafen, um die Hereinnahme von Lokomotiv-Reparaturen bemühten: „Wir sind in Augsburg dabei, uns umzustellen auf die neuen Notprogramme, in der der U-Boot-

[22] Handschriftlicher Entwurf eines Schreibens an Kellermann, o. D. (März 1942); MAN, 1.3.3.5./51.
[23] Kellermann an Meyer am 2. 10. 1944; ebd.
[24] Klaus Luther, Technischer Neubeginn bei der M.A.N. Augsburg nach 1945, in: Technikgeschichte 53 (1986), S. 279. Hellmut Droscha, M.A.N. – Geschichte und Leistung. Entwurf einer Firmengeschichte, 1981, S. 160 (Ms).

Motor nur bis zu einer gewissen Stückzahl enthalten ist ... Die U-Bootsfertigung wird in 2–3 Monaten auslaufen."[25]

Bereits im Winter 1944/45 war in der Gießerei-Abteilung Guß und Bearbeitung von Lok-Zylindern aufgenommen worden[26]. Am 20. März 1945 wurde, fast überstürzt, die erste Lokomotive zur Überholung in das Augsburger Werk gebracht. Da keine Ersatzteile zur Verfügung standen, konnte die Reparatur der Lok freilich erst im August 1945 abgeschlossen werden[27]. Der technische Direktor und die Ingenieure in den Versuchsabteilungen und in der Fertigung wußten, was das Ende des Marinemotorenbaus gerade für die MAN Augsburg bedeutete. Sie hatten die Faszination militärtechnischer Entwicklungen zum Teil bereits im Ersten Weltkrieg erfahren, und die Schmach der Beschränkungen des Versailler Vertrages und des Auftritts alliierter Kontrollkommissionen war auch in der jetzigen Katastrophe unvergessen.

Zwei Tage vor der Besetzung Augsburgs durch die Amerikaner wurden in einer Besprechung Verhaltensmaßregeln bei der Auskunftserteilung an die künftigen Militärbehörden und bei Recherchen ausländischer Offiziere und Geschäftsleute ausgegeben; bereits Mitte Mai 1945 setzten diese erwarteten Besuche zur Erkundung des technischen Potentials der MAN dann auch ein. „Um eine Demoralisierung innerhalb des Betriebes zu verhindern", ordnete Meyer eine möglichst lange Aufrechterhaltung der Produktion an. Als am 26. April wegen des Herannahens der Front der größte Teil der Belegschaft der Arbeitsstelle fernblieb, brachte die Alarmierung des aus Werksangehörigen bestehenden Volkssturmbataillons nochmals einige Hundert Arbeiter in den Betrieb zurück, der dann am folgenden Tag endgültig geräumt wurde. Meyer machte den Leiter der verbliebenen Volkssturm-Wache persönlich dafür verantwortlich, daß auf dem Werksgelände keine weißen Fahnen gehißt wurden[28]. Das Umherstreifen nationalsozialistischer Zerstörungskommandos – angeblich war im Befehlsbunker des Stadtkommandanten die Sprengung der MAN-Kraftzentrale angeordnet worden – gebot solche Vorsicht ebenso wie die Unruhe im firmeneigenen Fremdarbeiterlager. Bei der Entscheidung Meyers sprach aber auch der Trotz des alten Nationalliberalen mit, der für sich persönlich keine bedingungslose Kapitulation anerkennen wollte.

Dabei war Meyer in den letzten Monaten des NS-Regimes übel mitgespielt worden. Im Zuge der Vernehmungen Goerdelers war neben den 1942 in der Außenvertretung des GHH-Konzerns in den Hintergrund getretenen Hermann Reusch und Karl Haniel auch Meyer in den Verdacht der Mitwisserschaft der Aktion vom 20. Juli 1944 geraten. Speer hatte im Falle Meyers, der wohl ohne persönliche Beteiligung in oppositionellen Zirkeln als einer der Ansprechpartner in der Industrie ins Auge gefaßt worden war, zunächst Weiterungen mit dem Hinweis auf dessen ohnehin anstehende Ablösung abzubiegen versucht[29]. Es handelte sich dabei um die im September 1944 angelaufene Aktion der Gestapo zur Einberufung von „Judenmischlingen" und „jüdisch

[25] Meyer an Kellermann am 9. 3. 1945; MAN, 1.3.3.5./51. Zu der noch vor Kriegsende erfolgten Reise des Chefkonstrukteurs der Dieselmotorenabteilung nach Schweden zur Vorbereitung einer Lizenzfertigung im Motorenbau für Handelsschiffe siehe Luther, Neubeginn, S. 285 f.

[26] Bericht Pfannenschmidt vom 2. 4. 1976; MAN, 1.1.7.1.

[27] Bericht Zimmermann vom 14. 1. 1954; ebd.

[28] Bericht Pehr-Mohn vom 8. 9. 1953; ebd.

[29] Gregor Janssen, Das Ministerium Speer. Deutschlands Rüstung im Krieg, Frankfurt 1968, S. 270, S. 401, Anm. 20.

Versippten" zu einem Sondereinsatz im Rahmen der Organisation Todt. Bei MAN zählte neben einigen leitenden Angestellten, darunter dem Personal-Hauptsachbearbeiter, auch Meyer zum Kreis der Betroffenen[30]. Infolge einer Beckenprellung und der Fürsprache verschiedener Seiten (Gauleiter, Rüstungsobmann) unterblieb zwar die Einweisung in ein Arbeitslager, doch schien Meyers Ablösung in Augsburg und seine Abberufung aus dem MAN-Vorstand um die Jahreswende 1944/45 unmittelbar bevorzustehen. Der seit Oktober 1943 als Leiter des Zentralamtes im Ministerium Speer tätige Nürnberger Oberbürgermeister Liebel, ein alter Feind Meyers, drängte ebenso wie Beauftragte der DAF-Reichsorganisationsleitung gegenüber Vorstand und Aufsichtsrat des GHH-Aktienvereins auf Entlassung des vermeintlich unsicheren Kantonisten. Sie fanden dabei allerdings bei den zu den Besprechungen zugezogenen weiteren Vertretern des Rüstungs- wie auch des Reichswirtschaftsministeriums keine entscheidende Unterstützung mehr. Jetzt bewährten sich vor allem die Verbindungen des MAN-Vorstandes zum Generalreferenten für Wirtschaft und Finanzen im Ministerium Speer, dem nachmaligen Bonner Finanz-Staatssekretär Karl Hettlage, der noch in der zweiten April-Hälfte 1945 eine Reihe von Unternehmen mit Forderungsbeständen an das Reich zur Überbrückung der für die unmittelbare Nachkriegszeit erwarteten Finanzierungsschwierigkeiten mit von der Reichsbank blanko zur Verfügung gestellten Schecks versorgte (im Falle der MAN in Höhe von 30 Millionen RM)[31].

Hinsichtlich der Besetzung durch amerikanische Truppen hatte die Unternehmensleitung der MAN – zumal in den USA noch während des Krieges MAN-Motoren in Lizenzbau für die Navy gefertigt worden waren – nicht unbegründete Hoffnungen auf einen ungestörten Übergang zur Friedensproduktion auf der Basis des breit gefächerten Werkzeugmaschinenbestandes der Firma. Doch die ersten amerikanischen Maßnahmen ließen längst vor Verhängung der „property control" im Herbst 1945 starke Irritationen über den Kurs der Militärregierung entstehen.

Wie schon erwähnt, wurden am 1. bzw. 3. Juli 1945 die Direktoren Meyer und Riehm von den Amerikanern verhaftet und in das Augsburger Untersuchungsgefängnis eingeliefert. Meyer, seit der Besetzung zugunsten eines amerikanischen Generals aus seiner Direktoren-Villa ausquartiert und in der Speiseanstalt des Werks logierend, wurde schließlich nach mehrwöchigem Aufenthalt im Gefängnislazarett am 29. Oktober 1945 mit der Auflage, den Betrieb nicht zu betreten, in den Hausarrest entlassen. Erst 1947 wurde Meyer rehabilitiert und avancierte nun erneut schnell. Mangels formeller Belastungen fielen ihm die Positionen des Vorstandsvorsitzenden und Generaldirektors der MAN, die dann 1948 bzw. 1949 in die Leitung des Vereins der Bayerischen Metallindustrie und der Vereinigung der Bayerischen Arbeitgeberverbände führten, fast zwangsläufig zu. Freilich ging er bis zum Abschluß seines Entnazifizierungsverfahrens im Juni 1947, inzwischen 65 Jahre alt, mit dem Gedanken um, aus seinen durch die Treuhänderschaft behinderten Funktionen auszuscheiden und sich in die Schweiz zurückzuziehen. Nachdem ihn die Spruchkammer als vom Befreiungsgesetz nicht betroffen erklärt hatte, bedauerte Meyer gegenüber dem von den Briten nach Entlassung aus neunmonatiger Haft im August 1946 mit einem Tätigkeitsverbot in der anschließend ebenfalls unter Vermögenskontrolle gestellten GHH belegten

[30] Siehe hierzu die Vorgänge in BA/MA, RMfRuK 883.
[31] Droscha, Geschichte, S. 168 f.

Kellermann, daß er sich zur Frage der Entnazifizierung in der Wirtschaft nicht habe öffentlich äußern können: „Ich glaube, ich hätte dabei sehr viel Gutes tun können, an meinem Fall zu beweisen, unter welchem Druck die deutschen Menschen in der Vergangenheit gestanden sind ... Viele sind, um diesen dauernden Quälereien auszuweichen, gegen ihre innere Überzeugung Parteimitglied geworden."[32]

Kellermann, obwohl Nicht-Pg, hatte im Januar 1947 den Vorstandsvorsitz der GHH für den im Rahmen der britischen „North German Iron and Steel Control" einflußreicheren, gleichsam auf die ihm bisher verwehrte legitime Erbfolge pochenden Hermann Reusch räumen müssen. Gerüchte, die Konzernleitung werde vor dem Internationalen Militärgerichtshof angeklagt, sollten sich freilich nicht bewahrheiten. Daß die durch die Entnazifizierung zeitweilig bewirkten personellen Einbrüche in Aufsichtsräten und den durch ihre exponierte Stellung stärker betroffenen Vorständen von Aktiengesellschaften letztlich keine neue Führungsgarnitur aufrücken ließen, sondern als Ergebnis von Besatzungswillkür schnell revidiert wurden, sobald die Möglichkeit dazu bestand, zeigte sich am Beispiel von GHH und MAN. Von den drei entlassenen Mitgliedern des fünfköpfigen MAN-Vorstandes befanden sich im Frühjahr 1948 zwei wieder in alter Funktion. Als noch stabiler hatte sich der Aufsichtsrat erwiesen: Von seinen acht Mitgliedern war außer einem Parteigenossen nur Kellermann den Zeitläuften zum Opfer gefallen. Bis Herbst 1947 stand im Zuge der Verhandlungen über die auf die MAN entfallenden Restitutions- und Reparationsleistungen die Drohung völliger Demontage der Werke im Raum. Ein endgültiges „dismantling" betraf neben dem größten Teil des Maschinenparks des reichseigenen, von MAN in Pacht betriebenen Hamburger Motorenwerks nur das Werk Augsburg, und zwar die mit finanzieller Beteiligung der Kriegsmarine 1938 errichtete Forschungsanstalt für Mechanik und Gestaltung (Entwicklung von Schiffsmotoren) und 20 Prozent des Dieselmotorenbaus[33].

In den 1947 geführten Spruchkammerverhandlungen gegen ehemalige Abteilungsleiter der MAN zeichnete sich die Peripetie der Entnazifizierung unter Korrektur mancher politischer Beurteilungen der ersten Nachkriegsmonate bereits ab. Im Januar 1948 stand vor der Spruchkammer des Internierungslagers Augsburg-Göggingen der seit Sommer 1945 inhaftierte ehemalige Betriebsführer Heinrich Riehm. Vor großer Zuhörerkulisse traten zahlreiche Entlastungszeugen aus der Belegschaft und auch aus der Unternehmensleitung auf. Aber: „Da stand in einer früheren Betriebsrats-Beurteilung: ‚Der Betroffene war überzeugter Nationalsozialist.' Selbst wenn der Betriebsrat des Jahres 1948 etwas anderes sagte als der von 1945 – der Satz stand da und blieb hängen; vor allem, weil die Spruchkammer der Ansicht war, daß der Betriebsrat von 1945 noch unmittelbar und ‚frei von Furcht' auch unter Umständen Urteile abgab, die heute im allgemeinen nicht mehr so rückhaltlos vor der Öffentlichkeit abgegeben werden", so schrieb die Presse[34]. Riehm wurde als „Minderbelasteter" eingestuft, erhielt Tätigkeitsverbot für leitende Positionen und kehrte nicht mehr zur MAN zurück.

[32] Meyer an Kellermann am 18. 6. 1947; MAN, 1.3.3.5/51.

[33] Luther, Neubeginn, S. 284f. Die Korrespondenz zwischen Dienststellen der US-Marine, OMGUS Economics Division und der FIAT über den Abbau der Versuchsanstalt (Juli/August 1946) findet sich in NA, RG 260, 17/5/5.

[34] Schwäbische Landeszeitung vom 27. 1. 1948. Der Spruchkammer-Entscheid gegen Riehm siehe Amtsgericht München, Spruchkammerverfahren 1427/47-Tu.

Wenige Wochen zuvor waren der ehemalige Leiter sowie zehn Ingenieure der Konstruktionsabteilung für Diesel-Motoren nach zum Teil über zweijähriger Arbeitslosigkeit dem Ruf des französischen Lizenznehmers der MAN-Motoren gefolgt und hatten begonnen, in Frankreich eine erfolgreiche Konkurrenz zur MAN aufzubauen. Das Werk hatte im Gefolge des Gesetzes Nr. 8 auf ihre Dienste verzichtet, und bereits in den Jahren zuvor hatten die Techniker britische und amerikanische Angebote abgeschlagen. Der MAN-Betriebsrat verurteilte, wie der Werksbeauftragte des Treuhänders mit ironischem Anflug vermerkte, in „sehr starken Ausdrücken ... dieses Fortgehen aufs Schärfste", da er darin „eine Beeinträchtigung der Interessen der MAN" sah[35].

3. Der Messerschmitt-Konzern – Kernstück neuer industriewirtschaftlicher Strukturen

Während sich die Revitalisierung der Textilindustrie aus dem Bedarf der unmittelbaren Nachkriegszeit und der Umorientierung des deutschen Industriepotentials auf Friedensfertigungen von selbst zu bejahen schien – die Vertreter dieses Wirtschaftszweigs spielten in den Vorverhandlungen für das im März 1946 anlaufende amerikanische Erzeugungsprogramm voll die Karte des Opfers nationalsozialistischer Strukturpolitik –, stand die Liquidierung der Kernbetriebe der Rüstung im Sommer 1945 ebenso außer Frage. Dies betraf für den hier untersuchten Raum in erster Linie die Niederlassungen des Messerschmitt-Konzerns. Bis April 1945 war die Zahl der in den Betrieben der Messerschmitt AG und der Messerschmitt GmbH wie auch der Hauptlizenzträger, nämlich der Wiener-Neustädter Flugzeugwerke AG und der Erla Maschinenwerke GmbH in Leipzig, Beschäftigten auf rund 81 000 angestiegen. Das Netz des Augsburger Werks umfaßte zusammen mit den unterirdischen Produktionsanlagen im Leonberg-Tunnel, in Kematen bei Innsbruck und im Horgauer Wald 31 Fertigungs- und 18 Lagerstandorte mit über 27 000 Arbeitskräften. Von Anfang 1940 bis Jahresschluß 1944 stellten die Messerschmitt-Werke einschließlich des Lizenzbaus rund 60 Prozent der Jagd-Einsitzer der Luftwaffe (vor allem die Me 109) her. Über die Hälfte der 1944 insgesamt produzierten deutschen Kampfflugzeuge stammte aus Entwicklungen der Firma. Die konkurrenzlos führende Stellung im Exportgeschäft, die in den Verteidigungsstrategien des Messerschmitt-Managements vor alliierten Untersuchungskommissionen und Spruchkammern eine wesentliche Rolle spielte, basierte – zahlenmäßig gegenüber der Gesamtproduktion untergeordnet, betriebswirtschaftlich aber lukrativ – vor allem auf Nachbaulizenzen des Reichsluftfahrtministeriums in verbündeten oder besetzten Ländern (Ungarn, Rumänien, Bulgarien, Frankreich).

Keimzelle des Konzerns war die 1926 in Augsburger Betriebsanlagen einer Flugzeugfabrik des Ersten Weltkrieges – mit Beteiligungen von Reich und Land – gegründete Bayerische Flugzeugwerke AG (BFW). Im folgenden Jahr ging sie mit der kleinen Bamberger Firma des Konstrukteurs Willy Messerschmitt eine Interessenverbindung ein. 1928 erwarben der damals 30jährige Messerschmitt und seine Mitgesellschafter das gesamte Aktienpaket der BFW, die die krisenhafte Wirtschaftsentwicklung und

[35] Aktenvermerk Petersen vom 12. 1. 1948; MAN, 1.1.7.1.

technische Rückschläge in den folgenden Jahren nur über ein Vergleichsverfahren überstanden, nachdem Fusionsverhandlungen mit Heinkel und Dornier zu keinem Ergebnis geführt hatten. Wenn die Flugzeugindustrie seit 1933 generell öffentliche Förderung erfuhr, so traf dies für das Augsburger Unternehmen im besonderen zu. Die Sanierung der Firma, der Produktionsanlauf für das Sportflugzeug Me 108 („Taifun") und die Entwicklung des Jägers Me 109 zur Serienreife wurden wesentlich durch Görings Reichsluftfahrtministerium gestützt. Mit dem seit 1936 betriebenen Aufbau des Zweigwerks Regensburg als Hauptproduktionsstätte für die Me 109 erfolgte der endgültige Übergang zum Großbetrieb für die Luftrüstung. Von 1936 bis 1940 befanden sich nach Verzehnfachung des Aktienkapitals über 75 Prozent der Messerschmitt-Anteile in Reichsbesitz, ehe die Ertragslage den Altaktionären den Rückerwerb gestattete.

Messerschmitt selbst, 1936 erneut zum Vorstandsvorsitzenden gewählt und 1938 zum Betriebsführer des Werks Augsburg ernannt – er war 1933 im Zuge des Sanierungsverfahrens als Techniker in der Außenvertretung der Firma in das zweite Glied zurückgedrängt worden –, wuchs in die Rolle eines Idols technikbegeisterter Deutscher hinein, dem der nationalsozialistische Staat den idealen Rahmen zur Entfaltung seiner Fähigkeiten als Flugzeugbauer und Unternehmer bot. Auszeichnungen und Preise häuften sich, im September 1938 erhielt das Gesamtunternehmen den Namen seines Chefkonstrukteurs. „Verreichlichungs"-Pläne waren zu diesem Zeitpunkt längst ad acta gelegt, konnte die Entwicklung der Firma doch als ein Musterbeispiel für den Erfolg nationalsozialistischer Wirtschaftspolitik im Sinne einer Lenkung ohne bürokratische Behinderung von Privatinitiativen gelten. Daß Messerschmitt dabei im Gegensatz zu seinem frühen Mitarbeiter Theo Croneiß, dem 1942 verstorbenen Aufsichtsratsvorsitzenden des Gesamtunternehmens, kein ausgesprochener Mann der NSDAP war, wenngleich er als Pg seit 1933 eine für Führungskräfte in der Industrie vergleichsweise niedrige Mitgliedsnummer hatte, wurde ihm nicht gram genommen. Seiner im Spruchkammerverfahren als entlastend zitierten Äußerung, „Jagdflugzeuge werden nicht von alten Kämpfern, sondern von Technikern konstruiert", hätten sicher auch die meisten alten Kämpfer zugestimmt, solange seine Flugzeuge den Himmel beherrschten. Er brauchte keine Versammlungen zu besuchen, Gelegenheiten des Bekenntnisses zu Staat und Partei gab es genug. Die Messerschmitt-Betriebe waren nach Anschauung von NSDAP und DAF intern ohnehin auf Vordermann, ohne daß ihr Leiter dafür viel von seiner kostbaren Zeit hätte aufwenden müssen.

Die mit Kriegsbeginn sich verschärfenden Konkurrenz- und Abgrenzungskonflikte der Flugzeugbaukonzerne in den Vorzimmern Görings und Milchs sowie die seit den Tagen des BFW-Konkurses sorgfältig gepflegte Feindschaft zur Lufthansa bildeten den Hintergrund für die Ablösung Messerschmitts als Vorstandsvorsitzender und Betriebsführer des Werks Augsburg im Mai 1942. Daß er nach den ersten alliierten Großangriffen zunehmend insistiert hatte, Veränderungen an strategischen Konzeptionen und Produktionsprogrammen vorzunehmen, war im Reichsministerium der Luftfahrt (RmdL) als lästige Vertretung eigener Interessen und Eitelkeiten (Blockierung des weiteren Serienbaus der Me 210) interpretiert worden. Die Ernennung zum Ehren-Brigadeführer des NSFK und zum „Pionier der Arbeit" im Jahre 1941 galten einem Manne, dem auf der Suche nach Schuldigen für den Fehlschlag der Luftoffensive gegen England in den obersten Kommandostellen der Luftwaffe bereits am Zeug geflickt worden war und gegen den auch im eigenen Unternehmen Intrigen gesponnen wurden. Nunmehr beschränkt auf die Tätigkeit als Chefkonstrukteur, erlebte Messerschmitt die Genugtuung, daß seine 1942 vorgetragenen Forderungen auf Stärkung der Jägerflotte sich schließlich bestätigt sahen. Der verspätet und entsprechend überstürzt in Serienbau gelangte Turbinenjäger Me 262 erwies sich als erfolgreiche Waffe, an deren Weiterentwicklung in der nach Oberammergau verlagerten Konstruktionsabteilung bis zum Kriegsende gearbeitet wurde. Dort fiel den einrückenden US-Truppen das nahezu fertige Modell eines Jägers mit rund 1000 Stundenkilometern Höchstgeschwindigkeit in die Hände, der bis 1951 als Bell-X-5-Typ der US-Luftwaffe zur Serienreife gebracht wurde.

Für Messerschmitt persönlich hatte die Degradierung letztlich ihre guten Seiten. Sie ersparte ihm vor allem die Verantwortung für Maßnahmen der Personalbewirtschaftung, die im Zeichen des „totalen Krieges" und der Betriebsverlagerungen zu ergreifen waren (einschließlich der Beschäftigung von Häftlingen aus Konzentrationslagern), wie die Verbindung seines Namens mit dem rapiden Prestigeverfall des Unternehmens seit 1943, als sich Beschwerden über internen Schlendrian bei maßlosen Arbeitskräfte- und Materialforderungen mit Korruptionsvorwürfen gegen leitende Angestellte häuften[36]. Unverhältnismäßig hohe Anteile nicht in der unmittelbaren Produktion eingesetzter Beschäftigter standen gewiß mit dem hohen Differenzierungsgrad der Endprodukte wie mit dem weitgespannten Zulieferer- und Verlagerungsnetz der Flugzeugbetriebe in Zusammenhang[37]. Außerdem ergaben sich seit Herbst 1944 durch Transportschwierigkeiten zahlreiche Leerläufe. Klagen wegen Müßiggang in Verwaltung und Verteilung betrafen auch andere Betriebe der Rüstungswirtschaft[38] und stammten häufig aus der an den Maschinen stehenden Belegschaft, der mit der Einführung der 72-Stunden-Woche im April 1944 unzumutbare Arbeitseinsätze abverlangt worden waren. Im Hinblick auf die Messerschmitt-Werke trugen diese Beschwerden aber auch den besonderen Zug der Verbitterung wegen des Kriegsverlaufs und der beklagenswerten Zustände in einem einst gefeierten Paradebetrieb.

Das Bündel an Ursachen für die 1944 aufgelaufenen Rückstände in der Me-262-Produktion kann hier außer acht bleiben. Tatsache ist, daß sich die verschiedenen Beauftragten des Ministeriums Speer nicht oder nur mit großer Mühe im Dickicht der neben- oder gegeneinander agierenden Abteilungen und Niederlassungen durchsetzen konnten, in denen Resignation, Hedonismus und in einigen Fällen wohl auch versteckte Absichten zur Gründung neuer Einzelfirmen nach der in naher Zukunft erwarteten Zerschlagung des Konzerns das Bemühen um rüstungswirtschaftliche Kräftekonzentration behinderten.

[36] Gerhard Hetzer, Die Industriestadt Augsburg. Eine Sozialgeschichte der Arbeiteropposition, in: Martin Broszat, Elke Fröhlich und Anton Grossmann (Hrsg.), Bayern in der NS-Zeit, Bd. III: Herrschaft und Gesellschaft im Konflikt, München 1981, S. 125 ff.

[37] Vgl. hierzu Jeffrey Fear, Die Rüstungsindustrie im Gau Schwaben 1939–1945, in: Vierteljahrshefte für Zeitgeschichte 35 (1987), S. 193 ff.

[38] Auszug aus einem Bericht des Landrates von Lindau, zit. im Monatsbericht des RegPräs von Schwaben vom 9. 4. 1945: „Es blieb kein Geheimnis, daß in der kaufmännischen Abteilung der Dornier-Werke die Zeit mit Schachspielen vertrieben wurde, bei den weiblichen Angestellten mit Handarbeit; in den Werkstätten wurden Haushaltsgegenstände und Spielzeug hergestellt, und an sonnigen Werktagen ergingen sich die Ingenieure paarweise im Park ..." BayHStA, MA 106 695.

Der Bankier Friedrich Wilhelm Seiler, Interessenvertreter der Mehrheitseigner des Messerschmitt-Stammkapitals, seit dem Sanierungsverfahren eine der grauen Eminenzen des Unternehmens und 1942 zum Vorsitzenden des Aufsichtsrates bestellt[39], versuchte den Rüstungsstab des Speer-Ministeriums, das RMdL und schließlich auch Goebbels und die SS jeweils gegeneinander auszuspielen[40]. Dem Vorstandsvorsitzenden und Augsburger Betriebsführer Rakan Kokothaki, selbst Anteilseigner in einer Tochtergesellschaft des Konzerns, schien die Leitung des Unternehmens aus den Händen geglitten zu sein. Von Abwehr und Gestapo wegen seiner levantinischen Herkunft und zahlreicher Auslandskontakte mißtrauisch beäugt, was ihn zu gelegentlichen Demonstrationen seiner Loyalität zu Führer und Reich veranlaßte, war Kokothaki gerieben genug, um offenen Konflikten mit dem Jägerstab bzw. Rüstungsstab unter dem „Gewaltmenschen" Otto Saur aus dem Wege zu gehen und in dieser verfahrenen Situation sich mit möglichst wenig Verantwortung zu beladen. Daß die Werksbeauftragten des Jägerstabes an ihm vorbei seit März 1944 mit den einzelnen technischen Abteilungsleitern den Ausstoß an Me 262 in die Höhe zu schrauben suchten und bei unrealistischen Sollziffern im Produktionsengpaß des Leonberg-Tunnels scheiterten, ging somit nicht auf seine Kappe. In der Betriebsfinanzierung und im Auslandsgeschäft sehr erfolgreich, war Kokothaki auch der Vertrauensmann der Kreditoren des Konzerns, neben der Bank der Deutschen Luftfahrt des RmdL, der Bayerischen Vereinsbank und der Bank der Deutschen Arbeit vor allem Gesellschaften der Versicherungsbranche und der Münchener Industriefinanzier Rudolf Muenemann. Der bereits vor Kriegsbeginn abgeschlossene Lizenzbauvertrag mit schweizerischen Firmen und die im Zuge der Produktionskontrolle über französische Flugzeugunternehmen (Bau der Me 108 und 208) mit Vertretern von Caudron und SNCAN getroffenen Absprachen über gemeinsame Friedensentwicklungen[41] boten den Kapitalanlegern noch Perspektiven, die der in chaotischen Improvisationen verlaufenden Kriegsproduktion nicht mehr innewohnten. Himmler wiederum nützte die Geschäftsverbindungen der Firma, um über den als juristischen Berater im Aufsichtsrat der Messerschmitt AG tätigen Berliner Rechtsanwalt Carl Langbehn im Sommer 1943 Friedensfühler in die Schweiz vorzustrecken. Die Verwicklung des Reichsführers SS in die Affäre um den nach Indiskretionen im Herbst 1943 verhafteten und nach dem 20. Juli 1944 als Mitwisser von Popitz und Hassell hingerichteten Langbehn[42] bewahrte Seiler und seinen Partner im Direktorium des arisierten Bankhauses Aufhäuser, den ehemals in Reichswirtschaftsministerium und Reichsbankdirektorium tätigen Otto Schniewind, wohl auch vor tödlichen Konsequenzen, als beide nach dem Attentat auf Hitler

[39] Seiler war 1943 Mitglied in 23 Aufsichts- oder Beiräten von Wirtschaftsunternehmungen, darunter Aufsichtsratsvorsitzender folgender Teil- und Tochtergesellschaften des Messerschmitt-Konzerns: Messerschmitt AG Augsburg, Messerschmitt GmbH Regensburg, Messerschmitt GmbH Kematen, Leichtbau GmbH Regensburg, Uher & Co München–Wien, Eiso Schrauben GmbH München; Amtsgericht München, Spruchkammer, 2539/47, H/I/899/49 (Seiler).

[40] Siehe die Beschwerde über das „hinterhältige Gebaren des Herrn S." im Auszug aus den Kurz- und Schnellberichten des Rüstungsstabes beim RMfRuK vom 25. 11. 1944; BA/MA, RMfRuK 569.

[41] Vorgänge in Amtsgericht München, Spruchkammer, A 9–208/2978/48-Bx (Kokothaki).

[42] E.S. an Staatsministerium für Sonderaufgaben am 3. 7. 1946; ebd. Siehe auch Amtsgericht München, Spruchkammer, 4287/48 (Messerschmitt).

festgenommen wurden. Seiler kam nach einigen Vernehmungen wieder frei, Schniewind wurde nach einer Gegenüberstellung mit Goerdeler, der ihm angeblich das Reichswirtschaftsministerium angetragen hatte[43], im März 1945 entlassen.

Aus dem im Mai 1945 in Oberammergau eingerichteten Vernehmungslager der US-Luftwaffe, in dem die leitenden Angestellten des Konzerns gesammelt wurden, versuchten Seiler wie Kokothaki, in annehmlicher Hotel-„Ehrenhaft" gehalten, während des Sommers 1945 auf den weiteren Gang der Dinge in den Hauptniederlassungen der Firma Einfluß zu behalten. Kokothaki machte sich in der Berichterstattung für den US-Strategic Bombing Survey, in dem Vertreter amerikanischer Flugzeugfirmen maßgeblich mitarbeiteten, und mit Übersetzungen für das Investigation Center der US-Air Force nützlich[44]. Bemühten sich die Amerikaner in Oberammergau darum, das Geflecht des Konzerns transparent zu machen, so ging man in Augsburg zwischenzeitlich daran, konkreter über das Schicksal der verbliebenen Betriebsmittel der Aktiengesellschaft nachzudenken.

Am 4. Juni 1945 erhielt die provisorische Firmenleitung, die sich aus einigen mit Einzelvollmachten ausgestatteten Angestellten der zweiten Reihe zusammensetzte, die Genehmigung der Militärregierung, mit eigenem Personal die Sicherung der rund 50 Produktionsstätten und Außenlager in Schwaben und im angrenzenden Oberbayern zu übernehmen. Die sich über viele Monate hinziehende Bestandsaufnahme ergab, daß in zahlreichen Fällen Plünderungen nicht nur durch Displaced Persons, sondern auch durch die einheimische Bevölkerung, die in kleinstädtischen und ländlichen Bereichen die Zuwanderung von Messerschmitt-Betrieben in Befürchtung erhöhter Fliegergefahr mit scheelen Augen angesehen hatte, vorgefallen waren. Von amerikanischen Dienststellen waren ebenso wie von verschiedenen deutschen Bürgermeistern – kraft eigenen Rechts – Beschlagnahmen ausgesprochen worden[45]. Während sich die Belegschaften in alle Winde zerstreut hatten, stellten Maschinenpark und Rohmaterialbestände noch Werte dar, um die heftige Verteilungskämpfe entbrannten. Zum Teil hatte in den Materiallagern ein ungeregelter Verkauf eingesetzt, Kleingläubiger waren erschienen, um sich selbst zu bedienen. Die Trade and Industry-Abteilung der Militärregierung Augsburg-Stadt ordnete deshalb am 20. Juli 1945 ein Verbot der Begleichung von Verbindlichkeiten bis zum Abschluß der Inventur und einer vorläufigen Bilanz an und stellte die Einleitung eines förmlichen Konkursverfahrens in Aussicht[46] – dies vermutlich unter dem Einfluß des IHK-Präsidenten Vogel und seines Geschäftsführers, deren erklärtes Ziel es war, den metastasierten Konzern zu liquidieren. Für die alteingesessene Industrie war der Zeitpunkt der Abrechnung gekommen. Die Augsburger Industrie- und Handelskammer schrieb im September 1945 an das bayerische Wirtschaftsministerium: „Diese Firma war ein ausgesproche-

[43] Aussage Schniewind vom 16. 5. 1947; Amtsgericht München, Spruchkammer, 2539/47, H/I/899/49 (Seiler).

[44] Bescheinigungen in Amtsgericht München, Spruchkammer, A 9–208/2978/48-Bx (Kokothaki), u.a. des USSBS vom 2. 7. 1945: „... whole-hearted cooperation and particular skill compel recognition on our part". „He may be useful to other American or Allied agencies and we recommend him for consideration on the basis of our experiences."

[45] Präsident des Landesarbeitsamtes Schwaben an Oberbürgermeister und Landräte am 14. 7. 1945; Stadtarchiv Augsburg, 49/1354.

[46] Militärregierung Augsburg-Stadt an Messerschmitt AG am 20. 7. 1945, Abschrift; StAND, RWA 31.

ner Rüstungsbetrieb, der in höchstem Maße Förderung durch das Reich erfahren hat. Nur mit Hilfe der im Hintergrund stehenden Reichsmittel verschiedenster Art konnte das Werk eine solche Ausdehnung nehmen und mit Maschinen, Vorräten und Arbeitskräften in ungewöhnlicher Weise ausgestattet werden. Dies geschah zum Nachteil vieler anderer Werke, inbesondere auch solcher unseres Kammerbezirks, die erst im Laufe des Krieges oder dessen Vorbereitung auf Rüstungsproduktion umgestellt worden sind oder die Geräte und Arbeitskräfte an die Messerschmitt AG abgeben mußten. Es ist deshalb ... vom Standpunkt der Gesamtwirtschaft aus nicht zu verantworten, wenn man die bei ... Messerschmitt vorhandenen Maschinen und Vorräte nun ohne weiteres zur Umstellung auf Friedensproduktion seitens dieses Unternehmens verwenden würde. Dadurch würde für andere Unternehmen eine gefährliche, wenn nicht tödliche Konkurrenz großgezogen werden."[47]

In der Einsicht, daß sich weder Zahlungsfähigkeit noch Insolvenz vorderhand gerichtlich ermitteln ließen, und angesichts der Versuche einzelner Gläubigergruppen, neue Unternehmen bei Übernahme des Maschinenparks der Stammfirma zu gründen, gab Vogel den Konkursplan auf und erklärte sich mit der vorläufigen Bestellung eines Treuhänders für die Messerschmitt AG und schließlich auch für den gesamten Konzern einverstanden[48]. In der Forderung des Wirtschaftsreferenten bei der Regierung von Schwaben, ein Treuhänder habe sich zunächst als Sachwalter des öffentlichen Interesses zur Überführung des Sachkapitals der Aktiengesellschaft in die schwäbische Kleinindustrie und das Handwerk zu verstehen, entdeckte er den Pferdefuß der staatlichen Wirtschaftslenkung. Der Vorschlag des Bevollmächtigten der Gläubiger – neben Banken 218 Versicherungsgesellschaften mit einem Forderungsbestand von rund hundert Millionen RM –, einen mit dem Betrieb vertrauten „custodian" zu benennen, läßt erkennen, daß die Forderung nach einem Fortbestehen der Firma nicht zuletzt durch die Interessen ihrer Gläubiger bekräftigt wurde. Mit August Wilhelm Mathy, einem ehemaligen Betriebsleiter aus der Energiewirtschaft (Isolatorenbau), zuletzt Gruppenleiter bei der Rüstungsinspektion Wien, wurde schließlich ein Kompromißkandidat gefunden, der über die nötige Energie zu verfügen schien, um sich gegen das Intrigenspiel der verbliebenen Abteilungsleiter und Anteilseigner durchzusetzen, zumal er sich durch seine Tätigkeit beim Rüstungskommando Augsburg in den Jahren 1940/42 Kenntnisse der internen Verhältnisse der Firma erworben hatte[49].

Der Versuch der IHK, mit dem stellvertretenden Direktor der Augsburger Kammgarnspinnerei, Nikolaus Müller, in den folgenden Jahren Treuhänder mehrerer Textilgroßbetriebe und seit 1947 Oberbürgermeister von Augsburg, einen dem Interesse der einheimischen Wirtschaft verpflichteten Abwickler ins Spiel zu bringen, führte nicht zum Ziel. Obwohl Mathy mit besonderen Vollmachten der schwäbischen Militärregierung gegenüber örtlichen US-Dienststellen ausgestattet wurde und am 1. März 1946

[47] IHK Augsburg an das bayerische Wirtschaftsministerium am 28. 9. 1945; IHK Augsburg, Firmenakt Messerschmitt.

[48] Zu den Verhandlungen zwischen IHK, Regierungsstellen und dem Bevollmächtigten der Gläubiger im Juli 1945 siehe StAND, RWA 31.

[49] Seine kolportierte Äußerung, daß er kein Interesse an einer Wiedereinstellung ehemaliger Messerschmitt-Beschäftigter habe, da dort „nur Leute gewesen [seien], die sich um ihren Dienst in der Wehrmacht herumgedrückt hätten", in einem Aktenvermerk des Regierungswirtschaftsamtes Augsburg vom Januar 1946; ebd.

auch eine – nachträglich als nur vorläufig deklarierte – Bestallung zum Generaltreuhänder für die Konzern-Niederlassungen in der US-Zone erhielt[50], waren sich die Militärbehörden in Frankfurt und München unklar, wohin die Reise gehen sollte. Zunächst suchten sie auch indirekte Einflüsse der Aktionäre auszuschalten und, seit Frühjahr 1946, auch Reparationsleistungen sicherzustellen. Eine förmliche Verhängung der „property control" erfolgte erst im Januar 1946, womit eine vorläufige Grundlage für die Inbetriebnahme einzelner Werke (in Augsburg Produktion von Milchkannen) geschaffen wurde. Eine Gesamtregelung der vor dem 1. Mai 1945 aufgelaufenen Verbindlichkeiten wurde auf einen von der Militärregierung noch festzusetzenden Termin verschoben[51]. Sie kam erst nach der Währungsreform in Gang, wobei die Firma, im November 1949 aus der Vermögenskontrolle entlassen, nach Ausschluß der Umwertung ihrer eigenen Forderungen an Reich und Wehrmacht vom Leistungsverweigerungsrecht gemäß den Umstellungsgesetzen Gebrauch machte[52].

Die Vermögenskontrolle erlaubte somit, gleichsam als Schutz gegen Beschlagnahmen oder die Zurückhaltung von Vermögenswerten, eine gewisse Schattenexistenz bis zur Demontage des verbliebenen Maschinenparks (rund 3500 Anlagen). Gegenüber Forderungen eines Großteils der ehemals im Flugzeugwerk Beschäftigten, deren Arbeitslosigkeit oder – so bei Ingenieuren oder technischen Zeichnern – fachfremde Tätigkeit noch in den frühen fünfziger Jahren ein Problem des Augsburger Arbeitsmarktes war[53], auf Ausgleich rückständiger Löhne und Gehälter verhielt sich die Militärregierung ablehnend. Im Herbst 1946 waren rund 950, im Frühjahr 1948 nach Demontage und Verpachtung eines Großteils des Werksgeländes an neu gegründete Firmen noch circa 700 Personen bei der Messerschmitt AG beschäftigt. Die Reparations & War Potential Section der amerikanischen Militärregierung in Bayern gab im Frühjahr 1948 die trotz jahrelanger Verkäufe noch immer beträchtlichen Materialbestände zur Bewirtschaftung frei.

Im Juni 1948 erhielt die von Willy Messerschmitt in München gegründete Neue Technik GmbH zur pachtweisen Einrichtung einer Fabrikation von Stahlhäusern in einem der Augsburger Teilwerke ein erstes Kontingent an Leichtmetallen, Walzwerkerzeugnissen und Werkzeugen zugewiesen[54]. Wenn der Flugzeugbauer in den folgenden Jahren das zarte Pflänzchen dieser Wiederansiedlung mit dem Bau von Nähmaschinen und Motorrollern auch zu einer gewissen Entwicklung brachte, so blieb sein Verhältnis zur Stätte seiner einstigen Erfolge doch gestört. Der Einfluß seiner Gegner in der Augsburger Großindustrie, die es selbst 1936 vermocht hatten, eine Ausweitung des Werks zu blockieren (was zur Gründung des Messerschmitt-Betriebes in Regensburg geführt hatte), war mächtiger denn je. Wenige Wochen bevor Messerschmitt an die Einrichtung einer neuen Produktion in Augsburg ging, hatte die Stadtverwaltung mit dem BLVW einen Pachtvertrag über das ehemalige Verwaltungsgebäude der Ak-

[50] Mathy an Militärregierung Schwaben, Property Control, am 23. 5. 1946, Abschrift; IHK Augsburg, Firmenakt Messerschmitt.
[51] Militärregierung Schwaben, property control, an Messerschmitt AG am 29. 1. 1946; Stadtarchiv Augsburg, 49/1354.
[52] Menzel, u. a. an Stadthauptkasse Augsburg am 25. 1. 1950; ebd.
[53] Siehe Schwäbische Landeszeitung vom 11. 10. 1952.
[54] Landeswirtschaftsamt München (Eisen und Metalle) an Messerschmitt AG am 25. 6. 1948; StAND, RWA 90.

tiengesellschaft zur Einrichtung von Berufs- und Fachschulen abgeschlossen. Messerschmitt revanchierte sich mit Gesten der Verachtung, zumal er bald Gelegenheit erhielt, an Flugzeugentwicklungen zu arbeiten. Die Geschehnisse seit 1945 versuchte er offenbar wie einen wüsten Traum hinter sich zu lassen.

Wie erwähnt, war Messerschmitt am 1. Mai 1945 in Murnau festgenommen und über Wiesbaden zum Verhör durch amerikanische und englische Offiziere nach London gebracht worden. Etwa vierzehn Tage später mit der Zusage unbehinderten Aufenthalts nach Murnau zurücktransportiert, erfolgte am 27. Mai eine neuerliche Verhaftung, der sich eine rund einjährige Internierung in verschiedenen Lagern (Augsburg-Bärenkeller, Seckenheim, Kornwestheim, Heilbronn, Darmstadt) anschloß[55]. Der für zuständig erklärte Augsburger Haftprüfungsausschuß, dem die Recherche aufgetragen war, ob Messerschmitt eine Mitverantwortung für die Zustände in den Fremdarbeiterlagern der Firma zur Last gelegt werden konnte, sprach sich im März 1946 für dessen Freilassung aus. Am 7. Juni 1946 wurden nach Genehmigung durch den Military Security Board für Groß-Hessen seine Entlassungspapiere ausgestellt.

Bereits während des Aufenthalts in London, bei dem ihm noch aller Komfort einer „Ehrenhaft" zuteil geworden war, hatte Messerschmitt offenbar das Angebot einer Beratertätigkeit zugunsten der Royal Air Force erhalten. Anfang Oktober 1945, als sich der Flugzeugbauer im Interrogation Center der 7. US-Armee befand, folgte eine ähnliche sowjetische Offerte, die über einen angeblichen serbischen Brigadegeneral und Mitinternierten im Lager Seckenheim an Messerschmitt herangetragen wurde. Pikanterweise war von dem Agenten, als sich Messerschmitt gegen einen Aufenthalt in der Sowjetunion ausgesprochen hatte, der Vorschlag dahingehend modifiziert worden, Messerschmitt könne eine Tätigkeit zugunsten der UdSSR auch in der französisch besetzten Zone Österreichs – wohl in Zusammenhang mit den Messerschmitt-Niederlassungen in Tirol – ausüben; doch auch das lehnte er ab[56].

Messerschmitt befand sich in diesen Monaten zweifellos in einer schweren persönlichen Krise. Ohne das Bewußtsein persönlicher Schuld, trug er sich unter den trostlosen Bedingungen der Lagerhaft zeitweilig mit Selbstmordgedanken. Aber dem sich in einzelnen Verhören bis zur Erpressung steigernden Druck, in den USA zu arbeiten, hielt er stand. Diese Weigerung trug ihm bemerkenswerterweise dann im Zuge seines Entnazifizierungsverfahrens im Jahre 1948 besondere Pluspunkte in der deutschen Öffentlichkeit ein[57], ein Zeichen des binnen weniger Jahre eingetretenen atmosphäri-

[55] Ergebnisprotokoll der Verhöre durch den US-Strategic Bombing Survey am 11./12. 5. 1945; NA, RG 243, 31/1/2a. Zu seiner Einweisung in das Lager Kornwestheim als „leading Nazi industrialist", der eine „long range security menace" darstelle, siehe Arrest Report des CIC vom 10. 10. 1945; ebd.

[56] Memorandum des CIC Sub-Regional Office Augsburg vom 2. 7. 1946; ebd.

[57] Aussage Messerschmitts in der Spruchkammerverhandlung laut Schwäbischer Landeszeitung vom 28. 5. 1948: „Man hat mir anfangs gesagt, wenn ich nach Amerika ginge, brauchte ich das, was über Deutschland ergeht, nicht mitzumachen. Als ich mich über die Vertragsbedingungen befragte und gleichzeitig wissen wollte, wie es denn Deutschland ergehen sollte, sagte man mir, daß ich beides drüben in Amerika auch erfahren könne. Daraufhin war meine Antwort: Eine Katze im Sack kaufe ich nicht." Der Berichterstatter der Zeitung kommentierte abschließend: „Man sollte die Möglichkeit nicht unterschätzen, daß eine derartige technische Kapazität mit einer einzigen Erfindung auf einem anderen Wirtschaftssektor [als dem Flugzeugbau] Ungezählten wieder Arbeit und Verdienst geben könnte. Und das ist, nach seinen eigenen Angaben, das ideelle Ziel des Mitläufers Messerschmitt."

schen Wandels im deutschen Selbstbewußtsein gegenüber den Siegermächten. Der Konstrukteur verließ das Internierungslager verbittert über die ihm widerfahrene Behandlung und versuchte nun, die Umstellung einiger der Messerschmitt-Werke auf Friedensproduktion voranzutreiben. Dabei mußte er im Juni 1946 in Augsburg zunächst unüberwindliche rechtliche wie personelle Schwierigkeiten eines raschen Einstiegs in das Unternehmen erkennen. Immerhin nahm ihn das örtliche CIC rasch unter seine Fittiche. Ein Oberleutnant der Militärpolizei beherbergte Messerschmitt für drei Monate in seinem Privatquartier, und das CIC-Hauptquartier in Frankfurt gab Weisung, wie er zu behandeln sei, nämlich „in a friendly and correct manner so as not to spoil the possibility of his being in the employ of the United States Government"[58].

Zweifellos genoß es Messerschmitt, zu spüren, daß sich sein Wert für die US-Behörden in gleichem Maße steigerte, wie Sendboten anderer Besatzungsmächte ihn in ihre Dienste zu nehmen suchten. Die Sowjets zeigten sich besonders hartnäckig; so ließen sie ehemalige Messerschmitt-Testpiloten, die nun in den Dessauer Junkers-Werken arbeiteten, Grüße samt Angeboten überbringen. Die Engländer fühlten über den privaten Bekanntenkreis vor, die Franzosen durch einen früheren Handlungsbevollmächtigten der Firma und alten Fliegerkameraden. Auch nachdem Messerschmitt Ende September 1946 in Einzelhaft zu den Untersuchungen des Internationalen Militärgerichtshofes in Nürnberg überstellt wurde, blieb er im Rahmen der Operation „Bingo" im Gesichtskreis der Field Information Agency, Technical (FIAT) in Frankfurt-Höchst. Sie betrieb seine Überführung in ein Nürnberger Civil Guest House, wo er sich unter milder Aufsicht als Zeuge für die weiteren Verhandlungen des Tribunals zur Verfügung halten sollte. Messerschmitt verblieb dort mit Unterbrechungen bis Oktober 1947, ehe er als Voraussetzung neuer Betätigung in der Wirtschaft sein Entnazifizierungsverfahren vorbereiten konnte. Eintrag und laufende Fortschreibung in der Beobachtungsliste der Joint Intelligence Objectives Agency (JIOA) für deutsche Wissenschaftler bedeuteten für Messerschmitt noch für lange Jahre Aufenthaltskontrolle durch den Geheimdienst und zunächst auch Genehmigungspflicht für Auslandsreisen. Dem suchte sich Messerschmitt nach seiner Entlassung aus dem Nürnberger Gewahrsam in einer Art Katz-und-Maus-Spiel durch häufigen Aufenthaltswechsel zu entziehen, um sich nicht allzusehr in die Karten schauen zu lassen. Offerten der amerikanischen Privatindustrie, die ihn für eine Zusammenarbeit bei Militäraufträgen zu gewinnen suchte, zeigte er sich nicht völlig unzugänglich, reagierte aber mit der Forderung nach ungehinderter Bewegungsfreiheit und ausreichendem Spielraum zur Forschung an eigenen Projekten.

Die französische Luftfahrtindustrie zeigte sich 1947 unter Vermittlung des um seine Kapitalanlagen bangenden Muenemann an einer Tätigkeit Messerschmitts in Frankreich, in den folgenden Jahren dann an einem Erwerb von Patenten und Plänen interessiert. Das kam den Intentionen des Konstrukteurs eher entgegen als eine Mitwirkung an amerikanischen Flugzeug- und Raketenbauprojekten ohne substantielle Entscheidungsbefugnis. Nach einem an Erfolgen und Bestätigungen seines Könnens reichen Werdegang verfügte Messerschmitt 1947/48 wieder über genügend Selbstvertrauen, brauchte nun auch nicht mehr nur als Puppe an den Fäden der Kapitaleigner und Kreditoren zu zappeln und konzentrierte sich auf eine nutzbringende Überbrük-

[58] CIC Headquarters USFET an CIC Region IV am 12. 7. 1946; NA, RG 243, 31/1/2a.

kung der Zeit bis zur Umstellung des eigenen Unternehmens auf Friedensproduktionen (Stahlhäuser) und längerfristig auf den Neubeginn einer Flugzeugfertigung.

Im Mai 1948 wurde der berühmte Konstrukteur von der Augsburger Spruchkammer als Mitläufer und „Nutznießer wider Willen" eingestuft. Zur Grundlage dieser Entscheidung gehörte, daß er in solidarischer Mitwirkung seines früheren Angestelltenstabes der wohlwollenden Kammer beizubringen vermocht hatte, seine Firma sei durch den Kriegsausbruch daran gehindert worden, ihre führende Stellung im Exportgeschäft der deutschen Flugzeugindustrie auszubauen, daß er also eigentlich zu den Kriegsgeschädigten zähle[59].

Der Betriebsrat des Augsburger Restunternehmens, der sich zunächst von allen Verbindungen mit dem ehemaligen Rüstungsgiganten losgesagt hatte, taktierte im Vorfeld der Spruchkammerverhandlung noch abwartend. Ein zunehmend größerer Teil der Belegschaft setzte bei dem unerquicklichen Verhältnis zu dem seit März 1947 fungierenden neuen Treuhänder und dem flauen Geschäftsgang auf die Rückkehr Messerschmitts, ein Begehren, das durch Unterschriftensammlungen noch unterstrichen wurde[60]. Eine Wiederbetätigung des alten Chefs schien sich durch eine Berufung des Generalklägers beim Kassationshof gegen den Mitläufer-Entscheid zu verzögern, da der bayerische Staatskommissar für rassisch, religiös und politisch Verfolgte (Auerbach) Beschwerde erhoben hatte. Dagegen standen die stärker werdenden Bestrebungen einer raschen Reaktivierung Messerschmitts für die heimische Wirtschaft, die etwa vom Staatssekretär für das Bauwesen unterstützt wurden und denen sich auch der für Entnazifizierung zuständige Staatsminister Hagenauer zugänglich zeigte. Die Berufung des Generalklägers wurde im August 1948 zurückgenommen. Weniger im Sinne der alten Messerschmitt-Belegschaft war es allerdings, daß der Professor bei der nunmehr legalen Sammlung und Beschäftigung eines vertrauten Mitarbeiterstabes in der Neuen Technik GmbH auch jetzt nicht auf die Fähigkeiten Kokothakis verzichten wollte, den ihm die Gläubiger als kaufmännischen Schutzengel beigaben. Immerhin hatten sich die beiden bei den Untersuchungen des Internationalen Militärgerichtshofes zu den Kriegsvorbereitungen der Luftwaffe, den Zuständen in den Arbeitslagern der Firma (Kokothaki hatte dabei, 1947 von der U.S. War Crime Group München für einige Monate in Untersuchungshaft genommen, auch ein französisches Auslieferungsbegehren überstanden) und zur Rolle der Dresdner Bank gegenseitig eine gewisse Hilfestellung geleistet. Messerschmitt ging im übrigen den Weg, der von zahlreichen deutschen Flugzeugbaufirmen und -experten bereits nach dem Ersten Weltkrieg beschritten worden war, nämlich den der Kooperation mit Industrien und Luftwaffen von Staaten außerhalb des engeren Kreises des ehemaligen Feindbundes.

[59] Siehe das Protokoll der Spruchkammer-Sitzung vom 24. 5. 1948 sowie das umfangreiche Entlastungsmaterial; Amtsgericht München, Spruchkammer, 4287/48 (Messerschmitt) und A 9–208/2978/48-Bx (Kokothaki). Dort auch ausführliche Protokolle zu den Vernehmungen im Rahmen der IMT-Untersuchungen, die auch die geschickte Verteidigung Messerschmitts widerspiegeln.

[60] Der undatierte und anonyme Protest der „Arbeiterschaft der Messerschmitt AG" (von der Regierung von Schwaben der IHK Augsburg unter dem 10. 7. 1947 übersandt) in: IHK Augsburg, Firmenakt Messerschmitt. Siehe auch die Vorgänge in Amtsgericht Augsburg, Spruchkammer, 4287/48 (Messerschmitt). Dort auch das Schreiben des Berufungshauptklägers in Augsburg an das Staatsministerium für Sonderaufgaben vom 12. 8. 1948: „Die Arbeiterschaft aller Richtungen" wünsche Messerschmitts Rückkehr.

Die 1949 aufgenommene Beratertätigkeit für verschiedene ausländische Firmen – etwa für die indische, südafrikanische und ägyptische Flugzeugindustrie oder die Hispano Aviacion in Sevilla, der Lizenzbauerin der Me 109 während des Krieges – diente dem Flechten neuer Exportstränge unter geringem Konkurrenzdruck und der Erprobung von dem Zugriff der Siegermächte entzogenen Neuentwicklungen. Eine Parallele ergab sich hier zum Aufenthalt von Claude Dornier jun. von 1948 bis 1950 in Argentinien und dann bis 1955 in Spanien, wo über die „Oficinas Técnicas Dornier" in Madrid die Projektierung von Kurzstartflugzeugen betrieben wurde.

4. KUKA und Michel – Die wichtigsten Zulieferungsbetriebe der Messerschmitt AG

In keinem der unter Zwangsverwaltung gestellten Augsburger Großbetriebe hatte sich der politische Umbruch und der Übergang von überhitzter Kriegskonjunktur zur Friedensproduktion heftiger ausgewirkt als bei der Firma Keller und Knappich GmbH (KUKA). Die Herstellerfirma von Schweißmaschinen und Aufbauten für Kommunalfahrzeuge war mit dem Bau von Artillerie-Lafetten zu einem der bedeutendsten Zulieferer der Messerschmitt-Flugzeugwerke geworden. Bei der Beurteilung des Unternehmens kam die Besatzungsmacht zu dem Ergebnis: „Honeycombed with Nazis."[61] Dies bezog sich zunächst auf den Kreis um den Direktor Walter Knappich, der wie sein Vater und sein Bruder zu den wenigen Alt-Parteigenossen der NSDAP in der Augsburger Unternehmerschaft gezählt hatte. Nach bewegten Lehr- und Wanderjahren hatte Knappich sich im elterlichen Betrieb niedergelassen und war über Prokura und Leitung eines Fabrikationsbereichs 1941 zu einem der Anteilseigner aufgestiegen. Die weidlich ausgenützte, nach 1945 für die Firma nachteilige Freundschaft mit Hermann Esser hatte in dessen kurzer und wilder Amtszeit als bayerischer Wirtschaftsminister (1933/34) dem nach einem Vergleichsverfahren darniederliegenden Unternehmen wieder einen gewissen Auftragsbestand gesichert. Lieferungen für die Reichswehr leiteten seit 1934 erst die Konsolidierung und schließlich den Ausbau zum Großbetrieb ein (1932 rund 50 Beschäftigte, 1935: 300, 1941: 1600).

Als Repräsentant der Geschäftsleitung gegenüber Belegschaft und anderen Unternehmen trat immer mehr Walter Knappich in den Vordergrund, während sein Bruder, der schließlich tödlich erkrankte, die kaufmännische Entwicklung dirigierte. In seiner distanzlosen Willkür und dem unbegrenzten Vertrauen in die Korrumpierbarkeit der ihm begegnenden Menschen mußte Walter Knappich den Kommerzienräten der Augsburger Industrie nicht nur wegen des Einsatzes politischer Beziehungen, sondern auch wegen seines „amerikanischen" Geschäftsgebarens als Prototyp eines neuen robusten Unternehmertums gelten. Seine Freunde in der örtlichen Wirtschaft waren denn auch dünn gesät, zumal KUKA auf dem strapazierten Facharbeitermarkt mit Lohngeboten auftrumpfte, die selbst den Treuhänder der Arbeit auf den Plan riefen. Im Krieg versuchte Walter Knappich auch gegenüber den Rüstungsbehörden seinen

[61] Jahresbericht der Militärregierung Augsburg-Stadt u. -Land (6/1945–6/1946); NA, RG 260, 10/83–2/1.

Kopf durchzusetzen und gegebenenfalls ohne Auftrag zu produzieren – Hasardspiele und Improvisationen, die er nach 1945 als Sabotage an der Kriegswirtschaft darzustellen suchte. In den Jahren des Tiefstandes des väterlichen Betriebes noch fanatischer Anhänger der volkswirtschaftlichen Theorien Gottfried Feders[62], blieb er zeitlebens der Entfesselungskünstler, als der er 1923/24 aufgetreten war. Nach dem Kriege präsentierte er Widerstandslegenden, berief sich auf Kontakte zur nebulösen Gruppe „07"[63] und auf eine angeblich 1943 gefertigte Denkschrift über die wirtschaftliche Sinnlosigkeit weiterer Kriegführung, die rund 40 führenden Personen, darunter Funk und Rommel, zur Einsicht vorgelegen habe und die er – vergeblich – versucht habe, über Esser auch an Hitler zu richten.

Wenn die mit Denken in Umwegen wenig vertrauten Gemüter in den Augsburger Säuberungsinstanzen zunächst solchen Geschichten mit Skepsis begegneten, so war es doch unbestreitbar, daß in der letzten Kriegsphase auch Knappich Absetzbewegungen unternommen hatte. Bemühungen, einen Arbeiterstamm zusammenzuhalten und Rohmaterialien zu horten, verbanden sich mit zunehmender Gleichgültigkeit gegenüber weiteren Anstrengungen im Rahmen von Rüstungsprogrammen und häufiger Abwesenheit vom Betrieb. Vorbereitung und Durchführung der Einberufungsaktion der Partei (SE-V-Aktion) im September und Oktober 1944 gaben Anlaß zur Überprüfung der Personalbewirtschaftung in einer Reihe von Betrieben, darunter auch bei KUKA. Im Rahmen der Sonderaktion, in die auch die DAF eingeschaltet wurde, kamen zur Aufbringung der für die einzelnen Kreisleitungen festgesetzten Sollziffern auch Personen geringeren Tauglichkeitsgrades, die bislang nicht als k.v. galten, zur Einberufung[64]. Dieser Eingriff der Partei in das Rekrutierungssystem stieß beim Rüstungskommando und zahlreichen Betriebsleitungen auf Kritik und versteckte Gegenwehr, und bei KUKA offenbarte sich nun ein deutlicher Autoritätszerfall der Firmenleitung. Der Alter-Kämpfer-Bonus Knappichs, der ihm über manche Klippen geholfen hatte[65], bröckelte mehr und mehr ab. Gegenüber einem wachsenden Teil der Belegschaft, der ihm entweder spöttisch oder haßerfüllt gegenüberstand, schwankte er zwischen Anbiederung und brutalem Durchgreifen. Noch im Frühherbst 1943 hatte es das Rüstungskommando nicht vermocht, einen u.k.-gestellten, von der Betriebsleitung als „Schlüsselkraft" eingestuften gelernten Juwelier einberufen zu lassen. Jetzt forderten „Angestellte und Arbeiter" in einem anonymen Brief vom Wehrbezirkskommando die sofortige Einberufung Knappichs (Jg. 1899) selbst[66]. Einen ähnlichen Vorgang mit Spitze gegen Direktoren und Prokuristen gab es zu dieser Zeit auch in der Mechanischen Baumwollspinnerei und Weberei Augsburg[67]. Auf weitere Protektion von Partei und Luftfahrtministerium hoffend, weigerte sich die KUKA-Leitung mit dem Argument drohender Fertigungseinbrüche, die vorgesehenen Erklärungen

[62] Knappich an Kleindinst am 30. 6. 1933; Stadtarchiv Augsburg, Nachlaß J. F. Kleindinst 4.

[63] Heike Bretschneider, Der Widerstand gegen den Nationalsozialismus in München 1933 bis 1945, München 1968, S. 210ff.

[64] Zur SE-V-Aktion siehe BA/MA, RMfRuK 567 und R.W. 21–1/12, Wochenbericht für 22./28. 10. 1944.

[65] Zu einem typischen KWVO-Verfahren vor dem Sondergericht München 1940/41 siehe StAM, Staatsanwaltschaft 9636.

[66] Eingelaufen beim Rüstungskommando Augsburg am 20. 9. 1944; BA/MA, RMfRuK 955.

[67] Siehe BA/MA, RMfRuK 742.

für Gauleitung und Rüstungskommando abzugeben, daß die Einberufungen auf der Basis freiwilliger Vereinbarungen erfolgt seien. Störenfriede, die dem Dickicht der Cliquenbeziehungen hätten gefährlich werden können, waren bislang eliminiert worden, etwa dadurch, daß man sie nach innerbetrieblichen Umstellungen zur Einberufung freigab.

Jetzt setzten Rüstungskommando und Wehrbezirkskommando immerhin durch, daß der Werkschutzleiter und Kontrolleur des als unruhig geltenden Ostarbeiterlagers der Firma[68], ein gefürchteter Schläger und Denunziant, der sich des Wohlwollens Knappichs erfreute, den Gestellungsbefehl bekam, bevor er sich als angeblicher Montageingenieur in der Leitung einer Werkstatt in Sicherheit bringen konnte[69].

Knappich selbst mußte nicht zu den Fahnen eilen. Dafür wurde er im Januar 1945 unter dem Vorwurf eines Verstoßes gegen die Rüstungswirtschaft festgenommen, wenngleich es ihm gelang, noch einmal seine alten Fürsprecher Wahl und Esser einzuschalten. Anfang April 1945 als Hilfswachtposten aus dem DAG-Lager Kaufering entflohen, verbrachte er die folgenden drei Jahre mit einigen Monaten Unterbrechung in Internierungslager und Strafhaft, von der deutschen Justiz über den Umbruch hinweg verfolgt und für Special Branch gleichermaßen ein interessanter Fall. Sein Entnazifizierungsverfahren gestaltete sich entsprechend bewegt und nicht ohne makabre Seiten. Im Januar 1947 von der Spruchkammer Augsburg III als Nutznießer von Nationalsozialismus und Krieg, der sich nach allen Seiten abgesichert habe, in die Gruppe der Aktivisten eingestuft und zu Arbeitslager mit achtzigprozentigem Vermögenseinzug verurteilt, erreicht Knappich im Februar 1948 die Kassierung des Spruches und wurde aus dem Internierungslager entlassen. Die nun für zuständig erklärte Kammer Augsburg-Land entlastete ihn im Mai 1948 förmlich, nachdem die im Vorjahre noch zahlreichen aussagewilligen Belastungszeugen aus dem Betrieb gegenüber der Spruchkammer auffällige Zurückhaltung gezeigt hatten oder sich verlaufen hatten[70]. Die Zeiten hatten sich geändert, das Ende von Zwangsverwaltung und Vermögenskontrolle stand in Sicht, und viele in der Fabrik hatten nach zweieinhalb Jahren Treuhänderschaft nichts mehr gegen die Rückkehr des rauhbauzigen, nun aber angeschlagenen Mannes, der angekündigt hatte, sein im Kriege erworbenes Vermögen in eine Stiftung zugunsten seiner Arbeiter einzubringen.

Direktor Walter Gladitz, mit einer Generalvollmacht der übrigen Anteilseigner ausgestattet, hatte nach dem Einmarsch der Amerikaner in dem nicht von Besatzungstruppen belegten Teil der Werksanlagen den weitgehend verödeten Betrieb wieder in Gang zu bringen versucht. Die Ironie wollte es, daß er, der in der letzten Aprilwoche 1945 an der Herstellung einer Verbindung zwischen Augsburger Widerstandskreisen und den amerikanischen Truppen mitgewirkt hatte, es alsbald mit einem deutschen Beauftragten der Besatzungsmacht zu tun bekam, der für sich noch größere Verdienste um die kampflose Übergabe Augsburgs reklamierte. Bei diesem handelte es sich um einen glücklosen Ofen- und Herdehändler, der – offenbar mit einer Legitimation zur Ankurbelung und Säuberung des Betriebes versehen – versuchte, sowohl Gesell-

[68] Monatsbericht des RegPräs von Schwaben vom 11. 2. 1943; BayHStA, MA 106 684.
[69] Zur Personalbewirtschaftung bei KUKA siehe BA/MA, RMfRuK 844.
[70] Siehe die umfangreichen Vorgänge in StAND, Staatsanwaltschaft Augsburg 1 KLs 16/46. Entscheidung Spruchkammer Augsburg-Land vom 22. 5. 1948; ebd. Siehe auch Schwäbische Landeszeitung vom 14. 1. 1947 und vom 14. 5. 1948.

schaftsanteile wie einen Direktorenposten zu erlangen und der seine Forderungen durch Drohungen mit einem Eingreifen des CIC durchzusetzen trachtete. Nach einigen Wochen gelang es, den Eindringling wieder loszuwerden. Er wurde auf Empfehlung von Special Branch Mitte August 1945 von der Augsburger Militärregierung wegen falscher Angaben fristlos entlassen. Der 1943 von der Stillegungsaktion betroffene und wegen eines Heimtücke-Vergehens zu einem Jahr Gefängnis verurteilte Mann hatte verschwiegen, daß er SS-Mitglied gewesen war. Die Amerikaner ließen ihn aber nicht verkommen. Er erhielt einige Monate später einen Vertrag über die Gesamtauslieferung der neu angelaufenen Produktion des Messerschmitt-Teilwerks.

Mit Verhängung der „property control" über Keller und Knappich am 17. September 1945 und der Ankündigung der Ausschaltung von ehemaligen Parteigenossen aus leitenden Positionen kam es zu Spannungen zwischen der Geschäftsleitung und dem verbliebenen oder zurückgekehrten Rest der Belegschaft (im Spätsommer 1945 nur noch 300 Personen, weniger als 15 Prozent des Standes vom März 1945). Die „Rückversicherungsversuche" der Firmenleitung unmittelbar vor Einzug der US-Truppen hatten unter den Betriebsarbeitern offenbar keine Unterstützung gefunden[71]. Da die Firma bislang außer der Herstellung eines begrenzten Kontingents an Schweißapparaten keine Anlaufgenehmigung der Production Control der Militärregierung erhalten hatte, ging in der Belegschaft die Sorge um, der Betrieb könne mit seinem politisch belasteten, seit Kriegsende kaum veränderten Management nicht überleben. Am 1. Oktober forderte der kommissarische Betriebsrat unter Bezug auf das soeben veröffentlichte Gesetz Nr. 8 von dem formell nicht betroffenen Direktor Gladitz die Entlassung von sieben ehemaligen Parteigenossen, darunter von zwei Prokuristen, die zum Kreis um Knappich gezählt hatten und mit denen alte Rechnungen aus den Jahren seit 1933 ausstanden. In Verhandlungen mit dem zuständigen Offizier der Property Control und Karl Wernthaler wurde zunächst eine Weiterbeschäftigung der Pgs in untergeordneter Stellung veranlaßt. Der Betriebsrat schien sich damit vorläufig zufrieden zu geben, nicht jedoch eine Gruppe von Angestellten, die in dieser Situation die Macht im Betrieb an sich zu reißen versuchte. In Kontakten zu CIC und Special Branch erreichten sie am 28. November die Festnahme eines der ehemaligen Prokuristen, eines Firmenvertreters und eines Ingenieurs, die sie der Materialverschiebungen aus einem Ausweichlager beschuldigten. Gladitz selbst wurde zwei Tage später von deutscher Kriminalpolizei im Betrieb abgeholt und ohne Haftbefehl im Polizeipräsidium für einige Tage festgehalten, bevor er wie die übrigen Verhafteten gegen Kaution freikam[72]. Der als Befehlsempfänger auftretende Leiter der deutschen Polizei hüllte sich über die Gründe der Maßnahme in Schweigen. Vermutlich stand im Hintergrund ein Dissens zwischen der örtlichen Trade and Industry-Abteilung, die die Wirkungen des Gesetzes Nr. 8 einzudämmen versuchte, und der Special Branch, die mit Denunzianten überlaufen war – gliederte sich die Augsburger Special Branch doch im März 1946 eine eigens für die Kontrolle des Gesetzesvollzugs geschaffene

[71] Siehe den Bericht von G. Achatz über die Augsburger „Freiheitsbewegung" vom 22. 4. 1949: Es hätten sich „innerhalb der Belegschaft keine Leute [gefunden], die bereit gewesen wären, den amerikanischen Kampfspitzen mit unserem Auftrag entgegenzugehen". Stadtarchiv Augsburg, Allgem. Zeitgesch. Slg., Dok 820.

[72] Bericht Gladitz vom 23. 1. 1946 über die Vorgänge bei KUKA seit dem US-Einmarsch; StAND, RWA 31.

Trade and Industry Section an[73]. Am 4. Dezember 1945 wurde der Ingenieur Viktor Caspar zum Treuhänder bei Keller und Knappich bestellt. Gladitz erhielt vom zuständigen Offizier der Property Control den wohlmeinenden Rat, dem Betrieb vorläufig fernzubleiben. Einstweilen wurde er durch weitere Kripo-Vernehmungen wegen angeblicher Nichtausführung des Gesetzes Nr. 8 unter Druck gehalten, während der Treuhänder Zeit fand, durch personelle Umdispositionen seine Stellung zu festigen.

Mit dem Ingenieur Caspar, der Ende Oktober 1945 von der Property Control in Augsburg die Bestallung zum Treuhänder und Betriebsleiter des MAN-Werks Augsburg erhalten hatte, nach Intervention der Firmenleitung bei der Industry Branch der Militärregierung von Bayern aber wieder abberufen worden war[74], versuchte bei KUKA eine der schillerndsten Figuren unter den Nachkriegstreuhändern sein Glück. Nach Besuch der Fliegertechnischen Vorschule in Darmstadt 1942 von Focke-Wulf zu Messerschmitt gelangt, hatte er nicht zuletzt dank persönlicher Verbindungen zu Kokothaki in der Projektions- und der Konstruktionsabteilung der Firma rasch reüssiert und war aufgrund von Sprachkenntnissen und Auslandserfahrung, so auch in China, 1943/44 als Leiter eines Messerschmitt-Konstruktionsbüros in Bukarest und Budapest tätig geworden. Zum beabsichtigten Antritt einer Stellung als einer der Leiter der Japan-Abteilung des Konzerns (Lizenzbau der Me 262) war es nur aufgrund technischer Schwierigkeiten – Überfahrt mit einem U-Boot – nicht gekommen. Bei Messerschmitt hatte sich Caspar durch Ellenbogen-Ehrgeiz und Cliquenbeziehungen genügend Feinde geschaffen. Seine Versuche, neu Fuß zu fassen, wurden deshalb von zahlreichen Gerüchten begleitet, die ihm Schwarzhandel größten Stils und Übleres nachsagten. Eine Damenbekanntschaft benutzte er, um sich den Zugang zur Militärregierung zu erleichtern[75].

Immerhin füllte er die Angestelltenschaft bei KUKA im wesentlichen mit ehemaligen Messerschmitt-Kollegen auf und entwickelte für den Betrieb, der trotz seiner guten maschinellen Ausstattung und der einstigen herausragenden Stellung im Schweißmaschinenbau vorläufig weiter von fallweisen Produktionsgenehmigungen abhängig war, ein ehrgeiziges Friedensprogramm. Die Treuhänderaufsicht beim Regierungswirtschaftsamt forderte bereits Anfang Februar 1946 bei Property Control Caspars Abberufung und machte dabei wirtschaftliche Bedenken (gegen den geplanten Bau von Elektromotoren) wie politische Vorbehalte geltend (Caspar sei „seiner Grundeinstellung nach" sicher „Aktivist und Militarist" gewesen). Dennoch hielt er unter dem Schirm der Amerikaner seine Stellung.

Daran änderte sich zunächst auch nichts, als Gladitz, Ende März 1946 von einem Militärgericht von diversen Anschuldigungen vorläufig freigesprochen, auf neuerliche Mitarbeit im Betrieb drängte[76] und mit Behagen die steigende Unruhe in der Belegschaft über die Personalpolitik des Treuhänders registrierte. Das Autoritätsdefizit des neuen, zusammengewürfelten Managements gegenüber einer Arbeiterschaft, die nach Jahren der Führungskrise in ihrem Bewußtsein immer mehr zum eigentlichen Kontinuitätsträger des Betriebes geworden war, ließ sich auch durch verschiedene wirt-

[73] Peterson, Occupation, S. 279.
[74] MAN, 1.1.7.1/41; siehe auch Bericht Petersen vom 12. 1. 1952; MAN, 1.1.7.1.
[75] Siehe die Recherchen in StAND, RWA 31.
[76] Aktenvermerk des Regierungswirtschaftsamtes vom 1. 4. 1946; ebd.

schaftliche Erfolge Caspars nicht beheben[77]. Nach Inkrafttreten des Treuhändergesetzes zum 1. Juni 1947 erreichten die Auseinandersetzungen zwischen Caspar und dem politisch sowohl in SPD und CSU als auch in den Gewerkschaften gut abgesicherten Betriebsrat, der zudem Unterstützung durch etliche leitende Angestellte fand, einen Höhepunkt: Unter dem Vorwurf der Verletzung des im Gesetz festgelegten Prinzips der uneigennützigen Geschäftsführung[78] gab der Betriebsrat Mitte Juli 1947 eine einstimmige Mißtrauenserklärung gegenüber dem Treuhänder ab, dessen sofortige Abberufung durch das Landesamt für Vermögensverwaltung und Wiedergutmachung gefordert wurde[79].

Anlaß hierzu hatten nicht nur verdeckte, mit dem Firmeninteresse schwer in Einklang zu bringende Tausch- und Kompensationsgeschäfte gegeben. Besonders anstößig war, daß Caspar begonnen hatte, einen Teil des im Zuge der Rüstungsproduktion stark angewachsenen, bei dem derzeitigen geringen Belegschaftsstand aber ungenutzten Werkzeugmaschinenparks zu versilbern, vermutlich, um Reparationsleistungen abzubiegen[80]. Im Juni 1947 war wegen seit Monaten ausbleibender Rohmaterialzuweisungen eine Herabsetzung der Arbeitszeit erfolgt. Bemühungen um Freigabe einer seit 1945 von einer US-Einheit belegten Montagehalle für die Müllwagenproduktion waren ohne greifbaren Erfolg geblieben, eine Räumung erfolgte erst im Frühjahr 1948. Schließlich hatten Betriebsangehörige im Einvernehmen mit dem Betriebsrat den Treuhänder kurzerhand am Verkauf weiterer Maschinen gehindert[81]. Diese Aktion bewog Caspar nunmehr, von sich aus um seine Abberufung nachzusuchen. Der Betriebsrat hatte sich vorher der Unterstützung des IHK-Präsidenten versichert[82] und brachte als neuen Treuhänder einen Bankdirektor und CSU-Stadtrat in Vorschlag. Es kam schließlich zu einer Untersuchung des Falles durch das BLVW, das dem Betriebsrat zwar das Recht absprach, die Tätigkeit eines Treuhänders zu blockieren oder ihn abzusetzen. Die geschaffenen Fakten konnten dadurch aber nicht rückgängig gemacht werden.

Die Aktion bei KUKA hatte den empfindlichsten Punkt in den Beziehungen zwischen Betriebsleitungen und Arbeitnehmervertretungen berührt und wurde im gesamten Augsburger Raum aufmerksam beobachtet. Würde sie im Zeichen verschärfter sozialpolitischer Auseinandersetzungen Schule machen? Trotz der Gärung in einer Reihe von Belegschaften war das nicht der Fall. Der Erfolg der Aktion beruhte auf einer exzeptionellen Interessengemeinschaft zwischen dem Selbstverwaltungskörper der Privatindustrie und dem Betriebsrat eines Unternehmens mit verwüsteten Leitungsstrukturen. Zudem ging es um einen Treuhänder, der sich als Negativsymbol besonders eignete. Der IHK-Präsident wollte in Caspar das Treuhändersystem schlecht-

77 „Der Betrieb [klagt] darüber, daß die Leistung der Arbeiterschaft durch viel Politik und Kritik ... leidet. Die Arbeiter bemühen in oft unnötiger Weise den Betriebsrat, welcher auch nicht immer zum Nutzen des Betriebes tätig ist." Betriebsprüfungsbericht KUKA vom 17. 4. 1946; ebd.

78 § 3, 1: „Zum Treuhänder darf nur bestellt werden, wer die Gewähr bietet, daß er die ihm anvertrauten Interessen uneigennützig wahrnimmt ..." BGVBl. 1947, S. 143.

79 Betriebsrat KUKA an IHK Augsburg am 17. 7. 1947; IHK Augsburg, Firmenakt KUKA.

80 Zu Restitutionsforderungen an KUKA siehe StAND, RWA 88.

81 Schwäbische Landeszeitung vom 25. 11. 1947.

82 Betriebsrat KUKA an IHK Augsburg am 2. 7. 1947 und IHK Augsburg (Vogel) an Ministerpräsident Ehard am 10. 7. 1947; beides IHK Augsburg, Firmenakt KUKA.

hin treffen und diese Form staatlicher Kontrolle der Wirtschaft desavouieren. Der KUKA-Belegschaft ging es um die Beseitigung einer am Schicksal des Betriebes desinteressiert und amoralisch erscheinenden Clique, die ihr aufgezwungen worden war. Sie lehnte auch den von der Augsburger Außenstelle des BLVW zum Nachfolger benannten bisherigen „custodian" der Messerschmitt AG ab, über den ebenfalls mannigfaltige Korruptionsgerüchte umliefen. Die Untersuchungen gegen die Treuhänder von KUKA und Messerschmitt läuteten in Augsburg das Ende der im Zeichen der Entnazifizierung der Wirtschaft verhängten Vermögenskontrollen ein; das brach auch der endgültigen Wiederherstellung früherer personeller Leitungsverhältnisse Bahn.

Im Dezember 1947 kam die Treuhandverwaltung von KUKA mit der Berufung eines MAN-Oberingenieurs in ruhigere Bahnen. Nach neuerlichem Treuhänderwechsel gab es dann im Frühjahr 1948 in der Firma das Wiedersehen alter Bekannter: Gladitz kehrte zunächst als „technischer Mitarbeiter und Berater" zurück, auch der gemäß Gesetz Nr. 8 ausgeschiedene kaufmännische Leiter und Prokurist tauchte wieder auf, und Walter Knappich brachte schließlich seinen Leidensgenossen im Internierungslager, den bei MAN ausgeschiedenen ehemaligen Rüstungsobmann Heinrich Riehm, als Verantwortlichen für ein neues Fertigungsprogramm mit.

Gegenüber der Staatsanwaltschaft beim Landgericht Augsburg, die bislang in Einverständnis mit dem Justizministerium auf seiner Strafverbüßung beharrt hatte, beantragte Knappich den Erlaß seiner weiteren Strafe, indem er selbstbewußt erklärte: „Ich darf mit Stolz feststellen, daß gerade meine alten Arbeiter, die politisch nie etwas anderes als Gewerkschafter und Sozialdemokraten waren, am treuesten zu mir gestanden sind ... Es war von jeher eine gewisse Eitelkeit von mir, Ehrlichkeit, Aufrichtigkeit und Mannhaftigkeit bis zur Selbstentäußerung zu üben. Gerade diese Eigenschaften wurden mir in der Zeit der von Haß, Habgier und Schmähsucht erfüllten Periode der Verfolgung abgestritten. Ich glaube nunmehr, nachdem diese erniedrigenden Verunglimpfungen und die daran geknüpften Leiden überwunden sind, mit einer gewissen Berechtigung an die Gnadeninstanz appellieren zu dürfen, mit der Bitte, mir den Wiedereintritt in den Kreis des anständigen Bürgertums nicht weiter zu versagen." Seine Verhaftung im Juli 1945, so Knappich weiter, sei das Ergebnis einer Verschwörung gewesen, in der sich „politisch-radikale Ziele mit rein habgierigen Bereicherungsabsichten vermischt" hätten[83]. Die noch ausstehende Reststrafe wurde ihm erlassen.

Einer der wichtigsten schwäbischen Unterlieferanten der Messerschmitt-Werke neben Keller und Knappich und der Zahnräderfabrik Renk war die 1932 von dem Ingenieur Johann Michel gegründete Fabrik für Elektro-Geräte gewesen. Seit 1938 hatte die Firma eine atemberaubende, der Rüstungskonjunktur zuzuschreibende Entwicklung erfahren. Der Gesamtumsatz des Unternehmens hatte sich zwischen 1939 und 1944 um annähernd das 18fache gesteigert. Neben dem Augsburger Werk waren 1941 ein Vorarlberger Betrieb (in Hard) und später Verlagerungsstätten in Scheidegg, Lindenberg und Bregenz errichtet worden. Insgesamt beschäftigte die Firma 1944 rund 4000 Personen. Dabei hatte Michel, seit Anfang 1945 geschäftsführender Anteilseigner des vorsichtshalber in die Form einer Gesellschaft mit beschränkter Haftung überführten Betriebsnetzes, „während des Krieges nichts anderes produziert ... als vorher,

[83] Knappich an Oberstaatsanwaltschaft Augsburg am 19. 7. 1948; StAND, Staatsanwaltschaft Augsburg 1 KLs 16/46.

nämlich elektrische Schaltapparate, Stecker, Relais- und Installationsmaterial"[84]. Durch rastlose Tätigkeit und Selbststudium hatte sich der aus bescheidenen, ursprünglich sozialdemokratisch geprägten Verhältnissen stammende Techniker dank der Förderung durch das Reichsluftfahrtministerium zum erfolgreichen Großindustriellen hochgearbeitet. Sein Betrieb erhielt die Auszeichnung „Kriegsmusterbetrieb", er selbst wurde 1943 zum Wehrwirtschaftsführer ernannt.

Seit Frühjahr 1944 war aber auch Michel in den Verdacht von Sabotage und Wehrkraftzersetzung geraten, was kurzfristige Gestapo-Haft und – nach einer Stockung in der Belieferung von Messerschmitt – Ermittlungen des Rüstungskommandos Augsburg nach sich gezogen hatte. Michel trat im September 1945 freiwillig als Geschäftsführer zurück. Das vermochte freilich die Verhängung der Vermögenskontrolle über die zum Teil bombengeschädigten, zum Teil französischen Requisitionen unterworfenen Niederlassungen in Augsburg, Tirol und Vorarlberg nicht zu verhindern[85]. Das erst 1942 fertiggestellte Augsburger Hauptwerk wurde im Oktober 1946 unter Mitwirkung von amerikanischen Stellen in Berlin und München an das vom Verlust ihres Berliner Betriebes betroffene deutsche Tochterunternehmen der National Cash Register Company in Dayton (Ohio) vermietet. Mit besonderer Empfehlung des bayerischen Wirtschaftsministeriums erhielt die Firma – als Fangnetz für die bei Michel und Messerschmitt freigesetzten Arbeitskräfte – im Januar 1947 die Produktionsgenehmigung für Registrierkassen, Scheckrollen, Kontrollstreifen etc[86]. Etwa ein Jahr später nahmen die Michel-Werke in einem älteren Nebenbetrieb in Augsburg die Fertigung im Sortiment der Vorkriegszeit wieder auf.

Michel stellte inzwischen im Verlagerungsort Scheidegg (ehemaliger Deckname: „Schaltbau Scheidegg") mit einer rund dreißigköpfigen Belegschaft Heizapparate her. Wie anderen erst durch die Rüstung groß gewordenen Unternehmern begegneten ihm jetzt Haß und Schadenfreude der lange benachteiligten einheimischen Betriebe, in diesem Falle zunächst der im Krieg teilweise stillgelegten Hutindustrie um Lindenberg. Bald vermochte er jedoch französische Dienststellen – die Section d'Information Scientifique und den Service des Achats de la Reconstruction – für sein Unternehmen zu interessieren und erhielt 1946 erhebliche Aufträge für Lieferungen nach Frankreich[87]. Die Lockung mit Erfindungen auf elektromedizinischem Gebiet (Kardiographen) trug zu seiner Favorisierung ebenso bei wie der Hinweis auf laufende Radar-Entwicklungen bei der US-Armee, für die in den USA zu arbeiten er nach seiner An-

[84] Michel an Kreisuntersuchungsausschuß (KRUA) Lindau, Anlage zum Fragebogen, am 20. 6. 1946; StAND, KPräs. Lindau, Pol. KRUA, abgeschlossene Verfahren.

[85] Michel bezifferte seine Vermögensverluste in der französischen Zone auf rund 90 Prozent. Ebd. Siehe auch LRA Lindau an Ernährungs- und Wirtschaftsamt Lindau am 9. 5. 1947: Michel habe „mehrere hundert Maschinen" auf Reparationskonto abgeben müssen. StAND, Ernährungs- und Wirtschaftsamt Lindau, Kompensationen 1946/47. Zum Schicksal der reichsdeutschen Unternehmensniederlassungen in Vorarlberg siehe die aufschlußreiche Liste der Handelskammer Feldkirch bei Theodor Veiter, Das deutsche Eigentum in Vorarlberg nach 1945. Industrie-, Handels- und Gewerbeunternehmungen, die von der französischen Besatzungsmacht als deutsches Eigentum deklariert und behandelt wurden, in Montfort 34 (1982), S. 415 ff.

[86] Siehe den Vorgang in StAND, RWA 39.

[87] Monatsbericht des Arbeitsamtes Lindau vom 28. 1. 1947; StAND, KPräs. Lindau IV/15/1.

gabe aus Patriotismus abgelehnt hatte[88]. Als Produzent „elektroakustischer Apparate für Rundfunksender und Spezialgeräte" genoß er Vergünstigungen der französischen Besatzungsmacht, die nach einer ersten Phase der wilden „exploitation" seit Herbst 1945 zu behutsameren Formen der Nutzbarmachung des technisch-industriellen Potentials in ihrer Zone für Wirtschaft und Armee der IV. Republik übergegangen war.

5. Exkurs: Industrielle und Techniker im französisch besetzten Friedrichshafener Raum

Der im Juli 1945 gemeinsam mit dem bayerischen Kreis Lindau, Tirol und Vorarlberg endgültig unter französische Besatzungsverwaltung gestellte oberschwäbische Raum um das in beiden Weltkriegen als Rüstungszentrum ersten Ranges fungierende Friedrichshafen bietet eine Reihe von Beispielen für die Indienststellung deutscher Fachkräfte zugunsten der unter technologischen und personellen Defiziten leidenden französischen Metall- und Flugzeugindustrie. Friedrichshafen war nicht nur die Stadt der berühmten, im Ersten Weltkrieg über Paris und London erschienenen Zeppeline, sondern auch Produktionsort der Maybach-Motoren und Dornier-Flugzeuge wie der Zahnradfertigung. Das Verlagerungs- und Unterlieferantennetz der Friedrichshafener Industrie hatte in den letzten Kriegsjahren das überhastete Zusammenwachsen eines industriellen Wirtschaftsraums vom östlichen Bodensee-Gebiet bis in das Oberallgäu und nach Vorarlberg hinein vorgezeichnet. Die Stadt selbst zählte nach den Bombardements bei Kriegsende kaum mehr 10000 Einwohner (gegenüber rund 27000 im Jahre 1942) und erreichte 1950 erst 30 Prozent des Standes an industrieller Beschäftigung von 1936. Die unter Sequester gestellten und von endgültiger Demontage bedrohten Großbetriebe waren Schauplatz heftiger politischer Auseinandersetzungen, wobei Rückkehr oder Ausschaltung der ehemaligen Unternehmensleitungen eine der Kernfragen war. Die Entwicklung bei der Dornier GmbH wies zahlreiche Parallelen zum Messerschmitt-Konzern auf. Gewiß erschien der bereits seit 1914 Flugzeuge und Flugboote bauende Dornier nicht in gleichem Maße als Protektionskind der nationalsozialistischen Rüstungspolitik wie Messerschmitt und Heinkel, deren Werken erst 1935 der Sprung von der Entwicklungswerkstatt zur industriellen Fertigung gelungen war. Aber auch bei Dornier ließ sich der Zusammenhang zwischen dem Ausbau der seit 1932 unabhängig von der Luftschiffbau Zeppelin GmbH agierenden Firma und der Wiederaufrüstung nicht leugnen.

Claude Dornier sen. war gemeinsam mit einem seiner Söhne und zwei leitenden Ingenieuren sofort nach der französischen Besetzung zum Verhör nach Paris gebracht und dann geraume Zeit in Vorarlberg unter Aufsicht gehalten worden. Nach seiner

[88] „... da ich nicht aus den Trümmern der Heimat weggehen, sondern helfen will, wieder aufzubauen." Michel an KRUA Lindau, Anlage zum Fragebogen, am 20. 6. 1946; StAND, KPräs. Lindau, Pol. KRUA, abgeschlossene Verfahren. Siehe auch die Stellungnahme des Betriebsratsvorsitzenden des Augsburger Werks zur Entnazifizierung von Michel (11. 7. 1947): „Meine Auffassung ist die: Wenn Amerika deutsche beste Techniker, ob Pg. oder nicht, an sich reißt, warum dürfen wir nicht die Erfinder in unserem Lande unterstützen? Die neue Bestimmung lautet: Betriebe wieder aufbauen, Arbeitseinsatz und Beschaffung von Devisen. Vier neue Erfindungen von dem Betroffenen erzielen das Vorgenannte." Ebd.

Entlastung im Entnazifizierungsverfahren übersiedelte er in die Schweiz, um dort, wie bereits nach dem Ersten Weltkrieg, außerhalb alliierter Kontrolle Flugzeugentwicklung zu betreiben. Die seit den zwanziger Jahren gepflegten Kontakte zur spanischen Armee und nicht zuletzt zum Familienkreis um Franco ermöglichten 1950 die Errichtung eines Konstruktionsbüros in Madrid, wodurch Dornier Startvorteile erlangte, die ihm nach der Wiederzulassung eines deutschen Flugzeugbaus zugute kamen. Trotz Beschlagnahme und Treuhänderschaft war Dornier bemüht, den Gang der Dinge in den einzelnen Teilwerken nicht völlig seinen Zügeln entgleiten zu lassen, zumal sich auch hier Verselbständigungsbestrebungen einzelner Betriebs- und Abteilungsleiter bemerkbar machten[89]. 1950 erreichte er wieder die freie Verfügungsgewalt über die Werke Pfronten-Weißbach und Lindau-Rickenbach, wo der Bau von Webmaschinen aufgenommen wurde.

Das unzerstörte Werk Rickenbach, das noch am 27. April 1945, drei Tage vor der Besetzung Lindaus, in das Eigentum einer Auffanggesellschaft überschrieben worden war (wohl um es gegen eine feindliche Zwangsverwaltung zu schützen), wurde nach der ersten, von Arbeitskommandos der französischen Luftwaffe unter Leitung der Mission de Désarmement aérien durchgeführten Demontagewelle im November 1945 zum Sitz eines Regieunternehmens der staatlichen französischen Flugzeugindustrie, des Atelier Aéronautique de Rickenbach (ATAR). Für ATAR wie für das im Frühherbst 1945 an der Verlagerungsstätte der Dornier-Versuchsabteilung eingerichtete Centre Technique de Wasserburg (CTW) und das Zentrum für Triebwerksentwicklung in Enzisweiler (Turboméca) wurden bis in den Sommer 1946 hinein zahlreiche Fachkräfte aus darniederliegenden Flugzeug- und Maschinenbauunternehmen im gesamten ehemaligen Reichsgebiet, zumal auch aus der US-Zone, angeworben. Grundsätzlich setzten die bis zum Frühjahr 1946 auf rund 500 Personen angewachsenen deutschen Arbeitsgruppen des Pariser Luftfahrtministeriums im Lindauer Bereich und in Lochau (Vorarlberg)[90] die Entwicklung von Triebwerken, Dehnmeß-Geräten und automatischen Belastungsprüfern aus der Kriegszeit ebenso fort wie die Versuchsarbeit an dem propellergetriebenen Kolbenmotorjäger DO 335, Dorniers Alternative zu den Jägern Messerschmitts und Heinkels. Die Franzosen machten sich hier die Rechtfertigung deutscher Techniker, nämlich in ihrem primär der gesamten Menschheit dienenden Forscherdrang nur von der Kriegsmaschinerie des Dritten Reichs mißbraucht worden zu sein, zunutze. Wenn es sich so verhielt, so konnten sie bei möglichst intakt belassenen dienstlichen Strukturen unter kleinem französischen Rahmenpersonal, großzügiger politischer Überprüfung durch die Securité Militaire und verdoppelter Lebensmittelzuteilung auch anderen Herren dienen, Prototypen der DO 335 zur Verfügung stellen und Musterteile für die Bréguet Atlantic bauen[91]. Daß ein Teil der im Werk Rickenbach verbliebenen Belegschaft sich noch mit der Herstellung

[89] Zum Werk Pfronten-Weißbach siehe E. H. an IHK Augsburg am 15. 12. 1946; StAND, GWK, Treuhänder-Angelegenheiten auswärts.

[90] Halbmonatsbericht des Bürgermeisters von Wasserburg a. B. am 30. 11. 1945; StAND, Bezirksamt Lindau 3948. Monatsbericht der Militärregierung Lindau vom 4. 4. 1946; AOC, Wurt 2227/36.

[91] Direction technique ATAR an Arbeitsamt Lindau am 21. 11. 1945; StAND, KPräs. Lindau, Handakten Groll. Bericht Kinzler vom 12. 10. 1975; Werksarchiv Dornier GmbH, Friedrichshafen.

einfacher Haushaltsgeräte beschäftigte, diente ebenso dem notdürftigen Schleier der Tarnung gegenüber den ehemaligen Verbündeten wie der – nach der offiziellen Verlegung von ATAR nach Frankreich – im Juli 1946 aufgenommene Betrieb einer Reparaturwerkstätte für Kraftwagen der Luftstreitkräfte. Sogenannte Abwicklungsstellen von ATAR, Turboméca und des CTW, das im April 1947 nach Unterstellung unter das der Deutschen Versuchsanstalt für Luftfahrt nachgebildete zivile Office National d'Etudes et de Recherche Aéronautique (ONERA) zur Auflösung kam, bestanden in Lindau, Wasserburg, Überlingen und Bad Krozingen bis Herbst 1948 bzw. bis zum Sommer 1949. Seit Frühsommer 1946 wurden Ingenieure, technische Zeichner und Feinmechaniker mit zunächst befristeten Arbeitsverträgen zur Tätigkeit bei französischen Flugzeugfirmen in Pau und Bordes (Bas-Pyrénées), Decize (Nièvre) und Paris angeworben.

Im Falle der Maybach-Motorenwerke zeitigte dieser mit Rücksicht auf den steigenden Unmut bei den Amerikanern[92] und in der öffentlichen Meinung Frankreichs eingeleitete Abbau französisch-deutscher „Kooperation" in der Militärtechnik vor Ort besondere Auswirkungen. Bereits Mitte Juni 1945 war in den nach Wangen übersiedelten Konstruktions- und Versuchsabteilungen die Weiterarbeit an einem serienreifen, im Krieg nicht mehr zum Einsatz gekommenen Einspritzmotor in verschiedenen Varianten aufgenommen worden, während in Friedrichshafen der Bau von Standardmotoren deutscher Panzer (Tiger, Königstiger, Panther) seinen Fortgang genommen hatte. Karl Maybach, in jungen Jahren kurzzeitig als Entwickler eines Kraftwagen-Motors in Paris tätig, schloß unter Assistenz des französischen Treuhänders im September 1946 mit dem Pariser Unterstaatssekretariat für Bewaffnung einen förmlichen Vertrag, auf dessen Basis rund 70 Ingenieure und Techniker mit Maybach selbst in Vernon (Eure) als eigene Gruppe des Laboratoire des Recherches Ballistiques et Aérodynamiques (LRBA) Otto- und Dieselmotoren für schwere Kampfpanzer konstruierten[93]. Post festum als frühes Modell deutsch-französischer, ja europäischer Zusammenarbeit interpretiert und in seinen Auswirkungen auf die konkrete Besatzungspolitik aus einer Rechtfertigungshaltung heraus wohl bewußt überbewertet, wurde diesem Auslandseinsatz ein entscheidender Anteil an der Weiterexistenz des Friedrichshafener Werks (dessen Schließung war Mitte August 1948 angeordnet und binnen Monatsfrist wieder aufgehoben worden) und an dem Ende der Sequestration zu Neujahr 1950 beigemessen. Im Rahmen der vor der Währungsreform intensivierten Bemühungen der französischen Automobilindustrie um Sicherung von Beteiligungen an deutschen Firmen waren die zu endgültiger Demontage anstehenden Maybach-Werke ein interessantes Objekt. Für Maybach selbst ließ der Vertrag mit seinen insgesamt günstigeren Konditionen, als sie etwa den von den Amerikanern im Rahmen des Projekts „Paperclip" seit Frühjahr 1946 verpflichteten Technikern gewährt wurden, einen gewissen Raum für Forschungsarbeiten zugunsten einer künftigen Friedensproduktion (Lokomotiven und Triebwagen); neben den üblichen Reparaturarbeiten brachte er geringere Fertigungsaufträge ein.

[92] Siehe etwa den wiederholten Protest von Clay bei General Noiret vom 27. 7. 1946 gegen die Abwerbung von Wissenschaftlern aus der US-Zone; NA, RG 260, AG 45/46/41/16.

[93] Die zum Teil auf französische Quellen (Centre d'Archives de l'Armement, Chatellerault) gestützte Darstellung der technologischen Entwicklung bei Stefan Zima, Die Entwicklung schnellaufender Hochleistungsmotoren in Friedrichshafen, Diss. Berlin 1984, S. 43 ff., S. 170.

Hugo Eckener, Präsident der Luftschiffbau Zeppelin GmbH, mit inzwischen 78 Jahren Nestor der deutschen Luftfahrtindustrie, hatte für seine ebenfalls weitgehend zerstörten Werksanlagen auf ein ähnliches Arrangement mit den Franzosen gehofft. Als Produktionsstätte eines im modernen Luftkrieg unzweckmäßigen Waffenträgers war die Friedrichshafener Zeppelin-Werft seit 1941 nur als Unterlieferant für Leichtmetallbauteile in die Rüstungswirtschaft einbezogen gewesen. Da sich mit Ekkeners Namen nicht nur spektakuläre Flugleistungen (Atlantikflug 1928, Weltumrundung 1929, Arktisflug 1931), sondern auch der Bau des Reparations-Luftschiffs ZR 111 zugunsten der USA (1924) verbanden, versuchte der Luftpionier die bereits im Sommer 1945 von Offizieren des französischen „Service T" angekündigte Zerstörung des – vorläufig mit Fahrzeugreparaturen für die Besatzungstruppen beschäftigten – Restbetriebes mit amerikanischer Unterstützung abzuwenden. Er erklärte sich selbst zur Aufgabe des odiosen Namens „Zeppelin" bereit[94], blieb jedoch im Frühjahr 1946 bei der Militärregierung in Frankfurt und bei General Clay ohne greifbare Unterstützung[95]. Bei den Franzosen sammelte er damit nur Minus-Punkte. Sie verfügten nicht nur die Totaldemontage der Friedrichshafener Werft, sondern bezogen Eckener als Wehrwirtschaftsführer, wenngleich Nicht-Pg, mit 100 000 RM Geldstrafe und Verlust der bürgerlichen Ehrenrechte für fünf Jahre in das Säuberungspaket gegen Friedrichshafener Industrielle ein, das das Tübinger Gouvernement Militaire der Landesregierung von Württemberg-Hohenzollern im Oktober 1947 diktiert hatte[96]. Eckener, der zwischenzeitlich eine Beratertätigkeit für eine Lizenzbau-Firma der Zeppelin-Luftschiffe in den USA übernommen hatte, erreichte im August 1949 seine Entlastung. Dabei war der Luftschiffbauer nicht eben ein Günstling des Dritten Reiches gewesen, das seine internationale Reputation allerdings zu verwenden gewußt hatte. Der ehemalige Freund Hindenburgs und Brünings, der 1932 als Gegenkandidat Hitlers bei den Reichspräsidentschaftswahlen im Gespräch gewesen war, hatte sich von der NSDAP mit Mißtrauen betrachtet und behandelt gefühlt und war nach 1933 auf die Funktion eines Aufsichtsratsvorsitzenden abgedrängt worden. Als entlastend wollte er unter anderem gewertet wissen, daß ihn Roosevelt viermal in Audienz empfangen hatte[97].

6. Schlußbetrachtung

„Die ganze Welt kommt allmählich immer mehr zu der Einsicht, daß ohne ein geordnetes Deutschland keine Ruhe einkehren wird. Wir sind in der glücklichen Lage, daß wir eingeschachtelt sind zwischen zwei Weltanschauungen, deren Gegensätzlichkeiten

[94] Eckener an Direction de la Production Industrielle, Baden-Baden, am 22. 2. 1946, Abschrift; NA, RG 260, AG 45/46/92/7.

[95] Clay an Eckener am 30. 4. 1946; ebd.

[96] Zu dem Konflikt zwischen dem Gouvernement Militaire und der Landesregierung in Tübingen in Zusammenhang mit der französischen Demontageliste siehe Klaus-Dietmar Henke, Politische Säuberung unter französischer Besatzung. Die Entnazifizierung in Württemberg-Hohenzollern, Stuttgart 1981, S. 180.

[97] Die von Eckener 1949 unter dem Titel „Im Zeppelin über Länder und Meere. Erlebnisse und Erinnerungen" in Flensburg veröffentlichten Memoiren sind unter dem Eindruck des noch laufenden Entnazifizierungsverfahrens geschrieben, sprechen die Ereignisse seit 1945 aber nur beiläufig an. Vgl. S. 482 f., S. 500 ff.

mit jedem Tag größer werden. Wenn wir diese Chance erkennen, wird vielleicht der Aufbau bei uns schneller gehen, als wir bisher glaubten annehmen zu dürfen."[98] Diese beruhigenden Eindrücke einer Reise in die Schweiz teilte Otto Meyer im September 1947 dem noch immer mit Vermögenssperre belegten ehemaligen GHH-Vorstandsvorsitzer Kellermann mit. Auch die im folgenden Monat veröffentlichte endgültige Demontageliste des Alliierten Kontrollrates, auf der Teile des MAN-Dieselmotorenbaus standen, vermochte Meyer nicht sonderlich zu verstören. Wenn der „verkappte Segen" der Demontagen als Chance zur Erneuerung des maschinellen Anlagenbestandes den damals von ihren augenblicklichen Konsequenzen Betroffenen auch kaum einleuchten mochte, so konnten die im Zuge bisheriger Restitutionen und Reparationsleistungen erlittenen Verluste doch verschmerzt werden. Die strukturellen Vorteile des Abbaus reiner Rüstungsfertigungen wurden dabei durchaus erkannt. Die aus den verkrusteten Einflußkanälen einer alten Industriestadt wie Augsburg erklärliche Wiederbelebung der „friedlichen" Textilindustrie bei Desinteresse an einer Förderung moderner Industriezweige, wie sie die Messerschmitt- und die Michel-Werke darstellten, rächte sich später und führte während der sechziger und siebziger Jahre zu langwierigen Umstellungsschwierigkeiten mit einer nun durch Insolvenzen erzwungenen Stillegungswelle. Die Tendenz, zu stark an politische Großwetterlagen gebundene Zweige der Maschinenbau- und Elektroindustrie nicht mehr hochkommen zu lassen, war nach dem Kriegsfiasko in den regionalen und kommunalen Entscheidungsgremien in Friedrichshafen und Lindau ebenso spürbar und ließe sich wohl auch andernorts aufzeigen. Zum Teil stand dahinter eine grundsätzliche Option gegen Großbetriebe, zum Teil auch das Bestreben, von industriellen Monostrukturen wegzukommen, die eine neuerliche Entwicklung zum Rüstungszentrum begünstigen konnten. Einen langfristigen Strukturschaden bewirkten die Demontagen dort, wo sich Rüstungsbetriebe in kleingewerblich-handwerklichen oder nur mit veralteten Industrien versehenen Wirtschaftsbereichen angesiedelt hatten, etwa in Nördlingen (Collis-Werke), Immenstadt (Berliner Physikalische Werkstätten) oder Lindenberg (Michel).

Es konnte nicht ausbleiben, daß der moralische Anspruch der Siegermächte, soweit er bei der deutschen Bevölkerung überhaupt eine begrenzte Akzeptanz gefunden hatte, in der Entnazifizierung der Großindustrie durch die Alltagspraxis der Besatzungspolitik Schaden nahm. Der Zugriff auf deutsche Technologie kam nicht überraschend und wurde bei den gegebenen Machtverhältnissen von den Besiegten auch hingenommen. Ähnliches galt bis zu einem gewissen Grade für die Einflüsse privatwirtschaftlicher Interessen in den Siegerstaaten auf Weichenstellungen beim industriellen Wiederaufbau. Böses Blut machte hingegen, daß unter dem Damoklesschwert der politischen Säuberung Willfährigkeit gezüchtet wurde, neue Formen der Kollaboration entstanden. Es mußten erst die unmittelbaren Nachkriegsjahre mit ungünstigen, gegenüber der Kriegszeit sogar verschlechterten Lebensumständen vergehen, ehe ein für dezidierte Interessenvertretung notwendiges Selbstbewußtsein wieder entstehen konnte, das den durch den Zerfall der Siegerkoalition entstandenen Spielraum zu nutzen wußte. In der Protestwelle gegen die Demontagepläne vom Oktober 1947 deutete sich der Wandel der politischen Atmosphäre an. Einsprüche gegen den beabsichtigten Anlagenabbau lasen sich nun ganz anders als Bittgesuche vom Vorjahr um Mil-

[98] Meyer an Kellermann am 24. 9. 1947; MAN, 1.3.3.5/51.

derung von Reparationsleistungen. Hier fallen die dem politisch-normativen Grundgedanken der Entnazifizierung fremden Züge der Säuberungsmaßnahmen in der Wirtschaft auf. Die geforderte Bestrafung von an der wirtschaftlichen Kriegsvorbereitung Schuldigen oder daran Profitierenden – samt ihrer dienstbaren Geister in Büros und Werkhallen – mußte bereits verzerrt werden, wenn die Säuberung zu einer Veränderung gesellschaftlich-wirtschaftlicher Strukturen überleiten sollte. Um wieviel schwerer tat man sich gerade hier bei der dann im Befreiungsgesetz geforderten gerechten Beurteilung des Einzelfalles. Wo endete der durch berufliche Tüchtigkeit erreichte Erfolg und wo begann das „Nutznießertum"? Es war schon richtig: Je mehr sich die in der Entnazifizierung Tätigen bemühten, dem Einzelnen Gerechtigkeit widerfahren zu lassen, in desto größere Ratlosigkeit gerieten sie. Oder anders ausgedrückt: Je summarischer verfahren wurde, desto größer war die Effizienz – falls man auf die Entmachtung von Führungsgruppen zielte –, desto größer war auch der Verlust an demokratischer Konsensfähigkeit nach dem Ende eines Regimes, das tausenderlei Formen von offener und versteckter Anpassung hervorgerufen hatte, Anpassung, die von keinem Fragebogen-Raster einzufangen war und die auch manchen Spruchkammervorsitzenden und öffentlichen Kläger hätte schweigen lassen sollen.

So wie in Studien über Restitutionen und Demontagen in den einzelnen Besatzungszonen das diesen Anlagenverlusten innewohnende Element der gegenseitigen Konkurrenz deutscher Firmen bislang wenig Beachtung fand, so war bei der Darstellung der Entnazifizierungsmaßnahmen in der Wirtschaft in der Regel lediglich von Stellungnahmen aus dem Spektrum der politischen Parteien oder Gewerkschaften die Rede, nicht aber vom gegenseitigen Ausmanövrieren von Unternehmern oder leitenden Angestellten. Die Funktionalisierbarkeit der politischen Säuberung für andere Zwecke spielte auch sonst eine erhebliche Rolle. Die Entlassung von „belasteten" Arbeitnehmern gemäß Gesetz Nr. 8 oder die Verweigerung der Wiedereinstellung von aus Krieg und Gefangenschaft zurückkehrenden Parteigenossen konnte in der Beschäftigungsflaute von 1945/46 von den Unternehmern als willkommenes Mittel zur Korrektur des Überhangs an Arbeitskräften oder zu deren innerbetrieblichen Umverteilung gebraucht werden; dies fiel in manchen Firmen wenig ins Gewicht, in anderen um so mehr. So waren in einem Augsburger Eisenwerk über ein Viertel der Beschäftigten vom Gesetz betroffen, in einer Spinnerei und Weberei nur 13 Prozent.

Daß sich die Mitwirkung der Betriebsräte bei den Entnazifizierungsmaßnahmen in aller Regel gegen unmittelbare Vorgesetzte, nur selten und dann eher verhalten gegen die Kapitaleigner richtete, ist angesichts der Beheimatung der Betriebsräte im politisch-gewerkschaftlichen Lager des Sozialismus besonders bemerkenswert. Will man das Faktum nicht als Zeichen von politisch-weltanschaulicher Orientierungslosigkeit deuten, so bleibt die Interpretation, daß die Betriebsvertretungen auf populistische, auf vordergründige Feindbilder zielende Strömungen in der Belegschaft Rücksicht zu nehmen hatten. Eine Rolle spielte wohl auch die aus der NS-Zeit stammende, jetzt in demokratisch firmierenden Kanälen fließende Ideologie der Volksgemeinschaft, die, wie ein Zeitzeuge beklagte, sich in der Sozialdemokratie schon vor 1933 wie der „Fußpilz" ausgebreitet habe[99] und ohne die die zum Teil durchaus effiziente Arbeit der

[99] Zit. bei Riegele, Parteienentwicklung, S. 516, Anm. 21.

DAF nach 1933 nicht denkbar gewesen wäre. Einem angegriffenen Vorgesetzten wurde letztlich weniger angekreidet, daß er ein „Nazi" gewesen war, sondern er sich gegenüber seinen Untergebenen so verhalten hatte, daß dies vielleicht auch ein Ehrengericht der DAF gerügt hätte, mit einem Wort: daß er den „Betriebsfrieden" gebrochen hatte.

Vermögenskontrolle, Treuhandverwaltung und Gesetz Nr. 8 brachten gewiß eine Krise im Management und gaben den betrieblichen Arbeitnehmervertretungen größeren Handlungsspielraum als ihren bis 1933 amtierenden Vorgängern. Wo sie diese Möglichkeiten nutzten, taten sie es fast immer aus einem Verständnis der Kontinuität des Betriebes als einer wirtschaftlichen und sozialen Einheit heraus, welches den ausgesperrten Unternehmern und den meisten ihrer entlassenen Angestellten 1947/48 auch den reibungslosen Wiedereinstieg erlaubte. Zum Teil war es beinahe so etwas wie eine Treuhänderschaft von unten. Es gab Fälle, in denen Betriebsräte mit den Unternehmern gegen die noch von der Militärregierung oder vom BLVW eingesetzten Treuhänder konspirierten und gleichsam als Türsteher fungierten – eben dort, wo ihnen der Betrieb bedroht erschien oder der Eindruck vorherrschte, er könne nur unter alter Führung wieder auf die Beine kommen.

Die Unternehmerschaft hatte die Krise, die im Zeichen der nationalsozialistischen Kommandowirtschaft schon vor der offiziellen Erklärung des „totalen Krieges" eingeläutet worden war, äußerlich staunenswert ungebrochen überstanden; viele personelle Veränderungen ergaben sich einfach aus dem Generationenwechsel, Firmenumgründungen entsprachen oft nur Zweckmäßigkeiten. Die Treuhandverwaltungen, auch wenn sie in der Mehrzahl der Fälle sachgerecht – etwa durch Verwandte der Kapitaleigner oder formal unbelastete Angestellte – ausgeübt wurden, mußten als Erscheinung eines verhaßten staatlichen Dirigismus fallen, galt die Verhängung der Vermögenskontrolle den entmachteten Firmenleitern doch durchweg als illegitim, als Ausfluß eines Besatzungsfaustrechts, mit dem die Bürokraten in den staatlichen Wirtschaftsverwaltungen das freie Unternehmertum weiterhin zu gängeln versuchten. Hatte man nicht auch im Dritten Reich primär das Florieren des eigenen Betriebes im Auge gehabt, sich nicht gelegentlich an der DAF gerieben und war man schließlich nicht deswegen zur Partei gegangen, um in Ruhe weiterarbeiten zu können, auch als „Betriebsführer" zum Wohle der anvertrauten „Gefolgschaft"? Diejenigen Fabrikanten, die sich ihrer Jahre vor 1916 – als es noch keine staatlichen Bewirtschaftungsstellen und keine betrieblichen Arbeiterausschüsse gegeben hatte – als goldene Zeiten der Wirtschaft erinnerten, waren nun rar geworden. Führte das Einrücken einer neuen Unternehmergeneration in die Geschäftsleitungen und das Wegsterben der alten Klassenkämpfer in den Gewerkschaften zu einem – wenn man so will – atmosphärischen Kompromiß, wie ihn das in Erhards „Institut für Industrieforschung" umständehalber quallig formulierte Denkmodell der „sozialen Marktwirtschaft" zur Voraussetzung hatte? Wurde in der Katastrophe des Staates die Stimmung geboren für eine Art „Wirtschaftsdemokratie"?

Wie unterschiedlich der „dritte Weg" zwischen Planwirtschaft und Wirtschaftsliberalismus beinahe zur selben Zeit interpretiert werden konnte, zeigt eine Denkschrift des Leiters des schwäbischen Regierungswirtschaftsamtes Hugo Fink, nachmals Staatssekretär im Innenministerium in München, und ein an General Clay gerichteter Brief des IHK-Präsidenten Otto Vogel, der später zum Vizepräsidenten des BDI avancieren sollte[100]. Stand Finks Plädoyer für eine primär dienende Funktion der Wirtschaft unter effizient arbeitenden staatlichen Lenkungsorganen und unter Zurückdrängung des Einflusses der Selbstverwaltungsgremien von Industrie und Handel grundsätzlich in der Tradition des „politique d'abord", wie ihr auch die nationalsozialistischen Wirtschaftstheorien verpflichtet waren, so wollte Vogel älteren Wein in neue Schläuche gießen – auch wenn seine Formulierungen das Gegenteil suggerierten. Er forderte Währungsreform, anschließend Aufhebung der „Planwirtschaft" binnen eines Jahres, „Erzwingung ausgeglichener Haushaltspläne" und „Entpolitisierung der Gewerkschaften durch ein Hinüberleiten ... von totalitären Machtansprüchen zu demokratischem Aufbauwillen und wahrhafter Zusammenarbeit". Die Kontrolle des Außenhandels wollte er nicht von deutschen Behörden, sondern von der Besatzungsmacht weitergeführt wissen, die auch in ihrem eigenen Land mit der Marktwirtschaft wieder ernst machen müsse, „sonst siegt der Osten". Und schließlich: „Garantierung der persönlichen Sicherheit und Freiheit, vor der wir fast genauso weit wieder entfernt sind wie seinerzeit unter SD und Gestapo ... Erst dann wird die große Masse der anständigen Menschen, die jetzt aus verständlichen Gründen abseits steht, gerne mitarbeiten." Vogel, nicht Fink, zeigte den Weg in die Bundesrepublik auf.

[100] Finks Denkschrift „Vorschläge zur bayerischen Wirtschaftspolitik und Neu-Ordnung der bayerischen Wirtschaftskontrollstellen" vom 23. 1. 1947; ACSP, Nachlaß O. Weinkamm 5.1.5. Text des Briefes an Clay vom 29. 12. 1947 bei Zorn, Hillenbrand, Jahrhunderte, S. 288 ff.

IV.

Zur Situation der Familie und der Frauen

Barbara Willenbacher

Zerrüttung und Bewährung der Nachkriegs-Familie

Die Lebensbedingungen von Familien in den ersten Nachkriegsjahren waren vor allem durch die Sorge um das Überleben gekennzeichnet. Unter Hunger und Kälte, der Unterbringung in beschädigten, teilweise zerstörten Wohnungen und Behelfsunterkünften, Arbeitslosigkeit und der Ungewißheit über den Verbleib von Familienangehörigen hatten besonders Bewohner von Großstädten, Evakuierte und Ausgebombte sowie Vertriebene und Flüchtlinge zu leiden[1]. Die Soziologie nahm sich des Themas „Familie in der Nachkriegsmisere" frühzeitig an. Im Zentrum der zeitgenössischen Betrachtung standen die wirtschaftlichen, sozialen, psychischen und gesundheitlichen Folgen der mangelhaften Versorgungslage der Bevölkerung[2]. Die daraus resultierenden familiären Desorganisationserscheinungen wie steigende Kriminalitäts-, Nichtehelichen- und Scheidungsquoten[3] wurden in der zeitgenössischen Literatur im Hinblick auf vermeintliche Gefährdungen ordnungspolitischer Zielsetzungen besonders hervorgehoben. Zwar blieb niemandem verborgen, daß es sich vielfach um Phänomene handelte, die als Reaktion auf die wirtschaftliche Notlage zu verstehen waren[4], zugleich wurde jedoch befürchtet, daß diese Desorganisationserscheinungen Ausdruck eines langfristigen, bereits durch die NS-Zeit ausgelösten und durch die Kriegs- und Nachkriegsereignisse verstärkten Wertezerfalls sein könnten[5]. Die Sozialwissenschaftler sahen diese gesellschaftliche Wertdesorientierung vor allem bei der Jugend als gefährlich an, die, in HJ und BDM organisiert und engagiert, bereits frühzeitig die Aufgaben von Erwachsenen in Kriegsdienst und Verteidigung übernommen hatte und nun ohne Zukunftserwartungen und -hoffnungen zu sein schien[6].

[1] Karl-Heinz Rothenberger, Die Hungerjahre nach dem Zweiten Weltkrieg. Ernährungs- und Landwirtschaft in Rheinland-Pfalz 1945–1950, Boppard 1980, S. 107f., S. 179f., S. 209f.

[2] Hans Braun, Die gesellschaftliche Ausgangslage der Bundesrepublik als Gegenstand der zeitgenössischen soziologischen Forschung. Ein Beitrag zur Geschichte der neuen deutschen Soziologie, in: Kölner Zeitschrift für Soziologie und Sozialpsychologie 31 (1979), S. 166ff. Hans Braun und Stephan Articus, Sozialwissenschaftliche Forschung im Rahmen der amerikanischen Besatzungspolitik, in: Kölner Zeitschrift für Soziologie und Sozialpsychologie 36 (1984), S. 703ff.

[3] Dieter Wirth, Familie in der Nachkriegszeit. Desorganisation oder Stabilität?, in: Josef Becker, Theo Stammen und Peter Waldmann (Hrsg.), Vorgeschichte der Bundesrepublik Deutschland. Zwischen Kontinuität und Grundgesetz, München 1979, S. 193ff.

[4] Karl Siegfried Bader, Das gegenwärtige Erscheinungsbild der deutschen Kriminalität, in: Der Konstanzer Juristentag 1947, hrsg. von der Militärregierung des französischen Besatzungsgebietes in Deutschland, Generaljustizdirektion, Tübingen 1947, S. 163ff.

[5] Karl Siegfried Bader, Soziologie der deutschen Nachkriegskriminalität, Tübingen 1949, S. 129.

[6] Howard Becker, Vom Barette schwankt die Feder. Die Geschichte der deutschen Jugendbewegung, Wiesbaden 1949, S. 210f. Theodor Litt, Die deutsche Jugend in der Gegenwart, in: Verhandlungen des deutschen Soziologentages vom 9. bis zum 12. August 1948 in Worms, Tübingen 1949, S. 39f. Werner Jörg Lüddecke, Verlorene Jugend, in: Nordwestdeutsche Hefte 2 (1947), S. 39f.

Die Restabilisierung der sozialen und familiären Wertvorstellungen stand daher im Zentrum der öffentlichen Bemühungen und des wissenschaftlichen Interesses, in der Hoffnung, über die familiären die gesellschaftlichen Lebensverhältnisse insgesamt zu befestigen[7]. Erste Anzeichen der erwünschten Restabilisierung wurden in der Anpassung von Vertriebenen- und Flüchtlingsfamilien an die veränderten wirtschaftlichen Lebensbedingungen gesehen[8]. Hier war infolge des Verlusts der Heimat, von Entwurzelung, Deklassierung und Nivellierung eine generelle Destabilisierung von Familie und Persönlichkeit befürchtet worden[9]. Die erzwungene Aufgabe traditioneller, gewachsener Lebenszusammenhänge bewirkte jedoch – so von niemandem vorhergesehen – langfristig eine „Modernisierung" der familiären Wertvorstellungen im Hinblick auf die Ehedefinition (als Gefährtenschaft) und die Stellung der Ehefrau, der Kinder und Jugendlichen. Es zeigte sich: Der familiäre Wandel, der im allgemeinen als durch Industrialisierung und Urbanisierung verursacht beschrieben wird[10], wurde durch die Folgen der wirtschaftlichen Notlage sowie den Abstieg der Mittelschichten in der zweiten Hälfte der vierziger Jahre erheblich verstärkt. Dies hing mit der Zerstörung geschlossener, eng begrenzter regionaler Lebenszusammenhänge zusammen. Die regionale Mobilität nach Flucht, Vertreibung, Evakuierung, Ausbombung und die Einquartierung von meist städtischen Neubürgern in bis dahin abgeschlossene Dorfgemeinschaften bewirkte dort eine Annäherung sozialer Werthaltungen und Lebensformen an bisher in Großstädten übliche Einstellungen[11]. Wertuntersuchungen unterstreichen, daß traditionelle familialistische Werthaltungen eng an regionale Lebensräume und -formen gebunden sind, sich infolge deren Veränderung, Aufgabe oder Zerstörung individualisieren, personalisieren und damit schichtspezifische Differenzen abbauen; das heißt, in dem beschriebenen Sinne modernisiert werden.

Während sich die Mehrzahl der zeitgenössischen Familienuntersuchungen nur auf die vollständige Familie konzentrierte und vor allem die theoretisch und politisch abgeleitete Fragestellung nach der Restabilisierung und den veränderten innerfamiliären Autoritätsmustern verfolgte, zielen die heutigen, aus der Sicht der Frauen vorgenommenen Betrachtungen auf die subjektive Verarbeitung und Deutung der Lebensverhältnisse zwischen Kapitulation und Gründung der Bundesrepublik[12] sowie auf die Auseinandersetzung mit den restabilisierten konservativen Familienauffassungen – dem Versuch, wieder an den traditionalen bürgerlichen Familiennormen von vor 1933 anzuknüpfen[13].

7 Eine klassische Annahme konservativer Theoretiker, daß mit der Stabilität der Familie die Stabilität der sozialen Ordnung gesichert sei. Vgl. Barbara Willenbacher und Wolfgang Voegeli, The Interdependence of Social Science and Legal, Family and Public Policy. Vortrag auf dem Internationalen Soziologentag in Mexico City 1982 (Ms).

8 Helmut Schelsky, Die Flüchtlingsfamilie, in: Verhandlungen des 10. Deutschen Soziologentages am 17. Oktober 1950 in Detmold, Glashütten 1970, S. 32.

9 Karl Kurz, Lebensverhältnisse der Nachkriegsjugend. Eine soziologische Studie, Bremen 1949. Karl Valentin Müller, Heimatvertriebene Jugend. Eine soziologische Studie zum Problem der Sozialtüchtigkeit des Nachwuchses der heimatvertriebenen Bevölkerung, Würzburg 1956. Elisabeth Pfeil, Der Flüchtling. Gestalt einer Zeitwende, Hamburg 1948.

10 Ernest W. Burgess und Harvey J. Locke, The Family. From Institution to Companionship, New York 1960.

11 Fritz Rudolph, Strukturwandel eines Dorfes, Berlin 1955, S. 76f.

12 Sibylle Meyer und Eva Schulze, „Wie wir das alles geschafft haben". Alleinstehende Frauen berichten über ihr Leben nach 1945, München 1984.

13 Angela Vogel, Familie, in: Wolfgang Benz (Hrsg.), Die Bundesrepublik Deutschland, Bd. 2: Gesellschaft, Frankfurt 1983, S. 102f.

Die vorliegende kleine Studie kann die mit den einleitenden Bemerkungen verknüpften Fragen selbstverständlich nicht erschöpfend beantworten. Denn noch immer fehlen gut dokumentierte, methodisch anspruchsvolle Untersuchungen zur materiellen und psychischen Lage von Familien nach Kriegsende. Vor allem die Situation von alleinstehenden Frauen und die Lebensbedingungen der durch Verwitwung unvollständigen Familien, die den größten Teil der unvollständigen Familien ausmachten, ist bisher noch nicht in genügendem Maße in den Mittelpunkt des wissenschaftlichen Interesses gerückt worden. Ziel dieses kleinen Beitrages ist es, die verfügbaren Informationen über die Situation von Familien in den Jahren 1945 bis 1949 zusammenzutragen, einige weiterführende Fragen aufzuwerfen und sie thesenartig zu beantworten. Besonderes Augenmerk gilt dabei den kurzfristigen Desorganisationserscheinungen, der Situation der unvollständigen Familie, dem familiären Wertewandel und der besonders zugespitzten Lage von Flüchtlingsfamilien[14].

1. Die kurzfristigen Desorganisationserscheinungen

Aufgrund der katastrophalen Versorgungslage und der allgemeinen Demoralisierung befürchteten nach 1945 nicht wenige, daß die *Kriminalität* in demselben Maße wie nach dem Ersten Weltkrieg ansteigen würde[15]. Dies trat, gemessen an den Kriminalitätsziffern, jedoch nicht ein[16]. Im Vergleich zur Vorkriegszeit nahm das Ausmaß der Kriminalität zwar erheblich zu – was die private Erfahrung und die öffentliche Meinung im wesentlichen prägte –, erreichte aber nie dramatisch höhere Werte. Im Vergleich blieb nämlich unberücksichtigt, daß die üblicherweise benutzten Ziffern von 1938 zu niedrig sind, da sie sich nur auf strafrechtlich verurteilte Personen beziehen; sie enthalten aber keine Angaben über Straftaten, die nur von der Polizei bearbeitet wurden – eine Praxis, die von den Nationalsozialisten erheblich erweitert worden war[17].

Die juristische Einstufung der Straftaten in der Nachkriegszeit hatte sich im Vergleich zur Zeit vor dem Zweiten Weltkrieg nicht geändert – an der Spitze der Straftaten standen weiterhin die Eigentumsdelikte –, jedoch hatten sich die Begehungsfor-

[14] Es liegen hierzu extrem unterschiedliche Daten vor, und zwar: Meinungsbefragungen der Amerikaner (OMGUS) und deutscher Institute (Allensbach und EMNID), Erhebungen der Justiz und Verwaltung, Auswertungen der öffentlichen Statistik, Sekundäranalysen des Mikrozensus (VASMA), umfangreiche deskriptive Datensammlungen über die sozio-ökonomische Situation der Flüchtlinge und Vertriebenen, zeitgenössische Schul- und Familienuntersuchungen, Einzelbiographien, retrospektive Interviews und deren Interpretation, qualitative Analysen von zeitgenössischen Zeitschriften, zeitgenössische Dissertationen zu Zeitfragen wie Kriminalität und uneheliche Kinder, Analysen der Wirtschafts- und Beschäftigungsstruktur auf der Makroebene. Um die in diesem Beitrag vorgenommenen Verknüpfungen und Erklärungen zu überprüfen, müßte genaugenommen eine Sekundäranalyse der alten Untersuchungen erfolgen oder aber neue retrospektive, lebenslauforientierte Forschung initiiert werden.

[15] Franz Exner, Krieg und Kriminalität, Leipzig 1926.

[16] Die abgeurteilten Personen im Jahre 1948, in: Wirtschaft und Statistik 1949/1950, S. 403 ff. Kriminalitätsziffer: Zahl der Verurteilten auf 100 000 der jeweiligen strafmündigen Einwohner. Die Verstöße gegen Gesetze der Militärregierung werden hierbei nicht berücksichtigt. Die Beschränkung auf die Zahl der Verurteilten läßt zwar die Freisprüche und das Dunkelfeld der Kriminalität unberücksichtigt – aus Gründen der Vergleichbarkeit ist jedoch die Beschränkung auf Kriminalitätsziffern sinnvoll.

[17] Karl Löwenstein, Law and the Legislative Process in Occupied Germany, in: The Yale Law Journal 57 (1948), S. 1019.

men und der Täterkreis gewandelt[18]. Die illegale Versorgung mit Gütern des täglichen Bedarfs stand im Vordergrund der Nachkriegskriminalität, denn die Sorgen der Bevölkerung galten vor allem der Beschaffung von Nahrungsmitteln, Heizmaterial, Hausrat und Kleidung[19]. Infolgedessen hatte sich auch der Kreis, aus dem die verurteilten Straftäter stammten, geändert. Während früher die Untere Unterschicht (einkommensschwache Gruppen mit schlechter Schulbildung) überproportional häufig strafrechtlich sanktioniert wurde, reduzierten sich in der Zeit bis zur Währungsreform die schichtspezifischen Unterschiede der Täter. Verstöße gegen die Zwangsbewirtschaftung und Rationierung der Lebensmittel wurden wegen der geringen Zuteilungen ohnehin von jedem, der über Tauschmittel verfügte, begangen[20]. In diesem Zusammenhang ist auch die damalige ernste Befürchtung zu sehen, daß der Zustand gesellschaftlicher Anomie[21] – legitime Ziele waren nicht mit legalen Mitteln zu erreichen – zu einem allgemeinen Wertezerfall führen könnte.

Diese Angst fand ihre Bestätigung in der gestiegenen Quote der Jugendkriminalität[22], die teilweise sogar höher lag als die Kriminalitätsrate in der Zeit nach dem Ersten Weltkrieg[23]. Dies läßt sich damit erklären, daß es offensichtlich die Jugendlichen übernommen hatten, die Versorgung mit Gütern des täglichen Bedarfs auf dem Schwarzmarkt, beim „Kohleklau" und beim Hamstern zu gewährleisten[24]. Ihnen konnten Legalitätsverstöße physisch und psychisch am ehesten zugemutet werden, sie hatten auch eine geringere Bestrafung und Sanktionierung zu erwarten. Tatsächlich führte nur eine geringe Zahl der Verurteilungen zu Jugendgefängnis oder Fürsorgeerziehung[25]. Auch das Jugendamt nahm keine zusätzlichen Überweisungen in Fürsorgeerziehung als Maßnahme sozialer Kontrolle vor[26], da die Kapazität der Heime bereits mit der Versorgung der Waisen, heimatlosen Kinder und vagabundierenden Jugendlichen im wesentlichen erschöpft war[27]. Mit der Verbesserung der Versorgungslage nahm dann die Jugend- wie die Erwachsenenkriminalität sukzessive ab[28]. Die These von der strukturell andersartigen Krisenkriminalität ließe sich durch die Verfolgung des weiteren Lebensweges der wegen Eigentumsdelikten Verurteilten überprüfen. Ein Vergleich der Verurteilten der Nachkriegszeit und z.B. der sechziger Jahre könnte unterschiedliche Verhaltensmuster und Schicksale aufzeigen.

[18] Adolf Schönke, Strafrecht und Kriminalität im heutigen Deutschland, in: Schweizerische Zeitschrift für Strafrecht 64 (1949), S. 16ff.

[19] Leo P. Crespi, The Influence of Military Government Sponsorship in German Opinion Polling, in: International Journal of Opinion and Attitude Research 4 (1950), S. 174.

[20] Rothenberger, Hungerjahre, S. 125f.

[21] Robert Merton, Social Theory and Social Structure, Glencoe 1949.

[22] Zwei Jahre unter der Nachkriegsjugend, in: Pädagogische Welt 2 (1947), S. 498f.

[23] Die Jugendkriminalität in den Nachkriegsjahren, in: Wirtschaft und Statistik 1953, S. 384f. Hier überwogen in hohem Ausmaß die Eigentumsdelikte, während die schweren Delikte (bei denen Jugendliche sonst zu höheren Anteilen vertreten sind und die gerade nach dem Ersten Weltkrieg angestiegen waren), gefährliche Körperverletzung und Sittlichkeitsdelikte in den Hintergrund traten.

[24] Zwei Jahre unter der Nachkriegsjugend, in: Pädagogische Welt 2 (1947), S. 498f.

[25] Abgeurteilte Jugendliche im Bundesgebiet 1948, in: Wirtschaft und Statistik 1950, S. 496f. 15% der Verurteilten erhielten Jugendgefängnis, 2% wurden in Fürsorgeerziehung überwiesen.

[26] Fürsorgeerziehung und Jugendhilfe im Rechnungsjahr 1950/1951, in: Wirtschaft und Statistik 1952, S. 458f. Bezogen auf 1000 Jugendliche unter 19 Jahren unterscheidet sich die Zahl der in Fürsorgeerziehung untergebrachten Jugendlichen 1950 nicht von der 1957. Die öffentliche Jugendhilfe im Rechnungsjahr 1957, in: Wirtschaft und Statistik 1958, S. 672ff.

[27] Hans-Günther Schonmann, Das heutige Problem der vagabundierenden Jugend, Diss. München 1948.

[28] Die Auswirkung der Motorisierung des Straßenverkehrs auf die Straffälligkeit, in: Wirtschaft und Statistik 1957, S. 313ff.

Infolge der jahrelangen Trennungen der Ehepaare durch den Zweiten Weltkrieg, der Kriegsgefangenschaft und der Wanderung arbeitsuchender Männer in die Großstädte und industrielle Ballungsräume zerbrachen in der Nachkriegszeit viele Ehen. Die *Scheidungsziffer* stieg auf das Doppelte derjenigen der Vorkriegszeit und erreichte ihren Höhepunkt 1948[29]. Vor allem Ehen, die während des Krieges geschlossen worden waren und die sich von den Ehen aus der Zeit vor dem Zweiten Weltkrieg dadurch unterschieden, daß sich die Ehepartner nur relativ kurze Zeit kannten, wurden geschieden. Häufigster Scheidungsanlaß war, daß in der langen Trennungszeit – auch in der Ungewißheit über den Verbleib des anderen – neue Bindungen eingegangen worden waren[30]. In anderen Fällen waren die sozial abgestiegenen Männer (z. B. ehemalige Berufsoffiziere und Parteifunktionäre) nicht bereit, die zum Zeitpunkt der Eheschließung bestehende Rollendefinition der Geschlechter zu überdenken und der selbstbewußt und selbständig gewordenen Ehefrau eigene Rechte einzuräumen[31]. Hinzu kommt, daß ein Teil der Ehemänner aufgrund der geschlechtsspezifischen Doppelmoral die in der Kriegs- und Nachkriegszeit entstandene freizügigere Sexualmoral der Frauen nicht verkraftete[32]. Dies führte dazu, daß sich die Scheidungsanträge aus den Jahren 1946–1949 erheblich von denjenigen unterschieden, die in der Vorkriegszeit und nach 1955 gestellt wurden, und zwar in bezug darauf, wer den Antrag stellte und wer schuldig gesprochen wurde. In der Nachkriegszeit stammte die Hälfte der Anträge von Männern, und nur ein Drittel der Männer wurde alleinschuldig gesprochen. In der Vorkriegszeit und nach 1955 hingegen kamen ungefähr zwei Drittel der Anträge von Frauen, und die Hälfte der Männer wurde alleinschuldig gesprochen[33]. Daher liegt die Vermutung nahe, daß aufgrund der genannten Gründe in der Nachkriegszeit mehr Scheidungen von Männern initiiert wurden, die – dies ist ein weiterer Grund – aufgrund des Frauenüberschusses auf dem „Wiederverheiratungsmarkt" gute Chancen hatten.

Die Mehrzahl der Scheidungen wurde über § 43 des Ehegesetzes von 1946 (Eheverfehlungen) abgewickelt, der im wesentlichen identisch mit den Paragraphen 1566, 1567 und 1568 des BGB von 1900 war und sich bereits auf die liberalisierte Rechtsprechung der Depressionszeit stützen konnte. Aufgrund der hohen Zahl der scheidungswilligen Ehepaare entwickelte die Justiz eine verwaltungsrationale Strategie zur Erledigung von Massenverfahren. Die Kammern der Landgerichte, vor denen die Scheidungen behandelt wurden, waren aufgrund der Kriegsvereinfachung bis 1950 nur mit einem Richter besetzt; üblicherweise saßen dort drei Richter. Angesichts des

[29] Ehescheidungen im Bundesgebiet seit 1946, in: Wirtschaft und Statistik 1952, S. 291 ff. Die gerichtlichen Ehelösungen im Jahre 1950, in: Wirtschaft und Statistik 1952, S. 161 ff.

[30] Renate Künzel, Die Situation der geschiedenen Frau in der Bundesrepublik Deutschland. Arbeitskreis für Rechtssoziologie, Hannover 1975, eigene Auswertung der Scheidungen von 1945–1949.

[31] Sibylle Meyer und Eva Schulze, „Alleine war's schwieriger und einfacher zugleich". Veränderung gesellschaftlicher Bewertung und individueller Erfahrung alleinstehender Frauen in Berlin 1943–1955, in: Anna-Elisabeth Freier und Annette Kuhn (Hrsg.), Frauen in der Geschichte V. „Das Schicksal Deutschlands liegt in der Hand seiner Frauen." Frauen in der Nachkriegsgeschichte, Düsseldorf 1984, S. 375. Gerhard Baumert, Deutsche Familien nach dem Kriege, Darmstadt 1954, S. 134, S. 165.

[32] Elisabeth Noelle-Neumann und Edgar Piel (Hrsg.), Allensbacher Jahrbuch der Demoskopie 1978–1983, Bd. VIII, München 1983, S. 150. Vgl. Vogel, Familie, S. 104. Hierbei muß allerdings auch die „Hungerprostitution" berücksichtigt werden, vgl. Rothenberger, Hungerjahre, S. 177, sowie die Vergewaltigungen.

[33] Barbara Willenbacher, Divorce Procedures and Strategies, in: XIXth International CFR Seminar on Divorce and Remarriage, Leuven 1981, S. 110 ff.

enormen Arbeitsdruckes wurden unstreitige Fälle, die die Hälfte aller Scheidungen stellten, ohne jede richterliche Überprüfung geschieden. Andererseits war ungefähr die Hälfte der Scheidungen hochstreitig, da Männer und Frauen darum kämpften, daß jeweils der andere Ehegatte schuldig gesprochen würde. Dies zeigt, daß ein relativ großer Anteil von Männern und Frauen verbittert auf die Scheidungsabsichten des Ehepartners reagierte.

Besonders problematisch war in der Nachkriegszeit die Regelung der ökonomischen Situation der geschiedenen Ehefrau. Zwar war im Ehegesetz von 1946 in § 58 Abs. 1 von einer Erwerbsverpflichtung der geschiedenen Ehefrau im Gegensatz zu § 66 Abs. 1 des Ehegesetzes von 1938 nicht mehr die Rede; die Rechtsprechung ließ jedoch den Anspruch auf Ehegattenunterhalt nur für unschuldig geschiedene Ehefrauen gelten. Die Mehrheit der geschiedenen Frauen hatte also aufgrund der Verteilung der Scheidungsschuld – ein Viertel war alleinschuldig und ein Drittel wegen beiderseitigem Verschulden geschieden worden – keinen Anspruch auf Ehegattenunterhalt[34]. Als Ausnahmegründe wurden nur – wie bereits seit 1938 – Alter, Krankheit und Kindererziehung anerkannt. Während jedoch die Frauen 1938 angesichts des Arbeitskräftebedarfs in der Rüstungswirtschaft ohne Probleme einen Arbeitsplatz finden konnten, war dies ab 1948 wegen der hohen Arbeitslosigkeit nicht ohne weiteres möglich.

Infolge der ungesicherten Lebensverhältnisse, der hohen Mobilität der aus der Gefangenschaft entlassenen Männer und der mangelnden Transparenz der Familienverhältnisse aufgrund vieler getrenntlebender Familien unterblieben in der Nachkriegszeit vielfach Eheschließungen trotz erfolgter Heiratsversprechen[35]. Die *Nichtehelichenquote* verdoppelte sich so im Vergleich zur Vorkriegszeit[36] und sank ab 1950 auf das vorher übliche Niveau ab[37]. Eine vergleichbare Entwicklung der Nichtehelichenziffer hatte bereits nach dem Ersten Weltkrieg stattgefunden. Ein großer Teil derjenigen, die in „wilder Ehe" lebten, entschloß sich aber später doch zur Ehe, so daß ungefähr 30 bis 40 Prozent aller nichtehelich geborenen Kinder durch die nachfolgende Eheschließung legitimiert wurden[38]. Besonders geringe Chancen, den Vater ihres Kindes zu heiraten, hatten jedoch Mütter von Kindern, deren Väter fremden Streitkräften angehörten. Die 1946 geborenen nichtehelichen Kinder waren immerhin zu ungefähr

[34] Charlotte Höhn, Rechtliche und demographische Einflüsse auf die Entwicklung der Ehescheidungen seit 1946, in: Zeitschrift für Bevölkerungswissenschaft 6 (1980), S. 335 ff. Wolfgang Voegeli, Funktionswandel des Scheidungsrechts, in: Kritische Justiz 15 (1982), S. 132 ff. Wolfgang Voegeli und Barbara Willenbacher, Zur Restauration des Familienrechtes nach dem Zweiten Weltkrieg, in: Jahrbuch für Sozialökonomie und Gesellschaftstheorie, Hamburg 1987. Ernst Wolf, Gerhard Lüke und Herbert Hax, Scheidung und Scheidungsrecht. Grundfragen der Ehescheidung in Deutschland, Tübingen 1958.

[35] Georg Hoppe, Soziologische Verhältnisse der Mütter unehelicher Kinder in Frankfurt/Main. Unter besonderer Berücksichtigung ihrer Heiratsaussichten (1945–1954), Diss. Münster 1962, S. 83.

[36] Die unehelichen Kinder, in: Wirtschaft und Statistik 1967, S. 391 ff.

[37] Nichtehelichenquote (Anteil der nichtehelichen Geburten an den Geburten insgesamt)

1905	8%	1947	14%
1918	13%	1948	12%
1920	11%	1949	10%
1935	8%	1950	10%
1946	16%	1955	8%

Quelle: Statistisches Jahrbuch für das deutsche Reich 1921/1922, S. 37, und Statistisches Jahrbuch für die Bundesrepublik 1952, S. 36.

[38] Die unehelichen Kinder, in: Wirtschaft und Statistik 1967, S. 391 ff.

einem Sechstel sogenannte Besatzungskinder[39]. Ihr Anteil sank parallel zu der ab 1950 wieder abnehmenden Nichtehelichenquote[40].

Die besondere Problematik der Besatzungskinder ergab sich aus ihrer rechtlichen Situation. Während das deutsche Recht die Zahlvaterschaft und eine institutionalisierte Vaterschaftsfeststellung durch das Jugendamt kennt, sahen das angelsächsische und französische Recht eine Verfolgung von Unterhaltsansprüchen nur vor, wenn eine Anerkennung der Vaterschaft oder eine vertraglich geregelte Zahlungsverpflichtung existierte[41]. Besatzungssoldaten erkannten jedoch nur höchst selten ihre Vaterschaft freiwillig an, im Gegensatz zu deutschen Vätern.[42] Vaterschaftsfeststellungs- und Unterhaltsklagen gemäß deutschem Recht wurden aufgrund der exterritorialen Stellung der Besatzungstruppen in keiner Zone zugelassen. Den Jugendämtern war von den Militärregierungen sogar die Zählung der nichtehelichen Kinder von Angehörigen der Besatzungstruppen untersagt worden. Für amerikanische GI's war bis Ende 1946 zudem die Eheschließung mit deutschen Frauen verboten, später wurde sie nach einer Überprüfung am Ende der Dienstzeit genehmigt[43]. Besonders problematisch war die Lage der farbigen Besatzungskinder, denen man ihre Herkunft von einem „Amiliebchen" ansah[44]. Ihr zahlmäßiger Anteil war jedoch relativ gering[45]. Hier kamen häufig

Unvollständige Familien 1946–1949
Schüleruntersuchungen

	Bremen 1947	RegBez.Han. 1946	Berlin 1949	Köln 1950/51	Essen 1950/51	Nieders. 1946	Hessen 1947
Vater gestorben	23%	5%	6%	6%	7%	5%	2%
Vater gefallen		6%	6%	9%	9%	5%	8%
Vater vermißt	9%	16%	7%	3%	2%	13%	3%
Vater kriegsgefangen	14%		—	—	—		5%
Mutter verwaist	5%	1%	2%	2%	2%	1%	1%
Vollwaisen	unbek.		2%	1%	1%		unbek.
Scheidungsfamilien	unbek.	2%	unbek.	4%	3%	1%	unbek.
getrenntlebende Eltern	12%	4%	unbek.	unbek.	unbek.	2%	unbek.

Quellen:
Bremen: Kurz, Lebensverhältnisse, S. 15.
Niedersachsen, Hannover: Müller, Heimatvertriebene Jugend, S. 59; Karl Valentin Müller, Die Begabung in der sozialen Wirklichkeit, Göttingen 1950, S. 40.
Berlin: Die Waisen Berlins, hrsg. von der Versicherungsanstalt Berlin, Berlin 1949, S. 5.
Köln u. Essen: Haak, Berufswunsch, S. 76.
Hessen: Mehnert/Schulte, Deutschland-Jahrbuch, S. 342.

39 Ebd.
40 Ebd.
41 Besatzungskinder, in: Informationen für die Frau 2 (1952), S. 4 ff.
42 Vgl. Anm. 28, S. 457 ff. Anteil der ausgewiesenen Fälle von Besatzungsangehörigen an den Vaterschaftsfeststellungen: 18% (davon 1% Anerkennung, 17% nicht abschließbare Fälle); vgl. Hoppe, Verhältnisse, S. 71 f.
43 Klaus Mehnert und Heinrich Schulte (Hrsg.), Deutschland-Jahrbuch 1949, Essen 1949, S. 271.
44 Vernon Stone, Baby Crop Left by Negro GI's , in: Survey 49 (1949), S. 579 ff. „Zehn kleine Negerlein", in: Informationen für die Frau 2 (1953), S. 20.
45 Hoppe, Verhältnisse, S. 73. Nur ungefähr 10% aller Besatzungskinder hatten farbige Väter. In Berlin waren 9 von 4661 nichtehelich geborenen Kindern farbige Besatzungskinder; Berliner Statistik 1947, hrsg. vom Hauptamt für Statistik von Großberlin, S. 99. 3000 von 94000 „Soldatenkindern" waren 1951 Mischlinge. Vgl. Luise Frankenstein, Soldatenkinder, München 1954, S. 5.

die während der NS-Zeit bestärkten rassischen Vorurteile zum Tragen, die nach dem Ersten Weltkrieg bereits den sogenannten Rheinlandbastarden das Leben schwer gemacht hatten. Im Grunde fehlen bis heute Untersuchungen darüber, was aus den „Besatzungskindern" und insbesondere aus den farbigen „Besatzungskindern" geworden ist und ob sich ihr Schicksal von demjenigen der anderen nichtehelichen Kinder, die einen Stiefvater erhielten oder deren Mutter unverheiratet blieb, unterschied.

Ungefähr ein Viertel aller Kinder wuchs nach dem Zweiten Weltkrieg ohne Vater auf, der in der Mehrzahl der Fälle gefallen oder vermißt war[46]. In den Großstädten sowie unter Flüchtlingen, Evakuierten und Heimatvertriebenen war die Zahl der unvollständigen Familien am höchsten[47]. Die ökonomische Situation dieser unvollständigen Familien war in der Nachkriegszeit besonders angespannt. So wurde nach der Kapitulation jede Versorgungsrentenzahlung eingestellt, die Witwen auf den Arbeitsmarkt oder die Fürsorge verwiesen[48]. Die britische Militärregierung schaffte 1946 auch die Wehrmachtshinterbliebenenversorgung ab[49] – diese sollte durch eine Sozialrente ersetzt werden. Die von den Besatzungsmächten verfügte Hinterbliebenenversorgung schränkte den Kreis der Anspruchsberechtigten unter den Witwen auf diejenigen ein, die über 60 Jahre alt, zu zwei Dritteln erwerbsunfähig waren oder zwei Kinder unter 8 Jahren zu versorgen hatten[50]. Diese Regelungen übernahmen mit unwesentlichen Änderungen die Bestimmungen der Sozialversicherung von 1942[51]. Gleichzeitig wurden auch die Steuerermäßigungen für Kriegerwitwen und die Kinderermäßigungen aufgehoben[52].

Berücksichtigt man, daß die Frauen der gefallenen Männer in der Regel wesentlich jünger waren als andere Witwen, so ergab sich in der Nachkriegszeit eine erhebliche Verschlechterung in der sozialen Sicherung der „Kriegerwitwen". Zudem hatten Frauen von Vermißten, die ihre Ehemänner nicht für tot erklären ließen, keinen Versorgungsanspruch – im Gegensatz zu der Zeit während des Zweiten Weltkriegs[53]. Die Situation der Witwen wurde allerdings sukzessive verbessert; 1950 durch die Kriegsopferversorgung[54], 1954 durch den Familienlastenausgleich und 1957 durch die Rentenreform[55].

In den Jahren der Besatzung war von einer Verbesserung noch nichts zu spüren. Die Mehrzahl der alleinstehenden, alleinerziehenden Frauen wurde auf den Arbeitsmarkt verwiesen. Geschiedene Frauen erhielten gerade in dieser Zeit relativ selten Ehegattenunterhalt, obwohl sie zum Zeitpunkt der Scheidung nur in geringem Umfang erwerbstätig gewesen waren; zudem war die Zahlungsmoral der Väter in bezug

[46] Vgl. die Übersicht im Text.
[47] Baumert, Familien, S. 47: In Darmstadt (25%) davon 19% alleinstehende Frauen. Müller, Jugend, S. 59.
[48] Alice Scherer (Hrsg.), Die Frau. Wesen und Aufgaben, Freiburg 1951, S. 43 f.
[49] Kurt Naujeck, Die Anfänge des sozialen Netzes 1945–1952, Bielefeld 1984, S. 71.
[50] Mehnert, Schulte, Deutschland-Jahrbuch, S. 271, S. 303.
[51] Wolfgang Dreher, Die Entstehung der Arbeiterwitwenversicherung in Deutschland, Berlin 1978, S. 81.
[52] Mehnert, Schulte, Deutschland-Jahrbuch, S. 271. Ferdinand Oeter, Familienpolitik, Stuttgart 1954, S. 117 f.
[53] Aufgrund der gezahlten Familienunterstützung. Dörte Winkler, Frauenarbeit im „Dritten Reich", Hamburg 1977, S. 92 f.
[54] So betrug die Durchschnittsrente nach geltendem Recht bei Witwen 27,80 DM und bei Waisen 16,90 DM monatlich. Naujeck, Anfänge, S. 225. Leonhard Trompeter, Die Kriegsopferversorgung nach 1945, in: Reinhart Bartholomai (Hrsg.), Sozialpolitik nach 1945. Geschichte und Analysen, Bonn-Bad Godesberg 1977, S. 193.
[55] Heinz Lampert, Sozialpolitik, Berlin 1980, S. 164.

auf den Kindesunterhalt eher schlecht[56]. Die Situation der ledigen Mütter war noch schwieriger, da ein Drittel der nichtehelichen Kinder keinen Unterhaltsanspruch besaß und die Verheiratungschancen von Müttern von 1946, 1947 geborenen Kindern gering waren[57]. Diese Kinder wurden deshalb häufig zur Adoption freigegeben oder wuchsen, sofern die Mutter nicht bei ihren Eltern wohnte und unverheiratet blieb, vielfach getrennt von der Mutter in Heim oder Pflege auf[58].

Die wirtschaftlichen Schwierigkeiten der Nachkriegszeit führten fast schlagartig zu einem Rückgang der traditionell Frauen vorbehaltenen Arbeitsplätze[59]. Besonders betroffen davon waren alleinstehende Frauen mit Kindern, die nun nur noch schwer Arbeit fanden. Zudem waren alleinerziehende Frauen in den unteren sozialen Schichten häufiger vertreten, in denen die Einkommenschancen der Frauen ohnehin seit jeher gering waren[60]. Diese düstere Situation spiegelte sich in der gestiegenen Kriminalität der Frauen in der Nachkriegszeit. Wie bereits in der Zeit nach dem Ersten Weltkrieg stieg der weibliche Anteil an der Zahl der Verurteilten[61], wobei die geschiedenen und verwitweten Frauen, denen es am schlechtesten ging, erheblich überrepräsentiert waren[62]. Insbesondere bei der betrügerischen Erlangung von Bezugsberechtigungen war der Frauenanteil hoch[63]. Dies deutet darauf hin, daß die gestiegene Kriminalität auf dem Mangel an Versorgungsgütern beruhte, vor allem bei alleinstehenden Frauen mit Kindern, die nicht über Tauschgüter für den Schwarzmarkt verfügten und im Fall der Nichterwerbstätigkeit als Hausfrau zu den am schlechtesten versorgten Gruppen gehörten[64]. Mit der Verbesserung des Nahrungsmittelangebots in den fünfziger Jahren sank dementsprechend die Kriminalität der Frauen auf das in Friedenszeiten übliche niedrige Niveau[65].

56 Künzel, Situation, eigene Auswertung: 60% der Frauen waren zum Zeitpunkt der Scheidung nicht berufstätig und nur 22% erhielten Ehegattenunterhalt. Die Zahlungsmoral war relativ schlecht. In 40% der Fälle wurde wenig oder kein Ehegattenunterhalt gezahlt und in 20% wurde weniger Kindesunterhalt gezahlt als vereinbart bzw. durch Urteil festgelegt. In 35% wurde nie Kindesunterhalt gezahlt. Die Zahlungsmoral in bezug auf den Kindesunterhalt hat sich infolge der ökonomisch verbesserten Lage erheblich verbessert. Vgl. Barbara Willenbacher und Wolfgang Voegeli, Multiple Disadvantages of One-Parent-Families in the Federal Republic of Germany, in: John Eekelaar (Hrsg.), Family, State and Economic Security, Toronto 1987.

57 Hoppe, Verhältnisse, S. 71f. Gertrud Niemeyer, Untersuchung der soziologischen Verhältnisse der Mütter unehelicher Kinder des Landkreises und der Stadt Osnabrück unter besonderer Berücksichtigung der Heiratsaussichten (1945–1954), Diss. Münster 1956, S. 5.

58 Helmut Göing, Das gesundheitliche Schicksal des unehelichen Kindes, untersucht an den Geburtsjahrgängen 1946–1949 der Stadt Göttingen, Diss. Göttingen 1951, S. 17. Hoppe, Verhältnisse, S. 56, S. 67. Insbesondere die Kinder von Hausangestellten, die die Mehrzahl der ledigen Mütter stellten, wuchsen ungefähr zur Hälfte fremdplaziert auf.

59 Nach dem Abschluß der Aufräumungsarbeiten 1945/1946, zu denen auch Frauen zwangsverpflichtet wurden, vgl. Annette Kuhn, Die vergessene Frauenarbeit in der Nachkriegszeit, in: Anna-Elisabeth Freier und Annette Kuhn (Hrsg.), Frauen in der Geschichte V, Düsseldorf 1984, S. 170ff., nahm die Zahl der Arbeitsplätze auch für nicht-verheiratete Frauen ab. Der Anteil der erwerbstätigen nicht-verheirateten Frauen, gemessen an den nicht-verheirateten Frauen im erwerbsfähigen Alter, reduzierte sich. Angelika Willms, Grundzüge der Entwicklung der Frauenarbeit von 1880 bis 1980, in: Walter Müller, Angelika Willms und Johann Handl, Strukturwandel der Frauenarbeit 1880–1980, Frankfurt 1983, S. 35.

60 Gerhard Baumert, Jugend in der Nachkriegszeit. Lebensverhältnisse und Reaktionsweisen, Darmstadt 1952, S. 36, S. 39. Kurz, Lebensverhältnisse, S. 15.

61 Bader, Soziologie, S. 31.

62 Konrad Müller, Die Diebstahlskriminalität im Bezirk des Amtsgerichts Remscheid in den Jahren 1938–1948, Diss. Bonn 1951, S. 36.

63 Helmut Frese, Die Wirtschaftskriminalität im Landgerichtsbezirk Dortmund in den Jahren 1945–1948, Diss. Bonn 1956, S. 33.

64 Rothenberger, Hungerjahre, S. 65f.

65 Gustav Cremer, Untersuchungen zur Kriminalität der Frau, Lübeck 1974, S. 27.

2. Die Restabilisierung von Ehe und Familie

Die Desorganisationserscheinungen der Familie in den Jahren 1945 bis 1949, gemessen an der hohen Quote der unvollständigen Familien, der Scheidungen und Nichtehelichen sowie der Kriminalität, haben nicht die langfristigen Auswirkungen gehabt, die diejenigen voraussagten, die in ihnen Anzeichen des Verfalls sozialer Normen sahen. Soviel sei schon vorweggenommen: Die Steigerungen der Scheidungs-, Nichtehelichen- und Kriminalitätsquoten waren kurzfristige Krisenreaktionen, ähnlich wie nach dem Ersten Weltkrieg. Negative Folgen der Desorganisationserscheinungen, etwa in bezug auf die Sozialisation von Jugendlichen, konnten nicht festgestellt werden[66]. Im Gegenteil: Gerade Jugendliche aus unvollständigen Familien waren in Schule und Berufsausbildung besonders anpassungsbereit und aufstiegsmotiviert, obwohl sie in hohem Maße in beengten und sozial depravierten Verhältnissen aufwuchsen. Insofern wäre es von besonderem Interesse, wenn der weitere Lebensweg dieser in unvollständigen Familien aufgewachsenen Jugendlichen untersucht würde, z.B. im Vergleich zu Jugendlichen aus unvollständigen Familien der sechziger Jahre.

Besondere Beachtung verdient freilich auch, daß neben den Desintegrationserscheinungen verstärkt auch Gegenläufiges, d.h. ehe- und familienzentrierte Verhaltensweisen zu beobachten waren, etwa ein deutlicher Anstieg der Eheschließungen und die Konzentration auf das Familienleben. Typisch ist hierfür die wiederkehrende Aussage „nur noch für die Familie leben" zu wollen. „In einer Welt des Verlustes" hat „die Familie den Wert des einzigen und aus eigener Kraft geretteten Gutes"[67]. Vergleichbare Äußerungen lassen sich auch heute bei durch Arbeitslosigkeit deklassierten Familien finden.

Nach der Rückkehr der Männer aus der Kriegsgefangenschaft wurden viele der während des Krieges aufgeschobenen Eheschließungen nachgeholt. Zugleich heirateten Geschiedene und Verwitwete erneut, sie stellten ungefähr ein Fünftel der Eheschließenden[68]. In der Zeit von 1947 bis 1950 trat geradezu ein *Heiratsboom* auf, der dazu führte, daß der Heiratsmarkt nahezu völlig ausgeschöpft wurde. Wegen des Frauenüberschusses hatten die Männerjahrgänge von 1922 bis 1926 besonders gute Heiratsaussichten und verheirateten sich zu fast 100 Prozent, während die gleichaltrigen Frauen nur Verheiratungsquoten von 90 Prozent erreichten[69]. Zielsetzung der Eheleute war, sich gemeinsam etwas zu „schaffen"; vielfach wurde auch eine Wohnungszuweisung angestrebt, fast die Hälfte aller Ehepaare wohnte kurzfristig bei den Eltern[70]. Viele sahen damals in der Ehe einen stabilen Fluchtpunkt – verständlich als Reaktion auf Krieg, Vertreibung, sozialen Abstieg und wirtschaftliche Not.

[66] Renate Haak, Berufswunsch und Berufswahl in familiensoziologischer Sicht, Diss. Köln 1955.

[67] Helmut Schelsky, Wandlungen der deutschen Familie in der Gegenwart. Darstellung und Deutung einer empirisch-soziologischen Tatbestandsaufnahme, Stuttgart ^{4}1960, S. 96.

[68] Erstehen und Wiederverheiratungen im Bundesgebiet, in: Wirtschaft und Statistik 1954, S. 185ff.

[69] Heiratstafeln Lediger 1972–1974, in: Wirtschaft und Statistik 1976, S. 717ff. Hierbei muß zudem berücksichtigt werden, daß ungefähr 6% aller Eheschließungen der Frauen mit Ausländern erfolgte (1948). Hasso Wandrey, Ursache und Bedeutung der verspäteten Geburt des ersten und zweiten Kindes, hrsg. von der Deutschen Akademie für Bevölkerungswissenschaft an der Universität Hamburg 1958, S. 6.

[70] Rosemarie Nave-Herz, Familiäre Veränderungen in der Bundesrepublik seit 1950, in: Zeitschrift für Sozialisationsforschung und Erziehungssoziologie 4 (1984), S. 53f.

Die hohe Heiratsneigung nach dem Zweiten Weltkrieg kann gleichwohl als Modernisierung bzw. überspitzt formuliert als Proletarisierung der Einstellung zur Ehe gedeutet werden. Während vor dem Ersten Weltkrieg und in der Depressionszeit insbesondere Angehörige der Mittelschichten im Gegensatz zu den Arbeitern nur dann Ehen eingegangen waren, wenn ihre Existenz gesichert war, traten nach dem Zweiten Weltkrieg solche Überlegungen eher in den Hintergrund[71]. Diese Einstellungsveränderung, die zu einer wesentlich höheren Verheiratungsquote führte, hatte sich bereits ab 1934 abgezeichnet und bestimmte die Eheschließungsneigung bis 1975[72]. Während bis dahin soziale Not die Eheschließungshäufigkeit wie in der Depressionszeit vermindert hatte, verlor diese aufgrund der veränderten Einstellung zur Ehe an Bedeutung[73].

Ein anderer Aspekt der „Modernisierung" des Eheschließungsverhaltens zeigte sich in den Ehen zwischen Vertriebenen und Einheimischen, deren Zahl zwischen 1946 und 1954 kontinuierlich zunahm[74]. Traditionale Orientierungsmuster wie konfessionelle und regionale Herkunft der Eheschließenden traten hier zunehmend in den Hintergrund. Aufgrund der durch die Ansiedlung der Heimatvertriebenen veränderten Konfessionszonen[75] nahm durch die Heirat von Vertriebenen und Einheimischen auch die Zahl konfessionell gemischter Ehen zu[76]. Ausgelöst durch die spezifischen Bedingungen des Heiratsmarktes während der Nachkriegszeit wurde mithin ein Modernisierungsprozeß eingeleitet, der die Bereitschaft zur konfessionell gemischten Ehe im Vergleich zu der Zeit vor dem Zweiten Weltkrieg langfristig erhöht hat.

Infolge der Kriegs- und Nachkriegsereignisse sind auch im Verhältnis von Mann und Frau, in der Ehe und im Verhältnis zwischen Eltern und Kindern erhebliche Einstellungsveränderungen eingetreten. Wie der Erste Weltkrieg wurde auch der Zweite Weltkrieg zum Schrittmacher der *Gleichberechtigung der Frauen*[77]. Bereits während des Krieges waren die Frauen auf sich gestellt gewesen und zu verschiedenen Formen des bisher Männern vorbehaltenen Arbeitseinsatzes und Kriegsdienstes herangezogen worden. Sie waren dadurch selbständiger und vor allem selbstbewußter geworden. Obwohl viele Frauen ihre Stellen in der Wirtschaft und im öffentlichen Dienst nach 1945 wieder aufgeben mußten, verstärkte sich dieser Trend noch weiter, da insbesondere der traditionelle Arbeitsbereich der Frau, die Hausarbeit, aufgrund der Versorgungsschwierigkeiten und der reduzierten Einkommen enorm an Bedeutung gewann[78]. Von der hauswirtschaftlichen Kompetenz der Frauen, ihrer Fähigkeit, die knappen Lebens-

[71] Josef Franz, Heiratsalter und Beruf. Eine bevölkerungsstatistische Studie, Berlin 1938, S. 33 f.

[72] Gerhard Heilig, Die Heiratsneigung lediger Frauen in der Bundesrepublik Deutschland: 1950–1984, in: Zeitschrift für Bevölkerungswissenschaft 11 (1985), S. 524.

[73] Eheschließungen in Bayern seit 1825, in: Beiträge zur Statistik Bayerns, Heft 197, 1955, S. 25.

[74] Karl Valentin Müller, Das Konnubium als Maß der psychischen und sozialen Einwurzelung von Flüchtlingsgruppen, in: Raumforschung und Raumordnung 1950, S. 72 f. Hiddo M. Jolles, Zur Soziologie der Heimatvertriebenen und Flüchtlinge, Köln 1965, S. 256. Ungefähr 50% der Vertriebenen hatten Einheimische geheiratet. Dieser Anteil erhöhte sich 1954 auf 60%.

[75] Walter Menges, Wandel und Auflösung von Konfessionszonen, in: Eugen Lemberg und Friedrich Edding (Hrsg.), Die Vertriebenen in Westdeutschland. Ihre Eingliederung und ihr Einfluß auf Gesellschaft, Wirtschaft, Politik und Geistesleben, Bd. 3, Kiel 1959, S. 1 f.

[76] Die Bereitschaft zur konfessionell gemischten Ehe, in: Wirtschaft und Statistik 1967, S. 357 ff.

[77] Ursula von Gersdorf, Die Frau im Zweiten Weltkrieg. Einsatz und Schicksal, in: Jahresbibliographie der Bibliothek für Zeitgeschichte 36 (1964), S. 472.

[78] Rosemarie Nave-Herz, Frauen und Familie nach 1945. Symposium im Rahmen der Ossietzky-Tage '85 an der Universität Oldenburg.

mittel einzuteilen und Güter herzustellen, hing im wesentlichen das Überleben der Familien ab[79]. Hinzu kam die Eigeninitiative der Frauen bei Schwarzmarkt-, Tauschgeschäften und Hamsterfahrten.

Paradoxerweise verstärkte gerade die Retraditionalisierung der weiblichen Rolle als Hauswirtschafterin[80] den Prozeß der Gleichberechtigung – ganz im Sinne Gertrud Bäumers, die bereits im Kaiserreich den Verlust der gesellschaftlich notwendigen hauswirtschaftlichen Tätigkeit der Frau als Ursache für die untergeordnete soziale Position der Ehefrau in der bürgerlich-patriarchalischen Familie bezeichnet hatte[81]. Die Wiederbelebung der alten Funktion der Frau in der Familie wurde auch zum Wegbereiter einer veränderten Stellung der Frau in der Ehe[82], ganz im Gegensatz zu den amerikanischen Stereotypen, die die Konzentration der deutschen Ehefrauen auf die Hausfrauentätigkeit als Zeichen der Unterwürfigkeit interpretierten[83]. Es gehörte eben „zum amerikanischen Credo", daß sich die deutsche Frau von den drei K's: „Kirche, Küche, Kinder" emanzipieren und zur „vollverantwortlichen Staatsbürgerin" werden sollte[84]. Aufgrund der Aufwertung der Hausfrauenrolle und der unbestreitbaren zeit- und kräfteintensiven Arbeit im Haushalt wurde die Aufhebung der geschlechtsspezifischen Arbeitsteilung in der Ehe nach 1945 nur selten zum Thema öffentlicher oder privater familiärer Auseinandersetzungen[85]. Die Definition der Ehefrauen- als Hausfrauenrolle blieb unangetastet, nicht zuletzt wohl auch deshalb, weil sich die geschlechtsspezifisch bedingten Orientierungsmuster von Männern und Frauen einander anglichen, vor allem durch die gemeinsame Verantwortung in Ehe und Familie, insbesondere in bezug auf den sozialen Wiederaufstieg der Familie[86]. Typisch hierfür war, daß in vielen Familien erstmals gemeinsam geplant wurde: „Wir besprachen alle Lebens- und Geldsorgen gemeinsam ... Es war eine Offenheit und Vertrauen zwischen uns, die Notzeiten hatten zurechtgerückt, was vorher bürgerlich zu verengen drohte."[87] Aufgrund der sozialen Notlage zeigte sich gerade in Familien aus den Mittelschichten dasselbe Familienmuster wie in proletarischen Familien[88]. Mit sinkendem Familieneinkommen stieg die Bedeutung der Frau, insbesondere ihrer Haushaltsleistungen. Untersuchungen aus der Depressionszeit bestätigten ebenfalls, daß sich das Verhältnis der Ehepartner in Notzeiten veränderte, und zwar im Hinblick auf die Aufhebung des traditionell bedingten Machtungleichgewichts der Geschlechter[89].

[79] Doris Schubert, Frauen in der deutschen Nachkriegszeit, hrsg. von Annette Kuhn, Bd. 1: Frauenarbeit 1945–1949. Quellen und Materialien, Düsseldorf 1984, S. 32f.

[80] Charlotte von Reichenau, Die Frau als organischer Wirtschaftertyp, in: Hauswirtschaftliche Jahrbücher 1943, S. 1ff.

[81] Gertrud Bäumer, Die Frau in Volkswirtschaft und Staatsleben der Gegenwart, Stuttgart 1914.

[82] Schelsky, Wandlungen, S. 22.

[83] Howard Becker, German Families today, in: Hans Morgenthau (Hrsg.), Germany and the Future of Europe, Chicago 1951, S. 12.

[84] Gabriele Strecker, Überleben ist nicht genug. Frauen 1945–1950, Freiburg 1981, S. 66.

[85] D. Krüger, Trends und Tendenzen in der häuslichen Arbeitsteilung unter rollentheoretischer Perspektive, in: Rosemarie Nave-Herz, Familiäre Veränderungen seit 1950, Oldenburg 1984, S. 176ff. (unveröffentlichter Abschlußbericht).

[86] Schelsky, Wandlungen, S. 178f.

[87] Gisela Dischner (Hrsg.), Eine stumme Generation berichtet. Frauen in den dreißiger und vierziger Jahren, Frankfurt 1982, S. 132f.

[88] René König, Familie und Autorität, in: René König, Materialien zur Soziologie der Familie, Köln 1974, S. 215ff.

[89] Samuel Stouffer und Paul Lazarsfeld, Research Memorandum on the Family in Depression, New York 1938, S. 92f.

Während in den sechziger Jahren die Einflußchancen der Frauen in der Ehe vor allem durch ihre Erwerbsbeteiligung stiegen[90], und zwar durch die Aufhebung der geschlechtsspezifischen Arbeitsteilung, ergab sich in der Nachkriegszeit eine Verbesserung der Stellung der Frau durch die allgemeine Prestigeaufwertung ihres traditionellen Arbeitsbereiches, der Tätigkeit als Hausfrau. Hier spielte auch die Verteilung der Lebensmittel, die zu ihren Aufgaben gehörte, eine gewisse Rolle. Die Frau mußte zwischen Ehemann und Kindern vermitteln, bei denen sich infolge des „‚ewigen Hungerreizes' ... in verschiedenen Fällen eine Art Zwangsvorstellung" entwickelt hatte, „durch die sich bald der Vater, bald eines der Kinder benachteiligt und zurückgesetzt fühlte"[91]. Ob das Familienleben relativ konfliktfrei und harmonisch verlief, hing vom Fingerspitzengefühl und der Kraft der Mutter ab. Manchmal löste sie die Konflikte, indem sie auf einen Teil der ihr zustehenden Rationen verzichtete[92].

Der Anteil der erwerbstätigen Frauen ging – wie bereits angedeutet – nach 1945 zurück. Die Erwerbstätigkeit von verheirateten Frauen erschöpfte sich in der Regel in der traditionellen Aufgabe als mithelfendes Familienmitglied. Die Quote der marktbezogenen außerhäuslichen Erwerbstätigkeit verheirateter Frauen sank sogar unter das Niveau von 1939 und lag selbst in Großstädten nur bei ungefähr 10 Prozent[93]. Die verringerten Erwerbschancen in der Nachkriegszeit hatten jedoch langfristig unterschiedliche Auswirkungen auf die verschiedenen Jahrgänge. Bei den 1902 bis 1911 geborenen Frauen ging die Quote der außerhäuslichen Erwerbsarbeit auf Dauer zurück, da diese älteren Frauen gerade zu dem Zeitpunkt, da sie nach Mutterschaft und Kindererziehung an eine Wiederaufnahme der Erwerbstätigkeit denken konnten, auf verringerte Arbeitsmarktchancen stießen. Bei den 1911 bis 1920 geborenen Jahrgängen hingegen ergab sich nur eine kurzfristige Änderung des Erwerbsverhaltens; sie hätten – generell gesprochen – in den Nachkriegsjahren die Erwerbstätigkeit ohnehin unterbrechen müssen. Ab 1960, als die Kinder aus dem Haus waren und die Arbeitsmarktchancen sich grundlegend verbessert hatten, nahmen sie wieder verstärkt eine außerhäusliche Berufstätigkeit auf[94].

Die unbestreitbaren Leistungen der Frauen in Kriegs- und Nachkriegszeit waren ein wesentlicher Grund für die rechtliche Gleichstellung der Frau, die in den Länderverfassungen und im Grundgesetz verankert wurde. Nachdem der Parlamentarische Rat zunächst in zwei Abstimmungen die heute geltende Formulierung von Art. 3.2 abgelehnt hatte – vor allem wegen der befürchteten Konsequenzen einer formalrechtlichen Gleichstellung der Geschlechter –, fand diese Fassung aufgrund der engagierten Proteste der Frauenverbände dann doch allgemeine Zustimmung, wobei die Leistung der Frauen besonders hervorgehoben wurde[95]. Anfang der fünfziger Jahre wurde anläßlich der Umsetzung des Gleichberechtigungsprinzips im Familienrecht der Versuch gemacht, diese Entwicklung wieder rückgängig zu machen. Vor allem in der öf-

[90] Thomas Held, Soziologie der ehelichen Machtverhältnisse, Darmstadt 1978, S. 108 f.

[91] Hilde Thurnwald, Gegenwartsprobleme Berliner Familien. Eine soziologische Untersuchung an 498 Berliner Familien, Berlin 1948, S. 92.

[92] Rothenberger, Hungerjahre, S. 176.

[93] Baumert, Familien, S. 67. Thurnwald, Gegenwartsprobleme, S. 135. Willms, Grundzüge, S. 41, S. 44.

[94] Charlotte Höhn, Erwerbstätigkeit und Rollenwandel der Frau, in: Zeitschrift für Bevölkerungswissenschaft 8 (1982), S. 297 ff.

[95] Wolfgang Voegeli und Barbara Willenbacher, Die Ausgestaltung des Gleichberechtigungsgrundsatzes im Eherecht, in: Zeitschrift für Rechtssoziologie 5 (1984), S. 235 ff.

fentlichen Diskussion wurde die Bedeutung der patriarchalischen Familie herausgestellt[96]. Die Auseinandersetzung um die Konkretisierung des Gleichberechtigungsgrundsatzes im Familienrecht brachte übrigens dieselben unterschiedlichen Positionen wieder zum Vorschein, wie sie im Parlamentarischen Rat vertreten worden waren, nur daß jetzt der männlichen Vorherrschaft in der Familie wieder offen das Wort geredet wurde. Besonders umstritten war der aus der Kaiserzeit stammende § 1354 BGB; danach stand dem Mann die Entscheidung in allen das gemeinschaftliche Leben betreffenden Angelegenheiten zu. Er konnte insbesondere Wohnort und Wohnung bestimmen und außerdem der Ehefrau das Betreiben eines selbständigen Erwerbsgeschäftes, aber auch die Aufnahme einer unselbständigen Erwerbsarbeit untersagen. Schließlich stand ihm allein die elterliche Gewalt zu. Im Ehegüterrecht bestand als gesetzlicher Güterstand das System der Verwaltung und Nutznießung des Ehemannes auch an dem Vermögen der Frau.

In bezug auf den Güterstand der Verwaltung und Nutznießung herrschte Einigkeit darüber, daß dieser verfassungswidrig sei, das Prinzip der Zugewinngemeinschaft wurde einhellig akzeptiert. Erhebliche politische Differenzen bestanden aber in bezug auf die Rollen- und Machtverteilung in der Ehe. Veränderungen der innerfamiliären Entscheidungsstruktur wurden von konservativer Seite als Gefährdung der Familie gedeutet. Insbesondere würde die Aufhebung der männlichen Familienleitung zur „Anarchie in den Ehen" führen[97]. Als noch gefährlicher sah man die Gleichberechtigung der Frau in der Frage der elterlichen Gewalt – heute der elterlichen Sorge – an. Gerade die Kirchen vertraten diese Position. Die EKD verlangte die Wiederherstellung der väterlichen Autorität, die im Laufe des letzten Jahrhunderts erschüttert worden sei, denn „die Familie ist die Geburtsstätte der Autorität und damit der Freiheit"[98]. Diese Position setzte sich jedoch nicht durch. Der Bundestag entschied sich mit den Stimmen von CDU/CSU und FDP für die gleiche Rechtsstellung der Frau bei Entscheidungen über eheliche Angelegenheiten und über die Kindererziehung, allerdings blieb im Konfliktfall die Meinung des Vaters ausschlaggebend[99]. In der Frage der geschlechtsspezifischen Arbeitsteilung kam es jedoch zu einer Festschreibung der Hausfrauenrolle im BGB – analog zu der beschriebenen Rollenverteilung in der Ehe. Die außerhäusliche Berufstätigkeit der Ehefrau und Mutter erschien nur dann als akzeptabel, wenn die Frau ihre Pflichten der Haushaltsführung und Kindererziehung nicht gefährdete. Die konzipierten rechtlichen Regelungen, die eine Vorrangstellung des Mannes bei Entscheidungen im Rahmen der Kindererziehung vorsahen, scheiterten jedoch 1958 am Bundesverfassungsgericht, das im Rahmen einer Normenkontrollklage angerufen worden war. Der Versuch, die nach 1945 erreichte rechtliche Besserstellung der Frau zu untergraben und die Veränderungen im Verhältnis von Mann und Frau wieder rückgängig zu machen, blieben also erfolglos. Der Einstellungswan-

[96] Helmut Schelsky, Emanzipation – Auf Kosten der Frau, in: Wort und Wahrheit 8 (1953), S. 485 ff. Schelsky stellt die vielbeobachtete Erschöpfung der Frauen infolge ihrer Überarbeitung als Konsequenz der Gleichberechtigung dar.

[97] BGHZ 11, Anh. S. 65.

[98] Stellungnahme der Evangelischen Kirche in Deutschland vom 22. 3. 1952, in: Hans Adolf Dombois und Friedrich Karl Schumann (Hrsg.), Familienrechtsreform. Dokumente und Abhandlungen, Witten 1955, S. 21 (Eine Position, die zwei Jahre später zurückgenommen wurde, ebd., S. 58.). Pius XII, Das Ideal der christlichen Ehe, Luzern ²1946, S. 188.

[99] Voegeli, Willenbacher, Ausgestaltung, S. 248.

del, der sich langfristig angebahnt hatte, setzte sich durch. Der Modernisierungsprozeß, der nach Kriegsende durch die höhere Bewertung der Haushaltsleistungen der Frau eingeleitet wurde, verstärkte sich in den sechziger Jahren durch den Wiedereintritt der verheirateten Frauen in das Berufsleben.

Die *familiale Rolle des Vaters* wurde in der Nachkriegszeit kontrovers diskutiert. Ein Teil der amerikanischen Sozialwissenschaftler sah in der autoritären Stellung der deutschen Väter eine der wesentlichen Ursachen für die Anfälligkeit der Deutschen für die nationalsozialistische Ideologie[100]; sie übernahmen hierbei Grundpositionen der Analyse von Max Horkheimer[101]. Etwas holzschnittartig hieß es dabei, die Autorität des Vaters sei unangetastetes Gesetz, die Kinder würden dem Vater blind gehorchen, die Ehefrau wage nicht, dem Mann in Erziehungsfragen zu widersprechen[102]. Entgegengesetzte Positionen vertraten die Kirchen und die Psychoanalytiker. Sie befürchteten, der Autoritätsverlust des Vaters führe zur Verwahrlosung[103] und fördere die Instabilität von Ehe und Familie[104]. Im Grunde gingen aber beide Positionen von der Annahme eines bestimmenden Einflusses der väterlichen Autorität auf die Entwicklung der Erwachsenenpersönlichkeit aus. Nur die Wertung dieses Phänomens führte aufgrund der unterschiedlichen gesellschaftspolitischen Haltung der Autoren zu gegensätzlichen Stellungnahmen[105].

Die deutsche Sozialwissenschaft beteiligte sich ebenfalls an der Diskussion über die im Rahmen des Reeducation-Programms aufgestellten Thesen. Die vorliegenden Studien sind jedoch nicht repräsentativ, sie unterscheiden sich erheblich in der Auswahl ihrer Untersuchungsgruppen. Während sich Wurzbacher und Schelsky[106] auf Familienmonographien sozial abgestiegener Familien konzentrierten, basierten die Untersuchungen Baumerts[107] auf einem repräsentativen Querschnitt von großstädtischen Familien. Übereinstimmend stellten Schelsky und Baumert[108] aber fest, daß die institutionell bestimmte Dominanz des Mannes, die für seine Autorität und Macht in der bürgerlich-patriarchalischen Familie typisch gewesen sein soll, selten war. An die

[100] James Warburg, Deutschland – Brücke oder Schlachtfeld, Stuttgart 1949, S. 145f. Jean O. Brandes, The Effects of War on the German Family, in: Social Forces 29 (1950/51), S. 170.

[101] Max Horkheimer (Hrsg.), Autorität und Familie, Paris 1936. Hierbei wird allerdings nicht berücksichtigt, daß bereits die von Horkheimer initiierte empirische Untersuchung nicht vermochte, einen Beleg für diese Annahme zu erbringen. Erich Fromm, Arbeiter und Angestellte am Vorabend des Dritten Reiches. Eine sozialpsychologische Untersuchung, München 1980.

[102] Bertram Schaffner, Father Land. A Study of Authoritarianism in the German Family, New York 1948, S. 19f. Bertram Schaffner hat verschiedene extrem autoritär wirkende Einstellungsmuster aus den OMGUS-Befragungen herausgegriffen und andere widersprechende Wertungen unerwähnt gelassen. Vgl. Harold Hurwitz, Die politische Kultur der Bevölkerung und der Neubeginn konservativer Politik, Köln 1983, S. 160f. Typisch für die Haltung Schaffners ist folgende Episode, die Gabriele Strecker berichtet. Schaffner war für die politische Überprüfung von Gabriele Strecker zuständig und stufte sie als demokratisch gesinnt ein, nachdem sie ihm gestanden hatte, ihren Vater gehaßt zu haben.

[103] Alexander Mitscherlich, Aktuelles zum Problem der Verwahrlosung, in: Psyche 1 (1947/48), S. 108.

[104] Erzbischof Lorenz Jäger, Fastenhirtenbrief 1946; Kirchliches Amtsblatt für die Erzdiözese Paderborn 1946, S. 13.

[105] René König, Family and Authority: The German Father in 1955, in: The British Sociological Review 5 (1957), S. 107ff.

[106] Schelsky, Wandlungen, S. 47. Gerhard Wurzbacher, Leitbilder gegenwärtigen deutschen Familienlebens. Methoden, Ergebnisse und sozialpädagogische Forderungen einer soziologischen Analyse von 164 Familienmonographien, Stuttgart [4]1969.

[107] Baumert, Familien. Baumert, Jugend.

[108] Gerhard Baumert, Methoden und Resultate einer Untersuchung deutscher Nachkriegsfamilien, in: Nels Andersen (Hrsg.), Untersuchungen über die Familie, Bd. 1, Tübingen 1956, S. 24.

Stelle der institutionellen Autorität trat laut Schelsky die personale Autorität, die von der persönlichen Anerkennung durch die Familienmitglieder abhing. Diese Differenzierung fand ihre Entsprechung in der Unterscheidung, die Baumert zwischen Familien mit erzwungener und anerkannter Autorität des Vaters traf. Familien mit erzwungener Autorität wurden auch von Hilde Thurnwald in einer Studie über Berliner Familien nach 1945 beschrieben. Sie betonte dabei: Autoritätsansprüche des aus dem Krieg zurückgekehrten Vaters wurden insbesondere von den Jugendlichen dann nicht anerkannt, wenn der Vater auf die in der Zwischenzeit eingetretenen Veränderungen nicht zu reagieren vermochte. Autoritätsansprüche von Männern, die ihre Ernährerrolle nicht oder nur unvollständig erfüllten und außerdem die veränderte Rolle ihrer Frauen nicht akzeptierten, lösten ebenso Spannungen aus wie Autoritätsansprüche von Männern, die egoistisch ihren eigenen Vorteil in der Familie verfolgten[109]. Gerade diese Familien waren, wie auch Baumert nachwies, besonders scheidungsgefährdet.

Familien mit anerkannter väterlicher Autorität hingegen zeichneten sich dadurch aus, daß der Vater die Interessen aller Familienmitglieder berücksichtigte und insbesondere seine ökonomischen Unterhaltsverpflichtungen erfüllen konnte, was im Urteil der Kinder eine große Rolle spielte[110]. Die Wahrscheinlichkeit, daß sich der Vater in der Familie durchsetzte, hing von Schulbildung und Einkommen ab. War jedoch die höhere Schulbildung nicht zugleich mit einem höheren Einkommen verbunden, sank sein Prestige in der Familie, während zugleich der Einfluß der Frau zunahm. Baumert sah in der Tendenz zur Gleichrangigkeit der Ehepartner freilich nur ein vorübergehendes Phänomen, das Ergebnis der Anpassung an den Einkommensverlust der Männer sei[111].

Infolge der wirtschaftlichen Misere der Nachkriegsjahre war die Mehrzahl der Bevölkerung – gemessen am Vorkriegsstandard – sozial und wirtschaftlich abgestiegen. Diese Situation änderte sich erst im Laufe der fünfziger Jahre, als die Arbeitslosigkeit, die bis 1949 anstieg und ihren Höhepunkt 1950 erreichte[112], sukzessive abnahm und wieder annähernd die Reallöhne der Vorkriegszeit erreicht wurden[113]. Die Angehörigen der Mittelschicht waren vom sozialen Abstieg am stärksten betroffen, und zwar aufgrund der Arbeitsmarktlage und der Entnazifizierung. Angestellte und Beamte, viele unter ihnen Familienväter, waren infolge des Zusammenbruchs der Verwaltung in Staat und Wirtschaft überproportional arbeitslos[114]. Zudem hatten die Mittelschichten unter den pauschalen Säuberungsmaßnahmen der Militärregierung am meisten zu leiden, stieg doch die Quote der Zugehörigkeit der NSDAP proportional zur qualifizierten Schulausbildung. 30 Prozent aller Abiturienten waren Parteimitglieder

[109] Thurnwald, Gegenwartsprobleme, S. 208 f.

[110] Baumert, Familien, S. 128. Ihr Anteil beträgt ungefähr ein Viertel der untersuchten Familien. Hier muß auch berücksichtigt werden, daß die Männer, die Sonderrationen erhielten, diese in der Regel mit der Familie teilten.

[111] Ebd., S. 163. Der Anteil der durch Gleichrangigkeit gekennzeichneten Familien beträgt ebenfalls ungefähr ein Viertel der untersuchten Familien.

[112] Paul Lüttinger, Die Entwicklung der Erwerbschancen von Vertriebenen und Flüchtlingen, Diplomarbeit Mannheim WS 1983/84, S. 37.

[113] Christa Jacobsohn, Familiengerechte Frauenarbeit. Ein gesamtgesellschaftliches Frauenproblem, Diss. Berlin 1961, S. 45.

[114] Werner Abenshauser, Wirtschaft in Deutschland 1945–1948. Rekonstruktion und Wachstumsbedingungen in der amerikanischen und britischen Zone, Stuttgart 1975, S. 113. Lüttinger, Entwicklung der Erwerbschancen, S. 38.

der NSDAP gewesen, bei Akademikern dürfte der Prozentsatz noch höher gewesen sein. Nach 1945 wurde ungefähr die Hälfte aller Lehrer im Zuge der Entnazifizierung entlassen[115]. Zahlreiche höhere und mittlere Beamte, leitende Angestellte und führende Fachkräfte standen auf der Straße. Viele von ihnen waren in der Zeit von 1933–1945 aufgestiegen, hatten Positionen im Staatsapparat, in der Partei bekleidet oder waren Berufssoldaten geworden, und wurden in der Nachkriegszeit wieder auf das Niveau un- und angelernter Arbeiter zurückgeworfen[116]. „Die Depossedierung bedeutet die millionenfache Einebnung bürgerlicher und bäuerlicher Existenzen. Der Arbeiter, der von dem Schicksal der Umsiedlung, von Ausbombung und Evakuierung betroffen ist, hat es leichter, wieder in seine Existenz zurückzufinden. Sie ist mit geringerem Aufwand zu rekonstruieren, er ist beweglicher, findet leichter wieder die entsprechende Arbeit. Für die anderen bedeutet es Neuanfangen von unten her. Viele werden dazu nicht mehr die Kraft aufbringen."[117]

Den Männern aus abgestiegenen Mittelschichten gelang die Reintegration in die Familie nur dann, wenn sie auf die veränderten Lebensbedingungen Rücksicht nahmen, sich in die zum Teil durch Verwandte erweiterte Kernfamilie einfügten und zunächst akzeptierten, daß sie sich das Vertrauen der Frau und die Zuneigung der Kinder erst wieder erwerben mußten[118]. Sie hatten zu lernen, der veränderten Rolle ihrer Frauen, die sie notgedrungen aus ihrer Ernährerrolle verdrängt hatten, nicht mit Ressentiments zu begegnen und sich auf die unabhängigere Stellung der herangewachsenen Kinder einzustellen. Sie paßten sich – sei es aus Einsicht, sei es aus dem Bestreben heraus, die alte soziale Position mit Hilfe der Familie so schnell wie möglich wieder zu erreichen – der neuen Situation an und gaben dem Prinzip der Gleichrangigkeit der Ehepartner den Vorrang, wie Wurzbacher und Schelsky bei den von ihnen untersuchten sozial abgestiegenen Familien feststellten. Baumert blieb skeptisch, er hielt die Egalisierungstendenzen für vorübergehende Phänomene. Berücksichtigt man jedoch, daß diejenigen, die sich zur Gleichrangigkeit bekannten, vor allem aus den abgestiegenen Mittelschichten stammten[119], so erklärt sich die Differenz der Ergebnisse von Wurzbacher/Schelsky und Baumert, der Familien aus allen Bevölkerungsschichten untersucht hat. Der Beleg für diese Vermutungen ließe sich durch eine Sekundäranalyse der Daten Baumerts erbringen. Denn die veröffentlichte Studie basiert auf der Unterscheidung der unterschiedlichen Autoritätsstrukturen, und das Problem der abgestiegenen Mittelschichten wurde nicht systematisch stringent ausgewertet. Gleiches gilt auch für die Veröffentlichung von Schelsky und Wurzbacher. Selbst die Studien von Kurz und Müller müßten bei einer konsequenten Verfolgung dieser Fragestellung erneut durch eine Sekundäranalyse der Daten unterzogen werden. Exemplarisch ließe sich die Frage nach der Anpassung an die veränderten Verhältnisse zudem an Familien von Spätheimkehrern klären. Bis heute fehlt eine entsprechende Untersuchung dieser Gruppe.

[115] Mehnert, Schulte, Deutschland-Jahrbuch, S. 352. Die Entnazifizierung traf vor allem auch die Beamten. Rolf Badstübner und Siegfried Thomas, Restauration und Spaltung. Entstehung und Entwicklung der BRD, 1945–1955, Köln 1975, S. 139f.

[116] Müller, Lebenslauf, S. 68.

[117] Ludwig Neundörfer, Unser Schicksal, Frankfurt 1947, S. 90.

[118] Sibylle Meyer und Eva Schulze, Von Liebe sprach damals keiner. Familienalltag in der Nachkriegszeit, München 1985, S. 77f.

[119] Wurzbacher, Leitbilder, S. 114.

Die Meinungsbefragungen von 1949 zeigten, daß die Mehrzahl der deutschen Ehepaare das Leitbild der Gleichrangigkeit der Ehepartner noch nicht übernommen hatte[120]. In den fünfziger und sechziger Jahren setzte sich jedoch der in der Nachkriegszeit massiv beginnende Einstellungswandel, der sich vor allem als Reaktion auf den sozialen Abstieg und die „soziale Deklassierung“ der Männer ergeben hatte, schließlich durch. Insbesondere bei den aus der Bahn geworfenen Vertriebenen fand das Deutungsmuster der Gleichrangigkeit der Geschlechter allgemein Anerkennung. Hierbei dürfte die Tatsache, daß Selbständige, Beamte und Bauern, traditionell Anhänger männlicher Dominanz, hier besonders vom sozialen Abstieg betroffen und infolgedessen in ihrem Selbstverständnis erschüttert waren, die ausschlaggebende Rolle gespielt haben[121]. Der Strukturwandel der Wirtschaft, der den Selbständigenanteil in der Bundesrepublik reduzierte, traf die übrige Bevölkerung erst wesentlich später.

Neben den Einstellungsänderungen im Verhältnis der Ehegatten zueinander stellte Wurzbacher[122] auch tiefgreifende Veränderungen im Verhältnis Eltern–Kinder fest. Er betonte vor allem eine starke *personenorientierte Kindbeziehung der Eltern.* Die Kinder wurden nicht mehr vornehmlich als Träger der Familientradition betrachtet, die Eltern waren vielmehr an ihrer individuell besten Ausbildung interessiert. Insbesondere Angehörige der sozial abgestiegenen Mittelschichten legten großen Wert auf eine ihrer ursprünglichen sozialen Stellung entsprechende Ausbildung ihrer Kinder[123]. Das war aber nur die eine Seite. Auch die Jugendlichen der Nachkriegszeit hatten sich verändert. Sie zeichneten sich durch ein großes Maß an Selbständigkeit aus. Fest eingebunden in HJ und BDM hatten sie sich vom häuslichen Milieu gleichsam emanzipiert und eine von den Eltern unabhängigere Position erworben[124], die durch die prägenden Erlebnisse der Kriegs- und Nachkriegszeit – die Konfrontation mit Tod, Bombennächten, Evakuierung, Vertreibung und Flucht – bekräftigt worden war[125]. Ein Viertel der Großstadtkinder war zudem im Rahmen der Evakuierung von der Familie getrennt worden[126]. Auch durch die lange Abwesenheit der Väter waren viele Kinder und Jugendliche bereits sehr früh in Erwachsenenrollen hineingewachsen. Sie unterstützten ihre Mütter tatkräftig durch Mithilfe im Haushalt bis hin zum „organisieren“ und „fringsen“[127]. Der Vater war ihnen durch die lange Abwesenheit fremd geworden, und sie waren nicht bereit, bloß formale, institutionell legitimierte Autorität anzuerkennen[128]. Ihre Achtung mußte erst durch das persönliche Vorbild errungen werden.

[120] Elisabeth Noelle und Erich Peter Neumann (Hrsg.), Jahrbuch der öffentlichen Meinung 1947–1955, Allensbach 1956, S. 207.

[121] Eugen Lupri, Contemporary Authority Patterns in the West German Family, in: Journal of Marriage and the Family 31 (1969), S. 134 ff.

[122] Gerhard Wurzbacher (Hrsg.), Das Dorf im Spannungsfeld industrieller Entwicklung. Untersuchungen an den 45 Dörfern und Weilern einer westdeutschen ländlichen Gemeinde, Stuttgart 1954, S. 87 f.

[123] Wurzbacher, Leitbilder, S. 175 f.

[124] Michael H. Kater, Die deutsche Elternschaft im nationalsozialistischen Erziehungssystem, in: Vierteljahreszeitschrift für Sozial- und Wirtschaftsgeschichte 67 (1980), S. 484 ff.

[125] Richard Müller, Kriegserlebnisse und ihr Einfluß auf die psychische Entwicklung des 10–14-jährigen Kindes, in: Pädagogische Provinz 3 (1949), S. 12 ff.

[126] Rudolf Stahlecker, Eine soziologische Untersuchung. Lebensverhältnisse in den Jahren 1940–1950 bei 120 Stuttgarter Oberschülern, in: Die Schulwarte 1952, S. 346.

[127] Helga Grebing, Peter Pozorski und Reiner Schulze, Die Nachkriegsentwicklung in Westdeutschland 1945–1949, Stuttgart 1980, S. 42.

[128] Schelsky, Wandlungen, S. 189.

Andererseits ergaben sich enge Beziehungen zur Mutter, deren Bemühungen um die Versorgung der Familie entsprechend gewürdigt wurden. Auch hier zeigten sich im übrigen Parallelen zur Depressionszeit[129].

Wie Kurz und Müller in ihren Schuluntersuchungen nachwiesen, waren die Kinder und Jugendlichen bemüht, durch Anpassung, Schulkonformität und gute Schulleistungen ihre Chancen für einen sozialen Aufstieg zu verbessern. Insbesondere die Kinder von Vertriebenen taten sich durch überdurchschnittliche Leistungen hervor. Gleichzeitig zeigten sich bei Kindern aus unvollständigen Familien trotz der schlechteren Lebensbedingungen keine negativen Auswirkungen, weder in den Schulleistungen noch bei der Ausbildung[130]. Auch der Vaterverlust wurde von den Kindern und Jugendlichen selten als prägendes Erlebnis geschildert[131].

Insgesamt waren die Kinder und Jugendlichen sehr realitätsorientiert und -tüchtig. Kinder und Jugendliche aus der Mittelschicht zeigten hier dieselben Anpassungsleistungen wie proletarische Kinder in der Depressionszeit[132]. Selbst die arbeitslosen Jugendlichen wiesen zur Verwunderung der Untersuchenden kaum Anzeichen von Verbitterung oder Hoffnungslosigkeit auf[133]. Die Arbeitsmarktchancen der Jugendlichen waren freilich auch wesentlich besser als die der Erwachsenen, nur in ländlichen Gegenden fand ein Drittel der Jugendlichen keine Lehrstelle. Im ländlichen Bereich war – wie auch für die Erwachsenen – die Arbeitslosigkeit Anfang der fünfziger Jahre doppelt und dreifach so hoch wie im Bundesdurchschnitt, wovon vor allem die dort angesiedelten Flüchtlinge und Vertriebenen betroffen waren[134].

Dieselbe distanzierte und skeptische Haltung, die die Jugendlichen gegenüber bloß formaler Autorität etwa bei den Vätern an den Tag legten, zeigten sie auch gegenüber alten und neuen Ideologien und staatlichen Autoritäten. Die Pädagogen beklagten ihre Ehrfurchtslosigkeit, Desillusionierung, Nüchternheit und ihren Skeptizismus. Sehr zu ihrem Leidwesen war die Zeit über die von ihnen hoch gehaltenen Ideen der Jugendbewegung ebenso hinweggegangen wie über die tradierte Vorstellung von einer idealen Entwicklung der jugendlichen Persönlichkeit, die eine behütete Kindheit zur Voraussetzung hatte[135]. Die Notlage der Nachkriegsjahre verringerte also die soziale Distanz zwischen Eltern und Kindern, auf seiten der Eltern, weil tradierte Einstellun-

[129] Thurnwald, Gegenwartsprobleme, S. 214f. Günther Krolzig, Der Jugendliche in der Großstadtfamilie, Berlin 1930.

[130] Renate Haak, Untersuchungen zur Frage der Berufswahl vaterverwaister Mädchen aus unvollständigen Mutter-Tochterfamilien, in: Kölner Zeitschrift für Soziologie und Sozialpsychologie 7 (1955), S. 70ff. Kurz, Lebensverhältnisse.

[131] Baumert, Jugend, S. 44f.

[132] Hildegard Hetzer, Kindheit und Armut. Psychologische Methoden in Armutsforschung und Armutsbekämpfung, Leipzig 1936.

[133] Helmut Schelsky, Die Jugend der industriellen Gesellschaft und die Arbeitslosigkeit, in: Arbeitslosigkeit und Berufsnot der Jugend, hrsg. vom Deutschen Gewerkschaftsbund, Bundesvorstand, Düsseldorf, Hauptabteilung Jugend, Bd. 2, Köln 1952.

[134] Fritz Rudolph, Der jugendliche Arbeitslose und seine Familie, in: Arbeitslosigkeit und Berufsnot der Jugend, hrsg. vom Deutschen Gewerkschaftsbund, Bundesvorstand, Düsseldorf, Hauptabteilung Jugend, Bd. 2, Köln 1952. Arbeitsgemeinschaft für Jugendpflege und Jugendfürsorge, Die Situation der Jugend in einem bayerischen Landkreis (Rosenheim), München 1950. Walter Meis, Jugendarbeitslosigkeit und Nachwuchsfragen in Westdeutschland, in: Arbeitslosigkeit und Berufsnot der Jugend, Bd. 1, Köln 1952. Von den unter 17jährigen männlichen Jugendlichen waren 2% und von den 18- bis 24jährigen 6% arbeitslos. Die Arbeitslosigkeit der Erwachsenen betrug 11%.

[135] Friedrich Ruthel, Zur Psychologie des Nachkriegskindes, in: Welt der Schule 1 (1948), S. 2.

gen und innerfamiliäre Positionen brüchig geworden waren, und auf seiten der Kinder und Jugendlichen durch Anpassung und frühe Übernahme von Erwachsenenrollen. Der Einstellungswandel der Eltern beeinflußte deren Erziehungsvorstellungen auch dann noch, als sich die sozialen Verhältnisse, die in der Umbruchsituation der Nachkriegszeit den Jugendlichen ein hohes Maß an Eigenständigkeit und von Erwachsenen unkontrollierte Bereiche ermöglicht hatten, wieder geändert hatten[136].

3. Die Flüchtlingsfamilien

Da sich die Unterbringung der Vertriebenen, Evakuierten und Zuwanderer in erster Linie nach der Wohnraumsituation und nicht nach den Kriterien der Lenkung des Arbeitskräftepotentials richtete, gelangten viele Neubürger nach 1945 auf das flache Land. Ländliche Regionen mit einem traditionell schmalen Arbeitsstellenangebot wiesen infolgedessen meist überaus hohe Arbeitslosenzahlen auf. In der Regel war die Arbeitslosigkeit der Flüchtlinge nahezu dreimal so hoch wie die der Einheimischen[137]. Selbständige und ihre mithelfenden Familienangehörigen, Angestellte und Fachkräfte, die keine entsprechenden Arbeitsmöglichkeiten finden konnten, sahen sich deshalb zum Überwechseln in andere, meist weniger gut dotierte Berufe gezwungen. Der Arbeiteranteil stieg so von 50 auf 70 Prozent[138]. Viele wurden aber auch zu Renten- und Unterstützungsempfängern[139]. Einem Fünftel der Heimatvertriebenen blieb keine andere Wahl, als um Fürsorge einzukommen.

1949 war erst ein Drittel der zum Zeitpunkt der Vertreibung Erwerbstätigen wieder in seiner alten oder einer gleichrangigen Position tätig[140]. Vor allem die Situation der Selbständigen und Angehörigen des öffentlichen Dienstes blieb lange Zeit unverändert schlecht[141]. Die selbständigen Landwirte etwa erhielten infolge des Scheiterns der Bodenreform[142] kaum Neusiedlerstellen. Viele Lehrerinnen und Verwaltungsbeamtin-

[136] Peter Bücher, Vom Befehlen und Gehorchen zum Verhandeln. Entwicklungstendenzen von Verhaltensstandards und Umgangsnormen seit 1945, in: Ulf Preuss-Lausitz u.a. (Hrsg.), Kriegskinder. Konsumkinder. Krisenkinder, Weinheim 1983, S. 198. Yvonne Schütze und Dieter Geulen, Die „Nachkriegskinder" und die „Konsumkinder". Kindheitsverläufe zweier Generationen, in: Ulf Preuss-Lausitz u.a. (Hrsg.), Kriegskinder. Konsumkinder. Krisenkinder, Weinheim 1983, S. 33.

[137] Lüttinger, Entwicklung der Erwerbschancen, S. 38. Martin Bolte, Sozialer Aufstieg und Abstieg. Eine Untersuchung über Berufsprestige und Berufsmobilität, Stuttgart 1959, S. 127.

[138] Paul Rauch, Vertriebene und Nichtvertriebene im Vergleich, in: Hans Joachim von Merkatz (Hrsg.), Aus Trümmern wurden Fundamente, Düsseldorf 1979, S. 267.

[139] Gerhard Reichling und Fritz Hans Betz, Die Heimatvertriebenen, Frankfurt 1949, S. 38. Die Vertriebenen in Bayern, in: Beiträge zur Statistik Bayerns, Heft 151, 1950, S. 15.

[140] Elisabeth Pfeil, Fünf Jahre später. Die Eingliederung der Heimatvertriebenen in Bayern bis 1950, Frankfurt 1951, S. 45.

	Selbständige und Mithelfende	Beamte	Angestellte	Arbeiter
arbeitslos	23%	19%	32%	29%
wieder tätig als	17%	20%	27%	55%

[141] Friedrich Edding und Eugen Lemberg, Eingliederung und Gesellschaftswandel, in: Eugen Lemberg und Friedrich Edding (Hrsg.), Die Vertriebenen in Westdeutschland, Bd. 1, Kiel 1959, S. 164.

[142] Birgit Pollmann, Reformansätze in Niedersachsen 1945–1949, Hannover 1977. Siegfried Palmer, Die ländliche Siedlung 1945–1950, in: Zeitschrift für das gesamte Siedlungswesen 1 (1952), S. 56. Zudem erhielten die Hälfte der Neusiedlerstellen Einheimische.

nen waren zudem von den nach der Währungsreform einsetzenden Bemühungen betroffen, die auf die Abschaffung des Doppelverdienertums im öffentlichen Dienst zielten, d.h. von dem Versuch, verheiratete Frauen, deren Männer verdienten, zur Aufgabe der Arbeit zu bewegen. Die Kompensation des sozialen Abstiegs durch die Berufstätigkeit von Mann und Frau war so gerade für mittelständische Familien überaus erschwert. Vor allem bei den qualifizierten Berufen lagen entsprechende Bestrebungen einiger Länder vor. Bei den nichtqualifizierten Berufen hingegen war „das Bedürfnis nach der Entlassung Verheirateter bei weitem nicht so ausgeprägt“[143]. Hier zeigte sich eine Parallele zu der Situation von 1933/34. Auch damals wirkten sich die eingeleiteten Maßnahmen gegen die Erwerbstätigkeit verheirateter Frauen am stärksten im Bereich qualifizierter Berufe aus[144]. Infolge der Verankerung des Gleichberechtigungsprinzips im Grundgesetz als unmittelbar umgestaltende Norm konnten diese Bestrebungen jedoch zurückgedrängt werden.

Auch die Zahl der unvollständigen Familien war unter Heimatvertriebenen wesentlich höher als bei Einheimischen. In ungefähr 40 Prozent aller Fälle versorgten alleinstehende Mütter die Familie[145]. Diese waren natürlich von den geringen Erwerbschancen auf dem Lande besonders betroffen; vielfach standen ihnen nur nicht-sozialversicherungspflichtige Hilfstätigkeiten in der Landwirtschaft offen. Auch qualifiziert ausgebildete Frauen fanden oft nur eine Beschäftigung als Hilfsarbeiterinnen. Das führte dazu, daß die alleinstehenden Frauen mit Kindern nur zu ungefähr 10 Prozent erwerbstätig waren, die übrigen lebten von geringen Rentenbezügen oder Fürsorgeleistungen[146]. „Im allgemeinen muß man feststellen“, so Alice Scherer, „daß die arbeitende Flüchtlingsfrau von ihrer sozialen Ebene absinkt. Sie war nach der Währungsreform noch mehr als bisher gezwungen, ohne Rücksicht auf einen erlernten Beruf irgendeine Beschäftigung aufzunehmen, wo sie nicht in Konkurrenz mit einheimischen Bewerberinnen tritt.“[147]

Nach der Rückkehr der Kriegsgefangenen nahm die Zahl der alleinlebenden Mütter mit Kindern auch unter den Flüchtlingsfamilien ab. Jedoch lebten auch nach 1950

[143] Scherer, Frau, S. 265.

[144] Dörte Winkler, Frauenarbeit versus Frauenideologie. Probleme der weiblichen Erwerbstätigkeit in Deutschland 1930–1945, in: Archiv für Sozialgeschichte 17 (1977), S. 107f.

[145] Müller, Heimatvertriebene Jugend.

Einheimische	*Vertriebene*	
73%	48%	vollständige Familie
2%	7%	Vater beruflich abwesend
1%	1%	Eltern geschieden
13%	30%	Vater gefangen oder vermißt
5%	7%	Vater gefallen
5%	6%	Vater gestorben
1%	2%	Kind ohne Mutter oder beide Eltern

Quelle: Irmgard Schulze-Westen, Das Flüchtlingsproblem. Ein repräsentatives Beispiel für die Notwendigkeit des Lastenausgleichs. Untersuchung der Verhältnisse in einem westfälischen Landkreis, Hamburg 1948, S. 13.

Zudem war die Nichtehelichenquote der Vertriebenen höher als die der Einheimischen. Werner Neller, Grundlagen und Hauptergebnisse der Statistik, in: Eugen Lemberg und Friedrich Edding (Hrsg.), Die Vertriebenen in Westdeutschland, Bd. 1, Kiel 1959, S. 103.

[146] Das Sozialgefüge im Landkreis Borken in Westfalen, bearbeitet durch das Soziographische Institut der Universität Frankfurt, Frankfurt 1951, S. 37.

[147] Scherer, Frau, S. 265.

heimatvertriebene Ehepaare häufiger getrennt als die anderen Ehepaare[148]. In der Großstadt lebte sogar jeder vierte vertriebene Mann getrennt, denn infolge der hohen Arbeitslosigkeit in den ländlichen Regionen waren die Männer in die Großstädte abgewandert, während ihre Familien wegen der Wohnungsnot nicht nachkommen konnten und einstweilen noch auf dem Land blieben.

Aufgrund des sozialen Abstiegs der aus den Mittelschichten und der Landwirtschaft stammenden Flüchtlinge wurden erhebliche negative psychische und politische Auswirkungen befürchtet[149]. Überspitzt formuliert: Während der soziale Abstieg der Handwerksgesellen und -meister infolge der Industrialisierung vor dem Ersten Weltkrieg ein proletarisches Bewußtsein förderte und die Arbeiterbewegung in Deutschland zu einer starken politischen Kraft werden ließ und die sozialen Gefährdungen des Handwerks und der bürgerlichen Schichten nach dem Ersten Weltkrieg die Anfälligkeit für faschistische Ideologien bewirkten und die Anhängerschaft der NSDAP vergrößerte, blieb in der Nachkriegszeit die befürchtete Radikalisierung der abgestiegenen, vor allem aus dem Kreis der Heimatvertriebenen stammenden Mittelschichten, aus[150]. Vielmehr zeigte sich infolge der Desillusionierung durch den Zusammenbruch und die Einkommenseinbußen eine Abwendung von öffentlichen Angelegenheiten und ein Rückzug in den privaten Bereich der Familie. Insbesondere diejenigen Vertriebenen, die über eine qualifizierte Schul- und Berufsausbildung verfügten, blieben radikalen Parolen nationalistischer oder kommunistischer Observanz gegenüber reserviert; sie waren vor allem um eine rasche Anpassung bemüht. Dies zeigte sich in der Identifizierung mit der neuen Umwelt[151] und auch daran, daß die Eltern den sozialen Abstieg durch eine entsprechende Schulausbildung für ihre Kinder zu kompensieren versuchten[152]. Die schon zitierten Untersuchungen von Müller und Kurz belegen, daß Vertriebenenkinder trotz ungünstiger Lebensverhältnisse und des hohen Anteils unvollständiger Familien bessere Schulleistungen als die einheimischen Kinder aufwiesen und zum Teil sogar überproportional häufig auf weiterführende Schulen gingen[153], deren Besuch vielfach durch die Heimarbeit der Mütter finanziert wurde.

Für die ungünstigen Einflüsse, die in der Regel depravierten und unvollständigen Familien zugeschrieben werden, lassen sich also keine Belege finden. Vielmehr war aufgrund des Willens zum sozialen Wiederaufstieg ein hoher Grad an sozialer Anpassung vorzufinden, was sich nicht zuletzt auch an der geringeren Kriminalitätsquote der Vertriebenen ablesen läßt[154]. Die Kriminalitätsquote war sowohl bei Erwachsenen

[148] Pfeil, Jahre, S. 78. Die Vertriebenen in Bayern, in: Beiträge zur Statistik Bayerns, Heft 151, 1950, S. 10. Die Zahl der in russischer Kriegsgefangenschaft befindlichen Männer war unter den Vertriebenen wesentlich höher. Während 1946 nur noch 10% der Ehepaare getrennt lebten, betrug die entsprechende Quote unter den vertriebenen Ehepaaren noch 1950 14%.

[149] Elisabeth Pfeil, Soziologische und psychologische Aspekte der Vertreibung, in: Europa und die deutschen Flüchtlinge, hrsg. vom Institut zur Förderung der öffentlichen Angelegenheiten e.V., Frankfurt 1952, S. 55.

[150] Schelsky, Wandlungen, S. 93 f. Peter Waldmann, Die Eingliederung der ostdeutschen Vertriebenen in die westdeutsche Gesellschaft, in: Josef Becker, Theo Stammen und Peter Waldmann (Hrsg.), Vorgeschichte der Bundesrepublik Deutschland, München 1979, S. 187.

[151] Dorothee Neft, Der Heimatverlust bei Flüchtlingen, Diss. Erlangen 1956.

[152] Franz Lorenz, Was denkt die Vertriebenenjugend, in: Christ unterwegs 5 (1951), S. 9.

[153] Müller, Heimatvertriebene Jugend, S. 75 f.

[154] Eckart von Wallenberg, Der Einfluß des Flüchtlingsproblems auf die Kriminalität der Gegenwart, Diss. Freiburg 1948. Edgar Lenz, Die Flüchtlingskriminalität, Diss. Hamburg 1955.

als auch bei Jugendlichen vergleichsweise niedrig[155]. Das hing sicherlich mit der Hoffnung auf einen baldigen sozialen Wiederaufstieg zusammen, den gerade die in ihrer neuen Umgebung noch unsicheren Vertriebenen nicht durch Straffälligkeit gefährden wollten. Die niedrige Kriminalitätsquote der Neubürger hatte aber auch mit der subjektiven Verarbeitung des sozialen Abstiegs zu tun. Denn das Selbstwertgefühl von Jugendlichen hängt im wesentlichen vom emotionalen Klima in der abgestiegenen Familie ab, das in Familien der mittleren und höheren sozialen Statusgruppen von Einkommenseinbußen weniger beeinträchtigt wird[156]. In den unteren sozialen Statusgruppen hingegen haben solche Einbußen eher negative Auswirkungen auf das Selbstwertgefühl der Jugendlichen, die dann hier auch eher straffällig werden.

Zusammenfassend läßt sich feststellen, daß der von Sozialwissenschaftlern, besorgten Kirchenführern und konservativen Politikern in den Nachkriegsjahren befürchtete Zerfall bislang geltender moralischer und sozialer Normen und Grundsätze, insbesondere die Verwahrlosung der Jugend, ausblieben. Die Desorganisationserscheinungen waren vorübergehender Natur, negative Einflüsse auf die Sozialisation von Jugendlichen und auf das gesellschaftliche Wertesystem ergaben sich nicht. Begleitet von zahlreichen tatsächlichen Verwahrlosungserscheinungen und Auswüchsen, wie sie in allen Krisenzeiten auftreten, bahnten sich vielmehr tiefgreifende Einstellungsänderungen und Modernisierungsprozesse im Heiratsverhalten, im Verhältnis von Mann und Frau sowie in den Eltern-Kinder-Beziehungen an, die ihre Dynamik aus der faktischen Dominanz der Frauen in den Familien und vor allem aus der massenhaften Erfahrung sozialen Abstiegs und gesellschaftlicher Deklassierung von Familien aus den Mittelschichten bezogen. Vieles von diesen Neuerungen hatte – wie etwa die rechtliche Gleichstellung der Frau im Grundgesetz – Bestand, manches ging in der „Windstille“ der fünfziger Jahre mit ihren restaurativen Tendenzen im öffentlichen Bewußtsein zeitweise verloren und lebte erst in den reformfreudigen sechziger Jahren wieder auf. Für die betroffenen Familien jedoch galt, daß „der Machtzuwachs der Frauen zu ehelichen und familiären Konflikten über Jahre hinweg führte und die familialen Autoritätsstrukturen, d.h. Verteilung und Ausübung der Herrschaft innerhalb der Familie zwischen Mann und Frau, zu einem komplexen und ambivalenten Dauerproblem“ werden konnte[157].

Bemerkenswert bleibt die analytische Unzulänglichkeit der politischen wie auch der wissenschaftlichen Deutungsversuche der Zeitereignisse nach 1945. Die Konzentration auf die Wiedergewinnung sicherer innerer Orientierungsmuster nach der Katastrophe des Zusammenbruchs, die Angst vor dem Versinken im Chaos und den Konsequenzen des sozialen Abstiegs verhinderte eine angemessene Analyse der Veränderungen in der Nachkriegszeit. Hierzu trug auch die allgemeine Haltung bei, der Zeit des „Dritten Reiches“ und der Kriegsereignisse mit Schweigen und Vergessen zu be-

155 Franz Pankraz Breu, Die Kriminalität der jugendlichen Flüchtlinge, Diss. München 1949. Hierbei muß allerdings berücksichtigt werden, daß die Vertriebenen und Flüchtlinge meist in ländlichen Gebieten untergebracht waren und in ländlichen Gebieten die Kriminalität insgesamt geringer ist.

156 R. K. Silbereisen und S. Walper, Familiale Auswirkungen ökonomischer Einbußen, Vortrag auf dem Soziologentag, Hamburg 1986.

157 Sibylle Meyer und Eva Schulze, Krieg im Frieden – Veränderungen des Geschlechtsverhältnisses untersucht am Beispiel familiärer Konflikte nach 1945, in: Jutta Dalhoff, Uschi Frey und Ingrid Schöll (Hrsg.), Frauenmacht in der Geschichte, Düsseldorf 1986, S. 190.

gegnen. Die Kluft zwischen Realität und Selbsteinschätzung – die Menschen hielten trotz veränderter Wirklichkeit an alten Idealen und Illusionen fest, was sich insbesondere bei den Vertriebenen zeigte – spiegelte sich auch in der öffentlichen und wissenschaftlichen Wertdiskussion. Und hier führte das Ignorieren der materiellen Lebensbedingungen – zum Beispiel bei der Analyse der spezifischen Entwicklung der Jugendlichen – zum Rekurs auf überholte politische Interpretationsmuster von vor 1914, deren Nichtübereinstimmung mit der gesellschaftlichen Realität nicht als Problem gesehen wurde[158].

[158] Johannes Weyer, Westdeutsche Soziologie 1945–1960, Berlin 1984, S. 124ff.

Nori Möding

Die Stunde der Frauen?

Frauen und Frauenorganisationen des bürgerlichen Lagers

„In der fränkischen Gemeinde Kobersdorf wurde ein Gemeinderat gebildet, der nur aus Frauen besteht. Wenn diese Tatsache auch nur lokale Bedeutung hat, so ist sie doch symptomatisch für die neue Stellung, die die Frauen im politischen Leben unserer Tage einzunehmen beginnen."[1] Diese optimistische Feststellung traf die Sozialdemokratin Anna Haag[2], als nach zwölf Jahren nationalsozialistischer Herrschaft wieder Gemeinderäte gebildet werden konnten. Doch wie symptomatisch war Kobersdorf wirklich? Hatte in Deutschland nach dem Zweiten Weltkrieg, als die Armee der Väter und Ehemänner, der Brüder und Söhne besiegt war, tatsächlich die Stunde der Frauen geschlagen, wie manche glaubten oder hofften? Häufig war nach 1945 davon die Rede, jetzt müßten die Frauen, selbstbewußt und verantwortungsvoll, im Zeichen von Frieden und Mütterlichkeit eine bessere Gesellschaft aufbauen. War das in den ersten Jahren nach der Kapitulation nur ein eher diffuses Ziel einzelner oder ein allgemeines Anliegen? Wo wurde dieses Engagement manifest, in welchen Traditionen standen, aus welchen Schichten kamen Frauen, die sich nach dem Desaster von Militarismus und Nationalsozialismus aufmachten, um ihre Ziele – manche davon alte Forderungen der Frauenbewegung, manche in Krieg und Not geboren – zu verwirklichen? Die folgenden Überlegungen wollen eine Annäherung an Antworten auf solche Fragen sein. Bewußt klammern sie die insgesamt wohl leichter zu fassende links orientierte Frauenbewegung aus und konzentrieren sich auf die Beschreibung des gesellschaftlich-politischen Engagements von Frauen und Frauenorganisationen des bürgerlichen Lagers.

[1] Anna Haag, Frauen in Parlamenten und Kabinetten, in: Lisa Albrecht und Hanna Simon (Hrsg.), Frauenbuch, Offenbach 1947, S. 44f.

[2] Anna Haag (1888–1982), SPD-Mitglied und Abgeordnete im Gemeinderat Stuttgart (1945/46) und im Landtag (bis 1950); vgl. Andrea Hauser, Frauenöffentlichkeit in Stuttgart nach 1945 – Gegenpol oder hilflos im Abseits?, in: Anna-Elisabeth Freier und Annette Kuhn (Hrsg.), Frauen in der Geschichte V. „Das Schicksal Deutschlands liegt in der Hand seiner Frauen." Frauen in der deutschen Nachkriegsgeschichte, Düsseldorf 1984, S. 51ff.

1. Zur Situation von Frauen nach dem Krieg

Bei Kriegsende soll beinahe die Hälfte der deutschen Bevölkerung in den vier Besatzungszonen unterwegs gewesen sein[3]. Flüchtlinge aus dem Osten und der sowjetisch besetzten Zone, Menschen, die versuchten, aus ihren Evakuierungsorten in die Heimat zurückzukehren, Männer, Frauen und Kinder, die noch kurz vor Kriegsende als „letzte Reserve“ aufgeboten worden waren. Viele von ihnen waren obdachlos. Der Bombenkrieg hatte über 20 Prozent des Wohnraums zerstört[4], die verbliebenen Wohnungen waren meist hoffnungslos überbelegt. Am stärksten hatte es die Bewohner der großen Städte getroffen: Mancher Stadtteil war bis zu 70 Prozent zerstört, selbst für eine dezimierte Stadtbevölkerung – etwa ein Drittel der 1944 22,5 Millionen Einwohner deutscher Großstädte waren evakuiert worden, waren aufs Land geflüchtet oder in den Bombardements umgekommen[5] – stand nicht genug Wohnraum zur Verfügung. Die hygienischen Verhältnisse waren miserabel, die medizinische Versorgung stark eingeschränkt, Infektionskrankheiten breiteten sich aus[6]. Die Versorgung mit Nahrungsmitteln und Brennmaterial war meist schlechter als in den letzten Kriegsjahren. Die Kriminalitätsrate stieg, besonders die Eigentumsdelikte nahmen zu[7]. Kein Wunder, daß viele sich nach „geordneten Zeiten“ sehnten.

In dieser Situation erhielt die Familie als Instanz der Überlebensorganisation großes Gewicht. Wer es noch konnte, versuchte „nach Hause“ zu kommen. Das Gerüst der Familien bildeten zunächst neben den Alten und Kindern vor allem die Frauen im „besonders arbeitsfähigen“ Alter[8] zwischen 20 und 40 Jahren. Die meisten Männer der entsprechenden Jahrgänge waren gefallen oder befanden sich in Gefangenschaft. Die Frauen waren mit über sieben Millionen in der Überzahl, sechs Millionen von ihnen im sogenannten heiratsfähigen Alter[9]. Viele von ihnen verließen ihren „angestammten Ort“ in der Familie und gingen „nach draußen“, wo sie „organisierten“, nach Lebensmitteln für die Angehörigen anstanden oder in der Trümmerbeseitigung arbeiteten.

Die „Überlebensarbeit“ überstieg manchmal die physische und psychische Kraft. Von 1947 in Berlin befragten 176 Frauen und 133 Männern waren 31 Prozent der Männer und 58 Prozent der Frauen in ihrer Arbeitsfähigkeit „erschöpft“. „Normale

[3] Alexander von Plato, Erfahrungsstrukturen und „große Politik“ – Aspekte der westdeutschen Nachkriegsgesellschaft, Fernstudienprojekt „Deutsche Geschichte seit 1945“, Teil I, Geschichte der Bundesrepublik Deutschland, Studieneinheit 3, Deutsches Institut für Fernstudien an der Universität Tübingen, S. 12, S. 17 (Ms); erscheint demnächst. Vgl. auch: Manfred Rexin, Die Jahre 1945–1949, in: Herbert Lilge (Hrsg.), Deutschland 1945–1963, Hannover [7]1977, S. 3.

[4] Dokumente deutscher Kriegsschäden, Bd. IV/1: Maßnahmen im Wohnungsbau, für die Evakuierten und die Währungsgeschädigten sowie Rechtsprobleme nach der Währungsreform, hrsg. vom Bundesminister für Vertriebene, Flüchtlinge und Kriegsgeschädigte, Bonn 1964, S. 4.

[5] Dokumentation der Vertreibung der Deutschen aus Ost-Mitteleuropa, Bd. I.1: Die Vertreibung der deutschen Bevölkerung aus den Gebieten östlich der Oder-Neiße, hrsg. vom Bundesministerium für Vertriebene, Nachdruck der Ausgabe von 1954, München 1984, S. 2E, S. 4E.

[6] Christoph Kleßmann, Die doppelte Staatsgründung. Deutsche Geschichte 1945–1955, Bonn 1982, S. 51.

[7] Ebd., S. 53.

[8] Franz Neumann, Der Block der Heimatvertriebenen und Entrechteten 1950–1960. Ein Beitrag zur Geschichte und Struktur einer politischen Interessenpartei, Meisenheim am Glan 1968, S. 2 ff. Kleßmann, Staatsgründung, S. 41 f., S. 46 ff.

[9] Renate Wiggershaus, Geschichte der Frauen und der Frauenbewegung in der Bundesrepublik und in der Deutschen Demokratischen Republik nach 1945, Wuppertal 1979, S. 21.

Leistungsfähigkeit" wurde 8 Prozent der Männer, aber immerhin 10 Prozent der Frauen attestiert; „eingeschränkt leistungsfähig" waren 61 Prozent der Männer und 32 Prozent der Frauen. Zu berücksichtigen ist bei diesen erstaunlichen Relationen[10], daß nur Männer aus sogenannten Vollfamilien befragt wurden, bei den Frauen aber auch alleinverantwortliche Mütter. Insbesondere in großstädtischen Gebieten litten Frauen, die erwerbstätig waren und die volle Verantwortung für die Ernährung der Familie trugen, an Erschöpfungszuständen. In der Berliner Studie heißt es dazu: „Bei diesen Erschöpfungszuständen handelt es sich nicht um vorübergehende Ermüdungen, sondern um einen anhaltenden Kräfteverfall. Über etwa ein Drittel der Frauen wurde (in Familienberichten der Sozialfürsorge und medizinischen Befunden) ausgesagt, sie ständen vor einem körperlichen und nervlichen Zusammenbruch und hielten dem Übermaß an Arbeit nur stand durch ihr angespanntes Pflichtgefühl. Dabei muß erinnert werden, daß diese körperliche und seelische Überforderung ... in vielen Fällen bis in die Kriegsjahre zurückreicht."[11]

Bei Frauen, die sich in solch verzweifelter Lage befanden, wäre die Frage nach ihrem „weitergehenden gesellschaftlichen Engagement" absurd. Berufstätigen Frauen, die in Großstädten lebten, in ihrer Familie für Kinder und Kranke zu sorgen hatten und nicht über ausreichend Tauschmittel verfügten, blieb gar keine andere Wahl, als sich ausschließlich auf den Unterhalt der Angehörigen zu konzentrieren. Manche Frau gab deshalb ihre schlecht entgoltene Erwerbstätigkeit auf, sehr viele „Nur-Hausfrauen" meldeten sich zu Enttrümmerungsarbeiten, um der Karte 5 – auch „Hunger"- oder „Friedhofskarte" genannt[12] – zu entgehen und statt dessen Karte 2 zu erhalten. Manche machte sich auf dem Schwarzmarkt selbständig[13], einige prostituierten sich.

Nach 1945 stieg die Zahl der unehelichen Geburten stark an[14]; das galt auch für die der Abtreibungen. In Frankfurt erhöhte sie sich von 1946 auf 1947 um 75 Prozent. Gegenüber den Jahren 1937 und 1938 hatte sich die Zahl damit vervierfacht[15]. Die „sexuelle Seite der Geschichte" wurde damals teils verschwiegen, teils in den Bereich

[10] Die Berliner Studie sagt dazu folgendes: „Bei diesen Erschöpfungszuständen handelt es sich nicht um vorübergehende Ermüdungen, sondern um einen anhaltenden Kräfteverfall. Über etwa ein Drittel der Frauen hatte [in Familienberichten der Sozialfürsorge und Aussagen von Ärztinnen und Ärzten] ausgesagt, sie ständen vor einem körperlichen und nervlichen Zusammenbruch und hielten dem Übermaß an Arbeit nur stand durch ihr angespanntes Pflichtgefühl. Dabei muß erinnert werden, daß diese körperliche und seelische Überforderung ... in vielen Fällen bis in die Kriegsjahre zurück reicht. Doch wäre der Abbau der Kräfte wohl in den meisten Fällen aufzuhalten gewesen durch rechtzeitige Verbesserung der Mangelernährung." Hilde Thurnwald, Gegenwartsprobleme Berliner Familien. Eine soziologische Untersuchung an 498 Berliner Familien, Berlin 1948, S. 85.

[11] Ebd.

[12] Welt der Frau 2 (1948), Heft 5, S. 2.

[13] Thurnwald, Gegenwartsprobleme, S. 79ff. Zur sozialisierenden Wirkung des Schwarzmarktes siehe Lutz Niethammer, Privat-Wirtschaft. Erinnerungsfragmente einer anderen Umerziehung, in: Lutz Niethammer (Hrsg.), „Hinterher merkt man, daß es richtig war, daß es schief gegangen ist". Nachkriegserfahrungen im Ruhrgebiet. Lebensgeschichte und Sozialkultur im Ruhrgebiet 1930 bis 1960, Bd. 2, Berlin 1983.

[14] Frauenalltag und Frauenbewegung 1890–1980. Katalog zur Ausstellung 1980 sowie Materialienbände, hrsg. vom Historischen Museum Frankfurt am Main, Frankfurt 1980, hier Materialienband 4: Frauen in der Nachkriegszeit und im Wirtschaftswunder 1945–1960, zusammengestellt und kommentiert von Annette Kuhn und Doris Schubert, S. 14, S. 16.

[15] Ulrich Brach, Über die zeitbedingte Zunahme der Abtreibungen und Kindestötungen. Eine Untersuchung auf Grund der Sektionsprotokolle und Gutachten des Instituts für gerichtliche Medizin und Kriminalistik der Universität zu Frankfurt am Main, Diss. Frankfurt 1949, S. 33, S. 36.

der Gesundheitsfürsorge und/oder in die ärztlichen Sprechzimmer abgedrängt. Eine öffentliche Diskussion darüber fand kaum statt. Manchmal wurde das Thema in Debatten aufgegriffen, die die alten Werte der Wohlanständigkeit im Geschlechterverhältnis beschworen. Frauen mit sogenannter zweifelhafter Moral dienten dann als Gegenbilder der Frau und Mutter, die in allen Wirrnissen der Zeit „anständig" geblieben war, als „Trümmerfrau" im Wiederaufbau arbeitete und sich um die Familie kümmerte. Diese „Frauen und Mütter" wurden zu Heldinnen jener Epoche, die anderen eher gedemütigt und diskriminiert[16].

Es ist gewiß richtig, daß nach 1945 bei vielen Frauen die Tendenz bestand, ihre Erwerbstätigkeit aufzugeben. Dennoch ist die These, die Frauenerwerbstätigkeit sei in der Nachkriegszeit besonders niedrig gewesen, problematisch. Doris Schubert führt demgegenüber an, daß die Frauenerwerbsquote im Zeitraum von 1939 bis 1947 zwar von 35,2 auf 28,3 Prozent sank, die Zahl der erwerbstätigen Frauen von 1936 bis 1947 absolut aber um über eine halbe Million (von 5612000 auf 6159000) zunahm[17]. Frauen, die sich nicht „freiwillig" zum Einsatz meldeten oder von sich aus einer Erwerbstätigkeit nachgingen, konnten damals von den Besatzungsmächten und deutschen Verwaltungsorganen zur Arbeit herangezogen werden. An manchen Orten wurde im Sommer 1945 die „Pflichtarbeit" für Frauen zwischen 16 und 45 Jahren, für Männer zwischen 16 und 65 Jahren eingeführt; das Kontrollratsgesetz Nr. 32 vom 10. Juli 1946 ermöglichte dann in allen Besatzungszonen den Einsatz von Frauen zu Wiederaufbauarbeiten. Die Größenordnung dieser Dienstverpflichtungen ist nicht bekannt[18]. Der Ersatz- oder Interimscharakter dieser Frauenarbeit war von Anfang an klar. Zwar wurden Frauen nun häufiger in Bereichen tätig, die ihnen bisher verschlossen gewesen waren, doch verblieben sie in der Regel in untergeordneten Positionen und hatten kaum Chancen zur Weiterqualifizierung[19]. Nur in den seltensten Fällen konnten sie ihren Einsatz etwa zu einer beruflichen Neu- oder Umorientierung nutzen. Das wurde häufig als Diskriminierung empfunden, häufig auch verärgert kommentiert[20], aber fast nie in politischen Protest umgesetzt.

War die Familie nach 1945 ein Fluchtpunkt, so doch kein unproblematischer. Manche Ehen hatten mit großen Schwierigkeiten zu kämpfen. Viele Männer kamen kriegsmüde, als enttäuschte, getäuschte Verlierer nach Hause. Viele Partner waren sich in den Jahren der Trennung im Krieg, die häufig durch die Kriegsgefangenschaft noch verlängert wurde, fremd geworden. Männer trafen selbständiger gewordene Frauen an, Frauen sahen sich mit niedergeschlagenen Männern konfrontiert, Kinder mit Vätern,

[16] Erika M. Hoerning, Frauen als Kriegsbeute. Der Zwei-Fronten-Krieg. Beispiele aus Berlin, in: Lutz Niethammer und Alexander von Plato (Hrsg.), „Wir kriegen jetzt andere Zeiten". Auf der Suche nach der Erfahrung des Volkes in nachfaschistischen Ländern. Lebensgeschichte und Sozialkultur im Ruhrgebiet 1930 bis 1960, Bd. 3, Berlin 1985, S. 327ff.

[17] Doris Schubert, Frauen in der deutschen Nachkriegszeit, hrsg. von Annette Kuhn, Bd. 1, Düsseldorf 1984, S. 75f.

[18] Im Bau- und Baunebengewerbe, im Bergbau und der Torfgräberei und in der Eisen- und Metallgewinnung waren nach der Volkszählung vom 29. 10. 1946 in der britischen Zone insgesamt 21837 Frauen beschäftigt – wieviele davon zur „Pflichtarbeit" herangezogen waren, ist bisher nicht zu ermitteln. Vgl. Schubert, Frauen in der Nachkriegszeit, S. 77.

[19] Ebd., S. 81.

[20] So beschwerte sich eine Frau über ihre negativen Erfahrungen bei der Enttrümmerungsarbeit: „Immer kriegen die Männer die Aufseherposten." Anonym, Eine Frau in Berlin, Berlin 1949, S. 241.

die sie nicht erkannten[21]. Manche aus Krieg und Kriegsgefangenschaft Heimgekehrte fanden sich nur langsam in das Leben in der Nachkriegsgesellschaft hinein. Das wurde ihnen oft dadurch erschwert, weil sie eigentlich erwartet hatten, sofort wieder die Rolle als pater familias übernehmen zu können, jetzt aber akzeptieren mußten, erst einmal von ihren Frauen abhängig zu sein. Verschiedentlich wurden die Frauen zum seelischen „Wiederaufbau" der Männer aufgefordert, und einige verweisen darauf, daß die private „Wiederaufbau"-Leistung für den allgemeinen Wiederaufbau „ja auch gebraucht" wurde[22].

Insgesamt waren offenbar nach 1945 für kurze Zeit traditionelle Orientierungen im Geschlechterverhältnis diffus geworden. Für einen Augenblick sah es so aus, als seien die Frauen das „starke Geschlecht" geworden. In der Öffentlichkeit wurde darüber diskutiert[23], und niemand dachte daran, den Frauen ihre Leistung in der „Überlebensarbeit" zu bestreiten. Sie wurde allgemein als Zeichen weiblichen Einsatzes und weiblicher Bewährung im Dienste der Familien und der Gesellschaft verstanden. Dieses Verständnis bestimmt auch die Erinnerung, wie in der Oral-History-Forschung deutlich geworden ist[24]. Manches Forschungsprojekt ist mit der Absicht begonnen worden, die Chancen der Frauenemanzipation in der Nachkriegszeit aufzuzeigen. Doch inzwischen wird eher resigniert eingeräumt, daß diese Untersuchungen wohl von allzu großem Optimismus getragen waren[25].

Ein Blick auf die Statistik zeigt, daß nur eine kleine Minderheit von Frauen im engeren Sinne öffentlich und politisch tätig wurde, Aktivistinnen, deren Vorstellungen sich in aller Regel stark von der Einstellung der großen Mehrheit der Frauen unterschieden. Genaue Angaben über die Zahl der politisch und gesellschaftlich aktiven Frauen sind nicht zu ermitteln. Zum einen ist das ein schon aus Materialgründen kaum lösbares Problem, zum anderen ergäben sich sofort definitorische Schwierigkeiten, weil nicht jedes öffentliche Engagement als „politisch" verstanden werden kann. Für die nach 1945 in verschiedenen Städten gegründeten Frauenausschüsse, deren

[21] Sibylle Meyer und Eva Schulze, „Als wir wieder zusammen waren, ging der Krieg im Kleinen weiter", in: Lutz Niethammer und Alexander von Plato (Hrsg.), „Wir kriegen jetzt andere Zeiten". Auf der Suche nach der Erfahrung des Volkes in nachfaschistischen Ländern, Berlin 1985, S. 305 ff.

[22] Der Regenbogen, Heft 6, 1946, S. 3. Privat: Dörte Finke (Jg. 1908), verbeamtete Juristin, Interview im Projekt „Lebensgeschichte und Sozialkultur im Ruhrgebiet", Fernuniversität Hagen, Bd. 8, S. 1; das Interview führte Almut Leh. „Wir dürfen jetzt nicht so, wenn unsere Männer nun wiedergekommen sind, die müssen wir erstmal seelisch aufbauen. Und wenn wir dann so selbständig sind und wir machen alles und wir haben den Beruf und sie sitzen zu Hause und haben kein Geld, dann ist das ganz schlimm. Es ist schon besser, wir machen kleine Brötchen, ziehen uns erstmal wieder zurück und bauen die Männer auf. Ich meine natürlich, der Männeraufbau wurde ja auch gebraucht ..."

[23] Bes. in der Zeitschrift Constanze, Heft 1, 1950, in der Walther von Hollander vielfach zu dem Thema Stellung nahm. Vgl. auch: Angela Seeler, Ehe, Familie und andere Lebensformen in der Nachkriegszeit im Spiegel der Frauenzeitschriften, in: Anna-Elisabeth Freier und Annette Kuhn (Hrsg.), Frauen in der Geschichte V, Düsseldorf 1984, S. 90 ff. Vgl. auch Anm. 14, Materialienband 4: Frauen in der Nachkriegszeit und Wirtschaftswunder 1945–1960, zusammengestellt und kommentiert von Annette Kuhn und Doris Schubert, S. IV, S. 39, S. 58.

[24] Sibylle Meyer und Eva Schulze, „Wie wir das alles geschafft haben". Alleinstehende Frauen berichten über ihr Leben nach 1945, München 1984; Sibylle Meyer und Eva Schulze, Von Liebe sprach damals keiner. Familienalltag in der Nachkriegszeit, München 1985.

[25] Schubert, Frauen in der Nachkriegszeit, S. 15.

Funktionen ganz unterschiedlich waren, ergeben sich immerhin einige Anhaltspunkte[26].

Elisabeth Holt, im Stab der „Education and Cultural Relations Division" der amerikanischen Militärregierung für Frauenfragen zuständig, nennt für Bayern eine Zahl von 256 000 politisch und konfessionell organisierten Frauen, also etwa 8 Prozent der damals etwa drei Millionen bayerischen Frauen[27]. Diese Zahl für die im weitesten Sinne „aktiven Frauen" läßt sich wohl auf die drei Westzonen übertragen. Die Anzahl der politischen Aktivistinnen aber wird sehr viel kleiner gewesen sein. Nimmt man ausschließlich die Parteimitgliedschaft als Indikator, so ergibt sich ein düsteres Bild. Nur 1 Prozent der weiblichen Wahlberechtigten waren in den fünfziger Jahren Mitglied einer politischen Partei[28]. Dem „Deutschen Frauenring" (DFR), in dem sich 1949 staatsbürgerlich orientierte Frauenverbände zusammenschlossen, gehörten 1951 etwa 50 000 Frauen an. Der „Informationsdienst für Frauenfragen" von 1951, der den DFR als Dachverband ergänzte und dem auch der Frauenring angehörte, zählte über 60 000 Mitglieder. Insgesamt umfaßten die Frauenverbände der Bundesrepublik, die im „Handbuch deutscher Frauenorganisationen" von 1952 aufgelistet und von denen Mitgliedszahlen bekannt geworden sind, über eine Million Frauen; die etwa 1,3 Millionen Frauen, die sich in DGB oder DAG organisierten, sind darin nicht berücksichtigt. Die Zahl von etwas über einer Million entspricht ungefähr der Mitgliederzahl des Dachverbandes der bürgerlichen Frauenbewegung in der Weimarer Republik, des „Bundes Deutscher Frauenvereine" (BDF)[29]. Diejenigen Verbände, die vor allem oder wenigstens zum Teil staatsbürgerliche Ziele verfolgten, hatten sechs Jahre nach Kriegsende fast 300 000 Mitglieder aufzuweisen.

Ein führendes Mitglied der CDU-Frauenvereinigung, Gabriele Strecker, deren Werdegang noch näher betrachtet wird, verstand die staatsbürgerlichen und parteigebun-

[26] Wie es z. B. anklingt bei Anna-Elisabeth Freier, Frauenfragen sind Lebensfragen – Über die naturwüchsige Deckung von Tagespolitik und Frauenpolitik nach dem Zweiten Weltkrieg, in: Anna-Elisabeth Freier und Annette Kuhn (Hrsg.), Frauen in der Geschichte V, Düsseldorf 1984, S. 35, S. 46 und bei Doris Schubert, „Frauenmehrheit verpflichtet" – Überlegungen zum Zusammenhang von erweiterter Frauenarbeit und kapitalistischem Wiederaufbau in Westdeutschland, in: Anna-Elisabeth Freier und Annette Kuhn (Hrsg.), Frauen in der Geschichte V, Düsseldorf 1984, S. 231 f. Gleichzeitig wird hier die Versorgungspolitik als Frauenpolitik verstanden. Sie war aber ein allgemeines Element von Engagements, über das vielfältige Brücken von der Nachkriegs- in die Gesellschaft der fünfziger Jahre führten. Entsprechend faßt z. B. ein Betriebsrat seine Geschichte zusammen: „Wir waren der Kartoffelbetriebsrat, dann der Lohnbetriebsrat und heute sind wir der Sozialplanbetriebsrat." Alexander von Plato, „Sie müssen bedenken, was meine Generation erlebt hat". Betriebsräte nach 1945, in: Lutz Niethammer, Bodo Hombach, Tilman Fichter und Ulrich Borsdorf (Hrsg.), „Die Menschen machen ihre Geschichte nicht aus freien Stücken, aber sie machen sie selbst." Einladung zu einer Geschichte des Volkes in NRW, Berlin 1984, S. 192. Vgl. auch Alexander von Plato, „Der Verlierer geht nicht leer aus". Betriebsräte geben zu Protokoll, Berlin 1984. Vgl. auch Hauser, Frauenöffentlichkeit; Barbara Henicz und Margrit Hirschfeld, „Ich muß jetzt mitwirken" – Frauen 1945, in: Hannes Heer und Volker Ullrich (Hrsg.), Geschichte entdecken. Erfahrungen und Projekte der neuen Geschichtsbewegung, Reinbek 1985.

[27] NA, RG 260, 5/344-3/54 Women's Affairs Section Activities, June 1949.

[28] Gabriele Bremme, Die politische Rolle der Frau in Deutschland. Eine Untersuchung über den Einfluß der Frauen bei Wahlen und ihre Teilnahme in Partei und Parlament, Göttingen 1956, S. 218.

[29] Handbuch Deutscher Frauenorganisationen, hrsg. vom Informationsdienst für Frauenfragen, Bonn 1952. Dabei ist zu berücksichtigen, daß von vielen Verbänden keine Mitgliedszahlen angegeben wurden. Auch der „Bund Deutscher Frauenvereine", der Dachverband der bürgerlichen Frauenorganisationen in der Weimarer Republik, hatte 1931 über eine Million Mitglieder. Herrad Schenk, Die feministische Herausforderung. 150 Jahre Frauenbewegung in Deutschland, München 1980, S. 150. Florence Hervé, Geschichte der deutschen Frauenbewegung, Köln 1983, S. 136.

Frauenverbände mit staatsbürgerlicher Zielsetzung

Name	Mitgliederzahl	im Jahr	Gründungsjahr	ggf. Wiedergründung nach 1945	Art und Ziele: Interessenverband	Berufsverband	Dachverband	Konfessionell	Sozial	Bildung	Staatsbürgerlich	Weltanschaulich	allg. politisch	Gesundheitsfürsorge
AG* Berliner Frauenorganisationen			kA	–	x	x	x	x	–	x	x	–	–	x
AG Sozialdemokratischer Frauen	218 000	74	08	45	x	–	–	–	–	–	x	–	x	–
AG Überparteilicher und überkonfessioneller Frauenverbände			47	–	x	–	x	–	–	x	x	–	x	–
Berliner Frauenbund 1945 e.V.			45	–	x	–	–	–	–	–	x	–	–	–
Büro für Frauenfragen			46	–	x	–	–	–	–	–	x	–	x	–
Demokratischer Frauenbund Deutschland (DFD)	5 700	50	50	–	x	–	–	–	–	x	x	–	x	–
Demokratischer Frauenbund Deutschland (SBZ)			47	–	x	–	–	–	–	x	x	–	x	–
Deutscher Evangelischer Frauenbund			99	–	–	–	–	x	–	x	x	–	–	–
Deutscher Akademikerinnenbund	1 200	51	26	49	x	x	–	–	–	x	x	–	–	–
Deutscher Berufsverband der Sozialarbeiter/innen	3 000	51	16	50	–	x	–	–	–	x	x	–	–	–
Deutscher Frauenring	50 000	51	40	–	x	–	x	–	–	x	x	–	–	–
Deutscher Staatsbürgerinnenverband				47	–	–	–	–	–	x	x	–	x	–
Frauenvereinigung der CDU			48	–	x	–	–	–	–	–	x	–	x	–
FA** Duisburg			46	–	x	–	–	–	–	–	x	–	x	–
FA Essen			46	–	x	–	–	–	–	–	x	–	x	
FA Frankfurt			45	–	x	–	–	–	–	–	x	–	x	
FA Hamburg			kA	–	x	–	–	–	–	–	x	–	x	–
FA Heidelberg			kA	–	x	–	–	–	–	–	x	–	x	–
FA Homburg			46	–	x	–	–	–	–	–	x	–	x	–
FA Köln			46	–	x	–	–	–	–	–	x	–	x	–
FA Schwäbischer Frauenausschuß			kA	–	x	–	–	–	–	–	x	–	x	–
FA Süddeutscher Frauenarbeitskreis			45	–	x	–	–	–	–	–	x	–	x	–
Informationsdienst für Frauenfragen			51	–	x	–	x	–	–	–	x	–	–	–
Jüdischer Frauenbund in Deutschland			04	53	x	–	x	x	x	–	x	–	–	–
Katholischer Deutscher Frauenbund			03	–	x	–	–	x	x	x	x	–	–	–
Schaffende Frauen, Gemeinschaft katholischer Frauen und Mädchen			04	–	–	–	–	x	–	x	x	x	–	–
Vereinigung weiblicher Juristen und Volkswirte	250	51	48	–	x	x	–	–	–	–	x	–	–	–
Vereinigung der katholischen Hausgehilfinnen- und Hausangestelltenverbände	3 750	51	07	–	x	x	x	x	–	x	x	–	–	–
Summe	281 900													

*) AG = Arbeitsgemeinschaft

**) FA = Frauenausschuß, auch verwendet zur Kennzeichnung einer Gründung „von unten".

Quelle: Handbuch Deutscher Frauenorganisationen, Bonn 1952.

denen Frauenverbände als „Lobby" der Frauen[30]. Zumindest für die Frauenvereinigungen in den Parteien hat Mechthild Fülles diese Auffassung aber widerlegt, denn die Frauen kamen eher über Positionen innerhalb der Parteihierarchie als über die Frauenvereinigungen zu Mandaten[31]. Allerdings unterscheidet sich die CDU hier von SPD und FDP. Bei den Christdemokraten ist das innerparteiliche Frauenengagement für den Aufstieg in der Partei wichtiger als in der liberalen oder der sozialdemokratischen Partei.

Alles in allem waren die Chancen der Frauen, nach 1945 in öffentliche Positionen zu kommen, gering. 1948 waren von etwa 100 Ministern nur zwei Frauen, von 1878 Landtagsabgeordneten nur 208 Frauen[32]. Zu keiner Zeit waren Frauen in den Parlamenten entsprechend ihrem Anteil an der Wahlbevölkerung vertreten. Darüber hinaus waren und blieben Frauen die klassischen „Nachrücker". Der deutschen Nationalversammlung von 1919 gehörten in der zweiten Hälfte der Legislaturperiode 9,6 Prozent Parlamentarierinnen an. In den Reichstagen von 1920 bis 1932 waren es im Durchschnitt 6,4 Prozent. Mit den Erfolgen der NSDAP war der Frauenanteil gegen Ende der Weimarer Republik immer geringer geworden. Anfang 1933 waren nur noch 3,8 Prozent der Reichstagsabgeordneten Frauen, ab März 1933 gab es dann keine Parlamentarierin mehr. Der Stand von 1919 wurde erst in der zweiten Hälfte der 2. Legislaturperiode des Deutschen Bundestags überschritten, als 10,4 Prozent Bundestagsabgeordnete Frauen waren. Doch diese Anteilsziffer war für längere Zeit eine Ausnahme. Bis zum 9. Bundestag lag der Durchschnitt weiblicher Abgeordneter bei etwa 8 Prozent[33]. Erst 1983 wurde mit 9,8 Prozent erstmals zu Beginn einer Legislaturperiode der Frauenanteil von 1919 überschritten. Die Zahlen weiblicher Mitglieder in den beiden großen Parteien lagen in den Jahren von 1946 bis 1960 mit steigender Tendenz bei 15 bis 19 Prozent (SPD) und mit abnehmender Tendenz bei 25 bis 15 Prozent (CDU)[34].

Prozentualer Anteil der weiblichen Parteimitglieder an der Gesamtzahl der Mitglieder; Anteil der weiblichen Landtags- und Bundestagsabgeordneten an Mandaten in Prozent

Partei		Frauenanteil	Landtagsabgeordnete	Bundestagsabgeordnete
SPD	1949	18,9	9,8	10,3
	1953	19,0	9,3	13,0
	1957	19,2	9,6	12,2
	1961	18,7	9,2	10,3
CDU	1949	keine Angaben	5,2	8,7
	1953	25 (geschätzter Wert)	6,2	8,1
	1957	17	6,0	8,6
	1961	15	6,8	7,5

Quelle: Mechthild Fülles, Frauen in Partei und Parlament, Köln 1969, S. 21.

30 Gabriele Strecker, Der Weg der Frau in die Politik, Bonn 1965, 4. erw. Auflage 1984, S. 26f., S. 36f.

31 Mechthild Fülles, Frauen in Partei und Parlament, Köln 1969, S. 101.

32 Klaus Mehnert und Heinrich Schulte (Hrsg.), Deutschland-Jahrbuch 1949, Essen 1949, S. 272.

33 Siehe dazu die biographischen Angaben in „Parlamentarierinnen in deutschen Parlamenten" 1919–1983, hrsg. vom Deutschen Bundestag, Hauptabteilung Wissenschaftliche Dienste, Materialie Nr. 82, Bonn 1983 (im folgenden zit.: Parlamentarierinnen) und eigene Berechnungen.

34 Fülles, Frauen in Partei, S. 25.

Im Verhältnis zu ihrer Mitgliederzahl hatten die Frauen in der SPD mehr Chancen, in öffentliche Positionen aufzusteigen als in der CDU. Die in der SPD zu beobachtende Tendenz galt auch für KPD und SED. Unterschiedlich war der Anteil der Parlamentarierinnen in den vier Besatzungszonen: In der sowjetischen Zone waren 21 Prozent der Parlamentarier Frauen, in der britischen 8 Prozent, in der amerikanischen 6 Prozent. In der französischen Zone war keine Frau im Parlament vertreten[35]. Der unterschiedliche Grad der politischen Partizipation ihrer Geschlechtsgenossinnen in den verschiedenen Parteien spielte für die meisten Frauen bei der Stimmabgabe keine Rolle. Die Mehrheit der Wählerinnen honorierte es den linken Parteien nicht mit ihrer Stimme, daß sie sich für eine Erhöhung des Frauenanteils in der Politik einsetzten[36]. Nur 47 Prozent befragter Frauen (im Gegensatz zu 55 Prozent der Männer)[37] beantworteten die Frage, ob es wünschenswert sei, daß mehr Frauen politisch aktiv wären, mit Ja. Die personelle Kontinuität war selbstverständlich in einer „alten" Partei wie der SPD nach 1945 größer als in der „neuen" CDU[38]. In den Landtagen hatten 67 Prozent der bis 1968 gewählten weiblichen Abgeordneten der SPD schon parlamentarische Erfahrung aus den Jahren von vor 1933, während es in der CDU nur 14 Prozent waren[39]. Im Bundestag aber griff die CDU im gleichen Umfang auf politisch erfahrene

[35] Mehnert, Schulte, Deutschland-Jahrbuch. Wenn Frauen „an die Macht" kamen, waren es vor allem Hausfrauen und Mütter. In den ersten fünf Wahlperioden in den Bundes- und Landtagen waren in allen Parteien die nicht berufstätigen Hausfrauen die stärkste Gruppe und eine Untersuchung, die sich „Die Familienverhältnisse der weiblichen Bundestagsabgeordneten" zum Thema machte, kam zu der Feststellung, daß von 47 Abgeordneten, die 1955 befragt wurden, zwei Drittel verheiratet waren und Kinder hatten. Vgl. Fülles, Frauen in Partei, S. 128; Charlotte Lütkens, Die Familienverhältnisse der weiblichen Bundestagsabgeordneten, in: Zeitschrift für Politik 6 (1959), zit. nach: Dtsch. Bundestag. Wissenschaftl. Dienste, Frauen im Deutschen Bundestag, I.–IV. Wahlperiode, Materialie Nr. 23, Bonn 1971, S. 30. Das „Sozialprofil" der Frauen variiert von SPD zu CDU und FDP, sieht man jedoch von der Mehrzahl der Hausfrauen ab, so dominierten Frauen aus qualifizierten Berufen, die meist ein Studium voraussetzen.

Erstmals gewählte Bundestags(BT)- und Landtags(LT)-abgeordnete. (Alle Angaben in % mit Ausnahme der Zahlen der FDP-Bundestagsabgeordneten, deren Zahl zu gering ist und absolut in Klammern genannt wird.)

Beruf	CDU		SPD		FDP	
	LT	BT	LT	BT	LT	BT
Hausfrau	30	44	30	31	42	(3)
Arbeiterin	3	0	1	0	0	0
Angestellte	14	9	15	9	4	(1)
Beamte	6	19	9	9	4	(2)
Lehrberufe	12	3	9	0	21	0
Fürsorgeberufe	6	3	5	12	0	0
freie Berufe	20	16	13	15	25	(1)
Funktionärinnen	9	6	13	24	4	0
keine Angabe	0	0	5	0	0	0

Quelle: Fülles, Frauen in Partei, S. 128. Vgl. auch die biographischen Angaben in: Parlamentarierinnen, S. 47f.

[36] Ausschlaggebend für das weibliche Wahlverhalten soll vielmehr die Haltung der Partei zur Kirche gewesen sein. Bremme, Rolle, S. 72.

[37] Mehnert, Schulte, Deutschland-Jahrbuch, S. 273. Im Verhältnis von SPD zu den bürgerlichen Parteien setzte sich in der Bundesrepublik mit der größeren Einbeziehung von Frauen in öffentliche Positionen eine Tendenz fort, die schon in der Weimarer Republik bestand: Betrug der Anteil der SPD-Parlamentarierinnen von 1919–32 ca. 12%, so lag er in den anderen Fraktionen bei 4–7%, wobei er in der KPD gegen Ende der Weimarer Republik sprunghaft – auf 17% im Jahre 1930 – anstieg. Parlamentarierinnen, S. 2.

[38] Fülles, Frauen in Partei, S. 96, S. 123.

[39] Ebd., S. 95.

Frauen zurück wie die SPD, die hier auch jüngere Frauen einsetzte[40]. Allerdings waren die Frauen, die nach 1945 in die SPD eintraten, jünger (Durchschnittsalter 33 Jahre) als ihre Kolleginnen bei der CDU (Durchschnittsalter 40 Jahre)

Fülles vermutet, daß ein Teil der Frauen, die der CDU beitraten und von ihrem Lebensalter her bereits vor 1933 einer Partei hätten angehören können – jene Frauen also, die nach Kriegsende in der neu entstehenden Frauenbewegung und den staatsbürgerlichen Frauenverbänden eine wichtige Strömung bildeten –, durch ihre Erfahrungen während der NS-Zeit zum politischen Engagement motiviert worden sind. Im folgenden sollen nun zwei in der Christlich-Demokratischen Union hervorgetretene Frauen vorgestellt werden, deren Arbeit und Einsatz in vielerlei Hinsicht als charakteristisch für das Engagement bürgerlicher Frauen nach 1945 gelten kann. Ganz bewußt wird hier also auf die in vielem wohl einfacher zu beantwortende Frage nach den Motiven des Engagements kommunistisch, sozialdemokratisch oder allgemein eben „links" orientierter Frauen, die nach der Kapitulation hervortraten, nicht eingegangen. Die beiden porträtierten Frauen gehören darüber hinaus gleichsam zu den „Siegerinnen" in der politischen Geschichte der fünfziger und frühen sechziger Jahre. Über das Politische im engeren Sinne hinaus war *ihr* Frauenbild offenbar allgemein akzeptiert und stellte eine „Meinungsbrücke" zwischen Engagierten und Nicht-Engagierten dar, über die die weiblichen Bewährungserfahrungen in der Öffentlichkeit der Kriegs- und Nachkriegszeit wieder ins Private zurückgeführt werden konnten. Diese Lebensgeschichten sind auch unter dem Aspekt der Diskontinuität des politischen Engagements interessant: Welche Triebkräfte brachten diese beiden Frauen, die vorher nicht aktiv waren, dazu, sich politisch zu engagieren und in der Christlich-Demokratischen Union zu organisieren? Vielleicht kann so der festzustellende allgemeine Chancenverlust von Frauen in der Öffentlichkeit seit Beginn der fünfziger Jahre etwas besser als bisher erklärt werden.

2. Zwei engagierte bürgerliche Frauen

Gabriele Strecker[41]

Gabriele Strecker wurde 1905 in Trier geboren. Sie stammte aus gutbürgerlichem Elternhaus. Ihre politische Aufmerksamkeit wurde schon im Ersten Weltkrieg geschärft, den sie in den „lothringischen Reichslanden" erlebte. Sie erinnerte sich noch 1981, als

[40] *Erstmals gewählte weibliche Landtags- und Bundestagsabgeordnete, die vor 1933 einem Parlament angehörten (nach Parteien):*

	Landtag %	N	Bundestag %	N
CDU	8	65	13	32
CSU	–	7	–	3
SPD	15	120	12	33
FDP	13	24	2	7

Quelle: Fülles, Frauen in Partei, S. 99

[41] Alle folgenden Zitate, soweit nicht anders angegeben, aus: Gabriele Strecker, Überleben ist nicht genug. Frauen 1945–1950, Freiburg 1981.

sie ihre Autobiographie verfaßte, genau daran, daß einmarschierende französische Truppen 1918 dem Bildnis des Propheten Daniel an der Metzer Kathedrale – seine Züge waren denen Kaiser Wilhelms II. nachgebildet – ein Schild mit der Aufschrift „sic transit gloria mundi" umhängten. Die Familie ging nach der Besetzung in die „Emigration" in das sozialdemokratisch regierte Frankfurt. Strecker studierte Medizin und Geschichte und wählte in diesen Jahren Zentrum oder Staatspartei. Den Horizont ihres Milieus kennzeichnet sie mit den Worten: „Man las die Frankfurter Zeitung, war erschüttert durch die Erzberger- und Rathenau-Morde, geriet in den Strudel der Inflation ..., feierte in der Schule den 11. August, den Tag der Weimarer Verfassung, und war doch in erster Linie mit persönlichen Dingen beschäftigt." (S. 9) Obwohl sie den „kriminellen Untergrund" des NS-Regimes früh erkannt habe, schreibt sie, blieb sie wie eine ihrer geistigen „Bezugspersonen" – Gottfried Benn – in jener privaten Zurückgezogenheit gebunden, die später „innere Emigration" genannt wurde. So überstand sie „unversehrt, aber isoliert" die NS-Zeit. Die Erfahrung, damals nichts getan zu haben, bezeichnet sie als einen wichtigen Grund ihres späteren Engagements.

Vielleicht, weil die einmarschierenden amerikanischen Truppen positive Informationen von deutschen Emigranten erhalten hatten, wurde das Haus der Arzt-Familie von der Besatzungsmacht mit dem begehrten Prädikat „off limits" bedacht. Gabriele Streckers Ehemann wurde zum „Beauftragten für Ärzte" im Kreis Bad Homburg ernannt. Für beide war „die Stunde Null vor allem die Stunde der Erlösung vom Nazi-Druck, die Stunde der Hoffnung und des Neubeginns, auch des Vorsatzes, unbedingt am kommenden demokratischen Staatswesen mitzuarbeiten". Während der Mai 1945 von den meisten in Deutschland in erster Linie durch die private Brille wahrgenommen und die staatlich-politische Diskontinuität meist von privaten Kontinuitätselementen überlagert wurden[42], änderte sich Streckers Leben nach 1945 gravierend. Durch eine Amerikanerin kam sie zu ihrem Engagement in Frauenfragen. Jella Lepman war Offizier der amerikanischen Besatzungsmacht und in dieser Eigenschaft auf der Suche nach einer „Beraterin für Frauenfragen". In der Diskussion mit Frauen, die Strecker auf ihre Bitte hin einlud, eröffnete sich für sie, wie sie später schrieb, „ein Blick in die deutsche Frauenseele Herbst 1945 mit ihrem merkwürdigen Gemisch von Selbstmitleid, trotzigem Aufbäumen und soviel, soviel gutem Willen, am Aufbau mitzuhelfen". (S. 15) Rückblickend meinte sie, so etwas wie eine „Stunde Null" der Geschlechterbeziehung, ja sogar eine Umdrehung des traditionellen Verhältnisses erkennen zu können: „Immer häufiger dachte ich daran, daß jetzt die ‚Stunde der Frauen' angebrochen sei, schon wegen ihrer erschreckenden Überzahl. Deutschland war ein Frauenland geworden – war nicht die gesamte Männerwelt mit all ihrer soldatischen Pracht über Nacht zerstoben, als wäre sie nie gewesen? Auch die überlebenden Männer ..., schienen sie nicht saft- und kraftloser zu sein – die alte medizinische Einsicht in die in vielen Punkten biologische Überlegenheit der Frau bestätigte sich gerade in den ersten Nachkriegsjahren." Sie wirkten „besser, frischer, stärker" als die Männer, die einen „müden, schwächlichen, geschlagenen Eindruck" machten. (S. 16)

In ihrer Schrift „Hundert Jahre Frauenbewegung", die sie 1951 für die „Gesellschaft zur Neugestaltung des öffentlichen Lebens" in Wiesbaden verfaßte, charakterisiert Ga-

[42] Gabriele Strecker, Hundert Jahre Frauenbewegung in Deutschland, Wiesbaden 1951, S. 34.

briele Strecker auch die Gründerinnen der nach dem Krieg hervortretenden Frauenausschüsse: „Überlebende, die in der Opposition gestanden hatten, Frauen, die schon in der alten Frauenbewegung tätig gewesen waren, aber auch neue, bisher unbekannte Frauen, die einfach als Menschen fühlten, daß die Zeit ihnen eine Chance bot und daß sie etwas tun mußten."[43] Strecker selbst gehörte zu den „neuen" Frauen, war Mitbegründerin des Bad Homburger Frauenausschusses und engagierte sich im „Frankfurter Frauenausschuß". Die Ziele der Frankfurter Gruppe waren: „1. Gleichberechtigung der Frau. 2. Mitwirkung in der Verwaltung. 3. Gleiches Recht auf Arbeit und gleicher Lohn. 4. Gerechte Beteiligung der Frau in den Berufsvertretungen. 5. Hinzuziehung im Rechtswesen. 6. Neuordnung des Familienrechts. 7. Mehr Frauen in führenden Stellen und im Erziehungswesen. 8. Höhere Wertschätzung der Frauenarbeit."[44]

Rückblickend betont Gabriele Strecker den neuartigen Charakter der Frauenbewegung nach 1945. Es waren streng überparteiliche Ausschüsse, und wie andere habe auch der Frauenausschuß in Frankfurt an keine Tradition anknüpfen können, „da Menschen und Zeit sich völlig gewandelt hatten, weil die Führerinnen fehlten, weil er viel stärker politisch betont war und vor allem, weil hier die Trennung von bürgerlicher und sozialistischer Frauenbewegung aufgehoben war zugunsten einer einheitlichen, keine Klassen mehr kennenden Interessenvertretung der Frau. Hier wurde der Versuch gemacht, eine Frauenbewegung zu schaffen, die der Zeit entsprach."[45]

Diese Strömung in der Frauenbewegung orientierte sich ausdrücklich nicht an „radikalen" Ideen der Zwischenkriegszeit. „Schon immer lief neben dem breiten Strom der Ideen der Frauenbewegung ein trübes Rinnsal von aufmüpfig-riskanten ‚radikalen' Ideen mit", schreibt Strecker und nennt als deren Exponenten Helene Stöcker, Frida von Richthofen und Franziska von Reventlow, die „unbekümmert ihre freie Sexualität (lebten) und darüber schrieb(en)". Nach der „sexuellen Freiheitswoge" der Weimarer Zeit, NS-Familienideologie und „Lebensborn", die sie unbekümmert gleichsetzt, erschien es ihr als ein Wunder, „daß die Frauenorganisationen nach dem Zweiten Weltkrieg an alte bewährte Leitbilder wie Tüchtigkeit, Fleiß, Sorge für andere, Toleranz, Würde der Person anknüpften". (S. 76) Als sie von Jella Lepman, dem weiblichen Offizier in US-Uniform, aufgefordert wurde, die Leitung der Frauenabteilung des Hessischen Rundfunks zu übernehmen, sagte sie zu. Sie übernahm die Aufgabe, obwohl sie ihre ärztliche Tätigkeit, die sie ausfüllte, aufgeben mußte.

Strecker war 1946 die erste von den Amerikanern „ausersehene" deutsche Frau, die einen internationalen Frauenkongreß besuchen konnte. Davon zurückgekehrt, wurde sie scharf kritisiert, weil anderen engagierten Frauen die Auswahlgründe der Amerikaner nicht plausibel waren, insbesondere weil eine Frau bevorzugt behandelt wurde, die sich nicht durch politischen Widerstand gegen den Nationalsozialismus ausgezeichnet hatte. Gabriele Strecker kommt in ihrer Autobiographie auf die enge Kooperation mit Frauen der amerikanischen Frauenbewegung zu sprechen: „Im April 1952", so schreibt sie, „erschien in meinem Büro Dorothy Thompson, vielleicht die einflußreichste Journalistin der Welt. Von diskreter Eleganz, immer noch hübsch trotz Spuren großer Erschöpfung, machte sie auf mich den Eindruck unbezähmbarer Energie.

[43] Ebd.
[44] Ebd.
[45] Ebd., S. 35.

Sie kam aus Hamburg, wo es die Organisation WOMAN (World Organisation of Mothers of all Nations) seit ein paar Jahren gab, die sich stark auf ... Dorothy Thompson berief. WOMAN wollte die Welt durch den Friedenswillen der Frauen – Frauen aller Länder, vereinigt euch – ein für alle Male von Waffen und Krieg erlösen. Dorothy Thompson fragte mich rundweg, was ich davon halte. Ich deutete vorsichtig an, daß es vielleicht besser sei, ausgesprochen staatsbürgerlich orientierte Frauenverbände zu unterstützen. Für mein Argument, daß solche emotional aufgeladenen Frauenorganisationen noch stets ein Feld für kommunistische Friedenspropaganda gewesen seien, hatte sie ein offenes Ohr." (S. 49)

Gabriele Strecker betätigte sich nach dem Krieg auch parteipolitisch – zunächst 1947 in der „Deutschen Wählergesellschaft" Dolf Sternbergers. Weil sie mit deren Grundforderung „nach einem personalisierten Mehrheitswahlrecht" zwar im Prinzip übereinstimmte, aber bei einem solchen Wahlrecht keine Chancen für die Frauen sah, ging sie 1948 zur CDU. Bald amtierte sie als Vorsitzende der Frauenvereinigung und übernahm ein Mandat im Hessischen Landtag. Eine Abneigung gegenüber der „Massen"-Demokratie, die schon in der Teilnahme an Sternbergers Zirkel zum Ausdruck kam, zeigte sich auch in einem besonderen Aspekt ihres Frauenengagements. 1950 gründete sie in Frankfurt den „Soroptimistic Club" wieder, eine Frauenvereinigung, die „die Besten ihres Faches zusammenführen" wollte – „die weiblichen Rotarier". „Die Idee leuchtete mir ein", schreibt Strecker in ihrer Autobiographie, „weil es endlich nicht um eine Massenmitgliederschaft, sondern um die kleine Zahl ging ... In den Clubs liegt der Nachdruck auf der menschlichen Begegnung und auf der beruflichen Leistung, und das in einer Welt, in der Leistung ein schmutziges Wort zu werden droht und wo das Auswahlprinzip weder dem Schlagwort von mehr Demokratie wagen, noch dem von der totalen Gleichheit entspricht." (S. 68 f.) Strecker war sich darüber klar, daß sie ihren vielfältigen Engagements nur dank außergewöhnlich günstiger Umstände nachgehen konnte: „Mein Mann, selbst übermäßig ärztlich beansprucht, hatte volles Verständnis und ermutigte mich bei meiner politischen Arbeit. Meine Söhne, 1932 und 1935 geboren, waren 1950 bereits relativ selbständig und durch die Schule ausgefüllt ... Aber entscheidend war der unerhörte Glücksfall, daß ich im Hause genügendes und tüchtiges langjähriges Personal hatte, das mich von jeder Hausarbeit entlastete. Nur so war meine dreifache Belastung möglich." (S. 112)

Streckers politisches Interesse und Engagement entwickelte sich unter anderem infolge ihrer Isolationserfahrungen im Nationalsozialismus, ihrer Stigmatisierungsbefürchtungen nach 1945 und der Chance zur Mitarbeit, die ihr die Amerikaner anboten. Sie engagierte sich, weil sie die Frauen nicht nur für den zahlenmäßig überlegenen, sondern auch den stärkeren, wirklichkeitsnäheren, „ordnenden" und deshalb zukünftig tragenden Teil der Gesellschaft hielt. Gleichzeitig mußte sie am eigenen Leib erfahren, daß selbst ihre privilegierte soziale Stellung die Hindernisse auf dem Weg „in die Politik" kaum beseitigen konnte, solange sie sich an die traditionell weiblichen Verpflichtungen innerhalb der Familie gebunden fühlte. Obwohl sie sich in dem Versuch, allem gerecht zu werden, überfordern mußte, gab es für sie dennoch nur diesen Weg. Strecker attestierte sich selbst eine konservative Liberalität, ja sogar eine gewisse antiautoritäre Haltung. Trotzdem, oder gerade deshalb, achtete sie sehr genau auf Programm und Selbstverständnis der Frauenbewegung, in der sie mitzuarbeiten gedachte. Die Leitbilder, denen sie folgte, widersprachen scharf jenen von ihr so apostrophierten

„riskantaufmüpfigen Ideen“, die die Frauenbewegung in der Zwischenkriegszeit ihrer Meinung nach begleitet hatten.

Gegenüber der alten, politisch und sozial stärker differenzierten Frauenbewegung erschienen ihr die Ansätze nach 1945 als etwas Neues, Klassen- und Parteiübergreifendes. Ihre Nivellierungshoffnungen erfüllten sich aber nicht nur nicht, sie verlor auch selbst nie ganz ein gewisses Fremdheitsgefühl in den „Massenorganisationen“, in denen sie tätig war. Viel wohler fühlte sie sich politisch und menschlich im Kreis jener gebildeten und erfolgreichen Frauen, die sie 1950 im „Soroptimistic Club“ zusammengeführt hatte.

Leonore Mayer-Katz[46]

Leonore Mayer-Katz, Jahrgang 1912, war die Initiatorin eines Frauengesprächskreises, dem anfangs sechs Frauen angehörten, aus dem aber bald der „Frauenring Baden-Baden“, später der Frauenring Südbadens hervorging. Ihre 1981 erschienene politische Autobiographie beginnt sie mit den Worten „Im Januar 1944 verschleppte man meine Mutter, Gertrud Katz, geborene Ladenburg, in das Lager Theresienstadt.“ Ihre Mutter gehörte „einer angesehenen jüdischen Familie aus Mannheim“ an, deren Angehörige „im kulturellen und sozialen Leben ihres deutschen Heimatlandes tief verwurzelt“ und in der Generation Gertrud Ladenburgs evangelisch getauft waren. Der Vater entstammte „einer traditionsreichen Sägewerkerfamilie des Murgtals“, die „zum typischen Bürgertum konservativer Prägung gehörte“, war selbst ein „liberal eingestellter, weitblickender Kaufmann“ und amtierte als griechischer Konsul. Als „Mischling ersten Grades“ mußte Mayer-Katz wegen der „Schikanen des damaligen Kreisleiters aus der väterlichen Firma ausscheiden, durfte keinen ‚Arier‘ heiraten, entkam den Nachstellungen der Gestapo“ und fand während des Zweiten Weltkrieges mit Mühe eine Anstellung in einer Erz- und Metallhandlung in Berlin. „Dort“, so schreibt sie, „verloren mich die Nazis durch die Kriegswirren aus den Augen.“ (S. 11)

Eine Woche vor der Besetzung Badens durch die französischen Truppen kehrte sie in ihre Heimat zurück. Der Einmarsch bedeutete für sie „die Hoffnung auf Freiheit und auf ein Wiedersehen mit meinen verschleppten Angehörigen. Der Wille, am Wiederaufbau mitzuhelfen, erwachte.“ Es dauerte nicht lange, da wurde Leonore Mayer-Katz von der Stadtverwaltung Baden-Baden um Mithilfe gebeten: „Man suche dringend nach politisch unbelasteten Persönlichkeiten mit Sprachkenntnissen. Es war für mich ein unbeschreiblicher Augenblick. Nur wenige Tage war es her, daß ich mich vor der Gestapo verstecken mußte, daß ich Freiwild war. Und nun diese Bitte um Mithilfe! Man bot mir die Hand. Ich war keine Ausgestoßene mehr. Ich durfte helfen.“ (S. 27) Frau Mayer-Katz gewann schnell das Vertrauen des französischen Colonels, für den sie dolmetschte; er half ihr auch bei der schließlich erfolgreichen Suche nach ihrer Mutter in Theresienstadt. Im Rahmen ihrer Tätigkeit im Bureau de Communication in Baden-Baden war Mayer-Katz mit Verwaltungs- und Requirierungsproblemen und mit Versorgungsfragen befaßt. Mit großem Engagement setzte sie sich in der Entnazifizierung ein.

[46] Alle folgenden Zitate, sofern nicht anders angegeben, aus: Leonore Mayer-Katz, Sie haben zwei Minuten Zeit. Nachkriegsimpulse aus Baden, Freiburg 1981.

In Baden-Baden regte sich bald auch wieder erstes kulturelles Leben. Mayer-Katz engagierte sich im Kulturrat Baden-Baden. Später wies sie emphatisch auf ihre kulturellen, sozialen und materiellen Erfahrungen hin: „Ich möchte die Fülle jener künstlerischen Erlebnisse in bescheidenem äußeren Rahmen und in der Stärke des Ausdrucks durch den Willen zur Besinnung auf die inneren Werte nicht missen", schrieb sie. „Sie machte jene Zeit ebenso reich wie die Freude, die man sich gegenseitig schenkte, wenn man zu helfen versuchte, wo man konnte. Was war jede Kartoffel, die man zusätzlich eroberte, ... die Dose Kaffee in den amerikanischen Care-Paketen und Ähnliches für eine Quelle der Seligkeit. Man empfand stilles inneres Glück und Wärme, und ich sehne mich in unserer Zeit der Überfülle oft nach einer Periode zurück, wo menschliche Werte froh machen konnten." (S. 91)

Anfang 1946 wurde Leonore Mayer-Katz von einer Bekannten gebeten, „mitzuhelfen, eine neue Frauenbewegung ins Leben zu rufen". (S. 132) Vor allem sollte sie Freda Wuesthoff[47] kennenlernen, eine schon im Ersten Weltkrieg in der bürgerlichen Frauenbewegung engagierte Frau, die sich als Physikerin gegen die Atombombe einsetzte und verschiedene Funktionärinnen der Weimarer Frauenbewegung zu einem „Friedenskreis" zusammengeschlossen hatte. Mayer-Katz wehrte zunächst ab, „schließlich aber kam es doch zu einem Gespräch, und was ich erlebte, hat meinem Leben eine ganz neue Richtung gegeben. Ich traf eine Frau, schlicht und praktisch. Sie hatte Pflaumen erobert und kochte sie gerade ein. Wir setzten uns zusammen, und sie eröffnete mir, daß sich nach dem Abwurf der Bomben von Hiroshima und Nagasaki die Physiker der westlichen Welt darüber im klaren seien, daß die Welt erfahren müßte, daß die Atombomben nicht nur Waffen von unvorstellbarer Zerstörungskraft seien, sondern daß die Vergiftung der Atmosphäre durch radioaktive Strahlen genetische Schäden an Überlebenden bewirkten, die Generationen hindurch wirksam bleiben ... Sie hoffe, daß Frauen, denen der Schutz des Lebens instinktiv stärker am Herzen liege als dem mehr kämpferisch orientierten Mann, bereit seien, sich zusammenzufinden, um mit all ihren Möglichkeiten mitzuwirken, Atomwaffen zu verhindern. Es war ein eindringlicher Aufruf, aktiv zu werden. Die kleinen Hilfen zur Linderung der Not unserer Zeit, die mir bisher so wichtig waren, reichten nicht aus. Frauen wurden in die Verantwortung gerufen, in eine Verantwortung, aus der sie niemals mehr entlassen werden können." (S. 134) Die „staatsbürgerliche Verpflichtung der Frau" ergab sich für sie „um des Friedens willen". (S. 146)

Von nun an traf sich ein kleiner Kreis von sieben Frauen aus dem gehobenen Bürgertum Baden-Badens und rief eine staatsbürgerliche Frauenvereinigung, den „Frauenring", ins Leben. Sie erarbeiteten folgenden Programmentwurf: „Der Frauenring ist eine überparteiliche und überkonfessionelle Vereinigung von Frauen. Er erstrebt: 1. Verwirklichung eines dauernden Friedens. 2. Linderung der körperlichen und seelischen Not unserer Zeit. 3. Gesundung des Familienlebens, Wiedererweckung des Gefühls für menschliche und nationale Würde. 4. Stärkere Einschaltung der Frauen in das öffentliche und soziale Leben, um seiner Entseelung, Verflachung und Schematisierung entgegenzuwirken. 5. Kameradschaftliche Zusammenarbeit von Mann und Frau unter gleicher Wertung ihrer Arbeit. 6. Gedankenaustausch und Verbindung mit

[47] Vgl. dazu auch Ingrid Schmidt-Harzbach, Freda Wuesthoff – Vorkämpferin gegen atomare Aufrüstung. Versuch eines Portraits, in: Anna-Elisabeth Freier und Annette Kuhn (Hrsg.), Frauen in der Geschichte V, Düsseldorf 1984.

den Frauen anderer Länder."[48] Im Dezember 1946 erhielt der „Frauenring Baden-Baden" die Gründungsgenehmigung. Ihm folgten Frauenringe in anderen badischen Städten. Ein Katalog erster Aufgaben umfaßte folgende Punkte: 1. Soziale Hilfen, 2. Einschaltung in die Entnazifizierung, 3. Mitarbeit an einem neuen Schulbuch, 4. Durchsetzung eines Artikels zur Stellung der Frau in der Gesellschaft und eines auf die Sicherung des Friedens verpflichtenden Artikels in der neuen Landesverfassung. Nach Ansicht von Mayer-Katz war der Frauenring mit diesen Anliegen sehr erfolgreich. Die in seinem Programm enthaltene Formulierung über die Verpflichtung zum Frieden und die staatsbürgerliche und berufliche Gleichstellung von Mann und Frau seien „wörtlich" oder zumindest „sinngemäß" in die Landesverfassung eingegangen.

Neben der staatsbürgerlichen Arbeit entdeckten die Frauenring-Frauen, die zugleich Stadträtinnen waren, daß „wir die Akzente der (politischen) Arbeit anders setzten als unsere männlichen Kollegen". (S. 148) Sie kümmerten sich besonders um soziale Einrichtungen wie Krankenhäuser, Kindergärten oder Erziehungsberatungsstellen, um Hilfe für berufstätige Frauen oder um eine unbürokratische Handhabung sozialer Verordnungen. Der Frauenring half nach der Erinnerung von Mayer-Katz „auch ganz praktisch". Er organisierte eine Tauschzentrale für Babywäsche, eine Nähstube unter dem schönen Namen „Hilf fix" und strickte Decken für Flüchtlinge.

Das Friedensthema durchzog die Arbeit des Rings wie ein roter Faden. Doch gerade hier gab es bald Schwierigkeiten. Ein Hauptproblem der Frauenbewegung im Badischen war es nach Mayer-Katz, die Zulassung des Verbandes von der französischen Militärregierung zu erhalten. Hinderungsgrund sei vor allem die politische Brisanz des Friedenszieles gewesen. Es wirkte sich hemmend aus, so schreibt sie, „daß wir Friedensziele formulierten, nicht etwa, weil die Besatzungsmacht den Frieden nicht ebenso leidenschaftlich wünschte wie wir, sondern weil in immer stärkerem Maße die russische Besatzungszone und die Kommunisten in westdeutschen Besatzungszonen davon sprachen, daß sie ‚friedliebenden Kräften' Geltung verschaffen wollten. Das Wort Frieden war zu einem Tarnnamen für Kommunismus geworden." (S. 136) Zwar hätten die Kommunisten damals ebenso selbstverständlich in die Parteienlandschaft gehört wie die anderen Parteien, die Franzosen „wünschten jedoch unter keinen Umständen eine überparteilich getarnte, in Wirklichkeit rein kommunistische Frauenbewegung". (S. 136) In ihren Augen nicht akzeptable Erfahrungen mit kommunistisch orientierten Frauenpolitikerinnen machte Mayer-Katz auch auf einer Tagung staatsbürgerlicher Frauenverbände in Bad Pyrmont im Juni 1947, auf der sich Verbände der britischen Zone zusammenschlossen[49]. „Auf dieser Tagung", so erinnert sie sich, „befand sich als Gast auch ein Mitglied des DFD, der im März 1947 in der sowjetisch besetzten Zone Berlins den Versuch gemacht hatte, einen ‚Demokratischen Frauenbund Deutschland' für ganz Deutschland zu schaffen, aber es stellte sich heraus, daß mit einer Ausnahme die gesamte Führung des Verbandes in kommunistischen Händen lag. In Bad Pyrmont machte man trotzdem den Versuch zur Zusammenarbeit, um nicht die Kontakte zu den Frauen der russisch besetzten Zone abbrechen zu lassen, aber es

[48] Ganz ähnlich das Programm des „Club Deutscher Frauen" in Hannover, in: Annette Kuhn (Hrsg.), Frauen in der deutschen Nachkriegszeit, Bd. 2: Frauenpolitik 1945–1949. Quellen und Materialien, Düsseldorf 1986, S. 224.

[49] Vgl. Barbara Henicz und Margrit Hirschfeld, „Wenn die Frauen wüßten, was sie könnten, was sie wollten". Zur Gründungsgeschichte des Deutschen Frauenrings, in: Annette Kuhn (Hrsg.), Frauen in der deutschen Nachkriegszeit, Bd. 2: Frauenpolitik 1945–1949. Quellen und Materialien, Düsseldorf 1986, S. 135ff.

zeigte sich in Bad Pyrmont und auch später immer deutlicher, daß der DFD nicht überparteilich, sondern rein kommunistisch war. So rissen die Verbindungen ab. Wir wollten die Stimmen der Frauen aller Richtungen, auch der kommunistischen, zu Gehör bringen, aber nichts sollte uns bewegen, die Vielfältigkeit der Stimmen in unserem Kreis zum Schweigen zu bringen. Lange genug waren wir von rechts ‚gleichgeschaltet' worden, es sollte nicht das gleiche von links geschehen."[50] Aus diesem Grund stellte sie sich auch gegen den DFD, als sich in Baden die Frauenringe in einem Landesverband zusammenschließen wollten: „War man in der sogenannten Bi-Zone ... der Frauenarbeit gegenüber sehr aufgeschlossen, so mußten wir in der französischen Zone darum ringen, den Zusammenschluß der örtlichen Frauenringe ... zu erreichen. Endlich, im Herbst 1947", so Mayer-Katz, „gelang es mir, zur französischen Dienststelle in Freiburg durchzustoßen, die diese Genehmigung zu erteilen hatte. Mich erwartete dort ein Schock. Man war im Begriff, den ... DFD als einzigen ‚überparteilichen' Frauenverband zu genehmigen." (S. 154) Es gelang Mayer-Katz aber, das zu vereiteln, und im November 1947 erteilten die Franzosen ihrer Gruppe die Genehmigung zur Gründung des Frauenrings Südbaden, „wobei", wie sie erzählt, „ich den Vorsitz übernehmen mußte, um die Bedenken der Franzosen zu überwinden". Auf kommunistische „Tarnungsversuche" stießen die Frauen des Frauenrings des öfteren. Sie spürten dabei, „daß überparteiliche Arbeit eine Wanderung auf einem schmalen Grad bedeutet, bei welchem Abgründe auf beiden Seiten drohen". Eine Freundin von ihr, Elisabeth von Glasenapp, „zog als erste die Konsequenz und stellte sich am 15. September 1946 erfolgreich zur Wahl in den Gemeinderat ... für die Christlich Soziale Volkspartei". (S. 136) Auch Mayer-Katz selbst trat bald der CDU bei und wurde Stadträtin. Lange Zeit waren sämtliche Stadträtinnen Baden-Badens zugleich Mitglieder des Frauenrings.

Die Motivation zum Engagement nach 1945 rührt bei Leonore Mayer-Katz aus der Erfahrung, die sie während der NS-Zeit machen mußte. Sie, die völlig integriert und, mehr noch, privilegiert in Deutschland gelebt hatte, wurde 1933 plötzlich zur „Gemeinschaftsfremden" und Verfolgten. Ihr ging es nach 1945 um einen Beitrag zur Wiederherstellung eines nationalen und gesellschaftlichen Zusammenhangs, in dem sie sich aufgehoben fühlen konnte. In dem Glücksempfinden über den „Ruf" in das Rathaus, der aus einer Verfemten und Diskriminierten eine begehrte Mitarbeiterin am sozialen Wiederaufbau machte, kam das deutlich zum Ausdruck.

Die neue Gemeinschaft stellte Mayer-Katz sich als eine von der gröbsten politischen Last befreite Wiederaufbaugemeinschaft vor. Mehrfach zitiert sie Aussagen, die die überparteiliche Zusammenarbeit im Sinne einer Konzentration aller Kräfte im Wiederaufbau forderten (S. 96), etwa: „Keine Parteipolitik, sondern eine Brot- und Kartoffelpolitik." (S. 123) In dieser Wiederaufbaugemeinschaft gab es neue Formen der „Eroberung", nämlich der Eroberung von Lebensmitteln und Kompensationsware für den öffentlichen und privaten Gebrauch, Tauschhandel. Mit der Mangelerfahrung war die Freude über jeden Ausgleich des Mangels – das Stück Butter, die Dose Kaffee – verbunden. Mayer-Katz spannt den Bogen dieser Freude von unter allen er-

[50] „Im Zeichen des Kalten Krieges hatten die Aufrufe zur gemeinsamen Arbeit immer mehr an Bedeutung verloren und waren zu Lippenbekenntnissen geworden." Ebd., S. 141 f.

denklichen Schwierigkeiten organisierten Theateraufführungen, in denen sie „die Stärke des Ausdrucks durch den Willen zur Besinnung auf die inneren Werte" spürte, zu den mehr materiellen Freuden, die man sich gegenseitig bereitete, bis zur Freude über das mitmenschliche Verhalten. Die Gemeinsamkeit in dieser Besinnung auf „innere Werte", die nach der Niederlage zum Ausdruck gebracht werden konnte, war wohl eine Brücke zwischen den während der NS-Zeit „nach innen" Emigrierten und den sich nach 1945 solidarisch unterstützenden Menschen. Trotz allem „menschlich gedacht" und vielleicht auch gehandelt zu haben, wurde von Mayer-Katz als Zeugnis der Entlastung und Kennzeichen neuer Gemeinschaftlichkeit empfunden.

Der von Mayer-Katz wahrgenommene mitmenschliche Umgang mit dem Mangel in der unmittelbaren Nachkriegszeit wird in der Retrospektive betont, Freude scheint sich einfacher und leichter eingestellt zu haben. Eine in der Zeit der Mangelbewirtschaftung Waren „erobernde" und verteilende Wiederaufbaugemeinschaft, die ihre Feste feierte, wenn es etwas zu verteilen gab, schien der späteren Gesellschaft der satten Fülle vorausgegangen zu sein. Hier zeigt sich eine der „Brücken" zwischen dem Politischen und dem Privaten, denn das Prinzip der „Eroberung" von Lebensmitteln und Kompensationsware galt ebenso für den privaten Haushalt. So gesehen ist die Währungsreform, nach der die gleichsam banale Leistungsbereitschaft das nach 1945 überlebensnotwendige „Organisationstalent" wieder zurückzudrängen begann, fast allen als Datum im Gedächtnis geblieben. Es war die Wendemarke von der „schlechten Zeit" der ersten Nachkriegsjahre zur „Normalisierung" in den fünfziger Jahren. (S. 157f.)

Ähnlich wie bei Strecker mußte allerdings auch bei Leonore Mayer-Katz das frauenpolitische Engagement von außen angestoßen werden; hier von einer Frau, die noch durch die „alte" Frauenbewegung geprägt war. Freda Wuesthoff verband in den Augen von Mayer-Katz eindrucksvoll die alltägliche Praxis der „Eroberung" von Lebensmitteln mit dem außergewöhnlichen politischen Appell. Pflaumen-Einkochen und Plädoyer gegen die Atombombe gingen für sie als Engagement für kommende Generationen eine Synthese ein, verbanden sich zu einem für sie gültigen neuen Frauenbild: schlicht, praktisch, „patent" und human; Gabriele Strecker sah als wichtige Fraueneigenschaften noch Ordnungskraft und Stärke – alles passende Eigenschaften für eine dominierende Rolle in einer Wiederaufbaugemeinschaft.

3. Frauenorganisationen: Selbstverständnis und Motive

Die Wege von Strecker und Mayer-Katz in die Politik der Nachkriegsgesellschaft – soweit sie hier dargestellt werden konnten – sind in vielen Elementen charakteristisch für Frauen, die, bereits älter als dreißig Jahre, nach 1945 erstmals den Weg in die bürgerlichen Parteien und die Frauenbewegung beschritten. Dabei darf nicht vergessen werden, daß sie sich damals in ganz unterschiedlichen Bereichen engagierten, ihre Motivation deshalb auch entsprechend vielfältig gewesen ist. Manche Frauen – etwa ehemalige Angehörige der NSDAP, die einen großen Teil der „Trümmerfrauen" in Berlin zu stellen hatten – wurden von den Besatzungsmächten dienstverpflichtet. Andere meldeten sich freiwillig zu diesem Einsatz, um eine bessere Lebensmittelzuteilung zu bekommen, weil Hausfrauen nur die sogenannte Hungerkarte erhielten. Wieder andere kamen aus Antifa-Komitees, aus der alten Frauenbewegung oder gehörten, wie Strecker oder Mayer-Katz zu den „neuen Frauen". Auch rein zeitbedingte Motive, wie z. B. die Abwesenheit und der Verlust der Männer[51], lagen manchem öffentlichen und politischen Engagement zugrunde. Unterschiedliche Herkunft, Vorerfahrungen und Motive trugen natürlich den Keim zu künftigen Differenzen in sich. Das Engagement von Frauen, von der Arbeit der „Trümmerfrauen" bis zur Bildung der Frauenausschüsse, wurde damals als Ausdruck öffentlicher und politischer Partizipation meist emphatisch begrüßt. Gabriele Streckers Hoffnung auf die Frauen wurde von vielen anderen engagierten Frauen geteilt[52]. Die Gleichberechtigung schien greifbar nahe. Entsprechende Forderungen wurden in Ausschüssen und Gesprächskreisen erarbeitet[53] und fanden oft auch Eingang in Programme. Zu den wichtigeren Forderungen zählten: größeres Mitspracherecht für Frauen in städtischen und staatlichen Gremien; gleicher Lohn für gleiche Arbeit, bessere Aufstiegsmöglichkeiten für Berufstätige; gesetzliche Besserstellung der Ehefrauen; Reform des Familienrechts. Auch viele Männer in der Politik befürworteten eine größere politische Mitwirkung von Frauen. Manch einer von ihnen hoffte gar darauf, daß die stärkere Beteiligung von Frauen die politische Debatte entideologisieren und entschärfen würde, eine größere Praxisnähe und Friedensorientierung mit sich brächte[54]. Die Frauen waren jetzt jedenfalls die große Mehrheit und „Ihre Hoheit, die Wählerin"[55] mußte schon aus diesem Grund Berücksichtigung finden.

Daß Gabriele Strecker von einer Frau in der Uniform der amerikanischen Militärregierung zu ihrem Engagement ermutigt wurde, war kein Zufall. Die Amerikaner, aber auch die Briten, versuchten, politisch aktive Frauen in ihrem Sinne zu beeinflussen

[51] „Die Zeitverhältnisse nach dem ersten Weltkrieg zwangen die Frau weiterhin ins öffentliche Leben, und heute ist dies noch vermehrt der Fall, weil bei dem Männermangel manch tüchtiges Mädel nicht unter die Haube kommt." Edith Liphardt, Die Frau im öffentlichen Leben, in: Der Regenbogen, Heft 2/3, 1946. Entsprechend argumentiert Frau Kestner (Jg. 1921), die nach 1945 in ihrem Heimatort die Junge Union mitbegründete: „Eigentlich war Politik mehr Männersache damals. Ich dachte, wenn ich verheiratet wäre, hätte ich vermutlich einen Mann, der meine politische Richtung mitvertreten würde ... Weil ich aber ledig war, mußte ich sehen, daß meine politische Einstellung auch zum Zuge kommt." Interviewbestand des LUSIR-Projektes, Interview vom 13. 7. 1982, Cassette 1, S. 2; das Interview führte Margot Schmidt.

[52] „Auch in Deutschland ist der politische Einfluß der Frau im Vordringen. Das kommt nicht nur in der Besetzung wichtiger Verwaltungsstellen zum Ausdruck – Hannover erhielt kürzlich einen weiblichen Regierungs-Vizepräsidenten, Frau Theanolte Bähnisch –, sondern auch in zahlreichen Frauenausschüssen, die sich in den Städten gebildet haben. Die Bestrebungen, an der Gestaltung des neuen Deutschlands mitzuwirken, haben die Frauen zur Bildung derartiger Frauenausschüsse veranlaßt, und ihre erste Forderung ist Gleichberechtigung auf allen Lebensgebieten. In Hamburg ist man noch einen Schritt weiter gegangen und hat eine Frauenpartei gegründet." „Mit der gleichen Selbstverständlichkeit, mit der die Frauen im Kriege auf allen Gebieten des öffentlichen Lebens die Plätze der Männer einnahmen und oft genug vollwertigen Ersatz leisteten, stellen sie sich auch heute im politischen Leben in ihre Reihen, um sich als lebensfähige Mitarbeiterinnen am Aufbau einer neuen und besseren Welt zu beteiligen." Haag, Frauen in Parlamenten, S. 47.

[53] Grete Lenz-Oevel forderte z. B. 1946 in einem Referat über Frauen und Frieden auf einer Tagung des „Süddeutschen Frauenarbeitskreises", daß „die Frau entsprechend ihrem zahlenmäßigen Übergewicht zu den Lösungen der innen- und außenpolitischen Fragen herangezogen werde. Sie soll an der Zusammensetzung eines zukünftigen Zentralparlaments beteiligt sein, ebenso wie ihr Sitz und Stimme im verfassungsgebenden Länderausschuß gebührt." Weltweit sollten die Frauen an der Völkerversöhnung und Völkerverständigung mitarbeiten. Grete Braun-Ronsdorf, Bericht über die Tagung des „Süddeutschen Frauenarbeitskreises" im Juli 1946 in München, in: Der Regenbogen, Heft 7, 1946.

[54] Siehe die Dokumente in Materialienband 4, S. 168 f.; vgl. Anm. 14.

[55] Ilse Elsner, Ihre Hoheit, die Wählerin, in: Die Neue Gesellschaft, Heft 3, 1957, S. 206.

und einzusetzen[56]. Obwohl die Women's Affairs Section der amerikanischen Militärregierung erst im März 1948 eingerichtet wurde, begannen bald nach dem Einmarsch in der Frauenbewegung aktive Amerikanerinnen, weibliche Offiziere und Ehefrauen von Offizieren[57] Kontakt zu unbelasteten deutschen Frauen aufzunehmen. Das sogenannte „citizenship training", als ein Aspekt von reeducation, war das Hauptziel der Frauensektion von OMGUS. Die ersten meetings wurden ab Sommer 1948 veranstaltet[58]. Sie sollten bei der Schaffung frauenpolitischer Einrichtungen helfen, aber auch ganz praktische Hilfeleistungen für Frauen mitorganisieren (kommunale Waschküchen für Flüchtlinge, Kochkurse, Kindertagesstätten, Selbsthilfeprojekte)[59]. Neben der an unmittelbaren Problemen ansetzenden Arbeit konzentrierten sich die Amerikaner ab 1951 immer mehr auf die Schulung von Frauen in leitenden Positionen. So stand etwa der „Deutsche Staatsbürgerinnenverband", der sich in der Tradition von Louise Otto Peters „Allgemeinem Deutschen Frauenverein" sah, „under the leadership of two returned exchangees"[60]. Dieser, so ist in einer Studie des amerikanischen Hohen Kommissars zu lesen, sei ein Beispiel für viele staatsbürgerlich orientierte Frauenverbände gewesen, die, wie hinzugefügt ist, im übrigen „very helpful in East-West problems" waren[61]. Was immer das heißen mag – der Einfluß der Amerikaner und Briten (die sich ebenfalls um die Fraueninitiative in ihrer Zone kümmerten[62]) sollte nicht unterschätzt werden und verdiente eine genauere Untersuchung[63].

Sowohl Leonore Mayer-Katz wie Gabriele Strecker betonten die Überparteilichkeit als wichtiges Kennzeichen der bald überall entstehenden Frauenverbände. Mayer-Katz ging es dabei um überparteiliche Zusammenarbeit im Sinne einer Konzentration aller Kräfte im Wiederaufbau, um die Schaffung einer überpolitischen Wiederaufbaugemeinschaft, die (Über-)Lebensmittel erobert und verteilt. Fast alle Ausschüsse wollten überparteilich und überkonfessionell sein und verstanden sich als Teilnehmer an einer gemeinsamen großen Anstrengung, als „Arbeitsgemeinschaft zum Wiederaufbau von Stadt und Staat"[64]. Frauen aus verschiedenen Schichten suchten zunächst die Zusammenarbeit, hofften, wie Gabriele Strecker, auf eine große Nivellierung, schrieben dieses Ziel, diese Hoffnung, zum Teil auch auf ihre Fahnen. Es war freilich etwas ganz anderes, diese Idee auch zu verwirklichen. Befragungen beispielsweise von Hannove-

[56] Henry P. Pilgert with the assistance of Hildegard Waschke, Woman in West Germany. With Special Reference of the Women's Affairs Branch Office of Public Affairs Office of the U.S. High Commissioner for Germany, Bad Godesberg 1952, S. iii.

[57] Ebd., S. 11.

[58] Ebd., S. 21.

[59] Ebd., S. 22.

[60] Ebd., S. 24.

[61] Ebd.

[62] „The approach was more through personal advice and consultation with individual leaders rather than through groups and organizations." Ebd., S. 15.

[63] Das gilt auch angesichts der Tatsache, daß die Women's Section innerhalb von OMGUS nur einen beratenden Status hatte und „mit einem Budget ausgestattet ist, das im Vergleich zu anderen Anstrengungen im Bereich Öffentlichkeitsarbeit immer gering blieb". Antje Späth, Vielfältige Forderungen nach Gleichberechtigung und „nur" ein Ergebnis: Artikel 3 Absatz 2 GG, in: Anna-Elisabeth Freier und Annette Kuhn (Hrsg.), Frauen in der Geschichte V, Düsseldorf 1984, S. 163. Das Budget des Women's Affairs Branch bei HICOG betrug 1951 590963,– DM; Pilgert, Woman, S. 10f.

[64] Ebd., S. 23; vgl. Maria Pauls, Die deutschen Frauenorganisationen. Eine Übersicht über den Bestand, die Ursprünge und die kulturellen Aufgaben, Diss. Aachen 1966, S. 148f.

raner Arbeiterfrauen, die dem „Club deutscher Frauen" von Theanolte Bähnisch[65] beitraten, zeigen, daß es zwischen Frauen aus „besseren Kreisen" und dem Arbeitermilieu oft zu Spannungen oder gegenseitiger Ablehnung kam; allein schon in Auftreten und Habitus gab es große Diskrepanzen[66]. Streckers Aufgehobenheitsgefühl im „Soroptimistic Club" kann hier seine Ursache gehabt haben und ist letzlich wohl im alten „gebildeten" Vorurteil gegen „Massenorganisationen" begründet.

Es ist deutlich geworden, daß ein politisches Interesse bei Gabriele Strecker schon seit der frühen Jugend vorhanden war. Auch andere Untersuchungen zum Frauenengagement haben ergeben, daß die frühe Konfrontation mit Politik und politischer Diskussion im Elternhaus das spätere Engagement entscheidend beeinflußt hat[67]. Keine der nach 1945 an prominenter Stelle engagierten Frauen gehört einem späteren als dem Geburtsjahrgang 1915 an, d.h. alle haben ihre prägenden Erfahrungen während der Weimarer Republik oder sogar schon im Kaiserreich gemacht. Dieser persönlich-politische Hintergrund dürfte für das politische Engagement nach dem Zweiten Weltkrieg eine ganz wesentliche Rolle spielen. Die Jahrgänge ab 1920, nach dem Zweiten Weltkrieg immerhin zu den aktiveren Gruppen zählend, waren dagegen – auch „an der Basis" – unterrepräsentiert. Die Abwesenheit dieser Generation wird in vielen zeitgenössischen Äußerungen festgestellt[68]; junge Frauen äußerten selbst, sie seien von Politik „zu sehr enttäuscht" worden[69]. Auch eine Befragung von Mitte der sechziger Jahre belegt das Fehlen genau dieser Altersgruppen in den staatsbürgerlichen Frauenverbänden nach 1945[70].

Im Unterschied zu Gabriele Strecker und Leonore Mayer-Katz waren viele Frauen ihrer Altersgruppen, die nach dem Krieg Frauenverbände und -gruppen organisierten, bereits vor 1933 frauenpolitisch engagiert[71]. Aber genau wie diese beiden waren die

[65] Theanolte Bähnisch (1899–1973), studierte Jura und war in der Weimarer Zeit Verwaltungsbeamtin, bis sie 1930, einige Jahre nach ihrer Heirat, wegen Doppelverdienertums entlassen wurde. Sie ließ sich dann als Rechtsanwältin nieder und praktizierte gemeinsam mit ihrem Mann, einem Mitglied der SPD, den sie 1943 im Krieg verlor. Nach 1945 wurde sie zur Regierungsvizepräsidentin nach Hannover berufen und war später von 1959–1964 Staatssekretärin in Bonn.

[66] Henicz, Hirschfeld, Ich muß jetzt mitwirken, S. 194.

[67] Christl Wickert, Weiblicher Lebenszusammenhang und politische Arbeit. Zur Politisierung von SPD-Frauen in der Weimarer Republik. Die Auswirkungen ihrer Arbeit auf das persönliche Leben, in: Dokumentation der Tagung „Weibliche Biographien" in Bielefeld im Oktober 1981, hrsg. von der Sozialwissenschaftlichen Forschung und Praxis für Frauen e.V., Beiträge 7 zur feministischen Theorie und Praxis, München 1982.

[68] Der Spiegel vom 28. 6. 1947, zit. nach Frauenalltag und Frauenbewegung 1890–1980. Katalog zur Ausstellung, S. 153; vgl. Anm. 14. Maria Rhine, Heutige Frauenbewegung. Gedanken zum Pyrmonter Frauenkongreß, in: Frauenwelt, Heft 22, 1949.

[69] Mila Ketterer, Wo stehen wir?, in: Der Silberstreifen, Heft 2, 1946.

[70] Pauls, Frauenorganisationen, S. 230ff.

[71] Um nur einige Beispiele zu nennen: Agnes von Zahn-Harnack, die letzte Vorsitzende des Bundes deutscher Frauenvereine (BdF) vor seiner Selbstauflösung 1933, gründete mit anderen führenden Mitgliedern der alten Frauenbewegung wie z.B. Marie-Elisabeth Lüders und Else Ulich-Beil den „Berliner Frauenbund 1945 e.V.", der sich zum Ziel setzte, „die Frauen zu neuer Besinnung und Tat zu sammeln". Agnes von Zahn-Harnack, Wandlungen des Frauenlebens, Berlin 1951, S. 61. Vgl. auch Marie-Elisabeth Lüders, Fürchte Dich nicht. Persönliches und Politisches aus mehr als 80 Jahren. 1878–1962, Köln 1963. Else Ulich-Beil, die frühere 2. Vorsitzende des Deutschen Staatsbürgerinnenverbandes, reorganisierte diesen Verband zusammen mit Nora Melle, die dann später erste Vorsitzende des „Informationsdienstes für Frauenfragen" wurde. Vgl. Pauls, Frauenorganisationen, S. 159ff. Gudrun Beckmann-Kircher, Der deutsche Frauenrat, Bonn 1984. Hildegard Reichert-Sperling, ehemalige Vorsitzende der „Württembergischen Frauenvereine" vor 1933, organisierte im September 1945 den „Stuttgarter Frauendienst" als „Arbeitsgemeinschaft zum Wiederaufbau von Stadt und Staat". Hauser, Frauenöffentlichkeit, S. 74. Freda Wuesthoff, die als junge Frau

meisten „Töchter aus gutem Haus“, Abiturientinnen und Akademikerinnen. Wie Strecker spürten viele Frauen aus dem Bildungsbürgertum die Problematik ihrer Nivellierungshoffnung. Da „die Frauen“ keine homogene soziale Gruppe sind, konnten Übereinstimmungen nur beschworen, aber die differenziertere Realität nicht aus der Welt geschafft werden. Ohne „gemeinschaftliche“ Integrationsformel konnte es kaum gelingen, die Einheit „der Frauen“ zu postulieren. „Klassenübergreifend“ akzeptabel war nur eine soziale Position „der Frau“: Hausfrau und Mutter. Dem wurden oft mythisierende Züge verliehen. Was immer „die Frau“ tat – alles sollte „mütterlich“ gefärbt sein. „Die Tagungen von Frauenverbänden“, so heißt es in einer zeitgenössischen Schilderung, „haben immer etwas im Geleit, was den Männerveranstaltungen fehlt: eine innere Beschwingtheit, eine seelische Note, die von dem ganzen Menschen Besitz ergreift, ihn über den Alltag hinaushebt und geistige Ansprüche an ihn stellt, die weit über das sonst übliche hinausgehen ... Frauen mit Herzensbildung und geistiger Schulung, wenn sie beisammen sind, vermitteln Erlebnis und Offenbarung ... Die Referate waren mitten aus dem täglichen Leben gegriffen ... Immer waren die Vorträge von einer unendlichen Liebe und einem grenzenlosen Verständnis und Mitfühlen erfüllt, die geleistete Arbeit der Spiegel mütterlicher Behandlung, wie in der Familie, so auch im Volksleben.“[72] In der „Mütterlichkeit“ hatte die Mehrheit der bürgerlichen Frauenvereinigungen die besondere weibliche Form der erstrebten Mitmenschlichkeit gefunden. Darin kommt ein Wunsch nach einer kollektiven, geschlechtlich begründeten, gleichzeitig aber „gebildeten“ Identität zum Ausdruck, der die Wahrnehmung handfest konflikthaltiger Elemente in der Realität verstellt. Konflikte wurden mit der Watte „unendlicher Liebe“ zugedeckt, die Mitglieder durch die Aura der gebildeten Mütterlichkeit in außeralltägliche, außergesellschaftliche Sphären entführt – so wie die Frau noch das größte Elend verschönen sollte, indem sie Blumen in einer Blechdose auf das Papiertischtuch stellte und damit den Abglanz des vergangenen heilen Alltags der Familie herbeizauberte[73]. Die Idee der Mütterlichkeit bekam nach 1945 auch deshalb eine zentrale Funktion, weil sich darin der Führungsanspruch der gebildeten älteren Frauen mit ihren Vorstellungen von der Rolle der Frau und der Familie äußerte. Die neue Frauenbewegung nach 1945 war also im wesentlichen eine Bewegung, die von älteren und gebildeten Frauen getragen war. Ihre führenden Figuren kamen meist aus der Frauenbewegung der zwanziger Jahre. Die so emphatisch bekundeten Hoffnungen auf „die Frauen“ stützten sich auf eher traditionelle Weiblichkeits- und Familienbilder. Die Familie war ihr höchster Wert, damals das Symbol geordneter Zeiten.

Frauen wie Gabriele Strecker war ein politisches Engagement durch ihre privilegierten Positionen erleichtert (ältere Kinder, verständnisvoller Ehemann, tüchtige Haus-

im Ersten Weltkrieg bei Lüders im freiwilligen Frauenhilfsdienst, der später dem Kriegsamt angeschlossen wurde, gearbeitet hatte (vgl. Rita Thalmann, Frausein im Dritten Reich, München 1984, S. 55), rief Frauen der Weimarer Frauenbewegung im „Friedenskreis“ zusammen. Schmidt-Harzbach, Freda Wuesthoff, S. 410ff. Zu dessen Treffen kamen auch Dorothee von Velsen, die frühere 1. Vorsitzende des Staatsbürgerinnenverbandes, obwohl sie nach 1945 eher zurückgezogen in Bayern lebte (vgl. Dorothee von Velsen, Im Alter die Fülle. Erlebtes und Erschautes, Düsseldorf 1956), und Gertrud Bäumer, die jedoch schon zu krank war, um sich wirklich zu engagieren. Gleichzeitig war sie durch ihre Tätigkeit im NS – sie gab bis 1944 die Zeitschrift „Die Frau“ heraus, in der auch führende Nationalsozialistinnen zu Wort kamen – bei vielen desavouiert. Wiggershaus, Geschichte, S. 91; Strecker, Überleben, S. 78.

[72] Mila Ketterer, Über den sieben Bergen ..., in: Der Silberstreifen, Heft 10, 1947.

[73] Constanze, Heft 1, 1950; vgl. Anm. 23.

angestellte). Für die meisten war es unter den schweren Bedingungen der Nachkriegszeit allerdings ganz unmöglich, sich über ihre Aufgaben in der Familie hinaus zu engagieren. Die Forderung nach einem stärkeren Engagement des Ehemannes in der Familie wurde damals nur selten erhoben, ja politisches oder öffentliches Engagement sollte nach damaligem Verständnis auf keinen Fall zu einer Vernachlässigung der Familie führen. Theanolte Bähnisch wird zum Abschluß des Berichts über eine Tagung von Frauenverbänden in Bad Pyrmont (1949) so zitiert: Das Problem sei, „daß noch nicht genug Frauen da seien, die imstande sind, die Seele ihrer Familie zu sein und gleichzeitig das öffentliche Leben zu gestalten". Diese Frauen zu erziehen, halte Bähnisch „für die Hauptaufgabe der Frauenorganisation"[74].

Wie im Haushalt, so wollten viele Frauen auch „Ordnung ins Chaos" bringen, die Trümmer des Krieges beiseiteräumen. Die Lust am Anpacken, die Gabriele Strecker beschreibt, war auch die Lust an der Wiederherstellung von Ordnung. Die Liberalität der neuen bürgerlichen Frauenbewegung fand bei den Vorstellungen Stöckers oder der gelebten Libertinage von Reventlows deshalb in der Regel ihre Grenzen. Gabriele Strecker war froh, daß viele Frauen die „altbewährten Leitbilder" akzeptierten und – entgegen ihrer Annahme – sich der „trübe Strom aufmüpfiger und riskanter Ideen" nicht durchsetzte. Zwar konnte nicht übersehen werden, daß beispielsweise die Kriminalität auch der Frauen nach 1945 angestiegen war[75], doch wurde die „anständige Frau", die sich als Bewahrerin der Familie bewährt hatte, als Leitbild bewußt und emphatisch der kriminell gewordenen Frau, der Prostituierten oder auch nur den mit Besatzungssoldaten Befreundeten entgegengestellt[76]. Nach zwei Kriegen, so liest man etwa in einem zeitgenössischen Frauenblatt, hätten die Frauen die Erfahrung gemacht, daß sie „vielmehr leisteten, als man ihnen in normalen Zeiten jemals zugestanden oder zugemutet hätte". Ihrer Arbeitsleistung und ihrer seelischen Kraft sei es zu verdanken, „daß die Familie, diese kleinste und notwendigste Gemeinschaft im Leben der Menschen weiter Bestand hat ... Das alles wissen wir. Es braucht nicht viel darüber geredet zu werden, aber man kann doch ruhig erwähnen, daß sich diese Frauen den Veronikas[77] gegenüber (über die viel zuviel geredet wird) in überwältigender Mehrheit befinden."[78]

Im Programm des badischen Frauenrings von Leonore Mayer-Katz, wie auch in anderen[79], war die „Gesundung des Familienlebens" eng mit der „Wiedererweckung des Gefühls für nationale und menschliche Würde" verbunden. In der Heranführung an solche Werte sahen damals auch viele andere die identitäts- und ordnungsstiftende Funktion der Frau in der Familie, aber auch in der Gesellschaft. So wurde anläßlich ei-

74 Rhine, Frauenbewegung.

75 In Deutschland war die Kriminalität im europäischen Vergleich besonders stark angestiegen. „In Berlin wies die Jugendkriminalität 1946 gegenüber 1938 eine Steigerung von 850% auf; auch die Kriminalität der Frauen wuchs." Kleßmann, Staatsgründung, S. 53; vgl. auch Barbara Willenbacher, hier im Band.

76 Maria Pfeffer, Frauenrecht-Frauenpflicht, in: Der Regenbogen, Heft 1, 1947. Vgl. auch Frauenalltag und Frauenbewegung 1890–1980. Katalog zur Ausstellung, S. 113; vgl. Anm. 14.

77 Auf Plakaten wurden amerikanische Soldaten gewarnt: „VD [Veneral desease] walks this road tonight. Penicillin fails once in every 7 times." Die Abkürzung „VD" wurde in die Bezeichnung „Veronika Dankeschön" für Prostituierte verwandelt. Vgl. Frauenalltag und Frauenbewegung 1890–1980, Katalog zur Ausstellung, S. 113; vgl. Anm. 14.

78 Maria Pfeffer, Frauenrecht-Frauenpflicht, in: Der Regenbogen, Heft 1, 1947. Vgl. auch Frauenalltag und Frauenbewegung 1890–1980. Katalog zur Ausstellung, S. 113; vgl. Anm. 14.

79 Vgl. die verschiedenen Angaben bei Kuhn, Frauen in der Nachkriegszeit, Bd. 2, S. 221ff.

nes Frauenkongresses 1947 die Anschauung „mit lebhaftem Beifall" aufgenommen, „daß die deutsche Frau zunächst die eigene Familie befriedigen müsse und eine saubere, fleißige, einwandfreie Jugendgeneration heranbilden müsse, ehe man von einer Verständigung mit anderen Völkern spreche". Sie wandte sich dagegen, daß die Frauen sich „in die Fronten und Überzeugungen" der Parteipolitik einordneten. Statt dessen sollten sie neue Wege gehen[80].

Die meisten Frauen deuteten ihre politische Rolle selbst als die einer Kameradin und „Ergänzerin" des Mannes. Dem „männlichen", evolutionären, aber zerstörerischen Prinzip wurde das bewahrende, „weibliche", gegenübergestellt. Beide Prinzipien sollten in der komplementär verstandenen Zusammenarbeit der Geschlechter ihre Ergänzung und Erfüllung finden; Leonore Mayer-Katz etwa übernahm diese verbreitete Vorstellung von Freda Wuesthoff. In einem zeitgenössischen Entwurf zum Programm einer Frauenpartei lesen wir beispielsweise: „Ein Aufbauen und Bewahren ist nur möglich, wenn die politische Zusammenarbeit zwischen den aufbauenden und bewahrenden Kräften hergestellt wird ... Was nützt uns die ganze männliche Genialität, wenn er nichts anderes damit anzufangen weiß, als das zu zerstören, was er so wunderbar konstruiert hat? Davor müssen wir in Zukunft uns selber und den Mann bewahren ... Wir erreichen es nur dann, wenn es uns gelingt, als Frau dem Mann in gemeinsamer Arbeit so zur Seite zu treten, daß eine Ergänzung beider und dadurch eine Weiterführung des Menschlichen eintritt. In einer kameradschaftlichen Zusammenarbeit zwischen den natürlichen Partnern der Welt."[81] Oder, stärker noch: „Uns führt die Überlegung zusammen, daß Mann und Frau zu gegenseitiger Ergänzung geschaffen sind."[82] Die Familie wurde zum Modell weiblicher Politik: „Wie die Familie ohne den Vater nicht im Vollsinn ‚Familie' ist, so ist das öffentliche Leben, in dem die Frau fehlt, nicht ausgeglichen ..."[83] Eine Ergänzung des männlichen durch das weibliche Prinzip wurde auch deshalb für nötig gehalten, weil die als einseitig „männlich" akzentuierte Politik der NS-Zeit ihren zerstörerischen Charakter unter Beweis gestellt zu haben schien. Nicht mehr die „bürgerliche Verbesserung der Weiber"[84], sondern gleichsam die weibliche Verbesserung der bürgerlichen Gesellschaft schien notwendig. Die Forderung nach politischer Mitwirkung erhielt des öfteren ihren besonderen historischen Sinn durch die Behauptung, dem „weiblichen Prinzip" wohne eine antifaschistische Komponente inne. Ausgehend davon, daß Frauen im Nationalsozialismus aus Politik und Parteipolitik ausgeschaltet waren, entstand manchmal sogar eine spezifisch weibliche Argumentation von Rechtfertigung und Entschuldigung. Die männli-

[80] Referat über „Die Friedensaufgabe der Frau", 1947 anläßlich der Konferenz zum Zusammenschluß von Frauengruppen der britischen Zone in Bad Pyrmont von Franken gehalten, zit. nach Ketterer, Berge.

[81] Ulla Illing, Das neue Thema, in: Der Silberstreifen, Heft 6, 1947. Illings Idee, deshalb eine Frauenpartei zu gründen, lehnten Strecker und Finni Pfannes, die Vorsitzende des Hausfrauenverbandes, ab. Strecker, Überleben, S. 57.

[82] Hildegard Reichert-Sperling, Rundbrief des Stuttgarter Frauendienstes; Stadtarchiv Stuttgart, 4108–14, zit. nach Hauser, Frauenöffentlichkeit, S. 74.

[83] Heinrich Greeven (Hrsg.), Die Frau im Beruf. Tatbestände, Erfahrungen und Vorschläge zu drängenden Fragen in der weiblichen Berufsarbeit und in der Lebensgestaltung der berufstätigen Frauen. In Zusammenarbeit mit Elisabeth Schwarzhaupt und Lydia Präger hrsg. im Auftrag der Evangelischen Akademie, Hamburg 1954, S. 40ff.

[84] „Über die bürgerliche Verbesserung der Weiber" ist der Titel eines Buches aus dem 19. Jahrhundert, in dem Theodor Gottlieb von Hippel versuchte, seinem Publikum Fraueninteressen nahezubringen. Theodor Gottlieb von Hippel, „Über die bürgerliche Verbesserung der Weiber", 1828, neu aufgelegt: Frankfurt 1977.

che Legende konterkarierend, Frauen hätten Hitler an die Macht gebracht[85], entstand die weibliche Legende, nach der der Nationalsozialismus die Herrschaft des männlichen Prinzips in der Politik gewesen sei. Die Tatsache, daß der Nationalsozialismus den Frauen eigene Bereiche öffentlichen Engagements erst geschaffen und der „besonderen weiblichen Leistung der Mutterschaft" erstmals zu höchster gesellschaftlicher Anerkennung verholfen hatte, fiel dabei meist unter den Tisch[86].

Nach 1945 war den meisten Frauen durchaus bewußt, daß sie jetzt in besonderem Maße gebraucht wurden. Das führte manchmal zu übertriebenen Erwartungen einer bevorstehenden Frauenherrschaft. Maria Pfeffer, die Herausgeberin der Zeitschrift „Regenbogen", druckte die Auffassung „eines Freundes" ab: „Es wird ein Zeitalter der Frau kommen, nicht weil Ihr durch Kriegsverluste so erschreckend in der Überzahl seid, sondern weil es das Leben – das Leben, verstehen Sie – so verlangt. Das Matriarchat wird unsere Zukunft tragen – oder wir haben keine mehr."[87] Das Frauenrecht, über das wieder soviel debattiert werde, werde – so folgert Pfeffer – von der aus dieser Weltverantwortung sich ergebenden Frauenpflicht überholt werden. Diese Ansicht führte zum Verzicht auf aktuelle Anti-Diskriminierungsforderungen. Aber auch Frauen, die noch nicht an ein Matriarchat dachten, achteten nicht allzu sehr auf die Gleichberechtigungsforderung. Der Kreis um Leonore Mayer-Katz etwa hielt es für ausreichend, Bestimmungen aus der Weimarer Verfassung in die Landesverfassung zu übernehmen, etwa die bloß staatsbürgerliche Gleichberechtigung[88]. So wie hier ordneten sich nach 1945 der Großteil der Frauen – und keineswegs nur der CDU nahestehende – in die „Wiederaufbaugemeinschaft" ein und dem Zwang zum Wiederaufbau unter. „Es kann sich für die Frau in nächster Zeit weniger um die Erkämpfung von Frauenrechten handeln als um die bewußte und vollkommene Übernahme von Frauenpflichten", heißt es in einer typischen zeitgenössischen Stellungnahme. „Diese erwachsen den Frauen aus ihrer Überzahl und aus dem bejammernswerten Zustand ihres Vaterlandes."[89]

In solchen Vorstellungen manifestieren sich Idee und Ideologie der „Wiederaufbaugemeinschaft" – erneut „Einsatz" also für eine damals so vorgestellte kollektive Identität –, darin schwingt durchaus ein Anklang an die nationale Gemeinschaftswoge von 1914 und die „Volksgemeinschaft" der Jahre nach 1933 mit. Jetzt, nach 1945, galt es, das zusammengebrochene Deutschland gemeinschaftlich nach „altbewährten Leitbildern" wieder aufzubauen[90].

[85] Eberhard Schanbacher, Parlamentarische Wahlen und Wahlsystem in der Weimarer Republik, Diss. Tübingen 1979; Annemarie Tröger, Die Dolchstoßlegende der Linken: „Frauen haben Hitler an die Macht gebracht". Thesen zur Geschichte der Frauen am Vorabend des Dritten Reiches, in: Frauen und Wissenschaft, Beiträge zur Berliner-Sommer-Universität, Berlin 1977, S. 324ff.

[86] So konnte z.T. recht unbekümmert an das „mütterliche Gepräge" des „weiblichen Menschentums" angeknüpft werden. Z.B. Ilse Reicke, Die Frau als Kameradin des Mannes, in: Lisa Albrecht und Hanna Simon, Frauenbuch, S. 58f.

[87] Pfeffer, Frauenrecht. Vgl. auch Paul Fechter, Alle Macht den Frauen, Gütersloh 1950, S. 490.

[88] In der familienrechtlichen Problematik beschränkten sie sich auf die Forderung, daß „die der Familie gewidmete häusliche Arbeit der Frau ... der Berufsarbeit gleichgeachtet" werden sollte. Eine Forderung, die ohne jegliche Konsequenzen bleiben kann. Immerhin sollte der Frau ein „angemessener Anteil an dem während der Ehe erworbenen Vermögen" zugesichert werden. Mayer-Katz, Minuten, S. 146ff.

[89] Anna Haag, Frauenpflichten, in: Der Silberstreifen, Heft 5, 1946.

[90] Gabriele Strecker, Überleben, S. 76.

Obwohl die staatsbürgerlichen Frauenverbände sich durchgängig als überparteilich und überkonfessionell bestimmten, waren die politischen Zuordnungen doch von Beginn an deutlich. Wie Gabriele Strecker oder Leonore Mayer-Katz waren viele Frauen dem bürgerlichen Lager zuzurechnen und waren, wenn sie sich parteipolitisch engagiert hatten, in der Weimarer Republik meist Mitglieder der DDP gewesen[91]. In der Tradition der gemäßigten Frauenbewegung der Weimarer Zeit stehend, fanden sie nach 1945 meist zu CDU oder FDP. Bei den badischen Frauenverbänden setzte die politische Polarisierung schon recht früh ein. Die Wiederaufbaugemeinschaft, die überparteilich sein wollte, wurde schnell zu einer Gemeinschaft gegen die Kommunisten. Während des Prozesses des Zusammenschlusses der staatsbürgerlichen Frauenverbände im „Deutschen Frauenring" wurde mit der Distanzierung von kommunistischen Vorstellungen auch das Friedensthema immer stärker an den Rand gedrängt. Schon auf der ersten interzonalen Frauentagung in Bad Boll im Mai 1947, die von den Stuttgarterinnen Hildegard Reichert-Sperling und Anna Haag organisiert wurde, waren die beginnenden Ost-West-Spannungen spürbar. Hildegard Reichert-Sperling betonte zwar die „menschlich-freundschaftliche (keineswegs politische)" Zielsetzung des Treffens, die aus der SBZ angereisten Frauen aber beschwerten sich darüber, daß ihnen kaum Redezeit eingeräumt wurde, um die für sie vordringlichen Themen – die Frage der deutschen Einheit und eines Friedensvertrags mit Deutschland – vorzutragen[92]. So kam nur eine allgemein gehaltene Resolution zustande, in der es hieß, die Frauen arbeiteten „für den dauernden Frieden" und wollten ihre Kinder „in diesem Geiste erziehen"[93].

Ähnlich ging es etwa zur gleichen Zeit in Bad Pyrmont zu, wo sich die Verbände der britischen Zone zusammenschlossen. Auch hier waren die nicht-kommunistischen Frauen zum Angriff übergegangen: „Ziel der Pyrmonter Tagung", schrieb der Spiegel damals, „war der Zusammenschluß aller dem Klub Deutscher Frauen in Hannover gleichgestimmten Organisationen der britischen Zone. Dieser Zusammenschluß wurde ohne jede Abstimmung von Hannovers Theanolte Bähnisch verkündet. Die Verwunderung bei den übrigen Frauen der britischen Zone war groß. Denjenigen Frauenausschüssen der britischen Zone, die mit den Ansichten des überparteilichen Klubs von Frau Bähnisch nicht übereinstimmen, verwehrt sie die Mitarbeit an der Zonenorganisation."[94]

Noch wurden die handfesten politischen Konflikte, das sich bereits abzeichnende Ende der überparteilichen Wiederaufbau- und Frauengemeinschaft kaum diskutiert,

[91] Innerhalb des Bundes deutscher Frauenvereine von 1894 hatte es seit seiner Gründung Auseinandersetzungen zwischen einer sogenannten „radikalen" und einer „gemäßigten" Fraktion gegeben. Eines der zentralen Trennungselemente war nach 1914 die Haltung zum Kriege. Mit dem „Nationalen Arbeitsdienst", den Marie-Elisabeth Lüders 1914 ins Leben rief, wurde wohl erstmals die Idee des weiblichen Einsatzes für die Nation organisatorisch umgesetzt und 1916 als „Frauenarbeitsdienst" dem Kriegsministerium unterstellt. Lüders war gegen das bestehende Gesetz die erste Frau, die politisch institutionell tätig sein konnte. Nach 1919 definierten die „Gemäßigten" ihre Friedensvorstellungen von einem nationalen Interesse ausgehend, das häufig in völkischen und volksgemeinschaftlichen Begrifflichkeiten formuliert wurde. Die „radikalen" Feministinnen agierten vor allem auf der internationalen Ebene, z. B. in der Woman's International League for Peace and Freedom von 1919, jener IFFF, die Anna Haag 1945 reorganisierte. Thalmann, Frausein, S. 17 ff.; Hauser, Frauenöffentlichkeit, S. 78.

[92] Hauser, Frauenöffentlichkeit, S. 76.

[93] Mayer-Katz, Minuten, S. 138.

[94] Der Spiegel vom 28. 6. 1947; vgl. Anm. 68.

sondern im Zeichen einer immer und überall nur den Frieden wollenden Weiblichkeit unter den Tisch gekehrt. Aber die politische Polarisierung war nicht mehr aufzuhalten. In der sowjetischen Zone war im März 1947 der „Demokratische Frauenbund Deutschlands" gegründet worden, der in den westlichen Besatzungszonen nicht zugelassen wurde; lediglich in Berlin konnte er sich im März 1948 etablieren. Damit war in den Westzonen eine sozialistische Konkurrenz der bürgerlichen Frauenorganisationen ausgeschaltet; sozialistisch orientierten Frauen, die sich organisieren wollten, stand – abseits der Frauenverbände – nur der Weg in die KPD, SPD oder in die Gewerkschaften offen. Erst im April 1950 wurde auch in der Bundesrepublik ein DFD gegründet, der im Zusammenhang mit dem KPD-Verbot 1957 aufgelöst wurde[95].

Im Oktober 1949, als sich Verbände der Westzonen im DFR zusammenschlossen, waren die west-östlichen Differenzen schon kein Thema mehr[96]. Theanolte Bähnisch, Regierungspräsidentin von Hannover und später Staatssekretärin, wurde erste Vorsitzende des „Frauenrings". Schon bald stellte sich heraus, daß die Politik des DFR für einen Dachverband zu stark inhaltlich bestimmt war. Bereits in Bad Pyrmont gab es konservative Kritikerinnen, während andererseits Sozialdemokratinnen und Gewerkschafterinnen ausgeschlossen blieben. Ein vereinheitlichendes Frauenbild mußte in einer differenzierten Gesellschaft eine Lebenslüge bleiben. 1951 wurde unter Einschluß von Gewerkschafterinnen der „Informationsdienst für Frauenfragen" (als Nachfolger des Informationsdienstes der „Gesellschaft zur Neugestaltung des öffentlichen Lebens" in Wiesbaden, einer mit OMGUS-Mitteln finanzierten Gesellschaft) gegründet. Er verzichtete weitgehend auf ein Programm und beschränkte sich zunächst auf bloße Informationsleistungen[97].

4. Die Stunde vertan?

Hoffnungen auf politisches und gesellschaftliches Engagement von Frauen sind in der Nachkriegszeit vielfach geäußert worden, konnten letztlich aber kaum umgesetzt werden[98]. Zweifellos lassen sich dafür „äußere" Gründe angeben, doch interessierte hier vor allem, wie das bei parteipolitisch in der CDU und in der bürgerlichen Frauenbe-

[95] Auch der DFD trat unter der Maxime des überparteilichen Zusammenschlusses, der Friedenssicherung, aber auch der Erhaltung der deutschen Einheit an. 5 Jahre DFD in Westdeutschland. Informationsblatt für die Funktionärinnen des DFD (Für unsere Gruppen – Veranstaltungen), Düsseldorf April 1955.

[96] Hauser, Frauenöffentlichkeit, S. 76.

[97] Pilgert, Woman, S. 11; Wiggershaus, Geschichte der Frauen, S. 49.

[98] Vgl. den Beitrag von Barbara Willenbacher in diesem Band; dennoch gab es Veränderungen im privaten Bereich: im Sinne einer Rationalisierung des Haushalts, die eine andere Verteilung des Zeitbudgets und die Erschließung neuer Öffentlichkeiten beinhaltete, im Sinne einer Veränderung des Erziehungsstils, aber auch im Sinne innerfamilialer Machtverschiebungen. Anne-Katrin Einfeldt, Zwischen alten Werten und neuen Chancen. Häusliche Arbeit von Bergarbeiterfrauen in den fünfziger Jahren, in: Lutz Niethammer (Hrsg.), „Hinterher merkt man, daß es richtig war, daß es schief gegangen ist". Nachkriegserfahrungen im Ruhrgebiet. Lebensgeschichte und Sozialkultur im Ruhrgebiet 1930 bis 1960, Bd. 2, Berlin 1983, S. 167f.; Nori Möding, „Ich muß irgendwo engagiert sein – fragen Sie mich bloß nicht, warum". Überlegungen zu Sozialisationserfahrungen von Mädchen in NS-Organisationen, in: Lutz Niethammer und Alexander von Plato (Hrsg.), „Wir kriegen jetzt andere Zeiten". Auf der Suche nach der Erfahrung des Volkes in nachfaschistischen Ländern, Berlin 1985, S. 277ff.; zu den Ergebnissen der Familiensoziologie siehe den Beitrag von Barbara Willenbacher in diesem Band.

wegung engagierten Frauen vorherrschende Selbstverständnis zu dieser Situation beigetragen hat.

Hinter Hoffnungen und Situationsdeutungen der Frauen des bürgerlichen Lagers standen historische Erfahrungen und spezifische Weiblichkeits- und Familienbilder. Die historische Erfahrung wurde als Erfahrung einer Bewährung „weiblicher Eigenschaften" in Krieg und Nachkrieg interpretiert. Ihr Einsatz in der Wiederaufbaugemeinschaft der Nachkriegszeit erschien in besonderem Maße notwendig geworden zu sein. Patent, praktisch, stark, unideologisch, aber human sollten Frauen zum Wiederaufbau und zur Ordnung des „öffentlichen" wie des „inneren" Chaos der Zeit beitragen. Die Annahme einer – unter anderen Eigenschaften – besonderen weiblichen Disposition zum Frieden barg immerhin, wenn sie politisch hätte umgesetzt werden können, die Chance zu politisch-gesellschaftlicher Wirksamkeit. Doch daraus wurde nichts, zu stark waren die anti-sozialistischen und anti-kommunistischen Strömungen in der bürgerlichen Frauenbewegung auch nach dem Krieg, und mit diesem Verlust war auch das Element der Menschlichkeit weitgehend reprivatisiert. Tatsächlich teilten wohl viele Frauen der „schweigenden Mehrheit" diese Deutungen, so daß sich in der Nachkriegszeit „Meinungsbrücken" zwischen engagierten und nicht-engagierten Frauen bildeten. Politik war durch die NS-, aber auch die Besatzungszeit eher als „feindlich" erfahren, das Private dagegen als Fluchtpunkt und Sicherheitsraum vor politischen Zumutungen erlebt worden. „Menschlichkeit" galt nach den Erfahrungen der NS-Zeit als höchst private Eigenschaft, die zugleich der Abgrenzung zu den immer deutlicher zutage tretenden Zügen der Unmenschlichkeit der Jahre vor 1945 dienen konnte. Andererseits hatte der Nationalsozialismus in der Erinnerung vieler Frauen die materielle Versorgung – selbst noch im Bombenkrieg – immerhin einigermaßen garantiert; es galt als wichtig, daß Politik die Existenz „des Privaten" gewährleistete. Die Wahrnehmung, daß das Politische sich zum Privaten dichotomisch, ja antagonistisch verhalte, blieb davon aber unberührt[99]. Eine Vermittlung gelang aufgrund der Erfahrungen der Frauen und der Haltung der Frauenverbände, die hier vorgestellt wurden, nicht.

Die Familie als ordnungsstiftende Institution wurde als conditio sine qua non des Wiederaufbaus angesehen; Frauen ohne Familie erschienen gegenüber der Hausfrau und Mutter, die zum politischen Leitbild, zur „Heldin der Epoche" avancierte, beinahe als ihrer eigentlichen Bestimmung entgangene, bedauernswerte Wesen. Im Lager der bürgerlichen Frauen wurde das politisch-öffentliche dem innerfamiliären Engagement nachgebildet und eine Doppel- und Dreifachbelastung durch Familie, Beruf und Politik akzeptiert. Aber dadurch wurde politisches Engagement eher erschwert denn befördert. Zwar war mit der Theorie der „Ergänzung von Mann und Frau" eine Kampfformel für die Forderung nach politischer Beteiligung gefunden, gleichzeitig aber wurde die Frau damit auf bestimmte Tätigkeitsfelder abgedrängt, in denen sie „Spezialistin" sein sollte. Diese Felder (Soziales, Kultur u.a.) blieben innerhalb des Politischen so unterbewertet, wie sie es traditionell waren – vielleicht gerade deshalb,

[99] Vgl. von Plato, Erfahrungsstrukturen, sowie Nori Möding, „Das Denken der Privaten". Zur Verarbeitung politischer Erfahrungen in den Lebensgeschichten von 55- bis 90jährigen Frauen aus dem Ruhrgebiet, Vortrag an der Universität Amsterdam, Institut für Geschichte, 15. Mai 1987.

weil sie der Geschlechter-Zuordnung unterlagen[100]. Diese soziale „Selbstbeschränkung“ (Hauser) haben viele Frauen nicht selten mit Hoffnungen auf eine „weibliche Kulturrevolution“ im Rahmen der bürgerlichen Gesellschaft zu kompensieren versucht. Frauen blieben in der Politik nach 1945 eine Minorität. Auch die Frauenverbände konnten kaum eine politische Rolle spielen, andere Symbolfiguren als die Trümmerfrau der Nachkriegszeit, die Hausfrau und Mutter der fünfziger Jahre installieren oder gar gesellschaftliche Gegenentwürfe etablieren. Der vernünftig wirtschaftende Versorgungsstaat garantierte die friedliche Koexistenz von Politischem und Privatem[101]. „Kobersdorf“ blieb eine durchaus untypische Episode.

[100] Helmut Schelsky, Soziologie der Sexualität. Über die Beziehung zwischen Geschlecht, Moral und Gesellschaft, Hamburg 1955, S. 22f. Vgl. sozialhistorisch etwa Claudia Honegger und Bettina Heintz (Hrsg.), Listen der Ohnmacht. Zur Sozialgeschichte weiblicher Widerstandsformen, Frankfurt 1984, S. 50. „Der neue Mythos der Komplementarität ersetzt den alten der männlichen Vorherrschaft und verschleiert die faktische Bestimmung der Frau als abhängiges Supplement des Mannes ... Weibliche Identität konstituiert sich als ein Mangel ...“ Ebd., S. 32f.

[101] Denn Eingang in die Politik fand diese Frauenpolitik – im Unterschied etwa zu den Thesen Freiers und Schuberts, daß „Lebenshaltung und Lebenssicherung“ eher aus der Politik ausgegrenzt worden und damit „Begriffe wie Demokratisierung zwangsläufig formal und inhaltsleer“ geblieben seien. Freier, Frauenfragen, S. 35; Schubert, Frauenmehrheit, S. 231f. Bremme zeigt, wie „weibliche“ Orientierungen über die Wahlpsychologie Eingang in die Politik fanden und präsentiert einen Wahlaufruf Ludwig Erhards zur Bundestagswahl 1953: „Liebe Hausfrau! Sie wissen, was es heißt, Wirtschaftsminister zu sein. Keinem sind die Mühen und Sorgen des Wirtschaftens so vertraut wie gerade Ihnen. Als Wirtschaftsminister Ihrer Familie geht es Ihnen nicht viel anders als mir, dem Bundeswirtschaftsminister. Wir plagen uns ab, um mit beschränkten Mitteln und Möglichkeiten den Kochtopf zu füllen, für Anschaffungen zu sorgen und den Haushalt in Ordnung zu halten und müssen uns schließlich zum Dank dafür gelegentlich anhören, daß andere das mit spielender Leichtigkeit besser könnten.“ So wehrte Erhard dann sozialdemokratische Kritik an seiner Wirtschaftspolitik ab. Nachdem er referierte, was er alles geschafft habe, um den großen „Kochtopf“ zu füllen, folgte ein dringender Appell: „In dieser Entscheidungsstunde rufe ich Sie, liebe Hausfrau, als mächtigste Verbündete der wirtschaftlichen Vernunft und unbestechliche Hüterin des Familienwohlstandes zum Bekenntnis gegen die leeren Worte und billigen Versprechungen falscher Propheten auf ...“ Bremme, Rolle, S. 44f.

V.

Von der Wehrmacht zur Bundeswehr

Bernhard R. Kroener

Auf dem Weg zu einer „nationalsozialistischen Volksarmee"

Die soziale Öffnung des Heeresoffizierkorps im Zweiten Weltkrieg*

„Mit der neuen Wehrmacht", schrieb der Kommandeur der 1. Panzerdivision, der spätere Feldmarschall Freiherr von Weichs, bereits 1937 in einem weithin beachteten Befehl über die Erziehung des Offizierkorps, „ist ein deutsches Volksheer entstanden, das in deutschem Volkstum wurzelt, kein Eigenleben im alten Sinne mehr führen kann, sondern deutsches Wesen und deutsche Art dem ganzen Volk vorlebt."[1] Mit diesem Satz hatte der General Trauma und Programm der nationalkonservativen militärischen Elite des Dritten Reiches prägnant beschrieben. Mit dem bewußten Verzicht auf soziale Exklusivität versuchten führende Vertreter des Heeres mit Beginn der Aufrüstung und der allgemeinen Wehrpflicht an die Erfahrungen des Weltkrieges anzuknüpfen. Der enorme psychische Spannungen erzeugende Stellungskrieg hatte Führer und Truppe zusammengezwungen und keinen Raum mehr gelassen für die Privilegien einer sozial geschlossenen, eigenen Normen verpflichteten Offizierkaste. Der Frontkämpfer erschien vielen Zeitgenossen als der zukunftsweisende Soldatentypus des modernen Massenzeitalters und seiner Kriege. Der Nationalsozialismus, der die Frontkämpfermythologie wirkungsvoll mit der Idee der Volksgemeinschaft verknüpft hatte, mochte daher vielen Offizieren zunächst als der Garant einer Annäherung von Volk und Armee erscheinen, wobei nicht jedem bewußt wurde, welche Konsequenzen diese Verbindung für die soziale Komposition des Offizierkorps haben würde. Die Protagonisten einer geschmeidigen, systemkonformen „Wehrmachtideologie", wie etwa Reichskriegsminister von Blomberg, entwickelten bereits früh feste Vorstellungen, auf welche Weise dem Heer neue offizierfähige Schichten erschlossen werden sollten. In einer Rede vor Kreisleitern der NSDAP auf der Ordensburg Vogelsang markierte er wenige Wochen nach dem von Weichs erlassenen Befehl die Grundlagen moderner militärischer Führerauslese, wie er sie verstand: „Im 20. Jahrhundert wird jedem Volksgenossen, sofern er gesund an Körper, Charakter und Geist ist, die Offizierlaufbahn erschlossen. Wir tun das nicht nur aus der Ideenwelt des Nationalsozialismus heraus, sondern auch aus rein militärischen Gründen: Weil das moralische Gefüge der Armee um so stärker wird, je mehr ihr Offizierkorps im ganzen Körper der

* Manfred Messerschmidt zum 60. Geburtstag gewidmet.

[1] 1. PzDiv., Abt. IIa, Az. 21a Nr. 6737 geh. vom 2. 3. 1937; BA-MA, RH 53-7/v. 709.

Nation wurzelt." Über den Weg, auf dem dieses Ziel zu erreichen sei, ließ Blomberg keinen Zweifel: „Ich erblicke ... in der schrittweisen Durchführung des Leistungsprinzips ohne Rücksicht auf Herkunft, Stand und Geldbeutel des Vaters eine der wichtigsten Forderungen des neuen deutschen Sozialismus ..."[2] Damit leitete die Wehrmachtführung einen tiefgreifenden Modernisierungsprozeß im Bereich der Offizierrekrutierung und -beförderung ein, legte aber auch gleichzeitig den Keim für eine langsame, von innen heraus wirksame Zerstörung des Offizierkorps traditioneller Prägung, seines konstitutiven Normengefüges ebenso wie seiner internen Regelmechanismen. So verwundert es kaum, daß die Siegermächte nach dem Kriege unter den Offizieren der Feldverbände des Heeres die Merkmale des klassischen deutschen Militarismus, wie er sich ihnen noch im Ersten Weltkrieg präsentiert hatte und dessen Bekämpfung sie sich zum Ziel gesetzt hatten, nicht mehr vorfanden. Andererseits liefert der Veränderungsprozeß, der sich im deutschen Heeresoffizierkorps während des Krieges vollzog, auch ein Erklärungsmuster dazu, warum sich die Eingliederung ehemaliger Offiziere in den neuen deutschen Staat, seine Wirtschaft und später auch seine Streitkräfte weitgehend reibungslos vollzog. Diesen für das Verhältnis von Militär und Gesellschaft in Deutschland so bedeutsamen Umwälzungen soll in der vorliegenden Studie genauer nachgegangen werden.

Der rasante Ausbau, durch den der Umfang des Heeresoffizierkorps in den dreißiger Jahren binnen kurzem nahezu um das Siebenfache erweitert wurde, ließ sich weder mit den Angehörigen der alten offizierfähigen Schichten bewerkstelligen, die dazu schon allein zahlenmäßig kaum in der Lage waren, noch reichte die Zeit, um die neueingestellten Offiziere im Hinblick auf eine innere Geschlossenheit des Korps zu amalgamieren.

Stärke des aktiven Heeresoffizierkorps vor dem Zweiten Weltkrieg

1. Mai	1932:	3 724 Mann
1. Mai	1935:	3 858 Mann
1. Oktober	1938:	21 793 Mann

Quelle: Dienstalterslisten zur Stellenbesetzung des Reichsheeres und des Heeres 1932–1938[3].

Das Tempo, mit dem die Aufrüstung vorangetrieben wurde, erreichte auf dem Personalsektor eine Eigendynamik, durch die der Anspruch auf soziale Homogenität, wie er die Politik des Heerespersonalamtes noch in der Ära Seeckt bestimmt hatte, rasch aufgegeben werden mußte. Selbst während des Krieges hatte das Offizierkorps zu keinem Zeitpunkt eine im Verhältnis zu ihrer Gesamtstärke derartig umfangreiche Personalzuführung zu verkraften gehabt wie zwischen 1935 und 1938, als sich die Reichswehr der Weimarer Republik zur Wehrmacht des Dritten Reiches wandelte.

[2] Auszug aus einer Rede Blombergs vor Kreisleitern der NSDAP auf der Ordensburg Vogelsang am 27. 4. 1937. Abgedruckt in: Offiziere im Bild von Dokumenten aus drei Jahrhunderten, hrsg. vom Militärgeschichtlichen Forschungsamt (MGFA), Stuttgart 1964, S. 267 ff., hier S. 267, Dokument Nr. 104.

[3] Anlage zu: Der Chef des Heeres-Personalamts, Nr. 549/42 gKdos. vom 6. 7. 1942; BA-MA, RH 2/v. 156, jeweils für die Angaben aus: 1939, 1941 und 1942; Oberkommando des Heeres/Heerespersonalamt, Dienstaltersliste zur Stellenbesetzung des Heeres jeweils für 1940, 1943 und 1944.

Zahlenmäßige Entwicklung des aktiven Heeresoffizierkorps während des Krieges

1. August	1939:	21 760
1. Mai	1940:	31 893
1. Dezember	1941:	35 113
1. April	1942:	36 825
1. Mai	1943:	42 709
1. Mai	1944:	47 788

Quelle: Oberkommando des Heeres/Heerespersonalamt (1. Staffel), Überblick über die Zusammensetzung und Schichtung des Offizierkorps und die sich daraus ergebenden Fragen[3].

Die Heeresvermehrung führte bereits zu einem frühen Zeitpunkt dem Offizierkorps die Kräfte zu, die im Sinne der Frontkämpferideologie des Ersten Weltkrieges eine Modernisierung befürworteten. Mit einer weitgehenden sozialen Öffnung des Korps mußte zwangsläufig die Einebnung nicht mehr zeitgemäßer, aber bisher als identitätsstiftend angesehener, ständisch orientierter Selektionsmechanismen einhergehen.

Die Bestrebungen in Hinblick auf eine weitgehende Nivellierung bestehender Gegensätze zwischen den Wertvorstellungen der Gesellschaft einerseits und denen der militärischen Elite andererseits, die bereits beim aktiven Offizierkorps erkennbar wurden, verstärkten sich während des Krieges durch den Zustrom von Reserveoffizieren noch erheblich. Deren Zahl stieg von 48 756 im August 1939 auf 125 918 im Mai 1944 an[4]. Zusammen mit der sehr heterogenen Gruppe von etwa 30 000 Offizieren in Sonderverwendungen und -dienststellungen dürfte das Heeresoffizierkorps zum Zeitpunkt seiner größten personellen Stärke (1943) etwa 250 000 Menschen umfaßt haben[5]. Das Bild bliebe jedoch unvollständig, rechnete man nicht auch noch die während des Krieges entstandenen Offizierverluste hinzu. Bis zum 1. Mai 1945 erlitt das Heer (einschließlich Waffen-SS) einen Gesamtverlust von etwa 269 000 Offizieren, darunter allein 87 000 Tote. Insgesamt trugen etwa eine halbe Million Menschen während des Krieges die Offizieruniform des Heeres[6].

Die vorstehenden Zahlen vermitteln einen ungefähren Eindruck vom Umfang dieser sozialen Gruppe und belegen eindrucksvoll die Dynamik des Wandlungsprozesses, den das Korps innerhalb weniger Jahre erfuhr und der die Auflösung traditioneller Normen entscheidend beschleunigte.

Die Konflikte zwischen stärker an den Leitbildern eines ständisch geprägten Offizierkorps orientierten älteren und den von Jugendbewegung und Fronterleben des Ersten Weltkrieges beeinflußten jüngeren Offizieren wurden in der ersten Kriegshälfte ausgetragen. Mit der Einstellung einer immer größeren Zahl jüngerer Offizieranwärter

[4] Ebd.

[5] Rudolf Absolon, Das Offizierkorps des Deutschen Heeres 1935–1945, in: Das deutsche Offizierkorps 1860–1960. Büdinger Vorträge 1977. In Verbindung mit dem MGFA hrsg. von Hans-Hubert Hofmann, Boppard 1980, S. 247 ff., hier S. 250.

[6] OKW/WFSt/Org Abt. (Heer), Nr. 5815 vom 10. 5. 1945, Gesamtverluste des Heeres (einschließlich Waffen-SS und Luftwaffe im Erdeinsatz) in der Zeit vom 1. 9. 1939–1. 5. 1945; BA-MA, RM 7/809. Die Erdkampfverbände der Luftwaffe waren am 6. 5. 1945 ins Heer überführt worden. OKW/WFSt/Org Abt. (H) vom 6. Mai 1945; BA-MA, H 6/265.

nach 1942 verschoben sich die Gewichte zwischen den beiden Gruppen so dramatisch, daß die Vertreter eines traditionellen Offizierverständnisses immer stärker an Einfluß verloren und Auseinandersetzungen mit ihnen letztlich obsolet wurden. Diese Entwicklung führte zwangsläufig zu einem nachhaltigen Wandel im Erscheinungsbild und in der Struktur der deutschen militärischen Elite.

Nachfolgend wird zu zeigen sein, wie sich das Offizierdasein in den Kriegsjahren von Grund auf veränderte, eine Auflösung des tradierten Korpsverständnisses stattfand, und wie letztlich ein anderer, neuer, den Formen des modernen technischen Krieges angepaßter, eher funktional verstandener Offiziertypus entstand.

Zweifellos waren es zuerst die Sachzwänge des modernen Krieges, die das Selbstverständnis der militärischen Elite grundlegend veränderten, und erst in zweiter Linie der Druck des Regimes, das jedoch die Gunst der Situation nutzte, um ideologische Einbrüche in das Wertgefüge des militärischen Instruments dort zu erreichen, wo es ihm im Frieden nicht gelungen war.

1. Kriterien der „Auslese“

a) Das Aufnahmeritual der Offizierbewerbung

Noch bis in die erste Kriegshälfte hinein hatte sich ein Offizierbewerber bei einem Regiment seiner Wahl vorzustellen. Hier wurde er vom Kommandeur persönlich auf seine „außerdienstliche Eignung“, Herkunft, Vorbildung und politische Einstellung geprüft[7]. Diese Regelung, deren Ursprünge in die Zeit der stehenden Heere zurückreichten, als die Regimentsinhaber den Monarchen für die Qualität ihrer Unterführer persönlich verantwortlich waren, atmete noch ganz den Geist einer paternalistisch strukturierten Standesorganisation. Nach Annahme durch den Regimentskommandeur unterzog sich der Bewerber im Hinblick auf seine Eignung zum Offizier vor einer Kommission des psychologischen Laboratoriums der Wehrmacht einer ganzen Reihe von Prüfungen und Tests[8]. Bis zum Juni 1941, als sich Phasen reger Kampftätigkeit mit längeren Perioden der Ruhe abwechselten und die Offizierverluste sehr niedrig ausfielen, vermochte die Heeresführung die aus der Friedenszeit übernommene Gewohnheit der individuellen Offizierbewerbung, wenn auch bereits eingeschränkt auf die Ersatztruppenteile im Reich, noch aufrechtzuerhalten.

Der Krieg gegen die Sowjetunion, der schon bald alle Zeichen eines modernen Bewegungs- und Abnutzungskrieges erkennen ließ, erzwang sehr rasch eine Erleichterung der Annahmevoraussetzungen. Nicht nur die Forderung nach persönlicher Bewerbung und Vorstellung, sondern wenig später auch das Abitur mußten als zwingende Bestandteile des Offizierannahmeverfahrens fallengelassen werden, da im Reich nicht mehr genügend Offizierbewerber mit Abitur oder vergleichbaren Bildungsvoraussetzungen rekrutiert werden konnten, um die ständig steigenden Verluste auszu-

[7] Hellmuth Reinhardt, Einsatz, Ausbildung und Verwendungskontrolle der Offiziere im deutschen Heer; Study P-021, Historical Division USAEUR (1949), S. 36 (Ms).

[8] Martin van Creveld, Kampfkraft. Die Leistungsfähigkeit der deutschen Streitkräfte 1914–1945. Deutsche Übersetzung der engl. Ausgabe Washington 1980, S. 154f. (Ms).

gleichen. Der notgedrungene und endgültige Verzicht auf das Bildungsprivileg löste eine weitere wichtige soziale Klammer, die das Offizierkorps der Zwischenkriegszeit vor übermäßiger sozialer Heterogenität geschützt hatte. Innerhalb von zwei Lehrgangsperioden fiel 1942 der Anteil der Offizierbewerber mit Abitur von 75 Prozent auf 59,9 Prozent[9]. Bedurfte das Friedensoffizierkorps unbeschadet aller gegenteiligen Versicherungen oder ideologischen Postulate zur inneren Stabilisierung eines in etwa gemeinsamen Bildungs- und Erziehungshorizontes, so hob das Gemeinschaftserlebnis des Krieges in immer stärkerem Maße den bestehenden Normenkatalog der Friedenszeit in wichtigen Bereichen auf und ersetzte ihn durch spezifische auf das soldatische Erleben bezogene Wertvorstellungen. Die besonderen Bedingungen des Krieges und steigende Verluste zwangen die Heeresführung, bei der Offizierrekrutierung neue Wege zu beschreiten, die das Regime im Sinne seiner Volksgemeinschaftsideologie unverzüglich zu nutzen verstand.

Angesichts der sich immer weiter verschärfenden Konkurrenz zu Luftwaffe und Waffen-SS bedurfte auch das Heer einer attraktiveren Nachwuchswerbung. Die in den Wehrkreisen eingerichteten „Annahmestellen für Offizierbewerber des Heeres" gaben der Bewerbung einen amtlich-unpersönlichen Charakter. Er trug aber zweifellos dazu bei, das Auswahlverfahren zu objektivieren. Mit den Annahmestellen wurde ein Element eingeführt, das die Willkür subjektiver Wertmaßstäbe zugunsten überprüfbarer, rechtlich fixierter Einstellungsvoraussetzungen abbaute. Mit dem Verlust an Exklusivität erhielt die Offizierergänzung zweifellos moderne zeitgemäße Züge. Überdies hatten Regiments- und Bataillonskommandeure im Laufe des Krieges immer weniger die Möglichkeit, die außerdienstliche Eignung, also den geistig-moralischen Zuschnitt, ihres Offiziernachwuchses zu steuern. Die politische Führung des Reiches, die eine elitäre Zirkelbildung innerhalb der Regimenter, auf deren Ausleseprinzipien sie kaum Einfluß nehmen konnte, stets argwöhnisch betrachtet hatte, begrüßte diese durch die Kriegsereignisse erzwungene Entwicklung als Öffnung in Richtung auf ein nationalsozialistisches „Volksoffizierkorps". Die Erfahrungen des 20. Juli 1944, dessen Verschwörer über bestehende Familienbeziehungen in ihrem konspirativen Handeln unterstützt worden waren, bestätigten das Regime in seiner Überzeugung, daß die reaktionären Kräfte im Offizierkorps durch das herkömmliche Annahmeverfahren zu einer mehr als nur funktionalen Einheit zusammengeschweißt und somit in ihrem Zusammenhalt und Einfluß gestärkt worden seien.

b) Psychologische Tests und Bewährung im Kampf

Durch die personelle Zwangslage, in die das Feldheer durch die Winterkrise 1941/42 geraten war, vermochte auch die im Nationalsozialismus vorherrschende Auffassung vom Offizier als kämpferischer Einzelpersönlichkeit und gerade nicht als Angehöriger eines Personenverbandes erstmals erkennbaren Einfluß auf die Gestaltung des Annahmeverfahrens zu gewinnen. Auf der Suche nach jungen, dynamischen Offizierbewerbern, mit denen die erschreckend hohen Verluste der ersten sechs Monate des

[9] Friedrich Doepner, Zur Auswahl der Offizieranwärter im 100000 Mann-Heer (I), in: Wehrkunde 22 (1973), S. 261. Das in diesem Text verwendete statistische Material zum Offiziernachwuchs des Heeres während des Krieges stammt aus einer bisher noch nicht ausgewerteten Quelle. Es wird in Kürze im Rahmen einer Dokumentation separat veröffentlicht.

Ostkrieges ausgeglichen werden konnten, flossen dann in dem Schlagwort „Kerls vor die Front"[10] spezifisch militärische und ideologische Forderungen zusammen, bei denen die überkommenen Voraussetzungen, wie etwa Schulbildung, gesellschaftliche Herkunft oder auch charakterliche Anlagen keine ausschlaggebende Rolle mehr spielten. Insofern erscheint es folgerichtig, daß Hitler in seinem Erlaß über die Führerauslese im Heer vom 19. Januar 1943 bezeichnenderweise den Begriff „Offizier" völlig vermied. An seine Stelle trat der für die zweite Kriegshälfte charakteristische suggestive Ausdruck der „überragenden und krisenfesten Führerpersönlichkeit". Dem ideologischen Anspruch folgte wenig später die administrative Umsetzung, als man im Sommer 1943 die Annahmestellen für Offizierbewerber in „Annahmestellen für den Führernachwuchs des Heeres" umbenannte und sie auf Befehl Himmlers im Dezember 1944 schließlich mit den SS-Ergänzungsstellen zusammenlegte[11].

Die seit Anfang 1942 immer bestimmter erhobene Forderung, alle Bewertungskriterien offiziermäßigen Verhaltens seien unmittelbar und ausschließlich aus der Bewährung an der Front und im Kampf herzuleiten, mußte zwangsläufig dazu führen, daß die übrigen Einstellungsvoraussetzungen abgebaut wurden. Als erste entfielen die psychologischen Prüfungen bei den Wehrmachtteilen, wobei die Luftwaffe mit einem entsprechenden Befehl des Reichsmarschalls im Dezember 1941 den Anfang machte[12]. Das Heer folgte erst ein halbes Jahr später. Damit war ein wichtiges Instrument der Selektion zerstört worden, dessen Ursprünge sich bis in die letzten Jahre des Ersten Weltkrieges zurückverfolgen lassen. Die Abschaffung bedeutete jedoch keineswegs eine erneute Rückwendung zur traditionellen Offizierergänzung, sondern bildete die zwangsläufige Folge rapide steigender Offizierverluste. Die zunehmende Technisierung des Krieges machte in immer größerem Umfang den Einsatz von Soldaten erforderlich, die neben ihrer militärisch-kämpferischen Ausbildung spezifische für den modernen Krieg unentbehrliche Eigenschaften aufzuweisen hatten. Reaktionsgeschwindigkeit, Ausdauer und überdurchschnittliche intellektuelle Beweglichkeit waren in immer mehr Waffengattungen Qualifikationsmerkmale, die eine militärische Führerpersönlichkeit erfüllen mußte. Entsprechende Tests, die zunächst für das Bedienungspersonal bestimmter Waffen und Geräte entwickelt worden waren, bildeten seit der Zwischenkriegszeit auch einen wichtigen Bestandteil der Offizierauslese. In den Jahren nach dem Ersten Weltkrieg geriet die praktische Arbeit der Militärpsychologie in einen doppelten Konflikt. Ihre Tätigkeit forderte zwangsläufig den Widerstand der Regimentskommandeure und Führer selbständiger Einheiten heraus, die durch die psychologischen Prüfungen ihr traditionelles, exklusiv geübtes Vorschlagsrecht entwertet glaubten, zumal das Heerespersonalamt durchsetzte, daß von der Truppe abgelehnte Offizierbewerber nach einer positiven psychologischen Prüfung aufzunehmen seien. Dagegen galten Bewerber, die von der Truppe vorgeschlagen, das Auswahlverfahren vor dem Prüfungsausschuß nicht bestanden hatten, in dem jeweiligen Wehr-

[10] Manfred Messerschmidt, Die Wehrmacht im NS-Staat. Zeit der Indoktrination, Hamburg 1969, S. 423.

[11] Reinhardt, Einsatz, S. 38; Rudolf Absolon, Wehrgesetz und Wehrdienst 1935–1945. Das Personalwesen in der Wehrmacht, Boppard 1960, S. 356, Anm. 59; Untersuchungen zur Geschichte des Offizierkorps. Anciennität und Beförderung nach Leistung, hrsg. von MGFA, Stuttgart 1962, S. 276 (Befehl vom 19. 1. 1943).

[12] Entscheidung Görings vom 27. 12. 1941, mitgeteilt mit: Der RmdL und ObdL, GenSt.-Gen.Qu. 6. Abt. Nr. 1671/42 geh. vom 3. 1. 1942, gez. Jeschonnek; MGFA, Rhoden-Papers, Film Nr. 36, A, 71b.

machtteil als generell ungeeignet[13]. Viele, vor allem ältere Offiziere, die der Aufrüstung grundsätzlich positiv gegenüberstanden, befürchteten – zu Recht – eine soziale Heterogenität des Offizierkorps, wenn die Selektion nach den hehren Prinzipien einer „Regimentsritterschaft" zugunsten eines „seelenlosen", verwissenschaftlichten Auswahlmodus aufgegeben würde. Ein Brief, mit dem sich der Befehlshaber im Wehrkreis IV und Kommandeur der 4. Division, Generalleutnant von Gienanth, an das Gruppenkommando I wandte, gibt in beredter Form der Sorge und dem Unverständnis Ausdruck, mit der die ältere Offiziergeneration des Kaiserreiches solchen Modernisierungstendenzen gegenüberstand. Er macht zugleich die Spannung deutlich, in die das Offizierkorps der Reichswehr und später das der Wehrmacht durch die Alters- und Erfahrungsunterschiede seiner Angehörigen gestellt war. Noch gefangen in den Vorstellungen der Vorkriegszeit und wenig vertraut mit den Notwendigkeiten eines modernen Bewegungskrieges, meinte General von Gienanth skeptisch: „Ob eine *schnelle Auffassung* für den gewöhnlichen Truppenoffizier unbedingt notwendig ist, bezweifle ich."[14] Zudem sei er, wie seine Regimentskommandeure, der Auffassung, daß die psychologische Prüfung nichts liefern könne, was nicht auch der Kommandeur *„selbst feststellen"* könne. Obendrein hätte sich erwiesen, daß auch das Prüfungsverfahren nicht in der Lage sei, die Einstellung von „Schädlingen" zu verhindern. Die psychologischen Auswahlprüfungen trafen das Offizierkorps im Zentrum seines Selbstverständnisses, da sie, wie es schien, die ungeteilte Führungsverantwortung der Vorgesetzten beschnitten. „Die psychologische Prüfung ist auch nicht erwünscht, weil in ihr der Wissenschaftler und nicht der Offizier das Übergewicht hat." „Wir sind auf dem besten Wege", so schreibt General von Gienanth zum Schluß, „einem Spezialistentum, das abseits des soldatischen Lebens steht, einen Einfluß auf die Auswahl unseres Offiziernachwuchses einzuräumen, der weder notwendig noch angebracht ist."

Die Wehrmachtpsychologen versuchten das Mißtrauen und die Ablehnung, die ihnen aus dem höheren Offizierkorps entgegenschlugen, abzubauen, indem sie darauf hinwiesen, daß sich ihre Prognosen in 95 Prozent der Fälle als letztlich zutreffend erwiesen hätten[15]. Das gespannte Verhältnis zu den höheren Truppenführern des Reichsheeres war möglicherweise auch dafür verantwortlich, daß die Wehrmachtpsychologie dem Versuch der NSDAP, rassebiologische Auslesemechanismen und entsprechende Forschungsvorhaben in der Wehrmacht zu implantieren, keinen Widerstand entgegensetzte[16]. Auf diese Weise hofften die Vertreter der Wehrmachtpsychologie, Verbündete in ihrem Kampf gegen die traditionalistisch eingestellten Führungskader im Offizierkorps zu gewinnen. Diese auch bei anderen gesellschaftlichen Gruppen zu beobachtende Strategie des Überlebens durch Anpassung fand in der Umbenennung des psychologischen Laboratoriums in „Hauptstelle der Wehrmacht für Psy-

[13] Infanterie-Regiment Nürnberg, Az. 22b/I 508 g/I vom 7. 8. 1935 an Infanterieführer VII, München; BA-MA, RH 53-7/v. 468.

[14] Befehlshaber im Wehrkreis IV, Kdr. der 4. Division an Gruppenkommando I, Dresden 28. 1. 1933; BA-MA, RH 53-7/v. 469.

[15] Adolf-Friedrich Kuntzen, Das Offizierkorps des deutschen Heeres in der Aufbauzeit (1933–1938); Study P-021, Historical Division USAEUR (1949), S. 20 (Ms).

[16] Ein entsprechender Hinweis findet sich bereits im Jahresbericht des Psychologischen Laboratoriums für das Arbeitsjahr 1933, S. 2; Psychologisches Laboratorium des Reichswehrministeriums, Nr. 113/34 vom 22. 9. 1934; BA-MA, RH 53-7/v. 469.

chologie und Rassenkunde" ihren sichtbaren Ausdruck[17]. Auswirkungen auf die Auswahl der Offizierbewerber dürfte die damit einhergehende Forschungspraxis indes nicht gehabt haben, da seit 1937 die Zahl der Anträge von Offizierbewerbern in keinem Verhältnis zum Bedarf stand[18]. Jetzt ging es auch bei den aktiven Offizieren weniger darum, eine Auslese zu treffen, als vielmehr um die immer schwerer zu lösende Aufgabe, den richtigen Mann an den richtigen Platz zu bringen. Nach dem Urteil der Kriegsschulen entsprachen etwa 30 Prozent des Offizierjahrgangs 1937 nicht den Anforderungen, die nach herkömmlicher Auffassung an den Offizierberuf gestellt werden mußten[19]. Dagegen lagen auf dem Gebiet der Reserve-Offizierbewerber-Prüfungen, mit denen kurz vor Kriegsausbruch begonnen wurde, aufgrund des erheblichen personellen Angebots gewisse Chancen einer Selektion auch nach den ideologischen Prämissen des Regimes[20].

Sieht man einmal von den rassebiologischen Interessen ab, so stand die Partei insgesamt der Wehrmachtpsychologie von Anfang an ablehnend gegenüber. Wissenschaftlich fundierte Ausleseverfahren waren denen, die sich selbst als Kämpfer betrachteten, gehärtet im „Stahlbad des Weltkrieges" und den nachfolgenden Krisen der „Systemzeit", zutiefst zuwider. Wahre Führernaturen ließen sich nach ihrem atavistischen Verständnis nicht durch blutleere, sophistische Prüfungsaufgaben erfassen[21]. Damit zeigt sich, daß die Modernisierungstendenzen des nationalsozialistischen Staates dort endeten, wo sie in einen unüberbrückbaren Gegensatz zu den grundsätzlichen Überzeugungen seiner Führungselite gerieten.

Bereits in der ersten Kriegshälfte erzwang der rasche Ausbau des Kriegsheeres und seines Offizierbestandes eine zunehmende Vereinfachung des Annahmeverfahrens. 1941 hatte allein die Luftwaffe 184 444 Eignungsprüfungen für Offiziere und Spezialpersonal durchführen müssen[22]. Hier erreichte auch die Kapazität des psychologischen Laboratoriums ihre Grenze. Beim Heer diktierten immer stärker die Prozentsätze der Ausfälle die Verteilung des Ersatzes auf die einzelnen Waffengattungen. So

[17] HVBl. 1938, Teil C, S. 160, erlassen mit Wirkung vom 1. 6. 1938.

[18] Jahresbericht 1934/35 des Psychologischen Laboratoriums, S. 2: „Ein schwieriges Problem der OA-Prüfungen liegt in der Tatsache, daß die Zahl der Geeigneten zur Deckung des Bedarfs nicht ausreicht und gegenwärtig keine Möglichkeit gegeben ist, die Zahl der Geeigneten zu vermehren, ohne die Anforderungen zu senken." Psychologisches Laboratorium des Reichswehrministeriums, 2. 7. 1935; BA-MA, RH 12-2/101. Der Bericht vom Arbeitsjahr 1938/39 stellte im Hinblick auf die Marineprüfstellen fest, „daß sie bei der Auslese von Offizierbewerbern auch auf manche ‚Mittelmäßigkeit' zurückgriffen". Hauptstelle der Wehrmacht für Psychologie und Rassenkunde 28 e 12 (HL/J) vom 15. 7. 1939, S. 25; BA-MA, RH 19 III/494.

[19] Protokoll einer Rede Generalmajor Schmundts vor den Teilnehmern des 1. Lehrganges für höhere Adjutanten an der Kriegsakademie in Berlin am 17. 11. 1942 (BA-MA, RH 12-1/v. 121): „Grundsätze des Vorpatents: Nicht nur Tapferkeit – dafür Auszeichnungen – Führerqualitäten. Zahl der Vorpatente wird durch Leistung (Verluste) der Front bestimmt, nicht nur PA. Verlagerung der Verantwortung auf die Kommandeure und Befehlshaber an der Front. Zu fordernder und herauszuhebender Typ ‚Mein Hauptmann' (Hesse) der Frontoffizier, der nach oben wenig hervortritt, für den seine Männer durchs Feuer gehen ... Kerls vor die Front ... Auch im ‚Frieden' wird es immer Krieg geben, wo Kerls gebraucht werden, auch wenn sie den Hummer nicht richtig essen können (Kampf Englands an der Nordwestgrenze Indiens). Der Landsknecht wird auch im Frieden gebraucht."

[20] Im Bereich der Offizierprüfungen der Luftwaffe begann man aufgrund der technischen Anforderungen dieses Wehrmachtteils bereits 1936 mit Reserveoffizierbewerber-Prüfungen. Psychologisches Laboratorium des Reichswehrministeriums, Jahresbericht 1936/37 vom 6. 7. 1937, Az. 28 e 12 (WL/D); BA-MA, RH 19 III/494.

[21] Messerschmidt, Wehrmacht, S. 426 und Anm. 16.

[22] Der Chef der Luftwehr, Nr. 650/42f (LWehr 1 V C) vom 27. 1. 1942; MGFA, Rhoden-Papers, Film 36, A 71b.

mußte das Heerespersonalamt im Frühjahr 1942 feste Quotenregelungen für den Offiziersatz einführen, was an und für sich mit dem Prinzip der freien Offizierbewerbung und -annahme unvereinbar war, um vor allem die Infanterie vor personellem Ausbluten zu schützen[23].

Spätestens seit Sommer 1943 nach den Katastrophen von Stalingrad, Tunis und Kursk besaß das Heerespersonalamt bei der Auswahl des Offiziersatzes keinen Handlungsspielraum mehr. Es war der weitere Kriegsverlauf selbst, der eine Weichenstellung in Richtung auf ein alle soziale Schichten einschließendes „Volksoffizierkorps" erzwang. Ähnlich wie bei dem Verfahren der Offizierbewerbung setzte auch bei den psychologischen Prüfstellen der Krieg letztlich eine radikale Anpassung durch. Das wissenschaftliche Ausleseverfahren war auf die Situation des Friedensoffizierkorps zugeschnitten gewesen. Im Kriege konnte dagegen die Eignung eines Bewerbers durchaus praxisnäher festgestellt werden, was zweifellos auch der nationalsozialistischen Vorstellung von der Auslese durch Kampf entsprach.

Je länger der Krieg dauerte, desto weniger ließen sich die Offizierverluste ersetzen. Im September 1944, bedingt durch den Zusammenbruch der Heeresgruppe Mitte im Osten und die in Frankreich tobenden Abwehrschlachten, verlor das Heer – sei es durch Tod, Verwundung oder Gefangenschaft – täglich durchschnittlich 317 Offiziere, darunter allein 80 Prozent Leutnante[24]. Besser als jedes Argument vermag diese Zahl die zwingende Notwendigkeit einer sozialen Öffnung des Offizierkorps zu illustrieren, die jedoch nur um den Preis qualitativ verminderter Eignungsvoraussetzungen erreicht werden konnte. Schon lange ging es nicht mehr darum, die Auswahl der Besten zu garantieren, sondern nur noch darum, jeden im weitesten Sinne als Offizier geeigneten Soldaten ausfindig zu machen[25]. Die psychologische Prüfung, die von der Bundeswehr nach 1956 wieder eingeführt wurde, verdeutlicht die Wandlung des Offiziers vom „ritterlichen Kämpfer" des 19. Jahrhunderts zum „Kriegstechniker" des Industriezeitalters. Der Kampf, den die Wehrmachtpsychologen gegen die Kräfte der Beharrung im Offizierkorps ebenso zu führen hatten wie gegen die wissenschaftsfeindlichen Protagonisten einer sozialdarwinistischen Parteiideologie, markiert die Intensität des Wandels, der die Wehrmacht bereits vor Kriegsbeginn erfaßt hatte und der sich letztlich als irreversibel erwies.

c) Die Offizierwahl

Die seit 1943 sich ständig verschärfende Kriegslage und die damit verbundenen veränderten Kriterien der Personalsteuerung verstärkten den Modernisierungsschub innerhalb des Heeresoffizierkorps und erfaßten bald jeden Lebensbereich seiner Mitglieder. Da das Regime diese Entwicklung, zumindest propagandistisch, für seine Zwecke zu nutzen verstand, sind in der Nachkriegsliteratur die positiven Elemente dieses Pro-

[23] Heerespersonalamt/Gruppenchef III am 12. 12. 1944, Steuerung des Offiziernachwuchses; BA-MA, H 6/263.

[24] Tätigkeitsbericht des Chef des Heerespersonalamtes General der Infanterie Rudolf Schmundt fortgeführt von General der Infanterie Wilhelm Burgdorf, 1. 10. 1942–29. 10. 1944, hrsg. von Dermot Bradley und Richard Schulze-Kossens, Osnabrück 1984, S. IX (Faksimiledruck). Im folgenden zit.: Diensttagebuch Chef HPA, hier: Bericht vom 9. 10. 1944, S. 280.

[25] Ebd., Bericht vom 4. 9. 1943, S. 92 f.

zesses, die später die Einbindung der Streitkräfte in den demokratischen Staat erleichtert haben, zumeist übersehen oder negativ akzentuiert worden.

Viele traditionelle Formen der Offiziierergänzung, die bis dahin die soziale Geschlossenheit des Korps, wenn nicht befördert, so doch zumindest suggeriert hatten, mußten von der Truppe aufgegeben werden, da sie unter den Bedingungen des Krieges nicht länger durchgehalten werden konnten. Immer weniger Offiziere waren auch bereit, sie zu akzeptieren. Ähnlich wie die Offizierbewerbung erschien auch die Offizierwahl, d.h. die Kooptation des jungen Offizieranwärters nach bestandenem Lehrgang durch das Offizierkorps seines Regiments, vielen jüngeren Offizieren zunehmend als entbehrlich. Diese auf die Scharnhorstschen Reformen zurückgehende Tradition im deutschen Offizierkorps beleuchtet – wie keine andere – den Charakter eines adligen Normenkodex; danach waren die Offiziere die „Ritterschaft" des Obersten Kriegsherren, die Zuwahl neuer Mitglieder erfolgte nach den Regeln eines Ordenskapitels[26]. Der moderne Bewegungskrieg, der seit Beginn der Kampfhandlungen gegen die Sowjetunion einzelne Feldzugsphasen nicht mehr kannte, erschwerte jedoch zunehmend jedes Wahlverfahren und machte es schließlich unmöglich. Regimenter wurden auseinandergerissen, Neuaufstellungen und Auffrischungen, Kommandierungen und Lazarettaufenthalte nahmen den Regimentskommandeuren jede Möglichkeit, ihr Offizierkorps zum Wahlakt geschlossen zusammenzufassen. Die Kompanien und Abteilungen waren häufig räumlich so weit voneinander getrennt, daß außer den Kompaniechefs kein Offizier des Regiments die dienstliche Leistung eines Fahnenjunkers wirklich beurteilen konnte. Eine Überprüfung des außerdienstlichen Verhaltens, der persönlichen Verhältnisse, gestaltete sich erst recht unter den Bedingungen des Krieges immer schwieriger und wurde bald ganz unmöglich.

Ende 1942 beantragte das Feldheer von sich aus beim Heerespersonalamt, die Offizierwahl „für die Dauer des Krieges" aufzuheben[27]. Mit der Aufhebung der Offiziierergänzungsbestimmungen war die Mauer der Abschirmung, hinter der das Offizierkorps gewisse tradierte Formen seines ständischen Bewußtseins hatte pflegen können, an einer weiteren Stelle eingerissen worden. Das gegenseitige Vertrauen der Offiziere, das auch auf einer in etwa vergleichbaren Herkunft beruhte und das die Ausschaltung extremer Auffassungen mit Hilfe einer an einheitlichen Gesichtspunkten ausgerichteten Selektion durch die Regimentskommandeure forderte, ging in vielen Einheiten im Laufe der zweiten Kriegshälfte verloren. Der Verlust der sozialen Geschlossenheit führte zwangsläufig auch zu einem Verlust verbindlicher Verhaltensnormen.

Durch das Einströmen von Reserveoffizieren in einem Verhältnis von nicht weniger als 1:6 gelang auch der Partei der Einbruch in die bisher noch einigermaßen geschlossene Sphäre der Offiziergesellschaft[28]. Diese Entwicklung brachte natürlich Bespitzelung und Denunziantentum in bisher ungekanntem Ausmaß mit sich und ließ in manchen Einheiten ein Klima entstehen, das von Unsicherheit im Umgang mitein-

[26] Friedrich-Carl Endres, Soziologische Struktur und ihr entsprechende Ideologien des deutschen Offizierkorps vor dem Weltkriege, in: Archiv für Sozialwissenschaft und Sozialpolitik 58 (1927), S. 282ff., hier S. 286ff.

[27] Friedrich-Wilhelm von Seydlitz, Der Offiziernachwuchs im deutschen Heer im Zweiten Weltkrieg; Study P-021, Historical Division USAEUR (1949), S. 31 (Ms).

[28] Oberkommando des Heeres/Heerespersonalamt (1. Staffel), Überblick über die Zusammensetzung und Schichtung des Offizierkorps und die sich daraus ergebenden Fragen; vgl. Anm. 3.

ander und von Mißtrauen geprägt war. Die Vertreter der traditionellen Offizierelite wehrten sich zunächst gegen diese Entwicklung und verhängten Sanktionen gegen alle, die sich im Sinne ihres Verständnisses offiziermäßigen Verhaltens des Vertrauensbruches schuldig gemacht und gegen die ungeschriebenen Gesetze soldatischer Gruppensolidarität verstoßen hatten. Waren solche Fälle in der Phase des Sieges selten gewesen und von der Heeresführung als Bagatellangelegenheit betrachtet worden, die durch Belehrungen aus der Welt geschafft werden konnten, so führte die krisenhafte Zuspitzung der militärischen Lage zwangsläufig auch zu einer härteren Linie der militärischen Führung im Hinblick auf die disziplinare und kriegsgerichtliche Würdigung von „defaitistischen und die Wehrkraft zersetzenden Äußerungen im Offizierkorps“[29]. Die Ablösung der überkommenen Auswahlmechanismen und die Vergrößerung des Offizierkorps durch Reserveoffiziere verschaffte der NS-Führung seit 1942 in einem bis dahin nicht gekannten Umfang Möglichkeiten der Kontrolle und Disziplinierung. Auf diese Weise glaubten die Partei und ihre Sachwalter in der Wehrmachtführung etwaigen systemdestabilisierenden Tendenzen im Heer vorbeugen zu können. Zweifellos stieg die ideologische Fremdbestimmung in dem Maße, in dem der „esprit de

[29] In den Belehrungsunterlagen, die das Heerespersonalamt zur Unterrichtung des Offizierkorps in unregelmäßigen Abständen verteilen ließ, findet sich ein Ereignis beschrieben, das, wie ich meine, die Belastungen, denen der einzelne Offizier, aber auch das Korps im ganzen ausgesetzt war, einprägsam widerspiegelt: OKH/HPA, Nr. 5700/43 geh. Ag P 2/Chefgr. vom 27. 4. 1943; BA-MA, RL 5/793: „Zersetzende Kritik: Ein Hauptmann d. R. und Komp.Chef hat in Gegenwart anderer Offiziere, teilweise auch seines Abteilungskommandeurs, häufig abfällige Äußerungen über die Partei und den Nationalsozialismus gemacht und sich seiner Bekanntschaft mit Schriftstellern aus Emigrantenkreisen gerühmt. Auf die Frage, er sei doch Nationalsozialist, hat er geantwortet, alles könne man von ihm verlangen, nur das nicht. Der Abteilungskommandeur ist gegen diese Äußerungen nicht sofort eingeschritten, sondern hat im Gegenteil den Offizier durch Fragen zu weiteren zersetzenden Äußerungen verleitet. Erst nachträglich hat er ihn mit einem Verweis bestraft und ihn veranlaßt, sich in Gegenwart der Offiziere, die die Äußerung gehört hatten, zu entschuldigen und dann die Angelegenheit damit für das Offizierkorps der Abteilung als erledigt erklärt. Ein der Abteilung angehörender Leutnant hatte sich mit dieser Behandlung der Angelegenheit nicht abgefunden und sich bei seinem älteren Bruder, der auch Offizier ist, Rat geholt. Als daraufhin der Bruder des Leutnants Meldung an seinen Btls.Kdr. erstattet hatte und der Vorfall auf diese Weise zur Kenntnis der Vorgesetzten kam, ordnete der Div.Kdr. gegen den Leutnant ein Ehrenverfahren an. In diesem Verfahren wurde der Leutnant mangelnder Zivilcourage und eines Vertrauensbruchs beschuldigt, weil er die Tatsache, daß er sich mit einer derartigen Erledigung des Vorfalls nicht abfinden konnte, nicht seinem Vorgesetzten gemeldet, sondern sich an seinen Bruder gewandt habe. Im Schlußgutachten des Ehrenrats wurde Verletzung der Ehre festgestellt und Entlassung aus dem Offizierkorps ohne Uniform vorgeschlagen. Der Div.Kdr. hat sich dem Vorschlag des Ehrenrats angeschlossen. Ausreichende Maßnahmen gegen den Komp.Chef und den Abt.Kdr. wurden nicht getroffen.
Maßnahmen:
a) Entlassung des Div.Kdrs. nach § 24 (2)b W.G.
b) Entlassung des Abteilungskommandeurs nach § 24 (2)b W.G., z.V.-Stellung zur Bewährung vor dem Feinde.
c) Fristlose Entlassung des Komp.Chefs nach § 24 (2)c W.G. mit Titelentzug, Wiederverwendung im niedrigsten Mannschaftsgrad erst aufgrund eines Gnadenerweises an den Führer genehmigt.
d) Belehrung des Leutnants unter Versetzung zu einem anderen Truppenteil.
Hinweise:
Ein Div.Kdr., der nicht erkennt, daß in erster Linie mit aller Schärfe gegen den Komp.Chef wegen seiner zersetzenden Äußerungen vorgegangen werden muß, und der aus dem Verhalten des Abt.Kdrs. nicht die nötigen Folgen zieht, hat als Vorgesetzter und Erzieher versagt. Er ist als Offizier der nationalsozialistischen Wehrmacht nicht mehr tragbar. Ein Kommandeur, der gegen zersetzende Äußerungen im Offizierkorps nicht unverzüglich mit den härtesten Maßnahmen einschreitet und Bemerkungen gegen die nationalsozialistische Weltanschauung duldet, schadet dem Ganzen, insbesondere dem Ansehen des Offizierkorps, und ist als Vorgesetzter ungeeignet. Ein Offizier, der sich über die Staatsführung herabsetzend äußert und der an den Einrichtungen des nationalsozialistischen Staates böswillig Kritik übt, ist als Offizier und Erzieher im nationalsozialistischen Staat untragbar."

corps" zersetzt wurde. Zugleich führte die soziale Öffnung dazu, daß ein Berufsfeld im modernen Sinn entstehen konnte, in dem sachfremde, einem noch ständisch geprägten Selbstverständnis entlehnte Vorstellungen von einer besonderen Berufung keine große Rolle mehr spielten. Die Entritualisierung des Aufnahmeverfahrens führte zwar zu einer an den Notwendigkeiten eines industrialisierten Massenkrieges orientierten Modernisierung, leitete aber gleichzeitig einen Prozeß ein, in dem die militärischen Führungsschichten, wie andere Gruppen der zivilen Gesellschaft, einer zunehmenden opportunistischen Anpassung ausgesetzt wurden.

Die endgültige Abkehr vom Wertekanon des 19. Jahrhunderts normalisierte das Verhältnis zwischen Offizier und Gesellschaft. Der totale Krieg, der alle Bevölkerungsschichten einem Überlebenskampf aussetzte, entmythologisierte und egalisierte die Existenzbedingungen des Offiziers, der damit zum „Volksgenossen" in Uniform wurde. Der „Staatsbürger" in Uniform, das Idealbild der Inneren Führung der Bundeswehr, profitierte zweifellos von diesem in den letzten Kriegsjahren vollzogenen radikalen Bruch mit den traditionellen Formen preußisch-deutscher Offizierrekrutierung.

d) Die Selektion des sozialen Umfeldes über die Heiratsordnung für Offiziere

Dem Betrachter mag die Erörterung der Heiratsordnung der Deutschen Wehrmacht als ein marginales, wenn nicht gar vernachlässigenswertes Problem der inneren Struktur dieser Streitkräfte erscheinen. Das ist nicht der Fall, denn Mentalitätsveränderungen werden in Gesellschaften, die das Verhalten ihrer Mitglieder einer Vielzahl von starren Regularien unterworfen haben, ja meist erst dann sichtbar, wenn diese Verhaltensmechanismen durch einen vorangegangenen Wertwandel verändert worden sind, und umgekehrt kann durch die Revision geltender Bestimmungen auch innerhalb einer sozialen Gruppe auch ein normativer Strukturwandel von außen herbeigeführt werden. An der Entwicklung der militärischen Heiratsordnung zwischen 1922 und 1942 läßt sich dieser Prozeß geradezu exemplarisch beobachten.

Bis zum Ende des Ersten Weltkrieges erfüllte die Heiratsordnung in den deutschen Armeen eine doppelte Funktion. Da die Besoldung der Leutnante, Oberleutnante und jüngsten Hauptleute die Führung eines dem Offizierstand angemessenen Haushaltes nicht zuließ, wurde die Zustimmung zur Eheschließung durch den Regimentskommandeur von der Zusage einer monatlichen Apanage von etwa 1500 bis 2500 Goldmark bzw. eines entsprechenden Vermögens abhängig gemacht[30]. Der militärische Vorgesetzte kam also einer Fürsorgepflicht gegenüber dem ihm anvertrauten Offizier nach, wenn er ihn vor unbesonnenen und finanziell riskanten Bindungen bewahrte. Andererseits ergab sich durch die geforderte Vermögenslage der Braut fast zwangsläufig bei der Gruppe der Offizierfrauen eine gewisse soziale Homogenität, die, wenn nicht dem Adel, so doch in der Regel der Oberschicht der bürgerlichen Gesellschaft entstammten. Ähnlich wie über das Institut des Reserveoffiziers erreichte so das Bildungs- und Wirtschaftsbürgertum den Aufstieg in den ersten Stand des Reiches durch Einheirat[31]. Die bürgerliche Ehefrau eines Offiziers erhielt damit zum Beispiel auto-

[30] Max van den Bergh, Das Deutsche Heer vor dem Weltkriege. Eine Darstellung und Würdigung, Berlin 1934, S. 130f. Der Verfasser unternimmt hier den Versuch, zu einer positiven Bewertung der Standespolitik des Offizierkorps zu gelangen. Zur Gegenposition vgl. Endres, Struktur, S. 304f.

[31] Van den Bergh, Deutsches Heer, S. 304f.

matisch Zugang bei Hofe. Das Detail verdeutlicht den immensen Prestigegewinn, der durch die Heirat mit dem Offizier für die Ehefrau verbunden war. Mit der Niederlage von 1918 und dem Sturz der Monarchie war auch die Wertskala zerbrochen, an der die Rolle des Offiziers in der Gesellschaft gemessen wurde. Da sich die Besoldungsverhältnisse nicht änderten, mußte auch in der Heiratsordnung vom 5. Januar 1922 das generelle Heiratsalter für Angehörige des Reichsheeres auf 27 Jahre fixiert bleiben, wie auch der Hinweis nicht fehlte, daß die finanzielle Zukunft des Paares gesichert sein müsse. Damit blieb, was die Herkunft der Braut betraf, der Vorkriegszustand weitgehend erhalten[32]. Die Forderung nach „Achtbarkeit der Familie" blieb fest mit deren finanziellem und somit gesellschaftlichem Niveau verknüpft.

Die wirtschaftliche Depression gegen Ende der zwanziger und zu Beginn der dreißiger Jahre ließ viele Angehörige gerade der gesellschaftlichen Schichten verarmen, auf deren finanzielle Leistungskraft junge Offiziere ihre Hoffnung gesetzt hatten. Noch in der Mitte der dreißiger Jahre war es manchem Offizier offenbar unmöglich, eine Ehefrau aus „standesgemäßen Verhältnissen" mit ausreichendem Vermögen zum Traualtar zu führen. Gleichzeitig galt es beispielsweise als äußerst standeswidrig, wenn ein Offizier versuchte, seine zukünftige Ehefrau über eine Annonce in einer Tageszeitung kennenzulernen[33]. Dieser, gemessen an den Verhältnissen der alten Armee, unerhörte Vorgang scheint jedoch nicht selten gewesen zu sein und signalisierte erste Anzeichen einer beginnenden Erosion des militärischen Standesbewußtseins. Auf die Heiratsanzeige eines 29jährigen Offiziers, der freimütig darauf hingewiesen hatte, er rechne mit einer standesgemäßen Aussteuer und einem größeren Vermögen bzw. einem monatlichen Zuschuß, reagierte das Wehrkreiskommando VII am 2. September 1935 mit einem harschen Verweis und dem Hinweis auf eine bereits 1932 erlassene Verfügung, in der es hieß, „es entspricht nicht unserer Standesauffassung, wenn ein Offizier mit Hilfe einer Zeitungsanzeige seine Lebensgefährtin zu finden sucht ... Pflege gesellschaftlichen Verkehrs – entsprechend der Notzeit in einfachen Formen – in den dem Offizierkorps geistig und weltanschaulich nahestehenden Kreisen wird dem Offizier Gelegenheit geben, dort seine Lebensgefährtin zu finden."[34]

Die Heiratsordnung überdauerte die Republik nur um wenige Monate. Bereits Ende Juli 1933 wurden Forderungen nach einer arischen Abstammung der Braut sowie des Nachweises einer nicht staatsfeindlichen Gesinnung der Familie erhoben und die Verfügung entsprechend erweitert[35]. Diese Ergänzungen standen in Einklang mit der inzwischen vom Regime verfügten Neuordnung des Beamtenrechts. Mit Wirkung vom 1. April 1936 wurde die Heiratsordnung von 1922 endgültig außer Kraft gesetzt und durch eine Neufassung ersetzt, in der den veränderten sozialen und politischen Rahmenbedingungen Rechnung getragen wurde[36]. Zunächst senkte man das Mindestalter auf 25 Jahre oder sechs Dienstjahre und glich es damit an das in bürgerlichen Kreisen übliche Heiratsalter an. Von der Braut und ihrer Familie verlangte die Heeres-

[32] HVBl. 1922, S. 51 ff., Verordnung über das Heiraten der Angehörigen der Wehrmacht vom 5. 1. 1922.
[33] Verfügung des Wehrkreiskommando VII, B 13 h IIa vom 20. 6. 1932, mitgeteilt mit: Wehrkreiskommando VII, B 13 h IIa geh. vom 2. 9. 1935; BA-MA, RH 53-7/v. 626.
[34] Ebd.
[35] HVBl. 1933, S. 109 ff., Ergänzung der Verordnung über das Heiraten der Angehörigen der Wehrmacht vom 5. 1. 1922, vom 20. 7. 1933.
[36] HVBl. 1936, S. 121 ff., Heiratsordnung vom 1. 4. 1936.

führung gemäß der Wehrmachtideologie nicht nur Neutralität, sondern ein deutliches Bekenntnis zum nationalsozialistischen Staat. Dabei blieb offen, auf welche Weise der entsprechende Nachweis erbracht werden sollte. In Übereinstimmung mit den Bestimmungen des Gesetzes zum Schutz der Erbgesundheit des deutschen Volkes vom 18. Oktober 1935 hatten Braut und Bräutigam nunmehr auch ein Ehefähigkeitszeugnis beizubringen.

Diese Verfügungen, obwohl auch für andere Gruppen der Gesellschaft verbindlich, schufen in dem zunächst noch weitgehend geschlossenen Bezirk des Offizierkorps Irritationen, verbreiteten Unsicherheit und weichten unmerklich das auf Kameradschaft gegründete Zusammengehörigkeitsgefühl auf. Anfang 1936 mußte der Oberbefehlshaber des Heeres schon eindringlich darauf hinweisen, daß Gerüchte oder Mutmaßungen über die nichtarische Abstammung eines Kameraden oder seiner Ehefrau gegen den Kameradschaftsgeist des Offizierkorps verstießen und zu unterlassen seien[37]. Welche existenziellen Probleme und seelischen Spannungen die Überprüfung der arischen Abstammung für viele Offiziere aufwarf, zeigt der Selbstmord eines jungen Leutnants, der befürchten mußte, wegen einer nichtarischen Großmutter aus der Wehrmacht entlassen zu werden. Da er die damit verbundene gesellschaftliche Stigmatisierung nicht zu ertragen glaubte, setzte er seinem Leben mit einem Kopfschuß ein Ende[38].

Das Heiratsalter von mindestens 25 Jahren, das nicht nur für Offiziere, sondern auch für Unteroffiziere und Mannschaften galt, kollidierte schon bald mit den bevölkerungspolitischen Interessen des NS-Regimes. Das fortgeschrittene Alter der Eheleute, so mutmaßte man, wäre dem erwünschten Kinderreichtum hinderlich. Gleichzeitig blieb der Prozentsatz der außerehelich gezeugten Soldatenkinder, wie bereits in der Reichswehr, so auch in der Wehrmacht, weiterhin konstant über dem Reichsdurchschnitt. Reichskriegsminister von Blomberg sah sich daher schon bald gezwungen, Ausnahmen vom Mindestalter für die Fälle zuzulassen, in denen die Geburt eines Kindes legalisiert werden sollte[39]. Offenbar versuchten in der Folge viele Soldaten durch die Schwangerschaft ihrer Verlobten, eine Heirat im Ausnahmeverfahren zu erzwingen, was wiederum das OKW veranlaßte, die Verfügung des Reichskriegsministers als eine „Kann-Bestimmung" auszulegen und die Zustimmung von einer dienstlichen Beurteilung abhängig zu machen[40]. Die Beispiele beleuchten die Versuche der Wehrmachtführung, auf dem schmalen Grad zwischen Tradition und zwangsläufiger Modernisierung voranzuschreiten, ohne in das eine oder andere Extrem abzugleiten. Die „Wehrmachtideologie" der Vorkriegszeit, mit der die Machtposition der Streitkräfte im nationalsozialistischen Staat durch eine Politik der flexiblen Anpassung erhalten bleiben sollte, machte nach den Vorstellungen der Traditionalisten in der Heeresführung im gesellschaftspolitischen Bereich nicht selten eine Schadensbegrenzung notwendig. Die Auflockerung des traditionellen Wertgefüges war zweifellos Produkt der extremen Personalvergrößerung des Offizierkorps nach 1935 und seiner damit

[37] Der Oberbefehlshaber des Heeres, Nr. 205/36 PA (2) vom 15. 1. 1936; BA-MA, RH 39/155.
[38] Truppenarzt I/Art-Rgt. 7, München Az. 49s vom 19. 4. 1937; BA-MA, RH 50/41.
[39] Der Reichskriegsminister und Oberbefehlshaber der Wehrmacht, Nr. 2656/37 geh. IIa vom 30. 10. 1937; BA-MA, RH 53-7/v. 626.
[40] Oberkommando der Wehrmacht Az. 13 k J (Ic), Nr. 1629/38 geh. vom 30. 7. 1938; BA-MA, RH 53-7/v. 626.

einhergehenden sozialen Öffnung. Die Konsolidierung der Gemeinschaft mußte nun zwangsläufig auf einem anderen, weniger exklusiven Niveau erfolgen.

Mit Kriegsbeginn unterlagen alle zur Wehrmacht Einberufenen unterschiedslos der Heiratsordnung[41]. Stärker noch als in den Jahren zuvor, achtete nun die Partei darauf, daß die Wehrmacht nicht gegen den Strom der Volksgemeinschaftsideologie schwamm. Damit setzte ein zäher, nicht immer sichtbarer Kampf zwischen den Befürwortern unwandelbarer soldatischer Grundsätze und denjenigen ein, die der Wehrmacht eine behutsame Anpassung empfahlen. Vor allem die nun in die höheren Kommandostellen vorrückenden Vertreter der Frontkämpfergeneration des Ersten Weltkrieges wurden nicht müde, das Menetekel eines neuerlichen Mentalitätsgefälles zwischen dem Offizierkorps und der Truppe zu beschwören. Ein anschauliches Beispiel für die Hartnäckigkeit, mit der die Heeresführung zunächst ihre überkommenen Prinzipien verteidigte, bietet ein Vorgang, mit dem der Oberbefehlshaber des Heeres unmittelbar nach Kriegsausbruch auf dem „Gnadenwege" dem Heiratsgesuch eines Oberleutnants stattgab, der seine schwangere Braut zu ehelichen gedachte. Brauchitsch sprach dem Offizier jedoch gleichzeitig sein schärfstes Mißfallen aus und stellte für die Zeit nach dem „besonderen Einsatz" weitere erzieherische Maßnahmen in Aussicht[42]. Ende 1940 forderte das Heerespersonalamt eine außerterminliche Beurteilung des jungen Offiziers über seine Bewährung vor dem Feind an. Nach dem diese offenbar bejaht werden konnte, wurde der Fall erst am 23. April 1941 als endgültig abgeschlossen betrachtet[43].

Zu diesem Zeitpunkt waren die moralischen Erwägungen, die diese Entscheidung bestimmt hatten, von der allgemeinen Entwicklung längst überholt. Am 28. Oktober 1939 hatte Himmler in seiner Eigenschaft als Reichsführer SS und Chef der Deutschen Polizei in einem SS-Befehl pathetisch, aber gleichsam auch lebensnah, unter anderem erklärt: „Über die Grenzen vielleicht sonst notwendiger bürgerlicher Gesetze und Gewohnheiten hinaus wird es auch außerhalb der Ehe für deutsche Frauen und Mädel guten Blutes eine hohe Aufgabe sein können, nicht aus Leichtsinn, sondern in tiefstem sittlichen Ernst Mütter der Kinder ins Feld ziehender Soldaten zu werden, von denen das Schicksal allein weiß, ob sie heimkehren oder für Deutschland fallen."[44] Er schloß daran die Aufforderung: „Auch für die Männer und Frauen, deren Platz durch den Befehl des Staates in der Heimat ist, gilt gerade in dieser Zeit die heilige Verpflichtung, wiederum Väter und Mütter von Kindern zu werden." Der Befehl, dessen Wortlaut unvollständig und verzerrt in der Wehrmacht kolportiert wurde, ließ eine besorgniserregende Unruhe bei den an der Westgrenze massierten Verbänden entstehen und veranlaßte den Oberbefehlshaber des Heeres, Himmler zu einer Interpretation seines Befehls anzuregen[45]. Die Affäre wirft ein bezeichnendes Licht auf die tiefe Kluft, die zwischen den Vertretern der Partei und führenden Angehörigen der Wehrmachtelite zumindest in sittlich-moralischen Fragen bestand. Tatsächlich scheint

[41] HVBl. 1939, Teil C, S. 376. Heiratserlaubnis für Offiziere vom 21. 10. 1939.

[42] Oberkommando des Heeres, Nr. 4122/39 g. PA (2) (Ia) vom 31. 8. 1939; BA-MA RH 53-7/v. 626.

[43] Oberkommando des Heeres, Nr. 847/40 g. PA (2) (II/IIc) vom 10. 12. 1940; BA-MA, RH 53-7/v. 626.

[44] Der Reichsführer SS und Chef der Deutschen Polizei im Reichsministerium des Innern, SS-Befehl für die gesamte SS und Polizei vom 28. 10. 1939; BA-MA, RH 39/421.

[45] Der Kommandierende General des XXX.A.K. Betr.: Stimmung in der Truppe vom 12. 1. 1940; BA-MA, RH 39/421.

man im Heer der Ansicht gewesen zu sein, der Reichsführer SS habe mit diesem Befehl seinen in der Heimat befindlichen SS-Männern den Auftrag erteilt, „sich um die Frauen der im Felde befindlichen Soldaten, um deren eheliche Beziehungen und um ihr engstes Familienleben" zu kümmern. Einige Divisionskommandeure, mit den innenpolitischen Sprachregelungen des Regimes weniger vertraut, ließen in den Anweisungen für die ihnen unterstellten Verbände keinen Zweifel, daß sie den Vertretern der Partei tatsächlich derartige Absichten unterstellten. So heißt es im Tagesbefehl des Kommandeurs der 93. Infanteriedivision: „Darüber hinaus dürfen wir zum Oberbefehlshaber des Heeres das Vertrauen haben, daß er für den notwendigen Schutz der Angehörigen der Soldaten in der Heimat sorgt."[46]

Himmlers Vorstoß war jedoch nicht die isolierte Tat eines ideologischen Phantasten. Fast zeitgleich schrieb Rudolf Hess einen offenen Brief an eine unverheiratete Mutter[47]. Das Dokument erläutert an der Schwelle des Frankreichfeldzuges die schon traumatische Vorstellung des Regimes, es könne wieder wie während des Ersten Weltkrieges zu einer rassischen Negativauslese kommen, es könne erneut eine Geburtenkatastrophe eintreten, die in den Jahren zwischen 1914 und 1918 zu einem demographischen Tief geführt hatte, deren Auswirkungen das NS-Regime zu Beginn des Krieges deutlich zu spüren bekam. Vor diesem Hintergrund ist der Hinweis zu verstehen, den Hess in die Worte kleidete: „Wenn daher rassisch einwandfreie junge Männer, die ins Feld rücken, Kinder hinterlassen, die ihr Blut weitertragen in kommende Geschlechter, Kinder von gleichfalls erbgesunden Mädchen des entsprechenden Alters, mit denen eine Heirat aus irgendeinem Grund nicht sofort möglich ist, wird für die Erhaltung dieses wertvollen nationalen Gutes gesorgt werden. Bedenken, die in normalen Zeiten ihre Berechtigung haben, müssen hier zurückstehen." Und an die Adresse der nach seinem Verständnis reaktionären Offizierclique war der Hinweis gerichtet: „Was wäre gar die preußische Armee ohne einen unehelichen Yorck! Was wäre Preußens Schicksal ohne diesen Mann! Wäre es ein Ausgleich, wenn dafür eine These der gesellschaftlichen Moral gesiegt hätte?!" Daneben findet sich gleichsam als Beruhigung für die religiös gebundenen Schichten der Bevölkerung die Bemerkung: „und es ist meine feste Überzeugung, daß er (der Herrgott) auch den Kindern seinen Segen nicht entzieht, die in den Notzeiten eines Krieges ihrem Volk geschenkt werden nach anderen als den uns sonst gewohnten Gesetzen". Vergleicht man diese massive Offensive der Partei mit der restriktiven Behandlung außerehelicher Verhältnisse im Heer, so wird der Anpassungsdruck deutlich, unter den der Moralkodex der militärischen Elite, je länger der Krieg dauerte, immer stärker geriet.

In einer Zeit, in der viele junge Offiziere noch vor Erreichen des heiratsfähigen Alters den Tod fanden, in denen sexuelle Bindungen aus Überlebensangst oder in der kurzen Freude, überlebt zu haben, eingegangen wurden, erschienen nicht nur überzeugten Nationalsozialisten Altersgrenzen und sittlich gerechtfertigte Skrupel anachronistisch. Der Wegfall jeglicher Altersgrenze, ja sogar die Zustimmung zu Ehen Minderjähriger über 18 Jahre vermischte sich in den folgenden Jahren zunehmend mit den bevölkerungspolitischen Vorstellungen des Regimes, das auf diese Weise den ständig steigenden Blutzoll auszugleichen suchte. Noch vor Beginn des Frankreich-

[46] Der Kommandeur der 93 I.D. vom 11.1.1940; BA-MA, RH 39/421.
[47] Rudolf Heß an eine unverheiratete Mutter; BA-MA, RH 53-7/v. 218b.

feldzuges wurde daher die zu erwartende Geburt eines Kindes, auch bei Offizieren, von dem Makel eines unehrenhaften und nicht standesgemäßen Verhaltens befreit. Durch eine möglichst frühzeitige Eheschließung sollte „zur Erhaltung deutschen Blutes ... gerade im Kriege allen rassisch wertvollen gesunden und verantwortungsbewußten Menschen frühzeitig der Weg zur kinderreichen Ehe eröffnet werden"[48]. An diesen Zitaten wird deutlich, wie weit sich das Heer bereits von seinen noch in der Zwischenkriegszeit gültigen Wertvorstellungen gelöst hatte. Erschien damals die Heiratsannonce eines Offiziers bereits als standeswidrig, so war man 1940 bereit, durchaus konform mit den Vorstellungen der Partei, die Folgen außerehelichen Geschlechtsverkehrs selbst bei Offizieren nicht nur hinzunehmen, sondern sogar gutzuheißen. Die Entscheidung, ob es sich dabei um einen weiteren Schritt in Richtung auf eine zeitgemäße Modernisierung des sittlich-moralischen Bewußtseins der militärischen Elite gehandelt hat, bleibt zweifellos dem subjektiven Ermessen jedes einzelnen Betrachters überlassen. Im Januar 1940 hatte sich Hitler gegenüber seinem Heeresadjutanten dezidiert kritisch über die Praxis der Heiratsordnung geäußert und sie als „reaktionär, zölibatisch und engstirnig" bezeichnet. „Einem zum Mann gewordenen Jüngling, der die Verantwortung trage, eine Waffe zu gebrauchen, müsse man auch zugestehen, nach seiner sexuellen Veranlagung zu einem Weibe zu gehen. Im übrigen sei das das heilsamste Mittel gegen Entartung. Spätestens mit 22 Jahren müsse dem Soldaten gestattet werden zu heiraten, und er werde diese dummen Heiratsbestimmungen ändern; die SS sei auch in dieser Hinsicht viel moderner und volksnaher als das Heer. Wie wolle man ein Volk vermehren, wenn man die Gründung einer Familie um ein halbes Jahrzehnt hinauszögere. Im Kriege seien solche Bestimmungen sowieso dummes Zeug, da man die Nachkommenschaft verhindere."[49]

Schwerwiegender als die Lockerung sittlicher Normen, die durch den Krieg und seine Begleiterscheinungen gerechtfertigt erschienen, wirkten sich die verschärften Anforderungen an die politische Unbedenklichkeit der Braut und ihrer Familie aus. Die „Heiratsordnung für den besonderen Einsatz" der Wehrmacht vom 21. Januar 1940, eine Formulierung, die den Begriff „Krieg" noch vermied, verlangte von der Ehefrau eines Offiziers nicht mehr nur Staatstreue, sondern die Bejahung des nationalsozialistischen Staates[50]. Nach dem Verständnis der Wehrmachtführung übernahm ein Offizier mit der Eheschließung auch die Verantwortung für die politische Einstellung seiner Ehefrau. Die entsprechenden Verfügungen atmen noch ganz den Geist eines patriarchalisch-orientierten Partnerschaftsverständnisses. Sie verlangten, „daß der Offizier auch für Handlungen und Unterlassungen seiner Frau mitverantwortlich ist und somit die Verpflichtung hat, seinen ganzen Einfluß auf das Verhalten seiner Frau zur Geltung zu bringen"[51]. In besonderen Fällen konnte politische Unzuverlässigkeit der Ehefrau dazu führen, daß der Ehemann von seinem Vorgesetzten zur Rechen-

[48] Oberkommando des Heeres, Nr. 1190/40 PA (2) (Ic) vom 1. 4. 1940; BA-MA, RH 21-2/v. 61; Oron James Hale, Adolf Hitler and the Post-War German Birthrate. An Unpublished Memorandum, in: Journal of Central European Affairs 17 (1957/58), S. 166f.

[49] Hildegard von Kotze (Hrsg.), Heeresadjutant bei Hitler 1938–1943. Aufzeichnungen des Majors Engel, Stuttgart 1974, S. 72, 22. 1. 1940.

[50] HVBl. 1940, Teil C, S. 396ff., Heiratsordnung für den besonderen Einsatz der Wehrmacht vom 21. 1. 1940, Ziffer 5.

[51] Der Stellvertretende Kommandierende General und Befehlshaber im Wehrkreis XVII, Abt. IIa Nr. 10049 geh. Az. 14a vom 26. 7. 1941; BA-MA, RH 21-2/v. 61.

schaft gezogen oder in seiner weiteren Karriere benachteiligt wurde. Damit besaß das Regime einen weiteren Hebel, um auch Sanktionen gegen einzelne Offiziere zu erreichen. Folgerichtig sollte – nach den Vorstellungen einer weiteren Kann-Bestimmung – nunmehr einer der drei von den Brautleuten zu bestimmenden Leumundszeugen der für die Braut zuständige Hoheitsträger der Partei sein[52]. Damit räumte die Wehrmacht der Partei eine erhebliche Kontrollmöglichkeit der politischen Einstellung junger Offizierfamilien ein. Vermochte die Armee dies in der Vorkriegszeit noch zu umgehen, so machte die Partei als Wächter über die „Volksgemeinschaftsideologie" unter den Bedingungen des Krieges ihren Einfluß immer stärker geltend. Aus der möglichen Einschaltung eines lokalen Hoheitsträgers wurde dann durch eine erneute Revision der Heiratsordnung noch vor Beginn des Ostkrieges eine zwingende Voraussetzung[53]. Es lag natürlich im Interesse der Partei, bei dem erheblich gewachsenen Umfang des Kriegsheeres über die politische Einstellung des militärischen Führernachwuchses informiert zu bleiben. Mit dieser Maßnahme ließ sich das Netz der individuellen Überwachung noch enger knüpfen. Hinfort galt nicht nur jeder Offizier als unzuverlässig, der eine Verbindung mit einer regimekritisch eingestellten Frau einzugehen beabsichtigte, sondern auch der Vorgesetzte, der sich über die ungünstige Beurteilung einer Ortsgruppe wissentlich hinwegsetzte, machte sich eines aktenkundigen Dienstvergehens schuldig.

Welche grotesken, aber nichtsdestoweniger bedrohlichen Auswirkungen diese Bestimmungen für die persönlichen Lebensverhältnisse junger Offiziere haben konnten, zeigt die Stellungnahme, die der NSDAP-Kreisleiter von Fürstenfeldbruck am 9. Dezember 1943 zur Heiratserlaubnis von Fräulein H. M. an das Stellv. Generalkommando VII A.K. abgab: „Mit Schreiben vom 7. Dezember teilten Sie uns mit, daß Ihnen die Beurteilung der Genannten nicht genügt. Ich möchte Sie davon verständigen, daß ich die Beurteilung nicht so kurz abgefaßt habe, wie sie im genannten Schreiben dargelegt ist. Unterm 27.11.43 teilte ich dem Kommandeur des Pz.Gren.Ers.Btl. 40 in Augsburg folgendes mit: ‚Die Genannte ist in der Kreisleitung vorstellig geworden und hat um Weiterleitung einer politischen Beurteilung an die vorgenannte Adresse gebeten, weil sie sich mit einem Wehrmachtsangehörigen verheiraten will.

Hierzu ist zu sagen, daß H. M. politisch gleichgültig ist und keiner Gliederung oder keinem Verband der NSDAP angehört. Sie kennt den Deutschen Gruß nicht. Ihr Vater Dr. O. M. war v. 1.9.30–1.8.35 Mitglied der NSDAP, ist dann ausgetreten. Die Mutter gehört ebenfalls keiner Gliederung der NSDAP an. Die Familie kann keinesfalls als politisch einwandfrei bezeichnet werden. Im Strafregister sind keine Einträge vermerkt. Ob diese Feststellungen gegen die Verheiratung mit einem Wehrmachtangehörigen sprechen, kann hier nicht beurteilt werden.' Ergänzend möchte ich noch hinzufügen, daß man eine Dame nicht als politisch zuverlässig ansprechen kann, wenn sie nicht einmal bei Betreten des Ortsgruppendienstraumes den Hoheitsträger mit ‚Heil Hitler' begrüßt und bei Verabschiedung dies ebenfalls konsequent vermeidet. Ihr Gruß war ‚Guten Tag'. Wenn man schon beim Hoheitsträger irgend etwas erreichen will, so muß man mindestens schon die Klugheit besitzen und sich hier so benehmen,

[52] HVBl. 1940, Teil C, S. 396 ff., Heiratsordnung für den besonderen Einsatz der Wehrmacht vom 21. 1. 1940, Ziffer 6b.

[53] HVBl. 1941, Teil C, S. 396 ff., Heiratsordnung für den besonderen Einsatz der Wehrmacht vom 7. 5. 1941, Ziffer 6b.

wie man es von einem gesinnungsmäßig anständigen Deutschen voraussetzen muß. Ich spreche daher Frl. H. M. ab, daß sie für den Nationalsozialismus auch nur das Geringste übrig hat."[54] In diesen wie in vielen anderen ähnlich gelagerten Fällen hing es letztlich von der Zivilcourage des vorgesetzten Offiziers ab, ob er sich dem Votum der Partei beugte oder nicht.

Mit der Verschärfung der politischen Überwachung verband sich gleichzeitig die Lockerung der bisherigen sittlichen und gesellschaftlichen Voraussetzungen einer Offiziersehe. Dabei zeigt sich, daß der Wortlaut der Verfügungen kaum geändert, den Begriffen nur eine dem Zeitgeist angepaßte neue Interpretation unterlegt worden war. Dieser Befund läßt sich auch auf anderen Untersuchungsfeldern beobachten und könnte zu dem Urteil verleiten, die Wehrmacht habe auch während des Krieges den ideologischen Freiraum bewahren können, den sie in der Vorkriegszeit zumindest partiell behauptet hatte. Doch führt eine solche Interpretation in die Irre. Die Heiratsordnung von 1922 forderte eine Ehefrau mit einwandfreiem Ruf aus achtbarer Familie. Eine identische Aussage findet sich auch in der Heiratsordnung vom Mai 1941. Doch das OKH hatte dazu eine eindeutige Sprachregelung ausgegeben. Es hieß nämlich: „Auch für die Beurteilung der zukünftigen Ehefrau muß das große volkspolitische Ziel richtunggebend sein." („Erhaltung deutschen Blutes und die Notwendigkeit, rassisch wertvollen Menschen den Weg zu kinderreicher Ehe frühzeitig zu eröffnen.") „Entscheidend ist der eigene Persönlichkeitswert der Frau, nicht die Wertung der Familie, der sie entstammt." Die Auslegung des Begriffs „‚achtbare Familie' ... muß frei von Engherzigkeit und Schema sein. Mängel von Eltern und Geschwistern usw., der zukünftigen Ehefrau, welche die Achtbarkeit der Familie ‚in Frage stellen', sind an sich kein Grund zur Verweigerung der Heiratsgenehmigung ..."[55] Damit hatte die Heeresführung endgültig mit dem traditionellen Bild, nachdem die Offizierfrau den „besseren Kreisen" zu entstammen hatte, gebrochen.

Auf den „Persönlichkeitswert" einer Offizierfrau fiel also auch durch die vorzeitige Geburt eines Kindes kein Makel. Selbst eine schuldhafte Scheidung sollte ihr nicht ohne weiteres als moralische Verfehlung ausgelegt werden[56]. Diese aus heutiger Sicht sicherlich fortschrittlich anmutenden Hinweise bedeuteten für viele, vor allem ältere Offiziere, einen radikalen Bruch mit der Vergangenheit. Doch die quantitative Vergrößerung des Offizierkorps zwang förmlich zu einer Abkehr von althergebrachten sittlichen Wertvorstellungen.

Noch ein weiteres Indiz beleuchtet augenfällig die veränderte soziale Komposition des Offizierkorps. Bis zum Ausbruch des Krieges bestand keine Notwendigkeit, in die Heiratsordnung des Heeres den Hinweis aufzunehmen, daß die Ehefrau eines Offiziers zur Sicherung des Lebensunterhaltes einem Broterwerb nachgehen dürfe. Zum einen war es bei Töchtern aus dem gehobenen Bürgertum weitgehend unüblich, einen Beruf auszuüben, zum anderen wurde selbstverständlich eine Mitgift vorausgesetzt, die dem jungen Paar eine standesgemäße Lebensführung ermöglichte. Der steigende Personalbedarf des Heeres während des Krieges führte dem Reserveoffizierkorps in immer größerem Umfang Nachwuchskräfte aus dem mittleren und unteren Bürgertum

[54] NSDAP/Gau München/Oberbayern/Kreisleitung Fürstenfeldbruck, 9. 12. 1943; BA-MA, RH 53-7/v. 626.
[55] Vgl. Anm. 48.
[56] HVBl. 1940, Teil C, S. 108ff., Heiratsordnung für den besonderen Einsatz der Wehrmacht vom 4. 3. 1940, Ziffer 5a, 1.

zu. Ließen sich noch 62,9 Prozent der Offizieranwärter der Jahre 1928/30 den sozial gehobenen Schichten zuordnen, während nur 36,7 Prozent dem mittleren Bürgertum und 0,4 Prozent den Unterschichten entstammten, so hatte sich Ende 1942 das Verhältnis bereits radikal verkehrt: Nur noch 21 Prozent ließen sich jetzt der oberen Kategorie zuordnen, während 51 Prozent der mittleren und 28 Prozent der unteren entstammten[57]. In diesen Schichten kamen die weiblichen Familienmitglieder in der Regel selbst für ihren Unterhalt auf. Weiterhin ist zu bedenken, daß die Ideologie der Volksgemeinschaft gerade von der Offizierfrau im steigenden Umfang einen Beitrag zu den Kriegsanstrengungen an der Heimatfront verlangte. Hatte der Befehlshaber des Ersatzheeres im September 1939 noch die traditionelle karitative Tätigkeit von Offizierfrauen in der Kranken- und Wohlfahrtspflege im Blick, so deutete er gleichzeitig doch schon die Möglichkeit einer Tätigkeit in der Rüstungs- und kriegswichtigen Industrie an[58]. Die Entwicklung zwang die Heeresführung dann auch dazu, in der Heiratsordnung von 1941, zumindest für die Dauer des Krieges, das Verbot einer Berufstätigkeit für Offizierfrauen erstmals aufzuheben[59]. Gleichzeitig ließ die entsprechende Formulierung erkennen, daß beabsichtigt war, nach Ende des Krieges, und mit Reduzierung des Heeres auf Friedensstärke, wieder zu den alten Zuständen zurückzukehren. Unmerklich räumte die Heeresführung in der ersten Kriegshälfte für das Selbstverständnis des Korps entscheidende Positionen, näherte sich das Heeresoffizierkorps immer stärker den Strukturen an, von denen es umgeben war. Der Weg zurück zu den Verhältnissen der Vorkriegszeit und des Reichsheeres wurde, je länger der Krieg dauerte, desto unwahrscheinlicher.

Der Anpassungsdruck, dem sich vor allem die älteren Offiziere des Heeres ausgesetzt sahen, besaß auch eine immer schärfer zutage tretende ideologische Dimension. Auch hier wirkte der Krieg als Katalysator. Bis unmittelbar nach Abschluß des Polenfeldzuges hatte Hitler jede Heirat von Wehrmachtangehörigen mit Ausländerinnen, auch der nordischen Staaten, grundsätzlich untersagt[60]. Sollte auf diese Weise zunächst eine unerwünschte Vermischung „rassisch hochwertiger deutscher Offiziere" mit Angehörigen der slawischen Staaten verhindert werden, so zeigte sich während der Besetzung der Staaten Westeuropas und Skandinaviens, daß diese Bestimmungen für die „germanischen Nachbarvölker" (Holländerinnen, Norwegerinnen, Schwedinnen und Däninnen) nicht aufrechterhalten werden konnten. Rasseideologische Einwände erschienen in derartigen Fällen wenig begründet[61]. Die nun geltende entwürdigende Prozedur, zu der die Wehrmachtführung ihre Zustimmung gab, läßt erkennen, welche groteske Formen der Heiratskonsens nach Ende des Krieges wohl angenommen hätte. Um – von Berlin aus – eine rassische wie politische Unbedenklich-

[57] Vgl. Anm. 96.

[58] Der Befehlshaber des Ersatzheeres vom 25. 9. 1939, mitgeteilt mit: Oberkommando des Heeres Az. 14 PA (2) I/Ia Nr. 7560/40 vom 28. 12. 1940; BA-MA, RH 12-1/v. 120.

[59] HVBl. 1940, Teil C, S. 108 ff., Heiratsordnung für den besonderen Einsatz der Wehrmacht vom 4. 3. 1940, Ziffer 50 und Anm. 54, Ziffer 5c.

[60] OKH, Nr. 3593/39 PA (2) Gr. I/Ia vom 10. 8. 1939; BA-MA, RH 39/201. Diese Verfügung bezieht sich, wie auch alle späteren, auf ausdrückliche Anordnungen Hitlers. In der Vorkriegszeit war nur in ganz besonderen Fällen die Heirat zwischen einem Offizier und Angehörigen der „Nordischen Staaten" erlaubt. Der entsprechende Befehl wurde am 6. 10. 1939 noch einmal wiederholt. OKH, Nr. 3593/39 PA (2) Gr. I/Ia vom 6. Oktober 1939; Jahresverfügung 1940, Abwehr von Spionage, Sabotage und Zersetzung in der Wehrmacht; BA-MA, RWD 10/1 (1940).

[61] OKW, Az. 13 h J (Ic) Nr. 400/41 geh. vom 28. 2. 1941; BA-MA, RW 4/v. 300.

keitsbescheinigung erhalten zu können, mußte jede Offizierbraut neben der von einer deutschen Dienststelle der besetzten Gebiete auszufertigenden eingehenden politischen Beurteilung nicht weniger als vier Lichtbilder einreichen, von denen zwei im Postkartenformat „die Braut in ganzer Figur (Vorder- und Seitenansicht)" darzustellen hatte[62]. Damit zog die Wehrmacht auch hier mit den Praktiken der SS gleich, die bei sämtlichen Heiratsanträgen, nicht nur der Führer, stets entsprechende Lichtbilder anforderte[63].

Die Entwicklung, der die hier ausführlich behandelte Heiratsordnung bis zur Mitte des Krieges unterworfen war, spiegelt den Anpassungsdruck wider, dem die Wehrmacht auch in anderen Lebensbereichen zunehmend erlag. Eine Viertelmillion Offiziere war kein Korps im traditionellen Sinne mehr. Die „Dekomposition der Armee", die Generaloberst Beck und viele andere hohe Offiziere Ende 1942 konstatierten, beinhaltete immerhin die Chance einer breiten sozialen Verwurzelung des Offiziers in der Gesellschaft, aber auch die Gefahr einer ideologischen Erosion[64].

e) Der Ehrenkodex

Als weiteres Beispiel mag in diesem Zusammenhang die Entwicklung des militärischen Ehrenkodex dienen. Die besondere Ehrauffassung des Offiziers, Derivat des adeligen Kastengeistes der altpreußischen Armee des 18. Jahrhunderts, überdauerte zunächst noch das Ende der Hohenzollernmonarchie, da die traditionelle Herkunfts-, Erziehungs- und Erfahrungsstruktur bei der Spitzengruppe im Offizierkorps der Reichswehr weitgehend erhalten blieb. Die durch die Aufrüstung nach 1933 erzwungene weitgehende soziale Öffnung und die nach 1942 möglichen „Blitzkarrieren" unterhöhlten den Konsens über die besondere Standesehre des Offiziers, die vor allem von den Jüngeren zunehmend als wenig zeitgemäß empfunden wurde[65]. Zu lange war versäumt worden, den Ehrbegriff inhaltlich neu zu füllen und ihn den Erfordernissen eines modernen, technisch geführten Krieges anzupassen. Die kollektive Ethik des Offizierstandes hatte einen Ehrbegriff hervorgebracht, dessen Normenkatalog primär an den Erfordernissen kriegerischer Bewährung ausgerichtet war. Neben den traditionellen soldatischen Sekundärtugenden wie etwa Tapferkeit, Mut und Entschlossenheit erhielten Pflichterfüllung und Treue gerade in der preußisch-deutschen Armee ein immer größeres Gewicht. Sie überlagerten in der Folge die eher individualethisch geprägten Elemente des Ehrbegriffs wie Wahrhaftigkeit, Offenheit und sittliche Untadeligkeit und ermöglichten schließlich den qualitativen Umschlag in die absolut gesetzten Forderungen nach „unverbrüchlicher Treue" und „blindem Gehorsam". Die traditionell enge Bindung des soldatischen Treue- und Gehorsamsbegriffs an die Integrationsfigur eines Obersten Kriegsherrn ließ im Nationalsozialismus den ständisch geprägten Ehrbegriff aufgehen in dem militärrechtlich fixierten Beziehungssystem von

[62] OKW, Az. 13 h AWA J (Va) Nr. 138/42 geh. vom 5. 8. 1942; BA-MA, Wi VIII 42.

[63] Bernd Wegner, Das Führerkorps der bewaffneten SS 1933–1945, Diss. Hamburg 1980, S. 350 (Ms).

[64] Ulrich von Hassell, Vom anderen Deutschland, Frankfurt 1946, S. 247, revidierte und erweiterte Neuausgabe, München 1986, im Druck.

[65] Friedrich Altrichter, Die seelischen Kräfte des Deutschen Heeres im Frieden und im Weltkriege, Berlin 1933, S. 234. Altrichters Auffassungen wurden zweifellos von der Mehrzahl der sich mit den Problemen „wehrgeistiger Führung" beschäftigenden Schriftstellern der Zwischenkriegszeit geteilt.

Befehl und Gehorsam, in dem jede Abweichung als Auflehnung geahndet werden konnte. Bereits das durch eine Wehrmachtideologie unmittelbar vor Kriegsausbruch zustandegekommene „Ehrenabkommen zwischen Partei und Wehrmacht" leugnete bewußt die besondere Ehre des Offiziers. Sie blieb im Gegenteil eingebunden in eine höherwertige, alle Volksgenossen gleichermaßen einschließende, „aus der nationalsozialistischen Weltanschauung geborene Ehrauffassung"[66]. Für die Masse der Offiziere, vor allem für die während des Krieges das Bild bestimmenden Reserveoffiziere, erschien diese Einstellung zeitgemäßer, als jener, an den Normen adeligen Standesbewußtseins orientierte Ehrbegriff, wie er sich in der Vorschrift „Wahrung der Ehre" aller nationalsozialistisch eingefärbten Präambeln zum Trotz immer noch behauptete. Dazu hatte 1937 der Oberbefehlshaber des Heeres bereits feststellen können, „daß die Verfügung ‚Wahrung der Ehre'" noch immer nicht allen Offizieren bekannt geworden sei. Sogar Offiziere in höheren Stellungen hätten keine bzw. nicht ausreichend Kenntnis genommen[67]. Major Engel, Hitlers Heeresadjutant, traf zweifellos die Stimmung vieler Kameraden seiner Altersgruppe, als er im Sommer 1939 feststellte: „Uns Jüngeren ist schon seit langem klar, daß die ganzen sogenannten Ehrbestimmungen einer gründlichen Überprüfung bedürfen."[68]

Unter dem Vorwand einer kriegsbedingt notwendigen Vereinfachung des Verfahrens wurden im Oktober 1942 alle Ehrengerichte des Heeres für die Dauer des Krieges suspendiert, nachdem die Luftwaffe entsprechende Einrichtungen bereits im September abgeschafft hatte[69]. Getreu dem nationalsozialistischen Führerprinzip übertrug Hitler nach einem entsprechenden Vorschlag des Heerespersonalamts dem jeweiligen Kommandeur die ausschließliche Verantwortung über die Erledigung von Ehrenfragen. Die Maßnahme bildete eine folgerichtige Ergänzung zu den in der zweiten Kriegshälfte eingeleiteten Strukturveränderungen im Heer. Übernahm das Offizierkorps nicht mehr die Verantwortung über die Aufnahme des einzelnen in seine Reihen, besaß es auch keinen eigenen Ehrenkodex mehr, über dessen Einhaltung nur diejenigen hätten wachen können, die diese Prinzipien selbst lebten, so wurde ein eigenständiger Sanktionsmechanismus in der Tat überflüssig[70]. Das Korps in seiner Gesamtheit verlor damit aber das Recht, kollegial über die Normenwahrung seiner Angehörigen zu entscheiden. Zweifellos drängte die Lage an den Fronten, wo die Führer einzelner Einheiten kaum Zeit und Möglichkeit zur Einberufung eines Ehrenrates fanden, zu einer prozessualen Vereinfachung. Bei der Aufzählung der einzelnen Deliktgruppen, bei denen die Eröffnung eines Ehrenverfahrens noch gerechtfertigt sein sollte, stand jetzt bezeichnenderweise die Ahndung von Verstößen gegen die weltanschauliche Gesinnung an erster, die Verteidigung der Ehre an siebter und letzter Stelle[71]. Ein ideologischer Konformismus, der gegen Ende des Krieges auf blindem, unerschütterlichem Gehorsam und mystifizierendem Endsieglauben bestand, überlagerte altpreußische Tugenden wie Wahrheit, Offenheit, Tapferkeit und sittliche Unta-

[66] Messerschmidt, Wehrmacht, S. 89.
[67] Der Oberbefehlshaber des Heeres, Nr. 1885/37 PA (2) Ia vom 13. 4. 1937 geh. – Wahrung der Ehre; BA-MA, RH 39/154.
[68] Von Kotze, Heeresadjutant, S. 55, 20. 7. 1939.
[69] Messerschmidt, Wehrmacht, S. 383 ff.
[70] Ebd., S. 387. Diensttagebuch Chef HPA, S. 9, Eintrag vom 15. 10. 1942.
[71] Messerschmidt, Wehrmacht, S. 386.

deligkeit, die bis dahin für die Ehre eines Offiziers bestimmend gewesen waren. Als General Wilhelm Burgdorf, der Nachfolger Schmundts an der Spitze des Heerespersonalamts, Ende 1944 den Begriff „Ehrensachen" als Stichwort in der vom Personalamt herausgegebenen regelmäßig erscheinenden Sammlung von Belehrungsfällen für die Erziehung im Offizierkorps strich und durch eine am Militärdisziplinar- und Strafrecht orientierte Tatbestandsdefinition ersetzte, war die besonders akzentuierte Ehrauffassung des deutschen Offiziers bereits in einem nebulösen, aus den Wurzeln einer sozialdarwinistisch pervertierten Frontkämpferideologie entstandenem nationalsozialistischen Ehrbegriff aufgegangen[72]. Nachdem das Korps sich kaum mehr aus dem preußischen Adel und den „offizierfähigen Schichten" rekrutierte, verlor auch der ihm eigene Ehrbegriff seine Funktion. Schon gar nicht ließ er sich nachträglich bei denen implantieren, denen diese Ehrauffassung nie etwas bedeutet hatte[73].

2. Beförderungskriterien: Anciennität oder Leistung?

Der bedeutsamste Schritt, das gewachsene Ordnungsgefüge des Offizierkorps nachhaltig zu verändern, erfolgte durch die Neuordnung der Beförderungsbestimmungen. Die „Anciennität", d.h. die Beförderung nach dem Dienstalter, gehörte seit dem 18. Jahrhundert zu den unverrückbaren Grundpfeilern im militärischen Ranggefüge der preußisch-deutschen Armee. Sie bildete das Grundgesetz einer Gesellschaft gleichwertiger Mitglieder, die daher unterscheidender, nicht aber wertender Ordnungsprinzipien untereinander bedurften, wie sie auf der Basis des Dienstalters sozusagen von selbst zweifellos gegeben waren. Mit der „Beförderung nach dem Rangdienstalter" traten wertende und einteilende Regularien in eine fruchtbare Kombination. Wer die Befähigung zum nächsthöheren Dienstgrad nachgewiesen hatte, konnte nach einer im voraus festgelegten Anzahl von Dienstjahren im Rahmen der Anciennität befördert werden. Ein die Gruppensolidarität sprengender Ehrgeiz ließ sich auf diese Weise – zumindest im Frieden – ebenso unter Kontrolle halten wie ein den gemeinsamen Ehrenkodex verletzendes Kriechertum[74]. Das Prinzip wurde indes nie statisch gehandhabt. Bevorzugte Beförderungen als Stimulanz der Leistung, um einzelne herausragende Führerpersönlichkeiten bei Bedarf schnell befördern zu können, sind immer wieder praktiziert worden, blieben aber bis zum Ende des Kaiserreiches quantitativ stets die Ausnahme.

Die Massenverluste des Ostkrieges forderten seit Jahresbeginn 1942 zwingend eine Lockerung der Einstellungsvoraussetzungen und, damit verbunden, eine Dynamisierung der Beförderungsstruktur. Dieser Prozeß kann wegen der unabweisbaren Erfordernisse eines modernen technisierten Massenkrieges nur bedingt als eine „Elitenmanipulation" angesehen werden. Personelle Verjüngung nach Maßgabe der physischen Leistungsanforderungen des jeweiligen Dienstpostens statt Avancement nach Anciennität, Koppelung von Dienstgrad und Dienststellung statt starrem Festhalten

[72] Ebd., S. 387.

[73] Der Chef der Heeresrüstung und Befehlshaber des Ersatzheeres/Chef des Ausbildungswesens im Ersatzheer, Az. KS VI 2a in EB (F II), Nr. II 190/43 vom 1. 2. 1943; BA-MA, RH 12-1/v. 120.

[74] Untersuchungen zur Geschichte des Offizierkorps. Anciennität und Beförderung nach Leistung, hrsg. vom MGFA, Stuttgart 1962, S. 177ff.

an einem Friedensstellenplan, „Bewährung in der Dienststellung" als zentrales Beförderungskriterium statt Friedensbeurteilung und außerdienstliche Eignung bewirkten in der zweiten Kriegshälfte einen erheblichen Modernisierungsschub. Die in diesem Zusammenhang angeordneten Maßnahmen standen meist in unmittelbarem Zusammenhang mit den extremen Personalverlusten des Feldheeres.

Anfang 1942 galt für die Masse des Offizierkorps noch das Avancement nach der qualifizierten Anciennität, bei der der nach dem Dienstalter zum nächsthöheren Dienstgrad anstehende Offizier auch die Befähigung für den höheren Rang nachzuweisen hatte[75]. Die Kämpfe während der Sommeroffensive 1942 im Osten erwiesen schon bald, vor allem bei den unteren Offizierchargen, eine deutliche Diskrepanz zwischen Dienstgrad und Dienststellung. Eine unausgewogene Altersschichtung und steigende Verluste erzwangen bereits im Herbst gleichen Jahres eine generelle Neuregelung der Offizierbeförderung. Ende September mußten bereits 14219 Offizierdienstposten im Feldheer unbesetzt bleiben. Eine Fehlquote, wie sie erst wieder unmittelbar vor dem Zusammenbruch 1944/45 erreicht wurde[76]. Am 1. Oktober 1942 war das Offizierkorps des Heeres mit 180765 Mann im Verhältnis zur Gesamt-Iststärke dieses Wehrmachtteils von etwa 7300000 auf seinem tiefsten Stand während des Krieges angelangt[77]. Die Koinzidenz der Bekanntgabe des entsprechenden Erlasses und der Ernennung von Hitlers Generaladjutanten und uneingeschränktem Bewunderer Rudolf Schmundt zum Chef des Heerespersonalamtes haben die Vermutung genährt, daß weniger der Zwang der Situation, als vielmehr der Versuch, nationalsozialistisches Gedankengut – wie etwa die Vorstellung von der Bewährung im Kampf als der einzig artgemäßen Daseinsform – durchzusetzen, diese Entwicklung bestimmt hätte. Diese Annahme geht aber fehl. Ende 1942 gab es im Heer schon keine andere Alternative als eine generelle leistungsbezogene Beförderung.

Ideologische Motive spielten bei der grundsätzlichen Entscheidung zugunsten der Leistungsbeförderung offenkundig keine Rolle. Das Regime erkannte allerdings sehr schnell die Chancen, die ihm diese Entwicklung bot. Die Kriterien, nach denen die individuelle Leistung beurteilt werden sollte, entstammten daher dem spezifischen Repertoire nationalsozialistischer Gesellschaftspolitik[78]. So blieb die Bewährung im Kampf die zentrale Bewertungsgrundlage, wurde erfolgreiches Krisenmanagement zu einem Zeitpunkt Markenzeichen militärischen Führertums, als der Krieg sich für das Reich zu einer Dauerkrise entwickelte. Damit wurde der Frontoffizier endgültig zur Leitfigur der Offiziersauswahl. Ideologische Rückgriffe auf den Ersten Weltkrieg wurden von Hitler und dem Heerespersonalamt dabei bewußt propagiert. Das Front-

[75] Reinhard Stumpf, Die Wehrmacht-Elite. Rang- und Herkunftsstruktur der deutschen Generale und Admirale 1933–1945, Boppard 1982, S. 326. Zum Vorhergehenden vgl. ebd., S. 341 ff.

[76] Heerespersonalamt 1. St./Chefgr. Nr. 203/44 gKdos. vom 9. 2. 1944, Aufschlüsselung des Fehlbestandes an Offizieren der Felddivisionen; BA-MA, H 6/265.

[77] Stellv. Chef HPA/Ia, Nr. 643/45 gKdos. vom 24. 3. 1945, Aufschlüsselung des Fehlbestandes an Offizieren der Felddivisionen; BA-MA, H 6/265. OKH/PA (1) St. 21/42 vom 4. 11. 1942, Verfügung zur Förderung von Führerpersönlichkeiten, abgedruckt in: Untersuchungen zur Geschichte des Offizierkorps. Anciennität und Beförderung nach Leistung, hrsg. vom MGFA, Stuttgart 1962, S. 286 ff., Dokument Nr. 20a. Ist-Stärke des Feld- und Ersatzheeres am 31. 12. 1942, Org.Abt. OKH, Handschr. Aufzeichnungen 1944; BA-MA, RH 2/v. 1341.

[78] OKH/PA (1) St. 21/42 vom 4. 11. 1942, Verfügung zur Förderung von Führerpersönlichkeiten, abgedruckt in: Untersuchungen zur Geschichte des Offizierkorps. Anciennität und Beförderung nach Leistung, hrsg. vom MGFA, Stuttgart 1962, S. 286 ff., Dokument Nr. 20a.

kämpfertum des „Großen Krieges" bildete den Nährboden, auf dem die Freikorps ebenso wie die nationalsozialistischen Sturmabteilungen der Kampfzeit – zumindest ihrem Anspruch nach – gewachsen waren. Ihre Führungsgruppen waren stets bestrebt gewesen, die Nähe zu den sozial erwünschten und damit offizierfähigen Kreisen der kaiserlichen Armee ebenso zu meiden, wie sie später auch den Elitecharakter des Reichswehroffizierkorps Seecktscher Prägung ablehnten[79]. Mit ihrer Übernahme in das Heeresoffizierkorps des Zweiten Weltkrieges, sei es als reaktivierte Offiziere oder als Reserveoffiziere, brach der aus dem Ersten Weltkrieg bekannte Gegensatz zwischen Frontoffizier und Stabs- bzw. Etappenoffizier erneut auf[80]. Im Lichte dieser Entwicklung erhält auch die Ende 1942 dekretierte Abschaffung der eigenen Uniform des OKH mehr als nur formale Bedeutung. Bereits unmittelbar nach seinem Amtsantritt hatte Schmundt dazu klar Stellung bezogen: „Nicht Zufall. Befehl des Führers: Das Kleid der Front soll auch im OKH Ehrenkleid sein, der Infanterist ist stolz auf seine bewährte Waffe, er scheut sich, ihre Farbe zu verleugnen."[81] Zweifellos sah der neue Chef des Heerespersonalamtes eine seiner wichtigsten Aufgaben darin, den Vorstellungen von einem einheitlichen „Führerkorps des Heeres" energisch Geltung zu verschaffen. Die Einebnung der unterschiedlichsten Offizierlaufbahnen bildete daher neben den geänderten Einstellungs- und Beförderungsgrundsätzen den dritten Ansatzpunkt der Reform[82]. Nach der noch schrittweisen Übernahme der Ergänzungsoffiziere in das aktive Truppenoffizierkorps folgten im Oktober 1942 die Kriegsoffiziere, d.h. die während des Krieges zum Offizier beförderten ehemaligen Berufsunteroffiziere[83].

Gleichzeitig war die Wehrmachtführung bestrebt, die Generalstabsoffiziere ihrer Sonderstellung zu entkleiden. Bis zu diesem Zeitpunkt hatte die Zentralabteilung im Generalstab des Heeres die gesamte Personalführung der Generalstabsoffiziere gesteuert. Somit dokumentierte sich bereits in der gewählten Organisationsform die herausragende Bedeutung dieser „Führergehilfen". Mit der Überführung der Generalstabspersonalia ins Heerespersonalamt wurde der besondere Status des Generalstabs des Heeres, dem daher auch nach 1945 die alliierten Untersuchungsbehörden mit besonderem Argwohn begegneten, des heiligen Grals deutscher militärischer Führungstradition bewußt und nachhaltig zerstört. Mit dem Befehl, Generalstabsoffiziere zukünftig nicht mehr bevorzugt zu befördern, es sei denn, sie dienten an der Front, erließ das Heerespersonalamt noch eine weitere egalisierende Anordnung[84]. Eine infolge der rasch ansteigenden Verluste erforderliche enorme Verbreiterung der sozialen Rekrutierungsbasis, eine weitgehende Nivellierung innerhalb der einzelnen Offizierlaufbahnen und die uneingeschränkte Leistungsbeförderung für alle Angehörigen des Truppenoffizierkorps sind die Hauptmerkmale der Personalpolitik des Heeres in der zweiten Kriegshälfte[85].

[79] Vgl. Anm. 19.
[80] Reichswehrministerium, Chef der Heeresleitung, Nr. 128/27 geh. PA (Chef) vom 22. 9. 1927, Der Chef der Heeresleitung General der Infanterie Heye über Persönlichkeitserziehung, abgedruckt in: Offiziere im Bild von Dokumenten aus drei Jahrhunderten, hrsg. vom MGFA, Stuttgart 1964, S. 246ff., Dokument Nr. 93.
[81] Schmundt-Rede vom 17. 11. 1942, vgl. Anm. 19.
[82] Stumpf, Wehrmacht-Elite, S. 328f.
[83] Ebd., S. 328.
[84] Ebd., S. 329.
[85] Schmundt-Rede vom 17. 11. 1942; vgl. Anm. 19.

Die Leistungsbeförderung ebnete, je näher die Agonie des Reiches heranrückte, nicht nur dem militärisch Tüchtigen, sondern auch dem ideologisch Zuverlässigen den Weg in Spitzenstellungen der militärischen Hierarchie. Die Auflösung des Korpsgeistes kommt auch in einer bewußten Vermeidung des Begriffs „Offizierkorps" zum Ausdruck. Das „Militärische Führerkorps", wie es sich nach dem Willen Hitlers Ende 1944 konstituierte, umfaßte Offiziere im Truppendienst, Offiziere im Truppensonderdienst und Wehrmachtsbeamte im Offizierrang[86]. Diese Lösung war offenbar nur als eine Etappe auf dem Weg zu einem einheitlichen Wehrmachtführerkorps gedacht, in dem sich Offiziere und Unteroffiziere nur durch funktionale, nicht aber durch Statusunterschiede voneinander abgrenzen sollten[87]. Wie weit diese Zukunftsprojektion in den letzten Kriegsmonaten im Begriff war Realität zu werden, beweist eine Anregung des Generalinspekteurs für den Führernachwuchs, in dessen Dienststelle die ehemalige Inspektion für das Erziehungs- und Bildungswesen des Heeres im März 1944 aufgegangen war. Am 26. Oktober 1944 schlug General von Hellermann vor, das Heerespersonalamt sollte zukünftig alle Offizier- und Unteroffizierpersonalien unter dem Stichwort „Führerkorps des Heeres" bearbeiten[88]. Die Anlehnung an die Nomenklatur der Parteiorganisation war dabei bewußt gewählt, hatte doch Hitler selbst in einem früheren Stadium der Diskussion, wenn auch zunächst noch vergeblich, versucht, den Begriff des „Leiters" in die militärische Terminologie zu implantieren[89].

Nur durch die Abschaffung der psychologischen Prüfungen, die verstärkte Übernahme von Berufsunteroffizieren und einer weitgehenden Lockerung aller sozialen und bildungsmäßigen Einstellungsvoraussetzungen ließ sich also das Ausbluten des jüngeren Heeresoffizierkorps nach den Rückzugschlachten im Sommer 1944 verlangsamen. Im Gefolge dieser gravierenden Veränderungen in den Einstellungsbedingungen für die Offizierlaufbahn und der damit einhergehenden einseitigen Stimulierung des „jugendlich zupackenden" Kämpfertypus traten in der Endphase des Krieges die negativen Seiten dieses Ausleseprinzips scharf hervor. Die bewußte Vernachlässigung wichtiger Leistungsmerkmale, die den Offizierberuf in einer modernen technisierten Armee auszeichnen, wie etwa die Fähigkeit zur Führung und Versorgung motorisierter Großverbände über große Distanzen, oder der Kampf verbundener Waffen, verschaffte den Streitkräften in den unteren Offizierdienstgraden bis etwa zum Rang eines Majors zweifellos den für den unmittelbaren Fronteinsatz geeigneten Nachwuchs. Eine undifferenzierte Leistungsbeförderung ausschließlich bezogen auf die Bewältigung von Krisenlagen, führte hingegen dazu, daß in immer stärkerem Maße junge Offiziere auch in höhere Truppenführerstellungen (Regiments- und Divisionskommandeure) aufrückten, die sie aufgrund mangelnder theoretischer Ausbildung und Lebenserfahrung nicht mehr adäquat ausfüllen konnten[90]. Zu spät erkannte das Heerespersonalamt, daß eine nach den Grundsätzen individueller Leistung ausgerichtete Beförderungsstruktur unbedingt eines flexibel zu handhabenden Korrektivs bedurfte. Die

[86] Stumpf, Wehrmacht-Elite, S. 184.
[87] Ebd., S. 185f.
[88] Diensttagebuch Chef HPA, S. 298, Eintrag vom 26. 10. 1944. Oskar Munzel, Der Offiziernachwuchs des deutschen Heeres ab 1920; Study P-041, Historical Division USAEUR (1949), S. 7; vgl. auch: Diensttagebuch Chef HPA, S. 189, Eintrag vom 4. 8. 1944.
[89] Stumpf, Wehrmacht-Elite, S. 184, Anm. 481.
[90] HPA-Notiz für Führervortrag, ausgefertigt am 23. 11. 1944; BA-MA, H 4/5. Stumpf, Wehrmacht-Elite, S. 333f.

Einführung einer dem angelsächsischen Vorbild des „temporary rank" entsprechenden normierten Form der Dienstgradherabsetzung bei erwiesener mangelnder Eignung scheiterte jedoch bis Kriegsende am Widerstand des Offizierkorps, das auf diesem Feld mehr Widerstand leistete, als die Wehrmachtführung erwartet hatte.

Nach den Traditionen des deutschen Militärrechts existierte eine Dienstgradherabsetzung für Offiziere nur als disziplinäre Maßnahme nach schweren Verfehlungen und erfolgte daher ausschließlich durch eine Wiederverwendung des Verurteilten im niedrigsten Mannschaftsdienstgrad. Jede Form einer Dienstgradherabsetzung aufgrund mangelnder Eignung war somit immer mit dem Stigma strafrechtlich relevanten Fehlverhaltens behaftet[91]. Damit verkehrte sich das Prinzip der Leistungsbeförderung, das bei der Auswahl der jüngeren Einheitsführer durchaus positive modernisierende Aspekte gehabt hatte, während der zweiten Kriegshälfte im Hinblick auf die Zusammensetzung und Qualität des mittleren Truppenführerkorps – vom Standpunkt der militärischen Effektivität aus – nicht selten in sein Gegenteil.

Viele Veränderungen, die das Heeresoffizierkorps in der zweiten Kriegshälfte erfuhr, erfolgten situationsbezogen oder zwangsläufig. Andererseits bekämpfte der nationalsozialistische Staat, wie alle totalitären Regime von höchst sensiblem Gespür für die Stimmungsschwankungen in der Bevölkerung, tradierte Strukturen nur dort, wo er sich im Einklang mit der Mehrheit des Offizierkorps glaubte. In der Tat hatten weder das Prinzip der Anciennität und der Ehrenkodex noch die hergebrachten Bestimmungen der Heiratsordnung zum Zeitpunkt ihrer Veränderung die Zustimmung der aktiven oder gar der Reserveoffiziere des Kriegsheeres. Das Korps befand sich bereits in Auflösung, als ihm die Korsettstangen seiner altpreußischen Tradition entfernt wurden.

Die Einführung der Leistungsbeförderung hat daher in der Forschung Zweifel aufkommen lassen, ob, bezogen auf die zweite Kriegshälfte, der Begriff „Offizierkorps des Heeres" noch im herkömmlichen Sinn verwendet werden kann[92]. Die Abschaffung ständisch orientierter Formen der Kooptation wie etwa der Offizierwahl, mit der die Massenarmee endgültig den Charakter einer geschlossenen Gesellschaft verlor, verstärkt diesen Eindruck[93]. Das Offizierkorps des Heeres, wie es sich in den letzten Kriegsjahren präsentierte, verband in der Tat nur noch wenig mit der Elite des Reichsheeres von 1933. Ohne soziale Exklusivität, ohne funktionsfremde Privilegien und seines traditionellen, auf sich selbst bezogenen Normengefüges entkleidet, war es in der Gesellschaft aufgegangen. Es hatte sich auch in dem Sinne modernisiert, als es sich den spezifischen Bedingungen des modernen Krieges angepaßt hatte. Im Offizier-

[91] Helmuth Bachelin, Bearbeitung von Offizier-Personalangelegenheiten im deutschen Heere; Study P-041, Historical Division USAEUR (1949), S. 55 ff. Der Chef des Heerespersonalamts Ag P 2, Nr. 9690/44 geh. vom 10. 8. 1944, Arbeitsrichtlinie für Dienstgradherabsetzungen; BA-MA, H 6/258g. Die Anweisung trägt deutlich den Stempel einer auf extreme Fälle zu beschränkenden Ausnahmeregelung.

[92] Untersuchungen zur Geschichte des Offizierkorps. Anciennität und Beförderung nach Leistung, hrsg. vom MGFA, Stuttgart 1962, S. 203 ff. Stumpf, Wehrmacht-Elite, S. 322, Anm. 84.

[93] Endres, Struktur, S. 306 f. Karl Demeter, Das deutsche Offizierkorps in Gesellschaft und Staat 1650–1945, Frankfurt [4]1965, S. 150. Kdr. Inf. Rgt. 40, Oberst Nißl, über einen Besuch bei italienischen Truppen: „Am inneren Wert der Truppe ist zu zweifeln, weil es ein Offizierkorps im deutschen Sinn einer Regimentsritterschaft ... nicht gibt." Inf.Rgt. 40, Nr. 233/36 gKdos. vom 18. 11. 1936; BA-MA, RH 53-7/v. 1204. Siegfried Westphal, Heer in Fesseln. Aus den Papieren des Stabschefs von Rommel, Kesselring und Rundstedt, Bonn 1950, S. 79, zitiert eine Äußerung Hitlers über die deutsche Generalität: „... antiquierte Ritter mit verstaubter Ehrauffassung".

korps des Heeres war gegen Ende des Krieges die Volksgemeinschaftsideologie des Nationalsozialismus weitgehend realisiert worden. Die soziale Öffnung der militärischen Elite hat die Kampfkraft des Heeres vor allem im Fronteinsatz zweifellos erheblich gestärkt.

Es ist bezeichnend, daß im Rahmen der westdeutschen Wiederbewaffnung keine der hier skizzierten gruppenimmanenten Typika grundlegend korrigiert wurden, wenngleich natürlich ihre ideologisch motivierten Begründungen eliminiert wurden. Neben einer gewissen personellen Identität besaß das Offizierkorps der Bundeswehr in seiner Entstehungsphase auch deutliche strukturelle Gemeinsamkeiten mit der militärischen Elite des deutschen Heeres am Ende des Zweiten Weltkrieges.

3. Zur Typologie des Frontoffiziers des Zweiten Weltkrieges

Wurde in den vorangegangenen Abschnitten versucht, die Voraussetzungen und Formen des sozialen Wandels im Heeresoffizierkorps zu beleuchten, so sollen abschließend seine Wirkungen auf eine bestimmte Gruppe von Offizieren analysiert werden. Im Gegensatz zum Frontoffizier des Ersten Weltkrieges, dessen Erscheinungsbild in der Zwischenkriegszeit Gegenstand zahlreicher wissenschaftlicher und auch politisch-publizistischer Untersuchungen gewesen ist, hat diese Gruppe von Offizieren des Zweiten Weltkrieges bis heute keine adäquate Bearbeitung gefunden.

Vor allem der Mangel an repräsentativem, sozialstatistisch verwertbarem Material verhinderte bisher eine genauere Erforschung des Heeresoffizierkorps im Zweiten Weltkrieg. Statt dessen entstanden im Gefolge der wegweisenden Studie von Karl Demeter zahlreiche Arbeiten zu Teilaspekten wie etwa Bildung, Ausbildung, Organisationsstruktur und Personalwesen[94]. Infolge der desolaten Quellenlage blieben sie stets nur auf eine bestimmte Ranggruppe oder das Offizierkorps einzelner Verbände beschränkt. Einigermaßen verbindliche Aussagen über die innere Struktur der Führungsgruppe des deutschen Heeres, und hier vor allem der mittleren Kommandoebene, waren so nicht zu gewinnen[95]. Diese Gruppe der jüngeren Truppenoffiziere, die gegen Ende des Krieges den Großteil der Kompanie- und Bataillonsführer gestellt hat, repräsentiert den wehrmachtspezifischen Typus des Frontoffiziers. Es handelt sich bei ihnen um diejenigen, die als ältere Jugendliche und junge Erwachsene die außen- und innenpolitischen Erfolge des Regimes miterlebt hatten, was ihre aufgeschlossene Haltung zum Nationalsozialismus stark geprägt haben dürfte. Sie entstammten weitgehend den noch friedensmäßig ausgebildeten Geburtsjahrgängen 1914–1918. Die Ausleseprinzipien und Erziehungsmechanismen der Vorkriegszeit haben auf diese Gruppe besonders intensiv gewirkt.

[94] Demeter, Deutsches Offizierkorps; Absolon, Offizierkorps des deutschen Heeres; Detlef Bald, Der deutsche Offizier. Sozial- und Bildungsgeschichte des deutschen Offizierkorps im 20. Jahrhundert, München 1982; Untersuchungen zur Geschichte des Offizierkorps. Anciennität und Beförderung nach Leistung, hrsg. vom MGFA, Stuttgart 1962; Stumpf, Wehrmacht-Elite; Detlef Bald, Vom Kaiserheer zur Bundeswehr. Sozialstruktur des Militärs: Politik der Rekrutierung von Offizieren und Unteroffizieren, Frankfurt 1981.

[95] So etwa bei Stumpf, Wehrmacht-Elite; vgl. aber auch Omer Bartov, The Barbarisation of Warfare. German Officers and Soldiers in Combat on the Eastern Front 1941–1945, Diss. Oxford 1983 (Ms). Die für den Druck gekürzte Fassung: The Eastern Front 1941–1945. German Troops and the Barbarisation of Warfare, London 1986, lag bei Abfassung dieses Aufsatzes noch nicht vor.

Unbelastet von Erinnerungen an das Heer des Weltkrieges und die Reichswehr, andererseits nur zu einem geringen Teil bereits geformt von den besonderen Rekrutierungsprinzipien der zweiten Kriegshälfte, nahmen sie eine Mittelposition zwischen den noch weitgehend nach traditionellen Vorstellungen ausgewählten und erzogenen älteren Stabsoffizieren und Generalen und den jüngsten Offizieren der Jahrgänge 1925 bis 1927 ein, die in vielfacher Hinsicht bereits die geschilderten Merkmale eines aus der Not zusammengebrachten letzten Aufgebotes widerspiegeln. Die Auflösung des traditionellen Korps, Modernisierungs- und soziale Nivellierungstendenzen mußten von ihnen, die sie zugleich die Empfänger und Vermittler aller entsprechenden Maßnahmen waren, besonders eindringlich empfunden werden. Sofern sie den Krieg überlebten und in die neuen deutschen Streitkräfte übernommen wurden, bildeten sie hier allein schon vom Lebensalter her ein Element der Kontinuität. Sie standen der Bundeswehr in der Regel noch etwa 15 bis 25 Jahre in Führungspositionen zur Verfügung. Eine Untersuchung des Oberkommandos des Heeres von 1943 über die soziale und landsmannschaftliche Herkunft, Bildung, Konfessionszugehörigkeit und Nähe zur NSDAP von knapp 35 000 Offizieranwärtern der ersten Kriegshälfte (1939–1942), die damit einen Großteil dieser Gruppe repräsentieren, stellt daher eine wertvolle Quelle dar, die unser Wissen in dieser Hinsicht wesentlich erweitert. Die Schlußfolgerungen daraus sollen an anderer Stelle ausführlich diskutiert werden[96]. Dennoch erscheint es angebracht, hier bereits einige grundlegende Erkenntnisse knapp zu resümieren, denn sie können ein eindrucksvolles Bild vom Veränderungsprozeß im Heeresoffizierkorps während des Krieges vermitteln. Darüber hinaus belegen sie aber auch die Bedeutung personeller Kontinuitäten in einer für das Selbstverständnis der Bundeswehr in ihrer Aufbauphase entscheidend wichtigen Gruppe von Offizieren. Herkunft und Bildung, landsmannschaftliche Verteilung und schließlich der Grad der Affinität zum Regime und seinen Zielen können als aussagefähige Parameter dienen, wenn es darum geht, die Intensität sozialen Wandels zu messen.

Veränderungen der Herkunftsstruktur belegen am anschaulichsten, in welchem Umfang neue Selektionsprinzipien eine soziale Gruppe verändert haben. Zwischen 1928 und 1930 entstammten noch 63 Prozent aller Offizieranwärter des Reichsheeres den traditionell als „offizierfähig" angesehenen Schichten des gehobenen Bürgertums und des Adels. Nur etwa ein Drittel waren Söhne von Beamten des einfachen, mittleren und gehobenen Dienstes bzw. von Angestellten und Selbständigen in entsprechenden Positionen. In den Jahren 1939/1941 rekrutierten sich bereits 54 Prozent aus diesen Schichten, während die Zahl der Angehörigen der ehemals „offizierfähigen Schichten" sich um mehr als die Hälfte verringerte (25 Prozent); gleichzeitig stieg der Anteil von Offizierbewerbern aus der Industriearbeiterschaft und den ländlichen Unterschichten von null Prozent (1936) auf knapp 9 Prozent bis Ende 1942 an! In seiner programmatischen Rede nach seinem Amtsantritt als Chef des Heerespersonalamtes im Oktober 1942 hatte Generalmajor Schmundt seine Vorstellungen über die Notwendigkeit einer Verwurzelung des Offizierkorps in allen Gesellschaftsschichten offengelegt: „Das Offizierkorps [darf] nicht aus einer Gesellschaftsschicht stammen."

96 Das in diesem Text verwendete statistische Material zum Offiziernachwuchs des Heeres während des Krieges, stammt aus einer bisher noch nicht ausgewerteten Quelle. Vgl. Anm. 9.

(Ein Arbeiter zu einem anderen: „Na, was ich da gehört habe, wie die Offiziere den behandeln!" „Halt die Fresse, mein Sohn ist Offizier.")[97]

Das Interesse des Regimes an einer möglichst weitgehenden Egalisierung war nicht nur bestimmt von dem ideologischen Postulat, die traditionell „reaktionäre" Elitenstruktur aufzubrechen und ihr den klassenunabhängigen Kämpfertypus entgegenzusetzen. Vielmehr dürfte auch die pragmatische Überlegung eine Rolle gespielt haben, durch eine soziale Aufwertung auch jene Gruppen für die Kriegspolitik des Dritten Reiches zu mobilisieren, die dem Nationalsozialismus bisher reserviert gegenübergestanden hatten. Dieses Ziel ließ sich nur erreichen, wenn man auf das Abitur als Einstellungsvoraussetzung verzichtete. Besaßen 1941 noch etwa 90 Prozent aller Offizierbewerber die Primareife oder das Abitur, so verringerte sich ihr Anteil nach der Lokkerung der entsprechenden Bestimmungen Ende 1942 auf 78 Prozent, während gleichzeitig der Anteil der Volksschüler von 4,1 Prozent auf 11,8 Prozent heraufschnellte. Bei den Reserveoffizierbewerbern betrug er 1942 bereits 13,4 Prozent.

Die Masse der Offizierbewerber der ersten Kriegshälfte stammte aus Großstädten mit mehr als 100000 Einwohnern. Auffällig ist, daß die aktiven Offizierbewerber mehrheitlich in Kleinstädten zu Hause waren, in denen die traditionellen Wertvorstellungen weniger in Frage gestellt waren und auch das Angebot an alternativen Berufsfeldern für Abiturienten geringer war als in Großstädten. Im Hinblick auf die landsmannschaftliche Verteilung wiesen die weitgehend kleinstädtisch und ländlich geprägten Regionen Nord-, Ost- und Süddeutschlands einen höheren prozentualen Anteil an Offizierbewerbern auf, als ihr Anteil an der ständigen männlichen Bevölkerung des Reiches vermuten läßt. Dagegen lagen die Industriezentren West- und Mitteldeutschlands deutlich unter dem Durchschnitt. Diese Angaben korrespondieren augenfällig mit den Ergebnissen der Herkunftsstatistik.

Die Borniertheit, mit der viele Offiziere aus dem „Altreich" ihren Kameraden aus Österreich und dem Sudetenland entgegentraten, veranlaßte die Heeresführung immer wieder zu Appellen an den Kameradschaftsgeist und das Gemeinschaftsgefühl des Korps[98]. Die abweisende Haltung blieb nicht ohne Auswirkungen auf die Offizierrekrutierung aus diesen Regionen, die auch noch in der ersten Kriegshälfte deutlich unterdurchschnittlich war. Die unterschiedlichen Militärtraditionen und die mit ihnen verbundenen nationalen Vorurteile verhinderten bis zur Mitte des Krieges, daß sich das preußisch-deutsche zu einem „großdeutschen" Offizierkorps entwickeln konnte.

Im Gegensatz zu Herkunft, Bildung und landsmannschaftlicher Zugehörigkeit läßt sich die parteispezifische Affinität sozialstatistisch kaum zureichend erfassen. In einer Gesellschaft wie der des Dritten Reiches, wo der Zugang vor allem zu akademischen

[97] In seiner Ansprache vor den höheren Adjutanten erwies sich Schmundt, was die Konsequenzen betraf, die er aus seinen Weltkriegserfahrungen zu ziehen bereit war, als ein typischer Vertreter der jüngeren Frontkämpfergeneration: „Offizierkorps darf nicht unpopulär sein. Folge: Unangenehme Maßnahmen. Lebensmittelbeschränkungen und dgl. werden nicht wie im Weltkrieg durch die Gen.Kdo. befohlen, sondern von Parteiorganen durchgeführt. Für Polizeiaufgaben sind andere Verbände da. Einsatz der Wehrmacht im Innern kommt nicht in Frage. Dafür SS usw." Vgl. Anm. 19.

[98] Inspektion der Eignungsuntersuchungen, Wehrmachtpsychologischer Bericht Nr. 2 vom 29. 2. 1940; BA-MA, RW 4/v. 298. „Von den Sudetendeutschen und den Wienern wird berichtet, daß sie das Preußische im Soldatentum ablehnen." Der Chef der Heeresrüstung und Befehlshaber des Ersatzheeres, Stab/I, Nr. 464/41 geh. vom 21. 1. 1941; BA-MA, RH 54/131, Betr.: Falsche Behandlung des österreichischen und sudetendeutschen Ersatzes. Der Chef des Heerespersonalamts, Nr. 1925 PA (2) Ia vom 12. 4. 1938; BA-MA, RH 53-7/v. 485, Offizierkorps des ehemaligen österreichischen Bundesheeres.

Berufsfeldern in der Regel von der Mitgliedschaft in der NSDAP oder ihren Gliederungen abhängig war, kann aufgrund dieser Tatsache nicht ohne weiteres auf eine positive Einstellung der Betroffenen zum Regime geschlossen werden. Immerhin ist bemerkenswert, daß bereits in der ersten Kriegshälfte 88 Prozent der Offizierbewerber Mitglied der NSDAP oder ihrer Gliederungen gewesen sind. Unter den 44 Prozent Parteimitgliedern bestimmten die in der Regel älteren Reserveoffizierbewerber das Bild. Der hohe Organisationsgrad zeigt aber auch, daß gerade für viele Jugendliche der NS-Staat als selbstverständlicher, wenn auch kritisch wahrgenommener Bestandteil ihrer Existenz hingenommen wurde.

Gerade die im Dritten Reich aufgewachsene Generation der Frontoffiziere akzeptierte also die Existenz des NS-Staates und seiner Einrichtungen. Auch ist davon auszugehen, daß mit der Übernahme von Verantwortung in der Partei und ihren Gliederungen ein Vertrauensverhältnis zum Ausdruck kommt, das aus der Perspektive des Regimes als grundsätzliche Zustimmung gedeutet werden konnte. Nicht weniger als etwa zwei Drittel aller Offizierbewerber der ersten Kriegshälfte hatten vor ihrem Eintritt in die Wehrmacht die Befehlsgewalt über mindestens 40 bis 50 Mitglieder einer Parteigliederung, in der Regel der HJ, innegehabt. Die Daten zeigen, daß sich die visionäre Vorstellung Hitlers, die dieser Anfang des Krieges seinem Heeresadjutanten Major Engel gegenüber geäußert hatte, in gewissem Sinne bestätigt zu haben scheint: „Eine einheitliche Auffassung des Heeres werde sich erst in der kommenden Generation ergeben, wenn der Geist des 100000-Mann-Heeres gebannt und der der Hitlerjugend Einzug in das Offizierkorps gehalten habe."[99]

Bei einer Betrachtung nur einer Generation können die langfristigen Ursachen strukturellen Wandels kaum zutreffend analysiert werden. Der intergenerative Vergleich der Strukturveränderungen im deutschen Heeresoffizierkorps zwischen dem Ende der Monarchie und dem Beginn der westdeutschen Wiederbewaffnung erweist nur zu deutlich, daß dieser Veränderungsprozeß langfristig war und von den Bedingungen des modernen industrialisierten Massenkrieges angestoßen worden war. Die Homogenität einer kleinen Berufsarmee hemmte zunächst den Prozeß der sozialen Egalisierung und bewirkte eine gewisse Retardierung, durch die die Wertvorstellungen der Armee in den Augen der sie umgebenden Gesellschaft um so anachronistischer wirkten. Mit der Aufrüstung ab 1935 zerbrach die gleichsam künstlich errichtete Barriere der Abschottung des 100000-Mann-Heeres, wurde die Armee immer stärker mit einem geänderten Wertbewußtsein der Gesellschaft konfrontiert. Die Heeresvermehrung und die Allgemeine Wehrpflicht waren die eigentlichen Antriebskräfte der sozialen Öffnung der Wehrmacht. Die Mobilisierung des Kriegsheeres, verstärkt durch die rapide ansteigenden Verluste, bewirkte eine weitere wesentliche Akzeleration, an deren Ende eine weitgehende Einebnung des spezifisch militärischen Wertekanons stand. Der militärische Tugendkatalog ging in einer von den Auswirkungen des totalen Krieges gleichermaßen betroffenen Gesellschaft und ihrer Überlebensstrategie auf. Die ideologische Tünche, mit der das Regime versuchte, diese Entwicklung im Sinne seiner Volksgemeinschaftsvorstellungen zu nutzen, erwies sich als wenig haltbar und blätterte nach dem Zusammenbruch fast über Nacht ab.

[99] Von Kotze, Heeresadjutant, S. 61, 10. 9. 1939.

Die Entfeudalisierung des Offizierstandes und seine Professionalisierung im Sinne eines modernen Berufsverständnisses erwiesen sich bei der Aufstellung der Bundeswehr als irreversibel und behaupteten sich trotz vereinzelter Versuche, ein Standesbewußtsein „sui generis“ zu rekonstituieren. Die Emanzipation, die den Offizier mit Unterstützung der zivilen Gesellschaft aus seinem ständisch-elitären Korpsverständnis gelöst hat, könnte nur dann einen Rückfall erleiden, wenn ihr eben diese Gesellschaft den Status der Normalität wieder entzöge.

Georg Meyer

Soldaten ohne Armee

Berufssoldaten im Kampf um Standesehre und Versorgung

Die großen Kirchen und mancherlei religiöse Gemeinschaften, der Mittelstand – was und wer immer sich hinter diesem diffusen Begriff verbirgt –, die Landwirtschaft in ihren vielfältigen Formen, die Groß- und Schwerindustrie, Parteien, Gewerkschaften, der öffentliche Dienst in seinen Verzweigungen, Justiz und Verwaltungen aller Stufen und Aufgaben, Schulen von den Volksschulen bis zu den Gymnasien, Universitäten und Hochschulen, die Familie: alles das existierte in Deutschland wie selbstverständlich auch nach 1945, hatte auch einschneidende gesellschaftliche Umwälzungen während der Zeit der nationalsozialistischen Herrschaft in Frieden und Krieg zum Teil überdauert oder belebte sich wieder, gewann neue Inhalte und Konturen. Aber deutsches Militär hat es – wenigstens in den drei westlichen Besatzungszonen – formell und tatsächlich seit dem Gesetz Nr. 34 des Alliierten Kontrollrates, erlassen am 20. August 1946[1], über neun Jahre lang bis zum 10. Oktober 1955 nicht gegeben, als Bundespräsident Professor Theodor Heuss aufgrund des Freiwilligengesetzes[2] die Ernennungsurkunden für die ersten Soldaten der Streitkräfte der Bundesrepublik Deutschland ausfertigte. Ganz anders in der aus der Sowjetischen Besatzungszone hervorgehenden Deutschen Demokratischen Republik. Hier wurden, wenn auch in einem deutlichen Kontinuitätsbruch, recht frühzeitig, wohl seit 1947/48, natürlich mit Wissen und unter scharfer politischer Kontrolle der Besatzungsmacht Teile des dort verfügbaren personellen militärischen Potentials in strenger Auswahl zunächst für den Aufbau militärähnlicher, dann eindeutig militärischer Formationen genutzt[3], ein komplizierter Vorgang, der sowohl sicherheits- als auch gesellschaftspolitische Mutmaßungen nicht nur in Westdeutschland über Rolle und Stellung des Militärs im geteilten Deutschland beeinflußte.

Wenn auch der Berufsstand Militär im erschütterten gesellschaftlichen Gefüge der westlichen Besatzungszonen faktisch nicht vorhanden war, so galt ihm gleichwohl weitaus mehr als nur antiquarisches Interesse. Denn daß es einen westdeutschen Verteidigungsbeitrag, also deutsche Soldaten im Rahmen einer westlichen Allianz geben

[1] In: Sammlung der vom Alliierten Kontrollrat und der Amerikanischen Militärregierung erlassenen Proklamationen, Gesetze, Verordnungen, Befehle, Direktiven, zusammengestellt von Ruth Hemken, 3 Bde., Stuttgart 1946ff., Teil 1.

[2] Gesetz über die vorläufige Rechtsstellung der Freiwilligen in den Streitkräften (Freiwilligengesetz) vom 23. 7. 1955; Bundesgesetzblatt Teil I, 1955, 25. 7. 1955, S. 449ff.; auch Norbert Tönnies, Der Weg zu den Waffen. Die Geschichte der deutschen Wiederbewaffnung 1949–1957, Köln 1957, S. 182.

[3] Vgl. etwa Alexander Fischer, Anfänge der Wiederbewaffnung in der SBZ/DDR (1945/46–1955/56), in: Alexander Fischer (Hrsg.), Wiederbewaffnung in Deutschland nach 1945, Berlin 1986, S. 11ff.

würde, war spätestens nach der Aufnahme von Gesprächen auf dem Petersberg ab Anfang Januar und den ihnen folgenden Verhandlungen in Paris seit Mitte Februar 1951 über den Pleven-Plan, die am 9. Mai 1952 in die Paraphierung des Vertrages über eine Europäische Verteidigungsgemeinschaft mündeten, kaum mehr zweifelhaft.

Die ehemaligen Berufssoldaten teilten das allgemeine Schicksal der deutschen Bevölkerung nach der militärischen Niederlage und dem Zusammenbruch des Deutschen Reiches. Wie zahllose ihrer Landsleute waren sie ihrer wirtschaftlichen Existenzmöglichkeit beraubt. Wie Hunderttausende anderer Deutscher auch waren sie Kriegsgefangene, Flüchtlinge, Heimatvertriebene, Schwerkriegsbeschädigte, Ausgebombte. Aber zugleich war ihnen eine zusätzliche gesellschaftliche Deklassierung auferlegt: Als Verkörperung des „Militarismus" wurden sie in der öffentlichen Meinung vielfach recht undifferenziert und voreingenommen in besonderem Maße mit der untergegangenen Zwangsherrschaft identifiziert. Es war leichter, jemanden als „Militaristen" zu erkennen, das stand schon aufgrund des letzten Dienstgrades mit dem Zusatz a. D. fest, als in der Masse der Bevölkerung auf den ersten Blick einen ehemaligen Parteigänger und Nutznießer des nationalsozialistischen Systems herauszufinden.

1. Die Not

Dieser Berufsstand war zeitweise einer Art Ausnahmerecht unterworfen, mit Beschränkungen hinsichtlich demokratischer Rechte und der Ausübung eines zivilen Berufes, eingeschlossen die mancherlei nicht nur administrativen Schwierigkeiten bei der Zulassung ehemaliger Stabs- und Generalstabsoffiziere zu einem Universitäts- oder Hochschulstudium. Solche besonderen Probleme der Lebensbewältigung trafen nicht nur gesunde, kräftige, jüngere Männer, sondern in großer Zahl auch an den Folgen von Verwundungen leidende Familienväter, aus Altersgründen in das Erwerbsleben nicht mehr einzugliedernde Pensionäre, deren Witwen sowie eine große Anzahl jüngerer „Krieger"witwen, dazu die Frauen von Kriegsgefangenen aller Dienstgrade: kurzum einen zahlenmäßig schwer einzugrenzenden und in seinem Altersaufbau ganz verschiedenartigen Personenkreis unmittelbar Betroffener und ihrer Angehörigen.

Der politisch sehr engagierte evangelische Theologe und Philosoph Ernst Troeltsch hielt in seinen Spektator-Briefen einen ihm in den ersten Tagen der November-Revolution 1918 besonders auffallenden Eindruck fest: „Auf allen Gesichtern stand geschrieben: die Gehälter werden weiterbezahlt."[4] Das war 1945 ganz anders. Die Notlage[5], in die so viele ehemalige Berufssoldaten, ihre Familien oder ihre Hinterbliebenen bald nach der Kapitulation durch die bei ihnen meist länger als bei anderen Bevölkerungsgruppen anhaltende Sperrung sämtlicher laufenden Konten, Sparguthaben,

[4] Ernst Troeltsch, Spektator-Briefe. Aufsätze über die deutsche Revolution und die Weltpolitik 1918/22, zusammengestellt und hrsg. von Hans Baron, Tübingen 1924, S. 24.

[5] Vgl. Georg Meyer, Zur Situation der deutschen militärischen Führungsschicht im Vorfeld des westdeutschen Verteidigungsbeitrages 1945–1950/51, in: Anfänge westdeutscher Sicherheitspolitik 1945–1956, hrsg. vom Militärgeschichtlichen Forschungsamt, Bd. 1: Von der Kapitulation bis zum Pleven-Plan, von Roland G. Foerster, Christian Greiner, Georg Meyer, Hans-Jürgen Rautenberg und Norbert Wiggershaus, München 1982, bes. S. 635 ff. – Gesetz Nr. 52 (geändert): Sperre und Kontrolle von Vermögen; hierzu Allg. Genehmigungen Nr. 1–5 und Allg. Vorschrift Nr. 1 zur Ausführung des Ges. Nr. 52, sämtlich in Sammlung Hemken.

Aktiendepots und durch die Einstellung aller Zahlungen an diesen Personenkreis gerieten, war der Beweggrund für einen in der britischen Besatzungszone lebenden, schon vor dem Zweiten Weltkrieg verabschiedeten alten Admiral, Gottfried Hansen[6], sich ihrer anzunehmen. Das war leichter gesagt als getan. Denn einmal hatten die Sieger ja schon mit der Proklamation Nr. 2 des Alliierten Kontrollrats vom 20. September 1945 – „Certain Additional Requirements Imposed on Germany"[7] – ein vollständiges Organisationsverbot für Zusammenschlüsse ehemaliger Soldaten erlassen, dies im Kontrollratsgesetz Nr. 34 vom 20. August 1946 ausdrücklich bekräftigt und unter Androhung scharfer Strafen wiederholt. Dieses strikte Koalitionsverbot hatte wenigstens zweierlei zur Folge: Einmal war diese ganz heterogene Personengruppe längere Zeit außerstande, allgemeine, verbindliche Vorstellungen zu artikulieren, zum anderen gelang es ihr kaum oder nur ansatzweise, in Parteien oder anderen Verbänden, etwa Organisationen der Kriegsopfer, der Flüchtlinge und Heimatvertriebenen, ihre besonderen Anliegen auszudrücken. Alle vielfältigen, schwierigen und umständlichen Bemühungen zu einer Interessenvertretung ehemaliger Berufssoldaten hin, die im Herbst 1951 in der vielbeachteten Gründung des Verbandes deutscher Soldaten (VdS) gipfelten[8], mußten unter solchen Restriktionen mit großer Vorsicht unternommen werden, damit diese beargwöhnte Personengruppe nicht sogleich in den Verdacht verschwörerischer Handlungen geriet. Regional, und auch nach der jeweiligen persönlichen Einstellung der zuständigen Besatzungsoffiziere unterschiedlich, entwickelte sich im Laufe der Zeit ein gewisses Verständnis für das Wirken Hansens, aus dem schließlich sehr langsam zögernde Toleranz auch deutscher Stellen erwuchs. Angelpunkt war dabei die rasch auch politisierte Frage der Versorgungsansprüche für ehemalige berufsmäßige Angehörige der bewaffneten Macht. Der Artikel III des Kontrollratsgesetzes Nr. 34 hatte alle Gesetze und Vorschriften über die rechtliche und wirtschaftliche Stellung von Angehörigen und ehemaligen Angehörigen der Wehrmacht aufgehoben. Hiermit war die Grundlage für die freilich schon geraume Zeit ausgesetzte Zahlung von Gehältern und Pensionen entfallen. Es ist nicht zuviel gesagt, daß künftig die ehemaligen Berufssoldaten, eingerechnet Angehörige und Hinterbliebene, im allgemein verbreiteten deutschen Elend der Nachkriegsjahre[9] eine spezifische Elendsform zu erdulden hatten. Sie lag zwar ganz im Rahmen dessen, was damals das deutsche Volk nach den überaus weitgehenden Entmilitarisierungsvorstellungen der Sieger[10] insge-

[6] Geb. Rendsburg, 8. 11. 1881, gest. 16. 7. 1976. Crew 98, 1928/32 Chef der Marinestation der Ostsee, charakterisierter Admiral a. D., September 1942–Juli 1943 Leiter Luftwaffenlehrstab Marine-Oberkommando Ost; 1950 Vors. des „Bundes versorgungsberechtigter Wehrmachtsangehöriger" (BvW), 1952/56 Vors. des „Verbandes deutscher Soldaten" (VdS). Vgl. den Nachruf von Rolf Johannesson, in: Marineforum 9/10 (1976), S. 55 f. und den Gedenkartikel von Karl Gert Klostermann, in: Helmut Damerau (Hrsg.), Deutsches Soldatenjahrbuch 1981. 29. Deutscher Soldatenkalender, München 1981, S. 29.

[7] Sammlung Hemken, Teil 1, bes. Abschnitt I, Ziffer 2 dieser Proklamation.

[8] Krafft Frhr. Schenck zu Schweinsberg, Die Soldatenverbände in der Bundesrepublik, in: Georg Picht (Hrsg.), Studien zur politischen und gesellschaftlichen Situation der Bundeswehr, Witten 1965, S. 96 ff. Auch Georg Meyer, Fédérations d'anciens combattants et réarmement allemand, in: Memoire de la Seconde Guerre Mondiale, Bd. 16, Metz 1984, S. 81 ff. Peter Dudek und Hans-Gerd Jaschke, Entstehung und Entwicklung des Rechtsextremismus in der Bundesrepublik. Zur Tradition einer besonderen politischen Kultur, Bd. 1, Opladen 1984, bes. S. 79 ff.

[9] Zusammenfassend Karl Dietrich Erdmann, Die Zeit der Weltkriege, in: Gebhardt, Handbuch der deutschen Geschichte, Bd. 4, 2. Teilband, Stuttgart [9]1976, S. 593 ff., auch S. 563 ff.

[10] Georg Meyer, Die Entmilitarisierung in den westlichen Besatzungszonen und nach Gründung der Bundesrepublik Deutschland von 1945 bis 1950, in: 30 Jahre Bundeswehr 1955–1985. Friedenssicherung im Bündnis. Katalog zur Wanderausstellung des Militärgeschichtlichen Forschungsamtes, Mainz 1985, S. 207 ff.

samt hinnehmen mußte. Gleichwohl empfand dieser Personenkreis die wirtschaftliche Deklassierung als zusätzliche Diskriminierung. Im Gefühl der Rechtlosigkeit und mancherlei zusätzlich zugefügter Demütigungen, vermeintlicher und tatsächlicher Diffamierung verloren einige verständlicherweise gelegentlich den Maßstab für das Ganze. Nur wenige verfügten nach der vernichtenden Katastrophe dieses Krieges noch über so viel flüssige Vermögenswerte oder andere Existenzmittel, daß sie auf die ihnen bisher zustehenden regelmäßigen Zahlungen nicht angewiesen waren.

In den Auseinandersetzungen um den westdeutschen Verteidigungsbeitrag tauchte aus diesem Grunde immer wieder als eine neben anderen Voraussetzungen die lange ungelöste Versorgungsfrage auf, meist mit dem Akzent, es könne von ihnen, den ehemaligen Soldaten aller Dienstgrade, nicht erwartet werden, an der Verteidigung eines Staatswesens mitzuwirken, das ihnen ihre wohlerworbenen Rechte vorenthalte. Das Argument verlor zwar an Überzeugungskraft. Denn je länger sich die Aufstellung der Streitkräfte in Westdeutschland verzögerte, desto weniger Angehörige älterer Jahrgänge kamen für eine erneute militärische Verwendung überhaupt noch in Frage. Psychologisch allerdings hat das Problem ebenso tief gewirkt wie die Frage der Kriegsverbrecherprozesse. Die existenzgefährdende wirtschaftliche Misere dieses Personenkreises war freilich nur ein kleinerer Teil des allgemeinen Elends. Vor dem Hintergrund einer zusammengebrochenen Volkswirtschaft, starker inflationärer Entwicklungen, aller nur möglichen Kennzeichen eines verlorenen Krieges, zunehmender sozialer Spannungen gab es die Not der Flüchtlinge und Vertriebenen, der aus der Gefangenschaft Heimkehrenden, von denen viele vor dem Nichts standen, der kranken, geschundenen Überlebenden aus den Konzentrationslagern, der zahlreichen Kriegsopfer und durch den Bombenkrieg Geschädigten. Sie alle hatten besonderen Anspruch auf Fürsorge und Zuwendung. Die Last, vor der die Unterlegenen mit diesen allen gemeinsamen Aufgaben standen, schien erdrückend, und es dauerte lange, bis alle zu ihrem Recht kamen. Die ehemaligen Berufssoldaten konnten nicht damit rechnen, daß man ihre Not etwa vordringlich lindern würde.

Die Folgen des Kontrollratsgesetzes Nr. 34 trafen zunächst einmal unmittelbar Witwen und Waisen und alte, längst im Ruhestand lebende Menschen. Erst in zweiter Linie wirkte es sich gegen ehemalige aktive Soldaten aus, die – in westlichem Gewahrsam namentlich General- und Admiralstabsoffiziere, Generale und Admirale – in den ersten Nachkriegsjahren meist ja noch in Gefangenschaft lebten, dort wenigstens ein Dach über dem Kopf hatten und regelmäßig, wenn auch nicht immer ausreichend, verpflegt wurden. Daß sich Soldaten und ihre Familien in Deutschland unter jämmerlichen Lebensbedingungen durchschlagen mußten, hatte wenigstens eine geschichtliche Parallele. In der Zeit der preußischen Reformen – auf die man sich später in der Diskussion um einen westdeutschen Verteidigungsbeitrag ebenso gern wie manchmal undifferenziert berief – war es mit den „auf Halbsold" gesetzten Subaltern-Offizieren nicht anders gewesen als mit den Berufssoldaten nach 1945. Nach 1806 verdingte sich manch ein Offizier als Tagelöhner und Holzknecht, da er in Wirklichkeit kaum Brot und manchmal nur noch ein Fünftel seiner einstigen Bezüge hatte[11]. Viele Soldaten und vor allem Soldatenfamilien hatten nach 1945 noch nicht einmal das. In zahlreichen Briefen, die den in Stuttgart lebenden und dort frühzeitig und unermüdlich in

[11] Vgl. Max Lehmann, Scharnhorst. Zweiter Theil, Leipzig 1887, S. 155f.

der Versorgungsfrage tätigen Generalleutnant a. D. Hans von Donat[12] erreichten, spiegelt sich die verzweifelte Lage der Betroffenen. Zu diesen Briefschreibern gehörte auch der 1872 geborene, 1929 als charakterisierter General der Inf. verabschiedete Erich Wöllwarth. Der einstige Dresdener Divisionskommandeur und Wehrkreisbefehlshaber (1926/29), 1940/42 dort Kommandierender General stellv. IV. AK, war beim Angriff auf Dresden ausgebombt worden und mit wenigem Handgepäck in seine württembergische Heimat geflohen. Er lebte mit seiner Frau in einer winzigen, für kurze Sommerfrischen gebauten Hütte nahe Döffingen und erhielt (1949) 72 Mark Sozialunterstützung monatlich. Seit Januar 1949 zahlte das Land Württemberg-Baden Vorschüsse auf gesetzlich noch zu regelnde Unterhaltsbeiträge. Um in den Genuß dieser Zahlungen (Höchstbetrag: 160 Mark monatlich) zu kommen, waren bestimmte Voraussetzungen zu erfüllen. Der Antragsteller mußte am 8. Mai 1945 in Württemberg-Baden gelebt haben und mindestens 60 Jahre alt oder zu zwei Dritteln erwerbsbeschränkt sein. Wöllwarth gehörte zunächst nicht zum Kreis dieser Zahlungsempfänger, weil er weder Flüchtling, noch am Stichtag in Württemberg polizeilich gemeldet, geschweige denn als ehemaliger Kriegsgefangener nach Württemberg eingewiesen worden war. Im September 1949 teilte der zuständige Finanzminister dem General mit, allein „mit Rücksicht auf die überwiegend in Württemberg geleistete Dienstzeit“ habe er ausnahmsweise die Kassen- und Rechnungsabteilung des Ministeriums zur Zahlung des Unterhaltsbeitrages auch an ihn angewiesen. Wöllwarth klagte nicht über sein schweres Los am Ende seines Lebens. Ohne Vorrat an Holz, Kohle und Kartoffeln für den Winter berichtete er mit Galgenhumor, daß ihm eine Steuerforderung zugegangen sei, auf gesperrte Vermögenswerte in der russisch besetzten Zone. Er war sich aber über die politische Dimension des Problems durchaus klar, machte sich recht pessimistische Gedanken über die Zeitumstände und warnte – in einer Aufzeichnung vom Juni 1949 – vor einer politischen Radikalisierung nach rechts oder links sowie vor der Gefahr eines „Nationalbolschewismus“. In den Köpfen der Zwanzig- bis Vierzigjährigen, glaubte er, sei „viel Nazigeist hängen geblieben“. Man könne oft hören, schrieb er, „unter Hitler gab es keine Arbeitslosen. Warum es damals keine Arbeitslosen gab, darüber machen sie sich keine Gedanken, sind auch für Aufklärung unzugänglich. Diese, in allen Schichten vorhandenen, Unbelehrbaren würden einem radikalnationalen Führer zujubeln, wie das französische Volk 1814 dem gelandeten Napoleon“, sorgte er sich und wandte sich gegen die radikalen Bestrebungen des wegen seiner Beteiligung an der Niederschlagung des Aufstandsversuchs vom 20. Juli 1944 rasch beförderten Generalmajors a. D. Otto-Ernst Remer: „Dieser Mann, der an dem Tod vieler unserer wertvollsten und besten Kameraden Schuld ist, sollte sich gänzlich zurückhalten ... Es müßte doch möglich sein, Leute wie Remer, die sich so

[12] Geb. Stuttgart, 6. 7. 1891; 1903 königl. preuß. Kadett, 1911 Fähnrich im preuß. Eisenbahn-Rgt. Nr. 3. Ab Juli 1942 bis Kriegsende Kommandeur der Eisenbahn-Pionierschule Rehagen-Klausdorf, Januar 1944 Generalleutnant. Vgl. Depositum von Donat; BA/MA, N 571, dem die folgenden Beispiele entnommen sind. (Sämtliche künftig im engen und weiteren Zusammenhang mit von Donat oder Stuttgart genannten Schriftstücke in diesem Depositum.) Bes.: „Auszug der Notchronik der ehemaligen berufsmäßigen Wehrmachtangehörigen von Württemberg-Baden und deren Hinterbliebenen“ vom 23. 9. 1949. Dort nur mit Anfangsbuchstaben wiedergegebene Namen sind durch ein vorhandenes Namens- und Anschriftenverzeichnis zu entschlüsseln. Hier auch vervielfältigte „Mitteilungen“, München, 8. 1. 1949, Ziffer 7: Fälle von Selbstmord ehem. Wehrmachtangehöriger. Vgl. auch die Angaben über Selbstmorde in: Christ und Welt vom 31. 3. 1949: Stabstrompeter, Regierungsräte, Pastoren und Witwen.

für Hitler eingesetzt haben, von uns und von unseren Zielen fern zu halten", meinte er und bezog sich damit auf die ungeschminkt nationalsozialistischen Tiraden Remers im Wahlkampf für den ersten Deutschen Bundestag, damals noch für die „Gemeinschaft unabhängiger Deutscher" agierend, einer Vorläuferin der dann mit Urteil des Bundesverfassungsgerichts am 23. Oktober 1952 als verfassungsfeindlich verbotenen „Sozialistischen Reichspartei"[13]. In den freimütig-törichten „politischen" Bekenntnissen Remers, der dabei in Verbindung mit seinem Dienstgrad Generalmajor a. D. die billige Assoziation in der Öffentlichkeit nur noch verstärkte, Wehrmacht und Nationalsozialismus seien ein und dasselbe gewesen, sah Wöllwarth nicht zu Unrecht eine erhebliche Gefährdung der damals in den Anfängen stehenden Bestrebungen, durch Zusammenschlüsse ehemaliger Soldaten eine Regelung der Versorgungsfrage zu erreichen. Wöllwarth starb im Frühjahr 1951. Seine letzten Lebensmonate waren nach langen Entbehrungen erträglich.

Besonders prekär war die Lage der Familien von im Ausland rechtskräftig verurteilten Soldaten. Von einem solchen „Fall" erhielt Donat Kenntnis: Die Frau eines in der Tschechoslowakei eine lebenslange Haftstrafe verbüßenden Generals bekam monatlich 47 Mark Unterstützung. Als sie sich an die zuständige Behörde wandte, um zu erfragen, ob sie einen Anspruch auf den Unterhaltsbeitrag erheben könnte, bejahte der Beamte dies grundsätzlich, fügte aber sogleich einschränkend hinzu, da ihr Mann ja noch lebe, könne dieser Anspruch doch nicht geltend gemacht werden.

Oft kulminierte die Not, etwa wenn ein ehemaliger Berufssoldat noch zusätzlich an den Folgen schwerer Verwundungen litt. Am 18. Juni 1949 – erst im Jahre 1950 erfolgten bundesgesetzliche Regelungen für Kriegsopfer[14] – setzte sich Donat beim württembergisch-badischen Finanzministerium für einen Feldwebel ein, der bis dahin monatlich ganze 10 Mark für diese Körperschäden erhielt: Verlust eines Beines und zweier Finger, das erhaltene Bein steif, ein Arm wegen Schulterverletzung nur teilweise bewegungsfähig. Donat vergaß in seiner Eingabe nicht zu erwähnen, daß, bezogen auf dieses Schicksal, ein französischer Offizier zu diesem Feldwebel gesagt hatte: „Das deutsche Volk sollte sich schämen, daß es einen tapferen Soldaten so schlecht behandelt."

Zunächst einmal gab es, nur zu begreiflich angesichts der vielfältigen Not und der leeren öffentlichen Kassen, almosenähnliche, also ganz unbefriedigende Lösungsversuche auf Länderebene. Aber auch die erste bundeseinheitliche gesetzliche Regelung der Pensions- und Versorgungsfrage, die die ehemaligen Berufssoldaten einschloß – nach dem Artikel 131 des Grundgesetzes[15] „131er Gesetz" genannt –, hatte noch viele Härten zur Folge. Weil der (1879 geborene) 1930 verabschiedete Vizeadmiral Fried-

[13] Zur „Gemeinschaft unabhängiger Deutscher" (GuD), zur „Sozialistischen Reichspartei" (SRP) und zur Rolle Remers vgl. Horst W. Schmollinger, Deutsche Konservative Partei – Deutsche Rechtspartei, in: Richard Stöss (Hrsg.), Parteien-Handbuch. Die Parteien der Bundesrepublik Deutschland 1945–1980, Bd. I, Opladen 1983, S. 982ff., bes. S. 1005 sowie Horst W. Schmollinger, Die Sozialistische Reichspartei, in: ebd., Bd. II, Opladen 1984, S. 2274ff., bes. S. 2277; S. 2276 biographische Angaben zu Remer.

[14] Vgl. Gesetz zur Verbesserung von Leistungen an Kriegsopfer vom 27. 3. 1950; Bundesgesetzblatt Teil I, 1950, 30. 3. 1950, S. 77f.; ebd. Nr. 53, Bonn, 21. 12. 1950. Erich Mende, Die neue Freiheit 1945–1961, München 1984, S. 159f. Zum Fall des Feldwebels a. D. Lutz (Hirsau) vgl. Brief GenLt. a. D. von Donat an Regierungsdir. Hermann, württ.-bad. Finanzmin., vom 18. 6. 1949.

[15] Gesetz zur Regelung der Rechtsverhältnisse der unter Art. 131 des Grundgesetzes fallenden Personen vom 11. 5. 1951; Bundesgesetzblatt Teil I, 1951, 13. 5. 1951, S. 307ff. Die für Berufssoldaten wichtigen Bestimmungen in § 3, § 53, § 54. Meyer, Situation, S. 646ff.

rich Brutzer im Mai 1949 sechs Tage „zu spät" aus Dresden in die Bundesrepublik Deutschland geflohen war – Stichtag der 23. Mai –, erhielt er längere Zeit nicht die ihm eigentlich zustehenden Ruhestandsbezüge.

Nicht zuletzt durch die unablässigen Anstrengungen des Admirals a.D. Hansen und seiner Helfer, die immer wieder in den Ministerien und bei den Parlamentariern vorstellig wurden, kam die Versorgungsfrage schließlich vom toten Geleise auf die freie Strecke. Nachdem mit Mühe der erste Durchbruch geglückt war, begann die Feinarbeit, ein langes, schwieriges Hin und Her um die Gültigkeit von zwei oder mehr Beförderungen in den Jahren von 1933 bis Kriegsende, um die Abschaffung oder wenigstens Rückverlegung von Stichtagen; scharfsinnige Definitionen von Dienstunfähigkeit, von Laufzeiten usw. wurden gefunden. Es entwickelte sich mit der Zeit ein besonderes Rechtsgebiet, bis auch die Versorgung des letzten ehemaligen Offiziers im Truppensonderdienst (vordem die Intendanturbeamten und die Kriegsrichter) geregelt war.

Als die ersten amtlichen Erwägungen über einen westdeutschen Verteidigungsbeitrag einsetzten, war dieses Problem insgesamt noch keineswegs befriedigend gelöst. Daraus ergab sich in der anhaltenden Debatte über das Für und Wider manche Bitterkeit. Gutachten von bedeutenden Juristen gingen um, die erfahrenen Sachkenner aus dem Kreise der ehemaligen Wehrmachtverwaltung setzten sich für die verschiedenen Kategorien von „Durchdienern", „Altpensionisten", Kriegsoffizieren, z.V.-, z.D., L-, E- und reaktivierten Offizieren, nicht zuletzt für die „nachgeheirateten Witwen" ein, mit klugen, rechtlich überzeugenden und fürsorglichen Argumenten, meist aber ohne ein klärendes Wort über die unübersehbare Verstrickung der Wehrmacht in das System der nationalsozialistischen Gewaltherrschaft. Statusfragen hatten gelegentlich eine gewichtigere Dimension als die Selbstbesinnung. Es bedürfte einer besonderen juristischen Abhandlung, den umständlichen Weg des ersten „131er Gesetzes" und seiner Veränderungen nachzuzeichnen, auf alle die Rechtsstreite einzugehen, die hiermit verbunden waren. Eines ist sicher: Wer sich auf diesem Gebiet betätigte, hatte kaum politische Ambitionen. Im ganzen ging es um Hilfe, Fürsorge, Versorgung für einen alles in allem zahlenmäßig einigermaßen überschaubaren Personenkreis. Der seit Juli 1950 bestehende „Bund versorgungsberechtigter ehemaliger Wehrmachtsangehöriger" (BvW) vertrat – geschätzt – im Jahre 1952 etwa 60000 Pensionsberechtigte, nicht gerechnet andere „Versorgungsfälle". Im Zusammenhang mit der Zahl von 1700000 insgesamt im Jahre 1984 noch versorgungsberechtigter Kriegsopfer in der Bundesrepublik Deutschland, zur Hälfte Kriegerwitwen, zur anderen Hälfte Beschädigte[16], wird die damalige sozialpolitische Brisanz des Problems einigermaßen deutlich. Jedoch von der Mitte der fünfziger Jahre an zeigten sich durch die länger noch fortgesetzten Verfeinerungen der gesetzlichen Regelung nach Artikel 131 des Grundgesetzes (4. Änderungsgesetz 1965), das Lastenausgleichsgesetz (September 1952, 29. Änderungsgesetz 1979) und andere sozialpolitische Maßnahmen zunehmend beruhigende Auswirkungen auf die innenpolitische Szenerie.

[16] Vgl. dpa-Meldung (München): 40 Jahre nach Kriegsende noch 1,7 Millionen Kriegsopfer, in: Süddeutsche Zeitung vom 29./30.6.1984. Zu den im Jahre 1952 Pensionsberechtigten vgl. Hans-Jürgen Rautenberg, Zur Standortbestimmung für künftige deutsche Streitkräfte, in: Anfänge westdeutscher Sicherheitspolitik 1945–1956, hrsg. vom Militärgeschichtlichen Forschungsamt, Bd. 1: Von der Kapitulation bis zum Pleven-Plan, von Roland G. Foerster, Christian Greiner, Georg Meyer, Hans-Jürgen Rautenberg und Norbert Wiggershaus, München 1982, S. 802, mit Anm. 90.

Keineswegs nur aus taktischen Gründen hatten die Interessenvertreter der ehemaligen Berufssoldaten zuvor mit dem Gespenst einer möglichen Radikalisierung nach rechtsaußen oder gar in „nationalkommunistisches" Fahrwasser operiert. Die Notlage und die Ungewißheit, wann und ob eine zufriedenstellende gesetzliche Regelung der Unterhalts- und Pensionsfrage zu erwarten wäre, sind durchaus von östlicher, nachrichtendienstlicher Seite ausgenutzt worden, um negative Stimmungen gegen die Politik des ersten Bundeskanzlers, gegen die Bundesrepublik Deutschland überhaupt, zu schüren. Auch später, als Vereinigungen ehemaliger Soldaten unterschiedlichster Färbung und Zielsetzung entstanden, war solche Einflußnahme nicht zu übersehen. Der Bundeskanzler ist auf die Gefahr einer radikalen Entwicklung in Kreisen ehemaliger Berufssoldaten aufmerksam gemacht worden. In einem Gespräch mit einem namentlich nur abgekürzt genannten Mitarbeiter Adenauers am 13. Februar 1950 warnte – gewiß im Einvernehmen mit Hansen – der Oberst a.D. Friedrich Voss, „Remer sei heute eine Einzelerscheinung, man solle nicht tausend solcher Remer künstlich schaffen"[17]. In dieser Unterredung klangen auch die weitergehenden politischen Implikationen der Versorgungsfrage an. Voss erfuhr, daß „der Schutz deutschen Gebietes bei den Erwägungen des Kanzlers eine gewisse Rolle" spiele; Adenauer stehe „mit vielen Offizieren in Verbindung ..., wenn auch nicht immer in Fragen der Versorgung". Der Kanzler würde es auch begrüßen, wenn eine Propaganda-Aktion in der Versorgungsangelegenheit gestartet würde, „selbstredend ohne den Bundeskanzler oder die CDU anzugreifen".

Trotz verbaler Exzesse und anhaltender Unmutsäußerungen ist die verschiedentlich befürchtete Radikalisierung nach rechts- und linksaußen ausgeblieben. In der Atmosphäre des Kalten Krieges wirkten östliche Sirenenklänge nur im Einzelfalle sinnbetörend. Eine ernstzunehmende Gefahr für die politisch sich erst stabilisierende Bundesrepublik Deutschland hat nicht bestanden, auch wenn sich gute Demokraten ernsthaft sorgten, mit den so energisch geforderten Pensionen würden – wie in den zwanziger Jahren – dann nur die Feinde der Republik auf der rechten Seite alimentiert, und deswegen die Erfüllung eines Rechtsanspruchs von politischen Wohlverhaltensklauseln – etwa Stellungnahmen gegen Remers Bestrebungen – abhängig machen wollten. Nach dem mißglückten Start des VdS in der Öffentlichkeit sagte etwa der damalige Staatssekretär im Stuttgarter Staatsministerium, wie Donat kurz darauf erfuhr: „Anscheinend ist den Generalen und Stabsoffizieren die hohe Abschlagszahlung in den Kopf gestiegen, da kann ja Abhilfe geschaffen werden."[18] Andererseits bewerteten Skeptiker unter den ehemaligen Berufssoldaten die ersten sie noch keineswegs zufriedenstellenden Regelungen als eine Art Köder, um ihre Bereitschaft zu wecken, sich nun auch für einen westdeutschen Verteidigungsbeitrag zur Verfügung zu stellen. Daß die Regelung der Versorgungsfrage neben der sozialen eine ausgesprochen politische Dimension hatte, war allen klar. Umstritten blieb, ob sich die Betroffenen nur rechtlicher oder auch politischer Argumente bedienen sollten. So empfahl der Generalmajor a. D. Hellmuth Laegeler – ab November 1953 dann in der Dienststelle Blank verwendet – am

[17] Besprechungsbericht Fritz Voss, Bad Godesberg, vom 13. 2. 1950; Depositum von Donat.

[18] Brief General d. Artl. a. D. Maximilian Fretter-Pico an Generalleutnant a. D. von Donat vom 6. 10. 1951. Äußerung des damaligen Staatssekretärs im Stuttgarter Staatsministerium zu einem ehemaligen Adjutanten Fretter-Picos.

7. Januar 1949 dringend, sich aus allem herauszuhalten, „was nach einem Liebäugeln mit Remilitarisierung aussieht". Er – Laegeler – hielte es „für unzweckmäßig, ja sogar schädlich", wenn man sich nicht auf die „reine Versorgungsangelegenheit" beschränkte, sondern daneben Fragen aufgriffe wie „Kommt es zum Krieg?" oder „Mob-Pläne für den Westen".

Ein Jahr später, einige Wochen nach der Zusammenkunft bedeutender militärischer Experten im Kloster Himmerod unter seinem Vorsitz – dort wurden allgemein akzeptierte Grundsätze für die Aufstellung eines Deutschen Kontingents im Rahmen einer übernationalen Streitmacht zur Verteidigung Westeuropas entwickelt[19] – nahm der Generaloberst a. D. Heinrich von Vietinghoff in einem Brief den entgegengesetzten Standpunkt ein[20]. Man sollte die Regierungsparteien wissen lassen, „Meldungen zum Eintritt in das deutsche Kontingent der Europa- bzw. Atlantik-Wehrmacht könnte man von den wertvollen alten Soldaten nur dann erwarten, wenn zum mindesten die alte Versorgungsfrage in annehmbarer Form geregelt wäre. Wer sollte sonst Vertrauen zu neuen Zusicherungen der Regierung haben?" Die neueste Entwicklung in Korea ließe mit Sicherheit erwarten, daß die Alliierten schneller als bisher mit dieser Forderung kommen würden, meinte er, stieß allerdings bei seinem Briefpartner und manchem von dessen Freunden auf taube Ohren. Sie beharrten energisch auf einer Anerkennung ihres vehement vertretenen Rechtsstandpunktes – erst danach und nach weiteren Vorleistungen ließe sich über manches reden.

In den Organen der öffentlichen Meinung waren zu dem Fragenkreis unterschiedliche Meinungen anzutreffen; die ablehnenden Ansichten überwogen wohl. Unterschiedslos wurde der „Militarismus" verdammt, der Leutnant a. D. der kaiserlichen Schutztruppe, der seit 1918 kein Schießgewehr mehr angefaßt hatte, mit dem SS-Banditen, der geholfen hatte, das Warschauer Ghetto zu brandschatzen, in einem Atemzug genannt. Allerdings gab es auch abwägende, verständnisvolle Stimmen; Balsam auf viele Wunden war ein Kommentar im Wiesbadener Tageblatt[21], der die Notlage der ehemaligen Soldaten beschrieb und bemerkte: „Früher entzog man nur demjenigen seine Pension, der ein Verbrechen begangen hatte. Die ehemaligen Soldaten und ihre Angehörigen belegte man mit einer Art kollektiver Sippenhaftung." Solche Sätze gingen in zahllosen Abschriften und Umdrucken von Hand zu Hand. Entsprechend dankbar sind die Worte der Landtagsabgeordneten Elly Heuss-Knapp[22] empfunden worden, die feststellte: „Das ganze Problem sollte nicht von der Tatsache beeinflußt werden, daß viele Deutsche im Frieden und während des Krieges die Angehörigen der Wehrmacht vergöttert haben, um dann bei der Niederlage sie mit Verbitterung und Verachtung zu bestrafen. Das ist, was man Ressentiment nennt." Mit dem ihm eigenen klingenden Pathos bezeichnete Theodor Heuss, ihr Mann und damaliger Fraktionskollege, das Problem der Wehrmachtpensionen als „Rechtsfrage mit moralischem Hintergrund" und setzte sich für eine „sozial wie rechtlich verantwortungsbewußte" Entscheidung ein. Mit berechtigtem Stolz konnte Theodor Heuss bei seiner

[19] Vgl. Hans-Jürgen Rautenberg und Norbert Wiggershaus, Die „Himmeroder Denkschrift" von Oktober 1950. Politische und militärische Überlegungen für einen Beitrag der Bundesrepublik Deutschland zur westeuropäischen Verteidigung, Hrsg. Militärgeschichtliches Forschungsamt, Karlsruhe 1977 (und öfter).

[20] An Generalleutnant a. D. von Donat vom 2. 12. 1950.

[21] Wiesbadener Tageblatt vom 12. 10. 1949.

[22] Vgl. Stuttgarter Nachrichten vom 28. 6. 1949.

Abschiedsrede vor den Soldaten am 12. März 1959 in Hamburg am Ende von zwei Amtsperioden als Präsident der Bundesrepublik Deutschland daran erinnern, daß er der erste deutsche Publizist gewesen sei, „der seine Stimme in einem großen Aufsatz gegen dieses Unrecht erhoben hat"[23].

2. Hindernisse auf dem Weg in das Berufsleben

Nun haben die ehemaligen Berufssoldaten keineswegs schmollend im Winkel gesessen und die gesetzliche Regelung ihrer Versorgungsansprüche abgewartet. Die Arbeitsfähigen waren selbstverständlich arbeitswillig. Sie versuchten auf viele Weise, sich ganz ohne Standesdünkel durchzuschlagen, einen Beruf zu erlernen, und verzweifelten keineswegs an der Ungunst der Umstände[24]. Aber ihre Eingliederung in Industrie, Wirtschaft, Verwaltung wurde manchmal auch dadurch behindert, daß bei der Einstellung Betriebs- und Personalräte das letzte Wort hatten, die nicht nur in Einzelfällen ihre Zustimmung zur Beschäftigung von „Militaristen" versagten. Gelegentlich verschanzten sich allerdings auch nicht sonderlich mutige Personalchefs hinter diesem Vetorecht und versuchten erst gar nicht, diese Gremien mit guten Worten zu überzeugen, daß ihnen an der Einstellung dieses oder jenes ehemaligen Soldaten gelegen wäre. Am 1. August 1950 wandte sich Hansen an den für Arbeit und Sozialordnung zuständigen Bundesminister, Anton Storch, wies auf den Übelstand hin und bat ihn, entsprechend auf den Deutschen Gewerkschaftsbund einzuwirken, damit diese Diskriminierung beseitigt werde[25], die, wenn sie auch schwer zu verallgemeinern war, im besonderen Fall nicht wenig schmerzte. Auch dem Bundeskanzler ist dieses Problem nahegebracht worden, zu dessen Lösung er jedoch wenig, fast nichts tun konnte.

Natürlich gab es auch Firmen, etwa in der Mineralöl-Branche, die an der militärischen Vergangenheit ihrer Mitarbeiter keinen Anstoß nahmen und General- und Admiralstabsoffiziere ohne weiteres einstellten; so auch ein Solinger Betrieb der Genußmittel-Branche, in dem zeitweise ein Dutzend Generalstabsoffiziere arbeiteten und wo noch der Lagerverwalter ehemaliger Quartiermeister war, wie sich ein dort beschäftigter späterer Angehöriger der Dienststelle Blank erinnerte. In diesem und ähnlich gelagerten Fällen spielten gelegentlich in der Vorkriegs- und der Kriegszeit gewachsene Beziehungen zwischen aktiven und Reserveoffizieren, auch Unteroffizieren und „einfachen Soldaten" eine nicht zu unterschätzende Rolle. Viele dieser ehemaligen Soldaten, nun „ungelernte Arbeiter", arbeiteten unter solchen Bedingungen bis an den Rand der Erschöpfung und fügten sich – was ihnen von ihren zivilen Kollegen oft

[23] Vgl. Theodor Heuss, Soldatentum in unserer Zeit. Ansprache in der Führungsakademie in Hamburg-Blankenese am 12. 3. 1959, in: Theodor Heuss, Die großen Reden. Der Staatsmann, Tübingen 1965, S. 281 ff., bes. S. 282; vgl. auch Theodor Heuss, Tagebuchbriefe 1955/1963. Eine Auswahl aus Briefen an Toni Stolper, hrsg. und eingeleitet von Eberhard Pikart, Tübingen 1970, S. 76. Vorstehende Bemerkung nach Stuttgarter Zeitung vom 23. 6. 1949.

[24] Vgl. etwa Gerd Kobe, Der Wind kam vom Westen. Ein fast schon historischer Bericht, Würzburg 1974, S. 7 ff.; Siegfried Westphal, Erinnerungen, Mainz 1975, S. 387 ff.; Otto Wien, Ein Leben und viermal Deutschland, Düsseldorf 1978, S. 533 ff., S. 555 ff.

[25] Vgl. Meyer, Situation, S. 649 ff. Eingabe Hansens am 2. 8. 1950 an den Bundespräsidenten; auch Ziffer 3: Arbeitsboykott der ehem. Wehrmacht durch Betriebsräte, in: Nachrichtendienst der Landesverbandsleitung Württemberg-Baden/Notgemeinschaft ehem. berufsmäßiger Wehrmachtangehöriger vom 18. 9. 1950; Depositum von Donat.

hoch angerechnet worden ist – ohne Vorbehalte in die neuen, ganz gewandelten Umstände ein, ohne die Vergangenheit hervorzukehren oder etwa militärische Ambitionen in den neuen Berufskreis hineinzutragen. Es scheint, daß vor allem ehemalige Angehörige der Reichs- und der Kriegsmarine bei der Eingliederung in das Berufsleben nach 1945 günstigere Bedingungen antrafen, da dieser Wehrmachtteil, der schon die Nachwirkungen des Ersten Weltkrieges in eindrucksvoller Homogenität überstanden hatte, seit der Ära Tirpitz über gute Verbindungen zur Industrie verfügte, die sich auch diesmal als tragfähig erwiesen.

Der verschiedentlich zu beobachtende Berufsboykott konnte allerdings auch krähwinkelhafte Züge annehmen. Im Mai 1950 sollte der General der Inf. a.D. Alfred Wäger ehrenamtlicher Bäderverwalter in Baden-Baden werden. Zu seinen Obliegenheiten hätte es gehört, eine Aufsicht über die Anlagen und Einrichtungen der Badeanstalten auszuüben, Bade-Zeiten und Bade-Preise festzusetzen. Die Gewerkschaften protestierten gegen die Beschäftigung des 67jährigen ehemaligen Generals, das Badische Tagblatt kommentierte bemüht scherzhaft unter der Überschrift „Heiße Quellen lassen sich nicht kommandieren"[26].

Es war kein Einzelschicksal, wenn ein eben aus Gefangenschaft entlassener Offizier vom Arbeitsamt sogleich zum Holzeinschlag dienstverpflichtet wurde (mit kasernierter Unterbringung, getrennt von der Familie). Danach als Knecht tätig, versuchte dieser Offizier vergeblich, zum Studium zugelassen zu werden. Nach verschiedenen Versuchen, als Handelsvertreter Fuß zu fassen, stehe er jetzt, wie er einem verehrten ehemaligen Vorgesetzten Ende August 1949 schrieb, „um meine Frau und mein Kind nicht verhungern zu lassen, mit einem amerikanischen Karabiner als Watchman wieder Posten, wie 1933. – Dabei verdiene ich mir wenigstens noch mein Brot. Ich kenne Fälle, wo es Kameraden geradezu hoffnungslos schlecht geht." Einem schwer kriegsversehrten ehemaligen Major im Generalstabe, der ein Studium der Rechtswissenschaften an der Universität Tübingen aufnahm, wurde im Frühjahr 1946, im ersten Semester, die Erlaubnis zur Fortsetzung des Studiums mit der Begründung entzogen, als mit dem Eichenlaub zum Ritterkreuz Ausgezeichneter stellte er eine Gefahr für die Universität dar. Er müsse als Prototyp des Militaristen angesehen werden, weil er als Beinamputierter und Versehrter der Stufe III nochmals an die Front gegangen sei. Seine Bemühungen, sein Studium fortsetzen zu können, blieben erfolglos – die Universität hielt an ihrem ablehnenden Bescheid fest. Am Ende seiner 1956 beginnenden zweiten militärischen Laufbahn war dieser Offizier Kommandeur des Tübinger Verteidigungsbezirks und tat dort viel für ein gutes Verhältnis zwischen Bundeswehr und Öffentlichkeit.

Die Zulassung oder vielmehr Nicht-Zulassung zum Studium ist ein sehr unschönes Kapitel jener Jahre. Meist waren es die deutschen, mit der Zulassung zum Studium befaßten Gremien, die gegen ehemalige Offiziere, namentlich Stabs- und vor allem Generalstabsoffiziere, ihr Veto einlegten. In manchen Fällen waren alliierte Universitätsoffiziere einsichtiger. Es gab allerdings auch verständnisvolle Hochschullehrer, etwa in Regensburg oder Würzburg, die es stillschweigend oder ausdrücklich duldeten, daß ehemalige Stabsoffiziere als „Schwarzhörer" begannen, und jenen später, in normaleren Zeiten, diese „schwarzen Semester" als reguläre Studienzeit bescheinigten.

[26] Badisches Tagblatt vom 20. 5. 1950.

Aber die mittelalten und älteren ehemaligen Berufsoffiziere hatten noch ein weiteres Handikap, wenn sie auf geraden oder krummen Wegen (bis hin zum zeitweiligen Verleugnen des richtigen Namens und des letzten Dienstgrades) die Hürden vor der Zulassung zum Studium genommen hatten. Wovon sollten ihre Angehörigen leben, während sie studierten? In verschwindend wenigen Fällen konnte zwar hier die „Organisation Gehlen" helfen, die, an und für sich mit ihrem nachrichtendienstlichen Auftrag ganz ausgelastet, gelegentlich auch durch Lebensmittelpakete und finanzielle Zuwendungen die größte Not bei ganz unbemittelten alten Soldaten und deren Familien lindern half. Mit der Förderung einiger weniger Studenten verstopfte sie bei diesen jedenfalls eine gefährliche Quelle des Mißmutes, sicherte sich zum anderen für später qualifizierte Mitarbeiter und war dadurch wohl auch über die Stimmungslage an den Hohen Schulen einigermaßen im Bilde. Aber für die überwiegende Zahl der zu einem Studium zugelassenen ehemaligen Berufssoldaten gab es außer Freitischen oder Gebührenerlaß kaum irgendwelche wirkungsvolle Hilfen, die ein von Existenzsorgen freies Studium ermöglicht hätten. „Hauptmann a. D., Familienvater, Schwarzhändler und Student", so wollte einem Zeitungsbericht in der „Welt" zufolge „ein Zyniker ... in die Berufsspalte seiner diversen Fragebogen schreiben."[27]

Jüngere ehemalige Reserveoffiziere konnten ihre Vergangenheit oft leicht abschütteln und durch den Krieg verlangsamte Karrieren fortsetzen. Ein ehemaliger Generalstabsoffizier, nun Hafenarbeiter, später in der Dienststelle Blank tätig, dann Generalmajor in der Bundeswehr, begegnete zufällig dem einstigen Nationalsozialistischen Führungsoffizier seiner Division, jetzt Universitätsprofessor, der, von ihm auf seine frühere NSDAP-Mitgliedschaft angeredet, lächelnd erwiderte, er sei immer Sozialist gewesen, nun habe er sich der SPD angeschlossen. Solche keineswegs vereinzelten Beispiele ziviler Anpassungs- und Wandlungsfähigkeit ließen natürlich bei ehemaligen Berufssoldaten, die ihre so deutlich schlechteren Chancen bitter empfanden, einen Stachel zurück.

Besonders schwer hatten es aber jene, die aus den deutschen Ostgebieten stammten oder aus dem jetzt von der Roten Armee besetzten Mittel- und Ostdeutschland. Sie hatten alles verloren, verfügten meist über keine „Beziehungen" oder verwandtschaftliche Stützen und mußten ganz von unten anfangen. Solche ungünstigen Startbedingungen sind später nicht immer berücksichtigt worden, als beim Eintritt in die neuen Streitkräfte die Elle der Bewährung im Zivilleben oft unnachsichtig angelegt wurde. Keineswegs waren nun in Süd-, West-, Norddeutschland beheimatete ehemalige Berufssoldaten etwa überdurchschnittlich tüchtiger oder erfolgreicher als ihre vor dem Nichts stehenden heimatvertriebenen Kameraden – aber ihre gelegentlich günstigeren Ausgangspositionen verschafften ihnen immerhin einen gewissen Vorteil, wie auch der Zeitpunkt der Entlassung aus Kriegsgefangenschaft, die körperliche Leistungsfähigkeit und die jeweilige örtliche Arbeitsmarktlage für Erfolg oder Mißerfolg im Berufsleben entscheidend sein konnten. Nur blieb bei harter, anstrengender Handarbeit, ungünstigen Verkehrsverhältnissen und trübseligen Wohnungszuständen kaum die Zeit, sich tiefgehend mit der eigenen Vergangenheit auseinanderzusetzen. Wer sollte es ihnen verdenken, daß das Überleben, die Sicherung der Existenz, das Glück in der

[27] Die Welt vom 20. 7. 1948: Rudolf Brüning, Deutsche Hochschulen heute. Hunderte suchen Arbeit. Vgl. auch Der Spiegel vom 10. 7. 1948: Universitäten. Studenten geben SOS.

Familie – im Kriege nur zu selten erlebt, nach dem Kriege oft genug zerbrochen –, der Rückzug ins Private zunächst den Vorrang hatte vor allen anderen Überlegungen, die mit dem alten Beruf, seinen Grundlagen, seinem Sinn, seiner Faszination zusammenhingen und der Frage, ob man ihn wieder ergreifen solle. Und viele sind in dieser Zeit ganz aus der Bahn geworfen worden, fanden keinen Anschluß, scheiterten im Lebenskampf, weniger Opfer ihres Berufes als der Zeit, in der sie lebten und deren Belastungen sie nicht mehr gewachsen waren, weil der lange Krieg und die Gefangenschaft die ganze Spannkraft aufgezehrt hatten. In der Dienststelle Blank, gerade auch später in den Streitkräften, waren bei Offizieren und Unteroffizieren vielfältige praktische Berufserfahrungen anzutreffen, die früher als wenig „standesgemäß" gegolten hätten. Als Maurer, Bergleute, Landarbeiter, Werkzeugmacher, Tischler, Hutmacher, Kraftfahrzeugmechaniker, Reisende, Textilingenieure, Versicherungsagenten, Journalisten, Photographen, Dolmetscher hatten sie sich, oft genug unter großen Schwierigkeiten, berufliche Existenzen aufgebaut. Ihre unmittelbaren Erfahrungen aus der Arbeitswelt, nachdem schon der Krieg manchen gesellschaftlichen Unterschied verschliffen hatte, hatten für den vieldiskutierten Fragenkreis „Integration in die Gesellschaft" nicht zu unterschätzende positive Wirkungen. Die ersten Offiziergenerationen wußten genau, was Arbeit und Wiederaufbau aus dem Nichts hieß, und nutzten diese Erfahrung im Umgang mit den ihnen anvertrauten Soldaten.

Zur gleichen Zeit, als der Deutsche Bundestag engagiert über ein fast durch alle Fraktionen befürwortetes Herstellungs- und Vertriebsverbot von Kriegsspielzeug in der Bundesrepublik Deutschland debattierte[28], stand allerdings ehemaligen Soldaten als letzter Ausweg aus ihrer Notlage der Eintritt in die Fremdenlegion frei. Einen „Wehrbeitrag ... auf dem schwarzen Markt" nannte die Stuttgarter Zeitung die deutschen Legionäre, die seit 1945 in Indochina kämpften und starben[29]. Wenige haben ihren Weg dorthin freiwillig gefunden, manchmal direkt aus den Gefangenenlagern in Frankreich zu den Annahmestellen der Legion, wo nicht viele Fragen gestellt wurden. Manche dieser Bewerber wollten wohl einer dunklen Vergangenheit entfliehen und gingen deswegen in eine ausweglose Zukunft. Abenteuerlustig waren die wenigsten, zynische, verzweifelte und ratlose Landsknechte wohl viele, Söldner, unfähig, sich ein Leben ohne Krieg im zertrümmerten Deutschland vorstellen zu können, gewiß auch

[28] Vgl. die Debatte im Deutschen Bundestag am 23. 6. 1950; Verhandlungen des Deutschen Bundestages, I. Wahlperiode 1949, Sten.Ber., Bd. 4, Bonn 1950, S. 2619 ff.; hierzu auch Verhandlungen des Deutschen Bundestages, I. Wahlperiode 1949, Anlagen zu den Sten.Ber., Drucksachen Nr. 601 bis 900, 3. Teil, Bonn 1951, Drucksache Nr. 691; ebd. Drucksachen Nr. 725, Nr. 901 bis 1100, 4. Teil, Bonn 1951, Drucksache Nr. 1036.

[29] Stuttgarter Zeitung vom 4. 2. 1952: Über 13 500 Deutsche in Indochina gefallen, aufgeschlüsselt: 350 Offiziere, etwa 6 250 Unteroffiziere und gegen 6 920 Mannschaften. Vgl. auch Der Spiegel vom 15. 11. 1950: Fremdenlegion. Gardez vous. Nach diesem Artikel und den Leserzuschriften (etwa am 29. 11. 1950, S. 43 und bes. am 6. 12. 1950, S. 43, Zuschrift der französischen Hohen Kommission, Bad Godesberg) erscheint eine offizielle Statistik der Fremdenlegion wenig glaubwürdig, die ihre Gesamtverluste in Indochina lediglich auf 309 Offiziere, 1 082 Unteroffiziere und 9 092 Mannschaften beziffert. Die Kommission räumt ein, daß die „Einheiten der Legion nicht zu 85 Prozent aus Deutschen (bestehen), sondern, Spezialisten und Büropersonal eingerechnet, nicht einmal zur Hälfte". Diese vage Angabe widerlegt das offizielle Limit, der Anteil einer Nation in der Legion dürfe sich nur auf 30% belaufen. In Indochina und noch in Algerien dürfte der deutsche Anteil in der Legion, über deren Gesamtstärke zuverlässige Angaben für diese Zeit nicht zu erlangen waren, zeitweise beträchtlich über 30% gelegen haben, zumal personelle Ausfälle sogleich ohne Schwierigkeiten ersetzt werden konnten. Vgl. auch Arthur L. Smith jr., Die deutschen Kriegsgefangenen und Frankreich 1945–1949, in: Vierteljahrshefte für Zeitgeschichte 32 (1984), S. 103 ff., bes. S. 105 ff.

eine große Zahl Entwurzelter, die alles verloren hatten, Heimat, Familie, Besitz. Alle zusammen sind sie die Vergessensten der Unglücklichen.

Die vielen ehemaligen Soldaten aller Dienstgrade, vom Gefreiten bis zum General, die in den Dienstgruppen bei den alliierten Streitkräften – nicht alle aus freien Stükken, viele aus Not, weil sie keine andere Beschäftigung fanden – untergekommen waren, riskierten dort zwar nicht ihr Leben, aber ihren Ruf. Diese für die alliierten Streitkräfte auf deutschem Boden seit Kriegsende unentbehrlichen Einrichtungen hatten auch nicht zuletzt deswegen kaum Personalsorgen, weil Arbeitslose, die ihnen zugewiesene Arbeit bei den Dienstgruppen nicht annahmen, ihren Anspruch auf Arbeitslosenversorgung verloren (so war wenigstens Ende 1950, Anfang 1951 die Regelung in Berlin). Namens der württembergisch-badischen „Notgemeinschaft ehemaliger berufsmäßiger Wehrmachtsangehöriger und ihrer Hinterbliebenen" im BvW warnte deren Vorsitzender, General der Pz.-Tr. a. D. Rudolf Veiel, im Sommer 1950 dringend vor dem Eintritt in die Dienstgruppen. Unter Hinweis auf die wegen „Kriegsverbrechen" verurteilten Soldaten und die noch laufenden Verfahren in Frankreich nannte er als Voraussetzungen die „Bereinigung unserer Rechtsansprüche". Ferner müßten die Besatzungsmächte anerkennen, daß „die Grundsätze der Gerechtigkeit, Menschlichkeit und Demokratie" auch für die Besiegten gelten; erst danach „lassen wir mit uns über das Thema ‚Europäische Verteidigung' sprechen. Eine europäische Armee und ihr deutsches Kontingent sollte nicht mit einem Landsknechtstum einen höchst bedenklichen Anfang nehmen." Seine abschließende Feststellung, die amerikanischen Maßnahmen zum weiteren Ausbau dieser Einrichtungen im (Korea-)Sommer 1950 seien nichts anderes als die Ausnutzung der „Notlage der von den Besatzungsmächten selbst ins Elend gestoßenen deutschen Menschen", läßt den Schluß zu, daß er seinen Forderungen nach Gleichberechtigung einstweilen nur deklaratorischen Charakter beimaß.

Mancher sorgte sich in diesen Wochen und Monaten, daß sich die Westmächte auf diesem Weg einen deutschen Wehrbeitrag zusammenstellten, ohne auf Gleichberechtigung oder auf irgendwelche Bedingungen eingehen zu müssen. Die Generale Speidel und Heusinger wüßten zwar über die „gesamte Sachlage genauestens Bescheid", schrieb etwa der Generalleutnant a. D. von Donat am 20. Juni 1951. Aber auch sie, meinte er pessimistisch, „können die Aufstellung von Bataillonen nicht verhindern. Die Besatzungsmächte springen mit uns so um, wie wir es verdienen." Es dauerte lange, bis die Amerikaner, Briten und Franzosen eine im ganzen positive Einstellung zu diesem ihren militärischen Verbänden angegliederten Hilfspersonal aus vieler Herren Länder fanden, darunter ja auch eine große Anzahl „displaced persons", das im Dienst manche Demütigung hinnehmen mußte und auch gegenüber der kritischen Öffentlichkeit – nicht nur den ehemaligen Soldaten – erst langsam aus dem Zwielicht herauskam[30].

[30] Über den erheblich fluktuierenden Anteil ehemaliger Berufssoldaten in den Dienstgruppen sind zuverlässige statistische Angaben nicht mehr zu erlangen. Ihr Ansehen war in der Öffentlichkeit und im Kameradenkreis offenbar gering. Vgl. Heinz-Ludger Borgert, Walter Stürm und Norbert Wiggershaus, Dienstgruppen und westdeutscher Verteidigungsbeitrag. Vorüberlegungen zur Bewaffnung der Bundesrepublik Deutschland, Boppard 1982, passim, vor allem den Beitrag von Walter Stürm in diesem Band, S. 135 ff.

3. Kriegsgefangenschaft, Internierung, Automatischer Arrest

Hinsichtlich der extremen wirtschaftlichen Notlage und vielfältiger Eingliederungsschwierigkeiten in das gesellschaftliche Gefüge und, wichtiger noch zunächst, in das Erwerbsleben nach dem Kriege wiesen die Schicksale der ehemaligen Berufssoldaten und ihrer nahen Angehörigen durchaus einige spezifische Kennzeichen innerhalb der allgemeinen Not auf. Weitere Besonderheiten, bei aller sonstigen Verklammerung der Geschicke, zeigten sich in der Kriegsgefangenschaft, ihrer ganz unterschiedlichen Dauer und Nachwirkung. In den Kriegsgefangenenlagern auf deutschem Boden, in West- und Osteuropa, in fast allen anderen Erdteilen waren deutsche Soldaten jeden Status verwahrt. Aber den ehemaligen höherrangigen Berufssoldaten, vor allem den Generalstabsoffizieren, eingeschlossen aus diesem Kreise hervorgegangene Generale, galt die besondere Aufmerksamkeit der westlichen Gewahrsamsmächte[31], die diesen Personenkreis als in erster Linie des Militarismus verdächtig ansahen und hier wohl auch die Kandidaten für die beabsichtigten Kriegsverbrecherprozesse vermuteten und suchten. Das auffallende Interesse an vielen hochrangigen Offizieren mag schließlich auch darin begründet gewesen sein, daß dieses in amerikanischen und britischen Lagern befindliche Führungspersonal dadurch jedenfalls nicht dem mittlerweile beargwöhnten Alliierten, der Sowjetunion, zufiel. Namentlich das amerikanische Heer schickte sich ja auch bald an, die vielfältigen Führungserfahrungen und das reiche militärische Wissen dieser Gefangenen zu nutzen[32]. Wenn die Behandlung der Generale und Generalstabsoffiziere in amerikanischer Gefangenschaft sich in den ersten Nachkriegswochen und -monaten überhaupt nicht von den Zuständen in gefürchteten Lagern wie etwa Remagen, Bad Kreuznach, Attichy – um nur einige zu nennen –[33] unterschied, so besserten sich die Verhältnisse ab Frühjahr 1946 mit dem Aufbau der „Operational History (German) Section" in Allendorf, später Neustadt bei Marburg und auch in Garmisch dann zusehends. Die Mitwirkung an den mit Erfordernissen der Kriegsgeschichte begründeten Arbeiten – die Grenze zwischen kriegsgeschichtlichen Studien und Erfahrungsaustausch zwischen militärischen Fachleuten und Sachkennern ist fließend – war innerhalb des in Frage kommenden Personenkreises zeitweise sehr umstritten, nicht zuletzt, weil die amerikanische Besatzungsmacht, ohne in der Öffentlichkeit viel Aufhebens davon zu machen, nicht nur diese ungewöhnliche Zusammenarbeit zwischen Siegern und Besiegten betrieb, sondern auch gleichzeitig, und dies nun unter beträchtlichem propagandistischen Aufwand, zahlreiche hochrangige ehemalige militärische Führer wegen vermeintlicher und tatsächlicher Kriegsverbrechen vor Gericht stellte. Das Projekt stand mithin unter erheblichen psychologischen und politischen Belastungen. In dem zeitweise erbitterten Für und Wider einer Mitwirkung an den Arbeiten der Historical Division zeigte sich eine frühe Form der Verweigerung, des „Ohne mich", das in vielfältigen Varianten, bis hin zum „Ja – aber",

[31] Vgl. Meyer, Situation, S. 602ff.

[32] Vgl. ebd., Situation, S. 680ff.; auch Christian Greiner, „Operational History (German) Section" und „Naval Historical Team". Deutsches militärstrategisches Denken im Dienst der amerikanischen Streitkräfte von 1946 bis 1950, in: Militärgeschichte. Probleme, Thesen, Wege. Im Auftrag des Militärgeschichtlichen Forschungsamtes aus Anlaß seines 25jährigen Bestehens ausgewählt und zusammengestellt von Manfred Messerschmidt, Klaus A. Maier, Werner Rahn und Bruno Thoß, Stuttgart 1982, S. 409ff.

[33] Vgl. Kurt W. Böhme, Die deutschen Kriegsgefangenen in amerikanischer Hand (Europa), München 1973, S. 31ff., S. 137ff., bes. S. 194ff.

einem gleichsam zähneknirschenden Ja, bis in die Jahre des Aufbaus der Streitkräfte der Bundesrepublik Deutschland die Diskussion über die deutsche Wiederbewaffnung in Kreisen ehemaliger Berufssoldaten bestimmte.

Die Briten sahen die in ihren Lagern befindlichen Repräsentanten der ehemaligen deutschen Wehrmacht unter etwas anderem Blickwinkel. Sie versuchten zwar auch, in besonderen Vernehmungslagern sich Aufschlüsse über bestimmte Aspekte der deutschen Kriegführung zu verschaffen, gewissermaßen ihren beachtlichen Wissensstand über den besiegten Feind zu vervollständigen und zu verifizieren – mehr nicht. Darüber hinaus verfolgten sie mit der zunächst unbestimmten Dauer der Gefangenschaft von Generalen und Admiralen, General- und Admiralstabsoffizieren, auch einiger „ausgewählter" Stabsoffiziere aller Wehrmachtteile wohl auch das Ziel, diese Personengruppe mit Führungsqualitäten jedenfalls in ihrer Besatzungszone nicht so bald zu einem vielleicht nennenswerten Faktor werden zu lassen. Mittels eines ausgeklügelten, wirkungsvollen und folgenreichen Systems vom „screening" hin zu einem Verfahren vor sogenannten „review boards" versuchten sie sich Gewißheit darüber zu verschaffen, ob ihnen – und dem demokratischen Aufbau in der britischen Zone – diese Offiziere vielleicht gefährlich werden könnten. Diesem Testverfahren auf demokratische Gesinnung und Zuverlässigkeit, von dem die Entlassung oder die weitere Internierung abhängig war, liefen freilich auch mehr oder weniger eingehende Re-Education-Programme parallel[34].

Die Frage, ob aufgrund der Kriegsgefangenschaft in westlichem Gewahrsam gerade auch in ihren „Sonderformen" – auch Berufssoldaten konnten den Status als Internierte haben oder nach den Bestimmungen für den „automatic arrest" ihrer Freiheit beraubt sein[35] – irgendwelche anhaltende Ressentiments zurückgeblieben sind, muß offen bleiben. Gewiß haben diese Erlebnisse und Zustände Betroffenheit, Verärgerung und andere menschlich begreifliche Reaktionen ausgelöst. Ältere werden solche Eindrücke manchmal schwerer abgeschüttelt haben als jüngere Kriegsgefangene. Aber die sich zu Ende der vierziger Jahre normalisierenden, in den fünfziger Jahren dann zusehends sich bessernden Lebensverhältnisse trugen wohl sehr dazu bei, daß diese Zeit der Gefangenschaft und Internierung mehr oder weniger als pittoreske oder auch in mancher Hinsicht beschämende Episode in der Erinnerung haften geblieben ist, ohne bleibende Schäden anzurichten. Ganz sicher aber ist es, daß die Kriegsgefangenschaft in sowjetischem Gewahrsam – die letzten Kriegsgefangenen kehrten erst zehn Jahre nach Kriegsende in die Heimat zurück – nicht ähnlich leicht überwunden wurde. Hier sind Rückwirkungen bis in unsere Zeit zu diagnostizieren. Die lang andauernde, tiefe

[34] Vgl. Henry Faulk, Die deutschen Kriegsgefangenen in Großbritannien. Re-Education, München 1970, bes. S. 75ff. Re-Education in Wilton Park und im „Jugendlager" ebd., S. 186ff., auch S. 289ff. Matthew Barry Sullivan, Auf der Schwelle zum Frieden. Deutsche Kriegsgefangene in Großbritannien 1944–1948, Frankfurt 1984. Über eine besondere Behandlung ehemaliger Berufssoldaten in französischem Gewahrsam ließ sich nichts in Erfahrung bringen. Ehemalige aktive Offiziere sind erst ab Ende 1947 entlassen worden, sofern sie nicht wegen des Verdachts auf Kriegsverbrechen und nach rechtskräftigen Urteilen weitaus länger noch in Frankreich in Haft blieben. Vgl. Kurt W. Böhme, Die deutschen Kriegsgefangenen in französischer Hand, München 1971, S. 132f. Smith, Deutsche Kriegsgefangene, passim.

[35] Die zunächst kein System erkennen lassenden Festnahmen aufgrund des „Automatischen Arrests" – vgl. Meyer, Situation, S. 604f. – setzten alsbald nach Kriegsende ein. Vgl. auch Lutz Niethammer, Entnazifizierung in Bayern. Säuberung und Rehabilitierung unter amerikanischer Besatzung, Frankfurt 1972, S. 147ff. sowie Justus Fürstenau, Entnazifizierung. Ein Kapitel deutscher Nachkriegspolitik, Neuwied 1969, S. 20ff., s. auch den Beitrag von Christa Schick, Die Internierungslager, in diesem Band. Vgl. den Kommentar: Das Ende der automatischen Haft, in: Christ und Welt vom 2. 10. 1948.

existentielle Erschütterung löste in aller Regel nicht etwa Revanchegedanken oder Rachegefühle aus, sondern förderte Überlegungen, in der Heimat dann alles zu tun, gerade auch im Rahmen wirksamer Verteidigungsanstrengungen, damit ein Krieg mit diesem ideologisch fixierten Gegner unmöglich wird. Zu dieser Abwehrreaktion trugen auch wesentlich bei sowohl primitive als auch subtile kommunistische Indoktrinationsversuche und nicht zuletzt die unmittelbare Anschauung von Theorie und Wirklichkeit dieses Systems. Antikommunistische Vorbehalte, freilich nicht begrenzt auf ehemalige Berufssoldaten, sind in jener Zeit bekräftigt worden – das steht außer Frage. Aber die sowjetische Kriegsgefangenschaft war auch eine hohe Schule der Leidens- und Überlebensfähigkeit, nicht nur der Intoleranz.

4. Entnazifizierung

Von der „Entnazifizierung", jenem „bürokratischen Inquisitionsverfahren zur Überprüfung der politischen Gesinnung" (Karl Dietrich Erdmann), waren nahezu alle über 18 Jahre alten Bewohner der verschiedenen Besatzungszonen betroffen, also auch die ehemaligen Berufssoldaten. Der Name des in der US-Zone eigens hierfür geschaffenen Gesetzeswerkes „Gesetz zur Befreiung von Nationalsozialismus und Militarismus" vom 5. März 1946 verdeutlicht eine diesem Personenkreis zugedachte hervorgehobene Rolle[36]. Schon jeder von der amerikanischen Militärregierung 1945 eingesetzte Kleinstadtbürgermeister war gehalten, „[to] cooperate completely with all military authorities into the elimination of Nazism, Nazi Officials, their collaborators and militarism", in der beigefügten Übersetzung ins Deutsche, „restlos alle Erlasse der Militärregierung durch(zu)führen, in Bezug auf [...] die Ausrottung des Nationalsozialismus, des nationalsozialistischen Beamtentums, deren Helfershelfer, und aller militärischen Tendenzen"[37]. Das „Befreiungsgesetz", wie es rasch geschäftsmäßig abgekürzt und irreführend hieß, vermied zwar – wie die Instruktion an die Bürgermeister – eine Definition des Militarismus, bestimmte aber in undeutlicher Begrifflichkeit, wer als „Militarist" anzusehen sei[38], in Klasse I: „1. wer das Leben des deutschen Volkes auf eine Politik der militärischen Gewalt auszurichten suchte; 2. wer für die Beherrschung fremder Völker, ihre Ausnutzung und Verschleppung eingetreten oder verantwortlich ist; 3. wer die Aufrüstung zu diesen Zwecken förderte." Die Klasse II versammelte vier weitere Gruppen von „Militaristen": „1. wer durch Wort oder Schrift militaristische Lehren oder Programme aufstellte oder verbreitete oder außerhalb der Wehrmacht in ei-

[36] Vgl. Erich Schullze (Hrsg.), Gesetz zur Befreiung von Nationalsozialismus und Militarismus vom 5. März 1946. Mit den Ausführungsvorschriften und Formularen, München [2]1947. Hierzu Niethammer, Entnazifizierung, und Fürstenau, Entnazifizierung, passim; Erdmann, Weltkriege, § 92; Henric L. Wuermeling, Die Weiße Liste, Berlin 1981, S. 123 ff., und Klaus-Dietmar Henke, Die Grenzen der politischen Säuberung in Deutschland nach 1945, in: Ludolf Herbst (Hrsg.), Westdeutschland 1945–1955. Unterwerfung, Kontrolle, Integration, München 1986, S. 127 ff.; auch: Freda Utley, Kostspielige Rache, Hamburg [7]1952 (apologetisch), S. 241 ff., bes. S. 252.

[37] Military Government of Germany. Vorschriften für die Spitzen der deutschen Kommunal- und Regierungsbehörden/Instructions to Chief Executives of German Cities, Counties and other Districts; gez. Allied Expeditionary Force. Military Government. Ben S. Morris, Maj Ac. MGO, H2H3, 17.5.1945 (Orig. im Besitz des Vf.).

[38] Schullze, Gesetz zur Befreiung, Art. 8, S. 12; vgl. zum folgenden auch ebd., S. 64 ff., Anlage zum Gesetz zur Befreiung von Nationalsozialismus und Militarismus, Abschnitt L: Die deutschen bewaffneten Streitkräfte und Militaristen, S. 76 f.

ner Organisation aktiv tätig war, die der Förderung militaristischer Ideen diente; 2. wer vor 1935 die planmäßige Ausbildung der Jugend für den Krieg organisierte oder an dieser Organisierung teilnahm; 3. wer als Inhaber einer Kommandogewalt verantwortlich dafür ist, daß nach dem Einmarsch in Deutschland Stadt und Land sinnlos verwüstet wurden; 4. wer ohne Rücksicht auf seinen Rang als Angehöriger der Wehrmacht, des Reichsarbeitsdienstes, der Organisation Todt (OT) oder der Transportgruppe Speer seine Dienstgewalt zur Erlangung besonderer persönlicher Vorteile oder zu rohen Quälereien seiner Untergebenen mißbrauchte."

Wem solches prima facie aufgrund von Funktion, Dienststellung, Verwendung zuzutrauen war, ist im Anhang zum Gesetz in einer langen Liste in insgesamt 14 Punkten nachzulesen, einer krausen Mischung aus nationalsozialistischen Führungsoffizieren (NSFO), Generalstabsoffizieren, Chefs von Militär- und Zivilverwaltungen in den ehemals besetzten Gebieten, auch „allen früheren Offizieren des Freikorps ‚Schwarze Reichswehr'" (was immer damit gemeint war) und „allen Professoren, Rednern und Schriftstellern auf dem Gebiet der Militärwissenschaft seit 1933". Das Linnésche System, im 18. Jahrhundert ersonnen, eine künstliche Systematik für die Erfassung und Beschreibung des vielgestaltigen Pflanzenreiches, ist noch in Geltung, was sich von der gekünstelten Systematik des „Befreiungsgesetzes" zum Glück nicht sagen läßt. Daß sich mit solchen Definitionen, Aufzählungen und Verschachtelungen einem ebenso heiklen wie vielschichtigen Problem nicht beikommen ließ, erwies sich allzu rasch in der Praxis. Gegen solche formalistische Prozedur, wie sie mit hohem Aufwand an Personal, Zeit und Geld ins Werk gesetzt worden ist, bildete sich bald ein nicht schlecht funktionierender Rechtfertigungsmechanismus, Stichwort „Persilscheine".

Die höherrangigen Berufssoldaten sind meist 1947, einige erst Anfang 1948, aus amerikanischem und britischem Gewahrsam entlassen worden. Im allgemeinen mußten sie sich noch in den Lagern dem Entnazifizierungsverfahren unterwerfen, das wegen des Fließbandcharakters bald niemand mehr sonderlich ernst nahm. Die britische „screening"-Prozedur war eine gute Vorbereitung auf die Verhandlungen der Entnazifizierungskammern, die bei den meisten Betroffenen keine besonders nachhaltigen Eindrücke hinterlassen haben. Es gab verständnisvolle wie boshafte oder unwissende Vorsitzende, aber allzu viele zusätzliche Sorgen über den Ausgang des Verfahrens machten sich die Generalstabsoffiziere und Generale nach dem Nürnberger Freispruch der Organisation „OKW und Generalstab" nicht mehr, obwohl die Militärregierungen Einspruch dagegen einlegen konnten, daß eine entlastende Einstufung Rechtskraft erlangte und von dieser Möglichkeit auch Gebrauch machten[39]. Das war aber mehr eine Notbremse, nachdem Spruchkammern in ihren Entscheidungen sogar verschiedentlich Nürnberger Urteile revidierten oder relativierten – Ausdruck einer seltsamen Rechtsunsicherheit jener Jahre. Dennoch waren mit den Verfahren gegen ehemalige Berufssoldaten für sie unmittelbare Rückwirkungen verbunden. Besonders seltsame Blüten trieb die Entnazifizierung in der in Neustadt-Lager eingerichteten militärischen Sonderspruchkammer, die vor allem die Fälle der dort tätigen Mitarbeiter der „Historical Division" (Operational History (German)Section) zu verhandeln hatte, auf eine ausdrückliche amerikanische Weisung vom 16. September 1947 hin, daß die

[39] Vgl. etwa Wien, Leben, S. 523 ff.

„reguläre" Spruchkammer für den Landkreis oder den Stadtkreis Marburg für „diese Zwecke nicht zu verwenden" sei[40]. Der dieser Sonderspruchkammer angehörende militärische Sachverständige, Generalleutnant a.D. Theodor Groppe, dem im Februar 1947 selbst einmal angeboten worden war, sich für den Aufbau militärischer Formationen in der Sowjetischen Besatzungszone zur Verfügung zu stellen – was er entrüstet abgelehnt hatte –, gewann bald den Eindruck, daß der Vorsitzende der Sonderspruchkammer kommunistischer Sympathien verdächtig sei. Aus dessen Verhandlungsführung, seinem betonten Wohlwollen gegenüber manchen Generalen und Generalstabsoffizieren, zog Groppe den Schluß, daß jener die unzweifelhafte Notlage dieser Offiziere und ihrer Angehörigen auszunutzen versuche, um sie für östliche Sirenenklänge empfänglich zu machen. Die ebenso scharfen wie deutlichen Worte, die Groppe im Frühjahr 1948 zur Kennzeichnung der zwielichtigen Atmosphäre um die Neustadter Sonderspruchkammer fand, charakterisieren die eigentümlichen, wirren Zeitläufe. Die formalisierte Vergangenheitsbewältigung auf Geheiß der Sieger störte wenigstens zeitweise – und nicht nur bei ehemaligen Soldaten – das erst langsam wachsende Verständnis für die neu eingerichtete Demokratie.

Groppe ließ es nicht bei der Kritik an dem Vorsitzenden der Sonderspruchkammer bewenden. In einer Eingabe an den hessischen Finanzminister Hilpert stellte er im Januar 1949 die bittere Frage, wozu denn überhaupt die hohen Offiziere vor Spruchkammern gestellt würden, wenn sie anschließend, für unbelastet erklärt, im Gegensatz zu den in die Gruppen V (Entlastete) und IV (Mitläufer) des Befreiungsgesetzes eingestuften Beamten weder ihre gesetzlichen Pensionen erhielten, noch Arbeit vermittelt bekämen: „Die Hessische Verfassung sagt im § 1, daß alle Bürger vor dem Gesetz gleich sind. Die Behandlung der ehemaligen Soldaten in Hessen stellt einen glatten Verfassungsbruch dar. Der ehemalige Offizier hat begreiflicher Weise das Gefühl, aus der Volksgemeinschaft ausgeschlossen zu sein." Er befürchtete deswegen, daß sich viele ehemalige Berufssoldaten, über deren persönliche wie politische Einstellung er „bestens unterrichtet" sei, von der Demokratie abwenden würden mit dem Argument, „wir sind ja doch Staatsbürger 2. Klasse und pfeifen auf die ganze sogenannte Demokratie". Die Konsequenz daraus fürchtete Groppe, und er stützte sich dabei auf seine Neustadter Erfahrungen und Eindrücke, in einer möglichen Ostorientierung, wenn vielleicht auch nur aus wirtschaftlich-existentiellen Erwägungen. Einige folgten, meinte er, womöglich den russischen „glänzenden Versprechungen", der „Zauberformel ‚Yorck und Tauroggen'". Und er schloß: „Ich kann natürlich nicht wissen, wer auf die Lockungen hereinfiel, halte es aber für wahrscheinlich, daß es nicht wenige sind, namentlich unter den jüngeren Herren. Charakterstärke war im deutschen Volk im Laufe seiner Geschichte stets ‚Mangelware'. Videant consules."[41]

Groppe hat hier mit der ihm stets eigenen Direktheit nicht nur darauf aufmerksam gemacht, daß tatsächlich eine ganze Reihe ehemaliger Berufssoldaten, zum Teil in verantwortlicher Stellung, an den Aufrüstungsmaßnahmen in der Sowjetischen Besatzungszone mitwirkten[42], sondern daß nicht nur in einzelnen Fällen auch Werber von dort gezielt alte Kameraden in Westdeutschland für diese militärischen Formationen

[40] Vgl. Meyer, Situation, S. 609ff.
[41] Vgl. ebd., S. 612, mit Anm. 72. Ähnliche Hinweise des Generals der Pz.Tr. a.D. Traugott Herr zur Lage in Norddeutschland, in: Der Spiegel vom 19.9.1951: Soldatenbund. Wenn das interessieren sollte.
[42] Vgl. Meyer, Situation, S. 580 und Fischer, Wiederbewaffnung.

zu gewinnen suchten. Auch wenn solche Tendenzen in gewandelter Form noch bis Ende der fünfziger Jahre in der zeitweise buntscheckigen Szenerie der Soldatenvereinigungen und verschiedenster Gesprächskreise mit militärischem Hintergrund eine Rolle spielten, waren die frühen Sorgen Groppes vor einem „Abmarsch nach Osten" alles in allem ebenso unbegründet wie seine Befürchtung, die ehemaligen Berufssoldaten würden ein gestörtes Verhältnis zur Demokratie entwickeln. Die undifferenzierte, regional mit Rechtsungleichheit belastete Verfahrensweise bei der Entnazifizierung konnte freilich solche Besorgnisse zeitweilig nähren. Der hessen-nassauische Kirchenpräsident Martin Niemöller machte schon im Februar 1948 deutlich, daß die Entnazifizierung, in der die ehemaligen Berufssoldaten eine besondere Folgelast trugen, nicht der „Gerechtigkeit und Versöhnung" diente. Er verbot es in diesem von den Kanzeln verlesenen Wort den Pfarrern der hessen-nassauischen Landeskirche, „um ihres Amtes und um unserer Gemeinde willen ... dieses Ärgernis mitzuverantworten". „Falls der christliche Bruder nicht die freudige Gewißheit" habe, „gerade mit diesem seinen Dienst dem Amt der Versöhnung zu dienen" – gemeint als Entlastungszeuge –, bedeute „jede freiwillige Betätigung eines christlichen Pfarrers bei der Durchführung des Befreiungsgesetzes für die Gemeinde Jesu Christi ein schweres Ärgernis."[43] Trotz so deutlicher Kanzelworte und weit verbreiteter Kritik geschah dem Gesetz vorerst weiter Genüge. Mit den danach verhängten Sühne- und Strafmaßnahmen, vom vorweggenommenen Verbot der Berufsausübung, Entlassung aus bisherigen Beschäftigungsverhältnissen bis hin zu Zwangsarbeit, Geldbußen, Haftstrafen, regelmäßiger Meldung bei der Polizei, Versagung des aktiven und passiven Wahlrechts – je nach Kategorie – hatte das „Befreiungsgesetz" unmittelbare existentielle Bedeutung für die davon Betroffenen. Die von vielen einstigen Berufssoldaten bei aller inneren Distanz durchaus berechtigt als zusätzliche Diffamierung und Herabsetzung empfundene bürokratische Entnazifizierung, nicht nur in diesem Personenkreis als „Entbräunung" verspottet, wurde mit zunehmend schlechtem Gewissen aller Beteiligten bis zum schalen Ende der Verfahren fortgesetzt. Mit kaum verhohlener Erleichterung folgten schließlich die Bundesländer Empfehlungen des Deutschen Bundestages vom 15. Oktober 1950, die faktisch eine Generalamnestie bedeuteten. Die Sühne- und Strafmaßnahmen, wenn nicht schon zuvor stufenweise gemildert, entfielen gänzlich im Laufe des Frühjahrs 1951[44].

[43] Fürstenau, Entnazifizierung, S. 204f.

[44] Zu den Strafbestimmungen vgl. Erdmann, Weltkriege, § 92, sowie Fürstenau, Entnazifizierung, S. 60f., S. 72f., S. 77, S. 91, S. 99, S. 105, S. 148ff. und die Übersicht im Anhang, S. 237ff. Besonders grotesk der Fall des SS-Obergruppenführers und Generals der Waffen-SS Karl Wolff, zehn Jahre lang Himmlers Adjutant. Er wurde am 30. 9. 1964 wegen eines Verbrechens der Beihilfe zum Mord in wenigstens 300000 untereinander in Tateinheit stehenden Fällen zu 15 Jahren Zuchthaus verurteilt. Das im Entnazifizierungsverfahren zuständige Spruchgericht Hamburg-Bergedorf hatte – unter Anrechnung der seit 13. 5. 1945 erlittenen Internierungshaft – lediglich auf 4 Jahre Gefängnis „wegen Zugehörigkeit zu der verbrecherischen Organisation der SS" erkannt. Vgl. Urteil in dem Strafverfahren gegen Karl Wolff wegen Beihilfe zum Mord, abgedruckt in: Justiz und NS-Verbrechen. Sammlung deutscher Strafurteile wegen nationalsozialistischer Tötungsverbrechen 1945–1966, bearb. von Irene Sagel-Grande, H. H. Fuchs und C. F. Rüter, Bd. XX, Amsterdam 1979, S. 385, S. 488.

5. Kriegsverbrecher-Prozesse

Mit dem Problem der Kriegsverbrechen und der zur Sühne solcher Verbrechen veranstalteten Gerichtsverfahren wird ein besonders heikles Kapitel der deutschen Geschichte nach 1945 berührt. Noch sehr viel nachhaltiger als die mehr oder minder formale Entnazifizierungsprozedur betraf es die ehemaligen Soldaten, namentlich die Berufssoldaten, direkt und hob sie aus der amorphen Masse der Besiegten gleichsam durch eine Art kollektiven Vorwurfs hervor. Nicht zuletzt hatten diese Prozesse auch vielfältige Rückwirkungen auf die schwierigen Beziehungen Deutschlands zu den gegen das Deutsche Reich kriegführenden Staaten und Völker. Noch nicht einmal hinsichtlich der Definition, was denn nun Kriegsverbrechen seien, bestand Übereinstimmung. Auf deutscher Seite verstand man darunter allenfalls Verstöße deutscher Soldaten gegen die recht präzisen und einvernehmlich definierten Bestimmungen der Haager Landkriegsordnungen von 1899 und 1907, denen noch ein einigermaßen „humanes" Kriegsbild zugrundegelegen hatte, nicht die im 20. Jahrhundert unaufhaltsam fortschreitende Barbarisierung militärischer Auseinandersetzungen. Die alliierte Rechtsauffassung ging sehr viel weiter und vermengte das Problem noch mit neugeschaffenen, unklar definierten Tatbeständen wie den „Verbrechen gegen die Menschlichkeit"[45]. Kaum ein anderes Thema hat auch die starken Vorbehalte bei ehemaligen Berufssoldaten gegenüber einer etwaigen Mitwirkung an einem westdeutschen Verteidigungsbeitrag so anhaltend genährt, wie diese überaus engagiert und emotional diskutierte Frage vor dem Hintergrund des Schicksals der wegen tatsächlicher oder vermeintlicher Kriegsverbrechen Verurteilten. Noch während die verschiedenstartigen Kriegsverbrecher-Prozesse vor Gerichten der Sieger stattfanden und die Verurteilten ihre Strafen verbüßten, bahnten sich schon mancherlei Vorformen einer Verständigung auch auf militärischem Gebiet zwischen Siegern und Besiegten an. Der Widerspruch, der darin bestand, daß in einigen ziemlich willkürlich gegriffenen herausragenden Vertretern die ganze militärische Führungsschicht zur Verantwortung gezogen wurde, gleichzeitig aber namentlich amerikanische Erwägungen über die Nutzung des von eben diesen „Kriegsverbrechern" repräsentierten militärischen Potentials kaum zu überhören waren, wurde nicht nur von vielen ehemaligen Soldaten, sondern auch von weiteren Kreisen der deutschen Öffentlichkeit deutlich empfunden.

Hier drückten sich unterschiedliche, wenn nicht diametral entgegengesetzte Ziele namentlich der amerikanischen Politik gegenüber dem besiegten Gegner aus. Sie waren in drastischer Weise manifest geworden, als ein Mann wie General William J. Donovan vom „Office of Strategic Services", in der Vorbereitungsphase des Nürnberger Hauptkriegsverbrecher-Prozesses Vertreter des amerikanischen Hauptanklägers, sich zu Richter Robert H. Jackson mit seiner Ansicht in erklärten Gegensatz setzte, die beabsichtigten Verfahren seien aus rechtlichen und politischen Gründen überhaupt unklug, und es gehe darum, Deutschland als künftigen Bundesgenossen zu gewinnen[46].

[45] Vgl. Meyer, Situation, S. 613 ff. Die alliierte Definition der Kriegsverbrechen, vermengt mit den „Verbrechen gegen die Menschlichkeit", hier S. 615.

[46] Vgl. ebd., S. 680 f.; Bradley F. Smith, Der Jahrhundert-Prozeß. Die Motive der Richter von Nürnberg – Anatomie einer Urteilsfindung, Frankfurt 1977, S. 295 ff., sieht das Zerwürfnis Donovan–Jackson etwas anders. Auch: Fabian von Schlabrendorff, Begegnungen in fünf Jahrzehnten, Tübingen 1979, S. 348 ff.

Das war damals noch eine politische Utopie. Donovans Einstellung, für die er im Herbst 1945 natürlich wenig Zustimmung fand, markierte das extreme eine Ende der amerikanischen Meinungsskala, an deren anderem Ende damals die Absicht vorherrschte, die unnachsichtige Bestrafung aller tatsächlichen und vermeintlichen deutschen Untaten zu erzwingen und mit Hilfe der Besatzungsherrschaft nun die Deutschen ein für alle Male als potentiellen Störfaktor der internationalen Politik auszuschalten und sie auch – wenn auch mit besten volkspädagogischen Absichten – unter moralische Vormundschaft zu stellen. Im Laufe der Nachkriegsjahre setzte sich zögernd der Pragmatismus Donovans durch, ohne daß dessen Vorstellungen noch ausdrücklich Erwähnung getan worden ist. Aber die in den ersten Jahren der Besatzung fortdauernde Widersprüchlichkeit zwischen scharfen Straf- und weitgehenden, nicht auf die Demobilisierung der Streitkräfte begrenzten Entmilitarisierungsmaßnahmen[47] bei zunehmender Ermunterung eines demokratischen Neubeginns legt den Schluß nahe, daß jedenfalls kein geschlossenes Konzept der künftigen Absichten Deutschland gegenüber bestand. Eben die undurchschaubare Vielgestaltigkeit der Maßnahmen der Sieger machte es den Betroffenen so schwer, eine klare Einstellung dazu und zu ihrem eigenen Geschick zu finden.

Aus Kreisen ehemaliger Militärs ist viel sachliche und unsachliche Kritik an den Kriegsverbrecher-Prozessen und vor allem auch an den ausdrücklich für diese Verfahren, beginnend mit dem Hauptkriegsverbrecher-Prozeß, gefundenen Rechtssetzungen geübt worden. Diese Kritiker, in der Regel keine Juristen, vertraten ihre Ansichten im Kameradenkreise, in verstreuten Denkschriften, in Rundbriefen oder vertrauten sie Tagebüchern an. Ihre oft emotionalen Einwände konnten freilich nicht vergessen machen, daß es auf seiten der deutschen Wehrmacht über die in Friedenszeiten kaum noch begreiflichen harten Erfordernisse des Krieges hinaus tatsächlich zu schweren, unbedingt zu ahndenden Rechtsverstößen und Verbrechen gekommen war und damit auch hinreichend Veranlassung bestand für manche berechtigte, wenn auch nicht immer „zu Recht" erfolgte Verurteilungen. Es ging keineswegs nur um die Urteile gegen Dönitz, Jodl, Keitel und Raeder, die im Hauptkriegsverbrecher-Prozeß verurteilten hochrangigen Soldaten, sondern erst recht um die in drei der insgesamt zwölf Nürnberger „Folgeprozessen" zur Verantwortung gezogenen hohen militärischen Führer und die zahlreichen wegen Kriegsverbrechen im In- und Ausland Verurteilten, vom einfachen Soldaten bis zum Feldmarschall.

Die Frage, ob die Verbrechen der in der militärischen Niederlage ausgelöschten nationalsozialistischen Herrschaft überhaupt juristisch zu sühnen seien, stand dabei weniger zur Diskussion, als das dafür von den Siegern angewendete Verfahren[48]. In seiner schon im Kriege unterderhand verbreiteten Schrift „Der Friede" hatte Ernst Jünger[49] gemahnt, es käme weniger darauf an, „daß die Opfer Rache finden, ... als auf die Wiederherstellung des Rechts und insbesondere des Rechtsgefühles, das in weiten Räumen betäubt, geknebelt worden ist". Es sei wichtig, „daß es zum Urteil kommt",

[47] Vgl. Meyer, Entmilitarisierung.

[48] Vgl. Erdmann, Weltkriege, § 91, S. 643 ff., sowie Peter Steinbach, Nationalsozialistische Gewaltverbrechen. Die Diskussion in der deutschen Öffentlichkeit nach 1945, Berlin 1981.

[49] Vgl. Ernst Jünger, Der Friede (Privatdruck), Stuttgart 1965, S. 40 ff. Vgl. auch Vorstellungen des „Kreisauer Kreises", in: Wilhelm Ernst Winterhager (Bearb.), Der Kreisauer Kreis. Begleitband zu einer Ausstellung der Stiftung Preußischer Kulturbesitz, Berlin 1985, S. 69 ff., S. 120 ff.; auch Gerhard Ritter, Carl Goerdeler und die deutsche Widerstandsbewegung, Stuttgart 1964, S. 296.

denn: „In keinem Volke stirbt ja der Rechtssinn gänzlich." Nur „dürfen weder Parteien noch Nationen über ihre Gegner zu Gericht sitzen. Der Kläger kann nicht zugleich der Richter sein." Die „Übeltaten können ihre Sühne nur vor Gerichten finden, in denen nicht Haß das Urteil lenkt. Nur dort kann unterschieden werden, wer als Soldat und wer als Henker, als Kämpfer oder Mörder betrachtet werden muß und wer als Gegner im Völkerstreit der Achtung oder als Vergießer schuldlosen Blutes des Galgens würdig ist." Und er fuhr fort: „Das soll nicht heißen, daß nicht gründlich Justiz geschaffen werden muß. Es gibt zuviel an stumpfer, sinnloser Tyrannei und Unterdrückung von Wehrlosen, zu viel Henker und Henkersknechte, zu viele große und kleine Schinder, als daß der Abgrund sich schließen könnte, ehe das volle Maß der Strafe gefunden ist." Aber zu keinem Zeitpunkt dachten die gegen das Deutsche Reich verbündeten kriegführenden großen Mächte daran, diese wichtige Aufgabe etwa den Unterlegenen zu überlassen; die Sieger setzten sich zugleich zu Anklägern und Richtern ein und schufen auch noch die rechtlichen Voraussetzungen für die Verfahren. Das weckte Erinnerungen an die Zeit nach dem Ersten Weltkrieg, als diese Frage auch schon zu leidenschaftlichen Auseinandersetzungen geführt hatte. Damals konnte das Ansinnen der Sieger auf Auslieferung der namhaft gemachten „Kriegsverbrecher", an ihrer Spitze der abgedankte Kaiser, noch abgewehrt werden. Nach dem Zweiten Weltkrieg befand sich das Deutsche Reich, blickte man auf die tatsächlichen Machtverhältnisse[50] und Zustände nach der bedingungslosen Kapitulation der Wehrmacht, im Stande der „debellatio". Es war schon aufgrund des Fehlens jeglicher deutscher Regierungsgewalt unmöglich, sich den Absichten der Sieger zu widersetzen. Dies verdeutlichte den Besiegten, gerade vielen der in Nürnberg und anderswo vor Gericht stehenden Soldaten, die sich ohne persönlich zurechenbare Schuld fühlten, einmal mehr ihre ganze Hilflosigkeit und Machtlosigkeit.

Auf verbreitete Kritik stieß auch, daß zwar im „Nürnberger Statut" festgelegt war, der Nürnberger Gerichtshof sei eingesetzt „zur Aburteilung der Hauptkriegsverbrecher der der europäischen Achse angehörenden Staaten", dann aber nur Deutschland zur Verantwortung gezogen wurde, wie Japan im Verfahren des Fernost-Tribunals, das dem Nürnberger Statut angepaßt war. Die Anklage wurde jedoch in Nürnberg nicht müde, die Allgemeingültigkeit der Nürnberger Prinzipien gegen Ruhestörer und Friedensbrecher zu verkünden. Zweifellos waren „politische, nicht rechtliche Gründe"[51] maßgebend dafür, gegen Italien kein Verfahren mehr anzustrengen wegen des Verbrechens des Angriffskrieges (gegen Frankreich, Griechenland, Rußland im Verein mit Hitler), der Aggression (gegen Albanien, vorher schon gegen Äthiopien) und der Verschwörung, gemeinsam mit Deutschland und Japan. Diese ungleiche Bewertung gleicher Delikte war nicht geeignet, Vertrauen in die Haltung und Absichten der Sieger zu begründen.

[50] Vgl. die unmißverständliche „Declaration regarding the defeat of Germany and the assumption of supreme authority with respect to Germany by the Governments of the United Kingdom, the United States of America and the Union of Soviet Socialist Republics and the provisional Government of the French Republic" vom 5. Juni 1945; Official Gazette of the Control Council for Germany, Suppl. Nr. 1.

[51] Vgl. Viktor Frhr. von der Lippe, Nürnberger Tagebuchnotizen. November 1945 bis Oktober 1946, Frankfurt 1951, S. 387f., S. 454f. zum Fernost-Tribunal. Das Statut für den Internationalen Militärgerichtshof in: Der Prozeß gegen die Hauptkriegsverbrecher vor dem Internationalen Militärgerichtshof, Nürnberg 14. November 1945–1. Oktober 1946, Bd. I, Nürnberg 1947, S. 10ff. (Im folg. zit.: IMT mit Bd.-Angabe.)

Den Siegern war es zunächst auch einigermaßen gleichgültig, welche Uniform diejenigen getragen hatten, die sie nun nach von ihnen vor Kriegsende noch ziemlich einträchtig getroffenen Vereinbarungen vor Gericht stellten. Das Deutschland unter Hitlers Herrschaft erschien ihnen als einheitliche Maschinerie des Schreckens, des Unrechts, der Gewalt, der Tyrannei, was sich für aufmerksame und nachdenkliche Beobachter aus dem Munde der sowjetrussischen Gerichtsmitglieder des Nürnberger Tribunals angesichts der zeitweiligen Komplizenschaft Hitlers und Stalins eigenartig anhörte. Dieses ganz undifferenzierte Deutschlandbild der Ankläger schlug sich gerade in den gegen die Wehrmacht, die Berufssoldaten insgesamt gerichteten Formulierungen nieder, die sich auch außerhalb des Gerichtssaales rasch verbreiteten: „Die Männer der Wehrmacht stehen nicht vor ihnen, weil sie ihrem Lande gedient haben. Sie sind vielmehr hier, weil sie es zusammen mit den anderen beherrscht und in den Krieg hineingetrieben haben. Sie stehen auch nicht hier, weil sie den Krieg verloren, sondern weil sie ihn begonnen haben.“[52] Aus solchen pauschalen Vorwürfen der Anklage in Nürnberg ließ sich leicht der Verdacht begründen – den allerdings das auf beachtlichem forensischen Niveau stehende Nürnberger Urteil gegen die Hauptkriegsverbrecher widerlegte –, daß auch ohne eingehende Abwägung gestraft, nicht geurteilt werden würde.

Gewiß, kein juristischer Winkelzug, kein Advokatenkniff konnte das Ausmaß der von Deutschen begangenen Untaten verkleinern, und die Verteidiger einiger Angeklagter verstummten auch verschiedentlich angesichts der manchen ihrer Mandanten nachgewiesenen und von ihnen nicht zu bestreitenden Verbrechen. Aber es bestand in vielen dieser Verfahren, angefangen beim Hauptkriegsverbrecher-Prozeß, keine Waffengleichheit von Verteidigung und Anklage, auch nutzten die von niemandem kontrollierten – deswegen aber nicht unabhängigen – Gerichtshöfe ihre überaus starke Autorität in erster und letzter Instanz und in Gnadensachen. Wie anders als Behinderung der Verteidigung ist es zu bezeichnen, wenn jeder Hinweis auf geschichtliche Zusammenhänge auf Geheiß der Richter zu unterbleiben hatte, kaum ein Wort vom Versailler Vertrag[53] und seinen Folgen gesprochen werden durfte, der Hinweis auf das Geheime Zusatzprotokoll des „Hitler-Stalin-Paktes“ vom 23. August 1939 erregten Widerspruch der sowjetrussischen Ankläger und Richter auslöste. Fast ganz unmöglich war auch die Argumentation „tu quoque“, das heißt die Möglichkeit, „auf gleiche oder ähnliche Taten der Gegenseite zu verweisen“ – ein Prinzip, das das Gericht dann allerdings einmal selbst ad absurdum führte, indem es zuließ, daß der Verteidiger des Großadmirals Dönitz auf ähnliche Methoden der deutschen U-Bootkriegführung im Atlantik und der amerikanischen im Pazifik[54] hinweisen konnte. Gar nicht zu reden von den zahlreichen „technischen“ Behinderungen, denen sich die Verteidiger – nicht nur in Nürnberg – ausgesetzt sahen. Ihre Post wurde scharf kontrolliert (was der Anklage nicht unerhebliche zusätzliche Vorteile verschaffte), Zeugen, Dokumente, Archive standen zuerst der Anklage und deren Apparat zur Verfügung, die Reise- und

[52] Robert H. Jackson, Hauptanklagevertreter der Vereinigten Staaten, in der Sitzung des Internationalen Militärgerichtshofs, Nürnberg, am 21. 11. 1945; IMT, Bd. II, S. 179f.

[53] Vgl. Frhr. von der Lippe, Tagebuchnotizen, S. 498 sowie Carl Haensel, Das Gericht vertagt sich, Hamburg 1950, S. 319f.

[54] Vgl. Frhr. von der Lippe, Tagebuchnotizen, S. 9, S. 516; auf besonders schwachen Füßen stand deswegen das Urteil gegen Großadmiral Dönitz, vgl. Smith, Jahrhundert-Prozeß, S. 271ff.

Ermittlungsmöglichkeiten der Verteidiger waren beträchtlich eingeschränkt, sie sahen sich „fast vollkommen abgeschnitten von dem Verkehr mit der Außenwelt" (Frhr. von der Lippe). Im Ausland erscheinende aktuelle Literatur war ihnen nicht zugänglich. Ihre Plädoyers unterlagen der Zensur durch das Gericht[55]. Nicht selten stützte sich die Anklage, namentlich in den Nürnberger „Folgeprozessen", auch auf dubiose Zeugenaussagen. Was war denn von Zeugen zu halten, die, wie der SS-Gruppenführer Otto Ohlendorf, selbst schon den Strick um den Hals fühlend, ihr Leben mit einer „günstigen" Aussage zu verlängern, vielleicht im Wege eines „Handels" mit der Anklagevertretung sogar zu retten hofften? Erhebliche Verfahrensmängel und nicht auszuräumende grundsätzliche rechtliche Bedenken summierten sich in den Augen der Kritiker. Nicht nur der Flottenrichter Otto Kranzbühler, Dönitz' Verteidiger, sah den Hauptkriegsverbrecher-Prozeß als „Fortsetzung des Krieges mit anderen Mitteln" an, was auch die Auffassung des amerikanischen Hauptanklägers Jackson zu sein schien. Erst die zunehmende Erkenntnis, welche Verbrechen tatsächlich begangen worden waren, förderte Kranzbühlers Verständnis für das alliierte Vorgehen. Nur: „Die Einbeziehung von Angeklagten, die mit diesen Verbrechen nichts zu tun hatten, gab allerdings der politischen Zielsetzung ein solches Übergewicht", daß er „das Nürnberger Tribunal nicht als ein der Gerechtigkeit dienendes Instrument" anzuerkennen vermag. Aber das Verfahren wurde „der schmerzliche Ausgangspunkt zur Wiederherstellung menschlicher Beziehungen zwischen Siegern und Besiegten", meinte er zwanzig Jahre nach Nürnberg[56]. Davon war in den Prozeßmonaten selbst noch wenig zu spüren.

Bekanntlich scheiterte die Nürnberger Anklage mit dem kollektiven Schuldvorwurf gegen die militärische Führung. Im Hauptkriegsverbrecher-Prozeß und den kaum exakt zu zählenden folgenden Verfahren im In- und Ausland erwiesen sich letztlich individuelle Schuldvorwürfe und Anklagen als weitaus wirksamer. Zusammen mit der Reichsregierung, der SA, der „Reiter-SS" und Teilen des „Korps der Politischen Leiter" ist die recht willkürlich für Prozeßzwecke konstruierte Gruppe „Generalstab und OKW" von der Anklage freigesprochen worden, eine verbrecherische Organisation gewesen zu sein. Dieser eingeschränkte Freispruch hatte bedeutende und merkwürdige Folgen, vor allem für das Selbstverständnis des davon berührten Personenkreises. Die Kritik an den Kriegsverbrecher-Prozessen setzte weniger bei den konkreten Vorwürfen der Anklage an. Die Kritiker wandten sich vielmehr pauschal dagegen, daß

[55] Vgl. Frhr. von der Lippe, Tagebuchnotizen, S. 400f. und passim, auch zu den Angriffen auf die Verteidiger aus der Anwaltschaft und in der Presse. Behinderungen in seiner anwaltlichen Tätigkeit waren noch einem Nürnberger Verteidiger, Dr. Behling (Juristen-Prozeß, IG-Farben-Prozeß, OKW-Prozeß), nicht fremd; vgl. Der Spiegel vom 20. 12. 1947: Freisler verstand ihn nicht. Dr. Behling in der Stadt des Rechts. Vgl. auch Leserbrief Dr. Alfred Seidl: Angeblich freie Verteidigung in Nürnberg, in: Frankfurter Allgemeine Zeitung vom 13. 10. 1986. Die eindrucksvollen Bedenken ausländischer Juristen, etwa des Verteidigers des Feldmarschalls von Manstein, gegen die erhebliche rechtliche Benachteiligung der Angeklagten, werden zumeist übersehen; vgl. Reginald T. Paget, Manstein. His Campaign and his Trial, London 1951, bes. S. 66ff.

[56] Otto Kranzbühler, Der letzte Auftrag meines Admirals, in: Der Stern vom 9. 1. 1966. Jackson in seiner Schlußansprache am 26. Juli 1946: „Als ein Militärgerichtshof stellt dieser Gerichtshof eine Fortsetzung der Kriegsanstrengungen der Alliierten Nationen dar." IMT, Bd. XIX, S. 440; Frhr. von der Lippe, Tagebuchnotizen, S. 404, S. 452. Im Verfahren gegen den ehemaligen Obergruppenführer und General der Waffen-SS Wolff – vgl. das Urteil (Anm. 44). S. 496 – hat Telford Taylor, Mitglied der Anklagebehörde beim IMT und amerikanischer Hauptankläger bei den Nürnberger Folgeprozessen, ausgesagt, für die Frage, wer (von amerikanischer Seite) wegen welcher Straftat in Nürnberg angeklagt werden sollte, „seien verschiedene Gründe, nicht allein rechtliche Erwägungen maßgebend gewesen. In dieser Entscheidung sei die amerikanische Anklagebehörde völlig frei gewesen".

Soldaten, die – so ständig wiederholt – doch nichts als ihre Pflicht getan hätten, nun vom Sieger zur Verantwortung gezogen wurden. Angesichts ihrer Situation als Angeklagte ließen sich die Soldaten vor den Tribunalen natürlich kaum auf eine Diskussion darüber ein, wie es dazu kommen konnte, daß die deutsche militärische Führung – mit den von Soldaten besonders entwickelten Ehrbegriffen ausgestattet – nicht nur am Zustandekommen verbrecherischer Befehle beteiligt, sondern auch für deren Befolgung verantwortlich war. Die Anstöße, sich damit auseinanderzusetzen, kamen erst einmal von anderen. Einigen Verteidigern in Nürnberg, etwa dem Frhrn. von der Lippe, machte „das Problem des Gehorsams und des ‚Mitmachens' von Generalen und leitenden Staatsbeamten" viel zu schaffen. Er führte es auf „Ehrgeiz, Fanatismus, Mangel an Zivilcourage, Entschlußlosigkeit und mangelnde Erkenntnisfähigkeit" zurück, in steigendem Maße auch auf das „allgemeine Terrorsystem im Innern und die Forderung nach unconditional surrender von außen" sowie auf den besonderen, stärker in der evangelischen als in der katholischen Theologie verwurzelten Grundsatz, daß jede Obrigkeit von Gott verordnet sei, der man deswegen trotz gegenteiliger Ansichten und Gewissenskonflikten Gehorsam schulde[57]. Diese Gedanken wären längerer und tieferer Betrachtung wert gewesen, als dazu in den ersten Nachkriegsjahren vor den Tribunalen Zeit gewesen ist.

Es ist nicht zu verkennen: Der Freispruch von „Generalstab und OKW" begründete über kurz oder lang eine Tendenz zu wachsender Selbsttäuschung namentlich bei ehemaligen General- und Admiralsstabsoffizieren, Generalen und Admiralen. Sie sahen sich in corpore als entlastet an, überlasen, vergaßen oder verdrängten in der Erleichterung die diesen Freispruch verdunkelnden, demütigenden, ganz dem Zeitgeist der ersten Nachkriegsjahre verhafteten Sätze des Urteils, allerdings auch, weil diese Sätze zu allgemein formuliert waren, als daß sie sich der Einzelne, Unbelastete zu eigen machen mußte: „Sie sind in großem Maße verantwortlich gewesen für die Leiden und Nöte, die über Millionen Männer, Frauen und Kinder gekommen sind. Sie sind ein Schandfleck für das ehrenhafte Waffenhandwerk geworden. ... Viele dieser Männer haben mit dem Soldateneid des Gehorsams gegenüber militärischen Befehlen ihren Spott getrieben. Wenn es ihrer Verteidigung zweckdienlich ist, so sagen sie, sie hätten gehorchen müssen; hält man ihnen Hitlers brutale Verbrechen vor, deren allgemeine Kenntnis ihnen nachgewiesen wurde, so sagen sie, sie hätten den Gehorsam verweigert. Die Wahrheit ist, daß sie an all diesen Verbrechen rege teilgenommen haben oder in schweigender Zustimmung verharrten, wenn vor ihren Augen größer angelegte und empörende Verbrechen begangen wurden, als die Welt je zu sehen das Unglück hatte."[58]

Vor dem Hintergrund des in dem Verfahren offenbar gewordenen Faktums, daß im nationalsozialistischen Regime – gewiß auch unter Duldung durch die militärische Führung – schon vor dem Kriege, erst recht im Kriege die Humanität und das Recht außer Geltung gesetzt worden waren, war es damals begreiflich, daß in die pauschale Verurteilung dieses Unrechtsystems auch das Militär einbezogen wurde. Die Richter in Nürnberg und ihre Berater übersahen jedoch die abgestufte Verantwortung der von ihnen insgesamt wenigstens moralisch Verurteilten und das partielle Wissen dieses

[57] Frhr. von der Lippe, Tagebuchnotizen, S. 375.
[58] Vgl. IMT, Bd. XXII, S. 595.

von ihnen überhaupt erst künstlich zu einer Gruppe zusammengefügten Personenkreises. Vor allem ließen sie außer acht, daß es gerade Soldaten gewesen waren, die, gipfelnd im mißglückten Attentat am 20. Juli 1944, unter dem Opfer ihres Lebens Hitlers verbrecherische Herrschaft entschieden bekämpft hatten. Manche ehemalige hochrangige Soldaten – Wortführer waren es nicht, dazu fehlten noch Organisationsformen und daraus herrührende Legitimationen als Sprecher – sahen durch solche Formulierungen im Nürnberger Urteil jeden Ansatz für einen künftigen Ausgleich, geschweige denn für eine Zusammenarbeit mit den Westmächten als verschüttet an. Robustere Naturen stellten sich jedoch auf den Standpunkt, Freispruch sei Freispruch. Und in der Tat wirkte nachhaltiger der Freispruch im Bewußtsein fort. Die als ungerecht empfundenen Einschränkungen gerieten in Vergessenheit. Natürlich lag ein gewisses Maß an vorsätzlicher Bewußtseinsspaltung darin, einerseits Nürnberg, die Nürnberger Verfahren, die Kriegsverbrecher-Prozesse überhaupt, in Bausch und Bogen abzulehnen (wie in Diskussionen in Kreisen ehemaliger Soldaten in wechselnder, sich steigender Lautstärke geschehen), andererseits aber den Freispruch für „Generalstab und OKW" zum Wiederaufbau, dann sogar zur Steigerung des Selbstwertgefühls zu nutzen, mit der Konstruktion, Schuld trage nur Hitler und der Nationalsozialismus, damit das Versagen „gegenüber dem Nationalsozialismus und ihre klägliche Rolle gegenüber Hitler in den letzten Kriegsjahren" bemäntelnd und „sich der Erkenntnis der eigenen Mängel" verschließend, wie es der Generalmajor a. D. Erich Dethleffsen Anfang November 1952 in einer für den Staatssekretär im Bundeskanzleramt Dr. Otto Lenz bestimmten Aufzeichnung ausdrückte[59].

Faktisch bedeutete der Freispruch von „Generalstab und OKW" zunächst einmal gar nichts. Kriegsgefangenschaft und Internierung dauerten fort, ebenso die Prozesse gegen hohe und höchste militärische Führer. Langfristig wirkte der gewundene Freispruch aber noch auf andere Weise. Er erleichterte fraglos das spätere Zusammenwirken mit den Alliierten. Hätten denn Amerikaner, Briten und Franzosen schon ein paar Jahre später mit Angehörigen einer von ihnen selbst als verbrecherisch gebrandmarkten „Organisation" an der gemeinsamen Verteidigung des Westens zusammenarbeiten können? Aber bis dahin war von den Siegern und ihren einstigen Gegnern noch ein weiter Weg zurückzulegen. Die späteren Verfahren gegen die „Südost-Generale" (Fall VII) und der „OKW-Prozeß" (Fall XII) in Nürnberg, auch der Prozeß gegen Feldmarschall Erich von Manstein in Hamburg[60] lassen die Vermutung zu, daß amerikanische und britische Ankläger nachträglich der im Hauptkriegsverbrecher-Prozeß gescheiterten kollektiven Anklage gegen die militärische Führung durch die Addition verschiedenstartiger Angeklagter doch noch zum Siege verhelfen wollten. Walter H. Rapp, ein bei den Angeklagten in den Fällen VII und XII wegen seiner scharfen, menschenunwürdigen Untersuchungsmethoden durchweg verachteter, wenn nicht gehaßter Ankläger, erläuterte in einem Rundfunkinterview unter dem Titel „Prozesse

[59] Generalmajor a. D. Erich Dethleffsen stellte dem Vf. eine Durchschrift dieses Vermerks: „Gedanken über die politische Bildung der zukünftigen Offiziere" vom 4. 11. 1952 zur Verfügung.

[60] Zum Manstein-Prozeß vgl. Meyer, Situation, S. 624 ff. sowie Rüdiger von Manstein und Theodor Fuchs, Manstein. Soldat im 20. Jahrhundert. Militärisch-politische Nachlese, München 1981, S. 268 ff. Zum Fall VII und XII: Telford Taylor, Die Nürnberger Prozesse. Kriegsverbrechen und Völkerrecht, erg. Sonderausgabe, Zürich 1951, S. 98 ff. und Fall 12. Das Urteil gegen das Oberkommando der Wehrmacht. Gefällt am 28. Oktober 1948 in Nürnberg vom Militärgerichtshof V der Vereinigten Staaten von Amerika, Berlin (Ost) 1960.

der Zeit" am 8. Juni 1948, während des „OKW-Prozesses", den politisch-pädagogischen Effekt, den die Anklage erzielen wollte, „die Verhinderung von Legenden". Ohne die Anklage gegen „zwei bis drei Generalfeldmarschälle", fuhr er fort, „ein Dutzend oder eineinhalb Dutzend Generalobersten"[61] hätte sich „wie wohl nach dem Ersten Weltkrieg" in der Bevölkerung der Eindruck verbreitet, „daß die Generale gütige, alte hochgebildete feine Herren waren oder seien, die sich mit solchen Dingen, wie sie beschuldigt worden sind ... niemals abgeben würden oder abgegeben hätten". Weiter Rapp: „Ich glaube, die Tatsache, daß die Maske von den Generalen heruntergerissen worden ist und sie jetzt im Lichte erscheinen müssen, was sie tatsächlich sind, ein großer Beitrag dazu sein muß, daß sich die gesamte Bevölkerung in Zukunft nicht blind glaubwürdig [sic!] an den Rock eines Generals hängt und von ihm die Wiedergeburt oder den Wiederaufbau Deutschlands erwartet".

Der amerikanische Anklagevertreter stand mit solchen Auffassungen gewiß nicht allein und wird wohl auch mit seiner Tirade bei manchen seiner Zuhörer Beifall gefunden haben. Aber gut ein Vierteljahr später, kurz vor der Urteilsverkündung im Fall XII, gab es erstaunliche Anzeichen für einen langsamen Meinungsumschwung auf seiten der Sieger. Der damalige Führer der Opposition im Unterhaus, Winston S. Churchill, beklagte am 10. Oktober 1948 noch deutlicher als in ersten verständnisvollen Äußerungen schon am 12. November 1946 öffentlich „die Dummheit, die darauf besteht, und auch noch in einer Zeit wie der gegenwärtigen, daß endlose Prozesse gegen Deutsche stattfinden, die mit dem Naziregime verknüpft waren". Dies sei aus allen Gründen, „soldatischen, juristischen und menschlichen ... ein schlechtes und widriges Unterfangen". Er nannte es „töricht", „unsinnig" und „wahnsinnig", „einen Beweis einer so schmutzigen aufgewärmten Rache in dem Augenblick zu geben, in dem Verstand und Herz Deutschlands wieder einmal schwanken, ob sie den richtigen oder den falschen Weg wählen sollen". Der Rechtsanwalt des am 27. Oktober 1948 verurteilten Feldmarschalls Georg von Küchler zitierte diese Ansicht des britischen Staatsmannes – nach einem Bericht der Times vom 11. Oktober – in einem Rundschreiben an den Freundes- und Bekanntenkreis seines Mandanten. Churchill beteiligte sich konsequenterweise einige Monate später an einer Sammlung zur Finanzierung der Verteidigung des Feldmarschalls von Manstein. Zwischen Churchills pragmatischer, sicher schon auf den einmal von Westdeutschland erwarteten Verteidigungsbeitrag gerichteter Ansicht und Rapps, des amerikanischen Anklagevertreters, Absicht der Vergangenheitsbewältigung und einer präventiven Sicherung vor möglicherweise wiedererwachendem deutschen „Militarismus" auf juristischem Wege pendelte die Diskussion über den Sinn und Unsinn dieser Prozesse. Churchill fing das Problem mit der

[61] In drei Nürnberger Verfahren, nicht gerechnet der Hauptkriegsverbrecher-Prozeß, standen vor Gericht (in Klammern die Nummer des Verfahrens, Strafmaß in Jahren, die durch amerikanische Verfügung herabgesetzte Strafe) fünf Feldmarschälle: Georg von Küchler (XII, 20, 12), Wilhelm Ritter von Leeb (XII, 3), Wilhelm List (VII, lebenslänglich), Erhard Milch (II, lebenslänglich, 15), Hugo Sperrle (XII, Freispruch); fünf Generalobersten: Karl Hollidt (XII, 5), Hermann Hoth (XII, 15), Hans-Georg Reinhardt (XII, 15), Lothar Rendulic (VII, 20, 10), Hans von Salmuth (XII, 20, 12); ein Generaladmiral: Otto Schniewind (XII, Freispruch); fünf Generale der Inf.: Ernst Dehner (VII, 7, 5¾), Hermann Foertsch (VII, Freispruch), Ernst von Leyser (VII, 10, 5¾), Hermann Reinecke (XII, lebenslänglich), Otto Wöhler (XII, 8); zwei Generale der Fl.: Helmut Felmy (VII, 15, 10), Wilhelm Speidel (VII, 20, 5¾); je ein General der Pioniere: Walter Kuntze (VII, lebenslänglich), der Geb.-Tr.: Hubert Lanz (VII, 12, 5¾), der Flak: Karl von Roques (XII, 20, † in Haft), der Artl.: Walter Warlimont (XII, lebenslänglich); ein Generalmajor: Kurt Ritter von Geitner (VII, Freispruch) und Generaloberstabsrichter Rudolf Lehmann (XII, 7).

ihm eigenen Sprachgewalt ein. Über Schlachtfelder wachse rasch Gras, niemals über Schafotte, meinte er, und konnte damit der Zustimmung vieler sicher sein, wohl auch derjenigen ehemaligen deutschen Soldaten, die in ihren Auffassungen nicht allzu verhärtet waren. Einige weiter sehende Politiker im Westen dachten wohl auch wie er, hüteten sich aber, dies schon erkennen zu lassen.

Die Gesamtzahl der deutschen Verurteilten wegen „Kriegsverbrechen" und „Verbrechen gegen die Menschlichkeit" im In- und Ausland beläuft sich nach amtlichen Angaben auf etwa 80 000[62], ohne daß diese Zahl Auskunft gäbe über den Anteil von Zivilisten und Soldaten bei den Angeklagten. Schon gar nicht gestattet diese Summierung von Schicksalen eine Aussage über die tatsächliche Schuld der einzelnen Angeklagten. Darunter befanden sich Gewaltverbrecher, die zu jeder Zeit, in beinahe jedem Lande der Welt, ob im Krieg oder Frieden, gerichtlich belangt und hart bestraft worden wären, aber auch unglückliche, jetzt ganz hilflose Geschöpfe, die eine Situation, der sie im Kriege nicht gewachsen waren, auch der Zufall, eine Verwechslung, eine Namengleichheit oder -ähnlichkeit oder ganz einfach die Zugehörigkeit zu einem bestimmten Truppenteil oder militärischen Verband vor ein Gericht geschwemmt hatte, manchmal sogar stellvertretend für nicht mehr erreichbare höhere Vorgesetzte. Es schien einige Zeit, als sei das Recht in Europa wenigstens gegenüber Deutschen ganz außer Kraft gesetzt, was sich mit der erklärten Absicht der Sieger schwer vertrug, Recht und Gerechtigkeit wiederherzustellen. Stellvertretend für die zehntausende alliierter Verfahren gegen deutsche Soldaten aller Dienstgrade und Wehrmachtteile, eingeschlossen Angehörige der Waffen-SS, stehen die angeklagten und verurteilten Generale. Über ihre Schicksale können zahlenmäßig genaue Angaben gemacht werden: 37 von alliierten Gerichten verhängte Todesurteile gegen Generale des Heeres und der Luftwaffe wurden vollstreckt, eines in Italien, je zwei in Nürnberg und in Griechenland, je 16 in Jugoslawien und der Sowjetunion, diese 32 Verfahren auf besonders niedrigem rechtlichen Niveau. Auch die lebenslangen oder zeitlich begrenzten Haftstrafen gegen diesen Personenkreis sind von den Gerichten nicht augenzwinkernd, etwa mit der Zusage baldiger Entlassung, verkündet worden. Schon gar nicht sprach zunächst die Form des Strafvollzugs, etwa in Landsberg, für ein solches stillschweigendes Übereinkommen[63]. Die Verurteilten hatten allen Anlaß, ihre Situation so ernst zu sehen, wie sie war. So bekannte der im Kameradenkreis hoch angesehene Generaloberst a.D. Hans-Georg Reinhardt zwar kurz nach der Urteilsverkündung im Fall XII, daß er „über dieses Schandurteil und die 15 Jahre zunächst nahe am Verzweifeln war aus ohnmächtiger Wut und Schmerz um meine Familie" (in einem Brief vom 3. November 1948). Reinhardt war unter dem Vorwurf, Kriegsverbrechen und Verbre-

[62] Bei den statistischen Angaben in: Bericht über die Verfolgung nationalsozialistischer Straftaten. Der Bundesminister der Justiz – 4011/6-1-20 466/65 vom 26. 2. 1965. Deutscher Bundestag, IV. Wahlperiode, DS IV/3124; Verhandlungen des Deutschen Bundestages, IV. Wahlperiode, Anlagen-Bd. 96, Bonn 1965, ist eine Differenzierung nach „Kriegsverbrechen" und nationalsozialistischen „Verbrechen gegen die Menschlichkeit" nicht vorgenommen worden. Es heißt hier, die Tatsache stünde fest, „daß etwa 80 000 Deutsche wegen der Beschuldigung, Kriegsverbrechen oder nationalsozialistische Straftaten begangen zu haben, verurteilt worden sind". Einer AP-Meldung zufolge (Süddeutsche Zeitung, 10.11.1986) nimmt die DDR für sich in Anspruch, bis Ende 1985 12 874 Personen wegen Kriegsverbrechen verurteilt zu haben (darunter 127 Todesurteile, 267 lebenslange Haftstrafen). Vgl. auch Meyer, Situation, S. 630, mit Anm. 118 sowie Gerhard Lindner, Der Staatsanwalt entschuldigt sich, in: Der Spiegel vom 26. 12. 1951. Der Vf. war laut Untertitel des Artikels „ehemaliger Seelsorger der deutschen ‚Kriegsverbrecher' in Frankreich".

[63] Meyer, Situation, S. 623, S. 631.

chen gegen die Menschlichkeit begangen zu haben, verurteilt worden, unter anderem wegen der Weitergabe des „Kommissarbefehls", des „verbotenen Einsatzes von Kriegsgefangenen", der „Verschleppung und Versklavung von Zivilpersonen" und anderes mehr in seinem Befehlsbereich: summarische Delikte freilich, die nahezu jedem Kommandierenden General oder Armeeoberbefehlshaber auf dem russischen Kriegsschauplatz unschwer angelastet werden konnten. Obwohl er seine Haftzeit mit Wäschebügeln und, als ihn dies überanstrengt hatte, mit stundenlangem Strümpfestopfen zubringen mußte, sah er später seine Situation gelassener. Die „deutsche und europäische Frage, die Abwehr des Kommunismus" müsse „höher stehen als das Schicksal von uns wenigen hier", teilte er einem Kameraden Anfang Juli 1951 aus dem Zuchthaus mit. Ohne Rücksicht auf seine Lage sollten diejenigen, die an den amtlichen Planungen für einen westdeutschen Verteidigungsbeitrag mitwirkten, an die Arbeit gehen. Solche Haltung blieb nicht unbekannt und erleichterte manchem Angehörigen der „Dienststelle Blank" die innere Einstellung zu seiner Tätigkeit dort.

Nicht nur, daß die Häftlinge in Landsberg, Werl, Wittlich ihre Strafen zu verbüßen hatten, auch die Familienangehörigen der Verurteilten wurden gleichsam mit in die Bestrafung einbezogen. Die Frau eines im Fall XII verurteilten Generalobersten „verdiente" sich zeitweise als Putzfrau das Geld, um ihren in Landsberg „einsitzenden" Mann besuchen zu können. Als Frau eines „Kriegsverbrechers" konnte sie zunächst weder auf eine Unterstützung, geschweige denn auf Pensionszahlungen rechnen. „Werden wir schon Opfer dieser Politik", hieß es in einem aus jugoslawischer Haft herausgeschmuggelten Brief des Feldmarschalls Ewald von Kleist (den die Briten an Jugoslawien ausgeliefert hatten, von wo er der Sowjetunion übergeben wurde), „müssen dann auch noch unsere Frauen und Kinder, die schon so seelisch Unsagbares tragen, mitbestraft werden für etwas, was nie geschah, und ihrer wirtschaftlichen Existenz beraubt, die Kinder vom Besuch der Höheren Schule und Hochschulen ausgeschlossen werden?" Durch die schlechte Behandlung der Familienangehörigen – die natürlich nicht verborgen blieb – sammelten sich Aversionen gegen die Besatzungsmächte und die deutschen Behörden. Im kleinen Kreise bewährte sich da das alte Zusammengehörigkeitsgefühl, als für die in Berlin in kaum vorstellbarer Not lebende Familie des Generals der Pioniere Walter Kuntze – der, bei Urteilsverkündung 65 Jahre alt, im Fall VII („Südost-Generale", auch „Geisel-Prozeß") zu lebenslanger Haftstrafe verurteilt worden war – von 1950 bis 1953 etwas über 16000 Mark (in etwa 2000 Einzahlungen) zusammenkamen, die der schwerkranken Frau und dem gleichfalls leidenden Sohn eben das Existenz-Minimum sicherten. Denn die Frau des Generals, der als 70jähriger aus Landsberg entlassen wurde, erhielt solange keine Versorgungsbezüge, bis nachgewiesen werden konnte, daß die ihrem Mann zur Last gelegten Taten nach deutschem Recht nicht strafbar gewesen waren, was lange Zeit brauchte[64]. Kuntzes

[64] Vgl. hierzu das Urteil des 11. Senats des Bundessozialgerichts in Kassel, das 1962 das Urteil eines Landessozialgerichts mit der Begründung aufhob, deutsche Gerichte seien an Urteile, die aufgrund des Kontrollratsgesetzes Nr. 10 (Bestrafung von Kriegsverbrechern) von alliierten Militärgerichten ergangen sind, nicht gebunden. Die Verurteilung und Hinrichtung eines deutschen Staatsangehörigen wegen angeblicher Kriegsverbrechen aufgrund dieses Kontrollratsgesetzes stehe einer Versorgung der Hinterbliebenen nach dem Bundesversorgungsgesetz nicht grundsätzlich entgegen. Zu prüfen sei, ob das Verhalten eines von solchen Gerichten nach dem ehemaligen deutschen Strafrecht den Tatbestand eines Verbrechens, auf das die Todesstrafe oder eine längere Freiheitsstrafe stand, erfüllt habe oder nicht. Habe sein Verhalten zum Beispiel den Tatbestand des Mordes erfüllt, könne nicht davon gesprochen werden, daß das Urteil der Besatzungsmacht

Verurteilung wegen „Kriegsverbrechen" und „Verbrechen gegen die Menschlichkeit", vor allem wegen scharfer Repressalien, die nach Auffassung des Gerichts das völkerrechtlich zulässige Maß überschritten, im irregulären und erbitterten Partisanenkrieg auf dem Balkan war allein seiner zeitweiligen Funktion von Oktober 1941 bis August 1942 als Führer der 12. Armee und „Oberbefehlshaber Südost" in Vertretung des erkrankten Feldmarschalls List zuzurechnen.

Gewiß, der von solchen Folgen einer Verurteilung unmittelbar betroffene Personenkreis war relativ klein. Aber diese Menschen und ihnen Nahestehende machten sich wohl wenig positive Gedanken über einen westdeutschen Verteidigungsbeitrag und dessen Gleichberechtigung in einem Bündnis mit dem ehemaligen Kriegsgegner, solange nahe Verwandte, verehrte ehemalige Vorgesetzte oder enge Kameraden noch unter zunächst sehr unwürdigen Bedingungen und nach rechtlich zweifelhaft begründeten Urteilen inhaftiert waren, was weithin als so diffamierend und entehrend empfunden worden ist, wie es auch von Anklägern und Richtern gemeint gewesen war.

Zu der scharfen grundsätzlichen, oft auch polemischen Kritik aus Kreisen ehemaliger Soldaten an den von den Alliierten veranstalteten Kriegsverbrecher-Prozessen gesellten sich bald lautstarke, oft wiederholte Forderungen nach einer Revision der Urteile. Diese Frage war ebenso wie das Problem der Pensionen von einer weit über den betroffenen Personenkreis hinausgehenden allgemeineren Bedeutung. Von vornherein wurde auf deutscher Seite ein von den künftigen Verbündeten offiziell nicht zur Kenntnis genommenes Junktim gesehen: Mitwirkung an gemeinsamen westlichen Verteidigungsanstrengungen nur bei einer befriedigenden Lösung dieses Problems. Das „Ohne mich" erhielt durch diese Prozesse manche Nahrung. In besonders krasser Form formulierte diese Einstellung ein Anonymus nach der Verurteilung des Feldmarschalls von Manstein im Dezember 1949 zu 18 Jahren Haft durch ein britisches Militärgericht (im Bestätigungsverfahren durch den Oberbefehlshaber der Rheinarmee auf 12 Jahre herabgesetzt). Wenn der Manstein-Prozeß „ein Gutes gehabt hat, so dieses, daß er endgültig jede Bereitschaft in unserem Volke, auch des engagiertesten Soldaten, zerschlagen hat, in einem Konflikt des Westens und des Ostens die eine Partei der anderen vorzuziehen oder gar für ein Unrechts-System gegen das andere Unrechts-System sein Blut zu vergießen", heißt es in dieser Flugschrift. Wer das schrieb, war jedenfalls kein Realpolitiker. Denn nur wenige Wochen, nachdem dieses Pasquill in Umlauf war, nahm der General der Pz.-Tr. a.D. Gerhard Graf von Schwerin seine Tätigkeit als erster verantwortlicher Berater des Bundeskanzlers in militärischen Fragen auf. Ihm war das Problem natürlich auch in seiner ganzen Tragweite bewußt. Schwerin glaubte indes, alliierte Nachgiebigkeit in diesem Punkte auf dem Weg deutscher Vorleistungen erreichen zu können und hoffte à la longue auf eine vernünftige,

auffälliges Unrecht darstelle; Mitteilungen, VdS, Nr. 3, Bonn, 15. 3. 1962, S. 39. Die Rechtsauffassung der Bundesregierung war diesem höchstrichterlichen Urteil kongruent; vgl. hierzu die Akten der Zentralen Rechtsschutzstelle (ZRS), Pol.Archiv/Ausw. Amt. Hierzu auch: Der Bundesminister der Justiz, 9250/1 II – 25 244/60 vom 2. 1. 1961, Betr.: Rechtswirkung des Urteils im Nürnberger Kriegsverbrecherprozeß gegen die Waffen-SS. Das Urteil des IMT habe „nach dem Recht der Bundesrepublik (Deutschland) keine Rechtswirkungen ...", sondern lediglich „deklaratorische Bedeutung". Eine Strafverfolgung sei nur möglich, „wenn sich ein Mitglied der SS persönlich einer Straftat schuldig gemacht hat". Die Bundesrepublik Deutschland habe „eine ausdrückliche, vertragliche Anerkennung der von alliierten Militärgerichten in Deutschland gefällten ‚Kriegsverbrecherurteile'" – einschließlich das IMT-Urteil vom 1. 10. 1946 – „vermieden"; Faksimile-Abdruck, in: Die Waffen-SS als Teil der deutschen Streitkräfte, hrsg. vom Bundesverband der Soldaten der ehem. Waffen-SS e.V. im V.d.S., Karlsruhe o.J., S. 17.

kavaliermäßige Lösung. Seine Verwendung in der Nähe Adenauers dauerte nicht lange genug, als daß er noch die Probe aufs Exempel machen konnte. Den alliierten Gerichtsherren ist auf vielfältige Weise, von deutschen Politikern fast aller demokratischen Parteien, von Kirchenmännern, Persönlichkeiten des öffentlichen Lebens, nicht zuletzt von ehemaligen Soldaten, nahegelegt worden, doch Gnade vor Recht ergehen zu lassen. Wohl im engen sinngemäßen Zusammenhang mit der ersten offiziellen Begegnung der Generalleutnante a. D. Adolf Heusinger und Dr. Hans Speidel mit dem Alliierten Oberbefehlshaber in Europa, General Dwight D. Eisenhower, in Bad Homburg (am 22. Januar 1951) gaben am Tage davor der amerikanische Hohe Kommissar in Deutschland, John J. McCloy und der Oberbefehlshaber der amerikanischen Streitkräfte in Europa, General Thomas T. Handy, ihre Entscheidungen über die Gnadengesuche der „in Nürnberg und Dachau" verurteilten und „in Landsberg inhaftierten ... Kriegsverbrecher"[65] bekannt. McCloy und Handy und die sie beratenden Juristen ließen namentlich den verurteilten Soldaten gegenüber durchaus Verständnis erkennen und legten bei der rechtlichen Würdigung der Gnadengesuche ein Maß an Ausgewogenheit an den Tag, das der Nürnberger Anklagebehörde fremd gewesen war (der schon im Februar 1948 einer der Richter im Fall VII Rachsucht und mangelnde Objektivität vorgeworfen hatte[66]).

Der Gedanke an eine „Generalamnestie", auch „Friedensamnestie" genannt, gestützt unter anderem auf Überlegungen Carl Schmitts („Das Ende des kalten Bürgerkriegs", Ende 1951) mußte 1952 von den Verantwortlichen im VdS fallen gelassen werden. Dieses Problem war nicht zuletzt deswegen besonders delikat, weil in Frankreich, Belgien und den Niederlanden der Glaube an die dortige Nachkriegsjustiz unerschüttert war und in diesen Ländern schon gar keine Neigung bestand, die dort ihre Strafen verbüßenden Kollaborateure zu begnadigen. So blieb dies eine Forderung ahnungsloser Demagogen, und angesichts der realen Abhängigkeit westdeutscher Politik in dieser Zeit ein ganz wirklichkeitsfremdes Verlangen. Heusinger und Speidel, die militärischen Berater Adenauers, steuerten in Kenntnis des Sachverhalts und zum Teil recht genauer Kenntnis der Verurteilten – Heusinger sprach beispielsweise von einem im Fall XII zu lebenslanger Haft verurteilten General nur von „dem Gauleiter in Uniform", dessen Fall doch nicht mit unzweifelhaften alliierten Justizirrtümern in einen Topf geworfen werden dürfe – bei ihren unermüdlichen Interventionen bei McCloy stets nur individuelle Lösungen an. Speidels sehr großes Engagement in dieser Frage lag nicht zuletzt darin begründet, daß sein älterer Bruder, der General der Fl. a. D. Wilhelm Speidel wegen angeblicher „Verbrechen gegen die Menschlichkeit" im Prozeß gegen die „Südostgenerale" (Fall VII) zu 20 Jahren Haft verurteilt worden war, von denen er bis zu seiner Freilassung Anfang 1951 knapp sechs Jahre verbüßt hatte.

Heusinger und Speidel befanden sich ganz im Einklang mit dem Bundeskanzler, der am 5. April 1951 vor dem Plenum des Deutschen Bundestages aus seiner und des Kabinetts Auffassung kein Hehl gemacht hatte, daß diejenigen Kriegsverbrecher, „die

[65] Vgl. Meyer, Situation, S. 622 und Landsberg. Ein dokumentarischer Bericht, hrsg. von der Information Services Division, Office of the U.S. High Commissioner for Germany, München 1951, S. 5ff., S. 10, S. 12f., S. 17f., S. 22ff., S. 28ff. Die Urteilssprüche gegen Feldmarschall List, Generaloberst a. D. Reinhardt und General der Pi. a. D. Kuntze (Anm. 61) sind in vollem Umfang aufrecht erhalten worden, wobei bei List und Kuntze („Südost-Generale", Fall VII) besondere politische Rücksichtnahmen auf Jugoslawien nicht auszuschließen sind. Meyer, Situation, S. 631ff., S. 695ff.

[66] Ebd., S. 621f.

wider die Gesetze der Menschlichkeit oder gegen die Regeln der Kriegführung verstoßen haben, ... nicht unser Mitleid und unsere Gnade" verdienen. Für die wirklich Schuldigen könne sich die Bundesregierung natürlich nicht einsetzen. Diesen Prozentsatz sah er indes als „so außerordentlich gering und so außerordentlich klein" an, daß „damit der Ehre der früheren deutschen Wehrmacht kein Abbruch geschieht"[67]. Der ehemalige Flottenrichter Kranzbühler, ein gründlicher Kenner der Problematik, nahm im Jahre 1952 an, daß von der Gesamtzahl der von alliierten Gerichten wegen Kriegsverbrechen rechtskräftig Verurteilten ein Drittel unschuldig, ein Drittel schuldig, das letzte Drittel auf unterschiedliche Weise in Verbrechen verstrickt sei. Nach solcher, gewiß recht grober Kategorisierung wäre eine Forderung nach allgemeiner Amnestie in der Tat ganz abwegig erschienen. Es ging in den seit 1953 eingerichteten drei „Gemischten Beratenden Ausschüssen", die zur Vorlage von Gnadenempfehlungen an die Hohen Kommissare berechtigt waren und in denen deutsche Vertreter mitwirkten, immer nur um die Korrektur nachweislicher Justizirrtümer, wie sie vorgekommen sind, um die nachträgliche Berücksichtigung entlastender Gesichtspunkte, die von alliierten Gerichten nicht immer hinreichend gewürdigt worden waren, und um Gnade in Fällen geringerer Schuld – um mehr nicht, aber auch nicht um weniger. Die öffentliche Meinung war in dieser Angelegenheit tief gespalten, und lange noch kam es deswegen zu starken Gefühlsbewegungen. Allein die in großer Erregung vorgebrachte Feststellung eines Abgeordneten der DVP/FDP im Plenum des Stuttgarter Landtages am 15. Februar 1951, in Landsberg seien Unschuldige hingerichtet worden, und unter den bei der jüngsten Gnadenaktion Nichtbegnadigten seien einige, deren Hinrichtung einen Justizmord bedeuten würde – darunter befanden sich freilich keine ehemaligen Soldaten mehr –, führte zu Tumulten in diesem Parlament[68].

Um die Jahreswende 1950/51 verbüßten in Landsberg, Werl und Wittlich insgesamt 44 Generale des Heeres, der Luftwaffe und der SS, die beiden Großadmirale in Spandau, in Belgien zwei, in den Niederlanden, Frankreich und Italien je ein General ihre Strafen, nicht gezählt die anderen wegen Kriegsverbrechen verurteilten Gefange-

[67] Verhandlungen des Deutschen Bundestages, I. Wahlperiode 1949, Sten.Ber., Bd. 6, Bonn 1951, S. 4984. Die übereinstimmenden Auffassungen Speidels, Heusingers und Adenauers in dieser Frage betont auch Gerhard Wettig, Entmilitarisierung und Wiederbewaffnung in Deutschland 1943–1955. Internationale Auseinandersetzungen um die Rolle der Deutschen in Europa, München 1967, S. 400f.

[68] Vgl. Verhandlungen des 2. Württ.-Bd. Landtags, 14. Sitzung am Donnerstag, 15. 2. 1951, Sten.Ber. (Stuttgart), S. 318ff., bes. S. 324ff., Rede des Abgeordneten Dr. Heinz Burneleit (DVP). Vgl. ebd., Sten.Ber., S. 329f., Bekanntgabe der Mandatsniederlegung Burneleits. In „Der Spiegel" vom 13. 11. 1948 (Wenn in Landsberg), wird in Verbindung mit den Namen der Bischöfe Theophil Wurm, Josef Frings und Johannes Neuhäusler das Wort „eines Geistlichen" wiedergegeben: „Es ist an dem Tatbestand, daß Dachauer Urteile auf unrechtmäßige Weise zustandegekommen sind und deshalb die Gefahr von Justizmorden besteht, leider nichts geändert." In einer vom Evangelischen Pressedienst (epd) veröffentlichten Erklärung vom 18. 8. 1950 äußerte Theophil Wurm, es seien gewiß nicht alle bisherigen Urteile Fehlurteile, „aber es sind doch einige richtige Justizmorde darunter". Eine Liste von über 250 Hingerichteten (19. 11. 1945–10. 8. 1948): Akten der ZRS, Pol.Archiv/Ausw. Amt.Vgl. „Zweiter Brief des Arbeitsringes für Wahrheit und Gerechtigkeit": Landsberg, Hilferuf in letzter Stunde, unterzeichnet von Prinzessin Isenburg; hiernach gelten wenigstens zwei vollstreckte Todesurteile als Justizmorde: Oberlt. z.S.d.R. (MA) Erich Wentzel, verurteilt am 23. 3. 1946, am 3. 12. 1948 hingerichtet wegen angeblicher Beteiligung an der Ermordung von 7 alliierten Fliegern auf Borkum; Leutnant Karl Kirchner, am 16. 5. 1947 verurteilt, hingerichtet am 26. 11. 1948 wegen Teilnahme an einem ordnungsgemäßen Standgericht gegen einen amerikanischen Jagdflieger, der ein gekennzeichnetes Sanitätsfahrzeug beschossen und zwei verwundete deutsche Soldaten dabei getötet hatte. Vgl. die zwar apologetische, aber wohl in der Tatsachenfeststellung nicht zu bezweifelnde Darstellung des „Borkum-Prozesses" von K. W. Hammerstein (d.i. Kurt Wentzel), Landsberg. Henker des Rechts?, Wuppertal 1952. Auch Mende, Freiheit, S. 194ff.

nen aller Dienstgrade in östlichem und westlichem Gewahrsam. Am 3. Dezember 1952 konnte der Bundeskanzler vor dem Bundestag erklären, daß sich am 1. April 1950 noch – abgesehen von den Kriegsgefangenen in den Ostblockstaaten – 3649 Deutsche im fremden Gewahrsam befanden, jetzt, im Dezember 1952, noch 953, davon 250 ehemalige Angehörige der Wehrmacht und der Waffen-SS[69]. Zahlenmäßig hatte sich das Problem vermindert, psychologisch noch lange nicht. Die Freilassung aus amerikanischem Strafvollzug ab Anfang der fünfziger Jahre war mit Auflagen verbunden, die die persönliche Freiheit der Begnadigten zum Teil noch erheblich einschränkten, ob nun die Entlassung ausgesprochen worden war wegen Haftunfähigkeit („medical parole"), nach Verbüßung eines Drittels oder von zwei Dritteln der herabgesetzten Strafe („parole board" oder „good conduct time"). Im Sommer 1956 standen noch 189 Freigelassene unter „Parole", das heißt, für sie hatte – wie es der SPD-Bundestagsabgeordnete Pfarrer Hans Merten am 4. Juli 1956 ausdrückte – „das Grundgesetz keinerlei Geltung ... Obwohl sie beispielsweise das aktive Wahlrecht haben, dürfen sie keine Wahlversammlung besuchen."[70] Im Juni 1957 wurde der letzte wegen Kriegsverbrechen verurteilte Deutsche aus Werl, im November 1957 aus Wittlich und im Mai 1958 aus Landsberg entlassen, im Laufe des Jahres 1958 sind für die letzten aus Landsberg entlassenen Gefangenen die „Parole-Beschränkungen" aufgehoben worden[71]. Damit war dieses bedrückende und in mehrfacher Hinsicht belastende und belastete Kapitel deutscher Nachkriegsgeschichte formal abgeschlossen.

6. Bestandsaufnahme und Gewissenserforschung

Wenn das Kriegsende in Deutschland für viele – trotz lange noch fortdauernder Not, Entbehrungen und schwerer Leiden – manche Zeichen des Neubeginns und der Hoffnung setzte, so schienen die ehemaligen Berufssoldaten zunächst jedenfalls davon ausgenommen. In mancher Hinsicht, vor allem was das allgemeine Elend anging, teilten sie zwar ein Massenschicksal, freilich mit einigen besonderen, ihre Lage zusätzlich verschärfenden Kennzeichen. Als „Militaristen" abgestempelt, sahen sie sich in der Öffentlichkeit erheblichen Vorwürfen ausgesetzt, konnten aber auch schon aus einigen, sich Ende der vierziger Jahre verstärkenden Anzeichen den Schluß ziehen, daß ihre insgeheim von einigen der Sieger durchaus geschätzten fachlichen Qualitäten möglichweise bald wieder benötigt würden. Das zwang, als es vordringlich um die Sicherung der elementaren Lebensbedingungen ging, eigentlich jeden einzelnen nicht nur zu einer schwierigen Auseinandersetzung mit der eigenen Vergangenheit, sondern zugleich zu vorwärts gerichteten vielfältigen Überlegungen über eine wie auch immer geartete Mitwirkung an der Verteidigung Westeuropas. Das Nachdenken darüber[72], daß das Militär als Teil der staatlichen Ordnung in seinen herausragenden Repräsen-

[69] Vgl. Verhandlungen des Deutschen Bundestages, I. Wahlperiode 1949, Sten.Ber., Bd. 14, Bonn 1953, S. 11141.

[70] Vgl. Verhandlungen des Deutschen Bundestages, II. Wahlperiode 1953, Sten.Ber., Bd. 31, Bonn 1956, S. 8609.

[71] Vgl. Mitteilungen, VdS, Nr. 23, Bonn, 10. 12. 1958, S. 154: Beendigung des Paroleverfahrens; ähnlich die Akten der ZRS, Pol.Archiv/Ausw.Amt; entsprechende Angaben in der in Anm. 62 nachgewiesenen Bundestagsdrucksache IV/3124, S. 11.

[72] Vgl. Meyer, Situation, S. 657 ff., auch S. 707 ff.

tanten seit 1933 sich wie nahezu alle Einrichtungen des Staates und der Gesellschaft der Herrschaft des Unrechts und der Unmenschlichkeit nicht nur unterworfen, sondern dieses System mit ermöglicht, begrüßt und vielfach durch unreflektierten Gehorsam und Pflichterfüllung bis zuletzt gestützt hat, über den Schuldanteil des einzelnen, die Verantwortung des Offizierkorps, über die Gründe individuellen und kollektiven Versagens stieß zusammen mit einer von den Siegern verordneten „Umerziehung" und Vergangenheits„bewältigung", wo die Entscheidung über richtig und falsch, gut und böse längst gefallen war. Manche, in rein militärischen Kategorien befangen, hielten eine solche Auseinandersetzung gar nicht mehr für erforderlich. Ihre schlichten Überlegungen gingen dahin, daß die fraglos vorhandene fachliche Kompetenz und die nicht zweifelhafte antikommunistische Einstellung ausreichten, um im Westen künftig als zuverlässiger und unentbehrlicher Bundesgenosse angesehen zu werden. Aber so einfaches modernes Landsknechtstum trat nur vereinzelt auf und hatte auch nie eine Chance.

Als bedeutsames Hindernis für eine rückhaltlose, unvoreingenommene Gewissenserforschung wirkte die im Nürnberger Hauptkriegsverbrecher-Prozeß vorgetragene Anklage gegen „Generalstab und Oberkommando der Wehrmacht" als verbrecherische Organisation. Sie löste vornehmlich Rechtfertigungsversuche aus. Nach dem Freispruch des Führungsinstruments schien Selbstkritik manchem nicht mehr erforderlich zu sein, auch aus einem Gefühl des Trotzes heraus, warum denn nun vorrangig die Soldaten Rechenschaft ablegen sollten und ihnen allein eine Sündenbock-Funktion auferlegt war. Hatten nicht auch zum Beispiel Staatsanwälte und Richter, Lehrer an allen Arten von Schulen, Hochschulen und Universitätslehrer zumal, Diplomaten, Beamte in allen Sparten der kommunalen und staatlichen Verwaltungen, ihren bemerkenswerten Anteil an der Duldung, Stabilisierung und langen Dauer der nationalsozialistischen Herrschaft gehabt, waren unter ihnen nicht auch viele Mitwisser von Untaten gewesen, nicht auch manche in Verbrechen verstrickt? Wo blieben deren Gewissenserforschungen und Bestandsaufnahmen vor einem Neubeginn? Hinzu kam die Unkenntnis über das ganze Ausmaß der Verbrechen des untergegangenen Regimes. Auf verschiedenen Ebenen der Verantwortung hatte eine ganze Reihe nicht nur hochrangiger Soldaten während des Krieges trotz selbst angelegter Scheuklappen manches gesehen und erlebt, wohl auch manchmal wissentlich oder unwissentlich Beihilfe geleistet – verdrängten dies aber und benutzten angesichts der Vorwürfe und Beweise zunehmend das Argument „tu quoque", wenn nicht das des Befehlsnotstandes. Eine vorurteilslose Nachforschung, wie es nun wirklich gewesen war, verbot sich oft auch aus einem herkömmlichen Verständnis von Kameradschaft und „Geschlossenheit" des Offizierkorps heraus, da jede „Enthüllung" unversehens zum „gerichtsverwertbaren" Faktum werden konnte. Aus solchen Erwägungen heraus stieß wohl ein Gedanke des Generals der Gebirgstruppe Hubert Lanz im Mai 1946 im Kriegsgefangenenlager Neu-Ulm bei den Mitgefangenen auf Skepsis. Lanz hatte eine „Kundgebung gegen alle Generale" vorgeschlagen, „die sich unwürdig benommen haben, wie Keitel, Göring, Burgdorf, usw."[73]. Keitel und Göring standen in Nürnberg vor Gericht. Ihr Schicksal schien besiegelt. Burgdorf, der letzte Chef des Heeres-Personalamtes und in

[73] Vgl. Generalfeldmarschall Wilhelm Ritter von Leeb, Tagebuchaufzeichnungen und Lagebeurteilungen aus zwei Weltkriegen, hrsg. von Georg Meyer, Stuttgart 1976, S. 80.

dieser Eigenschaft einer der beiden beauftragten Mörder des Feldmarschalls Rommel, hatte bei Kriegsende Selbstmord begangen. Was wäre in der ruhiger Betrachtung nicht günstigen Situation dieser ersten Nachkriegszeit mit einer solchen distanzierenden Erklärung gewonnen gewesen? Lanz selbst ahnte gewiß nicht, daß er selbst dann im Prozeß der Südost-Generale (Fall VII) als Angeklagter vor Gericht stehen und trotz höchst unsicherer Beweislage wegen „Kriegsverbrechen" und „Verbrechen gegen die Menschlichkeit", begangen auf dem Balkan, am 19. Februar 1948 zu 12 Jahren Gefängnis verurteilt werden würde.

Mit dem vor aller Augen, auf deutschem Boden verlorenen Krieg konnten sich zwar keine Dolchstoß-Phantastereien festsetzen wie gleich nach dem Ende des Ersten Weltkrieges, als man „im Felde unbesiegt", ganz gut mit Legenden und Selbsttäuschungen weiterlebte. Aber nun, nach dem Zweiten Weltkrieg, meldeten sich – mit unterschiedlich lauteren Motiven – Kritiker im eigenen Lande zu Wort, die nicht ohne pharisäerhaften Unterton fragten, warum denn nicht „die Wehrmacht" spätestens angesichts der unausweichlichen Niederlage die Gewehre umgedreht und die Schreckensherrschaft beseitigt habe? Klopffechter und Kannegießer auf beiden Seiten hatten ihre große Stunde, so daß der Generalleutnant a. D. Dr. Speidel frühzeitig und dringend riet, die unausweichliche Auseinandersetzung mit der eigenen Vergangenheit nicht zu versimpeln. Dies bezog sich auf Umdrucke und Flugschriften, die, schon in den Lagern von Hand zu Hand gereicht, zum Beispiel eine summarisch zugemessene „Schuld der Generale" mit dem Argument verneinten, Generale hätten zu gehorchen wie die Musketiere und seien im übrigen nicht wahlberechtigt gewesen, so daß die Verantwortung für das Emporkommen des Nationalsozialismus beim deutschen Wähler zu suchen sei, nicht beim Militär. Dies, gerafft, ist der wesentliche Inhalt einer damals in den Gefangenenlagern und draußen viel diskutierten Schrift mit dem Thema „Warum ist Hitler nicht von der Wehrmacht rechtzeitig beseitigt worden?", zu der so unterschiedliche Köpfe wie der Admiral a. D. Wilhelm Meisel und der Generalleutnant a. D. von Donat – ohne daß sie zunächst voneinander wußten – Argumente verschiedener Schlagkraft, Richtigkeit und Bedeutung beisteuerten. Kein Thema ihrer Vergangenheit konnten die ehemaligen Berufssoldaten aufgreifen, dessen sich nicht auch schon die Öffentlichkeit mit unterschiedlichem Sachverstand bemächtigt hätte, seien es der innere Zustand des Reichsheeres und der Wehrmacht, ihre politische Rolle und Bedeutung, die Frage ihres Verhaltens, auch ihrer Gegnerschaft zu Hitler, seien es gar die Feldzüge, Sieg und Niederlage gewesen, und wo dort nicht auch schon meist wohlfeile Lösungen bereitgehalten worden wären. Dabei konnte es ja wahrhaftig keine einfachen, allgemein verbindlichen Antworten zu diesen überaus vielschichtigen Komplexen geben, schon gar nicht auf seiten der Soldaten, die – verständlich aufgrund ihrer verschiedenen Einsichtsmöglichkeiten – ganz unterschiedliche, nicht immer miteinander in Einklang zu bringende Ansichten vorbrachten.

Besonders hinderlich bei internen Diskussionen um das Verhältnis der Wehrmacht zur nationalsozialistischen Herrschaft, dies zeitweise zugespitzt auf das Ja oder Nein zur Verschwörung gegen Hitler, war es, daß in der ersten Nachkriegszeit noch überhaupt keine wissenschaftlich gesicherten Forschungsergebnisse vorlagen, sondern sich alles Für und Wider zunächst auf den eigenen Erfahrungsschatz und absichtsvoll vorgetragene, gefärbte, gefilterte, persönliche Erlebnisse und Eindrücke in den eben zurückliegenden Jahren und Monaten stützte, die natürlich kein umfassendes Bild von den verwickelten Ereignissen vermittelten. Die Gefahr war nicht von der Hand zu weisen, daß das jeweils zugängliche Segment, fortan fürs Ganze genommen, sich für die Zukunft auch als Vorurteil verfestigte. Nun lösten von außen aufgenötigte Diskussionen bei den Betroffenen, die sich sogleich in der Rolle des Angegriffenen sahen, eher noch einen internen Solidarisierungseffekt aus, als daß sie – manchmal nicht besser fundiert als die eigenen Stellungnahmen – als wesentliche Anstöße empfunden worden sind. Mit der Methode, Kritikern die Kompetenz abzusprechen, enthob man sich gelegentlich der Notwendigkeit, sich in der Sache mit ihnen zu beschäftigen. Es wirkte hier ein ähnlicher Abwehrmechanismus wie bei der Auseinandersetzung mit echten oder vermeintlichen Diffamierungen.

Die Gewissenserforschungen stießen auch deswegen an Grenzen, weil beim Militär die starke Neigung besteht, Auseinandersetzungen zu personalisieren. Der in der allgemeinen Kritik zur Disposition gestellte engere Personenkreis kannte sich im allgemeinen gut, schon von den Kriegsschulen her, noch genauer aus den Hörsälen der Kriegsakademie, aus den hohen Stäben, Kommandobehörden und verschiedensten Dienststellen während des Krieges, und, nicht zuletzt, war man einigermaßen im Bilde über die unter den besonderen Bedingungen der Kriegsgefangenschaft und der Internierung gezeigte Haltung. Grundsätzliches Fehlverhalten konnte daher leicht als persönliches Versagen im Einzelfall bemäntelt werden. Gelegentlich bediente man sich auch zweitklassiger Methoden, um Kritiker aus den eigenen Reihen abzutun. Dem Generalleutnant a.D. Moriz von Faber du Faur[74] hielt man später sein angeblich würdeloses Verhalten in französischer Gefangenschaft vor, als er sich mit kritischen Betrachtungen über das Versagen vieler Offiziere zu Wort meldete und grundsätzliche, ganz unkonventionelle Schlußfolgerungen über den Niedergang dieses Berufsstandes daran knüpfte. Ein kritischer, selbstkritischer und somit doch im Ansatz schon hilfreicher Aufsatz des Generals der Fl. a.D. Dr. Robert Knauss[75] führte nicht etwa dazu, daß sich die Leser aus dem Kreis sachkundiger Kameraden mit seinen Auffassungen auseinandersetzten, sondern daß sie sich fragten, wie man ihn – der im Oktober 1950 in Himmerod sachkundige Beiträge über zukünftiges Soldatentum geleistet hat – zum Schweigen bringen könne. Die publizistische Wirksamkeit Knauss', sein darin zutage tretender, nicht zu bezweifelnder Sachverstand (nicht zuletzt seine engen Verbindungen zu dem in Fragen der militärischen Sicherheit sehr engagierten Bundesminister Eberhard Wildermuth) machten es schwer, seine Argumente als etwa nicht stichhaltig abzutun. Ein ehemaliger Vorgesetzter versuchte es dennoch mit dem Hinweis, Knauss sei „kurze Zeit Chef des GenSt." bei ihm „in Norwegen ohne genügende Vorbildung" gewesen.

Dann gingen auch noch vermeintliche Beiträge zur Gewissenserforschung von Hand zu Hand, in Wirklichkeit verdrehte Halbwahrheiten, hektographiert oder in Abschriften, etwa eine gefälschte Ergebenheitsadresse des Generalobersten von Vieting-

[74] Moriz von Faber du Faur, Macht und Ohnmacht. Erinnerungen eines alten Offiziers, Stuttgart 1953. Der Buchausgabe ging ein Vorabdruck in der Stuttgarter Zeitung voran.

[75] Robert Knauss, Vom Geist eines deutschen Kontingents, in: Europäische Sicherheit. Rundschau der Wehrwissenschaften, Jg. 1951, Heft 3, S. 4ff. Zur Beurteilung Knauss' vgl. Horst Boog, Die deutsche Luftwaffenführung 1935–1945. Führungsprobleme, Spitzengliederung, Generalstabsausbildung, Stuttgart 1982, S. 449ff. Zur Entstehung der im folgenden Absatz erwähnten Denkschrift des Grafen Schwerin vgl. Helmut J. Fischer, Erinnerungen. Teil II: Feuerwehr für die Forschung, Ingolstadt 1985, S. 196ff.

hoff (damals Oberbefehlshaber der 10. Armee in Italien, im Oktober 1950 Vorsitzender der Himmeroder Zusammenkunft) an Himmler nach dem 20. Juli 1944, geschickt komponiert mit einem angeblichen eiligen Bekenntnis zur Demokratie desselben Generals aus englischer Gefangenschaft nach dem 8. Mai 1945. Gerüchte machten die Runde, wie der und jener, womöglich jetzt im Rampenlicht Stehende, sich nach dem 20. Juli während der Verhöre bei der Gestapo verhalten hatte, wenn das nicht sogar die einstigen Vernehmer selbst durch die Zellen des Nürnberger Zeugenflügels flüsterten. Man ging mit aus dem Zusammenhang gerissenen Zitaten aus einer Ende 1945 nach einer kurzen Erkundungsreise durch die amerikanische Besatzungszone gemeinsam mit einem amerikanischen Leutnant in Begleitung eines ehemaligen SD-Angehörigen dann im Vernehmungslager Oberursel entstandenen Denkschrift des Grafen Schwerin hausieren, um seine von vielen „Kameraden" mißbilligte Tätigkeit im Bundeskanzleramt zu diskreditieren, und wärmte auch künstlich längst durch den Gang der Dinge erledigte, wenigstens abgekühlte Auseinandersetzungen aus der Vorkriegszeit und aus dem Kriege auf, um mit solchen wenig kavaliermäßigen Methoden nach vorne Drängende „abzuschießen". Die Schornsteine der vielerlei privaten, halbamtlichen, offiziösen, nachrichtendienstlichen Hexenküchen auf deutschem Boden in Ost und West – bei schließlich noch recht durchlässigen Zonengrenzen – qualmten tagaus, tagein und produzierten manchen üblen Geruch.

Das heißt nun nicht, daß die kritische Betrachtung des verhängnisvollen Weges der Wehrmacht, der schließlich zu einer militärischen und moralischen Katastrophe ohne Vorbild in der deutschen Militärgeschichte geführt hatte, ausgeblieben ist oder sich in der Form wechselseitiger persönlicher Verunglimpfungen erschöpfte. Dieser verzweifelte Dialog mit sich selbst unter dem Thema „Wie konnte es geschehen?" hat stattgefunden, beginnend doch schon in der Gefangenschaft, auch in den Gefängnissen und dann erst recht in der Freiheit, auf unterschiedlichem Niveau, mit nicht immer befriedigenden Ergebnissen, zeitweise in großer Schärfe und Erbitterung. Diese Auseinandersetzung stand nur unter besonderen, ungewöhnlichen Belastungen. Allerdings erwies sich später die Gründung eines Dachverbandes ehemaliger Soldaten gerade in diesem Punkte als hilfreich, denn es gelang dem auf Ausgleich bedachten Vorsitzenden, Admiral a.D. Hansen, gerade die erheblichen Gegensätze in der Debatte um das Verhältnis „der" Wehrmacht zum Nationalsozialismus, Eid und Widerstand (hier konzentriert auf „den" 20. Juli), Hoch- und Landesverrat, mit einer allgemein akzeptierten Kompromißformel zu überbrücken, die noch bis in die Anfangsjahre der Bundeswehr gewirkt hat[76]. Sie lautet wörtlich: „Der Riß, der durch den 20. Juli in unsere Reihen gebracht ist, muß überbrückt werden. Der eine von uns ist seinem Eid treu geblieben, der andere hat in weitergehender Kenntnis aller Vorgänge die Treue zu seinem Volk über die Eidespflicht gestellt. Keinem ist aus seiner Einstellung ein Vorwurf zu machen, wenn nicht Eigennutz, sondern ein edles Motiv sein Handeln bestimmt hat. Aus

[76] Text z.B. nach Entschließung des BvW vom 16.3.1951; Depositum von Donat. Vgl. Georg Meyer, Auswirkungen des 20. Juli 1944 auf das innere Gefüge der Wehrmacht bis Kriegsende und auf das soldatische Selbstverständnis im Vorfeld des westdeutschen Verteidigungsbeitrages bis 1950/51, und Norbert Wiggershaus, Zur Bedeutung und Nachwirkung des militärischen Widerstandes in der Bundesrepublik Deutschland und in der Bundeswehr, beide in: Aufstand des Gewissens. Der militärische Widerstand gegen Hitler und das NS-Regime 1933–1945, hrsg. vom Militärgeschichtlichen Forschungsamt, Herford 1985, S. 487 (bes. Anm. 106, S. 498), S. 505f.

dieser Anerkennung des Motivs folgt, daß man Verständnis für die Handlungsweise des anderen aufbringen muß." Hinter diesen vier Sätzen stehen jahrelange, zum Teil sehr schmerzliche Auseinandersetzungen.

Die Themen dieser Standortbestimmungen kreisten im Grunde um die Frage, wie es binnen weniger Jahre, also seit dem Machtantritt Hitlers und beschleunigt im Kriege, zu weitgehender Anpassung an Hitlers Herrschaft und damit zu gravierenden Traditionsverstößen kommen konnte, daß sich deutsches Soldatentum nämlich von guten Traditionen entfernt hatte. Denn der totale Gehorsam gerade hoher militärischer Führer, nur vordergründig mit Ehrgeiz, Opportunismus oder den Bedingungen und Beanspruchungen des Krieges zu erklären, war ebenso ein Traditionsbruch wie etwa die Hinnahme verbrecherischer Befehle, zum Beispiel des Kommissarbefehls. Dabei konnte – schon gar nicht in polemischen Auseinandersetzungen der ersten Nachkriegsjahre – die Aporie nicht aufgelöst werden, daß einmal hohe Militärs sich den Zumutungen des nationalsozialistischen Systems ganz unterworfen und noch Vorschub geleistet, während andere Kameraden gleicher Herkunft und Prägung sich unter Einsatz ihres Lebens der Unrechtsherrschaft entschlossen widersetzt hatten. Bis in unsere Zeit ist die Auseinandersetzung über diese Fragen eigentlich nicht abgeschlossen, auch wenn die darüber ausgetauschten Argumente inzwischen längst Patina angesetzt haben.

Dieser mühselige Prozeß der Selbsterkenntnis und Selbstfindung konnte natürlich keine Gruppenveranstaltung sein und vollzog sich meist auch sehr individuell. Er fand seinen Ausdruck etwa in der nicht geringen Anzahl ehemaliger Offiziere, die ein Studium der Theologie aufnahmen und von denen nicht wenige später auch ein geistliches Amt versahen. Auch in diesem Entschluß wirkten gewiß ganz persönliche mit allgemeinen Beweggründen zusammen, wie denn das, was von außen als „das Militär" angesehen wurde – und doch integraler Teil des Volksganzen war –, sich bei näherer Betrachtung als in sich höchst verschiedenartig, jedenfalls nicht mehr als festgefügter, monolithischer Block erwies. Einst der archetypische Beruf schlechthin, umfaßte er längst nicht mehr nur „Kämpfer" oder „Krieger", sondern ebenso militärische Funktionäre, „Verwalter", „Organisatoren", „Techniker" auf allen Ebenen der Verantwortung. Und: Was außer der Zugehörigkeit zur militärischen Hierarchie verband den am 20. April 1945 gerade zwanzig Jahre alten, eben noch zum Leutnant Beförderten mit dem an diesem Tage 70jährigen Feldmarschall? Jener, noch in einem Kontingentsheer des Kaiserreiches geprägt, skeptisch gegenüber der „sozialistischen", aufgeschlossen der „nationalen" Komponente des einer überzeugenden Theorie ermangelnden Nationalsozialismus, dieser vielleicht ganz im „nationalsozialistischen" Geiste aufgewachsen oder insgeheim dessen Gegner, vielleicht auch nur politisch indifferent? Und zwischen diesen Generationen ein Offizier„korps", grob gegliedert in Heer, Marine, Luftwaffe, in dem alle Alters-, Bildungs- und Ausbildungsstufen, mancherlei Berufe, die unterschiedlichsten Lebenserfahrungen, alle erdenklichen politischen Überzeugungen, systemkonform oder nicht, vertreten waren, tief religiöse Männer neben Agnostikern und Zynikern; Nursoldaten, die ganz in ihrem Berufsideal aufgingen, aber auch Opportunisten verschiedener Couleur sowie Skeptiker, Kritiker, die sich unter dem Eindruck dieses Krieges und der Jahre davor innerlich ganz von dem entfernt hatten, was ihnen einst so viel bedeutet haben mag.

Insgesamt haben der Wehrmacht, eingerechnet alle Verluste und deren Ersatz seit

Kriegsbeginn, eingeschlossen die Waffen-SS, etwa 17 Millionen Deutsche angehört[77]. Die „berufsmäßigen" Angehörigen der Streitkräfte machen an dieser Zahl natürlich nur einen vergleichsweise geringen Anteil aus. Der Friedensvertrag von Versailles hatte eine Marine in Stärke von 15 000 Mann zugestanden, davon 1500 Offiziere, von ihnen zehn Admirale. Das Heer zählte, Anfang 1933, der Dienstaltersliste vom 1. Mai zufolge, 3858 Offiziere (48 Generale, 704 Majore, Oberstleutnante, Obersten, 1152 Hauptleute und Rittmeister, 1954 Oberleutnante und Leutnante), sie alle Berufssoldaten, zusammen etwa 5400 Offiziere der beiden bis dahin existierenden Wehrmachtteile. Dies war gewissermaßen der Kernbestand, aus dem sich von da an, etwa durch Reaktivierungen, die Überführung der Landespolizeien, dann 1938 die Eingliederung des österreichischen Bundesheeres mit den zunächst noch langsamen, dann sich immer mehr beschleunigenden Aufrüstungsmaßnahmen das Gebilde „Wehrmacht" entwickelte, das eigentlich nur zehn Jahre Bestand hatte, von 1935, seit dem „Gesetz für den Aufbau der Wehrmacht" (vom 16. März 1935) bis 1945. Die Zahl der 1933 noch nicht 4000 Heeresoffiziere war bei Kriegsbeginn schon auf einen Ist-Bestand von 89 075 angewachsen. Das Heeres-Personalamt errechnete Anfang Mai 1945 260 000 Truppenoffiziere, darunter 50 000 aktive Offiziere, in die Gesamtzahl einbezogen Gefangene und Vermißte, Reserveoffiziere und Offiziere z.V. Für den Kreis der aktiven, also der Berufsoffiziere, standen bei Kriegsende etwa 8000 Anwärter heran, 32 000 als Ergänzung des Reserve-Offizier„korps". Im Jahre 1932 taten 44 Generale und ein Dutzend Admirale Dienst. Nicht gerechnet die Waffen-SS-Führer dieser Dienstgradgruppe waren im Kriege allein 3149 Generale (des Heeres und der Luftwaffe) und Admirale in aktiver Verwendung. Bei Kriegsende dürfte etwa eine halbe Million Deutscher Offizieruniform getragen haben; dazu sind (Stand Ende Juni 1944) noch etwa knapp 10 000 Waffen-SS-Führer aller Dienstgrade vom Untersturm- bis zum Oberstgruppenführer zu rechnen. Allein diese bunte Vielfalt von Offizieren aller Waffengattungen und Wehrmachtteile unterschiedlichen Status und verschiedenster sozialer Herkunft verurteilt den durch die immerhin ähnliche Uniform – abgesehen von der Marine – nahegelegten Gedanken an eine auch geistige Uniformität zum Scheitern. Dies gilt für die Vorkriegs-, ebenso für die Kriegszeit und erst recht für die Nachkriegsjahre, wiederum vielleicht abgesehen von der Marine. Dieser kleinste Wehrmachtteil kann eine gewisse Homogenität für sich in Anspruch nehmen, ohne daß die geistige Befindlichkeit, ließe sie sich denn für diesen Kreis zuverlässig ermitteln, „hochgerechnet" werden könnte und schon gar nicht auf „das" Heer, „die" Luftwaffe und „die" Waffen-SS zu übertragen wäre. Der kleinste gemeinsame Nenner aller nach 1945 war vielleicht am ehesten noch das Gefühl, in der öffentlichen Meinung als hauptsächlich verantwortlich für den verlorenen Krieg angesehen und deswegen entsprechend abschätzig behandelt zu werden.

[77] Vgl. Meyer, Situation, S. 579 ff. Die folgenden statistischen Angaben nach Reinhard Stumpf, Die Wehrmacht-Elite. Rang- und Herkunftsstruktur der deutschen Generale und Admirale 1933–1945, Boppard 1982, bes. S. 15 ff. sowie nach Michael Salewski, Das Offizierkorps der Reichs- und Kriegsmarine, S. 211 ff., Heinz Hürten, Das Offizierkorps des Reichsheeres, S. 231 ff., Rudolf Absolon, Das Offizierkorps des deutschen Heeres 1935–1945, S. 247 ff., Horst Boog, Das Offizierkorps der Luftwaffe 1935–1945, S. 269 ff. und Bernd Wegner, Das Führerkorps der Waffen-SS im Kriege, S. 327 ff., alle in: Das deutsche Offizierkorps 1860–1960. Büdinger Vorträge 1977. In Verbindung mit dem Militärgeschichtlichen Forschungsamt hrsg. von Günther Franz, Boppard 1980. Vgl. auch die in Anm. 94 nachgewiesene Studie von Bernd Wegner.

Nach einem Worte Seeckts ruhte die deutsche Armee auf drei Säulen, der Pflicht, der Ehre, der Kameradschaft[78]. Ihre im wahren Sinne des Wortes „verfluchte Pflicht und Schuldigkeit" hatte die Wehrmacht bis zum Schluß getan, nicht wenige Soldaten gewiß mehr und mehr am Sinn ihrer Pflichterfüllung zweifelnd, und in der Agonie des Krieges nur noch durch den unaufhaltsamen Gang der Ereignisse angetrieben. Die Ehre war erheblich beschädigt worden, durch die oftmals freiwillige und folgenreiche Unterordnung unter den nationalsozialistischen Ungeist, auch wenn bei der Mehrzahl dieses Millionenheeres gewiß die persönliche Ehrenhaftigkeit nicht in Zweifel zu ziehen war. Und die Kameradschaft hatte auch nicht alle Proben bestanden, so daß nicht nur die Säulen nicht mehr trugen, sondern mit ihnen auch das ganze einst so beeindruckende Gebäude deutschen Soldatentums zusammenstürzen mußte und alle bisher gültigen Maßstäbe verloren zu gehen drohten.

Angesichts dieses gänzlichen Zusammenbruchs eines lange als kaum zu erschüttern angesehenen Wertesystems konnten sich die Versuche einer Bilanz eigentlich nicht auf den unmittelbar betroffenen diffusen Personenkreis beschränken. Aber es gab zunächst kaum Gelegenheiten, bei denen „das Militär" seine spezifischen Probleme mit anderen gesellschaftlichen Gruppen offen diskutieren konnte. Spät, aber nicht zu spät bot sich dann doch die Gelegenheit dazu, als sich die Evangelischen Akademien, Hermannsburg etwa, namentlich aber Bad Boll, diesen Problemen öffneten. Dies ist wesentlich der Initiative des dort tätigen Generals der Pz.Tr. a.D. Heinrich Eberbach zu danken. Ihm gelang es, Gespräche zustande zu bringen, in denen sich Soldaten aller Generationen untereinander, miteinander klar werden konnten über ihren Standort und diese Fragen mit manchen Kreisen besprechen konnten, die zunächst alles andere als verständnisbereit in solche Auseinandersetzungen gingen. Eberbach war von der Sorge getrieben, wenn man sich der ratlosen jüngeren und älteren Soldaten nicht annehme, liefen diese sonst falschen Propheten nach, wie sie verschiedentlich auftraten. So hatte der Oberst a.D. Hans-Ulrich Rudel einigen Zulauf, als er, immer wieder einmal aus dem südamerikanischen Exil kommend, in diesen Monaten und Jahren, 1949/50, unter falschem Namen von Konventikel zu Konventikel reiste und dort seine geistigen Ladenhüter feilhielt, über das Gute im Nationalsozialismus, den Verrat, den Eidbruch, denen das Reich erlegen sei. Auch der Generalmajor a.D. Remer füllte mit ähnlich törichten und nicht ungefährlichen Reden nicht nur irgendwelche Hinterzimmer.

Im Bad Boll wurde ein Anfang gemacht, daß die Soldaten aus dem gesellschaftlichen Abseits herauskamen und daß gegenseitig Vorurteile abgebaut wurden[79]. Man sprach engagiert miteinander, und ein positives Echo blieb nicht aus. „Die ganze Tagung" sei „von dem ehrlichen Bemühen um eine neue geistige Grundhaltung erfüllt" gewesen; es gebe „Zivilisten in der Bundesrepublik, die daraus lernen könnten", heißt es in einem Bericht über die erste „Soldatentagung" in Bad Boll, Ende November 1950. Von solcher ernsthafter Gewissenserforschung und Selbstbesinnung konnte

[78] Vgl. Kurt Hesse, Der Geist von Potsdam, Mainz 1967, S. 114. Meyer, Situation, S. 585 ff.

[79] Eine zusammenfassende Darstellung der Soldaten-Tagungen in Bad-Boll fehlt. Einiges Material in BA/MA, MSg 2/1859 (Sammlung Eberbach). Vgl. auch den Bericht von FWB, Hat sich der Berufssoldat bewährt? Die Aussprache in Boll, in: Frankfurter Allgemeine Zeitung vom 29. 11. 1950 und weitere Berichte in dieser Zeitung; auch Die Neue Zeitung vom 30. 11. 1950 und Otto Häcker, Die Bilanz des Soldaten, in: Stuttgarter Zeitung vom 27. 11. 1950.

zwar nur ein relativ kleiner Kreis erreicht werden. Aber seit der ersten Veranstaltung dort gingen von hier gewichtige Impulse auf die Überlegungen über Gestalt und innere Struktur eines kommenden westdeutschen Verteidigungsbeitrages aus, gewichtig deswegen, weil durch Einsicht in Fehler und Versäumnisse der Vergangenheit geschärft.

7. Umwege zu einer Interessenvertretung

Es war für ehemalige Berufssoldaten – nicht zuletzt wegen des ja noch länger dauernden Koalitionsverbots – nicht immer einfach, selbst wenn sie schon einen politischen Standort gefunden hatten, dann auch politisch zu wirken. Besonders die jüngeren unter ihnen hatten da Probleme. In der Zeit der nationalsozialistischen Herrschaft geformt – die Endzeit der Weimarer Republik erschien eher als ein negatives Lehrstück in Demokratie –, in weitgehender Unkenntnis demokratischer Meinungsbildung und Verfahrensweisen mußten sie sich nun in einer dem Militär ganz abholden Umwelt zurechtfinden. Es ist daher nicht verwunderlich, daß ehemalige Soldaten, wenn sie sich überhaupt Parteien anschlossen, eher kleine Vereinigungen bevorzugt zu haben scheinen. Von dort kamen auch Avancen, etwa von August Haußleiter, ursprünglich Mitgründer der CSU (auf deren linken Flügel), der sich dann 1950 mit der „Deutschen Gemeinschaft" nun auf dem rechten Flügel des Parteienspektrums angesiedelt hatte. Haußleiter, so ein Hinweis von Oberst a. D. Engelbert Frank aus München an Generalleutnant a. D. von Donat Ende Februar 1950, legte großen Wert darauf, daß seiner Deutschen Gemeinschaft „möglichst viele ehemalige Wehrmachtsangehörige beitreten". Mit dieser selbst ernannten „nationalen Opposition" war es freilich nicht viel anders bestellt als mit den sich national-konservativ gebärdenden Gruppierungen, die ein Joachim von Ostau in rascher Folge aus der Taufe hob und die selten den Gründungsparteitag überlebten[80]. Wurde in diesen ephemeren Gebilden vielleicht ihr Bedarf an verbalem Aktionismus gestillt? Die kleineren, zur äußersten Rechten oder zur nichtkommunistischen Linken hin orientierten Parteien, die sich nicht zufällig lieber „Union", „Bewegung" oder „Gemeinschaft" nannten, versuchten, Verdrossenheit über die großen Parteien, die einer Staatsverdrossenheit gleichkam, noch bevor sich „der Staat" überhaupt eingerichtet hatte, geschäftig für ihre Zwecke auszunützen. Den großen Parteien begegneten viele ehemalige Berufssoldaten so mißtrauisch, wie sie von ihnen reserviert betrachtet worden sind. So klagte einmal in einem Brief an Donat der Generaloberst a. D. Hans-Jürgen Stumpff am 23. August 1949, man müsse „auch innerhalb der CDU um anständige Auffassung" den Soldaten und ihrem Anliegen gegenüber kämpfen. Stumpff war zu dieser Zeit im schleswig-holsteinischen Landesverband dieser Partei in einer dort eingerichteten Arbeitsgemeinschaft ehemaliger Wehr-

[80] Vgl. Arno Klönne, Die „Nationale Opposition" in der Bundesrepublik. Ein Überblick, in: Politische Studien 10 (1959), S. 584 ff., ohne Kenntnis der nachrichtendienstlichen Verschränkungen und der vielfältigen „Ostkontakte". Jens Daniel, Der Tag von Braunschweig, in: Der Spiegel vom 29. 1. 1949; ebd. vom 30. 6. 1949: Deutschland: Ganz große Politik. Leseproben. Vgl. auch die Beiträge von Richard Stöss, Die Deutsche Gemeinschaft (mit biographischen Hinweisen zu Haußleiter), S. 877 ff., Horst W. Schmollinger, Die Deutsche Konservative Partei (der „notorische Parteigründer" Joachim von Ostau), S. 985 ff. und ders., Der Deutsche Block, S. 811 ff., alle in: Richard Stöss (Hrsg.), Parteien-Handbuch. Die Parteien der Bundesrepublik Deutschland 1945–1980, Bd. I, Opladen 1983.

machtangehöriger tätig, vornehmlich auf dem Gebiet der Regelung der Versorgungsfrage. Nun war den Soldaten der älteren Generation „die Politik", namentlich „die Parteipolitik" ja schon immer wesensfremd, wenn nicht verdächtig gewesen. Und da ist es nicht überraschend, wenn sie fürs erste nur zögernde Versuche unternahmen, sich in die neue politische Wirklichkeit einzuordnen. Von der Politik erwarteten sie „Führung", so wie sie das gewohnt waren. Wenn diese nicht zu erkennen war, taugte eben die ganze Politik nichts. Begriffe wie Kompromiß oder Debatte waren „auf Kriegsschule" und „auf Akademie" nun eben nicht vorgekommen. So sprach man verschiedene Sprachen und verstand einander nur mühsam, entwickelte sich zunächst einmal auseinander, nicht aufeinander zu. Ausdruck solcher Skepsis auf militärischer Seite ist etwa die als Nachwirkung der apolitischen Einstellung vieler Reichsheeroffiziere anzusehende Bemerkung des in Württemberg ansässigen Generalmajors a. D. Egon von Ploetz (der selbst der Demokratischen Volkspartei, DVP, zuneigte), der im Juli 1949, vor der Wahl zum ersten Deutschen Bundestag, in einem Brief an Donat schrieb: „Im allgemeinen ist den Parteien wohl leider nicht so recht zu trauen (Motto: vor der Wahl möglichst viel versprechen und nach der Wahl möglichst wenig halten)."

Solche Auffassungen blieben den Parteien natürlich nicht verborgen, und so versuchte Kurt Schumacher seine Partei nicht nur mit der jüngeren Generation ehemaliger Offiziere der Wehrmacht und der Waffen-SS ins Gespräch zu bringen, sondern auch mit der älteren, abseits stehenden Generation in Kontakt zu kommen. Am 29. Januar 1951 trafen sich die ehemaligen Generale Veiel und von Donat, begleitet von zwei jüngeren Kameraden, mit den Bundestagsabgeordneten Erwin Schoettle und Willi Lausen, dem württembergisch-badischen Innenminister Fritz Ulrich (SPD), dem Ministerialrat Rudolf Gehring und drei weiteren SPD-Vertretern in einer Stuttgarter Weinstube zur Besprechung einiger grundsätzlicher Fragen, ob die Aufrüstung überhaupt sinnvoll sei, wie die bewaffnete Macht zur Sozialdemokratie stehe, wie in einer künftigen Wehrmacht Disziplin und Menschenbehandlung so gestaltet werden könnten, daß die demokratische Freiheit des einzelnen gesichert sei „sowie sturer Kommiß und Leuteschinderei ausgeschaltet bleiben". Das war ein erstes sachliches Abtasten, dringend nötig nach Jahren gegenseitiger feindseliger Gebärden. Aus Norddeutschland sind solche Ausgleichsversuche nur in Ausnahmefällen protokolliert worden. Hier lassen Flugblätter, Umdrucke und verschiedene Aufzeichnungen den Schluß zu, daß die Gegensätze langsamer abklangen als in Süddeutschland.

Ihren Platz in der vom Grundgesetz geregelten freiheitlich-demokratischen Ordnung der Bundesrepublik Deutschland fanden schließlich, auf dem nicht einfachen Wege zu einer Interessenvertretung, auch die ehemaligen Berufssoldaten, nach anfänglichen erheblichen Integrationsschwierigkeiten – ganz anders als große Vereinigungen ehemaliger Soldaten in der Weimarer Republik, die dort als Ferment der Dekomposition gewirkt hatten.

Am Anfang dieses Weges standen die mühsamen, schwierig zu koordinierenden Versuche in Nord- und Süddeutschland, noch in den durch das strikte alliierte Verbot für Vereinigungen ehemaliger Soldaten gesetzten Grenzen, erste Anstrengungen zur Regelung der Frage der Pensionen und der Versorgung überhaupt zu unternehmen. So, wie Hansen von Kiel aus tätig wurde, fand sich auch ein Kreis ehemaliger Soldaten in Stuttgart zusammen, der Anträge an die württembergisch-badische Landesregierung zur Regelung der Pensions- und Versorgungsfrage erarbeitete und sich – beinahe konspirativ, um nur keinen Anstoß zu erregen – im Bierkeller Marquardt in Stuttgart regelmäßig zu einem Stammtisch traf. Das waren keine politisierenden Feuerköpfe, sondern plötzlich berufslose, einigermaßen verstörte und ratlose Herren mittleren und höheren Alters, die sich mehr oder weniger erfolgreich um den Aufbau einer Existenz bemühten in der allerdings länger vergeblichen Hoffnung, daß doch eines Tages ihre wohlerworbenen Versorgungsansprüche anerkannt würden. Die jüngere Generation, die wenig oder nichts zu erwarten hatte, ist von anderen Sorgen geplagt worden. Es hat den Anschein, wie wenn schon früh ein Riß zwischen den Generationen klaffte. Grenzlinie war die Versorgungsfrage. Wohl über den in Nürtingen wohnenden, mit Hansen länger schon verbundenen Kapitän z. S. a. D. Otto Flies kam dieser Stuttgarter Stammtisch, der sich zum „Veiel-Kreis" entwickelte (April 1948) – so genannt nach dem General der Pz.Tr. a. D. Veiel, dem letzten Stuttgarter Wehrkreiskommandeur – in Verbindung mit Hansen und stützte von da an nicht unkritisch dessen Bestrebungen. Der „Veiel-Kreis" wurde rasch zur Anlaufstelle vieler Hilfesuchender aus der näheren und weiteren Umgebung Stuttgarts, so daß der Generalleutnant a.D. von Donat bald neben seiner Tätigkeit als Reisender in Papierwaren das Amt des Schriftführers (eigentlich des verantwortlichen Geschäftsführers) übernahm und sich mit nie nachlassendem Elan künftig ganz dieser Aufgabe widmete. Durch die Währungsreform vom 20. Juni 1948 sahen sich viele ältere ehemalige Berufssoldaten und ihre Familien, gerade auch die Witwen, von einem Tag auf den anderen ihrer letzten Ersparnisse beraubt. Was für das Wirtschaftsleben einen entscheidenden Impuls für den Aufstieg bedeutete, markierte für eine damals in Not lebende Minderheit den weiteren Abstieg.

Der Tatkraft Donats ist der Aufbau einer Organisation in Württemberg und Nordbaden zu verdanken. Seine Vertretertätigkeit ermöglichte ihm die unmittelbare Kontaktpflege im Lande, und es bildeten sich in kurzer Zeit etwa 30 „Untergliederungen" des „Veiel-Kreises", im Viereck Stuttgart–Ellwangen–Mannheim–Karlsruhe, auch als „Stammtische" bezeichnet. Ähnlich, wenn auch nicht so listig und umsichtig, gingen ehemalige Soldaten in anderen Ländern vor. Im Oktober 1948 gab es außer dem „Veiel-Kreis" in den westlichen Besatzungszonen verschiedene im Zusammenwirken mit Hansen tätige Betreuungskreise: in Bayern den wohl auch schon bald nach Kriegsende in seinen Anfängen entstandenen „Ausschuß Hilfe für ehemalige Wehrmachtsangehörige", den „Frankfurter Kreis", in Hamburg das „Betreuungsbüro für ehemalige Wehrmachtsangehörige und deren Hinterbliebene", den „Hannoverschen Kreis", in Wiesbaden den „Wirtschaftsverband der Berufssoldaten"[81]. Die durchaus bescheidene Betreuungs- und Selbsthilfeaufgabe, die sich diese Kreise und Einzelpersönlichkeiten gestellt hatten, war nicht vorgetäuscht. Von Politik ließen sie die Finger, wurden auch wiederholt von Hansen vor zu starkem Hervortreten in der Öffentlichkeit gewarnt. Es kennzeichnet die aufgeregte Situation jener Nachkriegsjahre, wenn selbst diese ganz harmlosen Einrichtungen den Besatzungsmächten ein Dorn im Auge waren, die die inzwischen – entgegen immer noch geltenden Bestimmungen – als Vereine zu erkennenden Zusammenschlüsse in Hessen und Bayern gewaltsam mit Polizeieinsätzen im Herbst 1948 auflösten und deren schriftliche Unterlagen beschlagnahmten. Diese massiven Eingriffe, bei denen mit Kanonen auf Spatzen ge-

[81] Vgl. zum folgenden Meyer, Situation, S. 643 f. und Meyer, Fédérations.

schossen worden ist, ließen es dem „Veiel-Kreis" geraten erscheinen, hinsichtlich weitergehender organisatorischer Bestrebungen kürzer zu treten. Von Donat hatte in Stuttgart mehrfach die Polizei im Hause, unter anderem wegen einer Sammlung für die Mitfinanzierung der Verteidigung im Hamburger Prozeß gegen Generalfeldmarschall von Manstein[82] und seiner anderen, trotz aller Vorsicht nicht verborgen gebliebenen Aktivitäten. Nordrhein-Westfalen erscheint im „Hansen-Kreis" einigermaßen unterrepräsentiert. Hier sind von dem General der Inf. a. D. Kurt Brennecke und einigen seiner Kameraden – allerdings in Gedankenaustausch mit Hansen – andere Wege beschritten worden, um die Regelung der Versorgungsfrage voranzubringen. Brennecke hielt den Weg über die Parteien für ratsam und fand ein offenes Ohr bei der nordrhein-westfälischen FDP und deren führenden Männern[83].

Im „Hansen-Kreis" bestand keine einheitliche Meinung darüber, ob man sich in den Parteien oder abgesetzt von, aber einvernehmlich mit ihnen für die Lösung des Problems engagieren sollte. Dies kam bei einer Unterredung der „Ländervertreter" am 13./14. Juni 1949 in Hamburg eingehend zur Sprache. Ein ehemaliger General, sekundiert von einem Admiral, stellte sich zwar auf den Standpunkt, ohne die SPD ginge es nicht, und man beauftragte den Admiral, „die angesponnenen Fäden zu Hannover nicht abreißen zu lassen" (dort befand sich damals der Sitz des Parteivorstandes der SPD). Auch der der CDU angehörende Generaloberst a. D. Stumpff vertrat die Ansicht, die ehemaligen Berufssoldaten sollten sich zur Durchsetzung ihrer Ansprüche den Parteien anschließen. Aber der Oberst a. D. Frank aus München war strikt dagegen und setzte mit anderen auf die Verbandspolitik.

Wer schloß sich nun den Bestrebungen Hansens an? Für den „Veiel-Kreis" liegen zuverlässige Daten über die Anzahl der Interessenten sowie deren Staffelung nach Status, Alter und Dienstgrad vor. Anfang Juni 1950 hatte Donat zunächst einmal die Namen von 735 älteren ehemaligen Berufssoldaten oder Angehörigen und Hinterbliebenen dieses Personenkreises gesammelt. Davon waren 16 Prozent ehemalige Generale, 55 Prozent Stabs-, 5 Prozent Subalternoffiziere, 3 Prozent Unteroffiziere, 9 Prozent Witwen und 5 Prozent Sanitäts-, Veterinäroffiziere und Intendanten sowie 7 Prozent Wehrmachtbeamte. Diese Angaben verdeutlichen hinlänglich, daß von dieser Interessengemeinschaft zu keinem Zeitpunkt eine politische Gefahr ausging. Die jüngere Generation ehemaliger Soldaten fehlte fast gänzlich. In den übrigen den Absichten Hansens folgenden Kreisen wird es nicht viel anders gewesen sein. Erste bescheidene Erfolge der unablässigen Bemühungen Hansens und seiner Kameraden stellten sich mit der nach Ländern unterschiedlich geregelten Auszahlung von Unterhaltsbeiträgen – im Vorgriff auf Pensionen – ein. Aber noch war nicht an die Möglichkeit der Gründung regionaler, geschweige denn überregionaler Interessenvertretungen ehemaliger Soldaten zu denken, die manchen berechtigten Unmut in diesen Kreisen über die bedrückende wirtschaftliche Notlage hinaus aufgefangen hätten. Am 19. Dezember 1949 erließ dann die Alliierte Hohe Kommission, gestützt auf das Besatzungsstatut, das Gesetz Nr. 16, Ausschaltung des Militarismus[84]; Artikel 1 verbot zwar nationalsozialisti-

[82] Vgl. Meyer, Situation, S. 625 f.

[83] Vgl. hierzu Dietrich Wagner, FDP und Wiederbewaffnung. Die wehrpolitische Orientierung der Liberalen in der Bundesrepublik Deutschland 1949–1955, Boppard 1978 sowie die Hinweise bei Mende, Freiheit, S. 181 ff.

[84] Vgl. Amtsblatt der Alliierten Hohen Kommission in Deutschland, Nr. 7 vom 19. 12. 1949, S. 72 ff.

sche, militärische, militärähnliche und Organisationen, „which require any of their members to be war veterans", aber im Artikel 2 verlor neben anderen Kontrollratsgesetzen und -befehlen „in the territory of the Federal Republic" auch das Gesetz Nr. 34 seine Gültigkeit. Damit wurde der Weg frei zur Gründung sogenannter „Notgemeinschaften", in Stuttgart am 24. März 1950 unter dem Namen „Notgemeinschaft ehem. berufsmäßiger Wehrmachtsangehöriger und ihrer Hinterbliebenen für das Land Württemberg-Baden" an die Öffentlichkeit getreten, die ihre Wirksamkeit ausdrücklich nur auf diesen Personenkreis beschränkt wissen wollte. Hansen unternahm es, die verschiedenen Notgemeinschaften auf Bundesebene zusammenzufassen als „Bund versorgungsberechtigter ehemaliger Wehrmachtsangehöriger und ihrer Hinterbliebenen" (BvW). Allerdings stieß er schon bei diesem Versuch auf Schwierigkeiten. In Bayern hatte ein rühriger Stabsfeldwebel a. D., Eugen Eisenschink, mit Zustimmung der amerikanischen Besatzungsmacht einen „Bund der Versorgungsberechtigten" (BdV) gegründet, der sich der Zusammenarbeit mit Hansen verweigerte. Eisenschink machte noch weiter von sich reden, als er später – mit ganz anderer Zielsetzung – einen „Schutzbund Deutscher Soldaten (SdS)" gründete und vor allem in Norddeutschland zeitweise zahlreiche Anhänger fand. Auch in späteren Jahren trat er noch einmal hervor, als er 1964, am Ende seiner Dienstzeit in der Bundeswehr, bei der SPD Zustimmung für sein Vorhaben suchte, dem Deutschen Bundeswehr-Verband das Wasser abzugraben.

Die Geschichte deutscher Soldatenvereinigungen nach dem Zweiten Weltkrieg ist auch die Geschichte mehr oder weniger erbitterter, manchmal höchst lächerlicher Verbandsfehden. Das zeigte sich schon bei den vergeblichen Versuchen Hansens – der eine Zersplitterung der Kräfte befürchtete –, mit Eisenschink zu einer Übereinkunft zu gelangen. Eisenschink wurde schließlich durch eine Palastrevolution seiner bayerischen Hausmacht und seines Einflusses dort beraubt. Danach entstand in München Ende Juli 1950 – unter dem Vorsitz des Generals der Fl. a. D. Karl Koller – eine „Notgemeinschaft ... einstiger Berufs-Wehrmachtangehöriger und ihrer Hinterbliebenen", die sich dem am 12./13. Juli 1950 aus der Taufe gehobenen BvW anschloß, der inzwischen in Bonn eine Geschäftsstelle unter dem Generalmajor a. D. Kurt Linde, zuletzt (ab Februar 1944) Stellvertretender Amtschef des Allgemeinen Wehrmachtamtes im OKW, eingerichtet hatte. Linde, General der Inf. a. D. Fritz Koch und Generalmajor a. D. Heinrich Claes nahmen die langwierigen und nicht einfachen Gespräche zur Regelung der Versorgungsfrage mit den zuständigen Bundesministerien der Finanzen und des Innern auf und hüteten sich, ihr Anliegen mit irgendwelchen anderen Fragen zu verknüpfen. Linde hatte in der Tat „keine Kanonen in seinem Büro", wie Finanzminister Fritz Schäffer zur Beruhigung der Presse glaubte erklären zu müssen, als seine erste Unterredung mit Linde (am 9. September 1950) bekannt wurde.

Schon vor Gründung des BvW sind Stimmen laut geworden, die fragten, ob der Kampf um die Zahlung von Pensionen, Versorgungsbezügen, Übergangsgeldern und so weiter denn ein tragfähiges Fundament für eine Soldatenvereinigung auf Bundesebene abgebe. Der knapp 40 Jahre alte Oberstleutnant im Generalstab a. D. Heinz Müller-Lankow äußerte in einem Brief an Donat vom 20. November 1949 die Ansicht, nach „einem Erfolg in der Pensionsfrage ... in absehbarer Zeit" sollte diese „gewissermaßen en passant entstandene Gemeinschaft von Soldaten sich berufen fühlen, einen neuen Kampf zu beginnen, gegen einen erneuten Mißbrauch deutscher soldatischer

Tugenden, ... Treue, Tapferkeit, Ertragen widriger Umstände pp.". Er meinte zur Begründung, schon längst seien Erwägungen im Gange, „deutsche Einheiten in Reg.-, höchstens Div.-Stärke unter alliierter Führung und Entscheidung über Krieg und Frieden" aufzustellen. Angesichts der verbreiteten Notlage würde es „genug von uns geben", die sich „aus purer Not wieder zu solch ethoslosem Landsknechtstum unter fremder Fahne zur Verfügung stellen würden – Generale und Leutnante –, ohne nach der sittlichen Untermauerung und Berufung zu fragen". Dies sah er „im Verein mit dem Eid vieler unserer Kameraden drüben auf die rote Fahne für eine noch viel tödlichere Gefahr für das sittliche Erbe (an), das wir trotz allem und gerade darob zu wahren verpflichtet sind, als es das Kontrollratsgesetz 34 gewesen ist". Dies Gesetz habe zwar Elend und in vielen Fällen sogar den Tod bedeutet, aber nicht vermocht, „bei den Wertvollen unter uns das soldatische Ethos zu ertöten".

Auch der damals 36 Jahre alte Oberstleutnant im Generalstab a.D. Hellmut Grashey, wie Müller-Lankow später General in der Bundeswehr, beklagte die Verengung der Politik des BvW auf die Regelung der sozialen Frage und wandte sich entschieden – in einem Aufsatz „Wir jüngeren Herren"[85] – gegen das Abseitsstehen der jüngeren Offiziere, die, schwer getroffen von der kollektiven Strafe des „automatischen Arrestes", zudem unter dem Schock litten, daß ihr Idealismus mißbraucht worden war. Viele hätten „mit dem Gefühl des Ekels" die gesamte Vergangenheit abgeschrieben und sich ganz auf den Aufbau einer privaten Existenz zurückgezogen. Er betonte, die Aufgabe „des jungen hochbefähigten Generalstabsoffiziers" sei es nun eben, den Kampf gegen die Diffamierung alles Soldatischen in den Betrieben und an den Universitäten zu führen. Das Nürnberger Urteil im Fall XII habe „die Ehre des deutschen Soldaten als unberührt erklärt", andere Passagen in diesem Urteil überlas er. Es gehe nun darum, daß auch das eigene Volk die Ehre seiner Berufssoldaten wieder herstelle. Also über die Regelung der Versorgungsfrage hinausgehende Ziele, wenigstens Absichten, wenn auch in Verkennung des Umstandes, daß die Ehre und das Ansehen des deutschen Offizierkorps durch verbreitete Duldung von Unrecht, Mitwisserschaft und nach dem Kriege zutage tretender Komplizenschaft nicht weniger Soldaten auf den verschiedenen Verantwortungsebenen mehr herabgesetzt worden waren, als noch so törichte und als diffamierend empfundene Maßnahmen der Sieger und die nun negative Einstellung weiter Kreise der Bevölkerung gegen das Militär das je vermochten. Grashey befand sich durchaus in Übereinstimmung mit dem 71 Jahre alten General der Inf. a.D. Koch aus der Führung des BvW, der Ende Februar 1950 die Ansicht vertrat, das Geld käme erst in zweiter Linie: „Wir wünschen, daß unsere Ehre wiederhergestellt wird. Wir wünschen Genugtuung dafür, daß man das deutsche Offizierkorps nach dem Kriege beispiellos diffamiert hat" – nun, das war für sich genommen natürlich auch kein zukunftsweisendes Ziel.

Der BvW ging von seiner Absicht zunächst nicht ab, vorrangig eine Regelung der Versorgungsfrage zu erreichen, konnte das wohl auch nicht, selbst wenn er gewollt hätte. Da beurteilte Hansen die Lage sehr realistisch. Neben seinen Stellungnahmen zur Versorgungsfrage griff er allerdings noch zwei Themen in seinen öffentlichen Äußerungen wieder und wieder auf, einmal das Problem der wegen vermeintlicher

[85] Vgl. Mitteilungen für ehemalige Wehrmachtsangehörige und deren Hinterbliebene in Bayern, Nr. 1, München 1950.

Kriegsverbrechen Verurteilten, für deren Begnadigung er sich verwandte, und dann den heiklen Fragenkreis der „Diffamierung", im Sinne der Vorstellungen des Generals Koch übrigens[86]. Daß das im Grunde bei der eng verflochtenen Problematik doch schon politisches Agieren war, wird ihm dabei gewiß klar gewesen sein.

Die ersten Begegnungen des BvW mit dem Vizekanzler Franz Blücher am 13. Juli, mit dem Bundeskanzler am 26. August 1950[87] zeigten den Verbandsfunktionären die engen Grenzen, in denen sie sich nur – auch in der ihnen besonders am Herzen liegenden sozialen Frage – bewegen konnten. Denn Blücher machte ihnen gegenüber kein Hehl aus der damaligen (vorübergehend vertretenen) Auffassung der Bundesregierung, die Bundesrepublik Deutschland sei kein Rechtsnachfolger des Deutschen Reiches (und damit nicht zu Pensionszahlungen verpflichtet). Daß eine Abordnung des BvW vom Bundeskanzler empfangen werden sollte, war eine an sich gute Idee des Grafen Schwerin, seit Frühjahr 1950 der Berater Adenauers in Sicherheitsfragen, der damit einmal die kritische Einstellung wenigstens der „organisierten" Soldaten ihm gegenüber zu verändern hoffte und zum anderen Adenauer mit dem schwierigen, komplexen Umkreis der Frage des westdeutschen Verteidigungsbeitrages näher vertraut machen wollte. Viel ist dabei nicht herausgekommen, außer der Versicherung Adenauers, er wolle bei passender Gelegenheit vor dem Bundestag gegen die Diffamierung Stellung nehmen. Den geeigneten Zeitpunkt dafür sah der Bundeskanzler nach einer noch zurückhaltenderen Äußerung am 5. April 1951 vor dem Plenum des Deutschen Bundestages erst am 3. Dezember 1952 gekommen, vor der Zustimmung des Parlaments zum EVG- und dem Deutschland-Vertrag im Frühjahr 1953. Adenauer führte namens der Bundesregierung aus, in der Wahl seiner Worte deutlich abweichend von seiner sonst so spröden Redeweise, ohne mit diesen Worten jedoch schon eine grundsätzliche Wende in der öffentlichen Meinung herbeizuführen, „daß wir alle Waffenträger unseres Volkes, die im Namen der hohen soldatischen Überlieferungen ehrenhaft zu Lande, auf dem Wasser und in der Luft gekämpft haben, anerkennen". Mit der altmodisch-summarischen Bezeichnung „Waffenträger", verknüpft mit der Bedingung „ehrenhaft" war wenigstens den aufmerksamen Zuhörern klar, daß Adenauer auch die ehemalige Waffen-SS einbezog. Er fuhr fort, der „gute Ruf" und „die große Leistung des deutschen Soldaten" sei nach Überzeugung der Regierung „trotz aller Schmähungen während der vergangenen Jahre in unserem Volke noch lebendig" und werde es bleiben. Auf seine anschließende Bemerkung, es müsse nun die gemeinsame Aufgabe sein, „die sittlichen Werte des deutschen Soldatentums mit der Demokratie zu verschmelzen", folgte der Zwischenruf des Abgeordneten Max Reimann (KPD): „Jetzt kommt noch das Horst-Wessel-Lied, dann ist der Schluß da!" Die abschließenden Feststellungen Adenauers waren vom Beifall der Regierungsparteien – die sich in ihrer Gesamtheit freilich den inneren Gehalt seiner Worte längst noch nicht zu eigen gemacht hatten – und erregten Zurufen aus der KPD- und der SPD-Fraktion begleitet. Dabei sagte er nichts anderes als Selbstverständlichkeiten, wie „der

[86] Zur Diffamierung vgl. Meyer, Situation, S. 652 ff.; auch Mende, Freiheit, S. 130 f.

[87] Vgl. Notgemeinschaft ehem. berufsmäßiger Wehrmachtangehöriger und ihrer Hinterbliebenen für das Land Württ.-Baden e.V. im BvW, hrsg. vom Nachrichtendienst der Landesverbandsleitung Stuttgart, vom 18. 9. 1950, Ziffer 2: Audienz beim Bundeskanzler (am 26. 8. 1950). Gleicher Hrsg. vom 20. 7. 1950: Kurzbericht über die Versorgungslage, bes. Bl. 3, Mitteilung über ein Zusammentreffen des Bundesvorstands am 13. 7. 1950 mit Vizekanzler Blücher. Vgl. auch Meyer, Situation, S. 703 und Rautenberg, Standortbestimmung, S. 802.

kommende deutsche Soldat" werde nur dann „seiner deutschen und europäischen Aufgabe gerecht werden", wenn ihn die Grundprinzipien erfüllten, „auf denen die Ordnung unseres Staates ruht". Diese Ordnung sichere zugleich „die ethischen Werte des Soldaten vor erneutem Mißbrauch"[88]. Die SPD-Abgeordneten Wilhelm Mellies und Dr. Walter Menzel nahmen diese Worte zum Anlaß, um in Zwischenrufen polemische Vergleiche zur nationalsozialistischen Zeit zu ziehen.

Weder getröstet noch ermuntert, eher reichlich entmutigt, verließen damals, Ende August 1950, die Abgesandten des BvW den Kanzler. Die Befürworter einer Beschränkung auf die Versorgungsfrage fühlten sich durch solche Eindrücke wie nach diesem ersten Gespräch nur bestätigt und beharrten darauf, dieses Ziel müsse vorrangig verfolgt werden. Jedes Abweichen von diesem Wege gefährde den ohnehin unsicheren Erfolg. Daß Hansen doch einen vorsichtigen Kurs steuerte, den BvW zu einer allgemeinen, auch politisch wirkenden Interessenvertretung aller Soldaten hin zu erweitern, stieß zunächst auf entschiedenen Widerspruch vor allem in Württemberg-Baden. Veiel und von Donat, die sich wie zahlreiche ehemalige Soldaten von Heer, Marine und Luftwaffe auch strikt gegen die Einbeziehung der Angehörigen der ehemaligen Waffen-SS in die Notgemeinschaften wandten – es sei bekanntlich das deutliche Ziel der SS gewesen, die Wehrmacht „zu schlucken", wie Veiel am 15. Dezember 1950 an Hansen schrieb[89], in Bekräftigung eines Ressentiments aus der Kriegszeit –, lehnten jede „politische" Betätigung der BvW ab. Damit drückten sie nicht nur ihre persönliche Ansicht aus, sondern eine im Kreise ihrer Anhänger weit verbreitete Auffassung. Die Tübinger Gruppe der Notgemeinschaft, darunter der überdurchschnittlich urteilsfähige Generalleutnant a. D. Helmut Staedke, verfocht im Dezember 1950 besonders entschieden – allerdings mit durchaus politischen Argumenten – die Devise: „Für wirtschaftliche und caritative Ziele". Sie kritisierte, daß der BvW die Werbung „für Polizei und Schutzkommando"[90] übernommen, daß die erweiterte Bundes-

[88] Vgl. Verhandlungen des Deutschen Bundestages, I. Wahlperiode 1949, Sten.Ber., Bd. 6, Bonn 1950, S. 4984 (5. 4. 1951) und ebd., Bd. 14, Bonn 1953, S. 11141 (3. 12. 1952); Meyer, Situation, S. 654f.

[89] Zur Entscheidung des BvW am 1. 8. 1950, daß ehemalige Angehörige des Reichsarbeitsdienstes (RAD) und der Waffen-SS nicht Mitglieder des BvW und seiner Notgemeinschaft sein können, vgl. den in Anm. 87 nachgewiesenen Nachrichtendienst/Umdruck vom 18. 9. 1950, Ziffer 15. Bei Gründung des VdS war die korporative Mitgliedschaft der örtlichen HIAG offenbar ein Faktum. Vgl. Kurzbrief an alle HIAG und Interessen?/Gemeinschaften, gez. Hausser, in: Der Ausweg. Mitteilungsblatt der ... (HIAG). Hilfsgemeinschaft der Angehörigen der ehemaligen Waffen-SS im V.d.S., Folge 6, November 1951; ebd. auch Hier spricht die HIAG. Allgemein: Mitgliedschaft HIAG/V.d.S.; hiernach treten „die einzelnen örtlich bestehenden Hilfsgemeinschaften ... korporativ dem örtlich bestehenden V.d.S. bei, ... den wir als Dachorganisation anerkennen ..."; ähnlich ein vorheriger Aufruf: Liebe Kameraden, gez. Otto Kumm, in: Der Ausweg, Folge 5, Oktober 1951. Dies ist jedoch, einer Mitteilung vom 21.10.1985 an den Vf. von Herrn Friedrich K. Weibel (Fuldatal-Wilhelmshausen) zufolge nicht verwirklicht worden. Vgl. auch (Umdruck, vervielfältigt) Protokoll über die Frühjahrsversammlung der Delegierten der Hilfsgemeinschaften in Baden-Württemberg am 21./22. 3. 1953 in Stuttgart. Hiernach ist auf einer Tagung der „Sprecher" der „Verbindungsstellen" der HIAG in Kassel am 14./15. 2. „auf Einladung von Obergruppenführer (sic!) Gille" beschlossen worden, daß „die Hilfsgemeinschaften ... auf Landesebene korporativ dem VDS" beitreten. Es kam aber wohl nur zu informeller Zusammenarbeit je nach örtlichen Gegebenheiten und personellen Konstellationen. Seit dem 1.6.1962 ist der Bundesverband der Soldaten der ehem. Waffen-SS e.V. korporatives Mitglied des VdS; vgl. die Vereinbarung vom 14.5.1962 (Text zur Verfügung gestellt von Herrn Friedrich K. Weibel). Für Auskünfte und Hinweise hierzu ist der Vf. ihm sowie den Herren Joachim Ruoff (München) und dem Hauptgeschäftsführer des VdS, Oberstlt. a. D. Hans Körber, zu Dank verpflichtet.

[90] Vgl. Roland G. Foerster, Innenpolitische Aspekte der Sicherheit Westdeutschlands (1947–1950), in: Anfänge westdeutscher Sicherheitspolitik, hrsg. vom Militärgeschichtlichen Forschungsamt, Bd. 1: Von der Kapitulation bis zum Pleven-Plan, von Roland G. Foerster, Christian Greiner, Georg Meyer, Hans-Jürgen Rautenberg und Norbert Wiggershaus, München 1982, S. 550f.; Meyer, Situation, S. 702.

leitung Anfang Oktober 1950 die „bedingungslose Bereitschaft der ehemaligen Berufssoldaten" ausgesprochen habe, „in zwingender Not Heimat und Europa zu verteidigen", daß Hansen sich dafür einsetze, daß die ehemaligen Berufssoldaten sich für eine Aufrüstung zur Verfügung stellen und die Frage des „ob" als wichtiger ansehen sollten denn das „wie". Die Werbung „für Polizei usw." vertrüge sich nicht mit der großen Zahl derer, die auf Erfüllung ihrer Ansprüche warteten. Und könnte denen, um die man werbe, denn irgendeine „Garantie für ihre Abfindung heute, für ihre Versorgung in der Zukunft" gegeben werden? Der Regierung gönnten sie durchaus Erfahrungen „mit republikanischen Schutzwehren und ähnlichen Verbänden", denn nichts habe „die Wertschätzung des anständigen Soldaten 1918/19 so anwachsen lassen". Schließlich riefen sie „in tiefster Sorge alle Kameraden zum Nachdenken darüber auf: meint ihr wirklich, daß das Ob in dem vorliegenden Falle wichtiger ist als das Wie?" Wer sich an den bisher bekannt gewordenen, von ihnen als militärisch aussichtslos angesehenen Planungen beteilige, „hilft das Unglück seines Volkes ins Unermeßliche steigern". Die Masse des deutschen Volkes habe sich ein feines Gefühl für Würde bewahrt. Wie maßlos werde die Verachtung „gerade der besten Teile unseres Volkes sein" für die Berufssoldaten, „die an Planungen mitarbeiten, welche für unser Volk unwürdig und militärisch aussichtslos sind!" Angesichts der alliierten Behauptung, es gebe keinen Zusammenhang zwischen der deutschen Aufrüstung und „der Strafverbüßung einiger Verbrecher", müsse die Rede sein von den Kameraden, die „zu Hunderten noch immer in niederträchtiger Haft gehalten werden (in Werl allein neben Marschällen und Generalen 300 deutsche Unteroffiziere)". Solche auf der Linie des „Ohne mich" liegenden Unmutsäußerungen lassen einiges von den inneren Belastungsproben erkennen, denen sich die vielgestaltigen Soldatenvereinigungen bei ihrer Gründung ausgesetzt sahen, und daß es mit der Begrenzung auf die wirtschaftlich-soziale Seite ihres Anliegens nicht getan war.

Wer von der Versorgungsregelung nach dem „131er Gesetz" etwa aufgrund zu geringer Dienstzeiten wenig oder wegen anderer Ausschließungsgründe gar nichts zu erwarten hatte, für den bestand keinerlei Veranlassung, sich dem BvW anzuschließen. Diese ehemaligen Soldaten suchten anderswo nach einer Heimstatt für ihre Vorstellungen. Wohin das führen konnte, zeigt ein Blick nach Hamburg. Dort waren ab Ende 1949 eine Vielzahl informeller, auch organisierter Gruppen und Gesprächskreise ehemaliger Soldaten aller Wehrmachtteile und Dienstgrade zu beobachten, die sich politisch zu orientieren und auch zu artikulieren versuchten, gelegentlich mit links- oder rechtsradikalem Hintergrund, mit nationalbolschewistischen, auch neutralistischen Tendenzen und, vor allem, in nicht nur theoretischer Gefahr, in ihrem durchaus guten Willen und in ihrer Ratlosigkeit aus dem Osten politisch mißbraucht zu werden[91]. Eine stark nachrichtendienstlich aus dieser Himmelsrichtung gestützte Entwicklung zu einer Sammlung von Unzufriedenen jeglicher Färbung gerade in militärischen Kreisen ließ sich Ende 1950, Anfang 1951 nicht mehr übersehen. Daher beschloß die Vertreterversammlung des BvW, darin Hansens Vorstellungen folgend, am 19./20. Mai 1951 in Bonn, daß der BvW seine Aufgaben erweitert „mit dem Ziel, einen alle Soldaten, Wehrmachtbeamten und ihre Hinterbliebenen umfassenden Bund zu bilden". Dies geschah auch, um das Odium des „Zahlmeistervereins" loszuwerden und

[91] Vgl. Meyer, Situation, S. 707 ff.

um den politisch unklaren Bestrebungen des „Schutzbundes Deutscher Soldaten" entgegenzuwirken, die Gründung des Stabsfeldwebels a. D. Eisenschink, nun unter der Führung des ehemaligen SS-Gruppenführers und Generals der Polizei Gerret Korsemann[92] und des Generalleutnants a. D. August Krakau. Der „Schutzbund" agierte nicht ungeschickt und fand vor allem in Norddeutschland viel Anklang unter ehemaligen Angehörigen der Fallschirmtruppe und der Waffen-SS.

Die Soldaten der ehemaligen Waffen-SS, selbst wenn zeitweilig Tendenzen zum „Schutzbund" nicht zu übersehen waren, mußten freilich, vom BvW nicht akzeptiert, eigene Wege zu einer besonderen Organisationsform gehen, wie sie sie neben „Traditions"vereinigungen, ähnlich wie bei Heer, Marine, Luftwaffe auf der Basis der einstigen Zugehörigkeit zu Truppenteilen und militärischen Verbänden in der „Hilfsgemeinschaft auf Gegenseitigkeit der ehemaligen Angehörigen der Waffen-SS" (HIAG) fanden. Der Name war keine Tarnformel. Diese Personengruppe, von der Versorgung nach Artikel 131 des Grundgesetzes ausgeschlossen und auch heute noch nicht völlig den versorgungsberechtigten Berufssoldaten der „klassischen" drei Wehrmachtteile gleichgestellt, war besonders auf wechselseitige kameradschaftliche Hilfe und die Unterstützung der Hinterbliebenen aus eigener Kraft angewiesen. Hier wirkte bei zahlenmäßig begrenztem Umfang und altersmäßig geschlossener Schichtung – es gab bei Kriegsende nur wenige über 40 Jahre alte Waffen-SS-Führer, wie die Offiziere bezeichnet wurden –, wohl lange noch praktisch die Vorstellung von der „nationalsozialistischen Volksgemeinschaft" (unter Einschluß der europäischen Freiwilligen dieser Truppe) fort. Der Aufbau der Organisation erfolgte von unten nach oben, sich von örtlichen zunächst losen Vereinigungen, ausgehend von Hamburg[93], hin zu Zusammenfassungen auf Länderebene entwickelnd, über eine im November 1953 in Kassel gegründete „Bundesverbindungsstelle" schließlich zum „Bundesverband der Soldaten der ehem. Waffen-SS e.V." (April 1959). Allerdings verbanden sich bei der HIAG karitative Ziele von Anfang an mit politischen Inhalten, denn innerhalb des insgesamt deklassierten Militärs war ihnen nun noch eine besondere Außenseiterrolle auferlegt. Sie suchten ihr zu entkommen durch mittlerweile durchaus glaubwürdige Distanzierung von Verbrechern und Verbrechen, allerdings in fortgesetzter Nutzung des Arguments „tu quoque" und mit Hilfe der nicht ungeschickten Argumentation, sie seien Soldaten

[92] Geb. 8. 6. 1895, seit 1937 Polizei, 1940 Einsatz in Lublin, 1942 Höherer SS- und Polizeiführer „Rußland Süd", März/Juli 1943 Vertreter HSSPF „Rußland Mitte". Unter dem Vorwurf der Feigheit degradiert, ab Januar 1944 als Hauptsturmführer der Waffen-SS Frontbewährung. Aus vierjähriger Haft in Polen 1949 offenbar ohne Urteil entlassen, gest. 16. 7. 1958; nach Ruth B. Birn, Die Höheren SS- und Polizeiführer. Himmlers Vertreter im Reich und in den besetzten Gebieten, Düsseldorf 1986, S. 339. Vgl. auch Heinz Höhne, Der Orden unter dem Totenkopf. Die Geschichte der SS, Gütersloh 1967, S. 381 f.

[93] Vgl. Frhr. von Schenck, Soldatenverbände, S. 108 ff., S. 129 f. Daß die Gründung der HIAG von Hamburg ausgegangen ist, belegt: Der Ausweg. Mitteilungsblatt der ... (HIAG), Folge 6, November 1951, Spalte: Hier spricht die HIAG. Allgemein. Bezeichnung der Hilfsgemeinschaften und Verbindungen untereinander: „Die HIAG Hamburg hat zunächst die Organisation der Hilfsgemeinschaften ... übernommen ... Wir wollen die Bezeichnung HIAG ... gerne erhalten, weil sie besonders hier in Norddeutschland bereits ein feststehender Begriff geworden ist ... Bei dem raschen Anwachsen der Hilfsgemeinschaften können wir von Hamburg aus bald unmöglich mehr mit jeder örtlichen Hilfsgemeinschaft korrespondieren ..." Für ergänzende Auskünfte ist der Vf. den Herren Joachim Ruoff und Friedrich K. Weibel dankbar. Vgl. auch Otto Kumm, Wie entstand die HIAG?, in: Die Waffen-SS als Teil der deutschen Streitkräfte, hrsg. vom Bundesverband der Soldaten der ehem. Waffen-SS e.V. im Verband deutscher Soldaten, Karlsruhe o.J., S. 18 f. Vgl. auch Dudek, Jaschke, Entstehung und Entwicklung, S. 106 ff., bei aller Voreingenommenheit zutreffend zur Entwicklung und Struktur der HIAG.

wie andere auch gewesen, auch wenn sich dies vor dem Hintergrund ihres im Kriege schon und danach gepflegten Elitebewußtseins nicht immer überzeugend anhörte[94]. Verehrte Wortführer, vor allem der aus dem Reichsheer hervorgegangene ehemalige SS-Oberstgruppenführer und Generaloberst der Waffen-SS Paul Hausser taten viel, daß sich die HIAG, wenn auch in der Öffentlichkeit beargwöhnt, langsam ihren Platz in der politisch-gesellschaftlichen Ordnung der Bundesrepublik Deutschland suchte, der der auch der natürlichen Verringerung unterliegenden Vereinigung neuerdings wieder streitig gemacht wird. Die frühzeitigen Bemühungen Haussers und anderer trafen sich mit zeitweise nicht unberechtigten Sorgen von Politikern wie Kurt Schumacher[95], die eine Radikalisierung dieser Personengruppe befürchteten, die der jungen Demokratie schädlich sein könnte, und deswegen gerade auch Gespräche mit Soldaten der ehemaligen Waffen-SS aller Dienstgrade suchten.

Solche Anstrengungen waren keineswegs nur seelsorgerlicher Art. Aktivitäten wie die des „Schutzbundes" waren allein schon Anlaß zu praktisch-politischer Gegenwirkung, auch wenn sie einigermaßen leicht schien. Denn sehr viel mehr als verbalen Aktionismus und ein schillerndes „Ja – aber" zu einem westdeutschen Verteidigungsbeitrag hatte etwa Korsemann nicht zu bieten, als er im Frühjahr 1951 zum ersten Mal in Hamburg auftrat. Ein starkes Echo fand schon die als Programmatik allein sicher nicht ausreichende Forderung, man dürfe sich nicht allein auf die Versorgungsfrage beschränken, sondern müsse unabhängig davon politisch wirksam werden. Die hauptsächliche Zielgruppe der Propaganda des „Schutzbundes" waren jüngere ehemalige Offiziere und – betont – Unteroffiziere. Ganz im Gegensatz zum BvW ging er mit großen Versammlungen an die Öffentlichkeit. Außer den beiden Generalen – es erregte in der kritisch gestimmten Öffentlichkeit nicht wenig Kritik, daß in den mancherlei Vereinigungen ehemaliger Soldaten gerade diese stark hervortraten – machte noch der Oberst a. D. Ludwig Gümbel von sich reden, unter anderem mit einer Bemerkung auf einer Kundgebung des „Schutzbundes" am 30. September 1951 im Löwenbräukeller in München, die ihm einigen negativen und flüchtigen Tagesruhm eintrug, er hoffe „in Sorge um die Reinhaltung zeitlosen soldatischen Geistes", daß „die fraglichen Kreise" (gemeint des im Attentatsversuch am 20. Juli 1944 gescheiterten Widerstandes) jeden Versuch unterlassen würden, „in dieses Soldatentum zurückzukehren", weil ihre Rückkehr den soldatischen Geist gefährde, ohne den jeder Wehrbeitrag undenkbar sei[96]. Solche und ähnliche Entgleisungen führten dazu, daß der „Schutzbund" vorübergehend einige Schlagzeilen machte und ihn die bayerische SPD neofaschistischer Tendenzen zieh. Besonnene Köpfe, wie der General der Fl. a. D. Koller, wandten sich entschieden gegen den „Schutzbund", nicht zuletzt, weil er von dessen Auftreten einen weiteren Rückschlag in der Versorgungsfrage befürchtete. Ohne Wenn und Aber

[94] Vgl. Bernd Wegner, Hitlers politische Soldaten. Die Waffen-SS 1933–1945. Studien zu Leitbild, Struktur und Funktion einer nationalsozialistischen Elite, Paderborn 1982.

[95] Vgl. Fried Wesemann, Kurt Schumacher. Ein Leben für Deutschland, Frankfurt 1952, S. 236ff. Übereinstimmend hiermit äußerte sich Fritz Erler (SPD-MdB) in der Antwort auf eine entsprechende Anfrage der Düsseldorfer Zeitung „Mittag". Vgl. Brief vom 25. 1. 1955 an Lothar Kleinjung; Archiv der Sozialen Demokratie, Nachlaß Erler, 41. Auch Meyer, Situation, S. 721. Ernst von Salomon, Der Fragebogen, Reinbek 1961, S. 632f. Die Entwicklung „Von der SS zur HIAG" skizziert Heinz Höhne, Der Orden unter dem Totenkopf, in: Der Spiegel vom 6. 3. 1967.

[96] Vgl. VdS-Mitteilungen der Landesleitung Bayern, Nr. 11, München, Anfang November 1951: Krise des VdS, S. 2; Frhr. von Schenck, Soldatenverbände, S. 144.

lehnte er indes am 2. Oktober 1951 Gümbels Äußerungen über den 20. Juli ab. Koller befand sich damit in völliger Übereinstimmung mit der Kompromißformel Hansens vom 16. März 1951 zum lange kontroversen Thema 20. Juli.

In Hamburg unternahm Anfang 1951 der Kapitän z. S. a. D. Heinz Aßmann mit dem Vorschlag der Bildung eines „Vorbereitungsausschusses" den nicht ungeschickten Versuch, die Aktivitäten des „Schutzbundes" zu kanalisieren, als dieser organisatorisch nach Norddeutschland ausgreifen wollte. Der Ausschuß sollte die Vorbedingungen klären, die Bereitschaft der ehemaligen Unteroffiziere und Mannschaften zur Mitwirkung ergründen sowie Presse und Rundfunk für diesen Gedanken gewinnen. In der Tat gelang es mit diesem Verfahrenstrick, die radikalen Elemente am Zügel zu halten.

Wegen der Überalterung der BvW-Spitze fürchtete jedoch nicht nur Aßmann, Hansen werde „die Jugend" nicht hinter sich bringen, und „die an sich gesunde Bewegung" laufe damit Gefahr, „auf die Ebene eines Kriegervereins abzugleiten". Hinter zwischen „rechts" und „links" pendelnden Parolen, wie sie etwa der Wortführer der zeitweise viel genannten „Bruderschaft", Major im Generalstab a. D. Helmut Beck-Broichsitter ausgab, versteckten sich – nicht nur in Hamburg, aber hier besonders auffällig – die verschiedenartigen, einem westdeutschen Verteidigungsbeitrag auf europäischer Basis emotional entgegenwirkenden Elemente. Was zeitweilige politische Überzeugung war, was nachrichtendienstlich geschürte Einwirkung auf andere noch nicht im Urteil gefestigte Kameraden, ließ sich nicht immer sogleich eindeutig feststellen. Das länger lebhaft flackernde Feuer des „Ohne mich" ist jedenfalls mit verschiedensten Mitteln, von finanziellen Zuwendungen bis hin zur geschickten Agitation, noch geschürt worden. Offenbar stand dahinter die – irrige – Auffassung, das ehemalige Offizierkorps, jedenfalls dessen bekanntere Vertreter (und einige machten ja auch sehr von sich reden) verfüge noch über wesentlichen meinungsbildenden Einfluß in der westdeutschen Gesellschaft[97]. Wahrscheinlich sannen in diesen Monaten diejenigen Mitarbeiter der „Organisation Gehlen" auf geeignete Gegenmaßnahmen, die sich damals, wie das im Aufbau befindliche Bundesamt für Verfassungsschutz und die schon bestehenden entsprechenden Länderbehörden, auch der Beobachtung der Tätigkeit ausländischer Nachrichtendienste auf dem Territorium der Bundesrepublik Deutschland widmeten[98]. Es bestätigte sich ihnen aus vielerlei Eindrücken das Bild, daß namentlich jüngere, nationalsozialistisch geprägte ehemalige Offiziere, keineswegs nur ehemalige Führer der Waffen-SS, enttäuscht und verbittert durch die Behandlung in westlicher Kriegsgefangenschaft, dadurch vor allem antiamerikanisch eingestellt, anfällig für nicht immer leicht zu erkennende östliche Infiltrationsversuche zu sein schienen. Daher meinten sie, die an wirksame, aber natürlich äußerst behutsame flankensichernde Hilfe dachten, es sei jetzt notwendig, die verschiedenen Gruppen wenigstens der ehemaligen Berufssoldaten zusammenzuführen und in ihnen eine einheitliche und positive Auffassung und Einstellung zur europäischen Frage, gerade auch zu

[97] Ebd., S. 148 f. Einen besonderen Aspekt dieser politischen Fehlkalkulation beleuchtet Walter Rehm, Wiederbewaffnung und Wiedervereinigung. Deutsch-deutsche Offizierskontakte in den 50er Jahren, in: Alexander Fischer (Hrsg.), Wiederbewaffnung in Deutschland nach 1945, Berlin 1986, S. 93 ff.

[98] Der Aspekt der „Gesinnungsschnüffelei", unter dem allein Hermann Zolling und Heinz Höhne, Pullach intern. General Gehlen und die Geschichte des Bundesnachrichtendienstes, Hamburg 1971, etwa S. 213 ff., S. 221 ff., S. 230 ff., das ebenso heikle wie verwickelte Problem sehen, bedarf erheblich der Differenzierung.

einer gemeinsamen europäischen Verteidigung, zu erwecken und zu erhalten. Dies traf sich ja ganz mit der in der jüngeren Generation ehemaliger Berufssoldaten damals vertretenen Auffassung von einem Soldatenbund mit entschieden politischer Stoßrichtung, die nur durch Zusammenfassung aller Kräfte zu erreichen sei. Nicht zuletzt schwang auch die Sorge mit, daß – werde nicht rasch und entschlossen gehandelt – die Entwicklung außer Kontrolle geraten und wieder etwa Remer, nun einer der besonders lautstarken Wortführer der rechtsradikalen „Sozialistischen Reichspartei" (SRP)[99], versuchen könnte, den Rahm abzuschöpfen.

Wenn es noch eines zusätzlichen Anstoßes bedurft hätte, den Versuch entschieden voranzutreiben, die Entwicklung auf dem zunehmend schwieriger zu übersehenden Sektor der Soldatenvereinigungen in geregelte Bahnen zu lenken, so war es die sogenannte „Uelzener Tagung" am 3. Juni 1951. Sie hatte nicht nur deswegen erstaunlichen Zulauf, weil die etwa 250 Teilnehmer die Fahrt-, zum Teil auch die Aufenthaltskosten in voller Höhe ohne Nachweis erstattet erhielten, sondern auch, weil schon in der Einladung manches dumpfe Vorurteil mobilisiert wurde. Einige der Marionetten und Strohmänner, die zu dieser Zusammenkunft einluden, gaben sich der Illusion hin, man könne Gelder undeutlicher Herkunft annehmen (und jeder für diese Veranstaltung aufgewendete mehr oder weniger geschickt gewaschene Pfennig stammte aus den Verfügungskassen östlicher Nachrichtendienste), aber doch in seiner Arbeit eine relative Selbständigkeit wahren[100]. Ziel der Veranstaltung sollte es sein, eine „Gemeinschaft ehemaliger Soldaten" zu gründen als Gegengewicht gegen den „der Kriegspolitik Adenauers ergebenen" BvW. Zu diesem Zwecke appellierten die Veranstalter an alle, ausgenommen die, welche „im romhörigen Fahrwasser der CDU" oder der „Bruderschaft" segelten. Das Offizierskorps müsse „seine alte Geschlossenheit nunmehr im rücksichtslosen Geisteskampf gegen den Krieg, also gegen alle Remilitarisierungstendenzen von Ost und West" bekunden. Traulich vereint im „Anti" erschienen hier Kommunisten, Rechtsradikale mit linkem oder nationalbolschewistischem Einschlag, ehemalige HJ-Funktionäre, junge ehemalige Führer der Waffen-SS, sogar auch Pazifisten und manche andere politische Phantasten und Weltverbesserer dieser Jahre. Nach „Frontkameradschaft ohne Mitgliedskarte" rief man, wollte dazu alle Verräter gebrandmarkt wissen, „auch die in englischen und in amerikanischen Diensten Stehenden" und verdammte die „Bonner Katastrophenpolitik". Sogar ein „Führungsring ehemaliger Soldaten" trat in Uelzen für kurze Zeit ins Leben. Er gab vor, das gute, echte, deutsche Soldatentum zu vertreten, dem in der amerikahörigen Bundesrepublik Deutschland so bitteres Unrecht geschehe, und ließ in seinen schriftlichen Äußerungen nicht ungeschickt alle Variationen des „Ohne mich" erklingen[101], bis in diesem Gremium die nur mühsam übertünchten west-östlichen Gegensätze aufbrachen und sich der Führungsring im Jahre 1952 ganz entzweite. Hansen folgerte aus der Uelze-

[99] Vgl. Anm. 13.

[100] Frhr. von Schenck, Soldatenverbände, S. 152f., im großen und ganzen zutreffend; abweichend vom Rundschreiben Hansens gibt er eine Zahl von 400 Teilnehmern an, darunter zwei ehemalige Admirale und acht ehemalige Generale. Vgl. auch Gottfried Hansen, Kiel, 5. 6. 1951, Vertraulich, Rundschreiben an die Vorsitzenden der Landesverbände und den Vorstand des BvW; Depositum von Donat. Infiltrationsversuche endeten natürlich nicht mit der Uelzener Tagung; eingehend dazu Frhr. von Schenck, Soldatenverbände, S. 148ff. Vgl. auch Ost-Infiltration. Wir wollen überleben, in: Der Spiegel, Neujahr 1953, S. 6ff.

[101] Vgl. Der Führungsring ehemaliger Soldaten gibt bekannt, Sondernummer 1 (1952), Rundbrief Nr. 5, Januar 1952, Nr. 6, März 1952.

ner Zusammenkunft, der Bonner Beschluß vom 19./20. Mai 1951, „der Lage Rechnung tragend unsere Ziele zu erweitern und auch den Soldaten eine Heimat zu geben, die nicht zu den Versorgungsberechtigten zählen", habe sich überraschend schnell als Gebot der Stunde erwiesen.

Interessante Beobachtungen über die gegenüber den Zuständen in Süddeutschland offensichtlich sehr unterschiedliche Lage und Stimmung in Kreisen ehemaliger Soldaten in der britischen Besatzungszone machte in diesen Wochen Donat auf einer Reise nach Holzminden. „Unter dem Druck von Engländern, deutscher Regierung und Russenfurcht scheint hier eine ziemlich nazistische Einstellung vorzuherrschen", schrieb er am 22. Juni 1951; „das Regiment der Amerikaner ist milder als das der Engländer und südlich des Mains ist man von den Russen weiter ab". Hansen werde wahrscheinlich durch diese im Norden anzutreffende radikale Gesinnung in seinen Auffassungen bestärkt, denen Donat trotz seiner eigenen Feststellungen skeptisch gegenüberstand: „Es ist eine gefährliche Bahn, die wir beschreiten. Offiziere sind keine Politiker und keine Diplomaten, trampeln wie Elefanten im Porzellanladen herum und haben nicht die nötige Ruhe und Geduld, sich anbahnende Entwicklungen zu erkennen und abzuwarten", schrieb er beinahe prophetisch im Hinblick auf die kommenden Ereignisse. Ähnliche Sorgen hegte Koller in München. Mit einer politischen Zielsetzung, warnte er in einem Brief Anfang Juli 1951, würden „politische Aktivisten" und „Heißsporne" den Bund auf einen gefährlichen Weg führen.

Auf einer Tagung des BvW-Vorstandes Ende Juli 1951 in Bonn fand sich noch eine klare Zweidrittelmehrheit gegen die Absicht Hansens, die „neue Zielsetzung", verbunden mit einer „Programmatischen Erklärung" sowie einer „Erweiterung des Mitgliederkreises" und der „Namensänderung des Bundes", sofort zu verwirklichen. Die Einwände kamen vorwiegend aus der französischen und der amerikanischen Besatzungszone, deren Vertreter die politische Lage hierfür noch nicht als ausgereift ansahen oder sich auf das Gesetz Nr. 16 beriefen, das zwar Zusammenschlüsse zur Regelung sozialer und wirtschaftlicher Angelegenheiten toleriere, nicht aber weitergehende Zielsetzungen. In der französischen Zone hätte die Besatzungsmacht nachdrücklich auf das Gesetz hingewiesen und vor allem vor einer Vereinigung mit der Waffen-SS gewarnt. Die Mehrheit war der Ansicht, man sollte „in den neuen Absichten nicht überstürzt, sondern entwicklungsmäßig langsam" vorgehen[102].

Die sich nun beinahe überschlagenden Entwicklungen schienen zunächst freilich Hansen recht zu geben. Denn dem BvW erwuchsen Konkurrenten, zum Teil angelehnt an die Parteien. Den inzwischen entstandenen Traditionsgemeinschaften „Großdeutschland" und „Afrikakorps", vertreten durch die Generale der Pz.Tr. a.D. Hasso von Manteuffel und Ludwig Crüwell, sagte man FDP-Sympathien nach. Übrigens hat sich Manteuffel zeitweise intensiv mit dem Gedanken der Gründung eines Dachverbandes der Soldatenvereinigungen getragen, selbstverständlich dann unter seiner Führung. Ein von General der Pz.Tr. a.D. Frhr. Leo Geyr von Schweppenburg vorbereiteter „Europäischer Soldatenbund" sollte der CDU nahestehen. Der Name des Generals der Inf. a.D. Friedrich Hoßbach wurde in Verbindung gebracht mit einem „Wehrbund", den die SPD angeblich gründen wollte. Die „Grünen Teufel", das heißt die

[102] Der Deutsche Soldatenbund. BvW. Landesverbandsleitung Württ.-Baden e.V. vom 6. 8. 1951; Umdruck an die Obmänner sämtlicher Mitgliedsgruppen.

Fallschirmjäger des Generals der Fallschirmtr. a. D. Bernhard Ramcke, neigten angeblich in ihren Sympathien sowohl zur SRP wie zum Soldatenbund und einige auch zum BvW. Der BvW schrieb sich mit einigem Recht überparteilichen Charakter zu und beanspruchte daher wie selbstverständlich die Führungsrolle in einem zu schaffenden Großverband[103]. Dies war auch die Ansicht anderer, die die allmählich kaum noch zu überblickende Zersplitterung sorgenvoll beobachteten. Der BvW war der Auffassung, nicht zuletzt im Hinblick auf seinen im Vergleich zu den anderen Vereinigungen vorhandenen überregionalen organisatorischen Unterbau, die anderen Bünde sollten sich ihm anschließen, und lud zu Fusionsgesprächen ein. Vorsichtshalber sicherte er sich die Verfügung über den in Erwägung gezogenen neuen Namen „Deutscher Soldatenbund" und die Bezeichnung „Präsident" und trat damit Anfang August 1951 an die Öffentlichkeit: „Der Deutsche Soldatenbund" (D.D.S.B.), „der bisher als B.v.W. nur das Berufssoldatentum umschloß", hielte es „in diesen Zeiten der Zerrissenheit, des Zweifelns und der Not" für seine Pflicht, „allen einstigen Soldaten und ihren Hinterbliebenen in seiner Auffassung von Kameradschaft und Treue zum eigenen Volk Halt und Anlehnung zu geben". Er bekannte sich ohne Einschränkung zur Demokratie und wollte „die im deutschen Soldatentum liegenden Kräfte Volk und Vaterland dienstbar machen". Als weiteres Ziel nannte er die Pflege der „alten soldatischen Tugenden der Vaterlandsliebe, der Treue, des Gehorsams, des Pflichtbewußtseins, der Sauberkeit und der Opferbereitschaft". Auf dem Wege der Kameradschaft und Nächstenliebe suche er den Weg zu allen Deutschen und die Brücke zu den Angehörigen anderer Völker. „Aus der Idee des Rechtsstaates" heraus forderte D.D.S.B. „die Anerkennung und Erfüllung des Rechtes aller Soldaten, Wehrmachtsbeamten und ihrer Hinterbliebenen" und verlangte zum Schluß „die Freigabe der noch in fremdem Gewahrsam gehaltenen so wie der verurteilten deutschen Soldaten, die nach deutscher Auffassung nichts als ihre Pflicht taten. Über Schuldige urteile ein neutrales Gericht."[104]

8. Die Gründung des VdS

An den Vorbereitungen und unterschiedlichen Initiativen zur Gründung des „Verbandes deutscher Soldaten" (VdS) am 7./9. September 1951 in Bonn haben eine ganze Reihe einzelner Persönlichkeiten, teils aus eigenem Antrieb, teils im Auftrage, jedenfalls mit Wissen der Bundesregierung, anderen amtlichen Institutionen und verschiedenen Interessentenkreisen mitgewirkt[105]. An Ratgebern fehlte es nicht, später auch nicht an Ärzten am Krankenbett, die sich den Schaden besahen.

Möglichst schnell sollten nun auf einmal angesichts der immer lauteren Diskussion um einen westdeutschen Anteil an der Verteidigung Westeuropas alle Vorbehalte, Vorurteile und noch ungelöste Fragen ausgelöscht sein, wie wenn sechs Jahre deut-

[103] Ebd.

[104] Diese Erklärung ist die gemilderte Variante eines Entwurfs des „alten" BvW/neu: D.D.S.B., der die vorstehend verkürzt wiedergegebenen Ansichten viel energischer ausdrückte, u. a. von der Freilassung der wegen Kriegsverbrechen Verurteilten eine Mitwirkung an der westlichen Verteidigung abhängig machte. Diese „Erwartung" (so im Entwurf) ist in die Erklärung der D.D.S.B.-Ziele nicht aufgenommen worden; beide Formulare im Depositum von Donat.

[105] Zutreffend zum Gang der Dinge Frhr. von Schenck, Soldatenverbände, S. 99 ff.

scher, westdeutscher Nachkriegsgeschichte mit einem Male ungeschehen gewesen wären. So bestand von amerikanischer Seite neben großem Interesse an deutschen Soldaten überhaupt besonderes Interesse an einem möglichst umfassenden Soldatenbund. Vertreter der amerikanischen Hohen Kommission nutzten jede sich bietende Gelegenheit, und daran war das Jahr 1951 reich, um sich über die Fragen des Zusammenschlusses der Soldatenvereinigungen zu unterrichten. Sei „Spandau" – also gar die Freilassung der im Nürnberger Hauptkriegsverbrecher-Prozeß verurteilten Großadmirale – eine unabdingbare Voraussetzung, fragten sie etwa, und warum denn die Deutschen die Waffen nicht haben wollten, die man ihnen jetzt anböte[106]?

Das Bundeskanzleramt, hier der Staatssekretär Dr. Otto Lenz, wollte genau wissen, wer Anfang September zur Gründung des VdS zusammenkommen würde und wies ausdrücklich darauf hin, daß man auf die Teilnahme des Generals der Pz.Tr. a.D. Frhr. Leo Geyr von Schweppenburg großen Wert lege (er war dann nicht dabei). Die flankierenden Maßnahmen seitens der Organisation Gehlen werden sich ebenfalls auf eine möglichst ausgewogene personelle Zusammensetzung bezogen haben. Denn über die Stimmungslage und den fließenden Wechsel der Ansichten in Kreisen ehemaliger Soldaten, auch über die wichtigen personellen Fragen war niemand so gut im Bilde wie diese Einrichtung. Einige Teilnehmer der Gründungsversammlung gehörten ihr sogar an, und auch im vorläufigen Präsidium war sie dann vertreten.

Eine der wenigen Gemeinsamkeiten, die die Dienststellen des Grafen von Schwerin, der sich als erster im Auftrage des Bundeskanzlers Adenauer vom Frühjahr bis in den Herbst 1950 mit Sicherheitsfragen befaßte, dann des Abgeordneten Theodor Blank, miteinander verband, war das allein schon von der lange nicht ausreichenden personellen Besetzung her erzwungene Desinteresse von Amts wegen an den Ereignissen auf der Verbands- oder Vereinsebene. Allerdings hätte Schwerin es vorgezogen, im Fortschreiten seiner Arbeiten – wozu es dann ja nicht kam – die möglicherweise anstehenden Fragen mit nur einem Verband zu besprechen. Er dachte wohl an eine Vereinigung unter dem Vorsitz des Frhrn. von Geyr. Später hat das „Amt Blank" einiges auf diesem Gebiet tun können, nachdem der Zusammenschluß der verschiedenen Vereinigungen und Interessenverbände im VdS erfolgt war. Aber zu Anfang galt unbedingt das, was der in der „Dienststelle Blank", wie sie rasch verkürzt genannt wurde, tätige Oberst im Generalstab a.D. Johann Adolf Graf Kielmansegg am 20. Mai 1951 seinem Freunde, dem Oberst im Generalstab a.D. Eberhard Graf von Nostitz schrieb, es sei im Interesse der Sache notwendig, so lautlos und unabhängig wie möglich zu arbeiten. In diesem merkwürdigen Zwischenstadium, was wohl auch noch einige Zeit andauern werde, müsse das „Amt Blank" einfach vermeiden, mit irgendetwas oder irgendjemand auch nur von ferne identifiziert zu werden – was nicht heißt, daß die Mitarbeiter Blanks von den Vorgängen, die zur VdS-Gründung führten, und von der Gründung selbst nur aus der Zeitung erfahren hätten.

An Ermunterung für das Vorhaben der Soldaten von außen fehlte es nicht, auch wenn die Öffentlichkeit, nicht nur die öffentliche Meinung den Soldatenvereinigungen im allgemeinen kritisch oder gleichgültig gegenüberstand, so daß sich viele ehe-

[106] Brief Oberstabsintendant a.D. Dr. jur. Röhlke, Bonn, 25. 8. 1951, an General der Fl. a.D. Koller über eingehende Gespräche mit einem „amerikanischen Verbindungsoffizier zur Bundesregierung". Hierin auch der folgende Hinweis auf das Interesse des Staatssekretärs Lenz an einer Beteiligung Geyrs bei der Gründung des VdS; Abschrift/Durchschriften der Briefe Röhlkes im Depositum von Donat.

malige Soldaten in der Isolation fühlten, was zur Folge hatte, daß sie gelegentliche Zustimmung für ihre nicht immer deutlich formulierten Anliegen skeptisch betrachteten oder überbewerteten. Der ehemalige preußische Finanzminister (1931/32) Otto Klepper, nach Rückkehr aus der Emigration sehr an den öffentlichen Dingen interessiert, wandte sich mit einem geradezu beschwörenden Aufruf an die „Kriegsgeneration", ihre Organisationen „sollten sich nicht auf die Wahrnehmung der Interessen des Tages beschränken". Ihre Chance, den Einfluß zu gewinnen, „den sie mit Recht suchen", werde um so größer, je stärker sie sich in unbefangenem Selbstbewußtsein mit einer eigenen Konzeption darüber bewaffneten, „was in Deutschland überhaupt zu geschehen hat, wenn es in Freiheit und für die Freiheit aller leben und streiten soll". Es sei eine kühne Haltung, die er anrate, schrieb Klepper: „Wer wüßte besser als der Soldat, daß die Gefahr den entscheidenden, den kühnen Entschluß gebietet."[107] Das Hemd war aber vielen durchaus näher als der möglicherweise wieder in Aussicht stehende bunte Rock.

Die Sorge des Hauptgeschäftsführers der der „Frankfurter Allgemeinen Zeitung" nahestehenden „Wirtschaftspolitischen Gesellschaft von 1947" (WIPOG), Generalmajor a. D. Erich Dethleffsen (in einem Brief vom 26. Juli 1951 an Gert P. Spindler) war nicht unbegründet, daß eine einseitige Umgliederung des BvW in einen Soldatenbund nicht dazu ausreichen würde, um wirklich die Masse der ehemaligen Soldaten zu erfassen, weil der Glaube daran fehle, daß eine Institution, die sich bisher einseitig mit Versorgungsfragen beschäftigte, nunmehr aus vollem Herzen auf ein neues Ziel zusteuern könne. Beinahe beschwörend meinte er, es müsse etwas Neues geschaffen werden, wozu der bisherige BvW den organisatorischen Kern abgeben könne.

Dethleffsen formulierte dies in Anknüpfung an eines der „Altenberger Gespräche", die der sehr der Förderung der öffentlichen Angelegenheiten zugewandte Industrielle Gert P. Spindler veranstaltete und die am 21./22. Juli 1951 Form und Konstruktion eines Soldatenbundes zum Gegenstand hatten. An der Zusammenkunft nahmen außer ihm unter anderem die Generalobersten a. D. Frießner und Harpe teil, seitens der ehemaligen Waffen-SS der Oberstgruppenführer und Generaloberst a. D. Hausser, begleitet vom Obergruppenführer und General a. D. Gille, ferner General der Fl. a. D. Koller, General der Fallschirmtr. a. D. Ramcke, für die Marine Fregattenkapitän a. D. Heßler, der Schwiegersohn des Großadmirals Dönitz. Als einer der Beobachter von der Dienststelle Blank war Oberstleutnant a. D. de Maizière zugegen, der aber nach eigener Erinnerung enttäuscht abreiste. Er registrierte bei den Versammelten, namentlich bei Frießner, wenig Verständnis für die in Bonn und Paris entwickelten zukunftsweisenden Gedanken zum westdeutschen Verteidigungsbeitrag, so daß sich die Dienststelle Blank wenig von dem in Altenberg zur Debatte stehenden Vorhaben versprach, schon gar nicht Hilfe oder Unterstützung, und deswegen auf Distanz ging. Auch Spindler selbst war nach diesem „Altenberger Gespräch" wohl einigermaßen skeptisch, wie einige seiner dazu schriftlich niedergelegten Vorstellungen erkennen lassen. Er warnte den am 8. September 1951 zum kommissarischen Vorsitzenden des „Verbandes deutscher Soldaten" gewählten Generalobersten a. D. Hans Frießner dringend vor dem Entstehen eines nicht zeitgemäßen „Veteranen- oder Kriegerver-

[107] Otto Klepper, Wir rufen die Kriegsgeneration. Kommentar in: Frankfurter Allgemeine Zeitung vom 16. 6. 1951.

eins“[108]. Ein Soldatenverband, wie er ihm, Spindler, vorschwebe, müsse ein innen- und außenpolitisch wichtiger Faktor werden, „etwa im Sinne einer Soldatengewerkschaft“, und möglichst alle umschließen, auch die, „die ihre Soldatenzeit mehr oder weniger vergessen haben und sich ausschließlich ihrem Zivilberuf widmen“. Die Grundsätze des Soldatentums, nach Spindler „Kameradschaftlichkeit, Sauberkeit in der Haltung und im Benehmen anderen Menschen gegenüber, Vorleben durch die Tat, Pflichterfüllung dem eigenen Volk gegenüber, verantwortungsbewußtes Handeln“, müßten „in allen Teilen unseres öffentlichen Lebens wieder zum Maß allen Geschehens und aller Handlungen“ gemacht werden, da sie jeder, glaubte jedenfalls Spindler, heute im Ablauf unseres öffentlichen Lebens vermisse. Bei dem Anspruch auf Regelung der Versorgungsfrage riet der nicht unvermögende Industrielle zur Zurückhaltung. Der Aufbau der Organisation sollte sich nach seiner Auffassung so vollziehen, daß der zu schaffende Bund kein „steriler Klub alter Generale wird“. Spindler beobachtete mit Sorge, „daß die Generation des letzten Krieges die heutigen politischen Parteien, nicht nur die radikalen“ als restaurativ ablehne, gleichzeitig „skeptisch gegenüber dem immer mehr eindringenden Amerikanismus“ sei. Daraus leitete er her, daß der Bund „sowohl von der Bonner Regierung als auch von den Amerikanern völlig unabhängig sein muß“. Dies kommentierte einer der Adressaten mit der lakonischen Randbemerkung „Quatsch“. Im Präsidium des Bundes dürften nur politisch ungebundene Persönlichkeiten tätig sein. Alsbald müsse der Bund – nach seinen Vorstellungen – an die Regierung herantreten wegen umlaufender und bisher von dieser nicht dementierten Auffassungen, „daß bei einem zukünftigen deutschen Verteidigungsbeitrag nur Offiziere Verwendung finden könnten, die sich ausdrücklich positiv zum 20. Juli stellen würden“. Der Bund müsse die Regierung „zu einer eindeutigen Stellungnahme“ zwingen, „bzw. den eigenen Standpunkt dazu ... formulieren. So sehr wir uns in Altenberg darüber einig waren, von seiten der Soldaten die Frage des 20. Juli nicht wieder zur Diskussion aufzugreifen, so sehr muß man von der anderen Seite verlangen, daß diese ebenso handelt und keinesfalls die Frage eines deutschen Verteidigungsbeitrages unter dem Gesichtspunkt eines vorherigen Glaubensbekenntnisses zu diesem neuralgischen Punkt zwischen ehemaligen Soldaten behandelt.“ Damit nicht genug, entwickelte der mehr wohlmeinende als geschickte Industrielle noch seltsame Vorstellungen zur Ordensfrage, das heißt, in welcher Form (ob mit Hakenkreuz, wie verliehen, oder in neuer Form) künftig die deutschen Kriegsauszeichnungen getragen werden sollten[109], schlug aber darüber hinaus noch vor: „Solange noch Deutsche in ausländischen Gefängnissen festgehalten werden, trägt kein anständiger ehemaliger deutscher Soldat seine Kriegsauszeichnungen und bekundet damit seinen Protest gegen diese nach dem deutschen kodifizierten Recht und dem Völkerrecht unberechtigte Freiheitsberaubung der ehemaligen Kameraden.“ Einfalt, gelegentlich mit Geradlinigkeit verwechselt, ist nach 1945 kein Privileg ehemaliger Soldaten gewesen.

[108] Spindler versandte Abschriften eines Briefes vom 11. 9. 1951 an Generaloberst a. D. Frießner an verschiedene Persönlichkeiten, u. a. an Generalmajor a. D. Dethleffsen, der seine nur in Teilen erhaltene Korrespondenz in dieser Angelegenheit (und mit Spindler) dem Vf. freundlicherweise zur Verfügung stellte. Zu Spindler vgl. Richard Stöss, Gesamtdeutscher Block/BHE, in: Richard Stöss (Hrsg.), Parteien-Handbuch. Die Parteien der Bundesrepublik Deutschland 1945–1980, Bd. II, Opladen 1984, S. 1428, Anm. 14.

[109] Vgl. dann das Gesetz über Titel, Orden und Ehrenzeichen vom 26. 7. 1957; Bundesgesetzblatt, Teil I, 1957, Nr. 37, Bonn, 5. 8. 1957, S. 844 ff., hier bes. die Bestimmungen in § 6.

Dethleffsen, dessen Anteil am Zustandekommen des VdS kaum überschätzt werden kann, nahm zu diesem Exposé am 19. September äußerst taktvoll Stellung. Die ihn a priori befremdende Passage über den 20. Juli überging er. Einige Ansichten Spindlers unterstrich er, gerade was die Unabhängigkeit des zu schaffenden Bundes anging, betonte aber, der Soldat sei „Bürger wie jeder andere und seiner politischen Betätigung dürfen keine Schranken gesetzt werden". Die Ordensfrage sah er als ganz zweitrangig an, meinte aber, da Spindler argumentiert hatte, nach dem Ersten Weltkrieg seien ja auch nicht die monarchischen Embleme auf den bis Ende 1918 verliehenen Orden entfernt worden, die Krone sei ein Symbol des Ruhmes, der Größe, der Sauberkeit, der Anständigkeit und der Ehre „gewesen: das Hakenkreuz, unter dessen Zeichen Tausende von Verbrechen schwerster Art begangen worden sind, ist das alles nicht und das ist m.E. das Entscheidende".

Bei der Gründung des VdS verbanden einige der geistigen Väter mit ihrem Werk weitgesteckte Ziele. Sie hofften durchaus, daß der Bund eine politische Wirksamkeit neben oder gar über den Parteien entfalten könnte, allen vorausgehend die deutschen Dinge ins Lot zu bringen, und nahmen an, wenigstens gestaltenden, wenn nicht ausschlaggebenden Einfluß in der Frage des westdeutschen Verteidigungsbeitrages zu erlangen. Solche Illusionen wurden rasch von der Wirklichkeit korrigiert. Nicht die Debatte über den Aufbau des VdS beherrschte die Schlagzeilen, nicht die Frage, ob Zentralverband oder Dachorganisation, auch nicht, ob vorrangig wirtschaftliche oder politische Zielsetzungen verfolgt werden sollten, und wenn Politik, dann welche – alles kam ganz anders[110].

Die Gründungsversammlung im Hotel „Bergischer Hof" in Bonn weckte wenigstens Zweifel daran, ob die Umerziehung zu demokratischem Verhalten schon bei der Mehrzahl des halben Hundert ehemaliger Generale, Generalstabs-, Stabsoffiziere und Unteroffiziere, Vertreter der verschiedensten soldatischen Gruppierungen, befriedigend geglückt war. Für den Zusammenschluß waren Kompromisse nötig, die nur unter Bruch von Satzungen und Geschäftsordnungen sowie unter dem energischen Druck des Generalobersten a.D. Heinz Guderian zustande kamen, der, als es am Nachmittag des 8. September 1951 auf Spitz und Knopf stand, erklärte, er sei hergekommen, um heute die Gründung eines einheitlichen Soldatenbundes zu unterschreiben. Er stehe nur heute zu der Unterschrift bereit, sonst nie mehr. Falls keine Einigkeit erzielt würde, beabsichtigte er, einen eigenen Bund zu gründen. Für den hätten wohl – quer durch bereits bestehende Regiments- und Divisionsvereinigungen – die ehemaligen Soldaten der Panzertruppe und einstige Angehörige der Waffen-SS die Basis abgegeben. Man beschloß die Fusion, obwohl die Bedenken gegen das Hauruck-Verfahren in der Versammlung nicht gering waren, und wählte Frießner zum kommissarischen Vorsitzenden, dieser gewiß ein redlicher Mann, aber ein Kompromißkandidat. Er war nicht unumstritten, auch wenn seine Reden als Inspekteur des Erziehungs-

[110] Vgl. Soldatenbund, Wenn das interessieren sollte, in: Der Spiegel vom 19.9.1951 sowie Frhr. von Schenck, Soldatenverbände, S. 102ff. VdS, Mitteilungen der Landesleitung Bayern, Nr. 10, München Anfang Oktober 1951: Der Verband Deutscher Soldaten und ebd., Nr. 11, Anfang November 1951: Krise des VdS und Sondernummer ebd., 9. 11. 1951: Weitere Vorgänge im VdS. Umdruck Hansen vom 14. 11. 1951, an die Landesverbandsvorsitzenden des V.D.S. (D.D.S.B.); Hansen, Der Weg zum „Verband Deutscher Soldaten/Bund der Berufssoldaten" (VDS/BvW), Umdruck vom 26. 1. 1952; sämtlich in Depositum von Donat.

und Bildungswesens des Heeres[111] mehr herkömmlich-vaterländisch als nationalsozialistisch getönt gewesen waren. Hellhörig hätten indes Warnungen eines ebenso urteilsfähigen wie scharfzüngigen, in dieser Angelegenheit allerdings auch persönlich ambitionierten Generals stimmen müssen, es hätte noch nie Veranlassung bestanden, bei Frießner politischen Instinkt oder gar Kenntnis der Psychologie des Auslandes vorauszusetzen, welche Eigenschaften er sich als ehemaliger langjähriger Militärattaché ohne weiteres, und mit einigem Recht, zuschrieb. Solche Disqualifikation ist im Vorfeld der VdS-Gründung und in der Euphorie des mühsam geglückten Zusammenschlusses leichthin abgetan oder überhört worden. Man vertraute lieber auf Frießners Rechtschaffenheit und nicht zu bezweifelnde persönliche Integrität, die ihn als Galionsfigur geeignet erscheinen ließ.

Frießners am Abend des 8. September geäußerte Hoffnung, auf dem Unternehmen möge Gottes Segen ruhen, erfüllte sich nicht. Zwar machte er seinen Antrittsbesuch beim Bundespräsidenten und beim Bundeskanzler, versicherte beide der Loyalität des VdS und sorgte dafür, daß der Verband am 24. September einen von ihm im Auftrag gezeichneten Aufruf veröffentlichte, der die Grundsätze der künftigen Arbeit darlegte. Aber was da zu lesen war, interessierte in diesen Tagen schon nicht mehr, obwohl es durchaus der kritischen Betrachtung wert war. In mühseligen Kompromissen zustande gekommene programmatische Erklärungen wie diese sollten nicht nur an ihrem tatsächlichen Inhalt gemessen werden, sondern auch daran, was sie stillschweigend voraussetzten. Und gerade da enthielt dieser Aufruf doch Aspekte, die auf eine positive Entwicklung hindeuteten. So war die Absicht nicht zu verkennen, sich in die neue Ordnung einzufügen. Nichts deutete auf eine der Demokratie feindliche Gesinnung hin. Manches hohle Donnerwort entsprach ganz dem Zeitgeist und der Mentalität der Verfasser, die damit eigene Unsicherheiten überspielten. Die nach vorne weisenden Aussagen waren jedoch allzu undeutlich formuliert, wie die Bemerkungen zur eigenen Vergangenheit sehr an der Oberfläche blieben, Ausdruck der vielerlei, schwierig mit einander in Einklang zu bringenden Auffassungen in Kreisen ehemaliger Soldaten. „Getreu unserem Eid haben wir im weltweiten Ringen des letzten Krieges unsere Pflicht getan", hieß es da schlicht im planmäßigen Rückzug auf die Wagenburg der „ewigen Werte des Soldatentums", wie sie sie in einer diesen mißgünstigen Umgebung verstanden. Kein Wort auch einer Distanzierung von der nationalsozialistischen Schreckensherrschaft, die die Wehrmacht in bestürzender Weise in ihre Verbrechen verstrickt hatte. Als wäre dies ein Krieg wie jeder andere gewesen, beanspruchte der VdS, für die deutschen Soldaten seien die für alle Soldaten der Welt und alle anständigen Menschen verbindlichen Begriffe von „Selbstlosigkeit, Kameradschaft, Pflichterfüllung und Vaterlandsliebe" maßgebend gewesen. Diese hätten auch im Chaos der Nachkriegszeit, „dort wo sie wirklich gelebt wurden, ihre ewige Gültigkeit erwiesen". Um sie „erneut zu beleben und in dieser Stunde der Not zu allgemeiner Geltung in unserem Volke zu bringen", sei der VdS gegründet worden, der seine Unabhängigkeit „von allen Interessengruppen, Regierungen und Besatzungsmächten" betonte, sowie seine überparteiliche und überkonfessionelle Einstellung. Ein deutscher Staat „auf

[111] Hans Frießner, Wehrmacht – Jugenderziehung – Hochschulbildung, Bonn 1941. Frießner ist seiner schlichten, national-konservativen Gesinnung auch in einem Vortrag vor der Ev. Akademie Guntershausen am 1. 9. 1950 treu geblieben: Soldatentum oder Militarismus (Ms liegt dem Vf. vor).

dem sicheren Fundament von Wahrheit, Freiheit und Recht" müsse „auch die gegenwärtig von der Bundesrepublik abgetrennten deutschen Lande" umfassen, heißt es dann im Anklang an die Präambel des Grundgesetzes. Als „unabdingbare Voraussetzungen" eines „Beitrages zur Verteidigung Europas" galten dem VdS „die deutsche Gleichberechtigung in jeder Hinsicht und die Freisetzung unserer noch zu Unrecht in Haft gehaltenen Kameraden", der auch ankündigte, er wolle „in allen das Soldatentum berührenden entscheidenden Fragen" seine Auffassung zur Geltung bringen. Dann die Forderung nach Freilassung „aller in den sowjetischen Ländern unter unmenschlichen Bedingungen zu Grunde gehenden deutschen Menschen", das Eintreten für die Wiederherstellung der Rechte der Berufssoldaten, ihrer Witwen und Waisen, die Versorgung der Kriegsversehrten, die Eingliederung der Heimkehrer in den Wirtschaftsprozeß, verbunden mit der Aufforderung zur gegenseitigen Hilfe und der wichtige Hinweis, daß „soziale Gerechtigkeit" die Grundlage darstelle „für den Willen und die Fähigkeit zur Verteidigung".

Das waren nun einige durchaus neue Töne. Kein Lippenbekenntnis war auch die entschiedene Absage an „jeden Radikalismus", während das Bekenntnis zur demokratischen Gestaltung des Verbandes und seine Selbstbezeichnung als „Hort der Ordnung" nicht ganz so überzeugend klang nach den nicht verborgen gebliebenen turbulenten Vorgängen bei der Gründung des Dachverbandes. Vielleicht urteilte aber Dethleffsen doch etwas zu pessimistisch, wenn er nachträglich resigniert feststellte, es habe sich schließlich ein „Verein der Ehemaligen" gebildet, der eigentlich eine „Kameradschaft der Zukünftigen" hätte sein müssen, denn nach den bedeutenden Anfangsschwierigkeiten im Herbst 1951 gelang ja dem VdS im Laufe der Jahre dann doch die im ganzen unauffällige Integration in das öffentliche Leben, in das Bewußtsein der Öffentlichkeit. Aber im Zusammenhang mit dem Scheitern Frießners traten wohl die rückwärts gewandten Tendenzen der programmatischen Erklärung deutlicher ins Blickfeld – und zunächst einmal stand sogar der Verein der Ehemaligen auf dem Spiele. Denn am 21. September war Frießner auf dem glatten Parkett der internationalen Presse in Bonn ausgeglitten, mit wenig durchdachten Äußerungen zum Ausbruch des Zweiten Weltkrieges und mit Bemerkungen zum 20. Juli 1944. Der, der nun – mit einem vorläufigen Mandat ausgestattet – für die deutschen Soldaten sprach, ein Generaloberst a. D., der immerhin Heeresgruppen in schweren Krisen umsichtig befehligt hatte, durfte so etwas, die Probleme allzusehr Vereinfachendes, jeglicher Selbstkritik Ermangelndes nicht sagen, auch wenn er seinem Auftritt die captatio benevolentiae vorangeschickt hatte, er werde sich „in soldatisch offener Sprache" äußern. Das hörte sich dann so an, daß er den Einmarsch in Polen für berechtigt erklärte, aufgrund der Unterrichtung, die man damals über die vorausgegangenen Ereignisse und unter dem Einfluß der Propaganda gehabt hätte – später, nach dem Kriege, habe man allerdings anderes erfahren. Anstatt sich von vorneherein beim unausweichlichen Thema 20. Juli der „Hansen-Formel" vom März 1951 zu bedienen, legte Frießner erst einmal langatmig seine eigene schlichte Ansicht dar, die in ähnlicher Form heute noch an Stammtischen zu hören ist. Als Soldat „und als christlicher Mensch lehne ich den politischen Mord ab, insbesondere wenn der Soldat an der Front im schwersten Ringen um Sein oder Nichtsein steht". Es müsse in jeder Weise abgelehnt werden, daß hinter dem Rücken der Front der Oberste Kriegsherr umgebracht wird. Auch die Methode des Attentats vom 20. Juli sei vom soldatischen Standpunkt aus abzulehnen.

Man könne keine Sprengbombe legen und dadurch viele andere Kameraden gefährden, sondern „müsse die Pistole ziehen und sich dann anschließend selbst erschießen". Auch der Zeitpunkt für das Attentat sei ungünstig gewählt gewesen, man hätte nicht erst im höchsten Chaos, sondern bereits früher handeln müssen. Erst im eigenen Untergang griff Frießner nach dem Rettungsring: Nach allem, was er allerdings auch erst nach dem Krieg erfahren habe, hätten die Männer des 20. Juli jedoch sicher einer inneren Verpflichtung ihrem Gewissen folgend und aus Patriotismus sich zu ihrem schweren Entschluß durchgerungen. Er halte es aber für abträglich, diese ganze Frage in Stücke zu zerpflücken (und übersah, daß er eben das zuvor getan hatte), beide Parteien müßten jetzt wieder miteinandergehen und der gemeinsamen Sache dienen[112].

Jener scharfzüngige Kamerad, der vor Frießner gewarnt hatte, war zwar glänzend gerechtfertigt. Aber der durch die Äußerungen des ehemaligen Generalobersten angerichtete Schaden war erheblich. Die Einschränkungen, wie er jetzt denke, was er nach dem Kriege erfahren habe, konnten die Rechtfertigung des Einmarsches in Polen und die persönliche Verurteilung des Attentats „kaum abschwächen, noch weniger aufheben", meinte der Oberst a. D. Frank in München[113], der auch die verheerende Bilanz des mißglückten öffentlichen Auftritts Frießners zog: „Tagelang beherrschte diese Angelegenheit die Weltblätter und die Zeitungen der Provinzpresse. Die Auswirkung traf nicht bloß den Veranlasser, sondern seinen ganzen Stand, voran natürlich ‚die Generale' (und) den VdS ..."

Es war nicht damit getan, daß Frießner nach erheblicher, nicht nur kameradschaftlicher Einwirkung von außen und innerhalb des VdS schließlich am 10. Dezember seinen Rücktritt erklärte, angesichts fortschreitender Auflösungserscheinungen im Verband beinahe zu spät. Zunächst einmal hatte er gehofft, den Sturm bestehen zu können. Schon im Oktober war Frießner bedeutet worden, daß er für den Bundeskanzler kein Gesprächspartner mehr sei, und der BvW, korporativ im VdS, gelangte danach zu der Auffassung, daß Frießner die Versorgungsinteressen der ehemaligen Wehrmachtangehörigen und ihrer Hinterbliebenen nach diesem Eklat unmöglich mit der Aussicht auf Erfolg vertreten könne. Umgründungen, Neugründungen, Abspaltungen, Wiederbelebungen schon im Hinblick auf den VdS aufgelöster Vereinigungen, verschiedene Fusionspläne machten von sich reden, die Debatte über den Vorrang sozialer oder politischer Ziele lebte wieder auf[114]. „Man muß von vorn anfangen", war die Auffassung Dethleffsens, der sich so intensiv um den Zusammenschluß im Herbst be-

112 Wiedergabe nach: Krise des VDS; VDS. Mitteilungen der Landesleitung Bayern, Nr. 11, München Anfang November 1951, S. 2.

113 Ebd. Den Auffassungen Frießners zum 20. Juli widersprach auch scharf General der Fl. a. D. Knauss, Die Soldaten und der 20. Juli, in: Die Zeit vom 4. 10. 1951.

114 Vgl. etwa Brief Generalmajor a. D. Kurt Frhr. Rüdt von Collenberg an Generalleutnant a. D. von Donat vom 18. 11. 1951. Darin heißt es, er, Rüdt, entdecke „bei nüchterner Betrachtung" keine politischen Aufgaben, „die der Vertretung ehemaliger Soldaten als solchen gesondert" zustünden. Die „Frage der Remilitarisierung" beträfe „nicht die ehemaligen Soldaten allein, auch nicht einmal bevorzugt", sondern sei „eine Frage des ganzen deutschen Volkes". Für militärisch-technische Fragen müsse die verantwortliche Regierung Spezialisten heranziehen, wie sie das ja auch tue, und könne „sich dabei nicht um die Ansichten eines zufälligen Vorsitzenden eines privaten Vereins kümmern". Es wäre auch „kein glücklicher Gedanke der Regierung", betraute sie einen Verband, „in dem ehemalige Offiziere das Wort führen, mit der Propaganda für die Remilitarisierung". Er dächte sich „wenig Momente ..., die der Idee einer Remilitarisierung abträglicher sein könnten". Als „einzigen praktischen Zweck" einer Verbandstätigkeit sehe er die „jetzige und künftige Regelung der Versorgung und die caritativ-kameradschaftliche Hilfe" an.

müht hatte. Er versuchte zwar, mit Hilfe eines „ständigen Arbeitsausschusses" die zentrale Organisation zu retten, einen organischen Aufbau von unten nach oben in die Wege zu leiten, in einer taktvollen Operation Frießner zu ersetzen, ohne von den Zielen abzuweichen, wie sie Anfang September laut oder leise im Gespräch waren. Zugleich war er aber der Ansicht, daß man sich wahrscheinlich darauf beschränken müsse, auf der unteren Ebene mit Arbeitsgemeinschaften die einzelnen Bünde und Vereinigungen zusammenzufassen. Also nichts mehr mit „Kameradschaft der Zukünftigen".

Insgesamt zeigten die Affäre Frießner und die Versuche, sie verbandspolitisch zu korrigieren, wie brüchig das Fundament der hastigen Einigung Anfang September 1951 gewesen war. Ab Anfang Januar 1952 gelang es dann dem Admiral a. D. Hansen, nun Vorsitzender des VdS/BvW, zerschlagenes Porzellan zunächst notdürftig, dann im Laufe der nächsten Monate und Jahre haltbar zu kitten, allerdings unter dauerndem Verzicht auf hochfliegende Absichten, Pläne, Ziele. Als politische Kraft schied der VdS aus, bevor er überhaupt politisches Gewicht erlangt hatte. Wesentliche, fördernde Impulse zur Diskussion um den Verteidigungsbeitrag sind von dieser gleichwohl größten Interessenvertretung ehemaliger Soldaten nicht ausgegangen, abgesehen von einem mit viel gutem Willen unter dem Dach der Europa-Union und mit tätiger Hilfe von Eugen Kogon begonnenen Dialog mit Vertretern westeuropäischer Organisationen ehemaliger Frontkämpfer. In der Schweiz, in Bad Lauterbach nahe Olten, trafen sich Anfang März 1952 deutsche und französische Veteranen. Bald darauf erweitert um Teilnehmer aus den Benelux-Ländern, haben die wenigen „Lauterbacher" zur sich langsam entwickelnden Verständigung ehemaliger Soldaten beigetragen. Daß diese Bestrebungen im Herbst 1953 vorerst endeten, war nicht Schuld der deutschen Seite. In der lebhaften Debatte um den Verteidigungsbeitrag in der Bundesrepublik Deutschland waren indes die oft herkömmlichen Auffassungen des VdS mit den Planungen für einen ganz neu zu gestaltenden Verteidigungsbeitrag in einem Bündnis nur schwer in Einklang zu bringen. Skepsis, Kritik und Ablehnung nicht nur in Hinsicht auf die in der „Dienststelle Blank" entwickelten Vorstellungen zur „Inneren Führung" und zum Konzept des „Staatsbürgers in Uniform" herrschten länger vor. Später ist die jeweils aktuelle ministerielle, regierungsamtliche Verteidigungs- und Sicherheitspolitik weniger kritisch begleitet als meist vorbehaltlos unterstützt worden. Allenfalls zeigten sich in mit großem Engagement diskutierten Fragen der inneren Ordnung der Streitkräfte Abweichungen von offiziellen modernen Ansichten und Praktiken hin zu konservativen, wenn nicht gar altmodischen Vorstellungen. Was blieb dann an Aufgaben, neben der vorrangigen Verfolgung materieller Ansprüche, in diesem Falle die emsige und erfolgreiche Mitwirkung an weiteren Verbesserungen des 131er Gesetzes? Sowohl der VdS als Wortführer als auch die anderen Zusammenschlüsse ehemaliger Soldaten auf der Basis ihrer einstigen Zugehörigkeit zu den verschiedensten Truppenteilen und Großverbänden „bekennen sich zum Militär und ihrer persönlichen Soldatenzeit" – dieses Bekenntnis in gewiß unterschiedlich starker Intensität hatte aber eher interne, kaum über diese Vereinigungen hinaus wirkende Bedeutung, auch wenn es sich in einem Falle wenigstens in tätiger Mithilfe auswirkte. Traditionsvereinigungen der verschiedenen Waffengattungen der ehemaligen Luftwaffe haben nämlich die Dienststelle Blank bei einer nicht einfachen „Inventur" unterstützt, mit der festgestellt werden sollte, wieviele Luftwaffenoffiziere, insbesondere

Flugzeugführer, möglicherweise für eine Verwendung in der neuen Luftwaffe in Frage kommen würden. Es sind schließlich Zweifel angebracht, ob ein gemeinhin Soldatenverbänden ohne weiteres zugeschriebenes Ziel, die „Pflege des Wehrgedankens und der Wehrbereitschaft", über den Rahmen des VdS hinaus erreicht worden ist. In der „Verteidigung des Soldatenstandes gegen nach (seiner) Ansicht ungerechtfertigte Angriffe" hat der VdS bis auf den heutigen Tag mehr oder minder geschickt das Seinige getan, wie er auch unablässig für die „kriegsverurteilten Kameraden"[115] eingetreten ist – die früheren und neueren Jahrgänge der VdS-Zeitschrift „Soldat im Volk" legen davon beredt Zeugnis ab.

In gewisser Weise wiederholte sich ein Phänomen aus den Jahren nach dem Ersten Weltkrieg, als sich nach einem bissigen Wort Ernst von Salomons der „Frontgeist" in den „Geist des Stahlhelm e.V." verwandelte, der nun – was Salomon nicht hinzusetzte – allerdings der ersten deutschen Republik schwer geschadet hatte, weil er ihr feindselig gegenüberstand[116]. Damals waren es eben nicht nur „Bier- und Eisbein-Vertilgungsverbände", wie sie der Feldmarschall Maximilian Frhr. von Weichs einmal spottend nannte, sondern dort wirkten – an der Spitze wie in den Untergliederungen – starke antirepublikanische Tendenzen. Von den unterschiedlichen soldatischen Zusammenschlüssen in der Bundesrepublik Deutschland ging niemals eine solche Gefahr aus[117]. Seitens der Abteilung „Inland" in der Dienststelle Blank hat man verschiedentlich versucht, im Vorfeld von Soldatentreffen mäßigend auf die Veranstalter einzuwirken, damit es nicht zu falschen Zungenschlägen käme. Solche Sorgen erwiesen sich meist als ganz unbegründet, denn die alkoholbeschwingte Wiedersehensfreude war, wie etwa beim Pioniertreffen Ende Juli, Anfang August 1954 in Ingolstadt, oft so groß, daß die Teilnehmer den auf Ausgleich und Verständigung in den immer noch als heikel angesehenen Fragen bedachten Rednern kaum zuhörten, so daß diese ihre der Linie der Dienststelle Blank ganz zugewandten Ausführungen dann erleichtert den anwesenden Pressevertretern als Nachweis staatstragender Gesinnung in die Feder diktierten[118]. Sicher, innerhalb des VdS tauchten manchmal befremdliche Argumente auf, wenn etwa gegen den Generaloberst a.D. Stumpff im Frühjahr 1953 ernsthaft eingewandt wurde, er sei für eine herausragende Position im Verband deswegen nicht geeignet, weil er im Mai 1945 die Kapitulation mitunterzeichnet hatte. Aber durch die ausgleichende Politik Hansens ist es deswegen und bei einem anderen Streitpunkt, vom Generaladmiral a.D. Hermann Boehm im Zusammenhang mit der

[115] Zur Zielsetzung und den selbstgewählten Aufgaben deutscher Soldatenverbände nach dem Zweiten Weltkrieg vgl. Frhr. von Schenck, Soldatenverbände, S. 96f. sowie Adolf Heusinger, Ansprache vor dem VdS am 18. 3. 1960, S. 2ff.; privatdienstl. Nachlaß General a.D. Heusinger (z.Zt. Militärgeschichtliches Forschungsamt). Vgl. auch Dudek, Jaschke, Entstehung und Entwicklung, S. 79ff. Johannes Steinhoff, Aufbau einer Taktischen Luftwaffe im Rahmen der NATO, in: Truppenpraxis II (1965), S. 910ff., hier S. 910.

[116] Vgl. Volker R. Berghahn, Der Stahlhelm. Bund der Frontsoldaten 1918–1935, Düsseldorf 1966. Salomon, Fragebogen, S. 632f.; ähnlich süffisant ebd., S. 242. Vgl. auch Dudek, Jaschke, Entstehung und Entwicklung, S. 115ff.

[117] Vgl. hierzu das Stimmungsbild von Thilo Bode, Verklärter Schrecken. Veteranentreffen – unauffällige Verbrüderung von Freund und Feind, in: Süddeutsche Zeitung vom 20./21. 7. 1985.

[118] Z.B. Tagebucheintragungen Generalleutnant a.D. Kurt Dittmar zum 15. und 31. 7. 1954. Für die Genehmigung der Durchsicht dieser über diesen Anlaß hinaus aufschlußreichen Vermerke ist Frau Ursula Löwe geb. Dittmar (Darmstadt-Eberstadt) zu danken.

Widerstands-Diskussion aufs Tapet gebracht, allenfalls zu internen Spannungen gekommen[119].

Im VdS betätigten sich in der Regel schon sehr angepaßte, friedfertige, vorsichtige Demokraten. So hielt es wegen „der Lage unseres Rechtskampfes" die württembergisch-badische BvW-Landesleitung im Jahre 1953 für untunlich, den Korvettenkapitän der Reserve a. D. Heinrich Tillessen, einen der beiden nach der Tat im August 1921 ins Ausland entkommenen Erzberger-Mörder (deswegen 1947 zu einer Zuchthausstrafe von 15 Jahren verurteilt, Ende 1952 begnadigt), in den VdS/BvW, Ortsgruppe Weinheim, aufzunehmen. „Wir müssen alles vermeiden", hieß es in einem kameradschaftlichen Rat an die Ortsgruppe dort, „was Bundestagsabgeordnete oder Fraktionen gegen uns aufbringt, und zwar gerade die maßgebende CDU-Fraktion"[120].

Es waren – um den Unterschied zwischen deutschen Soldatenbünden nach dem Ersten und dem Zweiten Weltkrieg anekdotisch zu verdeutlichen – zwei ganz verschiedene, nicht miteinander zu vergleichende Ereignisse, wenn ein ehemaliger Chef der Heeresleitung, Generaloberst Wilhelm Heye, allerdings nicht nur deswegen von jüngeren Offizieren belächelt, es nach seinem Ausscheiden aus dem aktiven Dienst, 1930, als höchstes Glück seiner alten Tage ansah, mit dem Tornister auf dem Rücken in Reih' und Glied an Stahlhelmaufmärschen teilzunehmen[121], oder wenn ein ehemaliger Kommandierender General der Bundeswehr, davor schon General in der Wehrmacht, Generalleutnant a. D. Gerhard Matzky, den Vorsitz des VdS übernahm. Schon in seiner Antrittsrede nach seiner Wahl am 4. Mai 1962 unterstrich er die Wichtigkeit und Gültigkeit der Devise „Soldat im Volk"[122] und bezeichnete damit im Sinne der Politik seiner Vorgänger den nun ganz normalen Standort des Verbandes im gesellschaftlichen Gefüge der zweiten deutschen Republik. Schon daß der erste Bundespräsident, Professor Heuss, 1959 in seiner Abschiedsrede vor den Soldaten – wenn auch etwas gönnerhaft – bekannte, er habe während seiner Amtszeit in vier VdS-Vorsitzenden (Frießner vergaß er wohl absichtsvoll) – nämlich dem Admiral a. D. Gottfried Hansen, dem General der Inf. a. D. Kurt von Tippelskirch, dem General der Pz.Tr. a. D. Adolf Kuntzen und dem Generaloberst a. D. Hans von Salmuth – ausgezeichnete Männer kennengelernt („von geistigem und moralischem Rang. Da war Klugheit des Denkens und Ritterlichkeit der Gesinnung"[123]), zeigt, daß auch die Einbeziehung der vordem aus mancherlei recht begreiflichen Gründen abseits stehenden ehemaligen Soldaten in das Staatswesen geglückt war, nicht zuletzt nach einer befriedigenden Regelung der materiellen Ansprüche.

[119] Vgl. Meyer, Situation, S. 668 f. Boehm versuchte einen Beschluß im VdS herbeizuführen, mit dem das Verhalten des damaligen Oberst Hans Oster (der die ständig verschobenen Angriffstermine im Westen im Frühjahr 1940 dem niederländischen Militärattaché in Berlin fortgesetzt mitgeteilt hatte) als Landesverrat gebrandmarkt werden sollte; Gottfried Hansen, Kiel, 13. 1. 1953, Rundschreiben (mit Anlagen) an die Landesverbände, hierzu auch (Umdruck): Stellungnahme des BvW/Landesverband Württ.-Baden e.V. vom 22. 1. 1953. Zu den Vorbehalten gegen Generaloberst a. D. Stumpff vgl. Brief General Inf. a. D. Otto Stapf an Admiral a. D. Paul Mewis vom 13. 4. 1954; Stumpff war in Aussicht genommen für die ständige Vertretung des VdS in Bonn, Stapf hielt ihn zwar unbedingt für geeignet, bemerkte aber dann: „Die Frage ist, ob Stumpff nach jenen Vorgängen (= die Auseinandersetzung auf der Vertreterversammlung des VdS) dazu überhaupt bereit ist." Sämtliche Schriftstücke im Depositum von Donat.

[120] Brief BvW/Landesverband Württ.-Baden e.V., gez. Veiel, vom 28. 5. 1953 an BvW/Ortsgruppe Weinheim; Depositum von Donat.

[121] Nach Lebenserinnerungen des Generaloberst W. Heye, Teil II, Wie ich den Weltkrieg erlebte, 1914–1942; BA/MA,N 18/4, Blatt 327 f.

[122] Vgl. Mitteilungen, VdS, Nr. 5, Bonn 1962, S. 65.

[123] Heuss, Soldatentum, S. 292.

9. Schlußbetrachtung

Das deutsche Militär als „Berufsstand" ist nach 1945, der zweiten vollständigen Niederlage des Deutschen Reiches, gänzlich entmythologisiert worden. Der durch den Zusammenbruch 1918 nicht ernstlich beschädigte, in den zwanziger Jahren vorübergehend wieder verfestigte gesellschaftliche Sonderstatus – allgemein verbreitetes hohes Ansehen, mit zum Teil unkritischer Verehrung und Überschätzung, Zubilligung einer gewissen Exklusivität, einigermaßen homogene Struktur – hatte sich, beginnend mit der Einführung der allgemeinen Wehrpflicht 1935, erst recht dann im Kriege, mit zunehmender Beschleunigung verloren. Dies war eine unvermeidliche Folge der durch den Ersten Weltkrieg ausgelösten, in den zwanziger Jahren und unter der nationalsozialistischen Herrschaft sich fortsetzenden gesellschaftlichen Veränderungen und Wandlungen. Die von den alliierten Siegermächten absichtsvoll vorbereitete und dann konsequent durchgeführte Deklassierung dieses Personenkreises, von pauschal wirksamen wirtschaftlichen Maßnahmen bis hin zur zunächst unnachsichtlichen und undifferenzierten Verfolgung von „Kriegsverbrechern" traf nach bitteren Erfahrungen zweier Kriege auf eine grundsätzlich nun antimilitärische, nicht allein antimilitaristische Einstellung in der Bevölkerung. Diese lang anhaltende kritische Grundstimmung[124] kann keineswegs allein als Erfolg der mit bedeutendem Aufwand betriebenen alliierten Re-Education, auch Re-Orientation genannt, angesehen werden. Durch diese Maßnahmen sind, allerdings in Generationen gewachsene, liberale Abneigungen und Vorurteile gegen „den Militarismus", „die Junker", auch starke antipreußische Affekte, mit beachtenswertem Erfolg gestützt und verbreitert worden.

In dieser Deklassierung, bei gleichzeitiger professioneller Wertschätzung des verbliebenen deutschen militärischen Potentials in Ost und West, in der Sorge namentlich auf westlicher Seite, das deutsche Militär könne eine Gefahr für den nun einzurichtenden demokratischen Staat werden, drückte sich jedoch auch eine Art von negativer Anerkennung der vermeintlichen oder tatsächlichen dem deutschen Militär zugeschriebenen Fähigkeiten aus. Insbesondere ist diese Überbewertung des Militärs in Deutschland als möglicherweise immer noch herausgehobener, meinungsbildender Gruppe in der Nachkriegsgesellschaft in gewissen Gedankengängen der sowjetischen Politik zu Anfang der fünfziger Jahre zu erkennen, die daraufhin mit unzulänglichen Methoden und ergebnislos versucht hat, gegen die sich formierende atlantische Verteidigungsallianz gerichtete Mißstimmungen und politisch von dem Gedanken der Westintegration abweichende Vorstellungen in Kreisen des ehemaligen deutschen Militärs für ihre Zwecke auszunutzen.

Vorübergehend nährte der Kalte Krieg, der nicht auf Europa beschränkte scharfe Ost-West-Konflikt unterhalb einer kriegerischen Auseinandersetzung, bei allein militärischen Kategorien verhafteten Nursoldaten die Hoffnung, diese anscheinend ihre Unentbehrlichkeit beweisende Situation einfach als „Brücke in die Zukunft"[125] nutzen zu können. Diese Illusion ist von der sich erstaunlich schnell festigenden gesellschaftlichen Wirklichkeit der Bundesrepublik Deutschland alsbald korrigiert worden. Das deutsche Militär ist in die amorphe Gesellschaft der Bundesrepublik Deutschland,

[124] Gerhard L. Binz, Wehrverneinung, Beiheft 4 der Wehrwiss. Rundschau, Oktober 1956.
[125] Nach Heinz Höhne, Der Orden unter dem Totenkopf, in: Der Spiegel vom 6. 3. 1967.

in eine nicht spannungsfreie Normalität hineingewachsen. Zu dieser positiven Entwicklung trug nicht zuletzt bei die beachtliche Summe „nichtmilitärischer" – politischer, gesellschaftlicher, beruflicher – Erfahrungen, die die noch leistungsfähigen Generationen ehemaliger Berufssoldaten unter dem Zwang der Umstände in der Dekade nach Ende des Krieges sammelten. Sie erleichterten fraglos die überraschend normale Entwicklung der Bundeswehr im Rahmen der freiheitlich-demokratischen Grundordnung, als ab 1955/56 der Aufbau der Streitkräfte von Angehörigen dieses, wie sich gezeigt hatte, in mancher Hinsicht belehrten und auch lernfähigen einstigen Berufsstandes „sui generis" geleistet wurde[126]. Trotz vorausgegangener extremer materieller Schädigung und erheblicher moralischer Belastung, einer ihm zugleich auferlegten „Sündenbockfunktion" entwickelte sich im Militär ein konsequentes Verständnis für die Demokratie und die verfassungsmäßige Ordnung der Bundesrepublik Deutschland. Von einem gesellschaftlichen, geschweige denn politischen Sonderstatus, den allerdings auch keine andere gesellschaftliche Gruppierung mehr für sich beanspruchen kann, ist nicht mehr ernsthaft die Rede. Das hat sowohl positive als auch negative Aspekte, auf die Friedrich Lütge mit seiner grundsätzlichen Feststellung aufmerksam gemacht hat, daß das deutsche Volk am Ende des Zweiten Weltkrieges „vor der soziologisch bedenklichen Tatsache" stand, „daß überhaupt keine gesellschaftliche Führungsschicht mehr vorhanden war". Es wird eine Frage der kommenden Entwicklung sein, meint Lütge, ob sich wieder eine Führungsschicht herausbildet, die „nicht notwendig auch die politische Macht in den Händen zu haben" braucht: „Sie hat ihre Bedeutung darin, daß sie beispielgebend für die innere Haltung, die Ehr- und Dienstauffassung, das Ausmaß der Gebundenheit gegenüber der Gemeinschaft ist."[127] Das deutsche Militär als Berufsstand ist diesem hohen Anspruch in diesem Jahrhundert nur ansatzweise gerecht geworden. Viele Berufssoldaten aller Dienstgrade haben ihn hingegen vorbildlich verkörpert.

[126] Vgl. hierzu Reinhard Stumpf, Die Wiederverwendung von Generalen und die Neubildung militärischer Eliten in Deutschland und Österreich nach 1945, in: Militärgeschichte. Probleme, Thesen, Wege. Im Auftrag des Militärgeschichtlichen Forschungsamtes aus Anlaß seines 25jährigen Bestehens ausgewählt und zusammengestellt von Manfred Messerschmidt, Klaus A. Maier, Werner Rahn und Bruno Thoß, Stuttgart 1982, S. 478ff., bes. S. 486ff.

[127] Friedrich Lütge, Deutsche Sozial- und Wirtschaftsgeschichte. Ein Überblick, Berlin [2]1960, S. 469.

Abkürzungen

ACSP	Archiv für Christlich-Soziale Politik, München
ADGB	Allgemeiner Deutscher Gewerkschaftsbund
AJC	American Jewish Committee
AJDC	American Joint Distribution Committee
AOC	Archives de l'Occupation, Colmar
AOG	Gesetz zur Ordnung der nationalen Arbeit
ATAR	Atelier Aéronautique de Rickenbach
BA	Bundesarchiv, Koblenz
BA/MA	Bundesarchiv/Militärarchiv, Freiburg
BayHStA	Bayerisches Hauptstaatsarchiv, München
BBV	Bayerischer Bauernverband
BDF	Bund Deutscher Frauenvereine
BDI	Bundesverband der Deutschen Industrie
BDM	Bund Deutscher Mädel
BFW	Bayerische Flugzeugwerke AG
BGB	Bürgerliches Gesetzbuch
BGHZ	Amtliche Sammlung des Bundesgerichtshofes in Zivilsachen
BGVBl.	Bayerisches Gesetz- und Verordnungsblatt
BHE	Block der Heimatvertriebenen und Entrechteten
BICO	Bipartite Control Office
BK	Bekennende Kirche
BLVW	Bayerisches Landesamt für Vermögensverwaltung und Wiedergutmachung
BMW	Bayerische Motoren Werke
BP	Bayernpartei
BVP	Bayerische Volkspartei
BvW	Bund versorgungsberechtigter Wehrmachtsangehöriger
CAD	Civil Administration Division
CDU	Christlich-Demokratische Union
CIC	Counter Intelligence Corps
CSU	Christlich-Soziale Union
CTW	Centre Technique de Wasserburg
DAF	Deutsche Arbeitsfront
DC	Deutsche Christen
DDP	Deutsche Demokratische Partei
D.D.S.B.	Der Deutsche Soldatenbund
DEK	Deutsche Evangelische Kirche
DFD	Demokratischer Frauenbund Deutschland
DFR	Deutscher Frauenring
DGB	Deutscher Gewerkschaftsbund
DISCC	District Information Services Control Command
DMV	Deutscher Metallarbeiterverband
DNVP	Deutschnationale Volkspartei
DP	Displaced Person
DRK	Deutsches Rotes Kreuz
DRP	Deutsche Reichspartei
DVP	Demokratische Volkspartei
EKD	Evangelische Kirche in Deutschland
ERA	Education and Religious Affairs Branch
EZA	Evangelisches Zentralarchiv
FDGB	Freier Deutscher Gewerkschaftsbund
FDP	Freie Demokratische Partei
FIAT	Field Information Agency, Technical
GI	Government Issue
GHH	Gutehoffnungshütte
GStA	Generalstaatsanwalt
GWK	Gauwirtschaftskammer
HIAG	Hilfsgemeinschaft ehemaliger Angehöriger der Waffen-SS
HICOG	Office of the U. S. High Commissioner for Germany

HJ	Hitlerjugend
HPA	Heerespersonalamt
HSSPF	Höherer SS- und Polizeiführer
HStASt	Hauptstaatsarchiv Stuttgart
HStAW	Hauptstaatsarchiv Wiesbaden
HVBl.	Heeresverordnungsblatt
HWK	Handwerkskammer
ICD	Information Control Division
IfZ	Institut für Zeitgeschichte
IHK	Industrie- und Handelskammer
IKG	Israelitische Kultusgemeinde
IMT	International Military Tribunal, Nürnberg
IRO	International Refugee Organization
ITS	International Tracing Service
JCS	Joint Chiefs of Staff
JM	Jungmädel
JIOA	Joint Intelligence Objectives Agency
Joint	American Joint Distribution Committee
JRSO	Jewish Restitution Successor Organization
KJMV	Katholischer Jungmännerverband
KJVD	Kommunistischer Jugendverband Deutschlands
KLV	Kinderlandverschickung
KPD	Kommunistische Partei Deutschlands
KPO	Kommunistische Partei – Opposition
KRUA	Kreisuntersuchungsausschuß
k.v.	kriegsverwendungsfähig
KWVO	Kriegswirtschaftsverordnung
KZ	Konzentrationslager
LBI	Leo Baeck Institute
LDP	Liberal-Demokratische Partei
LKAN	Landeskirchliches Archiv Nürnberg
LKR	Landeskirchenrat
LKAS	Landeskirchliches Archiv Stuttgart
LRA	Landratsamt
LRBA	Laboratoire des Recherches Ballistiques et Aérodynamiques
MAN	Maschinenfabrik Augsburg-Nürnberg
MdB	Mitglied des Bundestages
MdL	Mitglied des Landtages
MilGov	Military Government
MP	Military Police
Ms	Manuskript
MSPD	Mehrheits-Sozialdemokratische Partei Deutschlands
NA	National Archives, Washington
Napola	Nationalpolitische Erziehungsanstalt
NPD	Nationaldemokratische Partei Deutschlands
NSBO	Nationalsozialistische Betriebszellenorganisation
NSDAP	Nationalsozialistische Deutsche Arbeiterpartei
NSFK	Nationalsozialistisches Fliegerkorps
NSKK	Nationalsozialistisches Kraftfahrer-Korps
NSV	Nationalsozialistische Volkswohlfahrt
OA	Offizieranwärter
OB	Oberbürgermeister
ObdL	Oberbefehlshaber der Luftwaffe
OKH	Oberkommando des Heeres
OKR	Oberkirchenrat
OKW	Oberkommando der Wehrmacht
OLG	Oberlandesgericht
OMGBr	Office of Military Government for Bremen
OMGBY	Office of Military Government for Bavaria
OMGH	Office of Military Government for Hesse
OMGUS	Office of Military Government, United States
OMGWB	Office of Military Government for Wuerttemberg-Baden
ONERA	Office Nationale d'Etudes et de Recherche Aéronautique
ORT	Organization for Rehabilitation through Training
OSS	Office of Strategic Services
Pg	Parteigenosse
PORO	Public Opinion Research Office
PRO	Public Record Office, London

RAD	Reichsarbeitsdienst	SWA	Mechanische Baumwollspinnerei und Weberei Augsburg
RBfL	NS-Reichsbund für Leibesübungen		
RegPräs	Regierungspräsident	u.k.	unabkömmlich
RG	Record Group	UNRRA	United Nations Relief and Rehabilitation Administration
RGBl.	Reichsgesetzblatt		
RGO	Revolutionäre Gewerkschafts-Opposition	US	United States
RKolB	Reichskolonialbund	USAREUR	United States Army, Europe
RLB	Reichsluftschutzbund	USFET	United States Forces in the European Theater
RM	Reichsmark		
RmdL	Reichsminister[ium] der Luftfahrt	USGCC	United States Group, Control Council
RMfRuK	Reichsministerium für Rüstung und Kriegsproduktion	USPD	Unabhängige Sozialdemokratische Partei Deutschlands
RMI	Reichsministerium des Innern	USSBS	United States Strategic Bombing Survey
RWA	Regierungswirtschaftsamt		
RWM	Reichswirtschaftsministerium	VDA	Volksbund für das Deutschtum im Ausland
SA	Sturmabteilung	VdS	Verband deutscher Soldaten
SBZ	Sowjetisch besetzte Zone	VfW	Verwaltung für Wirtschaft
SDS	Sozialistischer Deutscher Studentenbund	VHS	Volkshochschule
		VO	Verordnung
SED	Sozialistische Einheitspartei Deutschlands	VVN	Vereinigung der Verfolgten des Naziregimes
SD	Sicherheitsdienst der SS	VWG	Vereinigtes Wirtschaftsgebiet
SHAEF	Supreme Headquarters, Allied Expeditionary Force	WAV	Wirtschaftliche Aufbau-Vereinigung
SNCAN	Societé Nationale de Construction Aéronautique, Paris	WOMAN	World Organization of Mothers of all Nations
SPD	Sozialdemokratische Partei Deutschlands		
SRP	Sozialistische Reichspartei	YIVO	Yidisher Visenshaftlikher Organizatsye (Institute for Jewish Research)
SS	Schutzstaffel		
StAB	Staatsarchiv Bamberg		
StAL	Staatsarchiv Ludwigsburg		
StAM	Staatsarchiv München	ZEKHN	Zentralarchiv der Evangelischen Kirche in Hessen und Nassau, Darmstadt
StAN	Staatsarchiv Nürnberg		
StAND	Staatsarchiv Neuburg/Donau		
StGB	Strafgesetzbuch	ZK	Zentralkomitee

Auswahlbibliographie

Abelshauser, Werner, Wirtschaft in Westdeutschland 1945–1948. Rekonstruktion und Wachstumsbedingungen in der amerikanischen und britischen Zone, Stuttgart 1975

Absolon, Rudolf, Das Offizierkorps des Deutschen Heeres 1935–1945, in: Das deutsche Offizierkorps 1860–1960. Büdinger Vorträge 1977. In Verbindung mit dem Militärgeschichtlichen Forschungsamt hrsg. von Günther Franz, Boppard 1980

Aderbauer, Ludwig, Der Schwarze Markt als Folge der Geldunordnung, Diss. München 1948 (Ms)

Ambrosius, Gerold, Die Durchsetzung der Sozialen Marktwirtschaft in Westdeutschland 1945–1949, Stuttgart 1977

Bader, Karl Siegfried, Soziologie der deutschen Nachkriegskriminalität, Tübingen 1949

Bajohr, Stefan, Die Hälfte der Fabrik. Geschichte der Frauenarbeit in Deutschland 1914 bis 1945, Marburg 1979

Balabkins, Nicholas, Germany under direct controls. Economic aspects of industrial disarmament 1945–1948, New Brunswick 1964

Bald, Detlef, Von der Wehrmacht zur Bundeswehr. Kontinuität und Neubeginn, in: Werner Conze und M. Rainer Lepsius (Hrsg.), Sozialgeschichte der Bundesrepublik Deutschland. Beiträge zum Kontinuitätsproblem, Stuttgart 1983

Bald, Detlef, Der deutsche Offizier. Sozial- und Bildungsgeschichte des deutschen Offizierkorps im 20. Jahrhundert, München 1982

Bald, Detlef, Vom Kaiserheer zur Bundeswehr. Sozialstruktur des Militärs: Politik der Rekrutierung von Offizieren und Unteroffizieren, Frankfurt 1981

Bauer, Franz J., Flüchtlinge und Flüchtlingspolitik in Bayern 1945–1950, Stuttgart 1982

Bauer, Yehuda, The Initial Organization of the Holocaust Survivors in Bavaria, in: Yad Vashem. Studies of the European Jewish Catastrophe and Resistance 8 (1970)

Baumert, Gerhard, Deutsche Familien nach dem Kriege, Darmstadt 1954

Baumert, Gerhard, Jugend in der Nachkriegszeit. Lebensverhältnisse und Reaktionsweisen, Darmstadt 1952

Bay, Heinrich, Eine Untersuchung über den Schwarzen Markt und dessen Auswirkungen auf die deutsche Volkswirtschaft in den Jahren 1945–1948, Diss. Tübingen 1948

Benz, Wolfgang, Erzwungenes Ideal oder zweitbeste Lösung? Intentionen und Wirkungen der Gründung des deutschen Weststaates, in: Ludolf Herbst (Hrsg.), Westdeutschland 1945–1955. Unterwerfung, Kontrolle, Integration, München 1986

Benz, Wolfgang, Von der Besatzungsherrschaft zur Bundesrepublik. Stationen einer Staatsgründung 1946–1949, Frankfurt 1984

Benz, Wolfgang, Versuche zur Reform des öffentlichen Dienstes in Deutschland 1945–1952. Deutsche Opposition gegen alliierte Initiativen, in: Vierteljahrshefte für Zeitgeschichte 29 (1981)

Berghahn, Volker, Unternehmer und Politik in der Bundesrepublik, Frankfurt 1985

Beyer, Jutta und Everhard Holtmann, „Auch die Frau soll politisch denken" – oder: „Die Bildung des Herzens". Frauen und Frauenbild in der Kommunalpolitik der frühen Nachkriegszeit 1945–1950, in: Archiv für Sozialgeschichte 25 (1985)

Böddeker, Günter, Die Flüchtlinge. Die Vertreibung der Deutschen im Osten, München 1980

Boelcke, Willi A., Die Kosten von Hitlers Krieg. Kriegsfinanzierung und finanzielles Kriegserbe in Deutschland. 1933–1948, Paderborn 1985

Borchardt, Knut, Die Bundesrepublik in den säkularen Trends der wirtschaftlichen Entwicklung, in: Werner Conze und M. Rainer Lepsius (Hrsg.), Sozialgeschichte der Bundesrepublik Deutschland. Beiträge zum Kontinuitätsproblem, Stuttgart 1983

Borsdorf, Ulrich, Speck oder Sozialisierung? Produktionssteigerungskampagnen im Ruhrbergbau 1945–1947, in: Hans Mommsen (Hrsg.), Glück auf Kameraden! Die Bergarbeiter und ihre Organisationen in Deutschland, Köln 1979

Borsdorf, Ulrich und Lutz Niethammer (Hrsg.), Zwischen Befreiung und Besatzung. Analysen des US-Geheimdienstes über Positionen und Strukturen deutscher Politik 1945, Wuppertal 1976

Boyens, Armin, Die Kirchenpolitik der amerikanischen Besatzungsmacht in Deutschland von 1944 bis 1946, in: Kirchen in der Nachkriegszeit. Vier zeitgeschichtliche Beiträge von Armin Boyens, Martin Greschat, Rudolf von Thadden und Paolo Pombeni, Göttingen 1979

Boyens, Armin, Das Stuttgarter Schuldbekenntnis vom 19. Oktober 1945. Entstehung und Bedeutung, in: Vierteljahrshefte für Zeitgeschichte 19 (1971)

Boyens, Armin, Treysa 1945. Die evangelische Kirche nach dem Zusammenbruch des Dritten Reiches, in: Zeitschrift für Kirchengeschichte 82 (1971)

Brandt, Peter, Antifaschismus und Arbeiterbewegung. Aufbau–Ausprägung–Politik in Bremen 1945/46, Hamburg 1976

Braun, Hans und Stephan Articus, Sozialwissenschaftliche Forschung im Rahmen der amerikanischen Besatzungspolitik 1945–1949, in: Kölner Zeitschrift für Soziologie und Sozialpsychologie 36 (1984)

Braun, Hans, Die gesellschaftliche Ausgangslage der Bundesrepublik als Gegenstand der zeitgenössischen soziologischen Forschung. Ein Beitrag zur Geschichte der neuen deutschen Soziologie, in: Kölner Zeitschrift für Soziologie und Sozialpsychologie 31 (1979)

Braun, Hans, Das Streben nach „Sicherheit" in den 50er Jahren. Soziale und politische Ursachen und Erscheinungsweisen, in: Archiv für Sozialgeschichte 18 (1978)

Braun, Hans, Demographische Umschichtungen im deutschen Katholizismus nach 1945, in: Anton Rauscher (Hrsg.), Kirche und Katholizismus 1945–1949, München 1977

Broszat, Martin, Zur Sozialgeschichte des deutschen Widerstands, in: Vierteljahrshefte für Zeitgeschichte 34 (1986)

Broszat, Martin, Zur Struktur der NS-Massenbewegung, in: Vierteljahrshefte für Zeitgeschichte 31 (1983)

Broszat, Martin, Ein Landkreis in der Fränkischen Schweiz. Der Bezirk Ebermannstadt 1929–1945, in: Martin Broszat, Elke Fröhlich und Falk Wiesemann (Hrsg.), Bayern in der NS-Zeit, Bd. I: Soziale Lage und politisches Verhalten der Bevölkerung im Spiegel vertraulicher Berichte, München 1977

Broszat, Martin, Soziale Motivation und Führer-Bindung des Nationalsozialismus, in: Vierteljahrshefte für Zeitgeschichte 18 (1970)

Büttner, Ursula, Not nach der Befreiung. Die Situation der deutschen Juden in der britischen Besatzungszone 1945–1948, in: Ursula Büttner (Hrsg.), Das Unrechtsregime. Internationale Forschung über den Nationalsozialismus, Bd. 2: Verfolgung – Exil – Belasteter Neubeginn, Hamburg 1986

Bungenstab, Karl-Ernst, Umerziehung zur Demokratie? Re-education-Politik im Bildungswesen der US-Zone 1945–1949, Düsseldorf 1970

Burchardt, Ludwig, Die Auswirkungen der Kriegswirtschaft auf die deutsche Zivilbevölkerung im 1. und 2. Weltkrieg, in: Militärgeschichtliche Mitteilungen 15 (1974)

Conze, Werner, Staats- und Nationalpolitik. Kontinuität und Neubeginn, in: Werner Conze und M. Rainer Lepsius (Hrsg.), Sozialgeschichte der Bundesrepublik Deutschland. Beiträge zum Kontinuitätsproblem, Stuttgart 1983

Dahrendorf, Ralf, Gesellschaft und Demokratie in Deutschland, München 1965

Dahrendorf, Ralf, Die neue Gesellschaft. Soziale Strukturwandlungen der Nachkriegszeit, in: Hans Werner Richter (Hrsg.), Bestandsaufnahme. Eine deutsche Bilanz 1962. Sechsunddreißig Beiträge deutscher Wissenschaftler, Schriftsteller und Publizisten, München 1962

Dam, Hendrik George van, Die Juden in Deutschland nach 1945, in: Franz Böhm und Walter Dirks (Hrsg.), Judentum. Schicksal, Wesen und Gegenwart, Wiesbaden 1965

Diestelkamp, Bernhard, Kontinuität und Wandel in der Rechtsordnung, 1945 bis 1955, in: Ludolf Herbst (Hrsg.), Westdeutschland 1945–1955. Unterwerfung, Kontrolle, Integration, München 1986

Dinnerstein, Leonhard, America and the Survivors of the Holocaust, New York 1982

Dirks, Walter, Folgen der Entnazifizierung. Ihre Auswirkungen in kleinen und mittleren Gemeinden der drei westlichen Zonen, in: Frankfurter Beiträge zur Soziologie. Im Auftrag des Instituts für Sozialforschung hrsg. von Theodor W. Adorno und Walter Dirks, Bd. 1: Sociologica. Aufsätze. Max Horkheimer zum 60. Geburtstag gewidmet, Stuttgart [2]1974

Dorn, Walter L., Inspektionsreisen in der US-Zone. Notizen, Denkschriften und Erinnerungen aus dem Nachlaß übersetzt und hrsg. von Lutz Niethammer, Stuttgart 1973

Edding, Friedrich und Eugen Lemberg, Eingliederung und Gesellschaftswandel, in: Eugen Lemberg und Friedrich Edding (Hrsg.), Die Vertriebenen in Westdeutschland. Ihre Eingliederung und ihr Einfluß auf Gesellschaft, Wirtschaft, Politik und Geistesleben, Bd. 1, Kiel 1959

Einfeldt, Anne-Katrin, Auskommen – Durchkommen – Weiterkommen. Weibliche Arbeitserfahrungen in der Bergarbeiterkolonie, in: Lutz Niethammer (Hrsg.), „Die Jahre weiß man nicht, wo man die heute hinsetzen soll". Faschismus-Erfahrungen im Ruhrgebiet. Lebensgeschichte und Sozialkultur im Ruhrgebiet 1930 bis 1960, Bd. 1, Berlin 1983

Erker, Paul, Ernährungskrise und Nachkriegsgesellschaft. Soziale Lage und politisches Verhalten von Bauern und Arbeiterschaft zwischen Schwarzmarkt- und Nachwährungszeit, Diss. München 1987

Eschenburg, Theodor, Jahre der Besatzung 1945–1949, Stuttgart 1983

Eschenburg, Theodor, Der bürokratische Rückhalt, in: Richard Löwenthal und Hans-Peter Schwarz (Hrsg.), Die zweite Republik. 25 Jahre Bundesrepublik Deutschland – eine Bilanz, Stuttgart 1974

Ettle, Elmar, Die Entnazifizierung in Eichstätt. Probleme der politischen Säuberung nach 1945, Frankfurt 1985

Farquharson, John E., The Western Allies and the Politics of Food. Agrarian Management in Postwar Germany, Leamington 1985

Fichter, Michael, „Es ist nicht so gekommen, wie man gehofft hat". Erinnerungen sozialdemokratischer Funktionäre in Stuttgart, in: Lutz Niethammer und Alexander von Plato (Hrsg.), „Wir kriegen jetzt andere Zeiten". Auf der Suche nach der Erfahrung des Volkes in nachfaschistischen Ländern. Lebensgeschichte und Sozialkultur im Ruhrgebiet 1930 bis 1960, Bd. 3, Berlin 1985

Fichter, Michael, Arbeiterbewegung unter der Besatzung. Bedingungen ihrer Rekonstituierung am Beispiel Stuttgarts 1945–1946, in: Rolf Ebbighausen und Friedrich Tiemann (Hrsg.), Das Ende der Arbeiterbewegung in Deutschland? Ein Diskussionsband zum sechzigsten Geburtstag von Theo Pirker, Opladen 1984

Fichter, Michael, Besatzungsmacht und Gewerkschaften. Zur Entwicklung und Anwendung der US-Gewerkschaftspolitik in Deutschland 1944–1948, Opladen 1982

Forster, Karl, Neuansätze der gesellschaftlichen Präsenz von Kirche und Katholizismus nach 1945, in: Anton Rauscher (Hrsg.), Kirche und Katholizismus 1945–1949, München 1977

Foschepoth, Josef, Zur deutschen Reaktion auf Niederlage und Besatzung, in: Ludolf Herbst (Hrsg.), Westdeutschland 1945–1955. Unterwerfung, Kontrolle, Integration, München 1986

Frei, Norbert, Amerikanische Lizenzpolitik und deutsche Pressetradition. Die Geschichte der Nachkriegszeitung Südost-Kurier, München 1986

Freier, Anna-Elisabeth, Frauenfragen sind Lebensfragen. Über die naturwüchsige Dekkung von Tagespolitik und Frauenpolitik nach dem Zweiten Weltkrieg, in: Anna-Elisabeth Freier und Annette Kuhn (Hrsg.), Frauen in der Geschichte V. „Das Schicksal

Deutschlands liegt in der Hand seiner Frauen". Frauen in der deutschen Nachkriegsgeschichte, Düsseldorf 1984

Friedrich, Jörg, Die kalte Amnestie. NS-Täter in der Bundesrepublik, Frankfurt 1985

Fröhlich, Elke, Stimmung und Verhalten der Bevölkerung unter den Bedingungen des Krieges, in: Martin Broszat, Elke Fröhlich und Falk Wiesemann (Hrsg.), Bayern in der NS-Zeit, Bd. I: Soziale Lage und politisches Verhalten der Bevölkerung im Spiegel vertraulicher Berichte, München 1977

Gimbel, John, Amerikanische Besatzungspolitik in Deutschland 1945–1949, Frankfurt 1971

Gimbel, John, Eine deutsche Stadt unter amerikanischer Besatzung. Marburg 1945–1952, Köln 1964

Glaser, Hermann, Kulturgeschichte der Bundesrepublik Deutschland, Bd. 1: Zwischen Kapitulation und Währungsreform 1945–1948, München 1985

Gotto, Klaus, Hans Günter Hockerts und Konrad Repgen, Nationalsozialistische Herausforderung und kirchliche Antwort. Eine Bilanz, in: Klaus Gotto und Konrad Repgen (Hrsg.), Die Katholiken und das Dritte Reich, Mainz 1983

Gotto, Klaus, Zum Selbstverständnis der katholischen Kirche im Jahre 1945, in: Dieter Albrecht, Hans Günter Hockerts u.a. (Hrsg.), Politik und Konfession. Festschrift für Konrad Repgen zum 60. Geburtstag, Berlin 1983

Graml, Hermann, Die Kapitulation und ihre Folgen, in: Ploetz: Das Dritte Reich. Ursprünge, Ereignisse, Wirkungen, hrsg. von Martin Broszat und Norbert Frei in Verbindung mit dem Institut für Zeitgeschichte, Freiburg 1983

Graml, Hermann, Zur Frage der Demokratiebereitschaft des deutschen Bürgertums nach dem Ende der NS-Herrschaft. Hermann Maus Bericht über eine Reise nach München im März 1946, in: Miscellanea. Festschrift für Helmut Krausnick zum 75. Geburtstag, hrsg. von Wolfgang Benz in Verbindung mit dem Institut für Zeitgeschichte, Stuttgart 1980

Grebing, Helga (Hrsg.), Lehrstücke in Solidarität. Briefe und Biographien deutscher Sozialisten 1945–1949, Stuttgart 1983

Grebing, Helga, Zur Problematik der personellen und programmatischen Kontinuität in den Organisationen der Arbeiterbewegung in Westdeutschland 1945/46, in: Herkunft und Mandat. Beiträge zur Führungsproblematik in der Arbeiterbewegung, Frankfurt 1976

Greschat, Martin, Kirche und Öffentlichkeit in der deutschen Nachkriegszeit (1945–1949), in: Kirchen in der Nachkriegszeit. Vier zeitgeschichtliche Beiträge von Armin Boyens, Martin Greschat, Rudolf von Thadden und Paolo Pombeni, Göttingen 1979

Grieser, Helmut, Die ausgebliebene Radikalisierung. Zur Sozialgeschichte der Kieler Flüchtlingslager im Spannungsfeld von sozialdemokratischer Landespolitik und Stadtverwaltung 1945–1950, Wiesbaden 1980

Groehler, Olaf und Wolfgang Schumann, Vom Krieg zum Nachkrieg. Probleme der Militärstrategie und Politik des faschistischen deutschen Imperialismus in der Endphase des zweiten Weltkrieges, in: Jahrbuch für Geschichte 26 (1982)

Grossmann, Anton, Fremd- und Zwangsarbeiter in Bayern 1939–1945, in: Vierteljahrshefte für Zeitgeschichte 34 (1986)

Grossmann, Anton, Fremd- und Zwangsarbeiter in Bayern 1939–1945, in: Klaus J. Bade (Hrsg.), Auswanderer, Wanderarbeiter, Gastarbeiter. Bevölkerung, Arbeitsmarkt und Wanderung in Deutschland seit der Mitte des 19. Jahrhunderts, Bd. 1, Ostfildern 1984

Grossmann, Kurt R., Die jüdischen Auslandsorganisationen und ihre Arbeit in Deutschland, in: Heinz Ganther (Hrsg.), Die Juden in Deutschland. Ein Almanach, Hamburg ²1959

Hartwich, Hans-Hermann, Sozialstaatspostulat und gesellschaftlicher status quo, Köln 1970

Haussler, Bernhard, Pluralisierungsprozeß im deutschen Katholizismus und seine gesellschaftlichen Auswirkungen, in: Albrecht Langner (Hrsg.), Katholizismus im politischen System der Bundesrepublik 1949–1963, Paderborn 1978

Henke, Klaus-Dietmar, Die Grenzen der politischen Säuberung in Deutschland nach 1945, in: Ludolf Herbst (Hrsg.), Westdeutschland 1945–1955. Unterwerfung, Kontrolle, Integration, München 1986

Hentschel, Volker, Geschichte der deutschen Sozialpolitik (1880–1980). Soziale Sicherung und kollektives Arbeitsrecht, Frankfurt 1983

Herbert, Ulrich, Zur Entwicklung der Ruhrarbeiterschaft 1930 bis 1960 aus erfahrungsgeschichtlicher Perspektive, in: Lutz Niethammer und Alexander von Plato (Hrsg.), „Wir kriegen jetzt andere Zeiten". Auf der Suche nach der Erfahrung des Volkes in nachfaschistischen Ländern. Lebensgeschichte und Sozialkultur im Ruhrgebiet 1930 bis 1960, Bd. 3, Berlin 1985

Herbert, Ulrich, Fremdarbeiter. Politik und Praxis des „Ausländer-Einsatzes" in der Kriegswirtschaft des Dritten Reiches, Berlin 1985

Herbst, Ludolf, Der Totale Krieg und die Ordnung der Wirtschaft. Die Kriegswirtschaft im Spannungsfeld von Politik, Ideologie und Propaganda 1939–1945, Stuttgart 1982

Herlemann, Hans-Heinrich, Vertriebene Bauern im Strukturwandel der Landwirtschaft, in: Eugen Lemberg und Friedrich Edding (Hrsg.), Die Vertriebenen in Westdeutschland. Ihre Eingliederung und ihr Einfluß auf Gesellschaft, Wirtschaft, Politik und Geistesleben, Bd. 2, Kiel 1959

Hetzer, Gerhard, Die Industriestadt Augsburg. Eine Sozialgeschichte der Arbeiteropposition, in: Martin Broszat, Elke Fröhlich und Anton Grossmann (Hrsg.), Bayern in der NS-Zeit, Bd. III: Herrschaft und Gesellschaft im Konflikt, München 1980

Hilger, Dietrich, Die mobilisierte Gesellschaft, in: Richard Löwenthal und Hans-Peter Schwarz (Hrsg.), Die zweite Republik. 25 Jahre Bundesrepublik Deutschland – eine Bilanz, Stuttgart 1974

Hockerts, Hans Günter, Sozialpolitische Entscheidungen im Nachkriegsdeutschland. Alliierte und deutsche Sozialversicherungspolitik 1945–1957, Stuttgart 1980

Holtmann, Everhard (Hrsg.), Nach dem Krieg – vor dem Frieden. Der gesellschaftliche und politische Neubeginn nach 1945 im Kreis Unna, Köln 1985

Hurwitz, Harold, Die politische Kultur der Bevölkerung und der Neubeginn konservativer Politik, Köln 1983

Jacobmeyer, Wolfgang, Vom Zwangsarbeiter zum heimatlosen Ausländer. Die Displaced Persons in Westdeutschland 1945–1951, Göttingen 1985

Jacobmeyer, Wolfgang, Polnische Juden in der amerikanischen Besatzungszone Deutschlands 1946/47. Dokumentation, in: Vierteljahrshefte für Zeitgeschichte 25 (1977)

Jasper, Gotthard, Wiedergutmachung und Westintegration. Die halbherzige justizielle Aufarbeitung der NS-Vergangenheit in der frühen Bundesrepublik, in: Ludolf Herbst (Hrsg.), Westdeutschland 1945–1955. Unterwerfung, Kontrolle, Integration, München 1986

Jolles, Hiddo M., Zur Soziologie der Heimatvertriebenen und Flüchtlinge, Köln 1965

Kershaw, Ian, Popular Opinion and Political Dissent in the Third Reich: Bavaria 1933–1945, Oxford 1983

Kershaw, Ian, Der Hitler-Mythos. Volksmeinung und Propaganda im Dritten Reich, Stuttgart 1980

Kleßmann, Christoph, Elemente der ideologischen und sozialpolitischen Integration der westdeutschen Arbeiterbewegung, in: Ludolf Herbst (Hrsg.), Westdeutschland 1945–1955. Unterwerfung, Kontrolle, Integration, München 1986

Kleßmann, Christoph, Betriebsparteigruppen und Einheitsgewerkschaft. Zur betrieblichen Arbeit der politischen Parteien in der Frühphase der westdeutschen Arbeiterbewegung 1945–1952, in: Vierteljahrshefte für Zeitgeschichte 31 (1983)

Kleßmann, Christoph, Die doppelte Staatsgründung. Deutsche Geschichte 1945–1955, Bonn 1982.

Kocka, Jürgen und Michael Prinz, Vom „neuen Mittelstand" zum angestellten Arbeitnehmer. Kontinuität und Wandel der deutschen Angestellten seit der Weimarer Republik, in: Werner Conze und M. Rainer Lepsius (Hrsg.), Sozialgeschichte der Bundesrepublik Deutschland. Beiträge zum Kontinuitätsproblem, Stuttgart 1983

Kocka, Jürgen, 1945: Neubeginn oder Restauration?, in: Carola Stern und Heinrich August Winkler (Hrsg.), Wendepunkte deutscher Geschichte. 1848–1945, Frankfurt 1979

Köllmann, Wolfgang, Die Bevölkerungsentwicklung der Bundesrepublik, in: Werner Conze und M. Rainer Lepsius (Hrsg.), Sozialgeschichte der Bundesrepublik Deutschland. Beiträge zum Kontinuitätsproblem, Stuttgart 1983

Kötter, Herbert, Die Landwirtschaft, in: Werner Conze und M. Rainer Lepsius (Hrsg.), Sozialgeschichte der Bundesrepublik Deutschland. Beiträge zum Kontinuitätsproblem, Stuttgart 1983

Kretschmar, Georg, Die „Vergangenheitsbewältigung" in den deutschen Kirchen nach 1945, in: Carsten Nicolaisen (Hrsg.), Nordische und deutsche Kirchen im 20. Jahrhundert. Referate auf der Internationalen Arbeitstagung in Sandbjerg/Dänemark 1981, Göttingen 1982

Krüger, Wolfgang, Entnazifiziert! Zur Praxis der politischen Säuberung in Nordrhein-Westfalen, Wuppertal 1982

Kuhn, Annette, Die vergessene Frauenarbeit in der deutschen Nachkriegszeit, in: Anna-Elisabeth Freier und Annette Kuhn (Hrsg.), Frauen in der Geschichte V. „Das Schicksal Deutschlands liegt in der Hand seiner Frauen". Frauen in der deutschen Nachkriegsgeschichte, Düsseldorf 1984

Kurz, Karl, Lebensverhältnisse der Nachkriegsjugend. Eine soziologische Studie, Bremen 1949

Lenz, Edgar, Die Flüchtlingskriminalität, Diss. Hamburg 1955

Lepsius, M. Rainer, Die Bundesrepublik Deutschland in der Kontinuität und Diskontinuität historischer Entwicklungen: Einige methodische Überlegungen, in: Werner Conze und M. Rainer Lepsius (Hrsg.), Sozialgeschichte der Bundesrepublik Deutschland. Beiträge zum Kontinuitätsproblem, Stuttgart 1983

Link, Werner, Deutsche und amerikanische Gewerkschaften und Geschäftsleute 1945–1975. Eine Studie über transnationale Beziehungen, Düsseldorf 1978

Lübbe, Hermann, Der Nationalsozialismus im politischen Bewußtsein der Gegenwart, in: Martin Broszat u. a. (Hrsg.), Deutschlands Weg in die Diktatur. Internationale Konferenz zur nationalsozialistischen Machtübernahme im Reichstagsgebäude zu Berlin, Berlin 1983

Maier, Charles S., Nineteen Forty-Five: Continuity or Rupture?, in: Europa 5 (1982)

Maier, Charles S., The Two Postwar Eras and the Conditions for Stability in Twentieth-Century Western Europe, in: American Historical Review 86 (1981)

Maier, Hans, Der politische Weg der deutschen Katholiken nach 1945, in: Hans Maier (Hrsg.), Deutscher Katholizismus nach 1945. Kirche, Gesellschaft, Geschichte, München 1964

Maòr, Harry, Über den Wiederaufbau der jüdischen Gemeinden in Deutschland seit 1945, Mainz 1961

Marshall, Barbara, German attitudes to British Military Government 1945–47, in: Journal of Contemporary History 15 (1980)

Marssolek, Inge, Arbeiterbewegung nach dem Krieg (1945–1948). Am Beispiel Remscheid, Solingen, Wuppertal, Frankfurt 1983

Mehringer, Hartmut, Die bayerische Sozialdemokratie bis zum Ende des NS-Regimes. Vorgeschichte, Verfolgung und Widerstand, in: Martin Broszat und Hartmut Mehringer (Hrsg.), Bayern in der NS-Zeit, Bd. V: Die Parteien KPD, SPD, BVP in Verfolgung und Widerstand, München 1983

Menges, Walter, Wandel und Auflösung von Konfessionszonen, in: Eugen Lemberg und Friedrich Edding (Hrsg.), Die Vertriebenen in Westdeutschland. Ihre Eingliederung und ihr Einfluß auf Gesellschaft, Wirtschaft, Politik und Geistesleben, Bd. 3, Kiel 1959

Merritt, Anna J. und Richard L. (Hrsg.), Public Opinion in Occupied Germany. The OMGUS-Surveys, 1945–1949, Urbana 1970

Meyer, Georg, Zur Situation der deutschen militärischen Führungsschicht im Vorfeld des westdeutschen Verteidigungsbeitrages 1945–1950/51, in: Anfänge westdeutscher Sicherheitspolitik 1945–1956, hrsg. vom Militärgeschichtlichen Forschungsamt, Bd. 1:

Von der Kapitulation bis zum Pleven-Plan, hrsg. von Roland G. Foerster, Christian Greiner, Georg Meyer, Hans-Jürgen Rantenberg und Norbert Wiggershaus, München 1982

Meyer, Sibylle und Eva Schulze, „Alleine war's schwieriger und einfacher zugleich". Veränderung gesellschaftlicher Bewertung und individueller Erfahrung alleinstehender Frauen in Berlin 1943–1955, in: Anna-Elisabeth Freier und Annette Kuhn (Hrsg.), Frauen in der Geschichte V. „Das Schicksal Deutschlands liegt in der Hand seiner Frauen". Frauen in der Nachkriegsgeschichte, Düsseldorf 1984

Möding, Nori, „Ich muß irgendwo engagiert sein – fragen Sie mich bloß nicht warum". Überlegungen zu Sozialisationserfahrungen von Mädchen in NS-Organisationen, in: Lutz Niethammer und Alexander von Plato (Hrsg.), „Wir kriegen jetzt andere Zeiten". Auf der Suche nach der Erfahrung des Volkes in nachfaschistischen Ländern. Lebensgeschichte und Sozialkultur im Ruhrgebiet 1930 bis 1960, Bd. 3, Berlin 1985

Möller, Hans, Die westdeutsche Währungsreform von 1948, in: Währung und Wirtschaft in Deutschland 1876–1975, hrsg. von der Deutschen Bundesbank, Frankfurt 1976

Möller, Martin, Evangelische Kirche und Sozialdemokratische Partei in den Jahren 1945–1950. Grundlagen der Verständigung und Beginn des Dialoges, Göttingen 1984

Mooser, Josef, Abschied von der „Proletarität". Sozialstruktur und Lage der Arbeiterschaft in der Bundesrepublik in historischer Perspektive, in: Werner Conze und M. Rainer Lepsius (Hrsg.), Sozialgeschichte der Bundesrepublik Deutschland. Beiträge zum Kontinuitätsproblem, Stuttgart 1983

Morsey, Rudolf, Neubeginn in Trümmern. Der deutsche Katholizismus in der Besatzungszeit, in: Kehrt um und glaubt – erneuert die Welt. 87. Deutscher Katholikentag 1982. Vortragsreihen, Paderborn 1982

Mühlhausen, Walter, Hessen 1945–1950. Zur politischen Geschichte eines Landes in der Besatzungszeit, Frankfurt 1985

Müller, Karl Valentin, Heimatvertriebene Jugend. Eine soziologische Studie zum Problem der Sozialtüchtigkeit des Nachwuchses der heimatvertriebenen Bevölkerung, Würzburg 1956

Münkler, Herfried, Machtzerfall. Die letzten Tage des Dritten Reiches dargestellt am Beispiel der hessischen Kreisstadt Friedberg, Berlin 1985

Neidhardt, Friedhelm, Die Familie in Deutschland, in: Karl Martin Bolte, Friedhelm Neidhardt und Horst Holzer (Hrsg.), Deutsche Gesellschaft im Wandel, Bd. 2, Opladen 1970

Niethammer, Lutz, Zum Wandel der Kontinuitätsdiskussion, in: Ludolf Herbst (Hrsg.), Westdeutschland 1945–1955. Unterwerfung, Kontrolle, Integration, München 1986

Niethammer, Lutz, Fragen – Antworten – Fragen. Methodische Erfahrungen und Erwägungen zur Oral History, in: Lutz Niethammer und Alexander von Plato (Hrsg.), „Wir kriegen jetzt andere Zeiten". Auf der Suche nach der Erfahrung des Volkes in nachfaschistischen Ländern. Lebensgeschichte und Sozialkultur im Ruhrgebiet 1930 bis 1960, Bd. 3, Berlin 1985

Niethammer, Lutz, Rekonstruktion und Desintegration: Zum Verständnis der deutschen Arbeiterbewegung zwischen Krieg und Kaltem Krieg, in: Heinrich August Winkler (Hrsg.), Politische Weichenstellungen im Nachkriegsdeutschland 1945–1953, Göttingen 1979

Niethammer, Lutz, Entnazifizierung in Bayern. Säuberung und Rehabilitierung unter amerikanischer Besatzung, Frankfurt 1972 (Als Nachdruck erschienen unter dem Titel: Die Mitläuferfabrik. Die Entnazifizierung am Beispiel Bayerns, Berlin 1982)

Niethammer, Lutz, Ulrich Borsdorf und Peter Brandt (Hrsg.), Arbeiterinitiative 1945. Antifaschistische Ausschüsse und Reorganisation der Arbeiterbewegung in Deutschland, Wuppertal 1976

Peterson, Edward N., The American Occupation of Germany. Retreat to Victory, Detroit 1978

Petzina, Dietmar, Soziale Lage der deutschen Arbeiter und Probleme des Arbeitseinsatzes während des Zweiten Weltkriegs, in: Waclaw Długoborski (Hrsg.), Zweiter Weltkrieg und sozialer Wandel, Göttingen 1981

Pfeil, Elisabeth, Fünf Jahre später. Die Eingliederung der Heimatvertriebenen in Bayern bis 1950, Frankfurt 1951

Pfeil, Elisabeth, Soziologie und psychologische Aspekte der Vertreibung, in: Theodor Steltzer (Hrsg.), Europa und die deutschen Flüchtlinge, Frankfurt 1951

Pfeil, Elisabeth, Der Flüchtling. Gestalt einer Zeitwende, Hamburg 1948

Pietsch, Hartmut, Militärregierung, Bürokratie und Sozialisierung. Zur Entwicklung des politischen Systems in den Städten des Ruhrgebietes 1945–1948, Duisburg 1978

Pirker, Theo, Vom „Ende der Arbeiterbewegung", in: Rolf Ebbighausen und Friedrich Tiemann (Hrsg.), Das Ende der Arbeiterbewegung in Deutschland? Ein Diskussionsband zum sechzigsten Geburtstag von Theo Pirker, Opladen 1984

Pirker, Theo, Die blinde Macht. Die Gewerkschaftsbewegung in Westdeutschland, Teil 1: 1945–1952. Vom „Ende des Kapitalismus" zur Zähmung der Gewerkschaften, München 1960

Piskol, Joachim, Zur Nachkriegskonzeption des deutschen Imperialismus vor und nach seiner Niederlage 1945, in: Jahrbuch für Geschichte 27 (1983)

Plato, Alexander von, Fremde Heimat. Zur Integration von Flüchtlingen und Einheimischen in die Neue Zeit, in: Lutz Niethammer und Alexander von Plato (Hrsg.), „Wir kriegen jetzt andere Zeiten". Auf der Suche nach der Erfahrung des Volkes in nachfaschistischen Ländern. Lebensgeschichte und Sozialkultur im Ruhrgebiet 1930 bis 1960, Bd. 3, Berlin 1985

Plato, Alexander von, „Der Verlierer geht nicht leer aus". Betriebsräte geben zu Protokoll, Berlin 1984

Plato, Alexander von, Nachkriegssieger. Sozialdemokratische Betriebsräte im Ruhrgebiet – Eine lebensgeschichtliche Untersuchung, in: Lutz Niethammer (Hrsg.), „Hinterher merkt man, daß es richtig war, daß es schiefgegangen ist". Nachkriegs-Erfahrungen im Ruhrgebiet. Lebensgeschichte und Sozialkultur im Ruhrgebiet 1930 bis 1960, Bd. 2, Bonn 1983

Plum, Günter, Versuche gesellschaftspolitischer Neuordnung – Ihr Scheitern im Kräftefeld deutscher und alliierter Politik, in: Westdeutschlands Weg zur Bundesrepublik 1945–1949. Beiträge von Mitarbeitern des Instituts für Zeitgeschichte, München 1976

Reese, Hartmut, Arbeiterbewegung in der Zusammenbruchsgesellschaft. Ein methodischer Versuch zur Rekonstruktionsproblematik der Arbeiterbewegung in Westdeutschland 1945–1947, Münster 1984

Reusch, Ulrich, Deutsches Berufsbeamtentum und britische Besatzung. Planung und Politik 1943–1947, Stuttgart 1985

Richter, Hans Werner, Zwischen Freiheit und Quarantäne – Eine Einführung, in: Hans Werner Richter (Hrsg.), Bestandsaufnahme. Eine deutsche Bilanz 1962. Sechsunddreißig Beiträge deutscher Wissenschaftler, Schriftsteller und Publizisten, München 1962

Rohrbach, Justus, Im Schatten des Hungers. Dokumentarisches zur Ernährungspolitik und Ernährungswirtschaft in den Jahren 1945–1949, hrsg. von Hans Schlange-Schöningen, Hamburg 1955

Rothenberger, Karl-Heinz, Die Hungerjahre nach dem Zweiten Weltkrieg. Ernährungs- und Landwirtschaft in Rheinland-Pfalz 1945–1950, Boppard 1985

Sauer, Paul, Demokratischer Neubeginn in Not und Elend. Das Land Württemberg-Baden von 1945 bis 1952, Ulm 1978

Schäfer, Hans Dieter, Das gespaltene Bewußtsein. Über deutsche Kultur und Lebenswirklichkeit 1933–1945, München 1981

Schaffner, Bertram, Father Land. A Study of Authoritarianism in the German Family, New York 1948

Scheerer, Reinhard, Evangelische Kirche und Politik 1945 bis 1949. Zur theologisch-politischen Ausgangslage in den ersten Jahren nach der Niederlage des „Dritten Reiches", Köln 1981

Schelsky, Helmut, Über das Restaurative in unserer Zeit, in: Helmut Schelsky, Auf der Suche nach der Wirklichkeit. Gesammelte Aufsätze, Düsseldorf 1965

Schelsky, Helmut, Wandlungen der deutschen Familie in der Gegenwart. Darstellung und Deutung einer empirisch-soziologischen Tatbestandsaufnahme, Stuttgart [4]1960

Schelsky, Helmut, Die skeptische Generation. Eine Soziologie der deutschen Jugend, Düsseldorf 1957

Schelsky, Helmut, Die deutsche Flüchtlingsfamilie, in: Kölner Zeitschrift für Soziologie und Sozialpsychologie 3 (1950/51)

Schneider, Ullrich, Niedersachsen 1945. Kriegsende, Wiederaufbau, Landesgründung, Hannover 1985

Schönhoven, Klaus, Der politische Katholizismus in Bayern unter der NS-Herrschaft 1933–1945, in: Martin Broszat und Hartmut Mehringer (Hrsg.), Bayern in der NS-Zeit, Bd. V: Die Parteien KPD, SPD, BVP in Verfolgung und Widerstand, München 1983

Schreyer, Klaus, Bayern – ein Industriestaat. Die importierte Industrialisierung. Das wirtschaftliche Wachstum nach 1945 als Ordnungs- und Strukturproblem, München 1969

Schütze, Yvonne und Dieter Geulen, Die „Nachkriegskinder" und die „Konsumkinder". Kindheitsverläufe zweier Generationen, in: Ulf Preuss-Lausitz u.a. (Hrsg.), Kriegskinder, Konsumkinder, Krisenkinder, Weinheim 1983

Schwarz, Hans-Peter, Modernisierung oder Restauration? Einige Vorfragen zur künftigen Sozialgeschichtsforschung über die Ära Adenauer, in: Kurt Düwell und Wolfgang Köllmann (Hrsg.), Rheinland-Westfalen im Industriezeitalter, Bd. 3: Vom Ende der Weimarer Republik bis zum Land Nordrhein-Westfalen, Wuppertal 1984

Schwarz, Hans-Peter, Vom Reich zur Bundesrepublik. Deutschland im Widerstreit der außenpolitischen Konzeptionen in den Jahren der Besatzungsherrschaft 1945–1949, Stuttgart [2]1980

Schwarz, Leo Walder, The Redeemers. A Saga of the Years 1945–1952, New York 1953

Smith-von Osten, Annemarie, Von Treysa 1945 bis Eisenach 1948. Zur Geschichte der Grundordnung der Evangelischen Kirche in Deutschland, Göttingen 1980

Sons, Hans-Ulrich, Gesundheitspolitik während der Besatzungszeit. Das öffentliche Gesundheitswesen in Nordrhein-Westfalen 1945–1949, Wuppertal 1983

Steinbach, Peter, Nationalsozialistische Gewaltverbrechen. Die Diskussion in der deutschen Öffentlichkeit nach 1945, Berlin 1981

Steinert, Marlis G., Hitlers Krieg und die Deutschen. Stimmung und Haltung der deutschen Bevölkerung im Zweiten Weltkrieg, Düsseldorf 1970

Steininger, Rolf, Die Sozialisierung fand nicht statt, in: Josef Foschepoth und Rolf Steininger (Hrsg.), Die britische Deutschland- und Besatzungspolitik 1945–1949, Paderborn 1985

Stüber, Gabriele, Der Kampf gegen den Hunger 1945–1950. Die Ernährungslage in der britischen Zone Deutschlands, insbesondere in Schleswig-Holstein und Hamburg, Neumünster 1984

Stumpf, Reinhard, Die Wiederverwendung von Generalen und die Neubildung militärischer Eliten in Deutschland und Österreich nach 1945, in: Militärgeschichte. Probleme, Thesen, Wege. Im Auftrag des Militärgeschichtlichen Forschungsamtes aus Anlaß seines 25jährigen Bestehens ausgewählt und zusammengestellt von Manfred Messerschmidt, Klaus A. Maier, Werner Rahn und Bruno Thoß, Stuttgart 1982

Tenbruck, Friedrich H., Alltagsnormen und Lebensgefühle in der Bundesrepublik, in: Richard Löwenthal und Hans-Peter Schwarz (Hrsg.), Die zweite Republik. 25 Jahre Bundesrepublik Deutschland – eine Bilanz, Stuttgart 1974

Tenfelde, Klaus, Proletarische Provinz. Radikalisierung und Widerstand in Penzberg/Oberbayern 1900 bis 1945, in: Martin Broszat, Elke Fröhlich und Anton Grossmann (Hrsg.), Bayern in der NS-Zeit, Bd. IV: Herrschaft und Gesellschaft im Konflikt, München 1981

Tent, James F., Mission on the Rhine. Reeducation and Denazification in American-occupied Germany, Chicago 1982

Thränhardt, Dietrich, Wahlen und politische Strukturen in Bayern 1848–1953. Historisch-soziologische Untersuchungen zum Entstehen und zur Neuerrichtung eines Parteiensystems, Düsseldorf 1973

Thurnwald, Hilde, Gegenwartsprobleme Berliner Familien. Eine soziologische Untersuchung an 498 Familien, Berlin 1948

Trittel, Günter J., Die westlichen Besatzungsmächte und der Kampf gegen den Mangel 1945–1949, in: Aus Politik und Zeitgeschichte, Beilage zur Wochenzeitung „Das Parlament", Nr. 22 vom 31. Mai 1986

Troll, Hildebrand, Aktionen zur Kriegsbeendigung im Frühjahr 1945, in: Martin Broszat, Elke Fröhlich und Anton Grossmann (Hrsg.), Bayern in der NS-Zeit, Bd. IV: Herrschaft und Gesellschaft im Konflikt, München 1981

Vaubel, Ludwig, Zusammenbruch und Wiederaufbau. Ein Tagebuch aus der Wirtschaft 1945–1949, hrsg. von Wolfgang Benz, München 1984

Vollnhals, Clemens, Evangelische Kirche und Entnazifizierung. Politische Säuberung und kirchliche Selbstreinigung am Beispiel der amerikanischen Besatzungszone 1945–1949, Diss. München 1987

Waldmann, Peter, Die Eingliederung der ostdeutschen Vertriebenen in die westdeutsche Gesellschaft, in: Josef Becker, Theo Stammen und Peter Waldmann (Hrsg.), Vorgeschichte der Bundesrepublik Deutschland. Zwischen Kapitulation und Grundgesetz, München 1979

Weber-Kellermann, Ingeborg, Die deutsche Familie. Versuch einer Sozialgeschichte, Frankfurt 1975

Weisz, Christoph, Versuch zur Standortbestimmung der Landwirtschaft, in: Ludolf Herbst (Hrsg.), Westdeutschland 1945–1955. Unterwerfung, Kontrolle, Integration, München 1986

Werner, Wolfgang Franz, „Bleib übrig!" Deutsche Arbeiter in der nationalsozialistischen Kriegswirtschaft, Düsseldorf 1983

Wetzel, Juliane, Jüdisches Leben in München 1945–1951. Durchgangsstation oder Wiederaufbau? München 1987

Wiesemann, Falk, Judenverfolgung und nichtjüdische Bevölkerung 1933–1944, in: Martin Broszat, Elke Fröhlich und Falk Wiesemann (Hrsg.), Bayern in der NS-Zeit, Bd. I: Soziale Lage und politisches Verhalten der Bevölkerung im Spiegel vertraulicher Berichte, München 1977

Wiggershaus, Norbert, Zur Bedeutung und Nachwirkung des militärischen Widerstandes in der Bundesrepublik Deutschland und in der Bundeswehr, in: Aufstand des Gewissens. Der militärische Widerstand gegen Hitler und das NS-Regime 1933–1945, hrsg. vom Militärgeschichtlichen Forschungsamt, Herford 1985

Wiggershaus, Renate, Geschichte der Frauen und der Frauenbewegung in der Bundesrepublik und in der Deutschen Demokratischen Republik nach 1945, Wuppertal 1979

Winkler, Heinrich August, Stabilisierung durch Schrumpfung: Der gewerbliche Mittelstand in der Bundesrepublik, in: Werner Conze und M. Rainer Lepsius (Hrsg.), Sozialgeschichte der Bundesrepublik Deutschland. Beiträge zum Kontinuitätsproblem, Stuttgart 1983

Wirth, Dieter, Die Familie in der Nachkriegszeit. Desorganisation oder Stabilität?, in: Josef Becker, Theo Stammen und Peter Waldmann (Hrsg.), Vorgeschichte der Bundesrepublik Deutschland. Zwischen Kapitulation und Grundgesetz, München 1979

Woller, Hans, Gesellschaft und Politik in der amerikanischen Besatzungszone. Die Region Ansbach und Fürth, München 1986

Woller, Hans, Zur Demokratiebereitschaft in der Provinz des amerikanischen Besatzungsgebietes. Aus den Stimmungsberichten des Ansbacher Oberbürgermeisters an die Militärregierung 1946–1949, in: Vierteljahrshefte für Zeitgeschichte 31 (1983)

Zapf, Wolfgang, Wandlungen der deutschen Elite. Ein Zirkulationsmodell deutscher Führungsgruppen 1919–1961, München 1965

Ziemke, Earl F., The U.S. Army in the Occupation of Germany 1944–1946, Washington 1975

Zink, Harold, American Military Government in Germany, New York 1947

Bayern in der NS-Zeit

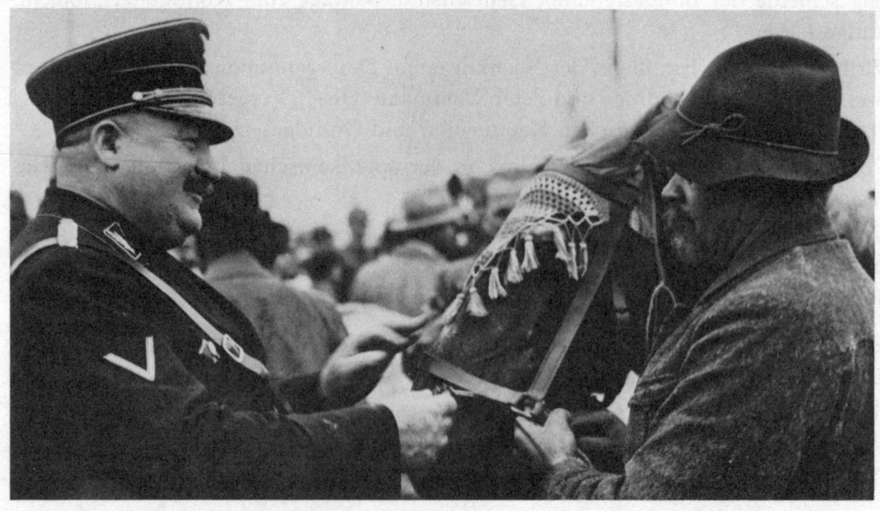

Band 1 Soziale Lage und politisches Verhalten der Bevölkerung im Spiegel vertraulicher Berichte
Herausgegeben von Martin Broszat, Elke Fröhlich und Falk Wiesemann. 1977. 712 Seiten.

Band 2 Herrschaft und Gesellschaft im Konflikt, Teil A.
Herausgegeben von Martin Broszat und Elke Fröhlich. 1979. XXV, 515 Seiten.

Band 3 Herrschaft und Gesellschaft im Konflikt, Teil B.
Herausgegeben von Martin Broszat, Elke Fröhlich und Anton Grossmann. 1981. 696 Seiten.

Band 4 Herrschaft und Gesellschaft im Konflikt, Teil C.
Herausgegeben von Martin Broszat, Elke Fröhlich und Anton Grossmann. 1981. 760 Seiten.

Band 5 Die Parteien KPD, SPD, BVP in Verfolgung und Widerstand.
Von Hartmut Mehringer, Klaus Schönhoven, Anton Grossmann. 1983. 690 Seiten.

Band 6 Die Herausforderung des Einzelnen. Geschichten über Widerstand und Verfolgung.
Von Elke Fröhlich. 1983. 262 Seiten.

Preis pro Einzelband: DM 48,– Gesamtpreis: DM 248,–

Oldenbourg

Justiz im Dritten Reich

Lothar Gruchmann
Justiz im Dritten Reich 1933–1940
Anpassung und Unterwerfung in der Ära Gürtner.

1988. XXXVIII,
1297 Seiten, DM 198,–
ISBN 3-486-53831-4
Reihe: Quellen und Darstellungen zur Zeitgeschichte, Band 28

Unter Verwendung eines umfangreichen Bestandes unveröffentlicher Quellen beschreibt Lothar Gruchmann minutiös und anschaulich die Herausforderung der Justiz durch die NS-Diktatur: beim Aufbau eines reichseinheitlichen, zentralen Justizapparates, bei der Personalpolitik, bei der Behandlung politischer Straftaten, die von der Führung gedeckt wurden oder sogar von ihr ausgingen, bei der Verteidigung von Funktionen gegen Himmlers Polizei, bei der Gesetzgebung für ein neues materielles Recht, bei der Schaffung eines neuen Gerichtsverfassungs- und Verfahrensrechts sowie bei nationalsozialistischer Einflußnahme auf die Rechtsprechung.

Die eindringliche Darstellung des Schicksals der Justiz in der Ära Gürtner von 1933 bis 1940 zeigt, daß der Rechtsstaat zerstört wird, wenn seine Prinzipien aus politischen Gründen angetastet werden.

Lothar Gruchmann, geboren 1929, Studium der Politikwissenschaft, Neueren Geschichte und Staatsrecht, Dr. phil., Dipl.-Politologe, seit 1960 wissenschaftlicher Mitarbeiter am Institut für Zeitgeschichte in München.

Oldenbourg

Zeitgeschichte

Wolfgang Schollwer
Potsdamer Tagebuch 1948–1950
Liberale Politik unter sowjetischer Besatzung
Herausgegeben von Monika Faßbender
1988.
ISBN 3-486-54581-7
Biographische Quellen zur deutschen Geschichte nach 1945, Band 6

Schollwer berichtet über Versuch und Scheitern einer eigenständigen liberalen Politik in der SBZ/DDR aus der Sicht eines LDP-Funktionärs. Machtlosigkeit, Naivität und Unsicherheit bürgerlicher Politiker gegenüber dem Druck der sowjetischen Besatzungsmacht treiben die LDP zunehmend ins Fahrwasser der kommunistischen Politik.

Schollwer beschreibt das als Betroffener und Handelnder: er beobachtet die Blockpolitik, die Sozialisierung, das Verhalten der Parteimitglieder nüchtern, oft mit Ironie und manchmal mit verhaltener Wut. Man erfährt, wie Alltag und "Politik im Kleinen" im anderen Deutschland aussahen, lernt die Auswirkungen der "großen Politik" kennen und gewinnt Einblick in das Handeln von Menschen, die auf eine Wiedervereinigung hofften und auf ihre Weise und ohne es zu wollen zur Teilung Deutschlands beitrugen.

Wolfgang Schollwer, der "Erfinder" der neuen deutschen Ostpolitik, wurde 1922 in Potsdam geboren; 1946 Eintritt in die LDP, Kreissekretär in Potsdam, Landessekretär in Brandenburg, Stadtverordneter in Potsdam; 1950 Flucht nach Westberlin; 1951 Eintritt in die FDP; 1951–1957 stellvertretender zuletzt kommisarischer Leiter des Ostbüros der FDP. 1957 Redakteur, 1959–1970 Chefredakteur der "freien demokratischen Korrespondenz"; als Referent für Außen- und Deutschlandpolitik der FDP (1962–1970) Verfasser der Deutschlandpläne von 1962–1967 ("Schollwer-Pläne"), 1972–1987 Referent im Planungsstab des Auswärtigen Amtes.

Oldenbourg